KB078803

實力 수사의 定石

민사법에 기반한 경제범죄수사 1

實力 수사의 定石

재산범죄

강 동 필

좋은땅

오랫동안 개정작업을 진행하지 못하다가 6년 만에 전면개정판을 내게 되었다. 그동안 개정 형사소송법이 시행되고 재산범죄 분야에서 많은 중요 판결들이 쏟아졌다. 수사심사관 업무를 통해 살아 있는 현장 사례를 접하게 되었다. 현직 수사관 밴드[1]에 그간 소개한 하급심 판결과 실무자 의견도 상당히 누적되어 개정판에서는 이를 충실히 반영하고자 하였다. 아울러 사기방지연구회 활동에서 발표한 다중피해조직사기와 사기방지기본법을 함께 소개하였다.

분량이 늘어 한 권에 내용을 담기 어려웠다. **기존 책을 「1권 재산범죄의 요건과 실무쟁점」, 「2권 수사에 필요한 민사법」으로 분권하였다. 우선 1권을 출판하고 2권도 조만간 출판 예정**이다. 이번 개정판의 특색은 아래와 같다.

○ 최신 대법원 판례와 중요 하급심 최대한 반영
○ 계약 유형에 따른 사기죄 판결례 정리
○ 최근 입법추진중인 사기방지기본법 및 다중피해조직사기 소개
○ 부동산, 동산, 금전 등 그 객체에 따른 횡령죄 판단기준을 정리
○ 배임죄는 부동산 이중양도, 업무상배임, 기타 배임 유형으로 분류
○ 수사관 커뮤니티(네이버 밴드, 민사법에 기반한 경제범죄수사) 실무 의견 기재

형사사법의 주역은 언제나 수사경찰이라 생각한다. 함께 공부하며 다 같이 나아가기를 꿈꾸고, 부족하나마 가지고 있는 지식을 나누고자 한다. 앞으로도 계속 연구와 개정을 거듭하여 실무에서 믿고 찾아볼 수 있는 교재를 만들고 싶은 마음에서 제목을 정하였다. 그러나 아직 많이 부족한 사실을 누구보다 잘 알고 있다. 많은 조언과 비판 달게 받고자 한다.

강동필

---

1) 현직 경찰관 수사실무학습 네이버 밴드 『민사법에 기반한 경제범죄수사』 (2017년 개설, 7600여 명)

경제범죄[2]수사실무에서는 민사관계를 고려하지 않고는 범죄판단이 어려운 사건이 적지 않다. 그러나 형사법에 익숙한 수사실무자 입장에서는 민사법은 쉽게 배워 활용하기 어려운 것이 사실이다. 이 때문에 경제범죄수사에 있어 법적 판단을 통해 형사사법적 정의를 도모하기보다 합의에 의존하거나 도의적 결론에 그치기도 한다. 그럼에도 수험서 외에는 수사실무에 참고할 수 있는 민·형사 판례 기본 교재가 없다는 점이 못내 아쉬웠다.

글쓴이는 경찰수사연수원에서 교수요원으로 재직하며 수사경과 경찰관을 상대로 민·형사법에 대한 강의를 하고 있다. 그 내용은 재산법과 경제범죄의 관계에 주목하여, **주요 경제범죄의 요건과 법리, 수사에 필요한 민사법**을 소개하는 것이다. 본 서는 위와 같은 강의의 누적물로서, 수사실무에 도움이 되고자 정리하여 집필되었다. 따라서 다음 사항을 주의하였다.

- 책은 PART 1(경제범죄의 성립과 사건처리), PART 2(사기), PART 3(횡령), PART 4(배임), PART 5(절도, 손괴, 권리행사방해), PART 6(권리총칙), PART 7(물권), PART 8(채권), PART 9(친족), PART 10(상속), PART 11(상사), PART 12(민사절차)로 구성되었다.
- 전반부에 해당하는 PART 1~5는 주요 재산범죄의 요건과 법리를 다루었다. 수사실무 적용의 편의를 위해 사기죄는 재물사기와 이익사기를 준별하고, 횡령죄는 객체별로 부동산·동산·금전횡령으로 나누고, ③ 배임죄는 판례군에 따라 4유형으로 접근하였다.
- 나머지 후반부 PART에서는 민사법 각 분야별 기본 개념과 그에 따른 형사문제를 다루되, 사건수사에 필요한 한도에서 민사법을 소개하였다.
- 실무적 결론 도출을 위해, 가급적 법률과 판결에서 주로 근거를 찾되, 객관적 근거가 되기 어려운 개인적인 학설과 사견은 원칙적으로 서술하지 않았다.

경제범죄수사에 필요한 민법을 정리하면 수사실무에 도움이 될 것이라는 막연한 믿음으로 하나씩 정리한 강의안이 어느새 늘어나 책으로 출판하게 되었다. 어려운 법률 내용을 쉽게 전달하고 싶었지만, 능력이 부족했다. 출판의 기쁨보다는 부족한 교재 내용에 부끄러움과 두려움이 앞선다.

---

[2] 특정경제범죄 가중처벌 등에 관한 법률에서는 특정재산범죄, 재산국외도피 등을 규정하나, 본서에서는 일선서 경제범죄수사팀에서 주로 취급하는 죄종을 경제범죄로 보고, 재산범죄를 중심으로 서술하고자 한다.

다만 계속하여 개정하기를 다짐하며 스스로를 위안한다.

힘든 시기에 불구하고, 교재작성에 필요한 시간을 준 아내와 승헌이에게 미안하고 사랑한다는 말 전하고 싶다.

강동필

목차

PART Ⅲ 횡령과 배임

I

재산범죄 총론

"No one shall be imprisoned merely on the ground of
inability to fulfil a contractual obligation."
- International Covenant on Civil and Political Rights Article 11 -

"어느 누구도 계약상 의무의 이행불능만을 이유로 구금되지 아니한다."

- 시민적 및 정치적 권리에 관한 국제규약 제11조 -

Chapter 1

재산범죄의 기본 이론

Section 1 민사법과 형사법의 통일성

기본 이론

민법은 개인 간 재산권에 대한 법률관계를 규율하며, 형법은 재산범죄를 규정하여 개인의 재산권을 보호하고 있다. 이렇듯 두 법률은 별개의 체계로 구성되었으나, 국민의 재산권을 보호하고 경제 활동을 보장하기 위한 기본법으로 양자의 해석은 통일성과 일관성이 유지되어야 한다.

민법은 재산권을 각 물권과 채권으로 구분하여 규율하며, 재산범죄도 그에 대응하여 구성요건 체계를 정비하고 있다.[3]

1. 물권에 대한 보호

소유권 기타 물권은 다른 사람을 통하지 않고 물건을 스스로 직접 배타적으로 지배할 수 있는 권리를 말한다. 점유와 등기를 통해 그 권리귀속자는 누구에게든지 물권을 주장할 수 있는 절대적인 권리이다. 이를 보호하기 위하여 민법과 형법은 여러 가지 구제수단을 마련해 두고 있다.

민법은 물권의 침해가 있으면, 물권자는 물권적 청구권뿐만 아니라 부당이득반환청구권과 불법행위에 기한 손해배상청구권을 통해서도 구제받을 수 있다. 한편 재산범죄에서도 소유권 등을 보호법익으로 하는 절도죄, 횡령죄, 재물사기, 재물강도, 권리행사방해죄 등으로서 물권을 보호하고 있다.

---

3) 同旨, 대법원 2020. 8. 27. 선고 2019도14770 전원합의체 판결 중 대법관 김재형의 반대의견

2. 채권에 대한 보호

반면 채권은 채권자와 채무자 사이의 채권관계로부터 생기는 권리로서, 제3자에 대해서는 원칙적으로 아무런 효력이 없다. 채권은 원칙적으로 채무자에 의해서만 침해될 수 있을 뿐이다.

민법은 채무자가 채무를 이행하지 않는 경우에는 채무불이행책임이 성립한다. 한편 재산범죄에서도 채권에 대한 침해의 경우에도 이익사기, 배임죄, 권리행사방해죄 등으로 보호하고 있다.

3. 민사의 형사화 경향에 대하여

수사실무에서는 오랫동안 비범죄화의 대상에 불과한 단순 계약불이행, 채권추심 등을 재산범죄 수사를 통해 민사관계에 개입되고 있다. 이로써 악성사기 기타 중요한 범죄 근절을 위해 투입되어야 할 수사자원의 효율적 배분을 저해함으로써 국민의 세금으로 운영되고 있는 수사력을 낭비하고 있는 것이다. 이른바 민사의 형사화 경향이다. 즉 형사 범죄로 전환하여 처리할 수 있기만 하면 상대적으로 매우 손쉽고 특히 신속하게 채권회수 또는 그 이상의 경제적 이익을 도모(이른바 형사합의를 서두르면서 정산·청산이 필요한 경우에도 이를 생략한 채, 고소인의 요구가 받아들여지는 형태로 소위 '합의'가 되거나 여기에서 더 나아가 형사합의금 명목의 '웃돈'이 지급되는 것이 엄연한 현실)할 수 있기 때문에 벌어지는 현상이다. 단순 채무불이행의 비범죄화는 우리 형사법의 해석에서 결코 후퇴하거나 포기할 수 없는 지향점 중의 하나라고 할 수 있다.[4]

Section 2 재산범죄의 사실인정

 기본 이론

1. 수사미진

수사는 어느 정도 하여야 하는가? 헌법재판소는 다음과 같이 답변한다.

> 피고소인들의 진술이 경험칙이나 다른 증거들에 비추어 쉽게 믿기 어려운 사정이 있음에도 합리적 의심이 풀릴 정도

---

4) 대전지방법원 2020. 4. 23. 2019고정1114

한편 재산범죄의 수사실무의 실상은 고소인과 피고소인의 진술 가운데 누구의 진술을 믿을 것인가의 대립 양상으로 전개되는 경우가 많다. 수사관 개인의 감이나 상식적 판단에 그치는 경우가 많다. 여기서는 진술의 신빙성 평가의 방법을 소개한다.

2. 진술의 신빙성 일반

진술의 신빙성 판단 역량이 곧 조사역량이라고 보아도 과언이 아니다. 수사단계에서 진술의 신빙성을 판단하는 주체는 수사관 자신일 수밖에 없다. 고소인과 피고소인의 진술 가운데 누구의 진술을 어떤 근거로 신빙할 것인가. 합리적인 사실인정을 위해 원숙한 판단과 세련된 표현을 익히자.

무엇보다 진술의 신빙성 유무를 판단할 때에는 진술 내용 자체의 합리성·논리성·모순 또는 경험칙 부합 여부나 다른 증거들과의 부합 여부 등은 물론, 대상자의 모습이나 태도, 진술의 뉘앙스 등 기록하기 어려운 여러 사정을 직접 관찰함으로써 얻게 된 심증까지 모두 고려하여 평가하여야 한다.[6]

한편 범죄사실의 인정은 **합리적인 의심을 할 여지가 없을 정도의 확신을 가지게 하는 증명력을 가진 엄격한 증거**에 의하여야 한다. 현실적으로 가능한 수사를 모두 진행한 결과, 이에 이르지 못한 경우에는 비록 피고인의 주장이나 변명이 모순되거나 석연치 않은 면이 있는 등 유죄의 의심이 가더라도 피고인의 이익으로 판단하여야 한다.

(1) 진술의 일관성과 구체성

1) 일관성

여러 번에 걸친 조사과정에서 진술 내용이 번복되지 않고 일관되어야 한다. 따라서 피해자의 진술이 대체로 일관되고 공소사실에 부합하는 경우 객관적으로 보아 도저히 신빙성이 없다고 볼 만한 별도의 신빙성 있는 자료가 없는 한 이를 함부로 배척하여서는 안 된다.[7] 다만, 그 진술이 주요 부분에 있어서 일관성이 있는 경우에는 그 밖의 사소한 사항에 관한 진술에 다소 일관성이 없다는

---

5) 헌법재판소 1996. 4. 25. 선고 93헌마271 결정
6) 대법원 2019. 7. 24. 선고 2018도17748 판결
7) 대법원 2012. 6. 28. 선고 2012도2631 판결

등의 사정만으로는 그 진술의 신빙성을 함부로 부정할 것은 아니다.[8] 나아가 진술을 번복할 경우에는 그 동기와 경위가 납득될 만한 것이어야 한다.

2) 구체성

형사재판에서 진술의 구체성은 진술의 신빙성을 판단하는 주요 지표가 된다. 즉, 실제로 경험하지 않고서는 꾸며내기 어려울 정도로 구체적인 진술은 다른 부가적인 사정이 없는 한 신빙성이 높게 평가될 여지가 크고, 반대로 누구나 금방 만들어 낼 수 있는 정도로 단순한 진술은 일반적으로 신빙성을 높게 평가하기 어렵다.[9]

(2) 진술내용 자체의 합리성과 논리성, 모순, 경험칙 부합여부
1) 합리성 및 진술자의 이해관계

공범으로 지목된 피고인이 자신의 범행 사실을 부인하고 있고 이를 뒷받침할 객관적 물증이 없는 경우, 공범인 공동피고인의 진술에 근거하여 유죄를 인정하기 위해서는 그 사람의 진술이 증거능력이 있어야 함은 물론 합리적 의심을 배제할 만한 신빙성이 있어야 한다. 신빙성 유무를 판단할 때는 진술 내용 자체의 합리성, 객관적 상당성, 전후의 일관성뿐 아니라 그의 인간됨, 진술로 얻게 되는 이해관계 유무 등을 아울러 살펴보아야 한다.[10]

> **[피고인이 범행에 가담하였다는 B의 진술]**은 충분히 신빙할 수 있다. B는 수사기관에서부터 원심 법정에 이르기까지 범행의 경위 및 범행 내용, 즉 피고인의 제안에 따라 지인인 C를 통해 알게 된 D에게 사업자등록 및 통장 개설을 권유한 점, D로부터 건네받은 D 명의의 통장을 자신의 집에서 피고인에게 건네준 점, D가 금융기관에 가서 싱가포르에서 송금된 돈을 인출하였는데, 그 과정에서 피고인이 B에게 전화통화를 통해 상황을 알려준 점, 인출이 완료된 후 피고인으로부터 수고비 명목으로 700만 원을 교부받아 그중 600만 원을 C에게 입금한 점 등에 관하여 **일관되게 진술하였다.** B의 진술은 그 내용이 상세할 뿐 아니라 진술 자체로 모순되거나 불합리한 점을 찾기 어려우며, B가 범행이 완료되고 고향 선배인 R 명의의 계좌를 통해 C에게 600만 원을 송금한 사실이 입출금 계좌내역에 의하여 확인되는 등 **객관적 정황에도 부합한다.** B는 피고인으로부터 싱가포르 은행에서 편취한 돈의 인출에 필요한 사업자등록 및 통장 개설을 제안받아 이를 실행하였을 뿐 범행의 주모자로서 피고인의 상선에 해당하는 H와 직접 연락한 바는 없다고 주장한다. 범행 직후 3회에 걸쳐 싱가포르 은행에서 송금된 미화 합계 932,870달러를 편취한 사기 범행이 H, 피고인, B, L의 차례로 순차 공모하여 이루어진 점에 비추어 보면, 위 범행보다 조금 앞선 시기에

---

8) 대법원 2008. 3. 14. 선고 2007도10728 판결 참조
9) 대전지방법원 홍성지원 2020. 11. 26. 선고 2020고합32 판결
10) 대법원 2014. 4. 10. 선고 2014도1779 판결 참조

거의 동일한 수법으로 발생한 이 사건 범행이, H와 B 두 사람 모두와 친분이 있어 그 사이를 연결하는 중간책 역할을 하던 피고인이 완전히 배제된 상태에서 수행되었다는 것은 쉽게 납득이 가지 아니한다. B의 입장에서는 피고인을 자신의 상선으로 주장함으로써 **범행의 공동정범으로서 자신의 기여도를 낮출 수 있어, 그러한 내용의 허위 진술을 할 동기가 있다고 볼 여지도 있으나,** 앞서 본 B 진술의 합리성, 구체성, 일관성 등에 비추어 볼 때, 피고인이 범행에 상선으로 관여하였다는 B의 진술이 허위라고 보기 어려울 뿐 아니라, **B가 수사기관에서부터 자신의 범행 가담 사실을 줄곧 자백한 이상 피고인을 상선으로 주장한다 하여 자신의 죄책을 숨길 수 없는 상황**이고, 달리 피고인을 무고할만한 동기도 찾을 수 없으므로, B가 허위 진술을 할 가능성은 그리 크지 않다.

B가 ① 경찰 1회 조사에서는 '피고인이 D와 함께 금융기관에 가서 싱가포르에서 송금된 돈을 인출하였다.'고 진술하였다가, 이후 경찰 2회 조사에서부터는 '피고인 아닌 제3자가 D와 동행하였을 가능성이 있다.'고 진술한 점, ② 편취한 돈을 인출할 당시의 정황에 관하여 '피고인으로부터 전화가 와서 당시 상황을 전해 들었다.'고 진술하였으나, D는 '당시 동행했던 B의 후배라는 성명불상자가 B와 통화하는 모습을 보았으며 자신도 그를 통해 B와 통화하였다.'는 취지로 진술한 점 등은 B의 진술이 번복되거나 D의 진술과 일치하지 않는 부분들로 **B 진술의 신빙성을 탄핵하는 요소로 볼 여지도 있다.**

먼저 ①에 관하여 보면, B가 경찰 1회 조사에서 '피고인이 D와 함께 금융기관에 가 돈을 인출하였다.'는 취지로 진술한 것은, B가 직접 그 현장을 목격한 것이 아니라 당시 D가 돈을 찾는 상황을 피고인과의 전화통화를 통해 전해 듣게 되어 피고인이 D와 동행한 것으로 알았던 것인데, D가 당시 피고인이 아닌 제3자와 동행하였다고 진술하자, 그렇다면 피고인이 아닌 피고인으로부터 지시를 받은 제3자가 D와 함께 금융기관에 갔고, 피고인은 이들을 미행하거나 혹은 그 제3자를 통해 당시 상황을 전해 듣게 된 것으로 보인다는 취지로 진술한 것으로, 예금 인출 당시 현장에 있지 아니하였고 피고인으로부터 전화통화를 통해 당시 정황을 전해들은 B로서는 피고인이 D와 실제 동행하였는지 여부를 확신할 수 없어 위와 같이 제3자의 동행 가능성을 추측하여 진술한 것으로 보이고, 진술 내용의 변경이 최초의 진술에 완전히 배치된다고 보기는 어렵다.

다음 ②에 관하여 보면, D의 위와 같은 진술이 기억에 반하는 허위진술이 아니라 하더라도, D는 범행 이전에 B를 전혀 알지 못하였고, 금융기관에서 돈을 인출하기 전 자신 명의의 사업자등록증을 전달할 당시 B를 1회 본 적이 있는데 불과하므로, 유선상의 목소리만으로 통화 상대방이 B인지를 식별하기는 어려웠을 것으로 보이고, 제3자가 B를 사칭하였을 가능성도 배제할 수 없다. 또한 D는 수사 초기부터 '오래되어서 이 사건에 대해 잘 기억이 나지 않는다. S라는 친구를 통해 B를 소개받아 범행에 이른 것으로 기억한다.'는 취지로 진술하였으나, 증거에 의하면 S는 이 사건과 전혀 무관한 인물로 확인되는바, 이러한 점에 비추어 보아도 D의 진술을 그대로 신빙하기는 어렵다.

2) 경험칙

1970. 1. 7. 공소외 1에게 평당 금 1,350원에 위 임야를 매도한 피고인으로서 그 매매계약의 이행을 위하여 이에 앞선 1969. 12월 말경에 이를 원 매수인자인 공소외 2로부터 원 매도가격의 2배인 평당 금 3,000원에 도로 매수하기로 하였다는 것은 경험상 도저히 보기 어려운 일임에 비추어 그와 같은 내용의 진술 증인을 채용하여 피고인이 위 임야를 공소외 2로부터 다시 매수하여 공소외 1에게 이전등기를 하여줄 수 있다는 취지사실 인정을 한 원 판결은 경험칙 위배로 인한 사실 오인의 잘못 있다.[11]

---

11) 대법원 1971. 8. 31. 선고 71도1302 판결

(3) 다른 증거와의 부합여부

1) 다른 사람의 진술과 일치여부

1) 피해자는 피고인과 피해자를 수차례 만나면서 지급보증서를 발급해 주기로 했고, 지급보증서가 허위라는 사정이 밝혀지기 전까지 B와는 만나거나 연락한 적이 없다고 진술하고, **C, B의 진술도 피해자의 진술에 부합**한다. 피고인이 피해자가 실질적으로 운영하던 주식회사 P와 사이에 지급보증서를 발급해 줄 것을 책임지기로 하는 **업무협약을 체결한 사실도 피해자의 진술을 뒷받침**한다. 2) B는 피고인, Q로부터 G를 소개받았고 피고인의 지시에 따라 G에게 수수료를 교부하고 G로부터 지급보증서를 받았을 뿐이라고 진술한다. G도 수사기관에서 피고인으로부터 지급보증서 발급을 의뢰받았다고 진술하여 B의 진술에 부합한다. 3) 피해자는 C의 말에 따라 J의 계좌로 판시 기재 돈을 송금하였고, C는 피고인의 말에 따라 위 돈 중 8,000만 원을 피고인이 사용하던 N 명의의 계좌로 송금하였다. 피고인이 C에게 N 명의의 계좌번호를 알려주면서 수수료를 지급받았고, 그 수수료를 인출하여 B에게 교부하여 G에게 전달하도록 하였다. **위와 같은 내용은 C, N, B의 진술로 인정**된다. 4) C, B, G 모두 이 사건 지급보증서 발급 과정에 가담되어 있어, 그 진술의 신빙성이 높다고 보기는 어려우나, 위에서 인정한 사정들은 **각 진술들이 대체로 일치하거나 앞서 본 제3자의 진술 또는 객관적인 증거에 부합하므로 그 신빙성을 인정**할 수 있다.[12]

2) 처분문서

Investigation Advice

투자계약서, 차용금계약서, 매매계약서 등 과 같은 처분문서가 있는 경우에는 계약서를 중심으로 사실의 인정을 하는 것이 보통이다. 고소인과 피고소인이 계약의 이행과 관련하여 사후 분쟁이 발생한 경우 계약서의 내용과 다른 사실을 임의적으로 주장하여도, 원칙적으로는 왜곡되기 쉬운 사후 진술보다는 상호간 협상의 결과로서 임의적으로 기재된 계약서가 더 신빙성이 높기 때문입니다. 다만, 1) 그 기재 내용과 다른 명시적·묵시적 약정이 있는 이면 계약사실이 인정되거나, 2) 처분문서의 기재 내용이 부동문자로 인쇄되어 있다면 인쇄된 예문에 지나지 아니하여 그 기재를 합의의 내용이라고 볼 수 없는 경우도 있다.

처분문서란 증명하고자 하는 법률적 행위가 그 문서 자체에 의하여 이루어진 경우의 문서를 처분문서라 한다.[13] 예를 들면 법원의 재판서, 행정처분서, 사법상의 의사표시가 포함된 법률행위서(계약서, 약정서, 각서, 차용증서, 합의서 따위, 어음·수표 따위의 유가증권, 유언서, 해약통지서, 납세고지서, 그 밖에 관념의 통지가 그것이다.[14]

---

12) 서울동부지방법원 2020. 8. 11. 선고 2018고단4006,2020고단344(병합) 판결
13) 법률행위 자체가 문서에 화체된 경우
14) 이시윤, 신민사소송법 420쪽 참조, 2002. 8. 10. 자 초판발행

A. 진정성립

문서에 대한 진정성립의 인정여부는 법원이 모든 증거자료와 변론의 전 취지에 터잡아 자유심증에 따라 판단하게 되는 것이고, 그 처분문서는 진정성립이 인정되면 그 기재내용을 부정할 만한 분명하고도 수긍할 수 있는 반증이 없는 이상 문서의 기재 내용에 따른 의사표시의 존재 및 내용을 인정하여야 한다는 점을 감안하면 **처분문서의 진정성립을 인정함에 있어서는 신중**하여야 한다.

피고의 답변서에서 원고와 사이에 위 다세대 주택 201호에 대한 분양을 체결한 사실이 없고 분양계약서에 피고의 서명·날인은 모두 원고의 아들인 건축업자가 한 것이며 피고가 원고로부터 위 계약금, 잔금을 받은 사실도 전혀 없다고 하면서 원고의 청구원인 사실을 다투었다. 그런데 피고가 제1심의 제1차 변론기일에 답변서를 진술하면서 같은 기일에 이루어진 서증의 인부 절차에서는 분양계약서와 계약금, 잔금에 대한 영수증의 진정성립을 인정한 것으로 서증목록에 기재되어 있는바, 위와 같이 문서가 위조되었다거나 권한 없이 작성되었다는 취지로 다투다가 그 서증의 인부절차에서는 갑자기 진정성립을 인정한다는 것은 이례에 속하는 것이라고 할 것이다. 그러므로 법원은 피고가 서증의 인부 절차에서 위 문서들의 진정성립을 인정한 것이 아니라고 보거나, 적어도 당사자가 위와 같이 모순되는 진술을 하는 취지를 분명하게 석명해야한다.

B. 증명력 제한

다만 처분문서라도 그 기재내용과 다른 명시적·묵시적 약정이 있다면 그 기재 내용과 다른 사실을 인정할 수 있다.[15]

매매계약서에 매매대금이 2억 2,500만 원으로 기재되어 있으나, 만일 이 사건 매매대금이 2억 2,500만 원으로 정하여졌다면, 굳이 원고의 처인 소외인이 2,500만 원의 지급과 관련하여 각서를 작성할 것을 제안하거나, 피고가 각서의 내용과 관련하여 소외인과 다툼을 벌이고, 피고에게 불리한 각서를 소외인이 찢었음에도 불구하고 수차례 소외인에게 각서의 재작성을 요구할 이유가 별로 없었을 것으로 보이는 점 등에 비추어 보면, 매매계약 시 합의된 매매대금은 2억 원이나, 소외인의 부탁에 의해 계약서에는 형식상 2억 2,500만 원으로 기재한 것이 봄이 상당하다.

---

15) 대법원 2006. 9. 14. 선고 2006다27055 판결 참조

C. 처분문서의 형사절차에서 증명력

민사소송에서 처분문서의 증명력 법리는 형사소송에서도 그대로 차용하여 쓴다.[16]

가) 피고인은 피해자와 사이에서 인천 계양구 B 3층의 인테리어를 철거하기로 하는 공사계약을 체결하였다. 나) 당시 피고인과 피해자 사이에서 작성된 **철거공사 하도급 계약서에는 공사대금이 "추가바닥공사 및 벽체공사의 일금 천팔백만 원 정(18,000,000)을 추가비용을 인정합니다. 전체금액 일금 삼천만 원 정(30,000,000)을 확인합니다. 2013. 4. 10. A"이라고 기재되어 있고, 피고인의 인장이 날인되어 있었다.** 다) 이후에 피고인과 피해자 사이에서 작성된 각종 공정증서와 각서, 확인서 등을 살펴보면, 공정증서에는 차용액이 29,000,000원으로 기재되어 있었고, 각서에도 철거공사대금이 30,000,000원으로 기재되어 있으며, 확인서에도 변제할 금액이 30,000,000원이라고 기재되어 있다. 라) 뿐만 아니라 피해자는 수사기관에서 이 법정에 이르기까지 일관하여 공사대금의 액수가 3,000만 원이라고 진술하고 있다. 각 처분문서의 기재내용 및 피해자 진술의 신빙성이 인정되므로, 이 사건 공사대금의 액수는 30,000,000원이라고 봄이 상당하다(비록 공정증서상의 차용액은 3,000만 원이 아닌 2,900만 원으로 기재되어 있으나, 2,900만 원과 당초 공사대금으로 기재된 3,000만 원의 차액이 처분문서의 신빙성을 배척할 정도의 의미가 있다고 보기 어렵다. 특히 피고인이 피해자에게 계약금조로 200만 원을 교부한 적이 있는 점 등을 감안할 때 공정증서 작성 당시 공사대금의 액수를 3,000만 원으로 전제하고 당사자 사이에서 다소간의 정산을 거쳤을 가능성도 높다).

D. 형사판결문 - 유력한 증거

형사재판에 있어서 이와 관련된 **다른 형사사건의 확정판결에서 인정된 사실은 특별한 사정이 없는 한 유력한 증거자료**가 된다. 그러나 당해 형사재판에서 제출된 다른 증거 내용에 비추어 관련 형사사건의 확정판결에서의 사실판단을 그대로 채택하기 어렵다고 인정될 경우에는 이를 배척할 수 있다.[17] 이 경우에 그 배척하는 구체적인 이유를 일일이 설시할 필요는 없다.[18] 더욱이 유죄판결은 공소사실에 대하여 엄격한 증명이 되었다는 의미인 반면, **무죄판결은 그러한 증명이 없다는 의미일 뿐이지 공소사실의 부존재가 증명되었다는 의미도 아님에 주의해야 한다.**[19]

---

16) 대법원 2008. 2. 29. 선고 2007도11029 판결에서 농지의 명의신탁과 관련하여 명의신탁자가 농지매매증명을 발급받을 수 있게 된 시점 이후에 수탁자가 그 농지를 임의처분한 경우 횡령죄 성부 관련 판결, 강제집행면탈죄와 관련한 대법원 2008. 12. 11. 선고 2008도9164 판결
17) 대법원 2012. 6. 14. 선고 2011도15653 판결 등 참조
18) 대법원 2000. 2. 25. 선고 99다55472 판결 등 참조
19) 대법원 2006. 9. 14. 선고 2006다27055 판결 등 참조

E. 민사판결문 - 유력한 인정자료

형사재판에 있어 관련된 민사사건의 판결에서 인정된 사실은 공소사실에 대하여 유력한 인정자료가 된다고 할지라도 반드시 그 민사판결의 확정사실에 구속을 받는 것은 아니므로 형사법원은 증거에 의하여 민사판결의 확정사실과 다른 사실을 인정할 수 있다.[20]

(4) 진술자의 위치와 동기

1) 범죄 관련성 등 이해관계

임원급 사원 이외의 일반 직원들은 피고인의 범행과 아무 관련이 없거나 관련이 있더라도 공범으로 기소될 만큼의 관여는 없었는바, 자신의 이익을 위하여 피고인의 행위를 딱히 거짓으로 진술할 이유도 없다.[21]

2) 자발적으로 불리한 진술을 하는 경우

피고인은 피해자의 진술 외에 다른 목격자 등 증거가 없는 상황에서도 본인에게 다소 불리할 수 있는 내용을 솔직하게 진술하여 그 주장을 믿을 만하다.[22]

3. 재산범죄에서 고소인의 진술의 신빙성 평가

재산범죄 실무수사에서 특히 계약관계에서 계약불이행을 이유로 사기죄로 고소되는 경우가 빈번하다. 거래관계의 양 당사자로서 이해관계가 대립된다는 점에서 진술의 신빙성 평가에 주의를 요한다. 특히 사기죄에서 편취의 범의는 피고소인이 자백하지 않는 한 피해자의 진술이 유일한 경우가 많다. 함부로 고소인의 진술을 신빙하여 사기죄의 성립을 경솔하게 인정하게 되면 국가 수사권은 단지 고소인의 채권추심의 수단으로 전락할 수 있다.

결국 고소인 등 특정인의 진술만이 유일한 증거일 경우 그 진술만을 토대로 유죄로 인정하기 위해서는 그 진술에 고도의 신빙성을 부여할 수 있어야 하며, 결국은 고소인의 인간 됨됨이까지도 포함하는 일체의 자료를 통하여 검증되고 확인되어야만 할 것이다.[23]

---

20) 대법원 1996. 8. 23. 선고 95도192 판결, 대법원 2006. 2. 10. 선고 2003도7487 판결 등 참조
21) 수원지방법원 안산지원 2013. 12. 27. 선고 2012고합142, 174(병합)
22) 대법원 2021. 3. 11. 선고 2020도15259 판결
23) 대전지방법원 2020. 4. 23. 2019고정1114

고소인은 **고소장에서 피고인이 처음에 사업자금이 필요한데 600만 원을 빌려주면 월 2부 이자를 주고 빠른 시일 내에 변제하겠다고 말하였고, 사업자금이 조금 더 필요하다, 추가로 사업자금을 빌려주면 역시 월 2부 이자를 주겠다고 말하였다**고 기재하였다. 그런데 고소인은 수사기관에서는 피고인이 600만 원에 대해서는 딸 대학교 등록금, 900만 원에 대해서는 나무 사는데 쓴다고 하였다고 진술하였고 이 법정에서는 아들하고 공장을 같이 하는데 돈이 필요하다고 그래서 빌려주고 딸이 대학 다니는 데 등록금 내야 한다고 그래서 또 빌려주었다고 진술하는바 **차용금 용도에 대한 피해자의 진술은 일관성이 없어 신빙성이 떨어진다.**

4. 참고 판결문 - 고소인의 동기와 경위

차용금 편취 등 재산범죄 실무수사에서 실제 기소의견으로 송치되는 비율은 불과 10%~20%에 불과하다. 채권추심을 목적으로 수사기관에 사건을 무리하게 접수하거나, 회사, 동업, 단체의 경영권 다툼에서 수사기관을 통해 우회 압박하기 위한 목적에서 고소하는 경우가 빈번하다. 고소 동기 파악은 진술 신빙성 판단에 유력한 판단척도가 됨은 물론이다. 아래 사례를 읽어보자.

1. 피해자는 불상의 경위와 이유로 피고인과 수회에 걸쳐 금전거래를 한 이후에, 그로부터 거의 10년이 다 되어가는 2018. 4.경 비로소 피고인으로부터 차용금을 편취당하였다는 취지로 주장하면서 고소에 이르렀는바, 이 사건 고소의 동기와 경위가 의심스럽다. 또한 수사 및 재판과정에서 피해자의 이 사건 경위에 관한 진술내용(특히 피고인을 처음 만나게 된 시점이나 만남 과정, 사업을 제안받았다는 경위, 이후의 사업 진행경과와 피해자의 사업 관련성 여부 등)이 부자연스럽고 선뜻 그대로 믿기 어려운 측면이 있다. 반면에, 오히려 피고인의 관련 진술내용이 보다 자연스럽고 신빙성이 있다. 피고인이 주장하는 바와 같이 범죄일람표 순번 1 기재 돈은 검진사업과 별개로 그 이전부터 알고 지내던 당사자 사이에 다른 경위나 명목으로 교부되었을 가능성도 배제할 수 없다(다만, 이러한 금전교부의 법적 성격이 '대여'인지, 무상의 '증여'인지 여부는 별론으로 한다. 피해자는 피고인과 사이에 수회의 금전거래 후 피고인으로부터 총액을 3억 8,000만 원으로 기재한 차용증, 이행각서를 사후적으로 징구 받았고, 그로부터 상당한 시간이 경과한 2015년경 위 문서에 근거하여 피고인을 상대로 대여금청구의 소를 제기하였다. 위 사건에서 공시송달의 방법으로 소송이 진행된 결과 피해자에 대한 승소판결이 선고·확정되었다).
2. 아래와 같은 사정들에 비추어 보면, 피고인 A 또는 피고인들이 피해자로 하여금 D에 위 2억 원을 투자하도록 할 당시에 기망을 하였다고 보기도 어렵다.
1) 피해자는 이 사건 고소를 하기 몇 달 전 피고인 B와 통화를 하면서 "(내가 D에) 투자한 거는 (피고인들의) 사기는 아니에요", "돈(2억 원)을 받았는데 나한테 돈을 안 줬으니까 그게"라는 말을 하였고, 이 법정에서도 "이 사건 계약이 해제되면 투자계약금 2억 원이 피고인 A에게 반환된다는 내용을 알고 있었다", "14억 원 중에 나머지 12억 원을 누가 부담할지는 정확히 정하지 않았다", "피고인 A에게 2억 원을 반환하라고 요구한 적은 없다", "피고인 B는 투자할 돈이 없었고, 피고인 A를 소개만 해 주었다"라고 진술하였다. 2) 한편, 피해자는 피고인 B와 통화를 하면서 피고인 A에 대한 고소장을 어떻게 써야 할지, 고소장에 피고인 B도 포함시켜도 문제가 없을지, 고소는 언제 할지 등에 관하여 매우 친밀하고도 진지한 태도로 협의를 한바, 피해자가 고소하기 이전에 고소할 피고인 중 1명과 고소할 내용을 협의한다는 것은 그 자체로 납득할 수 없는 일인데, 그 내용 또한 피해자가 피고인 A 또는 피고인들에게 기망

당한 것을 따지는 내용이 아니라 피고인 A가 조만간 돈을 받을 데가 있으니 형사책임을 추궁하여 돈을 받아내 보자는 취지로 서로 말을 꾸며서 맞추는 것이다. 3) 앞서 본 것처럼 피해자는 이 사건 계약이 해제된 무렵인 피고인 B로부터 피고인 A가 위 2억 원을 반환받았으나, 피고인들이 주식 투자를 해서 손실을 보거나 피고인 B가 개인적인 용도로 사용했다는 말을 들었으면서도 이 사건 계약이 해제된 후 무려 10년이 다 되어 가도록 피고인 A에게 사기 운운하면서 위 2억 원의 반환을 요청한 적이 없고, 심지어 이 사건 고소를 하기 몇 달 전에 피고인 B와 고소장 내용 등에 관하여 전화로 협의하면서 피고인 A를 고소할 경우 피고인 B에게도 해가되지 않을까 고민하는 태도를 보이기까지 하였다. 4) 피해자의 위와 같은 말이나 진술, 태도 등은 피고인 A 또는 피고인들에게 기망당하였다는 것과 어울릴 수 없고, 오히려 '피고인 B가 이 사건 계약이 해제된 후 피고인 A로부터 위 2억 원을 모두 돌려받고도 피고인 A와의 공동 책임하에 1억 2,000만 원을 주식에 투자하여 손실을 보고, 나머지 8,000만 원을 사적 용도에 사용한 다음, 피고인 A로부터 위 1억 2,000만 원의 절반인 6,000만 원까지 지급받고도 위 2억 원은 물론, 위 6,000만 원도 바로 피해자에게 전액 돌려주지 않은 채, 장기간 분할하여 1억 4,927만 원을 반환해 오다가 추가 정산을 할 여력이 되지 않자 피해자와 함께 피고인 A를 압박하기 위해 이 사건 고소를 제기한 것'이라는 취지의 피고인 A의 의심에 상당한 힘을 실어주는 사정에 해당한다.[24]

---

24) 대전지방법원 2021. 6. 3. 선고 2020고단1035 판결

Chapter 2

재산범죄의 구성요건

| Section 1 | 재물과 이익 |

🎖 기본 이론

형법과 판례는 재산범죄의 피해품으로서 재물과 재산상 이익을 엄격히 구별하고 있다. 이에 따라 수사사항도 달라질 수밖에 없다.

1. 재물

재물은 물리적 관리 가능성이 있는 물건과[25] 관리할 수 있는 동력을 포함한다. 다만 여기서 관리란 물리적 또는 물질적 관리를 말하며, 사무적으로 관리가 가능한 채권이나 그 밖의 권리 등은 제외된다.[26]

(1) 재물의 요건

1) 재물의 가치성 : 주관적 내지 소극적 가치

절도죄의 객체인 재물은 반드시 **객관적인 금전적 교환가치를 가질 필요는 없고 소유자, 점유자가 주관적인 가치를 가지고 있으면 족하다.** 이 경우 주관적, 경제적 가치의 유무를 판별함에 있어서는 그것이 **타인에 의하여 이용되지 않는다고 하는 소극적 관계**에 있어서 그 가치가 성립하더라도 관계없다.[27]

---

25) 대법원 1971. 2. 23. 선고 70도2589 판결
26) 대법원 1994. 3. 8. 선고 93도2272 판결
27) 대법원 1996. 5. 10. 선고 95도3057 판결 참조

① 피고인이 절취한 주주명부가 기재된 용지 70장은 피해자 회사에 비치되어 있던 그 소유의 복사용지를 이용하여 전산출력된 사실, 설령 피고인이 가지고 나왔다는 서류들이 비록 원주주명부를 복사하여 놓은 복사본이었다 하더라도, 위 서류들은 피해자 회사의 주주명단을 기재하여 놓은 문서들로서 주주명단을 정리할 당시 위 서류들에 기재된 인적사항 등이 외부로 유출되는 것을 방지하기 위하여 피해자 회사에서는 회의실 밖에 위치해 있던 분쇄기를 이용하여 명단을 폐기해 온 사실을 인정할 수 있는바, 그렇다면 위 서류들은 피해자 회사에 있어서는 소유권의 대상으로 할 수 있는 주관적 가치뿐만 아니라 그 경제적 가치도 있다 할 것이어서, 절도죄의 객체가 되는 재물에 해당한다.[28]

② 발행자가 회수한 약속어음을 세 조각으로 찢어버림으로써 폐지로 되어 쓸모없는 것처럼 보인다 하더라도 그것이 타인에 의하여 조합되어 하나의 새로운 어음으로 이용되지 않는 것에 대하여 소극적인 경제적 가치를 가지는 것이므로 피고인이 그 소지를 침해하여 이를 가져갔다면 절도죄가 성립한다.[29]

③ 피고인이 근무하던 회사를 퇴사하면서 가져간 서류가 이미 공개된 기술내용에 관한 것이고 외국회사에서 선전용으로 무료로 배부해 주는 것이며 동 회사연구실 직원들이 사본하여 사물처럼 사용하던 것이라도 위 서류들이 회사의 목적업무 중 기술분야에 관한 문서들로서 국내에서 쉽게 구할 수 있는 것도 아니며 연구실 직원들의 업무수행을 위하여 필요한 경우에만 사용이 허용된 것이라면 위 서류들은 위 회사에 있어서는 소유권의 대상으로 할 수 있는 주관적 가치뿐만 아니라 그 경제적 가치도 있는 것으로 재물에 해당한다 할 것이어서 이를 취거하는 행위는 절도에 해당하고 비록 그것이 문서의 사본에 불과하고 또 인수인계 품목에 포함되지 아니 하였다 하여 그 위법성이 조각된다 할 수 없다.

2) 금제품(禁制品)

작성권한 없는 자에 의하여 위조된 유가증권이더라도 절차에 따라 몰수되기까지는 그 소지자의 점유를 보호하여야 한다는 점에서 형법상 재물로서 절도죄의 객체가 된다.[30]

㈜ 쌍방울개발 무주리조트에 입사하여 전산팀에 근무하던 제1심 공동피고인이 1997. 12. 27. 16:00경 무주리조트 서편매표소에서 판매할 목적으로 권한 없이 그곳에 있는 리프트탑승권 발매기를 임의 조작한 다음 정상적인 리프트탑승권과 상이한 쌍방울개발 명의의 회원용 리프트탑승권 100장을 부정 발급하여 취득한 것을 비롯하여 그때부터 1998. 1. 6. 11:00경까지 사이에 위와 같은 방법으로 모두 5회에 걸쳐 정상적인 리프트탑승권과 상이한 쌍방울개발 명의의 회원용 리프트탑승권 1,700장을 부정 발급하여 취득한 사실과 피고인이 1997. 12. 27. 20:00경 무주리조트 티롤호텔 뒤에서 제1심 공동피고인으로부터 위와 같이 부정 발급된 리프트탑승권 100장을 대금 2,790,000원을 매수한 것을 비롯하여 그때부터 1998. 1. 6. 12:00경까지 사이에 모두 5회에 걸쳐 1,700장을 대금 47,430,000원을 매수한 사실이 있다.

---

28) 대법원 1996. 5. 10. 선고 95도3057 판결 참조
29) 대법원 1976. 1. 27. 선고 74도3442 판결
30) 대법원 1998. 11. 24. 선고 98도2967 판결

[판단] 발매기에서 나오는 위조된 탑승권은 제1심 공동피고인이 이를 뜯어가기 전까지는 쌍방울개발의 소유 및 점유하에 있다고 보아야 할 것이므로, 위 제1심 공동피고인의 행위는 발매할 권한 없이 발매기를 임의 조작함으로써 유가증권인 리프트탑승권을 위조하는 행위와 발매기로부터 위조되어 나오는 리프트탑승권을 절취하는 행위가 결합된 것이고, 나아가 그와 같이 위조된 리프트탑승권을 판매하는 행위는 일면으로는 위조된 리프트탑승권을 행사하는 행위임과 동시에 절취한 장물인 위조 리프트탑승권의 처분행위에 해당한다. 따라서 이 사건에서 제1심 공동피고인이 위 위조된 리프트탑승권을 위와 같은 방법으로 취득하였다는 정을 피고인이 알면서 이를 제1심 공동피고인으로부터 매수하였다면 그러한 피고인의 행위는 위조된 유가증권인 리프트탑승권에 대한 장물취득죄를 구성한다.

(2) 문서의 재물성

문서의 불법취득에 의하여 재물과 재산상 이익에 관한 범죄가 성립하기 위해서는, 원칙적으로 문서에 재물이나 **재산상의 이익의 처분에 관한 사항**을 포함해야 한다.[31]

1) 무효인 약속어음공정증서

약속어음공정증서에 있어, 증서를 무효로 하는 사유가 존재하더라도 그 증서 자체에 이를 무효로 하는 사유의 기재가 없고 외형상 권리의무를 증명함에 족한 체제를 구비하고 있는 한 그 증서는 형법상의 재물로서 사기죄의 객체에 해당된다.[32]

학교법인의 이사인 피고인이 이사장과 공모하여 학교법인의 전 이사장 개인명의의 당좌수표를 회수하기 위하여 학교법인 명의로 이 사건 약속어음 6매를 발행하고 그중 5매에 대하여 강제집행인락공증을 해 준 이상, 당시 위 어음을 발행함에 있어서 이사회의 적법한 결의를 거치지 아니하고 관할청의 허가를 받지 아니하여 법률상 당연 무효이다. 그런데, 피고인은 피해자들에게 사실은 학교법인을 인수할 사람이 없으므로 피해자들로부터 위 약속어음을 교부받더라도 위 약속어음금을 갚아줄 의사나 능력이 없음에도 위 학교법인을 인수하고 대가를 지불하겠다는 사람이 있는데 위 약속어음 공정증서가 문제가 되니 약속어음 공정증서를 주면 재단 인수문제를 조속한 시일 내로 매듭지어 채무를 변제할 것이라고 거짓말을 하여 이에 속은 피해자들로부터 각 약속어음 공정증서를 교부받아 이를 편취하였다.

2) 보험가입사실증명원 ×

보험가입사실증명원은 보험에 가입하였음을 증명하는 보험가입증명원을 제출하여 보험회사가

---

31) 대법원 1997. 3. 28. 선고 96도2625 판결
32) 대법원 1995. 12. 22. 선고 94도3013 판결

이를 증명하는 내용의 문서일 뿐이고 거기에 재물이나 재산상의 이익의 처분에 관한 사항을 포함하고 있는 것은 아니다. 그렇다면 이러한 문서의 불법취득에 의해 침해된 또는 침해될 우려가 있는 법익은 보험가입사실증명원인 서면 그 자체가 아니고 그 문서가 교통사고처리특례법 제4조에 정한 보험에 가입한 사실의 진위에 관한 내용이므로, 이러한 증명에 의하여 사기죄에서 말하는 재물이나 재산상의 이익이 침해된 것으로 볼 것은 아니어서 사기죄가 성립할 여지가 없다.[33]

3) 인감증명서 ○

인감증명서는 일반인의 거래상 극히 중요한 기능을 가지므로, **그 내용 중에 재물이나 재산상 이익의 처분에 관한 사항이 포함되어 있지 않더라도** 특별한 사정이 없는 한 재산적 가치를 가지며, 형법상 '재물'에 해당한다.[34]

> 판례 피고인이 피해자에게서 매수한 재개발아파트 수분양권을 이미 매도하였는데도 마치 자신이 피해자의 입주권을 정당하게 보유하고 있는 것처럼 피해자의 딸과 사위에게 거짓말하여 피해자 명의의 인감증명서 3장을 교부받았다. 이때 위 인감증명서는 피해자 측이 발급받아 소지하게 된 피해자 명의의 것으로서 재물성이 인정된다 할 것인데, 피고인이 피해자 측을 기망하여 이를 교부받은 이상 재물에 대한 편취행위가 성립한다. 따라서 피고인은 피해자의 재개발아파트 수분양권을 이중으로 매도할 목적으로 그에 중요한 의미를 가지는 피해자 명의의 인감증명서를 기망에 의하여 취득하였다는 것이므로 위 인감증명서에 대한 편취의 고의도 인정하기에 충분하므로, 위와 같은 피고인의 행위에 대하여는 재물의 편취에 의한 사기죄가 성립한다.

4) 등기필증 ○

등기공무원이 경락허가결정의 등본에 소유권이전등기를 완료하였다는 등기필의 취지를 기재하고 등기소인을 압날한 문서는 사기죄의 객체인 재물이다.

(3) 전기 ○

전기는 관리할 수 있는 동력으로서 재물에 포함된다. 외부 전선을 건물 내 배선과 직접 연결해 계량이 되지 않게 하는 경우가 전형적 전기 절도에 해당한다.[35] 그러나 절도죄 성립을 위해서는 허락 없이 사용된 전기가 **피의자가 아닌 타인의 점유·관리하에 있다**는 사실을 입증해야 한다.

---

33) 대법원 1997. 3. 28. 선고 96도2625 판결, 불가벌의 영역인 허위사문서작성의 간접정범 형태이다.
34) 대법원 2011. 11. 10. 선고 2011도9919 판결
35) 한국전력공사, 2015. 8. 17. '도전 현황'(5년간 '전기 도둑' 피해 5만 건에 1천 300억 원 넘어, 연합뉴스)

1) 강제경매절차에서 매수인

피해자는 강제경매 절차에서 피고인 소유이던 이 사건 토지 및 건물을 매수하고 나서 법원으로부터 피고인을 피신청인으로 한 인도명령을 받은 후 집행관에게 위임하여 이 사건 토지 및 건물에 관한 인도집행을 한 사실, 피고인은 이 사건 건물 외벽에 설치된 전기코드에 선을 연결하여 이 사건 컨테이너로 전기를 공급받아 사용한 사실, 이 사건 건물에 부착된 계량기의 검침결과 2014. 11. 19.부터 2014. 12. 19.까지의 전기사용량은 24kw인 사실을 알 수 있다.
○ (인도명령 집행 이전의 사용 부분) 피고인은 인도명령의 집행이 이루어지기 전까지는 이 사건 건물을 점유하면서, 이 사건 건물에 들어오는 전기를 점유·관리하였다고 봄이 상당하고, 피고인이 이 사건 건물에 설치된 전기코드에 선을 연결하여 이 사건 컨테이너로 전기를 공급받아 사용하였다고 하더라도 이는 당초부터 피고인이 점유·관리하던 전기를 사용한 것에 불과할 뿐, 이를 타인이 점유·관리하던 전기를 사용한 것이라고 할 수 없으며, 피고인에게 절도의 범의가 있었다고도 할 수 없다.
○ (인도명령 집행 이후 전기 사용부분) 또한 이 사건 건물에 부착된 계량기의 검침결과는 1달 동안의 전기사용량을 나타내는 것에 불과할 뿐 피고인이 인도명령 집행 이후에도 전기를 사용하였다는 증거가 되기에 부족하고, 달리 이를 인정할 증거는 찾을 수 없다.

2) 임차인이 철거하지 않은 대형냉장고

피고인은 피해자로부터 임대계약 종료를 원인으로 한 명도요구를 받고 식당 건물에서 퇴거하기는 하였으나, 식당 건물 외벽 쪽에 설치하여 사용하던 대형냉장고는 그 전원이 연결되어 있는 상태로 둔 사실, 피해자 측은 피고인의 퇴거 직후 명도상황을 점검하면서 위 대형냉장고가 전원이 연결된 상태로 존치되어 있는 것을 확인하고 피고인에게 그 철거를 요구하였으며, 이에 따라 피고인이 위 대형냉장고를 철거하였는데, 그 기간 동안 전기사용료가 22,965원 가량이 되었다. 비록 피고인이 이 사건 식당 건물에서 퇴거하기는 하였으나, 위 대형냉장고의 전원을 연결한 채 그대로 둔 이상 그 부분에 대한 점유·관리는 그대로 보유하고 있었다고 보아야 하며, 피고인이 위 대형냉장고를 통하여 전기를 계속 사용하였다고 하더라도 이는 당초부터 자기의 점유·관리하에 있던 전기를 사용한 것에 불과하고, 타인의 점유·관리하에 있던 전기를 사용한 것이라 할 수는 없고, 피고인에게 절도의 범의가 있었다고도 할 수 없으므로 피고인을 절도죄로 의율할 수는 없다.[36]

전기절도와 관련된 하급심 판결인 2011고약20032판결(대구지방법원)을 살펴보자.

피고인은 A 비전 대구영업팀의 대리이다. 피고인은 대구 수성구 소재 아파트 입주자 대표와 3년 계약의 케이블 방송공급 계약을 체결하였다. 피고인은 2011. 7. 1. 같은 해 9. 8.까지 위 아파트 7동 옥상의 공동전기함에 피해자인 아파트관리소장 김○○의 승낙을 받지 않고 화질이 좋은 케이블 방송을 공급하기 위해서 증폭기를 설치하였다. 대구지방법원에서는 공동전기를 사용할 경우 관리소장인 피해자에게 증폭기에 사용되는 전기에 대하여 동의를 얻거

---

36) 대법원 2008. 7. 10. 선고 2008도3252 판결

나 승낙을 받아야 함에도 불구하고 피해자로부터 아무런 승낙이나 동의 없이 약 68일간 증폭기에 연결된 전기 약 492K조, 시가 약 176,830원 상당을 절취하여 사용한 것으로 판단하여 절도죄의 유죄를 인정하였다.

위 판결과 관련, 비록 피고인이 증폭기를 통해 전기를 사용하였지만 여전히 그 전기는 아파트 관리실의 지배범위 내에 있는 것으로서 피고인에게는 현실적인 지배가 인정되지 않기 때문에 아파트 관리소 측의 점유가 침해된 것은 아니라는 이유로 절도죄 성립을 부정하는 반대의 견해가 있다.[37]

(4) 정보 · 역무 · 권리의 재물성 ×
1) 정보

부정경쟁방지 및 영업비밀 보호에 관한 법률에서는, 영업비밀의 부정취득 또는 그 부정사용을 별도의 범죄구성요건으로 규정하고 있다. 또, 경합적으로 영업비밀 내지 영업상 주요한 자산 유출의 경우에 배임죄를 구성한다.[38] 다만 이와 별개로 절도죄가 문제된다.

A. 정보에 대한 절도 ×

먼저 컴퓨터에 저장되어 있는 '정보' 그 자체는 유체물이 아니며, 물질성을 가진 동력도 아니므로 재물이 될 수 없다.[39]

B. 회사 서류의 원본 내지 사본 자체를 가져간 경우 ○

피고인이 근무하던 회사를 퇴사하면서 가져간 서류가 이미 공개된 기술내용에 관한 것이고 외국회사에서 선전용으로 무료로 배부해 주는 것이며 동 회사연구실 직원들이 사본하여 사물처럼 사용하던 것이라도 위 서류들이 회사의 목적업무 중 기술분야에 관한 문서들로서 국내에서 쉽게 구할 수 있는 것도 아니며 연구실 직원들의 업무수행을 위하여 필요한 경우에만 사용이 허용된 것이라면 위 서류들은 위 회사에 있어서는 소유권의 대상으로 할 수 있는 주관적 가치뿐만 아니라 그 경제적 가치도 있는 것으로 재물에 해당한다 할 것이어서 이를 취거하는 행위는 절도에 해당하고 비록 그것이 문서의 사본에 불과하고 또 인수인계 품목에 포함되지 아니 하였다 하여 그 위법성이 조각된다 할 수 없다.[40]

---

37)「전기절도와 점유침해」권오걸, 釜山大學校 法學研究 第53卷 第4號 · 通卷74號 2012年 11月
38) 대법원 2009. 10. 15. 선고 2008도9433 판결
39) 대법원 2002. 7. 12. 선고 2002도745 판결
40) 대법원 1986. 9. 23. 선고 86도1205 판결

C. 회사의 업무상 정보를 종이에 출력하여 가져간 경우 ×

피고인에 의하여 출력된 설계도면은 피해 회사의 업무와 관계없이 새로이 생성시킨 문서이며, 이는 피해 회사 소유의 문서라고 볼 수는 없다는 이유로 문서 **절도죄 성립을 부정**한다. 다만 출력에 필요한 용지 자체에 대한 절도는 가능하다.

2) 전화기 음향송수신 기능 ×

타인의 전화기를 무단으로 사용하여 전화통화를 하는 행위는 전기통신사업자에 의하여 가능하게 된 전화기의 음향송수신기능을 부당하게 이용하는 것이므로, 이러한 것은 무형적 이익에 불과하고 물리적 관리의 대상이 될 수 없어 재물이라 할 수 없다.[41]

3) 권리 ×

물리적 또는 물질적 관리가 아닌 사무적으로 관리가능한 채권이나 권리는 재물이 아니다.

① 광업권은 재물인 광물을 취득할 수 있는 권리에 불과하지 재물 그 자체는 아니므로 횡령죄의 객체가 되지 않는다.[42]
② 전화가입권은 하나의 채권적 권리로서 재산상의 이익은 될지언정 재물이 아니라 하여 장물죄로 처단할 수 없다고 판단한 것은 정당하다.[43]

(5) 주권과 주식의 재물성

상법상 주식은 자본구성의 단위 또는 주주의 지위(주주권)를 의미하고 주주권을 표창하는 유가증권인 주권과는 구분된다. 주권은 유가증권으로서 재물에 해당하므로 횡령죄의 객체가 될 수 있지만 자본의 구성단위 또는 주주권을 의미하는 주식은 재물이 아니므로 횡령죄의 객체가 될 수 없다.[44]

1) 발행된 주권

발행된 주권은 유가증권으로서 재물에 해당한다. 나아가 **증권예탁결제원에 예탁되어 계좌 간 대체 기재의 방식에 의하여 양도되는 주권(株券)도 유가증권으로서 재물에 해당**한다.[45] 주식의

---

41) 대법원 1998. 6. 23. 선고 98도700 판결
42) 대법원 1994. 3. 8. 선고 93도2272 판결
43) 대법원 1971. 2. 23. 선고 70도2589 판결
44) 대법원 2023. 6. 1. 선고 2020도2884 판결
45) [예탁결제제도] 증권회사나 기관투자자 등의 예탁자가 한국예탁결제원에 계좌를 개설하여 증권을 예탁하고,

편취에 관하여는 ㈜가 주권을 발행하기 전이면 주식이 표창하는 재산적 이익이 처분되면 당사자 사이에는 유효하게 이를 편취하게 되어 불법이득죄가 성립되나, 주권발행 후이면 주권은 주식의 일정 단위가 화체된 유가증권으로서 그 자체가 재산적 가치를 지닌 재물이므로 그 주식이 기명주식 또는 무기명주식이냐에 따라 각 그 양도방법에 의하여 주권이 교부되는 때에 재물편취죄의 기수가 된다. 따라서 그 전제로서 처분대상인 주권의 종류가 구체적으로 특정되어야 한다.

[공소사실] 피고인의 고소로 구속되어 있던 공소외 인이 합의를 요청하고 있는 것을 이용, 대금을 지급할 의사나 능력이 없음에도 백양사 관광호텔㈜에 대한 공소외인 외 7명 소유주식 160,800주에 관하여 그들을 대리한 이중연과 대금 2천7천5백만 원에 매매계약을 체결함에 있어 위 대금 중 8천만 원은 위 회사가 담보조로 설정한 가등기말소비용으로 사용하기로 공제하고, 5천만 원은 위 회사의 사채를 정리하는 조건으로 공제하고, 나머지 중 2,500만 원은 이복남에게 지급하며, 잔액 1억2천만 원은 위 가등기말소절차가 끝나는 대로 지급한다고 거짓말하여 주식 시가 6억7천만 원(액면가 1억6천8십만 원) 상당을 교부받아 동액상당의 재산상 이득을 취득하였다.

[판단] 범죄사실만으로는 "주식 시가 6억7천만 원(액면가 1억6천8십만 원) 상당을" 교부받아 동액상당의 재산상 이득을 취득하였다고 설시하고 있어 과연 재물편취죄와 불법이득죄 중 어느 것에 해당한다는 것인지 명백하지 아니할 뿐만 아니라 피고인의 제1심 법정 및 검찰에서의 각 진술과 이복남(고소인 측)의 검찰에서의 진술에 의하면 위 주식을 피고인에게 양도하기로 하고 그 주식명의를 그대로 둔 채 변호사 사무실에 보관시켰다고 서로 일치된 진술을 하고 있으므로 일응 주권이 발행된 기명식 주식이었음이 엿보인다. 따라서 이 사건 주식양도계약은 공소외인의 형사사건에 관하여 고소인 측과 합의를 보기 위하여 체결하게 된 것으로서 위 약정에 따라 고소인 1, 김대영은 그 형사고소를 취소하고 고소인 1의 오빠인 피고인이 일단 위 호텔의 경영권을 인수하기는 하였으나 주식양수대금은 위 호텔의 대지 및 건물에 설정된 가등기의 말소문제가 해결됨과 동시에 지급하기로 정하고 위 회사주식도 그때까지는 명의를 변경함이 없이 공소외인의 형사사건 변호인이던 김창헌 변호사 사무실에 보관시킨 사실이 인정된다.
○ 주권이 발행된 기명식 주식의 양도에는 상법상 주권에 배서하여 양수인에게 교부함으로써 그 양도의 효력이 발생하는 것이므로 위와 같은 사실관계라면 적법한 주식의 양도방식이 있었다 할 수 없어 주식양도의 효력이 생겼다고 할 수 없고 또한 위 주식이 피고인에게 적법히 양도되었다고 볼 자료도 없다.
○ 가사 무기명주식이라 하더라도 위와 같은 경위로 위 피해자 측의 변호사 사무실에 주식(주권)이 보관되어 있는 상태라면 위 변호사를 피고인의 점유보조자라고 인정할 특별한 사정이 밝혀지지 않는 한 공소외인이 그에 대한 지배력을 상실하고 위 주권이 피고인의 자유로운 지배 아래로 옮겨져서 피고인이 위주권을 교부받았다고 단정할 수도 없다. 오히려 임형재는 위 주권 16만 주에 관하여 피고인은 아무런 권한도 없었다고 진술하고 있고 피고인은 원심법정에서 항소이유의 진술을 통하여 피고인이 구속된 후 피해자 측이 위 주권을 다시 회수해 갔다고 변소하고 있다. 원심이 피고인이 위 주식을 적법히 양수하였음을 전제로 피고인에게 오히려 이득죄를 유죄로 인정한 것은 필경 사기죄의 법리를 오해한 것에 불과하다.

증권의 양도나 질권설정 등의 권리이전을 실물증권의 인도 대신 계좌대체의 방법으로 하는 제도를 말한다(한국예탁결제원 홈페이지, www.ksd.or.kr).
[계좌대체] 증권의 권리이전 관련 증권실물을 '교부'하여야 하나 예탁결제제도는 증권실물의 이동을 배제하기 위한 것이므로 계좌대체에 증권교부의 효력을 인정하고 있다. 즉 계좌 간 대체를 통해 매도 예탁자의 계좌부에 수량을 차감기재하고 매수 예탁자의 계좌부에 수량을 증가 기재함으로써 증권의 교부가 종료된다.

2) 미발행 주식

따라서 예탁결제원에 예탁돼 계좌 간 대체 기재의 방식에 의해 양도되는 주권은 유가증권으로서 재물에 해당하므로 횡령죄의 객체가 될 수 있다. 하지만 주권이 발행되지 않은 상태에서 주권불소지 제도, 일괄예탁 제도 등에 근거해 예탁결제원에 예탁된 것으로 취급되어 계좌 간 대체 기재의 방식에 의해 양도되는 주식은 재물이 아니므로 횡령죄의 객체가 될 수 없다.[46]

2. 재산상 이익

'재산상 이익'이란 전체적으로 고찰할 때 재산상태의 증가를 가져오는 일체의 이익 내지 가치로서 재물을 제외한 것을 의미한다.[47] 여기서는 전자정보를 논하는 외에 나머지는 이익사기와 배임죄 부분에서 다루기로 한다.

(1) 전자정보

인터넷 게임 기타 다양한 온라인에서 거래되며 사용되는 각종 전자아이템, 사이버 머니 등은 현실적인 경제적 교환가치를 가지고 있다는 점에서 형법상 재산범죄에서 이를 어떻게 다룰 것인지 문제된다.

1) 게임 아이템

게임 아이템이란 온라인 게임 안의 가상사회에서 게이머의 가상적 존재인 캐릭터 또는 아바타 등이 소지 착용 보유하는 가상재산으로서, 온라인에서 소유, 판매, 교환이 이뤄지고 있다.

하급심은 대체로 게임 아이템을 재산상 이익으로 인정하고 있다. 즉 '온라인게임 아이템'이 형법상 '재물'에 해당한다고 보기는 어렵지만, 유료아이템의 경우 현금을 지급하거나 무료아이템의 경우 시간과 노력을 투자하는 등 반대급부를 지불하여야 하고, 게임 아이템이 현실적으로 거래의 대상이 되어 금전으로 그 가치가 평가되고 있는바, 게임 아이템에 대하여 경제적 교환가치를 충분히 인정할 수 있다. 따라서 형법상보호의 객체가 되는 '재산상 이익'에는 해당한다고 봄이 상당하다.

---

46) 대법원 2023. 6. 1. 선고 2020도2884 판결, "이 사건에서는 범행이 2013년 발생했기 때문에 전자증권법이 적용되지 않는다. 그러나 2016년 전자증권법 제정으로 실물주권은 효력이 상실되었는데, 실물주권이 없는 주식이 횡령죄의 객체가 될 수 있는지 불분명했다. 이 판결은 비록 전자증권법이 적용되는 사안은 아니지만, 실물주권이 발행되지 않은 상태에서 예탁된 주식은 재물이 아니므로 횡령죄의 객체가 될 수 없다는 법리를 최초로 선언했다."
47) 헌법재판소 2010. 5. 27. 자 2007헌바100 결정

나아가 무료아이템이더라도 재산적 가치가 없다고 단정할 수 없고, 경우에 따라서는 충분히 '재산상 이익'에 해당할 수 있다.[48]

A. 이익사기의 객체로 인정

[범죄사실] 피고인은 사실은 게임 캐릭터를 실수로 삭제한 것이 아니었고, 캐릭터의 게임서버이전 서비스를 이용하여 스스로 다른 서버로 이전해 갔음에도, ZZ앤파이터 게임 홈페이지 내 1대1 복구 신청란에 접속하여 "sunhansin 계정을 통하여 시로코 서버에서 해즐링 캐릭터를 보유하고 있었는데 실수로 캐릭터를 삭제하였으니 복구해 달라."고 거짓말하여 이에 속은 피해회사 소속 성명불상의 직원으로 하여금 위 캐릭터를 복구하게 하고, 복구 받은 캐릭터가 가진 게임 아이템을 사이트 내 경매장에서 게임머니로 교환한 다음, 그 무렵 온라인 게임머니 거래사이트를 통해 위 게임머니를 처분하였다.

피고인은 그때부터 피해회사를 기망하여 총 77회에 걸쳐 시가 합계 약 5억 원 상당의 게임 아이템을 지닌 게임 캐릭터를 복구받아 이를 취득하였다. 이로써 피고인은 피해회사를 기망하여 합계 약 575,555,800원 상당의 재산상 이익을 취득하였다.

B. 이익강도

피고인이 공동하여 피해자를 폭행하고 리니지 게임의 무기 아이템 등을 강취하였고, 무기 아이템 및 전자 화폐는 현실 세계의 물건은 아니지만 범행 당시 통신망을 통한 수많은 리니지 게이머들 사이에 실제로 고액에 거래되고 있었던 이상 강도죄의 객체인 '재산상 이득'에 해당한다.

3. 암호화폐

가상자산은 국가에 의해 통제받지 않고 블록체인 등 암호화된 분산원장에 의하여 부여된 경제적인 가치가 디지털로 표상된 정보로서 재산상 이익에 해당한다.[49] 가상자산은 보관되었던 전자지갑의 주소만을 확인할 수 있을 뿐 그 주소를 사용하는 사람의 인적사항을 알 수 없고, 거래 내역이 분산 기록되어 있어 다른 계좌로 보낼 때 당사자 이외의 다른 사람이 참여해야 하는 등 일반적인 자산과는 구별되는 특징이 있다.

가상자산에 대해서는 현재까지 관련 법률에 따라 법정화폐에 준하는 규제가 이루어지지 않는 등 법정화폐와 동일하게 취급되고 있지 않고 그 거래에 위험이 수반되므로, 형법을 적용하면서 법정화폐와 동일하게 보호해야 하는 것은 아니다.

---

48) 수원지방법원 2013. 6. 21. 선고 2013고단10 판결
49) 대법원 2021. 11. 11. 선고 2021도9855 판결 참조

(1) 사기죄의 객체 - 재산상 이익 ○

비트코인은 경제적인 가치를 디지털로 표상하여 전자적으로 이전, 저장과 거래가 가능하도록 한 가상자산의 일종으로 사기죄의 객체인 재산상 이익에 해당한다.[50]

> [공소사실] 피고인 A가 K 이벤트에 참가한 직후 즉시 6,000BTC을 피고인 A, F, E 명의의 이 사건 3인 계좌로 돌려줄 것처럼 F, E를 기망하였고, 그로 인하여 F, E가 피고인 A를 믿고 6,000BTC을 피고인 A의 단독명의계좌에 이체하는 방법으로 피해회사로부터 6,000BTC을 이체받아 약 197억 7,383만 원 상당을 편취하였다는 것이다.[51]

(2) 횡령죄 - ×

비트코인은 물리적 실체가 없으므로 유체물이 아니고, 또 사무적으로 관리되는 디지털 전자정보에 불과한 것이어서, 물리적으로 관리되는 자연력 이용에 의한 에너지를 의미하는 '관리할 수 있는 동력'에도 해당되지 않으며, 나아가 가상화폐는 가치 변동성이 크고, 법적 통화로서 강제 통용력이 부여되지 않은 상태이므로 예금채권처럼 일정한 화폐가치를 지닌 돈을 법률상 지배하고 있다고도 할 수 없어 횡령죄의 객체인 재물로 볼 수 없다.[52]

(3) 착오 이체시 횡령죄 및 배임죄 - ×

원인불명으로 재산상 이익인 가상자산을 이체받은 자가 가상자산을 사용·처분한 경우 이를 형사처벌하는 명문의 규정이 없는 현재의 상황에서 착오송금 시 횡령죄 성립을 긍정한 판례를[53] 유추하여 신의칙을 근거로 피고인을 배임죄로 처벌하는 것은 죄형법정주의에 반한다. 비트코인이 법률상 원인관계 없이 피해자로부터 피고인 명의의 전자지갑으로 이체되었더라도 피고인이 신임관계에 기초하여 피해자의 사무를 맡아 처리하는 것으로 볼 수 없는 이상, 피고인을 피해자에 대한 관계에서 '타인의 사무를 처리하는 자'에 해당한다고 할 수 없다.

---

50) 대법원 2021. 11. 11. 선고 2021도9855 판결
51) 서울고등법원 2021. 7. 9. 선고 2020노357 판결
52) 수원고등법원 2020. 7. 2. 선고 2020노171 판결, 대법원 2021. 12. 16. 선고 2020도9789 판결
53) 대법원 2010. 12. 9. 선고 2010도891 판결 등 참조

(4) 비트코인에 대한 몰수(압수) 가능성 ○

[공소사실의 요지] 피고인은 2014. 5.경부터 2017. 4.경까지 인터넷 음란물 사이트를 개설·운영하면서 영리를 목적으로 아동·청소년이용음란물을 포함한 다수의 음란물을 공연히 전시·상영하고, 불법 인터넷도박 사이트를 광고하고, 전자금융거래 접근매체를 양수하였다.

[비트코인 압수 경위 및 방법] 피고인은 경찰 수사과정에서 음란물사이트를 운영하면서 회원들(약 122만 명)로부터 음란물 다운로드의 대가로 비트코인을 지급받은 사실을 자인하면서 피고인이 보유하고 있던 비트코인 지갑(비트코인 거래 생성 프로그램)을 임의제출 하였고, 이에 경찰은 비트코인 지갑을 새로이 개설한 후 피고인이 보유하고 있던 216.1249474 비트코인을 새로이 개설한 비트코인 지갑으로 전송하는 방법으로 압수한 후 이를 보관송치 하였음.

비트코인도 하나의 형법상 재산상 이익으로서 거래되고 있는 점에는 의문이 없다. 다만, 이를 몰수의 대상으로 볼 수 있는지 문제되었다. 주의할 점은, 형법상의 몰수 규정을 적용한 것이 아니라, 범죄수익은닉의 규제 및 처벌 등에 관한 법률을 적용하였다. 동법은 재물이 아닌 재산상 이익을 객체로 한다. 결국 범죄수익은닉의 규제 및 처벌 등에 관한 법률은 몰수의 대상을 물건에 한정하지 아니하고[54] 재산으로 규정하고 있으며, 재산은 유무형의 이익 일반을 의미하는 것이므로 비트코인은 몰수할 수 있는 범죄수익에 해당한다.

이 사건 비트코인의 몰수는 형법 제48조 및 범죄수익은닉의 규제 및 처벌 등에 관한 법률 제8조에 따른 것이며, 압수된 비트코인은 음란물 사이트를 운영하면서 취득한 것으로 범죄수익은닉의 규제 및 처벌 등에 관한 법률에 따른 범죄수익에 해당하고, 비트코인 추적을 통해 범죄행위로 인해 직접 취득한 수익이다.

한편, 형법 제48조 제3항은 전자화된 파일의 형태인 전자기록 등 특수매체기록 역시 몰수의 대상에 해당함을 전제로 하고 있으므로 국내법상 몰수제도에 의하더라도 비트코인을 몰수할 수 있음.

---

54) 같은 법 제8조(범죄수익등의 몰수) ① 다음 각 호의 재산은 몰수할 수 있다.
   1. 범죄수익 2. 범죄수익에서 유래한 재산 3. 제3조 또는 제4조의 범죄행위에 관계된 범죄수익 등
   4. 제3조 또는 제4조의 범죄행위에 의하여 생긴 재산 또는 그 범죄행위의 보수로 얻은 재산
   5. 제3호 또는 제4호에 따른 재산의 과실 또는 대가로 얻은 재산 또는 이들 재산의 대가로 얻은 재산, 그 밖에 그 재산의 보유 또는 처분에 의하여 얻은 재산

재산범죄의 요건과 체계

예제 **체포왕 형사**

○ 체포왕 형사는 진달래가 소유 토지(등기명의자 진달래)에 있는 20년 된 느티나무 절반이 사라진 절도사건을 수사 중이다. 체포왕 형사는 탐문 끝에 조경업자가 훔쳐간 것을 밝혀냈다. 체포왕 형사는 또 한 건 실적을 올렸다고 기뻐했다. 그런데 조경업자는 진동개로부터 느티나무를 샀을 뿐이라고 변명하여, 진동개에게 확인해 보니, 자기가 판 것이 맞다고 인정한다. 사연을 들어보니 진동개 자신은 진달래의 친오빠인데, 어머니가 돌아가시기 전에 여동생 진달래에게만 증여하여 등기를 넘겨주었다는 것이다. 자신은 이를 받아들일 수 없어, 유류분을 주장하며 그 땅은 현재 소유권확인소송 중에 있는, 자기 땅이기 때문에 조경업자에게 지상에 있는 느티나무 절반을 팔았을 뿐이라고 한다.

○ 체포왕 형사는 어떤 죄로 사건을 수사하여야 하는가.

✔ **정답 : 매매대금 사기, 느티나무 절도**

먼저 조경업자 B의 느티나무매매계약을 살펴보면, ① 느티나무 ② 나무대금을 피해품으로 특정할 수 있다.

🪦 나무대금에 대한 재물사기

토지소유권분쟁 중에 있다는 사실을 C에게 고지하였다면 조경업자는 그 수목을 매수하지 않았을 것이라는 점이 경험칙상 인정된다. 따라서 법률상 고지의무가 인정되고 부작위에 의한 사기죄 성립이 인정된다.

🪦 나무에 대한 절도

나무에 대한 소유권 기타 처분권한이 없음을 잘 알면서도, 이를 잘 모르는 C로 하여금 나무를 가져가게 하였다면 수목에 대한 절도죄 간접정범에 해당한다.

🪦 권리분석

나무의 소유관계를 살펴보면, 모친으로부터 생전증여로 등기를 넘겨받았다면, 민사소송 중이라도, 범행 당시 느티나무 소유권은 A에게 있다.

🪦 경합범

① 조경업자를 피해자로 한 수목 매매대금 사기, ② A를 피해자로 한 느티나무 절도가 성립한다. 두 죄의 관계가 문제되나, 조경업자로 하여금 나무를 가져가게 한 것과, 조경업자를 속여서 나무대금을 받은 것은 사실관계를 달리한다는 점에서 경합범에 해당한다.

🎖 기본 이론

1. 재산범죄의 요건

범죄의 성립은 구성요건에 의해 제한된다. 따라서 손해가 많거나 처벌 필요성이 높아도 구성요건해당성을 인정할 수 없다면 처벌할 수도 없다. 판례가 제시하는 주요 재산범죄의 구성요건을 정리하면 다음과 같다.

절도	① 타인이 점유하는 타인의 재물을 ② 절취할 것 ③ 불법영득의사 ④ 고의
사기	① 기망행위로 ② 착오를 야기하여 ③ 타인이 점유하는 타인의 재물 또는 재산상 이익의 처분행위가 있을 것 ④ 인과관계 ⑤ 불법영득의사 ⑥ 고의
횡령	① 타인의 재물을 ② 위탁관계에 의하여 보관하는 자 ③ 횡령 또는 반환거부 ④ 불법영득의사 ⑤ 고의
장물	① 장물을 ② 취득 · 양도 · 운반 · 보관하거나 이를 알선할 것 ③ 불법영득의사 ⑤ 고의
배임	① 타인의 사무처리 자 ② 배임행위 ③ 재산상 이익의 취득 ④ 재산상 손해의 발생 ⑤ 불법영득의사 ⑥ 고의
손괴	① 타인의 재물 · 문서 또는 특수매체기록을 ② 손괴 은닉 기타 그 효용을 해할 것 ③ 고의
권리 행사방해	① 타인의 점유 또는 권리의 목적인 ② 자기의 물건 또는 특수매체기록을 ③ 취거 · 은닉 · 손괴 기타 효용을 해할 것 ④ 고의 * 불법영득의사는 불필요
강제 집행면탈	① 객관적으로 강제집행을 당할 급박한 상태에서 ② 강제집행을 면탈할 목적으로 ③ 재산을 ④ 은닉 · 손괴 · 허위양도하거나 허위의 채무를 부담하여 ⑤ 채권자를 해할 것 ⑥ 고의

각 재산범죄는 그 재물 내지 이익을 객체로 삼고 있다. 이 가운데 사기 · 횡령 · 배임은 피해자와의 신뢰관계를 겨버렸다는 점에서 배신범죄, 절도 · 손괴 · 권리행사방해죄는 피해자의 의사에 반하여 이뤄진다는 점에서 반의사범죄라 할 만한다. 실무에서도 죄질이 다르고 처리부서도 다르다. 실무상의 접근 편의를 위해 6가지를 범죄의 유형을 구별하면 다음과 같다.

2. 사기 · 횡령 · 배임(배신범죄)

사기 · 횡령 · 배임은 그 객체에 따라 판례의 법리가 다르다. 수사실무상 적용의 편의를 위해 본 시는 다음과 같은 유형으로 나누어 접근한다.

(1) 사기에 관한 죄(배신범죄)

사기죄는 재물죄인 동시에 이익죄이다. 따라서 피해객체에 따라 ① 재물사기와 ② 이익사기로 나눌 수 있다. 양자는 처분행위가 다르기 때문이다. 가령, 임금 지불능력 없이 타인을 고용한 경우 노동력에 대한 이익사기, 기망행위로 채무면제를 받는 경우 소극적이익에 대한 사기가 성립한다. 반면 차용금사기는 재물사기에 해당한다.

(2) 횡령에 관한 죄

횡령죄는 타인 재물에 대해서만 성립한다, 소유권 판단은 민사 실체법에 의하므로, 본서는 민사법상의 객체의 분류에 따라 ① **부동산, ② 동산, ③ 유가증권, ④ 자동차, ⑤ 금전에 대한 횡령**으로 나눈다.

(3) 배임에 관한 죄

배임죄는 이익죄이며, 진정신분범이므로, 타인의 사무처리자 여부가 유무죄를 결정한다. 본 서는 기존에 판례군에 따라 배임죄를 ① **이중처분의 배임, ② 담보권침해에 의한 배임, ③ 법인 등 임직원에 의한 배임, ④ 기타 배임**으로 나누었다. 그러나, ② 유형은 최근 전원합의체 판결에 의견 폐지되었다.

(4) 거래단계와 사기 · 횡령 · 배임

재물 내지 이익은 계약을 통해 전전하여 거래된다. 따라서 ① **피해객체가 재물인 경우**에는 피해자가 피의자에게 처분한 경우에 **재물사기**, 피의가 위탁받은 이후 불법소비하였다면 **횡령죄**가 각각 문제된다. 반면 ② **재산상 이익이 피해객체**라면, 피해자가 피의자에게 처분한 경우는 **이익사기**, 위탁 이후 배임행위를 하였다면 **배임죄**가 각각 문제된다.

3. 절도 · 손괴 · 권리행사방해(반의사범죄)

타인 재물에 대한 절취는 절도죄를, 손괴 · 은닉 기타 효용을 해하면 손괴죄가 성립한다. 반면 권리행사방해죄는 **자기**의 물건에 대한 취거 · 은닉 · 손괴 · 기타 효용을 해하는 경우에 성립한다. 여기서 **취거**는 절도의 절취와 같이 **점유자의 의사에 반한 점유의 이전**을 말한다. 결국 권리행사방해죄는 **소유권자에 의한 절도 내지 손괴**라 할 수 있다.

Section 3 | 재산범죄의 관계

예제 **체포왕 형사**

○ 서해시 수협(조합장 박달재는 활어센터를 운영한다. 입점 상인들은 운영기금 조성을 위해 매월 500만 원을 걷어 회장 A 명의 서해 수협 통장에 입금한다. 상인들은 통장에서 간판제작, 펌프수리, 회원 친목, 협회 지원금 등으로 사용하는데, 입출금 편의를 위해 기금통장과 도장을 수협 지도과에 맡겨 놓았다. 그런데 박달재는 초과대출 혐의로 수사를 받게 되자 이를 변제하기 위해, 지도과장에게 활어센터 상인회 운영기금을 인출을 요청하였다. 지도과장은 예금청구서를 허위로 작성하여, 이를 모르는 금융과 창구직원에게 주어 예금을 인출하고는 같은 금액을 반환하는 방법으로 총 30회에 걸쳐 6억 원을 인출하고 4억 원을 입금하였다. 정상적인 상태라면 통장 잔액은 5천만 원이 되어야 하며, 지금은 원래 잔액대로 회복된 상태이다.

○ 갑은 어떤 범죄가 성립하는가?

✔ 정답 : 업무상횡령죄

먼저 사기죄의 성립여부, 횡령죄의 피해자와 피해금이 문제되나, 결론적으로는 예금 6억 원에 대한 특정경제범죄가중처벌등에관한법률위반혐의를 적용함이 타당하다.

피고인들이 편취하였다는 상인회의 돈은 조합장 甲이 이미 점유하고 있다. 따라서 그 돈의 점유자인 甲과 그와 공모한 지도과장이 기망 수단을 사용하여 이를 임의로 인출 사용하였더라도, 횡령죄가 성립함은 별론, 사기죄는 성립되지 않는다.[55]

🪦 횡령죄의 피해자는 조합

횡령죄 피해자를 수협과 상인회 중 어느 곳으로 볼지 문제된다. 일반적으로는 예금계좌에 입금된 금전의 소유권은 금융기관에 이전되고, 예금주는 그 예금계좌를 통한 예금반환채권을 취득하게 된다. 따라서 **은행 직원이 예금주의 예금계좌에서 예금을 임의로 인출하였더라도 이를 예금주에 대한 관계에서 업무상배임죄에 해당하는 것으로 볼 수는 없다.**[56] 나아가 마을금고 **이사장이 예금주로부터 예금지급청구를 받고서도 이에 응하지 아니하고 지급을 거절한 경우 이를 예금주의 돈을 횡령한 것이라고 볼 수 없다.**[57] 생각건대, 상인회는 활어센터의 관리에 사용할 목적으로 그 자금을 입출금 편의를 위해 그 통장과 도장을 수협 지도과에 맡겨놓았다는 점에서 위 판례의 법리와 다르다. 그러나, 예금반환채무자인 상인회의 의사에 반하여, 조합장이 조합 소유의 예금을 무단으로 인출하여 소비하였더라도, 여전히 상인회가 갖고 있는 예금채권이 소멸되는 것은 아니라는 점에서, 상인회를 횡령죄의 피해자로 보기는 어렵다는 점에서,[58] 여전히 조합 자체가 횡령죄의 피해자로 된다고 보인다. 나아가 고객 예금은 다른 곳으로 전용할 수 없다는 점에 비추어, 고객 명의 예금을 허락 없이 인출하는 순간 조합의 금전에 대한 불법영득의사는 표출되어, 이미 조합에 대한 횡령죄 기수에 이르렀다고 봄이 타당하다.

🪦 금전 횡령의 피해금 산정 : 6억 전액

원금보다 횡령금이 많다는 점에서 피해금액 산정이 문제된다. 더욱이 특경가법에 의한 가중처

---

55) 대법원 1980. 12. 9 선고 80도1177 판결, 대법원 1987. 12. 22. 선고 87도2168 판결
56) 대법원 2008. 4. 24. 선고 2008도1408 판결
57) 수원지방법원 1984. 2. 3. 선고 83노1435 판결
58) 대법원 2000. 8. 18. 선고 2000도1856 판결

벌이 문제되므로 중요한 쟁점이다.[59] 한편 횡령죄에 있어서 불법영득의 의사라 함은 자기 또는 제3자의 이익을 꾀할 목적으로 임무에 위배하여 보관하는 타인의 재물을 자기의 소유인 경우와 같이 처분을 하는 의사를 말하고, 사후에 이를 반환하거나 변상, 보전하는 의사가 있다 하더라도 불법영득의 의사를 인정함에는 지장이 없으며, **그와 같이 사후에 변상하거나 보전한 금액을 횡령금액에서 공제해야 하는 것도 아니다.**[60]

따라서 반환된 인출금을 양형상 참작하는 것은 별론으로 하고, 판례의 취지에 비추어 인출금 전액을 피해금으로 산정함이 타당하다고 생각한다. 이미 소비 횡령한 금원을 보완하기 위하여 보관 중에 있는 또 다른 타인의 금원을 임의 소비한 경우에도 불법영득의 의사가 있다는 판례도 같은 맥락이다.[61]

---

59) 대법원 2006. 6. 2. 선고 2005도3431 판결
60) 대법원 2012. 1. 27. 선고 2011도14247 판결, 2010. 5. 27. 선고 2010도3399 판결
61) 대법원 1961. 10. 19. 선고 4294형상102 판결

🎖 기본 이론

하나의 사건에서 여러 개의 피해객체를 특정하고 범죄성립을 논하였다면, 그들 간의 관계, 즉 사기·횡령·배임의 관계를 규명해야 한다. 사기는 공소시효가 10년, 단순 횡령 내지 배임은 7년으로 실무상 구별실익이 있음에 주의한다.

1. 사기와 횡령 : 피해객체가 재물인 경우

(1) 본인을 속인 경우

1) 사기죄만 성립하는 경우

당초부터 피해를 기망하여 재물을 교부받은 경우에는 이를 임의로 소비하더라도 그 행위는 불가벌적 사후행위에 해당할 뿐이고, 별도의 횡령죄가 성립하지 않는다.

> ① 피고인이 당초부터 피해자를 기망하여 약속어음을 교부받은 경우에는 그 교부받은 즉시 사기죄가 성립하고 그 후 이를 피해자에 대한 피고인의 채권의 변제에 충당하였다 하더라도 불가벌적 사후행위가 됨에 그칠 뿐, 별도로 횡령죄를 구성하지 않는다.[62]
> ② 갑 종친회 회장인 피고인이 위조한 종친회 규약 등을 공탁관에게 제출하는 방법으로 갑 종친회를 피공탁자로 하여 공탁된 수용보상금을 출급받아 편취하고, 이를 종친회를 위하여 업무상 보관하던 중 반환을 거부하여 횡령하였다는 내용으로 기소된 사안에서, 피고인이 공탁관을 기망하여 공탁금을 출급받음으로써 갑 종친회를 피해자로 한 사기죄가 성립하고, 그 후 갑 종친회에 대하여 공탁금 반환을 거부한 행위는 새로운 법익의 침해를 수반하지 않는 불가벌적 사후행위에 해당할 뿐 별도의 횡령죄가 성립하지 않는다.[63]

2) 횡령죄만 성립하는 경우

이미 자기가 점유하는 타인의 재물을 횡령하기 위하여 기망 수단을 쓴 경우에는 재산적 처분행위가 없으므로 일반적으로 횡령죄만 성립되고 사기죄는 성립되지 않는다.[64]

> ① 피해자 소유의 임야 2필의 매각처분을 위임받은 다음 이를 다른 사람에게 대금 600,000원에 매도하였음에도, 피해자에게 돈 300,000원에 처분하였다고 거짓말을 하여 300,000원만을 교부하고 나머지 돈 300,000원은 주지

---

62) 대법원 1983. 4. 26. 선고 82도3079 판결, 사기죄의 피해자는 국가가 아닌 종친회이다.
63) 대법원 2015. 9. 10. 선고 2015도8592 판결
64) 대법원 1980. 12. 9 선고 80도1177 판결, 대법원 1987. 12. 22. 선고 87도2168 판결

않은 경우에 횡령죄만 성립한다.[65]

② 은행의 직원이 예금주가 예금하는 돈을 은행에 입금하지 아니하고 예금주 몰래 이를 변태처리하여 유용한 사안에서, 예금계약은 예금자가 예금의 의사를 표시하면서 금융기관에 돈을 제공하고 금융기관이 그 의사에 따라서 그 돈을 받아 확인을 하면 그로써 성립하는 것이므로 예금주와 은행 사이에 예금계약은 유효하게 성립되었으므로 예금주는 아무런 피해가 없어 사기죄가 성립할 여지가 없으며, 다만 예금으로 받은 위 돈의 은행을 피해자로 한 횡령만이 성립한다.[66]

③ A 협회 부산지구 총재 甲과 재무총장 乙이 공사비에서 비자금을 조성하여 사용한 사안이다. 재무총장 乙은 보수공사를 맡은 공사업자에게 예금계좌를 만들어달라고 한 뒤, 실제로는 위 공사대금이 5,400만 원에 불과함에도 금액을 부풀려 이를 모르는 경리직원을 속여 공사대금 8,900만 원을 공사업자의 위 계좌로 송금하게 한 후, 乙은 그 계좌에서 8,900만 원을 인출하여 공사업자에게 공사대금을 지급하고 나머지 3,500만 원을 총재 甲에게 전달하였다. 위와 같은 사안의 경우, 피고인들이 편취하였다는 피해자의 돈은 총재인 피고인이 점유하고 있었다고 할 것이다. 따라서 그 돈의 점유자인 甲 혹은 乙 이기망 수단을 사용하여 이를 임의로 사용하였더라도, 횡령죄가 성립함은 별론으로 하고 사기죄는 성립되지 않는다.

(2) 비양립적 관계

외형상 여러 개의 범죄에 해당되는 것 같지만 합쳐져서 하나의 사회적 사실관계를 구성하는 경우에 그에 대한 법률적 평가는 하나밖에 성립되지 않는 관계, 즉 일방의 범죄가 성립되는 때에는 타방의 범죄는 성립할 수 없는 비양립적인 관계가 있다.[67]

(3) 제3자를 속인 경우 : 실체적 경합

피고인이 피해자 甲에게서 돈을 빌리면서 담보 명목으로 乙에 대한 채권을 양도하였는데도 乙에게 채권양도 통지를 하기 전에 이를 추심하여 임의로 소비한 사안에서, 차용금 편취의 점과 담보로 양도한 채권을 추심하여 임의 소비한 횡령의 점은 양도된 채권의 가치, 채권양도에 관한 피고인의 진정성 등의 사정에 따라 비양립적인 관계라 할 것이다.

다만 사기죄 피해자와의 관계에서는 불가벌적 사후행위라도 제3자에 대한 관계에서는 새로운 법익을 침해한 것으로 횡령죄가 별도로 성립한다(97도3057).

---

65) 대법원 1980. 12. 9. 선고 80도1177 판결
66) 대법원 1987. 12. 22. 선고 87도2168 판결
67) 대법원 2011. 5. 13. 선고 2011도1442 판결

① 위탁자로부터 부도가 예상되는 당좌수표 할인을 의뢰받은 피고인이 제3자를 기망하여 당좌수표를 할인한 후 할인금을 임의소비한 경우, 제3자에 대한 사기죄와 별도로 위탁자에 대한 횡령죄가 성립한다.[68]
② 대표이사가 회사의 대표기관으로서 피해자들을 기망하여 교부받은 금원은 그 회사에 귀속되며, 그 후 대표이사가 보관하면서 횡령한 것이라면 사기범행과는 침해법익을 달리하여 횡령죄가 성립한다.[69]

연습문제 **간 큰 사원**

○ 김선봉은 ㈜좋은식품의 자금담당 이사였다. 그러나 현재는 강등되어 영업팀장일을 하고 있다. A는 영업팀장으로 근무하면서 이사였을 때 거래했던 거래처로부터 급한 일이 있다며 회사계좌가 아닌 본인계좌로 납품금액을 받아 개인적인 용도로 사용했다.

○ 담당 수사경찰은 어떤 죄명으로 무엇을 수사하여야 하는가?

[해설] 거래처입장에서는 영업팀장의 거래대금 변제수령 권한이 있는지에 따라 입장이 달라진다.

○ 판매대금 수령 권한이 있는 경우

영업팀장이 대외적으로 거래처대금을 수금할 권한이 있다면, 설령 피의자가 회사에 대금을 전달하지 않았더라도, 거래처는 유효한 변제가 되어 채무가 소멸되어 아무런 손해가 없다. 회사의 영업상 납품대금은 회사 소유이므로, 영업팀장과 이사는 모두 횡령죄 보관자 지위가 모두 인정된다. 결국 회사를 피해자로 하는 횡령죄가 성립한다.

○ 판매대금 수령 권한이 없는 경우

영업팀장인 피의자가 판매대금 수령권한이 없으면서도 마치 권한이 있다면서 대금을 수령하였다면, 거래처에 대한 납품대금 상당에 대한 재물사기, 회사 금전에 대한 횡령에 해당하며, 두 죄의 관계는 실체적 경합관계로 볼 수 있다. 이 경우 채권의 준점유자 변제로서 거래처가 면책되더라도 사기죄 인정에 지장이 없다.[70] 대법원도 위탁자로부터 부도가 예상되는 당좌수표 할인을 의뢰받은 피고인이 제3자를 기망하여 당좌수표를 할인한 후 할인금을 임의소비한 사례에서, 제3자에 대한 사기죄와 별도로 위탁자에 대한 횡령죄가 성립을 인정한 바 있다.[71]

---

68) 대법원 1998. 4. 10. 선고 97도3057 판결
69) 대법원 1989. 10. 24. 선고 89도1605 판결, 대법원 2005. 4. 29. 선고 2005도741 판결
70) 대법원 1972. 11. 14. 선고 72도1946 판결
71) 대법원 1998. 4. 10. 선고 97도3057 판결

2. 사기와 배임 : 피해객체가 이익인 경우

본인의 사무처리자인 피의자가 본인 내지 제3자를 기망하는 배임행위를 한 경우 사기와 배임의 관계가 문제된다.

(1) 본인을 속인 경우

1) 상상적 경합으로 본 사안

타인의 사무를 처리하는 자가 그 사무처리상 임무에 위배하여 본인을 기망하고 착오에 빠진 본인으로부터 재물을 교부받은 경우는 상상적 경합관계에 해당한다.[72]

조합의 전무로서 고객들의 예금을 성실히 보전하여야 할 피고인이 조합의 담당직원을 기망하여 예금인출금 명목으로 금원을 교부받은 사안이다.

2) 실체적 경합으로 본 사안

부동산에 피해자 명의의 근저당권을 설정하여 줄 의사가 없음에도 피해자를 속이고 근저당권설정을 약정하여 금원을 편취하였더라도, 위 약정이 취소되지 않는 한 여전히 유효하여 피해자 명의의 근저당권설정등기를 하여 줄 임무가 발생하는 것이고, 그럼에도 제3자 명의로 근저당권설정등기를 마친 경우, 사기죄와는 전혀 다른 새로운 보호법익을 침해하는 행위로서 불가벌적 사후행위가 아니라 별죄를 구성한다.[73]

(2) 제3자를 속인 경우 : 실체적 경합

본인에 대한 배임행위가 본인 이외의 제3자에 대한 사기죄를 구성하더라도 그로 인하여 본인에게 손해가 생긴 때에는 사기죄와 함께 배임죄가 성립한다.[74]

피고인이 건물에 관하여 전세임대차계약을 체결할 권한이 없음에도 임차인들을 속이고 전세임대차계약을 체결하여 그 임차인들로부터 전세보증금 명목으로 돈을 교부받은 행위는 사기죄에 해당하고, 전세임대차계약이 아닌 월세임대차계약을 체결하여야 할 업무상 임무를 위반하여 전세임대차계약을 체결하여 건물주로 하여금 전세보증금반환채무를 부담하게 한 행위는 위 사기죄와 별도로 업무상배임죄에 해당한다.[75]

---

72) 대법원 2002. 7. 18. 선고 2002도669 전원합의체 판결
73) 대법원 2008. 3. 27. 선고 2007도9328 판결
74) 대법원 1987. 4. 28. 선고 83도1568 판결
75) 대법원 2010. 11. 11. 선고 2010도10690 판결

(3) 비양립적 관계

사기와 횡령과 같이, 비양립적 관계는 여기서도 인정된다. 즉 일방의 범죄가 성립되는 때에는 타방의 범죄는 성립할 수 없고, 일방의 범죄가 무죄로 될 경우에만 타방의 범죄가 성립할 수 있다.

1) 사례 1

[공소사실] 피고인은 보존산지로 지정되어 있어 전원주택 등을 신축할 수 없는 임야에 전원주택을 지을 수 있도록 진입로 등 제반 시설을 설치해 주겠다고 11명을 기망하여 임야 11필지에 관한 매매계약을 체결하고 위 11명으로부터 계약금 및 중도금을 교부받아 편취하고, 매매계약에 기하여 위와 같은 소유권이전등기절차를 이행할 임무에 위배하여, 임야에 관하여 제3자 명의의 근저당권설정등기를 마쳐줌으로써 각 채권최고액 상당의 재산상 이익을 취득하고 위 11명에게 같은 금액 상당의 재산상 손해를 가하였다.

[판단] 사기죄는 유죄로 인정하고, 배임죄는, 피고인은 11명에게 임야에 관하여 소유권이전등기절차를 이행할 의사가 없었고 이후 제3자들에게 근저당권설정등기를 마쳐준 행위는 기망을 통하여 매매계약을 체결하여 계약금과 중도금을 편취한 사기범행에 포함된 것일 뿐, 별도의 배임죄를 유죄로 인정할 수 없다.[76]

2) 사례 2

[사실관계] ① 피고인은 아파트에 관한 소유권이전청구권가등기를 말소해 주면 금리가 낮은 곳으로 대출은행을 변경한 다음 곧바로 다시 가등기를 설정해 주겠다고 A를 기망하여 가등기를 말소하게 하여 그에 상당한 재산상 이익을 편취하고, ② 대출은행을 변경한 후 소유권이전청구권가등기 절차를 이행해 줄 임무에 위배하여, 아파트에 관하여 제3자 명의로 각 근저당권 및 전세권설정등기를 마침으로써 각 채권최고액 및 전세금 상당의 재산상 이익을 취득하고 A에게 같은 금액 상당의 재산상 손해를 가한 사안에서,

[판단] ①의 사기죄는 유죄로 인정하고, ② 배임죄는, 피고인이 약속대로 가등기를 회복해 주지 않고 제3자에게 근저당권설정등기 등을 마쳐준 행위는 처음부터 가등기를 말소시켜 이익을 취하려는 사기범행에 당연히 예정된 결과에 불과하여 그 사기범행의 실행행위에 포함된 것일 뿐이므로 사기죄와 비양립적 관계에 있는 배임죄는 성립하지 않는다.[77]

3. 횡령과 배임

(1) 특별관계

횡령죄와 배임죄는 신임관계를 기본으로 하는 같은 죄질의 재산범죄로서 형벌에서 경중의 차이가 없고 단지 법률적용만을 달리하여, 특별한 사정이 없는 한 횡령죄로 기소된 경우라도 공소장변

---

76) 대법원 2017. 2. 15. 선고 2016도15226 판결, 유사한 사안이나 2007도9328은 반대결론
77) 대법원 2017. 2. 15. 선고 2016도15226 판결

경 없이도 배임죄로 처벌할 수 있다.[78]

그러나 실무적으로는 양자 죄명에 따라 수사사항이 달라지므로 구별할 필요가 있다. 또 수사기관은 횡령이 혐의 입증에 편리하고, 피의자는 배임이 방어에 유리한 측면이 있다.[79] 나아가 특경가법 적용과 관련하여 의율이 달라지기도 한다.

(2) 실체적 경합이 되는 경우

일반적으로 횡령과 배임은 특별관계이나 새로운 보호법익을 침해하면 실체적 경합관계에 놓이게 된다.

> 회사에 대한 관계에서 타인의 사무를 처리하는 자가 임무에 위배하여 회사로 하여금 자신의 채무에 관하여 연대보증채무를 부담하게 한 다음, 회사의 금전을 보관하는 자의 지위에서 회사의 이익이 아닌 자신의 채무를 변제하려는 의사로 회사의 자금을 자기의 소유인 경우와 같이 임의로 인출한 후 개인채무의 변제에 사용한 행위는, 연대보증채무 부담으로 인한 배임죄와 다른 새로운 보호법익을 침해하는 것으로서 배임 범행의 불가벌적 사후행위가 되는 것이 아니라 별죄인 횡령죄를 구성한다.[80]

4. 재산범죄 구성요건 검토의 순서

예제 유사연과 박달재

○ 유사연과 박달재는 최근 우연히 알게 되어 사귀게 된 40대의 남·녀 사이다. 유사연은 박달재와 늘 함께 다니며 오랜 시간을 같이 보내곤 했다. 싱글맘인 유사연은 요식업분야에서 어느 정도 성공을 거두었고 돈을 좀 벌게 되었다. 박달재의 큰 키와 부드러운 말씨에 반하게 된 유사연은 평소 박달재가 신용불량이 된 것을 딱하게 여기고 있었다. 박달재가 제기하는 것을 유사연은 도와주고 싶었다. 박달재가 식당을 한다고 하자 5,000만 원 주면서, '돈을 많이 벌게 되면 돌려주라'고 하면서 돈을 주었다. 그러나 식당은 장사가 잘되지 않았고, 두 사람의 관계 역시 나빠지게 되었는데, 유사연 박달재에 대하여 자신의 돈을 돌려주지 않는다며 사기와 횡

---

78) 대법원 2008. 11. 13. 선고 2008도6982 판결 등 참조
79) 같은 입장, 재산범죄론, 문형섭, 263쪽, 264쪽 전남대학교출판부
80) 대법원 2011. 4. 14. 선고 2011도277 판결

령죄로 고소하였다.

○ 담당 수사관은 어떻게 하여야 하는가?

✔ 정답 : 사기죄 및 횡령죄 무죄

실무에서 흔한 이른바 연애사기의 부류이다. 대체로 불송치하는 경우가 많으나, 가벌성이 높은 경우에는 기소될 수 있음은 물론이다.

🔔 피해객체의 특정
먼저 피해객체를 특정한다. 유사연이 넘겨준 5,000만 원이 피해객체이다. 재물이 피해객체인 경우에는 사기와 횡령이 문제된다.

🔔 사기죄와 관련하여
먼저 실무에서는 이른바 차용금사기와 투자금사기로 구별하는 경향이 강하다. 위 사례에서 유사연이 박달재에게 준 돈은 이익의 분배가 없다는 점에서 불확정한 시기를 변제기로 하고 이자를 정하지 않은 소비대차로 볼 수 있다. 그러나 사기죄 수사에서는 무엇보다 처분 경위를 감안하여 착오의 내용을 특정하는 것이 중요하다. 결국 차용금과 투자금의 구별은 민사소송에서 중요하나 사기죄 수사에서는 결정적이라고 보기 어렵다. 착오의 내용은 피해자와 피의자의 관계, 피해자의 직업과 학력, 경력, 성행, 거래의 제반정황 등에 비추어 돈을 왜 넘겨주었는지를 중심으로 특정하여야 한다. 위 사례로 돌아와 살펴보면, 40대의 남녀 연인관계로서 요식업 분야에서 성공을 거두어 재력이 있는 싱글맘이자, 특별히 변제기와 이자를 약정하지 않은 점을 감안할 때, 피해자의 5,000만 원의 처분경위는 애정관계에 의한 무기한·무이자의 차용금 명목의 교부로 보인다(결혼을 암묵적인 전제로 한 것이라면 증여로 볼 여지도 있다). 따라서 이와 같은 유사연의 처분행위가 착오에 의한 처분행위가 되려면, 박달재는 재물편취를 목적으로 결혼 내지 연애를 빙자하여 재물을 처분받았는지 여부를 확인하는 것이 중요하다. 동종 전과 내지 수사대상자 검색을 통해 유사한 행태가 반복되며, 금액이 고액인 경우에는 사기성을 인정할 여지가 크기 때문이다.

유사연이 5,000만 원을 처분하게 된 이유		
애정과 호의	≠	금원편취

🪦 횡령죄와 관련하여

횡령죄의 성립이 문제된다. 차용금의 즉 소비대차의 경우, 횡령죄는 법률상 불가능하다. 차용금 내지 대여금은 차주 즉 돈을 빌려간 사람의 소유로 귀속하기 때문이다.

한편 위 사안에서 유사연이 박달재에게 식당 영업의 10%를 매월 달라고 약속하였다면 어떠할 까. 만약 그렇다면 이는 투자금 명목의 교부로서 당해 금원의 소유권이 누구에게 귀속하는지를 판 단하여야 한다. 이른바 투자한다는 것은 그 실질에 따라 차용금인 경우도 있고, 동업자금 출자금, 위탁매매의 경우 매수대금 등 수익을 확보하기 위해 돈을 넘기는 경우 등 다양하다. 이 가운데 동 업출자금 내지 위탁매매의 경우에는 횡령죄가 성립할 수 있다. 그러나 단순한 투자금으로 익명조 합에 불과한 경우에는 횡령죄 성립이 불가하다. 이와 관련, 어떠한 법률관계가 내적 조합에 해당 하는지 아니면 익명조합에 해당하는지는, 당사자들의 내부관계에 공동사업이 있는지, 조합원이 업무검사권 등을 가지고 조합의 업무에 관여하였는지, 재산의 처분 또는 변경에 전원의 동의가 필 요한지 등을 모두 종합하여 판단하여야 한다.[81]

이 사례로 돌아와 살펴보면, 만약 유사연이 사업에 업무검사권을 가지고 적극적으로 관여하여 영업에 참여하고, 수익이나 매출의 사용과 관리를 함께 하였다면 동업으로 볼 여지가 있다. 그러 나 단지 매월 수익금만 배당받는 등 단순한 익명조합 관계에 불과한 경우에는 횡령죄 성립은 불가 하다.

---

81) 대법원 2011. 11. 24. 선고 2010도5014 판결

(1) 피해객체의 특정

재산범죄의 피해객체는 재물 내지 재산상 이익으로 체계적으로 구성된 만큼, 문제되는 피해객체를 특정하고 죄명을 선정하여 범죄성립 여부를 검토하는 것이 합리적이다.

〈재산범죄 주요 구성요건의 상호관계〉

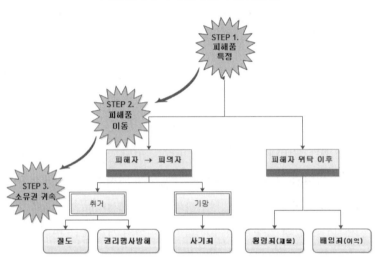

왜냐하면 피해객체가 특정되어야 범죄사실을 작성할 수 있고, 그에 따른 고소권자와 친족상도례 등을 검토할 수 있기 때문이다. 또한 하나의 사건에는 다양한 피해품이 있을 수 있고, 그에 따라 피의자와 범죄사실, 수사사항이 전혀 달라진다는 점에서 피해품 특정은 중요한 의미를 갖는다. 따라서 피해자가 막연하게 재산상의 손실을 회복하게 줄 것을 주장하더라도 고소취지에 부합하도록 명확하게 특정하여 주장할 수 있도록 노력해야 한다. 피해품의 특정과 관련하여 다음의 사항을 주의한다.

1) 재물과 재산상 이익

피해품의 법적 성격에 따라 재물과 재산상 이익 가운데 어디에 해당하는지 확정해야 한다. 여기서 간과하기 쉬운 것은 소극적인 재산상 이익에 대한 범죄성립도 가능한 점이다. 예컨대 이익사기죄의 경우에 채무의 면제와 같은 소극적 이익에 대한 부작위 처분행위가 가능하다는 점을 주의할 필요가 있다.

2) 부동산 · 동산 · 자동차 · 금전 등

나아가 피해품이 부동산 · 동산 · 자동차 · 금전 · 유가증권 등 그 사법상의 법적성격도 명확히 하여야 한다. 예컨대 횡령죄에서 보관자의 지위를 부동산과 동산으로 나누어 판단하는 등이다.

(2) 피해품의 이동 방향

피해품이 특정되었다면 피해품이 이동방향을 살펴본다.

1) 피해자의 처분행위

만약 피해자에게서 피의자로 이동하는 과정에서 문제가 있었다면, 피해자의 의사에 반하여 허락 없이 점유를 이전하였다면 절도나 권리행사방해죄, 기망에 의한 처분행위가 있었다면 사기죄가 문제된다.

2) 피의자에게 위탁 이후

반면 피해품이 피해자가 피의자에게 위탁한 이후에 피의자가 이를 불법적으로 영득한 것이 문제된 것이라면 횡령죄 내지 배임죄가 문제된다. 횡령죄와 배임죄는 특별관계에 있어 일반적으로 횡령죄를 먼저 검토한다.

Chapter 3

재산범죄의 위법성

경제범죄의 구성요건해당성이 인정된다면 다음으로 위법성조각사유를 검토하게 된다. 채권자들은 피해 구제의 민사절차가 있음에도 그 절차를 생략하고, 불법적인 방법으로 권리를 행사하려 한다. 그러나 자력구제가 정당화될 수 없음은 물론이다. 아래에서는 경제범죄와 관련 깊은 자구행위와 정당행위를 살펴본다.

Section 1	**자구행위**

🏅 기본 이론

형법상 자구행위라 함은 **법정절차에 의하여 청구권을 보전하기 불능한 경우**에 그 **청구권의 실행불능 또는 현저한 실행곤란을 피하기 위한 상당한 행위**를 말한다.[82]

1. 부정한 사례

① [사실관계] 피고인들은 자신들의 피해자에 대한 물품대금 채권을 다른 채권자들보다 우선적으로 확보할 목적으로 피해자가 부도를 낸 다음 날 새벽에 피해자의 승낙을 받지 아니한 채 피해자의 가구점의 시정장치를 쇠톱으로 절단하고 그곳에 침입하여 시가 16,000,000원 상당의 피해자의 가구들을 화물차에 싣고 가 다른 장소에 옮겨 놓았다. [판단] 이 사건에서 피고인들에 대한 채무자인 피해자가 부도를 낸 후 도피하였고 다른 채권자들이 채권확보를 위하여 피해자의 물건들을 취거해 갈 수도 있다는 사정만으로는 피고인들이 법정절차에 의하여 자신들의 피해자에 대한 청구권을 보전하는 것이 불가능한 경우에 해당한다고 볼 수 없을 뿐만 아니라, 또한 피해자 소유의 가구점에

---

82) 대법원 1984. 12. 26. 선고 84도2582, 84감도397 판결 참조

관리종업원이 있음에도 불구하고 위 가구점의 시정장치를 쇠톱으로 절단하고 들어가 가구들을 무단으로 취거한 행위가 피고인들의 피해자에 대한 청구권의 실행불능이나 현저한 실행곤란을 피하기 위한 상당한 이유가 있는 행위라고도 할 수 없다.

② 피해자인 허만혁에게 석고상을 납품한 대금을 여러 차례의 지급요청에도 받지 못하고 있었던 중 급기야 피해자는 화방을 폐쇄하고 도주하였으므로 위 청구권의 담보로 보관할 목적으로 이 사건 행위에 이른 것이므로 피고인의 행위는 자구행위에 해당하거나 그렇지 않다 하더라도 절도의 고의가 없다는 것인바 형법상 자구행위라 함은 법정절차에 의하여 청구권을 보전하기 불가능한 경우에 그 청구권의 실행불능 또는 현저한 실행곤란을 피하기 위한 상당한 행위를 말하는 것인바, 원심이 인정한 범죄사실과 기록에 의하면, 피고인은 피해자에게 금 16만 원 상당의 석고를 납품하였으나 그 대금의 지급을 지체하여 오다가 판시 화랑을 폐쇄하고 도주한 사실이 엿보이고 피고인은 판시와 같은 야간에 폐쇄된 화랑의 베니아판 문을 미리 준비한 드라이버로 뜯어내고 판시와 같은 물건을 몰래 가지고 나왔다는 것인바 위와 같은 피고인의 강제적 채권추심 내지 이를 목적으로 하는 물품의 취거행위는 형법 제23조 소정의 자구행위의 요건에 해당하는 경우라고 볼 수 없으며, 피고인의 이 사건 범행의 수단 방법에 미루어보아 절도의 범의를 부정할 수 없다 할 것이므로 절도의 범의가 없다거나 자구행위의 법리를 오해한 위법이 있다는 논지는 이유 없다.

2. 긍정한 사례

[공소사실] 피고인은 이 사건 임야의 소유명의자인 피해자 공소외인과 사이에 소유권에 관한 분쟁 중에 있음에도 불구하고 피해자가 위 임야에 식재되어 있는 소나무를 반출하려고 하자 이를 저지할 목적으로 래커를 이용하여 피해자 소유인 소나무 31주에 종중재산이라는 취지의 문구를 기재함으로써 재산가치를 감소시켜 그 효용을 해하였다.

[사실관계] ① 소나무가 식재되어 있는 임야의 소유권에 관한 분쟁 및 종중이 가지는 분묘기지권의 범위 문제 등으로 소나무의 소유권 자체에 다툼의 여지가 있었던 점, ② 그럼에도 피해자가 소나무를 굴취하여 판매하려고 하여 이 사건 범행 당시 종중이 피해자를 상대로 소나무 등 반출금지가처분 결정(창원지방법원 진주지원 2011카합37호)을 받아둔 상태였던 주1)점, ③ 그럼에도 가처분에 반하여 일단 소나무가 반출되고 나면 양수인의 선의취득, 소나무의 고사 등으로 원상회복이 곤란할 수 있는 점, ④ 분묘 주위의 도래솔과 비도래솔을 구분하여 도래솔(피해자가 반출하려고 한 소나무 60주 중 31주)에만 종중재산이라는 표시를 한 점, ⑤ 소나무의 효용이 해쳐진 결과는 종중재산이라는 표시 때문에 피해자가 판매를 하기 곤란하다는 것에 불과한데, 이는 당시 반출 자체를 금지한 가처분에 대한 피해자의 수인의무에 비추어 피해자의 법익에 대한 큰 침해가 된다고 보기 어려운 점 등을 종합하여 보면, 피고인의 이 사건 행위는 목적의 정당성, 수단이나 방법의 상당성, 보호이익과 침해이익의 법익 균형성, 긴급성, 보충성 등의 요건을 충족하므로, 사회통념상 허용될 만한 정도의 상당성이 있는 행위로서 형법 제20조의 정당행위에 해당하거나 또는 법정절차에 의하여 청구권을 보전하는 것이 불가능하거나 현저히 어려운 경우에 그 청구권의 실행불능 또는 현저한 실행곤란을 피하기 위한 상당한 행위로서 형법 제23조의 자구행위에 해당하여 위법성이 없다.[83]

---

83) 창원지방법원 2016. 9. 29. 선고 2015노2836 판결

정당행위

🎩 기본 이론

정당행위 가운데 특히 사회상규에 위배되지 아니하는 행위가 주로 문제된다. 여기서 '**사회상규에 위배되지 아니하는 행위**'라 함은 법질서 전체의 정신이나 그 배후에 놓여 있는 사회윤리 내지 **사회통념에 비추어 용인될 수 있는 행위**를 말한다.[84]

> 제20조(정당행위) 법령에 의한 행위 또는 업무로 인한 행위 기타 사회상규에 위배되지 아니하는 행위는 벌하지 아니한다.

한편 채권자 기타 권리자들의 적법한 절차에 의하지 않는 권리실현이 문제되지만, ①사회통념상 용인되기 어려운 정도를 넘는 수단을 사용하거나, ②적법한 민사집행절차를 거치지 않는 경우 정당행위를 인정받기 어렵다.

1. 사회통념상 권리행사의 한계를 넘는 경우

(1) 기망행위를 수단으로 한 권리 행사(사기)

기망행위를 수단으로 한 권리행사의 경우, 권리행사에 속하는 행위와 그 수단에 속하는 기망행위를 전체적으로 관찰하여 그와 같은 기망행위를 사회통념상 권리행사의 수단으로서 용인할 수 있는 것이었다면 그중 권리행사 자체에 속하는 행위만은 범죄를 구성하지 않는 정당행위라고 할 수 있다. 그러나 그 정도를 넘는다면(사회관념상 그러한 수단에 의한 권리행사를 용인할 수 없다고 평가되는 경우), 그 행위 전체가 위법한 것이 되어, 권리행사에 속하는 행위는 사기죄를 구성한다.

> 피고인이 피해자에 대하여 동시이행 조건 없이 이 사건 부동산에 관한 소유권이전등기절차의 이행을 명하는 승소 확정판결을 받아 단독으로 이전등기를 경료할 수 있었다 하더라도, 피고인이 그 판결에 기해 이전등기를 경료하지 않고 위 판결 확정 후 피해자에게 매매잔금을 공탁해 줄 것처럼 거짓말을 하여 '이 사건 부동산에 관한 이전등기를 경료받은 후 피해자에게 매매잔금을 공탁해 주는 조건으로 이 사건 부동산의 소유권을 임의로 이전받기로' 피해자

---

84) 대법원 2001. 2. 23. 선고 2000도4415 판결

와 합의하고 그에 기해 이 사건 부동산의 소유권을 이전받은 이상, 이와 같은 피고인의 행위는 사회통념상 권리행사의 수단으로서 용인할 수 있는 범위를 벗어난 것으로 사기죄에 있어서의 기망행위에 해당한다고 할 것이다.[85]

(2) 협박을 수단으로 한 권리행사(공갈)

정당한 권리가 있다 하더라도 그 권리행사를 빙자하여 사회통념상 용인되기 어려운 정도를 넘는 협박을 수단으로 상대방을 외포케 하여 재물의 교부 또는 재산상의 이익을 받으려 하였다면 공갈죄가 성립한다.

① 공사 수급인의 공사부실로 하자가 발생되어 도급인 측에서 하자보수 시까지 기성고 잔액의 지급을 거절하자 수급인이 일방적으로 공사를 중단하여 수급인에게 자신이 임의로 결가계산한 기성고 잔액 등 금 199,000,000원의 지급청구권이 있다고 볼 수 없을 뿐만 아니라, 비록 그렇지 않다 하더라도 수급인이 권리행사에 빙자하여 도급인 측에 대하여 비리를 관계기관에 고발하겠다는 내용의 협박 내지 사무실의 장시간 무단점거 및 직원들에 대한 폭행 등의 위법수단을 써서 기성고 공사대금 명목으로 금 80,000,000원을 교부받은 소위는 사회통념상 허용되는 범위를 넘는 것으로서 이는 공갈죄에 해당한다.

② 피고인이 공사한 건물의 대장상 평수 보다 실제상의 평수가 많아 실제상의 평수에 따른 공사금의 지급을 요구하면서 그렇지 않으면 구청장에게 진정하여서라도 대장상의 건물평수가 부족함을 밝히겠다고 하는 의사표시는 사회상규에 어긋나지 아니하며 협박을 하여 부당한 이득을 얻으려는 의사가 있었다고 볼 수 없다.

(3) 권리행사의 한계를 넘은 경우(손괴)

피의자가 유치권자로서 소유자나 제3자에 의한 점유의 침탈을 막을 필요가 있었다고 하더라도, 이 사건 아파트의 출입문을 용접한 행위가 그 수단과 방법에 있어서 상당성이 인정된다고 보기 어렵고, 유치권을 행사하고 있던 다른 아파트 2채에 대한 점유를 각 그 소유자들에 의해 침탈당하였다는 사정만으로 이 사건 아파트에 관한 점유의 침탈을 막는 데에 이와 같은 출입문의 용접 행위가 긴급하고 불가피한 수단이었다고 볼 수도 없다. 재물손괴 행위는 형법 제20조 의 정당행위로 볼 수 없다.

(4) 민법상 점유자의 자력구제

민법상 점유자의 적법한 자력구제권의 행사의 경우에는 형법상 위법성을 인정하기 어렵다.

---

85) 대법원 2011. 3. 10. 선고 2010도14856 판결

갑이 병을 상대로 점포에 관한 점유이전금지가처분결정을 받아 그 집행을 한 다음 병을 상대로 하여 받은 본안판결에 기하여 을이 위 점포에 소유주들과 사이에 임대차계약을 체결하고서 인도를 받아 적법하게 점유하고 있던 위 점포에 대하여 명도집행을 단행하였다면 위 가처분이나 본안판결의 효력이 미칠 수 없는 을에 대하여 그가 점유하고 있던 위 점포에 대하여 명도집행을 단행한 것은 위법하고 이러한 위법한 강제집행에 의하여 부동산의 명도를 받는 것은 공권력을 빌려서 상대방의 점유를 침탈하는 것이 되므로 을이 위 강제집행이 일응 종료한 후 불과 2시간 이내에 자력으로 그 점유를 탈환한 것은 민법상의 점유자의 자력구제권의 행사에 해당한다.[86]

2. 강제집행에 관한 법적절차를 지키지 않은 경우(권리행사방해)

임의적 이행을 거부하는 채무자를 상대로 민사집행법 등 관계법령에 의한 절차에 의하지 않고 **강제로 권리를 실현하는 것은 형법상 정당행위에 해당할 여지가 없다.**

① 이 사건 차량을 대여받은 사람들이 차량대여회사로부터 차량을 대여받으면서 장차 회사에 대한 지입료 등 월납입금을 미납할 경우 회사 임의로 차량을 철수 회수하거나 번호판을 제거하여도 이의 없다는 취지의 서면약정을 한 사실이 있음은 소론과 같으나, (중략) 위 회사에 대한 지입료 등 납부의무 자체의 존부와 그 액수가 불명확한 상태에 있었던 사정 등이 엿보이는 데다가 월납입금의 미납이 발생할 경우 회사 측이 법적 절차에 의하지 아니하고 다소간의 실력을 행사하는 등 일방적으로 차량 등을 회수하여야만 될 급박한 필요성이 있게 된다고 볼 만한 자료를 기록상 찾아볼 수 없는 이 사건에 있어서는 차량대여 시에 위와 같은 서면약정을 받아 두었다 하여 차량 등을 실제로 회수할 때에 이를 회수당하고 사람들의 의사에 반한다면 일방적인 실력행사에 의하는 등의 판시 회수행위는 형법에 정한 정당행위에 해당한다 할 수 없다.[87]

② 피고인이 수도를 막은 이 사건 아파트 601호는 D의 소유인데, D는 C에게 위 601호에 관하여 임대차보증금 6,000,000원, 차임 월 580,000원으로 정하여 임대하여, C가 그 때부터 2010. 12. 6.까지 D에게 차임을 지급해온 사실, ② 그러던 중 이 사건 아파트 9세대와 그 대지 전체를 경락받은 피고인과 위 각 부동산의 공유자인 E, 그리고 위 601호를 포함하여 이 사건 아파트 나머지 9세대의 소유자인 D 사이에, 이 사건 아파트의 관리에 관한 사항을 누가 수행할 것인지에 관하여 분쟁이 발생한 사실, ③ D는 C가 위와 같은 분쟁을 이유로 D가 아닌 피고인에게 위 601호에 대한 차임을 지급하였다고 주장하며 3개월 이상 차임을 연체하자 C를 상대로 건물명도 및 차임지급 등을 구하는 소송을 제기하였고, 부산지방법원은 'C는 D에게 위 601호를 명도하고, 연체 차임 48만 원 및 위 601호의 인도 완료일까지 월 52만 원의 비율로 계산한 돈을 지급하라'는 취지의 조정에 갈음하는 결정을 한 사실, ④ 그 후 피고인이 C에게 2011년 11월분 수도세 등 관리비로 57만 원을 요구하였으나 C는 위 강제조정결정을 이유로 피고인에게 돈을 지급하지 않았고, 피고인은 C가 사용하는 위 601호 수도배관을 막은 사실을 인정할 수 있다. 이와 같은 이 사건 아파트 관리권에 관한 분쟁 현황, C와 D사이의 차임 정산 과정 등의 사정 외에 다음과 같은 사정, 즉 피고인이 C에게 요구하였다는 57만 원에는 수도세뿐만 아니라 D가 지급받을 차임 등도 포함되어 있는 것으로 보이고,

86) 대법원 1987. 6. 9. 선고 86다카1683 판결
87) 대법원 1989. 7. 25. 선고 88도410 판결

이 사건에서 피고인이 독자적으로 C로부터 차임, 관리비 등을 징수할 권한이 있다고 인정할 만한 사정은 보이지 않는 점 등에 비추어 보면, 피고인이 C가 수도세 등을 지급하지 않는다는 이유만으로 피해자 D 소유의 수도배관 안쪽을 막아 수도를 이용할 수 없게 한 행위는 그 수단이나 방법이 상당하다고 할 수 없고, 또한 다른 구제수단이나 방법이 없이 불가피하게 한 행위라고 볼 수도 없으므로, 이를 사회상규에 위배되지 아니하는 행위로서 정당행위에 해당한다고 보기는 어렵다.[88]

✓ 정답 : 손괴죄 죄안됨

🪦 정당행위의 법리

형법 제20조에 정하여진 '사회상규에 위배되지 아니하는 행위'라 함은, 법질서 전체의 정신이나 그 배후에 놓여 있는 사회윤리 내지 사회통념에 비추어 용인될 수 있는 행위를 말하므로, 어떤 행위가 그 행위의 동기나 목적의 정당성, 행위의 수단이나 방법의 상당성, 보호법익과 침해법익과의 법익균형성, 긴급성, 그 행위 외에 다른 수단이나 방법이 없다는 보충성 등의 요건을 갖춘 경우에는 정당행위에 해당한다.

🪦 판단

피고인은 이 사건 아파트에 계속 거주하면서 2003. 1. 18. 임대차계약을 체결하고 2003. 2. 8. 확정일자를 갖추었으므로, 그 후 설정된 근저당권에 기한 임의경매절차에서 이 사건 아파트를 경락받은 피해자에 대하여 적법하게 대항력을 갖춘 임차인으로 믿고 피해자와 법률적 쟁송을 계속하여 왔고, 이와 같이 피고인이 이 사건 아파트를 점유하면서 적법하게 대항력을 갖춘 임차인임을 다투고 있는 상황에서, 피해자가 적법한 강제집행 절차에 의하지 아니하고 이 사건 아파트의 자물쇠를 임의로 교체한 것은 피고인의 이 사건 아파트에 대한 사실상의 계속적 점유라는 재산권을 침탈한 것으로 보아야 하며, 그렇다면 피고인이 피해자가 임의로 바꿔서 설치한 자물쇠를 손괴한 행위는 점유의 침탈이라는 부당한 침해를 배제하기 위한 긴급하고 유일한 행위로서 상당한 이유가 있는 것으로 보이고, 더욱이, 피해자 소유의 자물쇠 손괴는 침해된 피고인의 법익에 비추어 그 피해 정도가 무겁지 아니한바, 결국 위와 같은 사정에 비추어 보면 피고인이 이 사건 아파트에 대한 자신의 점유를 회복하는 과정에서 피해자 소유의 자물쇠를 손괴한 행위는 사회상규에 위배되지 아니한 행위로서 정당행위의 요건을 갖추었다고 인정된다.[89]

---

88) 부산지방법원 2013. 4. 26. 선고 2012고합293 판결
89) 서울서부지방법원 2007. 7. 3. 선고 2007노433 판결

Chapter 4

특정경제범죄가중처벌법

예제 **무자료 거래대금**

○ 甲은 건축업자이나 부도로 신용불량자가 되는 바람에 형의 명의로 건축회사를 설립하였으나, 사업자금이 없어 건축예정인 부동산을 담보로 대출을 받아 대출금으로 공사를 진행하는 방식으로 사업을 운영하고 있다. 그러던 중 甲은 선배의 소개로 A로부터 대지를 매매대금 16억 4,600만 원에 A 빌라를 건축하려 하였으나 여느 때와 마찬가지로, 먼저 갑 명의로 소유권이전등기를 경료받은 후 이를 담보로 대출을 받아 피해자들의 채무금 12억 2,600만 원을 변제(인수)하고 나머지 4억 2,000만 원은 현금 및 완공된 상가로 대물변제하기로 약정하였다. 당시 甲은 A에게 은행에 대출약속을 받아두었으니 갑 명의로 소유권이전등기만 경료해 주면 공사를 진행하여 A의 채무 12억 2,600만 원과 나머지 매매대금을 충분히 지급할 수 있다는 말을 하고, 이를 믿은 A로부터 소유권이전등기를 경료받았다. 다만 당시 갑에게 등기가 경료되기 전까지 설정된 근저당권의 피담보채무액이 12억 2,600만 원이며, 채권최고액은 10억 2,000만 원이고, 가압류가 되어 있었으나 그 일부를 피고인이 변제하였다. 그러나 甲은 등기를 넘겨받자마자, 채권최고액 5억 원의 근저당권을 설정하고 사채업자로부터 5억 원을 빌려 피고인의 다른 채무 변제에 사용하였을 뿐 아니라, 계약내용대로 피해자들의 채무를 전혀 변제하지 않았으며, 건축공사도 공사자금 부족으로 진행하지 못하게 되었다.

○ 갑은 어떤 범죄가 성립하는가?

✔ **정답 : 특정경제범죄가중처벌등에관한법률위반(사기) 유죄**

피담보채권액보다 채권최고액이 많은 경우에, 부동산 재물편취에 의한 특경가법위반의 이득액 산정이 문제된다. 결론적으로 다음과 같은 이유로 6억 2,600만 원에 이득액에 대한 특경가법위반 (사기)에 해당한다.

🪦 **특경가법위반(사기)**

대지에 아무런 부담이 없는 상태에서의 시가는 16억 4,600만 원이고, 위 각 대지에 설정된 근저 당권의 채권최고액은 10억 2,000만 원인데, 그 피담보채권액은 이를 초과하므로 원심이, 피고인이 편취한 이 사건 각 대지의 가액을 산정함에 있어 위 **각 대지의 시가에서 위 근저당권의 피담보채 권액이 아닌 채권최고액을 공제하여 나머지 6억 2,600만 원을 그 가액이라고 보고 특경가법 제3조 제1항 제2호를 적용한 조치는 정당**하다.

🪦 **가압류 변제금액**

특정법 제3조 소정의 이득액이란 피해자로부터 교부받은 재물 그 자체이고 그 대가가 일부 지 급된 경우에도 교부된 재물의 가치로부터 그 대가를 공제한 차액이 아니다.

사기·횡령·배임 등은 특정재산범죄 가중처벌 등에 관한 법률 제3조에 의하여 가중처벌된다. 즉 ① **형법상 일정한 범죄의 기수범일 것**, ② **이득액이 5억 이상의 경우일 것**을 요하며, 각 범죄별로 구체적 산정기준이 다르다. 차례로 살펴본다.

🎖 기본 이론

형법상 재산범죄와 달리 특경가법위반에서는 재물이나 재산상 이익의 가액이 5억 원 이상 또는 50억 원 이상이라는 것이 범죄구성요건의 일부로서 형벌이 가중된다. 따라서 이를 적용함에 있어서는 그 가액을 엄격하고 신중하게 산정하여, 범죄와 형벌 사이에 적정한 균형이 이루어져야 한다.

1. 형법상 사기·공갈·횡령·배임죄를 범한 자

본 죄는 사기, 공갈, 상습사기, 횡령, 배임, 업무상횡령·배임의 죄를 범한 사람이 주체가 된다. 나아가 친족특례의 규정은 특경가법에도 그대로 적용된다.

2. 이득액이 5억 이상 내지 50억 이상일 것

(1) 이득의 실현이나 조건 내지 부담의 불고려

이득액이란 거기에 열거된 범죄행위로 인하여 취득하거나 제3자로 하여금 취득하게 한 불법영득의 대상이 된 재물이나 재산상 이익의 가액의 합계인 것이지 궁극적으로 **그 이득의 실현여부, 어떠한 조건이나 부담이 붙었는지 여부는 영향이 없다.**[90]

(2) 범죄기수를 기준

이득액은 범죄의 기수시기를 기준으로 하여 산정하며, 그 후의 사정변경은 고려하지 않는다. 사정변경의 가능성이 예견 가능한 것이라고 하여도 마찬가지이다.[91]

---

90) 대법원 1990. 10. 16. 선고 90도1815 판결
91) 대법원 2007. 4. 19. 선고 2005도7288 전원합의체 판결 보충의견

이 사건 매립예정지의 당시의 평당가격이 금 400,000원이고 피고인의 범행으로 인하여 취득하기로 한 면적이 3,300평이라고 인정하고 이를 기준으로 하여 이득액을 산정하여야 한다고 판단한 것에 위법이 없다. 이와 같은 이득액은 불법영득의 대상이 된 재물이나 재산상의 이익의 가액이 기준이 되어야 할 것이며 이 사건에서 계약체결 당시 공유수면매립면허가 아직 나온 것이 아니라고 하여도 37,000평에 대한 매립면허가 나오는 것을 전제로 하여 판시와 같은 약정을 한 이상 그 후에 실제매립면허 시에 그 면적이 줄어들었다고 하여도 이 사건 결과에는 영향이 없으며, 그와 같은 사정변경의 가능성이 공갈행위 시 예견 가능한 것이라고 하여도 마찬가지이다.

(3) 단순일죄 내지 포괄일죄의 이득액 합산액

이득액은 단순일죄의 이득액이나 포괄일죄의 이득액 합산액을 의미하며, 경합범으로 처벌될 수 죄의 이득액을 합한 금액이 아니다.[92] 따라서 **피해자가 수인이면** 포괄하여 특경가법위반(횡령)죄로 의율하려면 **원칙적으로 피해자 및 피해자별 피해액에 관한 공소사실 특정**이 필요하다. 두 개의 사례를 살펴본다.

1) 불특정으로 본 사례

[공소사실] 갑이 부산 금정구 남산동(이하 생략)에 있는 피해자인 A 주식회사의 실제 운영자로서 회사 업무 전체를 총괄하여 왔다. 그런데 피고인은 회사명의 계좌에 입금되어 있는 자금을 업무상 보관하던 중, 그 무렵 가지급금 형식으로 1,000만 원을 인출하여 자신의 아들 B 명의의 아파트 구입비용으로 소비하였다. 계속하여 피고인은 그 외에도 그 무렵부터 [범죄일람표]기재와 같이 부산 시내 등지에서 83회에 걸쳐 '자신이 실제 운영하는 회사'의 법인자금 합계 36억 3,624만 원을 마음대로 소비하여 횡령하였다."

[대법원] [범죄일람표]에 기재된 각 횡령금액에는 비단 A 주식회사 명의의 계좌뿐만 아니라 그 밖에도 공소외 4주식회사, 공소외 5주식회사, 공소외 6주식회사, 공소외 7주식회사 등 갑이 실제 운영하던 여러 회사 명의의 계좌와 위 피고인이 대출 명의를 빌린 공소외 3, 공소외 8, 공소외 9, 공소외 10 등 개인 명의의 계좌에서 인출된 것도 포함되어 있는데, 그 인출 금액이 모두 사실상 동일한 회사의 것이라고 볼 만한 자료가 없고, 오히려 원심은 범죄사실 중 위 피고인에 대한 업무상배임의 점에서 공소외 11 상호저축은행으로부터 대출을 받은 실제 차주를 위 피고인으로 설시하고 있음을 알 수 있다.

사정이 이와 같다면, 이 부분 업무상횡령 범행의 피해자를 특정하고 그 피해자별로 피해액을 산정할 경우 그 이득액에 따라서는 특정재산범죄 가중처벌 등에 관한 법률 위반(횡령)죄가 아닌 형법상 업무상횡령죄가 성립할 여지가 있을 뿐만 아니라(더구나 갑이 타인 명의로 대출받은 자금의 실제 차주로서 그 자금의 소유자로 판명될 경우에는 업무상횡령죄의 성립이 부정될 가능성도 전혀 배제하기 어렵다), 피해자가 특정되어야 비로소 [범죄일람표] 기재 각 항목별 횡령금액이 과연 해당 피해자를 위하여 사용된 것인지 여부를 제대로 확인할 수 있다 할 것이므로, 피고인의 방어권보장을 위하여도 그 피해자 및 피해자별 피해액의 특정이 필요하다.[93]

---

92) 대법원 2011. 2. 24. 선고 2010도13801 판결
93) 대법원 2011. 2. 24. 선고 2010도13801 판결

2) 예외적으로 특정되었다고 본 사례

이 사건 공소사실 중 횡령의 피해자로 한보철강과 ㈜한보 모두가 기재된 부분은, 위 피고인이 한보철강 또는 ㈜한보로부터 인출한 금원을 구분하지 않고 위와 같이 위 정분순 등에게 보관시켜 두었다가 그중 일부 금원을 위 피고인 개인의 부동산 구입 또는 위자료 지급 등에 사용함으로써 횡령을 한 사실에 대한 것으로서, 그 사용된 금원이 위두 회사 중 어느 회사로부터 인출한 자금인지를 특정하는 것이 불가능한 경우이다.

위와 같은 경우에 회사별 피해액을 특정할 수 없다고 하더라도 위 피고인으로서는 위 두 회사에서 인출된 금원 중에서 사용을 한 것은 분명하고, 위 두 회사는 위 횡령된 자금에 대하여 지분비율이 불명하지만 그 공유자의 지위에 있다고 할 수 있어, 공소를 제기함에 있어 위 두 회사 모두를 피해자로 함께 기재하는 것이 부득이할 뿐만 아니라, 이 사건은 위와 같이 회사별 피해액이 특정되지 않은 부분을 제외한 나머지 횡령 부분만으로도 위 각 회사로부터 횡령하여 취득한 이득액이 각 금 50억 원 이상에 해당하는 경우로서, 위 피고인은 어차피 위 각 피해자별로 특정재산범죄가중처벌등에관한법률 제3조 제1항 제1호, 형법 제356조, 제355조 제1항에 의하여 처벌될 수 있어 위와 같이 두 회사를 피해자로 기재한 부분에 의하여 법률적용에 영향을 미치는 것도 아니므로, 위와 같은 정도의 기재만으로도 공소사실이 특정되지 않아 위법하다고 볼 것은 아니다.[94]

(4) 모든 공범자가 받은 이득액의 합산액

특경가법 제3조 제1항의 적용여부를 가리는 이득액을 정함에 있어서는 그 범행의 모든 공범자가 받은 이득액을 합한 금액을 기준으로 한다.[95]

Section 2	사기죄의 이득액

 기본 이론

1. 재물사기

재물편취를 내용으로 하는 사기죄에 있어서는 기망으로 인한 재물교부가 있으면 그 자체로써 피해자의 재산침해가 되어 이로써 곧 사기죄가 성립한다.

---

94) 대법원 1992. 9. 14. 선고 92도1532 판결 등 참조
95) 대법원 1991. 10. 8. 선고 91도1911 판결

(1) 대가를 공제하지 않음

나아가 그 대가가 일부 지급된 경우에도 그 편취액은 피해자로부터 교부된 재물의 가치로부터 그 대가를 공제한 차액이 아니라 교부받은 재물 전부이다.

[사실관계] 울진임야 약 6천 평에 대하여 A로부터 평당 약 55,000원(3억 3천만 원) 매입하기로 구두 약정을 하였음에도 불구하고 피해자에게 이를 고지하지 아니한 채 "해수욕장으로 개발되는 임야 6천 평을 평당 15만 원씩 9억 원을 주고 매입하기로 계약을 하였는데 해수욕장으로 개발하면 위 임야가 상업지구가 되어 평당 50만 원 정도를 받을 수 있는 땅이다. 잔금 3억 원 지급할 돈이 없으니 이를 대신 지불하여 주면 매입한 땅 중 2천 평을 소유권이전 등기를 경료해 주겠다"고 속여 총 3억 원을 교부받았다. 다만, 피고인은 피해자 앞으로 2천 평(1억 원)에 대한 소유권이전등기를 경료하여 주었다.
[판단] 울진 임야의 매매에 관하여 피고인이 편취한 이득액도 피고인이 피해자로부터 수령한 금원의 합계액 전액이지 피해자 앞으로 이전등기가 마쳐진 2천 평에 해당하는 금원을 공제할 것은 아니다.[96]

(2) 편취에 의한 부당 저가매수

상대방을 기망하여 부당하게 저가로 재물을 매수함으로써 편취한 경우, 특별한 사정이 없는 한 그 재물의 가액은 기망행위의 결과 실제로 지급된 가격이 아니라 기망행위가 없었더라면 지급하였을 가격 혹은 시가에 의하여 평가해야 한다.

항만의 선박에 유류를 공급하는 회사를 운영하면서 외국 국적선에 공급하는 유류의 종류나 양을 허위로 기재한 서류를 작성, 제출하고 정유회사로부터 해상면세유를 매입함으로써 피해자인 정유회사로부터 해당 부분 유류, 즉 재물을 편취함에 의한 특경가법 위반(사기) 사건에 있어서도, 이득액은 편취한 유류의 가액의 합계이다. 따라서 위와 같이 편취한 유류를 타에 처분함으로써 얻은 이윤을 이득액으로 보아야 한다는 취지의 주장은 이유 없다. 또한 상대방을 기망하여 부당하게 저가로 재물을 매수함으로써 편취한 경우, 특별한 사정이 없는 한 그 재물의 가액은 기망행위의 결과 실제로 지급된 가격이 아니라 기망행위가 없었더라면 지급하였을 가격 혹은 시가에 의하여 평가하여야 한다. 피해자를 기망하여 유류를 공급받으면서 실제로 지급한 면세유 가격, 즉 세금과 공과금 등이 모두 공제된 가격이 아니라, 그것이 모두 합산된 일반 시중가격을 기준으로 편취된 재물인 유류의 가액을 평가하여 이득액을 산정한다.[97]

---

96) 대법원 1995. 3. 24. 선고 95도203 판결
97) 대법원 2006. 3. 10. 선고 2005도9387 판결

(3) 편취금의 일부를 다른 사람에게 나눠주어 공제한 경우

미륵부처님의 불상을 봉안하기 위하여 불교신도들로부터 시주금을 받아 편취함에 있어, 시주금 중 50%는 사찰의 권선보시금으로 미리 공제하여 실제 수령한 금원은 2,320만 원인 사안에서, **편취금의 일부를 중간 전달자에게 나누어 준 사정은 범죄의 성립에 영향을 미치지 아니한다.**[98]

(4) 부정대출의 경우 대출금 전액

애초부터 국민주택건설자금으로 사용할 의사가 없으면서도 국민주택건설자금으로 사용할 것처럼 용도를 속여 대출받은 경우에는 대출금 중 일부를 나중에 국민주택건설자금으로 사용하거나, 대출받을 당시 자금의 일부를 지급받는 대신 한국주택은행에 대한 기존채무의 변제에 갈음하기로 하였더라도 **대출금 전액**에 대하여 사기죄가 성립한다.[99]

(5) 재투자금액의 경우

1) 반환하여 재투자한 경우 - 현실적인 자금의 수수

투자금 편취의 경우 그 투자금을 교부받을 때마다 각별로 사기죄가 성립하며. 교부받은 투자금을 피해자들에게 반환하였다가 다시 그 돈을 재투자받는 방식으로 계속적으로 투자금을 수수하였다면 그 각 편취범행으로 교부받은 투자금의 합계액이 특경가법 제3조 제1항 소정의 이득액이 되는 것이지, 반환한 원금 및 수익금을 공제할 것은 아니다.[100]

2) 장부상 재투자에 불과한 경우

다만, 재물을 편취한 후 현실적인 자금의 수수 없이 형식적으로 기왕에 편취한 금원을 새로이 장부상으로만 재투자하는 것으로 처리한 경우에는, 실질적으로는 기존 차입금에 대한 사기 범행을 은폐하거나 그 편취금의 반환을 회피하기 위한 방편에 불과할 뿐이므로, 재투자금액은 이를 편취액의 합산에서 제외한다.[101]

---

98) 대법원 2003. 5. 16. 선고 2001도1825 판결
99) 대법원 2002. 7. 26. 선고 2002도2620 판결
100) 대법원 2006. 5. 26. 선고 2006도1614 판결
101) 대법원 2005. 10. 28. 선고 2005도5774 판결

① 원심은, 피고인이 다단계 금융상품판매조직인 주식회사를 운영하면서 상습으로, 고객들에게 자금을 투자하면 "42일째 되는 날에 원금과 20%의 이자를 붙여 상환하여 주겠다"거나 "연 23.4%의 이자를 가산하여 원리금을 지급하여 주겠다"고 거짓말을 하여 이에 속은 피해자들로부터 합계 2,629,900,000원을 교부받아 이를 편취하였다고 인정하였다. 그러나 형식상으로는 피고인이 피해자들에게 위 주식을 판매하고 그 대금을 취득한 것으로 그 주권발행대장 등에 기재되어 있지만, 그 가운데 상당 부분은 피고인이 종전에 편취한 차입금의 원리금변제를 위하여 그 피해자들에게 위 주식을 배분한 것에 불과할 뿐이고 실제로는 그 주식대금이 수수되지 아니한 사실을 알 수 있고, 또한 나머지 범죄사실에 관하여 살펴보더라도, 피고인이 피해자들로부터 유치한 차입금은 모두 신규차입의 형식을 갖추고 그 출자금증서도 새로이 발행되었지만, 그 가운데 상당 부분은 피고인이 종전에 편취한 차입금이 만기에 이르러 피해자들에게 이를 ○○시 ○○면종전과 같은 고수익을 보장하여 주겠다고 기망하여 반환하여야 할 원리금의 전액 또는 일부를 새로이 차입하는 것으로 하고 그 출자금증서를 발행하여 주었던 것일 뿐이고 실제로는 그 증서상에 표시된 금액 상당의 차입금이 수수되지 아니한 사실을 알 수 있는데, 원심으로서는 피고인이 실제로 교부받은 차입금을 가려서 이를 합산한 금액만을 이득액으로 보고, 현실적인 자금의 수수 없이 그 전에 편취한 차입금의 원리금을 형식적으로만 새로이 주식을 판매하고 그 대금상당액을 수령한 것으로 하여 주권발행대장 등에 기재하거나 새로이 차입하는 것으로 하면서 그 출자금증서를 발행한 경우에 해당하는 금액은 거기에서 제외하였어야 옳았다.

(6) 어음·수표의 할인에 의한 금전 편취

어음·수표의 할인에 의한 사기죄에 있어서 피고인이 수령한 현금액이 피고인이 교부한 어음·수표의 액면금보다 적을 경우, 피고인이 취득한 재산상의 이익액은, 당사자가 선이자와 비용을 공제한 현금액만을 실제로 수수하면서도 선이자와 비용을 합한 금액을 대여원금으로 하기로 하고 대여이율을 정하는 등의 소비대차특약을 한 경우는 별론, 위 어음·수표의 액면금이 아니라 피고인이 수령한 현금액이다.[102]

2. 이익사기

(1) 보증채무의 부담

건설업자가 건설산업기본법에 의한 건설공제조합을 기망하여 선급금보증계약을 체결하고 선급금보증서를 발급받아 건설공사 발주자에게 제출한 경우 그로 인하여 건설업자가 취득하는 재산상 이익은 건설공제조합이 선급금보증계약에 의하여 부담한 선급금 반환 보증채무를 자신의 건설공사 계약을 위한 담보로 이용할 수 있는 이익이고 그 가액(이득액)은 원칙적으로 선급금 반환채무 보증한도액 상당이다.[103]

---

102) 대법원 1998. 12. 9. 선고 98도3282 판결
103) 대법원 2006. 11. 24. 선고 2005도5567 판결

(2) 합자회사 지분양도

백화점 인수대금을 줄 의사가 전혀 없음에도 불구하고 A에게 백화점을 6억 원에 인수하겠으니 회사의 자본금 1억 8,000만 원의 지분양도서에 서명하고 대표사원 직인을 넘겨달라는 취지로 거짓말하여 이에 속은 A로 하여금 즉시 그 자리에서 회사 지분양도서에 서명 날인케 하여 지분전체를 양수하고 대표사원 직인을 넘겨받아 회사의 실질적인 대표사원이 됨으로써, 회사의 유일한 재산인 백화점 건물과 대지 시가 약 160억 원 상당(감정가 6,644,344,100원)에 대한 권리를 취득하여 동액 상당의 재산상 이득을 취득하였다. [원심]은, 위 합자회사의 설립목적이나 영업목적에 비추어 피고인 1가 A로부터 편취한 것은 형식적으로는 회사의 지분이기는 하나 실제로는 지분양수의 형식을 빌려서 백화점 전체에 대한 권리를 편취한 것으로 보아야 하고, 결국 이 사건 피해액은 백화점의 가액 즉 당시 백화점에 대한 감정가인 금 6,644,344,100원으로 봄이 상당하다고 하여 피고인 1는 위의 금액 상당의 재산상 이익을 취득하였다고 판단하였다.

[대법원] 그러나 합자회사에서의 지분의 양도는 사원으로서의 지위의 양도를 가리키는 것으로, 합자회사의 지분의 양도로 인하여 취득하는 것은 지분권, 즉 사원권이므로 그 이득액은 지분권이 표창하는 객관적인 재산적 가치라고 보아야 할 것이고, 그러한 객관적인 재산적 가치는 감정 등을 통하여 객관적으로 확정할 것이지만 거래약정 당사자 사이에 양도가액이 정해져 있으면 그것이 객관적인 재산적 가치를 평가하였다고 볼 수 없는 특별한 사정이 없는 한 그 양도가액을 지분권이 갖는 객관적인 재산적 가치로 봄이 상당하다고 할 것이다. 이 사건 공소사실에 의하니, 피고인 1과 A는 A 소유의 합자회사 지분을 금 6억 원으로 평가하여 양도양수하기로 하였다는 것이므로 위의 평가가액이 지분의 객관적인 재산적 가치로 볼 수 없는 특별한 사정이 없는 한 피고인 1의 편취로 인한 이득액은 그 평가액인 금 6억 원이므로 그 수액을 기준으로 삼아 공소시효기간의 경과 여부가 판단되어야 할 것이다.[104]

3. 부동산의 경우

(1) 부동산 소유권사기

사람을 기망하여 부동산의 소유권을 이전받거나 제3자로 하여금 이전받게 하여 이를 편취한 경우에 특경가법 제3조의 적용을 전제로 하여 그 부동산의 가액을 산정함에 있어서는, ① **그 부동산에 아무런 부담이 없는 때에는 그 부동산의 시가 상당액이 곧 그 가액**이 되지만, ② 그 부동산에 근**저당권설정등기가 경료**되어 있거나 **압류 또는 가압류 등이 이루어져 있는 때**에는 특별한 사정이 없는 한 **(a) 아무런 부담이 없는 상태에서의 그 부동산의 시가 상당액에서 근저당권의 채권최고액 범위 내에서의 피담보채권액, (b) 압류에 걸린 집행채권액, (c) 가압류에 걸린 청구금액 범위 내에서의 피보전채권액 등을 뺀 실제의 교환가치**를 그 부동산의 가액으로 보아야 한다.[105]

---

104) 대법원 2000. 2. 25. 선고 99도4305 판결

105) 대법원 2007. 4. 19. 선고 2005도7288 전원합의체 판결, 보충의견. 거래실정에 비추어 근저당권 등의 부담이 있는 부동산과 그러한 부담이 없는 부동산이 가지는 객관적 교환가치가 동일할 수는 없다. 다수의견에 의하면, 가처분이나 순위보전의 가등기는 부동산의 처분에 장애사유는 될 수 있어도 교환가치에 영향을 미치는 사유는 아니므로 부동산의 가액 산정에 있어 이를 고려할 것은 아니나, 지상권 등의 용익물권은 경우에 따라

(2) 근저당권사기

1) 특경가법상 근저당권사기

제3자로부터 금원 융자 내지 물품의 외상공급 목적으로 타인을 기망하여 부동산에 제3자 앞으로 근저당권을 설정하게 한 자는 **그 타인 소유의 부동산을 자신의 제3자와의 거래에 대한 담보로 이용할 수 있는 재산상 이익**을 취득하였다.[106]

① 그 가액(이득액)은 원칙적으로 그 부동산의 시가 범위 내의 채권 최고액 상당이라 할 것인데, 한편 그 부동산에 이미 다른 근저당권이 설정되어 있는 경우에는, 원칙적으로 그 **부동산의 시가에서 다시 선순위 근저당권의 채권 최고액을 공제한 잔액 상당액을 기망자가 얻는 이득액의 한도**로 보아야 한다. 다만 그 부동산에 이미 다른 근저당권이 설정되어 있는 경우에도 후순위 근저당권을 취득하는 자로서 **선순위 근저당권의 담보가치가 실제 피담보채권액만큼만 파악되고 있는 것으로 인정하였다고 볼 수 있는 특별한 사정이 있는 경우(예를 들면 이미 변제 기타 사유로 그 저당권이 형해화되어 있다거나 실제 그 피담보채무가 얼마인지 여부를 조사하여 그 피담보채무가 증가할 여지가 없어 사실상의 저당권으로 파악한 다음 그 점들까지 고려하여 후순위 채권 최고액을 결정하였다고 볼 사정이 있는 경우)**에는 근저당권 설정 당시의 그 부동산의 시가에서 그 선순위 근저당권의 실제 피담보채권액을 공제한 잔액 상당액을 그 이득액의 한도로 볼 수 있다.[107]

2) 형법상 근저당권사기

① 갑 승지주류 대표이다. 갑은 주류업체인 OB맥주 및 두산경월에 대한 외상대금 채무가 신용거래한도를 초과하여 더 이상 주류를 공급받을 수 없게 되었다. 甲은 A에게 여관건물과 대지를 주류회사에 담보로 제공하면 무이자 대출을 받을 수 있다고 속여, A로 하여금 승지주류를 채무자로 하고 OB맥주와 두산경월에게 각각 최고액 500,000,000원, 200,000,000원으로 된 근저당권설정등기를 마치게 하였다. 그런데 이 사건 부동산에 대한 감정가격이 925,000,000원인 사실이 인정되고, 이 사건 부동산의 등기부 등본의 기재에 의하면, 이 사건 근저당권이 설정되기 이전에 이미 이 사건 부동산 위에는 소외 주식회사 광주상호신용금고 명의의 근저당권이 2건 설정되어 있는데 그 채권 최고액이 합계 546,000,000원인 사실이 인정되므로, 피해자 A에 대한 이 사건 사기범행으로 인한 갑의 이득액은 원칙적으로 금 379,000,000원(925,000,000원 - 546,000,000원)으로서 이는 특정재산범죄가중처벌등에관한법률 제3조를 적용하기 위한 최소한의 금액인 5억 원에 미치지 못하는 금액이다.

그 부동산의 교환가치에 영향을 미치는 요소가 될 수 있고, 담보가등기·등기된 전세권·대항력 있는 임대차 등은 특별한 사정이 없는 한 근저당권과 동일하게 취급하여도 무방하다.

106) 대법원 2010. 12. 9. 선고 2010도12928 판결
107) 대법원 2000. 4. 25. 선고 2000도137 판결

특경가법위반(사기)가 아닌 「형법」 제347조의 이득사기죄의 경우, 근저당권을 설정하게 함으로 인하여 취득한 재산상 이익의 구체적인 가액은 양형에 관한 사항에 불과하여 위 범죄의 성립에 영향을 미치지 못한다.

이 부분 상고이유의 주장은, 피고인이 편취한 이 사건 상가의 시가는 원심이 그 객관적 평가기준으로 삼은 감정평가액 10억 3,500만 원이 아니라 이 사건 매매대금인 7억 원으로 보아야 하고 이를 기준으로 이 사건 상가에 설정되어 있던 각 근저당권의 채권최고액 합계 7억 1,500만 원을 공제하면 편취액이 없어 사기죄가 성립하지 않는다는 취지이다. 그러나 사기로 인한 특정재산범죄 가중처벌 등에 관한 법률 위반죄가 아닌 「형법」 제347조의 재물사기죄가 문제되는 이 부분 범죄사실의 경우, 피고인이 편취한 이 사건 상가의 가액에서 근저당권설정액 등 부담액을 공제한 구체적 이득액 여하는 범죄성립에 영향을 미치지 못한다.

3) 기망에 의한 근저당권말소

타인을 기망하여 그 타인 명의의 근저당권을 말소한 자가 취득하는 재산상의 이익은 그 담보가치 상당액이고, 그 이득액은 원칙적으로 담보부동산의 시가 범위 내의 채권최고액 상당이며, 근저당권말소 당시 실제 채권액이 채권최고액에 미치지 아니하는 경우 근저당권말소 당시 실제 채권액이 한도이다.[108]

4. 주식

① 기망에 의한 주식양도양수를 통한 이득편취에 있어 그 이득액은 특별한 사정이 없는 한 취득한 주식의 재산적 가치로서 주식 자체가 표창하는 재산의 객관적 가치를 말한다.
② 다만 비상장 주식 내지 증권협회 미등록 법인이 발행한 주식의 경우 그에 관한 객관적 교환가치가 적정하게 반영된 정상적인 거래의 실례가 있는 경우에는 그 거래가격을 시가로 보아 주식의 가액을 평가하여야 할 것이고, 그렇지 않은 경우에는 상속세및증여세법시행령 제54조 소정의 비상장주식 평가방법을 보충적으로 적용하여 산정한 평가액을 그 주식의 가액으로 볼 수 있다.
③ 그러나 거래약정 당사자 사이에 정한 양도가액이 있는 경우 그것이 주식의 객관적인 재산적 가치를 평가하였다고 볼 수 없는 특별한 사정이 있지 아니한 이상 그 양도가액을 주식의 객관적인 재산적 가치로 봄이 상당하다.[109]

---

108) 대법원 2006. 2. 24. 산고 2006도208 판결
109) 서울고등법원 2005. 3. 15. 선고 2004노3133 판결

🎖 기본 이론

1. 금전

위탁금전에 대한 횡령과 관련하여, 불법인출에 횡령과 반환을 거듭하여, 실제 원금보다 횡령금이 많아지는 경우 그 피해금액 산정이 문제된다. 더욱이 특경가법에 의한 가중처벌이 문제되는 경우에는 중요한 쟁점이 된다.[110]

생각건대, 업무상횡령죄에 있어서 불법영득의 의사라 함은 자기 또는 제3자의 이익을 꾀할 목적으로 업무상의 임무에 위배하여 보관하는 타인의 재물을 자기의 소유인 경우와 같은 처분을 하는 의사를 말하고 사후에 이를 반환하거나 변상, 보전하는 의사가 있다 하더라도 불법영득의 의사를 인정함에 지장이 없다. 따라서 **피고인이 횡령한 금원을 반환한 후 다시 횡령하는 행위를 반복하였다고 하여 포괄일죄의 성립에 지장이 있거나, 피고인이 횡령행위로 취득한 재물의 가액이 줄어드는 것이라고는 볼 수 없다.**

[범죄사실] 상공회의소 회장인 피고인이 (지역명 생략)상공회의소 전무이사인 원심 공동피고인과 경리부장에게 지시하여 약 70일 사이에 4회에 걸쳐 (지역명 생략)상공회의소의 공금 합계 14억 원을 원심 공동피고인의 계좌로 송금하게 한 후 피고인이 개인용도로 유용하였다. [판단] 피고인이 용도가 제한되어 있는 상공회의소의 공금을 정상적인 절차를 거치지 아니한 채 인출하도록 지시한 후 임의 사용한 사실을 인정한 다음 피고인이 불법영득의사로 공금을 유용하려는 단일하고도 계속된 범의하에 단기간 내에 반복적으로 동일한 범행방법으로 동일한 법익을 침해하였다고 판단하여 위 4회의 횡령행위를 통틀어 특정재산범죄 가중처벌 등에 관한 법률 위반(횡령)죄로 의율하여 처단한 것은 정당하다. 또 피고인이 횡령한 금원을 반환한 후 다시 횡령하는 행위를 반복하였다고 하여 포괄일죄의 성립에 지장이 있거나, 피고인이 횡령행위로 취득한 재물의 가액이 줄어드는 것이라고는 볼 수 없다.

2. 부동산

타인의 부동산을 보관 중인 자가 불법영득의사를 가지고 그 부동산에 근저당권설정등기를 경료함으로써 일단 횡령행위가 기수에 이르렀다 하더라도 그 후 같은 부동산에 별개의 근저당권을 설정하여 새로운 법익침해의 위험을 추가함으로써 법익침해의 위험을 증가시키거나 해당 부동산을

---

110) 대법원 2006. 6. 2. 선고 2005도3431 판결

매각함으로써 기존의 근저당권과 관계없이 법익침해의 결과를 발생시켰다면, 이는 당초의 근저당권 실행을 위한 임의경매에 의한 매각 등 그 근저당권으로 인해 당연히 예상될 수 있는 범위를 넘어 새로운 법익침해의 위험을 추가시키거나 법익침해의 결과를 발생시킨 것이므로 특별한 사정이 없는 한 불가벌적 사후행위로 볼 수 없고, 별도로 횡령죄를 구성한다.

3. 특경가법 확대 적용

특경가법 제3조 제1항의 적용과 관련하여 피고인이 근저당권설정등기를 마치는 방법으로 부동산을 횡령함으로 인하여 취득한 구체적인 이득액은 **각 부동산의 시가 상당액에서 이 사건 범행 전에 설정된 피담보채무액을 공제한 잔액이 아니라 위 각 부동산을 담보로 제공한 피담보채무액 내지 그 채권최고액**이다.[111]

> 피고인이 피해자 甲으로부터 명의신탁을 받아 보관 중인 토지 9필지와 건물 1채에 甲의 승낙 없이 임의로 채권최고액 266,000,000원의 근저당권을 설정하였는데, 당시 위 각 부동산 중 토지 7필지의 시가는 합계 724,379,000원, 나머지 2필지와 건물 1채의 시가는 미상인 반면 위 각 부동산에는 그 이전에 채권최고액 434,000,000원의 근저당권설정등기가 마쳐져 있고, 이에 대하여 甲은 220,000,000원의 피담보채무를 부담하고 있는 사안에서, 이 경우 피고인의 이득액은 5억 원 미만이므로 특경가법 제3조 제1항을 적용할 수 없다.

Section 4 배임죄의 경우

⊚ 기본 이론

배임죄에서 손해를 가한 때라 함은 현실적으로 실해를 가한 경우뿐만 아니라 실해발생의 위험을 초래케 할 경우도 포함하는 것이므로 손해액이 구체적으로 명백하게 산정되지 않았다고 하더라도 배임죄의 성립에는 영향이 없고, 설사 손해액이나 이득액의 계산에 잘못이 있다 하더라도 그 금액이 특정재산범죄가중처벌등에관한법률 제3조 제1항 각 호 중 어느 것에 해당한다면 그 잘못은 같은 법 조항을 적용한 판결의 결과에는 영향이 없다.

---

111) 대법원 2013. 5. 9. 선고 2013도2857 판결

특경가법 제3조 제1항 제1호의 적용을 전제로 하여 이중매매의 대상이 된 부동산의 가액을 산정함에 있어서는, 그 부동산에 아무런 부담이 없는 때에는 그 부동산의 시가 상당액이 곧 그 가액이나, 근저당권설정등기가 경료되어 있거나 압류 또는 가압류 등이 이루어져 있는 때에는 특별한 사정이 없는 한 아무런 부담이 없는 상태에서의 그 부동산의 시가 상당액에서 근저당권의 채권최고액 범위 내에서의 피담보채권액, 압류에 걸린 집행채권액, 가압류에 걸린 청구금액 범위 내에서의 피보전채권액 등을 뺀 실제의 교환가치가 그 부동산의 가액이 된다.[112]

1. 이중 가등기 사례

[사실관계] 피고인들이 당시 임의경매절차가 진행 중이던 이 사건 호텔을 850억 원에 매도하기로 하면서 그 구체적인 소유권 확보방안으로 최선순위의 이 사건 근저당권(채권최고액 합계 449억 900만 원)과 이 사건 가등기를 이전하여 주고 이외에도 이 사건 가등기보다 먼저 설정된 근저당권이나 압류 및 가압류, 가등기 자체에 걸린 가압류, 가처분 등을 모두 말소하여 주기로 하였다. 그런데 위 피고인들은 중도금을 수령하면서 이 사건 근저당권 및 등기의 이전에 필요한 서류를 피해자 측에 교부하고도 이 사건 가등기에 관하여는 임의로 공소외 8 주식회사, 공소외 9 주식회사 앞으로 이전등기를 마치고 말았다.

[2심] 피고인들의 배임행위로 인한 이득액은 이 사건 호텔의 가액 850억 원에서 이 사건 근저당권의 채권최고액 합계 449억 900만 원을 뺀 400억 9,100만 원이라고 보아 특정재산범죄 가중처벌 등에 관한 법률 제3조 제1항 제1호로 의율하였다.

[대법원] 위 피고인들의 배임행위 당시 이 사건 호텔에 관하여는 이 사건 근저당권 외에도 이 사건 가등기에 앞서 3건의 근저당권등기(채권최고액 합계 73억 원)와 가압류등기(위 피고인들 주장 청구금액 16억 원)가 각 마쳐져 있었고, 나아가 이 사건 가등기 자체에 관하여도 1996. 7. 3. 자 가압류(청구금액 100억 원), 1998. 2. 23. 자 가압류(청구금액 15억 원), 1998. 5. 28. 자 가압류(청구금액 61,396,704원), 2003. 3. 24. 자 압류(위 피고인들 주장 집행채권액 17억 원)가 각 마쳐져 있었는바, 이 사건 배임행위로 인한 이득액을 산정함에 있어서는 이 사건 근저당권의 채권최고액의 범위 내에서의 피담보채권액뿐만 아니라 이 사건 가등기에 앞서 이 사건 호텔에 설정된 위 각 근저당권의 채권최고액 범위 내에서의 피담보채권액이나 가압류에 걸린 청구금액 범위 내에서의 피보전채권액 등을 모두 공제하여야 할 것이다. 그럼에도 원심이 그 이득액을 산정함에 있어 이를 공제하지 아니한 것은 잘못이다.

(다) 그러나 이들 근저당권의 피담보채권액이나 가압류 등의 청구금액을 공제하더라도 이 사건 배임행위로 인한 이득액은 약 312억여 원에 이르고 있어(처분금지가처분 또는 단순한 순위보전의 가등기 등은 부동산 그 자체의 교환가치에 직접 영향을 미치는 사유는 아니므로 부동산의 가액 산정에 있어 이를 고려할 것은 아니며 그 가등기에 관한 가압류 등도 마찬가지이다) 위 피고인들에게 적용된 특경가법 제3조 제1항 제1호에 해당되는 점은 다름이 없다.

---

112) 대법원 2007. 4. 19. 선고 2005도7288 전원합의체 판결, 대법원 2007. 5. 31. 선고 2005도3102 판결 참조

2. 매도 → 저당권 사례

피고인이 신축 중에 있던 이 사건 오복빌딩과 오대양빌딩의 사무실을 이 사건 피해자들에게 분양하고 피해자들로부터 계약금과 중도금을 받았으므로 피고인으로서는 위 각 건물의 대지를 법률상 아무런 하자 없이 보존하고 있다가 위 각 건물이 완공된 후 피해자들에게 그들이 분양받은 대지에 관하여 소유권이전등기를 경료해 줄 업무상의 임무가 있음에도 이에 위배하여 위 각 대지에 관하여 주식회사 서울신탁은행 등 앞으로 채권최고액 합계금 18,440,000,000원의 근저당권을 설정해 주고 그중 일부를 대출받음으로써 피해자들에게 합계금 176,561,365원 상당의 손해(뒤에서 보는 바와 같이 정확한 금액은 그 이상인데 이 점은 원심이 잘못 계산하였으나 판결결과에 영향이 없다)를 입게 하고 같은 금액 상당의 재산상 이익을 취득한 사실을 충분히 인정할 수 있고, 또 위와 같은 사실이 인정되는 이상 피고인에게 공사완성 후 위 근저당권설정등기를 말소하여 피해자들에게 소유권이전등기를 해 주려는 내심의 의사가 있었다거나 이 사건에서와 같이 건축 중인 건물을 분양한 후에 분양대상건물의 공사진행 기간 동안 건물부지를 담보하여 융자를 받는 것이 설사 건설업계의 관례라고 하더라도 배임죄의 성립에는 영향이 없고, 기록상 이 사건 분양계약당시 피고인이 건물부지를 담보로 자금을 융통하여도 좋다는 내용의 합의가 계약당사자 사이에 있었다는 점을 인정할 아무런 자료도 없으므로 원심이 이 사건 배임의 점을 유죄로 인정한 조치에는 배임죄의 법리오해나 채증법칙위배 및 심리미진의 위법 또는 이유모순 및 이유불비의 위법이 있다고 할 수 없다. 논지는 이유 없다.
그리고 이 사건과 같이 부동산의 매도인이 매수인 앞으로 소유권이전기등를 경료하기 이전에 제3자로부터 금원을 차용하고 그 담보로 근저당권설정등기를 해 준 경우 매수인이 입은 손해는 그 근저당권에 의하여 담보되는 피담보채무상당액이라고 할 것이다.
그런데 원심은 피해자들의 기지급분양금액 중 토지해당분을 계산하여 총합금 176,561,365원이 피해자들의 손해액이라고 산정하고 있으므로 그 손해액의 산정방법이 잘못되어 있기는 하나 기록에 의하여 피해자들이 분양받은 대지부분에 해당하는 대출금총액을 계산하면, 약 금 186,704,184원(1,200,000,000 × 47.46 / 359.98 × 1,600,000,000 × 18.07 / 1,104.62)이 되므로 피고인의 소위가 원심이 적용한 특정재산범죄가중처벌등에관한법률 제3조 제1항 제3호에 해당함에는 영향이 없으니 원심판결의 결론은 정당하므로 거기에 배임죄에 있어서 손해액산정에 관한 법리오해가 있다는 논지는 이유 없다.

3. 매도 → 양도담보

매도인이 부동산매도 후 제3자에게 금원을 차용하면서 양도담보계약을 체결한 경우 매수인이 입은 손해액은 <u>그 양도담보권에 의하여 담보되는 피담보채무 상당액</u>이다.[113]

피고인이 피해자 공소외 1에게 이 사건 건물 중 103호를 매도한 후 계약금 및 중도금 합계 342,452,000원을 수령한 다음 이 사건 건물 중 103호에 관한 양도담보계약을 체결하고 공소외 2에게 3,450만 원을 차용한 경우이므로, 피고인의 배임행위로 인하여 입을 피해자 공소외 1의 손해액은 양도담보계약의 피담보채무 상당액인 3,450만 원으로 봄이 상당함에도, 계약금 및 중도금 합계 342,452,000원을 피고인의 배임행위로 인하여 입을 피해자 공소외 1의 손해액으로 본 원심의 판단은 배임죄의 손해액 산정에 관한 법리를 오해하여 판결에 영향을 미친 위법이 있다.

---

113) 대법원 2012. 1. 26. 선고 2011도15179 판결

PART

II

사기죄

"사기는 테크닉이 아니다. 심리전이다.
그 사람이 뭘 원하는지,
그 사람이 뭘 두려워하는지 알면 게임 끝이다."

- 영화 '범죄의 재구성' 극 중에서 서인경의 대사 -

Chapter 1

사기죄의 기본 이론

사기죄의 의의와 분류

🎓 기본 이론

최근(2020년)에 발행된 전국범죄피해조사에 따르면 한 해 동안 발생한 사기 피해 건수는 966,276건이며 범죄 피해율은 2.10%, 인구 10만 명당 피해 건수는 2,100건으로 2012년 이후 가장 높다.[114]

1. 사기죄의 의의

(1) 연혁과 입법례

사기죄의 역사는 로마법 시대까지 거슬러 올라간다. 그러나 재산죄로서의 사기죄는 근대 자본주의의 발전과 더불어 19세기에 발달한 현대적인 범죄라고 볼 수 있다. 그런데 우리나라의 규정은 일본 형법을 의용한 구 형법에서부터 현행 형법에 이르기까지 1995년에 법정형 중 벌금형 부분이 5만 환에서 2천만 원 이하로 개정된 것을 제외하고는 구성요건의 변경 없이 계속되고 있다.[115]

> 형법 제347조(사기) ① 사람을 기망하여 재물의 교부를 받거나 재산상의 이익을 취득한 자는 10년 이하의 징역 또는 2천만 원 이하의 벌금에 처한다. ② 전항의 방법으로 제삼자로 하여금 재물의 교부를 받게 하거나 재산상의 이익을 취득하게 한 때에도 전항의 형과 같다.

---

114) 전국범죄피해조사 2020 : 분석보고서, 저자 박형민 외, 한국형사법무정책연구원 2021
115) 헌법재판소 2006. 11. 30. 선고 2006헌바53 전원재판부

1) 독일형법

독일형법은 제22장 사기와 배임의 장에서 제263조 사기죄를 규정하고 있으며, 그 외에도 사기의 유형에 따라 제263a조 컴퓨터사기, 제264조 보조금 사기 제264a조 투자사기, 제265조 보험 남용, 제265조 사기로 서비스 받기, 제265b조 신용 사기, 제265c조 스포츠 베팅 사기, 제265d조 프로 스포츠 경기의 조작, 제265e조 스포츠 도박 사기 및 프로 스포츠 경기 조작의 특히 심각한 경우, 제266조 부정, 제266a조 임금 원천징수 및 횡령, 제266b조 수표 및 신용 카드 남용을 규정하고 있다. 모두 소개할 수 없으므로 제263조만을 소개하면 다음과 같다.

제263조【사기】① 위법한 재산상의 이익을 자신이 취득하거나 타인으로 하여금 취득하게 할 의사로 허위의 사실로 기망하거나 진실을 왜곡 또는 은폐하여 착오를 야기 또는 유지시킴으로써 타인의 재산에 손해를 가한 자는 5년 이하의 자유형 또는 벌금형에 처한다.
② 미수범은 처벌한다.
③ 특히 중한 경우에는 6월 이상 10년 이하의 자유형에 처한다. 특히 중한 경우란 특별한 규정이 없는 한, 행위자가 다음 각호의 1에 해당하는 경우를 말한다.
　1. 영업적으로 또는 문서위조 또는 사기의 계속적 수행을 목적으로 조직된 범죄조직의 구성원으로서 행위한 경우
　2. 중한 정도의 재산손실을 야기하거나 또는 사기의 계속적 수행으로 수인을 재산손실의 위험에 빠뜨리려고 의도적으로 행위한 경우
　3. 타인을 경제적인 위급에 빠뜨린 경우
　4. 공무원으로서 자신의 권한 또는 지위를 남용한 경우
　5. 행위자 또는 타인이 목적을 위하여 중요한 가치가 있는 물건에 불을 놓거나 방화에 의하여 전부 또는 일부를 소실시키거나 또는 배를 물속에 빠뜨리거나 난파시킨 후에 보험사례로 기망한 경우
④ 제243조 제2항, 제247조 및 제248a조는 동일하게 적용된다.
⑤ 제263조 내지 제264조 또는 제267조 내지 제269조에 의한 범죄를 계속적으로 수행할 목적으로 조직된 범죄조직의 구성원으로서 사기를 영업적으로 범한 자는 1년 이상 10년 이하의 자유형에 처하고, 당해 행위가 중하지 아니한 경우에는 6월 이상 5년 이하의 자유형에 처한다.
⑥ 법원은 행정감독을 명할 수 있다(제68조 제1항).
⑦ 행위자가 제263조 내지 제264조 또는 제267조 내지 제269조에 의한 범죄의 계속적 수행을 목적으로 조직된 범죄조직의 구성원으로서 행위한 경우에 제43조a 및 제73조d는 준용된다. 행위자가 영업적으로 행위한 경우 에도 역시 제73조d는 준용된다.

우리나라 형법상 사기죄는 일반적인 규범으로 극히 추상적으로 규정되어 있을 뿐이다. 사기죄의 유형은 너무나 다양하다. 특히 최근 문제되는 다중피해사기의 유형은 기존 개인적 법익처벌에 매몰되어 있는 사기죄 규정만으로 대응하기 어렵다. 이런 점에서 독일형법과 같이 사기 유형을 세

분화한 점, 법원에 의한 행정감독명령권을 규정한 점, 조직범죄를 규정한 점 등은 충분히 참고할 여지가 있다고 본다.

2) 미국

미국의 경우 특히 Alfonzo(2002)에 따르면 캘리포니아 주에서는 다음의 4가지 조건을 충족시켜야 법적인 차원에서 사기가 성립된다. 미국의 입법례는 한국 형법상 사기죄의 인과관계 판단과 관련하여 구체적인 판단기준을 제공할 수 있다는 점에서 시사하는 점이 많다.

> (1) 범법자는 의도적으로 물리적 사실(material fact3)을 왜곡해야 한다. (2) 범법자는 의도적으로 소비자가 그 왜곡된 사실에 의존하도록 해야 한다. (3) 피해자는 자신의 결정에 있어 상당히 많은 부분을 실제 그 왜곡된 사실에 의존하여야 한다. 그리고 마지막으로 (4) 이성적으로 신중한 판단을 하는 사람이라면 누구라도 결정을 하는 데 있어 그 왜곡된 사실에 의존했었을 것이어야 한다.[116]

한편 헌법재판소는 외국 입법례와 같이 기망에 해당하는 행위를 구체적 유형별로 명시하는 것은 명확성을 더욱 담보할 수 있는 바람직한 입법형식으로 생각해볼 수 있겠지만, 어떠한 행위가 기망에 해당하는지를 입법목적, 입법연혁, 법규범의 체계적 구조 등을 고려한 합리적인 해석기준을 통하여 판단할 수 있는 이상, 보다 구체적인 입법이 가능하다는 이유만으로 이 사건 법률규정이 곧바로 명확성의 원칙에 위반된다고 할 수는 없다고 판시한 바 있다.[117]

생각건대 현행 사기죄는 입법개선의 여지가 있다. ① 재물과 이익이라는 도식적인 이분법이 과연 필요한가 의문이다. 이로 말미암아 하나의 사건에서 재물 내지 이익 피해객체를 무엇으로 특정하는지에 따라 처분행위 판단이 갈리는데, 실제 특정이 쉽지 않아 자의적인 적용이 되기 쉽기 때문이다. 오히려 필요한 것은 다양한 사기 유형과 관련하여 그 간 판례의 성과를 정리하여 독일형법과 같이 구체적인 규정을 마련할 필요가 있다고 본다.

(2) 사기죄의 본질과 특징

사기죄는 타인을 기망하여 착오에 빠뜨리고 그 **처분행위를 유발**하여 재물을 교부받거나 재산상 이익을 취득함으로써 성립한다는 점에서 그 본질은 횡령·배임죄와 더불어 배신성에 있으며 피해

---

116) 국내외 투자사기의 유형과 대책에 관한 연구, 황지태·박정선·양승돈, 한국형사정책연구원 2010. 12.
117) 헌법재판소 2006. 11. 30. 선고 2006헌바53 전원재판부

자에 따른 상대적인 범죄로서 처분행위를 요한다는 점에 그 특징이 있다.

1) 배신죄

사기죄는 거짓말로 신뢰에 기한 처분행위를 유발한다는 점에서 그 본질이 배신성에 있으며, 손해의 발생은 그 요건이 아니다. 가령 기부와 같은 무상의 증여행위라도 얼마든지 사기죄가 성립할 수 있다.[118] 반면, 사후 변심이라면 손해가 있더라도 사기죄가 될 수 없다. 가령 연인관계에서 호의적으로 금원을 교부하였다가, 결별 이후 금원 반환 요구에 불응하더라도 사기가 될 수 없는 것이다.

2) 처분행위

한편 사기죄는 착오에 빠진 피해자의 처분행위를 이용하여 재산을 취득하는 것을 본질적 특성으로 한다.[119] 처분행위는 탈취의 방법으로 재물을 취득하는 절도죄를 구분하는 역할을 한다. 즉 넘겨준 것이 있어야만 사기죄가 성립한다.

3) 상대적 범죄

사기죄 판단의 핵심은 인과관계에 있다. 즉 기망과 착오, 착오와 처분은 모두 상당인과관계가 인정되어야 한다. 같은 거짓말이라도 사람에 따라 속아 넘어가는 경우는 다를 수밖에 없기 때문에, 사기죄는 ① 피의자와 피해자의 관계, ② 피해자의 인식과 관여의 정도 ③ 피해자의 직업이나 사회경력 등을 충분히 감안해야만 판단할 수 있는 상대적인 범죄일 수밖에 없다. 가령, 은행지점장 같은 금융전문가를 상대로 금융사기를 범하거나, 다년간 경험이 많은 공인중개사를 상대로 기획부동산 사기를 범하는 것은 일반인보다 훨씬 어려운 것과 같다.

Investigation Advice

사기죄는 피해자의 착오에 의한 처분행위를 요한다는 점에서, 피해자에 따라 범죄성립이 달라지는 상대적인 범죄로 볼 수 있다. 따라서 피해자와 피의자의 관계, 피해자의 직업, 사회적 경험 등에 주의해야 한다. 판례가 소비대차 거래에서, 대주와 차주 사이의 친척·친지와 같은 인적 관계 및 계속적인 거래 관계 등에 의하여 대주가 차주의 신

---

118) 대법원 2007. 10. 25. 선고 2005도1991 판결, 경북사랑운동본부가 실체가 없는 단체라는 점 등을 근거로 삼아 피고인이 마치 경북사랑운동본부가 위 행사를 개최하는 것처럼 피해자들을 기망하여 금품을 교부받았다고 판단하여 이를 사기죄로 처단한 것은 정당
119) 대법원 2017. 2. 16. 선고 2016도13362 전원합의체 판결

용 상태를 인식하고 있어 장래의 변제 지체 또는 변제불능에 대한 위험을 예상하고 있었거나 충분히 예상할 수 있는 경우에는, 기망 내지 고의를 인정하지 않는 것도 같은 맥락이다.

(3) 사기죄의 보호법익

사기죄의 보호법익은 재산권이므로, 기망행위에 의하여 국가적 또는 공공적 법익이 침해되었다는 사정만으로 사기죄가 성립한다고 할 수 없다.[120] 한편 재물이 교부됨으로써 사기죄가 기수에 이르렀다는 것은 해당 재물에 대하여 소유권 등 본권에 기한 지배가능성을 침해당하였다는 것을 의미하고, 피해자가 그 재물에 대한 소유권 등 본권을 상실하였다거나 사기범이 그 재물에 대한 소유권 등 본권을 취득하였다는 것을 의미하지 않는다.[121]

2. 사기의 분류

사기죄의 적용대상이 되는 행태는 다양하여 일일이 열거할 수 없으나 목적에 따라 분류하여 취급하는 것이 유용하다. 일단 법률상과 사실상의 분류에 따라 살펴본다.

(1) 법률상 유형

형법 제347조 사기죄의 해석을 통해 판례는 재물사기와 이익사기를 구별하여 취급하고 있다. 이익사기는 무임승차 등과 같이 재물 이외의 재산상 이익을 처분받는 것을 말한다. 그리고 보충적 구성요건으로 사람에 대한 기망행위가 없는 경우 컴퓨터등사용사기가 가능하며, 나아가 전기통신금융사기피해방지및피해금환급에관한특별법위반과 보험사기방지특별법위반와 같이 사기죄와 유사한 유형들이 있다.

(2) 사실상 분류

형법상 사기죄는 단지, 기망·착오·처분행위·인과관계만이 추상적으로 규정되어 있어 모든 재화의 유통과 경제 거래 활동에 일반적으로 적용된다는 점에서 실로 다양하다. 본 서에서는 수사실무에 도움 될 수 있도록 ① 계약사기, ② 악성사기, ③ 조직사기로 임의로 나누어 분류한다.

---

120) 대법원 2019. 12. 27. 선고 2015도10570 판결
121) 대법원 2017. 2. 16. 선고 2016도13362 전원합의체 판결 참조

〈2020 전국범죄피해조사 - 유형별 재산범죄〉

구분	비율
돈을 갚을 의사나 능력이 없으면서 갚겠다고 속여 돈을 빌려 가서 못 받음	39.60
전화로 은행, 카드회사, 국세청, 경찰, 검찰 등을 사칭하여 돈이나 개인정보를 요구함	18.43
전화로 자녀를 납치했다고 하면서 돈을 요구함(보이스 피싱 등)	1.94
중고 거래 사이트나 인터넷 쇼핑몰에서 송금을 하였으나 물건을 받지 못함	18.26
가짜 상품을 진품이라고 속여 판매함	4.32
공짜, 할인, 경품 당첨 등을 미끼로 상품을 구매하게 함	10.06
주식, 분양, 사업 등 속아서 돈을 투자했다가 돌려받지 못함	3.49
계모임 회원 중 누군가 돈을 갖고 사라짐	1.95
그 외의 사기(속임수)로 인한 재산상의 피해	4.21

2020 전국범죄피해조사를 살펴보면 차용금 내지 투자금 명목의 사기가 전체의 40%~50%에 육박하며(계약사기), 보이스피싱 등 다중피해조직사기의 유형이 전체 사기 사건의 38% 정도를 차지하고 있다.

1) 계약사기

계약사기란, 이른바 차용사기와 투자사기와 같이 민사 또는 상거래의 경제적 거래관계에서 빈번하게 발생하는 사기유형으로서 악성사기가 아닌 것을 말한다. 이 유형에서는 단순한 채무불이행과 **미필적 고의의 구별**이 주로 문제된다. 실무에서 고소 고발되는 사기 사건의 대부분을 차지하며 남고소로 인하여 민사의 형사화 경향의 주된 요인이 된다.

실무상 출석조사에 잘 응하는 경우가 많아 추적수사보다는 사기죄 성립에 대한 법률적 판단이 주된 쟁점이 된다. 특히 단순 민사사안을 과장하거나 거짓말을 통해 형사사건처럼 접수시키는 경우도 적지 않기 때문에, 피의자와 피해자의 관계, 피해자의 직업, 사회적 경력을 토대로 철저한 고소인 조사가 필요하다. 선입견을 버리고 피의자의 방어권 보장을 위해 피의자의 변명과 진술을 주의 깊게 청취하여야 한다.

A. 전형계약

계약의 종류는 셀 수 없이 다양하다. 그런데 가장 기본적인 형태의 계약을 민법 3편 제3장에서 15가지의 유형으로 열거하고 있다. 이를 '전형계약'이라 하다. 여기에는 증여·매매·교환·소비대차·사용대차·임대차·고용·임치·도급·위임·화해·조합계약·현상광고·종신정기금·여행계약이 있다. 법률상 각각 특별한 이름이 있다고 해서 이를 '유명계약'이라고도 한다.

B. 비전형계약

비전형계약은 법률상 특별한 이름이 없기 때문에 '무명계약'이라고도 불린다. 가령, 숙박, 식당, 각종 서비스운동선수의 전속계약·방송출연 등 다양하다. 무명계약이 훨씬 많으며 무명계약의 경우 당사자들의 의사가 불명확한 경우 전형계약의 요소를 유추하는 등의 방법으로 규율한다.

2) 악성사기

오직 금원편취 목적만을 위해 사람들의 믿음을 사고 이를 이용하여 금전을 편취하는 사기유형이다. 계약사기와 달리 악성사기는 어떠한 진지한 계약의사가 없다. 지능적·계획적으로 직업적인 사기실행의 고의가 분명하므로, 피해자의 사행심이나 투기심, 어리석음, 부주의, 과실을 이용하였더라도 사기죄 성립에는 하등 영향이 없다.[122] 출석 조사에 응하는 경우가 거의 없으며, 추적을 회피하기 위해 대포폰과 대포계좌를 사용한다. 따라서 **범인의 발견과 검거를 위한 추적기법이 필요**하다. 대체로 범행이용계좌, 출금CCTV분석, 휴대폰 통신수사 등을 통해 추적하여 검거하는 경우가 많다. 최근 정보통신망의 발달로 불특정 다수인에 대한 다중 사기피해가 사회 문제로 대두되며 본서는 정보통신망 내지 조직적 사기를 통한 다중사기 피해를 현대사기의 특징으로 꼽고 있다.

3) 현대형 사기의 특징 : 불특정 다수인에 대한 대규모 사기 피해

악성사기 가운데, 불특정다수인에 대한 사기를 목적으로 전기통신 내지 정보통동신망을 이용하거나, 집단 내지 단체를 이용한 조직적 방법을 이용하는 경우 단시간에 급격한 사기피해를 양산하는 유형을 말한다. 현대형 사기의 특징으로 자리 잡고 있다.

전국가적 내지 세계적 규모로 사기피해가 확산되는 경향에 있으며, 폰지사기 등의 수법으로 피해자는 초기에 투자금의 일부를 돌려받음으로써 자신이 피해자인 사실을 모르고 수년씩 피해규모가 커지는 경우도 많다. 피해환수도 사실상 불가능한 경우가 대부분이다. 따라서 악성사기는 계약사기와 달리 피해의 예방을 위한 제도적, 교육적 방안을 고민하는 것이 훨씬 중요하다. 나아가 신속히 사기피해 확산을 저지하기 위해서는, 기존 개인적 내지 재산적 법익으로서 피해자의 고소를 기다려 수사하는 전통적인 방식에서 벗어날 필요가 있다. 사기의 방지를 위해, 정보통신 내지 조

---

122) 대법원 2009. 6. 23. 선고 2008도1697 판결 등 참조

직적 수단의 활용이라는 사기적 방법을 억제할 수 있는 방지책, 가령 독일입법과 같이 사기 사이트 폐쇄와 같은 행정명령을 강구하고, 불특정 다수의 사기 피해자 구제를 위한 입법이 필요하다.

3. 사기죄의 피해자와 민법상 피해자

예제 **어리석은 자**

○ 충북지방경찰청 덕산경찰서 경제범죄수사팀에 근무하는 박달재 경사에게 사기사건 고소장이 배당되었다. 그 내용은 다음과 같다.

- 고소장 -

피고소인은 고소인에 대한 아무런 채권이 없는 사람이다. 그런데 피고소인은 마치 고소인에 대한 2천만 원의 대여금 채권이 있는 것처럼 고소인 명의의 차용증을 허위로 작성하였다. 그리고 이를 근거로 고소인 소유 빌라에 관하여 피고인 앞으로 근저당권설정등기를 마치고, 부동산 경매를 신청하였다. 경매절차에서 임춘일이 낙찰되었고, 피고소인은 배당금 가운데 1천만 원을 교부받아 이를 편취하였다.

○ 박달재 경사는 사건을 조사한 끝에, 사실은 피고소인과 고소인은 채권자들에 의한 강제집행을 피하기 위하여 허위의 근저당권설정하기로 합의하였으나, 피고소인이 배당금을 돌려주지 않자, 고소인을 사기죄로 고소하게 되었음을 알게 되었다.

○ 박달재 경사는 위 사기사건을 어떻게 처리하여야 하는가?

✔ 정답 : 사기죄 무죄

🏛 공전자기록등불실기재죄 및 불실기재공전자기록등행사죄

실제로는 채권·채무관계가 존재하지 않는데도 허위의 채무를 가장하고 이를 담보한다는 명목으로 허위의 근저당권설정등기를 마친 것이라면 등기공무원에게 허위신고를 하여 등기부에 불실의 사실을 기재하게 한 때에 해당하므로 공정증서원본 등의 불실기재죄 및 불실기재공정증서원본 등의 행사죄가 성립한다.[123]

사안에서 고소가 된 죄명은 아니지만 않았지만, 경우에 따라서는 추가 인지하여 처벌할 수 있음은 물론이나, 고소인과 피고소인 쌍방을 공동정범으로 입건하여야 할 것이다.

🏛 강제집행면탈

본 죄는 강제집행을 받을 우려가 있는 상태에서 면탈하려는 목적으로 허위의 채무를 부담하여 채권자를 해할 위험이 있는 경우에 성립한다. 다만, 고소인을 강제집행면탈죄로 별건으로 입건하는 문제는, 강제집행면탈은 사기죄 고소사실과 동일하지 않다는 점에서, 고소권행사의 위축, 범죄의 중대성, 강제집행면탈죄의 피해자인 제3의 채권자의 의사를 감안하여 신중하게 검토할 필요가 있다.

🏛 소송사기

[피해자를 고소인으로 보는 경우] 1심과 항소심은, 원인무효인 근저당권설정등기에 기한 임의경매절차가 진행되어 피고인이 배당절차에서 배당금을 지급받았다고 하더라도, 이러한 경매절차는 원인무효로서 피해자는 이 사건 빌라의 소유권을 상실하지 않고 매수인은 그 소유권을 취득하지 못하며, 피고인이 지급받은 배당금은 소유권을 취득하지 못하는 매수인이 피고인에게 부당이득반환청구를 할 수 있으므로 법원의 임의경매절차가 피해자의 처분행위에 갈음하는 내용과 효력이 있었다고 볼 수 없다고 판단하여, 무죄를 선고하였다.

[피해자를 임춘일로 보는 경우(대법원)] 공소사실과 동일성이 인정되고 피고인의 방어권 행사에 불이익을 주지 않는 이상 그 피해자가 공소장에 기재된 소외인이 아니라고 하여 곧바로 피고인에

---

123) 대법원 1969. 11. 11. 선고 69도1804 판결, 대법원 2008. 9. 11. 선고 2007도5386 판결 등, 아울러 전산화 작업이 완료된 이후라면 등기부는 '공정증서원본'이라기보다는 '공정증서원본과 동일한 전자기록등 특수매체기록'에 해당한다고 볼 여지가 크기 때문에 환송 후 원심으로서는 공전자기록등불실기재죄 및 불실기재공전자기록등행사죄에 해당하는 것이 아닌지도 살펴볼 필요가 있다

대하여 무죄를 선고할 것이 아니라 진정한 피해자를 가려내어 그 피해자에 대한 사기죄로 처벌하여야 할 것으로 보았다. 이러한 관점에서 이 사건의 경우 진정한 사기 피해자가 누구인지 살펴볼 필요가 있다. 근저당권자가 집행법원을 기망하여 원인무효이거나 피담보채권이 존재하지 않는 근저당권에 기해 채무자 또는 물상보증인 소유의 부동산에 대하여 임의경매신청을 함으로써 경매절차가 진행된 결과 그 부동산이 매각되었더라도 그 경매절차는 무효로서 채무자나 물상보증인은 부동산의 소유권을 잃지 않고, 매수인은 부동산의 소유권을 취득할 수 없다. 이러한 경우에 허위의 근저당권자가 매각대금에 대한 배당절차에서 배당금을 지급받기에 이르렀다면 집행법원의 배당표 작성과 이에 따른 배당금 교부행위는 매수인(임춘일)에 대한 관계에서 그의 재산을 처분하여 직접 재산상 손해를 야기하는 행위로서 매수인(임춘일)의 처분행위에 갈음하는 내용과 효력을 가진다.

따라서 **이 사건 공소사실에 따른 실제 피해자는 이 사건 빌라의 매수인이라고 보아야 하므로 매수인에 대한 관계에서 사기죄가 성립**한다.[124] 다만 고소인도 허위의 채무부담, 근저당권설정, 배당의 신청과 배당금 수령에 이르는 강제집행의 일련의 과정에 관여한 이상 사기죄의 공동정범으로서 책임을 부담하여야 한다(私見).

----

(1) 의의

사기죄의 피해자와 민법상 피해자는 다른 개념이다. 전자는 재물 내지 이익을 착오에 의해 처분하여 내어 준 자를 말하며, 후자는 채무불이행 내지 불법행위 등으로 손해를 본 사람으로 가해자에 대해 채권을 행사할 수 있는 손해배상청구권자를 말한다.

실무에서 외관상 민법상 손해를 본 것처럼 보여지는 사람을 사기죄의 피해자로 혼동하는 경우가 있다. 그러나 친고죄의 문제 등 그 구별실익이 작지 않으므로 유의하여야 한다. 이와 관련하여 **대법원은 기소된 공소사실의 재산상 피해자와 공소장에 기재된 피해자가 다른 것이 판명된 경우에는 공소사실의 동일성을 해하지 않고 방어권 행사에 실질적 불이익을 주지 않는 한 공소장변경 절차 없이 직권으로 실제의 피해자를 적시하여 유죄로 인정하여야 한다**고 보고 있다.[125]

---

124) 대법원 2017. 6. 19. 선고 2013도564 판결
125) 대법원 2017. 6. 19. 선고 2013도564 판결

(2) 수사실무에서 피해자 정정의 문제

수사실무에서도 사기죄의 피해자가 아님에도 고소하는 경우가 있다. 위와 같은 법원의 기준을 참고할 필요가 있다. 즉 고소권자가 아니라는 이유로 반려할 것이 아니라, **사안에 따라 고소사실의 동일성을 해하지 않고, 진정한 고소권자의 의사에 반하지 않는 이상, 피해자를 정정하여 사건수사를 진행할 수 있다**고 보는 것이 옳다고 생각한다.

4. 민사상 구제수단과 사기죄

(1) 무효와 취소

민사상 구제수단이 있더라도, 사기죄의 성립은 별개이다. 민사와 형사는 원칙적으로 별개의 절차이기 때문이다. 즉 사기죄는 타인을 기망하여 재물을 교부 받았으면 성립할 뿐이기 때문이다. 다만 사기죄를 범한 경우에 이를 민법상 기망에 의한 의사표시에 의한 취소사유(민법 제110조)로 볼 것인지, 진의에 의하지 않은 의사표시(민법 제107조)로 볼 것인지와 관련하여 두 가지 판결이 존재한다.

〈민법 제107조로 본 사례〉 피고인의 본 건 매매계약에 있어서의 매도하겠다는 청약의 의사표시는 민법 제107조의 진의 아닌 의사표시에 해당하는 동시에 형사적으로는 사기죄에 있어서의 기망행위에도 해당되기 때문이다. 예컨대 사기죄가 성립한다는데 아무도 의심하지 아니하는 소위 무전취식의 경우에도 그 음식물을 사겠다는 범인의 매매청약의 의사표시는 민법 제107조의 진의 아닌 의사표시이고 음식점 주인은 범인의 진의 아님을 모르고 승낙의 의사표시를 한 것이 되기 때문에 그 음식물 매매(공급)계약은 위 법조에 의하여 유효하므로 범인은 그 음식물대금을 지급할 의무가 있고 그 이행을 지체할 때는 민사적으로는 채무불이행의 책임을 지는 동시에 형사적으로는 위 비진의의사표시는 기망행위가 되고 위 음식점 주인은 착오에 빠져 승낙의 의사표시를 하게 되었고 또 그 착오로 말미암아 음식물을 교부하였으니 사기죄가 성립함은 당연하다.[126]

〈민법 제110조로 본 사례〉 원심은 피고인들이 그 판시와 같이 상당부분이 하천부지로 들어간 이 사건 토지를 경작 가능한 농지인 것처럼 피해자를 기망하여 동인에게 매각함으로써 그 대금 16,000,000원 상당액을 편취한 사실을 인정하고 피고인들에게 연대하여 그 편취액 16,000,000원 전액의 지급을 명한 1심판결의 배상명령을 그대로 유지하고 있다. 그러나 사기에 의한 의사표시는 민법상 당연히 무효가 아니라 취소의 대상이 되는 것뿐이므로 피해자가 피고인들과의 이 사건 토지매매계약을 사기에 의한 의사표시임을 이유로 취소 또는 해제하지 않는 한 그 계약의 효력은 그대로 존속하는 것으로서 특단의 사정이 없는 한 그 대금전액의 반환을 구하거나 대금전액 상당의 손해배상을 구할 수는 없는 이치이다.

---

126) 대법원 1978. 6. 13. 선고 78도721 판결

(2) 부당이득반환청구권 - 재물교부의 원인이 불법한 경우 ○

불법원인급여에 해당하여 급여자가 수익자에 대한 반환청구권을 행사할 수 없다고 하더라도, 수익자가 기망을 통하여 급여자로 하여금 불법원인급여에 해당하는 재물을 제공하도록 하였다면 사기죄가 성립한다. 따라서 피고인이 피해자 공소외인으로부터 도박자금으로 사용하기 위하여 금원을 차용하였더라도 사기죄는 성립한다.[127]

Section 2	범죄사실의 작성

🎖 기본 이론

1. 재물사기와 이익사기

범죄사실의 작성은 수사의 시작과 끝이다. 고소 등으로 인한 수사개시 부터 송치할 때까지 끊임없이 범죄사실을 가다듬고 공소제기의 가능성을 검토한다. 일건 기록이란, 범죄사실과 그 입증을 위한 채증활동의 결과물이다. 따라서 수사의 목표가 되는 범죄사실은 반드시 기본적인 작성법에 따라 객관적으로 작성해야 한다.

사기죄의 범죄사실은 ① 기망행위 ② 의사 또는 능력의 부재 ③ 재물을 교부받거나 재산상 이익을 취득하는 행위 ④ 결구의 순으로 범죄사실을 기재한다. 이때 기망의 일시·장소와 재물 교부받은 일시·장소가 같은 경우라도 재물 교부받은 일시, 장소 기재를 생략하는 것은 바람직하지 않고 즉석에서라고 기재한다.

특히, 피해재물을 교부받은 구체적 명목으로 기재하여야 하며, 그 소유관계까지 기재하는 것이 바람직하다.[128] 또한 재물사기와 이익사기에 따라 범죄사실을 달리 작성한다는 점에서 재물과 이익의 구별은 수사실무에서 중요한 의미를 갖는다.

---

127) 대법원 1995. 9. 15. 선고 95도707 판결
128) 2010 검찰 공소사실 기재례. ①②의 순서를 바꾸어도 무방하다.

(1) 재물사기 작성례

① 피고인은 2009. 4. 14. 15:00경 서울특별시강남구 청담동에 있는 리베라 호텔 커피숍에서 피해자 이정식에게 "현대건설의 총무부장을 잘 알고 있는데, 그에게 부탁하여 현대건설 사원으로 취직시켜 주겠다"라고 거짓말을 하였다.
② 그러나 사실은 피해자를 위 회사에 취직시켜 줄 의사나 능력이 없었다. ③ 피고인은 이에 속은 피해자로부터 즉석에서 교제비 명목으로 3,000,000원을 교부받았다. ④이로써 피고인은 피해자를 기망하여 재물을 교부받았다.

(2) 이익사기 작성례

① 피고인은 2008. 7. 4.경 서울 강남구 (이하 생략) 앞에 있는 이름을 알 수 없는 커피숍에서 피해자 A에게 "내가 수년간 연구를 하여 새롭게 개발한 주식운용프로그램을 이용하여 주식투자로 500억 원가량을 벌었다. 내게 4억원을 투자하면 내가 개발한 위 프로그램을 이용하여 당신의 수익 계좌에 대하여 수익을 내 매월 이익금으로 1,000만 원을 지급하고, 3년 후에는 9억 7,000만 원을 반환할 것이며, 그 운용수익을 1/2씩 반분하기로 하되, 만일 손해가 발생할 경우 6개월이 경과되었을 때 원금에 국민은행 정기예금 이자를 지불하여 원금과 이자를 보장하겠다"는 취지로 거짓말하였다.
② 그러나 사실은 피고인이 은행권에 채무가 약 1억 2,000만 원에 이르는 등으로 2004년경 신용불량이 되었고, 매월 재정수지가 적자인 데다가 달리 특별히 재산이 없는 등 자금 사정이 어려웠으며, 위와 같이 언급한 개발프로그램을 이용하여 500억 원을 번 사실이 전혀 없었고, 피해자로부터 주식개발프로그램을 이용한 주식투자를 빙자하여 투자금을 받더라도 피해자에게 원금과 이자를 지불해 줄 의사나 능력이 없었다. 더욱이 위 프로그램을 사용한 사실조차도 없었다.
③ 이로써 피고인은 피해자를 기망하여 투자금 명목으로 2008. 7. 11.경 502,750,000원(현금 333,000,000원, 유가증권 169,750,000원)이 입금되어 있는 피해자 명의의 공소외 2 증권회사○○○지점 주식계좌(번호생략)에 대한 사용권한을 부여받아 502,750,000원 상당의 재산상 이익을 취득하였다.

2. 교사범, 방조범의 범죄사실

다음 피고인의 사기방조 혐의 관련 범죄사실의 문제점은 무엇인가.

주식회사 E는 평택시에 신축하는 D 아파트의 시행사이다. B는 ㈜E의 대표이사이고, 피고인은 이사로서 D 아파트의 분양승인 관련 업무에 종사하였다. 주식회사 E는 2007. 6. 12.경 위 D 아파트 건축부지와 사업권을 양수한 후 2007. 6. 22. F 은행으로부터 50억 원을 대출받기 위해 G 주식회사와 위 아파트 부지에 대해 부동산담보신탁계약을 체결하면서 위 부지 소유권을 G에 이전하기로 하고 F 은행을 우선수익권자로 하는 수익권증서를 발급받아 F 은행에 교부하는 한편 위 부지에 건물을 신축 또는 증축할 경우 준공 즉시 건물에 대해서도 G에 추가로 신탁하기로 약정하였고, 같은 해 10. 11. 위 신탁계약에 따라 위 부지 소유권을 G 주식회사에 이전등기 하였다. 또한 주식회사

E가 위 부지에 D 아파트 280세대를 건축하자 G는 위 신탁계약에 의한 소유권이전등기청구권에 근거하여 280세대 전체에 대하여 수원지방법원 평택지원에 부동산처분금지가처분을 신청하고 2008. 4. 24. 그 가처분결정을 받아 다음날인 25. 가처분등기의 촉탁으로 인한 소유권보존등기 및 신탁을 원인으로 소유권이전등기를 경료하였다. 따라서 위 아파트에 대해서는 분양을 하더라도 분양대금으로 F 은행에 대한 대출채무 50억 원을 우선 변제하지 않는 한 분양을 통해 수분양자가 정상적으로 소유권을 취득할 수 없었으며 2008년경 주식회사 E의 채무가 70억 원에 달하고 추가대출 등 자금마련이 어려워 위 아파트의 준공이 어려운 상황이었다.
(1) 피고인은 2008. 4. 8.경 용인시 수지구 H에 있는 주식회사 E 사무실에서, B의 지시로 피해자 I에게 J호, K호, L호에 대한 분양계약서를 작성해 주고, 당일 계약금으로 5,000만 원을 수표로 지급받고, 다음 날 중도금 및 잔금 명목으로 2억 4천만 원을 수표로 지급받는 등 합계 2억 9천만 원을 지급받아 이를 B에게 전달하였다. 이로써 피고인은 B의 사기범행을 용이하게 하여 이를 방조하였다. (2)~(3) 하략

정범의 성립은 교사범, 방조범의 구성요건의 일부를 형성하고 교사범, 방조범이 성립함에는 먼저 정범의 범죄행위가 인정되는 것이 그 전제요건이 되는 것은 공범의 종속성에 연유하는 당연한 귀결이다. 따라서 교사범, 방조범의 사실 적시에 있어서도 정범의 범죄 구성요건이 되는 사실 전부를 적시하여야 한다. 만약 이 기재가 없는 교사범, 방조범의 사실 적시는 죄가 되는 사실의 적시라고 할 수 없다.[129]

1심과 항소심은 유죄판결하였으나 대법원은 파기환송하였다.[130] 즉 제1심이 적시한 위 사기방조의 범죄사실은 정범인 공소외인의 기망행위의 범죄사실이 전혀 특정되지 않았으며 방조범인 피고인의 범죄사실 역시 특정되었다고 할 수 없다고 보았다.

---

129) 대법원 2020. 5. 28. 선고 2016도2518 판결, 대법원 1981. 11. 24. 선고 81도2422 판결 참조
130) 대법원 2021. 4. 29. 선고 2021도722 판결

사기죄의 죄수, 미수, 공범

🎖 기본 이론

1. 사기죄의 죄수

예제 **경매목적물**

○ 서울지방경찰청 강남경찰서 경제범죄수사팀에 근무하는 박달재 경사는 다음과 같은 범좌사
실에 대한 사기 사건을 수사하였다.

피고소인은 변변한 재산이나 직장이 없어, 돈을 빌리더라도 이를 변제할 의사나 능력이 없으면서도, 2017년 3월
25일 경매보증금을 마련하여 시간을 벌어주면 경매목적물을 처분하여 갚겠다고 거짓말을 하여 2억 5천만 원을 교
부받았다.
또, 같은 해 5월 30일에는 한번만 더 시간을 벌면 위 부동산이 처분될 수 있다고 하여 추가로 2억 원을 교부받았다.
또 같은 해 8월 4일에는 돈을 빌려주지 않으면 두 번에 걸쳐 빌려준 돈도 갚을 수 없게 되었다고 거짓말을 하여 3
억 5천 만 원을 교부받았다.

○ 그런데, 박달재 경사는 수사 끝에 위 범죄 혐의 관련 기소의견으로 송치하려고 한다. 죄명은
무엇인가?

✓ 정답 : 사기죄 실체적 경합범

피고인이 동일한 피해자로부터 3회에 걸쳐 돈을 편취함에 있어서 그 시간적 간격이 각 2개월 이상이 되고 그 기망방법에 있어서도 처음에는 경매보증금을 마련하여 시간을 벌어주면 경매목적물을 처분하여 갚겠다고 거짓말을 하였고, 두 번째는 한 번만 더 시간을 벌면 위 부동산이 처분될 수 있다고 하여 돈을 빌려주게 하고, 마지막에는 돈을 빌려주지 않으면 두 번에 걸쳐 빌려준 돈도 갚을 수 없게 되었다고 거짓말을 함으로써 피해자로 하여금 부득이 그 돈을 빌려주지 않을 수 없는 상태에 놓이게 하였다면 피고인에게 범의의 단일성과 계속성이 있었다고 보여지지 아니하므로 실체적 경합범에 해당한다. [131]

---

131) 대법원 1989. 11. 28. 선고 89도1309 판결

🎖 기본 이론

(1) 포괄일죄와 실체적 경합범의 수사상 구별실익

사기죄 등 재산범죄에서 동일한 피해자에 대하여 단일하고 계속된 범의하에 동종의 범행을 일정기간 반복하여 행한 경우에는 각 범행은 통틀어 포괄일죄가 될 수 있다.

다만 각 범행이 포괄일죄가 되느냐 경합범이 되느냐에 따라, 포괄일죄라면 ① **특경가법상 이득액 산정에서 합산**하고, ② **최종 범죄행위 종료시를 친고죄 고소권의 기산일 내지 공소시효의 기산일**로 보게 되어 **사실상 기간이 연장**되는 효과가 있다. ③ 현재 사건이 확정판결을 받은 이전의 사건과 포괄일죄의 관계에 있는 경우 **확정판결의 기판력**에 저촉되어 **공소권이 없게 된다.**

또 포괄1죄에 있어서는 그 1죄의 일부를 구성하는 개개의 행위에 대하여 구체적으로 특정되지 아니하더라도 <u>그 전체 범행의 시기와 종기, 범행방법, 범행횟수 또는 피해액의 합계 및 피해자나 상대방</u>을 명시하면 이로써 그 범죄사실은 특정된다.[132]

(2) 범죄의 단일성·계속성, 범행방법의 동일성

단일한 범의의 발동에 의하여 상대방을 기망하고 그 결과 착오에 빠져 있는 자로부터 일정기간 동안 동일한 방법에 의하여 금원을 편취한 경우, 포괄일죄의 관계에 있다.[133][134] 따라서 ① 범의의 단일성과 계속성이 인정되지 않거나 ② 범행방법이 동일하지 않다면 각 범행은 실체적 경합범에 해당한다. 특히 범의의 단일성과 계속성은 개별 범행의 방법과 태양, 범행의 동기, 각 범행 사이의 시간적 간격, 그리고 동일한 기회 내지 관계를 이용하는 상황이 지속되는 가운데 후속 범행이 있었는지 여부, 즉 범의의 단절이나 갱신이 있었다고 볼 만한 사정이 있는지 여부 등을 세밀하게 살펴 논리와 경험칙에 근거하여 합리적으로 판단하여야 한다.[135]

1) CASE 1 - 피해자가 1명인 경우

○ 피고인은 채무액이 약 16억 원 상당에 이른 상황에서 미리 공장의 기계류, 원자재, 완제품을 빼돌렸기 때문에 물품을 납품받더라도 어음이나 수표를 지급기일에 결제할 의사나 능력이 없었다.

---

132) 대법원 1992. 9. 14. 선고 92도1532 판결, 1988. 11. 8. 선고 88도1580 판결 등
133) 대법원 2004. 6. 25. 선고 2004도1751 판결
134) 대법원 1992. 9. 14. 선고 92도1532 판결
135) 대법원 2016. 10. 27. 선고 2016도11318 판결

○ 피고인은 2001. 11. 8.경 피해자 갑에게 약속어음을 할인해 주면 피고인이 운영하는 업체의 공장부지에 관하여 담보를 설정해 주겠다고 거짓말하여 피해자로부터 피고인 명의로 발행한 약속어음을 할인받아 그 할인금을 지급받고 그 지급기일에 고의로 부도내는 방법으로 이를 편취한 것을 비롯하여, 그때부터 2002. 2. 3.경까지 사이에 19회에 걸쳐 같은 방법으로 어음을 할인받아 편취하였다.

○ 피고인은 2001. 11. 8.경 위 피해자 갑에게 물품을 납품해 주면 약속어음으로 대금을 지불하겠다고 거짓말하여 피고인 명의로 발행한 약속어음을 교부하면서 피해자로부터 플라스틱 사출원료를 공급받은 후 지급기일에 그 어음을 고의로 부도내는 방법으로 위 원료를 편취한 것을 비롯하여, 그때부터 2002. 2. 5.경까지 사이에 11회에 걸쳐 같은 방법으로 어음이나 수표를 대금지급 명목으로 교부한 후 이를 부도내는 방법으로 위 원료를 편취하였다.

위 사안에서, 대법원은 ① 피고인이 피해자로부터 어음할인으로 금원을 편취한 부분과 ② 플라스틱 사출원료를 편취한 부분은 서로 **범행의 방법이 동일하지 않고 범의의 단일성과 계속성을 인정하기 어려**우므로, 서로 실체적 경합범의 관계에 있다고 보았다.[136]

2) CASE 2 - 피해자가 1명인 경우

[공소사실] 피고인이 2008. 8.경 피해자에게 '한화증권에서 운영하는 펀드의 수익률이 세후 연 6.5%나 된다며 안심해도 좋으니 투자를 하라'고 거짓말하여 피해자로부터 2008. 8. 11.경부터 2012. 6. 22.경까지 총 7회에 걸쳐 491,210,000원을 교부받았다. 피고인이 2011. 12.경 피해자에게 '동양종금증권의 확정금리 7.5%의 고이율 펀드 모집에 3억 원 한도의 구좌를 받았으니 이 구좌에 투자를 하라'고 거짓말하여 2011. 12. 28.경부터 2013. 6. 10.경까지 총 6회에 걸쳐 합계 400,000,000원을 교부받아 총 합계 891,210,000원을 편취하였다.

항소심은 이 사건 공소사실에 대하여, 이를 포괄일죄로 보아 「특정경제범죄 가중처벌 등에 관한 법률」 위반(사기)의 죄책을 인정한 제1심판결을 그대로 유지하였으나 대법원은 다음과 이유로 들어 파기환송하였다.[137]

① 한화증권 펀드와 동양종금증권 펀드를 구분하여 각 범행 사이의 시간적 간격을 보면, 한화증권 펀드 투자 명목의 제1심판결 별지 범죄일람표(1)의 순번 2번과 3번 범행 사이는 약 1년, 순번 5번과 6번 범행 사이는 약 2년 7개월, 동양종금증권 펀드 투자 명목의 위 범죄일람표(2)의 순번 2번과 3번 범행 사이는 약 1년 4개월에 이르는 점,
② 위 범죄일람표(1)의 순번 6번 범행은 피고인이 투자유인을 한 것이 아니라 피해자가 먼저 피고인에게 연락하여

---

136) 대법원 2004. 6. 25. 선고 2004도1751 판결
137) 대법원 2016. 10. 27. 선고 2016도11318 판결

여윳돈이 생겼다며 투자할 수 있느냐고 문의하자 비로소 피고인이 '빈 구좌가 생겨 투자가 가능하다'는 취지로 기망행위를 하기에 이른 것으로, 피고인이 먼저 투자를 제의한 그 이전의 범행과는 범행경위에 차이가 있는 점,

③ 동양종금증권 펀드의 경우 피고인이 2011. 12.경 동양종금증권으로부터 '고수익 7.5% 고정금리'라는 문자메시지를 받고 피해자에게 그 펀드에 투자할 것을 권유한 것으로 보이는데, 그 직전 범행인 한화증권 펀드 관련 위 범죄일람표(1)의 순번 5번 범행과도 약 1년 1개월의 시간적 간격이 있는 점 등에 비추어 보면, 그 각 범행 사이의 범의의 단일성과 계속성이 인정된다거나 그 범행방법이 동일한 경우라고 쉽게 단정할 수 없다. 그러므로 이 공소사실은 그 전부가 포괄일죄에 해당하는 것이 아니라 일부 각 죄가 성립하여 실체적 경합범 관계에 있어, 그 각 죄의 이득액이 특정경제범죄 가중처벌 등에 관한 법률 제3조 제1항 제2호가 정한 5억 원에 미치지 못하는 결과 형법상 사기죄만 성립할 여지를 배제할 수 없다.

3) CASE 3 - 피해자가 여러 명의 경우 - ×

○ 피고인은 2005. 6. 22. 사기죄(계불입금 편취) 등으로 징역 8월을 선고받고 같은 날 판결이 확정되어, 2005. 7. 5. 그 형의 집행을 마쳤다.

○ 피고인은 계원들로부터 계불입금을 납입받더라도 계금을 지급할 의사나 능력이 없음에도 계를 조직하고 계원들을 모아 다음과 같이 계불입금을 편취하였다.

- 2003. 1. 13., 2004. 4. 16., 2007. 12. 22. 3개의 계를 조직하고 피해자 갑을 계원으로 가입시켜 그로부터 그 3개의 계의 계불입금 편취
- 2006. 6. 2., 2007. 2. 7. 2개의 계를 조직하고 피해자 을을 계원으로 가입시켜 그로부터 그 2개의 계의 계불입금 편취
- 2006. 9. 17., 2007. 9. 4. 2개의 계를 조직하고 피해자 병을 계원으로 가입시켜 그로부터 그 2개의 계의 계불입금 편취
- 2007. 1. 7., 2007. 6. 2., 2007. 8. 16., 2007. 10. 20. 4개의 계를 조직하고 피해자 정을 계원으로 가입시켜 그로부터 그 4개의 계의 계불입금 편취

수인의 피해자에 대하여 따로 기망행위를 하여 각각 재물을 편취한 경우, **범의가 단일하고 범행방법이 동일하여도 피해자의 피해법익은 독립한 것이므로**, 피해자별로 독립한 수 개의 사기죄가 성립하고, 그 상호간은 실체적 경합범 관계에 있으며, **공소사실은 각 피해자와 피해자별 피해액을 특정할 수 있도록 기재**하여야 한다고 보았다.[138][139][140]

---

138) 대법원 2010. 4. 29. 선고 2010도2810 판결,
139) 대법원 1996. 2. 13. 선고 95도2121 판결, 2003. 4. 8. 선고 2003도382 판결 등 참조, 다만 피해자들이 하나의 동업체를 구성하는 등으로 피해 법익이 동일하다고 볼 수 있는 사정이 있는 경우에는 피해자가 복수이더라도 이들에 대한 사기죄를 포괄하여 일죄로 볼 수도 있다.
140) 대법원 2011. 4. 14. 선고 2011도769 판결, 사기죄 피해자들의 피해 법익이 동일하다고 볼 근거가 없다면, 위

2. 사기미수

(1) 사기미수

사기미수죄는 재물을 교부받거나 재산상의 이익을 취득하기 위하여 상대방을 착오에 빠뜨리려는 기망수단을 사용한 사실이 있으면 족하고 상대방이 착오에 빠지지 아니하여 그 목적을 이루지 못하면 사기미수죄를 구성한다.

> 피고인이 이미 전에 금원을 편취당한 바 있던 피해자에게 다시 금원차용을 요구한 것은 사기미수에 해당한다.[141]

(2) 불능범

불능범과 사기미수와의 구별이 문제된다. 불능범의 판단 기준으로서 위험성 판단은 피고인이 행위 당시에 인식한 사정을 놓고 이것이 객관적으로 일반인의 판단으로 보아 결과 발생의 가능성이 있느냐를 따져야 한다.[142]

> 민사소송법상 소송비용의 청구는 소송비용액 확정절차에 의하도록 규정하고 있으므로, 위 절차에 의하지 아니하고 손해배상금 청구의 소 등으로 소송비용의 지급을 구하는 것은 소의 이익이 없는 부적법한 소로서 허용될 수 없다고 할 것이다. 따라서 소송비용을 편취할 의사로 소송비용의 지급을 구하는 손해배상청구의 소를 제기하였다고 하더라도 이는 객관적으로 소송비용의 청구방법에 관한 법률적 지식을 가진 일반인의 판단으로 보아 결과 발생의 가능성이 없어 위험성이 인정되지 않는다고 할 것이다.[143]

피해자들이 부부라는 사정만으로 이들에 대한 각 사기 행위가 포괄일죄에 해당한다고 볼 수 없다.

141) 대법원 1988. 3. 22. 선고 87도2539 판결
142) 대법원 1978. 3. 28. 선고 77도4049 판결 참조
143) 대법원 1978. 3. 28. 선고 77도4049 판결 참조

3. 사기의 공범

(1) 공동정범

1) 공동정범의 의의와 성립요건

행을 분담함으로써 범죄의 구성요건을 실현한 경우에 각자가 범죄 전체에 대하여 정범으로서의 책임을 지는 것이다. 이는 **① 주관적 요건으로서 공동가공의 의사와 ② 객관적 요건으로서 공동의 사에 의한 기능적 행위지배를 통한 범죄의 실행사실**이 필요하다. 이때 공동가공의 의사는 **공동의 의사로 특정한 범죄행위를 하기 위하여 일체가 되어 서로 다른 사람의 행위를 이용하여 자기의 의사를 실행에 옮기는 것을 내용**으로 하는 것이다.[144]

또한 공동정범에서 공모는 법률상 어떤 정형을 요구하는 것이 아니고 2인 이상이 공모하여 범죄에 공동가공하여 범죄를 실현하려는 의사의 결합만 있으면 되는 것이다. 따라서 순차적으로 또는 암묵적으로 상통하여 그 의사의 결합이 이루어지면 공모관계가 성립한다. 그리고 이러한 공모가 이루어진 이상 실행행위에 직접 관여하지 아니한 사람이라도 다른 공범자의 행위에 대하여 공동정범으로서의 형사책임을 진다. 따라서 **사기의 공모공동정범이 그 기망방법을 구체적으로 몰랐다고 하더라도 공모관계를 부정할 수 없다.**[145]

2) 사전모의의 불요

공동정범의 성립에 필요로 하는 범죄를 공동실행할 의사는 범죄행위 시에 존재하면 족하고 반드시 사전모의가 있어야만 하는 것은 아니다.[146]

피고인이 다른 공동피고인과 피해자들을 기망하여 양도계약을 체결할 것을 사전에 모의한 바 없었다 하더라도 피해자들이 다른 피고인의 기망행위에 의하여 **이미 착오에 빠져 있었고 피고인이 그 양도계약체결에 당하여 다른 공동피고인의 기망내용이 사실이냐고 묻는 피해자들에게 사실이라고 확인하였다면** 피고인에게는 공동피고인과 공동으로 피해자들을 기망하여 양도계약을 체결하려한 **공동실행의 의사가 있다.**

3) 종범과의 구별

한편 공동정범의 본질은 기능적 행위지배이므로 공동정범으로 되기 위해서는 타인의 범행을 인

---

144) 대법원 1996. 1. 26. 선고 95도2461 판결, 대법원 2017. 4. 26. 선고 2013도12592 판결 등 참조
145) 대법원 1997. 9. 12. 선고 97도1706 판결 참조
146) 대법원 1985. 8. 20. 선고 84도1373 판결

식하면서도 이를 제지하지 아니하고 용인하는 것만으로는 부족하고, 타인의 행위를 이용하여 자기의 의사를 실행에 옮기는 적극적인 행위가 필요하다. 그러나 종범은 그러한 행위지배가 없다는 점에서 구별된다.[147]

피고인은 E의 직원으로서 E의 지휘감독을 받으며 근무하며 급여를 수령한 사실, 회사 자금 관리는 E만 한 사실을 인정할 수 있다. 또한 피고인이 E와 수익을 분배하는 동업관계에 있었다거나 주식회사 H의 지분을 가지고 있다는 증거도 없다. 따라서 앞서 본 바와 같이 피고인에게 종범 책임을 물을 수 있을지언정, 검사가 제출한 증거만으로는 피고인에게 E와의 공동정범 책임을 지울 수는 없다.[148]

A. 사례 1 - 영업소

피고인 1은 공소외 1 주식회사의 상무로 재직하면서 방배동 영업소에서 투자설명회를 개최하거나 실장 등 하위판매원들을 상대로 조회를 열어 영업활동을 독려하였다. 피고인 1의 입사와 영업활동 관여 경위, 유사수신업체 운영과 처벌 전력, 영업활동 관여 방식, 이후 영업실적의 추이 등의 사정을 종합하면, 위 피고인은 기능적 행위지배를 통하여 사기 등 행위를 실행하였다.

B. 사례 - 분양권

피고인은 도시계획사업과 관련된 분양신청권을 매매하는 속칭 '딱지' 매매를 다년간 하여 왔다. 피고인은 검찰 조사에서, 2004. 11.경 서울시보에서 차년도 도시계획사업과 관련하여 이 사건 P 도로확장공사에 대한 내용을 확인하고 공무원인 A를 찾아가서 위 사업이 언제 이루어지는지 물어본 적이 있다고 진술하였다. 피고인은 위 공사와 관련된 사업시행인가고시일 이후에 K와 위 공사구역 내에 있는 무허가건물에 관한 분양신청권인 '딱지'를 매매하였는데, 사업시행인가고시일 이후에 무허가건물을 매수한 사람은 분양신청권을 적법하게 취득할 수 없다. K의 어머니는 경찰 조사에서, 피고인이 위 딱지의 대상이 되는 무허가건물은 공람공고가 있어 팔 수가 없다고 말하였다고 진술하였다. 피고인은 무허가건물의 실제 소유자인 AB에게 지급될 철거보상금 11,529,000원을 용산구청으로부터 K의 통장으로 송금 받아 이 돈을 A에게 송금하였다. 그리고 ① 피고인은 K와 이 사건 딱지를 매매할 당시 다년간 딱지매매영업을 하여 사업시행인가고시일 이후 무허가 건물을 매수하면 분양신청권을 받을 수 없다는 사실을 알고 있었던 것으로 보이는 점, ② 피고인은 이 사건 P 도로확장공사와 관련된 사업시행인가고시일이 언제인지 알지 못하였다고 주장하나, 피고인의 진술에 의하더라도 위 공사 계획에 관하여 A에게 미리 문의한 사실이 있고, AN이 피고인이 당시 공람공고 때문에 해당 무허가건물을 팔 수 없다고 말하였다고 진술한 점에 비추어 보면 피고인은 위 공사에 관한 사업시행인가고시일 이후에 이 사건 딱지매매를 한다는 사실을 알고 있었다고 봄이 상당한 점, ③ 피고인은 철거보상금을 자신이 보관하고 있던 K의 통장으로 송금 받아 다시 A에게 송금하였는데 이는 정상

---

147) 대법원 1989. 4. 11. 선고 88도1247 판결 등 참조
148) 의정부지방법원 2021. 4. 28. 선고 2020고단4436 등

적인 보상금 전달 과정이 아닌 점 등을 종합해 보면, 피고인은 A가 SH공사를 기망하기 위하여 사업시행인가고시일 이전에 K가 무허가건물을 매수하였다는 허위 내용의 공문서를 작성한 사실까지는 구체적으로 알지 못하였다고 하더라도, A가 분양신청 자격이 없는 K로 하여금 분양신청권을 취득할 수 있도록 하기 위해서 적법하지 않은 방법을 사용한다는 사실을 충분히 알고 있었다고 봄이 상당하다. 따라서 이 부분에 관한 피고인의 항소이유 주장은 이유 없다.[149]

(2) 방조범

방조는 정범이 범행을 한다는 것을 알면서 그 실행행위를 용이하게 하는 종범의 행위이다. 최근 사기방조죄는 자기 명의의 접근매체를 만들어 보이스피싱 범죄조직에 제공한 자들에 대하여 많이 문제된다. 일반적인 사기방조죄의 성립요건을 살펴보기로 한다.

한편 사기방조는 ① 정범의 실행행위가 있어야 성립한다. ② 방조행위, ③ 방조의 고의와 정범의 고의가 있어야 성립한다.

1) 정범의 실행행위

정범인 본범의 사기 또는 사기미수의 증명이 없으면 사기방조죄도 증명이 없음에 돌아간다.[150]

> 피고인의 사기방조의 본 범인 박모의 가짜 외국제 화장품을 제조하여 타인을 기망하여 돈을 편취하였다는 증거가 없으므로 방조의 대상되는 본범의 실행행위의 착수가 없는 이상 사기방조죄가 성립할 수 없다하여 무죄선고를 한 조치는 정당하다.

2) 방조행위

종범의 방조행위란 정범의 범행행위를 직·간접적으로 도와 이를 용이하게 하는 행위를 말한다.

A. 계운영

> 피고인 1이 피해자들로부터 계불입금을 수령할 당시 계금을 지급할 의사나 능력이 없었던 것으로 볼 수 있고, 또한 적법하게 채택한 판시 증거들을 종합하면 피고인 1의 위와 같은 사정을 잘 알고 있던 피고인 김현미가 피고인 1을 위해 계원들의 계불입금 납입 여부를 확인하고 일부 계원들에게는 피고인 1을 대신하여 직접 계불입금의 지급을

---

149) 대법원 2013. 8. 23. 선고 2013도5080 판결
150) 대법원 1970. 3. 10. 선고 69도2492 판결

독촉하거나 계불입금을 지급받기도 하였으며, 또한 피고인 1이 계원들로부터 계금의 지급을 독촉받거나 항의를 받을 때마다 이를 저지하였고, 계금을 수령하는 계원으로부터 장차의 계불입금 지급을 담보하기 위하여 그 계원의 가족으로부터 피고인 김현미를 수취인으로 한 약속어음 공증을 받기도 한 사실이 인정되므로, 피고인 김현미는 피고인 1의 계 운영을 통한 사기범행을 미필적으로나마 인식 또는 예견하면서도 위 범행의 실행행위를 직·간접적으로 도와 이를 용이하게 한 것이라고 판단하였는바, 원심이 적법하게 인정한 사실관계에 비추어 보면 피고인들의 행위가 사기죄 및 사기방조죄에 해당한다.

B. 보험사기

의사인 피고인이 입원치료를 받을 필요가 없는 환자들이 보험금 수령을 위하여 입원치료를 받으려고 하는 사실을 알면서도 입원을 허가하여 형식상으로 입원치료를 받도록 한 후 입원확인서를 발급하여 준 사안에서 사기방조죄를 인정한 사례이다.[151]

나아가 종범은 정범이 실행행위에 착수하여 범행을 하는 과정에서 이를 방조한 경우뿐 아니라, 정범의 실행의 착수 이전에 장래의 실행행위를 미필적으로나마 예상하고 이를 용이하게 하기 위하여 방조한 경우에도 그 후 정범이 실행행위에 나아갔다면 성립할 수 있다.[152]

C. 2중의 고의 : 방조의 고의와 정범의 고의

종범은 정범의 실행을 방조한다는 방조의 고의와 정범의 행위가 구성요건에 해당한다는 점에 대한 정범의 고의가 있어야 한다.[153]

공소사실 중 위 피고인이 피고인 1, 피고인 3이 주식회사 한빛전자통신을 코스닥에 등록하는 과정에서 허위의 감사보고서를 작성하여 줌으로써 이를 도와준 행위가 사기방조로 기소된 부분에 관하여 피고인 1, 피고인 3이 코스닥등록을 한 뒤 주식공모를 통해 청약금을 교부받는 행위가 편취행위에 해당한다는 사실을 인식하고 이러한 사기범행을 도와주려 하였다고 보기 어렵다고 판단한 것은 옳다.

---

151) 대법원 2006. 1. 12. 선고 2004도6557 판결
152) 대법원 2013. 11. 14. 선고 2013도7494 판결
153) 대법원 2003. 4. 8. 선고 2003도382 판결

Chapter 2

사기죄의 요건

Section 1	개관

🎖 기본 이론

1. 의의

사기죄는 ① 타인을 기망하여 ② **착오**에 빠뜨리고 ③ 그 **처분행위**를 유발하여 타인이 점유하는 타인 소유의[154] 재물을 교부받거나 타인이 보유하는 재산상 이익을 **취득**함으로써 성립하며 ④ 기망·착오·재산적 처분행위 사이에 **인과관계**가 필요하다.[155] ⑤ 고의와 ⑥ 불법영득의사가 필요함은 물론이다. 주의할 점은, 현실적으로 재산상 손해가 발생할 요하지 않는다는 점이다.[156]

따라서 그 교부받은 재물 내지 재산상의 가액이 얼마인지 문제 삼지 않고,[157] 범죄사실에도 그 이익의 수액을 명시하지 않아도 위법이라 할 수 없다.[158] 또한 이미 취득한 재물 또는 재산상 이득을 사후에 반환하거나 변상했더라도 범죄의 성립에 영향을 미치지도 않는다.[159]

사기죄의 구성요건적 행위는 피해자의 처분행위를 유발하는 기망행위이므로 기망행위에 착수하는 것이 사기죄 실행착수이며, 피해자의 처분행위가 범죄종료시점으로 공소시효 기산일에 해당한다.

---

154) 대법원 2010. 12. 9. 선고 2010도256 판결
155) 대법원 2011. 10. 13. 선고 2011도8829 판결
156) 대법원 2003. 12. 26. 선고 2003도4914 판결
157) 대법원 2007. 4. 19. 선고 2005도7288 전원합의체 판결, 다만, 그 구체적 이득액을 범죄구성요건요소로 특별히 규정한 특정경제범죄 가중처벌 등에 관한 법률 제3조를 적용함에 있어서는 그 가액(이득액)에 대한 증명이 있는지를 살펴서 그 범죄의 성립 여부를 따져야 한다.
158) 대법원 1997. 7. 25. 선고 97도1095 판결
159) 대법원 2015. 11. 26. 선고 2015도3012 판결

의류수출의 대행은 대행사가 수출쿼타를 보유하고 있어야만 가능한 것이어서 피고인이 피해자들에게 수출대행을 하여 주겠다고 한 것은 보유하고 있는 수출쿼타를 이용하여 정당한 절차로 수출대행을 하여 주겠다는 뜻이었다고 봄이 경험칙에 합치된다 할 것이고 수출쿼타 관계서류를 위조하여 대행해 주겠다는 내용은 아니었을 것이므로 의류수출쿼타를 보유하고 있는 것처럼 기망하여 수출대행을 하여 주겠다고 한 피고인의 소위는 피고인이 비록 관계서류를 위조하는 방법으로 수출대행을 하여 줄 의사를 가지고 있었다 하더라도 전체적으로 피해자들을 기망한 행위에 해당한다 할 것이다.

한편 재물편취를 내용으로 하는 사기죄에 있어서는 기망으로 인한 재물의 교부가 있으면 그 자체로써 피해자의 재산침해가 되어 이로써 곧 사기죄가 성립하는 것이고, 상당한 대가가 지급되었다거나 피해자에게 전체재산상의 손해가 없다 하여도 사기죄의 성립에 영향이 없다 할 것이니, 수출쿼타 양도대금 내지 수출대행료가 앞서와 같은 피고인의 기망행위에 의하여 교부된 이상 사기죄를 구성하는 것이며, 소론과 같이 피고인이 위조된 서류에 의한 것이기는 하나 피해자들의 의류수출대행을 아무런 사고 없이 완료해 줌으로써 피해자들에게 재산상의 손해가 없었다 하여 사기죄를 구성하지 않는 것이라고 볼 수는 없다.[160]

2. 검토순서

위와 같이 구성요건을 분설할 수 있다. 다만 피해자의 처분행위는 비교적 객관적으로 판단할 수 있다는 점에서 우선적으로 그 유무를 확인하고, 처분행위가 있다면 이를 야기한 고소인의 착오의 내용이 무엇인지를 특정한다. 그다음으로 착오를 야기하게 된 피의자의 기망행위 수단이나 방법은 무엇인지를 확인하는 순으로 검토하는 것이 합리적이다.

---

160) 대법원 1985. 5. 14. 선고 80도2973 판결

1. 처분행위의 개념

예제 토지거래허가서류의 착오

○ 제주도 애월읍에 살고 있는 박상선 할아버지는 요새 땅값이 많이 올랐다는 소식을 듣고, 장남과 차녀에게 재산을 나눠주기 위해 6,000평 땅을 부동산중개소에 내놓았다. 오래지 않아 서울 강남토지개발 대표 박달재라는 사람이 전원주택지로 땅을 사고 싶다는 연락을 받았다. 할아버지는 박달재와 토지를 20억 원에 팔기로 하고, 계약금 3억 원을 즉시 지급하고, 잔금은 준공 후 4개월 이내에 지급받기로 하였다. 그런데 박달재는 전원주택지로 개발하려면 900평씩 분할하여 토지거래허가 및 개발행위허가 절차를 거쳐야 토목공사를 개시하여 매매대금을 지급할 수 있다고 말하며, 토지거래허가에 필요한 서류에 서명, 날인하게 하고 인감증명서 등을 받아갔다.

○ 잔금날짜를 기다리던 할아버지는 다른 부동산으로 부터 토지에 근저당권이 있다는 연락을 받고 확인해 보니, 채권최고액 12억 원의 근저당권이 설정된 사실을 알게 되었다. 속았다는 것을 직감한 할아버지는 여기저기 알아본 끝에 자신의 땅이 토지거래허가지역도 아닌 데다, 박달재는 직업도 없고 재산도 없는 사기꾼이며, 자신이 서명 날인한 서류는 토지거래허가서류가 아닌 근저당권설정계약서임을 알게 되었다. 화가 난 할아버지는 경찰서에 가서 사기죄로 박달재를 고소하고, 민사소송을 진행한 끝에, 근저당권 등기 설정에 관한 의사의 합치가 있다고 볼 수 없다는 등의 이유로 근저당권을 말소하라는 승소 판결을 받아내었다.

○ 위 사건을 담당한 경찰관이 박달재에 대하여 송치할 죄명은?

✓ 정답 : 사기죄 유죄

🪦 사문서위조 및 위조사문서행사, 공전자기록등불기기재 및 불실기재공전자기록등행사

박달재는 박상선 할아버지의 인감도장이 날인된 백지 위임장을 위조하고 이를 진정하게 성립한 것처럼 등기공무원에게 제출하여 행사하였다. 또 의사의 합치가 없는 상태에서, 등기공무원으로 하여금 위 토지에 대하여 근저당권설정등기를 경료하게 하였다는 점에서 부동산 등기부와 동일한 공전자기록에 불실의 사실을 기재하게 하고, 불실의 사실이 기재된 공전자기록을 비치하게 하여 행사하였다. 위와 같은 범죄가 성립함은 분명하다.

🪦 사기죄

대법원은 최근 전원합의체 판결로 사기죄 처분의사에 처분 결과를 인식하고 객관적으로는 이러한 의사에 지배된 행위가 있을 것을 요한다는 이유로 그 태도를 변경하였다. 즉 대법원은 피해자는 피고인의 기망행위로 착오에 빠진 결과 토지거래허가 등에 필요한 서류로 잘못 알고 처분문서인 근저당권설정계약서 등에 서명 또는 날인함으로써 재산상 손해를 초래하는 행위를 한 것이므로, 피해자들의 위와 같은 행위는 사기죄에서 말하는 처분행위에 해당하며, 아울러 피해자들이 비록 자신들이 서명 또는 날인하는 문서의 정확한 내용과 그 문서의 작성행위가 어떤 결과를 초래하는지를 미처 인식하지 못하였다고 하더라도 토지거래허가나 약정된 근저당권설정에 관한 서류로 알고 그와 다른 근저당권설정계약에 관한 내용이 기재되어 있는 문서에 스스로 서명 또는 날인함으로써 그 문서에 서명 또는 날인하는 행위에 관한 인식이 있었던 이상 처분의사도 인정된다고 보았다. 결론적으로 사기죄는 성립한다.

🎖️ 기본 이론

(1) 처분행위의 의의

사기죄에서 처분행위란 피기망자가 자유의사로 직접 재산상 손해를 초래하는 작위에 나아가거나 또는 부작위에 이른 것을 말하며,[161] ① 주관적으로 피기망자가 처분의사를, ② 객관적으로는 이러한 의사에 지배된 행위가 있을 것을 요한다. 한편 사기죄는 착오에 빠진 피해자의 행위를 이용하여 재산을 처분받아 취득하는 것을 그 본질적 특성으로 하므로, 탈취의 방법으로 재물을 취득하는 절도죄와 구분된다.[162]

1) 재물사기와 이익사기에서 처분행위

이와 관련 사기죄 수사 실무에서 당해 사건의 처분행위가 무엇인지를 선행적으로 확정할 필요가 있다. 이때 처분행위의 내용은 ① **재물사기**에서는 '재물의 교부'로서 재물에 대한 사실상의 지배를 범인에게 이전하는 것을 말한다. 반면 ② **이익사기죄**에서는 이익을 취득하게 하는 일체의 행위가 된다.[163] 이를 통해 사기죄 범죄사실의 마지막 부분을 확정한다. 이익사기는 별도 목차로 후술하기로 한다.

> ○ (전략) 이에 속은 피해자로부터 같은 날 피고인 명의 농협계좌로 송금 받는 방법으로 1,000만 원 상당을 차용금 명목으로 교부받았다.
> ○ (전략) 피고인은 이와 같이 법원을 기망하여 위와 같은 정을 모르는 위 법원으로부터 2019. 3. 14. '피해자는 피고인 측에 6,080만 원을 지급하라'는 취지의 지급명령을 받고 2019. 4. 3. 위 지급명령이 확정되어 동액 상당의 재산상 이익을 취득하였다.

2) 처분의사의 불요

종래 대법원은 처분행위는 처분의사를 요하며, 여기서 처분의사는 주관적으로 처분결과에 대한 인식이 있을 것을 요하였다.[164] 그러나 최근 대법원은 전원합의체 판결로 처분결과의 인식을 요하지 않는다고 태도를 변경하였다. 즉 **처분의사는 피기망자의 의사에 기초한 어떤 행위를 통해 행위**

---

161) 대법원 2009. 3. 26. 선고 2008도6641 판결
162) 대법원 2017. 2. 16. 선고 2016도13362 전원합의체 판결
163) 대법원 1999. 7. 9. 선고 99도1326 판결, 1987. 10. 26. 선고 87도1042 판결 등
164) 대법원 2011. 4. 14. 선고 2011도769 판결,

자 등이 재물 또는 재산상의 이익을 취득하였다고 평가할 수 있는 경우라면 사기죄에서 말하는 처분행위가 인정된다. 결국 처분의사는 착오에 빠진 피기망자가 어떤 행위를 한다는 인식이 있으면 충분하고, 그 행위가 가져오는 결과에 대한 인식까지 필요하다고 볼 것은 아니다. 즉 비록 피기망자가 처분행위의 의미나 내용을 인식하지 못하였다고 하더라도, 피기망자의 작위 또는 부작위가 직접 재산상 손해를 초래하는 재산적 처분행위로 평가되고, 이러한 작위 또는 부작위를 피기망자가 인식하고 한 것이라면 처분행위에 상응하는 처분의사는 인정된다. 주의할 점은 대법원이 처분의사에 처분결과에 대한 인식을 요하지 않는다는 것일 뿐 사기죄의 구성요건 요소로서 처분행위 개념 내지 처분의사 자체를 요하지 않는다고 본 것은 아니다.

(2) 구체적인 검토

1) 서명을 사취한 경우

전원합의체 판결은 서명사취의 경우에 처분행위를 인정할 수 있는지와 관련하여 문제되었다. 서명사취란 문서의 내용을 제대로 설명하지 않고 명의자를 속여 계약서 등 처분문서에 서명을 받는 행위를 말한다. '서명사취' 사기, 즉 의사표시 자체의 성립과정에 하자가 존재하는 경우에 처분행위와 처분의사를 어떻게 파악할 것인가.

대법원은 **비록 피기망자가 처분결과, 즉 문서의 구체적 내용과 그 법적 효과를 미처 인식하지 못하였다고 하더라도, 어떤 문서에 스스로 서명 또는 날인함으로써 그 처분문서에 서명 또는 날인하는 행위에 관한 인식이 있었던 이상 피기망자의 처분의사 역시 인정된다**고 보았다.[165]

변경된 판례에 의할 때, 문서의 기재 정도 또는 완성 여부나 피기망자의 서명 방식에 따라 사기죄의 성립 여부가 분명하지 않다.

A. 문서 기재의 정도

피기망자가 문서에 서명·날인할 당시 그 내용이 어느 정도로 특정되어야 하는지 명확하지 않다. 즉 근저당권자나 채무자의 표시, 채권최고액, 피담보채무의 내용과 범위, 근저당권의 목적물 중 일부 사항이 누락되어 있었던 경우에 근저당권의 편취가 성립하는 것인지 문제된다. 이와 관련 위 판결의 다수의견에 대한 보충의견은, 사안마다 제반 사정을 종합적으로 고려하여 판단하여야 할 성질이며, 다만 핵심적인 판단기준은 피기망자의 서명이나 날인 행위가 그러한 결과 발생에 본

---

165) 참고로 서명사취 사안의 행위자가 위조된 서면을 이용하여 그 정을 모르는 금전 대여자로부터 금전을 차용하기에 이르렀다면 금전 대여자에 대한 금전편취의 사기죄가 성립될 여지가 충분하다.

질적 기여를 한 것인지 여부라고 보았다. 즉 **피기망자가 서명이나 날인을 한 문서가 처분문서로서의 외관을 갖추고 있어 행위자 등에게 직접적으로 재물이나 재산상 이익 취득의 효과를 초래할 수 있는지, 해당 처분문서에 대한 서명이나 날인 행위로 인하여 외부적·객관적으로 피기망자의 재산 처분의 의사표시가 이루어졌다고 평가할 수 있는지 여부**를 말한다.

B. 문서 자체를 피의자 스스로 위조한 경우

같은 이유로 문서 자체를 피의자 스스로 위조한 경우 처분행위를 인정하기 어렵다.

> 타인 명의의 등기서류를 위조하여 등기공무원에게 제출함으로써 피고인 명의로 소유권이전등기를 마쳤다고 하여도 피해자의 처분행위가 없을 뿐 아니라 등기공무원에게는 위 부동산의 처분권한이 있다고 볼 수 없어 사기죄가 성립하지 않는다.[166)167)]

C. 서명을 대행하는 경우

서명을 대행하는 경우에도 문제가 발생한다. ① 행위자로부터 기망당한 피기망자가 즉석에서 행위자로 하여금 서명을 대행하도록 한 경우에는 서명사취 사안과 마찬가지로 사기죄가 성립한다. ② 그러나 서명의 대행이 피기망자가 참여하지 아니한 상태에서 이뤄진 경우에 사기죄가 성립하는지 불분명하다. 가령, 행위자가 피기망자로부터 사전에 토지거래허가 서류에 대한 서명대행을 허락받은 다음 피기망자가 없는 계약 체결 현장에서 전혀 다른 내용의 처분문서인 근저당권설정계약서에 서명을 대행한 경우이다.

이와 관련 대법원의 다수의결에 대한 보충의견은 사회통념상 피기망자 자신의 서명·날인과 같게 취급하는 것이 타당할 정도로 행위자나 제3자가 마치 피기망자의 수족처럼 그의 지시에 따라 기계적으로 서명·날인을 대행한 경우가 아닌 이상, 행위자가 처분문서에 기재될 내용을 기망하여 피기망자로부터 서명·날인의 대행을 허락받아 피기망자에게 재산상 손해를 초래하는 처분문서에 피기망자의 서명·날인을 대행하였다 하더라도, 이는 인장사취 사안과 다를 바 없어 피기망자가 처분행위를 하였다고 할 수는 없을 것이라는 견해를 밝혔다.

---

166) 대법원 1981. 7. 28. 선고 81도529 판결
167) 대법원 1982. 2. 9. 선고 81도944 판결

2) 인장을 사취한 경우

반면, 서명사취와 달리 인장사취는 여전히 처분행위가 부정된다.

피고인은 A의 밭 34평 중 피고인이 매수한 20평만을 분할하여 그 명의로 소유권을 이전할 의사가 아니고 밭 34평 전부를 그 명의로 소유권을 이전할 의도이면서도 "20평만을 분할 이전하겠으니, 인장을 달라"고 기망하여 그렇게 오신한 A로부터 인장을 교부받아 밭 34평 전부의 매도증서의 위임장을 위조하여 피고인 명의로 소유권이전등기를 하여서 위 밭 34평 중 위 A 소유의 14평 시가 금 700,000원 상당을 취득하였다.[168]

즉 인장사취의 경우는 피기망자의 처분행위라고 할 만한 외부적 의사표시가 전혀 존재하지 않는다. 오로지 편취한 인장을 사용하여 피해자 명의의 근저당권설정등기에 필요한 서류를 위조한 행위가 존재할 뿐이어서, 사기죄로 처벌할 수 없음이 명백하다.[169]

〈참고사항〉 근저당권설정계약서에 대한 서명사취 사안의 경우, 민사법적으로 토지 소유자인 피해자가 기명날인의 착오나 서명의 착오를 이유로 근저당권설정계약의 취소를 주장하여 금전 대여자 앞으로 마쳐진 근저당권설정등기의 말소를 구할 수도 있다. 그러나 표의자인 피해자에게 중대한 과실이 있는 경우에는 취소가 배제된다(민법 제109조 제1항 단서). 사기에 의한 의사표시를 이유로 취소 주장을 하는 경우에는, 제3자인 근저당권자가 사기에 의한 의사표시임을 알았거나 알 수 있었을 경우에 한하여 취소가 허용된다(민법 제110조 제2항). 나아가 근저당권설정계약에 기초한 근저당권자 지위를 양수하는 등으로 새로운 이해관계를 맺은 선의의 제3자에 대하여는 위와 같은 취소로 대항할 수 없다(민법 제109조 제2항, 제110조 제3항).

3) 금괴편취사례

[사실관계] 공소사실 기재와 같이 금괴무역상인 피해자의 부탁으로 최종적으로 금괴의 일본운반책 모집을 담당하게 된 B, C, D 등은 피해자의 금괴를 몰래 빼돌리기로 공모하고, 모집한 운반책들과도 피해자의 금괴를 운반해 줄 것처럼 가장하여 피해자로부터 금괴를 건네받은 후 이들의 지시에 따라 금괴를 빼돌릴 것을 공모하였으며, 위와 같이 피해자 몰래 빼돌린 금괴를 일본 오사카로 운반해 줄 2차 운반책들을 별도로 모집하였다. 피해자는 금괴 운반일인 2017. 3. 2. 인천공항에서 자신이 고용한 감시자 겸 안내자인 E, F로 하여금 위 운반책들의 후쿠오카행 항공기 체크인을 해 주도록 하였고, 면세구역에 들어온 운반책들을 만나 허리띠에 든 금괴 총 29개를 나누어 주고 이를 허리에 차게 한 후, 일부 운반책들이 후쿠오카행 비행기 탑승장으로 이동하는 과정에 동행하여 이들을 감시하였다.

---

168) 대법원 1982. 3. 9. 선고 81도1732 판결
169) 대법원 2017. 2. 16. 선고 2016도13362 전원합의체 판결, 이 경우 인감도장이라는 재물을 영득할 의사가 없기 때문에 인감도장에 대한 사기도 성립하지 않는다. 대법원 89도335 판결

또한 피해자는 운반책들의 사진을 후쿠오카에서 대기 중인 금괴를 전달 받을 사람에게 전송하고, 이들로 하여금 운반책들의 도착시간에 맞춰 입국장 앞에서 대기하도록 하여, 운반책들이 금괴를 가지고 피해자가 의도한 것과 다른 경로로 이탈하는 것을 방지하였다. 그런데 운반책들은 인천공항 면세구역에서 피해자로부터 금괴를 전달받은 후 또는 후쿠오카행 비행기에 탑승하러 가던 중 D의 지시에 따라, 피해자에게는 화장실이급하다고 거짓말을 하고 근처 화장실로 들어가, 피해자의 눈을 피해 2차 운반책들에게 금괴를 전달하였고, 화장실에서 나와서는 여전히 금괴를 허리에 차고 있는 것처럼 행동하였다.

[판단] 금괴 교부장소인 인천공항 면세구역에서부터 금괴 전달 장소인 후쿠오카 공항의 입국장에 도착할 때까지 운반책들의 이동이 피해자에 의하여 관리 또는 감독되고 있었고, 정해진 경로에서 이탈할 가능성이 없어, 운반책들이 피해자의 금괴 교부 행위로 인하여 금괴에 대한 사실상의 지배를 취득하였다고 보기 어렵다. 오히려, 위와 같은 이동 과정에서 운반책들이 피해자의 눈을 피해 금괴를 2차 운반책들에게 전달하기 전까지 금괴는 아직 피해자의 지배하에 있었고, 2차 운반책들에 대한 금괴 전달행위로 인하여 그 점유 또는 사실상의 지배가 범인들에게 이전되었다고 할 수 있다. 결국, 운반책들이 피해자로부터 금괴를 교부받은 것만으로는 범인들의 편취의사에 기초하여 피해자의 재물을 취득한 것으로 볼 수 없다.[170]

(3) 책략절도

교묘하게 남을 속여 금품을 빼앗는 속칭 네다바이 내지 책략절도사안은 실무에서 자주 발생하는데, 수사과와 형사과 사이에서 사건 관할문제로 종종 사기죄와 절도죄의 판단이 문제된다. 결론적으로 ① 피해자에게 종국적인 점유이전의 의사가 있는지 ② 만약 점유자와 소유자가 다른 경우에는 삼각사기로서 처분권능과 지위가 있는지 문제된다. 후자는 삼각사기에서 살펴본다.

1) 변경된 전원합의체의 기준 : 처분권의 이전이라는 행위의 외관

사기죄의 처분행위는 사기와 절도를 구분하는 역할을 한다. 전합판결의 다수의견에 대한 보충의견은 변경된 처분행위 인정 기준에 의할 때 책략절도의 처분행위성이 문제되나, 종전과 동일하게, 처분행위의 존재를 인정할 수 없다고 보고 있다. 즉 **객관적·외부적으로 인식되는 교부행위를 기준으로 판단하더라도 피해자가 행위자에게 물건에 관한 점유를 완전히 이전한 것이 아님을 쉽게 알 수 있다고 보는 것이다.**

A. 시운전

오토바이, 자동차, 자전거 등 이동수단에 대하여 시운전을 빙자하여 차량의 점유를 넘겨받고 도주하는 경우가 종종 발생한다. 종래 판례는 절도죄로 보았다.

---

170) 대법원 2018. 8. 1. 선고 2018도7030 판결

[해설] 행위자의 기망에 의해 피해자의 교부행위가 있더라도 피해자의 의사에 반하는 교부행위로 볼 수 있다면 절취가 된다. 점유를 이전한다는 종국적인 의사에 의해 이루어진 경우에는 사기죄가 성립하는 반면 그렇지 않고 잠시 시운전만 해보라는 정도의 잠정적인 의사에 의한 경우에는 피해자의 교부행위가 피해자의 의사에 반하여 이루어진 것으로 평가되어 절도죄가 성립한다.

다만 변경된 판례 기준에 의할 때에도 기존과 동일할 것으로 보인다. 즉 오토바이를 시운전 명목으로 교부받아 운전하여 도주한 행위가 사기죄가 아닌 절도죄가 된다고 한 것은, 오토바이의 교부행위가 그 당시의 전후 사정으로 볼 때 **처분권의 이전이라는 외관을 가지는 처분행위가 아니기 때문**이다. 처분문서에 대하여 서명사취를 한 경우는 행위의 외관이 곧 처분문서의 내용이므로 위 오토바이 절취의 경우와는 법적 해석이 같을 수 없다.[171] 유사한 사안으로, 자동차매매센터에서 승용차를 시운전을 해보겠다고 거짓말하여 승용차 키를 넘겨받아 이를 운전하여 가 버린 사안에서, 대법원은 자동차 교부행위는 처분행위라고 할 수 없다고 본 바 있다.[172] 가령 자전거판매점에서 손님이 알톤 자전거를 사겠다면서 잠깐 타고 돌아보겠다고 하여 승낙했더니 그대로 자전거를 타고 달아난 경우이다.

생각건대 아래 기존 판결 사례들 역시 변경된 기준에 의해서도, 객관적·외부적으로 인식되는 교부행위를 기준으로 판단하더라도 피해자가 행위자에게 물건에 관한 점유를 완전히 이전한 것이 아님을 알 수 있다고 보여, 절도죄로 볼 수 있다.

B. 목걸이를 걸고 화장실에 다녀오겠다

피고인이 피해자 경영의 금방에서 마치 귀금속을 구입할 것처럼 가장하여 피해자로부터 순금목걸이 등을 건네받은 다음 화장실에 갔다 오겠다는 핑계를 대고 도주한 것이라면 위 순금목걸이 등은 도주하기 전까지는 아직 피해자의 점유하에 있으므로 절도죄로 의율 처단한 것은 정당하다.[173]

C. 지폐교환 빙자 현금 가로채기

A는 은행에서 한 경리사원이 현금을 한국은행 1,000원권으로 받고 나오는 것을 보고 피해자에게 접근하였다. A는 고액권을 피해자의 소액권과 바꾸어 달라면서 인적이 드문 골목으로 유인하였다. 이때 피고인이 소지하던 10,000원 권

---

171) 대법원 2017. 2. 16. 선고 2016도13362 전원합의체 판결
172) 대법원 2009. 10. 29. 선고 2009도7931 판결
173) 대법원 1994. 8. 12. 선고 94도1487 판결

99매로 된 한 다발을 주어 피해자가 세어 본 다음 10,000원이 모자란다며 다시 피고인이 1,000원권 10매를 추가로 교부하여 확인시키고는 위 10,000원권 99매와 1,000원 10매를 받아서 종이로 포장하여 주는 척하면서 피해자가 주의를 소홀히 한 틈을 타서 위 10,000원권 99매 중 41매를 빼내어 취득하였다.

피고인이 이 사건 피해자들로부터 현금을 취득 경위를 보면, 피해자들에 대한 피고인의 기망행위가 있기는 하나 기망행위에 의하여 착오에 빠진 피해자들이 재산적 처분행위에 의하여 피고인이 금원을 취득하였다기보다는, 위 기망행위는 점유침탈의 수단에 지나지 않고 피해자들의 의사에 반하여 그 점유를 침해한 것이라고 봄이 상당하다고 할 것이므로 피고인의 이 사건 범행은 절도죄를 구성한다.[174]

D. 도서열람신청을 하여 대출받은 도서를 도서관 외부로 반출한 행위[175]

피고인은 서울 중구 회현동 소재 국립도서관에 들어가 열람을 구실로 도서를 대출받아 편취할 의사하에 도서열람신청을 함에 있어, 피고인이 종전에 A의 주민등록증을 입수하여 피고인의 사진으로 교체한 후 소지 중 열람신청인 명의를 A로 한 다음 변조한 주민등록증을 제시함으로써 피고인이 A와 동일인이며, 대출도서를 당일로 반환받을 수 있으리라고 그릇 믿은 위 도서관직원으로부터 신경제학원론 등 도서 4권 시가 12,000원 상당을 교부받은 사안이다.

이 사건 피해자가 비록 피고인에 의하여 기망당함으로써 도서를 대출하여 주었더라도 대출과 동시에 피고인이 이를 영득함으로써 열람이외의 처분마저 가능하게 되었다고 보기는 어렵고 대출도서는 피해자 측의 회수가 기대되는 그 지배력이 의연히 미치는 범위 내에 놓여 있다. 따라서 피고인이 기망적 수단을 사용하였음은 재물을 취거하기 위한 수단에 불과하고 피해자로부터 하자있는 의사에 인한 재물의 교부를 받아 피해자의 의사에 반하여 도서관 외부로 반출함으로써 비로소 피고인의 지배범위 내에 이전되었다고 보아야 하므로 절도죄에 해당한다. 또한 피해자가 가지고 있는 책을 잠깐 보겠다며 동인이 있는 자리에서 보는 척하다가 가져갔다면 위 책은 아직 피해자의 점유하에 있었다고 할 것이므로 절도죄가 성립한다고 보인다.

2) 축의금 내지 답례금을 가져간 경우

① **〈축의금을 가져간 경우 절도〉** 피해자가 결혼예식장에서 신부 측 축의금 접수인인 것처럼 행

---

174) 대구고등법원 1983. 11. 8. 선고 83노1012 판결
175) 서울고등법원 1977. 12. 30. 선고 77노1576 제2형사부판결

세하는 피고인에게 축의금을 내어 놓자 이를 교부받아 간 원심 판시와 같은 사건에서 피해자의 교부행위의 취지는 신부 측에 전달하는 것일 뿐 피고인에게 그 처분권을 주는 것이 아니므로, 이를 피고인에게 교부한 것이라고 볼 수 없고 단지 신부 측 접수대에 교부하는 취지에 불과하므로 피고인이 위 돈을 가져간 것은 신부 측 접수처의 점유를 침탈하여 범한 절취행위라고 보는 것이 정당하다.[176]

② **〈답례금 봉투를 가져간 경우 사기〉** 축의금 접수인은 혼주를 위하여 축의금을 접수하는 하객들에게 답례금을 처분할 수 있는 권능 내지 지위에 있다고 보는 것이 경험칙상 타당해 보인다. 창원지방법원도 같은 입장이다.

> 피고인은 2016. 10. 9. 13:30경 창원시 성산구에 있는 ○○클래식홀에서, 사실은 신부 측의 혼주와는 아무런 관련이 없음에도 마치 하객인 것처럼 행세하며, 신부 측의 축의금을 접수하고 있던 피해자로부터 현금 10,000원이 든 답례금 봉투 1장을 교부받아 편취하였다.[177]

2. 재물사기

예제 **밀항선**

○ 박달재는, 돈만 있으면 지금 당장이라도 밀항은 일도 아니라는 소위 '꾼'이다. 최근 수천억 원대의 부실대출을 저지른 과거저축은행 직원들이 줄을 지어 일본 밀출국을 의뢰하였다. 박달재는 여기에 필요한 김봉춘 소유의 고급 낚싯배 용두호(시가 6억 원)를 매월 임차료 금 300만 원에 임차하기로 하였다.

그런데 박달재는 김봉춘에게 사실대로 말하면, 낚시 배인 용두호를 빌려주지 않을 것이 분명했다. 박달재는 그저 생선 운반에 사용한다고 둘러대고는 김봉춘과 선박 임대차계약을 체결하고 용두호를 인도 받은 다음 밀항을 준비하였다.

그러나 언론보도로 얼굴이 알려진 저축은행 대표를 알아본 시민의 제보로 박달재의 밀항시도는 실패로 돌아가고 말았다. 김봉춘은 임차료도 받지 못한 상태에서, 경찰조사까지 받게 되자, 화가 치밀어 박달재를 사기죄로 고소하기에 이르렀다.

---

176) 대법원 1996. 10. 15. 선고 96도2227,96감도94 판결
177) 창원지방법원 2017. 3. 17. 선고 2016고단3636 판결

○ 박달재의 김봉춘에 대한 죄명은 무엇인가

✓ **정답 : 특정경제범죄가중처벌등에관한법률위반(사기)**

본 사안은 재물사기인가 이익사기인가? 임차료를 못 받았다는 점에서 이익사기로 생각할 수도 있으나, 임차료 채무는 여전히 존속하기 때문에 이에 대한 처분행위는 인정되기 어렵다. 따라서 아래와 같이 어선에 대한 재물사기로 봄이 타당하다.

○ 항소심에서는, 단순히 빌린 것만으로는 불법영득의사를 인정하지 않았다, 즉 어선을 자기의 것으로 삼을 의사, 영득의 의사로서 어선을 인도받은 것이 아니라는 것이다.

○ 반면 대법원은, **사기죄에 있어서의 불법영득의 의사라고 함은 타인의 물건을 일시적으로 그 경제적 용법에 따라 이용 또는 처분하려는 의사까지도 포함한다**고 보아야 하며, **반드시 그 물건을 영구적으로 보유할 의사가 있어야 하는 것이 아니라고 보았다.** 즉 피고인은 피해자로부터 피해자 소유의 어선 ○○○호를 매월 임차료 금 11,000원으로 정하여 임차함에 있어서, 그 배로써 일본에 밀항자를 태우고 간다는 사실을 감추고 생선 운반에 사용한다고 거짓말을 하여 피해자로 하여금 그것이 사실인 것처럼 오인케 하여 그 이튿날에 선박 임대차계약을 체결케 하고 그 어선의 인도를 받았다는 것이다. 그렇다고 하면, 이는 사람을 기망하여 재물의 교부를 받은 경우에 해당한다.

○ 결과적으로 피해금액은 월 임차료가 아니라, 어선의 시가 6억 원이다. 따라서 박달재는 김춘봉에 대하여 특정경제범죄가중처벌등에관한법률위반(사기)죄가 성립한다.[178]

----

178) 대법원 1966. 3. 15. 선고 66도132 판결, 피해금액은 각색하였다.

🎖 기본 이론

재물사기는 재물에 대한 사기를 말한다. 형법상 재물에 해당하는 것이 민법상 물건이며, 이에는 부동산, 동산은 물론 유가증권 등이 포함된다.[179]

(1) 재물사기의 피해자

재물사기의 피해자는 누구인가? 아래 사례를 먼저 살펴보자.

> **연습문제**
>
> ○ 고소인 김윤성과 피고소인 김범수는 삼촌과 조카사이로서 가깝게 지내고 있으나 함께 살고 있지는 않고 있다. 어느 날 김윤성은 김범수에게 정기예금 이자를 찾아오라며, 100만 원짜리 정기예금증서 1장과 인감도장을 건네주었다. 그런데 욕심이 났던 김범수는 담당은행 직원에게 자신이 예금주인 삼촌인 것처럼 거짓말을 하고 정기예금을 해약하고는 이자를 제외한 90만 원을 수령하고는 모두 써버리고 말았다.
> ○ 삼촌은 수사 중에 고소를 취소하였으나, 이미 사건의 사실관계는 모두 밝혀진 상태였다. 담당 경찰관은 의견으로 송치하여야 하는가?

재물사기의 피해자는 소유자이다. 가령 채권의 준점유자에 대한 변제로서 민사상 보호를 받고 그 예금주로부터 책임추궁을 면하더라도 형사상 사기 피해자는 은행이다.

> ○ 피고인이 예금주를 가장하고 예금해약을 빙자하여 그 예금을 편취하였다면 그 예금의 소유권은 소비기탁으로 은행에 귀속되었다. 따라서 은행에서 피고인에게 내준 돈이 공소외인 소유의 돈이라고 볼 수 없으며, 은행은 피고인이 위 정기예금 증서와 그 인감도장을 소지하고 있었기 때문에 혹 채권의 준점유자에 대한 변제로서 민사상 보호를 받고 그 예금주

---

179) 증권예탁결제원에 예탁되어 계좌 간 대체 기재의 방식에 의하여 양도되는 주권은 유가증권으로서 재물에 해당되므로 횡령죄의 객체가 될 수 있다.

○ 그렇다면 위 범행사실은 친고죄가 아니며, 기소의견으로 송치함이 타당하다.

(2) 처분행위

재물사기의 처분행위는 재물의 교부이다. 사기죄에서 '재물의 교부'란 범인의 기망에 따라 피해자가 착오로 재물에 대한 사실상의 지배를 범인에게 이전하는 것을 말한다.

1) 범인의 자유로운 처분이 가능한 상태에 놓인 경우

사실상의 지배가 범인에게 이전하는 것은 언제부터인가? 사례로 확인해보자.

연습문제

○ 갑은 백두산 지역에 중국 당국의 허가를 받아 미륵불상을 건립하여 봉안하기 위해 시주금을 모금하기로 하였다. 갑은 시주한 사람에게 가족의 이름을 비석에 새겨 주겠다는 홍보유인물을 제작하여 배부하는 방법으로 직접 또는 지로입금 방식을 통해 시주금으로 4,000만 원을 모금하였다. 갑은 시주금 중 50%는 사찰의 보시금으로 미리 공제하여 실제 수령한 금원은 2,000만 원가량이었다. 그러나 갑은 시멘트 비석을 세워 놓고 시주한 신도들의 이름을 새겨 넣어 봉안사업을 추진을 위장하였을 뿐 미륵불상의 봉안은 중국 당국의 허가를 받는 것이 불가능함을 잘 알고 있었고, 실제 미륵불상 봉안사업을 추진한 바는 없었다.

○ 한편 갑은 개인적인 자금이 거의 없는 상태에서 시주금을 낸 신도에게 도자기 선물을 주기로 하고, B에게 도자기를 주문하였다. B는 갑의 주문에 따라 도자기 5,000개를 모두 제작하고, 편의상 B는 제작된 도자기 중 1,600개 정도를 갑이 지정한 사찰로 배달하고 나머지 도자기는 갑의 지시에 따라 배달할 수 있는 상태로 보관 중이다. 그런데 도자기 대금의 지급 등을 위하여 갑이 교부한 당좌수표 5매가 부도가 나고 말았다. 나아가 그 도자기는 백두산 미륵불상 건립사업을 홍보하기 위하여 갑이 지은 시(詩)와 그의 낙관 및 백두산을 배경으로

---

180) 대법원 1972. 11. 14. 선고 72도1946 판결

재물의 교부가 있었다고 하기 위하여 반드시 재물의 현실의 인도가 필요한 것은 아니고 재물이 범인의 사실상의 지배 아래에 들어가 그의 자유로운 처분이 가능한 상태에 놓인 경우에도 재물의 교부가 있었다고 보아야 한다.

[해설] 갑과 관련하여, ① 불교신도에 대한 시주금사기, ② 도자기 제조업자 B에 대한 사기, ③ 부정수표단속법위반 등이 문제된다.

○ 봉안사업을 위해 갑에게 시주한 불교신도에 대한 시주금 사기

갑에 대하여 불교신도들에 대하여 모금한 시주금에 대한 사기죄(재물사기)가 문제되고, 또 B에 대하여 5,000개 도자기에 대한 사기죄(재물사기)가 수사대상 죄명이 된다. 여기서 2,000만 원을 공제할 것인지 문제된다. 그러나 갑이 시주금 명목으로 받은 금원을 그 주장과 같이 사찰의 권선보시금으로 공제하였다고 하더라도 재물편취를 내용으로 하는 사기죄에 있어서 기망으로 인한 재물의 교부가 있으면 그 자체로 피해자의 재산침해가 되어 이로써 곧 사기죄가 성립하는 것이어서 위와 같이 편취금의 일부를 중간 전달자에게 나누어 준 사정은 범죄의 성립에 영향을 미치지 아니한다. 따라서 4,000만 원에 대한 사기죄가 성립한다.

○ B에 대한 도자기 사기

피해객체를 도자기 1,600개에 내지 5,000개로 보아야 할지가 문제된다. 배달되지 않은 나머지 3,400개 도자기에도 B의 처분행위가 있는지가 쟁점이다. 피해자는 갑의 주문에 따라 도자기 5,000개를 모두 제작하였고, 갑 등은 보관 및 운송의 편의상 피해자로 하여금 제작된 도자기를 갑 등이 지정하는 전국의 사찰로 직접 배달하도록 하여 피해자는 제작된 도자기 중 1,600개 정도를 지정된 사찰로 배달하고 나머지 3,400개 정도의 도자기는 갑 등의 지시에 따라 지정된 사찰로 배달할 수 있는 상태에 놓인 채로 보관 중이며, 그 도자기는 백두산 미륵불상 건립사업을 홍보하기 위하여 갑이 지은 시(詩)와 그의 낙관 및 백두산을 배경으로 한 미륵불상 사진 등이 새겨져 있어 갑 등에게만 소용이 있을 뿐 다른 용도로 사용할 수 없음을 알아 볼 수 있으므로 위 보관 중인 도자기는 갑

등의 사실상의 지배 아래에 들어가 갑 등의 자유로운 처분이 가능한 상태에 놓였다고 할 것이다. 따라서 도자기 5,000개에 대한 사기가 된다.

○ 부정수표단속법위반

도자기 대금의 지급 등을 위하여 당좌수표 5매를 발행한 후에 제시기일에 지급되지 아니하게 하였다는 점에서 동법위반에 해당한다.

2) 자신이 점유하는 재물 ×

사기죄는 타인이 점유하는 재물을 교부 받거나, 타인으로 부터 재산상 이득을 취득할 경우에 성립하는 것이지, 자기가 점유하는 타인의 재물을 횡령함에 있어 기망수단을 쓴 경우에는 일반적으로 횡령죄만이 성립하고 사기죄는 성립하지 아니한다.[181]

> [범죄사실] "피고인은 피해자로부터 그의 소유인 전북 김제군 소재 3400평방미터 임야 2필의 매각처분을 위임받은 다음 대금 6천만 원에 매도하였음에도, 피해자에게 돈 3천 만 원에 처분하였다고 거짓말을 하여 동인을 기망하고 이를 믿은 동인에게 돈 300,000원만을 교부하고 나머지 돈 300,000원을 교부하지 아니하여 동액상당의 재산상 이득을 취하였다."

대법원은 같은 논리로 위 사안에서 사기죄를 부정하였다.[182]

(3) 부동산에 대한 처분행위

현재 대법원은 부동산에 대한 처분행위를 본격적으로 판시한 바는 없다. 그러나 점유를 이동할 수 없는 부동산등기를 권리변동의 요건으로 하는 부동산의 경우 동산과 동일하게 그 점유의 이전을 판단기준으로 할 수 없음은 비교적 분명하다. 위 2016도13362 전원합의체 판결에서도, 그 당시의 전후 사정으로 볼 때 처분권의 이전이라는 외관을 가지는 처분행위일 것을 요하며, 처분문서에 대하여 서명사취를 한 경우는 행위의 외관이 곧 처분문서의 내용이라고 판시한 바 있다.

> 피고인 등이 토지의 소유자이자 매도인인 피해자 갑 등에게 토지거래허가 등에 필요한 서류라고 속여 근저당권설정계약서 등에 서명·날인하게 하고 인감증명서를 교부받은 다음, 이를 이용하여 갑 등의 소유 토지에 피고인을 채

---

181) 대법원 1980. 12. 9. 선고 80도1177 판결
182) 대법원 1980. 12. 9. 선고 80도1177 판결

무자로 한 근저당권을 을 등에게 설정하여 주고 돈을 차용하는 방법으로 재산상 이익을 취득하였다고 하여 특정경제범죄 가중처벌 등에 관한 법률 위반(사기) 및 사기로 기소된 사안에서, 갑 등은 피고인 등의 기망행위로 착오에 빠진 결과 토지거래허가 등에 필요한 서류로 잘못 알고 처분문서인 근저당권설정계약서 등에 서명 또는 날인함으로써 재산상 손해를 초래하는 행위를 하였으므로 갑 등의 행위는 사기죄에서 말하는 처분행위에 해당하고, 갑 등이 비록 자신들이 서명 또는 날인하는 문서의 정확한 내용과 문서의 작성행위가 어떤 결과를 초래하는지를 미처 인식하지 못하였더라도 토지거래허가 등에 관한 서류로 알고 그와 다른 근저당권설정계약에 관한 내용이 기재되어 있는 문서에 스스로 서명 또는 날인함으로써 그 문서에 서명 또는 날인하는 행위에 관한 인식이 있었던 이상 처분의사도 인정됨에도, 갑 등에게 그 소유 토지들에 근저당권 등을 설정하여 줄 의사가 없었다는 이유만으로 갑 등의 처분행위가 없다고 보아 공소사실을 무죄로 판단한 원심판결에 사기죄의 처분행위에 관한 법리오해의 잘못이 있다.[183]

3. 삼각사기

예제 떨어뜨린 지갑

○ 고분실은 새 집을 짓고 한창 집수리 중이다. 하루는 드라이버를 구매하기 위해 칠천리 철문점에 방문하였다. 그런데 정신이 없었던지 지갑(갈색 남성용)을 떨어뜨리고 말았다. 한편 같은 마을에 살고 있던 강속구는 그날 점심 무렵 칠천리 철문점에서 우산을 구매하고 계산을 마치고 있었다. 그런데, 마침 철문점 사장이 우연히 가게 구석에 떨어져 있는 고분실의 반지갑을 발견하게 되었다. 사장은 이 지갑이 선생님 지갑이 맞느냐?고 강속구에게 물어보았다. 강속구는 얼결에 내 것이 맞다고 대답한 후 지갑을 받아들고 나가 버리고 말았다.

○ 검사는 주위적으로 절도로, 예비적으로 사기로 공소를 제기하였다. 강속구는 절도인가 사기인가.

---

183) 대법원 2017. 2. 16. 선고 2016도13362 전원합의체 판결

✓ 정답 : 사기죄

최근 설시된 대법원 2022. 12. 29. 선고 2022도12494 판결을 각색하였다. 그 간 실무상 기망의 방법으로 편의점 등에서 영수증을 통해 물건을 편취하는 경우에 사기죄가 성립하는지 절도죄가 성립하는지 등과 관련 의견대립이 있었다. 일선 경찰수사 실무에서는 형사과와 통합수사팀(경제범죄수사팀) 가운데 어느 곳에서 수사를 진행할지 다툼이 있어왔다.

🔔 적용 법리

[기망으로 처분받은 경우] 형법상 절취란 타인이 점유하고 있는 자기 이외의 자의 소유물을 점유자의 의사에 반하여 점유를 배제하고 자기 또는 제3자의 점유로 옮기는 것을 말한다(대법원 2006. 9. 28. 선고 2006도2963 판결 등 참조). 이에 반해 기망의 방법으로 타인으로 하여금 처분행위를 하도록 하여 재물 또는 재산상 이익을 취득한 경우에는 절도죄가 아니라 사기죄가 성립한다.[184]

[사기죄의 처분행위] 사기죄에서 처분행위는 행위자의 기망행위에 의한 피기망자의 착오와 행위자 등의 재물 또는 재산상 이익의 취득이라는 최종적 결과를 중간에서 매개·연결하는 한편, 착오에 빠진 피해자의 행위를 이용하여 재산을 취득하는 것을 본질적 특성으로 하는 사기죄와 피해자의 행위에 의하지 아니하고 행위자가 탈취의 방법으로 재물을 취득하는 절도죄를 구분하는 역할을 한다. 처분행위가 갖는 이러한 역할과 기능을 고려하면 피기망자의 의사에 기초한 어떤 행위를 통해 행위자 등이 재물 또는 재산상의 이익을 취득하였다고 평가할 수 있는 경우라면, 사기죄에서 말하는 처분행위가 인정된다(대법원 2017. 2. 16. 선고 2016도13362 전원합의체 판결 참조).

한편 사기죄가 성립되려면 피기망자가 착오에 빠져 어떠한 재산상의 처분행위를 하도록 유발하여 재산적 이득을 얻을 것을 요하고, 피기망자와 재산상의 피해자가 같은 사람이 아닌 경우에는 피기망자가 피해자를 위하여 그 재산을 처분할 수 있는 권능을 갖거나 그 지위에 있어야 한다.

○ 철물점 사장은 지갑을 습득하여 이를 진정한 소유자에게 돌려주어야 하는 지위에 있었으므로 피해자를 위하여 이를 처분할 수 있는 권능을 갖거나 그 지위에 있었다. 나아가 E는 이러한 처분 권능과 지위에 기초하여 위 반지갑의 소유자라고 주장하는 피고인에게 반지갑을 교부하였고 이를 통해 피고인이 반지갑을 취득하여 자유로운 처분이 가능한 상태가 되었다. 따라서 E의 행위는 사기죄에서 말하는 처분행위에 해당하고 피고인의 행위를 절취행위로 평가할 수는 없다.

---

184) 대법원 2022. 12. 29. 선고 2022도12494 판결 절도

🎖️ 기본 이론

사기죄가 성립하려면 속은 사람이 처분해야 하므로 처분행위자와 피기망자는 동일인이어야 한다. 그러나 속은 사람과 피해자는 다를 수 있다. 즉 피기망자 내지 처분행위자와 재산상의 피해자는 다른 사람일 수 있다. 이런 경우를 이른바 삼각사기라 한다. 그 전형적인 예가 소송사기이다. 또한 책략절도에서도 재물의 소유자가 아닌 자로부터 피의자가 이를 교부받는 경우에는 역시 삼각사기의 쟁점으로 귀결된다.

(1) 지위나 권능

한편 사기죄가 성립되려면 피기망자가 착오에 빠져 어떠한 재산상의 처분행위를 하도록 유발하여 재산적 이득을 얻을 것을 요하고, **피기망자와 재산상의 피해자가 같은 사람이 아닌 경우에는 피기망자가 피해자를 위하여 그 재산을 처분할 수 있는 권능을 갖거나 그 지위에 있어야** 한다.

1) 동산 사례

위 2022도12494 판결에서 대법원은 **물건을 습득한 점포 사장은 진정한 소유자에게 습득물을 돌려주어야 하는 지위에 있음을 근거로 피해자를 위하여 이를 처분할 수 있는 권능을 갖거나 그 지위에 있다**고 본 바 있다. 생각건대, 위 판결은 일반적인 법리를 판시하지는 않았으나, 위 점포사장은 분실물을 단지 습득한 자일 뿐, 소유자로부터 실제 어떠한 위임을 받은 사람이 아닌 점에서, 처분권능과 지위를 폭넓게 인정한다고 보인다. 실무상의 논쟁 해결에 유용한 판결로 볼 수 있다.

A. 연습문제

> **연습문제**
>
> 갑은 중고나라에서 "물품을 사겠다"고 말하고 6회에 걸쳐 노트북 3개, 카메라 1개, 순금 팔찌 2개 등 1500만 원 상당의 중고 물품을 가로챈 혐의를 받고 있다. 갑은 판매자들에게 "편의점에서 택배를 보내고 결제한 영수증을 찍어 전송하라"고 한 뒤 영수증에 적힌 편의점으로 가 택배를 취소, 물품을 가져왔다.

위 사안은 실무사안으로서 언론보도된 바 있다. 실제 사건에서는 사기죄로 입건되었으나 절도죄로 송치된 바 있다.[185] ① 사기죄의 논리는 매매대금을 지급할 의사 없이 구매를 빙자하여 판매자를 속였다면 재물사기죄로 볼 수 있다는 입장이다. 즉 판례에 따라 물품의 현실적인 인도가 없더라도, 편의점에 배송의뢰 되었다면 재물교부의 처분행위를 인정할 수 있으며, 설사 그렇지 않더라도, 편의점 직원을 속여 물품을 받아갔다는 점에서 삼각사기에 의한 사기죄를 인정할 수 있다는 것이다. ② 반면 절도죄의 논리는, 피의자의 주소지가 아닌 전혀 무관계한 제3자의 주소에 불과한 경우일 것이므로 편의점에 배송의뢰된 단계를 두고 아직 피의자의 자유로운 처분하에 놓였다고 보기 어려운 점, 편의점 직원의 경우 피해자인 판매자를 위하여 그 재산을 처분할 수 있는 권능을 갖거나 그 지위가 없다는 점에서 처분행위를 인정할 수 없으며, 기망은 점유침탈의 수단에 그치는 점을 그 근거로 보았다.

생각건대, 위 2022도12494 판결에 따를 때 **편의점 업주와 그 업무를 위임받아 처리하는 종업원은 만약 진정한 소유자가 택배의뢰를 취소하면 이를 돌려줄 의무**가 있다는 점에서 피해자를 위하여 이를 처분할 수 있는 권능을 갖거나 그 지위에 있다고 보인다.

B. 실무사례

[유제] (정답은 민경수 밴드 게시글 22. 3. 29. 실무의견 참조)

고등학생인 피의자는 자동차 렌탈 계약 없이 렌트차량 반납 장소를 미리 파악하여 기다리다가 차량을 반납하는 손님으로부터 다음 차례 차량렌탈자라고 속여 차량 열쇠를 건네받아 친구들과 타고 다니다가 추적 검거된 사건이다. 사기죄인가 절도죄인가

2) 부동산 사례

A. 연습문제

○ 충남에 사는 박달재는 조카 박찬호가 세금 때문에 여러 사람 명의로 부동산을 소유하고 있다는 사실을 잘 알고 있었다. 그런데 어느 날 박찬호의 땅을 임춘일이라는 사람이 사고 싶어 한다는 사실을 알게 되었다. 이 땅은 박찬호의 친구 박노해의 이름으로 등기된 염포면 소재 토지 5,000평이었다. 박달재는 박노해도 잘 알고 있었다. 머리를 굴린 끝에, 박노해를

---

185) 머니투데이 김민중 기자 '물건 팝니다→삽니다' 중고나라 사기범의 '역발상'

찾아가 염포면 땅을 3억 원에 팔도록 승낙받은 것처럼 거짓말을 하였다. 매매계약이 체결되자 임춘일은 박노해가 지정하는 박달재에게 계약금과 중도금 2억 원을 지급하였다. 잔금일이 다가오자, 우연히 박찬호와 박노해는 전화통화를 하게 되었고, 박달재가 거짓말을 하였다는 사실을 알게 되었다. 박찬호와 박노해는 잔금을 받지 않기로 하고, 등기도 넘겨주지 않기로 하였다. 임춘일은 화가 난 나머지 박달재를 고소하기에 이르렀다.

○ 위 사건을 담당한 경찰관이 박달재에 대하여 송치할 죄명은?

[해설] 임춘일이 처분한 매매대금을 박찬호가 받지 못했다는 점이 문제가 된다. 재물사기의 피해자는 재물의 소유권자인 임춘일이다. 그런데 기망당한 사람은 등기명의자 박노해이나, 매매대금을 준 사람은 매수인 임춘일이며, 이른바 삼각사기의 구조를 띄게 된다. 판례 법리에 따라 피기망자인 박노해(등기명의자)가 피해자인 임춘일(매수인)을 위하여 그 재산을 처분할 수 있는 권능이나 지위에 있었다고 볼만한 자료는 발견되지 아니한다. 따라서 처분행위가 부정된다.

[기망행위] 박노해는 동기에 착오를 일으켜 이 사건 매매계약을 체결한 것일 뿐, 박노해에게 매매계약을 취소할 수 있는 권리가 없다. 이는 적법·유효한 것으로서 이를 가리켜 임춘일에 대한 기망의 수단이 된다고 볼 수는 없다. 또 임춘일이 토지 매매대금 전액을 지급하였으나 그 소유권을 이전 받지 못한 손해는 매도인인 박노해의 채무불이행으로 인한 것이므로 기망행위와 임춘일의 손해발생 사이에 인과관계가 인정되지도 않는다.

결론적으로 기망적 수단으로 매매대금을 가로챈 박달재를 처벌하기는 쉽지 않다. 대법원은 사기죄에 대해 무죄판결을 하였다. 그러나 사견으로 이 사안은 재물사기로 기소되었으나 이익사기로 범죄사실을 재구성하였으면 유죄판결이 가능하다고 생각한다.

B. 피해자의 진정한 의도와 어긋나는 경우

연습문제

○ 박달재는 동양철망의 사장이다. 그런데 거래처인 ㈜ 평원산업에 대한 채무 3억 원이 누적되었고, 외상대금담보용으로 제공한 1억 원짜리 약속어음도 이미 부도된 상태여서, 더 이상 철망을 공급받지 못하고 있었다. 그런데 잘 알고 지내던 박균례가 임춘일의 토지 300평을 담보로 제공하여 돈을 구해 주기로 하는 부탁을 받고, 그의 인감증명서와 인감도장을 가지

고 있음을 알게 되었다. 박달재는 박균례에게 위 토지를 회사에 담보로 제공하고 철망을 외상으로 공급받아 덤핑판매를 하면 철망의 판로가 좋아 1월내에 4천만 원을 뽑을 수 있고, 평원산회사에 대한 부채가 2,000만 원밖에 안 된다는 등 거짓말을 하였다. 결국 이 토지에 관하여 채권자를 평원산업, 채무자를 박달재, 채권최고액을 금 4억 원으로 하는 근저당설정계약을 체결하고 등기를 경료하게 되었다. 그런데 사실 이 토지는 소유주 임춘일의 위임을 받은 김성철이 박균례에게 처분을 위임한 것이었다. 임춘일은 이 토지를 매각하여 딸과 사위의 사업자금에 사용하도록 한 것일 뿐, 담보로 제공해도 좋다고 말한 적도 없다고 한다. 또 딸은 박균례에게 토지를 매각하여 5억 원을 주고 나머지는 박균례가 갖기로 한 것이라고 하며, 사위도 자신의 장모가 토지를 팔아서 그 대금으로 자신의 사업자금등을 마련하라는 말을 듣고, 토지를 매각하여 달라는 부탁과 함께 장모로부터 받은 그녀의 인감도장을 건네 준 사실 밖에 없고, ㈜ 평원산업을 채권자로 하여 근저당권설정등기가 경료된 과정에 대해 전혀 아는 바 없으며, 김성철이 제3자에게 이 사건 토지를 매각할 것을 재위임한다거나, 매각하는 대신 근저당권설정을 위한 담보물로 제공하는 등의 권한까지 김성철에게 수여한 것은 아니었다고 한다. 그런데 정해진 날짜에 박균례가 약정한 돈을 주지 않자 의심이 나서 등기부를 열람해보니 알지도 못하는 ㈜ 평원산업을 근저당권자로 하여 금 4억 원인 근저당권설정등기가 경료된 사실을 알게 되었다. 박달재는 박균례와 임춘일을 고소하였으나, 경찰조사 끝에 박균례 역시 속았다는 것이 밝혀졌다. 박달재는 사기죄에 해당하는가?

대법원은 이와 관련하여, 다만 그 권능이나 지위가 **반드시 사법상의 위임이나 대리권의 범위와 일치하여야 하는 것은 아니고 피해자의 의사에 기하여 재산을 처분할 수 있는 서류 등이 교부된 경우**에는 피기망자의 처분행위가 설사 피해자의 진정한 의도와 어긋나는 경우라도 위와 같은 권능을 갖거나 그 지위에 있는 것으로 보고 있다.

[해설] 원심은, ① (피해자를 임춘일로 보는 경우) 피기망자인 박균례가 피해자로 적시된 임춘일을 위하여 이 사건 토지를 처분하거나 담보를 설정할 어떠한 권한이나 지위를 가지고 있었다고 보기 어려운 이상, 피고인의 기망행위에 기하여 이 사건 토지에 관하여 소외회사에 근저당권설정등기를 경료하여 주었다고 하더라도 피해자인 임춘일에 대하여는 사기죄를 구성하지 않는다고 보았다.

② (피해자를 박균례로 보는 경우) 또 박균례가 근저당권설정등기로 인하여 채권담보 상당의 손해를 입게 되었다고 보기도 어려우므로 동인을 피해자로 하는 사기죄도 성립될 여지가 없다 하여, 위 공소사실에 대하여 무죄를 선고한 제1심판결을 유지하였다.

그러나 대법원은 위와 같은 법리를 전제한 후, 피해자 등이 김성철에게 이 사건 토지에 관한 매도권한만을 위임한바 있으나 박균례를 거치는 사이에 위임의 취지가 변질되어 근저당권이 설정되기에 이르렀다고 하더라도, 이를 들어 피기망자인 박균례가 피해자를 위하여 이 사건 토지를 처분할 권능을 갖지 아니하거나 지위에 있지 아니하였다고 단정할 것이 아니다. 따라서 이 사건 근저당권이 설정된 경위에 대하여 더 심리하여 피기망자가 사실상 근저당권을 설정할 지위에 있었는지의 여부를 가려보아야 한다고 보았다.

(2) 회사 등의 경우 피기망자의 문제

사기죄의 피해자가 법인이나 단체인 경우에도 마찬가지로 피해자(법인)와 피기망자인 처분행위자(직원)가 달라지게 된다. 이때 기망행위의 유무는 **법인이나 단체의 대표 등 최종 의사결정권자 또는 내부적인 권한 위임 등에 따라 실질적으로 법인의 의사를 결정하고 처분을 할 권한을 가지고 있는 사람을 기준**으로 판단한다.

1) 최종결재권자가 관여한 경우

대표자 또는 실질적으로 의사결정을 하는 최종결재권자 등 기망의 상대방이 기망행위자와 동일인이거나 공모하는 등 기망행위를 알고 있었다면, 기망행위로 인한 착오가 있다고 볼 수 없고, 인과관계가 있다고 보기 어렵다.[186]

[범죄사실] 고려대의 공대교수가 ① 대학교 산학협력단과 고려대 측에 자신이 지도하는 연구원에 대한 연구용역의 인건비를 신청하고, 공동관리의 목적으로 연구원에게는 연구비와 인건비를 자신의 통장으로 송금하도록 지시한 혐의. ② 법인의 대표이사로 취임하여 피고인이 대표권을 행사하는 법인에서 연구원들에 대한 인건비를 개인에게 지급하지 않은 혐의이다.

대법원 위 범죄사실 관련 다음과 같이 나누어 판시하였다.

---

186) 대법원 2017. 8. 29. 선고 2016도18986 판결, 사안에 따라 업무상횡령죄 내지 배임죄 등이 성립하는 것은 별론, 사기죄가 성립한다고 보기 어렵다.

①번 혐의 관련, 연구용역의 인건비는 연구원 본인에게 실제로 지급되어야 하고 그렇지 않은 경우에는 회수되어야 하는데 피고인이 위 피해자들로부터 지급받을 인건비를 연구원들에게 지급할 의사가 없었는데도 연구원들에 대한 인건비를 개별적으로 지급할 것처럼 외관을 만들어 위 피해자들에게 인건비 지급을 신청한 것은 기망행위에 해당한다. 만일 피고인이 이러한 사정을 위 피해자들에게 사실대로 고지하였다면 위 피해자들은 연구원들에 대한 인건비 부분을 당연히 승인하여 지급하였을 것으로 보이지 않는다. 연구원들이 위 피해자들로부터 지급받은 인건비를 피고인에게 전달하였다고 하더라도, 피고인과 연구원들의 관계에 비추어 그들 사이의 자발적인 합의에 따라 연구원들이 피고인에게 인건비에 대한 관리·처분권을 맡겼다고 보기 어렵다.

②번 혐의 관련, 기망의 상대방에게 기망행위로 인한 착오가 있다고 볼 수 없고, 기망의 상대방이 재물을 교부하는 등의 처분을 했다고 하더라도 기망행위와 인과관계가 있다고 보기 어렵다. 이러한 경우에는 사안에 따라 업무상횡령죄 또는 업무상배임죄 등이 성립하는 것은 별론으로 하고 사기죄가 성립한다고 보기 어렵다.

2) 실무자가 알고 있는 경우

반면 피해자 법인이나 단체의 업무를 처리하는 실무자인 일반 직원이나 구성원 등이 기망행위임을 알고 있었더라도, 피해자 법인이나 단체의 대표자 또는 실질적으로 의사결정을 하는 최종결재권자 등이 기망행위임을 알지 못한 채 착오에 빠져 처분행위에 이른 경우라면, 피해자 법인에 대한 사기죄의 성립에 영향이 없다.

박달재는 민의원이라는 비뇨기과를 운영하는 의사이다. 그런데 병원건물을 신축하면서 차용한 수억 원의 대출금으로 재정적인 어려움에 처하게 되어 해결책을 모색하고 있었다. 그러던 중 박달재는 보험업무에 종사하면서 금융업무를 잘 알고 있던 임춘일의 권유로 공리스의 방법으로 자금을 융통하기로 결심 하였다.[187] 임춘일은 평소 친분이 있는 국민리스 ㈜ 부산지점장과 차장에게 "공리스"를 받도록 해 달라는 청탁을 하였고, 같은 지점 직원들은 민의원에 의료장비가 전혀 설치되어 있지 않았지만 설치한 것처럼 리스물건점검보고서를 작성하였다. 박달재는 이에 따라 국민리스 ㈜ 본사에 사실은 전신단층촬영기, 유방촬영기 등 금 6억 원 상당의 의료장비를 공급받은 사실이 없음에도 불구하고 허위의 관련서류를 근거로 작성한 심사승인품의서를 사장 정종인 등 경영위원회 위원에게 제출하여 승인받아 금 6억 원을 송금 받기에 이르렀다.

박달재는 경찰조사에서, 리스대출을 받을 당시 채무가 약 5억 원 정도에 불과하였으나 당시 시가 15억 상당의 병원 부지 및 건물을 소유하고 있었고 위 리스대출금 채무 변제의 담보로 위 병원 부지 및 건물에 근저당권을 설정하였고, 이미 인적 담보로 피고인의 처 동생, 친구, 처, 친구 등에게 연대보증을 서도록 하여 충분한 담보를 제공하는 등 변제의 의사와 능력이 있었고, 국민리스 ㈜는 이 건이 소위 공리스라는 것을 잘 알고 있었으나 충분한 담보제공이 있었기 때문에 대출을 실행해 준 것이며, 피고인이 국민리스 ㈜를 기망한 것이 아니라고 주장한다.

---

187) 공리스란 리스물건 이용자가 리스물건 공급자를 임의적으로 선정하여 리스회사를 거치지 아니한 채 직접 리스물건 이용자에게 인도하는 리스업계의 관행을 악용하여 마치 리스물건을 전부 인도받아 설치한 양 리스사를 속이고 리스자금을 대출받는 방법을 말한다.

대법원은 위 사안에서, **이때 피기망자는 재물 또는 재산상의 이익에 대한 처분행위를 할 권한이** **있는 자일 것**을 요구하고 있다.

> 피해자 국민리스 ㈜의 경우 5억 원을 초과하는 리스자금의 여신은 경영위원회에서 전적인 결정권한을 가지고 있
> 고, 위 회사 부산지점장은 단지 경영위원회에 심사승인품의서를 제출하는 것뿐임을 인정할 수 있으므로, 경영위원
> 회의 위원들을 피기망자로 보고 이 사건 범죄행위를 사기죄로 처단하였음은 옳다.[188]

또 은행 대출금 사기와 관련하여 같은 입장이다.

> 금융기관이 행한 여신이 기망행위로 인한 착오에 의한 것인지는 해당 여신을 결정할 권한 있는 자(은행장 등)를 기
> 준으로 판단한다. 따라서 은행의 일선 담당 직원이 대출금이 지정된 용도에 사용되지 않을 것이라는 점을 알고 있
> 더라도 사기죄가 성립한다고 보고 있다.[189]

(3) 수사실무에서 이른바 3자사기의 문제

사기꾼이 매수자와 매도인에게 동시에 접근하고는, 매수자로 하여금 판매자에게 돈을 송금하게 하고 판매자에겐 자신이 송금한 것인 것처럼 속여서 물건을 가로채는 사기 수법을 이른바 삼자사 기라고 한다. 이와 같이 범죄자가 3자 사기를 범하는 목적은 본인명의 계좌에서 송금을 하지 않음 으로써 계좌추적의 단서를 남기지 않기 위함이다.

1) 사기죄

그러나 매도인과 매수인을 각각 직접 기망하여 양자로부터 매매대금과 물건을 처분하게 한다는 점에서 매수인에 대해 금원교부로 인한 사기, 매도인에 대해 물품처분으로 인한 사기죄가 각각 성 립하게 된다. 사기죄 처분행위에서 말하는 삼각사기가 아니다.

> 가령, 판매자에게는 차를 비싸게 팔아주겠다고 제안하고 구매자에게는 원하는 가격에 차를 판매하겠다고 제안한
> 다. 이때 거래가 이뤄지고 구매자가 중간 매매상의 통장에 돈을 입금하면 중간 매매상은 돈을 들고 사라진다. 결국

---

188) 대법원 2001. 4. 27. 선고 99도484 판결
189) 대법원 2002. 7. 26. 선고 2002도2620 판결

판매자는 차량을 판매하고도 돈을 받지 못하고 구매자는 차량대금을 지불했음에도 불구하고 차를 받지 못하는 결과를 초래한다.

2) 판결사례

피고인은 2016. 1. 19. 수원시 소재 상호불상의 모텔에서 스마트폰을 이용하여 인터넷 네이버 중고나라 카페 게시판에 접속한 후 워터파크 티켓을 구한다는 피해자 K가 업로드한 게시글을 보고 피해자에게 연락하여 "14만 원에 워터파크 티켓을 판매하겠다"라고 하며 L 명의의 예금계좌로 그 대금을 송금하라고 말하였다. 그러나 사실 피고인은 위 워터파크 티켓을 가지고 있지 않았고 피해자가 L에게 돈을 보내면 위 L에게는 마치 자신이 그 돈을 보내는 것처럼 행세하며 L이 인터넷을 통해 판매하는 문화상품권을 교부받아 이를 생활비 등으로 사용할 생각이었으므로 피해자로부터 위 돈을 송금 받더라도 위 티켓을 교부할 의사나 능력이 없었다. 피고인은 이와 같이 피해자를 기망하여 이에 속은 피해자로 하여금 L 명의의 신한은행 계좌(M)로 14만 원을 송금하게 한 후 그에 상응하는 문화상품권을 L으로부터 교부받아(이른바 '삼각사기' 방법)[190] 이를 편취한 것을 비롯하여 그때부터 2016. 12. 28.까지 별지 범죄일람표 1 기재와 같이 위와 같은 소위 삼각사기의 방법으로 피해자들로부터 총 34회에 걸쳐 합계 7,159,700원을 편취하였다.[191]

Section 3 기망행위와 착오

기본 이론

사기죄는 고의로 착오에 기한 처분행위를 유발하는 범죄이다. 피해자의 피해객체에 대한 처분행위를 특정하였다면, 피해자는 무엇을 신뢰하여 넘겨주게 된 것인지(착오의 내용 특정), 또 피의자는 어떤 수단과 방법으로 피해자를 믿게 했는지를 확인하여야 한다(기망행위).

---

190) 판결에서는 삼각사기라고 표현했으나, 기존 처분행위에서 처분권한과 지위를 요함에 있어 이미 동일한 용어를 사용하고 있다는 점에서 혼동의 우려가 있다. 본 서에서는 삼자사기라고 명명한다.
191) 수원지방법원 평택지원 2017. 10. 20. 선고 2017고단209

1. 피해자의 착오

(1) 처분행위의 판단기초가 되는 사실에 관한 것

착오란 잘못 신뢰한 것을 말한다. 즉 사실과 일치하지 않는 하자 있는 피기망자의 인식을 말한다. 쉽게 말해 처분행위자가 속은 내용을 말한다. **사기죄 범죄사실에서 "~○○○○ 할 의사 내지 능력이 없으면서도~"에 해당한다. 여기서 착오는 행위자가 희망하는 재산적 처분행위를 하도록 하기 위한 판단의 기초가 되는 사실에 관한 것이면 충분**하다. 그러므로 처분행위의 동기, 의도, 목적에 관한 것이든, 처분행위 자체에 관한 것이든 제한이 없으며,[192] **반드시 법률행위의 내용의 중요부분에 관한 것일 필요도 없다.**[193]

피해자가 재산적 처분행위를 결정하게 된 판단의 기초가 되는 사실에 관한 것		
피해자의 주관적 인식	≠	피의자 의도 내지 객관적 사실

가령 차용금 명목의 금원 교부라면, 피해자가 돈을 갚을 충분한 재산이 있어 이를 믿고 빌려주었는데 사실은 처음부터 피의자가 신용불량자였다면, 피해자의 착오는 피해자의 재력과 재산관계에 대한 것이고, 수사한 결과 피해자가 피의자의 곤궁한 재산상태를 잘 알고 있었고 동정심의 발로로 준 것에 불과하다면, 적어도 재산상태를 착오하여 처분했다고 보기 어려울 것이다.

차용금을 변제할 만한 재산상태를 믿고 돈을 빌려준 경우		
충분한 재력	≠	신용불량

---

192) 대법원 2017. 2. 16. 선고 2016도13362 전원합의체 판결
193) 대법원 1984. 2. 14. 선고 83도2995 판결, 대법원 2006. 1. 26. 선고 2005도1160 판결

또 고수익을 보장한다는 투자 명목으로 금원을 교부하였는데, 실제로는 제대로 수익금을 준 적이 없다는 것이라면, 피해자의 착오는 수익사업의 성공가능성이 그 대상이 된다. 다만, 착오를 어떤 내용으로 특정할 것인지 문제는 사기죄에서 인과관계에 관한 법리의 문제와 그 맥락을 같이 하므로 인과관계에 관한 부분에서 상술하기로 한다.

고수익을 보장한다는 사업의 수익성을 믿고 투자한 경우		
수익사업의 충분한 실현가능성	≠	애초 불가능한 수익모델

다만, 대법원은 모든 사항이 기망행위의 내용 내지 착오의 대상이 될 수는 없다고 본다. 즉 별개의 범죄로 매매대금을 편취하는 것과 같은 경제적 효과를 발생시키겠다는 범죄계획의 경우는 매매계약에서 기망행위의 대상이 될 수 없다. 다음 사례를 풀어보자.

연습문제

A는 B에 대한 차용금을 갚지 못하자 현대캐피탈 ㈜에서 대출받은 돈으로 승용차를 구입하여 본인 이름으로 등록을 마친 다음, 차용금채무의 담보로 B에게 승용차를 인도함과 아울러 자동차등록증, 자동차양도증명서, 본인의 주민등록등본, 인감증명서, 차량포기각서, 위임장 등 승용차의 소유권이전등록에 필요한 일체의 서류와 새로 발급받은 본인의 통장을 주었다. 또 B는 을에 대한 차용금채무의 담보로 을에게 A로부터 받은 승용차와 소유권이전등록에 필요한 일체의 서류, A의 통장을 그대로 전달하였다.

한편 자동차양도증명서의 '양도인'란에 A의 도장이 날인되어 있고, 차량포기각서에는 "본인은 변제기까지 변제하지 못할 시 본인 소유 차량을 포기함과 동시에 채권자에게 이의 없이 양도할 것을 각서하며 상기 자동차를 매매함에 있어 할부관계는 차주 본인이 책임을 지며, 본인이 교부한 인감증명서로 자동차를 매매하여 차용금을 대체하고 부족할 시에는 추가로 지급할 것을 합의합니다."라고 기재되어 있다. 위임장에는 "채무자 차량의 명의이전에 관한 권한 일체를 채권자에게 위임하고 그로 인하여 발생하는 민·형사상 책임을 본인이 질 것을 확인합니다."라고 기재되어 있다.

갑은 을 등과 함께 위 승용차를 팔아 매매대금을 받아낸 다음 승용차를 절취하기로 공모한 다음, C에게 승용차를 매도하면서 승용차의 소유권이전등록에 필요한 A 명의의 일체의 서류를

주어 승용차를 양도하면서 매매대금 7,500,000원을 받은 다음, 승용차에 미리 부착해 놓은 GPS로 승용차의 위치를 추적하여 승용차를 절취하였다.

명의	현대캐피탈	A			
점유	현대캐피탈	A	B	을	C

위 사안에서 차량에 대한 특수절도를 제외하고 과연 사기죄가 성립할 것인가? 대법원은 다음과 같은 논리로 이를 부정하였다.

○ 승용차의 처분권한 관련
A가 B에게 차용금채무의 담보로 승용차를 제공하면서 소유권이전등록에 필요한 일체의 서류와 본인 명의의 통장까지 교부함으로써 승용차의 처분에 동의하였고, C가 승용차의 소유권을 취득함에 있어 아무런 법률적 장애도 없었으므로, 승용차의 소유자가 A이고 을이 대여금채권의 담보로 승용차를 점유하고 있었다는 사정은 기망의 대상이 될 수 없다.

○ 소유권 이전의 의사
자동차를 매수한 후 그 소유권을 취득하기 위해서는 소유권이전등록까지 마쳐야 하나, 매수인이 매도인으로부터 자동차와 함께 그 소유권이전등록에 필요한 일체의 서류를 건네받은 경우에는 혼자서도 소유권이전등록을 마칠 수 있다. 피고인이 승용차를 인도하고 소유권이전등록에 필요한 일체의 서류를 교부함으로써 언제든지 승용차의 소유권이전등록을 마칠 수 있게 된 이상, 피고인이 승용차를 양도한 후 다시 절취할 의사를 가지고 있었더라도 이는 별개의 범죄로 매매대금을 편취하는 것과 같은 경제적 효과를 발생시키겠다는 범죄계획에 불과할 뿐이지, 승용차의 소유권을 이전하여 줄 의사가 없었다고 볼 수는 없다. 오히려 피고인이 처음부터 승용차를 양도하였다가 절취할 의사를 가지고 있었으므로, C에게 일단 승용차의 소유권을 이전할 의사가 있었다고 보는 것이 거래관념에 맞다.

○ 절취의 계획을 숨긴 것
또한 피고인이 C에게 승용차를 매도할 당시 곧바로 다시 절취할 의사를 가지고 있으면서도 이를 숨긴 것을 기망이라고 할 수도 없다. 결국, 피고인이 C에게 승용차를 매도할 당시 기망행위가 없었음에도, 유죄로 판단한 원심판결에는 사기죄의 기망행위에 관한 법리를 오해하여 판결 결과에 영향을 미친 잘못이 있다.

(2) 착오의 내용 특정

1) 중요성 - 피의자의 방어권

[사실관계] 갑은 A에게 "안산시 땅 700평을 매수하여 상가 건물을 신축할 예정인데, 의료법인 아라물병원의 원장 등 다수의 의사가 이를 분양받아 병원을 개업할 예정이다. 그런데 내가 현재 돈이 없으니 토지 매수에 필요한 1차 계약금 1억 원을 투자하라, 계약이 성사되면 바로 분양계약을 체결하여 그 분양대금으로 9일 후 이익금 2,500만 원을 더한 1억 2,500만 원을 지급하겠다."라고 말하며 투자를 권유하였다. 이에 A는 갑과 사이에 "A는 건물 신축 사업과 관련하여 1억 2,500만 원을 투자하고, 갑은 A와 협의하여 투자금을 사용하되 그중 1억 원은 토지매매계약금으로 사용한다."는 내용의 투자계약을 체결한 후 그 자리에서 1억 원을 지급하였다. 그리고 갑은 같은 날 토지주에게 1억 원을 지급하려 하였으나, 토지주는 자신이 경영하는 회사가 시공사와 시행사를 모두 맡고, 피고인의 회사는 시행사에서 빠지고 분양대행사를 맡아달라고 제의하였으나, 갑이 거절하자 토지주가 1차 계약금을 3억 원으로 올려 달라고 하여 매매계약의 체결이 이루어지지 않았다. 그 이후 갑은 원금 중 상당액조차 전혀 지급하지 못하였다. 한편 갑은 의료법인 아라물병원을 운영하는 의사 B로부터 병원을 개업할 만한 상가 건물을 찾아달라는 부탁을 받고 사업을 추진하였다고 하나, B는 의사가 아니고, 아라물병원은 정수기 등 물 관련 용품을 판매하는 영세상점일 뿐이었다. 또 B와 다른 의사가 작성한 입점 의향서는 갑에게 속아 내용을 모른 채 서명·날인만 하였을 뿐이라거나 그 형식이나 내용이 조잡하고 필체가 서로 같았다. 그리고 갑은 B와의 연락 두절로 사업이 무산되었다고 하나, 오히려 B는 갑으로부터 연락받지 못했고, 피한 사실도 없으며 자신도 사기 피해자라고 한다. 그리고 갑은 1억 원을 건물 신축 사업이나 사업 관련 경비로 사용하였다고 진술하나, 그 근거자료를 제시하지 못하고 있다

기망행위의 내용 내지 착오의 구체적인 내용을 특정하는 것은 수사방향을 설정하고 피의자의 방어권 행사와 관련하여 중요한 문제가 된다. 기망의 내용이나 태양을 달리하게 되면, 그에 대응하는 피고인의 방어행위 역시 달라질 수밖에 없기 때문이다. 법원에서도 공소장변경 없이 다른 내용의 기망의 내용이나 태양을 직권으로 인정하려면 석명권을 행사하는 등 충분한 심리를 진행하여 방어권 행사의 기회를 부여하여야 한다고 보고 있다.[194]

○ 범죄사실과 피의자의 주장

피고인은 안산시에 있는 토지에 대하여 그 소유주와 매매계약을 체결하기로 약정한 사실이 없어 피해자 공소외 2로부터 위 토지에 대한 매매계약금으로 1억 원을 투자받더라도 9일 이내에 이익금 2,500만 원을 보태어 1억 2,500만 원을 상환할 의사나 능력이 없었다. 그럼에도 불구하고 2007. 6. 20. 부천시 원미구에 있는 피해자의 사무실에서 피해자에게 "위 토지를 매입한 후 지하 3층, 지상 6층의 상가를 건축하여 분양할 계획인데 토지매입계약금이 부족하니 1억 원을 투자하면 2007. 6. 29.까지 이익금 2,500만 원을 보태어 1억 2,500만 원을 상환하겠다"는 취지로 거짓말을 하였다. 피고인은 이와 같이 피해자를 기망하여 이에 속은 피해자로부터 그 자리에서 투자금 명목으로 자기앞수표로 1억 원을 교부받았다. 이와 관련 피고인은, 피고인이 처음부터 상환할 의사나 능력 없이 피해자

---

194) 대법원 2010. 4. 29. 선고 2010도2414 판결

를 기망하여 투자금을 받은 것은 아니라고 주장한다.

○ [1심법원] 피고인과 토지주 사이에 피고인이 1차 계약금 1억 원을 지급하고 이 사건 토지에 관하여 매매계약을 체결하기로 약정하여, 피고인이 기공식이 끝난 뒤 토지주에게 1억 원을 지급하려고 한 사실, 그러나 토지주는 자신이 경영하는 회사가 시공사와 시행사를 모두 맡고, 피고인의 회사는 시행사에서 빠지는 대신 분양대행사를 맡으라고 제의하였고, 피고인 등이 이를 거절하자, 공소외 4가 1차 계약금을 3억 원으로 올려 달라고 하여 매매계약의 체결이 이루어지지 않은 사실을 인정할 수 있는 이유로 무죄 판결을 하였다.

○ 반면, 항소심은 피고인은 의사들로부터 건물을 분양받아 병·의원을 개업하겠다는 제안을 받거나 그 수분양 의사를 확인한 바 없음에도, 의사들로부터 위 건물을 분양받아 병·의원을 개업하겠다는 제안을 받고 분양 계약 체결만 앞두고 있는 것처럼 피해자를 기망한 뒤 고수익을 미끼로 이 사건 토지 구입 등 위 건물 신축 사업과 관련한 투자금 조로 1억 원을 편취한 사실을 인정할 수 있다는 이유로 유죄 판결하였다.

○ 대법원의 판기환송

그러나 대법원은 먼저 이 사건 공소사실은 토지매매계약체결에 관한 약정이 없음에도 불구하고 피해자를 기망하였다는 것인 반면, 원심이 인정한 범죄사실은 피고인이 수분양자들의 의사를 확인한 바 없음에도 불구하고 피해자를 기망하였다는 것이어서 그 기망의 내용이나 태양을 달리하는 것이고, 따라서 그에 대응하는 피고인의 방어행위 역시 달라질 수밖에 없다고 보았다. 1심법원은 피고인이 토지매매계약을 체결하기로 약정하고 피해자로부터 받은 투자금을 매도인에게 지급하려 하였으나 매도인이 계약금의 증액을 요구하는 바람에 매매계약체결이 결렬되었다는 점을 들어 무죄판결을 선고한 사실, 1심판결에 대한 검사의 주된 항소이유도 매매계약체결 여부에 관한 1심법원의 판단이 채증법칙에 위배되었음을 주장한 것이었을 뿐 분양계획이나 수분양자의 진정성을 문제 삼은 것은 아니었던 사실, 수사과정이나 1심의 심리과정에서도 분양계획이나 수분양자의 진정성에 대하여는 별다른 문제가 제기된 바 없었다. 원심 역시 이 부분에 관하여 소송지휘권 내지 석명권을 행사한 적은 없었던 사실, 원심은 최종 공판기일에 이르러서야 이 사건 건물에서 병원을 운영하려 하였던 공소외인에 대한 증인신문을 실시하였는데, 원심 증인 병원 원장은 자신이 이 사건 건물을 분양받을 만한 능력이 없었다는 취지로 증언하면서도 정작 피고인이 분양계획의 기초로 삼았던 입점의향서들 중 자신 명의의 입점의향서는 자신이 작성한 것이고 다른 사람들 명의의 입점의향서는 자신이 의사들로부터 교부받아 피고인에게 건네준 것이라는 취지로 증언한 사실, 원심은 공소외인에 대한 증인신문을 실시한 다음 곧바로 변론을 종결하고 그 판시와 같은 범죄사실을 유죄로 인정하여 판결을 선고한 사실을 알 수 있다. 원심이 공소장변경 없이 그 판시와 같은 기망의 내용이나 태양을 직권으로 인정하려면 소송지휘권 내지 석명권을 행사하거나 분양계획의 진정성 등에 관하여 충분한 심리를 진행함으로써 피고인으로 하여금 방어권을 행사할 수 있는 기회를 부여하였어야 할 것으로 판단된다. 따라서, 원심판결에는 공소장변경 없이 심판할 수 있는 범위에 관한 법리를 오해함으로써 판결 결과에 영향을 미친 위법이 있다.

2) 연습문제 - 맥소롱의 라벨인쇄

연습문제

검사가 제시한 범죄사실의 요지는 다음과 같다. 즉 피고인은 동아제약㈜ 서무과 직원으로 근무 중 피해자 허대석에게 위 회사 제품인 맥소롱의 라벨인쇄를 도급주거나 그로부터 돈을 빌리더라도 변제할 능력이 없음에도 불구하고 위 회사 사장을 통하여 맥소롱 라벨인쇄를 맡도록 해 주겠으며 언제까지는 갚을 테니 돈 200만 원을 빌려달라는 거짓말을 하여 이에 속은 그로부터 그 자리에서 차용금 명목으로 돈 200만 원을 교부받아 편취한 사실을 인정하였다. 그러나 피고인과는 중학교 동기동창인 윤상중이 회사로 피고인을 찾아와서 인쇄물을 맡아 달라고 하기에 소소한 것은 회사간행실에서 인쇄하고, 큰 것은 태양당인쇄㈜가 맡아서 하고 있다는 말을 한 바 있으며 돈을 빌릴 때에도 인쇄물과는 아무 관련이 없다는 것을 분명히 하고 차용증을 써주었으며 그 후 월 4푼의 이자를 지급하여 오다가 다시 약속어음을 발행하여 공증해서 허대석에게 교부하여 주었다고 변소하고 있다.

[해설] 도급사기의 유형과 차용금사기의 유형은 실무상 수사방법에서 차이가 적지 않다. 전자는 도급을 해 줄 만한 사회적 지위와 능력을 살펴보고, 후자는 주로 재산관계를 기망하였는지를 살펴보아야 하기 때문이다. 이와 관련 대법원은, 기망의 수단으로 제1심이 들고 있는 라벨인쇄를 맡게 해 주겠다는 말은 위 허대석이 인쇄물을 맡게 해달라고 청탁하여 사례금 명목으로 받아 편취하였다면 몰라도 제1심인정과 같이 차용금 명목으로 교부받은 것이라면 이 사건 사기죄의 기망의 수단이 될 수 없다고 보았다.[195]

---

195) 대법원 1984. 2. 14. 선고 83도2995 판결

3) 연습문제 2 - 냉동오징어

박달재는 건어물 등을 취급하는 소매상이고, 반상권은 같은 지역에서 삼광어물을 운영하고 있다. 박달재와 반상권은 예전부터 거래해 오던 관계인데, 기존 거래에서 박달재는 반상권에 대하여 받지 못한 건어물 대금 2,000만 원 미수금이 있었다.

미수금을 갚지 않자, 박달재는 꾀를 썼다. 반상권으로부터 냉동오징어 24,600,000원어치를 구입하면서 계약금조로 500만 원을 주면서 "나머지 대금 19,600,000원은 2일 내에 지급하겠다." 고 말을 하여 냉동오징어 800박스 금 24,600,000원 상당을 받고는 계약금 명목으로 금 500만 원만을 지급하였다.

그 이후 반상권이 잔대금 지급을 요구하자 박달재는 미수금 중 일부를 받은 것으로 하겠다고 한다.

박달재는 사기죄를 범한 것인가?

[해설] 정답은 냉동오징어 24,600,000에 대한 사기가 성립한다. 대법원은 '거래 당시 피고인이 피해자에 대하여 금 21,200,650원의 채권을 가지고 있었다고 하여 편취의 범의가 없었다거나 피해자가 기망당하여 교부한 것이 아니라고 볼 수는 없다'고 보았다.[196]

○ 물품매매계약에서 물건과 대금은 일반인의 인식처럼 동일한 것으로 인식하기 쉽다. 그러나 재산범죄에서 2가지는 다르다. 사기죄의 관점에서는 물건에 대해서는 매도인이 처분하며, 매매대금은 매수인이 처분하기 때문이다. 본 사건에서 매도인이 처분한 것은 대금이 아닌 냉동오징어이며, 따라서 피해객체는 돈이 아니라 수령한 물품으로 특정된다. 이른바 재물사기에 해당한다. 재물사기의 피해객체는 착오로 처분한 물품 자체일 뿐, 손익의 계산, 대가의 제공, 조건을 고려하지 않는다. 이미 지급한 계약금이나, 상계한 잔대금은 고려되지 않음은 물론이다. 따라서 냉동오징어 24,600,000가 피해품이다. 피의자가 물품을 수령한 이상 처분행위 인정된다.

○ 사후적으로 잔금채무를 기존채무로 매수인이 일방적으로 상계하여 소멸시키는 것도 민법상 상계권행사로서 가능하며 유효하다. 그러나 당초부터 상계권 행사를 속였다면, 형법상으로는 사기죄에서 말하는 기망행위가 될 수 있다. 따라서 실무수사에서는 중요한 수사사항이 되

---

196) 1997. 11. 11. 선고 97도2220 판결

어야 하는 것은 거래관행상 예상할 수 있는 상계권 행사가 아니라는 점이 부각되어야 한다. 기존 채무 존재에 대한 다툼이 있는지, 기존 거래에서 상계자체를 불허했는지, 동종업계에서는 반드시 현금으로만 거래했는지를 확인하여. 사회통념상 고소인의 입장에서 반드시 현금거래를 하지 않으면 물품을 내어주지 않을 것임이 거래정황상 분명하다면 사기죄 성립은 가능하다고 보인다.

(3) 피해자의 과실

피해자가 무엇을 속았는지 착오의 내용을 특정함에 있어, 주의할 부분은 피해자의 과실부분이다. 즉 현실적인 사기 피해자들은 터무니없는 수익률임에도 쉽게 현혹된다. 마치 도박에 참여하는 자들의 사행적 투기심리에 기인하는 경우도 많다. 수사기관 입장에서는 피해자들의 무책임한 투기행태로 인해 과연 이들이 착오에 의한 처분행위를 한 진정한 사기 피해자로 보기 어렵다고 느끼는 경우가 많다.[197]

이와 관련 대법원은 사기죄 성립에 있어, 착오에 빠진 원인 중에 피기망자 측에 과실이 있는 경우에도 사기죄가 성립한다는 입장이다.[198]

피해자들에게도 피고인의 수익실현 가능성이나 사업 구조를 면밀히 확인하지 아니한 채 고율의 이자를 받기 위해 돈을 투자한 과실이 있지만, 그러한 과실이 피고인의 사기죄 인정에 방해가 되지 아니한다.[199]

생각건대, 피해자가 사기도박에 도박 참여자로 참여한 경우,[200] 수익자가 기망을 통하여 급여자로 하여금 불법원인급여에 해당하는 재물을 제공한 경우 모두 사기죄가 성립하는 점,[201] 사기죄의 투기심 내지 사행심 등으로 피의자의 사기범행임을 깨닫지 못한 피해자의 과실은 피의자의 기망행위로 피해자가 착오에 빠지게 된 하나의 경위에 불과한 점에 비추어, 피해자의 과실을 탓하여 피의자가 사기죄에 해당하지 않는다고 볼 것은 아니다.

---

197) 코인투자 브라질채권투자, 러시아함대금괴투자 등 개인의 욕심이 불을 지피는 사기범죄에 대해 국가가 책임진다면 전 국토가 도박판이 따로 없다고 생각합니다. 주식 채권 부동산 등 제도권 이외 투자사기는 각자가 알아서 하게 냅두어야 합니다~ (…) 도대체 어디까지 국가가 책임져야할까요? 투기판 도박판까지? 어느 수사관의 의견

198) 대법원 2009. 6. 23. 선고 2008도1697 판결 등 참조

199) 대법원 2018. 7. 20. 2018도7660, 서울고등법원 2018. 5. 9. 선고 2017노3668 판결

200) 대법원 2011. 1. 13. 선고 2010도9330 판결

201) 대법원 2006. 11. 23. 선고 2006도6795 판결

1) 사설경마센터 투자금 사안

피해자들이 N과 관련한 피고인의 변제자력을 믿은 데 과실이 있다거나 특히 피해자 O, Z의 경우 사설경마센터와 관련한 피고인의 변제자력을 믿은 데 과실이 있다 하더라도 피해자들에 대한 사기죄의 성립에는 지장이 없다.[202]

2) 대출사안

피고인이 이 사건 계약의 취지와는 달리 공소외 2 주식회사 명의로 대출받은 4억 원을 기존 채무의 변제에 사용하고, 새마을금고에 대한 채무를 변제하지도 않고 허락 없이 차량에 설정된 근저당권을 임의로 해제한 점 등에서 피고인이 이 사건 대출 당시 이 사건 대출금채무를 변제할 의사나 능력이 없음에도 있는 것처럼 새마을금고를 기망하여 이에 속은 새마을금고로부터 이 사건 대출금을 편취하였고, 그 편취의 범의 역시 인정된다고 봄이 상당하며, 이 사건 대출을 실행하기 이전에 새마을금고와 공소외 6 주식회사의 직원들이 피고인 운영의 위 각 회사를 방문하여 그 재무상태 등에 대하여 실사를 하고 그 결과 이 사건 대출이 실행됨으로써 새마을금고가 이 사건 대출이 가능하다는 착오에 빠지는 원인 중에 새마을금고 측의 과실이 있다고 하더라도 사기죄의 성립이 부정된다고는 할 수 없다.[203]

2. 피의자의 기망행위

다음으로 피의자는 피해자를 어떻게 속였는지를 기망행위의 수단과 방법을 확인해야 한다. 여기서 기망이라 함은 사람으로[204] 하여금 착오로 일으키게 하는 것으로서 그 수단과 방법에도 아무런 제한이 없으나 널리 거래관계에서 지켜야 할 신의칙에 반하는 행위로서 사람으로 하여금 착오를 일으키게 하는 것을 말한다.[205]

다만, 거짓말과 기망은 다르다. 거짓말을 했다고 모두 사기인 것은 아니기 때문이다. 가령 길거리에 "로또복권 100% 당첨"이라는 문구가 적힌 현수막이 붙어 있더라도 사기가 되지는 않는다. 거짓말이기는 하나, 과장광고의 일종일 뿐 사람들이 속아 넘어갈 만한 기망행위가 아님을 알기 때문이다. 따라서 사기가 되기 위해서는 보통의 사람들이라면 속아 넘어갈 만한(착오에 의한 처분행위에 이를 만큼), 그래서 단순한 거짓말을 넘어, 사회일반의 거래에 대한 신뢰관계를 깨뜨렸다는 점에서 가벌성이 인정되어야 한다. 이에 이르지 못하는 정도라면, 거짓말을 하더라도 사기미수가 아닌 불능범에 불과하다.

---

202) 대법원 2018. 7. 20. 2018도7660, 서울고등법원 2018. 5. 9. 선고 2017노3668 판결
203) 대법원 2009. 6. 23. 선고 2008도1697 판결
204) 대법원 2011. 7. 28. 선고 2011도5299 판결
205) 대법원 1984. 2. 14. 선고 83도2995 판결

(1) 사기의 수법

사기의 수법에는 제한이 없다. 사람들로 하여금 피의자의 말을 신뢰하게 하고 스스로 금품을 넘겨주도록 믿게 만들 수만 있다면 어떤 방법도 가능하기 때문이다. 그렇다면 사람들은 무엇을 신뢰하는가. 속임수의 수법에는 공통적으로 피해자의 욕망, 신뢰, 불안의 심리가 깔려 있다는 견해가 있다.[206] 설득력이 있으나 반드시 3가지 범주만 있는 것은 아니라고 본다. 2020 전국범죄피해조사에서[207] 아래와 같이 사기피해수법이 조사된 바 있다. 아래 결과에 따르면 기본적으로 사기피해자들은 피의자의 유창한 말솜씨를 기본적으로 많이 신뢰하며(55%), 가짜 인터넷 사이트(20%), 허위광고(12%), 전문가 내지 가짜 고객들에 의한 수법(8%), 보이스피싱(20%)에 의해 많이 속는 것으로 조사되었다. 보이스피싱의 경우에도 20대 이하는 사기범들이 검찰을 사칭해 접근할 때 사기에 취약했으며, 30~40대는 금융회사 사칭한 저리대출 빙자유형, 50대 이상은 가족 사칭에 속아 넘어간 경우가 많았다.[208]

〈전국범죄피해조사 2020 - 사기피해수법〉

구분	비율
방송, 신문 등을 통한 허위광고	1.19
전단지나 거리에서의 (허위)광고	4.44
전화(허위)광고	6.41
보이스 피싱	20.02
사기 인터넷 사이트의 개설	8.24
인터넷 쇼핑 사이트	12.03
공문서나 사문서의 위조(!)	1.31
그럴듯한 말솜씨	55.24
제3자나 전문가 등의 보증	2.66
범인과 공모한 가짜 고객들을 동원함	6.03
그 외의 수단	5.43

---

206) 속임수의 심리학, 김영헌, 웅진지식하우스
207) 전국범죄피해조사 2020 : 분석보고서, 저자 박형민 외, 한국형사법무정책연구원 2021, 93쪽
208) 보이스피싱 '20대 이하는 검찰, 30·40대는 금융사, 50대 이상은 가족 사칭에 취약', 한겨레신문, 등록 2021-06-30 11:59, 박현 기자

(2) 부작위에 의한 기망

사기죄의 요건인 기망 가운데 소극적 행위로서 부작위에 의한 기망은 법률상 고지의무 있는 자가 일정한 사실에 관하여 상대방이 착오에 빠져 있음을 알면서도 그 사실을 고지하지 않는 것이다. 다만 문제되는 것은 어떤 사항에 관하여 부작위 사기죄 성립에 필요한 법률상 고지의무를 인정할 것인가에 달려 있다. 대법원은 일반적으로는 법률상의 고지의무는 일반거래의 경험칙상 상대방이 그 사실을 알 았더라면 당해 법률행위를 하지 않을 것이 명백한 경우에는 신의칙에 비추어 이를 인정하고 있다.[209]

부작위 사기는 대체로 계약사기의 유형에서 계약체결과정에서 중요한 하자를 고지하지 않았다 는 이유로 종종 문제된다. 고지의무 인정여하에 따라 민사와 형사를 나누게 되는 만큼, 신중할 필 요가 있다. 자세한 사항은 계약사기에서 각각 계약의 유형에 따라 소개하기로 한다.

Section 4 인과관계

예제 **굴비사랑**

○ 박달재는 전남 영광군에서 한식점을 운영하고 있다. 그런데 박달재는 비싼 굴비 대신 중국산 '부세'를 사용하여 요리와 반찬을 제공하고 있다. 중국산 부세의 크기는 25~30㎝로서 1마리 당 5,000원 내지 7,000원 정도인데 같은 크기의 국내산 굴비는 1마리에 200,000원 내외의 고 가이기 때문이었다. 그래서 박달재는 굴비처럼 가공한 중국산 부세를 2만 원짜리 점심 식사 나 2만 5천 원 내지 5만 5천 원짜리 저녁 코스요리에 굴비 대용품으로 사용하였는데, 문제는 소고기, 돼지고기, 해산물, 생선을 국내산이라고 표시하였다는 데 있다. 다만 박달재는 굴비 시세를 아는 손님에게서 '이렇게 값이 싼데 영광굴비가 맞느냐'는 질문을 받게 되면, 중국산 부세를 전남 영광군에서 가공한 것이라고 둘러댔다. 그러나 위와 같은 박달재의 허위 원산지 표시는 오래가지 못했다. 경찰의 4대악 단속에 걸렸기 때문이다.

○ 위 사건은 농수산물의원산지표시에관한법률위반과 사기 혐의로 단속되어 영광경찰서 경제 범죄수사팀 수사관에게 배당되었다. 담당 수사관은 사기죄를 적용할 수 있는가?

---

209) 대법원 2006. 2. 23. 선고 2005도8645 판결 등 참조

✔ 정답 : 사기죄 무죄

사실 위와 같은 허위 원산지 표시 사건은, 사기죄를 연상하기 쉽다. 2심에서도 당연히 사기죄가 성립한다고 판단하였다. 그러나, 굴비가격이 수십만 원대의 고가라는 널리 알려진 사실이며, 불과 2만 원에서 5만 원 사이의 가격으로는 굴비를 요리로 내어 놓을 수 없다는 것은 쉽게 알 수 있다. 더구나, 손님들은 국내산이 아니라는 것을 알면서도 식사를 하고 간다는 사실을 감안하면, 손님들이 돈을 주는 이유는 국내산 굴비 때문이 아니라는 것이 사회통념에 부합할 것이다. 인과관계가 없다는 말이다.

🪦 대법원의 태도

대법원도 같은 입장이다. '손님들이 메뉴판에 기재된 국내산이라는 원산지 표시에 속아 이 사건 식당을 이용하였다고 보기는 어렵다. 그럼에도 불구하고 원심은 피고인의 기망행위와 손님들의 처분행위 사이에 인과관계가 있음을 전제로 이 사건 공소사실 중 사기 부분을 유죄로 인정한 제1심 판단에는 사기죄의 인과관계에 관한 법리를 오해한 잘못이 있다.'[210]

🪦 비교판결례

그런데 원산지 등을 속여 판매한 경우 단속된 사례가 적지 않고, 유죄판결된 사안도 같이 인용한다. 〈고로쇠 수액〉 피고인들이 식당을 운영하고 있는 선암사 인근은 전국에서 질이 가장 좋은 고로쇠 수액이 나기로 유명한 지역으로서, 선암사 인근에서 채취한 고로쇠 수액을 마시기 위하여 방문하는 관광객이 있을 정도로 선암사 고로쇠 수액은 그 명성과 품질을 인정받고 있는 지리적 특산품이다. 피고인들의 식당을 방문한 피해자들은 행락객들로서 선암사 인근의 식당을 이용하기 위해서뿐만 아니라 전국적으로 유명한 선암사 고로쇠 수액을 구매한다는 일정한 신뢰를 갖고 피고인들이 판매하는 고로쇠 수액을 구입하는 것이다.

이와 같이 피해자들이 선암사 인근의 고로쇠 수액을 구매하는 것으로 믿고 있었다면 피고인들과 피해자들 간에는 어느 정도의 신뢰관계가 형성되는 것으로서 만일 피해자들이 피고인들이 판매하는 고로쇠 수액이 선암사 인근에서 채취한 것이 아니고, 거제, 양산, 울산 등 지리적으로 멀리 떨어진 지역에서 채취한 것을 알았다면 피해자들이 피고인들의 식당에서 고로쇠 수액을 구매할

---

210) 대법원 2017. 6. 8. 선고 2015도12932 판결, 나아가 처분행위를 유발할 만한 기망행위가 아니라는 점에서, 사기미수도 어렵다고 본다(私見).

아무런 이유가 없어 이를 구입하지 않았을 것이 분명하고, 이러한 경우 피고인들에게는 신의칙에 비추어 피해자들에게 선암사 인근에서 채취한 고로쇠 수액이 아님을 고지할 의무가 인정된다. 결국 피해자들은 자신이 구입한 고로쇠 수액이 선암사 고로쇠 수액이라는 착오에 빠져있었고, 피고인들에게는 인근에서 채취한 고로쇠 수액이 아님을 고지할 의무가 있었음에도 이를 피해자들에게 알려주지 않고 판매한 것은 부작위에 의한 기망에 해당한다.[211]

작위 내지 부작위에 의한 기망이건, 직지 않은 사기죄 사건의 수사의 포인트는 착오 내지 인과관계에 있음을 주지할 필요가 있다. 따라서 사람들이 꼭 선암사 고로쇠 수액을 구매하려고 하는 이유를 기록과 범죄사실에 현출하여 설명해 줄 수 있어야 하겠다.

---

211) 광주지방법원 2016. 6. 14. 선고 2015노1361 판결

🎖 기본 이론

1. 인과관계의 의의

설령 기망행위가 인정되더라도 인과관계가 인정되지 않으면 사기죄가 성립하지 않는다. 즉 기망, 착오, 처분행위 사이에 순차적인 인과관계가 모두 필요하다.[212] 따라서 피고인의 행위가 피해자의 착오에 의한 처분행위를 유발할 만한 것이 되지 못하는 경우에는 인과관계가 존재한다 보기 어렵고, 기망행위에 해당한다거나 사기미수죄를 구성하지도 않는다.

(1) 일반적 판단기준

어떠한 행위가 타인을 착오에 빠지게 한 기망행위에 해당하는지 및 그러한 기망행위와 재산적 처분행위 사이에 인과관계가 있는지 여부는 거래상황, 상대방의 지식, 성격, 경험, 직업 등 행위 당시의 구체적 사정을 고려하여 일반적·객관적으로 판단하여야 한다.[213]

피고인은 동일한 부동산을 피해자 황보옥과 함께 매수하면서 매도인인 제1심 공동피고인과 공모하여, 사실은 그 부동산의 평당 매수단가를 위 황보옥보다 싸게 매수하면서도 위 황보옥에게는 자신이 마치 황보옥과 같은 값으로 매수하는 것처럼 말하며 위 피해자를 착오에 빠뜨려 그 부동산을 비싼 값에 매수케 하고, 그 매매차액을 분배, 교부받았다는 것이므로 이는 사기죄의 구성요건인 기망행위에 해당한다고 할 것이고, 위 피해자가 만일 동일한 부동산을 피고인과 함께 매수하면서 피고인의 평당 매수단가보다 비싸게 매수한다는 사실을 사전에 알았더라면 그 매매계약에 임하지 않았으리라는 점은 경험법칙상 쉽게 추측할 수 있다 하겠으므로, 피고인의 위 기망 행위와 피해자의 매수행위 사이에 인과관계가 있다고 보아야 한다.[214]

(2) 간접적 인과관계

피해자들이 피고인으로부터 금품의 제공을 요구받거나 금품을 제공하도록 간접적으로라도 유도받은 바가 없음에도 피해자들이 피고인에게 자진하여 금원을 교부한 경우에도 인과관계가 인정된다.

[사실관계] 피고인이 극동방송국 기자가 아니면서 그 방송국의 기자를 가장하여 이 사건 피해자들을 찾아가서 피해자들에게 동 방송국에서 대담내용이 방송될 것이라고 말하고 밝아오는 새마을방송 프로그램을 위한 대담 녹음

---

212) 대법원 2011. 10. 13. 선고 2011도8829 판결
213) 대법원 2011. 10. 13. 선고 2011도8829 판결 등 참조
214) 대법원 1992. 3. 10. 선고 91도2746 판결

을 하고 피해자들로부터 돈을 교부받았으나 이 사건 피해자들이 피고인으로부터 금품의 제공을 요구받거나 금품을 제공하도록 간접적으로라도 유도받은 바가 없는데도 피해자들이 피고인에게 여비에 쓰라고 자진하여 이 사건 금원을 교부한 사안이다.

[판단] 대법원은 살피건대 사기죄는 타인을 기망하여 착오에 빠뜨리게 하고 그 착오에 기인하여 재산적 처분행위를 하게 하여 상대방으로부터 재산적 이득을 취함으로써 성립하는 것이고 이 경우에 범인에게 타인을 기망하여 재산적 이득을 취한다는 목적 의사가 있고 그 기망행위와 상대방의 착오, 재산적 처분행위 및 범인의 재산적 이득 사이에 인과관계가 있으면 사기죄의 구성요건은 충족되는 것이라고 할 것이다. 원심이 인정한 피고인의 소위를 보면 피고인은 극동방송국의 기자가 아니면서 그 기자를 가장하여 이 사건 피해자들을 찾아가 동 방송국에서 피해자들과의 대담내용이 방송될 것이라고 말하며 (원판결이 거시하고 있는 증거에 의하면 위 취재 당시에 극동방송국에는 밝아오는 새마을 방송시간이 없었고 일반개인이 방송시간을 사서 방송할 수도 없다는 것이고 원판결에서도 피고인이 방송프로그램 취재를 하는 양가장행위를 하였다고 설시하고 있으니 피고인이 방송될 수 없는 대담내용을 방송될 수 있는 것처럼 이 사건 피해자들을 속였다는 취지가 된다) 방송될 수 없는 방송프로를 위한 대담 녹음을 하고 피고인이 이 사건 피해자들로부터 돈을 받았다는 것인바, 이와 같이 피고인이 방송될 수 없는 대담내용을 방송될 것이라고 속여서 대담녹음을 하고 피해자들이 교부하는 돈을 받은 경우에 있어서는 그 대담 녹음을 할 때 피고인이 이 사건 피해자들에게 그 대담내용이 방송되지 않을 것임을 알렸더라면 피해자들은 그 대담녹음에 응하지 않았을 것이고 따라서 피고인에게 금품을 교부하지도 않았을 것이라고 봄이 경험칙상 합당한 것이라고 할 것이니 이 사건 피해자들이 위 대담 녹음에 응하여 금원을 교부하게 된 것은 피고인의 허언으로 인하여 위 대담내용이 방송될 것으로 잘못 안 나머지 착오에 기인한 것이라고 보아야 할 것이고, 금원의 교부가 피고인의 명시적인 요구에 의하여 하여졌느냐 또는 이 사건 피해자들이 자진하여 교부하였느냐에 따라 이론을 달리할 수는 없는 것이라고 할 것이다.

2. 구체적인 검토

(1) 인정되는 경우

1) 개발제한구역해제를 위한 공직자 청탁목적

[범죄사실] 피고인은 부산 동래구 연산동 소재 개발제한구역 내의 토지에 대한 개발제한구역 지정을 해제하여 줄 의사와 능력이 없음에도 불구하고 건설부 고위 공직자에게 청탁하여 제3자 소유의 위 토지에 대한 개발제한구역 지정을 해제하고자 하는데 접대 비용이 필요하다고 하면서, 피해자에게 "만약 금 2천만 원을 빌려주면 이를 접대 비용으로 사용하여 2개월 내에 위 토지에 대한 개발제한구역 지정을 해제받고 토지소유자로부터 상당한 금액의 커미션을 받아 그중 일부를 위 차용금과 함께 돌려주겠다"고 거짓말하여, 피해자로부터 금 2천만 원을 차용한 다음, 이를 자신의 부족한 생활비로 소비함으로써 금 2천만 원을 편취하였다.

[판단] 피고인이 개발제한구역 지정의 해제는 물론이고 그 해제로 인하여 얻게 될 재산상의 이익을 나누어줄 의사와 능력이 없으면서도, 마치 피해자로부터 돈을 차용하게 되면 이를 개발제한구역 지정을 해제하는 데 필요한 비용으로 사용하고 개발제한구역 해제로 인하여 얻게 될 이익을 피해자에게 나누어 줄 것처럼 피해자를 속여 피해자로부터 금원을 차용하였다면, 피고인의 위와 같은 행위는 사기죄에 있어서의 기망행위에 해당하고 피해자는 피고인에게 기망당하여 착오를 일으켜 금원을 대여하게 되었다고 보아야 할 것이며, 피고인에게 타인의 금원을 편취할

의사 또한 있었다고 보아야 할 것이므로, 비록 피고인이 지방공무원으로서 신분을 가지고 있었고 자기 명의로 된 주택을 소유하고 있었다고 하더라도 그와 같은 사정은 피고인의 편취범의를 인정하는 데 있어 장애사유가 될 수 없다.

2) 효성프라자 사건

[사실관계] 피고인은 전주시 소재 효자프라자 4층 건축폐기물처리협회 사무실에서, 사실은 피고인이 위 효자프라자 상가의 관리 소장으로 있었으나 입주자들이 관리비를 잘 내지 않는 등의 문제로 상가 관리가 제대로 되지 않음으로 인해 피고인 자신의 월급도 받지 못하고 있는 상태에서 별다른 재산이 없어 피해자 공소외 2로부터 돈을 차용하더라도 이를 3개월 후에 변제할 의사나 능력이 없었고, 또한 피해자로부터 차용한 돈은 위 상가의 전기요금으로 납부할 것이 아니라 피고인 자신의 개인용도로 사용할 의도였음에도 불구하고, 피해자에게 '상가관리비가 연체된 것이 많아 전기요금을 납부하지 못하고 있다. 전기요금을 납부하지 않으면 단전될 처지에 있으니 1,000만 원만 빌려달라. 월 4부의 이자를 주고 3개월 후에 틀림없이 변제하겠다.'라고 거짓말하여 이에 속은 피해자로부터 선이자 120만 원을 공제한 880만 원을 교부받아 이를 편취하였다.

[대법원] 타인으로부터 금전을 차용함에 있어서 그 차용한 금전의 용도나 변제할 자금의 마련방법에 관하여 사실대로 고지하였더라면 상대방이 응하지 않았을 경우에 그 용도나 변제자금의 마련방법에 관하여 진실에 반하는 사실을 고지하여 금전을 교부받은 경우에는 사기죄가 성립하고, 이 경우 차용금채무에 대한 담보를 제공하였다는 사정만으로는 결론을 달리 할 것은 아니라고 보았다.[215] 피고인은 상가 관리소 소장으로서 월급도 제대로 받지 못하고 별다른 재산이 없어서 피해자로부터 돈을 빌리더라도 3개월 후에 변제할 능력이 없었다고 보이는 점, 사실은 피고인이 빌리려는 위 돈의 용도는 상가의 전기요금을 납부하기 위한 것이 아니라 피고인 개인적으로 사용하기 위한 것이었던 사실, 그럼에도 피고인이 피해자에게 상가 전기요금을 내기 위하여 빌리는 것이며, 상가 관리비를 받아서 3개월 후에 갚겠다고 거짓말을 하고 선이자 120만 원을 공제한 880만 원을 빌렸던 사실, 피고인은 위 차용금을 여러 해가 지나도록 갚지 않고 있는 사실 등을 알 수 있다. 피고인이 차용금의 용도나 사용 후 변제할 자금의 마련방법 등에 대하여 피해자를 기망한 위와 같은 내용, 피고인의 차용 당시의 변제 자력이나 그 이후 그 채무의 이행을 위한 노력 여부에 비추어 살펴보면, 피고인은 피해자를 기망하여 위 금원을 편취할 의사가 있었다고 봄이 상당하고, 피해자는 그와 같은 피고인의 기망에 속아 피고인이 3개월 후에 변제할 것으로 믿고서 대여하였다 할 것이니, 피고인이 금원을 차용할 당시 비록 재력이 있는 것처럼 보이는 사람이 보증을 하였다고 하더라도 그와 같은 사정만으로 피고인에게 편취의 범의가 없었다 보기 어렵다.

(2) 인정되지 않는 경우

1) CASE 1 - 대림철강

피고인이 피해자 A에게 대림철강으로부터 철근 400톤을 월부로 구입하는데 교제비가 필요하니 빌려 달라고 거짓말을 하여 이에 속은 피해자로부터 도합 40만 원을 편취하였으나, 피고인은 수사 당시부터 위 금원은 차용금에 불과하다고 변명하고 있으며, 피해자는 피고인이 대림철강으로부터 구입한 철강을 평양철근에 소개하여 주고 소개비를 받기로 하여 위와 같은 교제비를 준 것이나 철근구입이 실현 안 될 때에는 달러이자를 붙여 받기로 하였다.

---

215) 대법원 2005. 9. 15. 선고 2003도5382 판결

사실관계가 이와 같다면, 피해자는 일단 철근구입을 위한 교제비 명목으로 금원을 대여한 것이
긴 하나 철근구입이 실현 안 되더라도 고율의 이자로 금원을 대여하기로 합의한 것이라고 보여진
다. 그렇다면 피고인이 말한 차용금 용도의 목적이 실현 안 되더라도 어차피 금원을 대여하기로
합의하여 이를 교부한 이상, 피고인이 말한 위 차용금 용도가 거짓이었다고 하여도 이 기망행위와
위 피해자의 재산적 처분행위와 사이에는 상당인과관계가 있다고 보기 어렵고, 위와 같이 위 금원
이 차용금에 불과하다면 피고인이 당초부터 변제할 의사와 능력이 없이 차용한 것이라고 인정되
지 않는 한 사기죄를 구성한다고 볼 수 없을 것인바, 원심이 유지한 1심판결 채용증거를 훑어보아
도 피고인이 위 차용금의 변제를 지체한 사실은 인정되나 당초부터 변제의 의사와 능력이 없이 차
용한 것이라고 단정할 만한 자료는 보이지 않는다.[216]

2) CASE 2 - 연인 간 금전거래

> 피고인이 총각이라면서 결혼하여 사업을 일으켜 보자고 하였고 또 피해자 앞으로 사업자등록 명의도 변경하여 준
> 다고 하여 도합 금 210만 원을 대여하였다.

피해자는 돈을 대여할 당시 피고인이 경영하는 고려식품의 자금사정이 어렵다는 사실 및 동거
하는 약혼녀가 있다는 사실을 알고 있었음에도 피고인을 좋아하고 그를 동정한 나머지 위 돈을 대
여하여 준 것이지 피고인에게 기망되어 대여한 것이라고 보기 어렵다면 피해자가 피고인에게 기
망되어 돈을 편취당했다 볼 수 없다.[217]

3) CASE 3 - 임대주택 분양신청

> 피고인은 한국토지개발공사 부산지사가 분양하는 임대주택 택지분양신청을 하면서, 분양신청을 한 업체가 다수
> 있을 경우 분양의 방법은 분양신청업체들 중 공동주택 건설실적이 많은 업체를 선정하여 분양하는 것이라는 사실
> 을 알고서 다수의 경쟁업체가 있을 경우에 경쟁업체들과 비교하여 공동주택 건설실적이 많은 것처럼 가장하여 택
> 지 분양을 위해, 울산시장 명의의 내용이 허위인 실적증명원 1매를 제출함으로써 직원을 기망하여 택지 1만 2천여
> 평 시가 17억 원 상당을 편취하려 하였으나, 마침 경쟁업체가 없어 공동주택건설 실적증명원의 필요 없이 피고인
> 이 단독으로 위 택지를 수의계약에 따라 분양받게 되었다.

피고인이 임대주택건설용지를 분양받기 위하여 조작하였다는 임대주택건설실적은 피고인 개

---

216) 대법원 1984. 1. 17. 선고 83도2818 판결
217) 대법원 1983. 6. 28. 선고 83도831 판결

인의 실적에 관한 것이며, 이는 위 2배수 범위 내에 들기 위한 적법한 자격요건에 관한 것이 아니며, 부산지사의 용지과장의 증언에 의하더라도 회사의 대표이사 개인의 실적증명은 전혀 참작이 되지 않는 점, 수의계약을 하는 경우에는 매수신청인의 실적증명은 필요 없는 점에 비춰 보면 그것만으로는 부산지사의 분양대상자의 선정에 영향을 미치는 사유가 된다고 보기 어렵다. **피고인의 그러한 행위는 부산지사의 처분행위를 유발할 수 있는 것이 되지 못하고, 그들 사이에는 인과관계가 존재한다고 보기 어렵다. 사기죄의 구성요건으로서의 기망행위에 해당하거나 사기미수죄를 구성하지 않는다.**[218]

Section 5   **고의와 불법영득의사**

예제 **중국집 사장님의 분노**

○ 김불만 씨는 백수다. 하루는 '이비안가 중국집'에 짬뽕을 배달시켜 먹기로 했다. 배달이 너무 늦어서 이미 짬뽕은 불어 있었다. 분노한 김불만 씨는 사장님에게 거칠게 항의 전화를 하였으나, 사장님도 화가 나서 싫으면 먹지 말라고 쏘아붙여 버렸다. 김불만 씨는 전화를 끊고 시간이 지나도 화가 가라앉지 않자, 중국집 사장을 골탕 먹이기로 작정하였다. 다른 사람인 척 전화를 하고 동창회 식사로 30인 분의 중국 코스 요리(60여만 상당)를 아무런 관계도 없는 옆 아파트의 동과 호수를 알려 주었다. 사장님은 불러준 주소로 배달을 갔지만, 음식을 주문한 적이 없다며 문도 열어 주지 않았다. 화가 난 사장님은 경찰서로 가서 주문한 전화번호의 사람을 처벌을 요구하였다.

○ 집불만 씨에게 사기죄가 인정되는가?

---

218) 대법원 1994. 5. 24. 선고 93도1839 판결, 처분행위를 유발할 만한 기망행위가 없어 인과관계가 부정되는 경우에는 사기미수도 어렵다는 점에 주의할 필요가 있다.

✓ 정답 : 사기죄 무죄

사안에서 피해객체는 중국음식이며, 동창회에 필요한 코스요리로 다른 사람에게는 배달하기 어려웠고, 피의자가 원하는 곳으로 배달을 갔다는 점에서 **재물에 대한 처분행위도 인정**된다. 또 음식대금을 지불한 의사 없이 허위 주소로 배달시켰다는 점에서 기망행위도 인정된다.

다만 음식을 김불만 씨가 교부받지 않았다 점에서, 과연 김불만 씨에게 불법영득의사가 인정되는지 문제된다. 만약 부정된다면 위계에 의한 업무방해를 검토한다.

🪦 제3자 사기 - 불법영득의사 ×

기망자가 자신과 아무런 관련성이 없는 제3자에게 재물을 교부시킨 경우에 기망자에게 사기죄가 성립하기 위해서는, 그 제3자로 하여금 그 재물을 취득하게 하고 불법으로 이것을 영득시킬 목적이 있어야 한다.

생각건대 김불만 씨는 자신과 아무런 관련성이 없는 배달 주소를 알려 주었다는 점에서, 사장님이 음식대금 상당의 손해를 입은 사실이 인정되더라도, **자신과 아무런 관련성이 없는 중국음식을 불법으로 영득시킬 목적이 있다고 보기 어렵다.** 따라서 사기죄 성립은 어렵다.

🪦 위계 업무방해

다만 김불만 씨의 행태는 처벌의 필요성이 충분하다는 점에서, 다른 구성요건을 찾는다면, 위계에 의한 업무방해죄를 검토할 수 있다. 여기서 **'위계'란, 행위자의 행위목적을 달성하기 위하여 상대방에게 오인·착각 또는 부지를 일으키게 하여 이를 이용하는 것**을 말한다.[219]

사안의 경우, 중국집 사장님에게 진정한 배달로 오인시켜 중국집 영업을 방해했다는 점에서, 위계에 의한 업무방해죄로 처단함이 타당하다.

---

219) 대법원 2007. 6. 29. 선고 2006도3839 판결 참조

🎖️ 기본 이론

1. 편취의 범의

사기죄에서 행위자의 범의가 인정되기 위해서는 기망행위, 피기망자의 착오와 그에 따른 처분행위, 그리고 행위자 등의 재물이나 재산상 이익의 취득이라는 사기죄의 성립요소 전부에 대한 인식을 필요로 한다.[220] 따라서 객관적 구성요건이 결여된 경우에는 고의 역시 인정되기 어렵다. 실무에서 사기 혐의 관련 불기소 결론을 도출하면서, 편취의 범의 없음을 많이 인용하고 있다.

한편 사기죄의 주관적 구성요건인 편취의 범의의 존부는 피고인이 자백하지 아니하는 한 **범행 전후의 피고인의 재력, 환경, 범행의 내용, 거래의 이행과정, 피해자와의 관계 등과 같은 객관적인 사정을 종합**하여 판단하여야 한다.[221]

[범죄사실] 피고인이 1981. 10. 28. 11:00경 및 동년 11. 25. 14:00경 등 두 차례에 걸쳐 피해자 허옥련의 집에서, 피해자에게 동인이 직접 돈을 빌려주거나 혹은 동인의 소개로 타인으로부터 돈을 빌릴 수 있게 하여 주면 이를 곧 변제하겠다는 취지의 거짓말을 하여 동인을 기망함으로써 이에 속은 동인을 통하여 공소외 김일순, 김도순 등 2명으로부터 도합 금 480,000원을 차용하면서 위 피해자 허옥련으로 하여금 그에 대한 보증채무를 부담케 하여 재산상의 이익을 취득하였다

[판단] 즉 피고인은 시종일관 기망이나 편취의 고의를 부인하면서 이 사건 차용당시나 지금이나 변제의 의사와 능력이 충분하지만, 불의의 교통사고 등 돌발사정의 발생으로 그 변제시기가 다소 지연되고 있을 따름이라는 취지로 변소하고 있고 ① 피고인은 원래 상당히 재산이 많은 집안에 살고 택시를 사서 운전영업을 하여 왔고, 그의 부친도 상당한 부동산을 가지고 표고버섯재배업에 종사하여 살기도 괜찮은 편이어서 이 사건 이전부터 충분히 변제능력이 있는 것으로 보고 허옥연, 김화순 등과도 자금거래를 해오다 ② 교통사고가 발생하여 그 수습과 차량의 수리관계로 이건 금원을 고소인 허 옥련의 보증 아래 공 소외 김일순 및 김도순으로부터 꿔 각각 1부는 약정에 따라 갚아오다가 나머지는 지체되었으나 이건 고소 이후 피고인 또는 그의 아버지로부터 모두 변제받았다는 것이고, ③ 채권자인 김일순은 도리어 피고인으로부터 이건 1부 채권의 변제도 받아왔고 변제능력도 있다고 믿고 있었는데 그 보증인 허옥련이 무슨 연유인지 모르나 이건 고소를 했다는 것이고 같은 채권자인 김도순도 고소사실을 뒤에야 알았다는 것이다. 위 증거에 의하여 인정되는 ① 피고인과 고소인 허옥련 사이의 계속적 금전거래관계, ② 미혼인 피고인과 그 부친의 재산상태, ③ 이 사건 차용금원의 규모 및 ④ 채무변제 연체의 동기, 경위 등 제반사정을 참작해 보면 피고인의 위 변소를 수긍 못 할 바도 아니다. 그렇다면 피고인의 위 소위는 단순히 채무 일부의 일시적 이행지체에 불과하다.

한편, 위법수단이라는 이유만으로 기망의 의사를 인정할 수는 없다.

---

220) 대법원 2017. 2. 16. 선고 2016도13362 전원합의체 판결
221) 대법원 2008. 2. 14. 선고 2007도10770 판결

2. 불법영득의사

사기죄에 있어서 불법영득의 의사는 소유권 또는 이에 준하는 본권을 침해하는 의사 즉 목적물의 물질을 영득할 의사이거나 물질의 가치만을 영득할 의사이거나 불문하고 그 재물을 영득할 의사를 말한다.

(1) 일시적 사용목적의 경우 ○

타인의 물건을 일시적으로 그 경제적 용법에 따라 이용 또는 처분하려는 의사까지도 포함하므로, 반드시 그 물건을 영구적으로 보유할 의사가 있어야 하는 것이 아니다. 이 점 사용절도에서 절도죄 성립에 필요한 불법영득의사가 부정되는 것과는 상반되는 입장임에 주의한다.

피고인은 피해자로부터 피해자 소유의 어선 ○○○호를 매월 임차료 금 11,000원으로 정하여 임차함에 있어서, 그 배로서 일본에 밀항자를 태우고 간다는 사실을 감추고 생선 운반에 사용한다고 거짓말을 하여 피해자로 하여금 그것이 사실인 것처럼 오인케 하여 그 이튿날에 선박 임대차계약을 체결케 하고 그 어선의 인도를 받았다는 것이다. 그렇다고 하면, 이는 사람을 기망하여 재물의 교부를 받은 경우에 해당한다. 그런데 원심은 피고인이 어선을 자기의 것으로 삼을 의사, 즉 영득의 의사로서 어선을 인도받은 것으로 인정되지 않는다며 무죄판결하였으나, 대법원은 위와 같은 이유로 재물사기의 성립을 인정하였다.[223]

(2) 제3자가 재물 내지 이익을 취득하는 경우

범인이 기망행위에 의해 스스로 재물을 취득하지 않고 제3자로 하여금 재물의 교부를 받게 한 경우에 사기죄가 성립하려면, ① 그 제3자가 범인과 사이에 정을 모르는 도구 또는 범인의 이익을 위해 행동하는 대리인의 관계에 있거나, ②그렇지 않다면 **적어도 불법영득의사와의 관련상** 범인에게 그 제3자로 하여금 재물을 취득하게 할 의사가 있어야 한다. **다만, 재물사기죄에 있어서는** 기망으로 인한 재물교부가 있으면 그 자체로써 피해자의 재산침해가 되어 곧 사기죄는 성립하는

---

222) 대법원 1958. 1. 24. 선고 57도415 판결
223) 대법원 1966. 3. 15. 선고 66도132 판결

것이고, 그로 인한 이익이 결과적으로 누구에게 귀속하는지는 사기죄의 성부에 아무런 영향이 없다.[224)

1) 불법영득의사 부정 ×

기망자가 자신과 아무런 관련성이 없는 제3자에게 재물을 교부시킨 경우에 기망자에게 사기죄가 성립하기 위해서는, 기망자에게 그 제3자로 하여금 그 재물을 취득하게 하고 불법으로 이것을 영득시킬 목적이 있어야 할 것이다.

[범죄사실] 피고인들은 2007. 10. 12.경 서울 서초구 서초동 교대역 부근에 있는 상호불상 커피숍에서, 주식회사 C 소유 수원시 팔달구 D건물(다음부터 '이 사건 건물'이라고 함)에 관한 매수권을 보유한 피해자 E와 사이에, '피고인들이 이 사건 건물을 매수하되, 그 매수권을 양수하는 명목으로 피해자에게 약정합의금 350,000,000원을 지급한다.'는 내용의 약정합의서를 작성하였다. 그 후, 피고인들은 이 사건 건물의 매매계약금을 매도인 주식회사 C에 지급하지 않아 피해자로부터 약정 이행을 독촉받자, 2007. 10월 중순경부터 2007. 10. 29.경까지 사이에 여러 차례에 걸쳐, 피해자에게 "현재 이 사건 건물을 담보로 서울 강서구에 있는 양돈농협에서 3,500,000,000원의 대출이 확정되었으니, 당신이 매매계약금을 대신입금해 주면 위와 같이 대출받은 돈으로 매매계약금과 약정합의금을 모두 정리해 주겠다."라고 말하였다. 그러나 사실 피고인들은 그 무렵 양돈농협 등 금융기관에 대출 신청조차 하지 않은 상태였고, 별다른 재산이 없어, 피해자가 매매계약금을 피고인들을 대신하여 지급하더라도, 이를 변제할 의사나 능력이 없었다. 그럼에도, 피고인들은 공모하여 위와 같이 거짓말을 하여, 이에 속은 피해자로 하여금 2007. 10. 29.경 매매계약금 240,000,000원을 제3자인 주식회사 C에 지급하게 하여, 같은 금액 상당 재산상 이익을 취득하였다.

대법원은 설령 검사의 위 주장과 같이 피고인들과 E 사이에, E의 주식회사 C에 대한 이 사건 건물에 관한 매매예약자로서의 권리를 넘겨받거나 E로부터 이 사건 건물을 재매수하기로 약정하였고, 이를 믿은 E가 주식회사 C와 매매계약을 체결하고 매매계약금을 지급하였다가, 피고인들이 위 약정을 지키지 아니하는 바람에 결과적으로 E가 주식회사 C에 지급한 매매계약금 상당의 손해를 입은 사실이 인정된다고 하더라도, 피고인들에게 자신들과 아무런 관련성이 없는 주식회사 C에게 매매계약금 상당을 불법으로 영득시킬 목적이 있다고 볼 만한 아무런 증거가 없으므로(주식회사 C가 매매예약자였다가 본계약을 맺은 E로부터 매매계약금을 취득함에 있어, 그 취득자체가 불법이 아님은 물론 그 취득과정이 불법이라고 할 수도 없다), 원심이 원심 판시와 같은 판단하에 이 사건 공소사실을 무죄라고 판단한 조처는 정당한 것으로 수긍이 되고, 검사의 주장은 이유 없다.

---

224) 대법원 2009. 1. 30. 선고 2008도9985 판결

2) 불법영득의사 인정 ○

A. 사례 1

[사실관계] 갑은 갑 소유 건물이 택지개발지구로 편입되면서 대한주택공사로부터 거주자공급택지분양권을 받게 되었다. 갑은 A에게 분양권을 매도한 이후 성명불상자에게 이 사건 분양권을 3,500만 원에 재차 매도하게 되었다. 그러나 갑은 사실 당시 별다른 재산이 없는 반면 카드대금 채무가 3,500만 원에 이르러 이 사건 분양권을 다른 사람에게 매도하더라도 매도대금은 위 카드대금 채무의 변제에 사용할 예정이어서 A와 계약관계를 해소할 의사나 능력이 없기 때문에, 이 사건 분양권을 다시 매도하는 경우 A와 분쟁이 예상되어 새로운 매수인으로 하여금 이 사건 분양권을 취득할 수 있도록 해 줄 수 없는 상태였다. 그럼에도 갑은 피해자 B가 이 사건 분양권을 매도하는 계약을 체결하면서 이미 A에게 매도한 사실을 고지하지 아니함으로써 이 사건 분양권의 양수에 아무런 문제가 없으리라고 믿은 B로 하여금 위 성명불상자에게 매매대금조로 1억 400만 원을 교부하게 하였다. 또 C와 분양권을 매도하는 계약을 체결하면서 이미 A에게 매도한 사실을 고지하지 아니하여, 이 사건 분양권의 양수에 아무런 문제가 없으리라고 믿은 피해자 C로 하여금 B에게 매매대금조로 1억 1,700만 원을 교부하게 하였다. 당시 갑은 이 사건 분양권의 전매 제한으로 인하여 차후 이 사건 분양권이 위 성명불상자로부터 전매가 이루어지는 경우 새로운 매수인과 사이에 갑이 직접 매도인이 된 매매계약서가 필요하다는 사실을 인식하고 이에 협조하기로 마음먹고 있었다. 실제로 각 매매계약이 순차 이루어지는 과정에서 부동산중개업자는 갑에게 갑이 매도인이 된 매매계약서를 작성해 달라고 요구하였고, 이에 따라 갑이 중개인을 통하여 인감증명서 등 필요한 서류를 제공하여 줌으로써 갑과 B, B과 C 사이에 갑을 매도인으로 한 각 매매계약서가 작성된 사실, 갑은 그 대가로 200만 원과 300만 원을 각 지급받은 사실을 인정한 다음, 이 사건 각 매매계약이 순차 이루어짐에 있어, 갑이 매도인이 되어 갑과 B, 갑과 C 사이에 각 매매계약서가 작성되었다.

[대법원] 반면 대법원 이 사건 각 매매계약은 당초 갑이 이 사건 분양권을 이중으로 매도함으로써 초래된 것이고, 그 각 매매대금을 교부받은 성명불상자나 B는 갑과 사이에 직접적 또는 형식적으로 이 사건 분양권에 관한 매매계약을 체결한 자들로서 갑과 전혀 무관계한 제3자라고는 볼 수 없는 점, 갑은 그 자신의 의사에 기해 형식상 매도인의 지위에서 피해자들에게 각 매매계약서를 작성해 주었고, 그에 따른 사례금도 수령하였던 점, 만약 갑이 이 사건 각 매매계약에 협력하지 않았더라면, 그 각 실질적 매도인인 성명불상자나 B는 B나 C로부터 각 매매대금을 교부받을 수 없었고, 갑의 협력으로 인하여 결과적으로 각 상당액의 전매차익을 취하게 되었던 점 등을 앞서 본 법리에 비추어 보면, 갑에게는 이 사건 각 매매계약에 있어 실질적 매도인인 성명불상자나 B로 하여금 그 각 매매대금을 취득하게 할 의사가 있었다고 볼 여지가 충분하고, 이는 위 각 매매대금 상당의 경제적 이익이 궁극적으로 갑에게 연결되지 않았다 하여 달리 볼 것도 아니라고 보았다.

B. 사례 2 - 전세보증금

[범죄사실] 피고인은 G와 함께 찾아가, G가 피해자에게 임대인 "H", 임차인 "A", 전세보증금 "7,000만 원"으로 기재된 군포시 I아파트 1105동 1003호에 대한 임대차계약서를 제시하면서 계약서에 기재된 전세보증금 반환 채권을 담보로 금원을 차용할 때, 피해자에게 "내가 계약서에 기재된 아파트에 전세로 살고 있다."는 취지로 말하였다. 그러나 사실 위 아파트는 피고인과 동거하던 J의 형인 K, H가 공동으로 소유하고 있던 아파트로 피고인과 J는 보증금 없이 위 아파트에 살고 있었기 때문에 7,000만 원의 전세보증금 반환 채권은 애초에 존재하지 않았고, 피고인과 J는 2007. 11.경 서울 금천구 L으로 이사하여 2008. 9. 초경에는 위 아파트에 거주하고 있지도 않았으며, 위 임대

차계약서는 H의 동의 없이 위조된 것이었다. 피고인은 위와 같이 피해자를 기망하여 G로 하여금 이에 속은 피해자로부터 G 명의 계좌로 2008. 9. 4. 2,000만 원, 2008. 9. 9. 1,000만 원, 2008. 9. 17. 1,500만 원을 각각 송금 받게 하였다. 이로써 피고인은 피해자를 기망하여 G로 하여금 재물을 교부받게 하였다.

[판단] ○ 피고인과 변호인은, G가 임의로 피고인 명의의 임대차계약서를 담보로 피해자로부터 금원을 차용하였을 뿐 피고인은 당시 피해자에게 계약서에 기재된 아파트에 전세로 살고 있다고 말하여 피해자를 기망한 사실도 없고 피해자 사무실에 G와 함께 찾아간 사실조차 없다고 주장하면서 공소사실을 부인한다. 그러나 피해자의 수사기관 및 이 법정에서의 진술을 포함하여 위 증거들에 의하면 판시 사실을 충분히 인정할 수 있다. 변호인은, 피고인이 피해자의 사무실에 찾아와 위와 같이 말하여 피해자를 기망하였다는 피해자 F의 진술은 G의 법정진술과도 일치하지 않고, 채권양도양수계약서를 누가 작성하였는지 등 구체적인 사항은 기억하지 못하며, 임대차계약서를 피고인이 가져왔다고 부정확하게 진술하는 등 피해자의 진술은 신빙성이 없다고 주장한다. 그러나 피해자의 진술은 중요한 점에 관하여 명확하고 일관성이 있으며 위증죄로 처벌될 위험을 무릅쓰고 허위 진술을 할 만한 동기도 찾아볼 수 없다. 사건 발생일로부터 9년 가까이 경과한 시점에서 세부적인 사항을 기억하지 못하거나 부정확하게 진술하였다고 하여 신빙성을 의심할 수 없다. 또한, 위 점에 관한 G의 법정진술은 G가 기억하지 못한다는 취지에 불과하다. 이에 반하여 피고인은 임대차계약서가 위조된 계약서라는 사실을 피고인이 언제 알았는지, 임대차보증금을 돌려받아 사용한 사실이 있는지, 이와 같은 사실을 G에게 말한 바 있는지 등 이 사건 경위와 관련하여 결코 사소하다고 할 수 없는 사실들에 관하여 여러 차례 진술을 번복하였다. 위와 같은 사실들에 관한 피고인 진술은 매우 구체적인 것이었을 뿐만 아니라 피고인 스스로 거짓말하였다고 인정한 후에도 다시 진술을 번복하기도 하였다는 점에 비추어 볼 때 시간 경과로 기억이 불명확하였기 때문에 피고인 진술에 일관성이 없다고 볼 수도 없다. 그 밖에 처분문서가 존재할 뿐만 아니라 수사기관에서 인정한 바 있는, 피고인이 G로부터 4,000만 원을 차용하였다는 사실마저도 이 법정에 이르러 투자금이라고 주장하면서 부정하려는 듯한 태도를 보이는 등 피고인 진술은 전반적으로 전혀 신빙성이 없다. 또한, 변호인은 피고인에게 아무런 이익이 되지 않는데도 피해자에 대한 기망행위를 하여야 할 만한 동기가 전혀 없다고 주장한다. 피고인이 피해자를 기망하여 G에게 돈을 빌려주도록 할 적극적인 동기가 밝혀지지 않은 것은 맞다(수사 자체가 이루어지지 않았다). 그러나 피고인은 당시 G에게 4,000만 원의 채무를 부담하고 있었고, 그 채무의 담보로 위조된 임대차계약서를 교부한 상태였으므로, 임대차계약서가 위조된 것이라는 사실이 탄로가 나지 않도록 거짓말하여야 할 이유는 충분하다.

[범죄사실의 요지] A는 서울 영등포구 소재 피해자 회사의 컨텐츠프로덕션 2실의 실장으로 근무한 자이고, 피고인은 A의 지인으로 외국어 번역 및 탭 검수 등을 수행하고 피해자 회사로부터 보수를 받기로 하는 프리랜서 계약을 체결한 자이다. A는 회사 사무실에서 회사 직원에게 피고인이 프리랜서 계약에 따른 영어번역 및 탭 검수를 하였다고 하면서 피고인 명의의 계좌로 보수 지급을 청구하였다. 그러나 사실은 피고인은 A의 요청에 따라 단지 명의만 빌려준 것에 지나지 않았기 때문에 실제 영어번역이나 탭 검수를 하지 않았고, A는 피고인 명의의 계좌로 지급된 보수를 다시 자신 명의의 계좌로 재이체 받아 개인적으로 사용할 생각이었다. 피고인과 A는 위와 같이 피해자 회사 소속의 직원을 기망하여 회사로부터 프리랜서 계약에 따른 보수 명목으로 1,904,990원을 이체 받았다. 이로써 피고인과 A는 공모하여 합계 12,653,195원을 편취하였다.

[사실관계] 피고인과 A 사이의 R 대화 내용에 의하더라도, A는 피고인에게 '이번에 알바가 열심히 했거든요', '생각보다 잘해요 얘', '알바비 안 들어오면 아주 칼같이 전화를 해대서'라고 이야기하였는바 피고인은 피고인 명의로 외국인 아르바이트생이 피해자 회사의 일을 하여 그 대가로 피고인 명의 계좌에 알바비가 입금된다고 알고 있었던 것으로 보인다. 피고인은 피해자 회사와의 프리랜서 계약 체결을 A와 하였고, 피해자 회사에 용역산출물 제공 등 그 이후의 모든 절차는 A가 피해자 회사에서 직접 하였다. 피해자 회사의 내부 직원 고발로 인하여 A의 범행이 피해자 회사에 알려지기 전에 피고인은 피해자 회사에 직접 가거나 피해자 회사의 다른 직원들과 직접 연락 등을 한 적도 없었던 것으로 보인다. A의 범행이 피해자 회사에 알려지게 된 이후에야 피고인은 A의 부탁으로 피해자 회사와 문자 및 메일 등으로 연락한 바 있다. A는 피해자 회사 컨텐츠프로덕션 2실의 실장으로 근무하였고, 피해자 회사의 주장에 의하더라도 A는 피해자 회사의 실권자인 Z 강사의 신임을 받고 있었다. 피고인은 R을 통하여 A로부터 계약서를 전송받아 출력한 후 계약서에 인적사항을 작성하여 다시 A에게 R으로 전송하는 방식으로 피해자 회사와 프리랜서 계약을 체결하였다. 또한 피고인은 A의 추천으로 인하여 피해자 회사와 위 계약을 체결할 당시 번역 업무의 자격과 경력이 있는지에 관한 검증절차를 거치지 않았다.

○ 사기죄인가.

[해설]

○ 피고인 C와 그 변호인은, 피고인 C가 피고인 A로부터 피해자 회사에서 아르바이트를 할 외국인 아르바이트생을 대신할 명의를 빌려달라는 요청을 받고 피해자 회사가 이를 승인하였음도 확인받은 다음 명의를 빌려주었을 뿐이므로 편취의 고의가 없었다고 주장한다.

○ [편취의 고의] 이 사건에 관하여 보면, 피고인 C가 외국어 번역 등의 작업을 스스로 한 바가 전혀 없이 실제로 그 일을 하는 외국인 아르바이트생을 대신할 명의를 빌려달라는 피고인 A의 요청을 받고 이를 계기로 자신의 명의를 빌려주었다고 하더라도 **이 사건 범행이 저질러진 기간, 피고인 C의 나이, 직업, 사회 경험 등에 비추어 볼 때 피고인 A의 행위가 불법적인 행위라는 것은 충분히 인식할 수 있었던 것으로 보인다. 피해자 회사가 보수가 지급되는 아르바이트생의 명의를 사실과 다르게 하는 것을 승인하였다는 것을 믿었다는 사실 역시 쉽게 납득하기 어렵다.** 또한 피고인 C는 피고인 **A에게 명의를 빌려준 것에 대한 대가로 비록 소액이지만 5만 원 정도의 금액을 계속적으로 취득해 왔고, 2017. 9.경부터는 피고인 A에게 양해를 구한 후 약30만 원 정도의 돈을 그 대가로 지급**받아 왔다. 앞서 본 사정들을 모두 종합하면 피고인 C는 적어도 미필적인 고의를 가지고 피고인 A와 함께 공소사실 제1항 기재와 같이 피해자 회사를 기망하여 범죄일람표 1 기재 돈을 편취하였거나 편취하려고 하였다가 미수에 그쳤다고 판단하는 것이 타당하다. 피고인 C와 그 변호인의 주장을 받아들이지 않는다.

🪦 기망행위 여부 : 중요한 부분

피고인은 피고인의 명의를 대여하는 것에 대하여 피해자 회사도 양해하였다고 믿었거나 설령 피해자 회사가 양해하지 않았다 하더라도 단순히 명의를 대여하는 것은 별다른 문제가 되지 않을 것이라 생각하였던 것으로 보인다. 설령 피고인이 피해자 회사의 양해 없이 피고인이 명의를 대여하였다 하더라도, 앞서 본 바와 같이 **피해자 회사는 피고인과 프리랜서 계약을 체결할 당시 피고인에 관한 검증절차를 거치지 않았는바 그 명의가 피고인인지 여부는 중요한 부분이었다고 볼 수 없어 피고인의 행위가 이 사건 사기 범행의 기망에 해당한다고 보기 어렵다.**

🪦 공범여부 : 범죄수익의 배분 여부

피해자 회사는 수사기관에 피고인 명의로 프리랜서 계약을 체결한 전 기간이 아니라 **A가 위 계**

약 기간 중 용역산출물을 제공하지 않고도 급여를 지급받은 기간에 대하여만 사기로 고소하기도 하였다. 피고인은 알바비가 입금되면 커피값 월 5만 원을 제외한 나머지를 바로 A의 계좌로 이체해 주었고, 명의 대여로 인하여 피고인이 납부해야 할 세금이 증가하자 알바비에서 그 증가한 세금 상당의 손해액이 포함된 월 30만 원을 제외한 나머지를 A에게 이체해 주었는바 **피고인이 취득한 이득을 고려하더라도 피고인이 단순히 명의 대여를 넘어 A의 사기 범행에 가담하였다고 보기는 어렵다.**

Chapter 3

이익사기

Section 1	이익사기의 개념과 유형

예제 **스노우보드 판매상**

○ 박달재는 스포츠용품 도매상을 운영하고 있으나, 최근 자금사정이 악화돼 거래처 3곳에 대금을 변제하지 못하고 있다. 이들 업체는 박달재를 사기죄로 고소하였는데, 담당 수사관은 다음과 같이 박달재의 재산과 거래관계를 확인하였다. 그런데 담당 수사관은 다음과 같은 요지로 사기죄 기소의견 송치하였다.

피의자는 스포츠용품 도매업을 운영하는 자이다. 그러나 은행대출금채무와 거래업체에 대한 미지급채무 등이 누적되어 피해자들로부터 스포츠용품을 할인받아 납품받더라도 그 대금을 기일 내에 변제할 의사나 능력이 없었다.
그럼에도 피해자에게 거짓말을 하여 이에 속은 ㈜아파치로 부터 2개월 동안 8회에 걸쳐 1억 4천만 원 상당을 납품받고도 6천만 원 상당만 입금하거나 반품하고, 나머지 8천만 원 상당을 변제하지 않아 동액 상당의 재산상 이익을 취득하였다.
같은 방법으로 ㈜푸르뫼와는 4개월 동안 14회 걸쳐 2억 4천만 원 상당을 납품받고서도 그 대금으로 5,000만 원을 입금하고 6천만 원 상당을 반품하여 나머지 1억 3천 만 원을 변제하지 않아 동액 상당의 재산상 이익을 취득하였다.
같은 방법으로 ㈜키세스는 3개월 동안 11회에 걸쳐 7천만 원 상당을 납품받고서도 그 대금조로 5백만 원 상당만 입금하거나 반품하고, 나머지 6천 5백만 원 상당을 변제하지 않아 동액 상당의 재산상 이익을 취득하였다.

○ 위 범죄사실과 송치의견에는 어떤 문제가 있는가?

✔ 정답 : 사기죄 무죄

이 사건의 제2심은 사기죄 유죄의 입장이었다. 그러나 대법원은, 아래와 같은 이유로 원심의 판결은 위법하다고 보았다. 이 사건은 계속적 거래관계에 있는 업체간 물품사기로서 재물사기로 구성할 수 있는 사안이다. 재물사기로 본다면 피해객체는 ㈜아파치는 1억 4천, ㈜푸르뫼는 2억 4천, ㈜키세스는 7,000만 원이 된다. 나머지는 일부변제에 해당한다. 그러나 범죄사실 작성을 이익사기로 작성하면서, 일부내역을 범죄사실에 포함하여 작성하는 잘못이 있었다. 재물사기의 처분행위는 기망에 의한 재물교부로서, 변제내역을 공제하지 않음에 주의한다.

🔔 피해객체 특정, 스포츠용품 내지 물품대금 미수금채무

대법원은 범죄사실이 편취의 대상이 재물인 스포츠용품인지 아니면 물품대금 미변제로 인한 동액 상당의 재산상 이득인지 그 자체로 명확하다고 할 수 없으나, 이를 물품대금 미변제로 인한 재산상 이득으로 보더라도, 피고인이 당초부터 대금을 변제할 의사나 능력이 없음에도 피해자들을 기망하여 물품을 교부받은 것이라면 물품을 교부받은 때에 그 물품 편취에 의한 사기죄가 성립하고 그 후에 대금을 변제하지 아니한 행위는 별도로 재산상 이득 편취에 의한 사기죄를 구성하지 않는다. 그렇지 아니하고 물품을 교부받은 후에 비로소 편취의 범의가 생긴 것이라면, 그 대금 미변제와 관련하여 별도로 피고인의 기망행위와 피해자들의 착오로 인한 처분행위가 있다고 인정되지 아니하는 한 이 역시 채무불이행에 불과하여 재산상 이득 편취에 의한 사기죄가 성립한다고는 할 수 없다.

🔔 피해객체 특정, 스포츠용품 내지 물품대금 미수금채무

나아가 물품거래 관계에 있어서 편취에 의한 사기죄의 성립 여부는 **거래 당시를 기준으로 피고인에게 납품대금을 변제할 의사나 능력이 없음에도** 피해자에게 납품대금을 변제할 것처럼 거짓말을 하여 피해자로부터 물품 등을 편취할 고의가 있었는지의 여부에 의하여 판단하여야 하므로, **납품 후 경제사정 등의 변화로 납품대금을 변제할 수 없게 되었다고 하여 사기죄에 해당한다고 볼 수 없다.**[225] 거래업체에 대한 미지급채무는 **대부분 피해자들에 대한 물품대금채무**이거나 **이 사건 물품 거래 이후 다른 업체와의 물품거래로 인하여 발생한 물품대금채무**일 뿐이어서 이 사건 거래 당시 물품대금을 변제할 능력이 없다고 단정할 수 없다. 이전에도 같은 종류의 물품을 같은 방식

---

225) 대법원 2003. 1. 24. 선고 2002도5265 판결 등 참조

으로 거래하여 대금이 정상적으로 모두 결제되었고, 피고인은 물품대금 중 일정 금액을 지급하고 물품을 반품한 바 있다. 이는 물품대금을 변제할 의사가 없었다고 단정하기 어려운 사정들에 해당한다.

🎖 기본 이론

1. 이익사기의 개념(재물사기와의 구별)

이익사기는 재물 이외의 재산상 이익에 대한 사기를 말한다. '재산상 이익'이란 전체적으로 보아 재산상태의 증가를 가져오는 일체의 이익 내지 가치로서 재물을 제외한 것을 말한다.[226] 사기죄의 객체로서의 재산상의 이익이란 일반적으로 재물 이외의 모든 경제적 가치가 있는 재화의 총체를 의미하는 것으로서(경제적 재산개념), 종류 및 태양을 불문하므로 채권의 취득, 노무의 제공을 받는 것, 채무의 면제, 채무이행의 연기, 기타 경제적 이익을 받으면 모두 이에 해당하고, 또한 반드시 현실적인 재물의 수득이 있어야만 하는 것이 아니고 장차 그 수득이 가능한 상태에 있는 경우라도 재산상의 이익이 있다고 할 것이고, 비록 사후에 상황이 변동되어 결과적으로 아무런 이득을 얻지 못한 경우라 할지라도 사기죄의 성립에는 아무런 영향이 없다.[227]

Investigation Advice

수사실무에서 이익사기라는 개념은 비교적 생소하다. 대체로 금원이나 물품편취의 재물사기의 경우가 전형적이기 때문이다. 그러나 반드시 이에 국한된 것이 아니며, 재산상 이익이라고 하여 재물보다 그 경제적 가치가 낮은 것도 아니다. 피의자의 기망행위로 피해자의 착오를 유발하고, 이로부터 일체의 가치 있는 재산상의 이익을 처분받았다면 사기죄가 충분히 성립할 수 있음에 유의한다.

사기죄에서는, 피해객체가 피해자와의 관계에서 '피해자 소유의 재물'인지 '피해자가 보유하는 재산상의 이익'인지 구별해야 한다.[228] 피해객체에 따라 특정될 기망행위의 내용과 장물죄 성립여부, 처분행위의 판단기준 등 관련된 판례 법리가 달라기 때문이다. 가령, 大法院은 피해자는 본범인 성명불상자의 **기망행위에 속아 현금 1,000만 원을 피고인의 예금계좌로 송금하였고, 이는 재물에 해당하는 현금을 교부받는 방법이 예금계좌로 송금하는 형식으로 이루어진 것에 불과하여, 피해자의 새마을금고에 대한 예금채권은 당초 발생하지 않는다는 이유로 본범인 사기죄의 객체는 '재물'**로 보았다.[229]

---

226) 헌법재판소 2010. 5. 27. 자 2007헌바100 결정
227) 서울고등법원 2010. 12. 29. 선고 2010노1930 판결
228) 대법원 2010. 12. 9. 선고 2010도6256 판결
229) 대법원 2010. 12. 9. 선고 2010도6256 판결, 그러나 장물취득죄에 있어서 '취득'이란 장물의 점유를 이전받음으로써 그 장물에 대하여 사실상 처분권을 획득하는 것을 말하는데, 이 사건의 경우 본범의 사기행위는 피

보이스피싱 범죄에 이용될 것임을 잘 알면서 자기 명의 예금 통장을 성명불상자에게 넘겨주어 사기죄를 방조한 후, 피해자가 예금계좌로 송금한 금원을 인출한 경우, 장물취득죄가 성립하는가?

2. 이익사기의 유형

먼저 사기죄에서 말하는 이익은 그 종류가 다양하고 그에 따라 처분행위도 달라지는 만큼 이를 살펴본다. 사기죄에서 '재산상의 이익'이란 채권을 취득하거나 담보를 제공받는 등의 적극적 이익 뿐 아니라 채무를 면제받는 등의 소극적 이익으로 나눌 수 있다. 아래에서는 적극적 이익과 소극적 이익에 대한 사기죄 성립을 나누어 검토한다.

Section 2 — 적극적 이익에 대한 사기

🎩 기본 이론

근저당을 설정해 주거나 연대보증을 서주고, 보증서를 발급하는 등 담보를 제공하는 것도 당연히 이익사기에 포함된다.[230)231)] 나아가 노무제공, 자금운용의 권한 내지 지위의 획득 등도 적극적 이익에 들어간다. 이익사기는 그에 상응하는 처분행위의 특정이 함께 문제되므로 같이 살펴본다.

1. 근로나 용역을 제공하는 사실행위

사기죄에 있어 처분행위는 사법상 법률행위에 한정되지 아니하고, 노무의 제공이나 물건의 점유이전행위와 같이 재산적 손해를 발생시키는 순수한 '사실행위'도 처분행위에 해당한다. 즉, 기망자가 피기망자에게 임금 내지 용역대금을 주겠다고 거짓말을 한 경우에는, 피기망자가 그에 속아 근로나 용역을 제공하는 사실행위를 하는 즉시 기망자는 제공받은 '노동력의 대가'인 임금 내지 용

고인이 예금계좌를 개설하여 본범에게 양도한 방조행위가 가공되어 본범에게 편취금이 귀속되는 과정 없이 피고인이 피해자로부터 피고인의 예금계좌로 돈을 송금 받아 취득함으로써 종료되므로, 피고인의 위와 같은 인출행위를 장물취득죄로 벌할 수는 없다.

230) 대법원 1985. 11. 12. 선고 84도984 판결
231) 대법원 2008. 2. 14. 선고 2007도10658 판결, 대법원 2003. 12. 23. 선고 2003도5570 판결

역대금 상당액의 경제적 이익을 취득함으로써 사기죄가 성립한다.[232)]

(1) 노무의 제공

애초부터 임금을 지급할 의사나 능력이 없음에도 종업원명에게 점포에서 종업원으로 일하면 매월 월급을 지급하겠다고 거짓말하고 종업원들로부터 노무를 제공받은 경우 사기죄가 성립한다.[233)]

(2) 용역의 제공

피고인이 타인의 가입신청서와 단말기할부판매약정서를 위조하는 방법으로 피해자인 공소외 주식회사를 기망하여 휴대폰을 부정발급받은 다음 휴대폰의 사용료를 납부하지 않더라도 최소한 2개월간은 통화정지되지 않고 사용할 수 있다는 점을 악용하여, 그 정을 아는 성명불상자들과 위 휴대폰을 사용하고도 통화료를 지급하지 않기로 공모하여 피해자로부터 통화 용역을 제공받아 통화료 상당 이익을 취득하였다.[234)]

2. 불법적 이익의 제공

일반적으로 사기죄의 객체가 되는 재산상의 이익이 반드시 사법(사법)상 보호되는 경제적 이익만을 의미하지 않는다.[235)] 주로 성행위의 대가 상당액의 재산상 이득의 취득이 문제된다. 대법원은 2001도2991 판결에서, 일반적으로 부녀와의 성행위 자체는 경제적으로 평가할 수 없고, 이 사건과 같이 부녀가 상대방으로부터 금품이나 재산상 이익을 받을 것을 약속하고 성행위를 하는 약속 자체는 선량한 풍속 기타 사회질서에 위반한 사항을 내용으로 하는 법률행위로서 무효이다. 그러나 사기죄의 객체가 되는 재산상의 이익이 반드시 사법상 보호되는 경제적 이익만을 의미하지 아니한다.[236)] 부녀가 금품 등을 받을 것을 전제로 성행위를 하는 경우 그 행위의 대가는 사기죄의 객체인 경제적 이익에 해당하므로, 부녀를 기망하여 성행위 대가의 지급을 면하는 경우 사기죄가 성립한다고 보았다. 다만, 위 판결의 사실관계는 성관계를 가진 이후에 절취한 신용카드로 그 대금을 결제하는 방법으로 그 대가의 지급을 면한 경우이다. '성행위의 대가'를 성매매채무로 보아

---

232) 인천지방법원 2013. 11. 8. 선고 2013노2425 판결 대법원 2014. 2. 13. 선고 2013도14242 판결

233) 대법원 2003. 12. 23. 선고 2003도5570 판결, 약식명령이 확정된 근로기준법위반의 범죄사실과 사기의 공소사실은 그 보호법익이나 행위태양, 범행일시가 전혀 달라 기본적 사실관계가 동일하다고 할 수 없으므로 위 확정된 약식명령의 기판력이 이 사건 공소사실에 미치지 않는다.

234) 대법원 2000. 9. 5. 선고 2000도2855 판결

235) 대법원 2001. 10. 23. 선고 2001도2991 판결

236) 수익자가 기망을 통하여 급여자로 하여금 도박자금 등 불법원인급여에 해당하는 재물을 제공하도록 한 경우에도 사기죄는 성립한다(대법원 1995. 9. 15. 선고 95도707 판결 등 참조)

채무면탈사기 유형으로 해석될 여지가 있었다.

그러나 최근 대법원 2014. 2. 13. 선고 2013도14242 판결에서 이 경우 사기죄의 피해객체는 '성행위의 대가'이고 처분행위는 '성행위라는 사실행위'에 해당한다는 2심의 논리를 수긍한 바 있다. 결국 대가의 지급을 전제로 한 성행위는 노무의 제공을 넘어서는 성적 자기결정권으로서의 행위로서 혼합적 사실행위로서 사기죄에서 말하는 처분행위로 보는 것이 타당하다.[237)

[사실관계] 피고인이 피해자들에게 돈을 지급할 의사나 능력이 없음에도 불구하고 피해자들에게 월 500만 원 내지 600만 원을 지급할 것을 조건으로 주기적으로 성관계를 갖자고 제안하였고, 이에 속은 피해자들은 피고인으로부터 위와 같은 금품을 받을 것을 전제로 피해자와 성행위를 한 사실이 인정된다.

[1심] (가) 이 부분 공소사실은 피고인이 성관계 대가를 지급하지 않아 동액 상당의 재산상 이득을 취하였다고 구성하고 있는바, 위와 같은 경우에 기망자가 성매매 대가의 지급을 면하는 이익을 취하고, 피기망자는 그 반대의 손해를 입었다고 하기 위하여는 그 이익과 손해가 피기망자의 처분행위에 기하여야 하므로, 피기망자가 "성관계 대가를 지급하지 않아도 된다"는 처분행위를 하였어야 위와 같은 구성이 가능하다. 그러나, 일반적으로 성관계 대가를 받을 것을 기대하고 이에 동의한 피기망자가 "성관계대가를 지급하지 않아도 된다는 의사표시"를 하였으리라고 보기 어렵고, 이 사건에서도 피해자들이 성매매대가를 지급하지 않아도 된다는 처분행위를 하였다는 증거가 없다. 따라서 이 사건에서 피고인이 "성관계 대가를 지급하겠다"고 한 것은 피해자들에게 착오를 일으키게 한 기망의 내용일 뿐인데, 피해자들은 위와 같은 기망행위에 속아서 "성관계대가를 지급하지 않아도 된다는 취지의 처분행위"를 하지 않았고, 다만 "성관계라는 처분행위"를 하였다고 봄이 상당하다.

(나) 또한, 피해자들이 "성관계라는 처분행위"를 함으로써, 피고인이 성관계라는 이익을 취하고 피해자들이 반대의 손해를 입은 것으로 구성할 수 있는지에 관하여 보아도, 사기죄의 처분행위는 재산적 처분행위이어야 하고 그로 인한 이익은 재산상 이익이어야 하나, 부녀와의 성행위 자체는 경제적으로 평가할 수 없는 것이므로 이를 사기죄의 대상인 재산상 이익이라 할 수 없으므로, 결국 위와 같은 구성으로 사기죄를 적용할 수도 없다.

[2심] 다음으로, 이 사건에서 피고인이 피해자들과의 성행위를 통하여 경제적 이익을 취득하였는지에 관하여 본다. 살피건대, 부녀가 금품 등을 받을 것을 전제로 성행위를 하는 경우 그 '성행위의 대가'는 사기죄의 객체인 경제적 이익에 해당한다.[238) 나아가 피고인이 피해자들의 '처분행위'를 통하여 위와 같은 '성행위의 대가' 상당액의 경제적 이득을 취득하였는지에 관하여 본다.

살피건대, 사기죄에 있어 처분행위는 '면제의 의사표시'와 같은 사법상 '법률행위'에 한정되지 아니하고, 노무의 제공이나 물건의 점유이전행위와 같이 재산적 손해를 발생시키는 순수한 '사실행위'도 처분행위에 해당한다. 즉, 기망자가 피기망자에게 임금 내지 용역대금을 주겠다고 거짓말을 한 경우에는, 피기망자가 그에 속아 근로나 용역을 제공하는 '사실행위'를 하는 즉시 기망자는 제공받은 '노동력의 대가'인 임금 내지 용역대금 상당액의 경제적 이익을 취득함으로써 사기죄가 성립하고, 피기망자가 '노동력의 대가를 지급하지 않아도 된다'는 취지의 '법률행위'를 하여야만 사기죄가 성립하거나 그와 같은 '법률행위'만이 사기죄의 처분행위에 해당하는 것은 아니다.

---

237) 권오걸, 사기죄와 처분행위 : 성행위에 대한 대가지급 불이행의 경우, 한국법학회, 법학연구 학술저널, 第16卷 第3號(通卷 第63號) 2016. 9. 231~249(19page).

238) 대법원 2001. 10. 23. 선고 2001도2991 판결 등 참조

이 사건에 관하여 보건대, 이 부분 각 공소사실은 "피고인이 성행위의 대가로 월 500만 원 내지 600만 원을 주겠다고 피해자들을 기망하여 이에 속은 피해자들과 성관계를 하고 위 약속한 돈을 주지 않아 '성행위의 대가' 상당액의 재산상 이득을 취하였다"는 취지로 되어 있는바, 이는 피고인이 취득한 재산상 이득이 '성행위 대가의 지급을 면하는 이익(채무 면제의 이익)'임을 전제로 한 것이 아니라 '성행위의 대가' 상당액임을 전제로 한다. 따라서 원심과 같이 피고인이 취득한 이익을 '성행위 대가의 지급을 면하는 이익'으로 보아 피해자들이 성행위 대가에 대한 면제의 의사표시 등과 같은 '법률행위'로서의 '처분행위'를 하지 않았다는 이유로 사기죄가 성립하지 않는다고 볼 수는 없다. 오히려 피고인이 피해자들에게 성행위의 대가로 월 500만 원 내지 600만 원을 주겠다는 취지로 기망하여, 이에 속은 피해자들이 위 금품을 받을 것을 전제로 피고인과 성행위를 하는 '사실행위'를 하는 즉시 피고인은 '성행위의 대가' 상당액의 재산상 이득을 취득하였고 그와 같은 '사실행위'는 사기죄의 '처분행위'에 해당한다고 봄이 상당하다.

[대법원] 피고인은 성행위의 대가로 월 500만 원 내지 600만 원을 지급할 것처럼 피해자들을 기망하여 여러 차례에 걸쳐 성행위를 하면서도 그 대가를 지급하지 아니하여 피해자들로부터 성행위 대가 상당액의 재산상 이익을 편취하였다고 할 것이다. 따라서 원심판결 이유 설시에 일부 적절하지 아니한 부분이 있으나, 위와 같이 피고인이 판시 성행위의 대가 상당액의 재산상 이득을 취득하였다고 보아 이 사건 성행위 관련 사기의 공소사실을 유죄로 인정한 원심의 판단에 판결에 영향을 미친 위법이 있다고 할 수 없다.[239][240]

3. 담보의 제공

(1) 신용보증서의 발급

신용보증기금의 신용보증서 발급이 피고인의 기망행위에 의하여 이루어진 이상 그로써 곧 사기죄는 성립하며, 그로 인하여 피고인이 취득한 재산상 이익은 신용보증금액 상당액이라 할 것이며(피고인이 발급받은 이 사건 신용보증서의 기재에 의하면 신용보증금액은 8억 2,450만 원임이 명백함에도 불구하고, 원심은 '피고인이 신용보증기금으로부터 9억 7,000만 원의 신용보증서를 발급받은 후 외환은행 광주지점으로부터 위 신용보증을 담보로 2억 3,000만 원을 송금 받고도 이를 변제하지 아니하여 신용보증기금으로 하여금 대위변제하게 함으로써 동액 상당의 재산상 이익을 취득하였다.'라고 인정하였으니, 이 부분 원심판결에는 사기죄의 기수 시기 및 재산상 이익액의 산정에 관한 법리를 오해한 잘못이 있다고 하지 않을 수 없다.[241]

(2) 소위 '자동차깡' - 보증보험증권의 발급

갑은 자동차할부금융대출의 방법으로 사채업을 하는 자이다. 대출의뢰인 명의로 자동차할부금융을 신청하여 대출금을 지급하도록 하는 것은 할부금융회사에 대한 사기죄를 구성한다. 한편 갑은 대출의뢰인 A 명의로 스펙트라 차량 1대를 금 12,575,000원에 할부로 구입하면서 그 할부대금 10,500,000원에 대하여 대출의뢰인 명의로 가입한 서울보증보험의 보증보험증권을 제출하였다.

---

239) 대법원 2014. 2. 13. 선고 2013도14242 판결
240) 인천지방법원 2013. 11. 8. 선고 2013노2425 사기 등
241) 대법원 2007. 4. 26. 선고 2007도1274 판결

피고인이 위 차량을 정상적으로 할부 구입하는 것처럼 가장하여 이에 속은 서울보증보험으로부터 위와 같은 보증보험증권을 제출받아 이를 기아자동차에게 제출하고 위 차량을 인도받았다면, 이는 피해자 서울보증보험으로부터 위 할부대금 상당의 재산상의 이익을 편취한 것이지 할부금융대출금이라는 재물을 편취한 것으로는 볼 수 없다.

4. 자금 운영의 권한과 지위

대법원은 경제적 이익을 기대할 수 있는 자금운용의 권한 내지 지위의 획득도 그 자체로 경제적 가치가 있는 것으로 평가할 수 있다면 사기죄의 객체인 재산상의 이익에 포함된다 할 것이다. 이와 같은 전제에서 피고인은 장래의 수익 발생을 조건으로 한 수익분배청구권을 취득하였을 뿐 아니라 그러한 경제적 이익을 기대할 수 있는 자금운용의 권한과 지위를 획득하였고, 이는 주식거래의 특성 등에 비추어 충분히 경제적 가치가 있다고 평가할 수 있는 것이므로 피해자를 기망하여 그러한 권한과 지위를 획득한 것 자체로 사기죄의 객체인 재산상 이익을 취득한 것으로 볼 수 있다 할 것이다. 따라서 피고인이 피해자를 기망하여 재산상의 이익을 취득한 경우에 해당한다.[242]

[사실관계] 피고인은 신용불량 상태로서 공소외 1의 투자금을 변제하여 줄 만한 자력이 충분하지 않았음에도 자신이 개발한 주식운용프로그램으로 500억 원을 벌었고, 피고인에게 4억 원을 투자하면 매월 1,000만 원의 이익금을 보장해 주겠으며, 손실이 날 경우에도 국민은행 정기예금 금리 상당의 이자를 보장해 주겠다고 거짓말하여 502,750,000원이 입금되어 있는 이 사건 주식계좌의 사용권한을 부여받은 점 및 주식계좌의 잔고가 계속 감소하자, 금원을 지급할 만한 자력도 없는 피고인이 공소외 1에게 원금 반환을 위하여 추가 약정을 해 주거나, 약속어음 공증까지 해 준 점 등은 인정된다.
[1심] ① 주식계좌의 명의인은 공소외 1이고, 피고인은 공소외 1로부터 주식계좌 사용권한만을 부여받아 이를 이용하여 주식 거래를 하였다는 것인바, 계좌명의인도 아닌 피고인으로서는 이 사건 주식계좌에서 발생한 이익 등을 인출하거나 이를 다른 계좌로 이체할 권한은 전혀 없었던 점, ② 또한, 공소외 1이 사용권한을 부여한 이 사건 주식계좌를 이용한 주식거래로 인하여 피고인이 직접적으로 취득한 이익도 없는 점, ③ 피고인은 공소외 1과 사이에 주식계좌를 통한 주식거래로 이익이 발생할 경우에 그중 1/2을 분배받기로 약정하였다 하더라도, 사기죄는 피고인에게 기망당한 피해자의 처분행위로 인하여 피고인이 이익을 얻고 피해자가 손해를 입는 때에 성립하는 범죄인바, 이 사건의 경우 주식거래로 이익이 발생하면 피해자의 손해가 발생하지 않고, 손해가 발생하면 피고인은 아무런 이익을 취득할 수 없게 되는 구조로서 사기죄의 구성요건을 충족시키지 못하는 점 등을 종합하여 보면, 공소외 1이 이 사건 주식계좌의 사용권한을 피고인에게 부여한 행위만으로 피고인이 어떠한 재산권이나 재산상 이익을 취득하였다고 할 수 없다.
[2심] ① 피고인은 피해자의 자금이 예치된 피해자 명의 주식계좌에 대한 비밀번호와 아이디를 전달받음으로써 적

---

242) 대법원 2012. 9. 27. 선고 2011도282 판결

어도 주식 거래 자체에 있어서는 자금주인 피고인과 동일한 거래상 지위와 권능을 부여받은 점, ② 그 결과 피고인은 아무런 금융비용도 부담하지 아니한 채 독자적으로 위 주식계좌를 운영할 수 있었던 점, ③ 주식 운용 자체에 대한 보수 약정이 있었던 것은 아니나 주식 운용에 따른 수익금이 발생할 경우 그중 1/2에 해당하는 금원을 매월 지급받기로 약정한 점, ④ 채권의 취득을 재산상 이익으로 인정하는 이상 조건부 채권도 동일하게 평가해야 하는 점, ⑤ 피고인이 피해자로부터 직접 금원을 교부받아 피고인의 명의로 증권계좌를 개설하여 주식투자를 하였을 경우 비록 피고인이 이를 유용하지 않았다 하더라도 사기죄로 의율함에 별다른 문제가 없을 것인바, 이 사건은 위의 경우와 경제적 실질을 같이하는 점 등을 종합하여 보면, 피고인이 이 사건 주식계좌의 사용권한을 부여받은 것은 그 운용 결과에 따라 수익금 중 1/2에 대한 분배청구권을 취득한 것으로 평가될 수 있어 그 자체로서 사기죄에서 정한 재산상 이익에 해당한다고 할 것이다.

다. 피해자에 대한 손해의 발생 여부에 관하여 판단하건대, 사기죄는 타인을 기망하여 그로 인한 하자 있는 의사에 기하여 재물의 교부를 받거나 재산상의 이득을 취득함으로써 성립되는 범죄로서 그 본질은 기망행위에 의한 재산이나 재산상 이익의 취득에 있는 것이고 상대방에게 현실적으로 재산상 손해가 발생함을 요건으로 하지 아니하므로, 피해자가 피고인으로부터 기망당하여 현금 333,000,000원과 유가증권 169,750,000원 상당을 이 사건 주식계좌에 예탁한 후 피고인에게 위 주식계좌에 대한 아이디와 패스워드를 알려 줌으로써 그 사용권한을 부여하여 재산상 이익을 얻게 하였다면 피고인이 이 사건 주식계좌에 대한 사용권한을 취득할 당시 피해자의 주식 계좌에 아무런 변동이 없어 재산상 손해가 현실화되지 아니하였다 하더라도 사기죄의 성립에 아무런 영향이 없다. 나아가 살피건대, 이 사건의 경우 피해자로서는 안정된 금융자산에 속하는 예금 등을 주식계좌에 예탁하여 피고인의 운영에 일임함으로써 자칫 투자 손실이 발생할 수도 있는 위험에 노출되는 손실을 입게 되었고, 위와 같은 피해자의 재산상 손실은 피고인이 기망 행위로 취득한 재산상 이익, 즉 이 사건 주식계좌의 사용권한과 논리적 인과관계에 있다고 보여진다.

마지막으로 피고인이 취득한 재산상 이익의 가액에 관하여 보건대, 앞서 본 바와 같이 피고인은 이 사건 사기 범행으로 인하여 이 사건 주식계좌에 예탁된 502,750,000원 자체에 대한 관리처분권을 취득한 것이 아니라 위 돈이 예탁된 주식계좌에 대한 운용권한만을 얻은 것에 불과하고, 이는 그 속성상 이익액을 산출할 수 없는 경우에 해당하므로, 결국, 이 사건 사기 범행에 따른 피고인의 재산상 이득액은 주위적 공소사실 기재 502,750,000원이 아닌 예비적 공소사실 기재 시가 미상의 금원으로 보아야 할 것이다.[243]

5. 계약당사자의 지위

대법원의 입장에 따를 때 '계약을 체결한 계약당사자의 지위'도 재산상 이익과 그 처분행위에 포함됨을 인정하고 있다. 재물사기를 비롯한 대부분의 사기사건은 모두 계약의 체결을 거치게 된다는 점에서 그 '계약당사자의 지위'라는 재산상 이익의 적용범위는 매우 넓다고 생각한다.

---

243) 서울고등법원 2010. 12. 29. 선고 2010노1930 판결, 징역 1년 6월 실형에 처한 사례

(1) 한전낙찰 사례 - ○

다음 사례를 풀어보자.

○ 박달재는 한전 입찰시스템을 관리하던 중, DB서버에 비정상적인 접근통로를 만들고 개찰 프로그램을 조작하여 낙찰금액을 사전에 정확하게 계산·변경할 수 있음을 알게 되었다. A는 전기공사업자인 甲과 함께 한전이 실시하는 공사입찰결과를 조작하여 낙찰받기로 하였다. 甲과 A는 300여 개의 전기공사업체가 참가하는 전자입찰에서 '나주지사 고압 B 공구 입찰공사'를 위와 같이 부정하게 낙찰 받는 등 마치 정상적인 경쟁입찰을 거쳐 낙찰을 받은 것처럼 행세하여 공사계약을 체결하여, 공사를 진행한 후 90억 상당의 공사대금을 지급받았다. 나아가 피고인은 낙찰정보에 대한 대가로 A로부터 7회에 걸쳐 5억 4천만 원을 범행 대가로 교부받았다.

○ 담당 경찰관은 甲을 컴퓨터등장애업무방해와 위계에 의한 입찰방해. 특정재산범죄가중처벌등에관한법률위반(사기)로 송치하였다. 특정재산범죄가중처벌등에관한법률위반(사기)은 성립하는가?

아래와 같이 액수를 산정할 수 없는 경우로서, 특경가법(사기)의율은 불가하다.

피고인과 A 등이 행한 기망행위의 내용은 한전공사로 하여금 최종 낙찰하한가가 비밀이 유지된 절차에서 결정된 가격일 뿐만 아니라 입찰자가 투찰한 입찰금액 또한 부정한 행위 없이 임의로 선택된 가격이라는 것을 믿게 하는 것이지 입찰자가 일단 낙찰자로 선정되어 발주처와 계약을 체결한 다음 공사를 끝까지 성실하게 시공하는 등 그 계약에 따른 급부 이행을 할 의사와 능력이 있는지의 여부 내지 그 계약에서 요구하는 급부의 내용이나 품질에 관하여 착오를 일으키게 하려는 것은 아니고, 피고인의 의사도 일단 공사를 낙찰받아 계약을 체결한 후 공사를 시행하겠다는 것이지 위와 같이 부정한 방법으로 낙찰받은 공사를 시행하는 과정에서 공사의 내용이나 품질에 관한 별도의 기망행위를 하겠다는 것은 아니며, 원심 판시 각 공사에서 낙찰자로 선정되어 한전한전공사와 공사계약을 체결한 피고인 운영 업체들을 비롯한 입찰자들은 관련 법령에 따른 적격심사를 통과한 건설사들인 사실을 알 수 있다.

○ [처분행위] 따라서 피고인과 A 등의 공소사실과 같은 기망행위로 인한 한전한전공사의 처분

행위는 공사대금 지급이 아니라 A 등으로부터 낙찰하한가를 전달받은 피고인의 회사를 낙찰자로 결정하여 그와 공사계약을 체결하는 것 자체이고,

○ [재산상 이익] 이러한 처분행위로 인하여 피고인과 A 등이 편취한 것은 '발주처와 공사계약을 체결한 계약당사자의 지위'라는 액수 미상의 재산상 이익으로 봄이 타당하다.

(2) 임대차계약체결 - ○

아래 사안은 인천자유구역청이 예산 부족으로 인한 어려움 속에서 한옥 마을 조성사업을 완료하기 위하여 기존의 건물 완공 후 사업자를 공모하는 방식을 포기하고 전통문화체험관 구역에 한하여 외국인투자기업의 수의계약에 의한 투자로 건물을 완공하는 방식으로 사업계획을 변경하려하자, 이를 알게 된 피고인들이 수의계약의 방법으로 경제자유구역에 속한 부지를 임차하여 외국인투자촉진법령상 외국인투자기업에 제공되는 특혜를 누리며 요식사업을 진행할 목적에서, 외형상으로만 미국법인으로부터 투자금 명목의 돈을 송금 받아 K를 외국인투자기업으로 등록한 다음위 돈을 모두 상환하였음에도 이를 숨긴 채 여전히 K가 외국인투자기업으로서 계약체결을 위한자격요건을 갖춘 것처럼 L경제청 담당공무원들을 기망하여 이 사건 임대차계약을 체결하고 이 사건 부지를 사용함으로써 국내기업으로서는 취득할 수 없는 계약상의 지위와 경제적 이득을 누린사안이다. 이익사기에서 취득한 재산상 이익이 문제되었다.

[사실관계] 인천경제청은 2010년경부터 경제자유구역인 J 지역에 국제관, 전통호텔, 전통문화 체험관으로 구성되는 한옥마을 조성사업을 진행하여 왔는데, 국제관, 전통호텔의 공사대금이 당초 예상보다 많이 소요되면서 예산부족으로 사업기간 만료일까지 기존의 방식으로 전통문화 체험관 구역의 사업을 완료하는 데 어려움이 발생하였다. 인천경제청은 부족한 예산 문제를 해결하고 신속한 사업의 진행을 도모하기 위하여 외국인투자기업이 투자 형태로 전통문화체험관에 직접 건물을 신축하여 외식문화공간 조성사업을 진행하는 방식으로 사업계획을 변경하였다. 피고인 A는 위와 같이 변경된 사업계획에 따라 전통문화체험관에 건물을 신축하여 외식사업을 진행하기 위하여 외형상으로만 외국인투자기업의 형태를 갖춘 K를 설립하고 수의계약 형식으로 인천경제청과 임대차계약을 체결하였다. 이에 따르면 K는 약 100억 원을 투자하여 전통문화체험관에 건축면적 3,527㎡의 외식매장, 공연장 등을 신축하여 임대기간 20년(특별한 사정이 없는 한 최대 50년까지 연장 가능)간 개별공시지가의 1,000분의 10을 기준으로 하는 연 임대료를 지급하고 요식사업을 할 수 있으며, 임대기간이 만료되거나 계약이 해지, 해제된 경우 위와 같이 신축한 건축물 등에 관한 소유권 등을 인천경제청의 사전동의를 얻어 제3자에게 매각하거나 경제자유구역의 지정 및 운영에 관한 특별법 제17조의 계약 만료 시 처리 규정에 따라 원상회복하여 반환 또는 기부하여야(계약서 제12조) 하는 지위를 취득하였다. 인천경제청에 소속된 공무원으로서 전통문화체험관의 사업계획 변경 및 임대차계약 체결 등의 업무를 수행하였던 티는 당심 법원에서 "기본적으로 경제자유구역에서 투자를 하려면 외국인투자기업의 요건을 갖추지 않으면 저희가 계약을 체결할 수 없다. 국내사업자를 모집하려면 인천경제청이 건물을

다 지어 놓은 상태에서 사업자를 모집해야 했다. 토지만 임대하고 건물을 사업자(임차인)가 들어와서 짓는 형태로 사업을 하는 것은 국내 기업으로는 불가능했기 때문에 인천경제청이 외국인투자기업을 유치하려고 했던 것이다." 라고 진술하였다. 인천경제청 소속 과장도 수사기관에서 "피고인 A가 M에 투자금을 반환하고서도 인천경제청을 속이고 이 사건 임대차계약을 체결한 것이 분명하다. 만약 이러한 사정을 계약 체결 당시 알았더라면 당연히 임대차계약을 체결하지 않았을 것이다."라고 진술하였다. 인천경제청은 투자심사실무회의를 개최하여 설립 예정인 K의 J한옥마을 내 외식문화공간 조성사업에 대한 투자적격 여부를 심사하였는데, 여기서 심사위원들은 피고인 A에게 사업 자격요건에 맞는 외국인투자기업을 아직 설립하지 못한 이유를 묻고 위 피고인으로부터 '최대한 빠른 시일 내에 M로부터 투자를 받아 외국인투자기업을 설립하겠다'는 답변을 들은 다음 위 안건을 승인하는 가결을 하였다 (일부 위원은 외국인투자기업의 구성을 위한 투자자의 존재에 대한 확인이 된 후 재심의가 필요하다는 이유로 반대의견을 내기도 하였다). 피고인들은 임대차계약을 체결할 수 있는 사업 자격요건을 갖춘 외국인투자기업을 설립하기 위해 M로부터 미화 37만 달러를 투자받는 외형을 갖추어 K에 대한 외국인투자기업등록을 하였고, 이어 M에 미화 37만 6,117달러를 상환하였음에도 이러한 사실을 숨긴 채 인천경제청과 이 사건 임대차계약을 체결하였다. 피고인들은 이 사건 임대차계약상 약정 투자금인 100억 원을 상회하는 금액을 투입하여 이 사건 부지에 3동의 한옥을 신축한 다음 영업을 개시하였다.

[판단] 이 사건 임대차계약은 단지 토지의 임대차계약이 아니라 토지의 임차인이 약정한 금원을 투입하여 한옥마을 조성사업의 취지에 맞는 지상 건축물 등을 신축하고 사업을 운영하는 내용의 투자계약을 겸하고 있는 것이어서, 경제자유구역의 지정 및 운영에 관한 특별법 상 경제자유구역에 속하는 이 사건 부지에 관하여 수의계약 형식으로 이 사건 임대차계약을 체결하려면 외국인투자기업의 지위가 필요하고 이러한 자격요건을 갖추지 못한 국내기업은 L경제청과 이 사건 임대차계약을 체결할 수 없으므로, 형식상 외국인투자기업으로 등록되어 있을 뿐 실질적으로는 국내기업에 불과한 K는 이 사건 임대차계약 체결 당시 위 계약 체결을 위한 자격요건을 갖추고 있지 않았음을 알 수 있다. 즉, K가 외국인투자기업의 실질을 갖추고 있지 못한 이상 국내기업으로서 이 사건 부지를 임차하여 그 지상에 건물을 신축하고 영업할 수 있는 지위를 취득할 수 없었다.

○ 따라서 K가 외국인투자기업이 아님에도 이 사건 임대차계약을 체결함으로써 취득한 재산상 이익을, 주위적 공소사실과 같이, 국내기업이 이 사건 부지를 임차할 경우 공유재산 및 물품 관리법 등 관계 법령에 따라 지급하여야 하는 연간 임대료에서 이 사건 임대차계약에 따라 K가 외국인투자기업의 지위에서 실제 지급한 2014년도분 임대료를 공제한 차액으로 산정하는 방식은 타당하지 않고, 원심 판결과 같이 '국내법인에 적용될 개별공시지가의 5%에 해당하는 임대료와 외국인투자기업에 적용될 개별공시지가의 1%에 해당하는 임대료의 차액으로 하되, 임대료는 이 사건 부지의 개별공시지가로 확정된 금액을 기준으로 재산정하는 방식'으로 이를 확정하는 것도 옳지 않다. 또한 K가 이 사건 임대차계약에 따라 외국인투자기업에 적용되는 임대료의 할인혜택 등을 누리게 된 반면 100억 원 상당의 투자금을 투입하여 이 사건 부지에 건축물을 신축하여야 하고 계약 종료 시 L경제청의 동의가 없으면 이를 타에 처분하지 못하고 L경제청에 귀속시키거나 철거해야 하는 부담을 지고 있으므로, 피고인들이 이 사건 사기 범행으로 취득한 재산상 이익을 '임대료의 할인 등을 통한 구체적이고 확정된 이익'이라고 보기 어렵다. 결국 피고인들은 L경제청과 이 사건 임대차계약을 체결함으로써 향후 20년간(연장 시 최장 50년간) 임대료 감면혜택을 누리면서 J한옥마을 내 이 사건 부지를 사용할 수 있는 임대차계약 상의 당사자 지위라는 액수 미상의 재산상 이익을 취득하였다고 보아야 한다.

[다시 쓰는 판결 이유] 「결국 피고인들은 공모하여 K가 외국투자기업인 것처럼 피해자인 L경제청 담당공무원을 기망하여 이에 속은 피해자와 향후 20년간 임대료 감면혜택을 누리면서 J한옥 마을 내 부지를 사용할 수 있는 임대차계약을 체결함으로써 위와 같은 계약의 당사자 지위라는 액수 미상의 재산상 이익을 취득하였다.」

(3) 허위대출사례 - ×

대법원은 원심의 판단 중 피고인들의 기망행위와 편취 범의가 인정된다는 부분은 정당하나, 피고인들의 기망행위와 인과관계가 있는 농협은행의 처분행위에 대하여 수긍할 수 없다고 보고 있다.

[공소사실의 요지] 피고인들이 주식회사 N이 추진 중인 R 신축공사 자금 용도로 대출 신청을 하면서 피해자 농협은행 주식회사에 분식회계에 의한 허위의 재무제표 등을 제출하여 그 내용을 진정한 것으로 믿은 농협은행으로부터 2010. 8. 3.경부터 2012. 11. 23.경까지 총 16회에 걸쳐 대출금 합계 65,000,000,000원 상당을 교부받아 이를 편취하였다는 것이다.

[원심] 1 농협은행은 대출 심사 시 최근 3년간 대출신청 기업의 감사보고서를 필수적으로 제출받아 검토하도록 하고 있는데, 피고인들이 농협은행에 대출을 신청하면서 분식회계에 의한 허위의 재무제표 등을 제출한 것은 농협은행에 대한 기망행위에 해당하고, 피고인들은 허위로 작성된 재무제표를 제출함으로써 농협은행을 기망하여 대출계약을 체결한다는 점을 충분히 잘 알고 있었으므로 기망의 고의도 인정된다 할 것이지만,

2 피고인들의 분식회계에 의한 허위의 재무제표 등 제출이라는 기망행위와의 인과관계는 농협은행의 대출계약 체결 사이에 인정할 수 있을 뿐 각 대출계약에 따른 대출금 교부 사이에는 인정하기 어려우므로, 피고인들의 기망행위와 인과관계가 있는 농협은행의 처분행위는 각 대출계약을 체결하는 것 그 자체로 보아야 할 것이고, 농협은행의 처분행위로 피고인들이 편취한 것은 농협은행과 이 사건 각 대출계약을 체결한 계약당사자의 지위라는 액수 미상의 재산상 이익으로 보아야 한다는 이유로 사기의 점을 유죄로 인정하였다.

즉 **기망행위의 내용은 분식회계에 의한 허위의 재무제표 등을 제출하여 N가 이 사건 각 대출계약에 따라 교부되는 대출금을 상환할 능력이 있는지에 대한 농협은행의 착오를 일으키게 하려는 것에 있는 것**이지 N이 R **신축공사를 실제로 진행할 의사와 능력이 있는지 또는 이 사건 각 대출계약에 따라 교부되는 대출금을 실제로 R 신축공사를 위하여 사용할 것인지에 대한 농협은행의 착오를 일으키게 하려는 것에 있었던 것으로는 보이지 아니하는 점, 피고인들의 의사는 농협은행을 기망하여 단지 이 사건 각 대출계약을 체결하려는 것에 그치려는 것이 아니라 종국적으로는 이 사건 각 대출계약에 따른 대출금을 교부받으려는 것이었고, 농협은행의 의사도 N의 상환능력 등을 신뢰하여 대출금을 교부하려는 것**이었던 점, 농협은행은 이 사건 각 대출계약에 따른 대출금을 실제로 교부함에 있어 N의 상환능력 등에 대하여 추가로 심사하지는 않았고, N이 진행한 R 신축공사에 대한 반대급부로 대출금을 교부한 것도 아닌바, **농협은행으로서는 피고인들이 제출한 허위의 재무제표 등에 따라 N의 대출금 상환능력 등에 대한 착오에 빠진 상태에서 그 착오가 직접적인 원인이 되어 대출금을 교부한 것으로 보이는 점, 금융기관이 대출계약을 체결하면 별다른 사정이 없는 한 통상적으로 대출금의 교부가 이루어지는바, 이에 비추어 농협은행이 이 사건 각 대출계약**

에 따른 대출금을 실제로 교부함에 있어 기성고에 따라 지급할 것 등을 실행의 조건으로 하였다 하더라도 이는 대출금이 실제로 대출의 목적에 부합하게 사용되는 것을 담보하기 위하여 대출의 실행 방법 또는 시기를 정한 것에 불과한 것으로 보아야 할 것인 점 등의 사정을 인정할 수 있다. 결국 이 사건 각 대출계약에 따른 대출금 교부는 피고인들의 기망행위와 인과관계가 인정되는 농협은행의 처분행위이고, 이러한 농협은행의 처분행위로 피고인들이 편취한 것은 이 사건 각 대출계약에 따라 교부받은 대출금이라고 봄이 타당하다.[244]

6. 채무이행의 연기

[실무질의] ○ 피의자 1과 피의자 2는 부부입니다. 피의자 1은 고소인에게 현금을 차용하여 그 대금을 지급하지 않아 사기죄로 구속되었고 이후 피의자 2가 고소인을 만나 합의서 작성을 조건으로 차용금에 대한 지불각서를 작성하고 고소인은 합의서와 탄원서를 작성해 주었습니다. 피의자 1이 석방되고 피의자 2가 약속을 미이행하자 사기죄로 고소한 사건입니다.
○ 피의자 2가 재산상 이익을 얻은 바 없으므로 민사사안인지 아니면 지불각서 작성으로 새로운 권리의무관계가 생겨 당시 지불능력이나 의사를 판단하여 송치여부를 판단할지 모르겠습니다.

(1) 의의

'채무이행의 연기'는 보통 수사실무에서 합의를 했다는 등의 사유로 선행 사건에 대한 고소를 취소하였음에도 그 합의 내용을 제대로 이행하지 않은 것을 이유로 재고소를 하는 경우에 많이 문제된다. 즉 현금 등을 지급받음이 없이 언제까지 변제하겠다는 약속이나 공증만을 받고 합의서를 작성해 주었는데, 그 이후로 합의내용을 전혀 이행하지 않고 있는 경우이다.

(2) 사기죄의 객체 - 재산상 이익성

사기죄는 상대방에게 현실적으로 재산상의 손해가 발생하지 않았다고 하더라도 사기죄의 성립에 영향이 없는 것이고, 일반적으로 채무이행을 연기받는 것도 사기죄에 있어서 재산상의 이익이 된다.[245] 다만 채무이행을 연기받은 것에 의한 재산상의 이익액은 이를 산출할 수 없으므로 이는 특정경제범죄가중처벌등에관한법률 제3조 제1항 제2호의 이득액을 계산함에 있어서는 합산될 것이 아니다.

---

244) 대법원 2017. 5. 31. 선고 2017도1615 판결
245) 대법원 2005. 9. 15. 선고 2005도5215 판결

1) 어음을 발행한 경우

채무자가 채권자에 대하여 소정기일까지 지급할 의사와 능력이 없음에도 종전 채무의 변제기를 늦출 목적에서 어음을 발행 교부한 경우에는 사기죄가 성립한다.[246]

채무자가 채권자에 대하여 소정기일까지 지급할 의사와 능력이 없음에도 종전 채무의 변제기를 늦출 목적에서 어음을 발행 교부한 경우에는 사기죄가 성립한다. 채무자가 채권자에 대하여 소정기일까지 지급할 의사와 능력이 없음에도 종전 채무의 변제기를 늦출 목적에서 어음을 발행 교부한 경우 사기죄는 성립한다.

공소외 2가 피고인으로부터 채무이행의 연기조로 이 사건 약속어음을 교부받았더라도 이것만으로 위 이행지체의 상태가 해소되는 것도 아니고 공소외 2가 피고인의 재산에 대하여 강제집행을 하여 그 변제를 받을 기회를 박탈당하는 등의 경제적인 손실을 입었다고 보기 어려울뿐더러(공소외 2가 피고인의 위 엘마트 토지 및 건물에 대하여 가압류 등의 강제집행을 하였어도 그 변제를 받을 가망성은 없었던 것으로 보이고 따라서 공소외 2는 이 사건 어음의 교부와 상관없이 그와 같은 강제집행의 의도 자체가 없었던 것으로 보인다), 피고인으로서도 위 채무이행의 연기기간 동안 공소외 2로부터 채무이행의 독촉을 면하는 외에 공소외 2로부터의 강제집행을 면한다거나 채무이행이 연기된 사이에 피고인의 자산을 타에 처분하여 어떠한 이득을 얻을 기회를 가지게 되었다는 등의 경제적 이득을 취하였다고 볼 수도 없으며, 위 채무이행의 연기로 인하여 피해자인 공소외 2가 피고인의 거짓말에 속았다는 형벌법규의 규제대상이 아닌 사실 외에 새로운 법익을 침해당한 바도 없었다고 할 것이니, 위 채무이행의 기한이 유예되었다고 하는 점만으로 피고인이 막바로 그 재산상의 이득을 취하였다고 단정할 수 없고, 결과적으로 피고인이 이 사건 약속어음 배서·교부행위로 인하여 재산상의 이득을 취하였다고 볼 수 없으므로 피고인에 대하여 사기죄가 성립하지 않는다고 보아 무죄를 선고하였다.

[대법원] 피고인은 이 사건 어음이 위조되거나 정상적으로 결제되지 아니하는 이른바 딱지어음이라는 사실을 알면서도 이를 피해자 공소외 2에게 교부하여, 이 사건 어음을 정상적인 어음으로 믿은 공소외 2로 하여금 어음상의 지급기일까지 그 채권의 행사를 하지 않고 채무의 변제기를 늦추게 하였고, 피고인은 그 후 계속 위 엘마트를 운영하였다는 것이므로, 피고인이 이와 같이 위조어음 혹은 속칭 딱지어음을 그 정을 속이고 공소외 2에게 교부하여 채무의 이행을 유예받은 것은 그 자체로 재산적 이익을 취득한 것이라 아니할 수 없고, 피고인이 그와 같이 변제기한 유예의 재산적 이익을 취득한 이상 공소외 2가 현실적으로 재산상 손해를 입지 않았다고 하더라도 사기죄의 성립에는 영향이 없다고 할 것이다(원심은 이 사건 어음이 위조어음으로 밝혀진 후에도 공소외 2가 강제집행을 실시하지 않은 사실과 강제집행을 하였더라도 변제를 받을 가능성이 없었던 것으로 보인다는 이유를 들어, 피고인은 채무이행의 독촉만을 면하였을 뿐 채무이행의 연기를 통한 경제적 이득을 얻었다고 볼 수 없고 공소외 2도 새로운 법익을 침해당한 바도 없다고 판단하고 있으나, 우선 이 사건 어음이 위조어음으로 밝혀진 후에도 공소외 2가 강제집행을 하지 않은 것은 피고인이 다시 위 어음의 만기에 직접 1억 원을 지급하겠다고 허위의 약속을 하므로 그 거짓말에 속은 탓이라고 볼 여지가 있고, 또 위 엘마트가 30억 원에 매매되는 정황에 비추어 볼 때 위 엘마트의 토지 및 건물에 비록 19억 원 상당의 근저당권부 선순위 채권이 있었다고 하더라도 공소외 2가 강제집행을 하였을 경우 반드시

---

246) 대법원 1997. 7. 25. 선고 97도1095 판결 등 참조

그 채권을 전혀 만족할 수 없었다고 볼 수도 없으며, 또 공소외 2가 채무 이행을 유예해 주지 않고 즉시 가압류 등 채권행사를 하였다면 적어도 피고인이 위 엘마트를 정상적으로 운영하기 어려웠을 수도 있으므로, 그와 같이 채무 이행을 유예받은 것을 두고 재산상 이익을 얻은 것이 아니라고 할 수는 없는 것이다).

2) 대환 - O

대환이라 함은 현실적인 자금의 수수 없이 형식적으로만 신규대출을 하여 기존채무를 변제하는 것으로서 특별한 사정이 없는 이상 대환은 형식적으로는 별도의 대출에 해당하나 실질적으로는 기존채무에 대한 변제기의 연장에 해당하는 것이고, 기망에 의하여 채무의 변제기를 연장받은 경우에도 사기죄가 성립하므로, 타인을 기망하여 대출을 받은 것이 신규대출이 아니라 대환에 해당한다고 하더라도 사기죄로 의율함에 지장이 없다.

3) 연장기간 동안 이자 - ×

그러나 변제기를 연장받음으로써 연장기간 동안의 이자 중 피해자가 지급받지 못한 부분에 대한 재산상 이익을 편취하였다고 보는 경우는 이와 다르다. 이 경우에는 변제기를 연장하였다고 하여 그 연장기간에 대한 이자가 당연히 면제되는 것이 아닌 이상, 연장기간 동안의 이자 중 지급받지 못한 부분에 대하여 사기죄가 성립되기 위해서는 그 부분에 대한 피기망자의 재산적 처분행위가 있어야 한다.

4) 고소취소를 위한 외상합의 사안 - O
A. 공증서류를 작성

서울남부지방법원 2013. 10. 25. 선고 2013노1204 판결로 하급심 사안이다. 1심의 의견은 수사 실무에서 다수 수사관의 실무처리이다. 그러나 2심은 사기 혐의가 있다고 보았다. 아직 대법원의 입장이 나오지 않았다는 점에서 논란의 소지는 남아 있다.

[사실관계] 피해자 C는 "피고인이 피해자 소유의 자동차 판매를 의뢰받아 위 자동차를 판매하였음에도 판매대금 950만 원을 피해자에게 반환하지 않고 횡령하였고, 외제 중고차를 매입할 의사나 능력이 없음에도 피해자에게 '외제 차량을 매입하려고 하는데 돈이 부족하니 투자하면 은행보다 높은 이자로 7월말까지 갚겠다.'고 거짓말을 하여 피해자로부터 4,350만 원을 교부받아 편취하였다"는 내용으로 피고인을 형사 고소한 사실, 피고인은 피해자에게 피해금액 5,000만 원(300만 원은 변제함)을 2011. 2. 10.경까지 변제하겠다며 고소를 취하해 줄 것을 요구하였고, 피해자는 2010. 11. 8. 피고인으로부터 "2011. 2. 10.까지 5,000만 원을 변제하고, 이를 위반할 경우 강제집행을 인락한다."는 내용의 금전소비대차계약공정증서(공증인가 법무법인 한림 작성 증서 제2010년 제1117호)를 교부받고, 그 무렵 위 형사 고소를 취하한 사실, 이에 피고인은 검찰로부터 위 형사 고소사건에 관하여 각하처분을 받은

사실, 그러나 피고인은 위 당시 별다른 재산이 없었고, 신용불량 상태여서 위 유예된 변제기까지 5,000만 원을 변제할 자력이 없었던 사실을 인정할 수 있다.

[1심] 피고인의 피해자에 대한 위 5,000만 원 채무는 사실상 불법행위로 인한 채무로 볼 수 있고 달리 당사자 간에 그 변제기를 명확히 특정하였던 것은 아니다. 그리고 피고인이 이 사건 채무를 연기함으로써 어떤 재산상 이익을 얻었던 것으로 보이지 않는다. 마찬가지로 피해자가 채무이행의 유예 없이 즉시 채권행사를 하였다고 하더라도 공정증서를 수령한 경우와 달리 큰 경제적 이득이 있었다거나, 또는 채무이행을 유예해 줌으로써 큰 경제적 손실을 보았다고 볼 자료도 없다. 따라서 이 사건에서 피해자가 채무이행을 유예하여 준 것을 재산적 처분으로 보기 어렵고 피고인이 채무유예를 통하여 재산상 이득을 취하였다고 볼 수 없다(나아가 강제집행인낙 부 공정증서는 그 자체가 판결문을 대신하는 채무명의에 해당하여 채무자가 약정된 채무를 불이행할 경우 즉시 집행에 착수하더라도 이의가 없다는 취지가 부기되어 피해자로서는 별도로 소를 제기하여 판결문을 얻는 수고를 덜 수 있으므로 이러한 공정증서를 교부받는 것 자체로 실익이 있다고 볼 여지가 있다. 실제로 이 사건에서 유예된 기간은 3개월여인데, 피해자가 피고인을 상대로 판결문 등 채무명의를 얻기 위해서도 위 기간은 필요하였던 것으로 보인다).

한편 피고인이 피해자에게 공정증서를 작성·교부한 주된 이유는 고소취하에 있었던 것으로 보인다. 그러나 피해자가 피고인에게 속아 고소취하를 해 주었다고 하더라도 고 소취하는 공법상의 권리인 고소권을 철회한 것에 불과하여 이를 재산적 처분행위라고 볼 수 없고, 또 피고인이 피해자의 고소취소로 인하여 직접 경제적 이득을 얻었다고 볼 수 없다.

[2심] 피고인의 위 채무는 불법행위에 의한 손해배상채무로 위 불법행위 당시 이미 변제기가 도래하여 즉시 변제하여야 할 채무임에도 형사고소를 당하자 이를 모면하기 위하여 피해자에게 공정증서를 교부함으로써 위 연장된 변제기까지 채무의 지급을 연기 받은 것이므로, 피고인의 행위는 사기죄에 해당한다고 할 것이다(피해자는 채무이행의 연기가 없었다면 지급명령과 같이 간이한 절차에 의하여 취득한 집행권원을 통해 바로 채권행사를 할 수 있었을 것으로 보이고, 피고인은 유예된 기간 동안 강제집행을 당하지 않고 정상적인 일상 가사생활을 영위할 수 있는 경제적 이익을 얻었다고 봄이 타당하다). 따라서 피고인에게 무죄를 선고한 원심판결에는 사실을 오인하거나 사기죄의 법리를 오해하여 판결에 영향을 미친 위법이 있다고 할 것이므로, 검사의 주장은 이유 있다.

B. 대물변제의 약속을 한 경우

피고인은 피해자가 위 확정된 지급명령으로 피고인에 대해 압류 등 강제집행을 하는 것을 막기 위해, 피해자를 만나, 피해자에게 "2019. 11. 30.까지 8,500만 원 및 그 이자 등을 지급할 테니, 그때까지만 기한을 달라. 만약 이를 이행하지 못하면, 내가 경남 산청군 C에서 경영하고 있는 D 식당의 임대차보증금 5,000만 원과 위 식당 시설, 영업권을 대신 양도하겠다."고 거짓말하였다. (중략) 피고인은 위와 같은 이유로 피해자로부터 채무의 변제기를 유예받더라도 피해자에게 채무를 변제할 의사나 능력이 없었고, 피해자에게 대신 양도하겠다고 한 D 식당의 임대차보증금, 식당 시설, 영업권등도 이를 양도할 의사나 능력이 없었다.[247] 그럼에도 불구하고, 피고인은 위와 같이 피해자를 기망하여, 피해자로부터 피고인이 부담하는 채무 8,020만 원 및 그 이자 등의 변제를 2019. 11. 30.까지 유예받음으로써 액수 불상의 재산상 이익을 취득하였다.

[판단] 즉 1 피고인과 피해자가 변제기를 유예하기로 하는 확약서를 작성한 2019. 3.경 피고인이 거액의 채무를 부

---

247) 창원지방법원 진주지원 2021. 1. 12. 선고 2020고단968 판결 사기

담하고 있었고, 피고인이 운영하던 다른 식당에 상당한 돈을 투자한 상황이었는바, 이후 피고인에게 단순히 수입이 있을 것으로 예상되었다는 사정만으로 위 시점 당시 피고인에게 유예된 변제기까지 채무를 변제할 의사나 능력이 있었다고 보기 어려운 점,

2 실제 위 확약서 작성 이후에 피고인에게 상당한 수입이 있었던 것으로 보이나, 피고인은 자신이 부담하던 채무 중 일부를 변제하였을 뿐 피해자에 대한 채무를 포함하여 여전히 상당한 채무를 부담하고 있었는바, 위 확약서 작성 당시 피고인이 재정적으로 어려운 상황에 있었던 것으로 봄이 상당한 점,

3 피고인이 유예된 변제기까지 채무를 이행하지 않을 경우 위 D 식당의 전세보증금, 식당 시설, 영업권 등을 양도하기로 약정하였으나, 약정당시 미지급된 월세를 공제하고 남은 위 전세보증금은 5,000만 원에 미치지 못하였고, 식당 내 시설은 식당 임대인 소유로서 피고인이 피해자에게 양도할 수 없었던 것으로 밝혀진 점,

4 피해자는 이 법정에서 확약서에 적시된 담보는 형식적인 것이 아니었고, 전세보증금이 5,000만 원인 것으로 알고 확약서와 같이 약정한 것이므로 위 보증금이 적게 남았다는 사실을 알았다면 담보로 잡지 않고 바로 집행을 했을 것이라고 증언한 점 등에 비추어볼 때 기망행위와 변제기 유예, 재산상 손해 사이의 인과관계가 넉넉히 인정되는 점 등을 종합하여 볼 때 피고인이 범죄사실과 같이 피해자를 기망하여 변제기를 유예받음으로써 재산상 이익을 취득하였음을 인정할 수 있다.

(3) 실무처리

1) 선행 사건을 다시 수사해달라는 주장의 경우(재수사)

동일사건에 대하여 사법경찰관의 불송치 또는 검사의 불기소가 있었던 사실을 발견한 경우에 새로운 증거 등이 없어 다시 수사해도 동일하게 결정될 것이 명백하다고 판단되는 경우에는 불송치(각하)하게 된다.[248]

2) 기망에 의한 합의를 주장하는 경우(신규수사)

속아서 합의서를 작성해 주는 바람에 형사적으로 불구속되거나 불송치되었다 하더라도 이들 형사판단과 민사상 피해자와 피의자간에 이른바 합의(화해계약)간에는 인과관계를 인정하기 어렵다. 다만 합의를 통해 채무이행을 연기받는 재산상 이익을 얻었음을 주장하는 경우에 문제된다.

[실무질의 해설] ○ 일반적으로 채무이행의 연기는 사기죄에서 말하는 재산상 이익에 포함되는 점, 하급심을 참고할 때, 재산상 이익에 해당하지 않는다는 이유로 각하는 어렵고, 결국 일단 수사를 진행하여야 한다고 보입니다.
○ 재산상 이익 특정 : 고소취소를 해 주기 전에 원 차용금 채무의 변제기를 정한 사실이 있는지, 만약 변제기를 정하였다면 그 변제기는 언제인지를 확인

---

248) 경찰수사규칙 제108조 제1항 제4호 나목

○ 기망행위 수사 : 즉 가령 연기된 변제기일에는 변제할 수 있는 능력이나 의사와 관련하여 대물변제하기로 약정한 분양권이나 영업권, 채권 등이 실제 가치가 있는지 등을 수사

〈형사합의와 민사 배상책임의 관계〉

○ 김송구 씨는 상가를 분양받을 수 있다는 박달재의 말에 속아 5500만 원을 빌려줬다. 하지만 김 씨는 1800여만 원밖에 돌려받지 못하자 박 씨를 사기죄로 고소했다. 김 씨는 정 씨의 항소심 선고를 앞두고 박 씨의 형으로부터 1300만 원을 변제받고 합의서를 작성해 줬다. 박 씨는 2008년 6월 항소심에서 징역 4월을 선고받고 형이 확정됐다. 김 씨는 박 씨에게 빌려준 5500만 원 중 1300만 원은 합의금으로 받은 것이고, 이미 일부 변제받은 1800여만 원은 이자라면서 박 씨를 상대로 나머지 대여금 4200만 원을 돌려달라는 소송을 냈다. 그러나 박달재는 "형사 고소를 취소하면서 합의금 1300만 원을 받기로 하고, 향후 민·형사상 어떠한 이의제기도 하지 않기로 합의했다"며 "채권을 포기하거나 채무를 면제해 준 것이어서 김 씨의 청구를 받아들일 수 없다"고 주장했다. 반면 김 씨는 "박 씨의 형이 1300만 원을 주면서 합의서 작성을 요구해 불러주는 대로 합의서를 작성해 줬을 뿐 정 씨에 대해 소송을 내지 않기로 하거나 채권 포기, 채무 면제를 한 것은 아니다"라고 맞섰다.
○ [항소심] 합의서에는 '채권에 대한 채무변제를 완료해 원만한 합의를 봤다'는 취지로 기재돼 있지만 실제로는 채무가 전부 변제되지 않아 김 씨가 정 씨 측이 요청한 문구대로 합의서를 작성해 준 것으로 보인다. 또 합의금 1300만 원도 대여금 5500만 원의 4분의 1에도 미치지 못하는 적은 금액이고, 법정구속된 상태에서 항소심 선고를 앞두고 합의가 절실한 상황으로 형사상 합의가 주요한 목적이며 합의서 문구에도 불구하고 형사처벌을 원하지 않는다는 취지의 형사상 합의에 불과하고, 민사적 책임까지 배제하는 취지의 합의로 볼 수 없다고 판단해 3300여만 원을 지급하라는 일부승소 판결을 했다.
○ [대법원] 합의서에 추후 민사상 청구의 가능성을 유보하는 내용의 문구가 없다. 진정한 의사가 형사상 합의만을 위한 것이었을 뿐 민사상으로는 전액을 변제받고자 하는 것이었다면, 김 씨가 이런 취지를 합의서에 기재해 두는 것도 가능했는데 다른 조건 없이 추후 민·형사상 어떠한 이의도 제기하지 않겠다고 명시적으로 합의서에 기재했다. 또 김 씨의 진정한 의사를 합의서 문구와 달리 해석할 만한 사유가 보이지 않고, 김 씨와 정 씨가 합의서를 통해 부제소 합의를 한 것을 봄이 상당하다.[249]

7. 명의대여의 사기죄

신용불량 등의 사유로 타인의 이름을 이용하여 사업을 영위하거나 휴대폰을 개통하는 등의 경제생활을 영위하는 경우가 많다. 명의자는 세금이나 요금 등이 전가되는 재산상 손해를 입게 되는데 이를 이유로 사기로 고소하는 경우가 적지 않다. 대체로 처분행위가 문제 된다. 다만 사법상 권리의무관계에 대한 부동산등기, 자동차등록, 주식에 대한 명의신탁과는 다른 문제임에 유의한다.

---

249) 대법원 2014. 4. 24. 선고 2013다97786 판결

(1) 타인 명의 휴대폰 구입 - ○

1) 명의대여

피해자를 기망하여 9개월 동안 휴대폰 할부대금 및 사용료를 피해자의 통장에서 지급되도록 하여 합계 금 2,392,000원 상당을 편취한 경우와 같이 여러 차례에 걸쳐 금원을 교부받거나 재산상 이익을 취득한 행위는 포괄하여 1개의 사기죄를 구성한다.[250]

같은 해 2. 25.경 창원시 팔용동 기계공구상가에서 사업에 필요하니 휴대폰 전화기를 구입해 주면 대금을 즉시 변제하겠다고 거짓말을 하여 이에 속은 피해자로 하여금 피해자 명의로 전화기를 구입하고 계약금 132,000원을 지불하게 한 후 그때부터 같은 해 11.경까지 위 휴대폰 할부대금 및 사용료 합계 금 226만 원을 피해자의 통장에서 지급되도록 하여 합계 금 2,392,000원 상당의 재산상 이익을 취득하고, 5. 같은 해 3. 초순경 위 정미용실에서 피해자에게 급히 쓸 돈이 있는데 빌려주면 곧 갚겠다고 거짓말하여 이에 속은 피해자로부터 즉석에서 금 50만 원을 교부받아 이를 편취하였다.

2) 명의도용

[공소사실의 요지] 피고인 A는 2010. 6.경부터 'C'라는 상호로 D 이동전화 대리점을 운영하던 중, 피고인 B로부터 '타인의 신분증을 이용하여 휴대전화를 개통해서 유심 칩과 함께 건네주면 휴대전화 1대당 10만 원의 수수료를 지급하겠다'는 제안을 받고 이를 수락하였다. 이에 피고인들은 본인의 의사를 확인하지 않고 위조한 휴대전화 가입신청서를 피해자 주식회사 D(이하 '피해 회사'라 함)에 제출하여 휴대전화를 개통하더라도 단말기 할부대금을 납부할 의사나 능력이 없었고, 휴대전화를 사용하더라도 그 요금을 납부할 의사나 능력이 없었음에도, 위조한 휴대전화 가입신청서로 휴대전화를 개통하여 단말기 및 유심 칩을 처분하기로 공모하였다. 피고인 B는 2010. 10. 8.경 서울 강남구 E 빌딩 5층에 있는 위 C 사무실에서 불상의 방법으로 취득한 F의 신분증 사본, 계좌 사본 등 휴대전화 개통에 필요한 서류를 피고인 A에게 제공하고, 피고인 A는 이를 이용하여 위 C 직원 G를 시켜 마치 위 F가 휴대전화 가입신청을 하는 것처럼 F 명의로 된 휴대전화 가입신청서 및 단말기 할부계약서를 임의로 작성한 다음, 피해 회사의 성명불상 직원에게 위와 같이 위조된 휴대전화 가입신청서 및 단말기 할부계약서를 제출하였다. 피고인들은 공모하여 이와 같이 피해 회사의 직원을 기망하여 이에 속은 피해 회사로부터 같은 날(전화번호 1 생략)으로 개통된 휴대전화 단말기 1대를 교부받고 단말기 할부대금 577,950원 및 통신요금 1,458,520원 등 합계 2,036,470원을 납부하지 않은 것을 비롯하여, 2010. 8. 3.부터 같은 해 12. 28.까지 별지 범죄일람표 기재와 같이 타인 명의의 휴대전화 137대를 같은 방법으로 개통하여 교부받고, 2010. 8. 3.부터 2011. 1.경까지 단말기 대금, 문자메시지 이용료, 소액결제 요금 및 휴대전화 이용요금 등 합계 367,330,050원 상당의 통신요금을 납부하지 아니하는 방법으로 동액 상당의 재산상 이익을 취득하였다.

---

250) 대법원 1996. 1. 26. 선고 95도2437 판결

○ 휴대전화 단말기 대금 부분

가) 한편 일반적으로 물품거래 관계에 있어서 물품대금을 변제할 의사나 능력이 없음에도 피해자를 기망하여 물품을 공급받는 경우 피해자의 착오에 의한 재산적 처분행위는 물품의 교부로서 이로써 재물에 대한 사기죄가 성립하고, 그 이후에 물품대금채무를 변제하지 아니한 것은 채무불이행에 불과하여 별도로 재산상 이익을 편취한 것이라고는 볼 수 없으며, 다만 또 다른 기망 행위에 의하여 그 채무변제의 유예를 받거나 채무를 면제받은 경우 등 피해자의 별개의 처분행위가 있는 경우에 한하여 재산상 이익 편취에 의한 사기죄가 성립할 수 있을 것이다(대법원 2005. 11. 24. 선고 2005도7481 판결 참조).

나) 위 법리에 비추어 보면 **피고인들이 휴대전화 대금을 납입할 의사나 능력이 없음에도 피해회사에 위조된 계약서를 전송하여 휴대전화 단말기를 교부받은 때 사기죄가 성립**하고 **이때 사기죄의 객체는 재물인 휴대전화 단말기이고 피고인들이 단말기대금을 변제하지 아니한 것은 민사상 채무불이행에 불과할 뿐이다. 사기죄는 즉시범으로 기수시기와 범행 종료시기가 일치하는 범죄이므로 휴대전화 단말기를 교부받은 때 사기 범행이 종료되었다**고 봄이 상당하다. (가사 공소시효가 완성되지 않았다 하여도 피고인들의 또 다른 기망행위에 의하여 피해회사로부터 단말기 대금 채무 변제의 유예 또는 면제받는 등 피해회사의 새로운 처분행위가 없는 한 별도로 재산상 이익을 편취한 것이라고 볼 수 없다 할 것인바, 이 사건 기록에 비추어 보면 검사가 제출한 증거들만으로는 피고인들의 새로운 기망행위로 위 대금 채무 변제의 유예 또는 면제 등 피해회사의 새로운 처분행위가 있었다고 보기 부족하고 달리 이를 인정할 증거가 없다). (하략)

○ 문자메시지 이용료 및 휴대전화 이용요금 부분

가) 별지 범죄일람표의 기재에 의하면 피고인들이 취득하였다는 재산상 이익은 '미납금'과 '단말기 잔여 할부금'으로만 구분되어 있을 뿐이고 이 사건 공소사실 기재와 같이 문자메시지 이용료 및 휴대전화 이용요금이 각각 구분되어 있지 않다.

나) 문자메시지 이용료와 휴대전화 이용요금은 휴대전화 이용자가 문자 수·송신, 통화 수·발신 행위를 할 때마다 통신회사가 휴대전화 이용자에게 통신 역무를 제공하고 이용 횟수 및 시간에 비례하는 요금이 부과되는 방식으로 발생한다. 따라서 문자메시지 이용료 및 휴대전화 이용요금에 대한 사기 범행의 경우, 휴대전화 이용자가 그 대금을 납부할 의사와 능력이 없으면서도 문자 수·송신, 통화 수·발신 등의 행위를 한 것이 기망행위에 해당하고 그로 인해 통신회사가 각 통신 용역을 제공하는 것을 처분행위라고 봄이 타당하다. 통신회사가 휴대전화 이용자에게 대금 납

부의 의사와 능력이 없다는 점을 알았다면 이러한 통신 용역을 제공하지 않았을 것이므로 그 기망행위와 처분행위 사이에 인과관계도 존재한다. 그렇다면 이 부분 공소사실의 공소시효는 이 사건 각 휴대전화를 이용해 마지막으로 통신 용역을 제공받은 시점을 기준으로 기산한다고 보아야 한다. (하략)

다) 소액결제 요금 부분은, 이 부분 범행은 타인 명의의 휴대전화를 이용해 소액결제로 콘텐츠를 취득하였을 때 성립하고 그와 동시에 범행이 종료된다고 보아야 한다. 그러나 검사는 이 사건 공소사실 중 소액결제로 인한 재산상 이익을 취득한 시점을 특정하지 못하고 있으므로 검사가 마지막으로 특정한 개통일자를 범행종료 시점으로 보는 것이 피고인의 이익에 부합한다.

(2) 타인명의 사업자등록

> **연습문제**
>
> ○ 강정호는 추신수로부터 사업자등록 명의를 대여받아 호텔을 운영하고 있다. 강정호는 추신수에게 온양관광호텔의 사업자등록 명의를 빌려주면 호텔을 운영하면서 발생하는 세금이나 채무는 모두 제가 변제하도록 하고 아무런 손해가 가지 않도록 하겠다고 약속하였다. 그런데 실제로는 호텔에 관한 임대보증금반환채무 50,000,000원, 주차부스 구매대금채무 1,000,000원, 각종 세금 및 고용·산재보험료채무 2,000만 원 발생하였는데도 이를 갚지 않고 있다.
> ○ 추신수는 강정호를 사기죄로 고소하였다. 어떠한가?

1) 사업자등록의 의의

부가가치세가 과세되는 사업을 하는 사업자는 사업장마다 사업자등록을 하여야 하며, 등록하지 않으면 가산세 등의 불이익이 생긴다. 한편 사업 개시일로부터 20일 이내에 세무서에 신청하게 되며, 사업자등록증은 등록 즉시 발급하게 된다. 다만, 이는 어디까지나 세법상 제도이지 개인 간의 권리의무 관계에 대한 제도가 아니며, 공정증서원본부실기재죄의 공정증서원본이 아니다.

2) 사업자등록명의 대여의 불이익

신용불량 등의 이유로 타인 명의로 사업을 하는 경우가 종종 있다. 그러나 실제 사업자가 명의를 대여하여 사업을 하면 형식상 명의대여자의 이름으로 사업자등록이 되고 모든 거래가 이루어지게 되며, 명의를 빌려간 사람이 세금을 신고하지 않거나 납부를 하지 않으면 납부해야 할 세금은 우선적으로 명의대여자에게 고지된다. 물론 세법상의 '실질과세원칙'에 따라 명의대여자가 실질 사업주에게 부과함이 원칙이나, 이는 명의대여자가 스스로 입증해야 하기 때문에 쉽지 않다.

그러므로 명의대여자가 종합소득세, 부가가치세 등의 세금부담을 하게 되며, 법인이 체납한 세금은 명의를 빌려준 주주가 대신 납부하게 될 수 있으며, 주주명부상 과점주주(발행주식 총수의 50% 초과)로서 일정한 요건에 해당하면 법인이 체납한 세금을 대신 부담하게 되는 경우도 있다. 나아가 세금을 체납으로 명의대여자의 예금·부동산 등 재산이 압류·공매 되어 체납세금에 충당하게 될 수도 있다. 그리고 금융기관에 체납사실이 통보된다면 신용카드사용정지 등 불이익은 물론이며, 출국금지 조치를 당할 수 도 있다. 소득 증가로 국민연금, 건강보험료 인상도 뒤따른다.

3) 사업자등록변경

사업자등록변경은 상호를 변경, 법인의 대표자를 변경, 사업의 종류 변경, 사업장의 이전, 상속으로 사업자의 명의가 변경, 공동사업의 구성원 내지 출자지분변경, 임대차관계변경의 사유가 있어야 한다. 이와 관련 사업자등록정정신고는 상호변경, 법인의 대표자 변경(개인은 해당 안 됨), 사업종류의 변경, 사업장 이전 등에 해당된다.

개인사업자로서 명의 변경은 상속, 공동사업자의 구성원 변경의 경우에만 가능하다. 따라서 영업양도에 따른 사업자 명의변경은 사업자등록정정신고에 의할 수 없고, 반드시 양도인은 폐업신고를 하고, 양수인은 신규로 사업자등록 신청서를 제출하여 사업자등록증을 발급받아야 한다.

4) 본 사건의 경우

[해설] 타인 명의로 사업자등록을 하고 사업을 영위한 경우에 그 명의자는 실제의 사업자가 아닌 명의의 귀속자에 불과하므로, 그에 대하여 한 조세부과처분은 위법하고, 이와 같이 과세의 대상이 되는 소득·수익·재산·행위 또는 거래의 귀속이 그 명의와 달리 사실상 귀속되는 자가 따로 있는 때에는 사실상 귀속되는 자를 납세의무자로 한다는 실질과세의 원칙상 과세관청은 타인의 명의로 사업자등록을 하고 실제로 사업을 영위한 자에 대해 세법을 적용하여 과세할 수 있음은 당연하다. 또한 산업재해보상보험법 등의 적용을 받는 사업의 사업자등록 명의인은 특별한 사정이 없는 한 당해 사업의 실제 사업주로 추정이 되기는 하지만, 보험가입자로서 산재보험료 등의 보험료 납부의무를 부담하는 사업주에 해당하는지 여부는 계약의 형식과는 관계없이 실질에 있어서 근로자에게 임금을 지급하고 지휘·감독하며 근로자로부터 근로를 제공받았는지 여부에 따라 판단하여야 한다.

한편 타인에게 사업자등록 명의를 대여한 경우 그 명의대여자는 상법 제24조에 의해 자기를 영업주로 오인하여 거래한 제3자에 대하여 그 타인과 연대하여 변제할 책임을 지기는 하나, 이러한 명의대여자의 책임은 명의자를 사업주로 오인하여 거래한 제3자를 보호하기 위한 것으로 거래 상대방이 명의대여 사실을 알지 못하였고 알지 못한 데 대하여 중대한 과실이 없는 경우에 명의를 차용한 자와 연대하여 변제할 책임을 지는 법정책임인 것이지 명의 대여자가 거래 상대방에게 채무부담을 하기로 하는 내용의 법률행위 등 처분행위에 기한 책임은 아니다. 그리고 명의대여자가 상법 제24조에 의한 명의대여자 책임을 부담한다고 하더라도 명의차용자와 연대하여 변제할 책임 이 있는 것일 뿐, 명의차용자가 거래 상대방에 대하여 그 거래로 인한 채무를 면하게 되는 것은 아니다.[251]

(3) 타인 명의 할부 자동차 구입 - ○

피고인은 2013. 8. 28. 부산 연제구 거제천로에 있는 'E 자동차상사'에서 피해자 최○○에게 "중고자동차를 할부 로 매수하려고 하는데 할부금 상환 약정 명의와 자동차 등록 명의를 빌려주면 1개월 내에 자동차에 관한 명의를 모 두 피고인 명의로 변경하여 피해자에게는 아무런 피해가 없도록 하겠다."라는 취지로 거짓말을 하였다. 그러나, 피 고인은 당시 우리은행 대출금 채무가 2,000만 원이 있어 신용불량 상태에 있는 등 피해자 명의로 중고자동차를 할 부 구매하더라도, 자동차 할부대금을 납부하거나 1개월 내에 할부금 상환 약정 명의를 피고인 명의로 변경할 의사 나 능력이 없었다. 피고인은 이와 같이 피해자를 기망하여 이에 속은 피해자로 하여금 피고인이 구매하는 아반떼 중고승용차에 대하여 피해자 명의로 현대캐피탈에 구매대금 840만 원을 36개월간 매월 315,179원씩(단, 1회차는 400,928원, 마지막 회차는 312,535원) 분할 상환 조건으로 할부금 상환 약정을 체결하도록 하고, 2013. 10. 15.부 터 2014. 8. 15.까지 할부금 채무를 납부하지 아니하여 피해자로 하여금 대위 변제하도록 함으로써 위 할부금 채 무 합계 3,552,718원 상당의 재산상 이익을 취득하였다.[252]

예제 휴대폰 요금

○ 충남 아산 아고 사거리에 있는 '아주싸' 휴대폰 매장은 요새 매출이 떨어져 울쌍이다. '다팔아' 사장님은 크게 이벤트를 벌여 매출 상승세를 만들어 보려고 노력했다. 하지만 본사에서 지원 하는 지원금만으로는 손님을 끌기 어려워 무리수를 던지기로 하였다. 보조금을 나중에 주기 로 하거나 요금할인이 있다고 말하여 휴대폰을 일단 개통시키고, 나중에 사정변경이 생겼다 고 둘러대기로 한 것이다. '다팔아' 사장님의 전략은 적중했다. 인터넷에서 '아주싸' 매장만큼 보조금 내지 할인을 해 주는 곳이 없었던 것이다. 결과적으로 100여 명의 사람이 휴대폰 개통 을 신청하였으나, 결국 보조금 내지 할인을 받지 못하게 되었다.

---

251) 대법원 2012. 6. 28. 선고 2012도4773 판결
252) 울산지방법원 2014. 11. 25. 선고 2014고단1463, 2169(병합) 판결 [, 3130(병합), 3149(병합), 특수절도, 도로 교통법위반(무면허운전), 공문서부정행사, 특수절도미수, 사기, 도로교통법위반]

○ 그 가운데 A와 B는 '다팔아' 사장님을 사기죄로 고소하기에 이르렀다. 그런데 삼송 갤러기 휴대폰(대금 100만 원)을 구입하게 된 A는 대금을 전액납부하였고 6개월 합계 요금은 50만 원이 부과되었다. 반면 B는 할부금 24만 원을 납부하고, 요금은 76만 원이 부과되었다.

○ 다팔아 사장님은 A, B에 대한 사기죄가 성립하는가, 피해액은 얼마인가?

[해설] 휴대폰은 휴대폰 매장 내지 삼송에서 준 물건이기 때문에 피해자의 처분행위로 취득한 재물이 아니다. 그렇다면 할부대금 내지 휴대폰 요금은 사기죄의 피해객체가 될 것인가? 이에 명확한 대법원 판례는 없다. 다만 본문에서 소개하는 대법원 2016. 5. 24. 선고 2015도18795 판결의 내용을 참작하여 다음과 같은 사건을 개진한다. '다팔아' 사장님의 기망행위의 내용은 고객으로 하여금 허구의 보조금 내지 약정할인이 있는 것처럼 믿게 하는 것에 그치며, 다만 자기 매장에서 휴대폰 매매계약 내지 통신계약 개통을 체결하게 하려는 데 있다. 일단 휴대폰 계약이 이뤄지면, 그 계약에 따른 매매계약 내지 이행을 할 의사와 능력이 있는지의 여부 내지 그 계약에서 요구하는 급부의 내용이나 품질에 관하여 착오를 일으키게 하려는 것은 아니다. 따라서 기망행위로 인한 피해자의 처분행위는 휴대폰대금 지급에 있는 것이 아니라 휴대폰매매계약 내지 통신이용을 체결하는 것 자체이고, 이러한 처분행위로 인하여 휴대폰 매장 내지 삼송이 편취한 것은 '계약당사자의 지위'라는 액수 미상의 재산상 이익으로 봄이 타당하다.

연습문제 **거짓말 하는 임차인**

박달재 씨는 2년 전 고소인 소유 점포를 임차하여 장사를 하고 있다. 장사가 잘되지 않았고, 점포주와 다툼이 있어서 1년 전부터 월세를 주지 않았다. 건물주도 이에 따라 임대차계약을 해지하였다.

그러나 박달재 씨는 점포에 투자한 비용이 아까웠다. 궁리 끝에 친구에게 점포주인과 임대차 계약을 대신 체결하게 하고 실제로는 자신이 계속 장사를 하기로 하였다. 그 사실을 모르던 고소인은 계약기간이 지났음에도 계속하여 영업을 계속하고 있는 임차인에게 상가를 비워줄 것을 요구하였다.

결국 점포주인은 박달재 씨가 다른 사람을 내세워 계약을 체결한 것을 알게 되자, '돈도 필요 없다, 점포에서 나가'라고 요구하였다. 박달재 씨도 자신이 실제 점포 임차인이라면 고소인이 임차해 주지 않았을 것이라고 인정하고 있다.

그러나 박달재 씨는 이대로 점포를 비워 줄 수 없다며 계속하여 점유하고 있었다. 화가 난 점 포주인은 박달재를 무단점유를 이유로 건조물침입으로 고소하였다.

[해설]

○ 주거침입죄 관련, 실제 점포 임차인이라면 고소인이 임차해 주지 않았을 것이라고 하므로 주 거침입으로 생각할 수 도 있다. 그러나 주거침입죄는, 현재 거주자 내지 간수자의 명시적·묵 시적 의사에 반하여 침입한 경우에 성립한다. 명도의무를 불이행하여 계속 무단점유하는 것 은 사법상의 불법점유에 해당할 뿐이며, 명도소송과 그 집행을 통해 해결하여야 한다. 따라 서 임대인이 실제로 현재 간수자인 점포 임차인의 의사에 반하여 들어간 사실이 없다면 형사 문제가 되기 어렵다.

○ 사기죄 관련, 사기에는 재물사기 뿐 아니라, 이익사기도 존재한다. 다만 다른 사람을 내세워 새로운 임대차계약을 체결한 점이 문제된다. 기망에 의하여 임차인에게 착오를 일으키고 계 약을 체결하게 하였다면, 이에 대한 사기죄가 성립할 수 있다.[253][254]

결론적으로 주거침입죄가 아닌 사기죄로 의율함이 더 타당하다고 보인다.

---

253) 대법원 1999. 7. 9. 선고 99도 1326 판결, 1987. 10. 26. 선고 87도1042 판결 등 참조
254) 대법원 2016. 5. 24. 선고 2015도18795 판결

Section 3 | 소극적 이익에 대한 사기

예제 | 면탈출판사

면탈출판사 대표 甲은 작가 A와 '만화로 보는 그리스 로마신화'라는 책의 출판계약을 체결하고, 출판부수에 의한 총정가의 7%를 인세로 지급하기로 하였다. 그런데 출판부수가 늘어나자 甲과 A는 인지첩부를 생략하기로 하게 되었다. 甲은 이를 이용하여, 출판부수의 1/3에 해당하는 부수만을 기재한 출고현황표를 A에게 보내는 방법으로 나머지 인세는 지급하지 않았고, 이런 방법으로 3년 동안 A에게 약 40억 원 상당의 인세를 지급하지 않았다.

그런데 각종 언론에 이 만화책이 1,000만부가 팔린 베스트셀러가 되었음을 알리는 기사가 실리면서 A는 지급되지 않은 인세가 있음을 알게 되었다. A가 항의하자 갑은 A에게 사과하고 인세의 일부를 지급하고, 추후 전액지급을 약속하였다.

그러나 A는 배신감을 느끼고 경찰에 甲을 고소하였다.

○ 甲에게 사기죄가 성립하는가?

✔ 정답 : 특정경제가중처벌등에관한법률위반(사기)

사기죄에는 재물사기 이외에 이익사기도 있다. 甲이 A에게 아직 지급하지 않은 미지급인세채권에 대한 이익사기, 특정재산범죄가중처벌등에관한법률위반(사기)이 문제된다.

🔒 피해객체의 특정

피해객체는 ① 작가가 작성하여 넘겨 준 원고와 ② 받지 못한 인세채무로 특정할 수 있다. 그러나 애초부터 인세를 지급하지 않을 목적이라면 원고 자체에 대한 사기가 성립할 수 있으나, 본 건은 인지첨부를 생략한 이후 인세 미지급이 문제된 사안이다. 따라서 원고라는 재물을 피해객체로 하는 재물사기로는 볼 수 없고, 인세미지급채무가 문제되는 이익사기의 유형이다.

🔒 착오와 기망행위

작가 A는 자신의 책이 300만 부가량 팔린 것으로 알고 있었으나, 실제로는 1,000만 부가 팔렸다는 점에서 착오가 존재한다. 또 허위의 출고현황표를 송부하였다는 점에서 기망행위를 인정함에도 어려움이 없다. 또한 인지첨부를 생략하여 허위의 출고현황표를 믿을 수밖에 없다는 점에서 인과관계 역시 인정된다. 따라서 본 건은 이익사기에서 처분행위가 쟁점이 된다.

🔒 이익사기의 처분행위

재산상의 이익에 대한 사기죄에 있어서 처분행위란 이익을 취득하게 하는 일체의 행위를 말한다. ① 계약의 체결, ② 노무의 제공, ③ 채무면제의 의사표시와 같은 행위는 물론 ④ 청구권을 행사하지 않는 부작위도 이에 해당한다. 기망행위에 의하여 피기망자가 착오에 빠진 결과 일시 채무의 이행을 독촉 내지 청구하지 않은 것에 그치는 것이 아니라 그러한 청구권이 있다는 사실 자체를 알지 못하여 이를 행사하지 아니한 경우에는 이를 부작위에 의한 처분행위라고 할 수 있다.

따라서 이를 수사하려면 출고부수를 임의로 기재하여 송부한 출고현황표에 기재된 부수만큼 이 사건 만화가 출판된 것으로 기망당하여, **출판사가 지급한 인세를 인세의 총액으로 믿고 수령한 채 그 후로도 출판사 측에 채권을 행사하지 못하였는지**가 중요한 수사사항이 된다.

🔒 결론 - 특경가법위반(사기) ○

피해자는 이 사건 만화의 출판부수 및 그에 대한 인세를 정확히 파악할 수 없게 된 상황에서 갑들이 출고부수를 임의로 기재하여 송부한 출고현황표에 기재된 부수만큼 만화책이 출판된 것으로 기망당하여 출판사가 지급한 인세를 자신이 실제 출판부수에 따라 지급받아야 할 인세의 총액에 해당하는 것으로 믿고 이를 수령하였고, 그 후 피해자는 인세의 지급과 관련하여 출판사 측에 아무런 문제 제기도 하지 아니한 채 3년여 동안 계속적으로 이 사건 만화의 원고를 저작하여 출판사로 하여금 이 사건 만화를 출판하도록 한 사실이 인정된다. 이와 같이 비록 피해자가 인세지급청구권을 명시적으로 포기하거나 또는 출판사에게 그 채무를 면제하여 주지는 아니하였다 하더라도, 피해자는 갑들의 위와 같은 기망행위에 의하여 그 청구권의 존재 자체를 알지 못하는 착오에 빠져 이를 행사하지 못하는 상태에 이른 만큼 이는 부작위에 의한 처분행위에 해당한다고 할 것이고, 피해자에게 인세지급청구권이 남아 있다는 사정만으로는 이와 달리 볼 수 없다.[255]

〈사기죄 구성요건 해당사실 정리표〉

피해객체	인세미지급채권
처분행위	부작위 처분행위 청구권이 있다는 사실 자체를 알지 못하여 이를 행사하지 아니한 경우
착오	인식은 300만 부이나 실제 1,000만부 팔린 부분에 대한 인세 채권의 존재에 대한 착오
기망행위	출고부수를 임의로 기재하여 송부한 출고현황표를 송부한 점
인과관계	출판부수를 정확히 파악할 수 없게 된 상황에서 갑들이 송부한 출고현황표에 기재된 부수만큼 출판된 것으로 알게 된 점

---

255) 대법원 2007. 7. 12. 선고 2005도9221 판결

🎖 기본 이론

1. 소극적 이익의 의의

사기죄에서 말하는 '재산상의 이익'에는 '채무'를 면제받는 등의 소극적 이익까지 포함한다.

가령, 피해자 을이 피의자 갑에게 5,000만 원 상당의 물품을 판매하였다면, 사기죄와 관련해서 먼저 을이 갑에게 속아서 5,000만 원을 교부한 경우에 재물사기가 성립할 수 있다. 그리고 갑이 을에게 갚아야 하는 '5,000만 원 채무'라는 소극적 이익에 대한 사기가 별개로 성립할 수 있음에 주의한다. 즉 대법원은 당초부터 대금을 변제할 의사나 능력을 속여 물품을 교부받았다면 물품사기죄가 성립하고 그 후에 대금채무를 갚지 않은 것은 별도로 이익사기죄를 구성하지 않는다.

반면 **물품을 교부받은 후에 비로소 편취의 범의가 생긴 것이라면, 그 대금채무 미변제에 대해 별도로 피고인의 기망행위와 피해자들의 착오로 인한 처분행위가 있다면 이익사기죄가 성립할 수 있다**고 보았다.[256]

2. 채무의 면제 · 소멸 사기

① 재물을 교부받은 이후에 비로소 편취의 범의가 생긴 경우에 ② 별도로 그 채무에 대한 별개의 기망행위에 의하여 ③ 피해자의 착오로 인한 처분행위(채무의 면제 내지 소멸 등)가 인정된다면 소극적 이익에 대한 사기죄가 성립할 수 있다. 다만, 단순한 채무불이행과 구별하기 위해 과연 어떤 경우에 처분행위를 인정할 것인지 문제된다. 특히 부작위 처분행위가 인정되는 등 재물사기와 같은 점유의 이전이라는 외관상 명확한 구별기준이 없다는 점에서 구별이 쉽지 않다.

---

256) 대법원 2005. 11. 24. 선고 2005도7481 판결

(1) 처분행위가 인정되지 않는 경우

1) 한문판독 능력이 없는 피해자의 경우

가. 피고인이 피해자에게 백미 100가마를 변제한다고 말하면서 10가마의 백미보관증을 100가마의 보관증이라고 속여 교부하고 한문판독 능력이 없는 피해자가 이를 100가마의 보관증으로 믿고 교부받았다고 하더라도 나머지 90가마의 채무가 소멸할리 없고 피고인이 위 채무를 면탈하였다고 할 수 없어 이로 인하여 재산상의 이익을 취득하였다고 할 수 없을 것이므로 이익사기죄에 해당한다고 할 수 없다.

나. 피고인이 10가마의 백미 보관증을 100가마의 백미 보관증이라고 속여 피해자로부터 피고인이 전에 작성하여 준 차용증서를 교부받았다면 그 차용증서를 편취한 것이라고 할 수 있을 것이고, 경우에 따라 죄도 성립할 수 있을 것이나 위 "가" 항의 공소사실에는 그와 같은 사실의 기재가 없으므로 법원은 공소장 변경 없이 그와 같은 사실을 인정할 수 없다.

2) 병원치료비 도주

[공소사실] 피고인은 공소외 1 정형외과 병원에 처 공소외 2를 입원 가료 중에 있었는데 그 치료비 17,000원을 지불할 의사가 없으면서 공소외 1에게 김갑수를 데리고 나가서 극장구경을 하고 돌아와서 치료비를 지급한 뒤에 퇴원하겠다고 거짓말하여 도주하여서 동액 상당의 재산상 이익을 취득하였다.

[판단] 공소사실에 의하면 피고인이 도주하기 전까지는 그 치료비를 지급할 의사와 능력을 가지고 입원치료를 받았는데 치료를 다 받고 난 뒤에는 치료비를 내지 아니하고 도주하기 위하여 공소외 1에게 거짓말을 한 사실이 사기에 해당한다고 공소한 취지로 볼 수밖에 없다. 원심은 이 사건 공소사실을 위와 같이 풀이하여 지급할 의사와 능력이 있어서 한번 부담하게 된 치료비 채무의 이행을 임시 도피하기 위하여 피고인이 거짓말을 하고 입원환자와 함께 도주하였다고 하여 그것만으로서는 피고인이 위 치료비의 지급채무를 면탈받은 것은 아니라 할 것이므로 (공소외 1이 치료비 채무를 면제하였거나 포기한 것이 아니므로) 사기죄가 될 수 없다고 본 것이요, 이러한 원심판단은 정당하다.[257]

(2) 처분행위가 인정되는 경우

1) 상계의 경우

사기죄에서 '재산상의 이익'에는 소극적 이익까지 포함하며, **채무자의 기망행위로 인하여 채권자가 채무를 확정적으로 소멸 내지 면제시키는 특약 등 처분행위를 한 경우에는 채무의 면제라고 하는 재산상 이익에 관한 사기죄가 성립한다.**[258]

---

257) 대법원 1970. 9. 22. 선고 70도1615 판결
258) 대법원 2012. 4. 13. 선고 2012도1101 판결

> 피고인이 피해자를 기망하여 부동산 매매대금 명목으로 매매대금 중 일부를 피고인에 대한 기존 채권으로 상계한 경우 기존 채무가 소멸되는 재산상 이익을 취득하였다.[259]

2) 재산권을 양도한 경우

채무의 이행을 위한 재산권의 양도만으로 처분행위를 단정할 수 없고, 기존 채무의 확정적인 소멸 내지 면제를 전제로 이루어진 것인지 여부를 적극적으로 살핀 다음, 채무면제를 목적으로 하는 사기죄의 성립 여부를 판단하여야 할 것이다.[260]

> A가 피해자에게 사이에 기존 6억 원 차용금채무의 이행에 갈음하여 기계들을 양도함으로써 위 차용금채무를 확정적으로 면제 내지 소멸시키기로 하는 약정 내지 처분행위가 있었다고 단정할 수 없다.[261]

3) 부작위에 의한 처분행위

A. 오락실 동업 사례 - 사기미수

> [사실관계] 갑은 A와 함께 오락실을 동업하기로 하였다. 그런데 갑은 자신이 미리 점포를 구하는데 들인 노력을 보상받기 위해 A에게 오락실 권리금 6,000만 원을 지급하지 않았음에도 허위 사용내역서를 작성·교부하고, 권리금 6,000만 원을 실제로 지출한 것처럼 말하였다. 그러나 A는 갑이 권리금을 실제 지급한지에 관하여 의문을 품었고, 근거자료 제시를 요구하며 이의를 제기하였다. 결국은 피고인이 이를 지급한 사실이 없음이 밝혀져 갑을 고소하기에 이르렀다.

원심은 피고인의 공소장 기재와 같은 기망사실은 인정되나 피고인이 6,000만 원의 출자의무를 불이행하였음을 전제로 이를 면제해 주는 처분행위를 할 여지가 없다는 이유로 사기미수죄 공소사실에 대하여 무죄를 선고하였다. 그러나 대법원은 비록 동업자들이 피고인에 대하여 출자의무를 명시적으로 면제하지 아니하더라도, 피고인의 기망행위에 의하여 피고인이 출자금 전액에 대한 출자의무를 이행하였다는 착오에 빠진 결과 이를 면제해 주는 결과에 이를 수 있는 만큼 이는 부작위에 의한 처분행위에 해당한다고 보았다.[262]

---

259) 대법원 2012. 4. 13. 선고 2012도1101 판결
260) 대법원 2008. 12. 24. 선고 2008도8600 판결 참조
261) 대법원 2009. 2. 12. 선고 2008도10971 판결
262) 대법원 2009. 3. 26. 선고 2008도6641 판결

B. 인세 미지급 사례

기망행위에 의하여 피기망자가 착오에 빠진 결과 **일시 채무의 이행을 독촉 내지 청구하지 않은 것에 그치는 것이 아니라 그 청구권이 있다는 사실 자체를 알지 못하여 이를 행사하지** 아니한 경우에는 이를 부작위에 의한 처분행위라 할 수 있다.[263]

> 판례 대법원은 비록 피해자가 이미 지급받은 인세를 초과하는 부분의 나머지 인세지급청구권을 명시적으로 포기하거나 또는 출판사의 채무를 면제하지 않았더라도, 피해자는 피고인 등의 기망행위에 의하여 그 청구권의 존재 자체를 알지 못하는 착오에 빠진 결과 이를 행사하지 못하는 상태에 이른 만큼 이는 부작위에 의한 처분행위에 해당한다.[264]

일반적으로 거래 관계에서 대금을 변제할 의사나 능력이 없음에도 물품을 공급받는 경우 재물에 대한 사기죄가 성립하고, 그 이후에 물품대금채무를 변제하지 아니한 것은 채무불이행에 불과하여 별도로 재산상 이익을 편취한 것이라고는 볼 수 없다. **다만 또 다른 기망 행위에 의하여 그 채무변제의 유예를 받거나 채무를 면제받은 경우 등 피해자의 별개의 처분행위가 있는 경우에 한하여 재산상 이익 편취에 의한 사기죄가 성립할 수 있을 것**이다. 또한 만일 피해자로부터 **피고인이 전에 작성하여 준 차용증서를 교부 받았다면 이 차용증서를 편취한 것이라고 할 수는 있을 것이고, 경우에 따라 이익사기죄도 성립할 수는 있을 것**이나, 공소사실에는 그와 같은 사실의 기재가 없으므로 법원이 공소장 변경 없이 그와 같은 사실을 인정할 수도 없다.[265]

---

263) 서울고등법원 2005. 11. 9. 선고 2005노588 판결
264) 대법원 2007. 7. 12. 선고 2005도9221 판결
265) 대법원 1990. 12. 26. 선고 90도2037 판결

Chapter 4

권리이전형계약과 사기

권리이전형 계약에는 증여, 매매, 교환이 있다. 각 계약의 기본적인 사항과 사기죄를 검토한다.

> ## Section 1 증여계약과 사기

기본 이론

1. 증여의 의의

증여는 무상으로 재산을 상대방에게 수여하는 것을 말한다. 기부, 축의금, 부의금, 기부채납 등 현실 생활에서 다양하게 이용된다.

(1) 증여계약의 의의

증여계약은 당사자 일방이 무상으로 재산을 상대방에게 수여하는 의사를 표시하고 상대방이 이를 승낙함으로써 재산수여에 대한 의사가 합치된 경우에 성립한다.[266] 증여계약이 성립하면 ① 증여자는 증여계약에 따른 채무를 이행하여야 한다. 다만 ② 그 하자나 흠결을 알고도 고지하지 않은 경우를 제외하고는, 책임을 지지 않는다고 규정하고 있다. 증여의 호의에 의한 무상적 성격임을 감안한 때문이다.

(2) 구별개념

수사실무에서 무상으로 준 것에 불과하다며 증여를 주장하는 경우가 있다. 법률적으로는 대여금, 명의신탁과 구별이 문제된다. 기본적으로 증여, 대여, 명의신탁인지 판단하는 것은 법률행위

---

266) 민법 제554조

해석의 영역이다. 그러므로 계약의 내용·동기와 경위·그 목적, 당사자의 진정한 의사 등을 종합적으로 고찰하여 논리와 경험칙에 따라 합리적으로 해석하여야 한다.

1) 명의신탁과 구별

다음 연습문제는 부모가 생전에 자신이 일군 재산을 자식에게 명의를 이전하였음에도, 부모가 여전히 당해 재산에 대한 관리·처분권을 행사하는 경우이다.

연습문제

강부친이 자신의 돈으로 부동산을 매수하거나 신축하였고, 자녀들 명의로 소유권이전등기 내지 소유권보존등기를 경료한 후에도 그곳에 거주하면서 제재소를 운영하였으며, 이 사건 부동산에 부과된 제세공과금도 납부하였다. 부동산에 관한 등기필증을 사망 시까지 소지하면서 제재소 운영에 필요한 자금도 이 사건 부동산을 담보로 대출을 받는 등 계속하여 이 사건 부동산을 사용·수익하고 있었다. 상당한 재력가였던 강부친은 자신이 취득하거나 취득한 대부분의 부동산을 자신의 자녀들 및 처의로 취득하거나 그들 앞으로 소유권이전등기 등을 경료하여 자신의 사망 시까지 약 30년 내지 40년간 그 명의를 변경하지 아니한 채 거의 그대로 보유하였다. 강부친은 뇌졸중으로 쓰러지기 전까지는 이 사건 부동산 이외의 다른 부동산들도 직접 관리하였다. 자녀들 중 일부는, 자신들 명의로 된 부동산 중 일부를 처분하여 사업자금으로 충당하였고, 강부친과 다른 자녀들은 이의를 제기한 바 없다.

연인 간, 부모자식관계 등에서는 구별이 어렵다. 일반적으로 증여 관계자의 평소 관계, 금전거래의 상황, 거래의 정황 등을 감안하여 개별적으로 판단한다. 가령 부모가 자식에게 부동산을 주었는데, 자식은 세금을 낼 재산이 없는 경우 정당한 증여의사가 아닌 명의신탁으로 보아야 할 여지가 높다. 위 사안에서 대법원은 부모가 생전에 자신이 일군 재산을 자식에게 물려준 때에는, 그 후에도 자식의 협조 내지 승낙하에 부모가 여전히 당해 재산에 대한 관리·처분권을 행사하는 경우가 흔히 있을 수 있는 모습이므로, **부모가 자식에게 재산의 명의를 이전하여 준 이후에도 그 재산에 대한 관리·처분권을 계속 행사하였다고 해서 곧바로 이를 증여가 아닌 명의신탁이라고 단정할 수는 없다**고 보았다.[267]

---

267) 대법원 2010. 12. 23. 선고 2007다22859 판결 [소유권이전등기등] [공2011상,187]

[해설] 피고 1 명의로 된 부동산이 다른 자녀들 명의로 된 부동산에 비하여 그 가치면에서 다소 차이가 나기는 하나, 그 당시에는 제사를 봉양할 장남을 다른 아들보다 우대하여 더 많은 재산을 분배한 반면 결혼한 딸에 대하여는 출가외인이라 하여 재산을 거의 분배하지 않았던 것이 일반적인 관행이었던 점, 소외 1이 처와 자녀들에게 그 부동산에 관한 명의를 신탁하여야 할 납득할 만한 이유가 없었던 점, 소외 1은 이 사건 부동산 중 일부에 대하여 피보전권리를 이 사건 청구원인과 동일하게 하여 제기한 가처분이의 소송에서도 피고 1을 상대로 소송을 계속할 의사가 없다고 밝힌 점, 피고 1은 1998년경 이후 자신 명의로 된 부동산에 관한 제세공과금으로 5,000만 원 이상을 부담해 왔던 점, 원고 4는 1998년경 피고 1 명의로 된 마산시 월포동 (지번 6 생략) 부동산을 담보로 금융기관으로부터 1억 6,000만 원의 대출을 받을 때 소외 1이 아닌 피고 1에게 부탁하면서 피고 1의 소유임을 인정한 점 등을 종합하여 보면, 소외 1은 자신의 자금으로 부동산 등을 취득하면서 자신이 분배하기를 원하였던 처와 자녀들 명의로 등기를 경료하고 다만 사망 시까지 자신이 처와 자녀들을 대신하여 이 사건 부동산을 포함한 각 부동산을 사용 수익하면서 관리하였다고 봄이 상당하고, 따라서 소외 1의 그와 같은 의사는 증여의 의사표시에 해당하고 이에 대하여 피고들이 이의 없이 이를 받아들임으로써 소외 1과 피고들 사이에 증여계약이 성립되었다. 이와 달리 이 사건 부동산이 피고들에게 명의신탁된 부동산이라는 원고들의 주장은 이유 없다.[268]

2) 대여금과 구별

증여와 차용금의 구별은 민사적으로 돈을 돌려받을 수 있을지와 관련해서 중요한 문제이나, 다음 연습문제를 풀어보자.

연습문제

○ 유재석과 박명수는 10년 이상 알고 지낸 사이다. 유재석은 박명수의 계좌로 2009년 6월부터 2011년 1월까지 5회에 걸쳐 합계 960만 원을 송금하였다. 유재석은 박명수를 상대로 960만 원을 빌려주었다고 주장하며, 대여금 및 지연손해금의 지급을 구하는 소를 제기하였다. 박명수는 유재석이 대여한 것이 아니라 증여한 것이므로 대여금청구에 응할 수 없다고 다투었다.

○ 빌린 돈과 준 돈은 어떻게 구별하며, 사기죄 수사에서는 어떤 점이 달라질 것인가.

---

268) 부산고등법원 2007. 2. 8. 선고 2005나17334 판결

A. 민사상 판단기준

대법원은 증여세부과처분취소소송에서 원고는 대여금이라고 주장하지만 차용증을 작성한 적이 없으며 원고에 대한 대여금이라고 한다면 그에 따른 이자가 정기적으로 지급되는 것이 일반적임에도 이자가 지급된 바가 전혀 없고, 담보 등도 제공한 사실이 없어 증여로 봄이 상당하다[269]고 판시한 바 있다. 그리고 위 연습문제에 대한 하급심(2심)은 원고의 피고에 대한 9,600,000원의 송금이 대여에 의한 것인지 증여에 의한 것인지 여부에 관하여 어떠한 법률행위에 관한 의사해석은 사회통념을 기준으로 객관적으로 하여야 한다고 전제하고 다음과 같이 판시하였다.

① 원고가 피고에게 돈을 송금할 당시 2009. 6. 1.경과 2011. 12. 1.경을 제외하고는 원고의 계좌잔액은 10,000,000원 미만으로서 원고의 현금 유동성이 충분한 상황은 아니었던 점, ② 원고와 피고가 10년 이상 알고 지내왔으나, 10,000,000원에 가까운 큰 액수를 아무 대가나 조건 없이 증여할 정도로 긴밀한 관계로 보이지 않는 점에 비추어, 원고는 추후 반환받을 것을 전제로 피고에게 9,600,000원을 송금하였다고 봄이 상당하므로 위 9,600,000원의 송금은 대여에 의한 것이다.

B. 수사실무상 실익

민사와 달리 형사에서는 증여와 대여금은 처분행위의 명목이나 기망행위의 내용에 불과하다. 즉 ① 만약 증여라면 무상행위에 불과하여 갚지 않는다고 사기가 될 수 없으므로, 그 기망행위의 내용으로 변제의사 내지 능력이 없다고 기재할 수 없다. 그러나 증여자 입장에서는 무상행위인 만큼 수증자와의 관계와 돈의 사용처가 중요한 경우가 많다. 가령 진지한 교제와 혼인의사 없이 재물편취만을 목적으로 이를 빙자하여 증여받거나, 거짓으로 목적으로 속이고 기부를 받는 등의 경우에는 얼마든지 사기가 성립할 수 있다.

② 반면 차용금이라면 갚아야 되는 돈이므로 대체로 변제의사 내지 능력이 중요한 수사사항이다. 물론 사안에 따라 용도사기도 가능하다.

2. 증여관계에서 사기
(1) 헌금 사기

교회 헌금 등은 민법상 증여계약에 해당한다. 다음은 피고인이 질병 치료를 미끼로 위와 같이 금원을 편취한 이상, 그것이 헌금이라는 자발적인 기부 형식으로 지급된 것인지 여부를 불문하고

---

269) 대법원 2013. 5. 9. 선고 2013두2174 판결 [증여세부과처분취소]

사기죄가 성립을 인정한 사안이다.

○ [공소사실] 피고인은 화성시 D에 있는 E 교회 및 F 기도원의 목사인바, 2011. 7.경 위 교회 집회에 참석한 피해자 G의 아들 H가 교통사고로 머리를 다쳐 간질병을 앓고 있다는 사실과 피해자가 유산으로 1억 원 상당의 예금을 가지고 있다는 사실을 알게 되자, 피해자에게 "기도로 아들의 간질병을 고쳐 주겠다"거나 "피해자 가족의 피부병을 고쳐 주겠다"는 취지로 피해자를 속인 후 이를 굳게 믿고 있는 피해자로부터 헌금 명목으로 금원을 교부받아 편취하기로 마음먹었다. 피고인은 2011. 7. 18.경 위 E 교회에서, 피해자에게 "친정어머니의 속에 있는 큰 귀신이 아들의 척추에 바늘을 박아놓고 그 귀신이 조정을 하여 아이가 간질발작을 일으키는 것이다, 그것을 고칠 수 있는 사람은 이 세상에서 나밖에 없다, 아무 때나 기도를 하는 것은 아닌데 기도를 받고자 하면 값을 치루고 옥합을 깨라, 아들 병을 고치려면 돈을 내야한다, 우리 하나님은 싸구려가 아니다, 자식이냐, 돈이냐"라고 하면서 피해자에게 기도로서 H의 병을 고쳐줄 것처럼 행세하면서 피해자에게 금원을 요구하였다. 그러나 사실은 피고인은 피해자로부터 금원을 교부받더라도 H의 간질병을 고쳐줄 의사나 능력이 없었다. 피고인은 위와 같이 피해자를 기망하여 이에 속은 피해자로부터 같은 해 7. 20.경 헌금 명목으로 600만 원을 교부받아 이를 편취하였다.

○ 피고인 및 변호인은, 피고인이 공소사실 기재와 같이 H의 간질병을 고쳐 주거나 피해자 가족의 피부병을 고쳐 주겠다고 기망하면서 돈을 요구한 사실이 전혀 없고, 단지 피해자에게 열심히 기도하면서 질병을 치료하라고 말하였을 뿐으로, 위 합계 7,100만 원은 피해자가 자발적으로 한 것이라는 취지로 주장한다. 그러나 ① 피해자의 진술이 매우 구체적이고 일관될 뿐 아니라, I도 "피고인이 '나 아니면 H를 고칠 사람이 없다'고 말하는 것을 들었다"는 취지로 일관되게 진술하여, 피해자의 위 진술을 뒷받침하고 있는 점, ② 피해자가 처음 E 교회에 참석하고 얼마 되지 아니한 2011. 7. 20.경 600만 원을 선뜻 지급한 데다가, 편취금액인 합계 7,100만 원은 피해자의 재산상태, 소득 등 경제적 형편에 비추어 지나치게 다액으로, 피고인의 기망 없이 피해자의 온전한 의사에 의하여 위 금원들이 수수되었다고 보기는 어려운 점, ③ 피고인이 스스로 제출한 설교 동영상(수사기록 제118쪽, 피고인이 수사기관에 제출한 것으로 피고인에 의하여 일부가 발췌된 것으로 보인다)을 보더라도, 피고인이 신도들을 상대로 헌금이나 헌물을 지나치게 강조하면서 안수기도 능력 등 자신의 영적 능력에 대하여 과장되게 말하는 모습을 확인할 수 있는 점(심지어 자신을 다른 일반 목사들을 뛰어넘는 '영적 의사'로 자칭하면서, 신도들의 모든 문제를 해결하고 신도들의 구체적인 병명과 치유방법까지 제시할 수 있는 것처럼 행동하는 모습을 보인다) 등에 비추어 보면, 피고인은 피해자로부터 금원을 지급받을 당시 피해자가 아들의 질병 치료를 바라는 절박한 상태에서 피고인이 위 질병을 치료할 수 있을 것으로 믿어 피고인에게 의존하고 있음을 이용하여 피해자로부터 금원을 편취한 것으로 봄이 상당하다. 또한 피고인이 질병 치료를 미끼로 위와 같이 금원을 편취한 이상, 그것이 헌금이라는 자발적인 기부 형식으로 지급된 것인지 여부를 불문하고, 사기죄가 성립함은 의문의 여지가 없다.[270]

---

(2) 기부사기

기부금을 모집하는 경우에도 당연히 사기죄가 성립할 수 있으며, 이 경우 기부금품의모집및사용에관한법률위반[271] 이 함께 문제된다.

---

270) 대법원 2015. 3. 20. 선고 2014도15300 판결, 서울중앙지방법원 2014. 6. 11. 2013고단4177
271) 1천만 원 이상의 금액으로서 대통령령으로 정하는 금액 이상의 기부금품을 모집하려는 자는 등록청에 등록

'경상북도 자연환경인대회'를 주최한 '경북 의제 21추진협의회'는 관변단체로서 그 산하에 피고인이 분과위원장으로 있는 자연환경분과위원회를 비롯한 5개 분과위원회를 두고 있고, 매년 경상북도로부터 지급되는 1억 원의 보조금으로 각 분과위원회마다 행사를 개최하는데, 그 운영세칙 등에 의하면 모든 사업은 위와 같이 지급되는 보조금으로 시행하도록 되어 있을 뿐 개인 또는 기업체로부터는 기부금을 받을 수 없도록 되어 있고, 실제로 외부로부터 기부금을 받아 행사를 치른 적은 없었던 사실, 그런데 피고인은 위 관변단체의 자연환경분과위원장으로서 위 관변단체 명의로 자연환경인대회를 개최하기로 하고 사업비용이 1,000만 원 정도 소요될 것이라는 내용의 사업계획서를 제출하여 두 차례에 걸쳐 합계 1,000만 원의 사업예산을 배정받은 다음 위 관변단체 명의로 위와 같이 배정받은 예산 범위 내에서 이를 시행하였을 뿐 경북사랑운동본부와 공동으로 위 행사를 치른 것은 아닌 사실, 그럼에도 피고인은 피해자들에게 발송한 협찬금 요청 공문에 '경북사랑운동본부'라는 문구 하단에 작은 글씨체로 위 관변단체의 명칭을 기재하여 마치 위 관변단체가 경북사랑운동본부의 하부기관인 것처럼 표시하고, 공문 직인도 경북사랑운동본부의 것만 날인하고, 연락처란에도 피고인의 개인 휴대폰 전화번호만을 기재하는 등 마치 경북사랑운동본부가 위 행사를 개최하는 것처럼 가장하여 피해자들에게 협찬금을 요구하는 내용의 공문을 발송한 사실, 피고인은 피해자 주식회사 삼성전자에는 위 행사에 소요되는 예산이 4,300만 원, 참석예상인원이 15,000명에 이르는 것처럼 과장하여 이를 요청하는 내용의 공문을 발송한 사실(실제 소요예산은 1,000만 원, 참석인원도 수백 명 정도에 불과하였다), 피고인이 주식회사 삼성전자로부터는 위 행사 이후에 돈을 받았고, 지급받은 돈 역시 상당부분 자신의 생활비로 사용하였으며, 나머지 피해자들로부터 받은 물품 중 상당부분도 개인적으로 사용하기 위해 이를 보관하고 있었던 사실을 인정한 다음, 위 인정 사실에 경북사랑운동본부가 실체가 없는 단체라는 점 등을 근거로 삼아 피고인이 마치 경북사랑운동본부가 위 행사를 개최하는 것처럼 피해자들을 기망하여 금품을 교부받았다고 판단하여 이를 사기죄로 처단한 것은 정당하다고 한 사례이다.[272]

(3) 연애사기

피고인은 2006. 5. 2.경 혼인한 기혼녀이자 딸 3명의 어머니로서 이러한 사실을 숨긴 채 의도적으로 피해자에게 접근하여 연인관계로 발전하였다가, 피해자의 아이를 임신하여 피해자로부터 결혼 약속을 받아 낸 후 금원을 편취하기로 마음먹었다.

피고인은 2016. 11.경 피해자 김ㅇㅇ의 페이스북에 접근하여 교제를 하던 중 2017. 1.경 피해자에게 "생리주기가 돌아왔는데 생리를 하지 않는다. 아이가 생긴 것 같다. 산부인과에서 산전 기초검사를 받는데 돈이 부족하니 병원비를 보내 달라."고 하였다. 그러나 사실 피고인은 혼인한 기혼녀이자 딸 3명의 어머니이고, 2016. 6.경 결혼 빙자 사기로 처벌받은 후 불과 5개월이 지나지 않은 상태에서 경제적인 어려움을 겪게 되자 의도적으로 피해자에게 접근한 것으로, 피해자와 결혼할 의사나 능력이 없었고, 피해자로부터 돈을 받더라도 이를 생활비 등으로 사용할 생각이었다. 피고인은 이와 같이 피해자를 기망하여 이에 속은 피해자로부터 2017. 2. 14.경 병원비 명목으로 12만 원을 피고인이 지정하는 계좌로 송금 받은 것을 비롯하여 2017. 2. 5.경부터 2018. 11. 3.경까지 별지 범죄일람표 (1) 기재와 같이 총 44회에 걸쳐 합계 31,696,712원을 교부받아 이를 편취하였다.

하여야 하며, 등록을 하지 아니하였거나, 속임수나 그 밖의 부정한 방법으로 등록을 하고 기부금품을 모집한 자는 3년 이하의 징역이나 3천만 원 이하의 벌금에 처한다(법제16조).
272) 대법원 2007. 10. 25. 선고 2005도1991 판결

교환계약과 사기

🎖 기본 이론

1. 의의

교환계약은 당사자 쌍방이 금전 이외의 재산권을 서로 이전할 것을 약정함으로써 성립하는 계약이다.[273] 재산권 이전의 대가로 금전을 지급하는 매매와 구별된다.

(1) 보충금의 지급

일방의 물건이 상대방의 물건보다 가격이 낮을 때에 보충금을 지급하더라도 교환계약이다. 가령 A의 토지와 B의 가옥에 3,000만 원을 현금으로 가산하여 교환하는 경우이다. 이 경우의 3,000만 원을 금전의 보충지급이라 한다. 이때 교환계약에서 당사자의 일방이 교환 목적물인 각 재산권의 차액에 해당하는 금원인 보충금의 지급에 갈음하여 상대방으로부터 이전받을 목적물에 관한 근저당권의 피담보채무를 인수하기로 약정한 경우, 특별한 사정이 없는 한 채무를 인수한 일방은 위 보충금을 제외한 나머지 재산권을 상대방에게 이전하여 줌으로써 교환계약상의 의무를 다한 것이 된다.[274]

(2) 교환계약의 성립

교환계약은 당사자 간에 청약의 의사표시와 그에 대한 승낙의 의사표시의 합치만으로 성립하는 낙성계약이므로 서면의 작성을 요하지 않는다. 다만, 그 청약의 의사표시는 그 내용이 이에 대한 승낙만 있으면 곧 계약이 성립될 수 있을 정도로 구체적이어야 하고, 승낙은 이와 같은 구체적인 청약에 대한 것이어야 할 것이며, 그 방법에 아무런 제한이 없고 명시적임을 요하는 것도 아니다.[275]

---

273) 민법 제596조 참조
274) 대법원 1998. 7. 24. 선고 98다13877 판결
275) 대법원 1992. 10. 13. 선고 92다29696

갑과 을의 아들이 갑의 밭과 을의 임야를 교환하기로 하였고, 그 후 을이 밭을 병에게 임대하여 경작하게 한 1년 반 동안 갑 측이 이의하거나 밭을 관리한 적이 없었다면 교환계약에 따라 밭이 을에게 인도되었다 할 것인데도 교환계약이 있었다는 내용의 증거를 모두 배척한 원심판결에 채증법칙 위배의 위법이 있다 하여 이를 파기한 사례

2. 교환계약과 사기

(1) 목적물의 시가를 허위로 고지한 경우 - ×

일반적으로 교환계약을 체결하려는 당사자는 서로 자기가 소유하는 교환 목적물은 고가로 평가하고 상대방이 소유하는 목적물은 염가로 평가하여 보다 유리한 조건으로 교환계약을 체결하기를 희망하는 이해상반의 지위에 있고 각자가 자신의 지식과 경험을 이용하여 최대한으로 자신의 이익을 도모할 것이 예상되기 때문에, 당사자 일방이 알고 있는 정보를 상대방에게 사실대로 고지하여야 할 신의칙상의 주의의무가 인정된다고 볼 만한 특별한 사정이 없는 한, 어느 일방이 교환 목적물의 시가나 그 가액 결정의 기초가 되는 사항에 관하여 상대방에게 설명 내지 고지를 할 주의의무를 부담한다고 할 수 없고, 일방 당사자가 자기가 소유하는 목적물의 시가를 묵비하여 상대방에게 고지하지 아니하거나 혹은 허위로 시가보다 높은 가액을 시가라고 고지하였다 하더라도 이는 상대방의 의사결정에 불법적인 간섭을 한 것이라고 볼 수 없다.[276]

(2) 교환계약을 이행할 의사 내지 능력

1) 오피스텔 처분권한

[공소사실의 요지] 피고인은 피해자 B에게 피해자가 부산 동구 C 오피스텔을 제공해 주면, 피고인이 제공하는 부산 부산진구 E 상가 2개 호실을 합하여 김해시 H 부동산과 교환한 다음 피고인과 피해자가 이를 각 1/2로 공유하여 처분하고 그 수익금을 나누어 갖자고 거짓말을 하였다. 그러나 사실은 위 E 상가 2개 호실은 I가 J 명의로 매수한 것으로 피고인은 위 I 등으로부터 위 E 상가 2개 호실에 대한 처분권한을 위임받은 사실이 없어 피해자가 위 C 오피스텔을 제공하더라도 위와 같이 H 부동산과 교환해 줄 의사나 능력이 없었다. 피고인은 위와 같이 피해자를 기망하여 피해자로 하여금 시가 1억 1,300만 원 상당의 위 C 오피스텔을 피고인이 지정하는 K, L 앞으로 이전등기를 경료하도록 하고, 위 K, L로부터 그 무렵 부산 동구 좌천동 이하 주소불상의 주택을 이전받아 위 금액 상당의 재산상 이익을 취득하였다.

[판단] **피고인이 E 상가 2개 호실에 대한 처분권한을 위임받은 바 없어서 C 오피스텔과 E 상가 2개 호실을 H 부동산과 교환하기로 하는 계약을 이행할 의사나 능력이 없었는지 본다.** 1) 피해자

---

276) 대법원 2002. 9. 4. 선고 2000다54406,54413 판결

는 피고인과 이 사건 교환계약을 체결한 후 피고인 측에 C 오피스텔에 관한 처분권한을 제공하여 피고인이 지정한 K, L 명의로 C 오피스텔의 소유권이전등기가 마쳐진 사실, 그런데 피고인은 이 사건 교환계약에서 약정한 대로 E 상가 2개 호실을 제공하지 못한 사실, 피고인과 피해자는 이 사건 교환계약의 내용대로 H 부동산을 취득하기 어려워지자, C 오피스텔 이전 대가로 피해자가 얻을 부동산을 김해시 M 토지 및 경주시 N 오피스텔 O호로 대체하기로 합의한 사실이 인정된다. 그러나 피고인이 결과적으로 E 상가 2개 호실을 제공하지 못하였다는 사정만으로 피고인이 처음부터 E 상가 2개 호실에 관한 처분권한을 위임받지 못하였다거나 피고인에게 편취의 범의가 있었다고 단정하기는 어렵다. 2) 오히려 증인 I, B의 각 법정진술에 의하면, 피고인은 E 상가 2개 호실을 포함한 여러 개의 부동산을 J 명의로 매수한 I와 사이에 별개의 부동산 교환계약[277]을 체결한 후, I로부터 E 상가 2개 호실에 관한 처분권한을 위임받은 사실, 피고인은 위와 같이 E 상가 2개 호실에 관한 처분권한을 위임받은 상태에서 피해자와 이 사건 교환계약을 체결하였고, 당시 피해자도 E 상가 2개 호실이 피고인 소유가 아니라 타인 소유인 것을 알고 있었던 사실, I는 제3자와의 분쟁 때문에 피고인에게 E 상가 2개 호실을 넘겨주지 못하였고, 결과적으로 피고인도 E 상가 2개 호실을 제공하지 못한 사실, 피고인은 I와 제3자 사이의 분쟁에 대해서는 자세히 모른 채 2012년 추석 무렵까지도 I가 E 상가 2개 호실을 이전해 주기를 기다리다가, 너무 시일이 지체되자 I와 사이에 E 상가 2개 호실 대신 골프회원권을 받기로 합의한 사실을 인정할 수 있다. 위와 같은 사정에 비추어 보면, 피고인이 이 사건 교환계약 및 후속 합의를 이행하지 못한 것에 관하여 피해자에게 민사상 채무불이행 책임을 지는 것은 별론으로 하더라도, E 상가 2개 호실을 제공할 의사나 능력이 없으면서 피해자로 하여금 이 사건 교환계약을 체결하게 하고 피해자로부터 C 오피스텔을 편취하였다고 단정하기는 어렵다.[278]

2) 근저당권 말소 조건 교환계약

[공소사실의 요지] 피고인들은 남매 관계로, 부동산 개발업자로 행세하며 근저당권 등 담보물권 제한이 있는 부동산을 마치 제한을 해제할 것처럼 기망하여 다른 부동산과 교환하는 수법으로 재산상 이익을 편취하기로 공모하여 왔다. 피고인들은 피해자 C에게 접근하여 "B 명의의 경기 가평군 D 중 약 800평가량의 토지)와 운영하던 경기 의왕시 E 소재 F 한식당의 운영권을 서로 교환하자. 본 건 토지에 설정된 근저당권은 교환 이후 전부 해제하여 주겠다"

---

277) 피고인 외 1인은 2012. 1. 16.경 I 외 1인과 사이에, I의 부산 부산진구 E 상가 P호, F호를 피고인의 부산 사하구 Q 대지 및 그 지상 무허가건물과 교환하기로 하는 계약을 체결하였다가, I의 사정으로 교환대상물인 위 상가 P호, F호를 위 상가 F호, G호("E 상가 2개 호실")로 변경하였다.
278) 부산지방법원 2020. 8. 20. 선고 2020고단170 판결 [사기]

라고 거짓말을 하였다. 그러나 사실 피고인들은 위와 같이 피해자와 부동산 교환 계약을 체결하더라도 위 한식당의 시설물을 매각하여 이득을 취한 다음 본 건 토지의 근저당권은 해제하지 아니할 예정인 등 교환 계약을 이행할 의사나 능력이 없었다. 결국 피고인들은 피해자를 기망하여 피해자로부터 경기 의왕시 E 소재 F 한식당의 임대보증금 8,500만 원 등 시가 2억 7,000만 원 상당의 한식당 임차권을 양도받아, 동액 상당의 재산상 이익을 취득하였다.

검사가 제출한 증거만으로는 피고인들이 교환계약을 이행할 의사나 능력이 없었다고 단정하기 어렵고, 달리 이를 인정할 증거가 없다. 그 이유는 다음과 같다. 위 교환계약은 피고인 A가 피해자에게 피고인 B 소유의 가평군 소재 임야 56,687㎡ 중 약 800평을 근저당권의 제한이 없는 상태로 이전하고, 피해자가 피고인 A에게 임대차보증금 8,500만 원인 의왕시 소재 음식점의 영업권을 양도하기로 약정한 것이다. 피고인 A는 피해자에게 위 임야 56,687㎡ 중 약 900평에 해당하는 2,975㎡에 대한 소유권을 이전하였고, 다만 위 임야 56,687㎡에 설정된 저축은행 명의의 근저당권을 말소하지 못하였다. 위 임야 56,687㎡에 설정된 근저당권은 그 면적에 따라 안분된 피담보채무액을 변제하면 근저당권자의 동의를 받아 해당 면적에 대한 근저당권을 말소할 수 있었던 것으로 보인다. 피고인 A는 위 교환계약일 무렵인 2010. 9.경 제3자에게 위 임야 56,687㎡ 중 일부 면적에 대한 소유권을 이전한 후 2010. 12.경 위 근저당권자인 저축은행의 동의를 받아 위 일부 임야에 대한 근저당권을 말소한 바 있다. 위 임야 56,687㎡에 설정된 근저당권의 채권최고액 또는 위 교환계약서에 기재된 피담보채무액을 그 면적의 비율에 따라 위 임야 2,975㎡에 안분한 금액은 1,500만 원에서 3,600만 원 정도다. 위 교환계약 체결일 당시 피고인들이 위 임야 2,975㎡에 안분된 1,500만 원에서 3,600만 원 상당의 근저당권 채권최고액 또는 피담보채무액을 변제할 능력이 없었다고 단정할 만한 자료는 보이지 않는다. 피고인들이 피해자로부터 양도받은 영업권을 처분하였다고 볼 만한 증거도 없다. 이러한 사정을 고려하면, 피고인들 주장과 같이 피고인들이 위 영업권을 처분하지 못한 상태에서 위와 같이 안분된 근저당권 피담보채무액의 변제를 미루다가 그 무렵 위 임야 56,687㎡ 중 일부에서 발견된 온천을 개발하는 사업에 상당한 자금을 투자 하고도 그 성과를 이루지 못하는 바람에 위 근저당권 피담보채무인 대출채무의 이자를 변제하지 못하여 교환계약 체결일부터 3년이 지난 2014. 3.경 위 임야 2,975㎡에 대한 임의경매절차가 개시되었을 가능성을 배제하기 어렵다.[279]

---

279) 수원지방법원 성남지원 2020. 11. 24. 선고 2020고단919 판결 사기

예제 명문 종중

○ 박달재는 충남 아산시의 명문 종중의 회장이다. 그런데 명문 종중은 중중 공용경비로 사용하기 위해, 최근 땅값이 많이 오른 아산시 음봉읍에 있는 종중 소유 부동산 100평을 종중회의에서 평당 400만 원에 매도하기로 하였다. 그런데 위 부동산은 공인중개사 박성배가 가격 흥정을 한 끝에 최종적으로 평당 450만 원에 팔게 되었다. 그런데 박달재는 종중 총회의 결의를 거치지 않고 공인중개사에게 법정 중개수수료를 초과하는 차액 5,000만 원을 임의로 지급하였다. 이를 알게 된 종중원들은 박달재가 공인중개사와 짜고 종중의 돈을 횡령 내지 배임하였다며 고소하였다.

○ 박달재에 대하여 어떻게 처리하여야 하는가.

✔ 정답 : 사기 내지 횡령 무죄

🪦 땅을 비싸게 판 경우

부동산중개업자가 자신이 중개한 부동산 매매대금 중 중개업자가 의뢰한 금액을 초과하여 중개하고, 법정수수료를 넘어서서 대금 중 일부를 직접 가져가는 경우가 있다.

🪦 사전에 양해가 된 경우(순가중개계약)

가령, 매도인에게는 3억 원만 주면 되고 그 이상의 금액으로 매도되면 나머지 금액은 모두 중개업자가 취하기로 사전에 양해한 경우로서, 순가중개계약이라 한다. 공인중개사법에서는 이와 같은 계약 체결 자체는 금지하지 않으나, 법정 중개수수료를 초과하는 경우에는 형사처벌 대상이다. 매도인의 허락을 받았다면 매도인에 대한 횡령은 성립할 여지가 없음은 물론이다. 그러나 매수인에 대한 사기죄는 어떤가?

[사실관계] 공인중개사 박달재는 피해자로부터 독서실 매물을 찾아 달라는 의뢰를 받고 매물을 찾던 중 독서실을 운영하는 A에게 이를 양도할 의향이 있는지 묻자, 수수료를 제외하고 권리금 3,000만 원만 받아주면 독서실을 양도할 의향이 있고, 만약 이보다 더 받는 경우 초과하는 금액은 중개수수료에 충당하여도 좋다고 말하였다. 한편 박달재가 피해자에게 독서실이 5,000만 원에 매물로 나와 있다고 소개하였다가 그 후 A의 허락을 받아 권리금을 4,000만 원으로 깎았다고 설명하였다. 이에 피해자가 권리금 4,000만 원에 독서실을 양수하기로 결정하여, 박달재가 쌍방을 중개하여 A가 피해자에게 권리금 4,000만 원에 독서실 임차권 및 설비 일체를 양도한다는 내용의 독서실 양도·양수계약이 체결되었다. 계속하여 박달재는 피해자로부터 권리금 4,000만 원을 지급받아 그중 3,000만 원을 A에게 지급하고 1,000만 원은 자신이 가졌으며, 피해자로부터 별도 중개수수료로 190만 원을 지급받았다.

[2심] 피의자가 권리금이 5,000만 원인데 주인과 이야기를 하여 4,000만 원에 해 주겠다고 말하여 당연히 권리금 4,000만 원이 주인이 요구하는 금액이고, 위 금액이 양수인에게 지급될 것이라고 생각하고 이를 지급하였다고 진술하고 있는 점 등에 비추어, 피고인은 피해자가 요구한 권리금의 액수보다 1,000만 원을 더 요구하는 방법으로 피해자를 기망하여 피해자로부터 1,000만 원을 편취하였다는 이유로 피고인에게 유죄를 선고하였다.

[대법원] 매매계약에 있어 매도인이 장차 매매의 효력이나 매매에 따르는 채무의 이행에 장애를 가져와 매수인이 매매목적물에 대한 권리를 확보하지 못할 위험이 생길 수 있음을 알면서도 매수인에게 그와 같은 사정을 고지하지 아니한 채 매매계약을 체결하고 매매대금을 교부받는 한편, 매수인은 그와 같은 사정을 고지 받았더라면 매매계약을 체결하지 아니하거나 매매대금을 지급하지 아니하였을 것임이 경험칙상 명백한 경우에는 신의성실의 원칙상 매수인에게 미리 그와 같은 사정을 고지할 의무가 매도인에게 있다고 할 것이므로, 매도인이 매수인에게 그와 같은 사정을 고지하지 아니한 것이 사기죄의 구성요건인 기망에 해당한다고 할 것이지만, 매매로 인한 법률관계에 아무런 영향도 미칠 수 없는 것이어서 매수인의 권리의 실현에 장애가 되지 아니하는 사유까지 매도인이 매수인에

게 고지할 의무가 있다고는 볼 수 없다.[280]

[대법원] 양도인이 최종적으로 받기를 원한 권리금의 액수가 3,000만 원이라거나 양도인이 3,000만 원보다 권리금이 높게 정해지는 경우 그 차액은 피고인에게 중개수수료로 귀속시키기로 한 사정 등은 위 독서실 양도·양수로 인한 법률관계에 영향을 미치거나 양수인의 권리 실현에 장애가 되는 사유로서 양도·양수계약의 당사자가 상대방에게 신의성실의 원칙상 고지하여야 할 범위에 포함된다고 보기 어렵고, 그 경우 양도인과 양수인 쌍방을 위한 중개인인 피고인 또한 이러한 사항을 양수인에게 고지하여야 한다고 보기 어렵다. 또한 권리금은 기본적으로 각 당사자 스스로의 판단에 좇아 결정되어야 하는 것이므로 양수인인 피해자로서도 스스로의 판단하에 권리금 4,000만 원에 양도·양수계약을 체결할 것인지 여부를 결정하여야 할 것이다. 그리고 피고인이 피해자에게 원래 권리금은 5,000만 원이지만 1,000만 원을 감액하여 권리금이 4,000만 원이라고 하였더라도 이는 중개 과정에서 허용되는 과장된 표현에 지나지 아니한 것으로 보인다.

생각건대, 신의칙상 고지의무를 인정하기 어렵고, 흥정에서 허용되는 과장표현인 점을 감안하면, 매수인에 대한 사기죄를 부정하는 대법원의 태도가 타당하다. 다만, 공인중개사법 제33조 제4호에는 당해 중개대상물의 거래상의 중요사항에 관하여 거짓된 언행 그 밖의 방법으로 중개의뢰인의 판단을 그르치게 하는 행위를 금지하고, 이를 어길 시 1년 이하의 징역 또는 1천만 원 이하의 벌금에 처하고 있다.

🪦 사전에 양해가 되지 않은 경우

매도인이 현장에 없고 중개업자가 대리인으로 거래하는 경우 발생하는 경우가 많다. 민·형사 문제를 나누어 본다. **(민사)** 2억 원에 체결된 매매계약은 대리인으로 중개업자가 체결한 것으로 적법·유효하다. 따라서 중개업자가 가져간 5천만 원은 매도인의 몫이다. 따라서 매수인으로서는 그 차액 자체의 반환을 요구할 수 없다. 다만, 매도인이 매도의뢰한 가격보다 훨씬 높은 금액으로 계약이 체결된 경우로서, 매수인에 대한 불법행위가 성립하는 예외적인 경우에는 중개업자에 대해 일정금액의 손해배상청구가 가능할 수 있다.[281] **(형사)** 중개업자는 대리인에 불과하므로, 매매대금은 전액 매도인의 것이다. 따라서 부동산 거래를 대행하면서 땅 주인에게 실제 땅을 사들인 가격보다 낮은 가격에 토지가 매매된 것처럼 속여 차액을 가져갔다면 횡령에 해당한다. 자신이 점유하고 있는 매매대금에 대해서는 사기죄가 되지 않음은 물론이다.

○ 다만, 본 사안은 종중의결보다 높은 금액으로 중개사가 매도하는 것을 종중 대표가 마음대로 허락하고 차액을 모두 중개사에게 지급한 사안이다.

---

280) 대법원 2004. 4. 27. 선고 2003도1232 판결, 대법원 2011. 1. 27. 선고 2010도5124 판결
281) 대법원 1991. 12. 24. 선고 91다25963 판결

① (배임죄의 관점) 제3자인 중개인에게 재산상 이득을 취득하게 하고 종중에게는 같은 금액의 재산상 손해를 가해 배임에 해당하는 것으로 보게 되면, 배임죄의 재산상 손해는 피해자의 전체적 재산가치의 감소를 뜻한다. 450만 원을 기준으로 한다면 배임죄가 성립할 여지가 있으나, 종중회의에서 의결된 매매대금 400만 원을 기준으로 본다면, 전체적으로 보아 피해자에게 어떤 손해도 발생했다고 볼 수 없다. 위 사례는 실무사례로서 사경은 기소의견 송치하였으나 같은 의견으로 검찰에서 불기소 하였다. 그러나 이에 동의할 수 없다. 생각건대, 종중회의 의결 금액이 기준이 될 수 없고, 실제 매매계약이 450만 원에 체결되어 그 대금 전액이 종중에게 귀속되어야 함을 고려하면, 종중의 손해발생을 인정해야 함이 타당하다.

② (횡령죄의 관점) 그러나 매매대금은 모두 종중의 소유이고, 대표가 임의적으로 제3자에게 차액 상당을 지급하였다면, 적어도 종중대표에게는 횡령죄가 성립할 수 있다는 점에서 배임죄보다 논쟁의 여지가 적어 보인다. 추가 수사를 통해 중개사와 종중 대표의 수익의 분배 등이 밝혀지거나 공모관계가 드러난다면, 이들을 모두 횡령죄의 공동정범으로 기소할 수 있음은 물론이다.

🎖️ 기본 이론

매매계약이란 당사자 일방이 재산권을 상대방에게 이전할 것을 약정하고 상대방이 그 대금을 지급할 것을 약정함으로써 성립하는 계약을 말한다.[282] 이와 같은 매매계약은 당사자, 계약일시, 목적물, 매매대금으로 특정된다. 여기서는 주로 부동산 매매계약을 살펴본다.

1. 부동산매매절차

부동산 매매계약이란 매매계약 가운데 매도인은 재산권을 상대방에게 이전하고 매수인은 그 대금을 지급하기로 하는 계약을 말한다. 매도인은 매수인에게 목적 부동산을 이전해야 하고 이와 동시에 매수인은 매도인에게 그 대금을 지급해야 합니다.[283]

(1) 계약의 준비

① 매매계약의 목적물인 부동산의 시세 및 그 주변을 조사하여 부동산을 선정한다. ② 부동산 중개업체를 대리인으로 하여 체결하는 경우 부동산 중개수수료 등을 살펴보고 부동산중개업체를 선정하여 부동산중개계약을 체결한다. ③ 부동산 구입자금이 부족한 경우 본인에게 적절한 대출 방식을 선택한다. ④ 일정한 경우에는 부동산 매매계약을 하기 전에 행정청의 허가를 받는다.[284]

(2) 매매계약체결

1) 권리관계의 확인

부동산 매매계약을 체결하는 경우 매매당사자가 부동산 소유권자인지 또는 대리인이 대리권을 가지고 있는지 확인하고, 부동산등기부 등을 통해 부동산 권리관계를 확인한다. 부동산 매매계약을 체결할 경우 매도인과 매수인이 매매계약의 당사자가 된다.

---

282) 민법 제563조
283) 민법」 제568조
284) 부동산 거래신고 등에 관한 법률」 제11조제1항 전단 허가구역에 있는 토지에 관한 소유권 · 지상권(소유권 · 지상권의 취득을 목적으로 하는 권리를 포함함)을 이전하거나 설정(대가를 받고 이전하거나 설정하는 경우만 해당함)하는 계약을 체결하려는 당사자는 공동으로 그 토지의 소재지를 관할하는 시장 · 군수 또는 구청장에게 허가를 받아야 합니다

A. 상대방이 무권한자인 경우

부동산 매매계약 시 매수인은 매도인이 부동산의 소유권자인지를 확인한다. 매도인이 서류를 위조하여 다른 사람의 부동산을 본인 부동산인 것처럼 매도하는 경우에는 무권리자의 처분행위가 되어 그 부동산 매매계약 자체가 무효이다.[285] 따라서 매매계약을 체결하고 등기까지 이루어졌더라도 매수인은 소유자가 될 수 없다. 이 경우 처분권한을 속이고 매매대금을 교부받았다면 사기죄가 성립함은 물론이다.

B. 명의신탁의 경우

부동산의 명의신탁약정은 금지된다. 만약 매매계약 체결 시 매도인이 명의수탁자라는 것을 매수인이 알게 된 경우에는 매도인과 매수인이 매매계약을 체결하고 매수인 명의로 소유권이전등기가 이루어진 경우에도 매수인은 소유권을 취득하지 못하는 위험이 있다.[286]

C. 대리인과의 계약의 경우

매매당사자는 대리인을 선임할 수 있고, 대리행위로서 매매계약을 체결할 경우 그 법적 권리·의무는 대리인이 아닌 매매당사자에게 귀속된다. 따라서 매매당사자가 선임한 대리인과 매매계약을 체결할 때에는 반드시 대리인에게 대리권이 있는지부터 확인해야 한다. 부모 등 법정대리인의 경우에는 인감증명서를 요구하고, 당사자의 의사에 기한 임의대리의 경우에는 위임장과 인감증명서를 함께 요구하여 이를 확인한다. 위임장에는 부동산의 소재지와 소유자 이름 및 연락처, 계약의 목적, 대리인 이름·주소 및 주민번호, 계약의 모든 사항을 위임한다는 취지가 기재되고 그 일자가 기재된 위임인의 인감이 날인되어 있어야 한다. 아울러 인감증명서는 위임장에 찍힌 위임인의 날인 및 매매계약서에 찍을 날인이 인감증명서의 날인과 동일해야 한다.

2) 매매계약서의 작성과 매매계약금 교부

매매계약체결 시 매매계약서를 작성하고 매매계약금을 교부한다. 부동산 또는 부동산을 취득할 수 있는 권리의 매매계약을 체결한 경우 실제 거래가격 등의 사항을 신고해야 한다.[287] 인지세를 납부해야 한다.[288]

---

285) 대법원 2017. 6. 8. 선고 2017다3499 판결
286) 「부동산 실권리자명의 등기에 관한 법률」 제3조 및 제4조
287) 부동산 거래신고 등에 관한 법률 제3조 제1항
288) 인지세법 제1조 제1항 국내에서 부동산 소유권 이전과 관련하여 계약서 그 밖에 이를 증명하는 증서를 작성

A. 계약금

매매계약금이란 부동산 매매계약을 체결할 경우 일반적으로 계약당사자의 일방이 상대방에게 교부하는 금전 등을 말한다. 일반적으로 매수인은 매매대금의 10%를 계약금으로 매도인에게 주는데 이는 매매대금에 포함된다. 매매계약이 체결되었다는 증거금의 성격을 가지며, 민법상, 매매계약 후 계약당사자 일방이 이행에 착수할 때까지 계약을 해제하는 경우 해약금의 성격도 가지게 된다.[289] 그러므로 매매계약금이 매도인에게 교부된 경우 계약당사자 간에 다른 약정이 없는 때에는 매수인은 매도인이 계약이행에 착수할 때까지 매매계약금을 포기하고 매매계약을 해제할 수 있다.[290]

매매계약금이 매도인에게 교부된 경우 계약당사자 간에 다른 약정이 없는 때에는 매도인은 매수인이 계약이행에 착수할 때까지 매매계약금의 배액을 상환하고 매매계약을 해제할 수 있다.[291]

B. 동시이행의 관계

일반적으로 매수인의 매매대금 지급과 매도인의 계약목적 부동산의 인도는 동시에 이행되므로 계약당사자 일방은 상대방이 채무를 이행할 때까지 자기의 채무이행을 거절할 수 있다(동시이행의 항변권).[292]

(3) 매매계약 후 처리절차

① 부동산 매매계약 후 매도인과 매수인 사이의 소유권 변동을 위해서는 부동산등기부에 등기해야 한다. ② 부동산 매매계약을 체결한 후 부동산거래를 신고해야 하며, 매수한 주택으로 거주지를 이동하여 전입신고 및 자동차 주소지를 변경해야 한다. ③ 부동산 매매계약 후에 매도인은 양도소득세, 지방소득세, 농어촌특별세를, 매수인은 취득세, 인지세, 농어촌특별세, 지방교육세 등을 납부해야 한다.

하는 경우 납부해야 하는 세금을 말합니다.
289) 민법 제565조 참조
290) 민법 제565조 제1항
291) 민법 제565조 제1항
292) 민법 제536조 제1항 및 제583조

2. 부동산매매와 사기

(1) 법률상, 사실상 하자가 있는 경우

1) 법률상 고지의무 - 매매목적물에 대한 권리를 확보하지 못할 위험

부동산을 매매함에 있어서 매도인이 매수인에게 매매와 관련된 어떤 구체적인 사정을 고지하지 아니함으로써, **장차 매매의 효력이나 매매에 따르는 채무의 이행에 장애를 가져와 매수인이 매매 목적물에 대한 권리를 확보하지 못할 위험이 생길 수 있음을 알면서도, 매수인에게 그와 같은 사정을 고지하지 아니한 채 매매계약을 체결하고 매매대금을 교부**받는 한편, 매수인은 그와 같은 사정을 고지 받았더라면 매매계약을 체결하지 아니하거나 매매대금을 지급하지 아니하였을 것임이 경험칙상 명백한 경우에는, 신의성실의 원칙상 매수인에게 미리 그와 같은 사정을 고지할 의무가 매도인에게 있다고 할 것이므로, 매도인이 매수인에게 그와 같은 사정을 고지하지 아니한 것이 사기죄의 구성요건인 기망에 해당한다고 할 것이지만, 매매로 인한 법률관계에 아무런 영향도 미칠 수 없는 것이어서 매수인의 권리의 실현에 장애가 되지 아니하는 사유까지 매도인이 매수인에게 고지할 의무가 있다고는 볼 수 없다.[293]

2) 계약의 목적을 달성할 수 없을 정도

특정물 매매에 있어서 매도인은 매매목적물을 이행기에 현상 그대로 인도함으로써 그 의무를 다하는 것이고(민법 제462조), 다만 그 물건이 거래통념상 기대되는 객관적인 품질이나 성능을 갖추지 못하였거나 당사자가 예정 또는 보증한 성질을 결여한 경우에 매수인은 하자로 인한 손해의 배상을 청구할 수 있으나,[294] 매매계약을 해제하기 위해서는 그 하자로 인하여 계약의 목적을 달성할 수 없는 정도에 이르러야 한다. 여기서 목적물의 하자로 인하여 계약의 목적을 달성할 수 없다는 것은, 그 하자가 중대하고 보수가 불가능하거나 가능하더라도 장기간을 요하는 등 계약해제권을 행사하는 것이 정당하다고 인정되는 경우를 의미한다(대법원 2015. 1. 29. 선고 2014다28886 판결 등 참조). 따라서 매도인이 계약의 목적을 달성할 수 없는 정도에 이르지 아니한 매매 목적물의 하자를 매수인에게 고지하지 아니하였다고 하더라도 이는 매도인이 매수인에 대하여 손해배상채무를 부담하게 되는 사유일 뿐 매매로 인한 법률관계에 아무런 영향을 미칠 수 없는 것이어서 매수인의 권리의 실현에 장애가 되지 아니하므로, 사기죄의 기망에 해당하는 신의칙상의 고지의무 위반이 있다고 할 수 없다.

---

293) 대법원 2015. 5. 28. 선고 2014도8540 판결, 대법원 2001. 9. 25. 선고 2001도3349 판결 등
294) 민법 제580조, 제575조 제1항

피고인이 이 사건 부동산을 E로부터 매수한 후 그를 상대로 이 사건 건물에 침하로 인한 건물의 균열·벽체의 변형 등이 있어 매매계약의 목적을 달성할 수 없는 중대하고 심각한 하자가 있다고 주장하면서 계약해제 또는 손해배상을 구하는 민사소송을 제기하였다가 법원의 화해권고결정에 따라 하자수리비 명목으로 20,500,000원을 지급받은 사실, 그 후 피고인은 옥상 방수, 외벽 방수 및 도색, 계단 도색, 일부 세대의 누수 부분만을 수리한 채 이 사건 부동산을 피해자 F에게 매도하면서 전 소송의 진행사실이나 이 사건 건물의 구조적 하자에 대해서는 고지하지하지 아니한 사실을 인정할 수 있다.

[판단] (1) 피고인이 E를 상대로 제기한 소송에서 감정인은 '건물 정면과 건물 우측면, 세대 내부(101호, 201호, 301호), 건물 외부 담장에 발생한 균열은 굴착공사 등에 의한 지반의 부등침하로 인한 구조적인 균열이고, 나머지 세대 내부와 건물 좌측면, 건물 배면의 균열은 재료의 노후화 등에 의한 것으로 구조적 균열이 아니다. 건물 기울기 조사 결과 측정위치 1~7 중 5번 위치에서 도로 방향으로 구조물의 구조적 손상이 예상되는 한계범위(D등급)로 문제가 있어 현재 상태를 방치한다면 건물 구조에 영향이 있다고 볼 수 있으나, 건물 침하 복원 및 균열 보수공사를 한다면 안전한 상태로 회복이 가능하다. 균열 보수 공사와 누수공사를 포함한 전체 보수공사기간은 15일이고, 전체 공사 비용은 33,127,861원이며 그중 건물 복원 공사비는 12,100,573원이 예상된다.'는 의견을 제시하였다.

결국 위 감정결과는 이 사건 건물에 일부 구조적 손상이 있고 이를 '방치'할 경우 구조에 영향이 있으나, 33,127,861원의 비교적 적은 비용을 들여 보수가 가능하다는 것이므로 피고인에게 그 하자를 이유로 한 매매계약 해제권이 인정되기는 어렵다. 실제로 위 법원은 이를 감안하여 전체 보수공사비 중 20,500,000원의 하자보수비를 지급하라는 화해권고결정을 발송하여 쌍방의 이의 없이 확정되었다.

(2) F는 2014. 8. 28. 이 사건 부동산의 소유권을 취득한 후 2015. 2.경 D를 상대로 이 사건 건물의 하자를 이유로 5,000만 원의 손해배상청구소송(대구지방법원 2015가단104326)을 제기하였는데, 위 소송에서 다시 감정인은 '이 사건 건물 하자의 주된 원인은 기초하부의 지반침하로 인한 것으로 구조 안전에 문제가 될 수 있으나, 총 41,450,000원의 비용을 들여 지반보수보강 공사 및 구조벽체의 균열 보수보강 공사가 이루어지면 건물의 구조안전에는 문제가 없다.'는 의견을 제시하였다. 위 감정결과에 의하더라도 이 사건 건물에는 매매계약의 목적을 달성할 수 없는 정도의 하자나 이로 인한 해제사유는 존재하지 않는 것으로 보인다. 실제로 F는 이 사건 부동산의 매매계약 해제를 주장하지도 않고 있다.

(3) 피고인은 전 소송이 종결된 후 이 사건 부동산을 3억 2,000만 원에 매도 물건으로 내 놓았다가[2] 2014. 7. 18. F와 2억 9,300만 원에 매매계약을 체결하였는데, 1 전 소송에서 계약 해제 주장이 받아들여지지 않고 일부 손해만을 배상받게 된 피고인으로서는 이 사건 건물에 구조적 하자가 존재하기는 하지만 매매계약의 목적을 달성하지 못할 정도의 중대하고 심각한 하자는 아니라고 인식하였던 것으로 보이는 점, 2 F와의 매매계약을 중개한 G, H는 '수리비 명목으로 2,000여만 원을 감액해 주었다'고 일관되게 진술[3]하고 이는 피고인의 진술과도 일치하므로 매매대금 협의 과정에서 노후한 건물의 수리비 일부가 감안된 것으로 보이는 점, 3 이 사건 건물은 건축한지 약 18년이 경과한 노후 건물로서 이와 같은 건물의 매매에 있어서는 통상 건물가격은 무시되고 대지가격을 기준으로 매매계약을 정하는 것이 보통인데, 매매대금 2억 9,300만 원은 대지 기준(66,792평) 평당 약 440만 원으로서 당시 주변 토지의 매매가격에 비추어 적정한 수준이었던 점[4], 4 이 사건 건물의 외벽과 세대 내부에 존재하는 균열, 누수 등의 하자는 누구라도 육안으로 보면 쉽게 알 수 있는 것들인데, F는 매매계약 이전에 이 사건 건물의 외벽과 옥상 및 102호를 둘러본바 있고, 201호 화장실 누수나 101호 새시 수리 등을 이유로 잔금 감액을 요구하기도 하였으며, 나머지 세대 내부도 임차인이 있는 저녁에 찾아가면 얼마든지 살펴볼 수 있었던 점, 5 이 사건의 건물의 지반침하로 인한 구조적 하자는 매수인이 쉽게 알 수 없었다고 하더라도 전 소송의 감정결과에 의하면 12,100,573원의 비교적 적은 비용으로 복원 공사가 가능하였던 점 등에 비추어 보면, 피고인에게 피해자를 기망하여 매매대금을 편취할 범의가 있었다고 보기도 어렵다.

(2) 대출금 채무 인수를 못한 경우 - ×

[공소사실의 요지] 피고인은 울산 남구 H에서 "라이브카페"를 약 2년 동안 운영하면서 매달 지출이 약 800만 원 정도이나 수입이 약 500만 원 정도여서 매월 300만 원의 적자가 발생하는 형편이어서 타인으로부터 부동산을 매수하더라도 그 대금을 갚을 의사나 능력이 없었다. 그럼에도 불구하고 피고인은 2010. 5. 17.경 구미시 C 소재 'D법무사' 사무실에서, 피해자 E 소유인 구미시 F 건물 302호에 대하여 '위 부동산에 대한 새마을금고 대출금 5,500만 원을 피고인의 아들인 G가 성년자로 되는 2010. 6. 20.경까지 승계해 가기로 한다'는 내용으로 위 부동산을 매수하였다. 그러나 사실은 위와 같이 피고인의 카페 운영이 어려워 위 부동산을 매수하더라도 그에 대한 대출금을 인수할 의사나 능력이 없었다. 이로써 피고인은 위 부동산에 대하여 G의 명의로 소유권이전등기를 경료함으로써 매매가액인 5,500만 원 상당의 재산상이익을 취득하였다.

○ 피고인이 피해자 E로부터 구미시 F 건물 302호를 매수하되, 매매대금지급에 갈음하여 위 부동산에 설정된 근저당권의 피담보채인 새마을금고 대출금채무 5,500만 원을 인수하기로 한 사실, 그 후 부동산에 관하여 피고인의 아들인 G 명의의 소유권이전등기가 마쳐졌으나 피고인이 경과하도록 위 대출금채무를 인수하지 아니한 사실은 인정된다.

○ ① 피해자 E는 전 부인인 J에게 이 사건 부동산에 관한 소유권을 이전해 준다는 취지의 약정서를 작성하여 교부한 바 있는데, 피고인은 평소 알고 지내던 J의 제안으로 이 사건 부동신을 매수하게 된 것이고, 매매대금 지급에 갈음하여 이 사건 부동산에 설정된 이 사건 대출금채무를 인수하는 조건 역시 J가 제안한 것이다. ② 공소사실 기재와 같이 피고인이 운영하던 카페가 매달 적자상태에 있었다 하더라도 매매대금 지급방식을 금원 지급이 아닌 대출금채무 인수로 갈음하기로 한 이상 그와 같은 사정만으로 매매계약 당시 피고인이 이 사건 대출금채무를 인수할 의사와 능력이 없다고 곧바로 단정할 수는 없다. ③ 피고인의 이 사건 대출금채무 인수의무와 피해자 E의 소유권이전등기의무는 동시이행관계에 있다고 할 것임에도 피해자 E가 소유권이전등기의무를 선이행한 점 등에 비추어 피해자 E로서도 이 사건 매매계약을 체결할 당시에는 이 사건 대출금채무의 인수가 별다른 인수조건 없이 쉽게 이루어질 것으로 예상하였다고 봄이 상당하다. 또한 J는 수사기관에서 피고인이 당초 이 사건 대출금채무를 인수하려고 하였으나 새마을금고에서 대출금 채무 5,500만 원 중 1,000만 원 이상을 상환하여야 대출금채무인수가 가능하다고 하여 즉시 채무인수를 하지 못한 것으로 알고 있고, 피고인이 채무인수를 위해 노력한 것으로 알고 있다고 진술하였다. 이러한 점 등을 종합하여 볼 때 피고인은 이 사건 매매계약 체결 이후에야 비로소 대출기관에서 이 사건 대출금채무인수 조건으로 대출금 중 일부금액의 상환을 요구한다는 사실을 알았다고 할 것이다. ④ 피고인이 위와 같은 사정으로 이 사건 대출금채무를 약정기일에 곧바로 인수하지 못하게 되자 합계 187만 원의 대출이자를 지급하기도 하였다.

⑤ 피고인이 이 사건 부동산의 대출금채무를 인수하지 아니하면 결국 이 사건 부동산에 설정된 근저당권의 실행으로 피고인의 소유권은 상실될 운명이어서 피고인이 대출금채무를 인수할 수 없을 것을 알면서도 이 사건 부동산을 매수할 이유를 선뜻 납득하기 어렵다. 결국 위 인정사실만으로는 피고인이 공소사실과 같이 이 사건 대출금채무를 인수할 의사와 능력이 없었다고 단정하기 어렵고, 검사가 제출한 나머지 증거를 종합하더라도 이를 인정하기 부족하며, 달리 그 증명이 없다(피고인이 원심 및 당심 법정에서 공소사실을 자백하였으나, 다음과 같은 사정에 비추어 볼 때, 그 의미는 사후에 이 사건 대출금채무를 인수하지 못하였다는 자책의 표현에 불과할 뿐이므로 이 또한 유죄 인정의 증거가 될 수 없다)

○ 부동산의 경락당시 이 사건 부동산에 설정된 근저당권의 피담보채무액이 79,883,750원이고, 이 사건 부동산의 매각대금이 48,500,000원에 불과한 점에 비추어 설령 피고인이 대출금 채무를 인수할 의사와 능력이 없이 이 사건 부동산에 관한 소유권을 취득하였다 하더라도 피고인이 이 사건 부동산을 인도받아 점유를 상실할 때까지 사용이익 상당의 이익을 얻은 것은 별론으로 하고 피고인이 이 사건 부동산 매매대금 상당인 5,500만 원의 재산상 이익을 얻었다고 할 수도 없어 이 사건 공소사실은 결국 이러한 점에서도 사기죄를 구성한다고 볼 수 없다.

Chapter 5

대차형계약과 사기

매매, 교환 등 권리이전형 계약과는 달리 소비대차, 사용대차, 임대차와 같은 이른바 대차형 계약의 경우 차주가 일정한 기간 차용물을 이용하는 데 그 특색이 있다.

Section 1 | **대차형계약**

🏛 기본 이론

1. 소비대차계약

차용금, 즉 돈을 빌려주고 일정 기간 이후 이를 갚는 계약을, 민법에서는 소비대차계약이라고 한다. 즉, 당사자 일방이 금전 기타의 대체물의 소유권을 상대방에게 이전할 것을 약정하고 상대방은 그와 같은 종류와 품질 및 수량으로 반환할 것을 약정함으로써 성립하는 계약(민법 제598조)이다. 소비대차는 당사자의 합의만 있으면 성립하는 낙성계약(諾成契約)이며, 소비대차는 무상계약(無償契約)을 원칙으로 한다. 다만, 이자부 소비대차의 경우 유상계약(有償契約)이다. 한편 소비대차는 사용대차나 임대차와 달리 금전 또는 대체물의 소유권이 차주에게 이전되어 차주는 처분권을 취득하고, 일정한 기간 후에 같은 내용의 목적물을 반환하는 데 그 특징이 있다

(1) 효력

소비대차에서 빌려주는 사람을 대주(貸主), 빌리는 사람을 차주(借主)라고 한다. 소비대차계약을 체결하게 되면, 돈을 빌려주는 대주는 목적물의 소유권을 이전하여 이용하게 할 의무를 부담한다. 반면 돈을 빌려 쓰게 되는 차주는 빌려 쓴 금전 기타의 대체물과 동종, 동질, 동량의 물건으로 반환할 의무를 부담한다. 한편 당사자가 반환시기에 관하여 약정이 있는 경우에는 차주는 약정시

기에 반환하여야 하고, 반환의 약정이 없는 경우에는 상당한 기간을 정하여 반환을 최고하여야 하고, 그 기간을 경과하여야 지체의 책임을 물을 수 있다(제603조 2항) 그러나 차주는 언제든지 반환할 수 있다(제603조 2항 단서).

(2) 이자의 약정과 사기

이자부 소비대차의 경우, 차주는 이자를 반환하여야 한다. 절박한 사정에 의하여 돈을 빌리는 경우에 고율의 이자를 요구하여 사회적으로 문제가 된다. 차주를 보호하고 대주의 폭리를 막기 위해 ① 이자제한법과 ② 대부업 등의 등록 및 금융이용자 보호에 관한 법률을 두고 있다. 다만 대부업의 등록을 하지 아니하고 사실상 대부업을 영위하는 자에 대한 최고이자율에 대해서는 이자제한법이 적용된다.[295]

한편 피고인이 피해자들을 기망하여 투자금 명목의 돈을 편취하는 과정에서 이자 지급 약정하에 대여금을 교부받았으나 이자를 미지급한 사안에서, 이자 부분에 대해서도 사기죄가 성립하기 위하여는 피고인의 기망행위로 인해 이자 부분에 관한 별도의 처분행위가 있어야 한다.[296]

(3) 대물변제의 예약

채권의 당사자 사이에 본래의 급부에 갈음하여 다른 급부를 하기로 예약하는 경우를 대물변제예약이라 한다. 이 경우 대주의 폭리를 막기 위해 민법은 제607조와 제608조에서 그 재산의 예약 당사의 가약이 차용액 및 이에 붙인 이자의 합산액을 넘지 못하며, 이를 강행규정으로 규정하고 있다. 이에 위반한 경우에 判例는 예약이 효력이 없는 경우라고 특별한 사정이 없으면 당사자 사이에 정산절차를 밟아야 하는 약한 의미의 양도담보계약을 함께 맺은 취지로 보고 있다.[297]

(4) 준소비대차

소비대차에 의하지 않고 금전 기타의 대체물을 지급할 의무가 있는 경우에 당사자가 그 목적물을 소비대차의 목적으로 할 것을 약정한 때에는 소비대차의 효력이 있다(제605조).

---

295) 대법원 2009. 6. 11. 선고 2009다12399 판결
296) 대법원 2011. 4. 14. 선고 2011도769 판결
297) 98다51220

현실적인 자금의 수수 없이 형식적으로만 신규 대출을 하여 기존 채무를 변제하는 이른바 대환은 특별한 사정이 없는 한 형식적으로는 별도의 대출에 해당하나 실질적으로는 기존 채무의 변제기 연장에 불과하므로, 그 법률적 성질은 기존 채무가 여전히 동일성을 유지한 채 존속하는 준소비대차로 보아야 하고, 이러한 경우 채권자와 보증인 사이에 사전에 신규 대출 형식에 의한 대환을 하는 경우 보증책임을 면하기로 약정하는 등의 특별한 사정이 없는 한 기존 채무에 대한 보증책임이 존속된다.[298]

2. 임대차와 사용대차

임대차는 당사자 일방이 상대방에게 목적물을 사용, 수익하게 할 것을 약정하고 상대방이 이에 대하여 차임을 지급할 것을 약정함으로써 성립하는 계약을 말하며,[299] 사용대차란 당사자 일방이 상대방에게 일정한 물건을 무상으로 사용, 수익하게 하기 위하여 인도할 것을 약정하고, 상대방은 그 물건을 사용 수익한 후 반환할 것을 약정함으로써 성립하는 계약을 말한다.[300] 사용대차는 무상의 계약이라는 점에서 임대차와 다르다. 따라서 대주는 수선의무를 부담하지 않으며, 통상 필요비도 차주가 부담한다. 또한, 계약이 성립되었더라도, 대주가 목적물을 인도하기 전이라면 당사자는 언제든지 계약을 해지할 수 있다.[301]

(1) 사용대차와 임대차

계약서에 기재된 형식과 문언만으로 결정되는 것은 아니다. 가령, 을이 갑 소유의 토지에 공원을 조성하여 그때부터 일정기간 동안 그 토지를 사용·수익하되 기간이 종료한 때에는 을이 건립한 공원시설물 및 공원운영에 필요한 일체의 권리를 갑에게 무상 양도하기로 약정되어 있고, 부대계약서에 을이 설치할 시설물의 단가 및 총액이 명시되어 있다면, 을의 그와 같은 의무는 토지의 사용과 대가관계에 있으므로 계약서상의 명칭이 사용대차계약이라도 임대차계약에 해당한다.[302]

임대차와 달리 사용대차의 경우 차주는 약정시기에 차용물을 반환하여야 하며, 만약 시기의 약정이 없는 경우에는 차주는 계약 또는 목적물의 성질에 의한 사용, 수익이 종료한 때에 반환하여야 한다. 그러나 사용, 수익에 족한 기간이 경과한 때에는 대주는 언제든지 계약을 해지할 수 있

---

298) 대법원 2012. 2. 23. 선고 2011다76426 판결
299) 민법 제618조
300) 민법 제609조
301) 민법 제612조, 제601조
302) 대법원 1994. 12. 2. 선고 93다31672 판결

다.[303] 사용수익에 충분한 기간이 경과하였는지의 여부는 사용대차계약 당시의 사정, 차주의 사용기간 및 이용상황, 대주가 반환을 필요로 하는 사정 등을 종합적으로 고려하여 공평의 입장에서 대주에게 해지권을 인정하는 것이 타당한가의 여부에 의하여 판단한다.[304]

> 무상으로 사용을 계속한 기간이 40년 이상의 장기간에 이르렀고 최초의 사용대차계약 당시의 대주가 이미 사망하여 대주와 차주간의 친분 관계의 기초가 변하였을뿐더러, 차주 측에서 대주에게 무상사용 허락에 대한 감사의 뜻이나 호의를 표시하기는커녕 오히려 자주점유에 의한 취득시효를 주장하는 민사소송을 제기하여 상고심에 이르기까지 다툼을 계속하는 등의 상황에 이를 정도로 쌍방의 신뢰관계 내지 우호관계가 허물어진 경우, 공평의 견지에서 대주의 상속인에게 사용대차의 해지권을 인정한 사례이다.[305]

(2) 임차권과 전세권

흔히 월세가 없이 보증금만 지급하고 임대차계약을 체결하는 경우를 모두 '전세'라고 표현한다. 그러나 임대차계약과 전세권을 구별할 필요가 있다. 임대차는 당사자 간에 대인적인 채권 계약에 불과하기 때문이다. 다만, 임대차계약의 경우라도 특별법인 주택임대차보호법과 상가건물 임대차보호법에서 전입신고와 확정일자만 있으면 등기가 없더라도 대항력과 우선변제권을 인정해 주고 있다.

반면 전세권은 민법상 고유의 제도이며, 부동산등기법상 전세권설정등기를 함으로써 대외적으로 부동산 사용수익 관계를 주장할 수 있는 물권으로서 효력이 생긴다.[306] 즉, 전세권자는 전세금을 지급하고 타인의 부동산을 점유하여 그 부동산의 용도에 좇아 사용·수익하며, 그 부동산 전부에 대하여 후순위권리자 기타 채권자보다 전세금의 우선변제를 받을 권리가 있다.[307] 소유자를 전세권설정자 이를 사용수익하는 자를 전세권자라고 부른다. 전세권자는 소유자에게 전세금을 지급하고 전세권설정자는 부동산인도와 전세권설정등기를 해 줄 의무가 있다. 전세권은 물권이기 때문에 목적물 위의 권리들의 순위 따라 전세금을 보호받을 수 있고, 전세금을 지급하지 않으면 전세권자는 바로 임의경매를 청구할 수 있다. 임대차계약은 주택임대차보호법과 상가건물 임대차보호법으로 인해 잘 활용되지 못하고 있으나 고가의 상가건물의 경우 여전히 전세권을 이용한다.

---

303) 민법 제613조
304) 대법원 2001. 7. 24. 선고 2001다23669 판결 등 참조
305) 대법원 2001. 7. 24. 선고 2001다23669 판결 부당이득금
306) 민법 제618조
307) 민법 제303조 제1항

임대차와 전세권은 어떤 차이가 있을까. 채권인 임대차는 임차인이 목적물의 보존을 위하여 소요된 비용과 목적물의 가치를 증대시키는 비용을 지출하면 임대인에게 위 비용상환을 청구할 수 있고, 전세권의 경우 필요비는 청구할 수 없고, 유익비만 청구할 수 있다. 즉, 전세권에서 전세권자는 그 부동산의 현상을 유지하고 통상의 관리에 필요한 수선을 해야 하기 때문에 통상적 유지 및 관리를 위해 필요비를 지출한 경우에도 소유자에게 그 비용의 상환을 청구할 수 없다.

그런데 우리나 사회실정상 월세가 없는 임대차계약을 체결하면서 전액 보증금을 지급한 경우 임대인은 도배와 장판을 깔아 주지 않고 새로운 임차인에게 모두 맡겨버리고, 매월 월세를 지급하는 계약을 체결하면 장판과 도배를 해 주고 있는 실정이다.[308] 임대차계약임에도 물권인 전세권의 효력을 가지고 임대인이 임차인에게 주장하고 있는 관행이 있으나, 민법상의 내용과 배치됨에 주의한다.

Section 2 | **전세사기**

🎖️ 기본 이론

대체로 갭투자를 통하여 임대인은 임차인으로부터 받은 돈으로 주택을 사들였고, 매매가보다 높게 전세보증금을 받은 후 반환하지 않는 경우가 최근 사회적으로 많이 문제되고 있다. 이와 관련 전세사기피해자 지원 및 주거안정에 관한 특별법이 2023. 6. 1. 제정되어 시행되고 있다.

1. 기본개념

(1) 역전세와 깡통전세

부동산 가격 하락 등을 이유로 보증금을 돌려주지 못한 경우로 역전세와 깡통전세가 있다. 대체로 역전세는 전셋값이 하락해 발생하는데, 후속 세입자에게 보증금을 받더라도 기존 세입자에게 돌려줘야하는 보증금이 부족하게 된다. 그 차이를 임대인이 충당할 수 없을 때 역전세가 발생한다.

반면 깡통전세는 임대보증금과 매매가격이 비슷하거나 높은 경우를 말한다. 전세보증금과 해당

---

308) 김현선, 김현선 경기도청 법률자문관, 네이버 밴드 『민사법에 기반한 경제범죄수사』, 2023. 1. 7. 게시글에서 발췌인용

주택을 담보로 받은 대출의 합이 매매가격을 넘는 경우도 포함된다.

(2) 사기죄 판단기준

1) 전세사기와 보증사고의 구별

세입자가 보증금을 반환받지 못하는 일을 이른바 '전세사기'로 부르고 있다. 그러나 전세사기는 집주인이 보증금을 편취할 의도로 세입자를 기망하는 사기죄에 해당한다. 가령 고의로 집값을 부풀리거나, 세입자 몰래 근저당을 설정하거나 명의를 변경하는 식이다. 반면 임차기간 만료 후 보증금을 반환받지 못하는 것을 광의의 의미로 보증 사고에 해당한다. 부동산 시장 하락기에는 보증사고가 빈발할 수 있다. 임대인이 집을 팔더라도 반환해 줄 보증금 확보가 어려울 수 있기 때문이다. 단순히 제때에 임대차보증금이 반환되지 않는 것만으로는 편취의 고의 입증이 어렵다.

2) 관련 법리

주택의 전세계약 내지 임대차계약에 있어서, 임대인은 임차인에게 임차목적물인 주택을 점유하여 사용·수익하게 하고, 임차인은 임차보증금을 지급하거나, 차임 등을 지급하는 것을 본질로 하고, 이러한 임대차계약이 종료된 경우에는 임대인의 임차보증금반환의무와 임차인의 임차목적물 반환의무는 동시이행의 관계에 있으며, 특히 주거용건물의 주택임대차에 관하여는 인도받은 임차주택의 점유, 주민등록법상의 전입신고, 확정일자 등을 기초로 주택임대차보호법상 대항력, 우선변제권 등을 보장하고 있어, 특별히 임차목적물에 설정된 근저당권 등으로 인하여 임차인이 그러한 사정을 알았더라면 임대차계약을 체결하지 않았을 정도의 내용으로 부동산의 거래상 신의칙상 요구되는 사항을 적극적으로 속이거나 이를 고지하지 않는 경우 등을 제외하고는, 일반적으로 임대인이 임대차계약을 체결함에 있어 자신의 재산상태 등을 고지하지 않았다는 사정만을 가지고 사기죄에서 말하는 기망이라고 단정할 수 없다.[309]

주택임대차계약에 기한 임대차보증금 상당액 편취에 의한 사기죄의 성립 여부를 판단함에 있어서도 임대차계약을 체결할 당시 또는 그 임대차보증금을 수령할 당시에 피고인에게 그 편취의 범의가 있었는지 여부, 즉 그 당시에 임대차계약을 체결하고 임대차보증금을 수령하더라도 임차인에게 주택을 점유·사용하도록 하여 주거나 임대차보증금을 반환하는 것이 불가능하게 될 가능성을 인식하고 이를 용인한 채 그러한 행위를 한 것인지 여부를 기준으로 판단하여야 한다.[310]

---

309) 울산지방법원 2005. 10. 14. 선고, 2005노338, 판결
310) 울산지방법원 2021. 2. 18. 선고 2020노251 판결

3) 무죄사례

[공소사실의 요지] 피고인은 서울 강동구 C 소재 건물에서 피해자 D와 위 건물 201호에 대한 임대차계약을 체결하면서 피해자에게, "위 건물 201호를 임대하여 주고 보증금 합계 180,000,000원을 제공받은 다음, 2년 뒤 계약기간 종료 시 보증금을 반환하겠다."는 취지로 거짓말하였다. 그러나 사실은 당시 피고인이 보유하고 있던 시가 합계 4,803,563,000원 상당의 부동산들에는 원본 합계 1,371,000,000원 상당의 피담보 채무에 대한 근저당이 설정되어 있었고, 국세 체납액 1,057,236,560원가량, 임대차 보증금 반환 채무 2,342,000,000원 가량 등 합계 4,770,236,560원 상당의 전체 채무가 있었으며, 매월 은행권 대출금 채무에 대한 이자로 4,000,000원가량이 지출되어야 하는 한편 피고인의 당시 수입은 월 1,650,0000원가량이어서 매월의 이자 부담을 감당하기에도 어려운 상황이어서 대한민국 또는 금융기관의 경매개시 신청에 의해 피고인 소유 부동산들에 대해 연쇄적으로 경매가 진행될 수 있었으며, 위와 같은 재산이외에 특별한 재산이 있지 아니하여 피해자로부터 임대차 보증금을 제공받더라도 이를 반환할 만한 의사나 능력이 있지 아니하였다. 이와 같이 피고인은 피해자를 기망하여 이에 속은 피해자로부터 합계 180,000,000원을 제공받았다. 피고인은 이를 비롯하여 위 일시경부터 2013. 11. 5.경까지 이와 유사한 방법으로 아래 범죄일람표 기재와 같이 총 3회에 걸쳐 피해자들을 기망하여 이에 속은 피해자들로부터 합계 540,000,000원을 임대차보증금 명목으로 제공받았다.

[판단] 피고인은 위 공소사실에 관하여 수사기관에서부터 이 법정에 이르기까지 재산 합계 금액이 부채 총 금액보다 많은 점 등에 비추어 보면 피고인에게 편취의사가 없었다는 취지로 변소한다. 다. 이 법원이 적법하게 채택하여 조사한 증거들에 의하여 인정되는 다음과 같은 사정, 즉 1 피고인은 피해자들로부터 임대차보증금 각 1억 8,000만 원을 지급받아 이를 기존 임차인들에 대한 각 임대차보증금 각 1억 7,000만 원을 상환하는데 사용하고, 나머지 각 1,000만 원은 기존 대출금 변제 또는 중개비와 생활비 등으로 사용한 점(임대 차기간 만료 등으로 임차인이 변경되는 점 외에는 피고인 기준으로는 재산 상태의 변동이 있다고 보기 어렵다), 2 피고인이 피해자들과 사이에 각 임대차계약을 체결할 무렵 약 1,371,000,000원 상당의 은행권 채무를 부담하고 있었고, 임대차 보증금 반환 채무 2,342,000,000원가량이 있었으나, 피고인은 당시 법원 감정가 기준 합계 4,803,563,000원(매입가 기준 5,091,674,000원) 상당의 부동산들을 소유하고 있었고, 각 임대차계약 체결 당시 및 그 이후 2014. 9.경까지 은행 채무에 대한 이자를 모두 납부하여 온 점, 3 피고인 소유의 부동산들에 대하여 경매가 진행되었고, 이 사건 각 피해자들 외에는 임차인들 모두 경매를 통하여 임대차보증금을 모두 배당받았고, 이 사건 피해자 D는 55,535,966원을 배당받은 점, 4 2013. 11. 5. 기준 피고인에 대한 국세체 납액은 1,057,236,560원으로 특정되긴 하나, 그 전후하여 피고인은 증여세 및 상속세와 관련하여 쟁송을 제기하여 다투고 있었던 점 등에 비추어 보면, 검사가 제출한 증거들만으로는 피고인에게 각 임대차보증금을 편취할 의사가 있었음을 법관으로 하여금 합리적인 의심을 할 여지가 없을 정도로 증명되었다고 보기 어렵고, 달리 이를 증명할 증거가 없다.[311]

4) 유죄사례

피고인은 서울 성동구 D 건물 25세대의 소유자이다. 피고인은 2013. 10. 9.경 서울 성동구 F에 있는 G 부동산 사무실에서 피해자 E와 위 D 건물 606호에 대한 임대차계약을 체결하면서, 피해자에게 "D 건물 606호에 근저당권이 설

---

311) 서울동부지방법원 2017. 9. 7. 선고 2016고단2264 판결

정되어 있기는 하지만 잔금 지급일까지 채권최고액을 6,188만 원에서 3,000만 원으로 줄여 주겠다. 네가 임차보증금을 지급해 주면 그 돈으로 채권최고액을 줄여 줄 테니 걱정 말고 임대차계약을 체결하자."라고 거짓말을 하였다. 그러나 사실 당시 피고인은 금융기관 대출 채무가 합계 14억 원, 위 D 건물 25세대 임차인들에게 반환하여야 할 임차보증금 반환 채무가 합계 24억 원, H에 대한 개인 채무가 5억 원 있는 등 채무가 많은 상태였고, 추가로 자금을 마련할 능력도 없었으며, 피해자로부터 임차보증금을 지급받아 이를 대출금의 이자 납부, 사업운영비 등에 다른 용도로 사용할 생각이었으므로 위 근저당권 채권최고액을 감액해 줄 의사나 능력이 없었다. 피고인은 이에 속은 피해자로 하여금 위 D 건물 606호에 대한 임대차계약을 체결하게 하고, 피해자로부터 같은 날 900만 원, 2013. 10. 26.경 8,100만 원 등 합계 9,000만 원을 임차보증금 명목으로 교부받았다. 이로써 피고인은 피해자를 기망하여 재물을 교부받았다.[312]

2. 임대차계약체결 단계별 사기수법

부동산임대차를 전후하여 거액의 보증금을 수수(授受)하게 되는데, 각 단계에 따라 기망을 통해 임대차보증금을 편취하는 수법이 다르다.

(1) 임차주택 선정단계 - 이른바 '깡통주택' 피하기

일반적으로 깡통주택은 보증금과 대출금의 총합이 집값의 80%를 넘는 집을 의미한다. 깡통주택에 전세로 입주하면 보증금을 돌려받지 못할 가능성이 생긴다. 시세를 알기 어려운 신축빌라에서 주로 발생한다.

[범죄사실] 피고인은 E, F 등과 함께 시가에 상응하는 담보권이 설정되어 있어 담보가치가 없는 이른바 '깡통주택'을 명의대여자(일명 '바지')의 명의로 매수하여 은행과 임차인으로부터 금원을 편취하고 그 수익을 분배하기로 마음먹고, F 등은 명의대여자에게 일정한 대가를 주는 조건으로 그로부터 명의를 빌리고, 피고인과 E는 명의대여자의 명의로 '깡통주택'을 매수한 후 그 매매대금을 초과하는 금액을 매매계약서에 기재하는 일명 '업계약서'를 이용해 은행에 '깡통주택'의 시가를 초과하는 부동산담보대출을 받고, 다시 그 주택을 이용해서 임차인으로부터 임차보증금을 교부받은 후, 위 부동산담보대출에 대한 이자를 연체하여 법원으로부터 위 부동산에 관한 임의경매개시결정을 받기로 계획하였다.
가. 피해자 현대캐피탈 주식회사에 대한 사기
F는 위와 같은 범행계획에 따라 2014. 7.경 명의대여자 H에게 접근하여 명의대여를 부탁하고, 피고인은 그 무렵 명의대여자 H의 명의를 이용하여 서울 강북구 G 제지하층 제2호 부동산을 매매대금 9,000만 원에 매수하면서 관련 서류를 E에게 전달하고, E는 H가 서울 강북구 G 제지하층 제2호 부동산을 매매대금 1억 2,500만 원에 매수하였다는 취지의 매매계약서(일명 '업계약서')를 허위로 작성하였다. 이후 H는 2014. 7. 10.경 현대캐피탈 주식회사의 성명

312) 서울동부지방법원 2016. 12. 21. 선고 2015고단3232, 2016고단1324

불상 대출담당 직원에게 "시가 1억 2,500만 원 상당의 서울 강북구 G 제지하층 제2호를 매수하려고 하는데, 이 부동산을 담보로 제공할 테니 매수자금을 대출해 달라"고 거짓말을 하면서 위 '업계약서'를 제출하였다. 그러나 사실 H는 위 부동산의 실제 매수인이 아니라 명의대여자에 불과하였고, 위 부동산의 실제 시가는 9,000만 원에 불과하였다. 위와 같이 피고인은 E, F, H와 공모하여 위와 같이 피해자인 현대캐피탈 주식회사의 성명불상 직원을 기망하여 피해자로부터 대출금 명목으로 6,800만 원을 교부받아 편취하였다.

나. 피해자 I에 대한 사기

E는 위와 같은 범행계획에 따라 2014. 9. 2.경 임차인인 피해자 I에게 "서울 강북구 G 제지하층 제2호 부동산에 관하여 임대차계약을 체결하면 계약 만료 시 보증금을 반환할 것이고, 이 부동산은 시가가 1억 2,500만 원 정도니 현대캐피탈에 8,840만 원 상당의 근저당권이 있더라도 보증금을 돌려받는 데 아무런 문제가 없으니 걱정하지 말라"고 거짓말을 하였다. 그러나 사실 H는 위 부동산의 실제 소유자가 아니라 명의대여자에 불과하고, 위 부동산의 실제 시가는 약 9,000만 원이며, 피고인과 E는 은행에 위 부동산 담보대출 이자를 납부하지 않아 법원으로부터 위 부동산에 관하여 임의경매개시결정을 받을 계획이었으므로, 피해자로부터 임대차보증금을 받더라도 이를 반환할 의사나 능력이 없었다. 피고인은 E, F, H와 공모하여 위와 같이 피해자를 기망하여 이에 속은 피해자로부터 H 명의 계좌로 같은 날 계약금 명목으로 320만 원을, 2014. 9. 14.경 잔금 명목으로 2,870만 원을 각각 송금 받아 합계 3,190만 원을 편취하였다.[313]

전세 보증금을 시세와 비슷하게 부풀려 임대차계약을 체결한 다음 ① 건축주와 직접 전세계약을 하였으나, 추후에 명의를 임대사업자에게 넘기는 경우, ② 집주인이 여러 차례 바뀌면서 근저당이 설정되거나, 명의만 빌려주는 '바지 집주인'이 등장하는 경우 등이 있다.

(2) 임대인을 확인할 때 - 권한 없는 자와 계약

실제 임대인이 아니거나, 권한이 없는 자와 계약을 하게 되면, 정상적으로 거주할 수 없을 뿐만 아니라, 임대차보증금을 돌려받을 수 없는 경우가 있다.

1) 가짜 임대인 행세

임대인이 아닌 자가 임대인인 것처럼 명의를 도용하는 경우가 있다. 가짜 임대인이 건물을 임대하면서 알아낸 실제 임대인의 인적사항이나 임대인의 위임장과 인감증명 등 위조, 건물주를 가장하여 전세계약을 맺는 수법으로 세입자의 보증금을 가로채는 수법이다.

---

313) 대구지방법원 2018. 11. 15. 선고 2018고단3555 판결

[범죄사실]

피고인 A는 각종 계약서의 위조, 가짜 임대인과 가짜 임차인 행세를 할 사람들의 포섭, 이득금의 출금 및 배분 등 사기단의 총체적인 운영 및 지휘를 담당하고, 피고인 B는 가짜 임대인 행세를 하는 등의 역할을 담당하면서 위조된 전세계약서의 전세보증금을 담보로 피해자 D로부터 대출을 받기로 공모하였다.

피고인 A는 서울 강남구 E 아파트 9동 1010호의 전세계약서를 위조한 후 피해자 D를 만나게 되면 F는 세입자 역할을, 성명불상자는 집주인 G 역할을, 피고인 B는 집주인 G의 며느리 역할을 하도록 지시하고, 미리 준비한 위조된 전세계약서를 담보로 피해자로부터 돈을 빌려 편취하기로 공모하였다.

피고인 A의 지시로 피고인 B는 F, 성명불상자와 함께 2013. 4. 23. 서울 강남구 E 아파트 9동 1010호 앞에 있는 상호 불상의 커피숍에서 위 피해자를 만나, F는 위조한 전세계약서를 피해자에게 보여주면서 "옷 장사를 하는데 자금 융통이 안 돼서 힘들어 돈을 빌리는 것이다. 집주인도 알고 있으니 아파트 전세금을 담보로 돈을 빌려 달라"는 취지로 거짓말을 하고 성명불상자는 집주인처럼 행동하고, 피고인 B는 집주인의 며느리처럼 시중을 드는 등의 행동을 하였다.

피고인들은 공모하여 위와 같이 피해자를 기망하여 이에 속은 피해자로부터 즉석에서 F 명의의 신한은행 계좌(H)로 6,000만 원을 송금 받아 편취하였다.[314]

2) 신탁회사의 동의 없는 계약

오피스텔을 신탁회사에 넘기고 그 증서를 담보로 거액의 대출을 받는 경우에는 신탁회사의 동의 없이는 집을 임대할 권한이 없게 된다. 이를 속이고 세입자들과 계약을 체결하고 보증금을 가로챈 경우, 신탁회사 동의가 없다는 점에서 실제로 거주할 수 없게 된다. 무조건 A 명의로 등기이전이 가능하니 아무런 문제가 없다고 거짓말하거나, 전세계약서를 작성하면서, 신탁회사의 대리인 자격을 모용하여 계약서를 작성하는 등의 수법을 사용한다.

피고인은 대전 서구 D 주상복합건물 관리소장으로 근무하던 사람으로, 2013년 여름경 위 주상복합건물 1층 상가에서 식당을 운영하여 평소 알고 지내던 피해자 E에게 위 주상복합건물의 미분양 오피스텔인 1605호를 보증금 1억5천만 원에 임대받을 것을 권유하였으나, 피해자가 보증금이 비싸다는 이유로 거절하자 보증금을 1억2천만 원에서 다시 1억 원, 8천만 원으로 감액해 주겠다면서 거듭 임대받을 것을 권유하였다. 피고인은 2013. 10. 말경 피해자가 보증금 8천만 원으로 전세계약을 체결하는 것에 동의하자, 2013. 10. 26.경 위 주상복합건물 1층 관리사무소에서, 피해자의 처 F와 임대인을 위 주상복합건물의 시행사인 둔산센트럴제일차피에프브이㈜로 하고 임대차기간을 1년, 임대보증금을 8천만 원으로 하는 임대차계약을 체결하면서 임대보증금은 D관리사무소 명의 우리은행 계좌(계좌번호 G)로 받기로 하고, 피해자에게 "시행사와 임대차계약을 체결하는 것이니 아무 문제가 없고, 향후 소유관계가 정리되면 시세보다 저렴하게 분양을 받게 해 주겠다"고 하면서 임대차계약기간 종료 시 위 임대보증금의 반환에 관하여 피고인이 연대보증한다는 취지의 이행각서를 작성해 주었다. 그러나 피고인이 둔산센트럴제일차피

---

314) 대구지방법원 의성지원 2016. 4. 7. 선고 2015고단239 판결 사기

에프브이㈜ 명의로 임대차계약을 체결한 위 부동산(D 건물 1605호)은 임대차계약 당시 신탁회사인 아시아신탁㈜로 소유권이 이전된 상태였기 때문에 아시아신탁㈜의 동의가 없거나 임대보증금이 신탁회사 명의 계좌에 입금되지 않을 경우에는 임차인으로서 보호를 받을 수 없을 뿐만 아니라 피고인은 피해자로부터 임대보증금을 받더라도 이를 피고인의 채권자인 H에게 교부할 계획이었을 뿐 임대인인 시행사에 전달할 의사도 없었으며, 임대기간 종료 시 임대보증금을 반환할 능력도 없었다. 그럼에도 피고인은 위와 같이 위 임대차계약이 정상적인 임대차계약인 것처럼 피해자를 기망하여, 이에 속은 피해자로부터 위 관리사무소 계좌(계좌주: D 관리단위원회)로 2013. 10. 26.에 계약금 명목으로 800만 원, 2013. 11. 2. 잔금 7,200만 원등합계 8,000만 원을 교부받아 이를 편취하였다.[315]

(3) 계약서를 작성할 때

1) 전월세사기

임대인에게는 월세계약이라고 알리고 세입자와는 전세계약을 맺은 후, 그 사이에서 전세보증금을 가로채는 경우가 있다. 사기방지를 위해서는 등록된 공인중개사와 계약을 체결하고,[316] 부동산 공제증서[317]를 반드시 받도록 한다.

피고인은 C와 공모하여, 사실은 임대인으로부터 월세계약에 대한 위임을 받았음에도 전세 또는 전월세계약에 대한 위임을 받은 것처럼 임차인을 기망하여 보증금 차액 상당을 취득하기로 마음먹고, C는 임대인 명의의 위임장 등을 위조하거나 임차인에게 피고인을 임대인 또는 그의 위임을 받은 사람인 것처럼 소개하고, 피고인은 위와 같이 소개받은 대로 임대인 또는 그의 위임을 받은 사람인 것처럼 행세하기로 하였다. 이에 따라 C는 피해자 G에게 창원시 성산구 D 오피스텔 H호에 대해 전세보증금 7,000만 원으로 하는 임대차계약을 위임받은 것처럼 거짓말하며 위조된 임대인 I 명의의 위임장을 제시하고, 피고인은 피해자에게 자신이 임대인인 I의 언니로서 임대인의 위임을 받은 것처럼 거짓말하였다. 그러나 사실 C는 임대인 I로부터 위 오피스텔에 대해 보증금 500만 원, 월세 45만 원으로 하는 임대차계약을 위임받았을 뿐 위와 같은 전세계약에 대한 위임을 받은 사실이 없었고, 피고인은 임대인의 언니가 아니며, 그의 위임을 받은 사실도 없었다.
피고인은 C와 공모하여, 위와 같이 피해자를 기망하여 이에 속은 피해자로부터 전세보증금 명목으로 7,000만 원을 교부받아 편취한 것을 비롯하여 그 때부터 2018. 8. 4.경까지 별지 범죄일람표 기재와 같이 5회에 걸쳐 피해자들을 기망하여 이에 속은 피해자들로부터 보증금 명목으로 합계 2억 9,000만 원을 교부받아 편취하였다.[318]

---

315) 대전지방법원 2017. 1. 26. 선고 2016고단1198 판결 사기
316) 국가공간정보포털/열람공간/부동산중개업조회, http://www.nsdi.go.kr/lxportal/?menuno=2679
317) 개업 공인중개사는 공인중개사법에 따라 보증보험이나 공제상품에 가입해야 한다. 공인중개사의 과실이나 고의로 계약자가 금전적 피해를 입었을 때 손해를 보증한다는 내용을 담은 '부동산 공제증서'를 발급해야 한다. 공제증서는 실제 중개사고 때문에 벌어진 손해를 배상할 때 사용된다.
318) 창원지방법원 2019. 3. 20. 선고 2018고단2248

2) 선순위 임차보증금 및 근저당 허위 고지

다가구 주택의 임대인이 다른 세입자들의 임차보증금 규모를 속여 전세계약을 체결하거나, 공동근저당이 설정되어 있으나 이를 중요하게 생각하지 않고 전세계약을 체결한 경우이다.[319]

> 피고인은 광주시 I, J호에서 'K'이라는 부동산 중개업소를 운영하는 공인중개사이다. 피고인은 피해자 AX에게 피고인 운영의 AY 주식회사 명의의 광주시 I 다가구주택 AZ호에 대하여 "보증금 1억 6,000만 원으로 임대차계약을 체결하면 임대차기간이 지난 뒤 문제없이 보증금을 반환하여 줄 수 있다. 위 다가구주택 4층의 일부 면적에 대하여 BA 주식회사를 전세권자로 하는 전세권설정등기가 있으나 이 부분은 본 건 호실과는 무관하다"는 취지로 거짓말하였다. 그러나 사실 본 건 호실에 대하여 이미 선순위 전세권설정이 되어 있었고, 피고인은 피해자에게 전세보증금을 언제든지 반환할 자력이 있지도 않았다. 피고인은 이와 같이 피해자를 기망하여 이에 속은 피해자로부터 전세보증금 명목으로 합계 1억 6,000만 원을 교부받아 이를 편취하고, 공인중개사로서 임차인인 AX에게 중개대상물의 거래상의 중요사항인 선순위 전세권에 대하여 고지하지 않는 등 거짓된 언행 그 밖의 방법으로 중개의뢰인의 판단을 그르치게 하는 행위를 하였다.[320]

(4) 계약직후

> 제3조(대항력 등) ① 임대차는 그 등기(登記)가 없는 경우에도 임차인(賃借人)이 주택의 인도(引渡)와 주민등록을 마친 때에는 그다음 날부터 제삼자에 대하여 효력이 생긴다. 이 경우 전입신고를 한 때에 주민등록이 된 것으로 본다.

1) 전입신고 대항력 하루차 악용 사기

주택임대차보호법 제3조에 따라, 대항력은 전입신고와 점유(이사)한 경우에 그다음 날부터 취득하게 된다. 또한 우선변제권은 대항력을 취득한 자가 확정일자를 받게 되면 취득하게 된다. 따라서 임차인이 주택의 인도와 전입신고를 마친 당일 또는 그 이전에 주택임대차계약서에 확정일자를 갖춘 경우에는 주택의 인도와 전입신고를 마친 다음 날 오전 0시부터 우선변제권이 생긴다.[321] 반면 저당권 설정 등의 등기는 즉시 효력이 발생하므로, 전입신고 당일에 임대인이 저당권을 설정하고 대출을 받을 경우 임차보증금이 후순위로 밀리는 문제가 발생한다.[322]

---

319) 다가구주택이란, 한 동의 단독주택 안에 여러 가구가 거주하는 경우이다. 등기상으로도 1개의 주소지, 한 명의 임대인에 여러 개의 가구가 등록되어 있다.

320) 수원지방법원 성남지원 2019. 11. 27. 선고 2019고단2352 판결 사기, 공인중개사법위반

321) 대법원 1999. 3. 23. 선고 98다46938 판결

322) 사기방지방법으로 ① 보증금 입금을 평일 저녁 6시 이후 또는 주말에 한다(등기신청서의 제출은 평일 저녁 6시까지만 가능) ② 전세보증금 지급 전 등기부 발급체크(근저당 '신청사건처리 중'이라는 문구가 기재됨) ③ 전입신고 미리 해두기(다른 전입 세대가 없다면 임대인 동의 없이도 전입신고 가능하며, 은

2020년 A 씨는 서울 서초구 반포동 '래미안퍼스티지' 전용 59㎡를 23억 원에 매수하겠다고 했다. 당시 시세 21억 원이었지만 A 씨는 집주인 B 씨에게 시세보다 비싼 값을 사는 대신 B 씨에게 보증금 12억 5000만 원에 2년간 전세로 거주해 달라고 요구했다. B 씨는 이를 수용해 A 씨에게 집을 팔고 보증금을 돌려받지 못할 상황에 대비해 계약당일 전입신고와 함께 확정일자까지 받아놨다. 그러나 A 씨가 계약 당일 집에 25억 8000만 원의 근저당을 설정하고 대부업체로부터 주택담보대출을 받으면서 B 씨는 전세사기를 당하게 됐다. A 씨가 돈을 갚지 않아 집이 경매로 넘어가면 보증금을 통째로 날리게 되는 꼴이다. B 씨가 계약 직전까지 등기부등본을 통해 근저당이 없음을 확인하고 계약 직후 바로 전입신고와 함께 확정일자를 받았어도 소용이 없다.[323]

2) 이중계약

임대인이 하나의 주택을 대상으로 2명에게 보증금을 받은 다음 기존 세입자에게 반환하지 않고 잠적하는 수법이다.

이미 2006. 11. 10. 대법원에서 피고인이 유치권을 행사할 수 없다는 취지의 판결이 선고되어 확정되었음을 고지하지 않았는데, 피해자들이 이러한 확정판결이 있었다는 것을 알았더라면 피고인과 이 사건 빌라에 관하여 임대차계약을 체결하지 않고 보증금도 지급하지 않았을 것임이 명백하므로 피고인에게는 신의칙에 비추어 그 사실을 고지할 법률상 의무가 인정됨에도 이를 고지하지 않거나 오히려 피해자 C, D에게는 마치 곧 재판에서 이길 것처럼 말하며 자신에게 처분권한이 존재한다는 취지로 적극적으로 기망한 점, 또한 피고인은 추후 임대차가 종료된 시점에서 임대차보증금을 반환하면 문제가 없을 것이라고 믿었다고 주장하나, 일부 피해자들에 대하여는 이미 세입자가 있음에도 이중계약을 체결하였고, 일부 피해자들이 퇴거당하였음에도 지급받은 계약금이나 중도금을 반환하지 않으면서 차일피일 미루었으며, 피고인은 임대차계약 당시 별다른 수입이나 재산이 없었고, 피해자 O와의 임대차계약 당시에는 본인의 항소심 소송 준비에 쓰려고 보증금을 받았다고 진술한 점에 비추어 보면, 피고인은 이 사건 빌라를 임대할 권한이 없음을 알고 있었고, 피고인은 피해자들과의 임대차계약 당시 임대차 보증금을 돌려줄 의사나 능력이 없었음에도 피해자들에게 이러한 사실을 고지하지 않고 오히려 자신이 이 사건 빌라의 권한자라고 기망하여 피해자들로부터 임대차 보증금을 편취한 사실 및 사기의 고의가 있었음이 넉넉히 인정된다.[324]

3) 선순위 근저당, 신탁등기 말소 등 특약조건 불이행

임대인은 신탁등기를 말소 내지 근저당권 말소를 전제로 계약서 특약사항에 이를 말소할 것을

행은 주택담보대출 시 전입세대열람원을 요구하고 있으며 소유주 외에 전입신고가 있다면 대출이 거절됨) ④ 계약서 작성 시 별지로 부동산등기부를 첨부한 후 특약조건으로 '임대인은 보증금 잔금 지급 및 전입신고일까지 첨부 등기부등본의 상태를 그대로 유지하고 추가 대출 및 근저당권설정을 하지 않아야 하며, 이를 위반 시 임차인은 계약을 해지할 수 있다는 등의 취지의 조항을 추가

323) "확정일자 받았는데 전세금 날려"…'하루차' 전세사기 왜 못 막나, 머니투데이, 2022. 5. 25. 이소은 기자
324) 서울중앙지방법원 2017. 7. 14. 선고 2017노1033 판결

적는다는 조건으로 계약하였음에도 전입신고를 마쳤으나, 근저당권 내지 신탁등기가 말소되지 않은 사기 수법이다.

[범죄사실] 피고인은 2011. 5. 16.경 경기 시흥시 C에 있는 D 공인중개사 사무실에서, 피해자 E(68세)과 피고인 소유의 F 아파트 107동 1501호(이하 '이 사건 아파트'라고 한다)에 대한 임대차계약을 맺으며 "보증금 1억 원에 임대하되 계약금은 1,000만 원으로 하고, 잔금 9,000만 원을 지급받는 즉시 1501호에 설정된 채권최고액 7,800만 원인 에이치케 이상호저축은행의 근저당권(이하 '이 사건 근저당권'이라고 한다)을 말소하겠다"라고 거짓말을 하였다. 그러나 사실은 계약금과 잔금을 지급받더라도 그 돈은 전 임차인의 보증금 반환을 위해 지급하여야 했고, 그 외 달리 들어올 돈이 없어 위 근저당권을 말소할 의사나 능력이 없었다. 피고인은 이에 속은 피해자로부터 2011. 5. 16. 계약금 1,000만 원을, 같은 해 6. 3. 잔금 9,000만 원을 피고인의 기업은행계좌 G로 입금 받았다. 이로써 피고인은 피해자를 기망하여 재물을 교부받았다.

[판단] 1 피고인 소유라고 주장하는 각 선박들은 등기, 등록절차가 되어 있지 않아, 처분이 단기간 내에 이루어 질 것으로 보이지 않는 점, 2 도 2011. 5. 6.경 피고인 소유의 선박 중 베이라이너를 실제로 구입하려는 사람은 없었다고 수사기관에서 유선으로 진술한 점, 3 그럼에도 피고인은 이 사건 범행 당시에 피해자에게 잔금 지급과 동시에 이 사건 근저당권 말소를 약정한 점, 4 이 사건 아파트에는 두 건의 근저당이 설정되어 있어 경매부담이 커서, 이 사건 근저당권이 빠른 시일 내에 말소되지 않으면, 상식적 기준에서 보더라도 피해자가 임대차계약을 체결하였을 것으로 보이지는 않는 점, 5 피고인이 이 사건 근저당권의 말소를 못하자, 다시 피해자에게 임대차계약의 목적물을 105동 1202호로 변경하여 줄 것처럼 하였으나, 이를 이행하지 못하고, 다시 이 사건 아파트의 소유권을 피해자에게 이전하여 줄 것을 제안하는 등 계속하여 조건을 변경하여, 오히려 피해자의 법적 대응을 방해한 것으로 보이는 점, 6 피고인은 위와 같이 자신의 채무를 이행하지 못하였음에도, 피해자에게 그 저당권 말소 자금의 확보방법에 관하여 어떠한 구체적인 설명을 하여주지도 않은 채, 계속 의무이행을 미루기만 하거나, 이 사건 아파트의 소유권을 이전받아 가라는 등 처음의 임대차계약과는 다른 내용의 조건을 계속 제시한 점 등을 종합하면, 별 다른 자금이 없어 이 사건 근저당권을 말소할 수 없을 것임을 충분히 인식하고도 피고인이 피해자로부터 임대차보증금을 지급받은 사실을 인정할 수 있으므로, 피고인과 변호인의 위 주장은 받아들일 수 없다.[325]

(5) 입주한 이후 - 기망에 의한 전출신고 - 우선변제권 상실

임대인으로 부터 대출을 받아야 한다는 등의 명목으로, 전출신고를 요청받고, 임대인이 대출받는 날 전출하고 다시 전입신고를 한 경우, 이후 A 씨가 전세자금 대출을 연장하려고 하자 은행에선 A 씨의 대출 연장을 거절하는 등의 피해가 발생하게 된다. 전입신고는 주택임대차보호법상 대항령과 우선변제권의 요건에 해당하여 전출신고를 하는 순간 대항력과 우선변제권을 상실하게 될 수 있음에 유의한다.

---

325) 수원지방법원 안산지원 2013. 11. 13. 선고 2013고단1188 판결 사기

피고인은 서울 동작구 소재 E 아파트 106동 1605호의 소유자로서, 피해자 F와 위 아파트에 관하여 임대보증금 1억 6,000만 원으로 임대차계약을 체결하면서, 위 임대보증금으로 위 아파트에 관한 가압류(청구금액 8,000만 원)를 해제하고, 채권최고액 3억 4,200만 원(대출금 2억 8,000만 원 상당)으로 설정된 근저당권에 대하여 그 채무금을 일부 변제하여 채권최고액 2억 6,400만 원(대출금 2억 2,000만 원)으로 감액등기를 해 주기로 약정하였고, 같은 날 계약금 명목으로 3,000만 원을, 같은 달 21.경 잔금 명목으로 1억 3,000만 원을 각 교부받았으나(2009. 9. 21. 전입신고, 2009. 9. 22. 확정일자), 피고인은 위 가압류만 해제하고 위 근저당권에 대하여는 그 채무금 중 일부를 변제하였을 뿐 감액등기는 해 주지 아니하였다.

이후, 위 근저당권의 채권자인 ㈜신한은행이 위 아파트에 대하여 경매를 신청하자, 피고인은 중순경 피해자에게 "경매를 해결하기 위하여 다른 은행으로부터 대출을 받아야 하는데, 세입자가 주소지에 전입신고가 되어 있으면 담보대출이 될 수 없다고 한다. 다른 곳으로 전입신고를 해 주면 위 대출금 중 임대보증금 1억 6,000만 원을 반드시 반환해 주겠다."라는 취지로 말하였다. 그러나 사실 피고인은 당시 이미 4억 원 이상의 채무가 있어 그 이자조차 제때 지급하기 어려운 상황이어서 은행으로부터 대출을 받더라도 자신의 채무변제를 위하여 사용할 예정이었으므로 피해자에게 임대보증금을 반환하여 줄 의사나 능력이 없었다. 이로써 피고인은 피해자를 기망하여 피해자로 하여금 주민등록을 이전하게 함으로써 임차인으로서 가지는 주택임대차보호법 소정의 우선변제권을 상실하게 하여 피해자에게 그 담보가치 상당의 손해를 가하고 동액 상당의 재산상 이익을 취득하였다.[326]

3. 명의도용대출

명의도용대출이란, 정부 지원 전세대출 상품은 전세계약서를 내고 대출 신청만 하면 신용등급이 낮아도 무담보 전세대출을 받을 수 있다는 점을 악용한다. 즉 "가짜 전세계약서로 전세자금 대출을 받아주겠다"는 등으로 유혹하여, 실제 전세계약을 체결하지 않고도 임대인과 세입자 명의를 도용해 가짜 전세계약서를 작성해 대출을 실행하여 편취하는 수법이다.

가. (역할 및 공모 내용) 피고인 C는 아파트 계약금 등 필요한 자금을 조달하고, 대상 아파트를 선정하며, 전세자금 대출을 주도하고 대출금을 분배하는 역할을 하는 사람이다. 피고인 A는 전세자금 대출 관련자들을 모집하고, 이들을 전반적으로 관리하는 역할을 하는 사람이다. 피고인 B, D는 대상 아파트의 허위의 임대인 또는 허위의 임차인 역할을 하는 사람이다. 국토교통부는 무주택 근로자들의 주거안정을 위해 국민주택기금을 재원으로 하여 주택전세자금을 담보 없이 시중금리보다 낮은 금리로 대출하는 제도를 운영하고 있는 바, 피고인들과 D는 위 대출 관련 업무를 위탁받은 금융기관에 주택전세계약서 등 간단한 대출서류만 제출하면 형식적인 심사를 거쳐 손쉽게 대출을 받을 수 있는 점을 이용하여, 피고인들과 D는 2016. 3.경 무렵 범행대상 아파트를 물색한 후 해당 아파트의 소유자와 사이에 매매계약을 체결하고 위 소유자에게 아파트 매매 계약금을 지급한 이후, 임대인 역할을 하는 자와 임차인 역할을 하는 자를 내세워 허위 임대차계약서를 작성하고 피해자인 금융기관을 상대로 전세자금 대출을 신청해 전세자금을 대출 받아 위 아파트의 매매 잔금을 지급하여 위 아파트의 소유권을 취득한 후 허위 임차인이 전

---

326) 서울중앙지방법원 2013. 10. 31. 선고 2012고단5014 판결

출 신고를 하면 새로운 금융기관에서 위 아파트를 담보로 대출을 받아 그 대출금을 분배하기로 공모하였다.

나. (구체적인 범죄사실) 피고인들은 D와 2016. 3.경 위와 같은 방법으로 전세자금을 대출받기로 공모하고, D는 인천 계양구 E, F호 아파트의 원 소유자인 G, H로부터 위 아파트를 매수하여 허위의 임대인 역할을 하고 피고인 B는 허위의 임차인 역할을 하여 전세자금 대출을 신청하되, 다만 당시 위 아파트에는 선순위 저당권이 설정되어 있었고 위 매매계약의 조건은 잔금지급과 동시에 위 근저당권을 말소하는 것이었으므로 위 계약 당사자들은 전세자금을 대출받아 위 아파트의 잔금을 치르는 동시에 위 아파트에 설정된 근저당권을 말소하기로 하였다. 위와 같은 공모에 따라 피고인들과 D는 2016. 5. 11.경 인천 계양구 I, J호에 있는 K공인중개사 사무소에서 D와 피고인 B 사이에 인천 계양구 E, F호에 관하여 '임대인 D, 임차인 B, 보증금 3억 2,000만 원'으로 된 임대차계약서를 작성한 후, 2016. 5. 20.경 인천 부평구 L에 있는 피해자 M은행 N센터에서 대출담당직원에게 위와 같이 허위로 작성한 임대차계약서 등을 제출하며 2억 5,000만 원의 전세자금 대출을 신청하였다. 이러한 전세자금 대출의 경우 임차인이 전세계약서상 잔금지급일에 입주 및 전입신고를 완료하고, 계약 기간 중 거주를 이전하거나 주민등록을 이전하는 등 대항력을 상실하지 않을 것을 확약하여 주택도시보증공사 등으로부터 전세금안심대출보증을 받은 후 은행으로부터 전세자금 대출을 받는 것이므로, 임차인으로서는 위 요건을 준수하여야 하나, 당시 피고인 B는 위 아파트에서 실제로 거주할 생각이 없었고, 위 아파트에 전입을 하여 전세자금 대출을 받은 이후에 곧바로 전출하여 대항력을 상실하도록 할 생각이었기 때문에 위 전세자금 대출의 대상이 될 수 없었다. 그럼에도 피고인들과 D는 위와 같이 피해자 회사를 기망하여 이에 속은 피해자 회사로부터 전세자금 대출금 명목으로 2016. 5. 20.경 법무사 O 명의 M은행 계좌(P)로 2억 4,922만 원을 송금 받아 위 아파트의 잔금을 치르도록 하였다. 이로써 피고인들은 D와 공모하여, 피해자 회사의 대출담당직원을 기망하여 피해자 회사로부터 2억 4,922만 원을 교부받았다.[327]

4. 전세보증사기

전세금안심대출보증을 악용해 주택도시보증공사에게 손실을 떠넘기는 사기 유형이다. 즉 ① 전세보증금을 반환할 수 없는 자에게 소유권을 양도한다. ② 세입자는 전세금안심대출보증에 가입해 최대한도로 전세대출을 실행한다. ④ 전세계약 종료 이후 임대인은 파산 신청을 하여 면책받는 한편 세입자는 보증공사에 보증금을 반환을 신청을 하는 수법이다.

[범죄사실 요지] 피고인 1, 3, 4, 5는 임대주택법에 따라, 임대사업자가 피해자 대한주택보증 주식회사의 임대보증금 보증보험에 가입하면 임차인이 임대사업자의 부도로 임대보증금을 반환하지 못하더라도 대한주택보증이 임차인에게 임대보증금을 대위변제하는 '임대보증금 보증보험제도'가 있다는 사실을 알고, 공소외 2 회사에서 분양한 아파트 및 공소외 1 회사에서 분양한 아파트를 일반인에게 임대하는 아파트 임대사업을 운영하던 중 임차인에 대한 임대보증금 반환채무를 회피할 목적으로 대한주택보증의 임대보증금 보증보험에 가입한 후 이 사건 각 회사들을 부도 낼 계획을 세웠다. 피고인 1, 3, 4, 5는 미분양 아파트에 허위 세입자를 입주시키는 허위 임대차계약을 체결하여 대한주택보증의 임대보증금 보증보험에 가입하고 이 사건 각 회사들의 재산을 피고인 1, 3, 4, 5가 설립한 소위 유령회사에 모두 빼돌려 이 사건 각 회사들을 빈껍데기로 만든 다음 지급제시된 어음을 고의로 지급하지 않

---

327) 수원지방법원 안산지원 2019. 6. 14. 선고 2018고단4702,2019고단544(병합) 판결

는 방법으로 이 사건 각 회사들을 부도나게 함으로써 대한주택보증으로 하여금 임대보증금을 대위변제하게 하고 보증이익 상당의 재산상 이익을 취득하기로 공모하였다.[328]

[대법원] 대한주택보증은 이 사건 보증약정에 따라 공소외 1 회사와 공소외 2 회사가 그 소유인 임대주택의 임차인들에게 부담하는 임대보증금 반환채무에 대한 보증채무를 부담하게 된다고 볼 수 있는데, 대한주택보증의 임대보증금 보증서 발급이 피고인 1 등의 기망행위에 의하여 이루어졌다면, 그로써 곧 사기죄는 성립하는 것이고, 이로 인하여 피고인 1 등이 취득한 재산상 이익은 대한주택보증이 보증한 임대보증금 상당액이라 할 것이다.[329] 그리고 민간건설 공공임대주택 임차인에 대한 임대보증금 반환을 보장할 목적으로 임대주택법에 따라 임대사업자의 임대보증금 보증 가입이 강제된다 하여 이와 달리 볼 것은 아니므로, 피고인 1 등이 대한주택보증을 기망하여 이 사건 보증약정을 체결하였더라도, 원심판단과 같이 사기죄의 실행의 착수가 이루어지지 아니하거나 재산상 이익을 취득하지 아니한 것으로 볼 수는 없고, 이 사건 보증약정 체결행위의 위법성이 부정되는 것도 아니라고 할 것이다.

Section 3 차용사기

예제 돈륜스님

박달재는 노모를 모시며 살고 있는 순박한 사람이다. 하지만 중졸학력에 변변한 기술이 없었다. 버스회사에서 근무하였으나 부모를 모시기에는 월급이 부족하여 퇴직한 후 갈빗집을 열었지만, IMF로 장사가 잘되지 않아 채무가 늘고 카드대금연체가 시작되었다. 빚 독촉이 심해지자 6개월만에 식당을 정리하고 카드대금의 일부를 갚았다. 처와 이혼하고 3,000만 원 채무가 있는 상태에서 막노동과 운전기사로 아르바이트를 하였다. 그 후 박달재는 돈륜스님이 운영하는 법당에 찾아가 인생상담을 하면서 그를 알게 되었다. 관광버스 사업을 하면 월 300만 원 정도를 벌 수 있다고 생각하고 스님으로부터 관광버스 구입자금으로 3년 기간을 정하여 5,000만 원을 차용하면서 이자는 월 50만 원으로 하여 매월 15일 지급하기로 하였다. 박달재는 자신의 돈을 보태 대우관광버스 1대를 5,500만 원에 구입하고 실제로 피해자에게 보여 주기도 하였다.

그러나 박달재는 당초 예상과는 달리 월수입이 250만 원 정도에 불과하고 겨울철에는 수입이

---

328) 청주지방법원 2010. 11. 24. 선고 2010고합53,2010고합61(병합) 판결, 대법원 2013. 11. 28. 선고 2011도7229 판결 : 파기환송
329) 대법원 2007. 4. 26. 선고 2007도1274 판결, 대법원 2008. 2. 28. 선고 2007도10416 판결 등

없어 관광버스 운행에서 손해가 나자 신용카드로 대출을 받아 운영비로 사용하였으나 이득이 없었다. 결국 중고차량업자의 소개로 대우버스를 3,900만 원에 팔고 그중 3,500만 원을 주고 새로 그랜버드버스를 구입하여 버스회사의 기사로 일을 하며 매월 200만 원의 수당을 받기로 하였다. 하지만 그 회사도 부도가 나는 바람에 밀린 수당도 받지 못하고, 결국 2,000만 원을 받고 그랜버드버스를 처분하였다. 그 후 다시 시내버스 회사에 취직하여 근무하던 중 카드회사가 박달재의 봉급을 압류하자, 회사의 권유로 퇴직하게 되었고, 갖고 있던 돈으로 카드채무 일부를 변제하고 나머지 돈은 청바지 노점상 비용으로 사용하였으나 그나마 이것도 실패하였다. 결국 돈륜스님에게는 이자로 합계 500~600만 원 정도만을 지급하고 나머지 원리금은 변제하지 못하였다. 박달재가 피해자로부터 빌린 돈으로 관광버스를 구입하였다가 매각한 사실을 알면서도 계속하여 차용금의 변제를 독촉하고 박달재로부터 변제할 금액을 6,340만 원으로 정하고 변제기일을 다시 정한 새로운 차용금증서를 받았을 뿐 박달재를 사기죄로 고소하지 않고 있다가 박달재이 채권자목록에 피해자를 파산채권자로 기재하여 청주지방법원에 파산신청을 하자 비로소 박달재를 사기죄로 고소하였다. 그 후 박달재는 파산선고를 받고 면책허가결정이 확정되었다. 돈륜스님은 고소장에서 관광버스구입자금 명목으로 금 5,000만 원을 차용하면서 차용금 지급의 담보조로 관광버스를 구입하면 그 등록명의를 피해자 앞으로 하여 주기로 약정하였으나, 관광버스를 구입하고도 그 등록명의를 피해자 앞으로 하여주지 않았을 뿐만 아니라, 피해자 몰래 위 관광버스를 다른 사람에게 3,900만 원에 매도하는 등 자신을 속였다고 기재하였다.

○ 박달재는 사기죄에 해당하는가?

✓ 정답 : 사기죄 무죄

이 사건 범죄사실은 아래와 같이 기망행위는 재산관계를 속이고 차용금 명목으로 돈을 빌려 편취하였다고 작성되었다.

[범죄사실] 피고인은 노동을 하는 자이다. 피고인의 개인 부채만 3,000만 원에 이르고, 별다른 재산이나 수입이 없어 관광버스 수입만으로는 위 채무에 대한 원금이나 이자도 갚기 힘든 상황에 있는 등 타인으로부터 관광버스 구입 명목으로 돈을 빌리더라도 이를 변제할 의사나 능력이 없음에도 불구하고, 피해자에게 "관광버스를 구입하여 운행하려 하는데 5,000만 원을 빌려주면 매월 50만 원씩 이자를 지급하고 원금은 3년 내에 갚겠다."라고 거짓말을 하여 이에 속은 피해자로부터 차용금 명목으로 5,000만 원을 교부받아 이를 편취하였다.

1심과 2심은 어떻게 판결하였는가?

[제1심] 다시 그랜버드버스를 처분하였음에도 그 대금을 스스로를 위해 소비해 버렸고, 돈을 빌린 후 1년간 500 내지 600만 원 정도를 이자로 지급하였을 뿐 원금은 변제기로부터 3년 반이 경과한 현재까지 전혀 갚지 않고 있는 점, 피고인은 피해자가 먼저 피고인에게 돈을 빌려주겠다고 계속적으로 권유하여 돈을 빌린 것이므로 억울하다는 취지의 주장을 하고 있으나, 설령 피고인의 주장이 사실이라고 하더라도 피해자는 자신이 피고인에게 대여해 준 돈으로 피고인이 구입한 관광버스 등이 대여금 채권에 대한 담보 역할을 할 것이라고 믿고 돈을 빌려주었다 보이는데, 피고인은 위 관광버스 등을 임의로 처분하고도 그 대금을 피해자에게 반환함이 없이 스스로를 위하여 소비해 버린 채 원금도 전혀 갚지 않고 있는 것으로서, 그 죄질이 좋지 않다.
[제2심] 차용금 지급의 담보로 관광버스를 구입하면 그 등록명의를 피해자 앞으로 하여주기로 약정한 사실, 돈을 차용할 당시 피고인에게는 신용카드연체대금 및 대출금 채무 등 합계 약 3,000만 원 상당의 채무가 있었고, 그 밖에 다른 재산은 없었던 사실, 그런데 피고인은 위 차용금으로 관광버스를 구입하고도 그 등록명의를 피해자 앞으로 하여주지 않았을 뿐만 아니라, 피해자 몰래 위 관광버스를 다른 사람에게 3,900만 원에 매도하였던 사실 등을 인정할 수 있다. 피고인이 위 차용금을 변제할 의사나 능력이 없음에도 피해자를 기망하여 금원을 편취한 것인 사실을 충분히 인정할 수 있다.

박달재에 대한 사기죄를 충분히 인정할 수 있으며, 심지어 죄질이 좋지 않다고 까지 보았다. 여러분도 동의하는가? 대법원은 어떻게 보았을까? 결국 주된 기망행위로 거론된 관광버스 등록 명의 관련 피해자 진술의 신빙성을 믿기 어렵다고 본 것이다.

개인파산·면책제도를 통하여 면책을 받은 채무자에 대한 차용금 사기죄의 인정 여부는 그 사기로 인한 손해배상채무가 면책대상에서 제외되어 경제적 회생을 도모하려는 채무자의 의지를 꺾는 결과가 될 수 있다는 점을 감안하여 보다 신중한 판단을 요한다고 전제한 후, 다음과 같이 판결하였다.

"피고인이 피해자로부터 돈을 차용하면서 차용금 지급담보조로 피해자로부터 돈을 빌려 구입한 관광버스의 등록명의를 피해자 앞으로 해 주겠다고 피해자를 기망하였다"는 피해자의 진술은 과연 관광버스를 개인명의로 등록할 수 있는지 불분명하고 만일 그러한 약정을 하였다면 피고인이 구입한 관광버스를 피해자에게 보여주었을 때 그 등록명의가 피해자로 되어 있지 않는데도 피해자가 당시 이를 문제 삼지 않았던 점에 비추어 받아들이기 어렵다는 점을 더하여 보면, 피고인은 피해자로부터 돈을 빌려 관광버스를 구입하여 그 운행수입으로 자신의 채무도 변제해 나가고 피해자에게 이자를 지급하면서 차용금을 3년에 걸쳐 변제할 계획을 세우고 실제로 관광버스를 구입하여 운행하면서 노력하였으나 결국 운행수입이 예상에 미치지 못하고 사업에 실패하여 위 차용금을 변제하지 못하게 된 것으로 보일 뿐 피고인이 이 사건 차용 당시 차용금을 변제할 의사와 능력이 없었다거나 피고인에게 편취의 범의가 있었다고 단정하기는 어렵다.

🎖 기본 이론

1. 개관

　현대사회에서 발생하는 다양한 사건 사고는 합법과 불법의 경계가 모호할 때가 많고, 그 대표적인 사례 중의 하나가 바로 단순 채무불이행과 차용금 사기의 구분이라고 할 수 있다. 차주가 돈을 갚지 못하면 채권자는 이를 회수하기 위한 수단으로 형사고소와 민사소송의 두 가지 방법을 생각해 보는 것이 일반적인 상식으로 통용되는 정도이다. 원래는 민사로 해결되어야 할 문제를 형사범죄로 전환하여 처리할 수 있기만 하면 상대적으로 매우 손쉽고 특히 신속하게 채권회수 또는 그 이상의 경제적 이익을 도모[330]할 수 있기 때문에 벌어지는 현상이다.[331]

　한편 금전대차관계에서 채무불이행 사실을 가지고 바로 차용금 편취의 범의를 인정할 수는 없다. 그러나 피고인이 확실한 변제의 의사가 없거나 또는 차용 시 약속한 변제기일 내에 변제할 능력이 없음에도 불구하고 변제할 것처럼 가장하여 금원을 차용한 경우는 반대로 사기죄가 성립한다.[332] 그러나 실제로는 투자금을 차용금이라 하거나, 높은 이자를 숨기는 등 거짓말 하는 고소인이 적지 않다. 또 채무액이 많다고 사기죄로 볼 수 없으며, 심지어 피의자가 차용사실 자체를 부인하는 경우에도 사기죄가 성립하지 않는 경우도 있다.[333] 그렇다면 사기죄 판단에 필요한 기준은 무엇이고 어떻게 수사를 하여야 하는가를 살펴본다.

(1) 차용금사기의 유형

　기본적으로 돈을 빌려주는 사람은 변제받을 것을 목적으로 한다. 그러므로 이른바 차용금 사기의 주된 기망행위의 내용은 피의자의 채무변제의 재력과 능력이 될 수 밖에 없다. 다만 그 밖에 피해자와 피의자와의 구체적인 관계, 돈을 빌려준 경위와 동기에 따라 그 기망행위의 내용이 얼마든지 달라질 수 있음에 유의한다.

(2) 돈을 빌려준 경위 - 착오 내지 기망행위 특정

　실무상 차용금사기는 대표적인 재물사기의 일종이다. 먼저 통장 사본 내지 계좌 이체 내역 등을

---

330) 이른바 형사합의를 서두르면서 정산·청산이 필요한 경우에도 고소인의 요구가 받아들여지는 형태로 소위 '합의'가 되거나 더 나아가 형사합의금 명목의 '웃돈'이 지급되기도 하는 것이 엄연한 현실이다
331) 대전지방법원 2020. 4. 23. 선고 2019고정1114 판결, 구창모 판사의 판시사항을 발췌
332) 대법원 1983. 8. 23. 선고 83도1048 판결
333) 대법원 1996. 3. 26. 선고 95도3034 판결

확인하여 처분행위와 피해금을 확정하였다면, 피해자가 무엇을 착오하였는지, 어떻게 기망하였는지를 수사하여야 한다. 피해자의 주장취지를 감안하여 기망행위의 내용 내지 착오가 무엇인지 특정해야 한다. 다만 본인이 무엇에 속았는지 조차 잘 모르거나 표현이 어려운 경우도 있으니 이를 감안하여 수사해야 한다. 대표적으로 ① 재력이나 변제방법 ② 사용 용도 등에 속아 돈을 넘겨주었고 주장하는 경우가 대부분이다. 주장하는 기망행위와 관련하여 쟁점을 잡아 판단할 수 있도록 하되, 본 서에서는 크게 변제사기와 용도사기 2가지로 나누어 살펴본다.

2. 변제의사와 능력에 대한 기망

변제할 의사와 능력이 있음을 속이고 돈을 빌린 경우이다. 전형적인 차용금 사기이다.

(1) 요건

차용금을 변제할 의사나 능력이 없음에도 피해자를 기망하여 금원을 대여금 명목으로 지급받는 경우 피해자의 착오에 의한 재산적 처분행위는 대여금의 교부 그 자체로서, 이로써 재물에 대한 사기죄가 성립한다.[334] 그러나 피고인이 차용 당시에 변제할 의사와 능력이 있었다면 그 이후에 경제사정의 변화로 차용금을 변제할 수 없게 되었더라도 이는 단순한 민사상의 채무불이행에 불과할 뿐 형사상 사기죄가 성립한다고 할 수 없다.

결국 ① 차용 당시를 기준으로 ② 변제할 능력이나 의사가 없음에도 이를 거짓말하여 ③ 피해자의 착오를 유발하고 ④ 편취의 범의로서, 피해자로부터 차용금을 교부받는 경우에 성립한다. 아래 소개하는 판결례를 기초로 체크 리스트를 정리 하였다.

차용 당시를 기준으로 변제자력이 인정되는 경우	
☐	부동산, 채권, 예금 등 재산이 있거나 충분한 담보를 제공하였는지?
☐	변제기에 돈을 갚을 계획이 있었는지, 있다면 합리적이고 타당한지?
☐	차용 당시 예상할 수 없었던 경제사정의 변화, 사업의 실패 등이 있었는지?
☐	사업의 실패 · 부도를 예상할 수 있었음에도 계속적으로 빌렸는지?
☐	차용 이후 상당 부분 변제가 된 경우
차용 당시 변제능력이 없던 경우 - 피해자의 인식	
☐	피해 거래 이전 계속적인 거래관계가 있었는지, 그때에는 제때 변제되었는지?

---

334) (대법원 2005. 11. 24. 선고 2005도7481 판결 등 참조)

☐	고율의 이자 등 차용 당시부터 변제받지 못할 위험을 스스로 부담하는 경우
☐	채무자와 채권자 관계가 친척·연인 등 관계로 재산 상태를 잘 알고 있는 경우
☐	대출업체가 정한 절차에 따라 개인이 대출을 받은 경우?
기타	
☐	개인파산·면책제도를 통해 면책받은 채무자의 경우에는 편취범의 인정에 신중

(2) 차용 당시를 기준으로

사기죄가 성립하는지는 행위 당시를 기준으로 판단하여야 하므로, 소비대차 거래에서 차주가 돈을 빌릴 당시에는 변제할 의사와 능력을 가지고 있었다면 비록 그 후에 변제하지 않고 있더라도 이는 민사상 채무불이행에 불과하며 형사상 사기죄가 성립하지는 아니한다.

1) 예견 가능한 경제사정의 변화

금원차용 혹은 도급계약 이후 경제사정의 변화로 차용금이나 공사대금을 변제할 수 없게 되었다 하여 이를 사기죄로 논할 수는 없다. **① 자금사정이 악화되어 부도가 발생할 것을 예상할 수 있었던 시기 이후에도 계속하여 차용금 명목으로 금원을 차용하거나 공사 도급계약을 체결함에 있어서는 그 차용금이나 공사대금을 변제할 의사나 능력이 없었다** 할 것으로서 그 부분 행위에 대하여는 사기죄의 범의를 인정할 수 있다.

2) 예견이 불가능한 경우

그러나 **② 그 시기 이전의 금원차용이나 공사 도급계약 체결시에 대해서까지 결과적으로 피고인이 부도를 내어 변제능력이 없어지게 된 점을 들어 그 차용금이나 공사대금을 변제할 의사나 능력이 없었다 할 수는 없는 것이니 그 부분 행위에 대하여는 사기죄의 범의를 인정할 수 없다.**

[범죄사실] 피고인은 호남금융을 운영하는 사채업자이다.
1. 특정재산범죄가중처벌등에관한법률위반(사기) : 사실은 피고인 소유의 모든 부동산에는 다른 채무 등으로 인하여 담보권이 각 설정되어 있어 그 재산가치가 전혀 없는 상태이었고 기히 중소기업에 차용하여준 금원이 제대로 회수되지 않고 있었을 뿐만 아니라 장래의 그 회수가능성도 불투명하였으며, 그가 운영하던 오성레미콘㈜은 월 2억 원의 적자를 보는 등 자금사정이 극히 악화되어 가는 실정이었고 기존의 차용금에 대한 이자를 지급하거나 피고인이 발행한 당좌수표를 회수하기에도 벅찬 상황이었으므로 다른 사람들로부터 계속하여 금원을 차용하거나 피고인이 운영하던 공장의 설비공사를 하게 하더라도 그 차용원금 또는 공사대금을 변제하여 줄 의사나 능력이 전혀

없었다. 그럼에도 피의자는 피해자에게 "호남금융은 재무부의 정식인가를 받은 금융업체로 절대 돈을 떼일 염려가 없으니 돈이 있으면 맡기라. 높은 이자를 주고 원금반환요청을 하면 즉시 원금을 돌려주겠다."고 거짓말하여 이에 속은 피해자로부터 즉석에서 금 100만 원을 차용금 명목으로 교부받은 것을 비롯하여 전후 38회에 걸쳐 합계 금 2억 2,690만 원을 교부받는 등 다수의 피해자들로부터 합계 금 29억 3,810만 원 상당의 금원 및 재산상 이익을 편취하였다.

2. 부정수표단속법위반 : 피의자는 신한은행 마초지점과 수표계약을 체결하고 수표거래를 하여오던 중, 호남금융 사무실에서 수표번호 "마가00000000호", 액면금 "9,000만 원", 발행일 "1996. 5. 26."로 된 위 은행의 당좌수표 1장을 발행한 것을 비롯하여 전후 3회에 걸쳐 당좌수표 3장 액면 합계 금 3억 원을 발행하여 그 소지인이 지급제시기일 내에 은행에 지급제시하였으나 예금부족으로 지급되지 아니하게 되었다. 3. 강제집행면탈죄 (중략)

사업가가 실패하면, ① 사기, ② 부정수표단속법위반, ③ 강제집행면탈죄 등으로 고소되는 경우가 적지 않다. 실패하였다고 모두 처벌하여야 할 것인가? 사기와 부정수표단속법위반 혐의는 모두 고의범이다. 따라서 사업의 실패에 대한 예견 가능성을 살펴보아야 한다. 이하 판례의 설시내용을 살펴보자.

[판단] 1. 특정재산범죄가중처벌등에관한법률위반(사기)

피고인은 '호남금융'이라는 상호로 사채업을 하여 오면서 정상적으로 영업하여 자금사정에 문제가 없었는데, 수회에 걸쳐 화성산업 ㈜에 도합 금 10억 원을 대여하였다가 회사가 부도가 나는 바람에 대여금을 받지 못하게 되었고, 화성산업 소유의 레미콘공장 등이 경매되자 피고인이 금 27억 원에 경락받은 후 ㈜ 유성콘크리트를 설립, 대표이사에 취임하여 경락받은 레미콘공장에서 콘크리트제품 제조업 등을 하였다. 그러나 그 무렵부터 레미콘 업계에 불황이 닥쳐 매월 금 2억 원 정도의 적자를 봄으로써 자금사정이 악화되었다. 이에 ㈜ 유성콘크리트의 재산 일체를 ㈜ 덕산콘크리트에 금 27억 원에 양도하였으나 덕산콘크리트가 계약금 2억 원만을 지급한 상태에서 부도를 내어 중도금 및 잔금지급채무를 이행하지 못하고 계약이 해제되었다. 이로 인하여 피고인이 경락받은 리버티호텔에 대한 경락대금을 대금지급기일에 지급하지 못하여 납부하였던 매수보증금 5억 5천만 원을 반환받지 못함으로써 자금사정이 더욱 악화된 끝에 마침내 피고인이 부도를 내게 되었다. 원심으로서는 사채업을 정상적으로 영위하던 피고인이 레미콘 업체를 설립, 경영하면서 자금사정이 악화되는 바람에 부도가 발생할 것을 예상할 수 있었던 시기에 관하여 나아가 심리하여 그 이후의 금원차용이나 공사 도급사실만을 상습사기의 죄로 의율하였어야 한다.

2. 부정수표단속법위반죄에 대한 상고이유에 대하여

부정수표단속법 제2조 제2항 위반의 죄는 예금부족 등으로 인하여 제시일에 지급되지 않을 것이라는 결과발생을 예견하고 발행인이 수표를 발행한 때에 성립한다. 피고인이 부도를 내게 된 경위에 비추어 보면 원심 거시 증거만으로는 피고인이 위 각 수표 발행시에 그것들이 모두 제시일에 지급되지 않을 것이라는 결과발생을 예견하였다는 사실을 인정하기에 부족하다. 원심으로서는 위 각 수표 발행 시의 피고인의 자금사정 등에 관하여 좀 더 심리하는 등의 방법으로 피고인이 수표발행 시에 예금부족 등으로 인하여 제시일에 지급되지 않을 것이라는 결과발생을 예견하였다고 볼 수 있는 수표발행사실에 대해서만 부정수표단속법 제2조 제2항으로 의율하여야 한다.[335]

335) 대법원 1997. 4. 11. 선고 97도249 판결

(3) 변제의사 내지 능력에 대한 기망행위

1) 재산상태

피의자가 차용당시 무자력이 아니었음을 주장하며, 사기 범죄사실을 다투는 경우에는 피의자의 차용당시의 재산상태에 대한 객관적인 자료 확보에 노력하여야 한다.

A. 객관적인 증거확보 수단

신용거래정보	[임의수사] 한국신용정보원의 본인신용정보열람서비스www.credit4u.or.kr을 통해 피의자 스스로 신용거래정보를 조회하여 제출요구
신용평가정보	[강제수사] NICE평가정보㈜ 압수수색영장을 통해 확보
소득세 등 체납내역	[임의, 강제수사] 피의자로부터 소득세 내지 법인세 납부내역을 제출받거나, 관할세무서로부터 피의자 또는 그 법인에 대한 부과금액, 체납, 신고소득, 매출액 확인
재산세 등 체납내역	관할 행정기관에 의뢰하여 피의자에 대한 재산세 등 각종 공과금 부과 규모, 체납여부, 체납으로 인한 가압류 여부 등 확인
임금체불 현황	관할 노동사무소에 의뢰, 임금체불 현황 확인 가능
피의자 부동산 현황	피의자가 주장하는 그 또는 처 소유의 부동산 등기부 제출요구
부동산 감정평가서	금융기관 근저당 설정 시 감정평가서에 기재된 부동산의 감정평가액 확인
어음, 수표	피의자로부터 당좌개설 유무, 어음수표의 발행 및 지급내역 제출요구, 어음수표 부도현황 확인 가능 ※ knote.kr 어음수표정보에서 사고조회가 가능
금원 거래내역	고소인 내지 피의자로부터 계좌의 거래내역을 제출받아 확인 ※ 다만, 본인이 제출하는 경우에는 조작과 편집 우려가 있으므로 유의
동종 전력	수사대상자 검색 등을 통해 입건전력을 확인(필요하면 고소인에 대한 조회도 필요)

B. NICE신용평가정보㈜의 신용정보보고서

가령, 아래와 같이 NICE신용평가정보 주식회사에서 얻을 수 있는 신용정보보고서를 토대로 피의자의 재산상태를 평가할 수 있다.

NICE신용평가정보 주식회사의 제출명령 회신에 의하면, 피고인은 2014. 12. 31.기준 4,300만 원 상당의 금융채무, 2015. 3. 31. 기준 4,470만 원 상당의 금융채무와 2,060만 원의 자동차할부금 채무가 있었는데, 2015. 3. 17.경부터 종전 채무변제를 연체하고 있던 상황으로 이후 피고인의 신용상태는 계속 하락하였다(2015. 2. 28. 신용등급 6등급, 2015. 3. 31. 신용등급 7등급, 2015. 4. 30. 신용등급 8등급, 2015. 6. 30. 신용등급 8등급, 2015. 12. 31. 신용등급 10등급).[336]

---

336) 광주지방법원 2017. 11. 23. 선고 2017고정833 판결

2) 변제방법에 대한 기망

　타인으로부터 금전을 차용함에 있어서 변제할 자금의 마련방법에 관하여 사실대로 고지하였더라면 상대방이 응하지 않았을 경우에 변제자금의 마련방법에 관하여 진실에 반하는 사실을 고지하여 금전을 교부받은 경우에는 사기죄가 성립하고, 이 경우 차용금채무에 대한 담보를 제공하였다는 사정만으로는 결론을 달리 할 것은 아니다. [337)]

A. 매장공사대금 수령을 통한 변제

　피고인은 2009. 1. 7.경 서울 서초구 양재동 (지번 2 생략)에 있는 피해자 공소외 1(제2심 판결의 공소외인)의 사무실에서 피해자에게 "돈을 빌려주면 그 돈으로 '충남 온양시 온천동에 있는 △△△ 매장' 공사를 시행하여 변제하겠다"고 말하였으나, 사실은 위 공사를 시행하지도 아니하였으며 그 차용금을 변제할 능력도 없었다. 피고인은 이에 속은 피해자로부터 같은 날 공소외 2 명의의 계좌로 23,490,000원을 교부받아 편취한 것을 비롯하여 별지 범죄일람표 기재와 같이 14회에 걸쳐 같은 장소에서 범죄일람표 기재 방법으로 합계 235,940,000원을 교부받아 편취하였다. [338)]

B. 상가관리비를 받아서 갚겠다고 거짓말

　피고인은 위 1998. 1. 26.경 위 상가 관리소 소장으로서 월급도 제대로 받지 못하고 별다른 재산이 없어서 피해자 공소외 2로부터 돈을 빌리더라도 3개월 후에 변제할 능력이 없었다고 보이는 점, 사실은 피고인이 빌리려는 위 돈의 용도는 상가의 전기요금을 납부하기 위한 것이 아니라 피고인 개인적으로 사용하기 위한 것이었던 사실, 그럼에도 피고인이 피해자 공소외 2에게 상가 전기요금을 내기 위하여 빌리는 것이며, 상가 관리비를 받아서 3개월 후에 갚겠다고 거짓말을 하고 선이자 120만 원을 공제한 880만 원을 빌렸던 사실, 피고인은 위 차용금을 여러 해가 지나도록 갚지 않고 있는 사실 등을 알 수 있는바, 피고인이 차용금의 용도나 사용 후 변제할 자금의 마련방법 등에 대하여 피해자를 기망한 위와 같은 내용, 피고인의 차용 당시의 변제 자력이나 그 이후 그 채무의 이행을 위한 노력 여부에 비추어 살펴보면, 피고인은 피해자 공소외 2를 기망하여 위 금원을 편취할 의사가 있었다고 봄이 상당하고, 피해자 공소외 2는 그와 같은 피고인의 기망에 속아 피고인이 3개월 후에 변제할 것으로 믿고서 대여하였다고 할 것이니, 피고인 1이 위 금원을 차용할 당시 비록 재력이 있는 것처럼 보이는 공소외 3이 보증을 하였다고 하더라도 그와 같은 사정만으로 피고인에게 편취의 범의가 없었다고 보기는 어렵다고 할 것이다. [339)]

3) 돌려막기 - 허위 변제의 외관

　돌려막기란 신용카드 채무를 또 다른 카드 대출 등으로 변제하는 것처럼, 빚을 빚으로 갚는 행

---

337) 대법원 2005. 9. 15. 선고 2003도5382 판결
338) 서울중앙지방법원 2010. 8. 24. 선고 2010고단1600 판결
339) 대법원 2005. 9. 15. 선고 2003도5382 판결

태를 일컫는다. 돌려막기는 추가 피해자를 계속적으로 양산할 뿐 진정한 변제로 볼 수 없다. 그러므로 돌려막기를 하는 경우, 차용금 내지 투자금을 받더라도 이를 반환할 의사나 능력이 없다고 볼 수 있다는 점에서, 전형적인 기망행위의 수단으로서 사기의 범의를 추단하게 한다.

> 피고인은 2015. 2. 9. 시흥시 C 아파트 D호에서 피해자 B에게 "돈을 빌려주면 이자를 많이 줄 수 있으니 돈을 빌려달라"는 취지의 거짓말을 하였다. 그러나 피고인은 별다른 재산 없이 1억 원 상당의 채무가 있는 상태에서 다른 사람들로부터 돈을 빌려 소위 '돌려막기' 방식으로 기존 채무를 변제하는 상황이었으므로 피해자로부터 돈을 빌리더라도 이를 제때에 변제할 의사나 능력이 없었다. 피고인은 이와 같이 피해자를 기망하여 이에 속은 피해자로부터 같은 날 차용금 명목으로 140만 원을 교부받았다. 피고인은 이를 비롯하여 그 무렵부터 2015. 3. 30.경까지 별지 범죄일람표 기재와 같이 총 8회에 걸쳐 피해자를 기망하여 이에 속은 피해자로부터 차용금 명목으로 합계 840만 원을 교부받았다.

4) 일부변제의 경우

피해자에게 이자 내지 원금의 일부를 상당 부분 변제한 경우에는 편취의 범의가 있다고 보기 쉽지 않다. 그러나 **이미 과다한 부채의 누적으로 변제의 능력이나 의사마저 극히 의심스러운 상황**에 처하고서도 이를 숨긴 채 사업투자로 큰 이익을 볼 수 있다고 속여 **금전을 차용한 후 이를 주로 상환이 급박해진 기존채무 변제를 위한 용도에 사용한 사실**이 인정된다면, 피고인이 금전차용 시 피해자들에게 그림 등 담보물을 제공하고 그동안 이자를 지급하여 왔다거나 차용금 중 일부가 변제되었다 하더라도 위 인정과 같은 피고인의 범행의 전체적인 동기와 방법 및 결과 등에 비추어 볼 때 그러한 사정이 피고인의 편취범의를 인정함에 있어 반드시 장애가 된다고 할 수는 없다.[340]

> [범죄사실] 피의자는 올림픽화랑이라는 상호의 화랑을 경영하면서 고율의 이자 또는 이익배당 약속하에 끌어들인 타인의 자금을 이용하여 그림매매사업에 종사하던 피고인이 사업부진으로 부채가 누적됨으로써 더 이상 차용 또는 투자받는 금원의 반환이나 고율의 이자 및 이익배당 또는 납품받는 그림을 매도하여 그 대금을 지급하여 줄 의사나 능력이 없는 상태에 처하게 되었으면서도 다른 채권자들에 대한 채무변제에 충당하기 위하여 수차례에 걸쳐 피해자들을 기망하여 그들로부터 차용금 또는 투자금 명목의 금원이나 그림 등을 교부받아 편취하였다. 한편 피고인의 남편 명의로 금 2억 6천만 원에 매수하기로 하고 계약금만을 지급하여 둔 상태에 있었던 임야 관련, 매수대금이 15억 원이며 미술백화점을 건축하여 매도하면 많은 이익이 남는다는 등 거짓말로 피해자들을 기망하여 미술백화점건축을 위한 투자금 또는 차용금 명목으로 금원을 교부받아 편취하였다.
> 이 사건에서 피고인은 이미 과다한 부채의 누적으로 변제의 능력이나 의사마저 극히 의심스러운 상황에 처하고서

---

340) 대법원 1993. 1. 15. 선고 92도2588 판결

도 이러한 사실을 숨긴 채 피해자들에게 그림매매사업에의 투자로 큰 이익을 볼 수 있다고 속여 금전을 차용한 후 이를 주로 상환이 급박해진 기존채무 변제를 위한 용도에 사용한 사실이 인정되고, 이러한 사실관계 하에서라면 피고인에게 그 금전차용에 있어서 편취의 범의가 있었다고 볼 수 있다. 그리고 소론주장과 같이 피고인이 금전차용 시 피해자들에게 그림 등 담보물을 제공하고 그동안 이자를 지급하여 왔다거나 차용금 중 일부가 변제되었다 하더라도 피고인의 범행의 전체적인 동기와 방법 및 결과 등에 비추어 볼 때 그러한 사정이 피고인의 편취범의를 인정함에 있어 반드시 장애가 된다고 할 수는 없다.[341]

5) 담보제공의 경우

담보의 제공과 사기죄 성립 관련, 상반되는 듯한 대법원의 2개의 판시사항이 있다.

A. 변제할 의사나 능력이 있다는 사례

원칙적인 판례의 입장이다. 즉 금원을 차용하면서 충분한 담보를 제공하였다면 특단의 사정이 없는 한 그 차용금을 변제할 의사와 능력이 없었다고 볼 수 없으며 그 담보물이 제3자의 소유라고 하더라도 담보권 설정이 무효가 아닌 이상 마찬가지라고 할 것이다.[342]

[공소사실] 피고인이 변제할 의사와 능력이 없이 공소외 홍익상호신용금고 대표이사 이덕근으로부터 3백만 원의 부금부대출을 받아 이를 편취하였다고 하는 것이다.
[판단] 피고인은 대출을 받기 전 신용부금부대출금을 차용하면서 담보로 피고인 소유 부동산에 대하여 피해자 앞으로 최고액 5,000,000원의 근저당권설정등기를 마친 바 있다. 그 후 부동산은 다른 사람 앞으로 소유권이전등기가 되었으나 위 근저당권의 담보 범위 내에서 다시 이 사건 대출을 받은 사실과 피해자도 대출 전에 위 담보목적물의 소유권이 다른 사람 앞으로 이전된 것을 알고 있었던 사실이 인정된다. 그렇다면, 특단의 사정이 없는 한 피고인에게 위 대출금을 변제할 의사와 능력이 없었다고 인정하기는 어렵고, 부동산 소유권이 이전된 뒤에 근저당권이 실효되었다고 인정할 만한 자료도 찾아볼 수 없다.

B. 사기죄 성립과 상관없다는 사례

반대로 ① 금융기관의 대출이나 신용보증기금의 신용보증서 발급이 기망행위에 의하여 이루어진 이상 그로써 곧 사기죄는 성립하는 것이고, 담보권의 설정이 있었다 하여 결론을 달리하지 아니하며 또 사기죄의 이득액에서 담보물의 가액을 공제하여야 하는 것이 아니다.[343] ② 위조한 수

---

341) 대법원 1993. 1. 15. 선고 92도2588 판결
342) 대법원 1984. 3. 27. 선고 84도231 판결
343) 대법원 1983. 4. 26. 선고 82도3088 판결 사실 위 두 판례는 모순되지 않고. 다만 구체적 사건에서는 충분한 담보설정 여부를 고려하여 기망행위 여부를 판단하면 된다.

표 또는 약속어음을 마치 진정한 수표 또는 약속어음인 것처럼 피해자들에게 담보로 교부하는 등의 기망행위에 의하여 금원대여가 이루어진 이상 그로써 사기죄는 성립하는 것이고 별도의 담보를 제공하였다 하여 결론을 달리하는 것은 아니다.[344]

생각건대, 전자는 충분한 담보를 제공하면 변제자력에 대한 기망을 인정할 수 없다는 취지이며 후자는 변제자력에 대한 기망이 아닌 위조, 고의 등 별도의 기망행위가 있기 때문에 담보제공과 무관하게 사기가 성립한다는 내용으로 보인다.

(4) 피해자의 인식과 착오 가능성
1) 인적관계 및 계속적 거래관계

소비대차 거래에서, 대주와 차주 사이의 친척·친지와 같은 인적 관계 및 계속적인 거래 관계 등에 의하여 **대주가 차주의 신용 상태를 인식하고 있어 장래의 변제 지체 또는 변제불능에 대한 위험을 예상하고 있었거나 충분히 예상할 수 있는 경우에는, 차주가 차용 당시 구체적인 변제의사, 변제능력, 차용 조건 등과 관련하여 소비대차 여부를 결정지을 수 있는 중요한 사항에 관하여 허위사실을 말하였다는 등의 다른 사정이 없다면, 차주가 그 후 제대로 변제하지 못하였다는 사실만을 가지고 변제능력에 관하여 대주를 기망하였다거나 편취의 범의가 있었다고 단정할 수 없다.**[345]

[범죄사실] 피고인은 피해자 F에게, "내가 지금 살고 있는 주상복합아파트에 보증금 1,000만 원에 거주하고 있는데, 보증금을 5,000만 원으로 높여 재계약해야 하는데 돈이 부족하다. 내가 지금 주식 투자로 하루에 100만 원씩 수입을 올리고 있으니, 5,000만 원을 빌려주면 1년 내로 갚겠다"고 거짓말을 하고, 피해자에게 "보증금을 높이는 대신 월세를 높여 재계약을 하게 되었다, 앞서 빌린 5,000만 원은 주식에 투자하겠다. 내가 하루에 100만 원씩 수익을 올리고 있으니 걱정 말라, 증권계좌 잔고를 합쳐 돈을 충분히 갚을 수 있다"고 거짓말을 하였다. 그러나 피고인은 당시 아무런 재산이 없었고, 당시 주식투자로 매일 100만 원씩의 수익을 올리고 있지도 않았으므로 피해자로부터 돈을 빌리더라도 정상적으로 이를 변제할 의사나 능력이 없었다. 피고인은 이와 같이 피해자를 기망하여 이에 속은 피해자로부터 차용금 명목으로 2014. 7. 8. 피고인 명의의 국민은행 계좌(G)로 1,500만 원을 송금 받고, 2014. 7. 9. 위 계좌로 3,500만 원을 송금 받아 합계 5,000만 원을 교부받았다.

피고인과 변호인은, 피고인이 피해자로부터 5,000만 원을 받은 사실은 있으나, 당시 피해자에게 피고인의 변제 자력이 충분하지 않음을 이미 고지한 바 있고 변제기한과 이율을 정하지 아니하였으므로, 변제의사와 능력에 관하여 피해자를 기망하지 않았다는 취지로 주장한다.

그렇다면, 이 사건의 쟁점은 ① 피해자가 피고인의 신용 상태를 인식하고 있을 만큼의 인적 관계가 있었는지, 2 피해자가 피고인의 장래 변제 지체 또는 변제 불능에 대한 위험을 예상하고 있었거나 충분히 예상할 수 있었는지, 3 피고

---

344) 대법원 1993. 7. 27. 선고 93도1408 판결
345) 대법원 2016. 4. 28. 선고 2012도14516 판결

인이 차용 당시 변제의사, 변제능력, 차용 조건 등과 관련하여 소비대차 여부를 결정지을 수 있는 중요한 사항에 관하여 허위 사실을 고지하였는지 등으로 귀결된다.

[판단] 가. 피해자와 피고인은 피부관리실 운영자와 손님 관계로 처음 알게 되었다. 피해자와 피고인은 그 후에는 한동안 만나지 않고 카카오톡 등 문자메시지만 주고받는 관계였다가 다시 만나게 되었다. 그리고 피해자가 피고인에게 범죄사실 기재 합계 5,000만 원을 지급하여 주었다. 비록 피고인은 피해자에게 범죄사실 기재와 같이 "내가 지금 살고 있는 주상복합아파트에 보증금 1,000만 원에 거주하고 있는데, 보증금을 5,000만 원으로 높여 재계약해야 하는데 돈이 부족하다."는 말을 하였고 그로 인하여 피해자가 피고인의 신용 상태를 간접적으로 추측할 수 있다 하더라도, 다시 만난 날로부터 일주일 기간으로 피해자가 피고인의 신용 상태를 인식하고 있을 정도로 인적 관계가 형성되었다고 보기 어렵다. 지인으로부터 돈을 빌리는 사람은 모두 돈이 필요하지만 당장 금융기관 등으로부터 돈을 빌릴 수 없는 경우가 대부분일 텐데, 변호인 주장 논리대로라면 그러한 대부분의 경우에 대주로서는 차주의 신용 상태를 충분히 알 수 있었던 것으로 판단될 위험이 있다.

나. 피고인은 피해자에게 자신이 '주식투자를 실패해 어려운 상황인데 월세도 밀려 있었고 수입도 특별히 없어서 집을 나올 수밖에 없다'고 말하였다고 주장한다. 피해자는 자신에 대한 증인신문 중 변호인 신문 첫머리 부분에서 이를 인정하는 듯한 답변을 하였으나, 이는 반대신문 첫머리에서 변호인의 긴 물음에 단지 "예"라고 답변한 것에 불과하다. 오히려 피해자는 증인신문 과정에서 '어머니가 주식투자를 해서 많이 어려웠고, 자기는 주식투자 공부를 많이 했기 때문에 자신 있다고 이야기를 했습니다'라고 자신의 답변을 정정하였다.

다. 피해자는 피고인이 피해자 자신에게 '주식 투자로 하루에 100만 원씩 수입을 올리고 있다'는 취지로 말하였다고 수사 기관에서부터 이 법정에 이르기까지 일관되게 진술하고 있다. 가항에서 본 바와 같은 피고인과 피해자 관계에 비추어, 피고인이 이러한 말을 하지 않았다면 피해자가 선뜻 5,000만 원을 빌려주지 않았을 것으로 보여, 피해자 진술은 믿을 만하다. 구체적인 사실에 관한 고지 없이 '피해자의 변제 다짐'만을 믿고 피고인이 5,000만 원을 피해자에게 빌려줄 동기나 유인을 찾기 어렵다. 피고인이 한 위 말은, 피해자가 피고인에게 범죄사실 기재와 같이 5,000만 원을 빌려줄 당시 변제능력에 관하여 소비대차 여부를 결정지을 수 있는 중요한 사항이다. 즉, 구체적인 사실을 담은 이러한 말이 없었더라면 피해자가 피고인에게 5,000만 원을 빌려주지 않았을 것이다. 변호인은 피고인과 피해자의 대화 과정에서 범죄사실 기재 5,000만 원 지급 전에는 '주식 투자로 하루에 100만 원씩 수입을 올리고 있다'는 언급이 없었고 이를 피해자도 인정하였다고 주장하나, 녹취록 기재가 피해자가 범죄사실 기재 5,000만 원 지급 전에는 '주식 투자로 하루에 100만 원씩 수입을 올리고 있다'는 언급이 없었음을 인정하는 취지로 보이지는 않는다. 또한 변호인은 주식으로 하루에 100만 원씩 버는 사람이 5,000만 원을 빌릴 이유가 없다고도 주장하나, 피고인은 피해자에게 애초 임대차보증금 명목으로 5,000만 원 대여를 요청하였던 점, 주식투자에는 기초 투자 자금이 필요한 점 등에 비추어 피해자가 피고인 말을 믿고 '피고인은 주식 투자에 따라 성과를 크게 내는 사람인데 단지 목돈 자금이 필요하다'고 믿었을 가능성이 크다.

라. 비록 차용증은 돈 입금 이후에 작성되었지만, 피고인은 피해자로부터 돈을 받은 직후 "정말 신중히 조심조심 잘 관리할게요."라고 문자메시지를 보낸 점에 비추어, 피고인은 당연히 피해자로부터 받은 5,000만 원을 반환하리라 생각하였던 것으로 보인다. 피고인이 초기 수사기관에서 진술한 바와 같이 피해자가 피고인에게 사용하라고 반환을 예정하지 않은 채 그저 지급한 돈이라면, 단지 '(개인용도 등에) 잘 쓰겠다'는 언급을 할지언정 '잘 관리하겠다'고 답하는 것은 어색하기 때문이다. 실제로 피고인은 돈을 입금 받은 날로부터 얼마 지나지 않아 차용증을 작성하여 피해자에게 교부한 사실 역시, 피해자가 범죄사실 기재와 같이 돈을 받을 당시 피고인에게 변제를 다짐하였다는 점을 증명하는 방증이 된다.

마. 피해자가 피고인에게 주식 투자로 성과를 내지 못하면 펀드에 가입하라고 권유하는 문자메시지를 보냈다거나,

피고인에게 "내가 그때 잘 벌 때였기 때문에 이거 못 받아도 나 상처받지 않을 거라 생각했었고", "내가 A 씨한테 안 받을 요량으로 그 돈을 주기는 했지만 A 씨가 갚겠다고 했었고 나는 내가 A 씨가 갚았으면 좋겠다 그런 마음으로"라고 말한 사실을 근거로, 피고인이 범죄사실 기재 일시 피해자를 기망하지 않았다는 취지로 주장한다. 위 문자메시지나 위 언급은 모두 범죄사실 기재 일시 이후 피해자가 피고인에게 변제를 촉구하는 과정에서 피고인으로부터 피해 금액 중 일부라도 추심하기 위한 목적으로 그 방법을 제시하거나, 피고인을 달래기 위한 언급으로 보일 뿐이다(피해자가 2014. 7. 8.과 2014. 7. 9. 피고인에게 합계 5,000만 원을 대여한 후 1년가량 돈을 거의 갚지 않은 상황에서 피고인의 경제 사정이 어려워졌고, 피해자는 대여 당시와는 정반대로 '을'의 입장에서 피고인이 부디 일부라도 변제를 해 주기를 바라는 측면에서 위와 같은 언급을 한 것으로 보인다).

A. 여러 차례의 금전거래

㉮ 갑은 2001. 1. 29.부터 2004. 3 .5.까지 이 사건 차용금의 약 4배에 이르는 81,938,958원을 카드대금 등의 변제 명목으로 피해자에게 지급하였다. ㉯ 의류사업이나 보험설계사로서의 영업을 하면서 지속적으로 소득을 얻고 있었으며, 이 사건 차용일 이후 비교적 꾸준하게 월 60만 원 상당의 약정이자를 지급해 온 사정 등에 비추어 볼 때, 비록 갑이 지금에 와서 위 돈의 차용 사실 자체를 부인하고 있다 하더라도, 차용 당시 차용금 2,000만 원을 변제할 의사나 능력이 없었다고 단정하기는 어렵다. 그리고 ㉠ 피해자는 갑과 계속하여 여러 차례의 금전거래를 하는 동안, 갑의 카드대금 연체 사실은 물론 그 자금 사정까지 잘 알고 있었다고 보이므로, 피해자는 이 사건 차용 당시 갑의 자금능력이 충분하지 아니하여 변제기에 변제가 어려울 수 있다는 위험을 예상하고 있었거나 충분히 예상할 수 있었다고 보이며, ㉡ 또한 갑이 그 당시 변제능력이나 변제의사 등에 관하여 허위 사실을 말하였다는 등의 적극적인 기망행위가 있었음을 인정할 증거는 없다.

B. 연인관계

피해자의 이 법정에서의 진술내용과 피고인에 대한 이 법정에서의 신문내용을 종합하면, 피해자는 2018. 5.경 울산 남구 삼산동 소재 한 단란주점에서 피고인을 만나게 되었고, 그 후 연락을 주고받았다가 2018. 6. 25.경 피고인이 교통사고로 판시 범죄사실 기재 병원에 입원하게 되자 피해자가 2018. 7. 4.경 병문안을 오면서 친해지게 되어 연인관계가 되었으며, 피고인과 피해자가 교제한 기간은 피고인의 입원기간인 대략 한 달 정도인 사실이 인정되고, 피해자는 수사기관 및 이 법정에서 당시 피고인과 결혼까지 생각했었다고 진술하였다.
2 피고인이 입원하였을 당시 피해자는 거의 매일 병문안을 다니면서 피고인과 만남을 지속하였는데, 피고인이 피해자에게 '곗돈을 변제하지 못해 약 3,000만 원 정도를 정리해야 할 상황이고, 돈을 빌려주면 결혼하고 같이 생활하면서 조금씩 갚겠다. 주점 말고 바 쪽에 실장님을 아니까 그 곳에서 일하면서 다달이 얼마씩 갚겠다'는 취지로 말을 하였고, 당시 피해자는 피고인과 사귀면서 피고인과 결혼 생각까지 하였기 때문에 돈을 빌려주었다고 이 법정에서 진술하였다.
3 피고인이 피해자에게 돈을 빌려달라고 요청할 당시 실제 피고인의 총 채무액은 약 3,000만 원이 넘는 상황이었는데, 피고인은 그러한 채무부담사실을 피해자에게 이야기하면서 돈을 빌려달라고 요청하였다. 피고인에 대한 검찰 피의자신문조서 기재내용에 의하면, 피고인의 채무부담 사유가 곗돈 변제나 연대보증이 아닌 신용카드 채무 연

체 등에 있었고, 그 사유를 피해자에게 사실대로 말하지 않은 것은 확인되지만, 대여 여부 결정에 있어 중요한 사항은 채무부담 여부 및 그 현황이라고 보아야 하는데, 피고인으로서는 자신의 실제 채무부담 상황을 피해자에게 고지함으로써 중요한 사항에 대하여는 사실대로 고지하였다고 보이고, 당시 피고인과 피해자의 관계, 피해자의 의사 등에 비추어 볼 때 피해자가 피고인의 채무부담 사유를 사실대로 들었다면 피고인에게 돈을 빌려주지 않았을 것이라고 단정하기는 어려워 보인다.

4 보통 차용금 사기 사안은 범인이 피해자를 상대로 자신의 재산상태나 변제현황 등을 허위로 고지하거나 변제 의사나 능력을 허위로 고지하고, 피해자는 범인의 그와 같은 고지내용을 신뢰하여 돈을 빌려주었을 때 성립한다. 그런데 이 사안에서 피고인은 채무를 부담하고 있는 자신의 재산 상태나 현황에 대하여 피해자에게 허위로 고지하지는 않았으며, 피해자의 이 법정에서의 진술내용을 종합해 보면, 피해자는 당시 피고인의 재산상태 및 변제 현황이나 변제 의사나 능력 등을 믿고 피고인에게 돈을 빌려주었다기보다는 피고인과의 연인관계라는 특수한 상황하에서 피고인의 이익을 위하여 피고인에게 돈을 빌려준 것이라고 봄이 타당하다.

5 피고인이 피해자를 만날 당시 유흥주점에서 근무하고 있었고, 피고인이 피해자로부터 돈을 빌릴 당시 바에서 실장 역할을 하면서 돈을 벌어 변제하겠다고 말하였으며, 피고인은 이 법정에서의 신문 당시 'E'이라는 바에서 실제로 일하라는 연락을 받았으나 허리가 아파 일하지 못하였다는 취지로 진술하였다. 그렇다면 피고인은 자신이 원할 경우 피해자에 대한 차용금 변제를 위하여 주점이나 바 같은 유흥시설에서 근무할 수 있는 상황이었고, 근무하게 되면 피해자에 대한 차용금의 일부라도 갚을 수 있는 상황이었다고 판단되므로, 피고인이 차용 당시 변제 의사나 능력이 아예 없었다고 단정하기는 어렵다.

6 피해자가 피고인을 고소한 시점은 2019. 1. 11.경으로써 피고인이 돈을 차용한 시점인 2018. 7.경으로부터 불과 6개월밖에 경과하지 않은 시점이었으며, 피고인이 피해자로부터 돈을 차용하면서 공정증서를 작성해 주었는데, 공정증서상 채무변제기한은 2020. 7. 31.로써 채무의 이행기 이전에 피해자의 형사고소가 있었다. 그리고 피고인은 형사고소 전에 피해자에게 이자 명목으로 80만 원을 지급하였으며, 그 후 피해자가 피고인과 합의에 이르면서 피고인 측으로부터 200만 원을 지급받았다. 이러한 정황에 비추어 피고인이 피해자의 채무에 대한 변제의사가 없었다고 보기 어렵다.[346]

C. 금전거래의 실적

평소 피해자들과 거래해 온 금전거래의 실적을 감안하면 단지 피고인이 금융에 궁색해져서 일부 차용원리금이 변제되지 않았다는 사실만으로는 피해자들로부터의 금원차용행위에 그 금원을 편취할 의사가 있었다고 속단할 수 없다.[347]

[범죄사실] 피고인은 무직의 가정주부로서, 타인의 금원을 차용하여 일수놀이를 하여 오던 중 일수 돈은 회수되지 않고 부채는 늘어갈 뿐더러 원금변제는 고사하고 이자지급도 불가능하게 되어 이자지급을 위하여 궁여지책으로 새로이 금원을 차용하여 이자를 지급해야 할 처지가 되었다. 그런데 피고인은 변제능력 및 의사가 전혀 없음에도

---

346) 울산지방법원 2020. 8. 18. 선고 2019고단1567 판결 사기
347) 대법원 1970. 12. 29. 선고 70도1980 판결

불구하고 피해자들에 대하여 피고인은 10여 년 전부터 일수놀이를 하여 왔는데, 월 6푼 내지 3할의 높은 이자를 지급할 터이니 금원을 차용하여 달라고 거짓말하여 그에 속은 피해자 등으로부터 금원을 차용한 후, 동 이자를 기일 내에 어김없이 지급하는 등 신용을 얻은 후 전후 86회에 걸쳐 1회 8,000원 내지 50만 원씩 도합 8백만 원을 차용금으로 교부받아 편취하였다.

[판단] 피고인은 곤궁한 형편에 있었으나 고의적으로 변제할 의사 없이 타인을 속여서 금원을 편취한 것이 아니고, 금원을 차용하여 일수놀이를 하고 그 이자를 받아 밀린 이자를 변제하려 했던 것이고, 피해자에 대한 관계에 있어서도 동인이 피고인에 대하여 돈을 놓아 달라고 요청한 것이고, 동인에 대하여 원금 125만 원 이자 340만 원을 변제한 사실이 있다고 한다. 또 피해자는 피고인에게 약 400만 원을 빌려주고 원금 중 180만 원을 받고 이자 1,577,200원을 받았다는 것이고, 다른 피해자의 증언에도 피고인에게 5,105,000원을 대여하고 원금 중 1,250,000원의 변제를 받고 이자 3,654,400원을 받았다는 것이니, 적어도 위 두 사람의 관계에 있어서 피고인에게 전혀 변제의사 없음에도 불구하고 변제할 의사 있는 것 같이 가장하여 금원을 편취할 범의가 있었다고 단정하기 어려울 것이고, 다른 피해자에 대한 관계에 있어서도 일수놀이를 하겠다고 하여 금원을 차용한 후 실제로 일수놀이를 하고 그 일수놀이 이자를 받아 차용금의 이자나 원금을 지급한 실적이 있었다면 피고인에게 공소사실과 같은 사기의 범의가 있었다고 할 수 없다.

2) 대출 내지 대부업체

일반적으로 대출업체에 고율의 이자를 지급하여 금원을 차용하는 사람은 주로 변제자력이 부족하거나 신용상태가 좋지 않은 사람들인데, 대출업체로서도 대개는 이러한 사정을 잘 알고 변제받지 못할 위험을 인식한 상태에서 이를 감수하면서 대출을 해 주는 것이다. 그 대신 대출업체는 위험 감수의 대가로 고율의 이자 약정을 체결하는데, 때에 따라서는 대출업체가 위와 같은 이자수익을 얻기 위하여 적극적으로 대출약정 체결에 나서기도 한다. 또한, 대출업체에서 금원을 차용하는 사람의 변제자력이나 신용상태에 관하여 평가하는 과정은 전문적인 인력과 장비를 갖춘 대출업체가 미리 정해놓은 절차에 따르는 경우가 보통이다. 따라서 대출업체로부터 금원 차용을 원하는 개인이 대출업체가 정한 절차에 따라 대출을 받은 경우 차용금 편취를 통한 사기죄의 성립 여부를 판단하는 경우에는 신중을 기하여야 한다.[348]

[범죄사실] 피고인은 부산 소재 피해자 우리파이낸셜 ㈜ 사무실에서 대출 담당 직원에게 "신용대출금으로 1찬만 원을 빌려주면 36개월간 원리금 균등 분할하여 매월 25일에 상환하겠다"라고 말하며 대출신청서를 작성하는 등 마치 정상적으로 대출금을 변제할 것처럼 행세하였다. 그러나 사실은 대출받더라도 약속한 날짜에 이를 변제할 의사나 능력이 없었다.

[사실관계] 대출 당시 이미 운영하던 업체의 사정이 매우 좋지 않아 상당한 규모의 채무를 부담하고 있었다. 부가가

---

348) 부산지방법원 2009. 10. 16. 선고 2009고정1908 판결

치세 납부기한이 다가오자 납부를 위한 자금 융통 문제로 고민하고 있었다. 그러던 중 피고인은 회사 측으로부터 먼저 휴대전화로 "자영업자 저금리신용대출, 최고 삼천만 원"이라는 광고 문자메시지를 받고 위 회사를 찾아가게 되었다. 대출회사는 피고인에게 사업자등록증, 국세·지방세완납증명서 등 관련서류를 제출하고 담당 직원과 상담하면서 피고인이 그 경제사정에 관하여 허위진술을 하였다거나 허위자료를 제출한 바는 없었다. 특히 피고인은 위 회사 담당직원에게 자신이 신용카드회사로부터 현금서비스를 받은 채무가 있는데 이를 상환하는 중이고 그러한 채무가 많은 이유는 주식투자를 하고 있기 때문이라고 이야기하였고, 우리파이낸셜 ㈜도 피고인의 위 채무액수를 알고 있었을 뿐 아니라 피고인이 이른바 '신용카드 돌려막기'를 하고 있는 상황인 것도 짐작하고 있었을 정도로, 피고인의 경제사정에 관하여 피고인이 위 회사에 제공한 정보는 진실하였던 것으로 보인다. 그러나 이후 피고인은 보유하고 있던 주식의 가격이 떨어지는 등 그 형편이 더욱 어려워지자 결국 대출금을 갚지 못하게 되었다. 회사는 피고인이 제출한 위 서류들과 피고인에 대한 신용조회 결과 등을 종합하여 그 경제적 능력에 대한 조사를 거친 후 이 사건 대출을 결정하였고, 대출금액, 이자율 등 구체적인 대출약정의 내용도 위 회사가 결정하였다. 위와 같이 결정된 약정이자는 연 23.9%, 연체이자는 연 34.9%의 고율이었다. 피고인이 대출금을 변제하지 못하게 된 것은 대출 이후의 경제상황의 변동, 특히 주식시장에서의 주가하락이 주원인이었던 것으로 보인다. 피고인에게는 아무런 범죄전력이 없다.

3) 특히 소개해 준 사람을 믿고 돈을 빌려준 경우

[공소사실의 요지] 피고인은 2014. 3.경 울산 남구 B에 있는 피해자 C가 근무하는 D 조합 두왕로 지점에서, 자신의 지인인 E를 통해 피해자에게 "6,000만 원을 빌려주면 3개월 뒤에 변제하고, 이자는 한 달에 200만 원씩 주겠다. 액면금 1억 7,000만 원 상당의 F 컨트리클럽 회원자격보증예탁금증서 2장을 담보로 제공하겠다."는 제안을 전달하게 하였다. 그러나 피고인은 사실 위 예탁금증서는 위 컨트리클럽 대표이사인 G가 컨트리클럽에 가입비나 예탁금을 전혀 지급하지 아니한 채 비정상적으로 발행한 것으로, 회원번호를 등재하지 않아 실제 회원권으로 사용이 불가하고, 거래소 판매도 불가능하여 채무액에 대해 ㈜H(이하 'H'이라고 한다)의 변제 책임이 있다는 차용 증명 외에 회원권 자체로는 사실상 담보 가치가 없다는 사실을 G로부터 고지받았음에도 이를 E와 피해자에게 제대로 알리지 아니하였고, 피해자에게 대여금에 상당한 담보물을 제공하거나 변제기에 위 금원을 변제할 의사나 능력이 없었다. 피고인은 위와 같이 피해자를 기망하여 그로부터 2014. 3. 19.경 ㈜I(이하 'I'라고 한다) 명의의 D 조합 계좌(J)로 차용금 명목으로 6,000만 원을 송금 받은 후, 선이자 명목으로 되돌려준 600만 원을 제외한 5,400만 원을 취득하였다.

[판단] 특히 피해자가 E를 신뢰한 나머지 금원을 대여하게 된 과정이나 피해자가 금전소비대차의 상대방으로 인식한 사람이 피고인이나 I가 아니라 E였던 점에 비추어 보면, 검사가 제출한 증거만으로 피고인이 피해자를 상대로 기망행위를 하였다거나 피고인의 기망행위와 피해자의 착오 및 재산적 처분행위 사이에 인과관계가 있다고 인정하기 어렵고, 달리 이 사건 공소사실을 인정할 증거가 없다.

1 피해자는 은행에서 30년 이상 근무하였고 20년 이상 담보대출 업무를 담당하였다.

2 E는 피고인으로부터 돈을 빌려줄 수 있는 사람을 알아봐달라는 부탁을 받고 나서 2014년 3월경 피해자에게 이자를 한 달에 200만 원으로 하여 6,000만 원을 빌려달라는 말을 전달하였는데, 피해자는 금원을 차용하는 사람, 즉 금전소비대차의 상대방이 E라고 믿고 곧바로 E에게 금원을 대여하기로 결심하였다.

3 피해자는 당일 E에게 담보를 요구하지도 아니하였고, E가 6,000만 원을 송금할 계좌로 I 계좌를 알려주자 피해자 자신은 E에게 금원을 대여하고 다시 E가 I에 금원을 대여하는 관계로 인식하였으며, 그리하여 입금 계좌명의인인 I에 차용사실을 확인하지도 아니하였다.

4 피해자는 6,000만 원을 송금한 이후에 E로부터 주채무자가 I, 연대보증인으로 H가 각 기재되어 있는 차용증과 H의 F 컨트리클럽서산에서 발행한 피해자 명의 회원증서와 회원증 각 2개 등의 담보서류들을 교부받았다.

5 피해자는 차용금 변제기인 2014. 6. 19.이 지나자 E를 상대로 변제 독촉을 하였고, 당시에는 피고인이나 I에 변제 독촉을 하지도 아니하였다.

6 피해자는 2018. 3. 2. E를 상대로 울산지방법원 2018차전1029호로 대여금 6,000만 원을 구하는 지급명령을 신청하였다. E의 이의신청으로 울산지방법원 2018가단53834호로 소송으로 이행되었는데, 피해자는 E가 차용인이라고 주장하였으나 2018. 9. 12. 청구기각 판결을 선고받았고 그 무렵 위 판결이 확정되었다.

7 H는 변제기 이후인 2014. 11. 27. 회생절차 개시결정을 받았고, 피고인이 차용 당시 추진하던 인천 서구 K 소재 L 관련 사업은 분양 미진 등으로 투자금 회수가 이루어지지 아니하였으며, 현재까지 I가 피해자에게 차용금을 변제하지 못하였다.

위 인정사실에 의하면, 금융기관 종사자인 피해자로서는 금전소비대차 법률관계에 관하여 상당한 지식과 경험을 보유하고 있다고 보이는데, 피해자는 오랫동안 알고 지내던 E에 대한 깊은 신뢰에 기초하여 E로부터 높은 이율의 이자 제공 이외에 담보에 관한 설명을 전혀 들은 바가 없음에도 차용인을 'E'로 인식하고 금원을 대여하기로 결정한 당일 E가 알려주는 I 계좌로 6,000만 원을 바로 송금하였음을 알 수 있다(피해자는 회원자격보증예탁금증서가 있든 없든 E를 보고 빌려준 것이라고 증언하였다).

결국 피해자는 주채무자를 E로 인식하였기 때문에 대여금을 I 계좌로 송금할 당시는 물론이고 담보서류를 교부받았을 때에도 회원자격보증예탁금증서나 H가 연대보증인으로 되어 있는 차용증에 별다른 의미를 두지 아니하였고, 담보로 제공된 회원자격보증 예탁금증서가 실질적으로 예탁금 1억 7,000만 원이 전액 납부된 회원권인지 아니면 담보용으로 발행되어 예탁금이 납부되지 않은 회원권인지 여부는 피해자가 금전 대여를 결정하고 돈을 송금하는 데 어떠한 영향을 미치지 않은 것으로 보인다.

피해자와 E 사이에 주채무자가 누구인가에 대한 의사표시의 불일치가 있었고, 관련 민사 판결의 확정으로 인하여 피고인이 사실상 운영하던 I이 주채무자로서 피해자에게 차용금지급채무를 부담하고 있음은 별론으로 하고, 검사가 제출한 증거만으로 피고인이 피해자를 상대로 공소사실 기재와 같이 기망행위를 하였다고 인정하기 어렵고 달리 이를 인정할 증거가 없다. 설사 피고인이 E를 통해 피해자에게 담보 가치에 관한 설명을 다소 미흡하게 하였다고 하더라도, 피해자는 E에 대한 신뢰관계에 기초하여 E를 차용인으로 인식하고 금원을 대여한 점에서 피고인의 기망행위와 피해자의 착오, 처분행위 사이에 인과관계도 존재하지 아니하므로, 어느 모로 보나 이 사건 공소사실이 증명되지 아니한다.[349]

(5) 사기의 범의

1) 판단기준

기망행위에 대한 고의로서 '편취의 범의'는, 피고인이 이를 자백하지 아니하는 한, 범행 전후의 피고인의 재력, 환경, 범행의 내용, 거래의 이행과정, 피해자와의 관계 등과 같은 객관적인 사정을 모두 종합하여 판단하여야 한다.[350]

---

349) 울산지방법원 2020. 8. 11. 선고 2019고단3493 판결 사기
350) 대법원 1996. 3. 26. 선고 95도3034 판결 등

A. 무죄사례

1 피고인은 공소사실과 같이 피해자로부터 돈을 차용하고도 상당 기간이 지나도록 이를 변제하지 못한 점, 2 피고인은 차용 당시 화장품 대금의 수금이 원활하지 않아 카드로 돌려막기를 하다가 카드사용대금 미납으로 신용불량자가 되기도 한 점, 3 피고인은 차용 당시 30,000,000원 이상의 채무를 부담하고 있었던 것으로 보이는 점 등이 인정되나, 한편, 1 피고인은 C와 2006년경부터 알고 지낸 사이로서 차용 당시 상당한 친분이 있었던 것으로 보이는 점, 2 피고인이 공소사실과 같이 돈을 차용하면서 변제기나 이자를 정하지 않은 점, 3 피고인은 피해자로부터 차용한 돈 대부분을 피고인이 다른 사람으로부터 차용한 돈의 변제, 계돈의 지급, 카드사용대금의 변제 등으로 사용하였는바, 피고인에게 전반적인 부채해결에 대한 의지가 있었던 점, 4 피고인은 2011. 5. 26. C로부터 빌린 4,000,000원으로 C의 굿 비용 2,000,000원을 대신 지급하는 등 2011. 7. 20.까지 C의 굿 비용 5,000,000원을 C 대신 지급한 점(피고인 및 증인 C의 각 법정진술, 피고인의 경찰 진술, 수사기록 45쪽, 증 제3호증), 5 피고인은 2011. 5. 30. C로부터 1,000,000원을 차용한 후, 그날 C에게 900,000원을 변제하기 도한 점, 6 피고인은 차용 당시 화장품 영업 및 D와 동업으로 한 주점의 운영으로 일정하지는 않지만 어느 정도의 수입이 있었던 것으로 보이고, E에 대한 7,000,000원의 채권을 비롯하여 화장품 판매 미수금 등도 상당 금액 있었던 것으로 보이는 점, 7 피고인은 2013. 4.경까지 C에게 위와 같이 차용한 돈을 전액 변제한 점 등에 비추어 보면, 피고인이 변제할 의사나 능력 없이 C로부터 돈을 차용하였다고 보기 어렵고, 달리 피고인에게 편취의 범의가 있었음을 인정할 증거가 없다.

B. 유죄사례

피고인이 이 사건 당시 피해자에게 차용일로부터 2개월 이후에 차용금을 변제할 능력이 없었던 사실이 인정되고, 피고인의 편취범의도 인정된다. 따라서 피고인의 주장은 이유 없다.

1) 피해자는 이 법정에서 '아들의 친구인 피고인이 2개월 후 물건대금 받을 데가 있으니 바로 갚는다고 하여, 마이너스로 대출을 받아 1천만 원을 빌려주었다. 당시 피고인이 빚이 많다는 이야기는 하지 않았다'고 진술하고, 수사기관에서도 같은 취지로 진술하였는바, 피해자는 2개월 후에 변제하겠다는 피고인의 말을 믿고 자신의 명의로 대출(수사기록 제4쪽)까지 받아서 피고인에게 금원을 대여해 준 것으로 보인다.

2) NICE신용평가정보 주식회사의 제출명령 회신에 의하면, 피고인은 2014. 12. 31.기준 4,300만 원 상당의 금융채무, 2015. 3. 31. 기준 4,470만 원 상당의 금융채무와 2,060만 원의 자동차할부금 채무가 있었는데, 2015. 3. 17.경부터 종전 채무변제를 연체하고 있던 상황으로 이후 피고인의 신용상태는 계속 하락하였다(2015. 2. 28. 신용등급 6등급, 2015. 3. 31. 신용등급 7등급, 2015. 4. 30. 신용등급 8등급, 2015. 6. 30. 신용등급 8등급, 2015. 12. 31. 신용등급 10등급). 또한 피고인은 2016. 2.경부터 2017. 4.경까지 피해자에게 280만 원만 변제하였을 뿐이고, 2016. 3.경 D를 폐업한 이후 현재까지도 나머지 차용금은 변제하지 아니하였다. 이에 의하면, 피고인의 2015. 1분기 부가가치세 신고내역과 같이 피고인이 당시 D라는 매장을 운영하면서 각 5,000만 원 상당의 매입·매출이 있었다고 하더라도, 실질적으로 매장의 물품대금이나 운영수익으로 피해자에게 차용일로부터 2개월 이후에 차용금을 변제할 능력이 없었던 것으로 보인다. 3) 피고인은 수사기관에서 '피해자로부터 금원을 차용할 당시 2015. 6. 30.까지 변제한다고 약속하였고, 당시 빚이 4,500만 원 정도 있어 변제하지 못하였다'고 진술(수사기록 제23쪽)하였는바, 이에 앞서 본 피고인의 경제상황, 채무내역, 변제과정 등을 종합하면 피고인은 적어도 피해자에게 약속한 2개월 이후에 변제하지 못할 상황을 인식하면서도 이를 용인하였다고 보이므로, 적어도 피고인에게 차용금 편취에 대한 미필적 고의는 있었다고 봄이 상당하다.

2) 개인파산 · 면책제도를 통하여 면책을 받은 경우 - 신중한 판단

개인파산 · 면책제도를 통하여 면책을 받은 채무자에 대한 차용금 사기죄의 인정 여부는 사기로 인한 손해배상채무가 면책대상에서 제외되어 경제적 회생을 도모하려는 채무자의 의지를 꺾는 결과가 될 수 있다는 점을 감안하여 신중한 판단을 요한다.[351] 무죄판결 사례는 리딩 CASE에서 소개하였다. 유죄판결사례를 살펴본다.

[범죄사실] 피고인은 전 남편이 사업에 실패하여 이혼을 하면서 4~5천만 원 가량의 보증채무를 부담하고 있었고 달리 소유한 재산이 전혀 없어 피해자들로부터 돈을 차용하더라도 이를 변제할 의사나 능력이 없었다. 그런데 피고인은 서울 구로구 소재 피고인 운영의 영광 건어물 가게에서 피해자에게 '급하게 돈이 필요하니 돈을 빌려주면 이자는 월 2부로 지급하고, 원금은 1년 뒤에 갚아 주겠다'는 취지의 거짓말을 하여 이에 속은 피해자로부터 그 무렵 차용금 명목으로 1천만 원을 교부받아 편취하고, 같은 방법으로 다른 피해자로부터 1천 만 원을 송금 받아 이를 편취하였다

[대법원] 피고인이 파산신청을 면책허가결정이 확정된 사실을 알 수 있다. 한편 피고인은 2001년경 전 남편이 사업에 실패하여 이혼을 하면서 4~5천만 원 가량의 보증채무를 부담하고 있었고 달리 소유한 재산이 전혀 없어 돈을 차용하더라도 변제할 의사나 능력이 없었다. 그럼에도 파산신청을 하기 불과 40여 일 전 피해자들로부터 총 6천만 원의 돈을 빌려서 채무 변제와 생활비 등으로 사용한 사실을 알 수 있다. 이러한 피고인의 행위가 사기죄에 해당한다고 판단한 제1심판결을 그대로 유지한 원심의 조치는 결론에 있어서 정당하다.

3) 사업수행과정상의 차용금 - 부도를 피할 수 있다고 믿었다면

사업의 수행과정에서 이루어진 소비대차거래에 있어서 그 채무불이행이 사전에 예측된 결과라고 하여 그 사업경영자에 대한 사기죄의 성부가 문제가 된 경우에, 그 차용시점에서 그 사업체가 경영부진의 상태에 있었기 때문에 사정에 따라서는 채무불이행에 이를 수 있다고 예견하고 있었다는 것만으로 곧바로 사기죄의 미필적 고의가 있다고 하는 것은 발생한 결과에 의하여 범죄의 성부를 결정하는 것과 마찬가지이므로 부당하다.

위와 같은 경우에 기업경영자들이 채무불이행의 가능성을 인식하고 있었다고 하더라도 그러한 사태를 피할 수 있는 가능성이 상당한 정도로 있다고 믿고, 성실하게 계약이행을 위한 노력을 할 의사가 있었을 때에는 편취의 범의가 있었다고 단정하기는 어렵다.

---

351) 대법원 2007. 11. 29. 선고 2007도8549 판결

피고인은 현재까지 사업체를 운영하고 있고, 2018. 7. 4.경 300만 원을 지급하고 2018. 12.경 1,500만 원을 지급하는 등 피해자에게 물품 대금의 상당 부분을 지급하였다. 비록 변제기 이후에 물품 대금을 변제하기는 하였으나 이와 같은 사정은 행위 당시 변제의사가 있었음을 뒷받침하는 사정이 될 수 있다. 물론 당시 사업체의 운영 현황과 변제 자력 등에 비추어 보면 3일 또는 15일로 약정한 변제기에 맞춰 대금을 지급할 의사와 능력은 없었던 것 아닌가 하는 의문이 들 수도 있다. 그러나 피고인이 현재까지 사업체를 계속 운영하고 있는 사실, 일부라도 대금 지급을 위해 노력한 사실, 피고인 운영 회사의 연 매출(약 16억 원 정도)과 편취 금액을 종합해 보면 피고인의 주장(납품 업체에서 대금을 받지 못해 피해자에 대한 대금 지급이 늦어졌다는 취지)은 충분히 설득력이 있고, 당시 사업체 운영이 어렵고 재정 상태가 나쁘기는 하였으나 납품 업체에서 대금을 받아서 피해자의 물품 대금을 변제할 의사와 능력이 있었을 가능성을 배제할 수 없다. 이외에 이 사건 범행 당시 피고인이 실제 김치가공 공장 등과 거래를 한 사실이 없었다거나 또는 그로부터 받을 대금으로는 피해자에 대한 물품대금을 변제할 수 없었다는 사실 등에 관한 증거가 없다.

2 피고인이 반복적으로 채무를 불이행하였거나 비슷한 시기에 다른 채권자들에 대해서도 비슷한 내용으로 채무를 불이행한 사정은 피고인의 편취 범의를 뒷받침하는 사정이 되기는 한다. 그러나 범행 무렵의 행위로 피고인이 약식명령을 받거나 불기소처분을 받은 사실을 보면 대부분 사업 수행 과정에서 대금 지급이 지체된 사실로서, 계약상 다툼이 있거나 뒤늦게라도 대금을 지급하는 등 민사상 채무불이행과 사기죄의 경계선 상에 있는 사실임을 알 수 있다. 따라서 위와 같은 약식명령 및 불기소결정을 받은 사실로는 본 건에서 피고인의 편취 범의를 인정하기 어렵다.

3 피고인이 피해자에게 적극적인 기망행위를 하였음을 인정할 증거는 없다.

4 피고인은 수사기관에서 회사 운영이 어려워 무리하게 납품을 받았다거나 변제 의사와 능력 없이 납품을 받았다는 취지로 진술하기는 하였다. 그러나 피고인의 전체적인 진술 취지, 법정에서 주장하는 내용, 앞서 본 사정 등을 종합해보면 이러한 진술만으로는 편취의 범의가 있었다고 인정하기 어렵다.[352]

3. 관계·용도 등에 대한 기망

차용금 사기에서도 단순히 피고인의 재력이나 신용상태 등을 토대로 기망행위나 인과관계 존부를 판단할 수는 없는 경우가 얼마든지 있다. 피의자와 피해자의 구체적인 관계에 비추어 재산상태 이외에 다른 사정이나 용도를 믿고 금원을 빌려준 경우이다. 가령 ① 장래 수익 발생 관련한 투자 사업의 성패와 밀접한 관련 아래 차용관계가 이뤄진 경우, ② 연인 지인, 등 인적관계에서 돈을 빌려준 경우 ③ 특정한 용도를 속이고 빌린 경우 등이 있다.

(1) 투자관계에서 차용금 - 투자사기의 일종

피해자의 재산적 처분행위나 이러한 재산적 처분행위를 유발한 피고인의 행위가 피고인이 도모하는 어떠한 사업의 성패 내지 성과와 밀접한 관련 아래 이루어진 경우에는, 단순히 피고인의 재력이나 신용상태 등을 토대로 기망행위나 인과관계 존부를 판단할 수는 없다. 즉 ① 피해자와 피

---

352) 청주지방법원 충주지원 2019. 4. 12. 선고 2018고단524 판결 사기

고인의 관계, ② 당해 사업에 대한 피해자의 인식 및 관여 정도, ③ 피해자가 당해 사업과 관련하여 재산적 처분행위를 하게 된 구체적 경위, ④ 당해 사업의 성공가능성, ⑤ 피해자의 경험과 직업 등의 사정을 모두 종합하여 일반적·객관적으로 판단한다.

피해자들은 피고인과 오랫동안 알면서, 피고인이 운영하던 회사가 가진 하수처리공법을 이용한 하수처리장 설계에도 함께 참여하는 등 피고인이 가진 기술과 사업에 대하여 비교적 잘 알고 있었다. 피해자 C는 피고인이 E자치단체 하수처리시설 민자사업을 추진하는 데 5억 원 정도의 자금을 구해달라는 요청을 받았다. 피해자 D는 C로부터 피고인 회사가 어려워 도와주어야 한다는 이야기를 들었고, 협업 중 피고인의 근로자들로부터 임금체불 등이 있다는 사유를 들어 알고 있었다고 진술한 바 있다. 따라서 피해자들은 피고인의 자금사정이 좋지 않다는 점과 피고인이 사업자금이 필요한 상황이라는 사실을 충분히 인지하고 있었다고 보인다.

2 피해자들은 피고인과 이전에 G하수처리장의 설계 업무를 같이 하였고, 피고인이 E자치단체 하수도 민자사업을 수행하는 주체가 되면 추후 설계용역을 받기를 원하는 입장이었다. 피해자들은 피고인의 자금사정이 어렵다는 것을 알고도 피고인과의 사업적 관계, 추후 얻게 될 사업기회 등을 고려하여 자금을 교부한 측면이 있다.

3 피해자들은 피고인과의 사업적 관계에서 E자치단체 하수도 민간사업이 성공할 경우의 이익을 기대하기는 하였으나, 피고인이 피해자들에게 E자치단체 하수도 민자사업의 성공여부를 과대포장하여 그 참여나 이익을 보장하지는 않았고 피해자들도 피고인에게 용도를 특정하고 자금을 교부하지는 않았다. 피해자들은 피고인의 회사를 대상으로 하여 돈을 빌려준 것이 아니고, 피고인 개인으로부터 차용증을 받고 돈을 빌려주었으며, 변제기도 대여일로부터 2년을 초과하는 2017. 1.로 정하였다. 특히 피해자 C는 피고인이 E자치단체 하수도 민자사업에 대한 구상 정도만 가지고 공무원을 접촉하던 초기 단계라는 것을 잘 알고 있었고, 성공하지 않을 가능성도 인지하고 있었다. 그럼에도 피해자 C는 피고인의 기술력이나 사업능력을 스스로 판단하여 자금을 교부하였다고 보인다. 피해자들은 피고인이 E자치단체 하수도 민자사업을 더는 진행하지 않는다는 사실을 알고도 위 변제기 무렵까지 피고인에게 그 상환을 독촉하거나 크게 항의한 사정도 보이지 않는다.

4 당시 E 자치단체 하수관리 과장이었던 H에 의하면, 피고인이 E자치단체 하수도와 관련한 민자사업 관련 기초 서류를 작성하고, 관련 공무원들을 만나 자신의 공법을 홍보하고 민자사업 구조에 대하여 논의하기도 하였다고 보인다. 피고인은 실제로 I 주식회사에게 자신이 보유하고 있던 하수도건설기술인 J공법을 제공한 대가로 2013. 12.~2014. 1.경 사이에 50억 원을 받기도 하는 등 위 사업을 추진할 만한 기술이 있었던 것으로 보인다.

5 피고인이 자신이 운영하던 ㈜ B에서 2012. 5. 4.부터 2014. 12.경까지 14억 원가량을 횡령한 죄로 유죄판결을 받기도 하였으나, 위 회사는 사실상 피고인의 1인 회사 또는 가족회사로 피고인이 그 주식도 보유하고 있었다. 따라서 피고인에게 불법행위로 인한 채무만 있는 것이 아니라 주식과 경영권과 같은 적극자산도 있었다. 아울러 피고인이 당시 G 하수처리장사업을 성공적으로 추진한 상태였고, 그 기술을 이용한 다른 사업기회도 모색하던 상태였다.

6 이와 같이 당시 피고인이 보유하던 기술, 추진하던 사업의 성격, 피해자들이 자금을 교부한 경위와 동기, 피해자들과 피고인의 관계 등을 고려하면, 피고인이 당시 신용상태나 유동성이 좋지 않았다거나 민사소송 이후에도 변제하지 않았다는 이유만으로 기망행위나 편취의 의사를 추단하기 어렵다.[353]

---

353) 수원지방법원 2019. 2. 18. 선고 2018고단4977 판결

(2) 인적관계

1) 혼인관계 차용

A. 유죄사례

피고인은 2013. 9. 중순경 자동차 동호회 모임에서 만난 피해자 B에게, 자신은 ○○대학교 의대를 졸업하고 C 회사에 입사하여 인사팀에서 근무하며, 건물 등 많은 부동산을 소유하고 있고, 아버지는 D 회사의 대기업 임원으로 있는 전무라고 말하면서 재력을 과시하며 피해자에게 결혼을 하자고 속여 피해자로부터 금원을 편취하기로 마음먹었다. 그러나 사실 피고인은 미국계 에이전시 회사인 E에서 회사원으로 근무하며 2008. 1. 31.경 F와 결혼하여 법률상 혼인관계를 지속하고 있고, 자녀 3명이 있어 피해자와 혼인을 할 능력이나 의사가 없었다. 피고인은 2014. 2. 8.경 가짜 부모님을 내세워 피해자의 부모님을 만나 상견례를 하는 등 피해자와 결혼을 할 것처럼 속여 2014. 3. 3.경 피해자로부터 카드대금 및 보험료 납입금 명목으로 3,000,000원을 교부받아 편취하는 등 그때부터 2014. 4. 12.경까지 별지 범죄일람표의 기재와 같이 6회에 걸쳐 결혼준비 비용 및 예단 비용 명목으로 합계 24,373,750원 상당을 교부받아 편취하였다.[354]

B. 무죄사례

[공소사실] 피고인은 2015. 10. 일자불상경 대구 남구 D에 있는 피고인이 운영하는 골동품가게인 'E' 사무실에서 피해자 F에게 "내가 미군부대에 아는 지인이 있으니 그 사람에게 부탁하여 아들을 미군부대에 취업할 수 있게 도와주겠다. 취업을 부탁하려면 약 1억 원 정도의 돈이 필요하다. 돈을 보내주면 취업을 부탁해보겠다"라고 거짓말을 하였다. 그러나 사실 피고인은 미군부대 내에서 취업을 담당하고 있는 사람을 알고 있지 아니하였고, 피해자로부터 받은 돈을 모두 골동품 매입 대금이나 개인적인 채무 변제 등에 사용하였을 뿐이었으므로 피고인에게 피해자의 아들을 미군부대에 취업시켜 줄 의사나 능력이 전혀 없었다. 피고인은 위와 같이 피해자를 기망하여 이에 속은 피해자로부터 2015. 10. 21.경 3,000만 원, 2016. 1. 5.경 1,500만 원, 2016. 1. 6.경 1,500만 원, 2016. 1. 12.경 2,000만 원, 2016. 1. 13.경 2,000만 원을 각 교부받아 총 1억 원을 편취하였다.

[사실관계] 1) 피해자 F는 수사기관에서 '2015. 10.경 미군부대에 아는 지인에게 부탁하여 아들을 취업시키려면 1억 원이 필요하다는 피고인의 말을 믿고 1억 원을 건네주었다'는 취지로 공소사실에 부합하게 진술하였다. 그러나 ① 피해자는 이 법정에서는 '피고인이 아들 취업을 도와주기로 하였는데 처음부터 취업이 안 되더라도 1억 원을 돌려준다고 하였다'라고 진술하여 처음 돈을 교부할 당시부터 취업이 안 될 경우를 예상한 것으로 보이는 점, ② 피고인은 피해자가 1억 원을 빌려준 것에 대한 고마움으로 미군부대에 다니는 사람을 통해 취업정보를 알아봐 준 것에 불과하다고 일관되게 주장하는데, 피해자가 제출한 피해자와의 카카오톡 대화 내용에 의하더라도 마지막으로 돈이 건너간 2016. 1. 13.까지 미군부대나 취업을 암시하는 대화 내용이 전혀 없는 점, ③ 피해자는 현금으로 3,000만 원을 피고인에게 교부한 2015. 10. 21. 자의 대화를 미리 녹음하여 둘 정도로 의심이 많았던 것으로 보임에도 피고인과 주고받았다는 취업로비 관련한 대화는 전혀 제출하지 않고 있는 점, ④ 2015. 10.경 피고인이 취업로 비자금으로 1억 원을 요구하였음에도 3,000만 원만을 현금으로 먼저 지급하고, 그로부터 3개월여 경과한 2016. 1.경 나머지

---

354) 서울남부지방법원 2015. 5. 27. 선고 2015고단827 판결

7,000만 원을 4회로 분할하여 계좌 송금하였다는 것은 쉽게 납득하기 어려운 점, ⑤ 피해자는 2016. 2. 17. 피고인에게 '회장님 궁금해서 여쭈어 봅니다. 부대얘기는 어떻게 말이 오고 가고 하는지요. 아들 영어학원 문 닫는 소식 듣고 한번 여쭈어 봅니다. 회장님 부탁드립니다'는 내용의 문자를 발송하였는데, 피해자의 이 법정에서의 진술과 같이 '피고인이 3개월 후쯤이면 아들이 취직될 것이라고 하여 이를 믿고 2016. 1. 13.경까지 합계 1억 원을 로비자금으로 교부한 것'이라면 그로부터 1달여가 경과한 후 위와 같이 정중한 내용의 부탁 문자를 발송하였을 것으로는 보이지 않는 점, ⑥ 피고인이 피해자에게 미군부대 취업에 필요한 자격 등을 적은 메모 사진 등을 발송한 것은 2016. 4. 4.경으로 피해자가 돈을 보낸 시점과는 큰 차이가 있는 점, ⑦) 피해자는 2016. 5.경 피고인에게 돈을 돌려달라고 요구한 이후인 2016. 6. 6.경 카카오톡으로 '회장님 부대연락 없죠. 궁금해서 여쭈어봅니다. 그리고 회장님 20일까지 돈 부탁합니다'라는 메시지를 발송하여 변제를 독촉하면서 동시에 아들의 미군부대 취업을 알아봐 달라는 태도를 보였던 점 등을 종합하여 보면, 피해자의 위 진술은 그대로 믿기 어렵다.

2) 피고인이 2016. 7. 20. 및 2016. 9. 21. 피해자로부터 '아들 취직해 준다는 말에 친구에게 빌려 취직 로비 돈으로 드렸다. 빨리 갚아 달라'는 취지의 메시지를 받고도 별다른 이의를 제기하지 않은 사실은 인정된다. 그러나 ① 앞서 본 피해자의 진술과 같이 처음부터 아들 취업이 안 되면 1억 원을 돌려주기로 한 것이라면 피해자로서는 위 메시지에서 이 부분을 과장한 것으로 볼 여지도 있는 점, ② 피해자가 이 사건 고소장을 제출한 것은 2016. 10. 7.경이므로 의도적으로 위와 같은 메시지를 발송하였을 가능성도 배제할 수 없는 점, ③ 피해자에게 1억 원을 갚아야 하는 피고인의 입장에서는 문자 내용에 대해 일일이 반박하지 않고 변제에 대해서만 답변하였을 가능성도 있는 점 등에 비추어 보면, 위 사실만으로 피고인이 취업로비자금으로 피해자를 기망하여 돈을 받았다고 단정할 수 없다.

(3) 용도사기

사기죄에서 처분행위 내지 착오는 반드시 법률행위 내용의 중요부분에 관한 것을 필요가 없기 때문에, 용도를 속이고 돈을 빌린 경우에 만일 진정한 용도를 고지하였더라면 상대방이 빌려주지 않았을 것이라는 관계에 있는 때에는 얼마든지 용도사기로서 사기죄가 성립할 수 있음에 주의한다. 만약 용도사기가 인정되는 경우에는 담보 제공 내지 변제능력이 있다는 등의 사정은 사기죄 인정에 장애가 되지도 않는다.[355] 그러나 단순히 차용금의 진실한 용도를 불고지한 것만으로 사기죄는 성립하지 않으나,[356] 만일 **진정한 용도를 고지했다면 상대방이 돈을 빌려주지 않았을 것임이 인정되는 때, 즉 상당인과관계가 인정되는 때에는 기망행위**가 인정되기 때문이다.[357] 사기죄의 인과관계가 문제되는 경우로 용도사기를 들 수 있다. **차용금에 대한 사기죄 수사에 있어서도, 용도사기가 인정되는 경우에는 차용금채무에 대한 담보를 제공하였다거나 변제능력이 있다는 등의 사정은 편취범위를 인정하는데 장애가 되지 않는다.**[358]

---

355) 대법원 2005. 9. 15. 선고 2003도5382 판결
356) 대법원 1993. 1. 15. 선고 92도2588 판결
357) 대법원 1996. 2. 27. 선고 95도2828 판
358) 대법원 2005. 9. 15. 선고 2003도5382 판결

1) 판단기준

A. 용도사기인 경우

금전차용에 있어서 단순히 차용금의 진실한 용도를 불고지한 것만으로 사기죄는 성립하지 않으나,[359] 만일 **진정한 용도를 고지했다면 상대방이 돈을 빌려주지 않았을 것임이 인정되는 때, 즉 상당인과관계가 인정되는 때에는 기망행위**가 인정 된다.[360]

B. 용도사기가 아닌 경우

피고인이 말한 차용금 용도의 목적이 실현 안 되더라도 어차피 금원을 대여하기로 합의하여 이를 교부한 경우에는 차용금 용도가 거짓이더라도 상당인과관계가 있다고 보기 어렵고, 금원이 차용금에 불과하다면 피고인이 당초부터 변제할 의사와 능력이 없이 차용한 것이라고 인정되지 않는 한 사기죄를 구성한다고 볼 수 없다.

2) 구체적 검토

[공소사실] 피고인은 2011. 1. 2.경 춘천시 C에 있는 D 사무실에서 피해자 F에게 "급히 돈이 필요해서 그러니 돈을 빌려주면 3개월 정도만 사용하고 바로 갚아주겠다."라고 거짓말을 하였다. 그러나 사실 피고인은 피해자로부터 돈을 받아 도박판에 모두 사용할 생각이었고, 돈을 빌릴 무렵 신용불량 상태였으며 특별한 재산이나 수입 없이 약 3억 원의 채무가 있어 피해자로부터 돈을 빌리더라도 3개월 정도 후에 이를 제대로 변제할 의사나 능력이 없었다. 그럼에도 피고인은 이에 속은 피해자로부터 합계 3,000만 원을 교부받아 편취하였다.

[판단] 이 사건 공소사실 중 '피고인이 도박자금으로 사용할 생각임을 숨기고 돈을 빌려달라고 하여 피해자를 기망하였다.'는 부분에 부합하는 증거로는 피해자 E의 이 법정과 수사기관에서의 진술이 있다. 그러나 이 법원이 적법하게 채택하여 조사한 각 증거에 의하여 인정되는 다음 사정을 종합하면 피해자 E의 진술은 그대로 믿기 어렵고, 그 밖에 검사가 제출한 증거만으로는 피고인이 차용금의 용도를 묵비하여 피해자를 기망하였음을 인정하기에 부족하며, 달리 이를 인정할 증거가 없다.

가. 차용금의 용도 기망 여부

1) 피고인은 이 사건 차용 당시 피해자에게 도박에 사용할 돈을 빌려달라고 얘기했다고 주장하는 반면, 피해자는 피고인이 그런 말을 한 사실이 없다고 주장한다.

2) 피해자는, 먼 친척뻘 동생으로서 수십 년 동안 알고 지낸 피고인이 아이들 얘기 등 힘든 사정을 얘기하면서 급히 돈이 필요하다고 하여 돈을 빌려주었을 뿐이고 구체적인 사용처는 물어보지 않았다는 취지로 진술한다. 그러나 차용금의 용도가 특정되지 않은 일반적인 금전차용 관계에서 단기간 5차례로 나누어 돈을 빌려주는 것은 이례적이고, 더욱이 총 3,000만 원에 이르는 거액을 빌려주면서 구체적인 사용처를 물어보지 않았다는 것은 상식에 반한다.

3) 피해자가 피고인에게 차용금을 송금한 시각은, 2011. 1. 5. 19:58에 600만 원, 2011. 1. 5. 22:35에 400만 원,

---

359) 대법원 1993. 1. 15. 선고 92도2588 판결
360) 대법원 1996. 2. 27. 선고 95도2828 판결

2011. 1. 6. 22:04에 500만 원, 2011. 1. 13. 20:45에 200만 원 등 대부분 늦은 시간대이다. 이에 대하여 피해자는 당시 여행을 가거나 낮에 근무 중이어서 늦은 시간대에 송금한 것이라고 주장하나 이는 설득력이 떨어지고, 오히려 도박이 주로 이루어지는 늦은 밤 그때그때 돈을 요청하여 빌렸다는 피고인의 주장에 부합한다.

나. 변제의사와 능력 기망 여부

살피건대, 피고인이 피해자로부터 공소사실 기재와 같이 3,000만 원을 차용하였고 현재까지 대부분을 갚지 못한 사실은 인정된다. 그러나 피고인과 피해자는 먼 친척으로서 수십 년 동안 알고 지낸 사이인 점 등에 비추어 보면 피해자는 피고인의 당시 신용 상태를 인식하고 있었던 것으로 보인다. 또한, 앞서 본 것과 같이 피해자는 피고인이 도박자금으로 차용한다는 사정을 알았던 것으로 보이는바, 피해자로서는 피고인이 도박으로 돈을 불리지 않는 이상 차용금을 변제하지 못하리라는 사정도 충분히 예상할 수 있었다고 판단된다. 나아가 피해자는 피고인이 이 사건 차용금을 3개월 후에 변제하기로 하였다고 주장하나, 이는 '3,000만 원을 변제기 1년 이내로 하여 대여하였는데 이자를 변제하지 않고 있다.'라는 취지로 기재되어 있는 피해자가 피고인에게 보낸 내용증명 및 이 사건 차용 후 약 5년이 지나서야 고소를 한 사정과 배치되어 믿기 어렵고, 달리 피고인이 차용 당시에 자신의 변제능력이나 변제의사 등에 관하여 허위 사실을 말하였다고 인정할 증거가 없다.[361]

4. 차용사기 수사실무 - 수사결과보고서 작성

수사결과보고서는 기본적으로 1) 쟁점의 제시 2) (법리) 3) 사실의 인정 4)결론의 순으로 작성하며, 여기서 3) 사실의 인정은 가. 고소인의 주장, 나. 피의자의 진술, 다. 진술의 신빙성 판단을 거쳐 이뤄지는 것이 논리적이다. 쟁점이 여러 가지이면 각각 순차적으로 모두 판단한다. 특히 차용금사기 수사실무에서는 고소인이 속아서 빌려주게 되었다는 기망행위 내지 착오의 내용에 따라 쟁점을 구성하는 것이 합리적이다.

〈친구야 부동산개발 사업에 운영자금이 필요하다〉[362]

[범죄사실] 피의자가 피해자로부터 돈을 빌리더라도 제때 이를 변제할 의사나 능력이 없었음에도, 2008. 8. 8.경 피해자 G에게 "서울 강남구 H 소재 부동산 등 개발사업을 하고 있는데, 운영자금 1억 원을 빌려주면 매월 이자로 180만 원을 주고 원금은 3개월 뒤에 갚아주겠다."라고 기망하여 이에 속은 피해자로부터 같은 날 1억 원을 송금 받아 편취하였다는 것이다.

[수사결과] ○ (쟁점의 제시) 이 사건 고소인은 ① 변제능력이 없는 피의자가 ② 3개월 후에 변제할 것을 약속하며 1억 원을 빌려 갔다는 사정에 속아 이 사건 피해금을 대여해 주었다고 주장하는 반면, ③ 피의자는 편취의 범의를 부인하는 바 이에 대하여 살펴본다.

(○ 편취의 범의는 피의자가 자백하지 아니하는 한, 범행 전후의 피의자의 재력, 환경, 범행의 내용, 거래의 이행과

---

361) 춘천지방법원 2017. 9. 14. 선고 2016고단1276 판결
362) 대법원 2015. 6. 11. 선고 2015도2844 판결을 수사결과보고서 양식에 맞춰 다시 작성하였다.

정, 피해자와의 관계 등과 같은 객관적인 사정을 종합하여 판단한다.[363]

○ (인정되는 사실) 가. (피해자와 피의자의 관계) 피의자는 1990년대 중반 무렵 종친모임에서 피해자를 알게 되었고 이 사건 차용 이전부터 피해자가 대표이사인 ㈜T의 고문 역할을 하면서 피해자가 운영한 ㈜T나 ㈜F의 경영 자문과 민원 해결, 대출 주선 등의 업무를 도와 처리해 주었고, 피의자 회사가 2008. 4. 10. ㈜T와 사이에 자금차입과 투자유치에 관한 자문계약을 체결하기도 한 사실이 인정된다.

나. (처분 경위) 피해자의 남편은 수사나 공판 과정에서 피의자가 부동산 개발 사업을 하는데 자금이 모자라므로 빌려달라고 요청하여 며칠간을 고민하다가 빌려주게 되었다거나, 피의자와의 관계 때문에 피의자가 자금 사정이 부족한 것 같아 빌려주었다는 취지로 진술하였다.

○ 변제할 능력이 없음을 속였는지

가. (재산관계) ① 이 사건 차용 무렵 피의자는 그 처인 L과 공동으로 부천시 원미구 M 건물 제에이동 1106호를 소유하고 있었고, ② 피의자가 대표이사로서 실질적으로 운영하던 주식회사 D는 직원 임금을 지급하지 못하는 등 자금 사정이 어려웠으나 그 체불 임금의 규모가 크지 않았고 그 밖의 다른 채무는 없었으며, ③ 반면 서울 서대문구 W 건물 신축 및 분양 사업, 거제시 X에 있는 Y 호텔 건립 사업, 부산 동구 Z 빌딩의 마무리 공사 및 매각 내지 임대 사업, 서울 강남구 H 부동산 매매 중개 사업을 진행하면서 대규모 투자유치계획을 추진하고 있었던 사실이 인정된다.

나. (채무관계 등) 피의자가 그 처나 공동 소유의 재산을 활용하여 자금을 융통하는 것이 불가능하였다거나, 이 사건 차용 당시 피의자 회사가 진행한 사업의 성공가능성 및 투자유치가능성이 없었다고 볼 만한 사정이 인정되지 않는다.

다. 결국 피해자가 피의자나 피의자 회사의 재산 상태나 변제 능력에 착오를 일으켜 이 사건 차용금을 대여한 것으로 보기 어렵고, 달리 이를 입증할 증거가 없다.

○ 3개월 변제약정에 속았는지

가. 피의자 회사와 피해자 사이에 이 사건 차용금에 관하여 작성된 금전소비대차계약서에 의하면, 대여기간은 차용일로부터 3개월까지로 하되 당사자들의 합의에 따라 연장할 수 있는 것으로 기재되어 있을 뿐만 아니라, 기록에 의하면 피의자가 이 사건 차용 이후인 2008. 9.부터 2009. 8.까지 12회에 걸쳐 월 180만 원의 약정 이자를 비교적 꾸준히 지급하여 왔고, 피해자가 위 차용금의 변제기로부터 상당 기간이 지날 때까지 원금의 변제를 독촉하지 않았던 것으로 보이므로, 이 사건 차용 당시 3개월이라는 변제기한은 당사자 사이에 중요한 고려 사항으로 취급되지 않은 것으로 보이며, 피의자가 3개월의 변제기한 내에 차용금을 변제하지 못한 사정만으로는 피의자가 이 사건 차용금을 3개월 내에 변제할 것 같은 태도를 보여 피해자를 기망하였다고 보기도 어렵다.

나. 나아가 피의자가 차용 당시 피해자에게 피의자 회사가 추진하는 사업 내용, 진행 정도나 상환 능력에 관하여 허위 사실을 알렸다거나 차용금을 빌린 용도가 아닌 다른 용도로 사용하였다고 인정할 증거도 없다.

○ 결론 - 피해자와 피의자의 관계 등 종합적 결론

피해자가 피고인이나 피고인 회사의 재산 상태나 변제 능력에 착오를 일으켜 이 사건 차용금을 대여한 것으로 단정하기 어렵고, 알리 이를 입증할 증거가 충분하지 않다. 혐의없음(증거불충분) 의견임

---

363) 대법원 2008. 6. 12. 선고 2008도2893 판결 참조

〈주요 질문사항〉

□ 고소인과 피해자의 관계

피의자는 고소인을 어떻게 만나 알게 되었나요(친인척관계, 이웃, 거래관계 등)

□ 처분행위(기본적 사실관계 인정여부 확인)

피의자는 고소인으로부터 돈을 빌린 적이 있나요

□ 돈을 빌려주게 된 구체적 경위

돈을 빌리면서, 무엇 때문에 빌려달라고 하였나요

돈을 받은 장소와 방법은 어떻게 되나요

예전에도 돈을 빌린 적이 있나요

차용조건은 어떻게 되나요(변제기, 변제방법, 이자율 등)

□ 사용처와 현재 변제

차용한 돈은 어디에 사용하였나요, 은행거래내역서를 제출할 수 있나요

(용도사기로 접근할 수 있으나, 실질 차용명목관련 상당인과관계를 요구함에 주의한다. 가령, 고소인이 지나친 고율의 이자를 받는 경우 형식적인 차용명목에 불구하고 미변제 위험을 스스로 감수하며 높은 이자를 받기 위한 것에 불과한 것임)

차용금은 현재 변제하였나요

(당사자 간에 변제여부에 대하여 다툼이 많기 때문에 영수증 기타 객관적인 증거를 제시할 것을 요구)

□ 피의자의 변명

돈을 변제하지 못한 이유는 무엇인가요

(피의자의 주장은 향후, 검찰, 법원을 통해 반복될 수 있다. 가벼이 여기지 말고, 반드시 자세히 청취하여, 피의자의 변소내용의 진실성을 확인하는 등 이를 극복할 수 있는 논리를 개발해야 함)

(가령, 변제책임을 모면하고자 차용금을 투자금이라고 하거나, 동업하다 함께 망한 것뿐이며 피해는 정산 해보아야 아는 문제라며 거짓말을 하는 경우가 많음에 주의)

변제한 돈은 어디에서 구하였나요. 제3자로부터 빌린 것은 아닌가요?(돌려막기)

□ 차용당시 재산상태

돈을 빌릴 당시, 재산상태는 어떠한가요

(채권은 제3채무자의 연락처를 확보하여, 실제 받을 수 있는 돈인가를 확인, 부동산은 저당권 설정 등으로 이미 재산적 가치가 없는 것은 아닌지 등을 확인하여 변제자력에 대한 증거를 확보하기 위해 노력)

이와 같이 경제적으로 어려운 형편을 고소인에게 말한 적인 있다면, 언제, 어떤 방법으로 알려주었나요

사후적으로 변제능력이 악화된 경우라면, 이를 입증할 증거가 있나요

□ 양형자료

피의자는 언제까지 돈을 변제할 수 있나요. 변제계획은 무엇인가요

왜 이렇게 무리하게 돈을 빌렸나요

□ 결론

피해자의 진술, 은행거래내역서, ○○○의 진술 등을 감안하면, 피의자는 고소인의 주장대로 ~라고 말하면서, 이를 편취한 것으로 혐의가 인정된다는 고이는데 어떤가요(피의자에게 혐의가 없다면 생략)

더 이상 유리한 증거나 할 말이 있나요? 이상 진술이 사실인가요

Chapter 6

투자사기

Section 1	투자사기의 의의

🎖️ 기본 이론

1. 투자와 대여

세칭 투자라고 하면, 계약의 명칭이나 그 형식을 불문하고 장차 수익을 위해 자본을 지출하는 일반을 통칭하는 말에 불과하고 법률상 정형이 있는 것은 아니다. 그러므로 투자계약은 ① 그 실질이 소비대차계약에 불과한 경우, ② 동업관계로서 조합계약의 출자금인 경우, ③ 단순 투자에 불과한 익명조합계약인 경우, ④ 타인의 계산으로 판매하는 위탁매매계약의 경우 등 다양하다. 반면 차용금 내지 대여금이란, 돈을 빌리고 빌려주는 것을 말하며 민법상 소비대차계약에 해당한다.[364]

(1) 구별실익

민사적으로는 구별실익이 크다. 차용금은 원금과 이자를 돌려받을 수 있으나, 원금보장이 되지 않는 투자금이라면 손실이 발생할 경우 전액을 청구할 수 없기 때문이다. 그리고 이자제한법은 금전소비대차에 한하여 적용되므로, 당사자 일방이 상대방에게 투자금을 지급하고 그로부터 받는 투자수익에 대해서는 이자제한법이 적용되지 아니한다.

> 경제적 약자에 대한 폭리행위를 금지하고자 하는 이자제한법의 취지를 고려하면, 이자제한법이 적용되는 금전소비대차인지, 아니면 이자제한법의 적용을 받지 않는 투자약정인지 여부를 판단함에 있어서 그 형식적인 문언이나 표현에 지나치게 얽매일 것은 아니고, 그 약정의 실질적인 내용을 충분히 고려하여야 한다.

---

364) 자세한 사항은 소비대차계약과 사기 부분 참고

물론 형사적으로도 구별실익이 있다. 즉 횡령죄와 관련, ① 소비대차계약의 경우는 차용물의 소유권이 상대방에게 이전하기 때문에 횡령죄 성립의 여지가 없다. 그러나 ② 투자금 중 동업관계 출자금이라면 동업재산 횡령에 해당할 수 있으나, 익명조합과 같은 단순 투자금의 경우에는 횡령죄 성립이 불가하다.[365]

또 사기죄의 판단과 관련해서는 주의를 요한다. 일반적으로 ① 차용금은 주로 채무자가 차용당시 변제능력이나 의사가 없으면서 돈을 빌려서 사용했다는 점이 문제되나, ② 투자금이면 단순히 재력이나 신용상태 등을 토대로 판단하기 어렵고, 당해 사업의 성공가능성, 투자자의 경험과 직업 등의 사정을 모두 종합하여 판단하여야 한다[366][367]는 점이 다르다.

그러나 민사에서 투자금 내지 차용금을 판별하는 이유는 투자실패에 대한 책임을 누가 부담하는지 즉 손해의 공평한 분배를 위함이고, 사기죄 판단에서는 피해자가 왜 금원을 교부하게 되었는지가 훨씬 중요하다. 결국 민사상 그 법적 성격에 대한 판단보다는, 피의자와 피해자의 관계, 피해자의 직업이나 경력, 피해자가 재물 내지 이익을 피의자에게 처분하게 된 경위, 계약의 제반사정 등을 토대로 과연 피해자가 무엇에 속아 처분하게 되었는지 사안에 따라 개별적으로 기망행위를 규명하는 것이 더 중요하다.

(2) 구별기준

일부 하급심 판례는[368] 대여금과 투자금의 판별기준으로 **'이익배당'**과 **'수익발생의 불확실성'**을 들고 있다. 즉, **차주가 대주에게 당해 사업의 손익과 무관하게 일정금액을 투자원금 및 이자명목으로 지급하기로 했다면 이익배당을 본질로 하는 동업계약의 출자금이 아니라 '소비대차계약에 인한 출자금' 또는 '단순 대여금'에 해당될 수 있다**고 보고 있다.[369] 나아가 판례 가운데는 **달리 당**

---

365) 대법원 1982. 9. 28. 선고 81도2777 판결 등 참조
366) 대법원 2011. 10. 13. 선고 2011도8829 판결, 예제 참조
367) 민사적으로도 대여금이라면 반환시기, 변제약정, 이자율을 입증해야 하고. 투자금이라면 배당금의 분배, 투자금반환, 원금보장여부가 주로 문제된다. 다만 원금이 보장되는 대여금 청구가 소송경제에 부합한다. 또 투자 수익과 달리 대여금 이자는 이자제한법상의 제한 제이 있으며, 투자금은 5년, 대여금은 10년의 소멸시효가 각가 적용된다는 점이 다르다.
368) 서울중앙지법 2010가합1220)
369) e-청양신문, 2011년 07월 25일 (월) '대여금'인가요 '투자금'인가요?, 임상구 변호사, 특히 동업이라 하더라도 일방은 자금만 대고, 다른 일방은 전적으로 운영을 책임져왔다면 분쟁이 생긴 경우 동업자금을 댄 사람이 출자금을 대여금이라 주장하는 경우가 많습니다. 또한, 출자금이 아니라 자신을 제외한 2인 이상 조합체에 대한 대여금으로 인정된다면, 조합재산이나 나머지 조합원들에 대해서도 책임을 물을 수 있기 때문에 일단 대여금이라 주장한다. 더 나아가, 물론 투자금이나 동업출자금으로 판명되었다고 하더라도 당사자 간에 투자금을 반환하기로 약정을 했다면 그 반환약정에 따라 차주는 대주에게 투자원금과 약정이자를 지급해야 한

사자 간에 이익분배 약정이 있으며, 이율, 변제기 등을 정한 차용증 등의 서류가 작성되어 있지 않은 점 등을 들어 소비대차계약이라 볼 수 없다고 판단한 경우도 있다.[370]

요컨대 어떠한 약정이 금전소비대차 약정인지 투자약정인지를 판별하기 위하여는 금전소비대차와 구별되는 투자약정의 본질적인 특징인 '수익발생의 불확실성 및 원금의 보장 여부'와 더불어 당사자 사이의 관계, 투자자 내지 대주가 사업에 실제로 관여하였는지, 투자금 내지 대여금 반환을 확보하기 위한 담보 등이 제공되었는지 등과 같은 약정 체결 전후의 구체적인 사정들을 종합적으로 고려하여 약정의 법적 성질을 규명한다.[371]

[사실관계] 가. 피고는 원고가 서울 금천구 C에 있는 빌라 28세대 신축공사대금이 필요하다고 하여, 원고에게 합계 1억 5,000만 원을 빌려주었다. 원고는 피고에게 '위 공사대금이 필요한 관계로 피고로부터 1억 5,000만 원을 차용하여 2015. 9. 1.~2016. 7. 30. 안으로 투자금액에 이익금을 8,000만 원을 주기로 약속하고 약속날짜 전이라도 첫 번째부터 분양하는 대로 우선 변제해 주기로 약속함'으로 기재된 '차용증'을 작성해 주었다. 이후 원고는 피고에게 위 공사대금 명목으로 앞서 빌려간 돈과 함께 갚아주겠다면서 2,000만 원을 빌려달라고 하였고, 피고는 원고에게 1,150만 원을 빌려주었다. 결국 피고는 원고에게 합계 1억 6,150만 원을 빌려주었다. 한편, 원고는 피고에게 '서울 금천구 C에 있는 빌라 11세대를 공사하면서 공사대금이 필요하므로 피고로부터 2억 5,000만 원을 차용함. 투자금액에 이익금을 1억 5,000만 원을 주기로 약속하고, 2017. 1. 20. 안으로 분양하는데, (첫 번째부터) 우선 갚을 것을 약속함. (총 합계 4억 원)'으로 기재된 '차용증'을 작성해 주었다. 원고는 위 차용증 작성과 동시에 피고에게 발행일 2016. 8. 4., 지급기일 2017. 1. 20.으로 된 액면금 4억 원의 약속어음을 발행해 주면서, 위 약속어음에 기한 강제집행을 수락하는 공증인가 법무법인 D 작성 증서 2016년 제611호 약속어음 공정증서를 작성해 주었다. 이후 원고는 합계 1억 2,500만 원을 피고에 대한 차용원리금의 변제로 지급하였다. 피고는 2017. 12. 1.경 이 법원에 이 사건 공정증서에 기하여 원고 소유의 서울 금천구 E 대 111.5㎡에 대한 강제경매를 신청하였다.

[판단] 위 법리에 비추어 이 사건에 관하여 보건대, 위 인정사실에 의하면 이 사건 1, 2차 약정 당시 작성된 이 사건 1, 2차증에 '투자금액' 또는 '이익금'라는 표현을 사용하고 있는 사실이 인정되기는 한다. 그러나 ① 이 사건 1, 2차증이 '차용증'이라는 제목으로 작성된 점, ② 위 각 차용증에 피고가 원고로부터 금원을 '차용'한다고 명시적으로 기재되어 있고, '차용인 피고'고 그 지위가 기재되어 있는 점, ③ 이 사건 1, 2차 약정은 일정한 변제기가 도래하면 원고가 피고에게 원금 및 이익금을 지급하기로 하는 내용으로, 원고와 피고 사이에 손익을 분배하는 방식에 관한 별도의 규정을 두고 있지 않은 점, ④ 피고가 원고가 진행하던 사업에 관여하였다고 볼 사정도 없는 점 등을 종합하여 보면, 이 사건 1, 2차 약정의 법적 성질은 금전소비대차라고 보는 것이 옳다.

다. 판례사안에서는 당사자 간에 '현금보관증'이나 '차용증'을 작성되었거나, 회사회계장부상 '차입금'으로 표기되었다면 대여금이거나 투자금반환약정을 한 것으로 보아 그 실질이 투자라 하더라도 반환하도록 판결을 내린다. 다만, 단순히 '영수증'만 작성된 것은 그 금액의 성격이 투자금인지 대여금인지 여부를 알 수 없어 추가적인 심리가 필요하게 된다.

370) 대법원 2009. 10. 15. 선고 2009도7423 판결, 동업관계 편 참조
371) 대전지방법원 2015. 7. 1. 선고 2014가합8015 판결

2. 투자금 사기의 판단기준

(1) 일반적 기준

투자는 High Risk, High Return의 원칙이 지배한다. 단지 원금을 전혀 보전해 주지 못하는 손실을 입힌 것만으로는 사기죄에 해당한다고 볼 수 없다. 수익을 많이 얻을 수 있으며 자기가 책임진다고 해서 이를 믿은 타인이 투자한 것임에 불과한 정도로는 기망 사실 인정자료로 부족한 것이다.[372]

그러나 투기성이 강한 사업에 투자를 권유하면서 판단에 기초가 되는 중요사항에 대하여, 고의로 그릇된 정보를 제공하는 등의 경우에는 사기죄로 처단되어 마땅하다. 그러나 이는 획일적으로 결정할 수 없고, ① 투자자와 투자자의 관계, ② 투자자의 경험, 지식, 성격, 투자분야 이해도, ③ 거래의 상황 등을 토대로 거래관념상 신의칙에 반하는지를 종합적·상대적으로 판단하여야 할 것이다. 다만 이는 개별적인 투자사기 유형에 따라 살펴보기로 한다.

(2) 투자원금보장약정이 있는 경우

투자원금보장을 약정하고 투자금을 불특정 다수로부터 출자금을 받게 되면 아래와 같이 유사수신행위법위반으로 처벌될 수 있다. 실무상 사기죄의 편취 범의 입증이 어려운 경우에도 유사수신행위의규제에관한법률위반으로 송치하여 처리하는 경우가 종종 있다.

1) 유사수신

연습문제

○ 전국교수공제회는 연 4회 공제회 미가입 교수들에게 가입을 권유하는 홍보물을 보내는데, 홍보물에는 지로용지, 전국교수공제회 간행물, 입금액 대비 장래 수익을 표시한 도표 등이 첨부되어 있고, 한 회에 발송되는 홍보물의 수는 7~8만 부에 육박하고 그 우편 발송비만도 연 약 3억 원에 이르고 있다. 전국교수공제회는 광고비 명목으로 따로 연 2억 원을 사용하고 있다. 다만 전국교수공제회가 전임강사 이상의 대학교수와 그 배우자로 회원자격을 한정하고 있다.

○ 유사수신에 해당하는가.

---

372) 대법원 1984. 2. 14. 선고 83도2471 판결, 돌려치기'는 오피스텔 등의 분양권 매매 의뢰를 받은 중개업자가 투끼군들과 사고팔기를 반복하면서 계속 가격을 올리는 것을 말하며 이런 방법으로 가격이 상승한 분양권을 실수요자에게 파는 것이 '막차 태워 시집 보내기'다.

유사수신행위의 규제에 관한 법률의 입법 취지나 위 법의 규정 내용 등을 종합하여 보면, 위 법 제2조 제1호에 정하여진 '유사수신행위'에는 금융감독위원회의 인가를 받지 아니하고 실질적으로 신탁업을 하여 장래에 출자금의 전액 또는 이를 초과하는 금액을 지급할 것을 약정하고 출자금을 수입함으로써 불특정다수인으로부터 자금을 조달하는 것을 업으로 하는 행위가 포함된다.[373]

[해설] 1. 쟁점의 정리 : 1) 법령에 따른 인가·허가 나지 등록·신고 등을 하지 아니하고, 2) 불특정 다수인으로부터 장래에 원금의 전액 또는 이를 초과하는 금액을 지급할 것을 약정하고 예금·적금·부금 등의 명목으로 금전을 받는 행위를 3) 업으로 하여서는 아니 된다.

2. 불특정 다수인을 대상으로 하는지

○ (피고인의 주장) 전국교수공제회는 회원 자격을 '전임강사 이상의 대학교수와 그 배우자'로 엄격하게 제한하고 있다. 그 회원들로부터 자금을 조달한 것은 '특정 다수인'을 대상으로 하는 것이어서 '불특정 다수인'을 대상으로 하는 유사수신행위에 해당하지 아니한다.

○ (판단) 광고를 통하여 투자자를 모집하는 등 전혀 면식이 없는 사람들로부터 자금을 조달하는 경우는 물론, 평소 알고 지내는 사람에게 직접 투자를 권유하여 자금을 조달하는 경우라도 그 자금조달행위의 구조나 성격상 어느 누구라도 희망을 하면 투자에 참여할 수 있는 기회가 열려 있다고 한다면 이는 불특정 다수인으로부터 자금을 조달하는 행위로서 유사수신행위에 해당한다. 이 경우 모집의 대상이 특정 직업군 등으로 어느 정도 제한되어 있다고 하더라도 달리 볼 것은 아니다. 전혀 친분이나 면식이 없는 사람들을 상대로 한 무차별적인 광고 및 홍보물 등을 통하여 이루어진 점 등 그 판시와 같은 사정을 종합하여, 전국교수공제회가 전임강사 이상의 대학교수와 그 배우자로 회원자격을 한정하고 있다고 하더라도, 그 회원들로부터 장기공제적금이나 목돈수탁금 등 명목으로 돈을 받은 것은 '불특정 다수인'으로부터 자금을 조달하는 행위로서 유사수신행위에 해당한다.

○ 피고인은 전국교수공제회는 자금조달을 '업(業)'으로 한 것이 아니므로 유사수신행위의 규제에 관한 법률이 적용될 여지가 없다고 주장하나, 전국교수공제회의 조직 및 구성 인원이나

---

373) 대법원 2005. 12. 9. 선고 2005도7120 판결,
    1. 장래에 출자금의 전액 또는 이를 초과하는 금액을 지급할 것을 약정하고 출자금을 받는 행위
    2. 장래에 원금의 전액 또는 이를 초과하는 금액을 지급할 것을 약정하고 예금·적금·부금·예탁금 등의 명목으로 금전을 받는 행위
    3. 장래에 발행가액 또는 매출가액 이상으로 재매입할 것을 약정하고 사채를 발행하거나 매출하는 행위
    4. 장래의 경제적 손실을 금전이나 유가증권으로 보전하여 줄 것을 약정하고 회비 등의 명목으로 금전을 받는 행위

자금 조달 규모, 임원들의 월 급여 액수와 운영 방식, 자금조달의 대상자인 회원자격 및 그 회원의 수, 등기부에 표시된 영업 내용(보험업, 상호저축은행업, 신용협동조합업, 새마을금고업 등) 등에 비추어 볼 때, 피고인은 전국교수공제회를 통하여 친목계의 형태를 넘어 '업'으로 자금조달행위를 한 것이 명백하다.

2) 원금반환 투자금 사기의 법리

일정한 경우에는 "원금반환을 할 의사나 능력이 없음" 역시 사기죄에서 말하는 기망행위에 해당할 수 있다. 대법원도 같은 맥락에서 투자금의 편취에 의한 사기죄에서 투자금을 지급받아 투자자에게 설명한 투자사업에 사용하더라도 일정 기간 내에 원금을 반환할 의사나 능력이 없음에도 마치 일정 기간 내에 투자자에게 원금을 반환할 것처럼 거짓말을 한 경우에는 투자를 받는 사람과 **① 투자자의 관계, ② 거래의 상황, ③ 투자자의 경험, 지식, 성격, 직업 등 행위 당시의 구체적인 사정에 비추어 투자자가 원금반환 약정을 전적으로 믿고 투자를 한 경우라면 사기죄의 요건으로서 기망행위에 해당할 수 있고**, 이때 투자금 약정 당시를 기준으로 피해자로부터 투자금을 편취할 고의가 있었는지 여부를 판단한다.[374]

피고인이 피해자에게 '주한 인도네시아 대사관이 노후되어 인근 부지에 주상복합건물을 건축할 예정인데 3억 원이 부족하여 사업 진행을 하지 못하고 있으니 3억 원을 투자하면 회사의 지분 20%를 주거나 사업이 성사되지 아니할 경우에라도 1년 이내에 원금은 반환하겠다'고 하면서 투자를 권유하였다.

○ (투자자 직업 및 투자를 받는 사람과의 관계) 피해자는 20여 년간 골프용품 수입판매업에 종사해 오던 사람으로, 피고인들과 이전부터 알고 지내던 사이가 아니고, 피고인의 후배 소개로 피고인을 두 차례 만나 위 사업에 관한 설명을 듣고, 피고인들의 위 사업진행에 필요하다고 하여 3억 원을 지급하게 되었다.

○ (원금반환약정의 유무) 피해자는 피고인들에게 3억 원을 지급하는 과정에서 피고인이 작성해 온 지분양도계약서에 피해자의 요구로 "단 사업이 성사되지 못할 경우 원금도 책임진다"(제5항 후단), "이 사업은 계약일로부터 1년간 유효한다"(제8항)는 내용을 위 계약서에 추가하였다. 한편 피해자는 일관되게 위 계약서 작성 당시 3억 원을 빌려주는 것으로 생각했는데 계약서에는 그런 내용이 없어 1년 안에 원금 반환을 보장받기 위하여 문구를 추가로 기재하게 된 것이라는 취지로 진술하고 있고, 피고인은 수사기관에서 돈이 있었다고 하면 피해자에게 지분 20%를 주면서까지 돈을 빌리지는 않았을 것이고, 원래 위 지분양도계약서를 작성하여 투자금으로 받으려고 하였으나 피해자가 원금도 책임져 달라고 요구하여 위 지분양도계약서를 작성할 때 피고인 2와 상의하여 1년 안에 이자 없이 원금 3억 원을 갚아주기로 약속하고 위 문구를 추가로 계약서에 넣은 것이며, 사업이 성사되지 못하면 원금은 자신의 어머니 소유 집을 매도하여서 갚으려고 하였다는 취지로 진술하고 있다. 피고인과 피해자의 각 진술을 종합하면, 피고인은 위 계약서에 제5항 후단, 제8항을 추가하면서 피해자로부터 3억 원을 투자받을 때 사업이 성사되지

---

374) 대법원 2013. 9. 26. 선고 2013도3631 판결

못할 경우라도 원금만은 반드시 1년 안에 반환하겠다고 약정하였다고 볼 수 있다.

○ (거래의 상황) 피고인들이 운영하던 인도항공은 회사자본금이 3억 5,000만 원 정도로 이미 2002년도부터 채무초과로 자본금이 잠식된 상태로서 회계사무소에 기장료를 내지 못해 회계장부가 작성되지 못할 정도로 자금 상황이 좋지 않았고, 사업의 진행을 위하여 주한 인도네시아 대사관의 이전이 필요하였고, 이를 위해서는 인도네시아 본국의 승인이 필요하였는데, 투자 당시 인도네시아 본국으로부터 이전 승인을 받은 사실이 없어 사업의 진행 여부가 불투명한 상태였다. 그런데 사업이 성사되지 아니할 경우에 피고인들에게 피해자로부터 받은 3억 원을 반환할 능력이 있다고 보이지는 않는다.

○ (투자자의 경험, 지식) 피해자는 피고인들의 위 사업에 관하여 전문적인 지식이 있다고 보이지 아니하고, 피고인들에게 사업계획서 등을 요구하여 사업의 가능성 및 타당성을 정밀하게 확인해 본 것도 아니어서 피고인들이 위 사업이 성사되지 아니할 경우에 1년 안에 투자원금을 반환한다는 약정을 하지 아니하였다면 피고인들에게 이 사건 투자를 하지 아니하였을 것으로 보인다.

○ (결론) 앞서 본 법리와 위 사정에 비추어 볼 때, 피고인들은 피해자의 투자금 3억 원을 지급받기 위하여 사업전망이 불투명할 뿐 아니라 사업이 성사되지 아니할 경우에 1년 안에 원금을 반환할 능력도 없는 상태임에도 마치 피해자에게 1년 안에는 적어도 원금만은 반드시 반환할 수 있는 것처럼 거짓말을 하였고, 피해자가 이와 같은 원금반환 약정을 전적으로 믿고 투자를 하였다고 볼 수 있으므로 이는 기망행위에 의한 편취에 해당하고, 피해자로부터 투자금을 편취할 미필적 고의가 있었다고 볼 수 있다.[375]

3. 투자사기의 유형

이른바 투자사기란 원금 내지 수익금을 제대로 지불하여 줄 의사나 능력 없이 피해자들로부터 투자금 등을 교부받아 이를 편취하는 것 일반을 말한다. 투자사기의 유형은 매우 다양하다. 수익이 발생할 수 있다고 대중이 믿는 것이라면 무엇이든 그 대상이 될 수 있기 때문이다. 주식, 부동산, 가상자산, 미술품 등 모든 분야를 망라하여 피해를 주고 있으며 피해계층도 남녀노소를 가리지 않는다. 종래 실물자산을 관련한 사기가 많았다면 최근에는 가상자산(암호화폐)과 관련한 금융자산을 대상으로 한 사기가 많이 발생한다.

투자사기는 다양하게 분류할 수 있으나 본서에서는 ① 일견 외관상이나마 정상적인 투자계약으로서 사업의 실체가 있거나 불분명한 **투자계약사기 유형**과, ② 투자 사업의 실체는 전혀 없고 오직 금원 편취만을 목적으로 투자를 빙자한 **악성사기 유형**으로 나누어 살펴보기로 한다. 전자는 미필적 고의와 관련된 수사가 필요하고, 후자는 대포폰과 대포계좌로 추적을 곤란하게 하는 경우가 많아 신원을 특정하기 어렵고 추적이 쉽지 않은 경우가 많다는 실무상의 차이점 때문이다.[376] 본서에서는 전자를 주로 다루기로 한다. 아울러 전자는 편의적으로 부동산투자사기, 사업투자사기, 금융투자사기, 가상자산사기 등으로 나누어 검토하기로 한다.

---

375) 대법원 2013. 9. 26. 선고 2013도3631 판결
376) 다만 이 역시 상대적인 분류에 불과함

사업투자사기

예제 **담배회사**

　박달재는 OEM방식의 담배회사 대표이다. 최근 회사운영이 어려워져, 대출채무 11억 원과 연체세금이 약 4~5억 원인 반면 별다른 재산이나 수입이 없어 사무실 임대료조차 지급하기 어려운 상태이다. 한편 갑은 자금조달을 통해 국내에 담배공장을 설립하려는 과정에서 A, B, C로부터 각각 돈 2,000만 원, 5,000만 원, 7,300만 원을 투자금 내지 차용금으로 받았으나 변제하지 못하였다. 한편 피해자 A는 부동산 중개업자인데, 담배회사 부사장으로서 사업자금을 조달하는 역할을 하였는데, 대리점 모집의 경우 입금액의 10%를 성과급으로 지급한다는 내용이 있다. 그 후 A는 삼일회계법인 상무를 甲에게 소개시켜 주어 삼일회계법인과 금융자문계약을 체결하게 되었다. 그러던 중 甲은 A에게 "임대료를 못 내니 돈을 빌려주면 빠른 시일 내에 갚겠다"고 하여 A로부터 2,000만 원을 교부받았다. 그 이후 A는 C를 甲에게 소개시켜 주었다. 甲은 C에게 "P㈜에 투자를 하면 의왕 등지의 담배판매권을 주겠다"는 말을 하고 7,300만 원을 교부받았다. 그러나 甲은 담배회사 공장 건립 관련, 문경시와 양해각서를 체결하기는 하였으나 매수자금이 준비되어 있지 않아 당장 담배를 제공하여 주기는 어려운 상태였다.

　그리고 A는 삼일회계법인에 의한 자금조달이 잘되지 않자, 씨티은행 지점장 출신인 B를 甲에게 소개하였다. B는 자금조달과 투자유치를 책임지기로 하되 연봉 1억 5,000만 원과 영업비용 2억 원 및 6억 원 상당의 스톡옵션 이외에 조달자금의 2% 성과보수를 지급받기는 내용의 고용계약을 체결하고 자금담당 상무로 근무하였다.

　그러던 중 甲은 B에게 "우선 사무실이라도 옮겨 놓아야 B 상무의 얼굴이 서지 않겠냐, 일단 5,000만 원을 빌려주면 투자금을 받는 대로 1개월 내로 상환하겠다"는 말을 하여 B의 사무실 임차료 명목으로 5,000만 원을 교부받았다. 한편 B는 기술신용보증기금등을 통하여 자금조달이 가능하게 되자, 자신을 대표이사로, 남편을 이사로, 남편의 친구를 감사로 선임해 줄 것을 요구하였으나 甲이 거절하자 고용계약을 해지하게 되었다. 그 이후 대여금에 대하여 甲 명의의 차용증을 교부받았다.

　○ 갑은 피해자 A, B, C에 대하여 각각 사기죄에 해당하는가?

✔ 정답 : 사기혐의 관련 A, B에 대하여 무죄, C에 대해 유죄

차용금 내지 투자금 성격으로 돈을 받고 이를 변제하지 않아 고소된 경우가 많다. 실무상 단순 채무불이행에 해당하는지 사기죄에 해당하는지 판단하기가 쉽지 않다.

이와 관련하여 大法院은 피해자의 재산적 처분행위가 피고인이 도모하는 어떠한 사업의 성패 내지 성과와 밀접한 관련 아래 이루어진 경우에는, 단순히 피고인의 재력이나 신용상태 등을 토대로 기망행위나 인과관계 존부를 판단할 수는 없다고 본다. 구체적으로는 ① 피해자와 피고인의 관계, ② 당해 사업에 대한 피해자의 인식 및 관여 정도, ③ 피해자가 당해 사업과 관련하여 재산적 처분행위를 하게 된 구체적 경위, ④ 당해 사업의 성공가능성, ⑤ 피해자의 경험과 직업 등의 사정을 모두 종합하여 일반적·객관적으로 판단한다고 설시하고 있다.[377]

본 사안에서 경찰, 검찰, 제1심과 제2심 법원은 사기죄 유죄 취지의 공소제기를 하였으나 대법원은 위와 같은 법리를 바탕으로 **A, B에 대한 사기죄 무죄, C에 대한 유죄판결**을 하였다.

🪦 피해자와 피고인의 관계

피해자 A는 부동산 중개업을 하던 자로서 2007. 11.경 X㈜의 공장부지 매입을 중개하는 과정에서 피고인을 알게 되었는데, 2008. 4.경부터 X㈜의 부사장으로 행세하면서 X㈜의 사업자금을 조달하는 역할을 하였던 사실, 피해자 A는 공소외 공소외 4, 공소외 5를 통하여 공소외 6회계법인의 상무였던 공소외 7을 피고인에게 소개하여 주었으며, 그에 따라 X㈜는 2008. 5. 18.경 공소외 6회계법인 측과 금융자문계약을 체결하기도 하였던 사실

🪦 당해 사업에 대한 피해자의 인식 및 관여 정도

피해자 A는 공소외 4, 공소외 5와 더불어 피고인과 업무약정을 체결하였는데, 위 업무약정에 의하면 위 3인 중 1인이 대리점 모집을 통하여 X㈜의 자금을 유치할 경우에는 입금된 금액의 10%를 성과급으로 지급받을 수 있었던 사실

🪦 피해자가 당해 사업과 관련하여 재산적 처분행위를 하게 된 구체적 경위

피해자 A는 2008. 6.경 피해자 C를 피고인에게 소개하였고, 그에 따라 위 C는 X㈜와 대리점계약을 체결하였는데, 피해자 A는 위 C가 대리점계약의 보증금 명목으로 X㈜에 교부한 자금에 대하

---

377) 대법원 2011. 10. 13. 선고 2011도8829 판결, 예제 참조

여도 위 업무약정에 따른 성과급을 지급받았던 사실

🪦 피해자의 경험과 직업

한편 피해자 A는 X㈜의 사업자금 조달을 위하여 씨티은행 지점장 출신인 피해자 B를 피고인에게 소개하였는데, 피해자 B는 2008. 9. 2.경 X㈜의 자금조달과 투자유치를 책임지기로 하되 연봉 1억 5,000만 원과 영업비용 2억 원 및 6억 원 상당의 스톡옵션 이외에 조달된 자금의 2% 상당액의 성과보수를 지급받기로 하는 내용의 고용계약을 체결하고 2008. 9. 말경부터 X㈜의 자금담당 상무로 근무하였던 사실,

피해자 B는 기술신용보증기금등을 통하여 자금조달이 가능하게 되자, 자신을 새로 설립될 법인의 대표이사로, 자신의 남편을 이사로, 남편의 친구를 감사로 선임해 줄 것을 요구하였으나 피고인이 이를 거절하자 위 고용계약을 해지하였던 사실,

피해자 B가 위와 같은 경위로 고용계약을 해지함으로써 X㈜의 자금조달이 여의치 않게 되자, 피해자 A, B는 공소사실 기재와 같이 X㈜에 대여하였던 자금에 대하여 피고인으로부터 그 명의의 차용증을 교부받았던 사실,

X㈜가 위 피해자들로부터 차용한 돈은 X㈜의 사무실 임대료와 운영경비 등으로 사용된 사실을 알 수 있다.

그런데 이와 같이 피해자 A는 2008. 4.경부터 X㈜의 부사장으로 행세하면서 투자유치 등의 업무를 수행하였고, 피해자 B는 2008. 9.경부터 X㈜의 자금담당 상무로 근무하면서 투자유치 등의 업무를 수행하여 왔다면, **그들이 스스로 X㈜의 투자유치 등 업무를 수행하는 과정에서 X㈜나 피고인이 타인으로부터 투자금을 조달하지 않는 한 자력으로는 대여금을 변제할 만한 능력이 없다는 것을 충분히 알게 되었으리라고** 보인다.

🪦 당해 사업의 성공가능성

또한 피해자 B는 기술신용보증기금 등을 통하여 자금조달이 가능한 상황에 이르게 되자 새로 설립될 법인의 임원진 선임을 둘러싸고 피고인과 의견대립이 생기는 바람에 고용계약을 해지하였던 것이므로, 그와 같은 의견대립을 극복하고 고용계약을 계속 유지하였더라면 피해자 B가 자금조달을 성사시킬 수 있었을 것으로 보이고, 나아가 그와 같이 조달된 신규 투자금으로 위 피해자들에 대한 대여금을 변제하는 것은 충분히 가능하였으리라고 보인다.

이러한 사정들에다가 앞서 본 바와 같은 위 피해자들의 경험, 직업과 위 피해자들이 X㈜에 대여

한 자금의 용도 및 피고인이 위 피해자들에게 차용증을 교부하게 된 경위 등을 모두 더하여 보면, 피고인이 공소사실 기재와 같이 위 **피해자들을 기망하였다거나 피고인의 기망행위로 인하여 피해자들이 착오에 빠진 나머지 어떠한 재산적 처분행위를 한 것이라고 볼 수는 없다 할 것이다.**

🎓 기본 이론

1. 개관

　사업투자사기 유형은 특정 수익사업 진행과 관련하여 사업이 성공가능성이 현저히 낮음에도 동업을 제안하거나 높은 이익분배로 투자자들을 현혹시켜 금원을 편취하는 방식으로 볼 수 있다. 사업실패에 대한 위험감수는 투자의 기본 생리이다. 투자금에 대한 사기 수사실무에서는 대체로 사업이 어느 정도 실체가 있는 경우에 투자금 사용처를 수사하여 만약 그 받은 용도에 따라 사용하였음에도 사업이 실패하였다면 불송치하는 경우가 종종 있다.

(1) 판단기준

　과연 위와 같은 투자사기와 관련된 실무방식은 타당한가. 이와 관련 대법원은 피해자의 재산적 처분행위나 이러한 재산적 처분행위를 유발한 피고인의 행위가 피고인이 도모하는 어떠한 사업의 성패 내지 성과와 밀접한 관련 아래 이루어진 경우에는, 단순히 피고인의 재력이나 신용상태 등을 토대로 기망행위나 인과관계 존부를 판단할 수는 없다.고 전제하고, 피해자와 피고인의 관계, 당해 사업에 대한 피해자의 인식 및 관여 정도, ③ 피해자가 당해 사업과 관련하여 재산적 처분행위를 하게 된 구체적 경위, ④ 당해 사업의 성공가능성, ⑤ 피해자의 경험과 직업 등의 사정을 모두 종합하여 일반적·객관적으로 판단한다([위 예제]).

　생각건대 수익금의 분배를 목적으로 하는 투자사기의 속성상 단순히 피의자의 재력만으로 사기의 범의를 추단할 수 없으며, 아래 대법원의 입장과 같이 피의자의 기망성과 피해자의 착오가능성을 저울에 올려놓고 투자사업의 성공가능성에 대한 정보의 비대칭이라는 관점에서 제반사정을 종합하여 판단할 필요가 있다.

[공소사실] 피고인은 2015. 11. 6.경 전주시 완산구 J에 있는 피고인이 대표로 있는 ㈜D 사무실에서 피해자 I에게 "부안에 중단 중인 건설현장을 인수해서 공사를 재개할 것인데 인 수비용이 모자라다. 돈을 대주면 공사를 주겠다"고 거짓말하였다. 그러나 사실은 피고인은 위와 같이 2015. 3. 30.경 출소한 상태여서 위 공사를 진행할 자금 여력이 전혀 없었고, 2015. 5.경에도 위 사업을 추진한다는 명목으로 다른 사람으로부터 차용한 8,000만 원을 변제하지 못하는 상황이었으며, 2억 원 상당의 개인채무 역시 존재하는 상황이었으므로 피해자로부터 돈을 빌리더라도 약속한 대로 공사를 주거나 차용금을 변제할 의사나 능력이 없었다. 피고인은 이와 같이 피해자를 기망하여 이에 속은 피해자로부터 2015. 11. 6. 피고인 명의 우체국 계좌로 100만 원을 송금 받은 것을 비롯하여 그때부터 2016. 4. 20.경까지 별지 범죄일람표에 기재된 것과 같이 부안, 대구, 전주, 부산, 세종 현장 관련 공사비가 필요하다는 취

지로 피해자를 기망하여 이에 속은 피해자로부터 45회에 걸쳐 합계 102,100,000원을 계좌로 송금 받거나 현금으로 교부받았다.

[판단] 이 부분 공소사실은 피고인이 돈을 빌릴 당시 피고인에게 일반적인 자력이 부족하였다는 사정만을 기망행위의 내용으로 적시하고 있다. 그런데 피해자는 건설업을 영위하는 자로서 피고인으로부터 그가 진행하는 사업과 관련된 공사를 수주할 수 있다는 기대를 하고 피고인에게 돈을 빌려주었던 것으로 보이므로, 피고인이 설명해 준 사업의 실제 존재 여부나 성공가능성 및 피해자에게 공사를 맡길 수 있는 가능성 등에 관하여 검토하지 않고 피고인의 일반적인 변제자력이 부족하였다는 사정만으로 기망행위가 있었다고 단정할 수는 없다(대법원 2011. 10. 13. 선고 2011도8829 판결 참조). 그런데 사업의 성공가능성 등에 관한 사항은 이 부분 공소사실에 포함되어 있지 않다. 가정적으로 보더라도 해당 사업들이 결과적으로 진행되지 못하였던 것으로 보이는 점이나 피해자의 진술 외에는, 피고인이 사업의 성공가능성 등에 관하여 피해자를 기망한 사실을 인정할 증거도 부족하다.[378]

(2) 사업의 성공가능성 등 고지의무

투자자는 사업의 수익모델이나, 대내외적 여건, 재무상태 등을 제대로 파악 알 수 없는 정보 비대칭의 상황에 놓이게 된다. 사업의 성패와 관련된 중요사항은 투자자에게 설명 고지되어 스스로 투자손실에 대한 위험 판단의 기회가 제공되어야 한다. 다만 투자자의 직업, 나이, 사회경력, 배경지식이나 전문성 등을 감안하여 설명과 고지의무는 상대적으로 달라질 수 있다. 그럼에도 상거래의 실정에 어두운 사회초년생, 전업주부, 노약자 등에 대해 만연히 투자수익율만을 강조하고 실패의 가능성을 전혀 알려주지 않는다면, 투자거래의 신의성실의 원칙에 반하여 가벌성이 높다할 것이다.

1) 유죄사례

아래 사례는 카페 운영을 위한 투자금 관련 사기 사건이다. 대법원의 기망행위 내지 인과관계 입증의 논리를 살펴보자.

피고인은 공연 기획 및 관리, 카페 운영 등의 영업을 목적으로 이 사건 회사를 설립하였고, 이 사건 회사는 사업장별로 다수의 개인 투자자와 공동운영 및 투자에 관한 계약을 체결하고 방배점 카페 및 아트홀, 예당점 카페 및 아트홀, 서울대점 카페, 이 사건 카페 등을 차례로 개점하여 운영하였다.
○ 투자계약의 내용과 투자금의 성격 : 피고인은 이 사건 카페의 공동운영에 관하여 피해자 1로부터 5,000만 원을, 피해자 2로부터 7,500만 원을, 공소외 3으로부터 7,500만 원을 각 투자금 명목으로 받았다. 회사와 피해자들 사이에 체결된 각 투자계약의 주요 내용은 회사가 이들에게 이 사건 카페의 운영에 따른 수익금을 분배하고, 투자금은

---

378) 전주지방법원 2018. 10. 26. 선고 2017고단1118,2127(병합) 판결

전액 이 사건 카페의 보증금 등으로 사용한 후 2년 뒤에 반환하는 것이었는데, 각 투자계약이 정한 수익금의 분배 비율은 피해자 1이 25%, 피해자 2가 40%, 공소외 3이 40%였다. 피고인이 피해자들과 공소외 3으로부터 받은 돈의 명목은 카페의 공동운영을 위한 투자금이었으나, 각 투자계약에 따르면 이 사건 회사는 2년의 투자기간이 경과하면 15일 이내에 피해자들과 공소외 3에게 투자금 전액을 반환하여야 하고, 특히 피해자 공소외 1과의 투자계약에는 이 사건 카페 개점 후 6개월간 월 50만 원의 고정 수익금을 보장하는 내용도 포함되어 있어 이를 순수한 투자금으로 보기 어려웠다.

○ 피해자와 피고인의 관계 : 피해자 1은 피고인의 고등학교 후배이고, 피해자 공소외 2는 위 투자와 관련하여 지인의 소개로 피고인과 처음 알게 된 사이인데, 피해자들은 각자 공소외 3만이 이 사건 카페의 공동 투자자라고 알고 있었고, 피해자들 서로의 존재에 관하여는 피고인에게서 듣지 못하였다.

○ 피의자의 재력 : 피해자들이 위와 같이 투자금을 지급할 무렵 피고인은 별다른 재산이 없이 11억 원 이상의 채무를 부담하고 있었고, 한편 이 사건 회사는 본사, 방배동 카페 및 아트홀 등으로 사용하던 방배동 건물의 2층을 새로 임차하여 대관용 공연장과 연습실 등을 설치하는 공사를 시작하였는데, 대차대조표상 부채가 자산을 2억 4,000만 원가량 초과하는 등 자금 사정이 좋지 못하여 방배동 건물의 임대보증금 일부와 임대료 및 관리비를 상당기간 지급하지 못하였고, 운영 중인 카페도 서울대점을 제외하고는 모두 적자 상태였다.

○ 자력 기타 운영실태 등 제반사정에 대한 고지여부 : 피고인은 피해자들과 공소외 3으로부터 투자금을 받으면서 피고인과 이 사건 회사의 자력, 이 사건 회사가 운영하는 다른 카페 및 아트홀의 운영 실태 등에 관하여 제대로 고지하지 않았다.

○ 투자금의 사용처 : 위 투자금을 이 사건 카페 건물의 사용료, 계약보증금, 인테리어 공사비 등으로 사용할 것이라고 고지하고도, 위 투자금 대부분을 방배동 건물 2층의 공사대금, 예당점 카페의 임대료, 다른 카페 투자자들에 대한 수익금 지급 등으로 사용하였다. 그 후 방배동 건물의 임대인은 임대료 미지급 등을 이유로 이 사건 회사에 임대차계약의 해지 및 건물의 인도를 요구하였고, 회사는 임대차계약의 해지 및 원상회복에 합의하고 위 건물에서 퇴거하였다. 그런데 이 사건 카페가 2010. 8.경부터 운영되기 시작하였으나, 피고인이 피해자들과 공소외 3으로부터 받은 투자금 대부분을 방배동 건물 2층의 공사대금, 예당점 카페의 임대료, 다른 카페 투자자들에 대한 수익금 지급 등으로 사용하여, 이 사건 카페의 개점에 필요한 비용은 그 이후 공소외 5가 아트홀 음향, 음원 등의 사업에 투자한 별도의 자금 등에서 일부 충당한 것으로 보이는데, 개점 이후에도 카페의 설비대금이나 공과금이 납부되지 않고, 직원들의 임금도 지급되지 않아 카페 내에 설치된 설비에 대하여 압류절차가 진행되는 등 그 운영이 정상적이지 않았고, 결국 이 사건 카페는 개업한 지 약 4개월 만에 폐업하였다.

○ 인과관계 : 피해자들과 공소외 3은 이 사건 회사의 사업 전반에 투자한 것이 아니라 그중 이 사건 카페의 운영에 투자하여 수익금을 분배받으려 한 것이고, 이 사건 회사가 운영하는 사업장별로 투자자가 구분되어 있었으므로, 만약 위 투자금이 이 사건 회사의 다른 사업장 공사비용, 운영비 등에 사용될 것임을 알았다면 위 투자금을 같은 조건으로 지급하지 않았을 것으로 보인다. 한편 방배점 카페는 월 500만 원~600만 원 정도의 손실을 보고 있었고, 예당점 카페는 월 700만 원~1,000만 원 정도의 손실을 보고 있었다. 다만 서울대점 카페에서는 개점 후 4개월 정도 이후부터 월 900만 원 정도의 수익이 발생하였으나, 서울대점 카페의 공동운영에 관한 각 투자계약에 따르면, 다른 사람들에게 모두 분배하게 되어 있어 위 수익금은 피해자들에 대한 수익금 지급이나 투자금 반환에 사용될 수 없었던 것으로 보인다.

○ 사업진행의 예견가능성 : 방배동 건물 2층의 공사가 상당 부분 진행된 상태에서 위 건물의 임대차계약이 해지되는 바람에 이 사건 회사가 공연장과 연습실을 대관하는 사업을 시작하지 못한 측면은 있어 보이나, 앞서 본 바와 같이 이 사건 회사가 상당 기간 위 건물의 임대보증금 및 임대료, 관리비를 지급하지 못하였던 사정 등에 비추어 보면,

피해자들이 위와 같이 투자금을 지급할 무렵 피고인은 위 건물에 관한 임대차계약의 해지 및 퇴거 등의 상황을 전혀 예견할 수 없었다고 보기 어려울 뿐만 아니라,

○ 사업의 성공가능성 : 설령 피고인의 계획대로 방배동 건물 2층의 공사가 완료되어 공연장과 연습실을 대관하는 사업이 가능하였다고 하더라도 그로 인해 이 사건 회사의 사업이 전체적으로 활성화되어 피해자들에게 약정한 대로 수익금을 지급하고, 투자금을 반환할 수 있었을 것이라고 바로 인정하기도 어렵다. 이러한 사실관계 등을 종합하면, 피고인은 별다른 재산 없이 투자금에만 의존하여 무리하게 카페 및 아트홀 사업을 확장하는 과정에서 피해자들에게 자신과 이 사건 회사의 자력, 이 사건 회사가 운영하는 다른 카페 및 아트홀의 운영 실태, 투자금의 사용처 등을 고지하지 아니하거나 사실과 다르게 고지하였고, 그러한 사정을 알지 못한 피해자들은 자신들이 투자하는 자금이 이 사건 카페의 개점 및 운영에 필요한 비용으로 사용될 것이라 믿고 위와 같이 투자금을 지급하였다. 앞서 본 법리에 비추어 보면, 비록 이 사건 카페 관련 사업 자체가 불가능한 것은 아니었고, 이 사건 회사의 각 사업장에 초기 투자비용이 많이 소요되어 개점 초기부터 수익이 크게 발생하지 않을 수 있었던 점 등을 고려하더라도, 피고인의 이러한 행위는 사기죄에서 말하는 기망행위에 해당하고, 피해자들은 그로 인한 착오에 의하여 재산적 처분행위를 하였다고 봄이 상당하다.[379]

2) 무죄사례

A. 피해자가 피고인의 기술력이나 사업능력을 스스로 판단하여 자금을 교부한 사례

1 피해자들은 피고인과 오랫동안 알면서, 피고인이 운영하던 회사가 가진 하수처리공법을 이용한 하수처리장 설계에도 함께 참여하는 등 피고인이 가진 기술과 사업에 대하여 비교적 잘 알고 있었다. 피해자 C는 피고인이 E자치단체 하수처리시설 민자사업을 추진하는 데 5억 원 정도의 자금을 구해달라는 요청을 받았다. 피해자 D는 C로부터 피고인 회사가 어려워 도와주어야 한다는 이야기를 들었고, 협업 중 피고인의 근로자들로부터 임금체불 등이 있다는 사유를 들어 알고 있었다고 진술한 바 있다. 따라서 피해자들은 피고인의 자금사정이 좋지 않다는 점과 피고인이 사업자금이 필요한 상황이라는 사실을 충분히 인지하고 있었다고 보인다. 2 피해자들은 피고인과 이전에 G 하수처리장의 설계 업무를 같이 하였고, 피고인이 E자치단체 하수도 민자사업을 수행하는 주체가 되면 추후 설계용역을 받기를 원하는 입장이었다. 피해자들은 피고인의 자금사정이 어렵다는 것을 알고도 피고인과의 사업적 관계, 추후 얻게 될 사업기회 등을 고려하여 자금을 교부한 측면이 있다. 3 피해자들은 피고인과의 사업적 관계에서 E자치단체 하수도 민간사업이 성공할 경우의 이익을 기대하기는 하였으나, 피고인이 피해자들에게 E자치단체 하수도 민자사업의 성공여부를 과대포장하여 그 참여나 이익을 보장하지는 않았고 피해자들도 피고인에게 용도를 특정하고 자금을 교부하지는 않았다. 피해자들은 피고인의 회사를 대상으로 하여 돈을 빌려준 것이 아니고, 피고인 개인으로부터 차용증을 받고 돈을 빌려주었으며, 변제기도 대여일로부터 2년을 초과하는 2017. 1.로 정하였다. 특히 피해자 C는 피고인이 E자치단체 하수도 민자사업에 대한 구상 정도만 가지고 공무원을 접촉하던 초기 단계라는 것을 잘 알고 있었고, 성공하지 않을 가능성도 인지하고 있었다. 그럼에도 피해자 C는 피고인의 기술력이나 사업능력을 스스로 판단하여 자금을 교부하였다고 보인다. 피해자들은 피고인이 E자치단체 하수도 민자사업을 더는 진행하지 않는다는 사실을 알고도 위 변제기 무렵까지 피고인에게 그 상환을 독촉하거나 크게 항의한 사정도 보이지

---

379) 대법원 2014. 2. 27. 선고 2013도9669 판결

않는다. 4 당시 E자치단체 하수관리 과장이었던 H에 의하면, 피고인이 E자치단체 하수도와 관련한 민자사업 관련 기초서류를 작성하고, 관련 공무원들을 만나 자신의 공법을 홍보하고 민자사업 구조에 대하여 논의하기도 하였다고 보인다. 피고인은 실제로 I 주식회사에게 자신이 보유하고 있던 하수도건설기술인 J공법을 제공한 대가로 2013. 12.~2014. 1.경 사이에 50억 원을 받기도 하는 등 위 사업을 추진할 만한 기술이 있었던 것으로 보인다. 5 피고인이 자신이 운영하던 ㈜ B에서 2012. 5. 4.부터 2014. 12.경까지 14억 원가량을 횡령한 죄로 유죄판결을 받기도 하였으나, 위 회사는 사실상 피고인의 1인 회사 또는 가족회사로 피고인이 그 주식도 보유하고 있었다. 따라서 피고인에게 불법행위로 인한 채무만 있는 것이 아니라 주식과 경영권과 같은 적극자산도 있었다. 아울러 피고인이 당시 G하수처리장사업을 성공적으로 추진한 상태였고, 그 기술을 이용한 다른 사업기회도 모색하던 상태였다. 6 이와 같이 당시 피고인이 보유하던 기술, 추진하던 사업의 성격, 피해자들이 자금을 교부한 경위와 동기, 피해자들과 피고인의 관계 등을 고려하면, 피고인이 당시 신용상태나 유동성이 좋지 않았다거나 민사소송 이후에도 변제하지 않았다는 이유만으로 기망행위나 편취의 의사를 추단하기 어렵다.[380]

B. 원금보장 약정을 신뢰한 것으로 보지 않은 사례

[원심의 판단] 가) 기망행위 (1) 다음과 같은 이유로 피해자의 진술 및 R, O의 일부 진술만으로는 피고인과 피해자 사이에 원금보장 약정이 있었다고 인정하기 부족하고 달리 이를 인정할 증거가 없다.

(가) 투자는 본래 원금 손실의 위험성을 동반하는 특성을 가지는바, 원금보장 약정은 그러한 투자계약의 본질을 변경하는 중요한 내용임에도 그에 관한 아무런 문서도 발견되지 않을 뿐만 아니라 피고인과 피해자 측 사이의 대화 등에서도 원금보장과 관련된 내용을 찾아볼 수 없다. 또한 피해자 측 사람인 O조차도 원금보장에 관하여는 직접 듣지 못했다고 진술한 점, 피고인과 피해자 사이에 체결된 계약은 투자의 형식에 가까워 보이는 점, 피고인이 원금보장까지 해 주면서 투자를 받을 만한 특별한 이유도 찾기 어려운 점 등을 종합하면, 피고인이 명시적으로 원금보장을 했다는 피해자의 진술은 선뜻 믿기 어렵다. (나) 2017. 9. 28. 작성된 확인서에도 원금변제 의무 등의 내용은 기재되지 않았으며, 오히려 위 확인서 작성에 참여한 자들의 진술에 의하면 이 사건 금원의 성격이 대여금이라는 취지의 확인서를 작성해달라는 피해자의 요구에 피해자와 피고인간 실랑이가 있었고 결국 확인서에는 '피해자가 입금한 투자금'이라는 취지로만 기재된 사실이 확인된다.

(다) 또한 피고인 운영의 G(이하, 'G'라 한다), H(이하, 'H'라 한다) 및 I(이하, 'I'라 한다)는 이 사건 경기에 관한 사전계약과 본 계약에서 G가 이 사건 경기를 개최하는 데에 일정한 금액을 투자하고 순수익이 발생할 경우에 그 순수익금 중 일부를 분배받게 된다는 것을 명확히 하였고, 그와 같은 계약내용이 피해자 측에 그대로 전달되었으므로, 피해자로서는 이 사건 경기에서 수익이 발생하지 않을 경우 원금 손실이 발생할 수 있다는 것을 알 수 있었다고 보인다.

(라) 피해자 및 O의 진술에 의하더라도, 피고인은 피해자 등에게 '무조건 성공하는 사업이니 원금 보장은 당연하고 수익금이 3배는 발생할 것이다'라는 취지로 말하였다는 것인데, 이와 같은 발언은 실제로 원금을 보장해 준다는 취지가 아니라 투자권유에 일반적으로 동반되는 추상적인 과장이었을 가능성이 있다. 따라서 피고인이 추상적인 과장을 넘어 구체적인 원금보장까지 약속한 것이라고 단정하기 어렵다.

(2) 피고인이 이 사건 사업에 함께 투자한다는 사실이 피해자가 투자를 결정함에 있어 중요한 요소가 될 수 있으므로, 피고인이 이 사건 사업에 투자한 사실이 없거나 장래에 투자할 의사나 능력이 없음에도 그러한 사실이 있는 것처럼

---

380) 수원지방법원 2019. 2. 18. 선고 2018고단4977 판결

피해자를 기망하였다면 피해자에 대한 사기죄가 성립할 수 있다할 것인데, 피고인이 피해자에게는 자신이 G가 부담할 수수료 중 50%에 해당하는 8억 원을 투자한다는 취지로 설명하고서도 실제로는 그보다 적은 200,000달러만을 이 사건 사업에 투자하였다고 보이기는 한다. 그러나 피고인이 당초 설명한 금액보다 적은 금액을 투자하게 된 것은 G가 부담할 수수료에 관한 계약내용이 변경되었기 때문으로 보일 뿐 애초부터 피해자에게 설명한 금액보다 적은 액수를 투자할 예정이었기 때문은 아니라고 보인다. 따라서 피고인이 피해자에게 투자를 권유할 당시부터 이미 위와 같은 계약 변경이 이루어질 것이 예정되어 있었다는 등의 특별한 사정이 인정되지 않는 한 피고인이 투자금 액수에 관하여 피해자를 기망하였다고 볼 수는 없다.

(3) 피고인이 자신의 재산이 아닌 다른 사람으로부터 빌리거나 투자받은 금원을 이 사건 사업에 투자하였다는 점에 관하여도, 피해자는 '피고인이 50%를 투자한다고 했다'는 취지로 진술한바 그에 의하더라도 피고인이 자금 대여 및 투자 등을 배제한 순수한 자신의 재산으로 8억 원을 투자한다는 취지로 피해자를 기망하였다고 단정하기는 어려울 뿐만 아니라, 설령 피고인이 자신도 8억 원을 투자할 것이라는 취지로 다소 불명확하게 이야기하였더라도 그러한 사실만으로 피고인이 피해자를 기망하였다고 볼 수 없다.

나) 편취의 범의 (1) 이 사건 사업 추진과정에서 사후에 변경된 부분이나 일부 세부적인 부분을 제외하고는 피고인이 설명한대로 사업이 추진되었고, 피고인은 피해자에게 이메일로 이 사건 사업에 관한 서류를 전송하는 등 피해자 측에 이 사건 사업의 진행 경과를 알려주었다. (2) 한편 이 사건 사업은 싱가포르 국가대표 축구팀과 아르헨티나 국가대표 축구팀 간의 축구경기를 열어 경기 관람권 판매 수익 및 스폰서십 계약에 따른 수익을 얻는 사업으로서, 피고인이 피해자에게 설명한 것과 다르게 그 자체로 사업 성공이 확실시되거나 그 성공가능성이 높다고 단정하기 어려운 측면이 있기는 하다. 그러나 이 사건 사업으로 추진한 경기가 실제로 개최되었고, 축구선수 L이 출전하지 않는 등의 악재가 있었음에도 경기장 수용량 53,141석 중 23,452석에 대한 티켓이 판매되어 일정한 수익이 창출되기도 하였으므로 이 사건 경기가 흥행했을 경우 피고인과 피해자가 투자한 금액 이상의 상당한 수익이 발생하였으리라고 여겨지는 점등을 종합하면, 애초부터 이 사건 사업의 성공가능성이 낮았다고 단정하기 어렵다. 따라서 피고인이 면밀한 검토나 대비 없이 이 사건 사업의 전망을 다소 낙관적으로 평가하였다고 볼 여지가 있는지와 별개로, 처음부터 피고인이 구체적인 사업 계획 없이 수익 창출에 대한 막연한 기대만 가지고 피해자로부터 투자금을 지급받을 의사였다고 단정하기 어렵다.

[나. 이 법원의 판단] 이 사건 경기장 좌석 53,141석 중 23,452석에 대한 관람권이 판매되었음에도 그에 따른 관람권 판매 순수익금이 1,205,538.32SGD(경기일 기준 한화 약 980,000,000원)에 불과하여 관람권 판매율에 비하여 순수익금이 상대적으로 적어 보이기는 하나, 이는 저가 좌석에 대한 관람권이 주로 판매되었기 때문이고, 만약 관람권이 더 판매되었다면 판매율 대비 수익금의 양상이 달라졌을 것으로 보이는 점, 피해자가 이 사건 금원을 지급할 당시에는 L 선수의 결장이 확정되지 아니한 상태였던 점, 이 사건 사업의 성패는 관람권 판매 수익 외에 스폰서십 계약에 따른 수익 등에도 영향을 받는 점 등을 감안하면, 피해자가 이 사건 금원을 지급할 당시를 기준으로 볼 때 이 사건 사업을 통하여 수익을 발생시키는 것이 사실상 불가능한 상태였다고 단정할 수 없다.

2. 판결사례

(1) 구조조정사업 투자금 사기 사례

차용용도를 속이거나 투기성이 강한 사업에 투자를 권유하면서 투자성공의 가능성에 대한 정확한 정보를 제공하지 아니하여 투자자로부터 차용금 또는 투자금 명목으로 돈을 받은 경우, 사기죄

가 성립한다.[381]

구조조정대상기업에 대한 투자 및 인수 등을 목적으로 회사를 설립하여 투자자들로부터 단기간에 고율의 이자를 지급하는 조건으로 차용금 또는 투자금 명목으로 돈을 받았으나, 구조조정사업의 성공 가능성이 크지 않아 사업성공을 통해 이를 변제한다는 것 자체가 무리고 또 그중 일부를 기존의 개인 채무변제 등에 사용하였다면 변제의사 및 능력에 관한 기망행위를 인정할 수 있다.

(2) 부동산개발투자사기

[공소사실의 요지] 피고인들은 2017. 3. 2. 16:00경 평택시 D에 있는 'E 커피숍'에서 피해자 F에게 안성시 G 토지소유자 중 1명인 H 명의의 가계약서와 I 토지 소유자 J의 매도의향서를 보여주며, "안성시 G 일대 토지약 2,000평이 매물로 나왔는데, 토지 개발사업을 하기에 적합한 땅이다. 현재 토지 매수작업이 완료되었으니 6억 원을 투자하면 6개월 내에 이익금 4억 원을 주거나 필요시 이에 준하는 단지 내 1필지를 분양원가로 공급하고 차익금은 현금으로 지급해 주겠다."라고 거짓말하고, 같은 달 29. 피해자와 C 명의로 위와 같은 내용의 투자약정서를 작성하였다. 그러나 사실 G 토지는 상속된 농지로 공유자들이 많아 소유자 전원이 매도에 동의하지 않으면 매수가 불가능함에도 피고인들은 소유자 전원의 매도 의사를 직접 확인한 상태가 아니었고, 위 안성시 K리 일대의 토지는 농지이기 때문에 법인인 C 명의로는 매수할 수가 없는 상태였으며, 피고인들은 피해자로부터 위와 같이 투자금을 받더라도 이를 피고인들 운영의 공인중개사사무실 운영자금 및 지인들에 대한 차용금으로 사용하거나 매수가 용이한 다른 지번의 토지 매수 대금으로 우선 사용할 계획이었으므로, 위 G 토지 일대를 C 명의로 매수하여 토지 개발사업을 한 후 피해자에게 6개월 내에 투자이익금 명목으로 10억 원을 돌려줄 의사나 능력이 없었다. 그럼에도 불구하고 피고인들은 공모하여, 위와 같이 피해자를 기망하고 이에 속은 피해자로부터 2017. 3. 30.경 투자금 명목으로 6억 원을 C 명의 L조합 계좌(M)로 송금 받아 편취하였다.

[판단] 1) 피고인들과 피해자 사이의 투자계약

가) 피해자는 자동차분해포장용접업, 부동산매매업, 부동산개발업 등을 목적으로 하는 주식회사 P의 사내이사로 위 회사를 운영하는 사람이다. 피해자는 부동산개발에 문외한이 아니고, 오히려 이를 목적으로 하는 회사를 운영하여 부동산개발업에 상당한 식견이 있을 것으로 보인다. 나) 피고인들은 2017. 3. 29. 피해자의 지인인 N의 소개로 피해자와 사이에, G 일대 토지개발에 관하여 피해자가 6억 원을 투자하면 6개월(분할등기완료시)을 투자 기간으로 하고 투자이익금 4억 원을 합하여 10억 원을 반환하기로 하는 투자약정을 하였다. 투자계약의 당사자는 피고인 A가 대표이사인 C로 하되, 피고인 A가 물상보증인으로서 본인 소유의 부동산에 근저당권을 설정하여 주기로 약정하였다. 개발대상 토지는 Q가 소유하는 R 대 522㎡와 H, S, T, U, V, Q, W 등이 단독소유하거나 공유하는 그 인근 토지들을(이하 'G 일대 토지'라 한다)로 하였다. 피해자는 그다음 날인 같은 달 30. C의 계좌로 6억 원을 지급하였다. N은 피고인들과 함께 C 직원으로서 부동산 개발사업을 진행하다가, 2018. 10.경 퇴사하였다.

2) G 일대 토지 개발사업의 무산과 새로운 개발사업의 진행

가) 피고인들은 피해자와의 투자약정을 전후하여 Q, H, V, W과 사이에 G 일대 토지 중 각 Q, H, V, W 소유 부분에

---

381) 서울중앙지방법원 2004. 9. 22. 선고 2004고단440 판결

관하여 매매계약서를 작성하기도 하였으나 다른 공유자들이 매매에 반대하여 G 일대 토지를 취득하지는 못하였다(피고인들이 Q 등과 사이에 작성한 매매계약서 자체가 위조되었거나 허위였던 것으로 볼 만한 사정은 보이지 않는다). 피해자도 투자약정 당시 G 일대 토지에 관해 피고인들이 소유권을 확보한 것은 아니고, 다만 매매계약을 위한 교섭이 진행되는 중이라는 것을 알고 있었으며, 달리 피고인들이 G 일대 토지에 관하여 피해자에게 허위사실을 고지한 것으로 보이지는 않는다. 나) 피고인들은 위와 같이 G 일대 토지 매수가 어려워진 상황에서 사업을 포기하기 보다는 인접한 토지에서 개발사업을 계속하려 하였던 것으로 보인다. 피고인들은 2017. 4. 5. X 답 344㎡, O 전 602㎡, Y 답 294㎡(이하 '함께 O 일대 토지'라 한다)를 매수하는 계약을 체결하였고, 피고인 A는 2017. 7. 16. O 토지에 관하여 2017. 5. 29. 매매를 원인으로 하는 소유권이전등기를 마쳤다가 2018. 8. 14. 주식회사 Z에 신탁을 원인으로 하는 소유권이전등기를 마쳐주었다. 한편, 피고인들은 O 일대 토지 중 일부 토지(AA, AB, AC) 지상에 지상 4층 다가구 주택 3동을 신축하였고(이하 '이 사건 신축건물'이라 한다), 2019. 6. 27. 위 건물에 관한 소유권보존등기가 각 마쳐졌다. 다) 피해자가 피고인들과 투자약정을 하면서 G 일대 토지를 개발대상으로 특정하기는 하였지만, G 일대 토지 자체에 특별한 가치가 있거나 의미가 있었던 것으로는 보이지 않고, 다만 매수작업이 진행되고 있는 토지를 특정하여 사업이 빠르게 진행될 수 있다는 측면이 강조되었던 것뿐으로 보인다. 이 사건 개발사업의 본질은 G 토지 자체를 개발하는 데 있는 것으로 보기는 어렵다. 피고인들과 피해자 모두 K리 일대 토지를 대지로 용도변경하고 원룸 건물을 신축하여 처분하면 이득이 날 것으로 판단하였던 것으로 보인다. 이러한 전제에 비추어 보면 피고인들이 피해자와의 투자약정에서 정한 토지와 다른 토지에 개발사업을 하였다는 점만으로 기망행위가 있었다고 보기는 어렵다. 라) G 일대 토지와 O 일대 토지는 그 경계선 사이의 거리가 약 70m 정도에 불과하고, 같은 도로를 진입로로 사용하며, 그 위치나 형상 등에 비추어 보아도 그 가치나 개발사업의 사업성에 큰 차이가 있는 것으로 보이지도 않는다.

3) 이 사건 사업의 성공가능성

가) 피고인들이 O 일대 토지에 신축한 건물의 감정평가액은 약 23억 원이었고, 피고인들이 부담하는 주된 채무는 AD 조합에 대한 16억 2,000만 원, AE 조합에 대한 6억 4,800만 원의 각 대출금 채무, AF에 대한 1억 8,000만 원의 채무, 피해자에 대한 10억 원의 투자금 및 투자수익금 반환 채무, AG 외 10인에 대한 약 3억 7,600만 원의 채무로 합계 38억 2,400만 원의 채무를 부담하고 있었다. 나) 비록 피고인들이 부담하는 채무액 합계가 신축 건물의 감정평가액을 넘기는 하지만, AD 조합 및 AE 조합에 대한 채무에 관하여는 신축한 건물 이외에 O 일대 토지에 관하여도 담보신탁의 우선수익권증서가 담보로 제공되어 있는 점, 피해자가 신청한 강제경매에 따라 신축건물이 감정액의 약 60%에 불과한 약 13억 5,000만 원에 낙찰되었음에도 피해자가 약 3억 4,000만 원을 배당받은 점을 감안하여 보면 신축건물이 강제경매절차를 거치지 아니하고 정상적으로 처분되었다면 피해자가 투자금 원금을 전액 회수하는 것은 물론이고 수익금의 상당 부분도 지급받을 가능성이 충분히 있었던 것으로 보인다. 다) 피고인들이 원래 진행하려 했던 G 일대 토지 개발사업이 무산되어 O 일대 토지 개발사업을 진행하였음에도 이처럼 수익 발생 가능성이 있었던 것으로 보아, G 일대 토지 개발 사업 자체도 사업성은 충분히 있었다고 봄이 타당하다.

4) 검사가 특정하고 있는 기망의 내용에 대한 판단

가) 검사가 공소장에 적은 바와 같이 소유자들이 토지를 공유하고 있을 경우 공유 지분으로 소유하고 있는 토지에 관하여 공유자 전원이 동의하지 않는다는 이유로 이를 매수할 수 없는 것은 아니므로(다만 공유 토지를 매수하여 건물을 신축하기 위해서는 공유관계 해소를 위한 비용과 시간이 더 소요되므로 사업성이 저하될 뿐이다) 이를 기망이라고 보기는 어렵다. 나) K리 일대 토지 상당부분이 농지인 사실은 피고인과 피해자들 사이에 체결된 투자약정에 첨부된 토지 목록에도 표시되어 있는 점에 비추어 피해자도 잘 알고 있었던 것으로 보인다. 뿐만 아니라 애초에 피고인 A 스스로도 물상보증인으로서 책임을 부담하기로 하였던 점, 2019. 5. 21.경에는 피고인들이 스스로 채

무자로서 책임을 부담하기로 하는 내용의 지불 및 이행각서도 작성하여 준 점, 피고인들이 피해자에 대한 채무의 면탈을 위하여 매수한 토지에 관하여 피고인 A의 명의로 소유권이전등기를 마쳤다고 볼 만한 사정은 보이지 않고 (오히려 피고인 A는 개인적으로 채무를 부담하겠다는 약정을 피해자와 사이에 추가로 하였다), 다만 대출이나 규제의 회피, 행정상의 편의를 위해 이와 같이 소유권이전등기를 하였다는 피고인들의 변소에 설득력이 있는 점 등에 비추어 보더라도 매수한 토지의 명의를 C가 아닌 피고인 A의 명의로 하였다는 사정만으로 기망의 의사를 추단하기도 어렵다. 다) 피고인들은 피해자로부터 받은 돈의 상당 부분을 O 일대 토지의 매수, 그 지상 다세대건물의 신축, C의 운영자금 등으로 사용한 것으로 보인다.

4. 결론 : 앞서 본 바를 종합하여 보면, 피고인들이 여러 가지 사정으로 원래의 계획대로 부동산개발사업을 진행하지 못하였고, 그 결과 피해자에게 어느 정도 금전적 손실을 입힌 것으로 보이기는 한다. 그러나 피고인들이 사업의 실패를 예견하면서도 피해자로부터 투자금을 받았다거나 사업의 중요한 사항을 고소인에게 고지하지 않음으로써 고소인을 속였다는 점에 관하여는 증명이 부족한 이상 피고인들을 사기죄로 처벌하기에는 근거가 충분치 않다.

Section 3 부동산투자관련

 기본 이론

1. 개관

우리나라는 그간 치열한 산업화 개발과정에서 부동산은 대세 상승기의 국면에 있었다. 좁은 국토로 말미암아 부동산은 많은 이들이 경쟁적으로 소유하고 싶은 대상이었다. 성공적인 고수익 투자의 대상이며, 그동안 부동산불패의 신화가 계속되어 왔다. 그러나 고수익의 뒷면은 결국 사기로 귀결되어 부동산은 투자사기의 영원한 주제이기도 하다. 지금도 부동산개발수익에 현혹된 많은 피해자들을 끊임없이 양산하고 있다. 언론상에 많이 언급된 기획부동산과 지역주택조합 사례를 소개한다.

2. 기획부동산 사기

보통 기획부동산이란 개발이 어렵거나 경제적 가치가 없는 토지를 개발 가능한 용지로 속여서 파는 업체를 말한다. 막대한 자금력이 있는 전주가 기획부동산 업체를 설립한 후 직원 또는 현지인 명의를 빌리거나 증여로 가장하는 등 부정한 방법으로 소유권을 취득함은 물론 임야 농지를 미등기로 매수한 다음 다수의 필지로 분할하여 불특정 다수인을 상대로 곧 개발되어 지가가 급상승

할 지역인 것처럼 속여 고가에 매각하여 전매차익을 취득하면서 탈세를 자행하고 있다.[382]

(1) 문제점

기획부동산은 개발 불가능한 토지 임야를, 매수 후 인터넷 블로그·카페나 다단계 방식 등으로 매수자를 모집해 수백 천 명에게 지분으로 쪼개어 판매함으로써 취득가의 3~5배 배 이상 땅값을 부풀려 폭리를 취한다. 즉 매수자 여력에 맞추어 50~200평 규모로 지분으로 쪼개 건당 1천만 원에서 5천만 원에 거래하며, 벼룩시장 인터넷, 구직사이트 등을 통해 경력 단절 여성 취업준비생 은퇴한 노년층을 대상으로 구인 고용된 직원 본인도 토지를 구입하고 지인에게 다단계식으로 판매함으로써 불특정다수의 매수인으로 하여금 개발 불가 지분등기로 인한 재산권 행사가 제한 및 사회적 폐해가 발생하고 실정이다.[383]

(2) 판단기준

부동산 구입자들이 높은 가액으로 매입한 이유는 당시까지 진행된 개발이 아니라 향후에 있을 개발을 기대하였기 때문이다. 그러나 피고인은 그러한 기대가 실현되지 않을 경우에 발생할 손실 위험을 부담하지 않고 그 위험은 오로지 피해자들이 부담한다. 기획부동산업자는 피해자들로부터 매매대금을 받은 후에야 토지의 소유권을 취득하는데, 자금 융통의 부담조차 지지 않는 것이어서 그 책임이 더 무겁다. 따라서 **피해자들의 손실 위험과 직결되는 기대 실현 여부와 관련된 제반 사정을 피해자들에게 정확하게 알려야 할 책임이 있으며** 피해자들에게 피고인이 제공한 정보가 사실인지 여부를 검증하여 보고 알아서 투자판단을 하여야 한다고 떠넘겨서는 안 된다. **피해자들 입장에서는 기획부동산업자를 전문가로 생각하기 때문에 그들이 제공한 정보에 의존**할 수밖에 없는데, 만약 투자판단을 피해자들에게 떠넘길 것 같으면 피해자들에게 그러한 사정도 알려주어야 한다. 그렇다면 피해자들에게 토지들과 관련한 미래의 개발 가능성에 관하여 제대로 알려주었는지가 문제된다.

---

382) 경기도, 기획부동산 불법행위 대응요령 및 주요 사례, 4쪽, 대부분 기획부동산업체는 실제 전주가 바지를 내세워 여러 개의 기획부동산 회사를 설립하거나 업체의 상호를 수시로 바꾸는 방법으로 배후에서 업체를 조종하면서 세무당국 등의 추적을 어렵게 하고 장부를 은닉하여 수사에 대비하는 수법을 사용하고 있다.
383) 경기도, 기획부동산 불법행위 대응요령 및 주요 사례, 5쪽

(3) 판결사례

1) 피해자가 기획부동산 직원인 경우

아래 사례는 피고인들의 기망행위와 기획부동산 회사의 직원이었던 피해자들의 처분행위 사이의 인과관계를 인정할 수 있다는 사례이다.

가. 피해자들 중 이 사건 회사의 직원으로 근무하였던 사람들에 관하여 기망행위와 처분행위 사이에 인과관계가 단절되는지 여부[384] 1 이 사건 회사의 직원이었던 피해자들은 대부분 이 사건 회사로부터 받은 급여액보다 더 많은 액수의 토지를 매수하였다. 또한 위 피해자들 중에는 빚을 내어 토지매수대금을 조달한 경우도 있는바, 위 피해자들이 단순히 이 사건 회사로부터 받은 7만 원의 일급 또는 실적에 따라 지급받는 수당을 목적으로 토지를 매수하였다고 보기 어렵다(피해자들은 수사기관에서 '땅을 사 놓으면 돈을 벌 수 있다고 하여 매수한 것이고, 자신이 매수한 토지의 규제사항 및 현황을 제대로 알았다면 이를 구입하지 아니하였을 것'이라는 취지로 진술하였다). 2 피해자들은 대부분 수사기관에서 '토지 매수 당시 규제사항이나 토지의 주요 현황(해당 토지 지하에 터널이 개통될 예정이라는 사정 등)에 관하여 듣지 못하였거나 규제사항 중 일부만 알고 있었다(예를 들면, AG인 점은 알았으나 IA로 지정된 것은 몰랐다)'는 취지로 진술하기도 하였다.
3 토지이용계획확인서를 보았다거나 규제사항이나 토지의 주요현황에 관하여 설명을 들었다는 취지로 진술한 피해자들도 대부분 '설명을 들었으나 그 내용을 잘 알지 못했다'고 진술하였는바, 피고인들이 일급 7만 원을 주면서 과장, 부장 직급으로 채용한 사람들은 대부분 부동산거래에 관한 지식이나 경험이 없는 사람들인 점에 비추어 보면, 토지의 규제사항이나 주요현황에 관한 피고인들의 설명이 있었던 경우에도 그것이 피해자들이 이해할 수 있을 정도로 충분했던 것으로 보이지도 않는다. 4 피고인들은 피해자들에게 토지를 지분으로 나누어 판매하였는바, 해당 토지지분을 타인에게 매각하지 않으면 그 이익이 실현되지 않는 것인데 피고인들이 판매한 토지와 같이 다수의 규제가 존재하고 현황도 좋지 않은 경우 법률적으로 처분이 금지되어 있지 않다고 하더라도 피해자들이 그 지분을 매수할 매수자를 구하여 이를 현금화하는 것은 사실상 어려울 것으로 보인다. 또한 토지 지분 매수자들의 능력으로 토지들의 분할이 쉽다고 보기도 어렵다. 따라서 피고인들 주장과 같이 피해자들이 단순 시 세차익만을 목적으로 토지를 매수하였다고 하더라도 그 시세차익의 실현이 어렵다는 사정까지 알면서도 토지를 매수하였다고 보기는 어렵다. 5 피해자 DS는 당심 법정에서 위 토지 지분을 매수하게 된 이유에 관하여는 '주위에 호재가 될 만한 것들을 듣고 지가가 상승이 될 수 있을 것이라고 생각해서'라고 답하였고, 수사기관에서 작성한 진술서에는 위 토지에 관하여 '관광, 레저, 외식, 카페 촌, 테마촌, 펜션촌'이라는 설명을 들었다고 기재되어 있다. 6 위와 같이 위 토지들은 교환가치 · 사용가치의 모든 측면에서 경제적 가치가 없어 보인다.

2) 무죄사례

[범죄사실] 피고인은 부산 동구 I 7층에서 'J 부동산'이라는 상호로 기획부동산 업체를 운영하던 자이다. 피고인은 2012. 9. 3.경 위 사무실에서, 피고인의 직원인 K를 통하여 피해자 L의 대리인인 피해자의 친형 M과 피해자 회사

---

384) 광주지방법원 2020. 6. 4. 선고 2020노122 판결

직원 N에게 울산 울주군 O 임야를 전원주택지로 분양한다고 소개하면서, "이곳은 현재 임야이지만 진입도로를 개설하고 지목을 대지로 변경하여 전원주택을 지을 수 있는 곳이다. 임야 지분을 매매하면 진입도로를 내어주고 지목변경을 위한 벌목허가도 받아주겠다. 만약 2개월 이내에 토목허가를 득하지 못하면 매매대금 전액을 환불해 주겠다."라고 거짓말을 하였다. 그런데 위 임야는 계획관리지역에 속하는 임야이자 맹지로서 전원주택지로 지목변경이 가능하려면 먼저 진입도로가 개설되어야 하고, 관할 관청의 산지전용허가를 득해야하며, 산지전용허가를 받기 위해서는 경사도, 표고, 입목분포 등이 산지관리법 등 관련 규정에 따른 허가기준을 충족하여야 한다. 그러나 사실 피고인은 주변 토지를 매입하거나 도로사용허가를 득하는 등 계약 내용인 진입도로 개설을 위한 아무런 사전준비도 하지 않은 상태였으며, 가사 진입도로 개설이 된다고 하더라도 위 임야가 지목 변경을 위한 산지전용허가 기준을 충족하는지에 대해서는 아무런 사전 측량이나 검토가 되어 있지 않아 실제 지목변경이 가능한지 여부도 불투명하였기 때문에 피해자에게 계약 내용과 같이 진입도로를 내어주고 벌목허가를 받아 주어 향후 전원주택 택지로 사용할 수 있게끔 해 줄 의사나 능력이 없었고, 2개월 이내에 토목허가를 득하지 못하더라도 매매대금 전액을 환불해 줄 의사나 능력도 없었다. 그럼에도 피고인은 이와 같이 피해자를 기망하여 이에 속은 피해자로부터 토지매매대금 명목으로 2012. 9. 3. 5,000만 원, 2013. 3. 6. 2,350만 원 합계 7,350만 원을 교부받았다.

[피고인과 변호인] 피고인이 범죄사실 기재와 같이 M과 N을 기망할 의사로 피해자 L으로부터 금원을 편취한 사실이 없다고 주장한다. 그러므로 살피건대, 피해자가 피고인으로부터 울산 울주군 O 임야(본 건 임야라고 함)를 매수한 것은 전원주택을 짓기 위함이었으므로 본 건 임야의 지목변경을 위해서는 진입로개설과 관할 관청의 산지전용허가가 필수적이었는데, 피고인이 그 가능성이 없거나 아주 낮은 상태에서 그 사실을 제대로 알리지 않고, 오히려 진입로개설과 산지전용허가가 빠른 시일 내에 될 것이라는 장담을 한 사실을 비롯하여 앞에서 적시한 증거에 따라 인정되는 사실들을 종합해 보면 본 건 공소사실을 인정하는데 어려움이 없으므로, 위 주장은 받아들이지 아니한다.

3. 지역주택조합

동일 지역범위에 거주하는 주민이 주택 및 아파트 주택을 건설하기 위하여 조합을 설립한 후 사업 시행의 주체가 되어 토지를 매입하고 그 조합원들은 싼 값에 아파트를 취득할 수 있는 사업 시행 방식을 말한다. 서울과 수도권, 전국 6대 도시의 지자체 107곳에서 지난 17년 동안 들어섰던 지역주택조합 501곳의 데이터를 분석한 결과 완공에 성공한 사업장은 86곳, 17%에 머물렀으며, 성공한 경우에도 완공 시간은 평균 50개월, 4년 2개월이며(17년 넘는 사례도 있음), 핵심 관건인 토지 확보가 조합설립인가 기준에도 못 미치는 지역주택조합이 501곳 가운데 223곳으로 45%, 절반에 가까운 것으로 집계됐다고 언론에 보도된 바 있다.[385]

(1) 실패하는 지역주택조합의 특징

결국 지역주택조합의 상당수가 설립인가를 얻기도 전에 업무대행사와 조합 임원들이 횡령 등으로 조합재산을 모두 소진하고 해산하게 된다. 그 실패하는 지역주택조합의 주요한 특징은 다음과

---

385) MBC, 남재현 기자, 2021. 11. 16. '지주택 아파트 17%만 성공··주변 시세보다 비싼 곳도 다수'

같다. 즉 ① 조합설립인가를 받지 못하고(주택건설대지의 80% 이상 토지 사용권원 확보) ② 95% 이상의 토지를 확보해야 함에도 토지확보율이 매우 낮은 경우 ③ 시공능력 평가순위 10위 내의 건설사의 MOU 미확보한 경우(기업 이미지 관리를 위해 대기업의 면밀한 사업성 검토가 수반되기 때문) ④ 지구단위계획 및 교통영향평가 작업이 전혀 없는 경우 ⑤ 브릿지대출이 불가(지구단위계획과 교통영향평가 진행 중인 단계에서 브릿지대출을 받아 남은 부지를 매입하게 됨).[386]

(2) 사기피해의 요소

주로 사기 피해를 입게 되는 요소는 ① 확정되지 않은 사실을 토대로 홍보·광고, ② 사업계획과 사업비 등 미확정 상태에서 동·호수 지정, 확정 분양가 제시, ③ 대형 건설사를 내세워 시공사가 확정된 것처럼 홍보, ④ 애초에 사업이 불가능한 상태에서 조합원 모집, ⑤ 같은 위치에 인가받은 조합이 있는데도 불구하고 조합원 모집(중복조합 불가), ⑥ 매입 불가한 국공유지 또는 정비구역 지정된 토지를 대상으로 조합원 모집하는 경우이다.

(3) 판결례
1) 유죄사례

피고인은 부동산 투자개발업을 주요 업무로 하는 주식회사 I의 대표로서, 2015. 9.경부터 2016. 5.경까지 부산 해운대구 J 일원에서 지역주택조합 아파트 약 1,300세대를 건설한다는 취지로 시행자 가칭 'K 지역주택조합', 사업명 가칭 'L 지역주택조합 아파트'로 하여 지역주택조합 설립을 추진한 위 조합추진위원회의 업무대행사로 실질적으로 위 조합추진위원회의 업무를 진행하였다.
[범죄사실] 피고인은 2015. 11. 중순경 부산 해운대구 M에 있는 주식회사 I 사무실에서, 조합원이 되려고 하는 피해자 N에게 "내가 K 지역주택조합 추진위원회의 실제 위원장인데, O 부근 부지에 지역주택조합 아파트를 건축할 예정이다. 사업예정부지에 40% 정도 지 주작업을 해 놓았고 이미 많은 조합원이 가입되어 있어 2016. 10.경에는 사업계획승인이 될 것이다. 아파트 동·호수도 미리 지정할 수 있도록 해 주겠으니 업무대행비로 1,210만 원을 납입하면 사업 필요경비로 사용하고 사업이 무산되더라도 위 업무대행비는 반환하겠다."라는 취지로 거짓말을 하였다. 그러나 사실 지역주택조합 사업을 하기 위해서는 조합설립인가 신청 시 사업예정지 토지주의 80% 이상의 동의가 필요하고 주택사업계획승인 신청 시 토지의 95% 이상 소유권 확보가 필요하며 사업승인 및 분양승인이 된 후에야 동·호수 지정이 가능함에도 당시 피고인은 지주작업을 전혀 진행하지 않은 상태로 조합설립인가, 건축심의 및 주택사업계획승인 신청조차 하지 않아 2016. 10.경에 사업계획승인이 될 수 없었다. 또한 달리 특별한 재산이나 수입이 없어 업무대행비 명목의 돈을 받아 개인 용도로 사용할 생각이었고 사업이 무산될 경우 위 업무대행비를 반환할 의사나 능력도 없었다. 피고인은 위와 같이 피해자를 기망하여 이에 속은 피해자로부터 업무대행비 명목으로 주식회사 I 명의 부산은행 계좌로 1,210만 원을 송금 받은 것을 비롯하여 별지 범죄일람표 기재와 같이

---

386) 나무위키, 지역조택조합/실해하는 지역주택조합의 특징

(다만 '순번 25 부분'을 삭제하고 합계를 '562,500,000'으로 정정한다. 그리고 공소장의 공소사실에서는 순번 24의 범행일시가 '2016. 2. 17.'로 기재되어 있으나 위 계좌내역에 비추어 보면 '2016. 2. 26.'의 오기로 보이므로 '2016. 2. 26.'로 변경한다.) 그때부터 2016. 5. 9.까지 사이에 총 48회에 걸쳐 48명의 피해자들로부터 합계 562,500,000원을 송금 받아 편취하였다.

[양형의 이유] 이 사건 범행은 지주작업을 전혀 진행하지 않은 상태에서 48명의 피해자들로부터 지역주택조합 업무대행비 명목으로 합계 562,500,000원을, 지역주택조합 홍보관 건축비 명목으로 1억 원을, 홍보관 리모델링 공사 및 전자제품 설치 대금 합계 71,300,000원을, 지역주택 홍보관 건립에 따른 홍보책자 발간 및 홍보관 간판 설치 작업 대금 합계 187,901,780원을, 홍보관 창호공사, 홈넷공사, 도기공사 등 대금 합계 30,928,145원을 각 편취한 것으로서, 그 죄질이 나쁜 점, 피고인은 기망행위 및 편취 범의를 부인하면서 반성하는 태도를 보이지 아니하는 점, 피고인이 대부분의 피해자들과 합의하지 못하였고 피해 회복을 위한 노력도 하고 있지 아니한 점 등은 불리한 정상이다. 그러나 피고인이 지역주택조합 추진위원회의 업무대행사로 실질적으로 추진위원회의 업무를 진행하다가 이 사건 각 범행에 이른 것으로 보이는 이상 미필적 고의로 기망행위를 저질렀거나 기망행위의 정도가 약하다고 볼 수 있는 여지가 있는 점, 편취금 중 상당부분을 업무대행사의 업무 비용으로 사용하여 실질적으로 취득한 이익이 매우 많지는 아니한 것으로 보인다. (하략)[387]

2) 무죄사례

[범죄사실] 피고인은 L파크◎◎ 지역주택조합(이하 '본 건 지역주택조합'이라 한다) 추진위원회의 업무대행사 ㈜○○○케이디앤○의 대표이사로서 2016. 11.경부터 울산 ○구 ○○동 일원에 총 1,246세대의 지역주택조합아파트 건설사업을 추진하였다. 피고인은 2016. 11. 4.경 울산 ○구 L파크◎◎ 홍보관에서 분양대행업체 직원을 통하여 피해자 백피해에게 "국내 유수 건설사인 □□건설의 대표브랜드인 ◎◎ 아파트를 신축하고 일반분양가보다 저렴한 가격으로 조합원을 모집한다. 지역주택조합의 중요 부분인 토지를 95% 이상 확보하였고 사업자금도 충분히 준비되어 있어 토지대금을 지급할 수 있으며, 지금 조합원으로 가입하면 2019년 말이나 2020년 초에 입주가 되는데 프리미엄이 1억 원가량 된다. 프리미엄이 없을 경우 조합에서 책임지는 내용의 프리미엄보장증서를 발급하고 조합설립이 안 될 시 납부한 금액 전액을 반환하는 내용의 안심보장증서를 발급해 주겠다"라고 거짓말하였다. 그러나 사실 당시 ㈜○○○케이디앤○에서는 토지주들을 상대로 가계약금을 지급하고 매매계약서만 확보했을 뿐 계약금을 지급하지 않아서 토지사용승낙서를 확보하지 못한 상태였고, 부지 확보나 조합 설립이 안 될 경우 피해자들에게 가입금 등을 반환할 의사나 능력이 없었다. 그럼에도 불구하고 피고인은 이와 같이 피해자를 기망하여 이에 속은 피해자와 본 건 지역주택조합 조합원 가입계약을 체결하고 피해자로부터 2016. 11. 4.경 계약금 명목으로 500만 원을 A 신탁㈜ 명의의 경남은행 계좌로 송금 받은 것을 비롯하여 그때부터 2016. 11. 21.경까지 범죄일람표 기재와 같이 피해자들로부터 합계 1억 2,240만 원을 송금 받았다. 이로써 피고인은 피해자들을 기망하여 재물을 교부받았다.[388]

[1심] 원심은 피고인이 피해자들에게 시공예정사에 관한 사항과 사업부지 토지사용권원 확보에 관하여 허위의 사실을 고지하거나 제대로 된 사실을 고지하지 아니하고 묵비함으로써 기망행위를 하였다고 보아 이 사건 공소사실을 유죄로 인정하였다.

---

387) 부산지방법원 동부지원 2017. 8. 10. 선고 2017고단280,474(병합) 등
388) 울산지방법원 2020. 11. 13. 선고 2019고단1992, 2019고단4069(병합) 판결 [사기]

[2심]389) ○ 이 사건 사업의 시공예정사에 대해 기망하였는지

(1) 피고인 운영의 업무대행사는 2016. 5.경 M 건설과 사이에 이른바 MOU인 사업추진협약을 체결하였고, 여기서 M 건설이 이 사건 사업의 시공예정사로 참여하기로 약정되어 있었기 때문에, 피해자들과 사이의 이 사건 각 조합원가입계약 체결 당시 분양대행사 직원이 이 사건 사업의 시공예정사가 M 건설이라고 홍보한 부분 자체는 허위의 사실에 해당할 여지가 없다. (2) 당시는 아직 M 건설과 사업추진협약만을 체결한 단계로서 본 건 지역주택조합에 대한 설립인가가 이루어진 후에 조합이 주체가 되어 M건설과 공사도급계약을 체결한 이후에야 시공사가 확정되는 것이었으므로, 시공사 변경 가능성을 완전히 배제할 수 없는 상황이었다. 따라서 이 사건 각 조합원가입계약을 체결하면서, 피해자들이 시공사 부분을 공란으로 한 시공사선정 동의서를 작성하여 피고인 측에 제출한 것은 위와 같은 상황이 감안된 것으로 보이고, 피해자들 역시 위 동의서를 작성하는 과정 등에서 시공사 변경 가능성에 대해 고지받거나 인식할 수 있었을 가능성이 높다. (3) 이후 M 건설이 이 사건 사업 추진이 지연된다는 이유로 2017. 12. 20. 위 협약을 해지한 사실이 있으나, 이는 피해자들로부터 계약금 등을 지급받은 날로부터 약 1년 후의 사정 변경에 해당하는 점, 피고인은 이후 포스코건설과 접촉하며 사업을 정상적으로 추진하고자 노력한 것으로 보이는 점, 통상 지역주택조합사업의 경우 사업추진 과정에서 사업의 성패를 좌우하는 여러 변수들에 따라 최초 사업계획이 변경되는 상황이 발생할 가능성이 높은 점 등을 종합하면, 위와 같이 최초 사업계획과 달리 M건설이 시공사로 참여하지 않게 되었다는 사정을 들어 이 사건 각 조합원가입계약 체결 당시 피고인이 시공예정사와 관련하여 피해자들을 기망하였다고 보기 어렵다.

○ 사업부지 토지사용권원 확보에 대해 기망하였는지

(1) 피고인은 2016. 1.경 용역회사 T가 이 사건 사업부지 면적 중 95.05%에 해당하는 토지주들과 사이에 부동산매매계약을 체결한 사실을 확인하고, 위 용역 대가로 T에 10억 원을 지급한 뒤,1) 같은 해 2월경 약 400명의 토지주들에게 각 약정금 200만 원을 송금하였다. (2) 위 부동산매매계약은, '매도인은 본 계약을 체결함과 동시에 매매토지에 대한 사업 인허가용 토지사용승낙서(인감증명서&주민등록증 사본)를 매수인에게 제공한다(제3조 제2항)', '본 계약은 매수자가 주택사업을 하고자 계약을 추진하는 것으로 매수자는 계약과 동시에 본 사업의 사업 시행에 대한 모든 권한을 갖는다(제9조)'라고 정하여, 매도인에게 이 사건 사업 추진을 위한 토지사용승낙 의무를 명시하고 있다. (3) 법무사 U은 2016. 3. 토지매입총괄표 및 위 부동산매매계약서를 검토한 후, 피고인의 업무대행사가 이 사건 전체 사업부지 면적 중 95.05%에 대해 매매계약이 체결되었다는 내용의 사실확인서를 작성하여, 공증인법에 따른 사서인증을 받았다. (4) 본 건 지역주택조합 추진위원회, H 주식회사 및 피고인의 업무대행사가 체결한 자금관리 대리사무계약서 제12조 제5항에 따르면, 조합설립인가 이전에 조합원이 입금한 업무대행료의 집행을 위해서는 일정 비율의 조합원 모집이 완료되었을 것이 요구되는데, 이에 대한 예외로서 '사업부지사용권원이 80% 이상 확보된 경우' 조합원 모집률에 상관없이 대리사무보수 및 사업비의 대지급금 집행이 가능함을 규정하고 있다. H 주식회사는 2016. 4.경부터 조합원들이 입금한 업무대행료를 사업비의 대지급금으로 집행하도록 승인하기도 하였는바, 이 사건 사업부지에 대한 사용권원이 80% 이상 확보되었다고 판단한 것으로 보인다. (5) 피고인은 위와 같은 상황에서 조합원 모집을 시작하면서, 가입계약서상으로 피고인의 업무대행사에 의해 진행된 사업 중 사업부지 확보와 관련한 것은 "부동산매매계약 일체"라는 사실을 명시하고(제14조), 분양대행사 직원을 통해 피해자들에게 사업부지 95% 이상의 토지를 확보하였다고 설명하였으므로, 이 사건 사업부지 토지사용권원 확보에 관하여 피해자들을 기망하였다고 보기 어렵다. (6) 나아가 주택법상 지역주택조합 사업은 통상 조합설립 전에 미리 조합원을 모집하면서 그 분담금 등

---

389) 울산지방법원 2021. 4. 15. 선고 2020노1501 판결

으로 사업부지를 매수하거나 사용승낙을 얻고, 그 이후 조합설립인가를 받아 추가적으로 소유권을 확보하고 사업 승인을 얻어 아파트 등 주택을 건축하는 방식으로 진행되므로, 설립인가를 추진하는 조합의 입장에서는 오히려 토지 전체의 소유권을 미리 확보해 두는 경우는 드물고 우선 매매계약 체결 등을 통하여 토지의 사용권원 확보를 시도하기 마련일 것인바, 매매계약의 해제나 취소 등 파기 가능성이 매우 낮은 정도로 토지사용권원을 확보한 상태에서 조합원을 모집할 것을 기대하기는 어렵다는 사정 또한 함께 고려하면 더더욱 그러하다. (7) 피고인은 2018. 7. 12. 울산 남구청에 토지사용승낙서 등을 첨부하여 조합설립인가를 신청하였고, 울산 남구청은 2018. 8. 14. 위 조합설립인가 신청에 대하여 보완을 요구하였는데, 그 보완 요구 사항은 도로, 공원 등에 대한 조성계획 첨부나 조합명칭 등 사소한 사항에 관한 것일 뿐이었고, 이 사건 사업 추진의 근간이 되는 토지의 사용권원 확보와 관련한 사항은 없었다. 이에 비추어 보면, 피고인은 실제 이 사건 사업을 정상적으로 추진할 수 있을 정도로 이 사건 사업부지에 관한 토지사용권원을 충분히 확보하였던 것으로 보인다. (8) 이후 본 건 지역주택조합의 조합장이 2018. 8. 17. 위 주택조합설립인가 신청을 임의로 취하함에 따라 이 사건 사업이 중단되었는데, 그 과정에서 이 사건 사업부지에 관한 토지사용권원 실제 확보 여부가 문제되었다는 객관적인 정황 역시 기록상 확인되지 아니한다.

○ 프리미엄보장 및 분담금반환에 대해 기망하였는지

(1) 피해자들은 분양권 전매를 통한 차익실현보다는 실제 거주 목적으로 본 건 지역주택조합에 가입한 것으로 보이므로, 프리미엄보장이나 분담금반환 여부는 피해자들이 이 사건 조합원가입계약을 체결할지 여부를 결정지을 만한 중요한 사항이라고 보기 어렵다. (2) 나아가 가능한 예산 범위 내에서 일부 조합원들만을 대상으로 프리미엄보장증서 및 안심보장증서를 발급한 것으로 보이는 점, 프리미엄보장 액수는 이 사건 사업이 정상적으로 진행되었다면 충분히 예상할 수 있는 수준인 것으로 보이고, 그 액수가 허위라고 볼 만한 사정은 기록상 확인되지 아니하는 점, 피고인이 이 사건 사업을 정상적으로 추진하기 위하여 상당한 노력을 기울인 것으로 보이는 점 등에 비추어 보면, 피고인이 프리미엄보장이나 분담금반환에 대해서도 피해자들을 기망하였다고 단정하기 어렵고, 달리 이를 인정할 증거가 없다.

기본 이론

아래는 최신 금융투자사기 판결례를 정리하였다.

1. 주식투자사기

[범죄사실] 피고인은 2017. 6.경 D, E, F와 함께 인터넷 사이트 네이버 주식 관련 카페에 접속하여 불특정 다수의 카페 회원들이 볼 수 있도록 '고수익을 보장하는 해외 주식투자 사 이트' 광고 글을 게시하고, 그 광고를 보고 연락한 사람들을 상대로 허위의 주식투자 사이트 회원 가입을 유도한 후 투자금 명목으로 금원을 송금 받는 방법으로 '투자사기' 범행을 하기로 공모하였다. D는 위 공모에 따라, 부천시 G 8층 815호에 투자사기 사무실을 마련한 후 허위의 주식투자 사이트를 개설·관리하는 H에게 사용료를 지불하고 웹사이트 주소 T 및 대포 계좌인 ㈜백스태치 명의 국민은행 계좌를 제공받았고, 피고인, E, F는 2017. 7. 3.경부터 2017. 7. 19.경까지 사이에 위 사무실에서 준비한 노트북을 이용하여 인터넷 사이트 네이버 주식 관련 카페에 '고수익 투자를 보장한다'는 취지의 광고 글을 게시한 후, 이를 보고 연락한 피해자들에게 위 'T' 사이트를 알려주며 회원 가입을 유도한 후 "각 나라의 주가지수를 분석하여 분산투자를 하면 원금 손실이 없고, 투자금액의 3배 수익이 날 때까지 무료로 투자 리딩을 해 준다"는 취지로 말하였다. 그러나 사실 위 'T' 사이트는 허위로 만들어진 것이었고, 피고인 등은 피해자들로부터 투자금을 송금 받아 이를 가로챌 생각이었을 뿐 피해자들에게 해외 주식투자를 통해 고수익을 보장해 줄 의사나 능력이 없었다. 그럼에도 불구하고 피고인은 D, E, F와 공모하여 2017. 7. 3.경 피해자 J로부터 투자금 명목으로 300만 원을 송금 받은 것을 비롯하여 그 무렵부터 2017. 7. 19.경까지 사이에 별지 범죄일람표 기재와 같이 4명의 피해자들로부터 합계 1,635만 원을 송금 받았다.

2. 신기술투자사기

[범죄사실] 피고인은 2015. 6. 경부터 A(2016. 5. 16. 구속 기소)이 ㈜N, ㈜P, ㈜Q, ㈜O 등의 명의로 운영하던 유사수신조직의 수석팀장으로 투자금을 유치하고, A를 보좌하는 업무를 하였다. 피고인과 위 A 등 위 유사수신조직의 조직원들은, 개인투자자들에게 신기술 개발사업이나 부동산 개발사업 등의 투자 종목을 홍보하며, 투자 대상 기업이 해당 분야에서 신기술이나 노하우를 보유한 유망한 기업이고, 가까운 시일 내에 사업이 성공하여 높은 수익을 얻을 수 있는 반면, 손실 위험은 전혀 없어 투자기간 내에 원금 및 확정수익을 반드시 지급하겠다고 설명하고, N 카페 및 홍보 동영상 등에 투자종목, 투자기간, 수익률을 게시하여 ㈜N 등이 진행한 투자종목은 거의 손실 없이 투자성과를 거둔 것처럼 홍보하여 개인투자자들로부터 투자금 명목으로 금원을 편취하기로 공모하였다. 이에 피고인은 2015. 12. 18.경 불상의 장소에서 휴대전화로 피해자 CO에게 ㈜EE 등을 투자전문회사로 소개하며 '㈜EE의 DP 투자 사업에 투자하면 3개월 뒤에 30%의 수익금과 원금을 지급하겠다.' 라는 취지로 거짓말을 하였다. 그러나 사실은 ㈜EE 등은 아무런 실적이 없었고, 이러한 투자대상 기업이나 부동산 개발사업 등이 재무적으로 매우 취약하

고, 사업 초기 단계이어서 사업성과가 거의 없으며, 모험적 경영이라는 벤처 사업의 특성 및 부동산 시장의 상황 등으로 인하여 사업 성공 여부가 불투명하였을 뿐만 아니라, 피고인, A 등이 기존에 보유한 자금 없이 투자자들로부터 모집한 투자금만을 운용하여 투자자들에게 약속대로 원금과 수익을 지급해야 하고 동시에 조직 운영에 필요한 직원들 급여, 영업팀장 수수료 1%~14%, 기타 회사 경비 등 비용을 충당해야 되는 구조라는 점에서 투자자들에게 약정한 대로 수개월에서 6개월이라는 단기의 투자기간 내에 원금 및 수익금을 지급하는 것이 거의 불가능하여, 결국 후순위 투자자들로부터 유치한 투자금을 이용하여 선순위 투자자들에 대한 원금, 수익금, 수당을 순차적으로 상환하는 방식으로 소위 돌려막기 형식으로 영업을 할 수밖에 없어, 계속적으로 새로운 투자자가 유치되지 아니하는 이상 피해자들에게 약정된 고율의 수익금은 물론 만기에 원금조차 지급할 의사나 능력이나 없었고, 위 유사금융조직은 금융위원회로부터 금융투자업 인가를 받지 아니한 상태에서 불법적으로 영업을 하는 것이었다. 피고인은 위와 같이 피해자를 기망하여 이에 속은 피해자 CO로부터 2015. 12. 18.경 ㈜EE 명의의 신한은행 계좌(EF)로 10,000,000원을 투자금 명목으로 송금 받았다. 이를 비롯하여, 피고인은 A 등 유사수신조직의 조직원들과 공모하여, 그 무렵부터 2016. 1. 20.경까지 아래 범죄일람표 기재와 같이 2회에 걸쳐 2명의 피해자로부터 합계 19,000,000원을 송금 받아 이를 편취하였다.

3. 암호화폐투자사기

(1) 판단기준

최근 법원은 가상화폐 사기 범죄에 대한 구체적 판단 기준을 다음과 같이 제시한 바 있다.

① 발행인과 백서의 부실 ② 허위의 공시·공지 ③ 불공정 거래 유인 등을 제시했다. 특히 ④ 가상자산 발행(ICO)에서 발행인의 능력이나 실체가 불명확하고 발행이나 그 기초가 되는 사업을 추진할 기술적, 영업적 능력이 없음에도 초기 투자 결정의 중요한 판단 근거인 백서 등에 중요사항에 관해 거짓으로 기재 또는 표시를 하거나 오해를 방지하기 위해 필요한 중요사항의 기재 또는 표시를 누락하는 등으로 마치 그러한 능력과 실체가 있는 것처럼 과장되거나 허위인 정보를 제공한 경우(발행인과 백서의 부실) ⑤ 사실과 다르거나 성사 가능성이 매우 낮음에도 시장 상황 혹은 기초사업의 사업성에 관해 과장된 허위의 공시·공지를 한 경우(허위의 공시·공지) ⑥ 시장에 대한 합리적 예측의 범위 내에서는 사실상 실현 불가능함에도 비정상적 시세 조종이나 조작 등을 통해 가상자산의 가격을 인위적으로 상승시킬 수 있다는 등 고수익을 제시하며 투자를 유인한 경우(불공정 거래 유인)

이 사건에서 재판부는 블록체인 기반의 웹툰 플랫폼을 만들고 플랫폼에서 사용되는 가상화폐를 유통해 투자자들에게 최소 10배에서 최대 100배의 수익을 얻게 해 주겠다면서 약 30억 원을 받아 챙긴 혐의로 특정경제범죄 가중처벌 등에 관한 법률상 사기 등으로 기소된 피고인에게 징역 5년과 벌금 10억 원을 선고한 바 있다.

(2) 최신판결

가) 피해자들은 고소장, 수사기관에서의 진술 등을 통해 피고인이 가상화폐에 투자를 하여 상당한 돈을 벌었다고 말하면서 J, M, FX 마진거래(이하 통틀어 칭하는 경우 'J 등'이라고 한다)와 같은 가상화폐에 투자하면 원금이 보장되고, 상당한 수익까지 확정적으로 얻을 수 있다고 말하면서 투자를 적극 권유하여 투자에 이르게 되었다는 취지로 일치된 진술을 하였는데, 그 구체적 진술 내용이 상세하고 일관된다. 피해자들은 특별한 직업이 없는 가정주부들로 호텔 사우나를 이용하면서 피고인을 알게 되었고, 서로 가벼운 도움을 주고받으면서 친교 수준의 만남을 가졌을 뿐이 사건 이전에 피고인과 금전거래를 하거나 투자를 함께 하는 등의 특별한 경제적 이해관계를 가진 적은 없었던 것으로 보인다. 피해자들은 가상화폐에 투자를 해 본 경험이 없고, 이에 관하여 특별한 지식을 가지고 있지도 않았던 것으로 보이는바, 피해자들의 일치된 진술과 같이 피고인이 원금 보장 및 상당한 수익금 지급에 관하여 확정적인 약정을 하지 않았다면 이 부분 각 피해금에 해당하는 상당한 금원을(피해자 G 1억 5,500만 원, 피해자 H 1,000만 원, 피해자 I 1억 2,500만 원, 피해자 B 2,000만 원) 선뜻 투자하지는 못하였을 것으로 보인다.

나) 피고인은 J 투자와 관련해서는 S로부터, M과 관련해서는 O로부터, FX 마진거래와 관련해서는 N으로부터 일부 정보를 제공받거나 투자를 권유받은 뒤, 이후 피해자들에게 J 등에 대한 투자를 권유하였던 것으로 보인다. 1 그런데 J는 S가 전산작업을 통해 임의로 생성해내는 수치(일종의 포인트)에 불과하여 그 자체로는 별도의 경제적 가치가 없고, 거래소에 상장되거나 시중에서 거래의 대상이 되지도 않아 재화로서 별다른 가치는 없는 것으로 보인다. 피고인은 경찰 조사에서 "S가 밴코인이라는 가상화폐를 가지고 있는데 그 밴코인의 시세가 높아서 S의 말을 믿고 투자를 한 것이다, 당시 S로부터 J에 대한 구체적인 정보를 확인하고 투자를 한 것은 아니다"는 취지로 진술하였다(2020고합637 사건의 증거기록 2권 481, 482쪽 참조). 2 한편 M은 주식회사 R의 대표자인 O가 만든 가상화폐로 공신력 있는 거래소에서는 거래되지 않는 가상 화폐이다. O는 2020. 5. 23. 이루어진 경찰 조사에서 "피고인으로부터 지급받은 이더리움[3] 이외에는 M과 관련하여 수익이 없다. 피고인으로부터 받은 이더리움은 직원 급여와 가상화폐 제작비용 등으로 모두 사용했다. 피고인이 지급한 이더리움 이외에 다른 수익은 전혀 없다. 피고인이 자기한테만 M을 달라고 먼저 제안을 하였고, 피고인이 M을 판매하는 조건으로 거래량의 15%에 해당하는 수수료를 지급하기로 했다"는 취지로 진술하였고(위 증거기록 2권 111~117쪽 참조), 당심 법정에 증인으로 출석하여서는 "피고인에게 투자를 권유한 사실은 있는데, 당시 가상화폐에 투자를 하면 돈을 벌 수 있는 상황이어서, 내가 비트, 이더, 리플[4] 등을 싸게 사서 돈을 벌었다는 이야기를 한 사실은 있으나, M 투자와 관련하여 별도의 구체적 자료를 제시하면서 투자를 권유한 것은 아니다"는 취지로 진술하였다. 피고인 또한 경찰 조사에서 투자 경위 관련하여 "O로부터 'M을 이용해서 쇼핑몰에서 물품을 구매할 수 있고, 거래가 가능하며, 거래가 많이 이루어지면 거래량에 따라 배당금을 줄 수도 있다. 향후 캄보디아에도 진출할 계획이다'는 말을 들었다"는 취지로만 진술하였는바(위 증거기록 2권 483쪽 참조) 피고인이 O로부터 M의 투자성과와 관련하여 구체적이고도 객관적인 자료 등 신빙할 만한 투자정보를 제공받은 사실은 없는 것으로 보인다. ③ FX 마진거래와 관련하여, 피고인에게 투자정보를 제공한 N은 피고인과 같은 투자자에 불과하고, 피고인이 이 사건 이전에 N과 투자와 관련한 거래를 한 적도 없는 것으로 보인다. 피고인은 경찰 조사에서 "N으로부터 FX 마진거래에 투자를 하면 투자금의 300~400%가 들어온다는 말을 들었다"는 취지로 진술할 뿐, FX 마진거래의 구체적인 수익구조나 수익률 등을 묻는 질문에 대해서는 별다른 답변을 하지 못하였고, N으로부터 제공받은 구체적인 투자정보 등은 전혀 제시하지 못하고 있다. 이렇듯 피고인은 S 등으로부터 J 등의 안정성, 수익성등과 관련하여 신뢰할 만한 구체적인 정보 등을 제공받은 적은 없었던 것으로 보인다.

다) 피고인은 이 사건 이전에 가상화폐에 투자해 본 경험이 있고, 과거 T를 판매했던 BU 그룹의 광주센터장을 역임한 바도 있는 것으로 보인다. 또한 피고인은 2016년경 FX 마진거래에 투자하였다가 손실을 보고 CC를 사기로 고소한 바도 있어 (피고인은 본 건 FX 마진거래는 과거 자신이 손실을 보았던 FX 마진거래와 수익구조를 달리하는

것으로 믿었다고 주장하나 수사기관에서는 물론 당심에 이르기까지 위 둘 사이의 구체적인 차이점이나 피고인이 그와 같이 믿었던 구체적인 이유를 밝히지 못하고 있다), 가상화폐의 특성이나 투자 위험성 등을 충분히 검토, 확인할 수 있었을 것으로 보임에도, J 등의 안정성, 수익성 등 투자가치에 관하여 신뢰할 만한 객관적인 자료나 정보 등을 확인하지도 않은 채 만연히 피해자들에게 J 등에 투자하는 경우 원금과 상당한 수익이 보장되는 것처럼 말하면서 투자를 적극 권유하였는바, 이는 피해자들에 대한 기망행위에 해당한다고 평가하기에 충분하다.

라) 피고인은 피해자들로부터 받은 돈 전부를 투자처에 지급하였다는 취지로 주장하나, 피고인이 투자처에 지급하였다는 돈 중 상당액은 피고인이 피해자들로부터 투자금을 지급받기 전에 지급한 것에 해당하고, 피고인이 피해자들로부터 투자금을 지급받은 뒤 실제 각 해당 투자처에 이더리움 등으로 지급한 돈은 피해자들로부터 지급받은 돈에 현저히 미치지 못한다(피고인은 피해자 G, H로부터 J와 관련하여 합계 4,000만 원을 지급받았는데, 피고인이 위 돈을 지급받은 뒤 J와 관련하여 BK거래소에 입금한 이더리움은 2,900여만 원 상당액에 불과하고, 피해자 I, G, B로부터 M과 관련하여 합계 2억 2,000만 원을 지급받았는데 피고인이 위 돈을 지급받은 뒤 M과 관련하여 BK거래소에 입금한 이더리움은 9,700여만 원 상당액에 불과하다). 피고인은 피해자들로부터 지급받은 투자금과 실제 투자처에 지급한 돈의 차액에 상당하는 돈을 개인채무의 변제, 아파트 인테리어 비용, 대출이자 지급 등 개인적인 용도로 사용하였다.

마) 피고인은 피해자들에게 약속한 원금 보장 및 수익금 지급이 이루어지지 않는 경우 그 피해를 직접 회복시켜 줄 정도의 재산을 보유하고 있지 않고, 여전히 피해자들의 피해를 완전히 회복시키지 못하고 있다.

4. 파생상품사기

(1) 의의

선물, 옵션 등 파생상품은 원본 손실은 물론 레버리지 효과로 인해 그 이상의 손실도 발생할 수 있는 매우 위험성이 큰 금융투자상품이다. 파생상품에 대한 투자 업무를 하거나 투자권유를 위해서는 당연히 별도의 금융자격증을 갖추어야 한다. 마치 트레이더의 자격과 경험을 갖춘 것처럼 기망하면서 사실상 원금보장 약정까지 하여 이를 믿은 피해자로부터 선물거래 투자금을 교부받은 경우 사기죄가 성립한다.

(2) 판결례

[범죄사실] 피고인은 2007. 7. 30.경 위 공소외 29 회사 사무실에서 피해자 공소외 1에게 "투자금을 맡기면 선물시장에 투자하여 운용하겠다."고 말을 하였다. 그러나 사실은 피해자로부터 투자금을 교부받더라도 이를 선물시장에 투자하여 운용할 의사나 능력이 없었다. 피고인은 이와 같이 피해자를 기망하여 이에 속은 피해자로부터 같은 날 위 사무실에서 투자금 명목으로 500,000 캐나다달러를 교부받아 편취하였다. 피고인은 2007. 7. 30.부터 2009. 7. 13.경까지 별지 범죄일람표 2 순번 1 내지 58번 기재와 같이 피해자 19명을 각 해당 순번에 기재된 기망행위 방법으로 기망하여 피해자들로부터 각 해당 순번에 기재된 편취금액(총 10,473,067,966원)을 각 교부받아 편취하였다.

[피의자의 주장] 피고인은 투자자들에게 총괄계좌투자의 위험성을 고지하였고, 이 사건 각 투자 약정 당시 투자자

들에게 향후 투자전망에 대한 일반적인 설명을 한 것을 투자자들이 마치 원금보장 내지 수익률을 보장한 것으로 오해하고 있는 것이다.

[판단] 피고인이 피해자들로부터 받은 투자금을 투자약정에 따라 선물·옵션이나 미국국채에 투자하지 아니하고 개인적인 용도로 사용하거나 약정과 다른 대여금이나 영화 투자 등의 용도로 사용한 것으로 보이므로, 피고인 및 변호인의 위 주장은 이유 없다. 피고인이 피해자들에게 원금보장 및 비정상적인 고수익을 약속하고 투자금을 유치한 것으로 보이므로, 피고인 및 변호인의 위 주장은 이유 없다(피고인은 투자자들에게 투자의 위험성에 대한 고지를 했다고 주장하고 있으나, 대부분의 피해자들이 피고인으로부터 위험고지를 받지 못했다고 진술하고 있어 믿기 어렵고, 가사 피고인이 피해자들에게 위험고지를 하였다고 하더라도 앞서 본 바와 같이 피고인이 투자자들로부터 받은 투자금을 선물·옵션이나 미국국채에 투자하지 아니하였는바, 피고인이 위험고지를 하였는지 여부는 피고인의 이 사건 기망행위를 인정하는데 아무런 장애가 되지 아니한다).

5. 기타 - FX 마진거래 사기

피고인은 2016. 3. 17.경 서울 영등포구 D 빌딩 4층에 있는 'G' 지점 사무실에서 피해자 H에게 "I가 대표로 있는 E의 FX 마진거래 중개사업 등 해외사업이 큰 수익을 올리고 있다, 사업에 1,000만 원 이상을 투자하면 그 돈을 외환마진 거래사업 등 수익사업에 투자하고 그에 대한 이익 배당금으로 매월 투자금 대비 2%를 지급해 주겠다."라고 거짓말하였다. (중략) 2011. 12.경 이후 이른바 '돌려막기' 방법으로 투자자들의 투자금을 다른 투자자들의 원금 및 이자(수익금) 상환, 다단계 영업 모집책들에 대한 수수료 지급에 사용해 버리는 등 피해자들로부터 FX 마진거래 중개사업 등 해외 사업의 투자 명목으로 금원을 교부받더라도 이를 그 용도로 사용하거나 사업수익으로 원금과 이자(수익금)를 상환할 의사나 능력이 없었고, 피고인은 E의 홍콩 FX 마진거래 사업의 실제 투자 사실을 확인한 사실이 없었으며, 피해자로부터 투자금을 교부받더라도 후순위 투자금으로 선순위 투자자들에게 원금과 이자(수익금)를 지급하는 돌려막기 영업방식으로 하위 투자자들로부터 계속하여 자금을 수신하지 못하면 종국적으로 투자배당금 및 투자원금을 지급해 줄 수 없다는 점을 잘 알고 있었다. 그럼에도 불구하고 피고인은 위와 같이 피해자를 기망하여 이에 속은 피해자로 하여금 I 명의의 씨티은행 계좌(K)로 투자금 명목으로 10,000,000원을 입금하도록 하였다. 이로써 피고인은 I와 공모하여 위와 같은 방법으로 2014. 2. 3.경부터 2016. 8. 11.경까지 사이에 별첨 범죄일람표 기재와 같이 총 2,636회에 걸쳐 피해자들로부터 합계 57,841,000,000원을 투자금 명목으로 교부받아 편취하였다.

Section 5　투자금 사기 수사사항

위와 같은 대법원의 입장을 정리하여, 수사실무에서 투자금 사기관련 필수적으로 수사하여야 하는 사항은 다음과 같다.

□ 투자계약의 내용과 투자금의 성격

· (사건관계자 소환에 앞서 처분문서인 투자금을 지출할 당시 상호 협의하에 작성된 투자금 계약서를 정독하여 분석한다)

□ 고소인과 피해자의 관계

· 피의자는 고소인을 어떻게 알게 되었나요

□ 피의자의 경험, 직업, 재력

· 피의자는 사회이력이 어떻게 되는지요

· (과거 수사경력을 확인한다. 또 피의자의 법인 운영 경험, 폐업과 설립을 반복하는지, 근로기준법위반 자동차관리법위반, 사기죄 처벌 전과 유무 등)

· 피의자는 현재 무슨 일을 하고 있나요?

· 피의자와 고소인들은 이 사건 법인에서 어떤 역할을 맡기로 하였나요

· 투자금을 받을 당시 개인적인 재산상태와 회사의 재정상태는 어떠한가요?

□ 투자 경위

· 피의자는 고소인과 이와 같은 투자계약서를 작성한 사실이 있나요

· (위와 같은 다수의 사업실패전력을 고소인에게 알려준 사실이 있나요)

· 계약서가 없다면, 수익조건, 법인운영형태, 원금보장 등에 대하여 조사

· 투자계약과 투자금을 받기까지에 이르는 사항을 자세히 진술하시오

· 언제, 어디에서, 어떻게, 얼마를 받았나요

□ 자력 기타 운영실태 등 제반사정에 대한 고지여부

□ 투자금의 사용처

· 투자금을 어디에 사용하였나요(개인명의와 법인명의 예금통장을 구별)

· 만약 위 투자금이 이 사건 회사의 다른 사업장 공사비용, 운영비 등에 사용될 것임을 알았다면 고소인은 투자금을 같은 조건으로 지급하지 않았을 것으로 보이는데 어떤가요

□ 이익의 분배

· 고소인에게 사업의 이익을 배당한 적이 있나요?

· 배당하지 못했다면 그 이유는 무엇인가요

□ 사업의 진행과 성공가능성

· 폐업의 이유는 무엇인가요(애초부터 정상적 영업이 없는 것은 아닌지)

· 사업의 수익구조는 어떠한가요

□ 결론

· 지금까지 수사한 바에 따르면, 피의자는 고소인의 주장대로, 당초부터 별다른 재산 없이 투자금에만 의존하여 무리하게 사업을 확장하는 과정에서 피해자들에게 자신과 회사의 자력, 회사가 운영하는 사업장 운영 실태, 투자금의 사용처 등을 고지하지 아니하거나 사실과 다르게 고지하였고, 그러한 사정을 알지 못한 피해자들은 자신들이 투자하는 자금이 사업운영에 필요한 비용으로 사용될 것이라 믿고 위와 같이 투자금을 지급한 것으로 보이는데, 어떤가요?

Chapter 7

노무공급계약과 사기

소위 노무공급계약으로 민법상 고용계약, 도급계약, 위임계약이 있다. 이들은 모두 계약당사자 일방이 노무를 제공하고 다른 일방은 그에 대하여 대가를 지급하는 계약유형이다. 여기서 고용계약은 근로기준법의 적용을 받는 근로계약의 유형에 해당하나 도급 또는 위임계약은 그렇지 않는다는 점에서 다르다. 한편 도급은 일의 완성을 목적으로 하는 계약이고, 위임은 사무의 처리를 목적으로 하는 계약이며, 고용과 다른 점은 노무제공자가 자신의 판단과 재량에 따라서 독립적으로 업무를 처리하는 데 있다.

Section 1   **고용(근로)계약과 사기**

🎖 기본 이론

민법상 고용은 당사자 일방이 상대방에 대하여 노무를 제공할 것을 약정하고 상대방이 이에 대하여 보수를 지급할 것을 약정함으로써 그 효력이 생긴다. 민법상 고용계약의 당사자는 사용자와 노무자이며, 근로기준법에서는 사용자와 근로자라고 표현한다. 사용자 측에 의한 사기와, 근로자 내지 노무자에 의한 사기의 경우가 있다.

1. 사용자 측의 월급 미지급

근로자 내지 노무자에게 임금을 지불하지 못한 경우, 임금체불에 의한 근로기준법위반과 사기죄가 각각 문제되며 이들의 관계는 실체적 경합관계이다. 주의할 점은 전자는 지방노동관서의 관할이나, 후자는 경찰의 관할권이 있다는 점이다.

피고인은 2001. 12. 5. 청주지방법원 제천지원에서 피고인 운영의 ○○마트 할인매장 종업원 공소외인 등 8명에게 지급할 임금을 지급기일 연장에 관한 당사자 간 합의도 없이 각 퇴직일로부터 14일 이내에 지급하지 아니하였다는 등의 범죄사실로 근로기준법위반죄로 벌금 200만 원의 약식명령을 받아 확정된 사실이 인정되고, 사기죄의 공소사실 중에는 피고인이 사실은 임금을 지급할 의사나 능력이 없음에도 위 공소외인 등 종업원 8명에게 ○○마트에서 종업원으로 일하면 매월 80만 원에서 110만 원을 지급하겠다고 거짓말하고 위 종업원들로부터 노무를 제공받아 합계 7,086,646원 상당의 재산상 이익을 편취하였다는 공소사실이 포함되어 있으나, 약식명령이 확정된 근로기준법위반의 범죄사실과 사기의 공소사실은 그 보호법익이나 행위태양, 범행일시가 전혀 달라 기본적 사실관계가 동일하다고 할 수 없으므로 확정된 약식명령의 기판력이 이 사건 공소사실에 미치지 않는다.

이때 노무의 제공도 재산상 이익 취득에 기한 사기죄에서 말하는 처분행위에 해당한다.[390]

2. 근로자의 계약불이행

근로자의 계약불이행의 유형에는 주로 선불금사기가 문제되는데, 윤락업소의 경우에는 사기죄 인정에 신중을 기해야 한다.

(1) 일반적인 근로계약

1) 무죄사안

[범죄사실] 피고인은 선원으로 일하는 사람이다. 피고인은 B 직업소개소 소장 C의 소개로 만난 피해자 D에게 "선불금 200만 원을 현금으로 주면 어선 E(2.99톤)에 승선하여 선원으로 F 양식장에서 일을 하겠다."라고 거짓말을 하였다. 그러나 사실 피고인은 피해자에게 선불금을 지급받더라도 피해자 소유의 어선에 승선하여 선원으로 일할 의사가 없었다. 피고인은 위와 같이 피해자를 기망하여 이에 속은 피해자로부터 그 자리에서 선불금 명목으로 현금 200만 원을 교부받았다. 이로써 피고인은 피해자를 기망하여 재물을 교부받았다.
[판단] 피고인은 피해자로부터 선불금을 받은 후 바로 피해자 소유의 어선에 승선하여 5일 동안 일을 하였던 점, 피고인은 피해자의 어선에 승선하여 일을 하다가 선원 중에 술버릇이 좋지 않은 사람이 있어서 선주에게 말하고 하선하였다고 진술하는 점, 피고인은 피해자에게 그동안 일한 대가를 공제한 나머지 선불금 155만 원을 이틀 안에 피해자에게 지급하겠다는 내용의 각서를 작성하였으나 이를 갚지 못한 것으로 보이는 점 등에 비추어 보면, 검사가 제출한 증거만으로는 피고인은 처음부터 피해자의 어선에 승선하여 일할 의사가 없이 피해자로부터 선불금을 지급받아 이를 편취하였다는 점이 합리적인 의심을 할 여지가 없을 정도로 증명되었다고 보기 어렵다.[391]

---

390) 서울고등법원 2010. 12. 29. 선고 2010노1930 판결
391) 전주지방법원 군산지원 2019. 7. 17. 선고 2018고단521 판결

2) 유죄사안

2007. 9. 14. 14:00경 여수시 봉산동에 있는 수협공판장 구내식당에서, 사실은 선불금을 받더라도 피해자 V6의 남편 G 소유의 S호에 승선하여 선원으로 일할 의사나 능력이 없었음에도, 피해자에게 "선불금 2,200,000원을 주면 내일 어로작업에 필요한 그물수선 작업을 하고 3일 후에 배에 승선하여 선원으로 일하겠다"고 거짓말하여 이에 속은 피해자로부터 그 자리에서 선불금 명목으로 2,200,000원을 교부받아 편취하였다.[392]

(2) 티켓다방 등 윤락업소

선불금사기 피의자는 이곳, 저곳 일하겠다고 하며 선불금을 편취하는 부류와 업주 간 거래의 대상에 불과한 부류가 있는데, 선불금사기는 수사 시작 전 피의자의 전력과 내막을 먼저 파악하는 등 신중한 접근이 필요하다.[393]

1) 선불금 편취유형

피고인은 K와 함께 피해자에게 "나에게 750만 원, K에게 500만 원을 주면 종업원으로 일하겠다"고 거짓말을 하였다. 그러나 사실 당시 피고인과 K는 특별한 재산 및 수입이 없었고, 다수의 다른 피해자들로부터 선불금을 받아 생활비 등으로 사용하는 등 피해자로부터 선불금을 받더라도 피해자가 운영하는 다방 종업원으로 일하거나 선불금을 갚을 의사나 능력이 없었다. 그럼에도 불구하고 피고인은 위와 같이 K와 공모하여 피해자를 기망하여 이에 속은 피해자로부터 즉석에서 현금 9만 원을 교부받고, 그 무렵 피고인 명의의 N은행 계좌로 3회에 걸쳐 합계 1,241만 원을 송금 받아 편취하였다.[394]

2) 업주 간 거래의 객체에 불과한 경우 - 편취의 범의 없음

[공소사실의 요지] 피고인은 피해자 C가 피고인의 채무를 대신 변제해 주더라도 피해자가 지정하는 다방에서 종업원으로 일하면서 이를 갚을 의사나 능력이 없음에도 피해자에게 'D에 대한 채무를 대신 변제해 주면 피해자가 지정하는 다방에서 일을 하면서 돈을 갚겠다'고 거짓말하여 이에 속은 피해자로부터 D의 계좌로 800만 원을 송금 받아 이를 편취하였다는 것이다.
[판단] 1) 피고인은 2012. 3.경부터 2012. 9.경까지 평택시 G에 있는 'H 다방'을 운영하는 D에게 고용되어 이른바 '티켓영업'의 방식으로 시간비, 지각비 등을 지급하면서 일을 하였고, 그 과정에서 성매매를 하여 왔다. 2) 그런데

---

392) 부산지방법원 2008. 9. 23. 선고 2008고단3011, 2008고단3343(병합), 2008고단3972(병합), 2008고단4355(병합) 판결 [사기]
393) 경감 장효진, 군산경찰서 통합수사팀장, 2021. 6. 25. 네이버 밴드 '민사법에 기반한 경제범죄수사' 댓글 의견 중 발췌
394) 부산지방법원 2008. 9. 23. 선고 2008고단3011, 2008고단3343(병합), 2008고단3972(병합), 2008고단4355(병합) 판결 [사기]

피고인은 H 다방에서 일하면서 D로부터 방세, 휴대전화 사용요금 등을 빌려 오다가 몸이 아파 제대로 일을 나가지 못하고 있었다. 이에 D는 피고인에게 그 채무가 1,060만 원에 이른다면서 200만 원을 깎아 줄 테니 직업소개소를 통하여 다른 다방에서 일을 해서 이를 갚을 것인지 아니면 무인도로 갈 것인지를 결정할 것을 요구하였고, 피고인은 어쩔 수 없이 직업소개소를 통하여 일을 하겠다고 하였다. 3) 그러자 D는 2012. 9. 25.경 중앙고속도로 상주톨게이트로 피고인을 데려가 대구에서 직업소개소를 운영하면서 D에게 여종업원을 소개시켜 준 적이 있는 피해자를 만나서 '피고인이 우리 가게에서 오래 일하였는데, 갚을 빚이 860만 원 정도 된다. 이를 대신 갚아주면 책임지고 피고인을 피해자가 소개시켜 주는 업소에서 일을 하도록 하겠다'고 말하였다. 그 자리에서 피고인은 피해자가 불러주는 대로 '860만 원을 피해자로부터 빌려 이전 채무를 변제하였다. 열심히 일하는 조건으로 60만 원을 원금에서 피해자가 갚아주고 800만 원에서 시작한다'는 취지의 현금차용증을 작성한 다음, 역시 피해자의 요구로 피고인의 어머니와 남자친구 전화번호를 기재하여 이를 피해자에게 교부하였다. 4) 피해자는 현금차용증을 받고 피고인을 포항시에 있는 'F 다방'에 데려가 소개시켜 주고 그곳에서 일하도록 한 다음, 2012. 9. 27. D의 계좌로 800만 원을 송금하였다. 그러나 피고인은 2012. 9. 28.경 F 다방 업주에게 D에게 돈을 송금하였는지를 묻고 송금하지 않았다고 하자 아무 말 없이 일을 그만두고 나왔다. 5) 한편 피해자는 피고인을 상대로 위 860만 원의 지급을 구하는 대여금청구의 소를 제기하였으나, 2015. 1. 9. 그 청구를 기각하는 판결이 선고되어 확정되었다. 또한 피고인은 D를 상대로 H 다방에서의 고용계약 및 고용계약 해지와 관련된 채무부존재확인을 구하는 소를 제기하여 2015. 4. 1. 그 청구를 인용하는 판결이 선고되어 확정되었다. 다. 이러한 사실관계에 의하여 알 수 있는 다음과 같은 사정, 즉 1 D는 '티켓영업'의 방식으로 일을 하던 피고인이 몸이 아파 일을 못하면서 채무가 증가하자 직업소개소를 운영하는 피해자에게 피고인을 넘겨서 채권을 회수하려고 피고인에게 직업소개소를 통하여 다른 다방에서 일할 것을 요구한 것이고, 실제 이를 통해 채권을 회수한 점, 2 피해자도 현금차용증을 받는 등 피고인에게 860만 원을 빌려주는 형식을 취하였으나, 실제는 '피고인의 채무를 대신 갚아주면 책임지고 피해자가 소개하는 업소에서 피고인을 일하게 하겠다'고 하여 피고인을 넘겨받고 직접 D에게 800만 원을 송금한 점, 3이 과정에서 피고인은 피해자가 소개하는 업소에서 일을 할 것인지에 대한 선택권이 없었고, 자신의 의사가 아닌 오로지 D의 요구와 피해자의 지시에 따라 피해자가 소개하는 업소에서 일하게 된 것으로 보이는 점 등을 앞서 본 법리에 비추어 보면, 피고인이 피해자로부터 돈을 빌려 D에게 채무를 변제하는 외형을 갖추기는 하였으나 실질적으로는 D가 채권 회수를 위하여 피고인을 피해자에게 넘기고 피해자로부터 800만 원을 송금 받았고 피해자 역시 자신이 소개하는 업소에서 피고인을 일하게 하려고 D로부터 피고인을 넘겨받고 D에게 800만 원을 송금한 것이어서, **피고인은 D와 피해자 사이의 위와 같은 거래에 사실상 거래의 객체로서 관여된 것에 불과할 뿐, 피고인이 편취의 범의로 피해자를 기망한 것이라고 보기는 어렵다.**

🎖 기본 이론

1. 개관

　민법상 도급계약은 어떤 일의 완성을 부탁받은 자(수급인)가 일을 하기로 약정하고, 부탁한 자(도급인)가 그 일이 완성되면 보수를 지급할 것을 약정함으로써 성립하는 계약을 말한다. 특히 건설공사와 관련하여 공사대금 미지급으로 많은 분쟁이 발생한다.

2. 수급인 측 사기 : 공사대금 사기

　선불지급의 경우 수급인 측이 공사를 제대로 할 의사 내지 능력이 없으면서도 공사대금을 교부받은 경우 사기죄 성립이 인정되고, 후불방식의 경우 다음 사례와 같이 기성고를 부풀려 청구하는 경우에 사기죄가 성립할 수 있다.

(1) 기성고를 부풀려 청구하기

　공사의 도급 또는 하도급계약에서 공사대금을 기성고 비율에 따라 산정한 기성금으로 분할 지급하기로 약정한 경우에 시공물량을 부풀려 기성금을 청구하고 이를 지급받는 행위가 거래관계에서 신의와 성실의 의무를 저버리는 것으로서 사회통념상 권리행사의 수단으로 용인할 수 없는 정도에 이르렀다고 볼 수 있다면 사기죄로 인정할 수 있다. 이는 설계물량과 시공물량 사이의 차이, 물량 차이의 발생원인, 기성고 비율의 산정방식, 약정공사대금의 결정방식과 설계변경에 따른 계약금액의 조정가능성 등을 종합하여 판단하여야 한다.[395]

> 원심은 그 채용 증거에 의하여 인정되는 대금결정방식을 포함하여 공소외 1 주식회사와 공소외 2 주식회사가 체결한 하도급계약의 내용, 락볼트(Rock Bolt, 암반에 고정시켜 터널이 무너지지 않도록 하는 자재임)의 설계물량과 시공내역, 기성금의 산출과정, 기성금의 청구와 지급방식 등 여러 사정을 종합하여, 공소외 1 주식회사의 현장소장인 피고인이 기성고 비율 산정의 기초가 되는 락볼트의 시공물량을 허위로 고지하여 공소외 1 주식회사로 하여금 공소외 2 주식회사로부터 설계물량에 따른 기성금 전액을 지급받게 한 것이 사기죄에 해당한다고 보아 이 사건 공

---

395) 대법원 2016. 10. 13. 선고 2015도11200 판결

소사실을 유죄로 판단하였다. 위와 같은 피고인의 기성금 청구 행위는 사회통념상 권리행사의 수단으로서 용인할 수 없는 정도에 이르렀다고 보기에 충분하다.[396]

(2) 관련 법규나 규정을 위반하여 공사계약을 체결한 경우

사기죄의 보호법익은 재산권이므로, 기망행위에 의하여 국가적 또는 공공적 법익이 침해되었다는 사정만으로 사기죄가 성립한다고 할 수 없다. 따라서 공사도급계약 당시 관련 영업 또는 업무를 규제하는 행정법규나 입찰 참가자격, 계약절차 등에 관한 규정을 위반한 사정이 있는 때에는 그러한 사정만으로 공사도급계약을 체결한 행위가 기망행위에 해당한다고 단정해서는 안 되고, 그 위반으로 말미암아 계약 내용대로 이행되더라도 공사의 완성이 불가능하였다고 평가할 수 있을 만큼 그 위법이 공사의 내용에 본질적인 것인지 여부를 심리·판단하여야 한다.[397]

원심은 피고인 1이 부정한 방법으로 문화재수리업 등록을 한 행위, 자격증을 대여받아 사용한 행위 등은 문화재수리법 위반죄에, 계약담당 공무원들의 직무집행을 방해한 행위는 위계에 의한 공무집행방해죄에 해당하지만, 사기죄에 대하여는 이 사건 각 계약 체결 당시 피고인들에게 공사를 수행할 의사나 능력이 없었다고 보기 어렵다는 이유로 무죄를 선고하였다. 원심이 유죄로 인정한 각 죄는 모두 국가적 또는 공공적 법익을 보호법익으로 하는 범죄이고 이러한 행위가 곧바로 사기죄의 보호법익인 재산권을 침해하는 행위가 아님은 분명하다. 또한 이 사건 각 계약이 체결되었다고 하여 곧바로 공사대금이 지급되는 것도 아니다. 원심은 피고인들이 이 사건 각 계약에서 정한 내용과 기한에 맞추어 공사를 진행하여 이를 모두 완료하였고 그 완성된 공사에 별다른 하자나 문제점 등이 발견되지도 않은 이상 그 공사대금을 지급한 행위가 사기죄에서의 재물의 편취에 해당한다고 보기 어렵다.

3. 도급인 측 사기 : 공사대금 상당의 재산상 이익사기

보수를 지급해야 하는 도급인이 당초부터 지불능력이 없으면서도 대금을 주지 않는 경우에는 공사대금 상당의 이익사기가 성립한다. 여기에는 하도급을 주는 원청업체도 포함된다.

대법원은, 공사대금 상당의 재산상 이익의 편취에 의한 사기죄의 성립 여부는 도급계약 당시를 기준으로 판단하여야 하고, 도급계약 이후 경제사정의 변화로 공사대금을 변제할 수 없게 되었더라도 단순한 민사상의 채무불이행에 불과할 뿐 형사상 사기죄가 성립한다고 할 수 없다고 본다.[398]

---

396) 대법원 2016. 10. 13. 선고 2015도11200 판결
397) 대법원 2019. 12. 27. 선고 2015도10570 판결
398) 대법원 1997. 4. 11. 선고 97도249 판결, 대법원 2015. 6. 11. 선고 2015도2844 판결 등 참조

(1) 자기자본이 거의 없는 상태에서 차용금 등만으로 공사발주한 경우 ○

피고인은 처음부터 자기자본이 거의 없는 상태에서 국민은행이나 공소외 3 주식회사, 안택주 등으로부터의 차용금 등만으로 대지구입비 및 건축공사비가 수십억 원에 이르는 이 사건 호텔의 신축을 한다면서, 피해자 박병선이 이 사건 호텔을 완공하여 주더라도 그 공사대금을 지급할 의사나 능력이 없음에도 피해자 박병선과 사이에 이 사건 호텔의 신축공사의 도급계약을 체결하고 공사대금을 지급하지 않은 것으로서, 피고인에게 이 사건 공사계약 당시 피해자 박병선에 대하여 공사대금을 편취할 범의가 있었거나 적어도 편취의 미필적 고의가 있었다고 추단하기에 충분하다.[399)]

(2) 완공한 건물을 담보로 공사대금을 변제하기로 한 경우

도급계약에서 완공한 건물을 담보로 대출받거나 매도하여 공사대금을 지급하기로 약정한 경우, 계약 당시 피고인에게 공사대금을 지급할 만한 재력이 부족하였다고 하여 공사가 완공된 뒤에도 공사대금을 지급할 의사나 능력이 없었다고 볼 수 없다.

[사실관계] (1) 피고인은 이희웅과 사이에 여관 2동 등을 신축하는 공사도급계약을 체결하였는데, 공사기간은 1998. 2. 10.부터 1998. 10. 15.까지로 하고, 공사대금 6억 9,000만 원은 공사를 완공하여 사용검사를 마치면 여관을 담보로 대출을 받거나 매도하여 1개월 안에 지급하되, 이희웅이 공사기간까지 완공하지 못할 경우 총 공사금액의 30%에 해당하는 위약금을 피고인에게 지급하기로 약정하였다. (2) 피고인이 직접 시공하기로 한 옹벽공사 및 토목공사 부분이 1998. 6. 10. 완성됨에 따라 이희웅이 시공하기로 한 후속공사들이 순차 지연되어 약정된 공사기간까지 전체 공정의 30~40%만이 완성되었고, 또 공사과정에서 이희웅이 자금부족으로 하수급인들에게 공사대금을 제때 지급하지 못하여 공사가 일부 지연됨으로써 피고인이 직접 하수급인들에게 대금지급을 책임지기로 하거나 스스로 하수급인들을 지정하여 공사를 진행하기도 하였으나 이희웅은 공사에 계속 관여하여 1999. 3. 20.경 여관 2동을 완공하였고, 1999. 7. 초순경까지 사용검사를 모두 마쳤다. (3) 한편, 피고인은 공사도중 여관부지에 다른 사람 앞으로 근저당권을 설정하였고, 여관 2동에 관하여 그의 친인척 등 명의로 건축주 명의를 변경하였다가 완공 뒤 그들의 명의로 소유권보존등기를 마쳤으며, 이희웅에게 공사의 지연에 따른 손해배상금 및 위약금 등을 청구하는 내용의 통지서를 발송하고 공사대금을 지급하지 아니하고 있다.

[피고인 주장] 이희웅이 공사 과정에서 하수급인들에게 공사대금을 제때 지급하지 못한 사유 등으로 공사가 지연되었고, 이에 피고인이 이희웅을 대신하여 하수급인들에게 공사대금을 지급하여 이 사건 공사를 완공하였으므로, 이희웅의 귀책사유에 따른 손해배상금 및 도급계약에서 정한 위약금 등을 공사대금과 정산하면 이희웅에게 지급할 금액이 남지 아니하여 공사대금을 지급하지 아니한 것일 뿐 이를 편취할 범의가 없었다며 공소사실을 부인하고 있다.

[판단] 이희웅이 공사에 계속 관여하여 여관 2동을 완공하였고, 피고인이 공사 완공 뒤 여관 2동을 친인척 등의 명의로 소유권보존등기를 마치고서도 이희웅에게 공사대금을 지급하지 아니하고 있다는 취지에 지나지 아니하여 이들 증거만으로 피고인이 공사대금을 지급할 의사나 능력 없이 이희웅으로 하여금 공사를 완공하도록 하였다고 인정하기에 부족하다. 한편, 피고인은 이 사건 도급계약에서 이희웅이 완공한 여관을 담보로 대출받거나 매도하여 공

---

399) 광주지방법원 2004. 6. 10. 선고 2003고합438, 2004초기53 판결

사대금을 지급하기로 약정하였다는 것이므로 계약 당시 피고인에게 공사대금을 지급할 만한 재력이 부족하였다고 하여 공사가 완공된 뒤에도 공사대금을 지급할 의사나 능력이 없었다고 볼 수 없다. 그리고 공사가 지연된 것은 이희웅이 하수급인들에게 공사대금을 제때 지급하지 못한 데에도 그 원인이 있고, 이에 피고인이 이희웅을 대신하여 하수급인들에게 공사대금 지급을 책임지기로 하였으므로 피고인으로서는 이희웅의 귀책사유에 따른 손해배상금이나 위약금 또는 하수급인들에게 직접 지급하여야 할 공사대금 등으로써 정산을 요구할 수 있는 것이어서 피고인이 공사완공 뒤 공사대금을 지급하지 아니하고 있다거나 공사 완공 무렵에 이르러서야 공사지연 등에 따른 손해배상금 및 위약금 등을 문제 삼았다고 하여 공사대금을 편취할 범의가 있었다고 볼 수도 없다. 또 피고인과 이희웅 사이에 이 사건 공사대금에 관한 정산이 이루어지지 아니하여 피고인이 이희웅에게 지급할 공사대금액이 확정되지 아니한 상태에서 피고인이 이 사건 여관에 관하여 이미 친인척 등의 명의로 소유권보존등기를 마쳤다거나 공사 도중 여관부지에 관하여 근저당권을 설정한 사실을 이희웅에게 알리지 아니하였다고 하여 이러한 사정만으로 피고인에게 편취의 범의가 있었다고 보기도 어렵다.

(3) 공사대금과 변제능력 신빙성 판단사례

[범죄사실] 피고인은 스포츠센터 공사현장에서 피해자 D에게 '공사현장에서 나온 건축폐기물 등을 운반하여 처리하는 철거공사를 해 주면 공사대금을 지급하겠다'고 거짓말하였다. 그러나 사실은 피고인은 당시 신용불량 상태로서 소지한 자금이 없었고 위 스포츠센티를 운영할 의사나 능력도 없었으므로 피해자로 하여금 위 공사를 하게 하더라도 그 공사대금을 지급할 의사나 능력이 없었다. 피고인은 위와 같이 피해자를 기망하여 이에 속은 피해자로 하여금 공사현장에서 건축폐기물 철거공사를 하게 하였음에도 공사대금 30,000,000원을 지급하지 않아 동액 상당의 재산상 이익을 취득하였다.

[판단] 가. 먼저 공사대금의 액수에 대하여 본다.

가) 피고인은 2013. 4. 8. 피해자와 사이에서 인천 계양구 B 3층의 인테리어를 철거하기로 하는 공사계약을 체결하였다. 나) 당시 피고인과 피해자 사이에서 작성된 철거공사하도급계약서에는 공사대금이 "추가바닥공사 및 벽체공사의 일금 천팔백만 원 정(18,000,000)을 추가비용을 인정합니다. 전체 금액 일금 삼천만 원 정(30,000,000)을 확인합니다. 2013. 4. 10. A"이라고 기재되어 있고, 피고인의 인장이 날인되어 있었다. 다) 이후에 피고인과 피해자 사이에서 작성된 각종 공정증서와 각서, 확인서 등을 살펴보면, 2013. 4. 16. 작성된 공정증서에는 차용액이 29,000,000원으로 기재되어 있었고, 2013. 5. 11. 작성된 각서에도 철거공사대금이 30,000,000원으로 기재되어 있으며, 2013. 6. 13. 작성된 확인서에도 변제할 금액이 30,000,000원이라고 기재되어 있다. 라) 뿐만 아니라 피해자는 수사기관에서 이 법정에 이르기까지 일관하여 공사대금의 액수가 3,000만 원이라고 진술하고 있다. 2) 앞서 인정한 사실에 비추어 볼 때, 위 각 처분문서의 기재내용 및 피해자 진술의 신빙성이 인정되므로, 이 사건 공사대금의 액수는 30,000,000원이라고 봄이 상당하다.

나. 다음으로 계약 체결 당시 공사대금을 변제할 의사나 능력이 있었는지 여부에 대하여 본다.

1) 당심에서 적법하게 채택하여 조사한 증거들을 종합하면 다음과 같은 사정들을 알 수 있다. 가) 피고인은 피해자와 사이에서 철거공사계약을 체결하면서 잔금지급일을 2013. 4. 12.로 정하였고, 피해자는 2013. 4. 11. 철거공사를 완공하였음에도 위 잔금지급일에 계약금을 제외한 나머지 공사대금을 지급하지 아니하였으며, 앞서 본 바와 같이 이후 피해자의 독촉에 의하여 수차례에 걸쳐 지급을 약속하는 내용의 처분문서를 작성하여 교부하였음에도 3년이 넘는 기간 동안 이를 조금도 변제하지 아니한 채 연락을 두절하였고, 결국 피해자가 2016. 9. 5. 수사기관에

피고인을 사기죄로 고소하기에 이르렀다. 나) 또한 피고인의 처 F가 2014. 1. 7. G에 대한 경매절차에서 3,100만 원을 배당받았고, 당시 피고인은 피해자에게 위 배당금을 수령하여 피해자에 대한 철거 공사대금을 지급하겠다고 하였음에도, 위 배당금 수령과 관련하여 채권추심업무를 담당한 E에게 수수료를 지급한 외에 피해자에게는 변제를 한 사실이 없다. 다) 피고인은 2011년경부터 이 사건 공사계약 당시까지 신용카드대금 연체로 신용불량 상태였고, 2012. 6. 1.부터 국세청에 35,870,000원의 조세채무를 부담하는 등 합계 57,070,000원 가량의 채무를 부담하고 있었으며, 신용평가정 보기관에 따른 신용등급은 9등급이었던 반면, 당시 위 채무를 변제할 수 있는 재산을 가지고 있었음을 뒷받침하는 특별한 사정도 나타나 있지 아니한바, 피고인의 재정상태는 소극재산이 적극재산을 상회하는 상태에 있었다고 봄이 상당하다. 라) 또한 피고인은 2013. 2. 27. 임대인 H주식회사와 사이에서 위 B 3층에 관하여 임대차계약을 체결하면서 임대인에게 보증금(이른바 '관리비예치금')으로 계약금 1,000만 원을 계약 당일에 지급하고, 중도금 4,000만 원을 2013. 3. 4.까지, 잔금 5,000만 원을 2013. 3. 11.까지 각 지급하기로 약정하였는데, 피고인의 진술에 의하더라도 피고인은 위 보증금 잔금지급기일이 경과한 이 사건 철거공사계약을 체결할 당시 위 임대차계약상의 보증금의 대부분을 제대로 지급하지 못한 상태였으므로 장래에 위 장소에서 정상적으로 스포츠센터를 운영할 수 있었다고 보기도 어렵다. 마) 나아가 피고인은 이 사건 범행으로부터 불과 2개월 이후 2013. 6. 28. 이 법원 2015고단1717 사건의 범죄사실과 같이 피해자 I로부터 800만 원을 편취하고, 2013. 6. 27. 이 법원 2015고단1904 사건의 범죄사실과 같이 피해자 J로부터 1,000만 원을 횡령하기도 하였다. 바) 위와 같은 사정들을 종합하여 보면 피고인은 이 사건 철거공사계약 체결당시 이미 다액의 채무를 부담하는 등으로 재정상태가 악화되어 있었고, 스포츠센터 운영 등 사업을 운영할 수 있는 자금을 조달하기 어려운 상태였다고 봄이 상당하다.

2) 위와 같은 사정들을 종합하면, 피고인이 이 사건 범행 당시 철거공사대금을 지급할 의사나 능력이 있었다고 보기 어렵다(피고인은 당시 처 F가 공사대금을 변제할 수 있는 상당한 액수의 예금채권을 가지고 있었다는 취지로도 주장하나 피고인이 변론종결 이후 제출한 '입금내역'은 문서의 작성자 및 형식에 비추어 이를 믿기 어렵다. 나아가 처 F가 위 채권을 언제부터 언제까지 보유하고 있었는지 여부, 피고인과 F가 이른바 경제적 공동체의 관계에 있었는지 여부, 피고인이 주장하는 예금채권이 처 F가 가지고 있는 기타 소극재산과 적극재산 전체에 비추어 볼 때에도 유의미한 변제자력의 근거로 볼 수 있는지 여부 등을 판단할 만한 신빙성 있는 자료도 없다. 따라서 피고인의 위 주장은 받아들이지 아니한다).[400]

3) 나아가 피고인의 진술의 신빙성에 대하여 본다. 피고인은 수사기관에서 K와 동업으로 위 B 빌딩 3층에서 스포츠센터를 운영하기로 약정한 후 빌딩 소유자와 사이에서 위 3층 부분에 대한 임대차계약을 체결하였으나, K가 자신의 보증금에 대한 부담부분을 전혀 지급하지 아니하여 결국 임대차보증금 잔금 지급의 지체로 스포츠센터 운영사업을 제대로 운영할 수 없었고, 결국 피해자에게 공사대금을 지급하지 못하게 되었다는 취지로 진술하였으나, K는 이 법정에 출석하여 피고인에게 위 3층 부분의 임대차와 관련하여 피고인에게 5,000만 원을 지급하였다는 취지로 진술하였고, 피고인도 2018. 7. 30. 자 최후변론서에서 K가 그가 운영하는 주식회사 L을 통하여 건물 소유자와 공사업자에게 보증금 및 공사대금 일부를 송금한 사실이 있다고 진술하여 진술을 번복한 바 있다. 또한 피고인은 수사기관에서 철거공사대금 1,000만 원을 E에게 지급하여 철거공사대금 미지급액이 합계 500만 원 정도라고 진술하였으나, 이 법정에서는 E에게 500만 원을 지급하였다고 진술하여 진술을 번복하였다. 위와 같이 피고인의 진술에는 일관성이 결여되어 있고, 여기에 앞서 본 바와 같이 피고인은 처분문서에 분명하게 기재되어 있는 3,000만 원의 공사대금을 별다른 근거도 없이 1,800만 원이라고 주장하는 점 등을 종합하여 보면, 피고인의 주장을 그대로 믿기 어렵다.

---

400) 의정부지방법원 2018. 8. 17. 선고 2018고단25 판결

(4) 돌려막기 방식의 공사진행

자연인이 돌려막기 식으로 채무를 지고 변제를 거듭하는 경우에는 필연적으로 총 채무의 증가를 초래하므로, 그러한 행태가 변제능력이나 변제의사를 부정할 만한 사유가 될 수 있다. 그러나 건설공사는 상당한 기간에 걸쳐 기성고에 따라 공사대금이 지급되고 있으므로, 어느 현장에서 공사대금을 지급받아 이를 다른 현장의 공사비에 투입하는 방식은 매우 자연스러운 관행이고, 개인 채무의 돌려막기와 달리 각각의 공사현장이 수익을 목적으로 하는 것이기에 돌려막기 식의 공사진행이 피고인의 변제능력이나 변제의사를 부정할 만한 사유가 되지 못한다.[401]

[공소사실의 요지] 피고인은 초등학교의 강당 및 교실 리모델링 공사를 공사대금 9억 9,800만 원에 도급받았다. 피고인은 초등학교 공사현장에서, 합자회사를 운영하는 피해자에게 "위 공사 중 목·수장 공사를 방학기간 안에 완공시켜 주면 초등학교에서 기성금을 받아 공사대금 6,237만 원을 현금으로 지급하겠다"는 취지로 말하였다. 그러나 사실은 당시 피고인이 금산에서 진행하고 있던 다른 건축현장의 공사비가 부족하자 초등학교에서 공사대금을 받아 위 금산 공사 현장에 우선 사용할 생각 이었을 뿐 피해자가 위 목·수장 공사를 완공하더라도 약속대로 공사대금을 지불할 의사나 능력이 없었다. 피고인은 이와 같이 피해자를 기망하여 이에 속은 피해자로 하여금 그 무렵부터 2010. 8. 31.까지 위 목·수장 공사를 완공하게 하고도 공사대금 6,237만 원을 지급하지 아니하여 동액 상당의 재산상 이익을 취득하였다.

[판단] ① 피해자는 초등학교 공사 현장소장을 통하여 구두로 하도급계약을 체결하였는데, 당시 공사대금의 지급과 관련하여 공사완공 후 지급하기로 하는 것 외에는 별다른 약정이 없었던 점[피해자 역시 이 사건 하도급계약 당시에는 공사완공 후 대금을 지급받기로 하고, 공사 진행 도중 직불처리에 대하여 현장소장에게 문의하여 초등학교로부터 지급받을 선급금에서 이를 지급하겠다는 피고인의 말을 전해 들었으며, 공사 완료후에도 대금을 지급하지 아니하여 항의를 하자 피고인이 향후 지급받을 기성금에서 지급하겠다고 하였다고 주장하면서 고소를 하였다], ② 중소업체의 경우 자금 여유가 충분하지 못하여 한 쪽의 공사에서 손실이 발생하거나 그 공사비가 부족한 경우 다른 쪽의 공사에서 발생하는 이익 등으로 이를 만회하는 방법으로 회사를 운영하는 경우가 많고, 한 곳의 공사에서 예상외의 사정에 의해 손실이 발생하는 경우에는 자금의 지급 등이 원활히 이루어지지 못하여 다른 공사에 까지 타격을 입는 경우가 많은데, 이러한 경우 모든 공사대금의 지급 불이행을 미필적 고의에 의한 사기죄로 의율하는 것은 중소업체 공사의 현실 및 거래관행에 맞지 않는 것이어서 편취의 범의를 제한적으로 해석할 필요성이 있는 점, ③ 이 사건 하도급계약 당시 피고인 운영의 회사는 건설공제조합에 200좌 이상의 출자지분을 가지고 있었고, 도급액 25억 3천만 원의 금산군 공사를 진행하던 중으로 기성에 따라 지급받을 약 8억 원의 공사대금 채권을 가지고 있었으며(변경 전 준공예정일, 속리산국립공원 훼손탐방로정비사업 공사에 낙찰되어 약 8천만 원 상당의 공사 진행이 예상되었던 상황이었던 점, ④ 반면, 이 사건 하도급계약 당시 피고인이 인정하는 약 7천만 원 상당의 금산군 공사 관련 운영자금 채무 외에 특별히 다른 채무를 부담하고 있었다고 볼 객관적인 자료가 존재하지 아니하고, 당심에서의 증인도 당시 금산군 공사 관련 채무 외에는 별도로 부담한 채무가 없었다고 진술한 점, ⑤ 피고인의 개인 재산으로는 피고인 소유의 청주시 ○○○ 지상 단독주택이 있는데, 위 주택에는 하나로상호저축은행에 채권최고액을 7억 6,700만 원

---

401) 청주지방법원 충주지원 2020. 7. 3. 선고 2019고단782 판결

으로 하는 근저당권이 설정되어 있었을 뿐이고, 그 외 피고인이 과도한 채무를 부담하고 있었다고 볼 객관적인 자료가 나타나지 아니하는 점[피고인은 검찰에서 조사 당시 농협에 약 10억 원의 채무를 부담하고 있었다고 진술하였으나, 위 채무에 대하여는 피고인의 부친의 토지가 담보로 제공되었던 것으로 보이고, 피고인이 이 사건 하도급계약 당시 위 대출금 채무에 대한 이자도 납부하지 못하고 있었다는 등의 사정을 찾아볼 수 없다] 등에 비추어 보면, 피고인이 피해자에게 지급하지 아니한 공사대금에 대하여 민사적 지급책임을 부담하는지 여부는 별론으로 하고, 피고인은 이 사건 하도급계약 체결 당시 향후 초등학교로부터 지급받을 선급금이나 기성금 혹은 지급받을 공사대금 채권 등으로 피해자에 공사대금을 충분히 지급할 수 있을 것이라고 생각한 것으로 보이며, 검사가 제출한 증거들만으로는 피고인이이 사건 하도급계약 체결 당시 이미 운영이 어려운 상태여서 피해자에게 공사대금을 지급하지 못할 수도 있음을 알았거나 이를 예상하면서도 피해자에게 이 사건 공사를 맡긴 것이라는 등 편취의 범의를 가지고 공소사실 기재와 같이 피해자를 기망하였다는 점이 합리적 의심의 여지없이 증명되었다고 보기에 부족하고, 달리 이를 인정할 만한 증거가 없다.

Chapter 8

다중피해조직사기
(특정사기범죄)

 기본 이론

1. 의의

2000년대 중반 처음 전기통신금융사기가 적발된 이래, 정보통신망을 이용한 인터넷 사기, 조직적 사기방식을 활용한 다단계, 금융투자사기 등 불특정 다수의 일반 서민을 대상으로 광범위한 재산상 손해를 야기하는 사기적 행태는 현대적 사기의 양상으로서 심각한 사회문제로 대두되고 있다. 보이스피싱 등 조직적 사기는 여러 사람이 범죄를 목적으로 단체를 이루어 사전에 치밀한 계획을 세우고 준비를 거쳐 조직적·체계적으로 역할을 분담하여 저질러지는 범죄유형이라 할 수 있다. 그 특성상 가담하는 자들로 하여금 수행하는 역할의 중요도를 묻지 않고 그 모두를 범죄의 완성에서 빠질 수 없는 불가결의 구성원으로 만든다. 조직적 사기의 근절을 위하여 범죄인력 유입을 차단한다는 차원에서 엄중한 형사적 대처를 해야만 할 필요가 있다. 특히 피해자를 가리지 않는 무차별성도 속성으로 하고 있다는 점에서 우리 사회 구성원 누구라도 조직적 사기의 피해자가 될 수 있음은 물론이다. 또한 보이스피싱은 날로 조직적·지능적으로 발전하여 수많은 시민들을 피해자로 양산함과 동시에 사회 전반의 신뢰 저하를 초래하여 이로 인한 금융거래 비용이 증가하는 등 전국민으로 하여금 실질적으로 금융거래 불편을 겪게 하는 간접적인 피해를 입게 하고, 사회 전반의 신뢰를 저하시키는 등의 부작용도 발생시킨다. 조직적 사기범행은 다른 범죄들에 비하여 그 시작이 얼마 되지 않았으나, 일확천금을 노릴 수 있는 수익 구조에 따른 강렬한 범행 유혹이나 은밀한 조직성 및 치밀한 계획성 등에 따른 검거의 어려움 등으로 빠른 속도로 늘어나서 이제는 우리 사회 전체에 속속들이 퍼진 암적인 범죄가 되었다. 지금 우리 사회에서 보이스피싱 등은

우리 사회의 대표적인 사회악 중 하나임에 틀림없는 현실이다.[402]

여기에서는 2021. 12.에 개최된 사단법인 사기방지연구회 제3회 세미나에서 필자가 발제한 다중피해조직사기의 사기방지기본법 초안 관련 1세선 발제문을 요약하여 소개한다. 현대사회에서 불특정사기 피해를 양산하는 사기범행에 있어 조직적, 분업적, 영업적 특성에 주목하여 다중피해조직사기라는 사기 유형과 대응방법에 관한 연구이다.

2. 다중피해조직사기의 발생현황과 경찰의 대응

(1) 발생현황

대표적인 조직사기 유형인 전체 보이스피싱 피해액은 2020년에는 2,353억 원으로 2019년 대비 65.0% 감소하였으며, 2021. 상반기 중에도 845억 원으로 전년 동기 대비 46.4% 감소하였다고 한다. 다만 메신저피싱 피해액은 2020년에는 373억 원이며 19년 대비 9.1% 증가하였으며, 2021. 상반기 중에는 증가폭이 크게 확대되어 전년 동기 대비 165.4% 증가한 466억 원으로 전체 피해액 중 55.1%를 차지하였다고 한다. 보이스피싱도 그 유형을 달리하며 계속적으로 범행방법을 변화시키고 있음을 알 수 있다. 또한, 한국금융투자자보호재단에서 실시한 설문조사에 따르면, 국내 금융소비자의 100명 중 25.6명이 금융사기에 노출되었으며, 그 평균 피해금액은 1,637만 원에 달했다.[403]

▶ 전기통신금융사기 : '19년 6,398 → '20년 7,000 → '21년 7,744
▶ 가상자산 관련 유사수신 등 : '19년 7,638 → '20년 2,136 → '21년 31,282
▶ 사이버사기 : '16년 839 → '20년 3,326

이러한 다중피해사기에 대해서 국회에서도 관련 다수 입법안이 지속 논의되고 있다.

▶ 다중사기방지법('20. 8. 20. 박재호 의원 대표발의) / 서영교 의원실 발의 준비 중
▶ 서민다중피해범죄 대응팀 설치 및 운영규정 제정('19년 대검 훈령, 검찰)
▶ 양형기준에서 일반·조직적 사기를 구분해서 판결에 적용('11년~, 법원)
▶ 사기방지기본법 발의/ 김용판 국회의원

---

402) 부산고등법원 2018. 7. 11. 선고 2018노183, 217(병합), 292(병합) 판결
403) 100명 중 25.6명이 금융사기에 노출···평균 피해금액 1,637만 원, 황채영 기자 승인 2020. 6. 23. 글로벌금융신문(http://www.gfr.co.kr)

(2) 경찰

경찰에서도 다중을 상대로 전기통신을 이용하거나, 유사수신 등 조직적으로 행해지는 사기범죄를 '다중피해사기'로 정의하고, 대응체계 구축, 단속 강화, 피해회복 및 피해확산 방지 등을 포함한 「다중피해사기범죄 대응강화 종합계획」을 추진 중에 있다.[404]

① 전기통신금융사기, ② 사이버사기, ③ 가상자산 등 유사수신, ④ 기타 범죄단체조직 및 이에 준하는 조직적 사기

(3) 민간영역에서의 노력

다음 소개하는 사기정보분석원에 해당하는 국가적 기능은 현재 오히려 민간영역에서 개인들에 의한 자기구제의 노력으로 이뤄지고 있다. 중고나라 물품사기 피해방지를 위한 더치트, 금융투자사기 방지를 위한 더스캠 등이 있다. 특히 금융투자사기 영역에서는, 네이버 블로그 "백두산"이 유명하다. '대마불사'라는 아이디로 활동 중으로, 투자사기업체를 분류하여 리스트를 관리하고 피해자에게 구제방법을 소개하고 있다. 가령, 1조 이상 사기 업체는 "맥심트레이더, 브이글로벌, 엠페이스, 원코인, IDS홀딩스 등이 있고, 1천억 원 이상 사기업체는 골든에셋, 콜드체인, 코인, 페이 등이 있다는 등이다. 투자사기 피해예방지침서를 편찬하여 그 보급에 힘쓰고 있다. 이와 같은 사기피해방지노력은 사실 국민의 재산권 보호의 1차적 의무를 지고 있는 국가의 영역이라 볼 수 있다. 공권력의 공백을 개인의 노력으로 전담하여 막고 있는 셈이다. 조직적 사기범행으로부터 국민의 재산권을 보호할 수 있는 중앙부처의 설립은 이미 미룰 수 없는 국가적 과제이다. 수익을 좇는 불나방과 같은 일반인의 투기심을 탓하여 피해구제의 사각지대로 그들을 방치하는 것은 국가적 책무를 방기하는 것이다. 일반적 투자실패를 국가가 보장하여 투자도박을 허용하자는 것이 아니며, 명백한 조직범죄에 의한 사기피해를 방지하는데 그 취지가 있음을 주의할 필요가 있다.

---

404) 2022. 3. 30.(수) 조간, 경찰청 보도자료, 경찰청, 「다중피해사기범죄* 대응강화 종합계획」 추진

Section 2	다중피해조직사기의 의의와 유형

🎖 기본 이론

먼저 "조직적 사기"에 대한 개념과 형법적 취급에 대해 살펴보고, 그 가운데 다중피해조직사기의 개념을 최근 판결례와 수사 사례를 통해 살펴보고자 한다.

1. 조직적 사기의 형법적 취급

조직적 사기라는 죄명을 가진 범죄는 없으며, 다만 현재 시행 중인 사기범죄의 양형기준[405]에 따르면 조직적 사기를 아래와 같이 정의하고 있다. 그리고 아래와 같이 양형기준에서 가중하여 처벌하고 있는 것처럼 법원 실무에서 통해 그 고유의 위험성을 인정하고 있음을 알 수 있다.

> "다수인이 역할을 분담하여 사기범행을 목적으로 사전에 치밀하게 계획하여, 조직적이고 전문적으로 범행을 저지른 경우를 말한다(예를 들면, ① 전화금융사기단의 전화금융사기, ② 사기도박단의 사기도박, ③ 보험사기단의 보험사기, ④ 토지사기단의 토지사기, ⑤ 조직적인 국가보조금사기, ⑥ 기획 또는 활동에 주도적으로 관여한 자의 다단계사기 등)"

다만 조직적 사기라 하더라도 별개의 가중적 구성요건으로 처벌되지 않으며 일반적인 사기죄(형법 제347조)와 그 공동정범으로만 처벌될 뿐이다. 다만, 최근 대법원에서 보이스피싱 범죄를 시작으로 조직적 사기 유형에 대해 일정한 요건하에 형법상 범죄단체조직죄의 적용을 인정해 나가고 있다.

2. 다중피해조직사기의 유형

조직적 사기 가운데 특히 보이스피싱 등 불특정 다수의 사람을 대상으로 광범위한 재산상 피해를 야기하는 현대적 사기의 양상을 통제할 필요성이 있다. 위에서 열거한 조직적 방식을 이용하는 현대적 사기의 사례들은 전형적인 보이스피싱 범죄단체 외에도 최근에는 중고차 범죄집단, 중고나라사기 범죄조직, 작업대출 사기조직, 다단계사기 기타 금융투자사기조직 등으로 번져가고 있

---

405) 2011. 3. 21. 의결, 2011. 7. 1. 시행, 양형위원회

다. 현재 입법 추진 중인 사기방지기본법에서는 이를 특정사기범죄로 다루고 있다.

(1) [사례] 보이스피싱 - 범죄단체조직죄를 인정요건을 설시한 판결

불특정 다수의 피해자들에게 전화하여 금융기관 등을 사칭하면서 신용등급을 올려 낮은 이자로 대출을 해 주겠다고 속여 신용관리비용 명목의 돈을 송금 받아 편취할 목적으로 보이스피싱 사기 조직을 구성하고 이에 가담하여 조직원으로 활동함으로써 범죄단체를 조직하거나 가입·활동하였다는 내용으로 기소된 사안이다.[406]

보이스피싱 사기는 가장 전형적인 다중피해조직사기의 행태이다. 콜센터 등을 이용하여 불특정 다수인을 상대로 기망행위에 착수하고, 대포통장명의자를 포섭하고, 전달책 등을 통해 자금을 이체, 송금, 전달하는 방식으로 범죄수익을 귀속시킨다. 종래 사기의 공동정범으로 처벌되고, 대포통장 제공자, 전달책 등은 전자금융거래법위반, 사기방조 등으로 처벌되었다.

대법원 판결은 ① 위 보이스피싱 조직을 보이스피싱이라는 사기범죄를 목적으로 구성된 다수인의 계속적인 결합체로서 총책을 중심으로 간부급 조직원들과 상담원들, 현금인출책 등으로 구성되어 내부의 위계질서가 유지되고 조직원의 역할 분담이 이루어지는 최소한의 통솔체계를 갖춘 형법상의 범죄단체에 해당한다고 판시함으로써, 사기범죄 목적의 범죄단체조직 성립요건을 설시한 점, ② 보이스피싱 피고인들이 자신 또는 공범들의 계좌와 전혀 무관한 제3자 명의의 계좌로 송금 받는 행위를 범죄수익 취득을 가장하는 행위로 본 점, ③범죄수익은 범죄수익은닉규제법상 각 추징의 대상이 된다고 봄으로써 조직적 사기에 대해 철퇴를 가함과 동시에 범죄수익환수를 가능하게 했다는 점에서 의미가 크다.[407]

(2) [사례] 중고차사기조직 - 최초로 범죄집단을 인정한 사례

갑 등은 무등록 중고차 매매상사(외부 사무실)를 운영하면서 피해자들을 기망하여 이른바 '뜯플' 또는 '쌩플'의 수법으로 중고차량을 시세보다 비싸게 판매해 금원을 편취할 목적으로 외부 사무실 등에서 범죄집단을 조직·활동하고, 피고인은 범죄집단에 가입·활동하였다는 내용으로 기소된 사건이다.[408]

위 사례는 보이스피싱 사건 외에도 사기사건과 관련하여 '범죄집단'을 인정한 최초의 사안이다.

---

406) 대법원 2017. 10. 26. 선고 2017도8600 판결
407) 창원지방법원 마산지원 2017. 9. 27. 선고 2017고단831 판결과 같이, 검사의 기소재량에 따라 얼마든지 일반 사기죄의 공동정범으로 의율하기도 한다.
408) 대법원 2020. 8. 20. 선고 2019도11731 판결 참조, 대법원 2020. 9. 7. 선고 2020도7915 판결

즉 대법원은, 위 외부 사무실은 특정 다수인이 사기 범행을 수행한다는 공동 목적으로 구성원들이 대표, 팀장, 출동조, 전화상담원 등 정해진 역할분담에 따라 행동함으로써 사기 범행을 반복적으로 실행하는 체계를 갖춘 결합체, 즉 형법 제114조의 '범죄를 목적으로 하는 집단'에 해당한다.[409]

> 형법 제114조에서 정한 '범죄를 목적으로 하는 집단'이란 특정 다수인이 사형, 무기 또는 장기 4년 이상의 범죄를 수행한다는 공동 목적으로 구성원들이 정해진 역할분담에 따라 행동함으로써 범죄를 반복적으로 실행할 수 있는 조직체계를 갖춘 계속적인 결합체를 뜻한다. '범죄단체'에서 요구되는 '최소한의 통솔체계'를 갖출 필요는 없지만, 범죄의 계획과 실행을 용이하게 할 정도의 조직적 구조를 갖추어야 한다.

이 판결은 최초로 범죄단체와 구별되는 범죄집단의 개념과 그 성립요건을 설시하였다는 점에서 중요한 의미를 갖는다. 이 판결 이후로 대마, 성범죄 등에서 '범죄집단' 개념 적용이 계속 이어지고 있다.[410]

(3) [사례] 중고나라 사기조직

전형적인 보이스피싱 사건은 아니나, 위 사건에서 관리책임자인 사장단은 **포털사이트에 조직적으로 허위매물을 올리도록 기획**하였고, 수십 명의 판매책과 장을 관리하여 범죄조직을 기획한 점, 대포 계좌와 차명 계좌로 입금된 범죄 수익금을 암호 화폐를 구입해 필리핀 화폐로 환전하는 등 자금 세탁도 직접 담당한 점, 가상 화폐와 상품권 등으로 20여 차례 돈세탁을 거쳤다. 콜센터를 통한 기망행위의 세부적인 태양만이 다를 뿐, 구체적 역할분담, 대포통장, 판매책 등을 모집하고 불특정 다수인을 가담시키고 범죄수익을 귀속시키는 일련의 행태는 **보이스피싱 범죄수법을 중고나라 물품사기 분야에 모방하여 적용**했다고 봐도 무방할 정도이다.

> 2014년 10월 30일 필리핀 마카티시(市). 고등학교 동창 사이인 강 모(39) 씨와 A(39) 씨, B(39) 씨 등 3명이 모였다. 이들은 이 자리에서 인터넷 중고물품 거래를 이용해 사기 행각을 벌이기로 모의했다. 인터넷 물품 거래 사이트인 네이버 카페 등에 허위로 물품 판매 글을 올리고, 이 글에 속아 연락한 피해자들에게 물품 판매 대금을 '대포 계좌'로 받고, 물건은 실제로 보내지 않는 수법을 사용하기로 했다. 강 씨 등은 **필리핀 현지에 사무실과 숙소를 마련해 범행을 준비**했다. 한국 경찰의 추적을 피하기 위해서였다. 사무실에는 책상과 의자, 노트북 컴퓨터와 프린터, 휴대 전화 단말기, 유심카드 등을 준비하고 인터넷을 설치했다. 이들은 인터넷 접속 주소(IP)를 국내인 것처럼 속일 수

---

409) 대법원 2020. 9. 7. 선고 2020도7915 판결
410) 대법원 2021. 11. 11. 선고 2021도11753

있는 '가상 사설망'(VPN · Virtual Private Network) 프로그램도 준비했다. 인터넷 전화번호와 휴대전화 번호 간 착신 전환 서비스를 제공하는 프로그램, 문자메시지 웹 발신 프로그램도 설치했다. 이들은 또 인터넷 물품 거래 사이트에 허위 글을 올리고, **판매 대금을 송금하도록 유인하는 '판매책'과 물품 대금을 받을 대포 계좌와 차명 계좌를 관리할 '장'을 모집**했다. 차명 계좌는 인터넷 사이트에 '쇼핑몰 관리 등을 할 재택 근무자를 모집한다'고 허위로 광고한 뒤 이를 믿고 연락을 해온 사람들의 계좌 번호를 수집하는 수법을 썼다. 강 씨와 고교 동창생 2명은 관리책임자인 '사장단'으로 범행을 주도했다. 범행 기획에서부터 지시했고, '판매책'과 '장'을 관리하는 역할을 맡았다. 대포 계좌와 차명 계좌로 입금된 범죄 수익금을 비트코인과 이더리움 같은 암호 화폐를 구입해 최종적으로 필리핀 화폐로 환전하거나 필리핀 현지 환전소를 통해 한국 원화로 환전하는 자금 세탁도 직접 담당했다. 이들은 **범행에 가담할 35여 명을 모집하고 '판매책', '장'으로 역할을 분담**했다. 범행 시간도 한국의 일과 시간인 평일 오전 9시부터 오후 6시에 맞췄다. 한국과 1시간 시차가 나는 점을 감안해 필리핀 현지에서는 평일 오전 8시까지 출근해 오후 5시까지 범행에 나서는 치밀함을 보였다. 조직원들끼리는 서로 별명만 사용하게 했다. 사무실에서 개인 휴대전화를 사용하거나 범행에 사용하는 인터넷에 접속하는 것을 금지했다. 외출과 휴가를 갈 때에는 사장단에게 미리 보고하거나 허락을 받도록 했다. 여권도 걷어 한꺼번에 관리했다. 체류 기간을 연장할 때도 마찬가지였다. 이들의 사기 행각은 치밀하고 체계적으로 이뤄졌다. 32명의 판매책은 중고나라, 골마켓, 번개장터 등 인터넷 물품 거래 사이트와 블로그 등에 가구 매장, 골프 매장 등을 사칭해 냉장고와 TV, 휴대전화, 상품권 등을 판매한다는 글을 게시했다. 상대적으로 저렴한 가격에 현혹된 피해자들이 연락하면 카카오톡으로 유인해 대화를 이어갔다. 이 과정에서 위조된 사업자 등록증과 신분증을 내세워 피해자들의 신뢰를 얻었다. 가짜 명의 가게가 실제 존재하는 것처럼 보이게 하기 위해서 포털 사이트에 업체를 등록하는 치밀함도 보였다. 가짜 명함도 만들었다. 판매하겠다는 물품은 전자 기기에서 명품 시계, 상품권, 여행권, 골드바 등 종류를 가리지 않았다. 가격도 1개당 4만5000원에서 최대 3120만 원까지 광범위했다. 이들은 소비자가 물건을 주문해 돈을 입금하면, '주문 폭주' '택배에 문제가 있다'는 등 핑계를 대며 물건을 보내지 않았다. 이들은 실제 통장 주인을 섭외해 돈세탁에 활용했다. 대부분 가정주부로 조사된 통장 주인들은 자신들이 재택근무 아르바이트 형태로 정당한 일을 한 것으로 착각했다. 통장 주인들이 입금된 돈을 강 씨 조직에 넘기면 이들은 가상 화폐와 상품권 등으로 여러 차례 거래하는 이른바 '믹싱' 작업을 벌였다. 외국 거래소까지 동원해 무려 20번의 돈세탁을 거치기도 했다. 이 같은 수법으로 이들은 2020년 1월까지 6년에 걸쳐 5000여 명을 상대로 49억 원대를 챙겼다. 최종 수익금의 80%를 사장단 3명이 챙겼고, 나머지 20%를 모집책과 판매책이 나눴다. 수습은 한 달에 300만 원을 받았지만 3개월 후부터는 수입금의 10~20%를 인센티브로 챙겼다. 경찰이 이들을 검거할 당시 사장단은 벤츠 차량을 타고 필리핀에 부동산까지 사들이는 등 호화 생활을 즐기고 있었다. 현금도 다량 보유하고 있었다.[411]

(4) [사례] 금융투자사기

FX 마진거래(외환차익거래), 가상화폐, 모바일게임업체 투자, 선순환 체크카드와 같은 선진금융기법, 중국 등 해외 공기업 투자 등 명목으로 투자자를 기망해 불법적으로 자금을 모집하고 있다. 이런 피라미드식 영업방식은 지속적이고 안정적인 수익창출이 이론상 불가하며, 상위 판매원

---

411) '중고사기로 50억 뜯어 필리핀 호화생활, 얼굴없는 그놈 잡혔다' 2014년부터 30여 명 조직원 구성, 5000여 명 49억 원 피해', 2020. 10. 21. 조선일보 기사 인용

에 대한 수당을 신규 가입자의 투자금으로 충당하는 돌려막기식 폰지사기에 해당하여 결국에는 대규모 피해가 불가피하다.[412] 아래 2개의 사건은 최근 언론보도로 유명한 사건일 뿐이며, 조단위, 수백억 단위의 투자사기가 끊이지 않고 있는 것이 현실이다.

1) [사례] IDS홀딩스 사건

제2의 조희팔 사건이라고 불리는 1조대 사기사건으로서, IDS홀딩스를 운영하며 1만2178명으로부터 총 1조 969억 원을 편취한 혐의로 대법원에서 징역 15년의 실형이 확정된 금융 다단계 사기사건이다.

> IDS는 지난 2011년부터 2016년 8월까지 홍콩 FX 마진거래에 투자하겠다며 1만 2076명을 상대로 1조 960억 원을 교부받았다. FX 마진거래를 하는 딜러들에게 투자받은 돈을 빌려주고 거래에서 발생하는 수수료로 안정적인 수익을 얻을 수 있다며 피해자들을 현혹했다. 투자금 모집은 다단계 조직을 통해 이뤄졌으며, IDS홀딩스는 피해자들에게 월 1~10%의 투자이익을 약속했다. 그러나 실제로 홍콩으로 건너간 돈은 거의 없었다. IDS는 FX 마진거래 중개 실적이 미미하다는 사실을 숨기기 위해 거래량이 조작되는 가짜 프로그램을 개발해 마치 수많은 딜러가 접속해 진짜 FX 마진거래가 발생하는 것처럼 피해자들을 속였다.[413]

IDS가 투자금 명목으로 교부 받은 돈 대부분은 기존 투자자의 수익금, 영업자들의 모집수수료로 사용됐다. 신규 투자자의 돈으로 기존 투자자에게 수익금을 지급하는 돌려막기 수법을 사용한 전형적인 '폰지사기'다.[414]

2) [사례]펀드사기 - 옵티머스

최근 언론보도로 유명한 옵티머스 펀드사건이다. 증권사에 안전한 공공기관 매출채권에 95% 이상 투자하는 상품이라는 거짓 투자제안서를 보여주고, 2017년 6월부터 지난해 6월까지 1조 3526억 원을 투자를 받았으나, 이후 이 돈을 만기가 도래한 펀드 투자금 상환에 사용하거나 개인적인 부동산 투자자금으로 쓴 혐의다. 서울중앙지법에서는 21. 7. 20. 특정경제범죄가중처벌법상 사기 등 혐의로 구속 기소된 김 씨에게 징역 25년에 벌금 5억 원을 선고하고 추징금 751억 7500만 원을 명령한 바 있다.

---

412) 신종 금융피라미드 영업규제를 위한 법제 개선방안, 문상일 교수(인천대 법학과), 법률신문, 2016. 3. 24
413) 서울동부지방법원 2018. 1. 19. 2017고합207, 2017초기837, 대법원 2019. 1. 17. 2018도12260
414) [추적]IDS홀딩스 사건, 1조 사기에서 정관계 연루 게이트로, 21. 5. 18. 뉴스플로우

"장기간에 걸쳐 투자제안서의 내용과 다른 펀드를 개설해 이 사건을 야기했으며, 펀드 투자금을 개인적인 선물투자 등에 투입해 50여억 원의 손실을 입혔다. 이 사건은 금융투자업자로서 갖춰야 할 기본적인 신의성실의무 및 윤리의식을 모조리 무시한 채 이뤄진 대규모 사기 및 자본시장 교란 사건이며, 이 사건으로 약 5천억 원이 넘는 천문학적 피해가 발생했고, 안정적 상품이라 믿고 투자한 다수의 피해자에게 막대한 피해를 줬다. 피해금이 얼마나 회수될 수 있을지 불분명할 뿐만 아니라, 그 피해를 회수하기까지 상당한 기간과 비용이 소요될 것으로 예상된다."[415]

Section 3 | 다중피해조직사기의 사기 수법

🏵 기본 이론

현대적 사기의 양상은 조직적·계획적·분업적인 행태로 이뤄지며, 영업적인 방법을 통한 계속적 범행을 통해, 단독으로는 불가능한 막대한 사기피해를 입히고 있다. 그 주요한 특징으로 (1) 사기범행 공모와 그에 따른 물적, 인적 설비의 준비 (2) 불특정 다수의 피해자 유인 등 모집 (3) 조직적 기망행위 (4) 피해자로부터 피해금 수취 및 범죄조직으로 귀속 (5) 선의 내지 미필적 고의에 의한 일반인 가담자의 활용 (6) 대포폰과 대포계좌 등을 활용한 추적의 회피 등으로 나타난다.

1. 사기범행의 공모와 물적, 인적 설비의 준비단계

불특정 다수의 피해자 물색과 접근을 위해 개인정보 DB의 불법적 취득, 콜센터 사무실 마련, 불법사이트의 개설, 인터넷 검색창 현출, 중고물품 커뮤니티 게시글, 문자광고, SNS, 전화, 불법중계기, 메신저 등을 활용한다. 또는 불법 사이트를 개설하거나 영업장소를 열기도 히며, 피해자에 접근하기 위해 불법적으로 유통되는 개인정보를 구입하거나, 범죄행위를 통해 개인정보를 직접 취득하기도 한다. 이른바 보이스피싱의 3대 범행수단으로 일컫는 대포폰, 대포계좌, 불법중계기를 구입하는 경우도 있다. 이로써 범행준비를 위한 인적·물적 설비를 갖추게 된다.

---

415) 21. 7. 20. 신민정 기자, 한겨레, 서울중앙지방법원 2020고합585, 2020고합654(병합), 2020고합717(병합), 2021고합38(병합), 2020초기2608, 2020초기2609, 2020초기2610, 2020초기2611

2. 기망행위

콜센터를 통해 체계적, 기업적 방식으로 일반 서민에게 무차별적으로 접근하거나, 가짜 홈페이지를 통해 불가능한 수익률을 제시하며 사람의 투기심을 자극하는 방식으로 기망행위에 착수한다. 이와 같은 인간의 불안, 공포, 투기심을 이용하는 악성사기의 일종으로서 다중피해조직사기는, 부동산투자, 주식, 암호화폐 등의 투자수단의 유행에 따른다는 점에서 군중들의 사회심리의 반영으로서 사회적 사기라 할 만하며, 따라서 그 수단과 방법은 사회발전과 경제여건의 변화에 따라 계속적으로 변천하고 있다. 이와 같은 조직적 사기방식은 단체 내지 집단 등 인적·조직적 방법을 활용하거나 정보통신망 또는 전기통신을 이용한 경우 또는 두 가지 방법을 모두 활용하는 경우가 있다.

(1) 조직적 수법

어느 정도 인적 결합관계가 있을 때, 사기조직이라 할 수 있을까? 일반적으로 인적 결합의 단계는 공동정범 내지 합동범의 구성 단계에서 진화하여, 범죄집단 내지 범죄단체를 이루고, 불특정 다수의 일반인을 모집하여 가담시키는 등 점조직 양상을 보인다. 결국 현대적 사기의 양상은 ① 다수인이 정해진 역할분담에 따라 행동함으로써 사기 범행을 반복적으로 실행하는 체계를 갖춘 결합체를 이용한 ②② 불특정 다수인에 대한 사기범행이라는, 공통의 개념적 표지를 갖는다. 본 연구에서는 이를 "다중피해조직사기"라 명명하기로 한다. 범죄집단을 이루지 못하는 경우도 다중피해조직사기를 야기할 수 있음은 물론이나, 이에 이르지 않더라도 다중피해를 야기할 수 있는 인적결합과 활동 방식이면 충분하므로, 향후 법개정을 통해 조직적 범행방식을 계속하여 추가하는 것이 타당하다고 보인다.

1) 범죄단체 내지 범죄집단

법적용상 혼란을 줄이기 위해 기본적으로 판례 내지 법률상의 개념을 기준으로 하는 것이 합리적이다. 대법원은 형법 제114조에서 말하는 범죄단체와 집단을 아래와 같은 법리를 설시하여 적용하고 있고 본 법안에서도 위 개념을 그대로 차용함이 타당하다고 보인다.

형법 제114조에서 정한 '범죄를 목적으로 하는 단체'란 특정 다수인이 일정한 범죄를 수행한다는 공동 목적으로 구성한 계속적인 결합체로서 단체를 주도하거나 내부 질서를 유지하는 최소한의 통솔체계를 갖춘 것을 뜻한다.[416] 형법 제114조에서 정한 '범죄를 목적으로 하는 집단'이란 특

---

416) 대법원 2016. 5. 12. 선고 2016도1221 판결 참조

정 다수인이 사형, 무기 또는 장기 4년 이상의 범죄를 수행한다는 공동 목적으로 구성원들이 정해진 역할분담에 따라 행동함으로써 범죄를 반복적으로 실행할 수 있는 조직체계를 갖춘 계속적인 결합체를 뜻한다. **'범죄단체'에서 요구되는 '최소한의 통솔체계'를 갖출 필요는 없지만, 범죄의 계획과 실행을 용이하게 할 정도의 조직적 구조를 갖추어야 한다.**[417]

2) 방문판매 등에 관한 법률에 따른 다단계판매 내지 그 유사방식에 의한 사기

다단계판매가 우리나라와 같이 강한 연고주의를 배경으로 하는 사회에서 이루어질 경우에는, 하위판매원의 확보에 따른 이윤획득에 치우치게 되거나 실제 상품의 거래 없이 혹은 명목상 거래만으로 다단계판매가 행해지는 금전다단계판매로 변질될 수도 있다. 그리고 불법적 형태의 다단계판매, 소위 피라미드판매는 다단계판매자의 허위·과장광고에 따라 높은 액수의 후원수당을 기대하고 하위판매원으로 가입한 다수 소비자에게 심각한 피해를 야기하기도 한다.[418] 따라서 다단계판매조직을 이용한 사기 범행은 다수의 피해자를 발생시킬 우려가 높아 서민경제에 상당한 위험을 초래하는 범죄로 엄하게 처벌할 필요가 있다.[419]

(2) 정보통신망 내지 전기통신을 활용한 사기

단시간에 불특정 다수인을 상대로 사기범행을 야기하기 위해서는 조직적 사기의 방법과 더불어 정보통신망 내지 전기통신을 활용하는 경우가 많다. ① 보이스피싱이 조직적 방식과 전기통신을 활용한 다중피해조직사기의 대표적 사례이다. ② 정보통신망을 통하여 이용자들에게 물품이나 용역을 제공할 것처럼 기망하여 피해자로부터 재산상 이익을 취득하는 인터넷 사기 유형도 다중피해조직사기의 원인이 될 수 있다. 한국에서 에스크로 서비스가 대중화되는 원인으로 지목되는 2002년경 300억대 하프플라자 쇼핑몰사기사건과 같은 경우는 조직적 사기의 측면보다는, 인터넷 쇼핑몰이라는 정보통신망을 활용하였다는 점이 피해확산의 주요 원인이라고 할 수 있다.[420] ③ 아울러 불법 홈페이지를 활용한 투자사기도 다중피해사기의 주요 범행수법이다. 즉 주식이나 가상자산 투자유치를 위한 불법홈페이지를 구축하고 이를 통해 투자유치를 빙자하여 투자금을 받는 방식이다. 일반적으로 홈페이지를 개설운영하는 정도의 재력과 규모를 갖춘 업체에 대해서는,

---

417) 대법원 2020. 8. 20. 신고 2019도11731 판결 참조
418) 헌재 2012. 4. 24. 2009헌바329 참조
419) 춘천지방법원 강릉지원 2021. 1. 14. 선고 2020노61 판결
420) 닌텐도 스위치 품귀 현상에 '전자모아'·'나이스가전' 등 사기업체 기승…피해금액만 수천만 원대, 이창규 기자 승인 2020. 4. 13. 탑스타뉴스

일반인들은 그 규모와 신용성을 신뢰할 가능성이 높다고 볼 수 있다.

3. 피해자로부터 피해금 수취

(1) 수법의 변천

이는 다중피해조직사기를 목적으로 피해자의 재산을 그 점유에서 배제시키고, 범죄조직으로 범죄수익을 귀속시키는 것을 말한다. 그 행위 태양은 계속적으로 변천하고 있다. 가령 최근 보이스피싱은 종래 송금·이체형에서 최근 대면편취형 등 변종 유형으로 변화하고 있다. 그런데 종래 동일한 조직적 사기범행계획과 그 실행임에도, 현행법상 전자는 사기죄, 후자는 절도죄에 불과하여 통신사기피해환급법의 적용이 없었다. 결국 피해구제를 위한 지급정지 등의 법률상 규제를 회피하기 위한 대면편취형이 증가하는 추세이다. 언론보도에 따르면 2021년 4월까지 전체 보이스피싱 범죄에서 대면편취형이 차지하는 비중은 66.4%를 기록했다. 계좌이체형은 2018년 89.7%에서 2020년 33.4%로 줄고, 대면편취형은 같은 기간 7.5%에서 47.7%로 늘었다고 한다.[421] 전형적인 사례는 다음과 같다.

중국동포인 A 씨 등은 지난달 19일 인천 계양구에 사는 피해자 B(54·여) 씨의 집에 몰래 들어가 냉장고에 있던 현금 2천 50만 원을 훔친 혐의를 받고 있다. 이들은 B 씨에게 전화를 걸어 "개인정보가 유출돼 통장에서 돈이 빠져나갈 수 있으니 현금으로 찾아 냉장고에 보관하라"고 속였다. 이들은 "보안을 위해 필요하다"며 B 씨의 집 현관 비밀번호를 알아낸 것으로 조사됐다. A 씨 등은 피해자가 은행에서 3차례 돈을 뽑아 돌아오자 "돈을 더 인출해오라"고 한 뒤 집이 빈 틈을 타 현금을 훔친 것으로 조사됐다. 경찰은 이들이 범행 다음 날 출국한 점으로 미뤄 중국 현지 보이스피싱 조직에 직접 현금을 건넨 것으로 추정했다.[422]

(2) 개정 통신사기피해환급법(23. 11. 17. 시행 예정)

전기통신금융사기 피해 방지 및 피해금 환급에 관한 특별법은 보이스피싱을 규율하고 있다. 최근 대면편취형·출금형·절도형 보이스피싱 피해 등 법의 사각지대가 증가하는 것에 대응하여 아래와 같이 법을 개정하였다.

---

421) 대면편취형 보이스피싱 기승 왜?…'고액 알바' 유혹에 인출책 가담하는 2030도 조문희 기자 2021. 6. 24. 경향신문

422) "현금 찾아 냉장고에 둬라"…2천만 원 훔친 2명 구속, 연합뉴스, 2016. 8. 11.

1) 전기통신금융사기의 범위 확대

"전기통신금융사기의" 행위유형에 "자금을 교부받거나 교부하도록 하는 행위", "출금하거나 출금하도록 하는 행위"를 추가하고, 확대된 전기통신금융사기의 범위에 맞추어 범죄의 객체를 "재산상의 이익에서" "자금 또는 재산상의 이익"으로 변경하였다.[423]

> 제2조(정의) 이 법에서 사용하는 용어의 뜻은 다음과 같다. 〈개정 2014. 1. 28., 2016. 5. 29., 2023. 5. 16.〉
> 2. "전기통신금융사기"란 「전기통신기본법」 제2조제1호에 따른 전기통신을 이용하여 타인을 기망(欺罔)·공갈(恐喝)함으로써 **자금 또는 재산상의 이익**을 취하거나 제3자에게 **자금 또는 재산상의 이익**을 취하게 하는 다음 각 목의 행위를 말한다. 다만, 재화의 공급 또는 용역의 제공 등을 가장한 행위는 제외하되, 대출의 제공·알선·중개를 가장한 행위는 포함한다.[424]
> 가. 자금을 송금·이체하도록 하는 행위
> 나. 개인정보를 알아내어 자금을 송금·이체하는 행위
> 다. 자금을 교부받거나 교부하도록 하는 행위
> 라. 자금을 출금하거나 출금하도록 하는 행위

2) 전기통신금융사기에 대한 처벌강화

종전의 통신사기피해환급법은 아래와 같이 계좌이체형 및 개인정보취득 송금·이체형 보이스피싱을 처벌하려는 취지였다.

> 제15조의2(벌칙) ① 전기통신금융사기를 목적으로 다음 각 호의 어느 하나에 해당하는 행위를 한 자는 10년 이하의 징역 또는 1억 원 이하의 벌금에 처한다.
> 1. 타인으로 하여금 컴퓨터 등 정보처리장치에 정보 또는 명령을 입력하게 하는 행위
> 2. 취득한 타인의 정보를 이용하여 컴퓨터 등 정보처리장치에 정보 또는 명령을 입력하는 행위

그런데 개정법에서는 처벌 대상을 "전기통신금융사기를 행한 자로" 규정하여 이 법에서 규율하는 모든 유형의 전기통신금융사기가 처벌대상이 되도록 하였다. 또한 형량을 가중하고 범죄수익을 박탈할 수 있도록 하는 등 그 처벌을 강화하였다.

---

423) 보이스피싱 피해구제를 위한 통신사기피해환급법의 최근 개정내용 및 향후 과제, 이수환, 정혜진국회입법조사처 이슈와 논점,
424) 전기통신금융사기 피해 방지 및 피해금 환급에 관한 특별법 [시행 2023. 11. 17.] [법률 제19418호, 2023. 5. 16. 일부개정

제15조의2(벌칙) ① 전기통신금융사기를 행한 자는 1년 이상의 유기징역 또는 범죄수익의 3배 이상 5배 이하에 상당하는 벌금에 처하거나 이를 병과(倂科)할 수 있다. 〈개정 2023. 5. 16.〉

(3) 검토

생각건대, 개정법은 훨씬 강화된 형량과 종범성격의 가담자를 정범으로 포함한다는 점에서 종래 개인적 법익으로서 사기죄와의 관계에서 벗어나, 독자적인 사기조직범죄에 대한 대응으로 나아가고 있다. 그러나 그 범죄 행위의 양식을 제한적으로 열거하는 방식은 처벌의 공백을 야기할 수밖에 없다. 먼저, 재화 등을 결제 내지 구매하게 하여 이를 편취 내지 절취하는 등의 경우에는 개정법상의 자금의 교부 내지 출금을 볼 수 있을지 의문이 생긴다. 가령, 기프트 카드 등 전자지급 수단 등을 구매하도록 유인하고 그 비밀번호를 전송하도록 하는 행위의 경우 최근 많이 유행하고 있음에도 개정된 통신사기피해환급법이 규율 범위 밖이라는 비판이 가능하다.

직장인 박 모 씨(38)는 최근 65세 어머니로부터 다급한 전화를 받았다. "구글 기프트카드를 구매해 달라고 한 적이 없느냐"는 내용이었다. 박 씨는 "그런 적이 없다"고 대답했지만 박 씨의 어머니는 이미 15만 원짜리 기프트카드 3장, 총 45만 원어치를 범인들에게 전달한 뒤였다. 박 씨는 "가족 중에도 경찰이 있어 피싱 사기를 조심하라고 부모님에게 꾸준히 당부했지만 순간적으로 속아 넘어갔다고 한다"며 "어머니 주변에도 같은 방식의 사기를 당한 사람이 많다"고 했다. 카드 뒷면의 16자리 핀(PIN) 번호를 구글플레이에 입력하면 현금처럼 쓸 수 있다. 전국 편의점과 대형마트 등에서 판매하고 있어 구매하기도 쉽다. 박 씨의 사례처럼 '엄마, 나(자녀 이름)인데, 휴대폰이 고장나서 다른 번호로 연락해. 기프트카드를 사서 핀 번호를 사진으로 찍어서 보내줘'라고 문자를 보내는 방식이 가장 흔하다.[425]

나아가 보이스피싱의 조직적 사기수법은 암세포처럼 다른 범죄유형으로 얼마든지 전이가 이뤄지고 있다는 문제점이 있다. 결국 보이스피싱을 비롯하여 다중피해조직사기의 핵심 특징은 조직성·분업성·계획성에 있는 것이지, 전화를 통한 계좌이체의 점에 있는 것은 아니다. 때문에 열거주의 입법은 바람직하지 않다. 즉 보이스피싱뿐 아니라 다중피해조직사기를 목적으로 한 피해금 수취행위를 일반적으로 처벌하는 포괄주의 방식으로 변경하는 것이 타당하다고 생각한다. 다음 도표는 전북경찰청에서 제공한 보이스피싱 피해금 수취유형이다.[426]

---

425) "엄마, 핀번호 보내줘"…'구글 기프트카드' 피싱에 낚였다, 최한종 기자 2021. 4. 13.
426) '일당 10만 원' 고액 알바의 유혹…"보이스피싱 범죄자 될 수도" 2021. 1. 29. 연합뉴스, 나보배 기자

□ 전화금융사기 피해금 수취 유형

구 분	피해금 수취 유형							
	계좌 이체	특정장소 (보관함 등)	배송형 (퀵서비스 등)	대면 편취	절취 (침입절도)	가상계좌 이체	현금 외 (상품권 등)	피싱 혼합형
19년	926 (95.2)	2 (0.2)	0 (0)	23 (2.4)	2 (0.2)	0 (0)	14 (1.4)	6 (0.6)
20년	314 (50.6)	7 (1.1)	5 (0.8)	236 (38.0)	1 (0.2)	0 (0)	56 (9.0)	2 (0.3)

※ 다양한 자금수취방식 - 환치기(외국환거래법위반)

서울지방경찰청 지능범죄수사대는 보이스피싱 피해액 153억 원을 환치기 수법으로 중국에 송금한 혐의(외국환거래법 위반 등)로 환전업자 이 모(28) 씨 등 2명을 구속하고 홍 모(36) 씨 등 4명을 불구속입건했다고 1일 밝혔다. 경찰조사에 따르면 경기 시흥시에서 환전소를 운영하는 이 씨 등은 지난해 9월부터 지난 3월까지 보이스피싱 인출책이 건넨 돈을 중국 현지 총책의 계좌로 송금해 주는 등 총 153억 원을 중국으로 불법 송금한 혐의를 받고 있다. 이들은 중국 총책이 보이스피싱으로 돈을 가로채면 인출책으로부터 이 가로챈 돈을 건네받은 뒤, 자신들이 운영하는 환전소에서 총책이 지정한 중국 계좌로 돈을 송금한 것으로 드러났다. 경찰에 따르면 현행법상 환전소는 국외송금을 할 수 없다. 그러나 이 씨 등은 이른바 '환치기' 수법으로 건당 1만 원의 수수료를 받고 보이스피싱 피해금액을 해외로 빼돌렸다고 한다.[427]

※ 다양한 자금수취방식 - 전자지급수단, 상품권 기타 재화를 구매하여 전달·반출하는 행위

A 씨 등은 지난해 12월부터 올 3월까지 수도권과 부산, 베트남 일대에 사무실을 차려놓고 보이스피싱 범행을 통해 총 60명에게 32억여 원을 받아 챙긴 혐의를 받고 있다. 이들은 SNS를 통해 "기존 은행 대출을 상환하면 서민금융 대출을 통한 2.4% 저금리 대환대출을 해 주겠다"거나 "금투자, 해외선물투자, 주식투자를 하면 10배의 수익금을 주겠다"고 홍보해 범행한 것으로 조사됐다. 이들은 앞서 베트남에서 조직을 꾸려 범행을 하던 중, 신종 코로나 바이러스 감염증(코로나19) 확산에 따라 국내로 사무실을 옮겨 범행을 이어갔다. A 씨 등은 주로 수도권, 부산, 유흥가 일대 다수가 오가는 빌라나 오피스텔에 사무실을 차린 뒤, 수사망을 피하고자 1~2개월 주기로 사무실을 옮겨 다니면서 범행을 했다. A 씨 등은 범죄로 챙긴 돈을 자금세탁하기 위해 6000만 원 이상의 고가의 시계를 구입한 뒤, 구입한 돈보다 더 많은 액수를 붙여 되팔아 이득을 챙기기도 했다. A 씨는 강남에서 해외명품시계점을 운영하려다 수사에 착수한 경찰에 붙잡혔다. 경찰은 이들 중 일부 국내 조직원을 검거했다가 코로나19 확산 후 국내로 들어온 베트남 조직원까지 모두 붙잡았다. 또 체포 현장에서 현금 등 9억 4000여만 원 상당을 압수하고, 임대차보증금 및 자동차 등 3억 4000여 만 원에 대해 법원의 보전 인용 결정을 받았다. 경찰 관계자는 "지난 10월 12일부터 전화금융사기 범죄단체 가담자 특별자수기간을 운영해 자수자에 대해서는 불구속 수사 원칙으로 양형에 적극 반영될 수 있도록 할 예정"이라며 "보이스피싱 범죄 환경기반을 사전에 무력화할 방침"이라고 말했다.

---

427) 경찰, 보이스피싱 피해액 환치기 해 빼돌린 환전업자 구속, 중앙일보 2015. 5. 1. 채승기, 임지수 기자

🎖 기본 이론

불특정 다수인에 대한 사기피해확산을 방지하기 위해서는 무엇보다 사기광고를 금지할 필요가 있다. 아래에서 살펴보는 바와 같이 조직적 사기광고는 일상생활에 만연해 있다. 먼저 최근 성행하는 사기광고의 종류를 살펴보고, 이를 금지할 수 있는 방법을 살펴본다.

1. 사기 광고의 종류

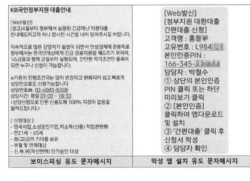

보이스피싱 유도 문자메시지	악성 앱 설치 유도 문자메시지

휴대폰 문자, 알바천국과 같은 구인구직 사이트에 주로 아르바이트 모집광고를 통해 가담자를 모집하고 있음을 알 수 있다. 최근에는 오프라인 현수막을 통해 버젓이 광고를 하고 있다. 보이스피싱 범죄가 생활 곳곳에 퍼져 있음을 알 수 있다. 대면 편취 보이스피싱이 지금 이 순간도 기승을

부리지만 '미끼' 알바 모집공고가 여전히 일상에서 활개 치고 있다. 이름만 대면 알 만한 온라인 구인구직 사이트에서부터 사회관계망서비스(SNS)·문자·현수막·생활정보지까지 구직자를 유인할 수 있는 '플랫폼'이면 온·오프라인을 가리지 않고 이미 침투했다. '채권 대행' '법률사무소 외근직' '부동산경매 업무' 등 그럴듯한 회사를 앞세워 취업이 절박한 구직자들을 끌어들이고 있다.[428] '보이스피싱 구인' 현수막, 길거리에 대놓고 걸렸다.

중장년층이든, 청년층이든 보이스피싱 행동책으로 엮이는 배경은 '취업'이다. 당장 일자리가 절박한 이들이 보이스피싱 일당이 쳐둔 거미줄에 걸린다. 다만 20~30대가 취업정보를 알바몬, 알바천국으로 대표되는 온라인 구인구직 플랫폼에서 찾았다면, 연령대가 올라갈수록 교차로, 벼룩시장 같은 생활정보지를 통해 취업정보를 접한다.

> 보이스피싱 수금책을 모집하는 것으로 의심되는 광고들은 대개 '단기/장기 배달 알바모집' '단순배송 구함' 따위의 제목을 달고 있다. 구체적으로 무슨 업무를 담당할 것인지는 대체로 명시하지 않는다. '초보 환영' '나이 무관' '일급 지급' 등의 문구로 일단 유인한 뒤 유선이나 카카오톡 등을 통해 구체적인 업무를 설명하며 포섭하는 구조다.[429]

2. 다중피해조직사기광고 금지의 필요성

불가능한 수익률을 제시하는 등 신규가입자를 이용한 폰지사기 유형 등의 경우, 무엇보다 추가 사기범행을 중단시키는 것이 중요하다. 이를 위해 압수수색영장을 조속히 신청하고, 사기 홈페이지를 차단하는 노력이 필요하나, 쉽지 않다. 후발적인 피해자가 계속적으로 피해금을 입금시켜야 본인의 원금이 회수가능한 폰지사기의 특성상, 피해자의 고소율이 매우 낮기 때문이다. 피해자 중심적 수사에서 벗어나, 피해확산방지의 측면에서 접근하는 것이 중요하다. 결국, 국가가 직권적으로 다중피해조직사기를 위한 광고를 금지시킬 수 있는 법률적 근거 규정을 마련할 필요가 있다.

---

428) [단독] '보이스피싱 구인' 현수막, 길거리에 대놓고 걸렸다 [인간 대포통장] 2021. 10. 27. 헤럴드경제 보도 인용 박준규, 박로명 기자
429) [단독] 5060도 '보피 알바'…감쪽같은 사업자등록증에 속는다 [인간 대포통장] 2021. 10. 19. 15:23, 헤럴드 경제 박준규, 박로명 기자

다중피해조직사기의 처벌

🎖 기본 이론

종래 다중피해조직사기와 관련된 법률적용상의 문제점과 그 대안을 살펴본다. 기본적으로 조직적 사기방식에 정형적으로 대응하는 마땅한 범죄 구성요건이 없다. 사기죄, 유사수신행위법, 방문판매법, 자본시장법, 특정경제범죄가중처벌법, 통신사기피해환급법 등으로 경우에 따라 규율된다. 동일한 조직적 기망해위로 인한 다중사기피해가 발생하였음에도, 사안에 따라 다른 법으로 처벌되는 것은 실무적용상의 어려움과 불합리함을 가져올 수 있다. 그 문제점을 살펴본다.[430]

1. 재산범죄

다중피해조직사기는 기본적으로 재산범죄로 의율된다. 범행계획의 측면에서는 기망을 통한 자금의 범죄조직으로의 귀속이라는 사기적 속성을 지니고 있음에도, 개인정보취득형, 대면편취형 등에 따라 사기죄 외에도 컴퓨터등사용사기죄 내지 절도죄로 의율되기도 한다.

폰지사기 내지 금융피라미드 조직의 특성상 피해자가 동시에 하위 투자자에 대한 가해자인 측면에서 내부 고소가 어렵거나 증거수집이 어렵고, 투자금을 돌려주거나 합의를 통해 고소를 취하하는 등으로 개인적 법익에 대한 재산범죄로서 사기죄 내지 **특경가법을 통해 중형이 선고되는 사례는 많지 않다.**[431] 특히 조직적 범죄의 경우, 단순히 현재 신고되어 취합된 피해금액만으로 양형을 정하는 것은 불합리 할 수 있다. 조직적 사기라는 행위의 위험성에 주목하여 그 양형을 가중할 필요가 있다. 물론 현행 양형기준에서도 이미 그 양형을 고려하고 있으나, 조직적 사기범행의 사회적 폐단을 고려할 때, 가중적 구성요건을 입법함으로써 법정형 단계에서 가중할 필요가 있다.

(1) 특정경제가중처벌법 - 상습사기

피해금액에 따른 사기죄의 양형상 가중처벌은 특정경제가중처벌법에 의한다. 사기 피해자가 여

---

430) 최근 통신사기피해환급법이 개정되었으나, 아직 시행 이전일 뿐 아니라, 시행 이전의 행위는 기존 처벌 법령에 의하는 만큼 종래의 논의를 그대로 소개한다.
431) 신종 금융피라미드 영업규제를 위한 법제 개선방안, 문상일 교수(인천대 법학과), 법률신문, 2016. 3. 24.

러 명이라 특경법상 사기죄에 해당하는 편취금액을 충족하지 못해 비교적 낮은 형량의 형법상 사기죄로만 처벌받는 경우도 있다. 일반사기는 편취금액을 산정할 때 각 피해자별 편취금액을 별건으로 취급하므로 합산할 수 없기 때문에 1명의 피해자에게 5억 원 이상의 피해가 발생하지 않을 경우 특경법을 적용할 수 없다. 반면 상습사기는 포괄일죄에 해당하므로 특경법상 사기죄를 적용할 수 있는 가능성이 높다. 그러나 상습사기로 기소하기 위해서는 사기의 습벽이 인정되는 사실자료를 제출해야 한다.[432) 가령 투자사기와 관련해서 하급심 가운데는 특히 기망행위가 인정되어 사기죄가 성립한다고 하더라도, 피해자별로 설명한 내용이 다르고, 이면계약의 체결 여부 등 범행방법에 차이가 있는 경우 피해자들에 대한 각 범행이 단일하고 계속된 사기습벽에 의한 상습사기죄를 구성한다고 볼 수는 없다고 본 사례가 있다.[433)

> 특히 처음부터 장기간에 걸쳐 불특정 다수로부터 회원가입비 명목의 금원을 편취할 목적으로 상당한 자금을 투자하여 성인사이트를 개설하고 직원까지 고용하여 사기행위를 영업으로 한 경우에는 그 행위의 반복성이 영업이라는 면에서 행위 그 자체의 속성에서 나아가 행위자의 속성으로서 상습성을 내포하는 성질을 갖게 되고, 또한 이미 투자한 자금에 얽매여 그러한 사기행위를 쉽게 그만둘 수 없다는 자본적 또는 경제활동상의 의존성도 습벽의 내용이 될 수 있으므로 상습성을 인정할 수 있다.

상습성과 조직성은 양형가중의 입법취지가 다르며, 조직성은 그 자체 행위의 위험성으로 사기죄의 가중적 구성요건으로 볼 수 있어야 한다. 나아가 다중피해조직사기에 대해서도 특경가법과의 균형상 이득액에 따라 처벌수위를 정하는 것이 필요하다.

2. 통신사기피해환급법

통신사기피해환급법은 전화금융사기에 대응하기 위한 입법이나, 인출행위가 배제된 점, 물품사기를 배제하는 점 등으로 그 적용범위가 협소하다는 지적이 있다.

(1) 인출행위 배제

보이스피싱 범행에서 인출행위는 인출책에 의한 공범가담행위로 볼 수 있으나, 단순 인출행위만으로는 사기방조혐의를 입증하지 못하는 경우에는, 처벌하기 어려운 맹점이 있다.

---

432) 대법원 2006. 9. 8. 선고 2006도2860 판결
433) 서울중앙지방법원 2016. 4. 4. 선고 2015고합974, 995(병합), 1010(병합), 1021(병합) 판결

통신사기피해환급법 제2조 제2호 본문, 처벌조항의 문언과 내용 및 처벌조항의 신설 취지 등을 종합하면, 전기통신금융사기로 인하여 피해자의 자금이 사기이용계좌로 송금·이체된 후 계좌에서 현금을 인출하기 위하여 정보처리장치에 사기이용계좌 명의인의 정보 등을 입력하는 행위는 '전기통신금융사기를 목적으로 하는 행위'가 아닐 뿐만 아니라 '전기통신금융사기의 대상이 된 사람의 정보를 이용한 행위'가 아니라서, 처벌조항이 정한 구성요건에 해당하지 않는다.[434]

전체 조직적 범행계획에 의해 예정된 행위임에 비추어 이를 처벌할 정범 구성요건 표지를 마련할 필요성이 있음은 물론이다.

(2) 물품 내지 용역의 거래를 가장한 행위 제외

물품사기 내지 투자사기 등의 경우는 동법의 적용범위에서 제외되며, 지급정지도 불가하다. 이로 인해 많은 수의 피해구제의 골든타임을 놓치게 되는 경우가 적지 않다. 그 취지는 단순 변심에 따른 신고나 허위 신고로 인한 피해 등을 막기 위함이나, 신종 범죄에 법이 따라가지 못하는 것이라고 하나[435] 경찰신고단계에서 단순 변심과 허위신고를 막을 수 있다는 점에서 입법취지는 정당하다고 볼 수 없다.

3. 방문판매법, 유사수신행위규제법

위 법률은 조직적 사기범행에 정합하는 법률이 아니며, 개별 사건에 따라 특별법의 적용여부를 결정할 뿐이다. 가령 **방문판매법은 등록 다단계업자나 후원방문판매업자를 적용대상으로 하고 있어 미등록 피라미드 업체에 대해서는 그 적용이 없으며, 유사수신행위규제법은 형사처벌 수위가 5년 이하의 징역형에 불과**하여 이득액에 비해 형사처벌 수위가 지나치게 낮다는 점에서 조직적 사기범행에 대응하는 형사처벌도 보기 어렵다.

4. 범죄단체조직죄의 적용문제

대법원은 유명한 2016. 5. 12. 선고 2016도122 판결과 2017. 10. 26. 선고 2017도8600 판결에서 보이스피싱에 대하여 형법 제114조 범죄단체조직죄의 성립을 인정하였다. 이로써 보이스피싱 범죄는 범죄수익은닉의 규제 및 처벌 등에 관한 법률상 중대범죄로서 그 대포통장으로 금원을 송금

---

434) 대법원 2016. 2. 19. 선고, 2015도15101, 전원합의체 판결
435) 카톡서 투자전문가 사칭 "입금해라"…돈 빼간 뒤에야 지급정지, 등록 : 2021. 1. 29. 김윤주, 한겨레

받은 행위를 동법상 가장행위로 보아 자금세탁범죄로 처벌하는 한편 범죄수익 추징이 가능하게 되었다. 형법 제114조의 기본적인 규정 내용과 입법연혁은 다음과 같다.

(1) 범죄단체

형법 제114조는 '사형, 무기 또는 장기 4년 이상의 징역에 해당하는 범죄를 목적으로 하는 단체 또는 집단을 조직하거나 이에 가입 또는 그 구성원으로 활동한 사람은 그 목적한 죄에 정한 형으로 처벌한다'고 규정하고 있다.

당초 형법은 '범죄를 목적으로 하는 단체'만을 규정하고 있다가 2013. 4. 5. 일부개정을 통해 '범죄를 목적으로 하는 집단'을 처벌하는 규정이 추가되었는데, 이는 2000. 12. 13. 우리나라가 서명한 「국제연합국제조직범죄방지협약」(United Nations Convention against Transnational Organized Crime) 및 「인신매매방지의정서」의 국내적 이행을 위한 입법으로서, "현행 범죄단체조직죄는 법정형의 제한 없이 범죄를 목적으로 단체를 조직하기만 하면 구성요건에 해당하게 되어 그 처벌범위가 너무 넓다는 비판이 제기되어 왔으며, 「국제연합국제조직범죄방지협약」도 법정형이 장기 4년 이상인 범죄를 목적으로 하는 단체를 조직하는 행위 등을 범죄화하도록 규정하여 범위를 제한하고 있고, 한편, 현재는 범죄단체에는 이르지 못하였으나 그 위험성이 큰 범죄집단을 조직한 경우에 관한 처벌이 미비한 실정이므로, '사형, 무기 또는 장기 4년 이상의 징역'에 해당하는 범죄를 목적으로 하는 단체의 조직 행위를 처벌하도록 하여 그 범위를 제한함으로써 「국제연합국제조직범죄방지협약」의 내용과 조화를 이루게 하는 한편, 범죄단체뿐만 아니라 이에 이르지 못한 범죄집단을 조직한 경우에도 처벌하도록 하는 것"을 주요 개정내용으로 삼고 있다.[436]

그러나 범죄단체조직죄의 처벌을 위해서는 대법원은 다음과 같은 엄격한 요건을 요구하고 있다.

① 범죄단체의 개요, ② 범죄단체 활동 목적, ③ 사무실 등 물적 시설, ④ 범행 대상, ⑤ 범행 수법, ⑥ 체계적인 역할 분담, ⑦ 조직 구조 및 직책, ⑧ 통솔체계, ⑨ 범죄수익 분배 방법, ⑩ 보고체계, ⑪ 근태관리, ⑫ 실적 독려, ⑬ 신규 조직원 교육, ⑭ 검거대비 조치, ⑮ 조직유지 방법

(2) 범죄집단

그리고 최근 범죄단체보다 완화된 기준을 설시한 범죄집단의 성립요건은 다음과 같다.

---

436) 인천지방법원 2020. 5. 29. 선고 2019노4317 판결

형법 제114조에서 정한 '범죄를 목적으로 하는 집단'이란 특정 다수인이 사형, 무기 또는 장기 4년 이상의 범죄를 수행한다는 공동 목적으로 구성원들이 정해진 역할분담에 따라 행동함으로써 범죄를 반복적으로 실행할 수 있는 조직체계를 갖춘 계속적인 결합체를 뜻한다. '범죄단체'에서 요구되는 '최소한의 통솔체계'를 갖출 필요는 없지만, 범죄의 계획과 실행을 용이하게 할 정도의 조직적 구조를 갖추어야 한다.[437]

다만, 범죄단체조직죄와 관계에서 살펴볼 때, 다중피해조직사기를 특별히 금지·처벌하는 이유는, 그 조직적 사기 수법의 위험성으로 인한 대규모 피해의 확산을 방지하는데 있으며, 조직행위 그 자체를 처벌하고자 함이 아니다. 결국 다중피해조직사기의 성립요건으로 사기범행을 공동목적으로 할 필요는 없다는 점에서, 형법 제114조 소정의 범죄단체조직죄는 지나치게 엄격하다는 문제점이 있다. 실례로 당처부터 범죄목적이 없다는 이유 등으로 무죄선고되는 사례가 발생한다.[438] 뿐만 아니라 조직사기의 공범가담구조를 반영하지 못한 일반적인 범죄일반에 대한 범죄단체조직행위 처벌입법이라는 점에서 다중피해조직사기 처벌에 적합하다고 보기 어렵다.

5. 가담자에 대한 처벌문제

보이스피싱의 경우 해외에서 주로 활동하는 주범을 검거하는 경우는 찾아보기 어렵다. 취업이나 알바를 위한 광고에 현혹되어 선의 내지 미필적 고의에 의해 가담되어 처벌되는 경우가 많다. 이들에 대한 형사처벌이 보통 문제된다.

(1) 사기 내지 사기방조

사기죄의 공동정범이나 사기방조 혐의를 수사한다. 그 구별이 문제된다. 보통 대가를 약속받고 한 경우에는 사기의 공동정범으로 처벌한다.

피고인이 비록 성명불상 조직원들의 사기범행의 세부적인 내용이나 방법에 대하여 구체적으로 인식하지는 못하였다고 하더라도, 성명불상자와의 의사연락에 기한 상호이해를 통하여 자신이 하는 현금 수거 행위가 일련의 보이스피싱 사기 범죄를 실현하는 본질적이고 불가결한 한 과정이라는 것을 미필적으로나마 인식하면서 자신도 그에 따른 이익을 취득하기 위하여 다른 조직원의 행위를 이용하는 의사를 가지고 있었다고 보이므로, 피고인에게는 이 사건 사기 범행에 대한 공동가공의 의사가 있었다고 보는 것이 타당하다. 또한, 피고인의 현금 수거행위는 보이스피싱 사기 범죄의 구성요건을 직접 실현하는 것으로서 범행계획의 수행에 필요불가결한 부분이므로 기능적 행위지배도 충분히 인정된다.

---

437) 대법원 2020. 8. 20. 선고 2019도11731 판결 참조
438) 대구지방법원 2019. 1. 30. 선고 2018노2951 판결

1) 보이스피싱 사기 범죄는 철저히 분업화·조직화되어 있으며 총괄적으로 범행을 지휘하는 총책, 피해자를 기망하는 유인책, 통장이나 체크카드의 모집과 전달책, 현금수거책 또는 전달책 등 각 역할을 담당하는 공범들이 점조직을 형성하여 이루어지는 조직적인 범죄로서 위 사람들 사이에 순차적 공모의 형태로 범죄가 행하여지는 것이 일반적이다. 앞에서 본 법리에 따라, 반드시 보이스피싱 사기 범행의 실체와 그 전모, 공범자들을 전체적으로 파악하고 있어야만 공동정범이 성립하는 것은 아니므로, 피고인이 현금 수거와 관련한 지시만 받고 나머지 전체 범행의 세부적인 내용과 방법을 몰랐다고 하여 정범성이 부정되지는 않는다.

2) 보이스피싱 사기 범죄는 상당한 기간 계속되어 왔고, 그 대략적 모습이나 폐해 등이 언론 등을 통하여 널리 알려져 있으며, 온라인 거래가 일상화된 현실에서 서로 모르는 사람 사이에 거액의 현금을 수수하는 행위는 누구든지 보이스피싱 사기 범죄와의 관련성을 의심할 여지가 있다.

3) **피고인은 구인구직 사이트인 'E'의 구인광고를 통하여 스포츠용품 판매업체에 입사신청을 하였다가, 위 업체관계자의 소개로 다른 회사의 '수탁관리' 업무를 하게 된 것이라 주장한다. 그런데 피고인은 위 회사에 채용되는 과정에서 대면 혹은 온라인을 통한 면접을 받지 않았고, 위 회사에 직접 방문하거나 직원들을 만난 적도 없다. 또한 위 회사는 거액의 현금을 수거하는 업무에 피고인을 채용하면서 그의 신용 이나 재정상태를 확인하거나 신원보증을 위한 별다른 조치를 취하지도 않았다.**

4) 피고인은 D를 통해 일명 'C 팀장'이라는 성명불상자의 지시에 따라 피해자를 만나 현금을 수거하면서 피고인의 실명이 아닌 'F 대리'라는 가명을 사용하면서 금융기관 직원 행세를 하였고, 현금수령 시 피해자에게 영수증을 교부하지도 않았다. 그 후 피고인은 피해자로부터 받은 돈에서 수고비 등을 공제한 나머지 돈을 'C 팀장'이 알려준 타인 명의의 계좌에 100만 원씩 나누어 무통장입금을 하였다. 이러한 업무 방식은 정상적인 금전수납 등의 업무와 비교하여 그 태양에 현격한 차이가 있고, 오히려 널리 알려진 보이스피싱 사기 범행의 전형적 수법과 일치한다.

5) 사기범죄의 공범들 사이에 분배된 이익의 규모만으로 기능적 행위지배의 여부를 판단할 수는 없다. 더욱이 피고인은 'C 팀장'의 지시에 따라 피해자를 만나 현금을 교부받고 'C 팀장'이 지정하는 계좌로 송금하는 업무를 하면서 교통비 등 실비를 제외하고 매번 12만 원의 수당(교통비 등 포함하여 30만 원)을 지급받았는데, 이는 피고인이 행하였던 업무의 내용 및 난이도에 비하면 적지 않은 금액이다. 피고인은 자신이하는 업무에 비하여 높은 수당을 받는다는 사실을 알고 있었고, 피고인 스스로도 개인의 이득을 위하여 불상자의 범행을 이용하여 손쉽게 수당을 벌고자 하였다.

6) 피고인이 현금으로 수금하거나 수금하려다 미수에 그친 돈은 2022. 5. 18.부터 2022. 6. 7.까지 21일간 합계 203,570,000원(기수에 이른 금액은 총 182,570,000원)에 이르는 거액이었고, 앞서 본 바와 같이 피고인이 행한 업무방식은 일반인의 관점에서 보더라도 그 불법성을 쉽게 인지할 수 있을 정도로 이례적이고 비정상적이었다. 이에 대하여 피고인은 수사기관에서 '상식적으로는 말이 안 되는 것을 알고 있었으나 시키는 대로 하였다'고 진술하거나, '불법적인 일임을 알고도 경제적인 사정 등을 이유로 계속하였다'는 취지로 진술하기도 하였다.

7) 이 사건 범행의 피해자들은, "기존의 대출금을 변제해야 추가 대출이 가능하다. 상환을 위하여 금융기관 직원들 보낼 테니 기존 대출금을 현금으로 인출하여 직원에게 건네라."는 성명불상자의 기망행위에 속아 범죄현장에 고액의 현금을 가지고 나왔고, 금융기관 직원 행세를 하는 피고인에게 위 현금을 전달하였다. 그리고 피고인은 위와 같이 수령한 현금을 100만 원 단위로 나누어 타인의 주민등록번호를 이용하여 조직원들에게 전달하였다. 이러한 피고인의 행위는, 기망행위 및 착오에 빠진 피해자의 처분행위라는 사기죄의 구성요건의 실현을 용이하게 하거나 단지 도와주는 정도에 그치는 것이 아니라, 직접 기망행위에 가담하여 피해자의 착오상태를 유지 또는 강화한 다음 자신의 의사에 따라1) 돈을 건네받아 최종적으로 조직원들에게 전달하는, 보이스피싱사기 범행의 전체적인 계획을 궁극적으로 완성하는 범죄구성요건의 실현행위이다. 따라서 앞서 본 법리에 비추어, 공동가공의 의사에 기한 기

PART II. 사기죄　**319**

능적 행위지배가 있다고 평가할 수 있다.[439)]

A. 시간적 한계 : 사후종범 불성립

종범은 정범의 실행행위 전이나 실행행위 중에 정범을 방조하여 그 실행행위를 용이하게 하는 것을 말하므로 정범의 범죄 종료 후의 이른바 사후방조를 종범이라고 볼 수 없다.[440)] 한편 사기죄는 즉시범으로서 기수시기와 범행의 종료시기가 일치하는 범죄이고, 이 사건과 같은 전기통신금융사기의 범인이 피해자를 기망하여 피해자의 돈을 사기이용 계좌인 이른바 대포통장 계좌로 송금·이체 받았다면 이로써 편취행위는 종료되고 이미 기수에 이른다.[441)]

(공소사실) 이 사건 사기 범행의 정범인 성명 불상의 보이스피싱 조직원이 2017. 3. 26. 피해자 E를 기망하여 위 피해자로부터 ㈜F 명의의 기업은행 계좌로 7회에 걸쳐 합계 4,720,800원을 송금 받아 이를 편취하였고, 피고인은 2017. 4. 6. 위 성명 불상의 조직원으로부터 지시를 받은 일명 'H'의 부탁을 받고 같은 날 위 기업은행 계좌에서 13,420,000원을 인출한 후 'H'에게 전달하여 위 성명 불상의 보이스피싱 조직원의 사기 범행을 방조하였다는 것이다.

(판단) 사기죄의 정범인 성명 불상의 보이스피싱 조직원이 위 피해자로부터 피해금을 송금 받은 때인 2017. 3. 26.에는 위 사기죄의 공동정범들이 편취금을 자유롭게 처분하거나 사용할 수 있는 상태에까지 이르렀으므로 이 사건 사기 범행은 종료되어 이미 기수에 이르렀다고 보인다. 따라서 위와 같이 이 사건 사기 범행이 종료된 이후에 편취금을 해당 계좌에서 출금하여 'H'에게 전달한 피고인의 행위가 이 사건 사기 범행의 방조에 해당하려면, 피고인의 범행가담 시점(다시 말해 최초 'H'으로부터 편취금의 출금을 부탁을 받은 시점)이 이 사건 사기 범행이 종료되기 이전이라는 점에 관하여 합리적 의심을 배제할 정도로 증명되어야 할 것이다. 그러나 피고인이 이 사건 사기 범행이 종료되기 이전에 'H'으로부터 편취금의 출금을 부탁받았다는 점에 관하여 이를 인정할 별다른 자료가 없고, 오히려 공소사실에 따르더라도 피고인이 2017. 4. 6. 'H'으로부터 편취금의 출금을 부탁받았다는 것이다. 결국, 'H'의 부탁을 받고 위 기업은행 계좌에서 편취금이 포함된 13,420,000원을 인출한 후 'H'에게 전달한 피고인의 행위는 이미 정범의 사기 범행이 종료된 이후의 사후방조에 불과한 것으로 볼 여지가 있으므로 장물취득죄나 범죄수익은 닉의규제및처벌등에관한법률위반죄 등이 성립할 수 있음은 별론으로 하더라도 이 사건 사기 범행의 종범에 해당한다고 보기는 어렵다. 이는 설령 피고인이 이 사건 돈이 사기 범행으로 인한 편취금이라는 사정을 알았다고 하더라도 마찬가지이다.[442)]

---

439) 대전지방법원 2023. 4. 6. 선고 2022노3417 판결
440) 대법원 2009. 6. 11. 선고 2009도1518 판결 참조
441) 대법원 2017. 5. 31. 선고 2017도3045 판결, 대법원 2016. 2. 19. 선고 2015도15101 전원합의체 판결
442) 서울북부지방법원 2019. 1. 25. 선고 2018노1735 판결

이와 같이 공범처벌 논리는 조직적, 계획적, 분업적 범죄라는 다중피해조직사의 특징에 부적합한 것이다. 인출책이나 전달책의 행위는 본 법률안에서 말하는 자금이탈행위로서 조직범죄행위에 속하며 정범처벌의 논리로 구성함이 타당하다.

B. 방조범 성립요건으로서 정범의 고의의 내용

방조범에게는 방조의 고의와 정범의 고의가 있어야 한다. 따라서 정범의 실행행위를 용이하게 한다는 인식뿐 아니라, 그 정범의 실행행위가 구성요건에 해당하는 행위라는 인식까지 요한다.

법원은 사기방조에서 정범의 고의 인식정도와 관련하여, **그 정범의 실행행위의 구체적 내용(일시, 장소, 객체 등)까지 정확히 인식할 필요는 없을 것이나, 정범에 의하여 실현되는 범죄의 본질적 요소 정도는 인식하고 있는 경우에만 고의가 인정된다고 본다. 다수의 가능성 가운데 하나로 어떤 불법적인 일에 쓰일 수도 있겠다는 정도의 막연한 불안, 생각, 예상 정도만으로는 그 고의를 부정하고 있다.**[443]

사기방조의 점에 대하여, 방조는 방조의 고의와 정범의 고의가 있어야 하는데, 피고인 B가 피고인 A에게, 피고인 A가 피고인 C에게, 피고인 C가 성명불상의 중국인에게 E 등 명의로 개설된 수십 개의 통장 및 현금카드를 순차로 매도할 당시 성명불상의 중국인 등이 이를 이용하여 피해자들로부터 금원을 편취하려고 한다는 사정을 알았다고 인정할 증거가 없고, 그 당시 피고인들이 위 통장 및 현금카드가 막연히 범죄에 이용될 수 있으리라는 점을 알았다는 것만으로는 정범의 고의가 있었다고 볼 수 없다는 이유로 무죄를 선고하였는바, 이러한 원심의 조치는 사실심 법관의 합리적인 자유심증에 따른 것으로서 기록에 비추어 수긍이 간다.[444]

특히 피고인이 수거하여 전달한 인터넷 전화기가 보이스피싱 사기 범행에 이용됨으로써 결과적으로 피고인의 행위가 보이스피싱사기 범행을 용이하게 하였지만, 행위 당시 피고인이 심부름센터에 등록된 퀵서비스 기사였고, 의뢰한 심부름도 인터넷 전화기가 설치되면 수거하여 보내달라는 것으로 복잡한 일이 아니었으며, 그로 인한 대가가 일반적인 퀵서비스 업무로 인한 수익보다는 컸지만 피고인의 주거지와 인터넷 전화기가 설치된 장소의 거리, 피고인이 그 장소에서 대기한 시간 등을 고려하였을 때 보이스피싱 사기 범행에 가담한다고 의심할 정도로 이례적으로 고액은 아니었던 것으로 보이고, 설치된 인터넷 전화기 수거·전달 행위 외에 달리 현금 인출 등의 보이스피싱과 연관된 작업을 의뢰받지 않은 점을 고려할 때 검사가 제출한 증거만으로 피고인에게 미필적이나마 보이스피싱 사기 범행을 방조한다는 고의가 있었다고 단정하기 어려운 점 등에 비추어 원심 판단을 살펴보면, 원심이 그 판시와 같은 이유로 공소사실을 무죄로 판단한 것은 충분히 수긍할 수 있다.[445]

---

443) 수원지방법원 안산지원 2019. 4. 18. 선고 2018고단4459, 2019초기31 판결
444) 대법원 2008. 6. 26. 선고 2008도1239 판결
445) 수원지방법원 2019. 8. 23. 선고 2019노2120 판결, 대법원 2019. 11. 28. 선고 2019도12940 판결

그러나 보이스피싱 등 조직적 사기의 사회적 폐단과 심각성은 널리 홍보되어 국민일반에게 알려져 있다는 점에 비추어, 미필적 고의 인정에 따른 고의범죄의 유무죄 뿐 아니라, 과실죄를 도입함이 타당하다. 즉 자금이탈행위 내지 자금 귀속행위에 가담한 경우에, 가담정도 고의의 인식정도에 따라, ① 사기죄의 공동정범 내지 사기방조 ② 고의 자금이탈행위 내지 자금귀속행위 ③ 과실 자금이탈행위 내지 자금귀속행위로 분류함이 타당하다.

(2) 금융실명법위반

가령 고객이 입금한 돈을 인출하여 환전소 직원에게 전달해 주면 되며, 월 400-600만 원을 지급하겠다는 등, 사기 피해 입금 계좌를 이용하게 해달라는 부탁들 받고 보이스피싱 범행에 가담한 경우이다. 금융실명거래및비밀보장에관한법률위반방조로 처벌이 가능한 경우가 있다.

1) 유죄사례

[공소사실의 요지] 피고인은 성명불상자로부터 보이스톡으로 "마카오에 본사가 있고, 한국에 체인점이 있는데 한국에 있는 고객들을 상대로 환전해 주는 업무를 한다. 10:00부터 16:00까지 일하고, 월 400~600만 원을 지급하겠다. 고객이 입금한 돈 940만 원을 인출하여 우리가 보내는 환전소 직원에게 건네줘라."라는 취지의 말을 듣고 이를 승낙하여 피고인 명의의 계좌를 성명불상자의 탈법행위에 제공하기로 마음먹었다. 피고인은 보이스톡으로 성명불상자에게 피고인 명의 신협 계좌를 알려주고, 성명불상자는 전화금융사기 범행을 통해 공소외인으로부터 940만 원을 피고인 명의 신협 계좌로 송금 받고, 피고인은 이를 인출하여 청주시에 있는 우편취급국에서 수수료 15만 원을 제한 나머지 925만 원을 성명불상자에게 건네주었다. 이로써 피고인은 성명불상자가 탈법행위를 목적으로 타인인 피고인의 실명으로 금융거래를 하는 것을 용이하게 하여 이를 방조하였다.
[사실관계] 1) 피고인은 직원을 구한다는 취지의 광고 문자를 받고 전화를 하였고, 성명불상자로부터 "마카오에 본사가 있고 한국에 체인점이 있는데, 한국에 있는 고객들을 상대로 환전해 주는 업무를 한다. 고객이 입금한 돈을 인출하여 환전소 직원에게 전달해 주면 된다. 월 400-600만 원을 지급하겠다."라는 취지의 말을 듣고 피고인 명의 신협 계좌의 계좌번호를 알려주었다. 2) 성명불상자는 전기통신금융사기 범행을 하여 공소외인으로부터 940만 원을 편취하였는데 그 편취금을 피고인 명의 신협 계좌로 송금 받았다. 3) 피고인은 2019. 1. 29. 성명불상자의 지시에 따라 자신의 신협 계좌에서 925만 원을 인출하여 성명불상자가 보낸 사람에게 건네주었다. 4) 피고인은 환전하는 방식에 대해서 이상한 생각이 들지 않았느냐는 경찰의 질문에 "은행을 이용하면 수수료가 비싸서 개인 환전소를 이용한다고 생각했다."라고 진술하였다.
[판단] 전기통신금융사기의 범인이 사기 범행을 통한 편취금을 자신이 아닌 타인 명의 금융계좌로 송금 받는 이유는 범죄수익을 은닉하고 범인의 신원을 은폐하기 위한 것으로, 타인 실명의 금융거래를 범죄의 수단으로 악용하는 전형적인 경우이므로 이 사건 규정이 말하는 '탈법행위'를 목적으로 한 타인 실명 금융거래에 해당한다. 한편, 외국환거래법은 외국환업무에 해당하는 환전 영업을 하기 위해서는 일정한 요건을 갖추어 등록을 하도록 하고(제8조), 등록을 하지 않고 외국환업무를 한 자를 처벌하도록 규정하고 있는바, 무등록 환전 영업은 그 자체로 범죄행위일 뿐 아니라 불법적인 자금의 세탁, 조세포탈, 횡령 등 다른 범죄의 수단이 되기도 하는 행위이므로, 무등록 환전 영

업을 위하여 타인의 금융계좌를 이용하여 금융거래를 하는 것은 이 사건 규정이 말하는 '탈법행위'를 목적으로 한 타인 실명 금융거래에 해당한다. 피고인은 정범인 성명불상자가 이 사건 규정에서 말하는 '탈법행위'에 해당하는 무등록 환전영업을 하기 위하여 타인 명의로 금융거래를 하려고 한다고 인식하였음에도 이러한 범행을 돕기 위하여 자신 명의의 금융계좌 정보를 제공하였고, 정범인 성명불상자는 이를 이용하여 전기통신금융사기 범행을 통한 편취금을 송금 받아 탈법행위를 목적으로 타인 실명의 금융거래를 하였다. 그렇다면, 피고인에게는 구 금융실명법 제6조 제1항 위반죄의 방조범이 성립하고, 피고인이 정범인 성명불상자가 목적으로 삼은 탈법행위의 구체적인 내용이 어떤 것인지를 정확히 인식하지 못하였다고 하더라도 범죄성립에는 영향을 미치지 않는다.

2) 무죄사례 - 허위의 거래실적을 쌓아 대출받기 위해

[공소사실의 요지] '허위의 거래실적을 쌓아 대출을 받기 위해 입출금하는 행위'가 금융실명거래 및 비밀보장에 관한 법률(이하 '금융실명법'이라 한다) 제6조 제1항, 제3조 제3항의 '그 밖의 탈법행위'에 해당하고, 성명불상자가 그와 같은 탈법행위를 목적으로 피고인의 실명으로 금융거래를 하였다는 것이다.

[사실관계] 1) 피고인은 1,800만 원을 1,000만 원, 800만 원으로 나누어 다른 두 명에게 전달한 후 다시 C 부장이라는 사람의 지시에 따라 J조합 강서지점에서 2,500만 원을 인출하였는데, 수금을 하러 온 직원의 수상한 점(C의 말과 달리 수금직원이 1,000만 원을 받았던 동일한 직원이었고, 서울에서 청주로 이동한 경위에 관하여 C 부장이라는 사람과 위 직원의 진술이 다르고, 차량 이동 시 휴대폰에 '대환대출사칭'이라고 기재되어 있었던 점)을 발견하고 위 수금직원에게 2,500만 원을 전달해 주는 대신 차량에 태워 강서지구대로 이동하였다. 그런데 위 수금직원이 차량에 내려 달아나자   아갔으나 놓친 후 강서지구대에서 상황을 설명하고 2,500만 원을 지구대 근처 D 조합에 입금하여 지급정지신청을 하였다.

2) 비록 피고인이 C로부터 대환대출을 받기로 하면서 대출 관련 서류를 작성하지는 않았지만, K 조합 직원 L에게 신분증, 통장 사본, 주민등록등·초본, 재직증명서 등을 팩스로 보내었던 것으로 보이며, 피고인의 변소와 같이 신용등급을 올린 후 구체적으로 대출이 실행될 때 대출 관련 서류를 작성한다고 오인할 가능성도 배제할 수 없다.

3) 피고인은 첫 번째 수금직원의 소속이나 연락처를 확인하지 않기는 했지만, 행색 등에서 수상한 점이 있어 직원의 사진 및 '대환대출사칭'이라고 쓰인 휴대폰 사진을 촬영하였다.

4) 피고인에게 전자금융거래법위반죄나 보이스피싱 범죄 등의 동종 처벌 전력이나 수사받은 전력이 없고, 피고인은 당시 부담하고 있던 대출금의 금리인 29%보다 낮은 20% 이하의 금리로 대환대출을 받을 수 있을 것이라 기대하였을 뿐 달리 보이스피싱 범죄자들로부터 돈을 인출해서 전달해 주는 행위에 대한 이익을 취득하거나 약속받은 사실이 전혀 없다.

5) 피고인의 H 조합 계좌는 이 사건 범행 이전인 2015. 4. 24.에 개설되어 피고인이 주거래 계좌로 사용하고 있었는데, 피고인이 가담한 행위가 보이스피싱 범죄의 일환인 사실을 알았다면 자신의 신분이 발각될 것임을 충분히 예견할 수 있음에도 자신의 D 조합 계좌로 송금된 돈을 인출하여 보이스피싱 전달책에게 주었을 것으로 보이지 않는다.

[판단] 방조범은 타인의 범죄를 방조하는 것으로서 타인(정범)의 범죄를 전제로 성립하는 것이므로, 정범의 범죄가 구성요건에 해당하고 위법해야 한다. 아래와 같은 사정에 비추어 보면, 검사가 제출한 증거들만으로는 정범인 성명불상자의 '허위의 거래실적을 쌓아 대출을 받기 위해 입출금하는 행위'가 이 사건 금융실명거래및비밀보장에 관한법률위반죄의 구성요건을 갖춘 위법한 행위라고 보기 어렵다. 따라서 피고인을 금융실명거래및비밀보장에관한 법률위반죄의 방조범으로 처벌할 수 없다.

2) 한편 금융실명법 제3조 제3항과 같이 예시적 입법형식으로 된 법률규정을 해석함에 있어서는 구체적으로 열거된 예시로부터 추론되는 공통적 판단기준의 한계 내에서 그 예시에 준하는 사례만을 규율대상으로 삼아야 하고, 그와 같은 한계를 넘어서는 해석은 죄형법정주의의 명확성 원칙에 반하는 것으로 허용될 수 없다. 따라서 금융실명법 제3조 제3항의 '그 밖의 탈법행위'는 불법재산의 은닉, 자금세탁행위, 공중협박자금조달행위 및 강제집행의 면탈에 준하는 정도에 이르러야 한다고 볼 것이다. 그런데 이 사건에서 '허위의 거래실적을 쌓아 대출을 받기 위해 입출금하는 행위'가 구체적으로 어떤 법률에 의한 규제를 회피하기 위한 탈법행위인지에 대해서는 특정된 바도 없을 뿐만 아니라, 그와 같은 행위가 불법재산의 은닉, 자금세탁행위, 공중협박자금조달행위 및 강제집행의 면탈에 준하는 탈법행위라고 단정하기 어렵다.

3) 나아가 검사가 제출한 증거들만으로는 보이스피싱 조직원인 성명불상자가 피고인에게 말한 대로 '허위의 거래실적을 쌓아 대출을 받기 위해 입출금하는 행위'를 하였다고 인정할 증거가 없다(성명불상자는 피고인에게 말한 것과 달리, 보이스피싱 범행을 하여 편취금을 피고인 계좌로 입금하게 한 것이다). 또한 설령 피고인이 대출을 받을 수 있도록 허위의 거래실적을 쌓기 위해 피고인 명의 계좌로 입출금을 하였다고 해서 성명불상자가 피고인의 실명으로 금융거래를 하는 것이라고 보기도 어렵다.

(3) 전자금융거래법위반

계좌명의를 대여하고 대포통장을 만들어 준 경우 전자금융거래법위반으로 처벌됨은 물론이다.

예제 **현대캐피탈 직원**

갑은 문자메시지로 온 대출광고를 보고 070-○○○○-○○○○로 전화를 하여 김아연이라는 상담원과 통화하였다. 위 상담원은 자신을 '현대캐피탈' 직원이라고 하면서 800만 원까지 대출승인이 가능하다고 하였다. 이에 갑은 400만 원을 대출받고 싶다고 하였다. 그 후 다시 위 상담원이 070-○○○○-○○○○로 갑에게 전화를 걸어, 갑은 소득이 없어 대출을 받으려면 거래실적이 있어야 하는데 통장에 돈을 입금하였다 출금하였다 하면 거래실적이 쌓여 대출이 가능하다고 하면서, 통장사본, 체크카드, 신분증사본을 보내달라고 하였다. 위 상담원은 대출승인이 나면 이자를 가르쳐 준다고 하였고, 위 체크카드는 갑의 사무실로 다시 보내준다고 하였다. 이에 갑은 자기 명의로 가입하고 발행한 신한은행 통장의 사본, 그 체크카드, 신분증 사본을 화물 밴 퀵서비스를 통해 보내주었고, 전화로 체크카드의 비밀번호도 가르쳐 주었다.

[해설] 청구인은 대출 광고 문자메시지를 보고 전화를 걸어 상담원과 대출 상담을 하였고, 체크카드 등을 보내주면 신용대출을 받을 수 있을 것으로 기대하고 이를 교부한 점, 상담원은 자신을 '○○캐피탈' 직원이라고 하였으며, 청구인은 대출을 위해 거래실적을 쌓아야 한다는 상담원의 말에 따라 ○○에서 개설한 통장의 사본과 그 체크카드를 보내준 점, 청구인은 1개의 통장사본 및 그 체크카드를 보냈는데 위 통장은 청구인이 2011년에 개설하여 계속 사용하던 것인 점, 대출한도, 청구인이 원하는 대출금액, 이자 등 대출약정의 조건에 대하여 어느 정도 이야기가 이루어진 점, 비록 그 시기 등이 분명하지는 않지만 교부한 체크카드 등을 돌려받을 방법과 장소가 정해져 있었던 점, 청구인이 위 체크카드 등을 보내 준 것에 대하여 어떠한 대가를 지급받았다는 사정은 보이지 않는 점 등을 종합하여 보면, **청구인은 대출업 상담원임을 가장한 사람의 거짓말에 속아 오로지 대출을 받을 목적으로 그에게 접근매체인 체크카드를 일시 사용하도록 위임한 것으로 볼 여지가 있고,** 비록 대출업체의 실제 존재 여부 및 그 사무실의 위치 등을 적극적으로 확인하지 아니하고 체크카드 등을 돌려받을 구체적인 시기 등에 대하여 명확히 협의하지 않았다고 하더라도, 이러한 사정만으로는 청구인에게 접근매체인 체크카드를 양도한다는 고의가 있었다고 단정하기 어렵다.

위와 같이 청구인에게 접근매체인 체크카드를 양도한다는 고의가 있었다고 단정하기 어려운 사정이 있음에도, 피청구인은 청구인이 실제 대출이 필요한 상황이었는지, 퀵서비스를 통해 체크카드 등을 어디로 보냈는지, 체크카드 등을 송부하고 이에 대한 대가를 수령하였는지, 체크카드 송부 이후의 상황에 어떻게 대처하였는지를 조사하는 등 청구인의 양도의사 유무에 대하여 더 면밀하고 충분한 조사를 하지 아니한 채 이 사건 기소유예처분을 하였는바, 이는 중대한 수사미진 및 자의적 증거판단에 터 잡아 이루어진 것이다.[446]

1) 벌칙규정

제49조 ④ 다음 각 호의 어느 하나에 해당하는 자는 5년 이하의 징역 또는 3천만 원 이하의 벌금에 처한다.
〈신설 2020. 5. 19.〉
1. 제6조제3항제1호를 위반하여 접근매체를 양도하거나 양수한 자

1. 접근매체를 양도하거나 양수하는 행위

---

446) 헌법재판소 2014. 4. 24. 자 2012헌마594 결정

2. 제6조제3항제2호 또는 제3호를 위반하여 접근매체를 대여받거나 대여한 자 또는 보관·전달·유통한 자

> 2. 대가를 수수(授受)·요구 또는 약속하면서 접근매체를 대여받거나 대여하는 행위 또는 보관·전달·유통하는 행위
> 3. 범죄에 이용할 목적으로 또는 범죄에 이용될 것을 알면서 접근매체를 대여받거나 대여하는 행위 또는 보관·전달·유통하는 행위

3. 제6조제3항제4호를 위반한 질권설정자 또는 질권자
4. 제6조제3항제5호를 위반하여 알선·중개·광고하거나 대가를 수수(授受)·요구 또는 약속하면서 권유하는 행위를 한 자
5. **제6조의3을 위반하여 계좌와 관련된 정보를 제공받거나 제공한 자 또는 보관·전달·유통한 자**

> 제6조의3(계좌정보의 사용 및 관리) 누구든지 계좌와 관련된 정보를 사용 및 관리함에 있어서 범죄에 이용할 목적으로 또는 범죄에 이용될 것을 알면서 계좌와 관련된 정보를 제공받거나 제공하는 행위 또는 보관·전달·유통하는 행위를 하여서는 아니 된다.[447]

2) 접근매체의 범의

전자금융거래법상 '접근매체'라 함은 "전자금융거래에 있어서 거래지시를 하거나 이용자 및 거래내용의 진실성과 정확성을 확보하기 위하여 사용되는 수단 또는 정보"를 말한다.[448] 전자금융거래법이 규정하는 접근매체는 한정적으로 열거되어 있다.[449] 또한 전자금융거래법상 <u>'접근매체'라고 하기 위해서는 전자금융거래계약의 체결이 전제되어야 한다.</u>[450]

접근매체 양도죄는 <u>각각의 접근매체마다 1개의 죄가 성립하는 것이고, 다만 위와 같이 수개의 접근매체를 한꺼번에 양도한 행위는 하나의 행위로 수개의 전자금융거래법 위반죄를 범한 경우에 해당하여 각 죄는 상상적 경합관계</u>에 있다.[451]

---

447) 2020. 5. 19 전자금융거래법 개정, 부칙〈법률 제17297호, 2020. 5. 19.〉이 법은 공포 후 3개월이 경과한 날부터 시행한다.
448) 법 제2조 제10호, 재정경제부 금융정책국, 「전자금융거래법 제정이유서」, 2005. 4. 33면. 접근매체라는 용어는 원래 전자금융거래를 개시하기 위하여 계좌에 접근하는 수단이라는 뜻으로서 미국 전자자금이체법(EFTA)이 사용하고 있는 "접근장치"(access device)라는 명칭에서 유래하였다.
449) 동법 제2조 제10호
450) 대법원 2010. 5. 27. 선고 2010도2940 판결
451) 대법원 2010. 3. 25. 선고 2009도1530 판결

A. 자식 카드 및 이에 준하는 전자적 정보

'전자식 카드'는 거래지시를 하거나 이용자의 신원을 확인할 수 있는 대표적인 접근매체로서, **직불카드, 선불카드, 전자화폐카드, 현금카드, 신용카드** 등의 전자식 카드가 이에 해당한다. 뿐만 아니라 이와 같은 기능을 가지는, 즉 '이에 준하는 전자적 정보'도, 예컨대 **전자화폐카드나 신용카드 등에 수록된 전자적 정보가 카드 외에 다른 저장매체(스마트폰 등)에 저장된 경우**도 접근매체에 해당한다.[452]

B. 전자서명생성정보 및 인증서

'전자서명생성정보'라 함은 전자서명을 생성하기 위하여 이용하는 전자적 정보를 말하며(전자서명법 제2조 제4호), '인증서'라 함은 전자서명생성정보가 가입자에게 유일하게 속한다는 사실 등을 확인하고 이를 증명하는 전자적 정보를 말한다(동법 제2조 제7호). 이것은 마치 인감과 인감증명서와 같은 역할을 전자적 환경에서 구현하는 것으로 양자는 모두 '전자적 정보'이기 때문에 실무에서는 전자서명생성정보가 인증서에 탑재되는 형태로 운영되고 이용자는 전자문서에 이 인증서를 첨부함으로써 '전자서명'을 한 것으로 인정받게 된다. 즉, '전자서명'이라 함은 "서명자를 확인하고 서명자가 당해 전자문서에 서명하였음을 나타내는데 이용하기 위하여 당해 전자문서에 첨부되거나 논리적으로 결합된 전자적 형태의 정보"로 정의되기 때문이다(전자서명법 제2조 제2호). 이로써 전자문서에 대하여 종이문서에서의 서명 또는 기명날인과 같은 효력이 발생한다(동법 제3조 제3항).[453]

C. 금융기관 또는 전자금융업자에 등록된 이용자번호

위 1. 또는 2.의 접근매체와 함께 또는 이에 대신하여 이용자를 식별하기 위하여 금융기관 또는 전자금융업자에 등록된 번호를 말한다.[454] 예컨대, 금융기관 또는 전자금융업자의 전자금융거래 시스템에 접근하기 위하여 금융기관이 이용자번호를 등록받는 경우에 그 번호가 접근매체가 된다는 것을 의미한다.[455] 금융기관 또는 전자금융업자의 인터넷 사이트에 로그인하기 위한 ID나 Password가 이에 해당할 것이다.[456]

---

452) 서희석, "전자금융거래법상 '이용자의 중과실'의 판단기준," 비교사법 제21권 2호(통권65호), 796면.
453) 서희석, "전자금융거래법상 '이용자의 중과실'의 판단기준," 비교사법 제21권 2호(통권65호), 797면.
454) 손진화, 「전자금융거래법」, 법문사, 2008, 43면.
455) 서희석, "전자금융거래법상 '이용자의 중과실'의 판단기준," 비교사법 제21권 2호(통권65호), 797면.
456) 금융감독원, 「전자금융감독규정 해설」, 2009. 12, 8면.

D. 이용자의 생체정보

이용자의 생체 특징(홍채 또는 지문 등)을 이용한 정보를 말한다. 예컨대, 스마트카드의 경우 보유자의 지문 기록을 저장하고 컴퓨터에 연결된 지문 패드에 그 지문과 일치하는 지문을 입력하여 카드를 사용하게 할 경우 그 이용자의 지문이 생체정보로서 접근매체가 된다.[457]

E. 위 1. 또는 2.의 수단이나 정보를 사용하는 데 필요한 비밀번호

전자식 카드나 공인인증서의 경우 현행 실무상으로는 그 자체만으로는 접근매체로서 기능할 수는 없고 그와 함께 비밀번호가 일치하여야 본인확인이 이루어지고 전자금융거래 시스템에 접근하여 거래지시를 할 수 있다. 따라서 비밀번호는 그 자체만으로는 접근매체로서 의미가 없기 때문에 위 1.과 2.의 보조적 수단이라고 이해해야 할 것이다.[458]

[사실관계] 피고인 1은 피고인 2등과 함께 서울 동대문구 신설동에 사무실을 차려 놓고 개인 및 법인 명의의 통장을 모집, 판매하여 왔던 사실, 공소외 1은 피고인 1과 수년 전부터 알던 사이로 사업자 등록서류 등을 이용하여 개설된 각 명의인들의 통장, 비밀번호, 현금카드를 갖고 있다가 상호 연락이 되면 피고인 1을 만나 이를 교부하고 통장 1건당 25만 원 정도를 받은 사실, 피고인 1은 공소외 1로부터 위 통장 등을 넘겨받아 보관하거나 당일로 통장 1건당 35만 원 정도에 다시 팔았던 사실, 2012. 7. 25. 피고인 1은 전화금융사기 조직원인 공소외 4의 요청을 받고, 공소외 1로부터 제공받은 공소외 2명의의 통장, 비밀번호, 현금카드 등 3개의 접근매체를 퀵서비스를 이용하여 보내준 사실, 공소외 2등 명의의 통장 계좌는 대출, 조건만남 등을 빙자한 사기 범행의 입, 출금 계좌로 사용된 사실, 위 통장이나 카드는 현금인출에 사용되고 2~3일 내에 사용이 정지되거나 버려지는 사실, 2012. 8. 29.에도 피고인 1은 공소외 3회사 명의의 통장 등을 공소 외 1로부터 제공받아 일부를 보관하다가 체포영장에 의하여 체포되기에 이른 사실을 알 수 있다.

[원심] 피고인 1이 접근매체의 명의자들로부터 직접 이를 양수하였다는 증거가 부족하고 공소외 1이 위 접근매체들의 소유권 내지 처분권을 양도할 수 있는 지위에 있었음을 인정할 만한 증거도 없다는 등의 이유로 이 부분 공소사실을 무죄로 판단하였다.

[대법원] 위 인정 사실에 의하면, 공소외 1은 임의로 전자금융거래를 할 수 있는 명의자들의 통장, 비밀번호와 현금카드를 처분하기 위하여 소지하고 있었고, 피고인 1은 공소외 1로부터 위 접근매체 전부를 제공받고 그에 따른 정해진 대가까지 지급하였으며, 달리 이를 대여받거나 일시 사용을 위한 위임을 받았다고 볼 만한 사정은 없다. 여기에 위 접근매체를 교부하게 된 경위, 공소외 1과 피고인 1의 관계, 접근매체의 개수, 교부 이후의 정황 등도 종합하면, 피고인 1은 공소외 1로부터 위 접근매체를 각 양수하였다고 봄이 타당하다.

---

457) 손진화, 「전자금융거래법」, 법문사, 2008, 43-44면.
458) 서희석, "전자금융거래법상 '이용자의 중과실'의 판단기준," 비교사법 제21권 2호(통권65호), 798면.

3) 양도와 양수

A. 의의

접근매체의 양수는 양도인의 의사에 기하여 접근매체의 소유권 내지 처분권을 확정적으로 이전받는 것을 의미하며, 단지 대여받거나 일시적인 사용을 위한 위임을 받는 행위는 이에 포함되지 않는다. 또한 접근매체의 양도, 양수행위의 주체에 제한을 두지 않고 있으므로 **반드시 접근매체의 명의자가 양도하거나 명의자로부터 양수한 경우에만 처벌대상이 된다고 볼 수 없다.**

B. 대출의 대가

대출을 해 주겠다는 말에 속아 예금통장과 현금카드 및 비밀번호 등 접근매체를 교부한 경우 그 접근매체의 일시 사용을 위임한 데 지나지 않는다면 이를 전자금융거래법 제6조 제3항 제1호에서 말하는 접근매체의 '양도'에 해당한다고 할 것은 아니다. 따라서 접근매체를 교부하게 된 동기 및 경위, 교부 상대방과의 관계, 교부한 접근매체의 개수, 교부 이후의 행태나 정황, 교부의 동기가 된 대출에 관하여 그 주체, 금액, 이자율 및 대출금의 수령방식 등에 관한 합의가 있었는지 여부 등 관련 사정을 객관적으로 판단해 볼 때, **접근매체의 교부가 대출을 받기 위한 수단이라기보다는 대출의 대가로 다른 사람이 그 접근매체를 이용하여 임의로 전자금융거래를 할 수 있도록 하는 것을 미필적으로라도 용인한 것으로 볼 수 있다면, 이는 전자금융거래법 제6조 제3항 제1호에서 말하는 접근매체의 양도에 해당하고 그에 관한 고의도 있다고 보아야 한다.** 이 경우 접근매체의 교부가 단지 접근매체의 일시 사용을 위임한 것에 불과한 것인지 아니면 접근매체를 양도한 것인지는 위에서 본 여러 사정을 종합적으로 고려하여 구체적 사건에 따라 개별적으로 판단하여야 한다.[459)]

2013. 4. 초순경 청구인의 휴대폰으로 대출광고 문자메시지가 왔고, 청구인이 2013. 4. 19.경 해당 번호로 전화를 걸어 성명불상의 여자 상담원과 통화를 하였다. 위 상담원은 청구인에게 통장과 현금카드를 보내주면 전산처리를 하여 1,200만 원을 월 5.9%의 금리로 대출해 주겠다고 하였고, 대출금은 청구인이 통장과 현금카드를 보낸 후 이틀 후에 받을 수 있다고 하였다. 그리고 대출실행일 당일에 대출금액이 찍힌 예금통장과 현금카드를 돌려주겠다고 하였다. 청구인은 2013. 4. 22. ○○ 사당동 지점에서 예금계좌(302-○○○○-○○○○-○○)1개를 개설하여 2013. 4. 23. 13:00경 서울 용산구 ○○로 소재 신한은행 앞에서 위 계좌의 예금통장과 현금카드를 오토바이 퀵서비스를 통해 보내고, 상담원에게 전화로 비밀번호를 알려주었다. 청구인은 자신과 대출상담을 하였던 성명불상자가 30대 초반의 여자로 추정된다는 것 외에 다른 신상에 관하여 아는 바 없고, 청구인은 이전에 동종범행으로 처벌받은 적이 없다.

---

459) 대법원 2012. 5. 24. 선고 2011도12789판결 참조

위 인정사실에 나타난 다음과 같은 사정 즉, 청구인은 대출 광고 문자메시지를 보고 전화를 걸어 상담원과 대출 상담을 하였고, 전산처리를 위해 예금통장 등이 필요하다는 성명불상자의 말에 따라 신용대출을 받을 수 있을 것으로 기대하고 통장과 현금카드 등 접근매체를 교부한 점, 청구인과 대출상담원 사이에 대출한도, 대출금액, 이율, 대출기일 등 대출약정의 조건에 대하여 어느 정도 이야기가 이루어졌고, 교부한 통장 및 현금카드 등을 돌려받을 날짜 및 방법 등이 정해져 있었던 점, 청구인이 여자친구 어머니의 암 수술비로 대출이 필요하여 위와 같이 통장 등을 교부하였다고 진술하고 있는 점, 청구인은 성명불상자에게 단 1개의 접근매체를 송부하였으며 이와 관련하여 어떠한 대가를 지급받았다는 사정이 보이지 않는 점 등에 비추어 보면, 청구인은 대출업자를 가장한 성명불상자의 거짓말에 속아 오로지 대출을 받을 목적으로 그에게 통장 등의 접근매체를 일시 사용하도록 위임한 것으로 볼 여지가 있고, 비록 자신의 신용등급이 낮아 대출이 어려울 수 있다는 것을 예견할 수 있었고, 교부행위 이후 통장 분실신고나 지급정지 등의 조치를 취한 사실이 없다 하더라도 이것만으로 청구인에게 접근매체를 양도한다는 고의가 있었다고 단정하기 어렵다.

위와 같이 청구인에게 예금통장 등의 접근매체를 양도한다는 고의가 있었다고 단정하기 어렵다면, 피청구인으로서는 청구인이 받은 대출광고 문자메시지의 구체적인 내용은 무엇이었는지, 청구인은 대출이 이루어지지 않았음을 언제 알게 되었는지, 청구인이 약정한 대출기일에 대출이 이루어지지 않았음을 확인한 후 성명불상자와 통화를 시도하는 등 접근매체 회수를 위한 노력을 한 사실이 있는지, 청구인이 접근매체를 송부하고 이에 대한 대가를 수령하였는지 등에 대하여 보다 면밀히 조사하였어야 한다. 그럼에도 피청구인은 청구인의 접근매체에 대한 양도 의사에 대하여 충분한 조사를 하지 아니한 채 이 사건 기소유예처분을 하였는바, 이는 중대한 수사미진과 자의적 증거판단에 터 잡아 이루어진 것이다.[460]

C. 공범 간 내부적 전달과 양도의 구별

[사실관계] 피고인들이 서울 동대문구 신설동에 사무실을 차려 놓고 개인 및 법인 명의의 통장을 모집, 판매하여 왔던 사실은 앞서 본 바와 같고, 나아가 원심이 적법하게 채택한 증거들에 의하면, 공소외 5(일명 ○○○)는 피고인 2의 부탁을 받고 2012. 7. 16. 공소외 6, 공소외 8명의의 통장, 현금카드, 비밀번호 6개를 위 사무실로 가져온 사실, 피고인들은 이를 통장 1건당 25만 원 정도에 매수하기로 하고 개인수첩에 이름, 계좌번호, 비밀번호를 기록한 다음 공소외 7이 요청한 대로 오토바이 퀵서비스를 이용하여 이를 인출책에게 보낸 사실, 공소외 7은 위 통장 등을 넘겨받은 후 그중 사용이 가능한 통장 개수에 따른 대가로 132만 원을 송금하였고, 피고인들은 위 사무실을 함께 사용하던 공소외 9와 이를 나누는 한편 공소외 5에게 통장 매수대금을 지급한 사실, 위 공소외 6등 명의의 통장 계좌는 전화금융사기조직원에게 인계된 후 사기 범행의 입, 출금계좌로 사용된 사실, 피고인들 특히 피고인 1은 공소외 7이 외에도 일명 천안 최 부장, 강 사장 등 불상의 전화금융사기 조직원들과도 통장거래를 하여 왔던 사실을 알 수 있다.

[대법원] 피고인들은 공소외 7의 지시를 받아 단순히 접근매체를 사기 범행의 공범들 사이에서 내부적으로 전달하였다기보다 공소외 5가 구해 온 통장, 비밀번호, 현금카드를 매수한 후 다시 그 전부를 공소외 7등에게 매도함으로써 중간 차익을 얻는 행위를 업으로 한 것으로 볼 수 있고, 전화금융사기 범행의 경우 그 특성상 유기적으로 연결된 범죄집단과 달리 각 행위자들 사이에 충분히 접근매체의 거래가 이루어질 수 있는 점, 위 접근매체의 유통 과정은 그 취득자가 접근매체를 이용하여 임의로 전자금융거래를 할 수 있음을 전제로 하고 있고 그에 대하여 일정한 가

460) 헌법재판소 2014. 4. 24. 자 2013헌마767 결정

액도 수수되고 있는 점, 전자금융거래법은 전자금융거래의 법률관계를 명확히 하여 전자금융거래의 안전성과 신뢰성을 확보함에 입법목적이 있어 전자금융거래법 위반죄와 사기죄는 그 보호법익이나 입법목적을 달리하는 점 등을 감안할 때, 피고인들의 위 행위는 접근매체의 양도에 해당한다고 봄이 타당하다.

4) 접근매체의 대여

(전략) 그럼에도 불구하고 피고인은 2020. 12. 22.경 페이스북을 통해 알게 된 성명불상자로부터 "B 계정을 빌려주면 입금 금액마다 수수료를 주겠다"는 제안을 받고 이를 수락하여, 성명불상자에게 전자금융 거래 서비스 'B'의 접근매체인 B 계정 아이디(이메일 1 생략)와 비밀번호를 알려주어 성명불상자로 하여금 피고인의 B 계정에 연결된 C 은행 가상계좌(계좌번호 1 생략)를 사용할 수 있도록 하고, 이에 대한 수수료 명목으로 130,000원 상당을 지급받았다. 이로써 피고인은 대가를 수수하고 전자금융거래 접근매체를 대여하였다.[461]

(4) 전자서명법위반 - 공인인증서

통장이나 체크카드 등의 양도와 대여 없이 전화 내지 SNS를 통하여 공인인증서, 비밀번호 등만 양도, 대여하는 경우가 많이 발생한다. 아래 전자서명법위반에 해당될 수 있음에 주의한다.

제24조(벌칙) ② 제19조제2항제2호를 위반하여 부정하게 행사하게 할 목적으로 인증서를 타인에게 양도 또는 대여하거나, 부정하게 행사할 목적으로 인증서를 타인으로부터 양도 또는 대여받은 자는 1년 이하의 징역 또는 1천만 원 이하의 벌금에 처한다.
제19조(전자서명생성정보의 보호 등) ② 누구든지 운영기준 준수사실의 인정을 받은 전자서명인증사업자가 발급하는 인증서와 관련하여 다음 각 호에 해당하는 행위를 하여서는 아니 된다.
1. 거짓이나 그 밖의 부정한 방법으로 타인의 명의로 인증서를 발급받거나 발급받을 수 있도록 하는 행위
2. 부정하게 행사하게 할 목적으로 인증서를 타인에게 양도 또는 대여하거나, 부정하게 행사할 목적으로 인증서를 타인으로부터 양도 또는 대여받는 행위

---

461) 창원지방법원 진주지원 2022. 10. 4. 선고 2022고단844 판결

1. 사기정보분석원 설립

(1) 조직적 사기범행에 대한 기존 대응의 한계

대표적으로 보이스피싱의 경우 전화금융사기로 명명하여 금융감독원이 주무부서로 대응하고 있다. 그러나 금융사기는 과연 "금융"사기가 아니라 금융"사기"인가? 전자를 강조하면 금감원의 관할로 보아야 적절하며, 후자를 강조하면 수사기관의 관할로 보아야 한다. 그러나, 금감원은 강제수사 등 수사역량을 갖추지 못하고 있으며 사기여부를 확인할 의사나 능력이 없다고 보인다. 다음과 같은 최근 기사는 이와 같은 금감원의 입장을 잘 보여준다.

> 계속되는 금융 사기에도 금감원 등 금융 당국은 대응을 내지 못하고 있다. 기존에 없던 거래 형태로 진행되다 보니 명확한 단속 근거가 없는 것이다. 금감원 불법금융대응단 관계자는 "이들 유사수신 사기업체들은 '금융'이 아니기 때문에 금감원의 관리 · 감독 대상에 포함되지 않는다"라며 "이 같은 유형의 민원이 들어올 경우 경찰에 신고할 수 있도록 절차를 안내하고 있다"고 말했다.[462] **금감원 관계자는 "신종 금융사기 범죄조직을 대상으로 강제 수사를 하거나 계좌를 추적할 수 있는 법률적 권한이 없다"며 "법 개정이 이뤄지기 전까지는 피해 사례에 대해 경찰 수사 요청 등 권한을 갖고 있는 유관기관과의 공조가 최선"이라고 전했다.**[463]

형법상 개인적 법익의 피해구제의 수단으로서 사기죄에 입각한 종래 1:1의 사기수사는 개인의 착오에 의한 처분행위를 엄격한 요건으로 할 뿐 아니라, 조직화, 분업화된 현대형 사기죄에 더 이상 유효적절한 대응수단이 될 수 없다. 특히 상위 판매원에 대한 수당을 신규 가입자의 투자금으로 충당하는 돌려막기식 폰지사기 유형에는 피해자가 가해자가 되는 경우가 빈번하다. 내부 고발을 기대하기 어렵기 때문에 피해금액이 천문학적으로 확대되는 원인이 되므로, 고소와 고발을 기다려 수사를 진행하기보다, 직권적으로 개입하여 사기피해확산을 방지하는 것이 무엇보다 중요하다.

(2) 사기정보분석원 설립과 행정처분권한 부여의 필요성

보이스피싱 등 조직적 사기범행의 금지와 처벌은 단연 경찰수사에 전적으로 의존하고 있음은

---

462) '금융투자사기에 쓰러지는 사람들, 20억 넘게 뺏긴 피해자' 이소라 기자, 2021. 2. 8. 소비라이프

463) 유사 · 사칭 투자사기 기승…허술한 법망에 피해 양산, 천진영 기자입력 2021. 9. 28. 11:38, 수정 2021. 9. 28. 뉴데일리 경제

명백한 사실이다. 그러나 경찰만에 의한 사후수사에 의한 처벌만으로는 실효적 대응이 어려우며, 금융감독원과 같은 수사권이 없는 행정기관만으로는 사실관계 조사가 어렵다는 한계를 갖는다. 나아가 다중피해조직사기를 효과적으로 억제하기 위해서는, 사기광고행위 등이 있는 경우에는 형사 유죄확정판결 이전에 금지시킬 수 있는 행정처분권한 확보가 시급하다. 피해회복은 기대하기 어렵고 선행적 피해확산금지조치가 훨씬 중요하기 때문이다. 따라서 다중피해조직사기의 모니터링, 사기광고에 대한 행정처분으로서 금지권능의 부여, 대포폰과 대포계좌 등 추적회피수단의 발생억제를 위한 (가칭)사기정보분석국이라는 전담부서 신설이 필요하며, 수사 내지 조사권을 발동할 사법경찰에 의한 체계적 유기적 합동근무에 의한 대응이 필요하다. 이와 관련, 유동수 의원도 보이스피싱 범정부 협의체 활동이 과연 어떤 의미를 가지고 있는지 의구심이 든다며 보이스피싱을 막기 위해서는 금융기관, 금융위원회, 수사기관 한 곳만의 노력으로는 달성되기 힘들므로 상설 전담조직을 만들 필요가 있다고 지적한 바 있다.[464]

2. 지급정지 등 피해구제 확대 필요성

이처럼 신종 금융사기 피해자들이 속출하는 것은 보이스피싱 사기와 달리 피해방지 골든타임을 확보할 수 있는 규제조차 없기 때문이다. 아래 기사는 지급정지 확대를 위한 다른 법률안 발의 등 그간의 입법적 노력을 잘 보여주고 있어 이를 소개한다.

현행 전기통신금융사기 피해 방지 및 피해금 환급에 관한 특별법(통신사기피해환급법)에 따르면 보이스피싱 범죄에 한해 피해계좌 지급정지가 가능하다. 그러나 주식 리딩방 사기와 같이 투자사기는 계좌지급정지 의무화 대상에서 제외된다. 신종 금융사기 관련 피해자 구제가 어려운 데다 지급정지 못한 대포통장이 범죄에 재사용되는 것은 더 큰 문제로 지적된다. 예를 들어 범죄 조직이 은행에서 대면으로 돈을 꺼낼 수 없기 때문에 현금자동입출금기 (ATM)를 이용해 일정 금액을 인출한다. 그 이상의 금액은 다른 계좌로 이체하거나 다른 피해금액이 입금될 가능성도 적지 않다. 이처럼 법망의 허점을 활용한 신종 금융사기가 활개를 치고 있는 셈이다. 피해방지 골든타임을 놓친 피해자들을 상대로 한 2차 사기 범죄도 빈번하게 발생하고 있다. 집단 소송을 유인하거나 피해액을 되찾아주겠다고 접근해 돈을 뜯어내는 수법이다. 이 변호사는 "보이스피싱 사기 범죄가 근절되지 않는 상황에서 최근 SNS계정, 오픈카톡방, 도용된 정보를 기반으로 한 신종 금융사기가 기승을 부리고 있다. 결국 시대가 변하면서 기망행위의 수단이 바뀐 것"이라며 "보이스피싱만 계좌를 정지할 게 아니라 대상 범위를 확대하거나, 다양한 금융사기에 대응할 수 있는 방안 마련이 요구된다"고 전했다. 현재 투자를 가장한 사기 역시 전기통신금융사기의 범위에 포함시켜야 한다는 개정안이 발의됐지만, 해당 상임위에서 논의조차 이뤄지지 못했다. 더불어민주당 김용민 의원은 지난 3월 24일 사이버상에서 발생하는 투자사기의 방지 · 구제가 가능하도록 하는 '전기통신금융사기 피해 방지 및 피해

---

464) 2021년 보이스피싱 피해액 5006억… 전년 대비 25% 이상 증가, 2021. 9. 8. 세계일보

금 환급에 관한 특별법 일부개정법률안'을 대표 발의했다. 김 의원은 "기존 보이스피싱이 사람들의 공포심이나 불안을 이용했다면, 투자를 가장한 사기는 일반 국민들이 금융상품에 대해 잘 알지 못하는 점을 이용한 보다 지능화된 수법"이라며 "투자 가장 사기 역시 불특정 다수를 상대로 전기통신을 이용한다는 점에서 기존 보이스피싱과 실질이 같음에도 현행법상 전기통신금융사기의 범위에 포함돼 있지 않아, 피해자들이 금융기관에 지급정지 등을 요청해도 구제를 받기 힘들었다"고 짚었다. 이에 투자 가장 사기도 전기통신금융사기의 범위에 포함시켜 국민들의 피해를 방지해야 한다는 지적이다. 김 의원은 "신종 금융사기는 보이스피싱과 달리 계좌지급정지가 이뤄지지 않아 사기범들의 계좌가 그대로 운영되는 것을 지켜봐야만 했다"며 "신종 금융사기에 따른 피해가 빠르게 늘고 있는 만큼 피해계좌 지급정지 범위를 확대할 필요가 있다"고 강조했다. **금감원 관계자는 "신종 금융사기 범죄조직을 대상으로 강제 수사를 하거나 계좌를 추적할 수 있는 법률적 권한이 없다"며 "법 개정이 이뤄지기 전까지는 피해 사례에 대해 경찰 수사 요청 등 권한을 갖고 있는 유관기관과의 공조가 최선"이라고 전했다.**

한편 계좌지급정지 대상 확대로 인한 부작용을 우려하는 목소리도 적지 않다. 국회 전문위원 보고서에 따르면 투자 자문·일임 사기를 전기통신금융사기의 범위에 포함할 경우 피해자의 일방 주장에 의한 지급정지가 빈번히 발생할 수 있어 선의의 계좌 명의인의 재산권 행사에 과도한 제한을 초래할 수 있다. 금융위원회는 "실시간으로 송금·이체 행위가 이뤄지는 우리나라의 특수한 금융 환경에 기인한 민사 특별절차임을 감안할 때 지극히 예외적인 적용이 필요하므로 신중한 접근이 필요하다"는 입장을 밝혔다.

일단 사기임을 깨닫게 되는 경우 골든타임 안에 지급정리를 할 수 있는가 여부이다. 그러나 현행 통신사기피해환급법이 계좌 지급정지 처리를 할 수 있는 전기통신금융사기를 "재화의 공급 또는 용역의 제공 등을 가장한 행위는 제외한다고 규정하고 있기 때문에, 돈을 받아 대신 투자를 해주는 것이나 중고 거래 등의 경우에는 지급정지 대상에서 제외되는 맹점이 있다. 뿐만 아니라, 지급정지 못한 대포통장이 범죄에 재사용되는 것은 더 큰 문제로 지적된다. 예를 들어 범죄 조직이 은행에서 대면으로 돈을 꺼낼 수 없기 때문에 현금자동입출금기(ATM)를 이용해 일정 금액을 인출한다. 그 이상의 금액은 다른 계좌로 이체하거나 다른 피해금액이 입금될 가능성도 적지 않다. 이처럼 법망의 허점을 활용한 신종 금융사기가 활개를 치고 있는 셈이다.[465]

3. 사기방지기본법안

경찰, 특히 사기방지연구회를 중심으로 세미나, 교육 등을 통해 그간 보이스피싱 등 악성 사기 방지를 위한 노력을 기울여 왔다. 그 노력의 연장선으로 현재 국민의 힘 김용판 국회의원이 2022. 8. 29. 사기방지기본법을 대표발의하였고 현재 국회에 계류 중이다. 주요 내용은 다음과 같다.

---

465) 뉴데일리경제, 천진영 기자 2021. 9. 28. 유사·사칭 투자사기 기승…허술한 법망에 피해 양산

(1) 사기정보분석원 설립

제2조(정의) 이 법에서 사용하는 용어의 뜻은 다음과 같다.

　　1. "사기범죄"란 다음 각 목의 어느 하나에 해당하는 범죄를 말한다.

　　　　가. 「형법」 제2편제39장 사기와 공갈의 죄 중 제347조, 제347조의2 및 제351조(제347조 및 제347조의2의 상습범만 해당한다)에 해당하는 죄

　　　　나. 「특정경제범죄 가중처벌 등에 관한 법률」 제3조 중 「형법」 제347조, 제347조의2 및 제351조(제347조 및 제347조의2의 상습범만 해당한다)에 해당하는 죄

　　　　다. 「보험사기방지 특별법」 제8조 및 제9조에 해당하는 죄

　　　　라. 가목·나목·다목의 미수범

　　2. "사기위험행위"란 사기범죄를 목적으로 하는 음모 또는 예비행위로 의심되는 행위를 말한다.

　　3. "사기관련정보"란 사기범죄 또는 사기위험행위에 관한 정보를 말한다.

　　7. "특정사기범죄"란 「부패재산의 몰수 및 회복에 관한 특례법」 제2조제3호가목에 규정된 「형법」 제114조에 따른 범죄단체를 조직하여 범행한 경우, 「유사수신행위의 규제에 관한 법률」 제2조에 따른 유사수신행위 또는 「방문판매 등에 관한 법률」 제2조제5호에 따른 다단계판매의 방법으로 기망(欺罔)하여 범행한 경우 및 「전기통신금융사기 피해 방지 및 피해금 환급에 관한 특별법」 제2조제2호에 따른 전기통신금융사기에 해당하는 죄를 말한다.

제6조(사기정보분석원) ① 다음 각 호의 업무를 효율적으로 수행하기 위하여 경찰청 소속으로 사기정보분석원을 둔다.

　　1. 제7조에 따라 수집된 사기범죄 및 사기위험행위(이하 "사기범죄 등"이라 함)에 관한 정보의 수집, 분석, 정책 개발

　　2. 제8조 및 제9조에 따른 조치 요청

　　3. 제10조에 따른 수사기관 등에 대한 정보 제공

　　4. 제11조에 따른 외국사기정보분석기구와의 협조 및 정보교환

　　5. 제1호부터 제4호까지의 업무와 관련된 업무로서 대통령령으로 정하는 업무

제7조(사기범죄 등에 대한 정보 수집) ① 사기정보분석원장은 사기범죄 등에 대하여 피해자로부터 직접 신고를 받거나 관계기관으로부터 통보받는 방법으로 사기관련정보를 수집할 수 있다. ② 관계기관의 장은 피해자로부터 사기범죄 등에 대한 신고가 접수된 경우 사기정보분석원으로 통보하여야 한다.

제8조(사기범죄 의심 금융거래에 대한 긴급 지급정지 요청) 사기정보분석원장은 제7조제1항에 따라 수집한 정보를 분석한 결과 사기범죄가 의심되는 금융거래에 대하여 지급정지 등의 조치를 취하도록 금융위원회 위원장에게 요청할 수 있다.

제9조(사기위험행위 관련 차단 등 요청) ① 사기정보분석원장은 제7조 제1항에 따른 정보 수집 및 분석의 결과 사기위험행위에 해당하는 내용 등이 인터넷이나 방송·신문, 게시판 등을 통해 유포될 경우 관계기관의 장에게 차단 또는 중단, 감독 등의 협조를 요청할 수 있다. ② 제1항의 협조를 요청받은 해당 기관의 장은 필요한 조치를 하고 그 결과를 사기정보분석원장에게 통보하여야 한다. ③ 사기정보분석원장은 제1항에 따른 사기위험행위의 차단, 중단 등의 필요한 조치를 「전기통신사업법」 제2조제8호 전기통신사업자에게 직접 요청할 수 있으며, 요청받은 전기통신사업자는 조치결과를 사기정보분석원장에게 통보하여야 한다.

제10조(수사기관 등에 대한 정보제공) ① 사기정보분석원장은 사기관련정보를 분석한 결과 사기범죄와 관련한 형사사건의 수사 등에 필요하다고 인정되는 경우에는 대통령령으로 정하는 사기관련정보를 수사기관 또는 관계기관

에 제공한다. ② 제1항에 따라 정보를 제공받은 수사기관의 장은 수사 등 필요한 조치를 취하고 그 결과를 사기정보분석원장에게 통보하여야 한다.

제11조(외국사기정보분석기구와의 정보 교환 등) ① 사기정보분석원장은 이 법에 따른 목적을 달성하기 위하여 필요하다고 인정하는 경우에는 외국사기정보분석기구에 상호주의 원칙에 따라 사기관련정보를 제공하거나 이와 관련된 정보를 제공받을 수 있다.

(2) 특정사기범죄 수사특례

제12조(특정사기범죄의 수사 특례) ① 사법경찰관리는 특정사기에 대하여 신분을 비공개하고 범죄현장(정보통신망을 포함한다) 또는 범인으로 추정되는 자들에게 접근하여 범죄행위의 증거 및 자료 등을 수집(이하 "신분비공개수사"라 한다)할 수 있다. ② 사법경찰관리는 특정사기범죄를 계획 또는 실행하고 있거나 실행하였다고 의심할 만한 충분한 이유가 있고, 다른 방법으로는 그 범죄의 실행을 저지하거나 범인의 체포 또는 증거의 수집이 어려운 경우에 한정하여 수사 목적을 달성하기 위하여 부득이한 때에는 다음 각 호의 행위(이하 "신분위장수사"라 한다)를 할 수 있다.

1. 신분을 위장하기 위한 문서, 도화 및 전자기록 등의 작성, 변경 또는 행사
2. 위장 신분을 사용한 계약·거래
③ 제1항에 따른 수사의 방법 등에 필요한 사항은 대통령령으로 정한다.

(3) 신상정보의 공개

제20조(신상정보 등의 공개명령) ① 법원은 특정사기범죄로 유죄판결을 선고하는 경우에 제5항의 공개정보를 10년 이상 30년 이하의 범위에서 공개기간을 정하여 정보통신망을 이용하여 공개하도록 하는 명령(이하 "공개명령"이라 한다)을 유죄판결과 동시에 선고하여야 한다. 다만, 피고인이 아동·청소년인 경우, 그 밖에 신상정보를 공개하여서는 아니 될 특별한 사정이 있다고 판단하는 경우에는 그러하지 아니하다. ⑤ 제1항에 따른 공개명령에 따라 공개되는 정보는 다음 각 호와 같다.

1. 성명 / 2. 나이 / 3. 주소 및 실제거주지 / 4. 사진 / 5. 특정사기범죄범죄 요지 / 6. 특정사기범죄범죄 전과사실(죄명 및 횟수)

Chapter 9

기타

| Section 1 | 식당이용계약과 무전취식 |

 기본 이론

지난해 3월 보건복지위원회 소속 국민의힘 강기윤 의원이 경찰청으로부터 제출받은 자료를 살펴보면 지난 5년간 무전취식 신고 건수는 2016년 10만 4854건, 2017년 10만 2845건, 2018건 10만 8537건, 2019년 11만 6496건, 2020년 10만 5546건으로 집계됐다. 지난 5년 동안 무전취식 사건은 한 해 평균 10.7만 건 이상 발생하고 있는 실정이다.[466]

1. 식당이용의 법률관계

> 갑은 중국집을 열면서 홀 서빙 종업원 A를 고용하였다. 그리고 손님 B는 짜장면과 탕수육을 종업원을 통해 2만 원에 주문하였고, 종업원 A가 들고 온 요리를 중국집에서 먹었다.

비전형계약 가운데에는 전형계약에 속하는 사항과 속하지 않는 사항이 혼합된 계약을 특히 '혼합계약'이라고 부른다. 위 사안에서 손님 B는 갑과 초밥에 대한 매매계약, 음식점 자리사용에 대한 임대차계약, 종업원의 서비스 제공을 급부로 하는 비전형계약이 혼합된 혼합계약이 체결되었다.

2. 경범죄처벌법위반

무전취식은 보통 사기죄 내지 경범죄처벌법위반으로 의율하게 되는데 후자는 기망과 착오를 요건으로 하지 않음에 주의를 요한다.

---

466) [팩트체크] 무전취식은 사기죄로 처벌 받을 수 있다?, 투데이신문, 박효령 기자 2022. 11. 3.

경범죄처벌법 제3조 39. (무임승차 및 무전취식) 영업용 차 또는 배 등을 타거나 다른 사람이 파는 음식을 먹고 정당한 이유 없이 제값을 치르지 아니한 사람

(1) 정당한 이유

피고인이 이 사건 범행 당시 음식값을 지급하기에 충분한 현금과 체크카드를 소지하고 있었고, 추후 피고인의 일행이 음식값을 지불한 사실은 인정되나, 피고인이 당시 식사를 다 마쳤으면서도 피고인의 일행이 먼저 자리를 뜨고 피고인 혼자 남은 상태에서 피해자와 실랑이를 하면서 정당한 이유 없이 상당한 시간 내 음식값을 지불하지 않은 점, 출동한 경찰관이 피고인에게 음식값을 지급하고 귀가할 것을 권유하였음에도 피고인이 이에 응하지 아니한 점 등을 더하여 보면, 피고인이 정당한 이유 없이 피해자에게 음식값을 지급하지 아니한 사실을 충분히 인정할 수 있다.

(2) 경미범죄특례

나아나 후자는 경미범죄특례가 적용된다. 즉 다액 50만 원이하의 벌금, 구류 또는 과료에 해당하는 죄의 현행범인에 대하여는 범인의 주거가 분명하지 아니한 때에 한하여 체포할 수 있으므로, 여기서의 '주거가 분명하지 아니한 때'라 함은 형사소송법 제70조 제1항 제1호의 '일정한 주거가 없는 때'보다는 넓은 개념으로서, **현행범인이 경찰관의 인적사항 확인요구에 답변을 거부하거나 신분증 제시요구에 불응하여 주거확인이 불가능한 경우 등과 같이 현행범인에게 실제로는 일정한 주거가 있다 할지라도 체포 당시에 주거를 명백히 할 수 없는 경우**에는 '주거가 분명하지 아니한 때'에 해당한다고 할 것이므로, 피고인에 대한 현행범체포는 적법한 공무집행에 해당한다.[467]

3. 사기죄

사기죄는 음식대금에 대한 지불능력이나 의사가 없음을 속여야 하는데, 대체로 소액인 경우가 많아 일정한 직장이나 소득이 있다는 것이 소명이 된 경우에는 편취의 범의가 인정되지 않는 경우가 생길 수 있음에 유의한다.

[공소사실] 피고인들은 피해자 F가 운영하는 'G 노래' 주점에서 피해자에게 마치 그 대금을 지불할 것처럼 맥주와 안주 등을 주문하였다. 그러나 사실 피고인들은 위 노래주점을 노래방이라고 생각하였고 노래방에서 술과 도우미를 제공하는 것은 불법영업이므로 이를 이용하여 술값을 지불하지 않으려고 하였으므로 그 대금을 지불할 의사가

---

467) 대구지방법원 2016. 8. 11. 선고 2016고단1790 판결

없었다. 피고인들은 이에 속은 피해자로부터 즉석에서 시가 60,000원 상당의 맥주 5병과 안주를 제공받았다. 이로써 피고인들은 피해자를 기망하여 재물을 교부받았다.

[2심] (1) 이 사건 공소사실은 피고인들이 이 사건 주점을 노래방으로 생각하고, 처음부터 계획적으로 술과 도우미를 제공하는 형태의 불법영업을 빌미로 맥주 등을 제공받으려 하였다는 점을 전제하고 있다. 그런데 이 사건 주점 외부 간판에는 큰 글씨로 '성인 G 도우미 노래빠'라고 기재되어 있고, 주점 출입구와 지하로 내려가는 통로에도 주류 판매 사실 및 그 가격을 명시하여 대외적으로 홍보하고 있다(증 제 4호증의 1~3). 따라서 피고인들이 위와 같은 주점에 들어가 불법영업을 빌미로 맥주 등을 편취하려고 마음먹었다는 것은 쉽사리 납득하기 어렵다. (2) 피고인들과 주점 영업주 F 사이에 도우미와 관련된 '불법영업'에 관한 이야기가 오간 것으로 보이기는 한다. 그러나 피고인들이 공소사실과 같이 도우미 제공 사실자체를 문제 삼았다기보다는 오히려 피고인들이 주장하고 있는 바와 같이, 당시 합석 하였던 도우미들이 마음에 들지 않는 등의 이유로 영업주와 다툼이 생겼고, 그 과정에서 '불법영업'에 관한 언급이 있었던 것으로 보인다. F 역시 원심 법정에서 '피고인들이 너무 만취해서 아가씨들에게 함부로 하니까 아가씨들이 손님을 접대하지 못하겠다고 해서 나왔다.'고 진술한 바 있다. (3) 피고인들이 이 사건 당일 맥주와 안주 대금 60,000원을 지불하지 않고 주점을 나가려 한 것으로 보이는 정황은 있으나, 이 역시 위 (2)항에서 본 바와 같은 이유로 영업주와 다툼이 생긴 상황에서 우발적으로 이루어진 것으로 보인다. (4) 피고인들은 이 사건 당일 21:50경 주점 인근의 'P 식당'에서 정상적으로 계산을 마치고, 이 사건 주점으로 오게 되었다. 주점 영업주 F가 '술값 시비'를 이유로 경찰에 신고한 것은 22:28경이므로, 피고인들은 위 주점에서 맥주와 안주 등을 주문하고 얼마 지나지 않은 상황에서 F와 다툼이 생긴 것으로 보인다(피고인들은 주문한 맥주를 마시지도 않았다고 주장하고 있다). (5) 피고인들이 주문한 맥주와 안주 대금은 60,000원에 불과한 소액이다. 피고인들은 당시 일정한 직업이 있었고, 피고인 A는 당시 총 이용한도가 7,000,000원인 우리은행 카드를, 피고인 B는 은행계좌에 연결된 체크카드를 소지하고 있었는데, 불과 60,000원 상당의 맥주와 안주를 편취하려 하였다는 것은 쉽사리 납득하기 어렵다.[468]

---

468) 서울중앙지방법원 2015. 7. 9. 선고 2015노904 판결

Section 2 | 무속사기

예제 기도인 박달재

○ 제천에 사는 임춘봉은 인근 사찰 오병사를 다니며 처의 정신분열병과 관련하여 기도인 박달재를 알게 되었다. 박달재는 처가 귀신이 씌었다며 자신이 기도와 기치료로 낫게 해 줄 수 있다고 말하였다. 이때부터 박달재는 피해자에게 몸에 있는 귀신을 쫓아내기 위하여 기도비 명목으로 1억 원이 넘는 돈을 송금 받았다. 임춘일은 그 돈을 마련하기 위하여 은행에서 대출까지 하였다. 한편 피해자는 B를 피고인에게 맡겼을 때에는 피고인을 방문할 때마다 피고인에게 현금으로 수십만 원 또는 백만 원을 별도로 지급하였다. 그런데 피해자에게 정신병원에 입원해 있는 B의 퇴원일이 정해졌다는 계시를 받았다며 B를 퇴원시켜서 피고인에게 보내라는 말에 퇴원 후 피고인에게 보내어 피고인과 함께 생활하게 하였는데, B는 혼자 도로 위를 걷다가 교통사고로 사망하고 말았다. 그때 박달제에게 속았다는 생각에 고소하기에 이르렀다. 담당 수사관은 다음 사실을 조사하였다.

일자	금액	명목
07. 7.	200만 원	몸에 있는 귀신을 쫓아내기 위한 기도비
09. 9.	150만 원	
09. 2.	50만 원	
11. 9.	99만 원	피해자에게 앞으로 한 달에 한 번씩 찾아오라고 말하였고, 임춘일은 골프공에 아들의 이름과 생년월일을 기재하여 골프채로 쳐서 액운을 쫓아내야 한다.
11. 11.	3,000만 원	너의 작은 딸도 귀신이 씌어서 힘들다. 취직도 되지 않고 많이 휘둘린다. 딸의 액운이 워낙 세서 3,000일 기도를 해야 한다. 위에서 5,000만 원을 받아야 한다고 하는데 다는 못 받겠고, 딸 시집보낸다고 생각하고 3,000만 원을 만들어서 내게 줘라. 그래야 딸의 취직도 잘 될 것이고 너의 처 또한 귀신에 휘둘리지 않는다.
11. 12.	390만 원	집안 전체적으로 씌어 있는 귀신을 몰아내야 한다.
11. 12	5,000만 원	지인에게 6,000만 원을 빌려주었다가 5,000만 원을 돌려받은 사실을 말하게 되자, "그 돈은 귀신이 가지고 논 돈이라 네가 쓰면 처와 자식들이 귀신에 휘둘리고 집안 전체에 좋지 않은 일이 생긴다. 그 돈을 나에게 보내라."

○ [기도인 박달재의 이력과 재산상태] 이혼 등 개인적인 어려움에 05년부터 오병사를 다니며 기도하는 생활을 하였고, 간호조무사로 일을 하다가 마사지 업소에서 근무하였다. 그러나 신내림을 받은 무속인이 아니며 피해자를 만나기 전에 기치료를 해 본 경험이 없었다. 또 임춘일로부터 돈을 송금 받을 당시 사실혼관계에 있던 사람과 함께 오병사 부지에 각종 건물 신축 및 시설 설치 공사를 진행하고 있어서 공사비용 등 자금이 필요한 상태였다. 그러나 박달재가 기도비를 실제로 기도 등의 비용으로 지출하였음에 관한 자료는 없다.

○ [기도 방식] 나는 신의 세계를 사용할 권한을 부여받았다. 또 기도는 특정한 장소를 정해놓고 하는 것이 아니고 자신이 숨을 쉬고 있는 한 그 사람을 생각하면서 염원을 하는 것이 자신만의 기도 방식이며, 자신이 기도비를 생활비로 사용하는 것도 신의 계시에 따른 것이므로 기도비와 생활비를 구별할 수 없고 모두 제를 지내는데 필요한 비용이라고 진술하였다.

○ [박달재의 변소내용] 임춘일로 받은 5,000만 원은 차용금으로 나중에 돌려주기로 하였다. 오병사 부지 내에 있는 실외 골프연습장에서 피해자의 아들의 이름과 생년월일을 골프공에 적고 골프채로 그 공을 침으로써 액운을 쫓아내는 행위를 하였다. 그러나 실외 골프연습장은 피고인과 사실혼 관계에 있던 자가 부지 내에 체육시설의 일부로서 설치한 것이지 종교의식을 위한 시설이 아니다. 박달재는 평소 골프연습장에서 박달재로부터 골프를 배우고 연습을 하는 등 체육행위로서 골프를 하였다.

○ 박달재는 사기죄에 해당하는가?

✓ 정답 : 무죄

○ 제2심은 무죄로 판단하였다. 즉 기도비 명목으로 교부받았다고 인정할 증거가 부족하거나 피해자의 궁박한 상황을 알고 기도나 제 등을 할 의사가 없이 자신도 그 효과를 믿지 아니하면서 효과가 있는 것처럼 가장하여 피해자를 적극적으로 기망하여 돈을 편취하였다고 인정할 증거가 부족하다는 등의 이유를 들어 무죄로 판단하였다.

그러나 대출받은 1억 원이 넘는 돈을 빼고, 처를 보호하지 못해 사망에 이르게 한 자에 대하여 무죄를 선고한 것은 도저히 납득할 수 없음에도, 정신적 위안의 대가 내지 착오가 없다는 등의 이유로 혐의없거나 법원에 의한 무죄를 받는 사례가 적지 않다. 어떤 점을 입증해야 할 것인가.

○ 대법원은 이 사건에서 다음과 같이 판단하였다.

피해자에게 불행을 고지하거나 길흉화복에 관한 어떠한 결과를 약속하고 기도비 등의 명목으로 대가를 교부받은 경우에 전통적인 관습 또는 종교행위로서 허용될 수 있는 한계를 벗어났다면 사기죄에 해당한다.[469]

🪦 기도비 명목대가에 대한 기망행위 판단기준

그 구체적인 기준은 다음과 같다. 즉 ① 피고인의 자격 및 경력, ② 피고인이 피해자로부터 위 돈들을 지급받은 구체적인 경위, ③ 피고인이 피해자에게 예고한 불행이나 약속한 내용, ④ 피고인이 피해자를 위하여 실제로 한 행위의 특이성, ⑤ 장기간 피고인이 지급받은 위 돈들의 총 액수 및 그 실제 용도, ⑥ 치료불가능한 처의 병 등으로 인하여 피해자가 처해 있었던 불안한 심리상태 및 ⑦ 대출을 받아야만 했던 피해자의 재산상태 등에 관한 여러 사정을 앞에서 본 사실관계 및 법리에 비추어 살펴보면, 피고인이 피해자에게 위와 같이 말을 하고 피해자로부터 장기간에 걸쳐 합계 1억 889만 원을 송금 받은 행위는 전통적인 관습 또는 종교행위로서 허용될 수 있는 한계를 벗어난 것으로서 피고인에게 사기죄가 성립한다고 봄이 타당하다.

비록 피해자가 공소외 2의 병 치료 등을 위하여 피고인의 기도라는 말에 의존하면서 그 비용 등으로 위 돈들을 지급하였고 이를 통하여 정신적인 위안을 받은 사정이 있다 하더라도, 오히려 이는 피고인이 위 돈들을 지급받기 위하여 내세운 명목에 현혹되거나 기망당한 결과라고 볼 수 있으므로 위 사정만으로는 위와 같은 판단에 방해가 되지 아니한다.

───────────

469) 대법원 2008. 2. 14. 선고 2007도10917 판결 등 참조

Section 3 　**연애사기**

기본 이론

1. 의의와 특징

교제 관계에서 차용금 등으로 금전을 넘겨주었으나 헤어진 다음 이를 갚지 않는다고 고소하는 경우가 적지 않다. 소위 연애사기, 로맨스 스캠은 애정과 호의를 악용해 재물을 편취하는 범죄이다. 그러나 물론 돈을 갚지 않는다고 모두 사기인 것은 아니다.

> **Investigation Advice**
>
> 실무에서는 대체로 기망행위가 없다는 이유로 불송치되는 경우가 많으나, 피해자조차 본인이 무엇에 속았는지 잘 모르며, 속았다는 사실 자체를 인정하려 하지 않는 경향도 있다. 그러므로 고소장 내지 피해자 진술 외에도 수사대상자 검색을 통해 동종 혐의 수사 전력이 있는지를 확인할 필요가 있다.

로맨스 스캠의 피해자는 특히 자기 앞에 놓인 증거를 믿기보다 자기가 진실이기를 바라는 바를 믿고 싶어 한다.[470] 대체로 그 특징은 ① 재력과 학력 수준이 높다. ② 고령, 배우자 사별 등 외로운 사람이 쉽게 표적이 된다. ③ 소액을 시작으로 계속적인 금원 편취를 반복한다. ④ 피해자는 피의자를 쉽게 용서하고 사기를 당했음을 인정하지 않으려 한다.

2. 사기죄 성립기준

결국 미필적 고의의 판별기준이 문제된다. 피의자는 피해자가 피고인의 어려운 처지를 고려하여 무상으로 도와주었거나, 교제를 통해 피의자가 경제적으로 어려운 사정을 잘 알고 있었다는 점을 주장하는 경우가 많다.

---

470) 로빈 던바(안진이 옮김), '프렌즈' 22. 1. 어크로스 출판사

(1) 유죄

1) 차용금의 일종으로 본 경우

고액의 돈과 이자 지급을 이유로 무상 증여의 성격이 아닌 차용금의 성격을 인정한 사례이다.

교제 중인 사이라고 하더라도 카드 돌려막기, 카드론 대출 등으로 어렵다는 것을 알면서도 아무 조건 없이 1억 원에 가까운 돈을 빌려주고서 그 후에도 함께 유흥으로 돈을 소비하고 다녔다는 것은 쉽게 믿기 어렵고, 피고인이 2015. 5.경까지 일정 금액의 이자를 지급한 사실에 비추어 보면 더욱 피고인의 변소보다 피해자의 주장에 설득력이 있다.[471]

2) 피해자가 정상적인 판단력이 부족한 장애인

피의자가 다방 종업원으로 다른 애인과 교제 중인 점, 피해자가 장애인으로 상대적으로 고령이며 판단력이 정상적이지 않은 점 등을 감안하여 유죄판결된 사례이다.[472]

[범죄사실] 피고인은 B 다방에서 커피를 배달하는 종업원으로 일하던 사람이고, 피해자 C(59세)는 오래전 사고를 당하여 신체의 왼쪽 부분을 정상적으로 움직이지 못하는 장애가 있는 사람이다. 피고인은 피해자가 다방에 손님으로 찾아와 피고인에게 관심을 보이며 '결혼해 줘, 내 아들 놓아도'라고 말하며 환심을 사기 위해 예금통장을 보여주자 금원을 편취하기로 마음먹었다. 피고인은 사실은 다른 애인과 교제 중이었으므로 피해자와 동거생활이나 결혼할 의사가 없음에도 불구하고 수회 피해자의 아파트에 찾아가 "짐을 옮기겠다"며 마치 함께 살 것처럼 행세하는 한편, 동거생활에 필요한 자금 마련을 위해 옷가게를 하려면 가게 전세자금, 승용차 구입 등으로 약 2억 원이 필요하다고 거짓말하고, 총 9회에 걸쳐 같은 방법으로 합계 188,108,150원을 교부받음으로써, 피해자를 기망하여 재물을 교부받았다.

[양형이유] 판단력이 정상적이지 않은 피해자와 동거할 것처럼 기대하게 한 후 금원을 편취한데다 피해금액의 규모가 상당히 크고 피해변상이 되지 아니하였으므로 징역형을 선택한다. 다만 피해자 본인은 아직도 피고인에 대한 애정을 가지고 있고 피고인도 피해자가 먼저 금전적 호의를 베푼 까닭에 이 사건 범행에 이른 것으로 보이는 점, 피고인이 수사과정에서 범의를 부인하여 왔으나 이 법정에서 자신의 잘못을 인정하고 있다.

---

471) 의정부지방법원 2018. 12. 11. 선고 2018노2707 판결
472) 울산지방법원 2013. 9. 12. 선고 2013고단2692 판결

3) 소개팅 앱에서 만난 사이

피고인은 모바일 소개팅 앱인 'A'를 통하여 알게 된 피해자 B에게 자신을 'C'라고 사칭하면서 피해자가 호감을 가질 만한 다른 여성의 사진을 마치 자신의 사진인 것처럼 전송하면서 위 앱을 통하여 교제하면서 피해자에게 피고인의 아버지인 D가 서울 강남에 건물을 소유하고 있다며 자신의 재력을 과시하는 한편 위 D가 병으로 입원하였다가 사망하였다며 그 입원 사진 및 묘비 사진을 전송하였다. 그러나 사실 피고인은 피해자에게 전송한 사진 속 인물이 아니고, 피고인의 아버지는 서울 강남에 건물을 소유하고 있지 않았을 뿐만 아니라 질병으로 입원하거나 사망한 사실이 없었으며, 피고인에게는 약 10여 년 전부터 연체 중인 1,800만 원 상당의 E 은행대출금 채무가 있었고, 매월 150~300만 원의 월급만으로는 생활비 등의 개인 지출 비용으로 사용하기에도 부족하였으므로 피해자로부터 돈을 차용하더라도 이를 변제할 의사나 능력이 없었다. 총 21회에 걸쳐 합계 64,901,664원을 송금 받아 이를 편취하였다.

[양형] 피고인이 2년가량이나 다른 사람으로 행세하면서 피해자와 교제하고 피해자에게 재력을 과시한 뒤 그로부터 돈을 편취한 범행수법, 피해자로 하여금 사채 대출까지 받게 한 정황 등에 비추어 죄질이 상당히 불량한 점, 기망의 기간이나 편취 금액이 중하고 피고인으로부터 기만당한 피해자가 피고인에 대한 엄벌을 탄원하고 있는 점 등은 피고인에게 불리한 정상이다. 그러나 피해자 또한 소개팅 앱에서 만난 사람을 단 한 번도 보지 못한 상태에서 교제를 시작하고 2년 동안이나 만났다는 것으로, 교제하는 사람의 친구로 행세하는 사람(실제로는 피고인)만을 주 1, 2회 만나면서, 정작 얼굴도 보지 못한 교제하는 사람으로부터 리스 외제차량을 포함한 각종 선물을 받고, 그 소유 건물에 미용실을 차리기 위해 결혼도 약속하였다는 것인데, 위와 같은 피해자의 피해 정황에도 석연치 아니한 부분이 있는 점, 피고인은 피해자로부터 받은 돈 중 상당 부분을 피해자와의 교제비용으로 사용된 것으로 보이며, 일부 피해금(약 1천만 원가량)은 변제한 점, 피고인이 이 사건 이전 아무런 범죄전력이 없는 초범인 점 등을 피고인에게 유리하게 고려한다.[473]

(2) 무죄

[공소사실의 요지] 피고인은 한의사로 피해자 C와 교제하는 것을 기화로 금원을 편취할 것을 마음먹었다.

1) 피고인은 피해자에게 "광주에 아버지 유산 땅을 팔려고 내놓았는데 요즘 거래가 안 되어 현금이 안 돈다. 한의원만 오픈하면 현금이 돌고 최저 5,000만 원이면 2,500만 원이 남는다. 한약재 대금을 급하게 결제하는데 지금 현금이 없다. 내가 곧 청담동에 한의원을 오픈할 예정인데 1,000만 원을 빌려주면 금방 갚아줄 수 있다."라는 취지로 거짓말을 하였다. 그러나, 사실 피고인은 개인명의 재산이 없고 상속받을 재산을 매물로 내놓은 것도 없으며, 운영하던 한의원은 적자가 누적되고, 7억 원 이상의 채무만 있어 개인회생 상태이므로 피해자로부터 금원을 교부받더라도 이를 변제할 의사나 능력이 전혀 없었다. 그럼에도, 피고인은 이와 같이 피해자를 기망하여 이에 속은 피해자로부터 1,000만 원을 차용금 명목으로 송금 받았다.

2) 피고인은 한의원에서 피해자에게 "내가 신사동에 한의원을 내는데 보증금 1억 원, 권리금 2,000만 원, 인테리어 비용 2,000만 원이 필요하다. G 한의원 H 원장에게 권리금 2,000만 원을 지급하고 내가 이 한의원을 운영할 것이다. 한의원을 운영하여 매월 100만 원 이자를 주고, 원금을 1년 이내에 갚아주겠다. 공증도 해 주고, 전전대계약서도 작성해 주겠다."라는 취지로 거짓말을 하였다. 그러나, 사실 피고인은 이를 변제할 의사나 능력이 전혀 없었다.

---

473) 서울중앙지방법원 2020. 3. 10. 선고 2019고단8523 판결

그럼에도, 이에 속은 피해자로부터 합계 1억 4,000만 원을 차용금 명목으로 송금 받았다.

[판단] 1) 검사는 피고인이 피해자로부터 금원을 지급받은 경위에 대하여 증여받은 것이라거나, 투자를 받은 것이라거나, 주식투자로 수익이 나게 해 주고 그 일부를 받은 것이라거나, 대여를 받은 것이라는 등 일관되지 않은 진술을 하고 있어 신빙성이 없다고 주장한다. 그러나 ① 피고인이 피해자로부터 금원을 지급받을 당시 피고인과 피해자가 연인 관계에 있었던 점, ② 피고인이 피해자와 연인 관계에 있는 동안 특정 주식을 어느 가격에 매도 또는 매수하는 것이 좋겠다는 등 조언을 함으로써 피해자의 주식 투자에 구체적으로 관여한 것으로 보이는 점, ③ 피해자는 피고인에게 금원을 지급한 뒤 피고인의 한의원 건물 임대차계약 체결 시 동석하여 자신을 투자자라고 소개하기도 하였던 점(원심 증인 K의 증언), ④ 피고인은 피해자로부터 금원을 지급받은 2013. 7.경이 아닌 2013. 9. 1. 피해자의 요구로 차용증을 작성해 주었고, 이후 2013. 9.경 피해자와 사이가 멀어진 것으로 보이는 점 등에 비추어 보면, 피해자로부터 지급받은 금원의 성격에 관한 피고인의 진술이 다소 불명확하거나 일관되지 않다고 하더라도 그러한 사정만으로 피고인 진술의 신빙성을 배척하기는 어렵다.

2) 검사는 피해자가 금원을 교부하기 전에 이미 피고인이 개인회생 중임을 알고 있었다는 피고인의 진술을 믿기 어렵고, 설령 피해자가 피고인이 개인회생 중임을 알았다고 하더라도 오히려 피고인이 구체적인 채무의 규모나 채무부담 경위 등에 대한 설명을 하지 않은 채 개인회생 중이라는 점만을 알려 자신의 결점을 드러냄으로써 피해자로 하여금 피고인을 더 신뢰하도록 만드는 수단으로 사용하였다고 보아야 한다고 주장한다. 그러나 피해자는 수사기관에서 피고인이 개인회생 중임을 알면서도 금원을 대여하였다는 취지로 진술한 바 있어 피고인이 피해자에게 개인회생 중임을 숨김으로써 자신의 변제능력에 대하여 기망하였다고 보기 어렵고, 위와 같은 피해자의 진술, 피고인과 피해자의 교제 과정 및 금원 지급 경위에 비추어 보면, 피해자는 피고인이 경제적으로 어려운 상황임을 알면서 금원을 투자 또는 대여해 준 것으로 보일 뿐, 검사가 주장하는 바와 같이 오히려 피고인이 개인회생 중임을 기망의 수단으로 사용하였다고 볼 수는 없다.

3) 피해자의 진술만으로는 피고인에게 편취의 범의가 있었음을 인정하기 부족하고, 그 외에 한의원 임대차보증금이 피고인 소유로 되어 있다거나, 피고인이 피해자로부터 지급받은 1,000만 원 중 일부를 카드대금, 생활비 등으로 사용하였다거나, 피고인이 피해자를 만난 직후부터 이혼을 권하였다는 등 검사가 주장하는 사정들만으로 피고인에게 편취의 범의가 있었음을 인정하기도 어렵다.[474]

---

474) 수원지방법원 2016. 5. 13. 선고 2015노5246 판결

III

횡령과 배임

"법을 적용함에 있어 신분이 고귀하다고 해서 아첨해서는 안 된다.
목수는 나무가 굽어 있다고 해서 먹줄을 굽히지 않는다."

- 한비자 -

Chapter 1

횡령

계수사 및 법제사적 맥락을 볼 때, 한국 형법의 횡령죄는 독일 형법이나 일본 형법과 같이 순수한 형태의 소유권 범죄가 아님을 알 수 있다. 한국의 횡령죄는 배임죄와 함께 신뢰침해 범죄라는 공통의 성질을 가지고 있다.[475] 횡령죄는 소유권을 보호법익으로 하며, 그 본질은 신임관계에 기초하여 위탁된 타인의 물건을 위법하게 영득하는 배신적 행위를 처벌하는 것이다.

Section 1 **횡령죄의 기본 이론**

🎖 기본 이론

횡령죄는 **타인의 재물을 보관하는 자가 그 재물을 횡령하거나 반환을 거부한 경우에 성립하는 범죄를 말한**다. 횡령죄는 타인의 재물에 관한 소유권 등 본권을 그 보호법익으로 하고 본권이 침해될 위험성이 있으면 그 침해 결과가 발생되지 않더라도 성립하는 위태범이다.[476]

1. 범죄사실

횡령죄의 범죄사실은 ① 재물 위탁관계 ② 재물보관자의 지위 ③ 횡령행위 ④ 결구의 순으로 기재한다. 또 재물보관의 일시·장소와 횡령행위의 일시·장소가 다른 경우 각각 별도로 기재한다.[477] 나아가, 횡령죄에서는 피해자가 특정되면 족하고 반드시 그 상대방이 특정되어야 하는 것

---

475) 신동운, 횡령 후의 횡령죄 성립여부, 서울대학교 法學 제54권 제4호 2013. 12. 291~314면,
476) 대법원 2002. 11. 13. 선고, 2002도2219, 판결
477) 2010 검찰 공소장 기재

은 아니다.[478]

①피고인은 2009. 4. 7. 10:00경 서울특별시 서대문구 홍제동 56에 있는 피해자 정동길의 집에서 그로부터 발행일 2009. 4. 5. 지급기일 2009. 9. 30, 어음금액 10,000,000원인 약속어음 1장에 대한 할인을 의뢰받았다. 피고인은 ②피해자를 위하여 할인을 의뢰받은 위 약속어음을 보관하던 중, ③2009. 4. 13. 14:00경 서울특별시 서대문구 홍은동 48에 있는 피고인의 집에서 그 어음을 외상물품대금 지급 명목으로 김길영에게 임의로 건네주었다. ④이로써 피고인은 피해자의 재물을 횡령하였다.

2. 죄수

(1) 포괄일죄의 경우

1) 범죄사실의 특정

피고인이 1996. 9. 30.부터 1997. 5. 30.경까지 사이에 피해자 경영의 서점에서 서적외판원으로 근무하면서 군산 및 익산 등지에서 아동도서를 판매하고 수금한 금 1,050만 원을 피해자를 위하여 업무상 보관하던 중 그 무렵 군산시 내 일원에서 생활비 등으로 임의 소비하여 이를 횡령하였다.
[문제] 위 범죄사실은 특정되었다고 볼 수 있는가?

여러 개의 업무상 횡령행위라 하더라도 피해법익이 단일하고, 범죄의 태양이 동일하며, 단일 범의의 발현에 기인하는 일련의 행위인 경우 포괄하여 1개의 범죄에 해당한다. 이 경우 그 일죄의 일부를 구성하는 개개의 행위에 대하여 구체적으로 특정되지 아니하더라도 그 전체 범행의 시기와 종기, 범행방법, 피해자나 상대방, 범행횟수나 피해액의 합계 등을 명시하면 이로써 그 범죄사실은 특정된다.

위 공소사실은 전체 범행의 시기와 종기, 범행방법, 피해자 및 피해액의 합계가 특정되어 있으므로 포괄일죄로서의 성격에 비추어 볼 때 그 범행횟수가 특정되어 있지 않더라도 피해액의 합계가 특정된 이상 그 범죄의 성격에 비추어 공소사실이 특정되었다. 또한 횡령죄에 있어서는 피해자가 특정되면 족하고 반드시 그 상대방이 특정되어야 하는 것은 아니다.

---

478) 대법원 1997. 12. 26. 선고 97도2609 판결, 1992. 9. 14. 선고 92도1532 판결 등 참조

(2) 상상적 경합의 경우

여러 개의 위탁관계에 의해 보관하던 여러 개의 재물을, 사회관념상 1개의 행위로 횡령한 경우 위탁관계별로 수개의 횡령죄가 성립하고, 피해자들에 대한 각 횡령죄는 상상적 경합의 관계에 해당한다.

피고인은 피해자 A 회사와 사이에 렌탈(임대차)계약을 체결하고 그로부터 컴퓨터 본체 24대, 모니터 1대를 받아 보관하였고, 피해자 B 회사와 사이에 리스(임대차)계약을 체결하고 그로부터 컴퓨터 본체 13대, 모니터 41대, 그래픽카드 13개, 마우스 11개를 보관하다가 2011. 2. 22.경 성명불상의 업체에 이를 한꺼번에 처분하여 횡령하였다.

Section 2 | 횡령죄의 구성요건

예제 | 무자료 거래대금

○ A 회사 공장 직원들은 그곳에서 생산된 스판덱스 등 섬유제품이 실제 생산량보다 적게 생산된 것처럼 수율을 낮게 조작하거나, 생산과정에서 발생한 판매 가능한 제품을 불량품으로 폐기한 것처럼 가장하는 방법으로 무자료 거래 제품을 제조하여 공장에서 출고한 후 대리점에 판매하고, 각 대리점별 무자료 거래내역 집계표를 매월 작성하였다. 이와 관련 회사의 감사는 위와 같이 작성된 무자료 거래내역 집계표를 갑에게 보고하였다.

한편 이 사건 무자료 거래는 판매방법, 가격, 거래처 등이 정상거래와 차이가 없이 이루어졌고, 무자료로 판매된 섬유제품도 정상제품과 차이가 없었다. 무자료 거래의 상대방인 대리점 사장들은 거래가 완료되면 직접 또는 다른 사람을 통하여 현금으로 거래대금을 전달하였는데, 섬유제품 무자료 거래가 이루어진 사실은 회사 울산공장의 여러 임직원에게 알려져 있었으나, 무자료 거래대금의 전달과 사용은 소수 인원만 관여한 채 비밀리에 이루어졌다. 위와 같이 전달된 현금은 회사 임직원 명의 차명계좌 등으로 관리되다가 갑과 가족들의 개인적 용도 등에 사용되었다.

그런데 담당 경찰은 다음과 같은 취지로 송치하였다. 즉 섬유제품을 무자료로 판매한 후 대리점의 사장들로부터 무자료 거래대금을 현금으로 전달받아 관리하다가 사적 용도에 사용하는 방법으로 '섬유제품'을 빼돌려 무자료로 판매함으로써 횡령하였고, 대리점 사장은 갑이 무자료 거래를 통하여 회사의 '섬유제품'을 빼돌리는 것을 알면서도, 무자료 거래로 섬유제품을 공급받고 그러한 사실이 발각되지 않도록 그 대금을 현금으로 직접 다른 사람에게 지급하는 등으로 갑 등의 범행을 방조하였다.

○ 횡령죄 범죄사실 작성이 적절한가?

✔ 정답 : 섬유제품의 판매대금 관련

○ 횡령행위가 여러 단계의 일련의 거래 과정을 거쳐 이루어지는 등의 사유로 여러 재물을 횡령의 객체로 볼 여지가 있어 이를 확정할 필요가 있는 경우에는, 해당 재물의 소유관계 및 성상(성상), 위탁관계의 내용, 재물의 보관·처분 방법, 행위자가 어떤 재물을 영득할 의사로 횡령행위를 한 것인지 등의 제반 사정을 종합적으로 고려하여 횡령의 객체를 확정해야 할 것이다.

○ 이 사건에서 피고인 1은 자신이 지배하는 피고인 5 회사에서 생산된 섬유제품 자체를 영득할 의사로 무자료 거래를 한 것이 아니라, 섬유제품 판매대금으로 비자금을 조성하여 그 비자금을 개인적으로 영득할 의사로 무자료 거래를 하였다고 볼 수 있으므로, 이 사건 횡령행위의 객체는 '섬유제품'이 아니라 섬유제품의 '판매대금'이라고 보아야 할 것이다.

① 일반적으로 법인의 무자료 거래는 매출누락을 통한 세금포탈과 비자금 조성을 목적으로 이루어지는데, 비자금이 법인과는 아무런 관련이 없거나 대표자가 개인적 용도로 착복할 목적으로 조성된 경우에는 비자금 조성행위 자체로써 불법영득의사가 실현된 것으로 보나, 비자금 조성이 법인의 운영에 필요한 자금을 조달하는 수단으로 인정되는 경우에는 횡령죄가 성립하지 아니하는 것으로 본다. 그런데 피고인 1이 '섬유제품' 자체를 횡령하였다고 본다면 무자료 거래를 통하여 조성된 비자금이 어떤 용도로 사용되는지에 관계없이 언제나 횡령죄가 성립한다는 결론에 이르게 된다. ② 판매된 섬유제품이 무자료 거래 과정에서 피고인 5 회사와 무관한 피고인 1 등의 개인적 지배범위 안에 놓인 사실이 없다. ③ 피고인 1 등이 무자료 거래를 한 동기와 목적이 섬유제품 자체를 영득하기 위한 것이라는 자료가 없다. ④ 이 사건 섬유제품을 판매한 행위만으로는 섬유제품의 소유자인 피고인 5 회사의 이익에 반한다고 보기 어렵다. 반면 섬유제품의 판매대금을 피고인 5 회사에 귀속시키지 않은 행위는 피고인 5 회사의 이익에 반하는 행위임이 명백하다. ⑤ 무자료 거래를 통하여 조세를 포탈하고 비자금을 조성하는 것은 비록 위법한 행위이기는 하지만, 비자금 조성이 대표자의 개인적 목적에 의한 것이 아니라 법인의 운영에 필요한 자금을 조달하는 수단인 경우라면 '섬유제품' 소유자인 피고인 5 회사의 이익에는 반하지 않으므로, 앞서 본 법리에 따라 특별한 사정이 없는 한 '섬유제품'에 대한 불법영득의사는 인정하기 어렵다. ⑥ 피고인 1 등이 '섬유제품' 자체를 횡령한 것으로 본다면, 무자료 거래의 상대방이 대금을 지급하지 않거나 대금을 지급하기 전에도 '섬유제품'에 대한 횡령죄가 기수에 이르렀다고 보아야 하는데, 이 경우 피고인 1 자신은 아무런 이익도 취득하지 않으면서 섬유제품을 횡령한 것이라는 불합리한 결론에 이르게 된다.

○ 한편 횡령죄의 구성요건으로서의 횡령행위란 불법영득의사를 실현하는 일체의 행위를 말하는 것으로, 단순한 내심의 의사만으로는 횡령행위가 있었다고 할 수 없고, 불법영득의사가 외부에 인식될 수 있는 객관적 행위가 있을 때 횡령죄가 성립한다고 할 것인데,[479] 앞서 본 바와 같이 이 사건 무자료 거래는 정상거래와 외관상 동일한 방법으로 이루어졌으므로, 이 사건 섬유제품의 무자료 판매행위만으로 곧바로 피고인 1 등의 '섬유제품'에 대한 불법영득의사가 외부에 인식될 수 있는 정도에 이르렀다고 평가하기도 어렵고, 섬유제품의 판매대금이 비밀리에 현금으로 원심공동피고인 2에게 전달된 때 또는 전달된 대금이 개인적인 목적으로 소비된 때 비로소 그 '판매대금'에 대한 영득의사가 외부에 표현된 것으로 볼 수 있을 것이다.

---

479) 대법원 1993. 3. 9. 선고 92도2999 판결, 대법원 2004. 12. 9. 선고 2004도5904 판결 등 참조

🏵 기본 이론

횡령죄는 ① **타인의 재물을** ② **보관하는 자가** ③ **그 재물을 횡령하거나 반환을 거부한 경우에 성립하는 범죄**이다. 따라서 일반적으로 ① 피해객체의 특정, ② 타인의 재물, ③ 위탁관계, ④ 횡령 내지 반환거부에 의한 불법영득의사의 순서로 수사사항을 검토하게 된다.

1. 피해객체의 특정

횡령행위가 여러 단계의 일련의 거래 과정을 거쳐 이루어져 **여러 재물을 횡령의 객체로 볼 여지가 있어 이를 확정할 필요가 있는 경우**에는, **재물의 소유관계 및 성상, 위탁관계의 내용, 재물의 보관·처분 방법, 행위자가 어떤 재물을 영득할 의사로 횡령행위를 한 것인지 등 제반 사정을 종합적으로 고려하여** 횡령의 객체를 확정한다.[480]

2. 타인의 재물과 보관자

소유권과 그 변동에 관한 기준은 민법상 물권편에 규정되어 있다. 다만 대법원은 금전에 대한 소유권 귀속의 문제는 민법이 아닌 형법상 판단기준을 별도로 정립하고 있다. 소유권자의 동의 없이 이를 임의로 소비하거나, 정당한 사유 없이 반환요청을 거부한다면, 불법영득의사를 표출하고 있다고 보아 횡령을 의심할 수 있기 때문이다. 따라서 1차적으로 피해 객체를 특정하는 문제와 그 소유권 귀속의 판단기준을 정립할 필요가 있다.

(1) 소유권 귀속
1) 재물성

> 박달재가 대우건설이 ㈜한화시스템윈스 앞으로 착오로 중복하여 발행한 채권액 8천만 원의 두 번째 전자외상매출채권을 국민은행으로부터 할인받은 후 한화시스템윈스의 국민은행 계좌에 입금된 2차 전자채권 할인금을 인출한 경우는 어떤 죄에 해당하는가?

횡령죄의 객체인 재물은 동산이나 부동산 등 유체물에 한정되지 아니하고 관리할 수 있는 동력도 재물로 간주되지만, 여기에서 말하는 관리란 물리적 또는 물질적 관리를 말하며, 사무적으로

---

480) 대법원 2016. 8. 30. 2013도658 판결

관리가 가능한 채권이나 그 밖의 권리 등은 포함되지 않는다.[481]

> ○ 채권은 횡령죄의 객체가 될 수 없으므로 2차 전자채권의 할인행위는 피해 회사에 대한 횡령죄를 구성하지 아니
> 하고, 2차 전자채권의 할인금도 피해 회사 소유의 금원이라고 볼 수 없으므로 그 금원을 인출한 행위도 대우건설에
> 대한 횡령죄를 구성하지 않는다.[482]
> ○ 다만, 중복발행된 전자외상매출채권을 진정으로 믿은 국민은행을 사기죄의 피해자로 보는 것은 검토할 여지가
> 있다.

2) 소유권의 귀속

횡령죄의 객체는 '타인의 재인의 재물이다. 이는 민사실체법에 의하여 결정한다.[483] 다만 물권
법을 참작할 때 소유권 귀속은 공동소유와 단독소유가 있으며, 또 객체에 따라 부동산, 동산, 금전
등으로 나누어 판단하여야 한다.

(2) 위탁관계에 의한 보관자

1) 법률상 내지 사실상의 지배력

보관자란 재물에 대한 법률상 또는 사실상 지배력이 있는 상태로서, 위탁신임관계를 요한다.[484]
따라서 ① 부동산에 관한 보관자의 지위는 **부동산을 제3자에게 유효하게 처분할 수 있는 권능의
유무에 따라 결정하며,** ② **동산에 대한 보관자의 지위는 그 동산에 대한 점유, 즉 사실상의 지배를**
기준으로 한다.[485] 또 ③ 타인의 금전을 위탁받아 보관하는 자는 보관방법으로 이를 은행 등의 금
융기관에 예치한 경우에도 보관자의 지위를 갖게 된다. ④ 또한 소유권의 취득에 등록이 필요한
타인 소유의 차량을 인도받아 보관하고 있는 사람이 이를 사실상 처분하면 횡령죄가 성립하며, 그
보관 위임자나 보관자가 차량의 등록명의자일 필요는 없다.

---

481) 대법원 1994. 3. 8. 선고 93도2272 판결 등 참조
482) 대법원 2014. 2. 27. 선고, 2011도832 판결
483) 대법원 2010. 5. 13. 선고 2009도1373 판결, 타인의 재물인가 등과 관련된 법률관계에 당사자의 국적·주소,
　　물건 소재지, 행위지 등이 외국과 밀접하게 관련되어 있어서 국제사법 제1조 소정의 외국적 요소가 있는 경
　　우에는 다른 특별한 사정이 없는 한 국제사법의 규정에 좇아 정하여지는 준거법을 1차적인 기준으로 하여
　　당해 재물의 소유권의 귀속관계 등을 결정하여야 한다.
484) 대법원 2005. 6. 24. 선고 2005도2413 판결, 대법원 2010. 6. 24. 선고 2009도9242 판결
485) 대법원 1987. 2. 10. 선고 86도1607 판결, 2005. 6. 24. 선고 2005도2413 판결

2) 위탁관계의 근거

그 원인은 임대차, 위임 등의 계약(위탁행위)로 설정될 것을 요하지 않고 사무관리 · 관습 · 조리 · 신의칙에 의해서도 성립한다.[486]

회사의 주식 60%를 공소외 2가, 20%를 공소외 2의 동생인 공소외 3이, 나머지 20%를 피해자 공소외 4가 각 나누어 소유하고 있는 상황에서 피고인은 2002. 8. 28. 공소외 2 · 공소외 3 양인을 대리하여 피해자와 함께 위 회사의 주식 전부를 공소외 5에게 3억 2,000만 원에 양도하기로 하는 내용의 계약을 체결하였고, 그 후 피고인은 2003. 3. 19. 공소외 2를 대리하여 공소외 3과 함께 공소외 5에게 공소외 2 · 공소외 3 양인의 위 회사에 대한 권리 80%를 양도한다는 취지의 포기각서를 작성, 교부하면서, 공소외 5로부터 주식양도대금으로 3억 원을 지급받았음을 알 수 있다. 그런데, 피고인이 주식양도대금으로 지급받은 3억 원에 피해자 보유 주식 20%의 양도대금도 포함되어 있는지 여부에 관하여 살피건대, 공소외 5의 수사기관 이래 법정에 이르기까지의 일관된 진술에다가 피고인 스스로도 경찰 및 검찰에서 '당시 공소외 5가 돈이 없으니 주식양도대금 중 2,000만 원을 깎아 달라고 하여 3억 원만 받았다'고 진술하고 있는 점에 비추어 보면, 피고인이 지급받은 3억 원에는 피해자 보유 주식 20%의 양도대금도 포함되어 있고, 다만 공소외 5가 주식양도대금 3억 원을 지급할 당시 피해자가 자리에 없어 피해자로부터는 나중에 포기각서를 받기로 하고, 우선 공소외 2를 대리한 피고인과 공소외 3으로부터만 그들의 위 회사에 대한 권리 80%를 양도한다는 취지의 포기각서를 작성, 교부받았을 뿐이라고 봄이 상당하다. 그리고, 공소외 5는 피해자가 그 보유 주식 20%의 양도대금을 자신이나 피고인 그 누구로부터도 지급받지 못하였다는 이유로 주식의 양도를 거부하여, 위 회사를 인수한 후 이사 선임을 위한 임시주주총회를 개최하면서 그 임시주주총회록에 주식총수 30,000주, 주주총수 2명, 출석주주 1명(공소외 5), 출석주주의 주식수 24,000주로 기재할 수밖에 없었고, 피해자에 대하여는 더 이상 주식을 양도해 달라고 요구하지 못한 것이라고 진술하고 있고, 한편 피해자는 주식양도대금을 그 누구로부터도 지급받지 못한 이상 위 회사의 주식 20%를 그대로 보유하고 있다고 주장하는 터이므로, 이러한 사정을 들어 피고인이 지급받은 3억 원이 공소외 2 · 공소외 3의 보유 주식 80%만에 대한 양도대금이라고 볼 수는 없는 것이다.

나. 또한, 2002. 8. 28. 자 주식양도 계약 당시 피고인 측과 피해자가 주식양도대금 3억 2,000만 원의 분배에 관하여 다툼을 벌이다가 피고인 측이 피해자의 몫으로 1억 원을 인정하기로 하였음을 알 수 있고, 한편 횡령죄에 있어서 재물의 보관이라 함은 재물에 대한 사실상 또는 법률상 지배력이 있는 상태를 의미하고 그 보관이 위탁관계에 기인하여야 할 것임은 물론이나, 그것이 반드시 사용대차 · 임대차 · 위임 등의 계약에 의하여 설정되는 것임을 요하지 아니하고, 사무관리 · 관습 · 조리 · 신의칙 등에 의해서도 성립될 수 있으므로(대법원 2003. 9. 23. 선고 2003도3840 판결 등 참조), 위와 같은 상황에서 피고인이 공소외 5로부터 피해자의 몫도 포함된 주식양도대금 3억 원을 지급받은 것이라면, 피고인이 사무관리 내지 신의칙상의 위탁관계에 기하여 피해자의 몫인 1억 원을 보관하는 자의 지위에 있었다.[487]

---

486) 대법원 2005. 10. 28. 선고 2005도5975 판결
487) 대법원 2006. 1. 12. 선고 2005도7610 판결

3. 횡령 내지 반환거부

(1) 횡령행위 내지 은닉

횡령행위란 불법영득의사를 실현하는 일체의 행위를 말한다. 따라서 이미 점유 중에 있는 재물을 자기를 위한 점유로 변개하는 의사를 일으키면 영득의 의사가 있게 된다. 그러나 단순한 내심의 의사만으로는 횡령행위가 있었다고 할 수 없고 영득의 의사가 외부에 인식될 수 있는 객관적 행위가 있을 때 횡령죄가 성립한다.[488] 가령 소유자 동의 없이 함부로 담보로 제공하는 행위는 불법영득의 의사를 표현하는 횡령행위로서 무효 내지 소유권 침해의 결과 발생에 관계없이 횡령죄를 구성한다.[489]

한편 횡령행위의 태양으로서 **은닉이란, 위탁의 본지에 반해 그 재물을 발견하기 곤란한 상태에 두는 것**을 말한다.[490]

> 피고인은 이와 같은 이혼조정 조서내용에 따라 실질적으로 피해자와 부부관계가 해소된 상태에서 피해자의 499,000원상당의 세탁기 1대, 121,000원 상당의 전자레인지 1대, 268,000원 상당의 전기밥솥 1개과 그릇일체, 시가 불상 청소기 1대(피해자 신고가 15만 원 상당), 시가 불상의 아이 침대 1개(피해자 신고가 50만 원 상당) 및 침대커버(피해자 신고가 15만 원 상당), 시가 불상 식탁일체(피해자 신고가 60만 원 상당), 시가 불상 거실커텐(피해자 신고가 50만 원 상당), 시가 불상 김치냉장고 1대(피해자 신고가 50만 원 상당), 시가 불상의 텔레비전 1대(피해자 신고가 30만 원 상당)를 보관하던 중, 2012. 5. 25. 11:00경 울산 남구 ○○○아파트에서 퇴거하면서 위 물건을 가지고 가 은닉하여 횡령하였다.[491]

(2) 반환거부

형법 제355조 제1항에서 정하는 '반환의 거부'라고 함은 보관물에 대하여 소유자의 권리를 배제하는 의사표시를 하는 행위를 뜻하므로, 타인의 재물을 보관하는 자가 단순히 반환을 거부한 사실만으로는 횡령죄를 구성하는 것은 아니며, 반환거부의 이유 및 주관적인 의사 등을 종합하여 반환거부행위가 횡령행위와 같다고 볼 수 있을 정도이어야만 횡령죄가 성립한다.

---

488) 대법원 2016. 8. 30. 선고 2013도658 판결
489) 대법원 2002. 11. 13. 선고 2002도2219 판결
490) 대법원 1999. 9. 17. 선고 99도2889 판결, 피고인이 조성한 비자금이 회사의 장부상 일반자금 속에 은닉되어 있더라도 이는 당해 비자금의 소유자인 회사 이외의 제3자가 이를 발견하기 곤란하게 하기 위한 장부상의 분식(粉飾)에 불과하여 그것만으로 피고인의 불법영득의 의사를 인정할 수는 없다.
491) 울산지방법원 2013. 6. 21. 선고 2013고정206 판결

(3) 횡령죄의 실행의 착수와 기수시기

1) 판단기준

횡령죄는 다른 사람의 재물에 관한 소유권 등 본권을 그 보호법익으로 하고 본권이 침해될 위험성이 있으면 그 침해의 결과가 발생하지 아니하더라도 성립하는 이른바 '위험범'에 해당하는데, 여기서 '위험범'이라는 것은 횡령죄가 개인적 법익침해를 전제로 하는 재산범죄의 일종임을 감안하여 볼 때 단순히 사회일반에 대한 막연한 '추상적 위험'이 발생하는 것만으로는 부족하고, 소유자의 본권 침해에 대한 '구체적 위험'이 발생하는 수준에 이를 것을 요한다.

나아가 어떠한 행위에 의하여 소유권 등 본권 침해에 대한 구체적인 위험이 발생하였는지 여부는 해당 재물의 속성, 재산권의 확보방법, 거래실정 등의 제반사정을 고려하여 합리적으로 판단하여야 한다. 그리고 행위자가 불법영득의사의 발현이 표시되었다고 하더라도 부동산에 관한 공시제도나 거래실정 등의 제반사정에 비추어 볼 때 횡령죄에 상응하는 객관적인 구성요소가 아직 실행 또는 충족되지 아니하였고, 소유권 기타 본권 침해에 대한 구체적인 위험이 발생하지도 아니하였다면, 이는 횡령죄의 미수범이 성립될 뿐이며 기수범이 성립되었다고 보기는 어렵다고 할 것이다.

2) 동산의 경우

한편 횡령죄의 객체인 '재물'은 민법상의 동산과 부동산을 불문하는바, 동산의 경우에는 소유자의 위탁에 의하여 행위자가 그 동산을 보관, 점유하는 것이 통례이므로, 동산의 소유권에 관한 공시방법인 '점유'라는 객관적 요소가 행위자에게 이미 확보되어 있는 사실관계에 수반하여, 그 행위자가 불법영득의사를 대외적으로 표현하는 '임의의 계약 체결', '반환 거부' 등의 행위를 함으로써 곧바로 본권 침해에 관한 구체적인 재산상 위험이 발생하게 된다고 할 것이고, 따라서 이러한 '금전', '동산' 등과 관련된 전형적인 횡령범행에 대하여는 '횡령미수(형법 제359조)'라는 단계를 상정하기가 현실적으로 매우 어렵다.[492]

3) 부동산의 경우

반면 부동산의 경우에는 공시제도나 거래실정 등의 제반사정에 비추어 볼 때 횡령죄에 상응하는 객관적인 구성요소가 아직 실행 또는 충족되지 아니하였고, 소유권 기타 본권 침해에 대한 구체적인 위험이 발생하지도 아니하였다면, 이는 횡령죄의 미수범이 성립될 뿐이다.[493]

---

492) 춘천지방법원 2011. 6. 22. 선고 2010노197 판결, 대법원 2012. 8. 17. 선고 2011도9113 판결
493) 대법원 2012. 8. 17. 선고 2011도9113 판결, 춘천지법 2011. 6. 22. 선고 2010노197 판결

4. 불법영득의사

(1) 소유자의 이익을 위하여 처분하는 경우

횡령죄에 있어서 불법영득의 의사란, **위탁의 취지에 반하여 자기 또는 제3자의 이익을 위해 권한 없이 그 재물을 자기의 소유인 것 같이 처분하는 의사**를 말하며, 반드시 자기 스스로 영득해야만 횡령죄가 성립되는 것은 아니다.[494] 따라서 보관자가 소유자의 이익을 위하여 처분하였다면 불법영득의 의사가 없다고 볼 수도 있다.

피고인 1은 학교법인의 이사장으로 근무할 당시 학교법인이 부담하는 이른바 부외부채에 대하여 학교법인 명의의 약속어음을 발행하며 관리하다가 총장으로 자리를 옮긴 후에는 학교법인으로부터 더 이상 약속어음을 발행받을 수 없어 그 채무를 개인 자금으로 변제하였다는 것이고, 한편 원심이 채택한 증거들에 의하면 위 피고인은 학교법인의 이사장직에서 퇴임하면서 새로 이사장직에 취임하는 임용철에게 위와 같은 부외부채의 존재를 설명하면서 이를 떠맡아 관리할 것을 요구하였으나 임용철은 부외부채의 존재를 인정할 수 없다고 하며 위 피고인의 요구를 거절하였고, 그 후에도 학교법인은 계속하여 위 피고인이 주장하는 부외부채의 존재를 인정하지 않고 있을 뿐, 학교법인 측에서 그 부외부채를 학교법인의 채무로 승인하였다거나 위 피고인이 학교법인의 의사에 따라 이를 대위변제하였다고 볼 만한 자료는 없다. 그렇다면 설령 학교법인에 위 피고인이 주장하는 바와 같은 부외부채가 있었고, 위 피고인이 이를 대위변제하였으며, 그 변제자금을 마련하거나 또는 개인 자금으로 변제한 후 그 자금을 회수하기 위하여 위 피고인이 개인적으로 경영하던 공소외 회사의 약속어음을 할인받았다 하더라도, 위 피고인이 변제하였다는 부외부채가 학교법인이 승인한 채무가 아니고 위 피고인이 이를 변제한 것도 학교법인의 의사에 반하여 임의로 한 것에 불과한 이상, 그 채무를 변제하기 위한 자금을 마련하거나 개인 자금으로 변제한 후 그 자금을 회수할 목적으로 학교법인을 위하여 업무상 보관하던 학교법인 소유의 무기명양도성예금증서를 정상적인 절차를 거치지 않고 무단 인출하여 자신이 경영하는 회사의 약속어음을 할인받는데 담보로 제공한 행위는 그 무기명양도성예금증서 소유자인 학교법인의 이익을 위한 행위로 볼 수 없고, 그에 대한 위 피고인의 불법영득의 의사를 실현하는 횡령행위로 밖에 볼 수 없다.[495]

(2) 입증책임

나아가 불법영득의 의사를 부인하는 경우, 주관적 요소로 되는 사실은 사물의 성질상 **그와 상당한 관련성이 있는 간접사실 또는 정황사실을 증명**하는 방법에 의하여 이를 입증할 수밖에 없다.[496] 나아가 불법영득의사를 실현하는 행위로서의 **횡령행위가 있다는 점은 검사가 증명해야** 하고, 없다면 피고인의 이익으로 판단할 수밖에 없다.

---

494) 대법원 1989. 9. 12. 선고 89도382 판결
495) 대법원 2000. 2. 8. 선고 99도3982 판결
496) 대법원 2010. 6. 24. 선고 2008도6755 판결

Section 3 부동산에 대한 횡령

🏛️ 기본 이론

1. 개관

   종래 부동산에 대한 횡령죄 성립에 있어 대부분을 차지하던 부동산 명의수탁자의 임의적 처분에 의한 횡령죄의 성립이 전합 판결에 의거 부정되었다. 다만 부동산실명법의 적용 예외의 경우에는 여전히 횡령죄 성립이 가능하다는 점에서 먼저 그 적용범위와 주요 규정을 살펴볼 필요가 있다.

2. 명의신탁과 부동산 실권리자명의 등기에 관한 법률

(1) 정의

> 제2조 이 법에서 사용하는 용어의 뜻은 다음과 같다.
> 1. "명의신탁약정"(名義信託約定)이란 부동산에 관한 소유권이나 그 밖의 물권(이하 "부동산에 관한 물권"이라 한다)을 보유한 자 또는 사실상 취득하거나 취득하려고 하는 자[이하 "실권리자"(實權利者)라 한다]가 타인과의 사이에서 대내적으로는 실권리자가 부동산에 관한 물권을 보유하거나 보유하기로 하고 그에 관한 등기(가등기를 포함한다. 이하 같다)는 그 타인의 명의로 하기로 하는 약정[위임·위탁매매의 형식에 의하거나 추인(追認)에 의한 경우를 포함한다]을 말한다. 다만, 다음 각 목의 경우는 제외한다.
> 가. 채무의 변제를 담보하기 위하여 채권자가 부동산에 관한 물권을 이전(移轉)받거나 가등기하는 경우
> 나. 부동산의 위치와 면적을 특정하여 2인 이상이 구분소유하기로 하는 약정을 하고 그 구분소유자의 공유로 등기하는 경우
> 다. 「신탁법」 또는 「자본시장과 금융투자업에 관한 법률」에 따른 신탁재산인 사실을 등기한 경우

(2) 명의신탁약정과 등기 무효

> 제8조 다음 각 호의 어느 하나에 해당하는 경우로서 조세 포탈, 강제집행의 면탈(免脫) 또는 법령상 제한의 회피를 목적으로 하지 아니하는 경우에는 제4조부터 제7조까지 및 제12조제1항부터 제3항까지를 적용하지 아니한다. 〈개정 2013. 7. 12.〉
> 1. 종중(宗中)이 보유한 부동산에 관한 물권을 종중(종중과 그 대표자를 같이 표시하여 등기한 경우를 포함) 외의 자의 명의로 등기한 경우
> 2. 배우자 명의로 부동산에 관한 물권을 등기한 경우
> 3. 종교단체의 명의로 그 산하 조직이 보유한 부동산에 관한 물권을 등기한 경우

(3) 특례

> 제4조 ① 명의신탁약정은 무효로 한다.
> ② 명의신탁약정에 따른 등기로 이루어진 부동산에 관한 물권변동은 무효로 한다. 다만, 부동산에 관한 물권을 취득하기 위한 계약에서 명의수탁자가 어느 한쪽 당사자가 되고 상대방 당사자는 명의신탁약정이 있다는 사실을 알지 못한 경우에는 그러하지 아니하다.
> ③ 제1항 및 제2항의 무효는 제3자에게 대항하지 못한다.

(4) 명의수탁자의 횡령 ×

최근 대법원은 유명한 대법원 2016. 5. 19. 선고 2014도6992, 대법원 2021. 2. 18. 선고 2016도18761 전원합의체 판결을 통해 다음과 같이 양자 간 내지 삼자 간 명의신탁관계 모두에서 수탁자의 임의적 처분에 대한 횡령죄 성립을 부정하고 있다.

1) 삼자 간 명의신탁

부동산을 매수한 명의신탁자가 자신의 명의로 등기를 하지 않고 명의신탁약정에 따라 매도인에게서 바로 명의수탁자에게 중간생략의 소유권이전등기를 마친 이른바 제3자 명의신탁에서 다음과 같은 근거로 횡령죄에서 말하는 '타인의 재물을 보관하는 자'의 지위에 있다고 볼 수는 없다

A. 신탁부동산의 사실상 소유권 부정

명의수탁자에 대한 관계에서 명의신탁자를 사실상 또는 실질적 소유권자라고 형법적으로 평가하는 것은 부동산실명법이 명의신탁약정을 무효로 하고 있음에도 불구하고 무효인 명의신탁약정에 따른 소유권의 상대적 귀속을 인정하는 것과 다름이 없어서 부동산실명법의 규정과 취지에 명백히 반하여 허용될 수 없다.

B. 형법상 보호가치 있는 신임관계 부정

명의신탁약정 또는 이에 부수한 위임약정이 무효임에도 불구하고 사무관리·관습·조리·신의칙에 기초한 위탁신임관계를 인정할 수 없고, 사실상의 위탁관계 역시 범죄를 구성하는 불법적인 관계에 지나지 아니할 뿐 이를 형법상 보호할 만한 가치 있는 신임에 의한 것도 아니다.[497]

---

497) 대법원 2016. 5. 19. 선고 2014도6992 전원합의체 판결

2) 양자 간 명의신탁에서 횡령죄 성립여부

부동산실명법을 위반하여 명의신탁자가 그 소유인 부동산의 등기명의를 명의수탁자에게 이전하는 이른바 양자 간 명의신탁의 경우, 명의신탁약정과 그에 부수한 위임약정, 이를 전제로 한 명의신탁 부동산 및 그 처분대금 반환약정 모두 무효이다. 사실상의 위탁관계라 역시 범죄를 구성하는 불법적인 관계에 지나지 아니할 뿐 이를 형법상 보호할 만한 가치 있는 신임에 의한 것이 아니다.[498]

3. 부동산횡령죄에서 보관자

부동산에 관한 횡령죄에서 보관자의 지위는 동산의 경우와는 달리 **부동산을 제3자에게 유효하게 처분할 수 있는 권능의 유무에 따라 결정한다.**

(1) 부동산의 등기명의자

부동산의 보관은 원칙적으로 등기명의인에 대하여 인정된다. 따라서 부동산의 명의인임에도 본인 소유가 아닌 경우는 바로 명의신탁관계를 전제로 하는 것이다. 따라서 위에서 언급한 것처럼 그 범위가 대폭 축소되었다.

한편 대법원은 삼자 간 명의신탁관계에서 횡령죄의 '타인의 재물의 보관자' 지위를 부정한 것은, 부동산 실권리자명의등기에 의한 법률을 근거로 한다. 따라서 동법의 적용을 받지 않는 경우에는 횡령죄 성립이 가능하다. 가령 종중 대표 처의 명의로 종중 부동산의 명의를 신탁받고 소유권이전등기를 피해자 종중으로 돌려놓을 것을 요구받았음에도 이를 거부한 경우, 횡령죄의 성립이 여전히 인정된다.[499]

(2) 소유자의 위임에 의거 실제로 관리·지배하는 자

다만 등기부상의 명의인이 아니라도 소유자의 위임에 의거해서 실제로 타인의 부동산을 관리, 지배하면 부동산의 보관자가 될 수 있다.[500] 가령 미등기건물에 대하여는 위탁관계에 의하여 현실로 부동산을 관리, 지배하는 자가 보관자라고 할 수 있다.

---

498) 대법원 2021. 2. 18. 선고 2016도18761 전원합의체 판결
499) 대구지방법원 의성지원 2022. 2. 10. 선고 2021고단173 판결 업무상횡령
500) 대법원 1993. 3. 9. 선고 92도2999 판결

1) 미등기 건물의 관리인

미등기건물의 관리를 위임받아 보관하고 있는 자가 임의로 건물에 대하여 자신의 명의로 보존등기를 하거나 동시에 근저당권설정등기를 마치는 것은 객관적으로 불법영득의 의사를 외부에 발현시키는 행위로서 횡령죄에 해당하고, 피해자의 승낙 없이 건물을 자신의 명의로 보존등기를 한 때 이미 횡령죄는 완성되었다.[501]

2) 건축허가명의 수탁자

신축건물 소유권보존등기가 되어 있지 않은 이 사건 건물이 실제로 피해자가 재료의 주요부분과 노력을 제공하여 건축한 피해자의 소유로서 건축허가명의만을 갑 회사에게 신탁한 경우에 있어서, 건축허가 관계서류에 의하여 작성된 건축물관리대장(또는 가옥대장)의 등본에 의하여 자기 또는 피상속인이 그 대장에 소유자로서 등록되어 있는 것을 증명하는 자가 미등기건물의 소유권보존등기를 신청할 수 있도록 되어 있는 부동산등기법 제131조 제1호, 건축법시행규칙 제6조 등의 규정내용에 비추어 볼 때 갑회사의 실질적인 경영자인 피고인은 건축허가명의자인 갑회사의 명의로 소유권보존등기를 하여 대외적으로 유효하게 위 건물을 처분할 수 있는 지위에 있는 자이어서 타인의 부동산인 위 건물을 보관하는 자에 해당한다고 보아야 할 것이다.[502]

3) 부동산매도대금 ×

다만 부동산에 대한 횡령과 부동산매도대금의 횡령은 피해객체가 달라진다. 즉 부동산매도대금의 소비가 횡령이 되기 위하여는 그 부동산의 소유자로부터 처분권을 위임받는 등 그 소유자와 간에 신뢰관계에 기하여 처분대금을 수령하게 되는 관계에 있음을 요한다.[503]

피고인은 공소외 1, 2와 공동하여 당국으로부터 개간허가를 받아 개간한 국유지를 국가와 간에는 매매계약마저도 체결되지 아니한 상태에서 위 양인의 의사에 반하여 피고인 소유인 것처럼 가장하여 제3자들에게 매도한 사실이 인정될 뿐이므로 이건 개간지가 피고인과 위 양인의 공유라고 할 수 없을 뿐만 아니라 피고인이 위 양인으로부터 관리 또는 처분의 위임을 받았다고도 볼 수 없음이 분명하니 이건에 있어서는 피고인이 신뢰관계에 기초를 둔 부동산이나 그 처분대금의 보관자에 해당하지 아니한다.

---

501) 대법원 1993. 3. 9. 선고 92도2999 판결
502) 대법원 1990. 3. 23. 선고 89도1911 판결
503) 대법원 1983. 6. 28. 선고 80도1372 판결

4. 부동산횡령의 미수

(1) 의의

동산과 달리 부동산의 경우에는 소유자와 행위자 사이의 위탁관계가 ① 점유만 주어진 경우, ② 등기만 주어진 경우, ③ 점유와 등기가 모두 주어진 경우 등의 다양한 사실관계가 존재할 수 있다. 그러므로 주로 "금전", "동산" 등을 전제로 하는 횡령죄의 법리가 일률적으로 적용되기 어렵다.[504]

(2) 수목의 경우

[문제] 갑은 A와 사이에 「A가 자금을 출연하여 수목을 구입하고, 피고인이 노동력을 제공하여 이 사건 수목에 대한 가식·관리를 하여 쌍방의 협의하에 제3자에게 처분한 다음 그 수입을 분배한다.」라는 내용의 동업계약을 구두로 체결하고, 갑과 A는 C와 사이에 이 사건 수목을 대금 1,200만 원에 매수하는 내용의 매매계약을 체결하고, 그 매매계약서상의 매수인 명의를 위 A의 처로 표시한 다음, 위 A가 대금 1,200만 원을 지급함으로써 이 사건 수목을 매수하였으며, 그 후 갑은 이 사건 동업계약에 따라 이 사건 수목을 가식 및 관리하여 왔다. 그런데 갑은 A로부터 수목을 처분해도 좋다는 허락을 받지 않았음에도, B에게 이 사건 수목을 대금 1억 9,000만 원에 매도하는 매매계약을 체결하고, 즉석에서 계약금 명목으로 5,000만 원을 교부받아 개인적으로 사용하였다. 그러나 이를 안 A가 거래상 대방에게 갑의 권한 없는 행위임을 알려서 추가적인 계약의 진행을 저지하여 수목매매가 실패로 돌아갔다.[505]
[질문] 위 사례에서 갑은 횡령죄의 책임을 지는가?

특히 수목과 관련된 소유권의 권리변동에 관하여는 '미분리 수목'의 단계에서는 '명인방법'이란 공시방법이 적용되고, '분리 수목'의 단계에서는 '점유'라는 공시방법이 적용되므로, 수목이 토지에서 분리되지 아니한 채 특별한 명인방법도 없이 그 자리에 그대로 정착되어 있는 상황하에서, 보관자가 "불법영득의사를 표현한다"고 하는 주관적 구성요소에 부합하는 횡령죄 특유의 객관적 구성요소(본권 침해의 구체적인 재산상 위험)가 이 사건의 경우에 충족되었는지 여부에 대하여는 신중한 검토가 필요하다고 하겠다.

피고인이 이 사건 수목에 관하여 합유자인 피해자 C를 배제한 채, 피고인의 단독소유인 것처럼 행세하면서 매매계약을 체결함으로써 "횡령의 불법영득의사가 표현되었다"라고 볼 소지가 있고, 따라서 피고인이 횡령죄의 "실행의 착수"에 나아갔다고 볼 수는 있으나, 더 나아가 합유자인 피해자 C의 소유권 침해에 대한 구체적인 위험발생에까지 이르렀다고는 선뜻 단정하기 어렵다. 왜냐하면, 부동산의 매매계약이라고 함은, 매수인 측에 특별한 잘못이 없

---

504) 춘천지방법원 2011. 6. 22. 선고 2010노197 판결, 대법원 2012. 8. 17. 선고 2011도9113 판결
505) 대법원 2012. 8. 17. 선고 2011도9113 판결, 춘천지방법원 2011. 6. 22. 선고 2010노197 판결

다고 하더라도 매도인 측에서 계약금의 배액을 상환하는 방법으로 언제든지 해약할 수 있는 것이고, 특히 무권한 자의 계약행위에 대하여는 소유자가 거래상대방에게 무권한자의 사기행위라는 점을 밝힘으로써 부동산 전체의 소유권 상실 위험에서는 손쉽게 벗어날 수 있는 것이며, 실제로 이 사건의 경우에 있어서 피해자 C가 위와 같은 조치를 취함으로써 이 사건 수목 전체에 대한 소유권 상실의 위험에까지는 다다르지 않았던 것으로 보이기 때문이다. 그리고 이 사건 수목은 피해자 C가 임차한 제3자의 토지에 정착된 부동산으로서(민법 제99조 제1항), 피고인이 '금전', '동산' 등에서와 같은 맥락의 형법적 측면의 직접적인 점유에까지는 다다르지 못한 상태에 있었으며, 이 사건 수목에 관하여 피고인 또는 부동산매수인 명의의 명인방법 등의 조치를 취한 적도 없었고, 피고인이 이 사건 수목을 토지에서 분리·보관하거나, 분리·반출한 사실도 발견되지 아니한다. 이러한 사실관계를 위 3의 가.항에서 상정한 법리에 비추어 보면, 단순히 피고인이 이 사건 수목에 관한 매매계약을 체결하고 계약금을 수령한 사실만으로는 횡령죄의 '실행의 착수'의 단계를 넘어 더 나아가 '기수범'에 이르렀다고 보기는 어렵다고 할 것이다.

기본 이론

1. 동산에 대한 횡령

예제 **장흥군의 H 형강**

서귀포시는 해동건설에 서귀포문화회관 신축공사를 도급하였고, 해동건설은 박달재에게 철골 제작을 하도급하였다. 이에 따라 박달재는 장흥군이 조달청으로부터 구매한 H 형강 약 160t을 전달받았다. 그런데 박달재는 현장소장의 횡령으로 선급금을 지급받지 못하게 되었다. 박달재는 선급금 지급을 요구하여 거절당하자 공사를 중단하게 되었고, 해동건설은 다른 철골업체에게 이를 재하도급하게 되었다. 박달재는 결국 공사를 포기하고 H 형강을 해동건설에 반환하기로 하였다.

그런데 박달재는 해동건설 측에 그간에 소요된 각종 비용을 정산해 줄 것을 요구하였으나 설계비 명목으로 전체 비용의 일부밖에 받지 못하였다. 그러자 박달재는 기초 작업을 위해 따로 떼어 놓았던 25톤의 H 형강의 반환을 거절하였다. 해동건설은 부족한 H 형강을 다른 업체로부터 구입할 수밖에 없었다. 해동건설은 박달재를 H 형강 횡령죄로 고소하였다. 박달재는 경찰서에 출석하여, 정산 받지 못한 철강절단비용, 앵커볼트 매설비용, 브라켓 설치비용 등 각종 공사비와 상·하차비용, 보관료, 공사를 중도에 포기함으로써 입은 손해배상금 등을 지급받을 때까지 H 형강을 돌려줄 수 없다고 주장하고 있다.

○ 이 사건 담당 경찰관은 횡령죄에 대하여 어떻게 수사하여야 하는가?

✔ 정답 : 횡령죄 무혐의

횡령죄의 불법영득의사와 관련하여 유치권의 존재를 검토할 필요가 있다. 만약 H 형강에 대한 정당한 유치권이 있다면 횡령죄는 성립할 수 없기 때문이다. 먼저 ① H 형강의 소유권, ② 동산에 대한 횡령죄에서 불법영득의사와 유치권이 문제된다.

🪦 H 형강의 소유권

H 형강은 장흥군의 소유이다. 따라서 이를 돌려주지 않은 것에 정당한 이유가 없다면 횡령죄가 성립할 수 있다, 그러나 유치권이 성립하는 등 반환거부의 정당한 이유가 있다고 인정이 된다면 불법영득의사를 인정할 수 없어 무죄가 될 것이다. 아래에서는 유치권의 존재여부를 검토한다.

🪦 유치권과 불법영득의사

1심과 2심은 유죄를 선고하였으나 대법원에서는 유치권을 행사하는 데 있어 특별히 이를 명시할 것을 요구하는 것은 아니며, 기록상 피고인이 위 공사를 포기할 당시 남경건설로부터 설계비용을 지급받은 외에 달리 위 공사비 등을 정산하였다는 자료가 없어 피고인이 남경건설에 대한 일정한 채권을 가지고 있다고 볼 여지가 충분하다고 보았다. 따라서 피고인의 위와 같은 이 사건 물건에 대한 반환거부의 이유 및 그 주관적인 의사 등을 종합하여 볼 때 피고인이 불법영득의 의사를 가지고 이 사건 물건의 반환을 거부한 것이라고 단정할 수는 없다는 이유로 판기환송하였다.

즉 ① 피고인과 남경건설 사이의 위 철골공사 하도급계약이 종료된 경위와 함께 과연 ② 피고인이 남경건설에 대하여 어떤 채권을 얼마나 가지고 있는지, ③나아가 피고인이 이 사건 물건의 반환을 거부한 구체적 경위가 무엇인지, ④ 또 피고인이 이 사건 물건을 타에 처분하거나 자신의 공사에 유용한 경위 및 그 시기, ⑤ 당시 남경건설과 A의 승낙을 받았는지 여부 등을 자세히 살펴보기 전에는 피고인에게 이 사건 물건의 반환거부 또는 그 처분행위에 있어 불법영득의 의사가 있다고 단정하기 어렵다고 보았다.[506]

주의할 것은 유치권의 성립여부는 불법영득의사 판단을 위한 하나의 자료라는 점이다. 유치권이 인정된다면 불법영득의사를 인정하기 어렵다. 반면 유치권이 성립하지 않더라도 물건에 대한 반환거부의 이유 및 그 주관적인 의사 등을 종합하여 볼 때 불법영득의 의사가 인정되지 않을 때에는 혐의가 인정되지 않는다. 따라서 유치권 성립이 부정된다고 하여 바로 불법영득의사가 인정

---

506) 대법원 2005. 7. 29. 선고 2005도685 판결

할 수는 없는 것이다. 따라서 횡령죄와 관련해서는 유치권의 성립여부를 검토하는 외에 판례가 제시하는 불법영득의사 판단에 필요한 제반 사정을 모두 검토할 필요가 있다.

(1) 타인의 소유

타인의 동산의 경우에만 횡령죄가 성립한다. 동산의 소유권 판단과 관련하여 선의취득과 소유권유보부 매매를 주의한다.

1) 선의취득

동산의 경우는 부동산의 경우와 달리 피의자의 선의취득이 인정되며, 이 경우 자기의 물건으로서 횡령죄가 성립할 수 없다.

> 피고인은 이 사건 동산을 포함한 극장 내에 비치된 일체의 비품 및 극장운영권을 공연장 허가명의자로서 위 극장을 직접 운영하고 있던 자로부터 매수한 사안이다. 대법원은 이를 인도받아 그 소유권을 선의취득하였다고 인정하고 타인의 물건이 아닌 피고인 소유의 이 사건 동산에 대한 피해자의 반환요구를 거절하였다고 하여 횡령죄를 구성할 수는 없다.[507]

2) 소유권유보부 매매

부동산 내지 자동차와 달리 동산은 소유권유보부 매매가 가능하다. 이 경우 목적물이 매수인에게 인도되었더라도 매도인은 대금이 모두 지급될 때까지 **매수인뿐만 아니라 제3자에 대하여도 유보된 목적물의 소유권을 주장할 수 있다. 나아가 매수인이 목적물 판매를 예정하고 있더라도 다를 바 없다.**[508]

> [범죄사실의 요지] ㈜삼보통신(대표 피고인)은 ㈜금성태크로부터 휴대전화 단말기 금형제작을 의뢰받았다. 박달재는 금형제작 업체인 대림정밀에게 대금 4억 원에 휴대폰 금형제작 계약을 체결하면서, 금형의 납품장소를 지정할 수 있으며, 금형을 먼저 납품받되 잔금을 모두 지급하여야 금형의 소유권을 이전받는 것으로 하였다. 대림정밀은 금형의 최종 납품처가 ㈜삼보통신이라는 사실을 알고 있었다. 그런데 피고인은 제작대금 중 선급금 1억 원만을 지급하였을 뿐인데, ㈜금성태크에게 이 사건 금형을 납품하였다.[509]
> [판단] ① 보관자지위 관련, 이와 같은 경우에, 위 약정은 단지 피해자가 피고인의 ㈜금성태크에 대한 금형의 납품의무이행에 협조하겠다는 취지인 것으로 보이는 점, 이 사건 제1, 2계약이 엄연히 별개의 계약으로 체결된 이상 피해자가 직접 ㈜금성태크에 대하여 어떠한 권리를 가지거나 의무를 부담하는 것은 아니라 할 것인데, 이러한 상황에서 피해자가 단지 금형 납품의무이행을 용이하게 하기 위하여 위 금형에 대한 소유권유보 약정을 소멸시켜 자신

---

507) 대법원 1983. 12. 13. 선고 83도2642 판결
508) 대법원 1999. 9. 7. 선고 99다30534 판결 참조
509) 대법원 2007. 6. 1. 선고 2006도8400 판결

의 대금채권에 관한 담보력을 훼손할 아무런 이유가 없는 것으로 보이는 점 등 을 종합하여 보면, 피해자가 피고인에게 처분권한을 부여함으로써 이 사건 제1계약상의 위 금형에 관한 소유권유보약정을 소멸시켰다고 보기는 어렵다고 할 것이므로, 이 사건 범행 당시 위 금형의 소유권은 여전히 피해자에게 유보되어 있었고, 피고인은 피해자를 위하여 위 금형을 보관하는 자의 지위에 있었다고 봄이 상당하다.

② 불법영득의사 관련, 제1계약과 2계약이 엄연히 별개의 계약으로 체결된 이상 피고인은 피해자에 대하여 이 사건 제1계약에 따른 모든 의무를 부담한다고 할 것이다. 또한 피고인이 ㈜금성태크에게 이 사건 금형을 인도한 것이 계약을 이행하기 위함이었다고 하더라도 그와 같은 이유만으로 위인도가 정당화될 수는 없다. 피고인이 피해자에게 이 사건 제1계약에 따른 잔금을 지급하지 않은 상태에서 ㈜금성태크에게 금형을 인도한 이상 횡령의 범의 및 불법영득의사가 인정된다.

(2) 위탁관계

동산의 횡령에서 재물의 보관은 위탁관계를 필요로 한다. 다만 대법원은 그 보관자의 지위를 부동산과 달리 '점유' 즉 사실상의 지배를 기준으로 판단한다.[510] 나아가 위탁관계가 반드시 사용대차, 임대차, 위임 등의 계약에 의하여 설정되는 것임을 요하지 아니하고 사무관리, 관습, 조리, 신의칙에 의해서도 성립된다.[511] **부동산과 달리** 동산에서는 위탁행위에 의하지 않는 경우에도 위탁관계를 적극적으로 인정하는 경향이 있다.

[실무사례] ○ 甲회사는 고소인 A로부터 가습기 습도조절기를 납품(대금완납시까지 A에게 소유권 유보)받아 물류업체 乙를 통해 판매하는 회사이다. 갑이 을에게 물류계약을 체결의뢰하면서 A 업체로부터 공급받은 조절기가 물류창고에 보관되었고, 소유권이 고소인 회사에 유보된 사실을 알려 주었다. 그런데 乙은 甲으로부터 의뢰받은 온수조절기를 물류창고로 공급하였으나, 대금결제를 받지 못하였다. 乙은 궁리 끝에 甲으로부터 의뢰받은 고소인이 공급한 조절기를 임의로 판매하여 손해를 보전하였다. 이에 A는 甲은 사기 乙은 업무상횡령으로 고소하였다. 이에 대하여 甲 자신도 피해자라고 진술하고 있다.
○ 이때 乙에 대하여 횡령죄가 성립하는가? (갑의 사기죄는 논외)

[해설] 생각건대, 사례에서 乙로 인해 甲 손해를 받았다거나, 乙이 소유권자인 A로부터 직접 위탁받지는 않았다는 이유로 A와 乙의 관계에서 위탁관계가 없다고 볼 수도 있다. 그러나 위탁자와 소유권자가 다른 경우 대부분 횡령죄로 처벌하기 어렵다는 모순이 생기며, 판례의 경향이 동산 내지 금전은 부동산과 달리 신의칙에 의한 위탁관계를 적극적으로 인정하는 점, 소유권이 유보된 사실을

---

510) 대법원 2005. 6. 24. 선고 2005도2413 판결 참조
511) 대법원 1987. 10. 13. 선고 87도1778 판결 등,

이미 알려준 점을 감안하면, 신의칙에 의하여 위탁관계를 인정하여 횡령죄로 처벌함이 타당하다.

1) 인정한 사안

① 임차인이 이사하면서 그가 소유하거나 타인으로부터 위탁받아 보관 중이던 물건들을 임대인의 방해로 옮기지 못하고 그 임차공장 내에 그대로 두었다면 임대인은 사무관리 또는 조리상 당연히 임차인을 위하여 위 물건들을 보관하는 지위에 있다 할 것이므로 임대인이 그 후 이를 임의로 매각하거나 반환을 거부하였다면 횡령죄를 구성한다.[512]

② 삼보국토건설㈜가 재단법인 고황재단과 국민학교 신축공사의 도급계약을 체결하고 그 공사를 진행하다가 분쟁으로 공사가 중단되고 고황재단에서는 공사도급계약의 해지통고를 하고 피고인이 대표이사로 있는 인보건설㈜는 고황재단으로부터 위 중단된 교사 신축공사의 도급계약을 체결하여 공사현장을 인수하고 잔여공사를 시공함에 있어서 위 삼보국토건설㈜에서 위 공사를 하기 위하여 설치해 두었던 공소장 기재 형틀을 사용하고 삼보국토건설㈜의 반환요구에 불응하였다. 피고인은 삼보국토건설㈜가 공사를 하기 위하여 설치해 두었던 공소장 기재형틀을 사실상 점유하고 있었다고 보아야 한다. 따라서 피고인이 삼보국토건설㈜로부터 위탁을 받은 여부에 불구하고 피고인은 위 형틀을 보관하는 자에 해당한다.

③ 피고인과 피해자는 저녁에 피고인의 제의로 함께 소주방에 가서 술을 마시던 중 서로 몸싸움을 하게 된 사실, 그 과정에서 피해자가 먼저 소주방을 나오면서 휴대전화를 그곳에 떨어뜨렸고, 소주방 업주가 휴대전화를 발견하고 소유자에게 전해달라는 의사로 일행인 피고인에게 건네주어 피고인이 보관하게 되었다. 그런데 피고인은 휴대폰을 보관하던 중 이를 임의로 사용하였다. 피고인은 조리상 피해자를 위하여 휴대전화를 보관하는 지위에 있으나, 피고인이 피해자의 휴대전화를 보관하면서 임의로 사용한 것만으로는 불법영득의 의사가 있었다고 단정하기 어렵다.

2) 부정한 사례

[범죄사실] 피고인은 마권 무인 발매기에서 피해자 B가 마권을 구입하기 위해 85,000원 상당의 구매권을 위 무인 발매기에 집어넣었으나 용지가 걸려 마권이 나오지 않자 근처에 있는 직원에게 문의하러 간 사이 자신의 합계 100,350원 상당의 구매권을 추가로 투입하여 60,000원 상당의 마권을 구입한 뒤, 피고인에 대한 잔액 40,350원과 피해자가 투입한 85,000원 상당액이 포함된 100,000원 상당의 구매권과 25,350원 상당의 구매권을 가지고 가 위 구매권 전액을 사용하는 방법으로 피해자의 85,000원 상당의 재물을 횡령하였다.

[판단] 2) 이 사건 구매권의 가능한 소유권자로는 무인발매기의 관리자와 피해자가 고려될 수 있다. 그런데 피고인은 이들과 사이에 이 사건 구매권에 관하여 위탁관계를 성립하게 하는 여러 가능한 근거 중 그 어느 것에도 이르지 못한 결과 그들과 아무런 위탁관계에도 있지 않았다.

3) 검사는 착오송금의 경우처럼 이 사건에서도 횡령죄가 성립하는 것으로 보아야 한다고 주장한다. 우리나라는 기본적으로 범죄의 성립 여부를 피고인의 구체적 행위가 해당 범죄의 성립요건에 해당하는지 여부에 따라 판단하는 법제이지 그것이 일정한 사안유형과 비슷한지 여부에 따라 범죄의 성립 여부를 판단하는 법제가 아니다. 또한 착오송금의 경우에 특별한 고려에 따라 횡령죄의 성립이 인정된다고 해서 이러한 결론이 이 사건을 포함한 모든 사안에 적용된다고 함부로 볼 것도 아니다.

---

512) 대법원 1985. 4. 9. 선고 84도300 판결

4) 결국 피고인이 이 사건 구매권을 가져갈 당시 피고인은 그 보관자가 아니었으므로 더 나아가 살펴볼 필요 없이 피고인에 대하여 횡령죄가 성립할 수 없다.[513]

(3) 불법영득의사

타인의 동산을 점유하면서 돌려주지 않고, 그 반환거부에 정당한 이유가 없다면 불법영득의사가 인정된다.

금전을 대여하면서 채무자로부터 그 담보로 동산을 교부받은 담보권자는 그 담보권의 범위 내에서 담보권을 행사할 수 있을 것인데, 담보권자가 담보목적물을 보관하고 있음을 기화로 실제의 피담보채권 이외에 자신의 제3자에 대한 기존의 채권까지 변제받을 의도로, 채무자인 담보제공자와의 소비대차 및 담보설정관계를 부정하고 그 담보목적물이 자신과 제3자 사이의 소비대차 및 담보설정계약에 따라 제공된 것으로서 실제의 피담보채권 외에 제3자에 대한 기존의 채권까지도 피담보채권에 포함되는 것이라고 주장하면서 그것까지 포함하여 변제가 이루어지지 아니할 경우 반환하지 않을 것임을 표명하다가 타인에게 담보목적물을 매각하거나 담보로 제공하여 피담보채무 이외의 채권까지도 변제충당한 경우에는 정당한 담보권의 행사라고 볼 수 없고, 위탁의 취지에 반하여 자기 또는 제3자의 이익을 위하여 권한 없이 그 재물을 자기의 소유인 것같이 처분하는 것으로서 불법영득의 의사가 인정된다.[514]

2. 유가증권에 대한 횡령

예제 주식 명의를 빌린 대가

○ 강 사장은 회사를 설립하면서 신용 문제로 친구인 김명의에게 주식을 신탁하고, 김명의를 대표이사로 등기하였다. 다만, 회사는 주권을 발행하지 않았다. 김명의는 명의만 빌려주었을 뿐이고, 강 사장이 자본금을 출연한 후 실질적으로 회사를 경영하였습니다. 그런데 회사가 크게 발전하자 김명의는 주식의 명의자라는 점을 이용하여 회사의 경영권을 주장하며, 회사 재산을 빼돌리는 한편 명의 수탁받은 주식을 제3자 박양수에게 처분하였다. 회사 주식을 인수한 박양수는 회사에 대한 소유권을 주장하며 강 사장에게 회사를 넘겨달라고 요구하고 있다. 강 사장은 이 상황을 어떻게 타개할 수 있을까요?

---

513) 의정부지방법원 2020. 6. 18. 선고 2018노2157 판결
514) 대법원 2007. 6. 14. 선고 2005도7880 판결

○ 이 사건 담당 경찰관은 횡령죄에 대하여 어떻게 수사하여야 하는가?

✔ 정답 : 횡령죄 무혐의

먼저 주식의 명의신탁이 유효한지를 검토하고 횡령죄 성립여부를 검토하고 참고로 민사적 대응 방안을 소개한다.

🪦 주식의 명의신탁의 유효성

주식의 명의신탁은 결국 타인에게 주주명부상의 명의를 신탁하였다는 것으로 타인의 이름을 빌려 그 타인이 주식을 양수하고 그 타인 이름으로 주주명부에 명의개서를 하거나 자기의 이름으로 된 주식을 타인에게 명의신탁약정에 따라 타인에게 양도하고, 그 이름으로 명의개서를 한 것을 말한다. 주식의 명의신탁약정에는 부동산실명법의 적용이 없기 때문에 그 약정의 효력이 인정된다. 여기서 명의신탁이란 부동산, 주식 등 신탁받은 사람 명의로 부동산 등기 내지 등록하나 실제 내부적으로는 이를 신탁한 사람이 소유권을 여전히 가지고 있을 것을 약정하는 것을 말한다. 위 사례에서 강 사장은 명의신탁자이고, 명의를 빌려준 고가 명의수탁자에 해당한다.

🪦 횡령죄 성립여부

예탁결제원에 예탁돼 계좌 간 대체 기재의 방식에 의해 양도되는 주권은 유가증권으로서 재물에 해당하므로 횡령죄의 객체가 될 수 있다. 하지만 주권이 발행되지 않은 상태에서 주권불소지 제도, 일괄예탁 제도 등에 근거해 예탁결제원에 예탁된 것으로 취급되어 계좌 간 대체 기재의 방식에 의해 양도되는 주식은 재물이 아니므로 횡령죄의 객체가 될 수 없다. 결국 주권을 발행하지 않은 주식은 재산권으로서 횡령죄의 대상인 재물에 해당하지 않기 때문에 B에게 횡령죄가 성립하지 않는다.

🪦 민사적 구제방법

우선 A는 B에게 명의신탁 해지의 의사표시를 한다. 이로써 주식의 소유권은 내부관계뿐만 아니라 대외적으로도 강 사장에게 복귀하게 된다. 따라서 명의수탁자인 B가 주식을 처분하였어도 제

3자가 선의취득을 하지 않는 한 그 처분행위는 무권리자의 처분행위로서 법률적 효력이 없다.[515] 그리고 회사에 대하여 주식의 명의개서를 청구한다. 주식의 명의개서를 해야 회사에 대한 관계에서 주주권을 행사할 수 있기 때문이다. 다음으로 회사에 대하여 임시주주총회 소집요구 등을 하고, 임시총회를 통하여 A 자신을 회사의 대표이사로 선임하는 절차를 진행해야 한다. 상법상 주식을 보유하고 있다는 것만으로 회사의 경영권을 행사할 수는 없기 때문이다. ④ 이렇게 주식과 대표이사의 지위를 확보하였다면 A는 회사의 대표권을 행사하여 김명의가 회사에 입힌 손해에 관하여 손해배상청구나 부당이득반환 청구 등을 통해 김명의 책임을 추궁할 수 있다.

🎖 기본 이론

어음 내지 수표에 대하여 ① **단순히 보관의 위탁관계에 따라 수표를 소지하는 경우**에는 타인의 재물을 보관하는 자에 있다. 그러나 ② **어음·수표상의 권리가 유효하게 피의자에게 귀속하는 경우**에는 그러하지 아니하다.

(1) 단순히 보관의 위탁관계에 따라 소지하는 경우 - 횡령 ○
1) 임직원이 업무상 보관 중인 경우
약속어음을 업무상 등의 이유로 보관하던 중 그 임무에 위배하여 제3자에게 대여하거나 할인 목적으로 사용하도록 교부하는 행위 또는 제3자가 금전을 차용하는 데 대한 담보로 제공하는 행위 등은 약속어음을 객체로 한 횡령행위에 해당될 수 있다.[516]

2) 부동산매매 소개인이 매매잔대금조로 약속어음을 교부받아 보관 중 할인
피고인이 보관 중인 약속어음을 불법영득의사로서 현금으로 할인한 경우, 설사 피고인이 그 정을 모르는 피해자를 속여 현금할인에 관하여 승락을 받았더라도 횡령죄의 성립에 하등 영향이 없다.

---

515) 대법원 2002. 6. 25. 선고 2000다63622 판결, 배임죄의 경우 사법상 법률행위가 무효가 되더라도 성립하지 않는다. 결과적으로 명의수탁자가 주권 발행 전 주식을 처분하여도 횡령죄 내지 배임죄는 성립할 여지가 없다. 다만 김명의가 제3자인 박양수에 대해서 사기죄가 성립할지는 별개의 문제이다.
516) 대법원 2006. 8. 25. 선고 2006도3631 판결

피고인이, 공소외 양정순 및 그 가족 6인의 공동소유인 이사건 대지 273평을 공소외 풍림산업㈜에 평당 280만 원씩 도합 764,400,000원에 매매계약을 알선하고 매수인 측으로 부터 매매잔대금조로액면 금 20,000,000원짜리 약속어음 10매, 액면 금 10,000,000원 짜리 약속어음 10매, 액면금 8,400,000원짜리 약속어음 1매등, 도합 액면 금 308,400,000원의 약속어음 21매를 교부받아 보관 중 그 자신의 용도에 소비할 목적으로 이를 사채업자를 통하여 현금으로 할인하여 횡령한 경우.[517]

소개인인 피고인이 매매잔대금조로 교부받아 보관하던 약속어음을 현금으로 할인한 자체가 불법영득의사의 실현인 경우, **횡령액은 어음을 할인한 현금액이 아니라 약속어음의 액면금 상당액**이다.

3) 약속어음 할인을 의뢰받고 교부받은 경우

약속어음을 할인을 위하여 교부받은 수탁자는 위탁의 취지에 따라 보관하는 것에 불과하므로, 위탁된 약속어음을 수탁자가 자신의 채무변제에 충당하였다면 위탁의 취지에 반하는 것으로서 횡령죄를 구성한다.[518]

피해자 김무수는 2001. 8. 20. 어음번호 자가17944936호, 액면금 1,600만 원, 발행인 박광일인 이 사건 약속어음 1장을 김성동을 통하여 피고인에게 할인을 요청하면서, 그 이전에 박광일이 발행하여 부도난 약속어음금 400만 원과 그에 대한 이자 등 합계 602만 원을 공제한 금액으로 할인하여 달라고 의뢰하고 피해자의 계좌번호까지 적어준 사실, 김성동을 통하여 이 사건 약속어음을 교부받은 피고인은 이 사건 약속어음에 피해자의 배서가 있다는 사실을 확인한 후, 박광일에 대한 약속어음금 채권 400만 원과 피해자에 대한 별도의 약속어음금 채권 600만 원을 합한 금액을 공제하고 나머지 금액을 할인하여 주려고 한 사실, 이에 피해자가 이 사건 약속어음의 반환을 요구하자, 400만 원과 600만 원의 각 약속어음금 채무를 변제하지 않으면 이 사건 약속어음을 반환할 수 없다고 하면서 피고인이 계속 보관하게 된 사실, 그 후 피고인은 2001. 10. 11. 피해자에게 같은 달 20.까지 1,000만 원을 변제하지 않으면 이 사건 약속어음을 처분하겠다는 내용의 최고서를 보내고, 같은 달 30.경 남병삼에게 이 사건 약속어음을 할인하여 금원을 융통하라고 하면서 빌려준 사실을 인정한 다음, 그 인정 사실에 나타난 여러 사정에 비추어 피고인에게 이 사건 약속어음에 대한 불법영득의 의사를 인정할 수 있으므로 피고인의 위와 같은 행위는 횡령죄를 구성한다고 판단하였는바, 위의 법리에 비추어 기록을 살펴보면, 원심판결의 사실인정과 판단은 옳고, 거기에 채증법칙을 위배하여 사실을 오인하거나 횡령죄의 불법영득의사에 관한 법리를 오해한 위법이 없다.

---

517) 대법원 1983. 11. 8. 선고 83도2346 판결
518) 대법원 1983. 4. 26. 선고 82도3079 판결 참조

4) 백지보충 후 할인을 의뢰받은 경우 - ×

발행인으로부터 일정한 금액의 범위 내에서 액면을 보충·할인하여 달라는 의뢰를 받고 액면 백지인 약속어음을 교부받아 보관 중이던 자가 발행인과의 합의에 의하여 정해진 보충권의 한도를 넘어 보충을 한 경우에는 발행인의 서명날인 있는 기존의 약속어음 용지를 이용하여 새로운 별개의 약속어음을 발행한 것에 해당하여 이러한 보충권의 남용행위로 인하여 생겨난 새로운 약속어음에 대하여는 발행인과의 관계에서 보관자의 지위에 있다 할 수 없으므로, 설사 그 약속어음을 자신의 채무변제조로 제3자에게 교부하여 임의로 사용하였다고 하더라도, 발행인으로 하여금 제3자에 대하여 어음상의 채무를 부담하는 손해를 입게 한 데에 대한 배임죄가 성립될 수 있음은 별론으로 하고, 보관자의 지위에 있음을 전제로 횡령죄가 성립될 수는 없다.[519]

5) 판매대금의 일부를 이익배당금으로 지급받기로 한 자가 수령한 어음

피고인이 달력의 제작납품주문을 받아오면 피해자가 그의 비용으로 그의 시설을 이용하여 제작납품하고 그 대금의 2 내지 15%에 해당하는 금원을 이익배당금 명목으로 피고인에게 지급하기로 하는 내용의 계약을 체결한 후, 피고인이 주문을 받아와 피해자가 달력을 제작하여 피고인으로 하여금 납품하고 그 대금을 수령하여 오도록 한바, 피고인이 그 대금으로 수령한 약속어음을 임의처분하고 피해자에게 지급하는 것을 거부하고 있는 경우에는, 피해자가 제작한 달력을 피고인이 공급하고 받은 대금은 위 두 사람 사이의 내부관계에 있어서는 바로 위 피해자의 소유로 귀속한다고 할 것이므로 피고인이 이를 소비하거나 현금으로 할인하고도 이를 피해자에게 지급하지 않는 행위는 횡령죄에 해당한다.

(2) 어음·수표상의 권리가 유효하게 귀속하는 경우 - 횡령 ×

1) 어음을 차용한 경우

어음 자체를 빌렸다면 타인의 재물을 보관하는 자의 지위에 있다고 보기 어렵다.[520]

2) 채권의 지급을 담보하기 위하여

채권자가 그 채권의 지급을 담보하기 위하여 채무자로부터 수표를 발행·교부받아 이를 소지한 경우에는, 단순히 보관의 위탁관계에 따라 수표를 소지하고 있는 경우와는 달리 그 수표상의 권리가 채권자에게 유효하게 귀속되고, 채권자와 채무자 사이의 수표 반환에 관한 약정은 원인관계상의 인적 항변사유에 불과하므로, 채권자는 횡령죄의 주체인 타인의 재물을 보관하는 자의 지위에

---

519) 대법원 1995. 1. 20. 선고 94도2760 판결
520) 대법원 1987. 1. 20. 선고 86도675 판결 참조

있다고 볼 수 없다.[521]

① 피고인이 피해자에게 가계수표 3장을 할인하여 주면서 그 담보조로 피해자가 발행한 가계수표 3장을 별도로 교부받아 이를 임의로 제3자에게 빌려준 사실이 인정되지만, 이러한 피고인의 행위는 횡령죄를 구성하지 아니한다.
② 매도인이 매수인으로부터 지급받아야 할 부동산 매매잔대금의 지급을 담보(확보)하기 위하여 매수인으로부터 약속어음을 발행교부 받아 소지한 것이라면 위 어음상의 권리는 적법하게 매도인에게 귀속되었으며, 어음반환조건은 그들 사이의 단순한 채권적 약정에 불과하므로 위 매도인을 횡령죄의 주체인 타인의 재물을 보관하는 자의 지위에 있다고 볼 수 없다.[522]

(3) 구체적 검토 - 어음의 차용 내지 어음할인의 구별

[공소사실의 요지] 피해자(이정섭)는 피고인에게 약속어음을 현금으로 할인하여 줄 것을 부탁하고 피고인도 이를 승락하고 위와 같이 4회에 걸쳐 약속어음 4매를 교부받아 보관하고 있던 것인데, 피고인은 그 위탁의 취지에 반하여 그 시경 위 어음을(직접 또는 타에 할인하여)자기의 용도에 모두사용(지급)함으로써 불법 영득하였다는 취지이다.
[피고인의 주장] 피고인은 당시 자금이 궁색하여 피해자로부터 이 사건 어음들을 차용한 것이지 그로부터 할인하여 달라는 부탁을 받고 이를 현금으로 교환하여 주기로 하고서 위 어음들을 받은 것은 아니라고 극구 그 범행을 부인하고 있고, 이에 대하여 피해자는 이 사건 어음들은 그 어느 것이나 피고인이 이를 타에 할인하여 현금으로 교환해 주겠다 해서 이를 믿고 피고인에게 교부하였으나 피고인은 그때마다 자기용도에 사용하고 피해자에게는 현금은 물론 그 어음도 돌려주지 아니하여 이를 횡령한 것이다.
[판단] 그러므로 이 사건의 핵심은 피고인이 과연 피해자의 주장처럼 약속어음을 타에 할인(현금교환)하여 현금을 피해자에게 주기로 하고 이를 받은 것인가, 아니면 피고인의 변소처럼 당시 피고인의 자금사정이 급박하여 피해자로부터 이 사건 약속어음을 빌린 것인가를 가리는데 있다 할 것이다) 피해자의 위와 같은 진술에는 다음과 같은 여러 가지 납득하기 어려운 대목이 있다.
즉 첫째로 기록에 의하면 피고인은 이 사건 당시 이미 막대한 은행부채와 사채를 지고 있으면서도 여전히 자금사정이 극도로 궁색하여 피해자에게 피고인 경영의 공장을 담보(가등기)로 제공하고 피해자로부터 자금융통을 받아온 사정이 엿보이는데, 피해자가 무슨 연유로 굳이 위와 같이 궁박한 처지에 있는 피고인에게 어음할인을 부탁하게 된 것인가에 대한 납득할 만한 설명이 없고(단순히 어음할인을 하는 것이라면 피해자 스스로도 손쉽게 할인 받을 수 있을 것이다)
둘째로, 피고인이 피해자로부터 교부받은 4매의 약속어음 중 공소사실 제1의 어음은 그 지급기일이 1985. 4. 13.이고 그 제2의 어음은 그 지급기일이 동년 4. 30.임이 기록상 명백한데, 만약 피고인이 원판시와 같이 위 어음들을 할인하여 준다하고 받아간 것이라면 피해자는 위 어음들이 지급은행에 제시될 때까지 수개월에 걸쳐 할인금도 갖다 주지 않고 그 어음도 반환해 주지 않는 피고인에게 여러 차례 독촉도 하고 힐책도 하였을 터인데, 그럼에도 불구하고 피해자가 여전히 피고인을 믿고 85. 4. 27.과 85. 5. 8. 공소사실 제3, 4의 약속어음 2매를 또다시 할인하여 달라고 하면서 주었다면 그 신임관계에 대한 특히 납득할만한 설명이 있어야 할 것이다(피해자는 검찰진술에서 피

---

521) 대법원 2000. 2. 11. 선고 99도4979 판결
522) 대법원 1988. 1. 19. 선고 87도2078 판결

고인이 위 어음들을 받아간 후 그 어음할인금을 갖다 주지 아니하므로 하는 수 없이 피해자가 위 어음 2매를 결재한 후 피고인에게 그 어음들을 돌려 달라고 독촉하니 피고인이 할인하여 받은 돈을 소비하였고 당시 돈이 없다고 하면서 어음이라도 주면 할인하여 그 금액을 막아주겠다고 하므로 또 위 제3, 4기재 어음들을 주었다는 것이나 이는 선뜻 수긍이 가지 아니한다).
원심으로서는 이 사건에서 가장 중요한 증거인 피해자 진술에 관하여 위와 같은 수긍할 수 있는 사유에 관한 심리를 다하여 그 신빙성 여부를 가려야 할 것이다.

3. 자동차에 대한 횡령

예제 **지입차량 대포차 수출**

○ ㈜밀수출 대표 김장물은 중고자동차 전문 밀수출전문업자이다. 이들의 수법은 헐값에 산 폐차 직전 차량을 세관에 수출 신고한 후 실제로는 지입·리스·압류·도난 등 수출이 불가능한 차량으로 바꿔치기한 뒤 부산항을 통해 캄보디아 등으로 밀수출하는 것이다. 시가 4천 500만 원의 대포차를 담보로 500만 원을 대출해 준 뒤 피해자 몰래 밀수출하거나 신용불량자 명의로 리스한 시가 2억 원 상당의 외제차량을 4천만 원에 매수하여 차액을 남기는 것이다. 특히 세관이 신고된 수출품목 전체를 확인하지 않으며, 수출신고 수리내역서에 밀수출 대상 화물차량의 차대번호 등을 임의로 기재하는 방법으로 미리 알고 불법으로 확보한 차량이라도 해외에서는 제값을 받을 수 있다는 점을 노렸다.

한편 ㈜밀수출은 충남 천안시 '만남의 광장' 휴게소 앞에서, 나차주가 피해자 유성운수 유한회사와 지입계약을 체결한 소유권이전등록을 넘겨주고 단지 운행관리권만을 위임받아 보관하다가 횡령한 현대 14TON 트라고 트럭 화물차량을 그것이 장물인 정을 알면서도 2,100만 원에 구입하는 등 총 3회에 걸쳐 화물차량 6대를 구입하였다.

○ 나차주는 횡령죄가 성립하는가?

✔ 정답 : 횡령죄 유죄

🪦 쟁점의 정리

본 사건은 지입차주인 나차주에게 횡령죄의 보관자 지위를 인정할 수 있는지가 문제된다. 기존 대법원은 소유권의 취득에 등록이 필요한 차량 횡령에서 보관자 지위를 다른 동산의 경우와 달리 등록에 의하여 차량을 제3자에게 법률상 유효하게 처분할 수 있는 권능유무로 판단하였기 때문이다. 지입차주는 명의자가 아니기 때문이다.

🪦 타인의 소유권 ○

일반적으로 회사에 지입된 차량은 대외적으로 그 소유권이나 운행관리권이 그 회사에 귀속되는 것이어서 이를 지입차주가 직접 운행·관리하는 경우에도 지입차주는 운행관리권을 위임받는 것에 불과하고 그 차량 소유자라고 보지 않는다.[523]

🪦 보관자 지위 ○

최근 대법원은 전원합의체 판결을 통해 횡령죄는 타인의 재물을 보관하는 사람이 그 재물을 횡령하거나 반환을 거부한 때에 성립하며, 횡령죄에서 재물의 보관은 재물에 대한 사실상 또는 법률상 지배력이 있는 상태를 의미한다고 기존 태도를 변경하고, 따라서 소유권의 취득에 등록이 필요한 타인 소유의 차량을 인도받아 보관하고 있는 사람이 이를 사실상 처분하면 횡령죄가 성립하며, 그 보관 위임자나 보관자가 차량의 등록명의자일 필요는 없다고 보았다. 따라서 나차주에 대하여 횡령죄가 성립한다.

---

523) 자동차 횡령의 보관자 지위, 대법원 2015. 6. 25. 선고 2015도1944 전원합의체 판결, 경기신문(https://www.kgnews.co.kr) 등록 2018. 3. 7. 21:11:57 수출신고 폐차 직전 차와 바꿔친 고급 대포·리스차 44대 밀수출

🎖️ 기본 이론

자동차나 중기 또는 건설기계(이하 자동차 등)의 소유권의 득실변경은, 부동산물권변동에 등기를 요하는 것처럼, 등록을 함으로써 그 효력이 생긴다.[524] 다만 자동차 등은 부동산실명법의 적용이 없다는 점에 주의하여야 한다.

(1) 타인의 차량

자동차나 중기 또는 건설기계의 소유권의 득실변경은 등록을 함으로써 그 효력이 생기므로,[525] **그와 같은 등록이 없는 한 대외적 관계에서는 물론 당사자의 대내적 관계에 있어서도 그 소유권을 취득할 수 없는 것이 원칙**이다.[526]

1) 신규등록절차를 마치지 않은 미등록 상태의 경우

구입 후 신규등록절차를 마치지 않은 미등록 상태의 경우에는 자동차 소유권은 아직 매수인에게 이전되었다고 볼 수 없다.

> 이 사건 승용차는 A 렌트카㈜가 구입하여 보유 중이나 공소사실 기재 일시까지도 아직 위 회사나 피고인 명의로 신규등록 절차를 마치지 않은 미등록 상태이므로 범행 당시 S 렌트카㈜ 혹은 피고인의 소유물이라고 할 수 없어 이를 전제로 하는 권리행사방해죄는 성립되지 아니한다.[527]

2) 차량지분의 99%를 소유하는 경우

하급심 판결 가운데 99% 지분권자가 자동차에 대한 전적인 권리를 행사하고 있는 경우에 그 소유로 본 판결이 있다.

> 피의자가 이 사건 승용차에 관하여 99%의 공유지분을 가지고 있고, 나머지 1%가 피고인과 연인관계에 있는 A의 동생 명의로 되어 있기는 하나 피고인이 이 사건 승용차를 단독으로 구입하고 임의로 처분하는 등 전적으로 권리

---

524) 자동차관리법 제6조
525) 자동차관리법 제6조
526) 대법원 1968. 11. 5. 선고 68다1658 판결, 1970. 9. 29. 선고 70다1508 판결
527) 대법원 2006. 3. 23. 선고 2005도4455 판결

를 행사하고 있었던 사안이다. 검사가 주위적으로 권리해사방해죄, 예비적으로 절도죄로 기소하였고, 법원은 이 사건 승용차는 피고인의 소유로서 절도죄의 객체인 타인의 재물에 해당하지 않는다.[528]

(2) 자동차에 대한 위탁자

전원합의체판결의 변경된 태도에 따라, 횡령죄에서 재물의 보관은 재물에 대한 **사실상 또는 법률상 지배력이 있는 상태**를 의미하며, 횡령행위는 불법영득의사를 실현하는 일체의 행위를 말한다. 따라서 소유권의 취득에 등록이 필요한 타인 소유의 차량을 인도받아 보관하고 있는 사람이 이를 사실상 처분하면 횡령죄가 성립하며, **그 보관 위임자나 보관자가 차량의 등록명의자일 필요는 없다.** 그리고 이와 같은 법리는 지입회사에 소유권이 있는 차량에 대하여 지입회사로부터 운행관리권을 위임받은 **지입차주**가 지입회사의 승낙 없이 그 보관 중인 차량을 사실상 처분하거나 **지입차주로부터 차량 보관을 위임받은 사람**이 지입차주의 승낙 없이 그 보관 중인 차량을 사실상 처분한 경우에도 마찬가지로 적용된다.[529]

1) 업무용 차량

회사 내지 법인이나 단체의 임직원이 업무용으로 회사 등 소유의 차량을 보관 중, 그 위탁의 취지에 반하여 타에 처분하는 경우 업무상 횡령죄가 성립할 수 있다.[530]

2) 지입 차량

지입회사에 소유 차량에 대하여 운행관리권을 위임받은 지입차주가 지입회사의 승낙 없이 보관 중인 차량을 사실상 처분하거나 지입차주에게서 차량 보관을 위임받은 사람이 지입차주의 승낙 없이 보관 중인 차량을 사실상 처분한 경우에도 마찬가지이다.[531]

---

528) 서울고등법원 2013. 4. 5. 선고 2012노3561 판결
529) 대법원 2015. 6. 25. 선고 2015도1944 전원합의체 판결, 이와 달리 소유권의 취득에 등록이 필요한 차량에 대한 횡령죄에서 타인의 재물을 보관하는 사람의 지위는 일반 동산의 경우와 달리 차량에 대한 점유 여부가 아니라 등록에 의하여 차량을 제3자에게 법률상 유효하게 처분할 수 있는 권능 유무에 따라 결정하여야 한다는 취지의 78도1714 판결, 2004도3276 판결 등은 이 판결과 배치되는 범위에서 이를 변경하기로 한다.
530) 의정부지방법원 2005. 6. 23. 선고 2005고단81 판결
531) 대법원 2015. 6. 25. 선고 2015도1944 전원합의체 판결

3) 차량 명의수탁자의 처분 ○

당사자 사이에 그 소유권을 그 등록 명의자 아닌 자가 보유하기로 약정하였다는 등의 특별한 사정이 있는 경우에는 내부관계에서는 등록 명의자 아닌 자가 소유권을 보유한다.[532] 나아가 부동산과 달리 자동차에 대해서는 부동산실권리자 명의등기에 관한 법률이 적용되지 않으며, 차량의 명의수탁자가 임의로 처분한 경우 명의신탁자에 대한 횡령죄가 성립한다.

4) 차량 양도담보의 경우 ×

> **연습문제**
>
> 피고인들이 할부로 매수하여 그 대금을 불입한 것인데 구상채권을 담보하기 위하여 자동차의 등록명의를 채권자인 이갑수에게 담보조로 넘겨놓고서 점유 중, 김종환에게 위 자동차를 매도하는 계약을 맺어 그 매도 직후에 등록명의를 채권자 이갑수가 김종환에게 넘겨주었다.
>
> ○ 횡령죄가 성립하는가?

이른바 약한 의미의 양도담보가 설정되어 채무자가 그 동산을 점유하는 경우, 동산의 소유권은 신탁적으로 채권자에게 이전됨에 불과하여 채권자와 채무자간의 대내적 관계에서 채무자는 의연 소유권을 보유하게 된다.[533]

[해설] 이 사건 자동차의 소유자는 이갑수가 아니므로, 이갑수의 소유를 전제로 하는 횡령의 공소사실은 무죄이다.[534] 그리고 자동차 양도담보설정자의 경우 배임죄에서 말하는 타인의 사무처리자 지위 역시 부정된다.

---

532) 대법원 2007. 1. 11. 선고 2006도4498 판결
533) 대법원 1989. 7. 25. 선고 89도350 판결
534) 대법원 1989. 7. 25. 선고 89도350 판결

Section 5 금전에 대한 횡령

🎖 기본 이론

예제 **그랜버스 버스**

○ 임춘봉은 ㈜서울관광의 대표이사이고, 박달재는 지입차주이다. 박달재는 자기가 돈을 대서 그랜버스 버스를 구입한 후 회사 명의로 차량을 등록하고 차량운행을 하였다. 그런데 임춘봉이 박달재에게, '회사 사정이 어렵다며 버스를 담보로 대출을 받을 수 있도록 해달라'고 요청하였다. 박달재는 회사에서 운송계약 갱신을 거절하게 되면 큰 손해를 보게 될 입장이라 울자 겨자 먹기로 승낙하였다.

그러나 회사 사정은 계속 내리막을 걸었고, 버스는 결국 경매절차로 넘어가게 되었다. 그러자 임춘봉은 박달재를 달래면서, 위 버스는 복잡한 차가 되었으니, 이 버스를 팔고, 그 돈으로 다른 버스를 찾아다 넘겨주겠다고 제안하였다. 달리 방법이 없게 된 박달재는 그대로 허락을 해 주었다. 갑은 버스를 대금 4,000만 원에 매각하여 계약금 등 2,500만 원을 받았으나 다른 버스의 할부금 채무를 갚는 등 회사 운영비 등의 용도로 사용하고 말았다. 도저히 참을 수 없게 된 박달재는 임춘봉을 횡령으로 고소하였다.

○ 이 사건 담당 경찰관은 횡령죄에 대하여 어떻게 수사하여야 하는가?

✓ 정답 : 횡령죄 유죄

○ 먼저 피해객체를 특정해보자. 피해객체는 ① 버스인가 ② 버스 판매대금인가?

[피해객체를 버스라고 보는 경우] 만약 버스라면, 일반적으로 회사에 지입된 차량은 다른 특약이 없는 한 대외적으로나 대내적으로나 그 소유권이 지입회사에 귀속된다. 또 버스 처분 자체는 이미 허락을 얻은 점에 비추어 이 사건 버스 자체는 횡령죄의 객체가 될 수 없다. 그리고 **피해객체를 버스 판매대금으로 보는 경우에** 누구에게 귀속하는지 문제된다.

○ 항소심은 버스회사의 돈이라고 보았다. 즉 "일반적으로 지입차량은 대외적 내지 대내적으로나 그 소유권이 지입회사에 귀속되므로, **지입된 차량을 매각하는 경우에도 그 매매대금은 법률상 지입회사에 귀속된다.** 따라서 **이 사건 버스의 매매대금은 그 수령과 동시에 ㈜서울관광의 소유**에 속하고, 박달재는 지입회사 등에게 단지 민사상의 책임을 추궁할 수 있을 뿐이다." 그리고 여기서 나아가 박달재가 소비한 금원이 과연 ㈜서울관광을 위하여 사용되었는지 관련하여, "(중략) 피고인은 위 매매대금을 이 사건 버스에 대한 할부금채무를 변제하는 용도로 모두 소비한 사실을 인정할 수 있다. **피고인이 ㈜서울관광의 의사에 반하여 매매대금을 소비한 것으로 보기 어렵고 달리 이를 인정할 증거가 없다는 이유로** 피해자 ㈜서울관광에 귀속된 매매대금을 횡령하였다는 공소사실에 대해 무죄를 선고했다."

○ 대법원은 유죄의 입장이다. 즉 민법상 버스의 소유권과 형법상 금전의 소유권을 구분하여 접근한 것이다. "즉 **금전의 수수를 수반하는 사무처리를 위임받은 자가 그 행위에 기하여 위임자를 위해 제3자로부터 수령한 금전은,** 목적이나 용도를 한정하여 위탁된 금전과 마찬가지로, 달리 특별한 사정이 없는 한 **그 수령과 동시에 위임자의 소유에 속하고 위임을 받은 자는 이를 위임자를 위하여 보관하는 관계**에 있다.[535] 피고인은 ㈜서울관광의 명의로 지입해 놓은 버스의 권리관계에 문제가 발생하자, **버스의 사실상 처분권을 취득한 피해자와 사이에 버스를 타에 매도하여 그 대금으로 다른 버스를 찾아서 이 사건 버스 대신 피해자에게 넘겨주기로 합의**함으로써 피해자로부터 이 사건 버스를 매도하여 달라는 요청을 받고, 이에 따라 버스를 매도하여 그 대금을 수령하였음을 알 수 있다. 따라서 **피고인이 위 매매대금을 수령한 것은 그 소유를 피고인에게 귀속시키기로 약정하였다는 등의 특별한 사정이 없는 한 당초부터 피해자에게 권리를 취득하게 하려는 것을 목적으로 한 것이어서 그 매도대금 수령액은 당**

---

535) 대법원 1995. 11. 24. 선고 95도1923 판결, 1996. 6. 14. 선고 96도106 판결, 1998. 4. 10. 선고 97도3057 판결 등 참조

연히 피해자에게 귀속되고, **피고인은 이를 피해자를 위하여 보관하는 관계**에 있으므로, 피고인이 그 매매대금을 앞서 본 **보관 위탁의 취지에 반하여 임의로 소비하였다면 횡령죄가 성립**한다. 버스가 당시 지입회사의 소유로 등록되어 있다하여 결론을 달리할 이유가 없다."

연습문제 **장미 아파트 처분대금**

㈜삼화건축의 대표이사 박달재는 태영산업(대표 A)과 체결한 아파트 공사계약에 따라 기성고에 상응한 공사대금을 지급하고 있다. 그러던 중 일부 공사대금의 지급에 갈음하여 장미아파트 601호의 소유권을 A에게 이전하여 주기로 약정하였다. 그런데 A가 박달재에게 아파트를 팔아서 현금으로 달라는 부탁을 받고, 아파트를 8천만 원에 매도하였다(계약금 1,000만 원, 1차 중도금 3,000만 원, 2차 중도금 3,000만 원, 잔금 1,000만 원). 그러나 박달재는 위 매매대금을 회사의 당좌결제를 막는 데 먼저 사용해 버렸다. 그 이후 계약금과 1차 중도금에 상응하는 금액은 다른 공사대금으로 A에게 지급되었으나, 2차 중도금 명목으로 지급한 약속어음은 ㈜삼화건축의 부도로 지급되지 못하였다. A는 박달재를 횡령죄로 고소하였다.

[항소심] A의 피고인에 대한 아파트 매각부탁은 A가 공사대금을 지급받기 위한 방편으로 이루어진 것이고 A의 주된 의사는 공사대금을 전액 지급받는 것이지 특정된 아파트 601호의 매매대금을 지급받으려는 것도 아닌 점, 피고인도 역시 아파트 매매대금보다는 공사대금을 지급하려는 데 주안점을 둔 점, 실질적으로 아파트 매매대금이 입금된 지 며칠 지나지 않아 매매대금에 상응하는 금액이 공사대금으로 지불된 점 등을 종합하여 볼 때 피고인에게 횡령의 범의가 있다거나 이를 불법영득하려는 의사가 있었다고 단정할 수 없다.

[대법원] 피고인은 위 아파트에 대한 사실상의 처분권을 가진 A로부터 위 아파트를 타에 매도하여 달라는 요청을 받고 이에 따라 위 아파트를 매도한 다음 그 대금을 수령하였다는 것이므로, 위 아파트 매도대금은 A의 소유에 속하며, 피고인은 이를 A를 위하여 보관하는 관계에 있다고 볼 것이어서, 피고인이 그 매도대금을 임의로 소비하였다면 이로써 횡령죄가 성립한다. 그 후에 피고인이 위 아파트 매매대금에 상응하는 금액을 A에게 지급하였다는 등의 판시와 같은 사정만으로 피고인에게 횡령의 범의나 불법영득의 의사가 없어 횡령죄가 성립하지 아니한다고 볼 수 없다.

🎖 기본 이론

1. 개관
(1) 의의

실무상 금전의 소유권 귀속은 기소와 불기소를 결정하는 중요한 문제이다. 형법상 금전에 대한 소유권 개념을 정립할 필요가 있다. 대법원은 금전을 다른 재물과 달리 취급하여 형법상 금전 소유권개념을 창안하고 있다.[536]

(2) 형법상 소유권 개념

민법 이론에 의하면, 특히 금전은 봉함된 경우처럼 특정성을 가진 경우를 제외하고는, 그 점유가 있는 곳에 소유권도 있고, 횡령죄는 성립할 수 없다. 따라서 위와 같은 민법이론을 횡령죄에서 금전 소유권의 귀속의 경우에 그대로 적용할 수는 없다. **당사자 사이의 위탁관계의 취지에 비추어 당해 금전을 상대방의 이익을 위하여 보관하거나 사용할 수 있을 뿐 그 점유자에 의한 자유로운 처분이 금지된 것으로 볼 수 있는 경우**에는 그 점유자는 상대방의 이익을 위하여 당해 금전 또는 그와 대체할 수 있는 동일한 가치의 **민법상 소유권과는 다른 형법상 소유권 개념**을 인정할 필요가 있다.

(3) 기본 법리

대법원은 위와 같은 취지에서 ① 용도를 특정하여 위탁된 금전을 그 용도에 따르지 않고 임의로 사용한 경우, ② 금전의 수수를 수반하는 사무의 처리를 위임받은 자가 그 행위에 기하여 위임자를 위하여 제3자로부터 수령한 금전을 소비한 경우에 일관하여 횡령죄의 성립을 인정하고 있다. 다음 장부터는 금전에 대한 횡령죄와 관련하여 위 2가지 법리를 자세히 살펴보기로 한다.

2. 금전의 타인성
(1) 용도·목적을 특정하여 위탁한 금전

목적과 용도를 정하여 위탁한 금전은 정해진 목적, 용도에 사용할 때까지는 이에 대한 소유권이 위탁자에게 유보되어 있으므로 수탁자가 임의로 소비하면 횡령죄를 구성한다. 용도나 목적이 특정되어 보관된 금전은 그 보관 도중에 특정의 용도나 목적이 소멸되었더라도 위탁자가 이를 반환

---

536) 대법원 1999. 4. 15. 선고 97도666 전원합의체 판결 다수의견에 대한 보충의견

받거나 그 임의소비를 승낙하기까지는 횡령죄의 적용에 있어서는 여전히 위탁자의 소유물이다.[537]

> 공소외 1 등은 피고인들에게 반환한 급여 등이 회사를 위해 쓰이거나 업무추진비 등으로 정리되는 것으로 알았고 피고인들이 착복하지는 않으리라고 생각하였다는 것으로 이는 내심의 의사나 희망 또는 추측에 불과할 뿐이며, 수사기관 및 법정에서 피고인들에게 급여 등을 어떠한 용도로 사용하라고 특정한 적이 없고, 피고인들이 위 금원을 어디에 사용하는지 묻거나 알려고 하지도 않았다고 진술하였으며, 심지어 공소외 1은 피고인 2가 위 금원을 개인적으로 사용하는 것을 허락하였다는 취지로도 진술한 사실을 알 수 있는바, 사정이 이러하다면 공소외 1 등이 묵시적으로라도 피고인들에게 목적과 용도를 정하여 금전을 위탁한 사실이 증명되었다 보기 어렵다.[538]

나아가 용도나 목적의 특정 여부는 위탁관계 내지 신임관계의 일방 당사자인 금전의 점유자에게 당사자들의 의사해석상 해당 금전에 관한 자유로운 처분이 허락된 것으로 볼 수 있는지 여부를 기준으로 판단한다.[539] 나아가 피해자 등이 목적과 용도를 정하여 금전을 위탁한 사실과 그 목적과 용도가 무엇인지가 엄격한 증명의 대상이 된다.[540]

식육업자들로부터 도축비용을 받으면서 그 금액의 결정과정에서 작업비용이라는 항목으로 책정된 금원이 피고인에게 인부들에게 그 월급으로 지급하라고 하여 위탁하였고 그와 같은 취지로 보관하고 있었던 돈이라고 볼만한 증거는 없다고 본 사례이다.

1) 목적과 용도가 특정된 사례

판례상으로는 ① 속칭 암달러상인 피고인이 환전해 달라는 부탁을 받은 경우,[541] ② 교회로부터 레미콘대금을 지급하라는 명목의 경우,[542] ③ 피해자들로부터 토지를 매입하여 주겠다는 명목,[543] ③ 환전하여 달라는 부탁과 함께 교부받은 돈,[544] ④ 회사의 경영권 방어 또는 회사의 매각 등을 위하여 이 사건 주식(현물주식 포함)과 현금을 교부받은 경우,[545] ⑤ 임대인 회사 대표이사가 임차인으로부터 수도요금 등 납부라는 특정한 목적으로 위탁받은 경우 등이 있다.[546]

---

537) 대법원 2002. 11. 22. 선고 2002도4291 판결
538) 대법원 2013. 11. 14. 선고 2013도8121 판결
539) 서울중앙지방법원 2020. 6. 2. 선고 2019고단3048 판결
540) 대법원 2013. 11. 14. 선고 2013도8121 판결
541) 대법원 1997. 9. 26. 선고 97도1520 판결
542) 대법원 1989. 1. 31. 선고 88도1992 판결
543) 대법원 2008. 10. 9. 선고 2008도3787 판결
544) 대법원 1997. 9. 26. 선고 97도1520 판결
545) 대법원 2008. 5. 8. 선고 2008도1652 판결
546) 대법원 2008. 10. 9. 선고 2008도3787 판결

갑은 건설업체인 경원기업을 운영하고 있다. 갑은 삼일조합과 신도림조합이 공동으로 추진 중이던 아파트 건축과 관련하여 위 주택조합의 운영 및 A 아파트 건축에 관련된 업무의 대행계약을 맺고 조합원들로부터 조합비 및 분양대금을 납부 받아 이를 관리하여 오면서 토지대금과 건축공사대금의 지급 등을 집행하고 있다. 한편 삼일조합은 A 아파트 건축부지의 매수계약을 체결하는 한편 갑과의 사이에 갑은 "조합원의 가입과 탈퇴, 각종 인허가, 자금의 관리, 조합비 및 분양대금의 수납, 납부독촉 및 관리, 토지의 취득에 관한 사항, 조합목적에 적정한 지출의 집행, 공사 진행상황의 감독, 기타 조합의 설립목적수행을 위하여 필요한 사항" 등 조합의 운영 및 관리에 관한 모든 업무를 대행하기로 하는 계약을 체결하였다. 그 후 삼일조합의 조합원모집이 부진하여 신도림조합을 따로 결성하여 공동으로 위 아파트의 건축을 추진하게 되었는데, 위 삼일조합과 신도림조합은 현대건설㈜에게 위 아파트의 건축공사를 도급하고 갑과의 사이에 조합원들이 아파트분양 대금을 확정하고, 앞으로 공사비 인상요인이 있더라도 분양대금을 동결하기로 하는 약정하였다. 그런데 갑이 별도로 추진 중이던 경원리조텔신축공사가 중단되는 등 심각한 자금난을 겪게 되자 조합원들로부터 납부받은 금액 중에서 위 경원리조텔 공사관련대금 및 사채 변제를 위하여 금 39억 원을 지출하였는데, 그 가운데 대행계약에 따른 예정이익금 30억 원을 공제한 나머지 금 9억 원이 문제되었고, 갑은 이를 일시 다른 용도로 전용한 것이라고 주장한다.

2) 목적과 용도가 특정되지 않은 경우

[범죄사실] 피고인은 피고인 경영의 도축장에서 식육업자인 공소외 1 외 64명으로부터 소 1마리당 13,500원씩 합계 소 776마리 금 10,476,000원과 돼지 1마리당 4,000원씩 합계 금 20,033마리 금 80,132,000원, 도합 금 90,608,000원을 위 도축장에서 일하는 작업인부 공소외 2 외 11명에게 도축작업비로 지급하여 달라는 취지의 위탁을 받고 교부받아 보관 중 인부들에게는 월급이라는 명목으로 금 53,770,000원만 지급하고 나머지 금 36,838,000원을 피고인이 소비하여 횡령하였다.

[사실관계] 이 사건 도축장은 강원도 정선군이 도축장시설을 하여 제공하여 주고 일정액의 사용료만 받았고 실제 작업은 그곳에서 일을 하고 있는 인부들이 독립한 지위에서 식육업자들과 도급계약을 체결하여 도축할 때마다 소 1마리당 13,500원 돼지는 1마리당 4,500원씩 받아 분배하여 왔는데, 피고인이 정선군으로부터 도축장을 인수하여 도축업을 경영하면서는 피고인이 인부들을 고용하였고 식육업자들로부터는 도축수수료로 종전과 같이 사용료, 작업비, 세금 등 여러 항목의 돈을 합하여 소 1마리당 55,300원, 돼지 1마리당 10,788원씩 받아서 인부들에게는 역시 종전과 같이 작업비항목의 금원인 소 마리당 13,500원, 돼지 마리당 금 4,500원씩 계산하여 급료로 지급하여 오다가 그 후 도축장 사용료만으로는 피고인의 경영상태가 어려운 사정을 알게 된 인부들이 돼지작업비 중 마리당 500원씩 포기하기에 이르렀으며, 피고인이 식육업자와 인부들의 요구에 의하여 1,200여만 원을 투자하여 능률적이고 위생적인 탈모기와 동력선을 설치하고 인부들의 임금을 월급제로 변경하여 월 작업일수를 12.3일로, 작업시간은 종전 10:00부터 23:00까지인 것을 07:00부터 18:00까지로 단축하고 의료보험혜택을 주는 것을 조건으로 월 250,000원으로 정하였다가 84. 6. 1. 월 30만 원으로 인상한 사정을 알 수 있다.

[판단] 식육업자들이 피고인에게 지급하고 있는 작업비명목의 소 1마리당 금 13,500원, 돼지 1마리당 4,500원의 금원이 어떤 성격을 가지느냐에 관하여 살펴보건대, 피고인이 식육업자들과 작업비를 결정함에 있어서 인부들은 이에 관여하지도 않았을 뿐만 아니라 식육업자들은 그들이 지급할 전체 액수에 대하여만 합의를 하였을 뿐이고 그 세세한 항목별 합의를 한 것은 아니고 종전에 작업비명목으로 지급한 금원의 일부에 해당하는 금원만을 피고인이 인부들에게 월급으로 지급하는 사실을 알고 있으면서도 일체 이의를 제기하지 않고 이를 지급하여 왔으며, 또 인

부들은 과거와 같이 식육업자들로부터 작업비를 직접 지급받기로 한 것이 아니고 피고인에게 고용되어 일정액의 급여를 월급으로 지급받기로 합의를 했고 식육업자들이 피고인에게 지급한 금원 중 작업비명목으로 계상된 금원의 일부에 해당하는 금원만이 월급으로 지급된다는 것을 알고 있으면서도 탈모기와 동력선을 설치함으로써 근무시간이 단축되고 노력이 적게 드는 이외에 고정적인 급여를 받게 되는 잇점, 의료보험의 수혜 등 사정을 감안하여 이를 동의하였던 사실을 알 수 있고, 달리 피고인이 이 사건 도축장을 운영하면서 식육업자들로부터 소 1마리당 55,300원, 돼지 1마리당 10,780원을 받으면서 위 금액의 결정과정에서 작업비용이라는 항목으로 책정된 금원이 식육업자들이 피고인에게 그 월급으로 지급하라고 하여 피고인에게 위탁하였고 피고인은 그 취지로 보관하고 있었던 돈이라고 볼만한 증거는 없다.[547]

시책비와 같이 단지 급여의 성격이 강하고 사용처를 묻지 않고 자유롭게 사용할 수 있다면 목적이나 용도가 특정되어 위탁된 금전으로 보기 어렵다.

보험사에는 보험계약을 유치하는 영업활동을 독려·지원하기 위해서 일정한 보험상품에 관해 모집수당 이외에 추가로 시책비를 지급하였는데, 개인적으로 소득세를 납부하여야 하며, 실제 어디에 어떻게 사용되었는지에 관하여 회사에 전혀 보고되지 않고 회사에서도 확인하지 않으며 해당 보험이 해약되지 않은 한 일단 지급된 시책비는 그 전부이든 일부이든 반환된 예가 없는 등 실적급여로서의 성격이 강할 뿐만 아니라 사용처에 관하여 특별한 정함이 없기 때문에 보험을 유치한 자가 개인적인 수당이나 영업비용 등으로 자유롭게 사용할 수 있었던 점, 등에 비추어 목적이나 용도가 특정되어 위탁된 금전이라고 보기 어렵다.[548]

또한 **금전의 교부행위가 계약상 채무의 이행으로서 변제의 성질**을 갖는 경우에는, 특별한 사정이 없는 한 금전이 상대방에게 교부됨으로써 그 소유권이 상대방에게 이전되므로 임의로 소비하였더라도 횡령죄가 되지 않는다.[549] 앞에서 소개된 예제의 사실관계에 적용된 법리이다.

---

547) 대법원 1989. 3. 28. 선고 88도1535 판결
548) 대법원 2006. 3. 9. 선고 2003도6733 판결
549) 대법원 2014. 1. 16. 선고 2013도11014 판결

○ 박달재는 최근 처제 명의로 주택개발사업을 위한 토지를 매수하여 등기를 이전받았으나, 아직 매매잔대금채무는 5억 원 가량이 남아 있는 상태였다. 한편 박달재는 구입한 토지와 사업권 일체를 이동규에게 20억 원에 매도하기로 하였다. 20억 가운데 15억 원은 A가 토지에 설정된 근저당권의 피담보채무를 인수하고, 5억 원에 대해서는 전소유자에게 현금으로 지급하기로 하되, 토지 소유권이전등기는 사업승인일 이후 경료하기로 하였다. 이동규는 이에 따라 5억 원을 처제 명의의 은행계좌로 송금하였으나, 박달재는 위 돈을 받으면 전소유자에게 전달하기로 하였음에도, 그중 2억 원을 다른 채권자에 대한 변제금으로 사용하고 말았다. 그 이후 박달재는 소유권이전등기를 이동규에게 넘겨주었다. 아직 박달재의 전소유자에 대한 토지 매매대금채무가 전부변제되지 않았음을 알게 된 이동규는 박달재를 횡령으로 고소하였다.

○ 이 사건 담당 경찰관은 횡령죄에 대하여 어떻게 수사하여야 하는가.

[해설] 공소외 1 등이 2008. 10.경 피고인에게 1억 5,900만 원을 교부한 것은 이 사건 매매계약에 기하여 피고인에게 부담하는 매매대금지급채무를 이행하기 위한 변제행위에 해당한다고 할 것이고, 따라서 특별한 사정이 없는 한 위 1억 5,900만 원은 피고인에게 교부됨으로써 소유권이 이전되므로 피고인이 공소외 1 등을 위하여 이를 보관하는 지위에 있다고 보기 어렵다. 나아가 이 사건 매매계약 체결 당시 피고인이 급부과정을 단축시키기 위하여 공소외 1 등과 사이에 이 사건 매매대금 중 1억 6,400만 원을 매수인이 직접 선행 매매계약의 매도인인 공소외 2에게 지급하기로 약정한 바 있다거나, 피고인이 공소외 1 등에 대하여 1억 5,900만 원을 교부받으면 이를 선행 매매계약의 매매대금으로 공소외 2에게 지급하겠다는 취지로 약정하였다고 하여 이와 달리 볼 것은 아니다.[550]

---

550) 대법원 2014. 1. 16. 선고 2013도11014 판결

(2) 제3자 수령 금전

예제 **아데만의 여명**

○ 갑은 연예기획사의 대표이사로서, A는 그 소속 배우이다. 갑과 A는 A가 이전 소속사에서 활동할 때 배우와 로드매니저의 관계로 알게 된 사이이다. 갑과 A는 함께 일하기로 하면서 A의 활동과 관련하여 발생하는 수입은 갑 운영 법인 계좌로 송금 받되 그중 세금 부분을 제외한 매출의 80%를 A 몫으로 하고 갑은 송금일로부터 최대한 빠른 시일 내에 A의 몫을 바로 송금하여 주기로 구두 약정하였다. 그런데 갑은 사무실에서 소속배우인 A가 출연한 MBC 드라마 '아데만의 여명'과 관련한 출연료 3억 3천만 원을 법인명의 계좌로 송금 받아 그중 2억 2,308만 원을 위 구두계약에 따라 A에게 송금키 위해 A를 위해 보관하고 있었다. 그런데 그 가운데 1억 5,472만 원만을 A에게 입금하여 주고 나머지 금액인 7,736만 원을 회사 채무 변제 등으로 사용하였다. 이에 대하여 A가 항의하자 A에게 변제확인서를 작성하여 교부하여 주었다.
갑은 경찰조사과정에서, 갑이 지출한 비용이 있어 피해자의 출연료 중 일부를 이에 충당하였고, 그 과정에서 갑과 피해자 사이에 정산 문제로 다툼이 있어 제때에 돈을 지급하지 못한 것일 뿐 갑이 피해자의 돈을 횡령한 것이 아니고, 갑에게 횡령의 범의나 불법영득의 의사도 없었다고 주장하고 있다.

○ 이 사건 담당 경찰관은 횡령죄에 대하여 어떻게 수사하여야 하는가?

✔ **정답 : 횡령 유죄**

연예기획사 대표가 소속 연예인과의 약정에 따라, 그에게 지급될 출연금을 수령한 바, 이와 같은 출연금이 과연 소속 연예인을 위하여 수령한 것으로서 그 소유권이 그를 위해 유보되는지가 문제된다. 항소심에서는 다음과 같은 이유로 소유권 유보를 부정하였다. 즉 피고인이 피해자와 사이에 피해자의 연예활동으로 장차 발생하게 될 채무를 내부관계에서 구체적으로 어떻게 해결할 것인지에 관하여는 별다른 언급도 없이 구두로 전속계약을 체결한 점, 피해자도 전속계약의 내용과 마찬가지의 내용으로 피고인과 전속계약을 체결하였다고 주장하고 있을 뿐인 점, 피고인과 피해자 사이에 전속계약의 중요한 내용에 해당하는 수익분배방식과 관련하여 명시적 약정이 이루어지지 않은 점, **피해자가 주장하는 전속계약서 양식에도 연계기획사가 드라마 제작사나 광고주로부터 수령한 돈에 대한 정산절차가 예정되어 있는 점** 등에 비추어 보면, 검사가 제출한 증거들만으로는 **피고인과 피해자 사이에 제3자로부터 수령한 돈의 소유권을 곧바로 피해자의 소유로 귀속시키고, 피고인이 피해자를 위하여 이를 보관하기로 하는 내부 약정이 있었다고 속단하기는 어렵다.**

그러나 대법원은 달리 보았다. 즉 **이 사건 전속계약은 피해자의 출연료 수령을 포함하여 피해자의 연예활동과 관련한 제반 사무 처리를 내용으로 하는 일종의 위임계약**이라고 할 수 있고, 피고인과 피해자 사이에는 **피해자의 연예활동으로 인한 수입 중 세금을 제외한 매출액을 약정 비율대로 대표와 피해자에게 각각 귀속시키기로 하는 합의**가 있었다고 봄이 상당하므로 결국 법인명의 계좌로 입금된 드라마 출연료 중 피해자의 지분에 해당하는 금원은 수령과 동시에 피해자의 소유로 귀속되고, 피고인은 피해자를 위하여 이를 보관하는 관계에 있었다.

🎖 기본 이론

금전의 수수를 수반하는 사무처리를 위임받은 자가 **그 행위에 기하여 위임자를 위하여 제3자로부터 수령한 금전**은 달리 특별한 사정이 없는 한 그 수령과 동시에 위임자의 소유에 속하고, 위임을 받은 자는 이를 위임자를 위하여 보관하는 관계에 있다.[551] 그러나 위와 같은 금전 횡령 일반에 대한 법리는 많은 예외를 인정할 수밖에 없다. 따라서 금전의 소유권을 판단함에 있어 다음과 같은 기준을 참작하여야 한다.

1) 위임자를 위하여 수령한 것
A. 법률관계의 성질과 당사자의 의사

수령한 금전이 사무처리 위임에 따라 위임자를 위하여 수령한 것인지 여부는 수령의 원인이 된 법률관계의 성질과 당사자의 의사에 의하여 판단한다. 앞에서 소개된 Leadingg Case의 사실관계에 적용된 법리이다.

---

551) 대법원 2005. 11. 10. 선고 2005도3627 판결

○ 피해자 공소외인은 이 사건 삼육마트내의 정육 코너를 임차하여 운영하면서 고객들로 하여금 임대인인 피고인이 설치한 계산대를 통하여 대금을 결제하게 하였다. 그리고 피고인이 정육 코너에서 판매된 물품과 마트 내의 다른 코너에서 판매된 물품의 대금을 고객들로부터 한꺼번에 지급받은 다음, 정육 코너에서 판매된 물품의 대금 중 일정액의 수수료를 공제한 나머지 금원을 매일 혹은 며칠 단위로 피해자에게 지급하기로 약정하였다. 물품대금은 고객들로부터 신용카드 내지 현금으로 지급 되며, 신용카드로 결제된 판매대금에 대해서는 카드외사와의 관계에서 복잡한 정산절차를 거쳐야 한다. 그러나, 현금으로 결제된 판매대금에 대해서는 일정한 수수료를 계산하여 제외한다. 그런데, 자금사정이 안 좋아진 임대인은 정산절차를 이유로 임차인에게 주어야 할 금액을 포함한 물품대금의 지급을 마트의 긴급자금으로 사용하게 되었다.

○ 임대인은 횡령죄에 해당하는가?

[해설] ① 신용카드로 결제된 판매대금에 대해서는 복잡한 정산절차를 거쳐야 하고 피해자에게 반환되어야 할 금액을 쉽게 확정할 수 없는 사정이 있다는 점을 감안하면 위 피고인 등과 피해자 사이에는 그 판매대금의 소유권을 바로 피해자에게 귀속시키기로 하는 약정이 있었다고 보기 어렵다.

② 반면 현금으로 결제된 판매대금에 대해서는 위 피고인 등이 고객들로부터 수취한 물품대금 중 피해자의 판매대금과 공제할 수수료를 쉽게 계산하여 특정할 수 있다는 점을 감안하면 그 물품대금은 위 피고인 등이 대금의 수령이라는 위임사무의 처리에 따라 취득한 금전으로서 수령과 동시에 위임자인 피해자의 소유에 속하고 위 피고인 등은 피해자에 대한 관계에서 그 금전을 보관하는 지위에 있다.[552]

B. 위임자에게 반환할 금액이 쉽게 확정될 수 없는 경우

당사자 사이에 별도의 채권, 채무가 존재하여 수령한 금전에 관한 정산절차가 남아 있는 등 위임자 반환 금액을 쉽게 확정할 수 없는 경우에는 수령한 금전의 소유권을 바로 위임자의 소유로 귀속시키는 약정이 있다고 쉽사리 단정해서는 안 된다.[553]

[예제 3] ㈜광명은 조명기구를 생산업체로서 조명기구 26종을 172,700,000원에 S 아파트 공사현장에 납품 중이다. 그런데 채권자들이 납품대금채권을 압류하려 하자 이를 피하기 위해, 납품자 명의만을 같은 조명기구 생산업체인 A 회사(대표 갑)로 변경하였으나, A는 더 이상 조명기구를 생산할 수 없는 사정이 되었다. 그런데 S 아파트 공

---

552) 대법원 2010. 11. 25. 선고 2010도10417 판결
553) 대법원 2005. 11. 10. 선고 2005도3627 판결

사현장에서 ㈜광명에 납품계약 이행을 독촉하자 A 회사 대표 갑은 납품계약에 따라 나머지 조명기구를 직접 생산하여 납품하고 그 대금도 전액 직접 수령하되, 최종적으로 정산하여 A 회사의 몫을 교부하여 주기로 합의한 이후, 나머지 조명기구의 납품을 완료하였다. 한편 ㈜광명은 조명기구 부품 납품업자들에게 외상채무가 있었는데, 갑과 합의하여 A가 부품 납품업자들에 대한 나머지 외상대금을 변제하였다. 또 A가 납품을 시작할 당시 갑 사이에 납품대금액이나 부품납품업체들에 대한 외상대금액이 확정되지 않은 상태였다. 그런데 갑은 납품대금으로 금 192,885,590원을 수령하였고, 계약에 따라 A 회사에게 정산금을 지급해야 하는데, 이를 보관하던 중 임의로 지출하였다. A는 갑을 상대로 조명기구 납품대금을 횡령하였다고 고소하였다.

[해설] A 회사는 ㈜광명에게 S 아파트 공사현장으로부터 납품대금을 수령하여 정산하기로 하였다. 따라서 위 납품대금이 누구의 소유인지가 문제된다. 이와 관련 대법원은 **수령한 금전이 사무처리의 위임에 따라 위임자를 위하여 수령한 것인지 여부**는 수령의 원인이 된 법률관계의 성질과 당사자의 의사에 의하여 판단하여야 한다고 보고 있다. 나아가 만일 **당사자 사이에 별도의 채권, 채무가 존재하여 수령한 금전에 관한 정산절차가 남아 있는 등 위임자에게 반환하여야 할 금액을 쉽게 확정할 수 없는 사정**이 있다면, 이러한 경우에는 **수령한 금전의 소유권을 바로 위임자의 소유로 귀속시키기로 하는 약정이 있었다고 쉽사리 단정하여서는 안 될 것이다.**

사정이 이러하다면, **갑이 수령한 납품대금 중 피해자들의 납품액을 바로 피해자들에게 귀속시키기로 약정하였다고 볼 수는 없고, 오히려 B 회사가 자기의 이름으로 취득한 납품대금은 일단 전액 자신에게 귀속되고, B 회사는 거기에서 피해자들의 납품금액을 확정하고 부품 납품업자들에게 대신 지급한 금액을 공제하는 등 정산절차를 거쳐 그 나머지 금액만큼 피해자들에게 지급할 의무를 부담하는 데 불과하다**고 볼 것이므로, 이를 임의로 사용한 행위는 약정상의 채무불이행에 지나지 않고 횡령죄는 불성립한다.[554]

2) 예외 - 위임자의 소유에 속하지 않는 경우

금전의 수수를 수반하는 사무처리를 위임받은 자가 그 행위에 기하여 위임자를 위하여 제3자로부터 수령한 금전이라고 하더라도 **이것이 위임자의 소유에 속하지 않는 경우**면, 그 반환을 거부하는 수임자를 횡령죄로 처벌할 수 없는 것이다.[555]

---

554) 대법원 2005. 11. 10. 선고 2005도3627 판결
555) 대법원 2007. 7. 26. 선고 2007도1840 판결, 피고인이 ㈜ 대◇건설과 사이에 공탁금을 수령하여 그중 4,100만 원을 대◇건설에게 반환하기로 약정하였다고 하더라도 배당절차에서 피고인 자신의 명의로 수령한 금원은 피고인의 소유에 속한다

갑이 대전시 소재 지상연립주택 소유자 A로부터 양도받기로 하였다는 약정을 근거로 연립주택 처분금지가처분신청을 대전지방법원에 제출하고, 갑은 법원으로 부터 금 5백만 원 공탁명령을 받게 되었다. 갑 A에 대하여 공사자재대금 채권을 가지고 있어 갑과 공통의 이해관계가 있는 B로부터 금 4,685,000원을 그중 금 1,685,000원은 공탁금회수 즉시 바로 반환하기로 하고 금 3,000,000원은 차용하였다. 그리고 갑은 자신의 돈 금 315,000원을 보태어 공탁금 5,000,000원을 납부하였다. 그러나 갑은 공탁금을 회수하였음에도 이를 A에게 돌려주지 않았다.

[해설] 금전의 수수를 수반하는 사무처리를 위임받은 자가 그 행위에 기하여 위임자를 위하여 제3자로부터 수령한 금전이라고 하더라도 이것이 위임자의 소유에 속하지 아니한 경우라면, 그 반환을 거부하는 수임자를 횡령죄로 처벌할 수 없다.[556]

피고인이 법원으로부터 회수한 공탁금은 어디까지나 가처분사건의 신청인 겸 공탁자로서 공탁금회수청구권에 의하여 이를 회수한 피고인 소유이고 4,685,000원에 대하여 공탁금회수 즉시 반환하기로 하는 약정이 있었더라도 그 결론에는 영향이 없다.[557]

3. 금전의 위탁관계

금전에 대한 횡령죄에 있어서의 위탁관계도 횡령죄 일반과 마찬가지로, 반드시 사용대차, 임대차, 위임 등의 계약에 의하여 설정되는 것임을 요하지 아니하고, 사무관리, 관습, 신의성실의 원칙에 의하여서도 성립한다. 대표적으로 착오 송금의 경우가 있다.

피고인은 이 사건 부동산을 피해자에게 대금 7억 원에 매도하였고, 피고인에게 2003. 3. 21. 추가로 송금된 3억 2,000만 원은 피해자 측의 착오로 송금되었다고 보아야 할 것이다. 피고인이 2003. 3. 14. 피해자로부터 3억 2,000만 원을 송금 받고 피해자에게 이 사건 부동산의 소유권이전에 필요한 서류를 교부함으로써 위 매매계약의 목적이 달성되어 피고인과 피해자 사이에 위 매매계약으로 인한 법률관계는 종료하였으나, 피해자가 그 후 같은 달 21. 착오로 피고인에게 위 매매계약에 기한 잔금으로서 3억 2,000만 원을 추가로 송금한 이상, 피고인은 신의성실의 원칙상 위와 같이 착오로 송금된 돈을 보관하는 자의 지위에 있게 되었다고 보아야 할 것이므로, 피고인이 위 돈을 임의로 사용한 행위는 횡령죄를 구성한다.[558]

---

556) 대법원 2007. 7. 26. 선고 2007도1840 판결, 피고인이 ㈜ 대◇건설과 사이에 공탁금을 수령하여 그중 4,100만 원을 대◇건설에게 반환하기로 약정하였다고 하더라도 배당절차에서 피고인 자신의 명의로 수령한 금원은 피고인의 소유에 속한다.
557) 대법원 1996. 10. 29. 선고 96도2170 판결
558) 대법원 2005. 10. 28. 선고 2005도5975 판결, 대구지방법원 2005. 7. 26. 선고 2005노773판결

따라서 착오로 송금된 돈을 보관하는 자의 지위에 있게 되었다고 보아야 할 것이므로, 피고인이 위 돈을 임의로 사용한 행위는 횡령죄를 구성한다.[559]

(1) 예외적으로 불법영득의사를 인정하지 않은 사안

피고인이 갑 ㈜의 전산상 착오로 피고인 명의의 계좌로 1회 더 입금된 대출금을 보관하던 중 딸의 수술비 등으로 전부 소비하여 횡령하였다는 내용으로 기소된 사안에서, 갑 회사는 송금한 날부터 약 2개월이 지난 후에야 송금 사실을 인지하고 그 무렵 피고인에게 이를 통지한 점, 피고인은 평소 전화 이체를 주된 방법으로 금융거래를 하여 왔고 갑 회사가 송금한 이후에도 같은 방법을 이용하여 금융거래를 한 점, 송금된 후에도 피고인이 한꺼번에 많은 돈을 인출 또는 사용한 정황이 없는 점, 송금된 돈은 평소 피고인의 계좌에 입금되는 수준의 액수이고 송금 후 계좌 잔액이 이례적으로 증가하지도 아니한 점, 갑 회사가 피고인에게 송금 사실을 알려 준 무렵에는 이미 송금된 돈이 모두 소비된 점 등에 비추어 볼 때, 피고인이 이중으로 송금된 사실을 알고 임의로 소비하였음을 인정하기 어렵다.[560]

(2) 착오 송금된 금원을 은행이 상계한 경우 - 민사판결

수취은행이 수취인에 대한 대출채권 등을 자동채권으로 하여 수취인의 계좌에 입금된 금원 상당의 예금채권과 상계하는 것은 신의칙 위반이나 권리남용에 해당한다는 등의 특별한 사정이 없는 한 유효하다.

송금의뢰인이 착오송금임을 이유로 거래은행을 통하여 혹은 수취은행에 직접 송금액의 반환을 요청하고 수취인도 송금의뢰인의 착오송금에 의하여 수취인의 계좌에 금원이 입금된 사실을 인정하고 수취은행에 그 반환을 승낙하고 있는 경우, 수취은행이 수취인에 대한 대출채권 등을 자동채권으로 하여 수취인의 계좌에 착오로 입금된 금원 상당의 예금채권과 상계하는 것은, 수취은행이 선의인 상태에서 수취인의 예금채권을 담보로 대출을 하여 그 자동채권을 취득한 것이라거나 그 예금채권이 이미 제3자에 의하여 압류되었다는 등의 특별한 사정이 없는 한, 공공성을 지닌 자금이체시스템의 운영자가 그 이용자인 송금의뢰인의 실수를 기화로 그의 희생하에 당초 기대하지 않았던 채권회수의 이익을 취하는 행위로서 상계제도의 목적이나 기능을 일탈하고 법적으로 보호받을 만한 가치가 없으므로, 송금의뢰인에 대한 관계에서 신의칙에 반하거나 상계에 관한 권리를 남용하는 것이다.[561]

---

559) 대법원 2005. 10. 28. 선고 2005도5975 판결, 대구지방법원 2005. 7. 26. 선고 2005노773판결
560) 의정부지방법원 2016. 3. 22. 선고 2014노2984 판결
561) 대법원 2010. 5. 27. 선고 2007다66088 판결

4. 금전 횡령에서 불법영득의사

예제 **모아과거도 아파트**

○ 익산시는 정밀안전진단을 통해 모아과거도 아파트는 구조안전상 보강이 필수적인 D등급으로서 재난위험시설로 지정·관리한다는 내용을 입주자대표회의에 통보하였다. 이에 입주자대표회의는 ㉮ ㈜태림건설에 대한 법적 대응에 필요한 비용은 임원들이 우선 분담하고, ㉯ 부족한 금액은 특별수선충당금으로 지출하기로 결의하였다. 입주자 대표 박달재 등은 시의원 등 외부인들이 참석한 가운데 입주민총회를 개최하여, ㉮ ㈜태림건설에 민사소송을 제기하고, ㉯ 각 세대가 소송비용을 1,000,000원씩 분담하며, ㉰ 우선 특별수선충당금으로 소송비용을 지출한 다음 손해배상을 받으면 원상회복하기로 결의하였다. 이에 따라 박달재는 법무법인 율촌과 소송위임계약을 체결하여 ㈜태림건설에 대한 55억 원의 손해배상청구소송을 제기하였다. 박달재는 특별수선충당금 계좌에서 구조진단 견적비 및 변호사 비용 명목으로 2,000만 원을 인출하여 법무법인에 송금하였다. 이후 아파트 각 세대는 입주자대표회의에 아파트의 하자로 인한 손해배상청구권을 양도하였다. 한편 아파트 관리규약에 따라 일반 관리비와 별도로 입주자대표회의 명의 계좌에 특별수선충당금으로 적립·관리되어 왔으며, "특별수선충당금은 ① 일정기간 경과 후의 공유 부분에 대한 정기적이고 계획적인 수선, ② 불의의 사고나 기타 부득이한 사유가 있는 경우에 건축사법 또는 기술용역육성법에 의한 해당 분야 전문가 2인 이상이 필요하다고 인정하는 수선 외의 용도로 사용하여서는 아니 된다."라고 규정함으로써 특별수선충당금의 용도 외 사용을 금지하고 있다. 이와 관련 박달재는 특별수선충당금 용도 외 사용으로 ○ 이 사건 담당 경찰관은 횡령죄에 대하여 어떻게 수사하여야 하는가 횡령으로 고발되기에 이르렀다.

○ 이 사건 담당 경찰관은 횡령죄에 대하여 어떻게 수사하여야 하는가?

✔ 정답 : 업무상횡령죄 무죄

이 사건 장기수선충당금의 사용 관련 불법영득의사의 존재가 쟁점이 되었다. 장기수선충당금의 타 용도 전용이 실무상 자주 문제된다. 아파트입주자대표회의의 지배권 다툼과 관련하여 상대편을 형사적으로 고소하는 데 활용되기 때문이다. 대법원이 장기수선충당금의 사용 용도를 엄격하게 판단하는 데 기인한다. 아파트관리사무소 직원은 입주자대표회의의 의결 등을 거쳐 아파트 관리목적으로 사용하는 경우 불법영득의사가 없다고 변소하는 경우가 많다. 그러나, 판례의 태도에 따라 엄격히 용도가 제한되는 경우 처벌을 면할 수 없다.

○ 다만, 그 근거는 공동주택관리법에 근거하는데, 같은 법에 따르면 장기수선계획이란 아파트를 오랫동안 안전하고 효율적으로 사용하기 위하여 필요한 주요 시설의 교체 및 보수 등에 관하여 수립하는 장기계획을 말한다.[562] 다만 장기수선계획수립의무를 부담하는 공동주택은 ① 300세대 이상의 아파트, ② 승강기가 설치된 아파트, ③ 중앙집중식 난방방식 또는 지역난방방식의 아파트, ④ 건축법 제11조에 따른 건축허가를 받아 주택 외의 시설과 주택을 동일 건축물로 건축한 건축물 가운데 어느 하나에 해당하여야 한다.[563] 따라서 소위 아파타트라고 하여 모두 해당되는 것은 아님에 주의할 필요가 있다.

○ 항소심은 타인으로부터 용도가 엄격히 제한된 자금을 위탁받아 집행하면서 그 제한된 용도 이외의 목적으로 자금을 사용하는 것은 그 사용이 개인적인 목적에서 비롯된 경우는 물론 결과적으로 자금을 위탁한 본인을 위하는 면이 있더라도, 그 사용행위 자체로서 불법영득의 의사를 실현한 것이 되어 횡령죄가 성립하고, 주주총회나 이사회, 부녀회 등에서 위법한 예산지출에 관하여 의결을 하였더라도 횡령죄의 성립에 지장이 없으며, 그 의결에 따른 예산집행이라고 하여 횡령행위가 정당화될 수도 없다 할 것이다.[564] 피고인이 이 사건 아파트관리규약 등에 의하여 용도가 엄격히 제한된 이 사건 특별수선충당금을 정해진 용도가 아닌 구조진단견적비와 변호사수임료로 사용한 사실을 인정할 수 있으므로, 설령 피고인이 입주자대표회의 의결 등을 거쳐 위와 같이 이 사건 특별수선충당금을 사용했다거나 위 금원의 사용이 결과적으로 이 사건 특별수선충당금을 위탁한 입주자들을 위하는 면이 있다 하더라도, 피고인에게 불법영득의사가 없었다고 볼 수 없고, 나아가 위와 같은 피고인의 행위가 사회상규에

---

562) 공동주택관리법」 제2조 제1항 제18호
563) 공동주택관리법 제29조 제1항
564) 대법원 2006. 4. 27. 선고 2003도4735 판결 참조

위배되지 아니하는 정당행위에 해당한다고 볼 수도 없다.

○ 반면 대법원은 특별수선충당금 자체는 아파트의 주요시설의 교체 및 보수를 위하여 별도로 적립한 자금으로 원칙적으로 그 범위 내에서 사용하도록 용도가 제한된 자금으로 해석하는 데 동의하였다. 그러나 불법영득의사와 관련하여 다른 견해를 제시하였다. 이 사건 당시 시행되던 구 주택법령에 의하면, 장기수선충당금의 사용은 장기수선계획에 의하되, 그 사용절차는 관리규약으로 정하며, 입주자대표회의는 구성원 과반수의 찬성으로 장기수선계획의 수립 또는 조정을 의결할 수 있다고 규정하고 있었다. 한편 2013. 6. 4. **구 주택법은 제43조의4 제2항에 "입주자대표회의 및 관리주체는 장기수선충당금을 이 법에 따른 용도 외의 목적으로 사용하여서는 아니 된다."라는 규정을 신설하였는데, 위 법률이 시행되기 전까지는 장기수선충당금의 용도 외 사용은 관리규약에 의해서만 제한을 받을 뿐 법률이나 시행령에 의하여 금지되지는 않았다.** 피고인은 이 사건 아파트의 심각한 하자로 인한 긴급한 법적 대응이 필요한 상황에서 특별수선충당금을 ㈜태림건설에 대한 손해배상청구소송에 관련된 비용으로 지출한 점, 이 전에도 입주민총회가 그 지출을 포괄적으로 승인하는 결의를 마쳤고, 이를 전후하여 이 사건 입주자대표회의가 여러 차례에 걸쳐 이 사건 특별수선충당금의 지출을 결의한 점, 구조진단 견적비가 지출될 당시에는 위 소송에 103세대 중 75세대의 구분소유자들이, 변호사 수임료가 지출될 당시에는 82세대의 구분소유자들이 소송에 참여하고 있었던 점, **그 당시 이 사건 특별수선충당금의 용도는 관련 법령이 아닌 이 사건 관리규약에 의하여 제한되고 있었는데, 입주자 과반수의 결의와 대표자 과반수의 찬성으로 그 관리규약 자체를 변경할 수도 있었던** 점 등에 비추어 보면, **피고인이 구분소유자들 또는 입주민들로부터 포괄적인 동의를 얻어 이 사건 특별수선충당금을 위탁의 취지에 부합하는 용도에 사용한 것으로 볼 여지**가 있다. 또한 익산시장에게 이 사건 특별수선충당금을 사용하겠다는 내용의 신고를 마친 점, 위 입주민총회에는 외부인들도 참석한 점에 비추어 보면, **피고인으로서는 자신이 이 사건 특별수선충당금을 구분소유자들 또는 입주민들의 이익을 위하여 사용하는 것이라고 인식하였을 가능성도 배제할 수 없다.** 따라서 피고인이 이 사건 특별수선충당금을 위와 같이 지출한 것을 들어, 위탁의 취지에 반하여 자기 또는 제3자의 이익을 위하여 자기의 소유인 것처럼 처분하였다고 단정하기는 어렵다.

🎖️ 기본 이론

금전에 대한 횡령죄에서 불법영득의 의사란, 위탁의 취지에 반하여 자기 또는 제3자의 이익을 위하여 자기의 소유인 것처럼 금전을 사용하는 것을 말한다.

(1) 입증의 방법과 거증책임

불법영득의 의사를 부인하는 경우, **그와 상당한 관련성이 있는 간접사실 또는 정황사실을 증명하는 방법으로 이를 입증하는 수밖에 없다.**[565] 나아가 불법영득의사를 실현하는 행위로서의 **횡령행위가 있다는 점은 검사가 증명**하여야 한다.[566]

(2) 불법영득의사의 추단과 제한

반면 피고인이 주장하는 사용처에 사용되었다는 점을 인정할 자료가 부족하고 오히려 개인적인 용도에 사용한 점에 대한 신빙성 있는 자료가 많은 경우에는 불법영득의 의사를 추단할 수 있다.[567] 다만 다음과 같은 경우에는 그 추단이 인정되기 어렵다.

1) 반대의 사유에 대한 설명과 자료를 제출

불법영득의사의 존재를 인정하기 어려운 사유를 들어 그 돈의 행방이나 사용처에 대한 설명을 하고 있고 이에 부합하는 자료도 있다면 달리 피고인이 그 위탁받은 돈을 일단 타 용도로 소비한 다음 그만한 돈을 별도로 입금 또는 반환한 것이라는 등의 사정이 인정되지 아니하는 한 함부로 불법영득의사를 인정할 수 없다.

2) 금전사용의 재량 - 용도가 추상적이거나 엄격한 경우

A. 금전의 용도가 추상적인 경우

또, **어떤 금전의 용도가 추상적으로 정하여져 있다 하여도 그 구체적인 사용 목적이나 사용처, 사용 시기 등에 관하여 보관자에게 광범위한 재량을 가지고 이를 사용할 권한이 부여되어 있고, 지출한 후에 그에 관한 사후보고나 증빙자료의 제출도 요구되지 않는 성질의 것이라면, ① 그 보**

---

565) 대법원 2010. 6. 24. 선고 2008도6755 판결
566) 대법원 1989. 9. 12. 선고 89도382 판결
567) 피고인이 그가 위탁받아 보관 중이던 돈이 모두 없어졌는데도 그 행방이나 사용처를 설명하지 못하거나 또는 피고인이 주장하는 사용처에 사용된 자금이 다른 자금으로 충당된 것으로 드러나는 등

관자가 위 금전을 사용한 다음 그 행방이나 사용처를 제대로 설명하지 못하거나 증빙자료를 제출하지 못하고 있다고 하여 함부로 불법영득의 의사를 추단하여서는 아니되고, ② **그 금전이 본래의 사용 목적과는 관계없이 개인적인 이익을 위하여 지출되었다거나 합리적인 범위를 넘어 과다하게 이를 지출하였다는 등 불법영득의 의사를 인정할 수 있는 사정**을 검사가 입증하여야 한다.

> 판공비 또는 업무추진비의 경우, 임직원이 판공비 등을 불법영득의 의사로 횡령한 것으로 인정하려면 ① 업무와 관련 없이 개인적인 이익을 위하여 지출되었다거나 또는 ② 업무와 관련되더라도 합리적인 범위를 넘어 지나치게 과다하게 지출되었다는 점이 증명되어야 한다.[568]

B. 용도가 엄격히 제한된 자금

타인으로부터 용도가 엄격히 제한된 자금을 위탁받아 집행하면서 그 제한된 용도 이외의 목적으로 자금을 사용하는 것은, 그 사용이 개인적인 목적에서 비롯된 경우는 물론 결과적으로 자금을 위탁한 본인을 위하는 면이 있더라도, 그 사용행위 자체로서 불법영득의 의사를 실현한 것이 되어 횡령죄가 성립한다.[569][570]

> ① 피고인이 이 사건 용역계약에 따라 관리·집행하게 된 정부출연금은 그 용도가 엄격히 제한되어 있음에도 불구하고 집행하지 아니한 출연금을 반환하지 않고 임의 사용하거나, 개인적인 주식취득자금 또는 대여금으로 사용한 것은, 설사 피고인에게 이 사건 용역계약상의 사업성공을 꾀한다는 목적이 있었다고 하더라도, 그에 대한 불법영득의 의사를 부정할 수 없다.[571]
> ② 정리회사의 관리인인 피고인 이익조가 다른 피고인들과 공모하여 법원의 엄격한 감독을 받는 염료의 구입비용을 그 용도에 사용하지 아니하고 임의로 인출·소비한 행위는 그 자체로 불법영득의 의사를 실현한 것으로서 횡령에 해당된다 할 것이고, 횡령금액 중 회사를 위하여 일부를 소비한 부분이 있다고 하여도 이 부분 금원에 대하여도 횡령의 죄책을 면할 수 없다.[572]
> ③ 피고인이 주상복합상가의 매수인들로부터 그 원활한 개점을 위하여 소요되는 일체의 비용인 개발비를 납부받아 보관하던 중, 매수인들과의 규약에 의해 개발비의 일정 비율에 상당하는 우수상인유치비는 상권의 조기 정착 및 영업활성화를 위한 우수상인유치의 용도에 사용하도록 특정되어 있어 분양대행업무 또는 사업시행자의 분양

---

568) 대법원 2010. 6. 24. 선고 2007도5899 판결, 법인으로부터 교부받아 소지하던 판공비 지출용 법인 신용카드를 업무와 무관한 개인용도에 사용한 것은 업무상횡령이 아닌 업무상배임죄를 구성한다.
569) 대법원 1999. 7. 9. 선고 98도4088 판결
570) 대법원 2002. 8. 23. 선고 2002도366 판결
571) 대법원 1999. 7. 9. 선고 98도4088 판결
572) 대법원 1997. 4. 22. 선고 96도8 판결

관련 행사에 관련한 비용으로는 사용할 수 없고 분양대행에 관하여는 분양수수료가 별도로 지급되는 상태임에도 우수상인유치와 관계없이 상가의 분양실적에 따라 상인협의회에 우수상인유치비 할당 금원을 지급한 경우 횡령죄에 해당한다.[573]

④ 사립학교법령에 의해 학교법인의 회계는 학교회계, 법인회계로 구분되고, 학교회계 중 특히 교비회계에 속하는 수입은 다른 회계에 전출하거나 대여할 수 없는 등 용도가 엄격히 제한됨에도 불구하고, 갑 학교의 교비회계자금을 같은 학교법인에 속하는 을 학교의 교비회계에 사용한 경우, 횡령죄 소정의 불법영득의사가 있다.[574]

3) 금전의 특정성이 요구되지 않는 경우

예제 **주택개발사업**

○ 박달재는 골프회원권 등의 매매중개업체인 예담회원권거래소의 대표이다. 위 거래소는 30여 명의 딜러가 각자 사업자등록을 하고 각자 책임으로 골프회원권 매매를 중개한다. 다만 박달재는 딜러들을 관리하는데, 회원권 대금으로 받은 돈을 법인 통장으로 입금하게 하고 거래소는 이를 공동 필요경비로 사용하도록 하고 있다. 그러던 중 거래소는 이승엽에게 '나인밸리 컨트리클럽 골프회원권'을 구해 주기로 하였다. 이승엽은 4억 원을 법인통장으로 입금하였는데, 거래소의 법인 통장에는 잔고가 4억 원 넘게 있었다.

그런데 입금 이후 시세 급등으로 나인밸리 컨트리클럽 골프회원권 매도의뢰가 모두 철회 되고 말았다. 이습엽은 한 달이 지나도록 연락을 받지 못하자 대금 환불을 요구했다. 그러자 박달재는 이승엽에게 회원권 구입을 일정 기일까지 완료하지 못하면 바로 전액 환불한다는 내용의 확인서를 작성해 주었다. 그러나 박달재는 결국 이를 구하지 못하였고, 2개월 걸쳐 4억 원을 모두 반환하기에 이르렀다. 그러나 이승엽은 매입 대금 4억 원을 이미 써버리고 2개월 동안 천천히 갚아 나간 거래소를 횡령죄로 고소하였다.

○ 이 사건 담당 경찰관은 횡령죄에 대하여 어떻게 수사하여야 하는가?

---

573) 대법원 2002. 8. 23. 선고 2002도366 판결
574) 대법원 2002. 5. 10. 선고 2001도1779 판결

✓ **정답 : 횡령죄 무죄**

피해객체는 이승엽이 예담회원권거래소에 입금한 4억 원이다. 따라서 쟁점은 ① 위 4억 원이 위탁금전으로서 이승엽의 소유에 해당하는가와 ② 거래소는 일단 4억 원을 사용한 후 이승엽에게 반환한 것으로 과연 불법영득의사를 인정할 수 있는지가 문제된다.

목적과 용도를 정하여 위탁한 금전은 정해진 목적, 용도에 사용할 때까지는 이에 대한 소유권이 위탁자에게 유보되어 있는 것으로서, 수탁자가 임의로 소비하면 횡령죄를 구성한다. 다만 특별히 그 금전의 특정성이 요구되지 않는 경우 수탁자가 위탁의 취지에 반하지 않고 필요한 시기에 다른 금전으로 대체시킬 수 있는 상태에 있는 한 이를 일시 사용하더라도 횡령죄를 구성한다고 할 수 없고, 수탁자가 그 위탁의 취지에 반하여 다른 용도에 소비할 때 비로소 횡령죄를 구성한다.

🪦 **재물의 타인성**

갑이 A로부터 나인밸리 컨트리클럽 골프회원권 매입명목으로 받은 4억 원은 그 목적과 용도가 정하여 위탁된 금전으로서 골프회원권 매입 시까지 일응 그 소유권이 위탁자인 A에게 유보되어 있다.

🪦 **불법영득의사**

[특별히 금전의 특정성이 요구되지 않는 경우] 그러나 특정 매수의뢰자로부터 받은 매매대금이 별도로 보관되어 그 특정 매수의뢰자가 의뢰한 골프회원권 매입에만 사용되는 것이 아니므로, S회사에서 매입하는 골프회원권이 누가 출자한 돈으로 매입되는 것인지 특정되지 않으며, **위 4억 원이 회사자금의 공동관리를 위하여 피고인 회사의 법인통장에 입금되어 다른 회사자금과 함께 보관된 이상 그 특정성을 계속 인정하기는 어렵다.** 따라서 A가 애초에 나인밸리 컨트리클럽 골프회원권 중 P회사가 보유하던 회원권을 특정하여 매입하여 달라고 한 것이 아니라 그 보유자가 누구인지 여부와 상관없이 나인밸리 컨트리클럽 골프회원권을 매입하여 달라고 의뢰한 것으로서 P회사가 매도의사를 철회하였음에도 **피고인이 즉시 매매대금을 반환하지 않았다는 것만으로 피고인의 불법영득의사를 단정할 수 없다.**

[위탁의 취지에 반하지 않고 필요 시기에 다른 금전으로 대체시킬 수 있는 상태] 더구나 피고인이 A로부터 받아 법인통장에 입금한 4억 원을 다른 골프회원권 매입에 대부분 사용한 것으로 보이는데, 이는 피고인 회사와 같이 골프회원권 매매중개업을 하는 회사에 있어서는 일반적인 운영

방식인 점, 더 나아가 피고인이 A로부터 골프회원권을 매입하여 주기로 한 무렵, **피고인 회사의 법인통장 잔고는 적어도 4억 원을 초과하는 것으로 보여** 만약 당초 예상한 4억 원에 나인밸리 컨트리클럽 골프회원권이 매물로 나왔다면 피고인 회사에서 이를 충분히 매입할 수 있었다고 볼 여지가 없지 않은 점(S회사의 법인통장의 기준 잔고는 합계 428,610,639원) 또 A에게 회원권을 매입하여 주기로 한 시점까지 피고인 회사 법인통장에 적어도 4억 원 이상의 잔고가 있었던 이상, 비록 골프회원권의 시세 상승 등 외부적 요인으로 피고인이 약정한 기한까지 골프회원권을 매입하여 주지 못하고 그 대금도 반환하지 못하였더라도 그러한 사정만으로 바로 갑의 불법영득의사를 추단할 수는 없다. 뿐만 아니라 갑은 지체가 되기는 하였으나 2, 3개월 후에는 원금 전액을 반환하였다. 달리 검사가 제출한 모든 증거에 의하더라도 피고인이 위탁의 취지에 반하여 불법영득의사로 위 4억 원을 임의로 다른 용도에 소비하였음을 인정할 증거가 없다.[575]

🎖 기본 이론

① 특별히 그 금전의 특정성이 요구되지 않는 경우 ② 수탁자가 위탁의 취지에 반하지 않고 ③ 필요한 시기에 다른 금전으로 대체시킬 수 있는 상태에 있는 한 **이를 일시 사용**하더라도 횡령죄를 구성한다고 할 수 없고, ④ 수탁자가 그 위탁의 취지에 반하여 **다른 용도에 소비할 때** 비로소 횡령죄를 구성한다. 앞에서 소개된 Leading Case의 사실관계에 적용된 법리이다.

예제 ㈜나천재광고

○ 박광고는 ㈜나천재광고를 운영하는 사람이다. ㈜나천재광고는 피해 회사인 ㈜미래자동차와 광고대행 계약을 체결하고 피해 회사를 위해 포털사이트 온라인 광고의뢰 등을 대행하는 업무를 수행해 왔다. 광고대행 계약에 따르면, ㈜나천재광고는 피해회사가 지정하는 광고매체에 피해회사가 지정하는 방법으로 광고가 게재될 수 있도록 광고매체에 의뢰하는 업무 등을 대행해 주고, 피해회사는 매월 개별 광고의 집행 전까지 ㈜나천재광고에 광고비를 입금하여 광고매체에 전달하도록 하거나, 피해회사가 직접 광고매체에 입금하는 방식으로 광고비

---

575) 대법원 2008. 3. 14. 선고 2007도7568 판결

를 지급하도록 되어 있었다. 나아가 광고대행계약의 구체적 내용의 확정 및 그 이행을 위해 매월 또는 정기적으로 회의가 이루어졌고, 광고 도안이나 광고금액, 광고기간 등 광고집행의 구체적인 세부사항에 관한 최종 결정권은 피해 회사에 있다.

특히 ㈜나천재광고는 피해회사에 별도의 보수 등을 청구하지 않고, 광고매체와 사이에 체결된 광고영업대행계약에 따라 광고매체로부터 개별 광고별로 위와 같이 지급된 광고비의 일정 비율에 해당하는 액수를 수수료 명목으로 정산받거나, 편의상 피해회사로부터 광고비를 받아 수수료를 공제한 금액을 광고매체에 지급하는 구조이다. 다만 광고대행용역계약의 내용과 달리 피해 회사는 ㈜나천재광고에 개별 광고집행 시작일 전에 미리 이 사건 지급금을 지급했다.

그런데 박광고는 위와 같은 광고대행 계약에 따라 5개월 동안 피해회사로부터 광고비 선금 명목으로 10억 원을 ㈜나천재광고 명의 국민은행 계좌로 지급받아 그중 5억 원을 광고매체에 광고게재를 의뢰하며 광고비로 지급하고, 나머지 5억 원은 피해회사가 지정하는 광고매체에 지급하기 위해 피해회사를 위해 보관하던 중 ㈜나천재광고의 운영비 등으로 소비하였다.

○ 박광고는 횡령죄 유죄인가.

✔ **정답 : 업무상횡령죄 유죄**

○ 광고매체에 대한 광고비 지급 등 이 사건 광고대행용역계약의 이행에 관하여 B와 C 사이에 형법상 보호할 가치가 있는 신뢰관계 또는 위탁관계가 형성되어 있었음은 논란의 여지가 없다. 이하에서는 이 사건 지급금의 소유권이 C에게 유보된 것인지, 즉 C와 B 사이에 체결된 이 사건 광고대행용역계약의 해석상 이 사건 지급금의 소유권을 C에게 유보한 것으로 볼 수 있는지 여부에 관하여 살핀다.

○ 이 사건 지급금은, 박광고가 개별 광고집행일까지 이를 그대로 보유하고 있다가 그 전액(페이백 방식) 또는 그 일부(임의공제 방식)를 광고매체에 광고비 명목으로 지급하여야 할 금전이거나 개별 광고집행일 후가 되서야 박광고에게 그 임의 처분이 허락된 금전으로서(운영 대

행 방식 및 임의공제 방식의 경우 수수료 액수 상당 부분) 그 소유권이 위탁자인 피해 회사에게 유보된 것으로 봄이 상당하고, 이 사건 지급금에 관한 박광고의 불법영득의사도 인정된다. 나아가 박광고 및 변호인의 주장과 같이, 박광고에게 개별 광고집행이 이루어지기 전 이 사건 지급금을 자유로이 사용, 처분할 수 있는 독자적인 자금 운용권한을 부여하였거나 이 사건 지급금의 소유권을 귀속시켰다고 볼 수 없다.

🪦 용도나 목적이 특정되었는지

박광고 및 변호인은, 개별 광고매체, 광고시기나 횟수 등이 정해지지 않았다는 사정을 들어 이 사건 지급금에 관한 용도나 목적이 특정되지 않았다는 취지의 주장을 하고 있다. 용도나 목적이 특정되었는지 여부는 그 특정의 정도에 따라 달리 판단될 수 있다. **결국 '용도나 목적의 특정' 여부는 위탁관계 내지 신임관계의 일방 당사자인 금전의 점유자에게 당사자들의 의사해석상 해당 금전에 관한 자유로운 처분이 허락된 것으로 볼 수 있는지 여부를 기준**으로 판단하여야 한다.

이 사건 광고대행용역계약에 따르면, 계약금의 지급일자는 매월 개별 광고집행 시작일 전일까지로 되어 있고, 광고주에 광고비를 지급하는 대신 광고매체에 광고비를 직접 지급할 수도 있는 것으로 되어 있다. 즉 피해회사가 박광고에 지급하는 돈은 개별 광고가 정해진 후 해당 광고에 충당될 광고비 명목으로 지급되는 것이고, 이는 피해회사가 광고매체에 직접 광고비를 지급하는 것에 갈음한 것이다. 피해회사는 이 사건 광고대행용역계약의 내용과 달리 실제로는 개별 광고의 종류나 내용, 광고매체 등이 정해지기 전, 즉 개별 광고집행 시작일 전에 미리 박광고에 이 사건 지급금을 지급했던 것으로 보인다. 그러나 앞서 본 지급기한에 관한 약정 내용에 비추어 보면, 이는 빈번한 자금이체의 불편함을 피하기 위해 편의상 이루어진 것에 불과한 것으로 보아야 하고, 그러한 사정만으로 피해회사가 박광고에 이 사건 지급금에 관한 자유로운 처분을 허락한 것으로 보기는 어렵다. 이 사건 광고대행계약의 구체적 내용의 확정 및 그 이행을 위해 매월 또는 정기적으로 박광고와 피해회사 사이에 회의가 이루어졌다. 위 회의에서 개별적, 구체적 광고집행 내용이나 방식이 결정되는데, 광고도안이나 광고금액, 광고기간 등 광고집행의 구체적인 세부사항에 관한 최종 결정권은 피해회사에 있다. 기본적으로 이 사건 지급금은 상당 부분이 광고매체에 전달될 광고비이다. 또한 개별적이고 구체적인 광고가 집행되기 전에는 이 사건 지급금 중 어느 정도가 박광고에 귀속될 것인지 확정할 수 없다. 사정이 이러하다면, 피해회사의 결단에 따른 개별 광고의 집행 전까지는 이 사건 지급금은 박광고가 보유한 상태로 유지되어야 한다고 해석할 수밖에 없고, 개별적이고 구체적인 광고매체나 광고시기, 광고비 액수가 특정되지 않았다는 사정을 들어 이 사건 지급금에 관해 B에 처분권한이 허락된 것이라고 해석하는 것은 합리적인 해석으로 보기 어렵다. 그러한 점에서 구체적인 광고매체나 광고시기, 광고비 액수의 특정 여부는 이 사건 지급금의 '용도나 목적의 특정성' 여부에 별다른 영향을 미치지 않는다고 봄이 타당하다. 박광고는 매월 피해회사에 광고 운영 현황 및 집행 결과를 보고할 의무가 있다. 실제로 박광고는 매월 개별 광고집행 내역을 피해회사에 보고하였는데, 그 보고 내용 중에는 피해회사로부터 받은 금액 및 개별 광고집행 후의 잔액 내역도 포함되어 있다. 보고되는 잔액 내역은, 피해회사로부터 받은 돈 중 실제 남은 특정의 금전을 의미하는 것으로 보이고, 이를 단순히 박광고가 피해회사에 반환하여야 할 민사상 채무의 액수를 표시한 것에 불과하다고 보기 어렵다. 박광고 및 변호인은 광고대행업체가 수수료를 취득하는 방식을 들어 이 사건 지급금 중 일정 부분은 광고용역제공에 대한 선급금의 성격이 있다는 취지의 주장을 하고 있다. 이 사건 광고대행용역계약의 내용에 비추어 박광고가 피해회사에 일정한 용역을 제공한다는 점, 수수료 취득 방식에 상관없이 피해회사가 출연한 이 사건 지급금 중에는 박광고가 제공하는 용역에 대한 반대급부에 상응하는 부분이 포함되어 있다는 점은 부인하기 어렵다. 그러나 위에서 판단한 바와 같이 용역대금 상당 부분은 피해회사의 결단에 따른 개별적인 광고의 집행 이후에 확정되는 것이고, 이 사건 광고대행용역계약의 내용이나 당사자들의 의사해석상 위 확정이 있기 전까지는 박광고에 이 사건 지급금에 관한 어떠한 처분권한이 주어진 것으로 볼 수 없는 이상 박광고 및 변호인이 주장하는 사정은 이 사건 지급금의 소유관계나 불법영득의사에 존부에 영향을 미치지 않는다.

📖 금전의 특정성이 요구되지 않는 경우

박광고 및 변호인의 주장과 같이 이 사건 당시 B의 거래처는 약 1,300곳에 이르러 거래처별로 은행계금계좌를 구분하여 사용하기 어려운 상황이었고, 이에 지출 용도별로만 은행계좌를 구분하여 사용 중이었으며, 이 사건 지급금도 회사운영비용계좌 내에서 다른 거래처의 광고비와 합쳐짐에 따라 그 특정성을 상실했던 것으로 보인다. 그러나 박광고가 이 사건 광고대행용역계약의 이행과 무관하게 이 사건 지급금을 박광고의 운영경비로 사용하였고, 피해회사가 개별 광고집행을 요구하거나 이 사건 지급금의 반환을 요구할 경우 위 사용된 운영경비 상당액을 즉시 회수할 수 있었던 사정은 존재하지 않는 점을 고려할 때, 박광고가 필요한 시기에 다른 금전으로 대체시킬 수 있는 상태에서 일시적으로 이 사건 지급금을 다른 용도에 사용한 것에 불과하다고 평가할 수 없다. 박광고는 이 사건 지급금을 사용하면서 추후 C의 광고비 집행 요구가 있을 경우 다른 거래처로부터 들어오는 광고비 선금이나 광고대행료, 인터넷 매체로부터 받는 광고수수료 등을 재원으로 삼아 이를 충당하려 했다는 점에 비추어 보더라도, 불법영득의사가 없다는 취지의 주장은 받아들일 수 없다.[576]

---

(3) 구체적 검토

1) 피해자에 대한 채권의 존재와 상계 충당의 경우

타인에 대한 채무의 변제를 위하여 위탁받은 금원을 함부로 자신의 위탁자에 대한 채권에 충당한 경우, 상계정산하기로 하였다는 특별한 약정이 없는 한, 당초 위임한 취지에 반하는 것으로서 횡령죄를 구성한다.[577] 또 위탁자에 대한 채권의 존재는 횡령죄의 성립에 영향을 미치지 않는다.[578]

> 피해자로부터 다른 사람에게 채무변제하라고 교부받은 금 100만 원을 피고인이 피해자의 피고인에 대한 채무의 변제에 충당을 하였으니 이는 피고인의 권리행사로서 불법영득의 의사가 없어서 횡령죄를 구성하지 아니한다는 취지의 주장을 하지만 위탁자에 대한 채권의 존재는 횡령죄의 성립에 영향을 미치는 것은 아니라고 할 것.[579]

2) 사후에 이를 반환하거나 변상, 보전하는 의사가 있는 경우

횡령죄가 일단 성립한 이후에 이를 반환하거나 변상, 보전하는 의사가 있다 하더라도 불법영득의 의사를 인정함에는 지장이 없으며, **그와 같이 사후에 변상하거나 보전한 금액을 횡령금액에서 공제해야 하는 것도 아니다.**

> 상공회의소 회장인 피고인이 상공회의소 전무이사인 원심 공동피고인과 경리부장에게 지시하여 약 70일 사이에 4회에 걸쳐 상공회의소의 공금 합계 14억 원을 원심 공동피고인의 계좌로 송금하게 한 후 피고인이 개인용도로 유용하였다.
> 피고인이 용도가 제한되어 있는 상공회의소의 공금을 정상적인 절차를 거치지 아니한 채 인출하도록 지시한 후 임의 사용한 사실을 인정한 다음 피고인이 불법영득의사로 공금을 유용하려는 단일하고도 계속된 범의하에 단기간 내에 반복적으로 동일한 범행방법으로 동일한 법익을 침해하였다고 판단하여 위 4회의 횡령행위를 통틀어 특정

---

576) 서울중앙지방법원 2020. 6. 2. 선고 2019고단3048 판결 업무상횡령
577) 대법원 2002. 9. 10. 선고 2001도3100 판결 참조, 대법원 2008도6755 판결
578) 대법원 1984. 11. 13. 선고 84도1199 판결
579) 대법원 1984. 11. 13. 선고 84도1199 판결

경제범죄 가중처벌 등에 관한 법률 위반(횡령)죄로 의율하여 처단한 것은 정당하다. 또 피고인이 횡령한 금원을 반환한 후 다시 횡령하는 행위를 반복하였다고 하여 포괄일죄의 성립에 지장이 있거나, 피고인이 횡령행위로 취득한 재물의 가액이 줄어드는 것이라고는 볼 수 없다.

3) 예산항목 유용의 경우

그러나 예산을 집행할 직책에 있는 자가 자신의 이익을 위한 것이 아니고 경비 부족을 메우기 위하여 예산을 유용한 경우, 그 예산의 항목유용 자체가 위법한 목적을 가지고 있다거나 예산의 용도가 엄격하게 제한되어 있는 경우는 별론으로 하고, 그것이 본래 책정되거나 영달되어 있어야 할 필요경비이기 때문에 일정한 절차를 거치면 그 지출이 허용될 수 있었던 때에는 그 간격을 메우기 위한 유용이 있었다는 것만으로 바로 불법령득의 의사가 있었다고 단정할 수는 없다.

정릉 1동 새마을금고의 이사장인 피고인이 사무실 운영비가 부족하다는 직원들의 요청에 따라 위 금고에 설치할 전산시스템을 구매하면서 발주처로부터 할인금 명목으로 교부받은 금원을 위 금고의 별도 수입금으로 계상하지 아니하고 위 금고 총무과장이 그 판시와 같은 사정으로 피고인의 딸 명의로 개설하여 관리하고 있는 개인예금통장에 입금해 두었다가 야근직원의 야식비, 직원회식비, 임직원의 추석선물비, 사무실집기구입비 등 사무실운용을 위하여 지출한 이 사건에 있어서, 원심이 위 예금통장에의 입금 당시 피고인에게 위 할인금을 불법영득할 의사가 있었다고 볼 만한 증거가 없음을 이유로 피고인에 대하여 무죄를 선고한 제1심판결을 그대로 유지한 조처가 수긍이 가고 거기에 소론과 같이 업무상횡령죄에 있어서의 불법영득의 의사에 관한 법리를 오해한 위법이 있다고 할 수 없다.[580]

4) 사후 반환, 변상, 보전

횡령죄에 있어서 불법영득의 의사라 함은 자기 또는 제3자의 이익을 꾀할 목적으로 임무에 위배하여 보관하는 타인의 재물을 자기의 소유인 경우와 같이 처분을 하는 의사를 말하고, 사후에 이를 반환하거나 변상, 보전하는 의사가 있다 하더라도 불법영득의 의사를 인정함에는 지장이 없으며, **그와 같이 사후에 변상하거나 보전한 금액을 횡령금액에서 공제해야 하는 것도 아니다.**[581]

---

580) 대법원 1995. 2. 10. 선고 94도2911 판결
581) 대법원 2012. 1. 27. 선고 2011도14247 판결, 대법원 2010. 5. 27. 선고 2010도3399 판결

[원심] 피고인 2가 공소외 1로부터 피해자 피고인 1 주식회사에 대한 투자금 명목으로 미화 600만 달러를 교부받아 보관 중인 사실을 회사 관계자들에게 전혀 알리지 아니한 채, 그중 4,510,200,000원을 자기 명의로 교회에 대여하거나 처 공소외 3 명의로 부동산을 구입하는 등 개인적인 용도로 사용한 점, 피고인이 교회로부터 변제받은 금원을 피해자 피고인 1 주식회사의 계좌에 입금하면서 피고인의 개인 자금이 입금된 것처럼 대표이사 가수금입금으로 회계처리하거나 아예 입금하지 아니한 채 위 피고인의 개인적인 용도로 사용한 점 등을 종합하여, 피고인에게 피해자 피고인 1 주식회사 소유의 자금 중 4,510,200,000원을 자신의 소유인 것처럼 처분할 불법영득의 의사가 있었다고 인정하고, 나아가 위 피고인이 교회로부터 나중에 위 대여금을 모두 변제받았다는 사정 등은 업무상횡령죄의 성립에 아무런 영향이 없다고 판단하였다.

[대법원] 위와 같은 원심의 판단은 정당한 것으로 수긍할 수 있다. 피고인 2가 위와 같은 업무상횡령의 범행을 저지를 당시 공소외 1에게 개인 자금으로 미화 150만 달러를 지급하여 피해자 피고인 1 주식회사에 대하여 동액 상당의 구상금채권을 가지더라도, 그러한 사정만으로 피고인이 피해자 피고인 1 주식회사를 위하여 보관 중이던 자금 4,510,200,000원을 불법영득의 의사로써 횡령하지 않았다고 볼 수 없다.[582]

---

582) 대법원 1995. 2. 10. 선고 94도2911 판결

Chapter 2

배임

Section 1	배임죄의 기본 이론

1. 배임죄의 의의

🎖 기본 이론

배임죄는 타인과 그 재산상 이익을 보호·관리하여야 할 신임관계에 있는 사람이 신뢰를 저버리는 행위를 함으로써 타인의 재산상 이익을 침해할 때 성립하는 범죄이다.

> 제355조 ② 타인의 사무를 처리하는 자가 그 임무에 위배하는 행위로써 재산상의 이익을 취득하거나 제3자로 하여금 이를 취득하게 하여 본인에게 손해를 가한 때에도 전항의 형과 같다.

(1) 배임죄의 보충성

배임죄에 관한 형법 제355조 제2항은 배임죄의 주체나 행위 유형을 열거하거나 예시하여 그 요건을 단순히 범죄행위에 적용하는 방식이 아니다.[583] 배임죄의 구성요건요소인 '타인의 사무를 처리하는 자', '그 임무에 위배하는 행위'는 '재산상의 이익', '손해'와 마찬가지로 사전적 또는 형식적 의미만으로는 그 진정한 의미를 파악하거나 범위를 확정할 수 없는 규범적 구성요건요소이다.

아울러 **배임죄**는 횡령죄와 달리 이득죄로서 구성요건이 매우 추상적이며, 손해발생의 위험을 초래하기만 해도 처벌된다. 뿐만 아니라 회사 임직원이 배임죄를 범한 경우, 수사실무상 특경가법

---

583) 대법원 2018. 5. 17. 선고 2017도4027 전원합의체 판결

을 적용하기 위해 상법상 특별배임죄대신 형법상 업무상배임죄를 적용한다.[584] 현대사회를 살아가는 개인들은 대부분은 회사 내지 단체의 구성원으로 살아간다는 점에서 소속 회사 등에 손해를 입힌 경우에는 언제든 본 죄의 적용대상이 될 여지가 있는 것이다. 이와 관련 배임죄를 경제적 이슈가 되는 사건에 대한 만능의 무기로 사용하며, 재산적 비행의 하수종말처리장으로 만들고 있다는 비판도 있다.[585] 대법원도 배임죄는 개인의 사적 자치를 보장하는 사법(私法)의 영역에 국가 형벌권의 개입을 가능하게 한다는 점에서 **어느 형법 조문보다 시민사회의 자율적 영역의 핵심을 침해할 우려가 크며,** 대부분의 국가에서 배임죄 유형을 인정하지 않는다고 지적한다.

생각건대 배임죄 수사실무에서는 사적 자치의 원칙이 지배하는 경제활동의 영역에서 민사적 수단에 의한 분쟁의 해결 이전에 형벌권의 과도한 개입과 비대화로 개인의 자유를 침해하지 않도록 신중하여야 하겠다.[586]

(2) 배임죄의 본질과 횡령죄와의 관계

횡령죄와 배임죄는 본인과 행위자 사이에 신임관계가 있음에도 이에 위배하여 본인에게 손해를 가하였다는 점에서 본질이 같다(배신설). 다만 자기가 보관하는 타인의 재물을 영득하는 경우 횡령죄가 성립하고, 재물 이외의 재산상의 이익을 취득한 경우에는 배임죄가 성립한다는 차이가 있을 뿐이다.[587]

(3) 범죄사실

본 죄의 범죄사실은 ① 임무발생의 기초사실, ② 임무발생 사실, ③ 임무위배행위, ④ 결구의 순으로 기재한다. 특히 재산상 이익의 내용을 구체적으로 기재하여야 한다.[588]

---

① 피고인은 2009. 5. 8. 13:00경 서울특별시 성북구 돈암동 78번지에 있는 동부부동산중개사무소에서 피고인 소유인 위 돈암동 34번지에 있는 대지 120㎡, 건평 68㎡의 가옥 1동에 대한 매매계약을 피해자 홍길수와 체결하였다.
② 피고인은 약정에 따라 피해자로부터 계약금 2,000만 원을 즉시 건네받고, 2009. 5. 21. 위 부동산중개사무소에

---

584) 2014 경제범죄론, 사법연수원, 257쪽
585) 류전철, "배임죄에서 재산상 손해발생의 위험", 「법학논총」 제30권 제1호(2010. 4.), 전남대학교 법학연구소, 115면. 판례로 본 배임죄의 문제점, 전국경제인연합회,(통권 제209호, 2014. 12)
586) 대법원 2011. 1. 20. 선고 2008도10479 전원합의체 판결
587) 대법원 1961. 12. 14. 선고 4294형상371 판결 참조
588) 2010 검찰 공소사실 기재례

서 중도금 1억 3,000만 원을 건네받았으므로 잔금기일인 2009. 5. 30. 잔금 수령과 동시에 피해자에게 위 대지 및 가옥에 대한 소유권이전등기절차를 이행하여 주어야 할 임무가 발생하였다.

③ 피고인은 위와 같은 임무에 위배하여 2009. 5. 25. 13:00경 위 돈암동 90에 있는 성북 부동산중개사무소에서 박정수에게 대금 3억 원에 위 대지 및 가옥을 매도하고 그다음 날 위 돈암동에 있는 성북등기소에서 그에게 위 대지와 가옥에 대한 소유권이전등기를 마쳐주었다.

④ 이로써 피고인은 위 부동산 시가 3억 원 상당의 재산상의 이익을 취득하고 피해자에게 같은 액수에 해당하는 손해를 가하였다.

(4) 배임죄의 주체 - 법인의 경우는 그 대표기관

배임죄에 있어서 타인의 사무를 처리할 의무의 주체가 법인이 되는 경우라도 법인은 다만 사법상의 의무주체가 될 뿐 범죄능력이 없는 것이며 그 타인의 사무는 법인을 대표하는 자연인인 대표기관의 의사결정에 따른 대표행위에 의하여 실현될 수 밖에 없다. 그 대표기관은 마땅히 법인이 타인에 대하여 부담하고 있는 의무내용 대로 사무를 처리할 임무가 있으므로 법인이 처리할 의무를 지는 타인의 사무에 관하여는 법인이 배임죄의 주체가 될 수 없고 그 법인을 대표하여 사무를 처리하는 자연인인 대표기관이 바로 타인의 사무를 처리하는 자 즉 배임죄의 주체가 된다.[589]

새마을가내공업㈜는 성남시로부터 토지를 매수한 뒤 상가를 건축하여 분양하는 사업을 추진하고 있었다. 당시 대표이사로 재직 중인 A는 분양중인 상가 1동을 B에게 매도하여 대금전액을 완납 받았다. 그런데 전 대표는 자금난을 겪게 되자 행방을 감추어 버렸고, 회사 채권자 가운데 한 사람인 갑이 뒷수습을 위해 대표이사로 취임하게 되었다. 당시 갑은 회사가 상가를 분양한 사실을 알고 있었다. 그런데 새마을회사가 성남시에 대한 대지 잔대금 채무만큼 변제해야 하는 관계로 자금압박을 받게 되자 갑은 자금난을 해결하기 위해 이미 B에게 분양된 상가를 이중으로 분양하여 대지와 건물에 대한 소유권이전등기를 마쳐주었다.[590]

---

589) 대법원 1984. 10. 10. 선고 82도2595 전원합의체 판결
590) 대법원 1997. 1. 24. 선고 96도524 판결, 법인격 없는 사단과 같은 단체는 법인과 마찬가지로 사법상의 권리 의무의 주체가 될 수 있음은 별론으로 하더라도 법률에 명문의 규정이 없는 한 그 범죄능력은 없고 그 단체의 업무는 단체를 대표하는 자연인인 대표기관의 의사결정에 따른 대표행위에 의하여 실현될 수밖에 없다(대법 원 1984. 10. 10. 선고 82도2595 판결 참조). 구 건축법(1995. 1. 5. 법률 제4919호로 개정되기 전의 것, 이하 같다) 제26조 제1항의 규정에 의하여 건축물의 유지·관리의무를 지는 '소유자 또는 관리자'가 법인격 없는 사단인 경우에는 자연인인 대표기관이 그 업무를 수행하는 것이므로 같은 법 제79조 제4호에서 같은 법 제26 조 제1항의 규정에 위반한 자라 함은 법인격 없는 사단의 대표기관인 자연인을 의미한다고 할 것이다.

2. 배임죄 요건과 유형

배임죄에 관하여 형법 제355조 제2항은 "타인의 사무를 처리하는 자가 그 임무에 위배하는 행위로써 재산상의 이익을 취득하거나 제3자로 하여금 이를 취득하게 하여 본인에게 손해를 가한 때에도 전항의 형과 같다."라고 규정하고 있다. 위 규정에 따르면 배임죄는 ① 타인의 사무처리자가 ② 그 임무에 위배하는 행위로써 ③ 재산상의 이익을 취득하거나 제3자로 하여금 이를 취득하게 하여 ④ 본인에게 재산상의 손해를 가한 때에 성립하는 범죄이다. 아울러 ⑤ 배임의 고의 ⑥ 불법 영득의사를 요함은 물론이다. 각각 분설한다.

(1) 타인의 사무처리자

여기서 타인의 사무를 처리하는 자란, 타인과의 대내관계에 있어서 신의칙에 비추어 그 사무를 처리할 신임관계가 존재하는 자를 말한다. 그러나 제3자에 대한 대외관계에서 그 사무에 관한 권한이 존재할 것을 요하지 않으며, 또 그 사무가 포괄적 위탁사무일 것을 요하지도 않는다.[591] 그리고 사무처리의 근거 내지 신임관계의 발생근거는 법령의 규정, 법률행위, 관습 또는 사무관리에 의하여도 발생할 수 있다.

타인의 사무처리자라는 요건은 지극히 추상적 개념이 아닐 수 없으므로, 그 행위 태양은 다양한 형태로 발현될 수 있다. 그러나 거래관계에서 발생하는 모든 신뢰위반행위를 배임죄로 처벌할 수는 없으므로 가벌적 배임행위를 제한하는 것이 필요하다.[592] 결국 어떤 유형의 법률관계에서 배임죄로 처벌할 것인지는 배임죄의 보호법익을 고려하여 법질서에서 객관적으로 요구되는 목적이 무엇인지에 따라 결정해야 한다.[593]

1) 유형적 접근

A. 종래 양분적 태도

대법원은 기존 배임죄의 타인의 사무처리자 지위를 종래부터 두 유형으로 구별하는 듯한 판시를 보여왔다. 즉 ① 매매·저당권 설정 등 **거래**를 완성하기 위한 등기협력의무와 같이 자기의 사무인 동시에 상대방의 재산보전이 그의 적극적·소극적 협력에 관계되는 경우와 같이,[594] 계약의 일방 당사자가 상대방에게 계약의 내용에 따른 의무를 성실하게 이행하고, 그로 인해 상대방은 계

---

591) 대법원 1999. 6. 22. 선고 99도1095 판결
592) 대법원 2020. 6. 18. 선고 2019도14340 전원합의체 판결
593) 대법원 2020. 6. 18. 선고 2019도14340 전원합의체 판결
594) 대법원 1982. 9. 14. 선고 80도1816 판결,

약상 권리의 만족이라는 이익을 얻는 대향적 거래관계에서의 배임죄가 성립하는 유형이 있다.[595] 또, ② **타인의 재산관리**에 관한 사무의 전부 또는 일부를 대행하는 경우, 예컨대 위임·고용·도급·임치 등 계약상 타인의 재산을 관리 보존하는 임무를 부담하여 본인을 위하여 일정한 권한을 행사하는 관계에서 본 죄를 인정하는 유형이 있다. 본 서에서는 편의상 전자를 **거래관계형 배임**, 후자를 **재산관리대행형 배임**이라 칭하도록 한다.

B. 종합적 판단

그런데 최근 대법원 2018. 5. 17. 선고 2017도4027 이중매매로 인한 배임죄의 성립을 재확인한 전원합의체 판결은 양분적 구별기준에서 벗어나, 종합적으로 판단한다는 원칙적 판단기준을 확립하고 있다. 즉 반대의견은 전자의 유형 자체를 반대하였으나, '타인의 사무'의 의미를 후자의 유형으로 한정적으로 해석할 근거가 없으며,[596] 반대의견이 논하는 대향적 거래관계라는 사정만으로 타인의 사무가 될 수 없다고 할 것도 아니므로(가령, 계주가 계원들로부터 계불입금을 징수하게 되면 이를 지정된 계원에게 지급할 임무),[597] 사무 자체의 성질만을 가지고 자타사무를 일도양단하듯이 명확하게 판가름할 수는 없다고 판시한 바 있다. 생각건대 현실 세계에서 이루어지는 계약의 유형은 무정형적이고 너무나 다양하다는 점, 손해전보를 기본적인 목표로 하는 채권법상 계약의 유형과 타인의 재산상 이익을 보호법익으로 하는 재산범죄의 해석이 일치할 필요가 없는 점을 고려할 때, 다수의견의 해석은 지나치게 도식적으로 읽힌다. 다음과 같이 전합 법정의견과 같이 종합적으로 고려해야 한다는 입장에 찬성한다.

구체적인 판단기준을 살펴본다. 배임죄는 타인과 그 재산상 이익을 보호·관리하여야 할 신임관계에 있는 사람이 신뢰를 저버리는 행위를 함으로써 타인의 재산상 이익을 침해할 때 성립하는 범죄이다. 계약관계에 있는 당사자 사이에 어느 정도의 신뢰가 형성되었을 때 형사법에 의해 보호받는 신임관계가 발생한다고 볼 것인지, 어떠한 형태의 신뢰위반 행위를 가벌적인 임무위배행위로 인정할 것인지는 **계약의 내용과 그 이행의 정도, 그에 따른 계약의 구속력의 정도, 거래의 관행, 신임관계의 유형과 내용, 신뢰위반의 정도 등을 종합적으로 고려하여 타인의 재산상 이익 보호가 신임관계의 전형적·본질적 내용이 되었는지, 해당 행위가 형사법의 개입이 정당화될 정도의 배신적인 행위 인지 등에 따라 규범적으로 판단**해야 한다. 이와 같이 배임죄의 성립 범위를 확정함

---

595) 대법원 2018. 5. 17. 선고 2017도4027 전원합의체 판결(이중매매판결)
596) 전게 판결 다수의견에 대한 대법관 박상옥, 대법관 김재형의 보충의견
597) 전게 판결 다수의견에 대한 대법관 박상옥, 대법관 김재형의 보충의견

에 있어서는 형벌법규로서의 배임죄가 그 본연의 기능을 다하지 못하게 되어 개인의 재산권 보호가 소홀해지지 않도록 유의해야 한다.[598]

수사실무상 배임죄 적용은 어떻게 하여야 할까. 전원합의체 판결의 법리적 고찰 결과를 받아들이되, 종래 유형적 접근의 틀 자체는 유지하는 것이 실무상 편리하다고 보인다. 판례의 법리가 각 유형에 따라 개별적으로 발달하고 있기 때문이다. 본 서에서는 아래에서 검토하는 바와 같이 이중양도형 배임, 업무상배임, 기타배임으로 나누어 검토하기로 한다.

2) 거래관계형 배임

기존 구판[599]에서는 거래관계형 배임을 판례군에 따라 크게 이중양도분의 배임유형과 담보권설정자의 배임유형으로 구별하였다. 그러나 후자의 유형은 최근 일련의 전원합의체 판결의 등장으로 시대의 뒤안길로 사라졌다.

A. 이중양도형 배임 : 제1유형

이른바 이중양도형 배임은 특정한 목적물에 대해 소유자가 매도·증여 기타 계약을 하여 소유권 이전의 의무를 부담함에도 다시 제3자에게 매도·증여하는 등으로 같은 목적물에 관하여 소유권 이전의 의무를 이중으로 부담하고 있음에도 제2의 소유권이전채권자 앞으로 등기를 하거나 목적물을 인도하는 등 이를 양도한 경우를 가리킨다.[600] 매매, 교환 등과 같이 당사자 일방이 재산권을 상대방에게 이전할 것을 약정하고 상대방이 대가를 지급할 것을 약정함으로써 효력이 생기는 계약의 경우, 쌍방이 계약의 내용에 따른 이행을 할 채무는 특별한 사정이 없는 한 '자기의 사무'임이 원칙이나,[601] 당사자 관계의 전형적·본질적 내용이 신임관계에 기초하여 계약상대방의 재산을 보호·관리하는 데 있는 경우에는 배임죄의 성립을 긍정하며, 피해 객체에 따라 개별적으로 판단하고 있다. 본 유형의 배임죄는 필연적으로 2개의 계약을 필요로 한다. 즉 선행 계약은 타인의 사무처리자의 근거로서 기능하므로, 선행 양도계약 등이 유효하여 피고인이 피해자에 대한 관계에서 '타인의 사무를 처리할 지위'에 있음을 전제로 하게 된다. 또한 후행 처분은 배임행위 자체가 되는데, 그 효력과 실해발생의 위험성에 따라, 배임죄의 기수, 미수 내지 불능범에 속하게 된다.

---

598) 대법원 2018. 5. 17. 선고 2017도4027 전원합의체 판결(이중매매판결)
599) 2017년 경찰대학출판부 '민사법에 기반한 경제범죄수사'
600) 대법원 2011. 1. 20. 선고 2008도10479 전원합의체(동산이중매매), 반대의견에 대한 대법관 안대희, 대법관 양창수, 대법관 민일영의 보충의견
601) 대법원 2011. 1. 20. 선고 2008도10479 전원합의체 판결 등 참조

○ 부동산 이중양도 ○

부동산 이중매매의 경우 배임죄의 성립을 인정하는 종래 견해를 유지하였다.[602] 부동산은 국민의 경제생활에서 차지하는 비중이 크고, 부동산 매수인이 매도인에게 매매대금 중 상당한 부분을 차지하는 계약금과 중도금까지 지급하고도 이중매매를 방지할 충분한 법적 수단이 마련되어 있지 않다는 사정을 고려한 것이기 때문이다.[603]

다만 특기할 만한 점으로 최근 대법원 2018. 5. 17. 선고 2017도4027 전원합의체 판결부터는 등기협력의무라는 말을 사용하지 않고 있다. 종래 판례에서 공동신청주의에 따른 등기의 협력의무를 타인의 사무라고 본 태도를 지양하고, 신임관계에 따른 타인의 재산보전에 협력할 의무를 타인의 사무로 보았다. 그 취지는 모든 부동산 거래에서 필수적으로 수반되는 등기협력의무를 곧바로 타인의 사무로 보지 않고 부동산 계약의 유형이나 그와 관련된 사회 현실 등을 바탕으로 재산보전에 협력할 의무가 타인의 사무에 해당하는지 개별적으로 판단한다는 의미이다.[604]

○ 동산의 이중양도 ×

매매의 목적물이 동산일 경우, 매도인은 매수인에게 계약에 정한 바에 따라 그 목적물인 동산을 인도함으로써 계약의 이행을 완료하게 되고 그때 매수인은 매매목적물에 대한 권리를 취득하게 된다. 그러므로 매도인에게 자기의 사무인 동산인도채무 외에 별도로 매수인의 재산의 보호 내지 관리 행위에 협력할 의무가 있다고 할 수 없다. 동산매매계약에서의 매도인은 매수인에 대하여 그의 사무를 처리하는 지위에 있지 아니하므로, 매도인이 목적물을 매수인에게 인도하지 아니하고 이를 타에 처분하였다 하더라도 형법상 배임죄가 성립하는 것은 아니다.[605]

○ 권리 등 배임

대법원은 부동산 임차권의 양도, 일반 동산의 매매, 권리이전에 등기·등록을 필요로 하는 동산의 매매, 주권 발행 전 주식의 양도, 수분양권의 매매 등의 사안에서, 양도인이 권리이전계약에 따라 양수인에게 부담하는 권리이전의무는 자기의 사무에 지나지 않으므로, 양도인은 양수인을 위

---

602) 대법원 2018. 5. 17. 선고 2017도4027 전원합의체 판결 참조
603) 위 대법원 2019도14340 전원합의체 판결 참조
604) 대법원 2020. 6. 18. 선고 2019도14340 전원합의체 판결
605) 대법원 2011. 1. 20. 선고 2008도10479 전원합의체 판결, 피고인이 '인쇄기'를 甲에게 양도하기로 하고 계약금 및 중도금을 수령하였음에도 이를 자신의 채권자 乙에게 기존 채무 변제에 갈음하여 양도함으로써 재산상 이익을 취득하고 甲에게 동액 상당의 손해를 입혔다는 배임의 공소사실에 대하여, 이를 무죄로 선고한 원심판단을 수긍한 사례

한 타인의 사무를 처리하는 자가 아니라고 판단하였다.[606] 반면 면허·허가권 이중양도인은 배임죄로 처벌하였다.[607]

B. 담보권설정자의 배임 ×

종래에는 양도계약뿐 아니라 담보권 기타 제한물권을 설정해 준 자도 타인의 사무를 처리자 지위를 인정받았다.[608] 그러나 최근 이 유형은 전합합의체 판결로 타인의 사무처리자 지위를 인정하지 않고 있다. 즉 채무자가 **저당권설정계약**에 따라 채권자에게 그 소유의 부동산에 관하여 저당권을 설정 의무를 부담하는 경우,[609] 채무자 소유 동산을 채권자에게 **동산·채권 등의 담보**에 관한 법률에 따른 동산담보로 제공하거나[610] **양도담보**로 제공한 경우,[611] **'자동차 등 특정동산 저당법'** 등에 따라 그 소유의 동산에 관하여 채권자에게 저당권을 설정해 주기로 약정하거나 저당권을 설정한 경우,[612] 금전채무를 담보하기 위하여 **'공장 및 광업재단 저당법'에 따라 저당권**이 설정된 동산을 채무자가 제3자에게 임의로 처분한 사안에도 마찬가지로 적용된다.

3) 재산관리대행형 배임
A. 법인 등 임직원의 업무상배임 : 제2유형

법인·단체 등(이하 '법인 등'으로 칭한다)의 임·직원이 소속 법인 등에 대하여 손해를 가한 경우, 주식회사의 대표이사와 직원,[613][614] 금융기관 임직원,[615] 농협중앙회의 임직원,[616] 금융기관 경영자,[617] 상호저축은행 실질적 사주[618] 등은 소속 법인 등에 대하여 위임·고용 계약 등을 통해 타인의 사무처리자가 된다.

---

606) 대법원 1991. 12. 10. 선고 91도2184 판결, 위 대법원 2008도10479 전원합의체 판결, 대법원 2020. 6. 4. 선고 2015도6057 판결, 대법원 2020. 10. 22. 선고 2020도6258 전원합의체 판결, 대법원 2021. 7. 8. 선고 2014도12104 판결 등 참조
607) 대법원 2011. 1. 20. 선고 2008도10479 전원합의체 판결
608) 대법원 1973. 3. 13. 선고 73도181 판결
609) 대법원 2020. 6. 18. 선고 2019도14340 판결
610) 대법원 2020. 8. 27. 선고 2019도14770 판결
611) 대법원 2020. 2. 20. 선고 2019도9756 판결
612) 대법원 2020. 10. 22. 선고 2020도6258 판결
613) 대법원 2011. 12. 13. 선고 2011도10525 판결
614) 대법원 2011. 2. 24. 선고 2010도11784 판결
615) 대법원 2010. 9. 9. 선고 2010도5972 판결
616) 대법원 2011. 7. 28. 선고 2010도7546 판결
617) 대법원 2010. 10. 14. 선고 2010도387 판결
618) 대법원 2010. 9. 9. 선고 2010도5972 판결

B. 기타 신임계약위반 배임 : 제3유형

3번째 유형은 위 1-2유형에 속하지 않는 것으로서, 계약의 목적이 된 권리를 계약 상대방의 재산으로서 보호 내지 관리하여야 할 의무를 전형적·본질적인 내용으로 하는 신임관계가 형성된 경우에, 타인의 사무처리자가 된다.[619] 가령 특허권을 명의신탁을 받아 관리하는 업무를 맡아오던 자가 다른 사람 앞으로 이전 등록한 경우가 있다(일종의 권리횡령).[620]

(2) 임무에 위배하는 행위

1) 의의

임무에 위배하는 행위란 처리하는 사무의 내용, 성질 등 구체적 상황에 비추어 법령의 규정, 계약의 내용 또는 신의칙상 당연히 기대되는 행위를 하지 않거나 당연히 하지 않을 것으로 기대되는 행위를 함으로써 **본인과의 신임관계를 저버리는 일체의 행위**이다. 나아가 그 행위가 법률상 유효한가 여부는 따져볼 필요가 없다.[621] 판례는 위 요건을 매우 폭넓게 정의한다. '신의칙'이나 '신임관계'라는 개념 자체가 일의적으로 확정할 수 없는 추상적 개념인데다가 거의 모든 계약관계에서는 상대방을 배려할 신의칙상 의무를 부담하게 되므로, 자칫 계약관계에 있는 당사자 사이에서 단순한 채무불이행에 불과하거나, 채무불이행 책임조차 인정되지 않는 사안임에도 쉽게 신의칙에 기대어 배임죄가 성립한다고 볼 위험이 있다.[622]

2) 부작위에 의한 배임행위

배임죄에서 그 '임무에 위배하는 행위'는 사무의 내용, 성질 등 구체적 상황에 비추어 법률의 규정, 계약의 내용 혹은 **신의칙상 당연히 할 것으로 기대되는 행위를 하지 않 거나 당연히 하지 않아야 할 것으로 기대되는 행위**를 함으로써 본인과 사이의 신임관 계를 저버리는 일체의 행위를 포함한다.[623] 그러므로 업무상배임죄는 **타인과의 신뢰관계에서 일정한 임무에 따라 사무를 처리할 법적 의무가 있는 자가 그 상황에서 당연히 할 것이 법적으로 요구되는 행위를 하지 않는 부작위에 의해서도 성립**할 수 있다.[624] 그러한 부작위를 실행의 착수로 볼 수 있기 위해서는 작위의무가 이

---

619) 대법원 2012. 5. 10. 선고 2010도3532 판결
620) 대법원 2016. 10. 13. 선고 2014도17211 판결
621) 대법원 1995. 12. 22. 선고 94도3013 판결, 대법원 2009. 10. 29. 선고 2009도7783 판결 등
622) 대법원 2018. 5. 17. 선고 2017도4027 전원합의체 판결(이중매매판결)
623) 대법원 2014. 7. 10. 선고 2013도10516 판결 등 참조
624) 대법원 2012. 11. 29. 선고 2012도10139 판결 등 참조

행되지 않으면 사무처리의 임무를 부여한 사람이 재산권을 행사할 수 없으리라고 객관적으로 예견되는 등으로 구성요건적 결과 발생의 위험이 구체화한 상황에서 부작위가 이루어져야 한다. 그리고 행위자는 부작위 당시 자신에게 주어진 임무를 위반한다는 점과 그 부작위로 인해 손해가 발생할 위험이 있다는 점을 인식하였어야 한다.[625]

[공소사실 요지] 피고인은 환지 방식에 의한 도시개발사업을 추진하던 피해자 고양식사구역 도시개발사업조합을 위해 환지계획수립 등 이 사건 사업의 진행에 필요한 전반적인 업무를 수행하던 사람이다. 이 사건 사업에 관한 도시개발 및 실시계획의 변경이 인가됨으로써 이 사건 사업구역 중 일부 환지예정토지와 대로 사이의 공공공지 조성 방식이 이 사건 환지예정지 지상 건축물로의 진입이 상당 부분 차단되는 '차폐형'에서 그 진입이 용이한 '개방형'으로 변경되었고, 그로 인해 이 사건 환지예정지의 경제적 가치가 상승하게 되었다. 따라서 피고인으로서는 피해자 조합으로 하여금 이 사건 환지예정지의 가치상승을 청산절차에 반영하여 적절한 청산금을 징수할 수 있도록 관련 법령에 따라 이 사건 환지예정지에 대한 재감정, 환지계획 변경, 환지예정지 변경 지정 등의 조치를 할 업무상 의무가 있다. 그런데도 피고인은 2011년 실시계획의 인가 직후 즉시 이 사건 환지예정지에 대한 재감정 등의 조치를 취하지 않음으로써 피고인의 친인척, 지인 등 이 사건 환지예정지를 환지받기로 한 사람들로 하여금 토지 가치상승액의 이익을 취득하게 하고, 피해자 조합으로 하여금 위 토지 가치상승액의 합계액인 3,470,766,900원의 손해를 입게 하려 하였으나, 피해자 조합이 2016. 5.경 환지계획변경인가신청 절차를 진행함에 따라 미수에 그쳤다.
[대법원] 이 사건 사업의 추진 과정에서 이 사건 공공공지의 조성 방식에 관하여 피해자 조합과 고양시 사이에 이견이 생김에 따라, 2009년 말부터 이 사건 공공공지의 조성 방식은 이 사건 사업의 주요 쟁점 중 하나로 부각되었다. 따라서 2011년 실시계획의 인가에 따라 이 사건 공공공지의 조성계획이 변경되었다는 사실은 피해자 조합의 의사결정에 대한 일차적인 책임을 부담하는 피해자 조합의 임원들도 충분히 인지할 수 있는 사항이었다. 2011년 실시계획의 인가에 따라 이 사건 공공공지의 조성계획이 변경된 이상, 그로 인해 이 사건 환지예정지의 가치를 재평가할 필요가 생겼다는 것은 피고인만 알 수 있는 내용이 아니다. 더욱이 피고인이 2011. 12. 31.경 공소외 1 회사의 대표이사직을 사임함으로써 이 사건 사업에 관한 업무를 수행할 지위를 상실한 이후에도 도시계획기술사인 공소외 2를 비롯한 임직원들이 계속해서 공소외 1 회사에서 근무하였고, 그중 환지 업무를 주로 담당하던 공소외 3은 피고인 못지않게 2011년 실시계획의 인가에 따라 환지계획의 변경이 필요하다는 사정을 알 수 있는 지위에 있었다. 피해자 조합은 2011년 실시계획의 인가 무렵 체비지 매각 지연 등으로 심각한 재정적인 어려움을 겪고 있었고, 이러한 문제를 타개하고자 2012년경부터 2015년경까지 이 사건 사업에 관한 개발계획 및 실시계획의 변경을 지속적으로 추진하였다. 이를 고려하면, 2011년 실시계획의 인가 당시 환지계획의 변경을 서두르지 않을 경우 조만간 환지처분이 이루어져 조합원들 사이의 권리 관계가 확정될 급박한 상황이었다고 보기는 어렵다. 국토해양부장관이 정한 구 도시개발업무지침(훈령 제680호)에는 "시행자가 사업시행 중 공공시설의 변경 또는 집단체비지의 책정 등으로 환지계획을 변경하여야 할 필요가 있을 경우에는 즉시 환지계획을 변경한다."라는 내용이 있다(제4-5-1조 참조). 그러나 환지예정지 권리이전이나 청산금 확정 등은 환지처분이 있어야 비로소 이루어지는 것이므로 실시계획의 인가 후 '즉시' 환지계획의 변경을 위한 조치가 취해지지 않는다고 해서 곧바로 피해자 조합의 재산관계에 악영향을 미칠 위험이 초래된다는 결론이 도출되는 것은 아니다. 이러한 사정을 위 가.항에서 본 법리에 비

625) 대법원 2021. 5. 27. 선고 2020도15529 판결

추어 살펴보면, 공소사실 기재와 같이 피고인에게 2011년 실시계획의 인가에 따른 후속 조치를 할 작위의무가 인정된다고 하더라도, 피해자 조합이 이 사건 환지예정지의 가치상승을 청산절차에 반영하지 못할 위험이 구체화한 상황에서 피고인이 그러한 작위의무를 위반하였다고 보기는 어려우므로, 피고인이 부작위로써 업무상배임죄의 실행에 착수하였다고 볼 수 없다.

(3) 이익의 취득과 재산상의 손해를 가한 때

형법상 배임죄는 배임행위로써 ① **자기 또는 제3자가 재산상의 이익을 취득하여** ② **본인에게 손해를 가한 때**를 객관적 구성요건으로 보고 있다. 여기서 재산상의 손해를 가한 때라 함은 현실적인 손해를 가한 경우뿐만 아니라 재산상 실해 발생의 위험을 초래한 경우도 포함된다.[626] 또한 본인에게 손해를 가하였더라도, 재산상 이익의 취득이 없으면 본 죄는 성립하지 않는다.[627] 반면 독일[628]과 일본[629]의 형법은 본인에게 손해를 가할 것만을 요구하고 있을 뿐 재산상 이익의 취득을 그 요건으로 규정하지 않고 있다. 또 다른 재산범죄에서는 손해의 발생을 요건으로 삼지 않는다는 점에서 구별된다.

1) 경제적 관점에서 전체적 재산가치의 감소와 증가(차액)

재산상의 손해는 경제적 관점에 따라 판단하므로, 법률적으로 무효인 배임행위더라도 **현실적인 손해를 가하거나 재산상 실해 발생의 위험을 초래한** 경우에는 포함한다.[630] 나아가 **손해액이 구체적으로 명백하게 확정되지 않았다고 하더라도 배임죄의 성립에는 영향이 없다.** 울러 본인에게 손해를 가하였다고 할지라도 행위자 또는 제3자가 재산상 이익을 취득한 사실이 없다면 배임죄가 성립할 수 없다.[631] 여기서 손해는, 총체적으로 보아 본인의 재산 상태에 손해를 가하는 경우, 즉

---

626) 대법원 1992. 5. 26. 선고 91도2963 판결 등 참조
627) 대법원 2009. 12. 24. 선고 2007도2484 판결
628) 법무부 독일형법 한글번역본, http://www.moj.go.kr/bbs/moj/175/423296/artclView.do 2108. 1. 30. 제266조【배임】① 법률, 관청의 위임이나 법률행위를 통해 인정된 타인의 재산을 처분하거나 타인에게 의무를 부과할 권한을 남용하거나 법률, 관청의 위임, 법률행위 또는 신용관계 등에 의하여 부과되는 타인의 재산상 이익을 꾀해야할 의무에 위반하고, 그로 인하여 재산상 이익을 보호하여야 할 자에게 손해를 가한 자는 5년 이하의 자유형 또는 벌금형에 처한다.
629) 법무부 일본형법 번역본, http://www.moj.go.kr/bbs/moj/174/423255/artclView.do2018. 1. 30. 제247조 타인을 위하여 그 사무를 처리하는 자가 자기 또는 제3자의 이익을 도모하거나 본인에게 손해를 가할 목적으로 그 임무에 위배되는 행위를 하여 본인에게 재산상의 손해를 가한 때에는 5년 이하의 징역 또는 50만 엔 이하의 벌금에 처한다.
630) 대법원 2005. 9. 29. 선고 2003도4890 판결
631) 대법원 2007. 7. 26. 선고 2005도6439 판결, 대법원 1982. 2. 23. 선고 81도2601 판결, 대법원 2006. 7. 27. 선

본인의 전체적 재산가치의 감소를 가져오는 것을 말한다.[632] 이와 같은 법리는 타인의 사무를 처리하는 자 내지 제3자가 취득하는 재산상의 이익에 대하여도 동일하게 적용된다.[633]

이와 같이 대법원은 배임죄의 성립 범위를 넓게 보고 있다. 이에 따라 손해에 상응하는 재산상 이익의 일정한 액수 그 자체를 가중적 구성요건으로 규정하고 있는 특정경제범죄 가중처벌 등에 관한 법률의 적용 범위 또한 확대될 가능성이 있음에 유의하여야 한다.[634]

결국 형사재판에서 배임죄의 객관적 구성요건요소인 손해 발생 또는 배임죄의 보호법익인 피해자의 재산상 이익의 침해 여부를 판단할 때에는 대법원판례를 기준으로 하되 구체적 사안별로 타인의 사무의 내용과 성질, 그 임무위배의 중대성 및 본인의 재산 상태에 미치는 영향 등을 종합하여 신중하게 판단하여야 한다.

2) 양자의 관련성

배임죄에서 '재산상 이익 취득'과 '재산상 손해 발생'은 대등한 범죄성립요건이고, 이는 서로 대응하여 병렬적으로 규정되어 있다고 점에서, 배임행위로 인하여 여러 재산상 이익과 손해가 발생하더라도 재산상 이익과 손해 사이에 서로 대응하는 관계에 있는 등 일정한 관련성이 인정되어야 업무상배임죄가 성립한다.[635] 한편 민법상 원고의 손실과 피고의 이득 사이에 인과관계가 있고 이 이득이 법상 원인없는 경우 수익자로부터 그 부당이득의 반환을 청구할 수 있다. 공평 관념에 위배되는 재산적 가치의 이동이 있는 경우 손실자와의 사이에 재산상태의 조정을 꾀하는 것이다.

A. 사례 - 정기예금 중도해지

[범죄사실의 요지] 피고인은 B 군수이자 사단법인 C의 이사장으로서 이 사건 위원회 재산을 유지 및 보존, 관리하여야 할 업무상 임무가 있는 사람이다. 피고인은 2016. 12. 16.경 D 조합 조합원들이 B군에서 추진하던 E 사업을 반대한다는 이유 등으로 B군 총무과장 등 직원들에게 지시하여 이 사건 위원회 명의로 D 조합에 예치된 20억 원 상당의 정기예금을 중도해지하고 그 돈을 F 조합에 재예치하도록 하였다. 이로써 피고인은 F 조합에 20억 원의 자금을 운용할 수 있는 재산상 이익을 취득하게 하고, 이 사건 위원회로 하여금 D 조합의 정기예금 중도해지로 인해 만기 이자 중 25,365,760원을 지급받지 못하게 하여 재산상 손해를 가하였다.

[판단] F 조합이 20억 원의 운용기회를 취득한 것은 이 사건 위원회와 정기예금계약을 체결하였기 때문인데, F 조

고 2006도3145 판결
632) 대법원 1992. 5. 26. 선고 91도2963 판결 등 참조
633) 대법원 2007. 7. 26. 선고 2005도6439 판결
634) 대법원 2018. 5. 17. 선고 2017도4027 전원합의체 판결(이중매매판결)
635) 대법원 2021. 11. 25. 선고 2016도3452 판결, 대법원 2022. 8. 25. 선고 2022도3717 판결

합은 정기예금계약에 따라 이 사건 위원회에 이에 따른 이자를 지급하게 된다. 그러나 중도해지한 예금의 재예치 여부는 피고인의 선택에 따른 것이고 반드시 정기예금 중도해지에 수반된 것이라고 볼 수 없으므로, F 조합이 이 사건 위원회에 통상적인 이율보다 지나치게 낮은 정기예금 이자를 지급하였다는 등의 특별한 사정이 없는 한, F 조합이 취득한 자금운용의 기회가 곧바로 피고인의 임무위배행위로 인하여 취득한 재산상 이익에 해당한다고 단정하기 어렵다. F 조합이 이 사건 위원회에 통상적인 이율보다 지나치게 낮은 이자를 지급하여 재산상 이익을 취득하였다는 등의 특별한 사정에 관한 증명책임은 검사에게 있으나, 기록상 이를 인정할 증거를 찾을 수 없다.

B. 사례 - 금융상품 수수료

[범죄사실의 요지] 피고인은 공소외 1 새마을금고의 전무이고, 공소외 2는 위 금고의 이사장이다. 1) 피고인은 공소외 2와 공모하여 새마을금고 감독기준 시행세칙에서 정한 여유자금 운용한도를 초과하여 2008. 4. 3.경 공소외 3 주식회사로부터 원금비보장형 ELS 상품인 '(상품명 1 생략)'를 매입함으로써 공소외 1 새마을금고에 액수 불상의 재산상 손해를 가하고, 공소외 3 주식회사에 수수료 상당의 재산상 이익을 취득하게 하였다. (중략)
[원심의 판단] 피고인이 새마을금고의 여유자금 운용에 관한 규정을 위반하여 원금 손실의 위험이 있는 금융상품을 매입한 행위는 그 자체로 새마을금고에 재산상 손해 발생의 위험을 초래한 임무위배행위에 해당하고, 금융상품 매입에 대한 대가로 금융기관에 지급된 수수료는 피고인의 임무위배행위로 인하여 제3자가 취득한 재산상 이익에 해당하며, 피고인에게 배임의 고의도 있었다고 보아 이 부분 공소사실을 유죄로 판단한 제1심판결을 그대로 유지하였다.
[대법원의 판단] 가) 유죄로 판단하기 위해서는 피고인의 임무위배행위로 인한 재산상 이익과 손해 사이에 대응관계가 있는 등 관련성이 인정되어야 한다. 그러나 이 부분 공소사실에 따르면, 피고인의 위와 같은 임무위배행위로 인하여 본인인 공소외 1 새마을금고에 발생한 액수 불상의 재산상 손해와 공소외 3 주식회사 등 금융기관이 취득한 수수료 상당의 이익 사이에는 앞서 본 바와 같은 관련성이 있다고 볼 수 없다. 나) 또한 공소외 3 주식회사 등 금융기관에 지급된 수수료는 판매수수료로서 피고인이 금융상품을 매입하면서 금융기관으로부터 제공받은 용역에 대한 대가로 지급된 것이다. 따라서 금융기관이 제공한 용역에 비하여 지나치게 과도한 수수료를 지급받았거나, 고객의 이익을 무시하고 금융기관의 수수료 수익만을 증대시키기 위하여 과당매매 등의 방법으로 고액 수수료를 지급받았다는 등의 특별한 사정이 인정되지 않는 한, 금융기관이 용역 제공의 대가로 정당하게 지급받은 위 수수료가 피고인의 임무위배행 위로 인하여 취득한 재산상 이익에 해당한다고 단정하기 어렵다. 금융기관이 수수료 상당의 재산상 이익을 취득하였다고 볼 만한 특별한 사정이 있다는 사실에 대한 증명책임은 검사에게 있으나, 기록상 그와 같은 사실을 인정할 증거를 찾을 수 없다.

위와 같은 배임죄에서의 일련의 대법원의 판시들은 민법상 부당이득제도를 연상하게 한다. 결국 형법상 배임죄는 손해발생과 재산상 이익의 취득이라는 요건으로 말미암아, 고의적으로 행위자 또는 제3자가 부당이득한 범죄로 간이하게 비유할 수 있다고 본다. **배임죄 수사실무에서도 ① 배신성과 ② 고의적 부당이득성 양자의 표지로 간명하게 적용**하여 사용할 수 있다고 본다.

3. 미수·공범·죄수

(1) 실행의 착수와 기수

타인의 사무를 처리하는 자가 배임의 범의로, 즉 임무에 위배하는 행위를 한다는 점과 이로 인하여 자기 또는 제3자가 이익을 취득하여 본인에게 손해를 가한다는 점에 대한 인식이나 의사를 가지고 **임무에 위배한 행위를 개시한 때** 배임죄의 실행에 착수한 것이다. 그리고 이러한 행위로 인하여 자기 또는 제3자가 이익을 취득하여 **본인에게 손해를 가한 때** 배임죄는 기수가 된다.

법률적으로 배임행위가 무효라도 경제적 관점에서 파악하여 배임행위로 인하여 본인에게 현실적인 손해를 가하였거나 재산상 실해 발생의 위험을 초래한 경우에는 재산상의 손해를 가한 때에 해당된다. 다만 재산상 실해 발생의 위험은 경제적 관점에서 재산상 손해가 발생한 것과 사실상 같다고 평가될 정도에 이르렀다고 볼 수 있을 만큼 구체적·현실적인 위험이 야기된 경우를 의미하고 단지 막연한 가능성이 있다는 정도로는 부족하다.

한편 형식적으로는 본인을 위한 법률행위의 외관을 갖추고 있지만 실질적으로는 임무위배행위에 해당하는 경우, 민사재판에서 반사회질서의 법률행위 등에 해당한다는 사유로 무효가 될 가능성이 적지 않다. 형사재판에서 배임죄의 성립 여부를 판단할 때에도 이러한 행위에 대한 민사법상의 평가가 경제적 관점에서 피해자의 재산 상태에 미치는 영향 등을 충분히 고려하여야 한다. 결국 형사재판에서 배임죄의 객관적 구성요건요소인 손해 발생 또는 배임죄의 보호법익인 피해자의 재산상 이익의 침해 여부를 판단할 때에는 위 대법원판례를 기준으로 하되 구체적 사안별로 타인의 사무의 내용과 성질, 그 임무위배의 중대성 및 본인의 재산 상태에 미치는 영향 등을 종합하여 신중하게 판단하여야 한다.

(2) 거래상대방에 대한 공범 판단기준

거래상대방의 대향적 행위의 존재를 필요로 하는 유형의 배임죄에서 거래상대방은 별개의 이해관계를 가지고 반대편에서 독자적으로 거래에 임한다는 점을 고려하면, 수익자는 배임죄의 공범이라고 볼 수 없는 것이 원칙이다.

다만 피해자 본인에 대한 배임행위에 해당한다는 점을 인식한 상태에서 배임의 의도가 전혀 없었던 사람에게 배임행위를 교사하거나 배임행위의 전 과정에 관여하는 등으로 배임행위에 적극 가담한 경우에 한하여 공동정범으로 인정할 수 있다.[636] 배임죄의 공범성립이 인정되는 경우와 그렇지 않은 경우를 살펴본다.

---

636) 대법원 2009. 9. 10. 선고 2009도5630 판결, 대법원 2011. 10. 27. 선고 2010도7624 판결

(3) 배임죄의 죄수

1) 수죄가 되는 경우

피해자의 보호법익이 독립된 것이면, 피고인의 범의가 단일하고 행위시기가 근접하더라도, 포괄 1죄의 관계에 있다고는 할 수 없다.[637]

> [공소사실] 박달재는 유창기업의 공동대표이사이다. 박달재는 유창기업이 한영일에 대하여 소유권이전등기의무를 부담하고 있던 부산 소재 유창그린맨션 206를 다른 사람에게 분양대금 42,500,000원에 이중으로 매도하고 그 소유권이전등기를 경료하여 줌으로써 재산상 이익을 취득하고 한영일에게 재산상 손해를 가하였다.
> [사실관계] 그런데 박달재는 공소제기 전 유창그린맨션 같은 세대에 대하여 다른 피해자에게 분양하였음에도 회사 채권자들에게 근저당권설정등기를 경료하여 준 혐의로 이미 특정경제범죄가중처벌등에관한법률위반(업무상배임)죄로 기소된 상태였다.

피고인이 별도로 맨션의 각 세대를 분양받은 선행 공소사실 및 이 사건 공소사실의 각 피해자에 대하여 소유권이전등기절차를 이행하여 주어야 할 업무상의 임무가 있었다면, 각 피해자의 보호법익은 독립된 것이다.

그러므로 피고인의 범의가 단일하고 제3자 앞으로 각 소유권이전등기 및 근저당권설정등기를 한 각 행위시기가 근접하여 있으며 피해자들이 모두 위 유창기업으로부터 소유권이전등기를 받을 동일한 권리를 가진 자라고 하여도, 포괄 1죄의 관계에 있다고 할 수 없고 피해자별로 독립한 수개의 업무상 배임죄의 관계에 있게 된다.[638]

2) 포괄일죄를 구성하는 경우

수 개의 업무상 배임행위가 있더라도 **피해법익이 단일하고 범죄의 태양이 동일할 뿐만 아니라 그 수 개의 배임행위가 단일한 범의에 기한 일련의 행위**라고 볼 수 있는 경우에는 그 수 개의 배임행위는 포괄하여 일죄를 구성한다.

---

637) 대법원 1993. 6. 22. 선고 93도743 판결
638) 대법원 1994. 5. 13. 선고 93도3358 판결

피고인들의 각 지원행위가 그 구체적인 행위 태양이 다소 다르기는 하나 모두 A 회사에게 자금을 지원하여 A 회사의 부도를 막거나 지연시키기 위한 목적을 가진 유사한 형태의 자금지원행위이고, 그와 같은 행위로 인한 이익이 모두 A 회사에게 귀속되며 그로 인한 피해자는 모두 지원회사이고, 각 지원행위가 모두 A 회사의 부도를 방지하거나 이를 지연시키려는 단일한 의사에 따라 일정 기간 동안 지속적, 반복적으로 행해진 일련의 행위라고 함이 상당하므로, 이 사건 각 지원행위는 지원회사별로 포괄일죄의 관계에 있다.[639]

3) 불가벌적 사후행위 내지 경합범

A. 실체적 경합범 사례

1인 회사의 주주가 자신의 개인채무를 담보하기 위하여 회사 소유의 부동산에 대하여 근저당권설정등기를 마쳐주어 배임죄가 성립한 이후에 그 부동산에 대하여 새로운 담보권을 설정해 준 경우

배임죄는 재산상 이익을 객체로 하므로, **선순위 근저당권의 담보가치를 공제한 나머지 담보가치 상당의 재산상 이익을 침해하는 행위로서 별도의 배임죄**가 성립한다.[640]

B. 불가벌적 사후행위

피고인은 A 회사의 대표이사로서 자신의 채권자에게 차용금 60억 원에 대한 담보로 A 회사 명의의 정기예금 60억 원에 질권을 설정하여 주었다. 피해자는 차용금과 정기예금의 변제기가 모두 도래한 이후에 피고인의 동의하에 정기예금 계좌에 입금되어 있던 60억 원을 전액 인출하였다.

대법원은 민법 제353조에 의하면, 질권자는 질권의 목적이 된 채권을 직접 청구할 수 있으므로, 피고인의 위와 같은 예금인출동의행위는 이미 배임행위로써 이루어진 질권설정행위의 사후조처에 불과하여 새로운 법익의 침해를 수반하지 않는 이른바 불가벌적 사후행위에 해당하고, 따라서 별도의 횡령죄를 구성하지 않는다.

---

639) 대법원 2009. 7. 23. 선고 2007도541 판결
640) 대법원 2005. 10. 28. 선고 2005도4915 판결

| Section 2 | 부동산 이중양도 배임 : 제1유형 |

1. 부동산 이중매매 개관

예제 나도 실리추구형

○ 나배임은 김매수에게 나배임 소유의 서울 금천구 소재 부동산을 13억 8,000만 원에 매도하는 계약을 체결하였다. 계약 당일 계약금 2억 원, 2019. 9. 20. 중도금 6억 원, 2019. 11. 30. 소유권이전등기에 필요한 서류와 상환으로 잔금 5억 8,000만 원을 지급받고 2019. 11. 30.까지 김매수들에게 이 사건 부동산을 인도한다는 내용이었다. 나배임은 김매수들로부터 계약 당일 2억 원, 2019. 9. 30. 중도금 6억 원을 지급받았다. 나배임은 잔금 지급기일인 2019. 11. 30.이 지나도록 임차인으로부터 이 사건 부동산을 반환받지 못하여, 김매수들에게 이 사건 부동산을 인도하지 못하였다. 김매수는 잔금 지급기일이 지나도 이 사건 부동산을 인도받지 못하자 2019. 12. 17.경 나배임에게 통고서를 보냈다. 그 내용은 '나배임이 요구조건(인도 유예기간 3개월 동안 예상수익 월 2,025만 원 내지 2,430만 원씩의 비율에 의한 돈을 매매대금 잔금에서 공제하는 내용 등)을 받아들이지 않으면 이 사건 매매계약을 해제하고 원상회복으로 계약금, 중도금과 특별손해까지 청구하겠으니 2019. 12. 31.까지 결정하라'는 것이다. 또 김매수는 2015. 4. 7. 나배임에게 전화로 '소유권을 주시면 임차인과의 소송은 나배임이 마무리 해주실 거예요?', '이 사건 통고서를 보낸 변호사에게, 최종 목적은 부동산 매매이고, 일단은 합의가 우선이니, 해지는 보류하고 일단 기다리라고 말했다', '나도 실리를 추구하는 사람인데, 매매계약을 파기할 거면 진즉에 했지, 여태까지 기다렸겠느냐'는 취지로 말하였다. 그런데 나배임은 4. 13. 다른 사람에게 이 사건 부동산을 매매대금 15억 원에 매도하고 4. 17. 그 소유권이전등기를 넘겨주고 말았다.

한편 나배임은, 부동산을 이미 다른 사람에게 매도한 이후인 4. 14.경 김매수 공소외 6과 통화를 하면서, 공소외 4 등에게 이 사건 부동산을 매도한 사실을 말하지는 않으면서, '이 사건 매매계약을 없던 일로 해 주었으면 좋겠다'고 말하였고, 김매수는 '그거는 아니라고 말씀을 드렸다', '다음 주에 소유권 이전해 주시고, 합의금을 6,000만 원으로 해 주세요'라는 취지로 말하였다. 나배임이 4. 15. 지급받은 대금을 반환하겠다고 하자 김매수는 이를 거부하면서

'소유권이전 조건으로 지금까지 기다린 기간에 대해서 잔금으로 공제하는 것으로 말씀드렸는데 무슨 말씀입니까?'라고 반문하였다. 김매수는 4. 21. 나배임을 상대로 매매대금 반환 등을 구하는 소를 제기하면서 그 소장 부본 송달로써 이 사건 매매계약을 해제한다는 의사표시를 하였다.

○ 나배임은 배임죄에 해당하는가?

✔ 정답 : 배임죄 유죄

🪦 타인의 사무처리자

피해자들이 피고인에게 이 사건 매매계약에 따라 중도금을 지급하였을 때 이 사건 매매계약은 임의로 해제할 수 없는 단계에 이르렀고, 피고인은 피해자들에 대하여 그 재산적 이익을 보호할 신임관계에 있게 되어 타인인 피해자들의 이 사건 부동산에 관한 소유권 취득 사무를 처리하는 자가 되었다. 이 사건 통고서의 내용은, 피해자들이 피고인에게 요구조건을 받아들일 것을 촉구하면서 이를 받아들이지 않으면 이 사건 매매계약을 해제하겠다는 취지일 뿐, 그 자체로 계약 해제의 의사표시가 포함되어 있다고 보기는 어렵다.

🪦 임무위배행위

피고인은 이 사건 매매계약이 적법하게 해제되지 않은 상태에서, 피해자들에 대한 위와 같은 신임관계에 기초한 임무를 위배하여, 이 사건 부동산을 공소외 4 등에게 매도하고 소유권이전등기를 마쳐 주었다. **비록 피고인이 당시 임차인으로부터 이 사건 부동산을 반환받지 못하여 피해자들에게 이를 인도하지 못하고 있었고, 피해자들과 채무불이행으로 인한 손해배상과 관련한 말들을 주고받았다고 하더라도, 이 사건 매매계약이 적법하게 해제되지 않고 유효하게 유지되고 있었던 이상, 위와 같은 신임관계가 소멸되었다고 볼 수는 없다.** 따라서 피고인의 행위는 피해자들과의 신임관계를 저버리는 임무위배행위로서 배임죄가 성립한다.

🪦 계약 해제의 효력과 배임의 고의

또한 이 사건 매매계약은 당시 적법하게 해제되지 않았고, 설령 피고인이 이 사건 매매계약이 적법하게 해제되었다고 믿었더라도 그 믿음에 정당한 사유가 있다고 보기 어려우므로, 피고인에게 배임의 범의와 불법이득의 의사도 인정된다.

🎖 기본 이론

(1) 부동산 이중매매와 타인의 사무처리자

대법원 2018. 5. 17. 선고 2017도4027 전원합의체 판결에서 부동산을 이중으로 매도한 매도인에게 배임죄가 성립함을 재확인하였다. 즉 우리나라에서 부동산은 국민의 기본적 생활의 터전으로 경제활동의 근저를 이루고 있고, 국민 개개인이 보유하는 재산가치의 대부분을 부동산이 차지하는 경우도 상당하다. 이렇듯 부동산이 경제생활에서 차지하는 비중이나 이를 목적으로 한 거래의 사회경제적 의미는 여전히 크다. 그런데 매수인이 매도인에게 매매대금의 상당 부분에 이르는 계약금과 중도금까지 지급하더라도 매도인의 이중매매를 방지할 보편적이고 충분한 수단은 마련되어 있지 않다. 이러한 상황에서도 매수인은 매도인이 소유권이전등기를 마쳐 줄 것으로 믿고 중도금을 지급하게 된다. 따라서 중도금이 지급된 단계부터는 매도인이 매수인의 재산보전에 협력하는 신임관계가 당사자 관계의 전형적·본질적 내용이 된다. 이러한 판례 법리는 부동산 이중매매를 억제하고 매수인을 보호하는 역할을 충실히 수행하여 왔고, 현재 우리의 부동산 매매거래 현실에 비추어 보더라도 여전히 타당하다. 이러한 법리가 부동산 거래의 왜곡 또는 혼란을 야기하는 것도 아니고, 매도인의 계약의 자유를 과도하게 제한한다고 볼 수도 없다. 따라서 기존의 판례는 유지되어야 한다.

〈부동산매수인 보호방안〉① 특별한 사정이 없는 한 매수인의 잔금 지급의무와 매도인의 소유권이전등기의무가 동시이행의 관계에 있으므로, 매수인으로서는 동시이행의 항변권 행사를 통해 매도인의 소유권이전등기의무 이행을 어느 정도 기대할 수 있고, 중도금을 선지급해야 하는 위험을 피하기 위해 매도인과 중도금의 지급을 생략하고 바로 잔금을 지급하는 합의도 가능하고 이러한 경우에는 선지급의 위험을 회피할 수 있을 것인 점, ② 매수인이 소유권을 이전받지 못하는 상태에서 중도금을 먼저 지급하여야 할 경우에도 중도금 지급 시 매도인과 협의를 거쳐 소유권이전등기의 이행을 보전하기 위한 가등기를 마쳐 놓거나, 매도인의 협조를 기대하기 어려운 경우 매도인의 협조가 없더라도 중도금을 공탁 또는 지급하는 동시에 법원에 가등기를 명하는 가처분명령을 받아 단독으로 가등기를 하거나(부동산등기법 제89조) 매도인을 상대로 처분금지가처분등기를 하는 이행의 담보장치를 마련할 수 있는 점, ③ 사후적으로 매수인은 매도인을 상대로 이중매도에 따른 매매계약 해제를 이유로 원상회복 청구와 손해배상청구가 가능하고, 매매계약 당시 계약 해제를 대비한 손해배상의 예정을 할 경우 매수인으로 하여금 손해배상의 액수에 대한 증명책임을 덜고 매도인으로 하여금 이중매도 시 손해배상금 지급에 대한 심리적, 경제적 부담을 안겨주어 소유권이전의무의 이행을 사실상 강제하는 민사상 보호조치도 가능하며, 이처럼 매수인이 민사법의 영역에서 스스로 다양한 보호수단을 강구하는 것이 가능하다.[641]

---

641) 서울고법 2017. 2. 23. 선고 2016노2860 판결

그러므로 부동산의 매도인이 매수인 앞으로의 소유권이전등기에 협력할 의무가 있음에도 불구하고 같은 부동산을 매수인 이외의 자에게 이중으로 매도하여 그 소유권이전등기를 마친 경우 배임죄에 해당된다.[642]

(2) 적용범위

1) 부동산의 소유자가 아닌 경우 ○

부동산의 매도인이 부동산을 이중으로 매도하는 등 임무위배행위를 하면 배임죄로 처벌할 수 있고, 임무위배행위 당시 부동산의 소유 명의가 매도인 아닌 제3자 앞으로 되어 있더라도 소유권이전등기를 매수인에게 경료하여 줄 수 있는 지위 즉 매수인을 위한 등기협력임무가 이행가능한 지위에 있으면 배임죄의 성립에 지장이 없다.[643]

2) 교환계약 ○

이러한 법리는 부동산 교환계약에 있어서도 달리 볼 수 없다. 즉, 사회통념 내지 신의칙에 비추어 매매계약에서 중도금이 지급된 것과 마찬가지로 교환계약이 본격적으로 이행되는 단계에 이른 때에는 그 의무를 이행 받은 당사자는 상대방의 재산보전에 협력하여 재산적 이익을 보호·관리할 신임관계에 있게 된다. 제1심판결 및 원심판결 이유에 의하면, 다음과 같은 사실을 알 수 있다.

[사실관계] 피고인은 그 소유의 인천 강화군 D 토지 중 85평 및 E 토지와 피해자 소유의 F 토지 중 705평을 교환하는 내용의 계약을 체결하였다. 교환계약 체결 후 D 토지는 D, G, H, I, J 토지로 분할되었고, F 토지는 F, K, L토지로 분할되었다. 피해자는 피고인이 토지를 임의 분할하였다는 이유로 배임 혐의로 고소하였는데, 고소사건 수사 중 피고인은 피해자에게 J 토지와 E 토지를 양도하고 3,000만 원을 지급하며, 피해자가 소유하던 F 임야의 면적이 감소된 것을 감안하여 피해자는 피고인에게 1,100만 원을 정산하여 지급하는 내용의 합의를 하였다(2007. 5. 1.경 교환계약과 2010. 6. 11.경 합의를 통칭하여 '이 사건 교환계약'이라고 한다). 피고인은 이 사건 교환계약에 따라 피해자에게 1,000만 원을 지급하고, 피고인의 나머지 정산금 지급채무와 피해자의 정산금 지급채무를 상계함으로써, 피고인의 피해자에 대한 정산금 지급채무는 900만 원만이 남게 되었다. 이후 피고인과 피해자 사이에 이 사건 교환계약의 이행과 관련하여 분쟁이 발생하였고, 피해자는 법무사 사무실에 F 토지에 관한 소유권이전등기에 필요한 서류를 맡긴 후, 피고인에게 'F 토지에 관한 소유권이전등기에 필요한 서류를 법무사 사무실에 맡겨 놓았으니 이 사건 교환계약에 따른 서류 일체를 교부하고 위 서류를 찾아가라.'는 취지의 통지를 하였고, 피고인도 그 무렵 위 통지를 수령하였다. 그러나 피고인은 E 토지를 M 내지 N 토지로 등록전환 및 분할한 후 위 토지에 도로를 개설

---

642) 대법원 1984. 11. 27. 선고 83도1946 판결
643) 대법원 1993. 4. 9. 선고 92도2431 판결 참조

하였고, 같은 날 O, N 토지에 P, Q, R 토지를 요역지로 하는 지역권설정등기를, O, N 토지에 S 내지 T 토지를 요역지로 하는 지역권설정등기를 각 마쳤다. 피고인은 법무사에게 U, V 토지를 요역지로, M 내지 N 토지를 승역지로 하는 지역권설정을 위임하였는데, 법무사가 착오로 등기를 잘못 신청하여 M 내지 N 토지를 요역지로, U, V 토지를 승역지로 하는 지역권설정등기가 마쳐졌다.

[판단] 피해자는 이 사건 교환계약에 따른 금전지급의무를 다하였고, 법무사 사무실에 F 토지의 소유권이전등기에 필요한 서류를 맡긴 후 피고인에게 서류를 맡긴 사실과 이를 찾아가라는 내용의 통지까지 마쳤다. 이로써 이 사건 교환계약은 사회통념 내지 신의칙에 비추어 매매계약에서 중도금이 지급된 것과 마찬가지로 본격적으로 이행되는 단계에 이르렀으므로, 피고인은 피해자에 대하여 그 재산적 이익을 보호할 신임관계에 있게 되어 타인인 피해자의 E 토지에 관한 소유권 취득 사무를 처리하는 자가 되었다. 그럼에도 피고인은 피해자에 대한 위와 같은 신임관계에 기초한 임무를 위배하여, E 토지를 처분하고 지역권설정등기를 마쳐 주었다. 이러한 피고인의 행위는 피해자와의 신임관계를 저버리는 임무위배행위로서 배임죄가 성립한다.[644]

3) 서면에 의한 증여계약

이러한 법리는 서면에 의한 부동산 증여계약에도 마찬가지로 적용된다. 서면으로 부동산 증여의 의사를 표시한 증여자는 계약이 취소되거나 해제되지 않는 한 수증자에게 목적부동산의 소유권을 이전할 의무에서 벗어날 수 없다. 그러한 증여자는 '타인의 사무를 처리하는 자'에 해당하고, 그가 수증자에게 증여계약에 따라 부동산의 소유권을 이전하지 않고 부동산을 제3자에게 처분하여 등기를 하는 행위는 수증자와의 신임관계를 저버리는 행위로서 배임죄가 성립한다.

피고인이 갑과의 증여계약에 따라 목장용지 중 1/2 지분을 갑에게 증여하고 증여의 의사를 서면으로 표시하였는데 그 후 농업협동조합에서 4,000만 원을 대출받으면서 목장용지에 농업협동조합 앞으로 채권최고액 5,200만 원의 근저당권설정등기를 마침으로써 피담보채무액 중 1/2 지분에 해당하는 2,000만 원의 재산상 이익을 취득하고, 갑에게 같은 금액의 재산상 손해를 입혔다고 하여 배임으로 기소된 사안에서, 피고인이 서면으로 증여의 의사를 표시하였는지에 관하여 심리하지 아니한 채, 서면으로 증여의 의사를 표시한 증여자의 소유권이전등기의무는 증여자 자기의 사무일 뿐이라는 전제에서 공소사실을 무죄로 판단한 원심판결에 배임죄에서 '타인의 사무를 처리하는 자' 등에 관한 법리를 오해하고 필요한 심리를 다하지 않은 잘못이 있다.[645]

그러나 서면에 의하지 아니한 증여계약이 행하여진 경우 당사자는 그 증여가 이행되기 전까지는 언제든지 이를 해제할 수 있으므로 증여자가 구두의 증여계약에 따라 수증자에 대하여 증여 목적물의 소유권을 이전하여 줄 의무를 부담한다고 하더라도 그 증여자는 수증자의 사무를 처리하

---

644) 대법원 2018. 10. 4. 선고 2016도11337 판결(교환계약)
645) 대법원 2018. 12. 13. 선고 2016도19308 판결

는 자의 지위에 있다고 할 수 없다.[646]

4) 부동산 대물변제예약 ×

채무자가 채권자에 대하여 소비대차 등으로 인한 채무를 부담하고 이를 담보하기 위하여 장래에 부동산의 소유권을 이전하기로 하는 내용의 대물변제예약에서, 약정의 내용에 좇은 이행을 하여야 할 채무는 특별한 사정이 없는 한 '자기의 사무'에 해당하는 것이 원칙이다.[647]

> 채무자인 피고인이 채권자 甲에게 차용금을 변제하지 못할 경우 자신의 어머니 소유 부동산에 대한 유증상속분을 대물변제하기로 약정한 후 유증을 원인으로 위 부동산에 관한 소유권이전등기를 마쳤음에도 이를 제3자에게 매도함으로써 甲에게 손해를 입혔다고 하여 배임으로 기소된 사안에서, 피고인이 대물변제예약에 따라 甲에게 부동산의 소유권이전등기를 마쳐 줄 의무는 민사상 채무에 불과할 뿐 타인의 사무라고 할 수 없어 피고인이 '타인의 사무를 처리하는 자'의 지위에 있다고 볼 수 없다.[648]

5) 지상건물 철거특약을 한 토지매도인이 건물에 대한 가등기 ○

> 대지 및 지상건물의 소유자가 대지를 매도하면서 잔대금 수령 후 일정 기간 내에 매수인을 위하여 그 지상건물을 스스로 철거하고 멸실등기절차를 해 주기로 약정하였음에도 잔대금을 모두 수령한 뒤에 그 지상건물에 대하여 제3자 앞으로 소유권이전청구권 보전을 위한 가등기를 마쳐주었다면, 그와 같은 매도인의 행위는 대지에 대한 매수인의 소유권행사에 지장을 초래케 하였다는 점에서 매수인 앞으로의 소유권이전등기임무에 위반되는 배임행위이다.[649]

6) 입목 매도인이 입목을 포함한 임야를 다른 사람에게 매도 ○

> 입목등기가 되지 않은 동백나무를 토지와 독립하여 거래하는 경우 매도인은 매수인 명의로의 명인방법의 실시에 협력할 임무가 있는 것인데, 매도인이 명인방법도 실시하지 아니한 채 이미 매도한 입목을 포함한 임야를 이중으로 타에 매도하고 그 소유권이전등기를 경료해 주었다면, 입목매수인과의 관계에 있어서는 배임죄에 해당한다.[650]

---

646) 대법원 2005. 12. 9. 선고 2005도5962 판결
647) 대법원 2014. 8. 21. 선고 2014도3363 전원합의체 판결
648) 대법원 2014. 8. 21. 선고 2014도3363 전원합의체 판결
649) 대법원 1983. 6. 14. 선고 81도2278 판결 참조
650) 대법원 1993. 9. 28. 선고 93도2069 판결

7) 사례 - 부동산 매수인의 잔금지급의무 ×

[사실관계] 박달재는 부산 소재 임야를 매매대금 1억 4,600만 원에 매입하기로 하고 계약금 3,000만 원을 지급하는 즉시 박달재 앞으로 소유권이전등기를 하되, 잔금은 A의 책임 하에 형질변경과 건축허가를 받으면 15일 내에 임야를 담보로 은행 대출을 함과 동시에 지급하기로 하고 건축허가가 나지 않으면 계약을 해제하여 원상회복하기로 약정하였다.

[공소제기] 담당 검사는 ① 건축허가를 받으면 이 사건 임야를 담보로 은행대출을 받아 A에게 잔금을 지급하거나, ② 건축허가를 받지 못하면 계약 해제 후 이 사건 임야의 소유권을 A에게 원상회복할 수 있도록 이 사건 임야의 소유권을 잘 보전하여야 할 임무가 발생하였음에도, 그와 같은 임무에 위배하여 근저당권을 설정하여 채권최고액 상당의 재산상 이익을 취득하고 피해자에게 같은 액수 상당의 손해를 가하였다고 주장하였다.[651]

매수인이 소유권이전등기를 먼저 넘겨주었음에도, 특약사항을 위반하여 배신했다는 점에서 배임죄 성립을 떠올릴 수 있다. 그러나 타인의 사무에 해당하는지 구체적으로 따져 보아야 한다. 특히 무엇을 임무위배행위로 구성할 것인지를 고민해 보자.

○ 형질변경과 건축허가를 받아야 할 의무는 피고인이 매매잔대금을 지급하기 이전에 선이행하여야 할 A의 의무이다. A가 이를 불이행한 경우, 피고인은 A의 채무불이행을 이유로 매매계약을 해제하고, A를 상대로 계약금 3,000만 원, 손해배상금 3,000만 원의 지급을 요구할 수 있다. 그러나 현재까지 피고인이 매매계약을 해제하지 아니하고, A로서는 자신의 선이행의무를 불이행한 이상, 원칙적으로 매매계약을 해제할 수 없다.

○ 결국 부동산 매매계약은 해제되지 아니한 채 그대로 유지되고 있어, 원상회복의무가 구체적으로 발생하지도 아니한 상황에서, 더욱이 매도인이 선이행해야 할 의무를 이행하지 않고 있는 상태에서, 장래 발생할지도 모르는 계약해제 사태에 대비하여 매수인이 매수하여 등기를 마친 부동산의 소유권을 온전히 보전하고 있어야 할 임무가 있다고 보기 어렵다.

○ 더욱이 이 사건 임야를 담보로 제공하여 돈을 빌리는 것은 이미 A와 사전에 합의가 된 사항이므로, 돈을 빌리면서 이 사건 임야를 담보로 제공하였더라도 약정을 위반한 것으로 보기 어렵고, 빌린 돈으로 A에게 잔금을 지불함이 상당함에도 이를 게을리한 잘못을 비난할 여지는 있다.

○ 그러나 부동산매매계약에서 매수인이 매매대금을 지급할 의무는 매도인의 사무가 아니라 매수인 자신의 사무라고 할 것이다. 따라서 피고인이 매매잔대금을 지급할 의무를 지체하였다고 하는 것으로 피고인에게 배임의 죄책을 물을 수 없다.

○ 또한 매도인이 대금을 모두 지급받지 못한 상태에서 먼저 소유권이전등기를 경료하였다면, 이는 법이 동시이행의 항변권 등으로 마련한 대금 수령의 보장을 매도인이 자신의 의사에 기하여 포기한 것으로서, 대금을 받지 못하는 위험을 스스로 인수한 것으로 평가된다.

---

651) 대법원 2011. 4. 28. 선고 2011도3247 판결

(3) 부동산 이중매매 성립요건

부동산을 이중으로 양도한 매도인에 대한 배임죄가 성립하기 위해서는 ① 중도금이 지급되는 등 계약이 본격적으로 이행되는 단계에 이른 때에는 타인의 사무처리자 지위가 발생하고 ② 그러한 지위에 있는 매도인이 매수인에게 부동산의 소유권을 이전해 주기 전 제3자에게 처분하고 등기를 마쳐 준 행위는 매수인의 부동산 취득 또는 보전에 지장을 초래하는 배임행위에 해당하며 ③ 당초의 매매계약이 적법하게 해제되었다거나 매매계약이 적법하게 해제된 것으로 믿었고 그 믿음에 정당한 이유가 있다는 등의 특별한 사정이 없는 한 매도인에게 배임의 범의가 인정된다. [652)653)]

2. 부동산 이중매매에서 '타인의 사무처리자'

🎖 기본 이론

(1) 계약의 효력과 타인의 사무처리자

부동산 이중매매에서 매도인을 제1 매수인에 대한 타인의 사무처리자 지위를 인정할 수 있는 근거는 계약의 구속력에 있다. 계약이 일단 체결되어 성립하게 되면, 이를 이행할 채무를 부담하게 되기 때문이다. 그런데 계약이 처음부터 무효이거나 취소된 경우가 계약은 소급하여 소멸하게 된다. 후발적인 채무불이행으로 해제된 경우에도 마찬가지로 계약의 구속력은 소멸하게 된다. 결국 부동산 이중매매로 인한 배임죄의 실무 수사의 쟁점은 제1 매매계약의 효력 유무에 달려 있다.

1) 무효와 취소, 조건 등

계약의 효력을 좌우하는 사유에는 무효인 법률행위, 취소할 수 있는 법률행위, 조건, 그 밖의 법률상의 사유로 무효가 되는 경우가 있다. 여기서 무효란 계약(법률행위)이 성립한 때부터 법률상 당연히 효력이 없는 것으로 확정된 것을 말한다. 가령 반사회질서 법률행위,[654)] 불공정한 법률행

---

652) 대법원 1990. 11. 13. 선고 90도153 판결, 대법원 2006. 5. 12. 선고 2006도1140 판결 등 참조
653) 대법원 1975. 12. 23. 선고 74도2215 판결, 대법원 1983. 10. 11. 선고 83도2057 판결, 대법원 1985. 1. 29. 선고 84도1814 판결 등 참조
654) 민법 제103조

위,[655] 진의 아닌 의사표시[656] 등이 있다. 반면 취소란 일단 유효하게 성립한 계약(법률행위)의 효력을 사후적으로 취소권자가 그 효력을 소멸시키는 것을 말한다. 미성년자가 한 계약이나, 기망, 강박, 착오에 의한 경우 등에 취소권이 발생하게 된다.

① 부동산매매계약을 계약의 중요부분에 착오가 있었다거나 기망에 의한 것임을 이유로 취소한 다음 다시 타인에게 매매 또는 임대했다 하더라도 그 경우 매도인을 매수인의 사무를 처리하는 자의 지위에 있다고 할 수 없다.[657]
② 국토이용관리법 소정의 거래허가를 받은 바가 없다면, 매도인에게 매수인에 대한 소유권이전등기에 협력할 의무가 생겼다고 볼 수 없어, 타인의 사무를 처리하는 자에 해당한다고 할 수 없다.[658][659]
③ 소재지 관서의 증명은 농지매매의 성립요건이 아니므로 매매계약 체결 당시에 농지매매증명이 없다고 하여 채권계약인 매매가 무효로 되지는 않는다.[660]
④ 공사도급인이 공사비담보조로 수급인에게 아파트를 분양키로 약정한 경우에 수급인이 잔여공사를 완성하지 아니한 이상 분양계약은 조건불성취로 효력이 발생하지 아니하며 도급인에게는 소유권이전등기의무가 없다. 따라서 수급인이 잔여공사를 전혀 하지 않다가 이를 포기하였다면 도급인이 아파트를 보존등기 후 수급인에게 소유권이전등기하여 주지 않고 제3자에게 처분하였다 하여도 배임죄를 구성한다고는 할 수 없다.

2) 해제와 해지

한편 해제란 일단 유효하게 성립한 계약을 **소급**하여 소멸시키는 일방적인 의사표시를 말하며, 해지란 **계속적인 계약**을 **장래**에 향하여 실효시키는 것을 해지라 한다. 이와 같은 일방적인 의사표시에 의하여 계약을 해소시키는 권리를 해제권이라 한다. 해제권에는 ① 약정해제권과 ② 법정해제권이 있다. 약정해제권은 계약의 당사자가 해제권 보류에 관하여 특약을 한 경우에 계약에 의하여 해제권이 발생한다. 아래에서 살펴보는 계약금에 의한 해제도 약정해제권의 일종이다. 법정해제권은 법률의 규정으로 당연히 발생하는 해제권을 말하는데, 민법에서는 이행지체와 이행불능 두 가지를 규정한다.

---

655) 민법 제104조
656) 민법 제107조
657) 대법원 1986. 12. 9. 선고 86도1671 판결, 또 설사 그 계약이 적법히 취소되지 아니하였다 하더라도 매도인의 위 매매 또는 임대행위가 위 계약이 적법하게 취소된 것으로 믿고 행한 것이라면 배임의 범의를 인정할 수 없다.
658) 대법원 1996. 8. 23. 선고 96도1514 판결, 그러나, 국토이용관리법 제21조의2 제1항 소정의 토지거래허가규제지역 내에 있는 토지에 관한 매매계약 체결일이 위 같은 법상의 규제지역으로 지정고시되기 전인 때에는 그 매매계약에 관하여 관할 관청의 허가를 받을 필요는 없다 고 할 것인바(대법원 1993. 11. 23. 선고 92다49119 판결 참조)
659) 대법원 1996. 8. 23. 선고 96도1514 판결
660) 대법원 1993. 11. 9. 선고 93다28928 판결 참조

3) 합의해제

이와 별개로 해제계약 즉 합의해제도 당연히 인정된다.[661] 계약의 합의해제 또는 해제계약은 해제권의 유무를 불문하고 계약당사자 쌍방이 합의에 의하여 기존 계약의 효력을 소멸시켜 당초부터 계약이 체결되지 않았던 것과 같은 상태로 복귀시킬 것을 내용으로 하는 새로운 계약을 말한다. 그런데 계약의 합의해제는 명시적인 경우뿐만 아니라 묵시적으로도 이루어질 수 있는 것이므로 계약 후 당사자 쌍방의 계약 실현 의사의 결여 또는 포기가 쌍방 당사자의 표시행위에 나타난 의사의 내용에 의하여 객관적으로 일치하는 경우에는, 묵시적으로 해제된다.[662]

〈묵시적 합의해지의 사례〉 피고가 시행하던 택지개발사업 대상 토지 중 이 사건 토지에 관하여 원고 등과 피고 사이에 분양계약이 체결된 사실, 피고가 이 사건 토지의 면적, 지번 및 분양대금을 확정하여 원고 등에게 미지급분양대금과 연체이자를 납입하고 소유권이전등기신청을 할 것을 통보하였으나, 원고 등이 연체이자의 부과가 부당하다고 다투면서 그 이행을 미루자, 피고가 미지급분양대금과 계산한 연체이자를 납부하지 아니할 경우 이 사건 분양계약을 해제할 것을 통보한 사실, 그럼에도 불구하고 이를 납부하지 아니하므로 피고는 분양계약을 해제할 것과 아울러 납부한 분양대금 중 계약보증금을 공제한 잔액을 수령할 것을 통지한 사실, 계약해제 통지 후 피고가 이 사건 토지를 제3자에게 매도하고 위 제3자 앞으로 소유권이전등기를 경료한 사실, 피고는 선정자 정석철의 민원에 대하여 이 사건 분양계약에 따른 분양계약 해제의 근거, 토지를 다시 원고 등에게 공급할 수 없다는 취지, 계약금이 피고에게 귀속하는 근거, 환불금액 정산내용 등에 관하여 회신을 한 사실, 원고 등은 위 회신을 받은 후 약 7개월이 지난 후 피고에게 소정 양식에 따른 예금계좌입금의뢰서를 제출하였고, 이에 따라 피고는 이 사건 분양계약 환불금을 원고 등이 요구한 원고의 예금구좌에 입금한 사실을 각 인정한 다음, 원고 등은 피고가 원고 등에게 한 이행최고와 계약해제통지와 관련하여, 피고의 주장과 입장이 구체적으로 기재된 위 회신을 받고 이를 검토한 후 아무런 이의 없이 이 사건 분양계약 환불금의 반환을 청구하여 이를 수령함으로써 이 사건 분양계약은 해제통지의 내용에 따라 묵시적으로 합의해제되었다. ② 원고, 이 사건 빌라 주민들의 대표, 피고 부천시가 참석한 회의에서 이 사건 고속도로에서 발생하는 소음 피해에 대한 대책으로 현재의 방음벽 옹벽을 이용하여 높일 수 있는 최대 높이인 7.5m 높이로 방음벽을 보강하기로 합의하였으나, 피고 주민들 등 이 사건 빌라 주민들이 주민 대표의 대표성을 부정하며 방음벽 높이 조정에 반대하였고, 이 사건 빌라의 4층 세대 높이가 지상 12m에 이르러 7.5m 높이의 방음벽으로는 전체 주민들에 대한 실효성 있는 소음방지 대책이 될 수 없는 상황에서 원고도 장기간 방음벽 보강 공사에 나아가지 않은 사실, 그 후 이 사건 빌라 주민들이 중앙환경분쟁조정위원회에 분쟁조정 신청을 하여 2002. 2. 14. 원고는 이 사건 고속도로에서 유입되는 소음을 방지하기 위하여 13m 높이의 방음벽으로 보강하라는 내용의 재정이 내려지자, 이를 다투기 위하여 원고가 제소함에 따라 이 사건 소송에 이르게 된 사실을 알 수 있다. 원고와 피고 주민들 사이의 2000. 2. 22. 및 같은 해 3. 3. 자 회의 결과 성립된 합의는 원고와 피고 주민들의 계약실현 의사의 결여 등으로 쌍방 모두 이행의 제공이나 최고에 이름이 없이 장기간 이를 방치하여 당사자들의 계약을 실현하지

---

661) 이와 구별할 개념으로는 법률행위의 무효와 취소가 있다. 계약도 법률행위의 일종이다. 따라서 계약 체결 당시 하자로 인한 무효 내지 취소할 수 있는 계약이 있다. 그러나 해제 내지 해지는 계약의 소멸사유에 해당한다.
662) 대법원 2002. 1. 25. 선고 2001다63575 판결

PART III. 횡령과 배임 **437**

아니할 의사가 일치됨으로써 묵시적으로 합의해제 되었다.[663]

(2) 약정해제 - 계약금에 의한 해제권 행사

부동산 매매계약에서 계약금만 지급된 단계에서는 어느 당사자나 계약금을 포기하거나 그 배액을 상환함으로써 자유롭게 계약의 구속력에서 벗어날 수 있다. 따라서 이중매매에서 매도인이 매수인의 사무를 처리하는 자로서 배임죄의 주체가 되기 위하여는 매도인이 계약금을 받은 것만으로는 부족하고 **적어도 중도금을 받는 등 매도인이 더이상 임의로 계약을 해제할 수 없는 상태**에 이르러야 한다.[664] 그러므로 **중도금이 지급되는 등 계약이 본격적으로 이행되는 단계에 이른 때에는 계약이 취소되거나 해제되지 않는 한** 매도인은 매수인에게 부동산의 소유권을 이전해 줄 의무에서 벗어날 수 없다. 따라서 **이러한 단계에 이른 때에 매도인은 매수인에 대하여 매수인의 재산보전에 협력하여 재산적 이익을 보호·관리할 신임관계**에 있게 된다. 그때부터 매도인은 배임죄에서 말하는 '타인의 사무를 처리하는 자'에 해당한다. 그렇다면 언제부터 임의로 계약을 해제할수 없는가. 보통 계약의 체결과 즈음하여 돈을 주고받는 경우에 이를 계약금이라 하며, 계약금은 원칙적으로 상대방의 계약 위반이 없더라도 해제권을 유보하기 위하여 교부된 점에서 해약금의 성질을 갖는다.[665] 그러므로 당사자 일방이 이행에 착수하게 되면 계약금에 의한 해제가 불가능하게 되므로, 이때부터 타인의 사무처리자의 지위에 놓이게 된다.

제565조 (해약금) ① 매매의 당사자 일방이 계약당시에 금전 기타 물건을 계약금, 보증금 등의 명목으로 상대방에게 교부한 때에는 당사자 간에 다른 약정이 없는 한 당사자의 일방이 이행에 착수할 때까지 교부자는 이를 포기하고 수령자는 그 배액을 상환하여 매매계약을 해제할 수 있다.

1) 계약금이 과다한 경우

매매계약에 있어서 계약금의 액수가 과다하고 2차에 걸쳐 분할 지급되었더라도 그 계약금을 명목에 불구하고 중도금의 성질을 가진 것이라 할 수는 없다.[666]

---

663) 대법원 2007. 6. 15. 선고 2004다37904(본소), 37911(반소) 판결
664) 대법원 1986. 7. 8. 선고 85도1873 판결
665) 민법 제565조 제1항
666) 대법원 1985. 8. 20. 선고 84누612 판결

> 원고는 청주건설㈜에 토지를 대금 11억 원에 매도하고 그날 계약금 4억 원 중 2억 원, 몇 개월 후 나머지 계약금 2억 원, 다음 해. 중도금 3억 원, 다시 한 달 후 잔대금 중 1억 원, 다시 한 달 후 나머지 잔금 3억 원을 각 수령함으로써 대금의 전부가 지급된 사안이다.

2) 계약금 전액을 받지 못한 경우

> 매매계약 당시 합의한 계약금이 매매대금 총액에 비하여 다소 과다하여도, 매도인이 해제권을 유보하지 않은 것으로 볼 수 없고, 매도인이 합의한 계약금 전부를 지급받지 못하고 있다면, 아직 타인의 사무를 처리하는 자의 지위에 있다고 할 수 없다.[667]

(3) 이행에 착수할 때까지

> [사례] A는 B로부터 은행나무묘목 5,000주를 매수하는 내용의 매매계약을 체결하였다. 이때 묘목매매계약의 잔대금 지급전 언제라도 묘목을 이식하여 인도받을 수 있다는 특약을 하였다. 이에 따라 A는 인부를 동원하여 묘목의 이식 작업을 완료하였다. 그런데, B는 묘목을 너무 저렴하게 팔았다는 생각이 들었다. B는 계약금에 기한 해제를 통고하였다. 그러나 B는 이미 비싸진 은행나무를 포기할 수 없었고 해제통고를 받았음에도 피고인은 계속하여 은행나무 묘목 약 2,500주를 이식하였다. B는 A를 절도죄로 고소하였다.

민법은 565조에서 당사자 간에 다른 약정이 없는 한 **당사자의 일방이 이행에 착수할 때까지** 교부자는 계약금을 포기하고 수령자는 그 배액을 상환하여 매매계약을 해제할 수 있다고 보고 있다. 결국 당사자 일방이 이행에 착수한 경우에는 의 착수가 인정되는 셈이다. 중도금을 지급하는 것도 이에 포함되는 것은 물론이다.

1) 이행행위의 일부 내지 전제행위

이행에 착수한다는 것은 **(a) 객관적으로 외부에서 인식할 수 있는 정도로 채무의 이행행위의 일부를** 하거나 또는 **(b) 이행을 하기 위하여 필요한 전제행위**를 말하며 단순히 이행의 준비를 하는 것만으로는 부족하고, 그렇다고 반드시 계약 내용에 들어맞는 이행제공의 정도까지 이르러야 하는 것은 아니다.

---

667) 대법원 2007. 6. 14. 선고 2007도379 판결

[해설] 피고인이 이 사건 계약에 따라 그 이행에 착수한 이후에 공소외 박흥서의 계약해제통고는 그 효력이 없고 따라서 피고인이 해약통고 이후에 은행나무 묘목 약 2,500주를 이식한 행위는 피고인의 권리를 행사한 것으로 타인의 재물을 절취한다는 의사가 있었다고는 볼 수 없다.[668]

그러나 매도인이 매수인에 대하여 매매계약의 이행을 최고하고 매매잔대금의 지급을 구하는 소송을 제기한 것만으로는 이행에 착수하였다고 볼 수 없다.[669]

2) 이행기 전 이행

설사 이행기의 약정이 있더라도 당사자가 채무의 이행기 전에는 착수하지 아니하기로 하는 특별한 사정이 없는 한 그 이행기 전에 이행에 착수할 수도 있다.[670]

매매계약의 체결 이후 시가 상승이 예상되자 매도인이 구두로 구체적인 금액의 제시 없이 매매대금 증액요청을 하였고, 매수인은 확답하지 않은 상태에서 중도금을 이행기 전에 제공하였는데, 그 이후 매도인이 계약금의 배액을 공탁하여 해제권을 행사한 사안에서, 이행기 전의 이행의 착수가 허용되서는 안 될 불가피한 사정이 있는 것도 아니므로 매도인은 해제권을 행사할 수 없다.[671]

3. 계약의 효력과 배임의 고의

예제 **집 장사꾼**

○ 박달재는 대지를 매입한 뒤 이를 분할하여 그곳에 주택을 지어 파는 사람이다. 박달재는 주택조합장을 자차하며 융자 주택의 신축을 희망하는 사람들을 모아 이들에게 분양해 주는 소위 집 장사를 직업으로 하는 사람이다. 박달재는 자기 소유 1,000평 대지를 분할하여 주택은행으로부터 융자를 받아 주택을 지어 분양하고 있다. 박달재는 임춘일에게 5,000만 원에 융

---

668) 대법원 1983. 6. 28. 선고 83도1132 판결, 비록 계약해제가 부적법하더라도, 묘목의 매도인이자내지 점유자가 중단을 원하면, 강제집행절차에 따라야 함에도, 해지통고 이후에 작업을 계속한 것은 타인의 재물을 의산에 반하여 점유를 침탈한 행위가 맞다. 다만, 부적법한 해지통고임을 감안하며 절도죄의 고의가 없다는 논리로 무죄를 선고해 준 셈이다.
669) 대법원 2008. 10. 23. 선고 2007다72274 판결
670) 대법원 2002. 11. 26. 선고 2002다46492 판결
671) 대법원 2006. 2. 10. 선고 2004다11599 판결

자 주택을 지어주기로 하고, 당일 계약금조로 금 5백만 원을 수령한 다음, 중도금 및 잔금은 건축공사 진행에 따라 주택은행 융자금을 임춘일 앞으로 융자 받아 수령하고, 나머지 는 주택 건축 공사 및 박달재가 다른 곳에서 시행 중이던 건축 공사에 필요한 모래자갈 등 골재를 임춘일이 납품하여 충당하기로 하였다. 그에 따라 임춘일은 계약에 따라 골재를 납품하였다. 그런데 박달재는 건축 완공 후 다른 사람에게 팔아버리고 말았다.

○ 경찰조사에서 박달재는 피해자가 입회해야만 기초공사 이후의 건축공사를 진행하기로 약정 하였는데 이를 이행하지 않아 원래의 계약은 피해자의 귀책사유로 말미암아 실효 되었거나 해제되었다고 주장하고 있다. 그러나 담당 수사관은 박달재의 주장을 뒷받침할 증거를 발견 하지 못했으며, 입회를 하지 않았다는 것을 박달재가 중간에 문제 삼지도 않았다고 알고 있 었다.

○ 박달재의 죄명은 무엇이 되겠는가?

✔ 정답 : 배임죄 무혐의

피고인이 주택분양계약에 따라 피해자에게 대지 및 신축주택에 관한 소유권이 전등기절차에 협 력할 의무가 있는데도 이를 위배하여 위 대지를 이중매도하였다면 이는 배임죄를 구성함은 분명 하다. 다만, 이와 관련하여 선행계약의 해제여부를 검토하는 것은 배임죄의 타인의 사무처리자 판 단에 중요한 쟁점이 된다.

🔔 박달재와 임춘일의 관계 : 매매계약

甲이 당시 주택조합장으로 자처하면서 융자 주택의 신축을 희망하는 사람들을 모은 사실은 엿 보이나, 위 조합이 주택 건설 촉진법상의 주택 조합이라든가 민법상이 조합에 해당하는 실체를 가 진 것이라 볼 만한 자료는 없고, 오히려 甲은 대지를 매입한 뒤 이를 분할하여 그곳에 주택을 지어 파는 소위 집 장사를 직업으로 하는 자로서, A를 포함한 융자 주택의 입주 희망자들과 개별적으로 일종의 주택 매매 계약을 체결한 것이라고 보여진다.

🪦 매매계약의 해제와 배임죄

매도인이 부동산을 매도한 후 그 매매계약을 해제하고 이를 다시 제3자에게 매도한 경우에 그 매매계약의 해제가 해제요건을 갖추지 못하여 부적법한 것이라 하더라도 매도인이 그 해제가 적법한 것으로 믿고 그 믿음에 정당한 이유가 있다면 매도인에게 배임죄의 범의를 인정할 수 없음은 주장하는 바와 같지만 **피고인이 들고 있는 계약해제사유는 앞에서 본 바와 같이 적법한 것이 아닌 터에 앞에 든 증거에 의하면 피고인이 이를 적법한 해제사유로 믿었거나 그 믿음에 정당한 사유가 있었다고 보이지 아니하므로 피고인에게 이 사건 배임의 범의를 배제할 수 없다.**[672] 피고인과 피해자 사이에 피해자가 입회하여야만 기초공사 이후의 건축공사를 진행하기로 약정하였다는 점에 대하여는 당원의 환송판결이 배척한 증거외에는 달리 이를 인정할 만한 증거가 없고 또 이런 사유만으로는 특별한 사정이 없는 한 위 대지의 매매계약이 해제될 수도 없다.

🪦 '업무상' 배임여부 ×

박달재는 업무상 배임죄로 의율하여 기소되었으나, 위와 같은 주택 분양 계약을 조합의 업무 집행자로서의 甲과 그 조합원으로서의 피해자인 관계에서 파악할 성질의 것은 못 된다 할 것이니 만큼, 공소 사실에 적시하고 있는 이 사건 대지 등에 관한 소유권이전등기 절차 이행에 협력할 임무 역시 그 실질적인 내용은 일종의 매매계약에서 발생하는 매도인의 매수인에 대한 임무에 불과하여 이를 업무상의 임무라고는 할 수 없다.

👮 기본 이론

앞서 본 바와 같이 제1매수인과의 매매계약의 효력이 무효, 취소, 해제 등으로 효력이 없다면, 선행 계약의 구속력이 없다는 점에서 배임죄에서 말하는 타인의 사무처리자라고 볼 수 없음은 물론이다. 그리고 해제에 의하여 적법하게 계약이 소멸하기 위해서는 ① 해제권이 발생하고 ② 해제의 의사표시가 상대방에게 도달되어야 한다. 이때 상대방의 이행지체 또는 이행불능 등으로 채무불이행이 인정되어야 해제권이 발생한다. 그러나 이에 대한 다툼 여지가 적지 않게 되어, 배임죄에서 말하는 타인의 사무처리자에 해당하는지 여부가 불분명하게 된다.

---

672) 대법원 1990. 11. 13. 선고 90도153 판결

위와 관련, 동시에 배임의 고의가 문제된다. 형법은 민법과 달리 고의범 처벌을 원칙으로 하므로, 민법상 해제권이 인정되지 않더라도 배임의 고의를 인정할 수 없다면 처벌할 수 없게 된다. 즉 매매계약을 해제하고 제3자에게 매도한 경우, **① 해제가 부적법하더라도 매도인이 그 해제가 적법한 것으로 믿음에 정당한 이유가 있다면** 매도인에게 배임죄의 범의를 인정할 수 없다. **② 그러나 정당한 사유가 없다면** 배임의 범의가 인정된다.[673]

피해자는 잔대금 지급기일이 5일이나 지난 후 피고인에게 기존채무를 먼저 해결하지 않으면 잔대금을 지급할 수 없고 동업도 할 수 없다고 하면서 당초의 매매계약내용에 없었던 요구조건을 기재한 서면을 제시하였는데, "수락이 안 될 경우 본인의 지분을 인수요망"이라고 기재되어 있었던 사실과 피고인은 피해자의 요구조건을 수락할 수 없다 하여 거부한 사실이 인정되고, 피고인이 피해자에게 그해 11. 말까지 지급받은 일부 대금 및 손해금으로 돌려주겠다고 통지한 사실이 있다.

[판단] 피해자의 요구조건을 수락하지 않을 때에는 당초의 계약이행을 거부한다는 의사뿐 아니라 수락되지 않는 한 계약을 해제한다는 의사까지도 포함된 것으로 보인다. 따라서 피고인으로서는 새로운 요구조건을 내세우는 피해자에게 당초계약을 이행할 의사가 없는 것으로 보았을 것이고 또 피고인이 그 요구조건을 거부한 이상 계약은 해제되어 이미 수령한 대금 및 손해금의 반환의무만이 남는 것으로 판단하였다고 하여도 무리가 아니라고 보았다. 그렇다면 피고와 위 송정웅사이의 계약이 적법히 해제된 여부는 별론으로 하고 그 후 피고인이 이 사건 가등기를 경료함에 있어서 배임의 범의를 인정하기 어렵다.[674]

4. 공범

(1) 인정된 사례

피고인은 원심 공동피고인 이 1978. 3.경. 공소외 홍순원에게 이건 점포를 매도하였고 위 홍순원이 다시 1978. 11. 하순경 이를 공소외 이문규에게 매도하였음을 잘 알고 있으면서 위 이문규, 홍순원을 여러 차례 만나 이건 점포를 매수하려 하였으나 대금문제로 뜻을 이루지 못하자 이건 점포의 임대차계약 당시 이건 점포를 팔 때에는 임차인에게 팔기로 하였다는 특약을 구실로 대금을 일방적으로 결정하고 임차보증금 및 속초시에 납부한 불입금을 공제한 나머지 금액을 공탁한 후 원심공동피고인과 공모하여 이건 점포에 관하여 피고인 명의의 소유권 이전등기를 경료함으로써 원심공동피고인의 배임행위에 적극 가담하였다.[675]

673) 대법원 2007. 3. 29. 선고 2006도6674 판결
674) 대법원 1992. 10. 13. 선고 92도1046 판결
675) 대법원 1983. 7. 12. 선고 82도180 판결

(2) 인정되지 않은 사례

[원심] 피고인은 원심 공동피고인으로부터 이 사건 송도어민생활대책용지특별분양권을 이전받는 내용의 계약을 최초 체결할 당시에는 원심 공동피고인의 이중매매에 관한 사실을 알지는 못하였다 하더라도 원심 공동피고인 등을 사기죄로 고소한 내용에 비추어 적어도 그 무렵에는 피해자가 이 사건 수분양권의 제1양수인임을 분명히 인식하고 있었던 점, 피고인은 피해자의 선행 분양권처분금지가처분과 이정임에 대한 민사소송에 뒤이어 처분금지가처분결정을 얻고 이정임을 상대로 민사소송을 제기하였는데 그 소장에는 피해자의 이 사건 수분양권의 제1매수사실에 관한 내용은 없었던 점, 그러던 중 피고인은 원심 공동피고인을 만나, 자신이 민사소송에서 승소할 경우 원심 공동피고인으로부터 돌려받지 못한 제2매매계약상 매매대금 2억 6천만 원 중 8,200만 원은 지급받지 않고 도리어 차액 1억 7,800만 원을 원심 공동피고인에게 지급하기로 하는 내용의 약정을 하였는바, 원심 공동피고인의 입장에서도 원심 공동피고인이 제1매수인인 피해자에게 이 사건 수분양권을 이전함에 따라 얻을 금전적 반대급부가 전혀 없는 점에 비추어 위 약정이 훨씬 유리했던 점, 피고인은 위와 같은 약정을 한 후 곧바로 원심 공동피고인에 대한 사기고소를 취소하였고, 원심 공동피고인은 피고인이 민사소송과 관련하여 선임한 변호사 사무실에 가서 소송과정에 필요한 서류를 작성하는 데 사용하도록 백지에 자신의 도장을 날인해 주는 등 피고인이 제기한 민사소송에 적극 협조한 점, 그 무렵 치매로 요양원에 입소해 있던 이정임 명의의 소송대리허가신청서가 이정임의 인감도장이 날인된 상태로 인감증명서와 함께 작성 제출되었고 같은 달 24일 이정임의 대리인 원심 공동피고인 명의로 민사소송의 원고인 피고인의 청구취지를 모두 인정하는 취지의 답변서가 제출된 점, 이에 피고인의 민사소송대리인은 조속히 변론을 열어줄 것을 재판부에 요청하였고, 원심 공동피고인이 이정임의 소송대리인으로 출석한 가운데 임의조정이 성립된 점, 위 임의조정을 발판삼아 피고인은 인천광역시를 상대로 소유권이전등기청구소송을 제기하여 승소판결을 얻은 뒤, 이 사건 토지에 대한 소유권이전등기를 경료하여 곧바로 타에 매도하였고, 원심 공동피고인은 피고인으로부터 위 약정상의 1억 7,800만 원을 지급받아, 그중 일부는 자기 명의의 아파트를 구입하는 데 사용한 점 등을 종합하여, 피고인은 비록 자신이 이정임에 대하여 민사상 권리를 가지고 있다 하더라도 통상 사회적으로 용인할 수 있는 범위를 넘어 원심 공동피고인의 배임행위가 기수에 이르게끔 적극 관여하였다고 봄이 상당하다는 이유로 피고인이 원심 공동피고인의 배임죄의 공모공동정범에 해당한다고 판단하였다.

[대법원] 그러나 원심의 이러한 판단은 다음 이유에서 수긍하기 어렵다. 피고인이 원심 공동피고인으로부터 이 사건 수분양권을 매수할 당시에는 그 매매계약이 이중매매에 해당한다는 사실을 알지 못하였던 사실, 피고인이 그 후 이중매매사실을 알고 원심 공동피고인으로부터 이미 지급한 매매대금을 반환받고자 하였으나 그중 8,200만 원을 돌려받지 못하게 되자, 이정임 등을 상대로 소송을 제기하여 피고인과 이정임을 대리한 원심 공동피고인 사이에 임의조정이 이루어졌고, 이를 기초로 인천광역시를 상대로 한 소송을 거쳐 이 사건 토지에 대한 소유권이전등기까지 경료하게 된 사실 등을 알 수 있는바, 이를 위 법리에 비추어 살펴보면, 이 사건 수분양권 매수 당시 그 매매계약이 이중매매에 해당한다는 사실을 알지 못했던 피고인이 자신의 민사상 권리를 실현하기 위하여 이정임을 상대로 제기한 민사소송 중 임의조정이 이루어지는 과정에서, 원심이 인정한 바와 같이 피고인이 원심 공동피고인과 접촉한 정황 및 원심 공동피고인이 피고인에게 협조한 사실이 인정된다고 하더라도, 이는 피고인이 이 사건 수분양권에 대한 매수인으로서의 권리를 행사하는 과정에서 발생한 것에 불과하고, 피고인이 원심 공동피고인의 배임행위를 교사하거나 원심 공동피고인의 배임행위의 전 과정에 관여하는 등으로 원심 공동피고인의 배임행위에 적극 가담한 경우에 해당한다고 보기는 어렵다.[676]

---

676) 대법원 2009. 9. 10. 선고 2009도5630 판결

예제 **물류창고 동업**

박달재는 김순일과 물류창고 사업을 동업하기로 하였다. 이들은 물류창고 부지를 8억 원에 매수하기로 하고 돈을 모아 매도인에게 계약금을 지급하였다. 그런데 공장설립허가가 나오자 박달재의 마음이 변하고 말았다. 박달재는 김순일 몰래 매도인과 사이에 최초의 매매계약을 해제하고 김순일을 배제하는 내용의 새로운 계약을 체결한 후 토지를 담보로 대출받아 매도인에게 잔금을 납부하고, 갑이 운영하던 다른 회사 앞으로 소유권이전등기를 마쳤다.

✔ 정답 : 무죄

🪦 피해자 특정의 문제 : 피해자는 조합

검사는 이 사건 배임행위의 피해자를 A로 특정하여 기소하였다. 원심도 A를 피해자로 인정하였다. 그러나 갑과 A는 2인 이상이 상호출자하여 공동사업을 경영할 것을 약정한 것으로서, 「민법」 제703조가 정한 조합계약을 체결한 것이고, 갑이 분담한 부동산의 소유권이전등기 등 업무에 관하여 갑은 동업체인 조합에 대하여 선량한 관리자의 주의로써 그 사무를 처리해야 할 의무가 있다. 그러므로 갑은 '조합의 사무를 처리하는 자'의 지위에 있음에도 불구하고, 그 임무에 위배하여 위와 같이 소유권이전등기를 마침으로써 조합에 대한 배임행위를 한 것이다.

🪦 손해액의 산정

갑이 배임행위로 인하여 A에게 토지의 매수대금인 8억 7,900만 원 상당의 재산상 손해를 가하였다고 인정하여, 위 금액을 기준으로 갑을 특정경제범죄 가중처벌 등에 관한 법률위반(배임)죄로 의율하였다. 그러나 재산상의 손실을 야기한 임무위해행위가 동시에 그 손실을 보상할 만한 재산상의 이익을 준 경우, 예컨대 그 배임행위로 인한 급부와 반대급부가 상응하고 다른 재산상 손해(현실적인 손해 또는 재산상실해 발생의 위험)도 없는 때에는 전체적 재산가치의 감소, 즉 재산상 손해가 있다고 할 수 없다. 피해자인 조합으로서는 갑의 배임행위에 의하여, 장차 취득할 것이 기대되었던 이 사건 토지의 가치에 상응하는 재산이 감소되었지만 다른 한편으로는 이 사건 토지의 잔금 지급의무를 면하게 되었으므로, 토지의 매수대금 상당액이 갑의 배임행위로 인하여 조합이 입게 된 재산상 손해액에 해당한다고 할 수는 없다. 따라서 갑의 배임행위로 인하여 조합의 전체적 재산가치의 감소, 즉 재산상 손해가 있었는지 여부를 판단하고, 나아가 만약 이 점이 인정될 경우 그 재산가치의 감소액을 재산상 손해액으로 인정하였어야 할 것이다.

🎖 기본 이론

법인 등의 임·직원이 소속 법인 등에 대하여 손해를 가하고 이익을 취득한 경우 소속 법인 등에 대한 업무상배임죄가 성립한다. 본 서에서는 전술한 바와 같이 배임죄 제2유형을 살펴본다.

1. 타인의 사무처리자

(1) 타인의 사무처리자 지위

Investigation Advice

업무상배임죄 유형에서 가장 먼저 선행해야 하는 것은 사법상 계약의 당사자를 확정하고, 배임죄에서 말하는 타인의 사무처리자에서 '타인'을 누구로 볼 것인지 특정하는 것이다. 아래 82도2595 판결, 2011도8870 판결에서 살펴보듯이 기업체에서 배임죄의 주체는 법인이 아닌 대표기관임은 물론이나, 피해자는 거래 상대방이 될 수도 있고, 피의자가 소속된 회사의 경우가 있음에 주의한다.

기업관계에서 민법상 계약의 당사자는 자연인인 임원이나 직원이 아니고, 회사 내지 단체가 된다. 그러나 배임죄의 실행자는 자연인이므로 누구를 배임죄의 피의자로 보아야 하는가.

1) 타인의 사무를 처리할 의무의 주체가 법인이 되는 경우 : 타인에 대한 배임

타인의 사무를 처리할 의무의 주체가 법인이 되는 경우, 법인이 배임죄의 주체가 될 수 없고 그 법인을 대표하여 사무를 처리하는 **자연인인 대표기관이 바로 타인과의 관계에서 배임죄의 주체**가 된다.[677]

피고인은 ㈜대림의 대표이사이다. 회사소유의 성남시 소재 대지와 그 지상 건물을 A에게 매도하여 대금 전액을 완납받은 사실을 회사의 대표이사로 취임하면서 알게 되었음에도 대지와 점포를 이중으로 분양하고 다른 사람에게 소유권이전등기를 경료하여 주었다.

2) 회사가 타인의 사무를 처리하는 일을 영업으로 하는 경우 : 회사에 대한 배임

회사가 타인의 사무를 처리하는 일을 영업으로 영위하고 있는 경우, 그 회사의 대표이사가 그

---

677) 대법원 1984. 10. 10. 선고 82도2595 전원합의체 판결

타인의 사무를 처리하면서 업무상 임무에 위배되는 행위를 함으로써 재산상 이익을 취득하거나 제3자로 하여금 이를 취득하게 하고 **그로 인하여 회사로 하여금 그 타인에 대한 손해배상책임 등 채무를 부담하게 한 때**에는 회사에 손해를 가하거나 재산상 실해 발생의 위험을 초래한 것으로 볼 수 있으므로, 이러한 행위는 <u>그 회사에 대한 관계에서 업무상배임죄</u>를 구성한다.[678][679]

[범죄사실의 요지] 피해자 공소외 1 주식회사의 대표이사인 피고인이 피해자 공소외 1 회사가 관리하는 A 주차장과 B 주차장에 관하여 당시 각 주차장이 매월 얻는 총 수익보다 적은 200만 원을 임대료로 정하고 통상보다 장기인 5년의 임대기간을 정하여 임대차계약을 체결함으로써 액수 미상의 재산상 이득을 취득하고, 피해자 공소외 1 회사에 같은 금액 상당의 손해를 가하였다고 판단하여 이 부분 공소사실을 유죄로 인정한 제1심판결을 유지하였다.

[상고이유] 한편 A 주차장은 그 소유자가 공소외 2므로 피고인이 A 주차장을 저가에 임대하였다 하더라도 그 피해자는 공소외 2가지 공소외 1 회사라고 할 수 없다는 상고이유의 주장은,

가. 피고인의 위 임대 당시 A 주차장이 소재하는 건물 및 토지에 관하여는 공소외 2가 아니라 공소외 1 회사 명의로 소유권보존등기 및 소유권이전등기가 마쳐져 있음을 알 수 있으므로, ○○주차장의 소유자가 공소외 2임을 전제로 하는 이 부분 상고이유의 주장은 어느 모로 보나 받아들일 수 없다.

나. 위 상고이유 주장을 공소외 2가 ○○주차장에 대하여 실질적 지배권을 가지고 있다는 취지로 본다고 하더라도 피고인의 위 주차장 임대행위가 공소외 1 회사에 대하여 업무상배임죄를 구성한다고 한 원심의 판단은 타당하므로, 위 상고이유 주장은 이유 없다.

주의할 점은 상고이유에서 원용한 대법원 1984. 10. 10. 선고 82도2595 판결은 타인의 사무를 처리하는 의무의 주체가 법인인 경우에 **그 타인에 대한 관계에서 법인의 대표기관이 배임죄의 주체가 될 수 있다고 한 것일 뿐 그 의무 주체인 법인에 대한 관계에서는 배임죄의 주체가 될 수 없다고 한 것은 아니**므로, 위와 같은 원심의 판단에 배치되는 것이 아니다.[680]

3) 동업관계의 경우 : 피해자는 조합

2인 이상이 상호출자 하여 공동사업을 경영할 것을 약정하여 민법상 조합계약을 체결한 경우에는 피해자가 조합이 된다.

---

678) 대법원 2014. 2. 21. 선고 2011도8870 판결
679) 대법원 1987. 4. 28. 선고 83도1568 판결, 대법원 2012. 12. 27. 선고 2012도10822 판결 등
680) 이 판시의 의미는, 피해자를 거래 상대방 업체와 본인 소속 회사에 대한 배임죄 상상적 경합의 취지로 보인다(私見).

공동으로 이 사건 토지를 매수하여 그 지상에 물류창고 사업을 영위하기로 하는 내용의 동업약정을 체결하고 동업재산으로서 이 사건 토지에 관한 매매계약을 체결한 다음, 몰래 매도인들과 사이에 이 사건 토지에 관한 최초의 매매계약을 해제하고 동업자를 배제시키는 내용의 새로운 매매계약을 체결한 후 소유권이전등기를 마친 경우, 동업자가 아닌 조합에 대한 배임행위를 한 것이다.[681]

(2) 타인의 사무처리자의 범위

1) 사실상의 신임관계를 포함

타인의 사무처리자는 반드시 제3자에 대한 대외관계에서 그 사무에 관한 권한의 존재나 그 사무가 포괄적 위탁사무일 것을 요하지 않으며, 사무처리의 근거, 즉 신임관계의 발생근거는 법령의 규정, 법률행위, 관습 또는 사무관리에 의하여도 발생할 수 있으므로, 법적인 권한이 소멸된 후에 사무를 처리하거나 그 사무처리자가 그 직에서 해임된 후 사무인계 전에 사무를 처리한 경우도 이에 해당한다.[682]

[사실관계] 피고인은 비법인사단인 연화주택조합 정산위원회의 정산위원장으로 활동하다가 해임되고 후임 정산위원장이 선출되었는데도 그 총회결의를 인정할 수 없다면서 후임자에게 업무와 직인을 인계하지 아니하고 있었다. 그러던 중 정산위원회를 상대로 대여금청구소송과 토지소유권이전등기청구소송이 각 제기되었고, 그 소장부본 및 변론기일소환장을 피고인이 자택에서 각 송달받았다. 그럼에도 피고인은 제소사실을 정산위원회에 알려 주지도 아니하고 스스로 응소하지도 아니함으로써 조합으로 하여금 의제자백에 의한 패소 확정판결을 받게 하였다.
[판단] 피고인이 정산위원장의 직에서 해임됨으로서 법적인 권한이 소멸된 후라도 그 업무 인계 전에는 그 사무를 신의칙에 따라 처리할 사실상의 신임관계가 존속하므로 피고인은 배임죄에 있어 타인의 사무를 처리하는 자에 해당한다.

2) 보조기관 포함

상사의 지시에 의하여 기계적으로 사무를 집행한 경우는 타인의 사무처리자에 해당하지 않는다. 그러나 고유의 권한자에 한하지 않고 그 보조기관으로 직접·간접으로 그 처리에 관한 사무를 담당하는 자도 포함하며, 직장 상사의 범법행위에 가담한 부하에게 직무상 지휘·복종관계를 이유로 기대가능성이 부인되지도 않는다.[683]

---

681) 대법원 2011. 4. 28. 선고 2009도14268 판결
682) 대법원 1999. 6. 22. 선고 99도1095 판결
683) 대법원 1999. 7. 23. 선고 99도1911 판결

[사실관계] 피고인은 한국부동산신탁㈜의 개발신탁부장으로서 경성건설에 선급금·자재대금의 지급, 지급보증 등의 명목으로 자금지원을 함에 있어서 신탁계약에 기한 아파트 공사에 사용하여야 할 자금을 중앙금고에 대한 대출금 채무의 상환에 주로 사용한다는 사실을 알면서 관련 법령이나 업무처리규정에 위배하여 거액의 자금지원을 하여 주었다.

[판단] 피고인은 개발신탁부장으로 근무하면서 경성, 경성건설과의 탄현·기흥 아파트 신탁사업에 관한 실무책임을 담당하였고, 중요한 의사결정은 이사회에서 결정하게 되지만 실무부장들로 구성되는 신탁사업심의위원회의 일원으로 사전심의에 참가하며 또 의안이 상정되는 이사회에도 참석하여 의안을 보고하고 의견을 진술하는 등의 역할을 하여 왔으며 일정 범위 내에서의 의사결정 권한(전결권)을 가지고 있으면서 국민기술금융에 대한 지급보증, 기흥 아파트와 관련한 공사도급계약 체결 및 선급금 지급, 탄현 아파트 관련 긴급 자재대금 명목의 자금 지원에 관련한 업무를 직접 담당하였다. 위 피고인이 대표이사나 상무이사로부터 지시를 받거나 승인을 얻어 그와 같은 행위를 하였더라도 의당 공범으로서의 죄책을 부담한다.

3) 업무 당당자의 상급기관 포함

직접 업무 담당자가 아니라도 그 상급기관으로서 실행행위자의 행위가 배임행위에 해당한다는 것을 알면서도 교사 또는 전 과정에 관여하는 등으로 적극 가담한 경우에는 배임죄의 주체가 된다.

[그룹 회장] A그룹은 전체가 순환출자형식을 취하고 있는데 피고인 및 그의 특수관계인들이 주요 계열회사의 최대주주로서 A그룹 전체의 지배권을 확보한 후 피고인이 A그룹의 회장으로서 기획조정실을 통하여 그룹 전체의 자금운용, 특히 상호지급보증이나 자금 대여, 담보물 제공 등의 대부분에 관하여 직접 결정하여 왔다. 이 사건 범행 당시에도 한남투신의 대표이사이나 대한중석의 대표이사에게 한남투신의 이 사건 회사채 매입이나 대한중석의 자금지원을 직접 지시하였고, 또한 피고인은 단순히 한남투신이 인수한 유가증권의 발행회사의 지배자로서만 범행에 관여한 것이 아니라, 인수자인 한남투신의 지배자로서 이 사건 회사채의 인수를 지시한 것이므로 위 피고인은 이 사건 한남투신에 대한 배임행위나 이 사건 대한중석에 대한 배임행위에 대하여 구체적인 업무 당당자가 아니더라도 배임죄의 주체가 될 수 있다.

2. 임무에 위배되는 행위

배임행위란 처리하는 사무의 내용, 성질 등 구체적 상황에 비추어 법률의 규정, 계약의 내용 혹은 신의칙상 당연히 할 것으로 기대되는 행위를 하지 않거나 당연히 하지 않아야 할 것으로 기대하는 행위를 함으로써 본인과 사이의 신임관계를 저버리는 일체의 행위를 말한다. **이때 배임행위가 법률상 유효한가 여부는 따져볼 필요가 없다.**[684]

---

[684] 주의할 점은 제1유형 이중양도 배임에서 선행계약은 반드시 유효하여야 한다는 것과 다르다는 점이다.

비영리 재단법인의 이사장이 설립목적과는 다른 목적으로 기본재산을 매수하여 사용할 의도를 가진 A와 사이에 기본재산의 직접적인 매도는 주무관청의 허가문제 등으로 불가능하자 이사진 등을 교체하는 방법으로 재단법인의 운영을 A에게 넘긴 후 A가 의도하는 사업을 할 수 있도록 재단법인의 명칭과 목적을 변경하여 사실상 기본재산을 매각하는 효과를 얻되 그 대가로 금원을 받기로 하는 약정을 체결하고 그 일부를 수령하였다. 이 경우 주무관청의 허가의 문제로 법률상 유효한 약정인가 여부와 관계없이 재단법인과 사이의 신임관계를 저버린 배임행위에 해당한다.[685]

가사 본인을 위한다는 의사를 가지고 행위를 하였더라도 **그 목적과 취지가 법령이나 사회상규에 위반된 위법한 행위로서 용인할 수 없는 경우**에는 그 행위의 결과가 일부 본인을 위하는 측면이 있다고 하더라도 배임죄의 성립을 인정함에 영향이 없다.

피고인이 한스종금의 대외적 신인도를 높이기 위하여 조작된 거래로써 회사의 수익을 가장하고, 그 BIS 비율을 조작하여 회사의 자본충실 정도를 왜곡한 행위는 그 목적과 수단이 모두 위법한 것으로서 그 위법성의 정도가 매우 중하여 법령과 사회상규상 용인될 수 없는 것이고, 결과적으로도 회사의 채권자와 주주들에게 해를 가하는 행위로서 가사 피고인에게 본인인 회사를 위한다는 의사가 있었더라도 불법행위를 위하여 대가를 지급하는 행위는 회사와의 사이의 신임관계를 저버리고 회사에 손해를 끼치는 행위라고 보는 것이 타당하다.[686]

배임행위가 되는 유형은 별도 목차로 그 판례군을 정리하기로 한다.

3. 이익의 취득

예제 **포철산기**

○ 박철량은 ㈜금속천지의 대표이사로서 포철산기㈜와 사이에 인천국제공항 수하물처리시설인 컨베이어 제작·설치 등에 관한 계약을 체결하였다. 그런데 계량기 제조·판매 업무는 박철량이 전담하여 처리하기로 하였기 때문에 박철량은 대표이사에서 물러난 뒤에도 ㈜금속천지를 대표하여 계약에 관한 업무를 수행하였다. 포철산기는 ㈜금속천지가 계약의 1차 납기일까지 컨베이어 38세트를 납품할 수 있도록 스테인리스 철판을 구입하여 직접 ㈜금속천지

685) 대법원 2001. 9. 28. 선고 99도2639 판결
686) 대법원 2002. 7. 22. 선고 2002도1696 판결

의 외주업체에 공급하여 주고, 외주업체에 대한 ㈜금속천지의 발주대금지급채무도 보증하여 주었다. 그리고 ㈜금속천지에 대금의 일부인 선급금 9천 5백만 원을 미리 지급하여 계약에 따른 이행을 원활하게 할 수 있도록 하였다. 그럼에도 박철량은 경영권 분쟁 등을 이유로 고의로 컨베이어 제작 업무를 진행하지 아니하여 계약이 해제되게 이르렀다. 그로 인해 포철산기는 서울보증보험㈜로부티 계약과 관련한 선급보증보험금 명목으로 1억 원을, 그리고 계약해지보증금 명목으로 9천 5백만 원을 수령하였고, ㈜금속천지는 서울보증보험㈜ 합계 1억 9천 5백만 원을 변제할 수밖에 없었다.

○ 담당 검사는 배임죄의 범죄사실로 포철산기로 하여금 서울보증보험 주식회사로부터 이 사건 계약과 관련한 선급보증보험금 명목으로 1억 원을, 계약해지보증금 명목으로 9천 5백만 원을 수령함으로써 합계 1억 9천 5백만 원 상당의 이익을 취득하게 하고, 피해자 회사로 하여금 서울보증보험㈜에 합계 1억 9천5백만 원을 변제하게 함으로써 피해자 회사에 동액 상당의 손해를 가하였다고 작성하였다.

○ 박철량은 업무상배임죄 유죄인가?

✔ 정답 : 무죄

🪦 재산상 이익 산정 :

포철산기가 피해자 회사에 지급하였던 선급금은 피해자 회사가 이 사건 계약에 따른 이행을 원활하게 할 수 있도록 하기 위하여 미리 지급한 대금의 일부로서 계약이 이행되지 않은 상태에서는 피해자 회사에 확정적으로 귀속된 것으로 볼 수 없으므로, 포철산기가 계약을 해제하고 피해자 회사로부터 선급금을 반환받은 것으로 인하여 재산상의 이익을 취득한 것으로 볼 수 없다. 또한, 이 사건 위약금은 그 성질상 피해자 회사의 채무불이행으로 인한 손해의 발생을 전제로 한 것이므로 포철산기가 위약금을 지급받았다는 사실만으로 포철산기가 그에 해당하는 재산상의 이익을 취득하게 된 것으로 단정하기 어렵고, 나아가 포철산기가 피해자 회사의 채무불이행으로 인하여 실제로는 아무런 손해를 입지 않았거나 위약금 액수보다 작은 손해를 입었다는 등의 특별한 사정이 인정되는 경우에 한하여 비로소 위약금 내지 위약금에서 실제 손해액을 공제한 차액에 해당하는 재산상의 이익을 취득한 것으로 볼 수 있을 뿐이라고 할 것인데, 그와 같이 포철산기가 재산상 어떠한 이익을 취득하였다고 볼 만한 특별한 사정이 있다는 사실에 대한 입증책임은 검사에게 있다. 그런데 기록상 이를 인정할 증거를 찾을 수 없다.

🪦 재산상 손해의 산정 :

다음으로 피고인이 원심이 인정한 배임행위로 인하여 피해자 회사에 입힌 재산상 손해의 범위에 대하여 살펴본다. 이 사건에서 피해자 회사는 피고인의 배임행위로 인한 계약해제로 인하여 서울보증보험 주식회사에 보험금 및 연체이자 등 명목으로 236,193,362원을 지급하게 되었으나, 여기에는 피해자 회사가 이 사건 계약과 관련하여 포철산기로부터 지급받은 선급금반환분이 포함되어 있다. 그런데 앞서 본 선급금의 성질에 비추어 선급금을 반환한 것으로 인하여 피해자 회사가 재산상의 손해를 입은 것으로 볼 수 없다. 따라서 피고인의 배임행위로 인하여 피해자 회사가 입은 재산상의 손해는 위 236,193,362원에서 선급금반환을 위하여 지급한 금액을 공제한 금액이 될 것이다(한편, 피해자 회사는 피고인의 배임행위로 인하여 위와 같은 손해 외에 이 사건 계약이 제대로 이행된 경우에 얻을 수 있었던 수익을 얻지 못하게 되는 손해를 입은 것으로 볼 수 있으나, 이는 공소사실에 포함되어 있지 아니하고, 기록상 이를 확정할 수도 없다). 결국, 이 사건에서 피고인의 배임행위로 인하여 포철산기가 서울보증보험 주식회사로부터 지급받은 198,654,420원 상당의 재산상 이익을 취득하고, 피해자 회사가 서울보증보험 주식회사에 지급한 236,193,362원 상당의 재산상 손해를 입은 것으로 볼 수는 없음에도 불구하고, 원심은 앞서 본 바와 같은 이유로 이와 달리 판단하여 공소사실을 모두 유죄로 판단하였으니, 원심판결에는 배임죄에 관한 법리를 오해하여 판결 결과에 영향을 미친 위법이 있다.

⚙️ 기본 이론

배임죄는 고의적인 부당이득 범죄의 일종이다. 따라서 업무상 배임죄는 본인에게 손해를 가하였더라도 행위자 또는 제3자가 재산상 이익을 취득한 사실이 없다면 배임죄가 성립할 수 없다.[687]

---

687) 대법원 2007. 7. 26. 선고 2005도6439 판결, 대법원 1982. 2. 23. 선고 81도2601 판결, 대법원 2006. 7. 27. 선고 2006도3145 판결

아래에서 보듯이 판례는 이를 개별적·구체적으로 검토하고 있다.

(1) 판단기준

이때 이익의 평가는 시장경제원리에 의하여 형성될 시장교환가격을 기준으로 한다.

① (영업비밀 취득) 영업비밀을 취득함으로써 얻는 이익은 그 영업비밀이 가지는 재산가치 상당이고, 그 재산가치는 그 영업비밀을 가지고 경쟁사 등 다른 업체에서 제품을 만들 경우, 그 영업비밀로 인하여 기술개발에 소요되는 비용이 감소되는 경우의 그 감소분 상당과 나아가 그 영업비밀을 이용하여 제품생산에까지 발전시킬 경우 제품판매이익 중 그 영업비밀이 제공되지 않았을 경우의 차액 상당으로서 그러한 가치를 감안하여 시장경제원리에 의하여 형성될 시장교환가격이다.[688]

② (부당한 고가 주식매수) 회사의 대표이사 등이 그 임무에 위배하여 회사로 하여금 다른 회사의 주식을 고가로 매수하게 한 경우 회사에 가한 손해액은 통상 그 주식의 매매대금과 적정가액으로서의 시가 사이의 차액 상당이며, 증권거래소에 상장되지 않거나 증권업협회에 등록되지 않은 법인이 발행한 비상장주식의 경우에도 그에 관한 객관적 교환가치가 적정하게 반영된 정상적인 거래의 실례가 있는 경우에는 그 거래가격을 시가로 보아 가액을 평가하여야 한다.[689]

③ (덤핑판매의 기준가격) 피고인이 피해 회사의 승낙 없이 임의로 지정 할인율보다 더 높은 할인율을 적용하여 회사가 지정한 가격보다 낮은 가격으로 제품을 판매하는 이른바 '덤핑판매'로 제3자인 거래처에 재산상의 이익이 발생하였는지 여부는 경제적 관점에서 실질적으로 판단하여야 할 것인바, 피고인이 피해 회사가 정한 할인율 제한을 위반하였다 하더라도 시장에서 거래되는 가격에 따라 제품을 판매하였다면 지정 할인율에 의한 제품가격과 실제 판매 시 적용된 할인율에 의한 제품가격의 차액 상당을 거래처가 얻은 재산상의 이익이라고 볼 수는 없다.[690]

(2) 개별적 검토

1) 선급금 내지 위약금

선급금은 피해자 회사가 미리 지급한 대금의 일부로서 계약이 이행되지 않은 상태에서는 피해자 회사에 확정적으로 귀속된 것으로 볼 수 없으므로, 계약을 해제하고 피해자 회사로부터 선급금을 반환받은 것으로 인하여 재산상의 이익을 취득한 것으로 볼 수 없다. 또한, 위약금은 그 성질상 피해자 회사의 채무불이행으로 인한 손해의 발생을 전제로 한 것이므로 위약금을 지급받았다는 사실만으로 포철산기가 그에 해당하는 재산상의 이익을 취득하게 된 것으로 단정하기 어렵다.

나아가 포철산기가 피해자 회사의 채무불이행으로 인하여 실제로는 아무런 손해를 입지 않았거나 위약금 액수보다 작은 손해를 입었다는 등의 특별한 사정이 인정되는 경우에 한하여 비로소 위약금 내지 위약금에서 실제 손해

---

688) 대법원 1999. 3. 12. 선고 98도4704 판결
689) 대법원 2007. 3. 15. 선고 2004도5742 판결
690) 대법원 2009. 12. 24. 선고 2007도2484 판결

액을 공제한 차액에 해당하는 재산상의 이익을 취득한 것으로 볼 수 있을 뿐이다.[691]

2) 사례 - 외상대금채권의 전산조작

[범죄사실의 요지] 공소외 ㈜ 사업부 영업팀장인 피고인이 공동피고인 1(회사의 전산기획팀장), 공동피고인 2와 공모하여, 회사의 전산상 체인점의 '전매출고'는 해당 체인점이 다른 체인점으로 상품을 보내는 것으로 회사에서는 해당 체인점에게 그 상품대금을 지급하여야 하는 것이고, '전매입고'는 해당 체인점이 다른 체인점으로부터 상품을 받는 것으로 회사에서는 해당 체인점으로부터 그 상품대금을 회수하여야 하는 것으로, 전매출고 항목과 전매입고 항목을 정산하면 항상 '0(零)'이 되어야 하는바, 위와 같은 전매출고, 전매입고는 정상적인 상품이동을 전제로 하는 것이므로 이에 관한 전산을 조작하여 회사에 손해가 발생하지 않도록 하여야 할 업무상 임무가 있음에도 그 임무에 위배하여, 피고인은 회사의 부산가야 체인점이 76,652,273원 상당의 상품을 다른 체인점으로 보낸 사실이 없음에도 마치 위 금액의 상품을 보낸 것처럼 허위로 전매출고, 전매입고를 전산입력하고, 공동피고인 2는 전산상 위 다른 체인점에 대한 전매입고만을 삭제함으로써 부산가야 체인점으로 하여금 위 금액 상당의 재산상 이익을 취득하게 하고, 회사에 같은 금액 상당의 재산상 손해를 가한 것을 비롯하여, 그때부터 같은 방법으로 전산을 조작하여 체인점들에게 합계 489,233,140원 상당의 재산상 이익을 얻게 하고 회사에 같은 금액의 재산상 손해를 가하였다는 것이다.

[원심] 피해자 회사와 각 점주들과 사이에서는 전산조작 후에도 외상매출거래가 계속된 것으로 보이는 점 등에 비추어 볼 때 피고인이 전산조작을 하여 해당 체인점에 대한 조작된 전매출고 액수만큼 외상매출금 채권에서 전산상 자동 차감됨으로써 동액 상당의 회사의 외상매출금채권이 감소될 우려가 생겼다고 봄이 상당하고, 이는 배임죄에서 말하는 재산상 손해라고 볼 수밖에 없다.

[대법원] ○ (실해발생의 위험) 생 위 전산조작행위의 경위와 결과 등에 비추어 보면, 피고인의 위와 같은 전산조작행위라는 사실행위만으로는 곧바로 회사의 해당 체인점들에 대한 외상대금채권의 소멸이라는 법적 효과가 생기는 것은 아니므로 위 전산조작행위가 회사에 현실적인 손해를 가한 경우에는 해당하지 아니하고 재산상 실해발생의 위험을 초래한 경우에 해당하는지 여부가 문제된다 할 것이다. 그런데 이와 관련하여 볼 때, 피고인의 위 전산조작행위로 인하여 회사의 외상대금채권 행사가 곤란하게 되는 상태가 조성된 것은 사실이라 할 것이나, 그렇다고 하여 곧바로 회사의 외상대금채권 행사가 사실상 불가능해지거나 현저히 곤란하게 되었다고 단정할 수는 없고, 만일 회사가 관리·운영하는 전산망 이외에, 전표·매출원장 등 회사의 체인점들에 대한 외상대금채권의 존재와 액수를 확인할 수 있는 방법들이 존재하고, 또한 삭제된 전매입고 금액을 기술적으로 용이하게 복구하는 것이 가능하다면, 위와 같은 전산조작행위로 말미암아 회사의 체인점들에 대한 외상대금채권 행사가 사실상 불가능해지거나 또는 현저히 곤란하게 된다고 할 수는 없을 것이므로 회사에게 재산상 실해발생의 위험이 생기는 것도 아니라 할 것이다.

○ (이익의 취득) 피고인의 전산조작행위로 인하여 회사의 체인점들에 대한 외상대금채권 행사가 사실상 불가능해지거나 또는 현저히 곤란해진 것이 아니라면, 해당 체인점의 점주들이 그에 상응하는 재산상 이익을 취득하였다고 보기도 어려울 것이다.

---

691) 대법원 2007. 7. 26. 선고 2005도6439 판결

○ 따라서 원심으로서는 회사의 전산망 이외에 전표, 매출원장 등 외상대금채권의 존재와 액수를 확인할 방법이 있는지 여부, 위 전산조작행위에 따른 데이터손상의 내용과 정도, 삭제된 전매입고의 금액은 기술적으로 용이하게 복구가 가능한지, 가능하다면 이에 소요되는 시간은 어느 정도인지 등을 자세히 심리하여, 위 전산조작행위로 말미암아 회사의 외상대금채권 행사가 사실상 불가능해졌거나 또는 현저히 곤란해졌는지 여부를 확정한 다음, 그에 따라 회사에게 재산상 실해발생의 위험이 생겼는지 및 체인점들이 재산상 이익을 취득하였는지 여부를 가려서 업무상 배임죄의 기수에 이르렀는지 여부를 판단하여야 함에도, 이에 관한 별다른 심리 없이 전산상 외상대금채권이 자동 차감된다는 사정만으로 만연히 회사의 외상매출금채권이 감소될 우려가 생겼다고 판단하여 이 사건 업무상 배임의 공소사실을 유죄로 인정한 잘못이 있다.

3) 사례 - 공동구입한 택시를 법정폐차 시한 전에 폐차

손해로 인하여 이익의 취득이 없는 경우 배임죄의 구성요건인 이득을 결여하게 된다.

[원심] 피고인이 피해자 김복금과 공동 구입하여 동업으로 운영하던 75년형 브리사 서울 1아1132호 택시를 그 법정폐차 시한 전에 위 피해자의 사전 승낙 없이 임의로 폐차시킴으로써 그때부터 법정폐차시한까지의 기간에 위 택시를 운행하여 얻을 수 있는 이익금 중 위 김복금의 몫에 상당하는 이익금 상당의 재산상 이익을 취하고 동인에게 동액 상당의 손해를 가하였다고 인정하여 피고인의 위 소위가 배임죄에 해당한다.

[대법원] 그러나 위 원심 인정과 같이 피고인이 임의로 법정폐차 시한 전에 폐차케 하였다고 하더라도 다른 사정이 인정되지 않는 한 위 폐차조치만으로는 장차 얻을 수 있었을 수익금 상실의 손해는 발생하였을지언정 위 상실수익금 중 위 피해자 몫에 해당한 이익을 피고인이 취득하였다고 볼 여지는 없으니, 결국 배임죄의 구성요건인 이득을 결여한 것이라고 아니할 수 없다. 원심으로서는 공소사실 기재와 같이 피고인이 위 택시를 폐차시키고 그 단독 명의로 한시택시 사업면허를 받아 이를 운영한 행위가 배임에 해당한다고 볼 것인지의 여부를 심리한 연후에 위 공소사실을 인정한 1심판결의 당부를 판단하였어야 함.[692]

4) 사례 - 연체료 부담

연체료는 금전채무 불이행으로 인한 손해배상에 해당하므로, 이를 지급받았다는 사실만으로 그에 해당하는 재산상의 이익을 취득하게 된 것으로 단정하기 어렵다. 나아가 SH공사가 열 사용요금 연체로 인하여 실제로는 아무런 손해를 입지 않았거나 연체료 액수보다 적은 손해를 입었다는 등의 특별한 사정이 인정되는 경우에 한하여 비로소 연체료 내지 연체료 금액에서 실제 손해액을 공제한 차액에 해당하는 재산상의 이익을 취득한 것으로 볼 수 있을 뿐이다.

---

692) 대법원 1982. 2. 23. 선고 81도2601 판결

[공소사실] 피고인은 이 사건 아파트 입주자대표회의 회장으로서 아파트의 열 사용요금을 지정된 납입기한까지 납입하여야 할 업무상 임무가 있음에도 불구하고, ① 2006. 3. 2.경 2006. 1월분 열 사용요금 137,652,360원을 납입기한까지 납입하지 아니하여, 피해자인 이 사건 아파트 입주자들에게 그 연체료 2,753,047원을 부담하게 함으로써 동액 상당의 재산상 손해를 가하고 SH공사로 하여금 동액 상당의 재산상 이익을 취득하게 하고, ② 2006. 4. 3.경 2006. 2월분 열 사용요금 및 전월분 연체료 합계 122,101,670원을 납입기한까지 납입하지 아니하여, 피해자인 이 사건 아파트 입주자들에게 그 연체료 2,386,972원을 부담하게 함으로써 동액 상당의 재산상 손해를 가하고 SH공사로 하여금 동액 상당의 재산상 이익을 취득하게 하였다.

[판단] 열 사용요금 납부 연체로 인하여 발생한 연체료는 금전채무 불이행으로 인한 손해배상에 해당하므로, SH공사가 연체료를 지급받았다는 사실만으로 SH공사가 그에 해당하는 재산상의 이익을 취득하게 된 것으로 단정하기 어렵고, 나아가 SH공사가 열 사용요금 연체로 인하여 실제로는 아무런 손해를 입지 않았거나 연체료 액수보다 적은 손해를 입었다는 등의 특별한 사정이 인정되는 경우에 한하여 비로소 연체료 내지 연체료 금액에서 실제 손해액을 공제한 차액에 해당하는 재산상의 이익을 취득한 것으로 볼 수 있을 뿐이라고 할 것이며, 그와 같이 SH공사가 재산상 어떠한 이익을 취득하였다고 볼 만한 특별한 사정이 있다는 사실에 대한 입증책임은 검사에게 있다고 할 것이나, 기록상 그와 같은 사실을 인정할 증거를 찾아볼 수 없다.[693]

4. 손해의 발생

예제 금형제작업체

○ 박달재는 인천 부평구에서 금형제작업체를 운영하고 있으나, 최근 재정난에 허덕이고 있다. 그런데 박달재는 임하순이 공장을 확장이전하면서 수주물량을 늘이고자 고심하고 있는 사실을 알게 되자, "자신이 태광금속㈜의 간판으로 영업을 하면 2년 내에 200억 원 상당의 매출을 올려줄 수 있다"고 제의하여, 다음과 같은 내용의 계약을 체결하였다.

1. 대외적인 영업활동 및 계약은 태광금속 회사에 귀속한다.
2. 대외활동을 위한 직책은 부사장으로 한다.
3. 총 계약 중 금형계약에 해당하는 50%는 A ㈜에서 제작하고, 정산방식은 모업체의 지급기준에 의해 정산한다.
4. 부품에 대한 수수료를 개별협의를 원칙으로 하되, 일반적인 기준은 3%…
5. 임대료는 6개월은 무상으로 추진하되…'는 등의 내용으로 합의서도 작성하였다.

이에 따라 실제로 1억 원 상당의 금형제작납품 건을 수주하여 순이익의 50%를 지급받기도 하였

---

693) 대법원 2009. 6. 25. 선고 2008도3792 판결

다. 그런데 박달재는 처남 명의로 B 회사를 설립한 다음, 축적한 거래처정보를 이용해 임하순 몰래 B 회사 명의로 금형·사출 납품 건을 수주하여 태광금속 회사를 배제하고 영업이익을 독점하기로 마음먹었다. 그리하여 박달재는 5회에 걸쳐 합계 1억 6천만 원 상당의 계약을 체결하고, 납품대금으로 합계 1억 원을 수령하였다.

○ 피해금액은 얼마인가?

✔ **정답 : 1.6억 배임**

○ 제2심은 재산상 손해를 실제 수령한 1억 원으로 보았다.
① 범죄일람표 기재와 같이 5회에 걸쳐 합계 1억 6천만 원의 금형제작·납품계약을 체결한 후, 그 납품대금으로 합계 1억 원을 수령한 부분에 관하여는 업무상배임죄가 성립한다고 판단하였다.
② 그러나 금형제작·납품계약 체결 후 받지 못한 미수금 및 거래상대방의 해지에 의하여 받지 못하게 된 나머지 계약대금에 관하여는 재산상 손해를 인정할 수 없다고 보았다.

○ 대법원은 1억 6천만 원으로 보았다.
소극적 손해는 재산증가를 객관적·개연적으로 기대할 수 있음에도 임무위배행위로 이러한 재산증가가 이루어지지 않은 경우를 의미하는 것이므로 임무위배행위가 없었다면 실현되었을 재산 상태와 임무위배행위로 말미암아 현실적으로 실현된 재산 상태를 비교하여 그 유무 및 범위를 산정하여야 할 것이다. 따라서 피해자 회사의 재산상 손해는 피고인의 위와 같은 임무위배행위로 인하여 피해자 회사의 금형제작·납품계약 체결기회가 박탈됨으로써 발생함을 알 수 있다. 그렇다면 이러한 재산상 손해는 피고인이 위와 같은 임무위배행위로 금형제작·납품계약을 체결한 때에 발생되는 것이므로, 원칙적으로 그 임무위배행위로 위 금형제작·납품계약을 체결한 때를 기준으로 위 금형제작·납품계약 대금에 기초하여 산정하여야 할 것이며, 따라서 위 금형제작·납품계약 대금 중에서 사후적으로 발생되는 미수금이나 계약의 해지로 인해 받지 못하게 되는 나머지 계약 대금 등은 특별한 사정이 없는 한 위 금형제작·납품계약 대금에서 공제할 것이 아니다.

🎖 기본 이론

(1) 판단기준

"재산상의 손해를 가한 때"란 ① 임무위배행위 시점의 통상의 시장가격을 기준으로 ② 경제적 관점에서 전체적 재산가치의 감소를 말하며, 재산적 실해를 가한 경우뿐만 아니라 ③ 실해발생의 위험을 초래한 경우도 포함한다. 손해액이 구체적으로 명백하게 확정되지 않아도 배임죄의 성립에는 영향이 없다. 여기에는 재산의 처분이나, 채무 부담으로 인한 재산의 감소와 같은 적극적 손해를 야기한 경우는 물론, ④ 배임행위로 이익을 얻지 못하는 소극적 손해를 야기한 경우도 포함된다.

(2) 배임행위시의 통상의 시장가격

배임행위로 계약을 체결함으로서 발생한 재산상 손해 유무의 판단 기준시기는 계약을 체결한 시점을 기준으로 통상의 시장가격을 기준으로 한다.

> 피해자 회사의 재산상 손해는 피고인의 위와 같은 임무위배행위로 인하여 피해자 회사의 금형제작·납품계약 체결기회가 박탈됨으로써 발생함을 알 수 있다. 그렇다면 이러한 재산상 손해는 피고인이 위와 같은 임무위배행위로 금형제작·납품계약을 체결한 때에 발생되는 것이므로, 원칙적으로 그 임무위배행위로 위 금형제작·납품계약을 체결한 때를 기준으로 위 금형제작·납품계약 대금에 기초하여 산정하여야 할 것이다.[694]

(3) 경제적 관점에서 전체적 재산가치 감소

1) 조합원총회를 결략한 임직원 보수지급

적법하게 채용된 직원이 실제 사무를 처리하거나 노무를 제공해 왔다면, **임직원 보수규정의 제정이 없더라도 그에 상응하는 대가로서 보수를 지급할 의무가 있는 것**이므로, 그 보수지급이 있었다고 하여 바로 전체적 재산가치의 감소, 즉 재산상 손해가 있었다고 쉽게 단정할 수 없다.

> [사실관계] 피고인들이 조합설립인가 후 조합원총회를 개최하여 그 결의로써 임원 및 유급직원의 보수규정을 제정한 다음 보수를 지급하여야 할 임무가 있음에도, 그러한 절차를 거치지 않고 이 사건 범죄일람표 기재 상근임원과

---

694) 대법원 2013. 4. 26. 선고 2011도6798 판결

유급직원에게 보수를 지급하였다. 한편 재건축조합의 정관에서는 조합의 사무를 집행하기 위하여 필요하다고 인정할 때에는 총회 또는 대의원회의 의결을 거쳐 상근임원 또는 유급직원을 둘 수 있고, 그러한 상근임원과 유급직원에 대하여는 보수규정에 의한 보수를 지급하도록 규정하고 있는 사실이 인정되고, 이 사건 임직원은 모두 정관의 규정에 따라 대의원회의 결의를 거쳐 선임 또는 채용되었다. 또한 임직원의 수, 직급 및 보수 수준은 전국재건축연합회의 급여규정 외에 다른 재건축조합들의 상근자에 대한 보수지급 실태까지 비교적 폭넓게 조사하여 이를 참고로 결정되었고, 이에 따른 보수지급은 대의원회의 결의로써 그 집행이 승인되었다.

[판단] 위와 같이 적법하게 선임 또는 채용된 이 사건 임직원이 이 사건 재건축조합을 위하여 실제 사무를 처리하거나 노무를 제공해 왔다면, 이 사건 재건축조합으로서는 조합원총회의 결의를 거친 임직원 보수규정의 제정이 없더라도 이들에게 정관규정과 관련 법규 등에 따라 그 사무처리 또는 노무제공에 상응하는 대가로서 보수를 지급할 의무가 있는 것이므로, 그 보수지급이 있었다고 하여 바로 이 사건 재건축조합에 전체적 재산가치의 감소, 즉 재산상 손해가 있었다고 쉽게 단정할 수 없다. 그러므로 원심으로서는 적법한 절차를 거치지 않은 이 사건 임직원에 대한 보수지급과 관련하여, 과연 이 사건 임직원이 실제 그 직무를 수행하였는지, 위와 같은 보수지급이 그 반대급부인 직무수행에 상응하는 적정한 수준의 것이었는지, 위 보수지급으로 인하여 이 사건 재건축조합에 다른 재산상 손해를 가한 것은 없는지 등을 더 심리한 다음, 위 보수지급으로 인해 조합에 전체적 재산가치의 감소가 있었는지 여부를 판단하고, 이 점이 인정될 경우에만 그 재산가치의 감소액을 재산상 손해액으로 인정하였어야 할 것이다.[695]

2) 대물변제

따라서 배임행위로 인하여 **급부와 반대급부가 상응하는지 여부**를 검토하여 **전체적 재산가치의 감소, 즉 재산상 손해가 있었는지 여부**를 확정하여야 한다.

[사실관계] 피고인들은 동조산업㈜를 사실상 운영하여 오던 자이다. 그런데 피고인 甲은 동조산업 소유의 유일한 재산인 '제31동산호' 선박에 대하여 사전에 주주총회 결의나 이사회 승인 등 정상적인 절차를 거치지 아니한 채, 시가 2억 3천만 원 상당의 어획물과 선박을 1억 원으로 계산하여 피고인 乙에게 乙의 회사에 대한 채권 3억 8천만 원에 대한 대물변제로 제공하는 계약을 체결한 후, 다음날 乙명의로 이전등기를 마쳤다.

판단] 그 선박이 동조산업의 유일한 재산이거나 적어도 회사의 존속기반이 되는 중요한 영업용 재산이어서 처분 당시 주주총회의 특별결의 등을 거치지 아니한 이유로 위 대물변제약정 및 이에 따른 소유권이전등기는 법률상 당연무효라고 하더라도 경제적 관점에서 볼 때 위 선박에 관한 소유권이전등기를 넘겨준 이상 위 처분행위로 인하여 동조산업에게 적어도 위 선박 가액 상당의 현실적인 손해를 가하였거나 재산상 실해 발생의 위험을 초래하였다. 그러나 피고인들은 그 당시 乙이 동조산업에 대하여 합계 3억 8천만 원의 대여금 채권을 갖고 있었는데, 이에 대한 대물변제 명목으로 객관적 가치가 8천만 원 정도이던 어획물 66t을 2억 3천만 원으로 계산하고, 근저당권까지 설정되어 있어 실제 가치가 거의 없던 위 선박을 시가 1억 원으로 계산하여 양도·양수하였다는 등으로 주장하고 있다. 따라서 선박에 대한 대물변제와 관련하여 과연 위와 같은 급부와 반대급부가 상응하는지 여부, 나아가 위 대물변제로 동조산업에게 위 선박의 객관적 가치의 상실 외에 다른 재산상 손해를 가한 것은 없는지 등을 더 심리한 다음,

---

695) 대법원 2007. 6. 15. 선고 2005도4338 판결

그 대물변제로 인해 동조산업의 전체적 재산가치의 감소, 즉 재산상 손해가 있었는지 여부를 판단하고, 나아가 만약 이 점이 인정될 경우 그 재산가치의 감소액을 재산상 손해액으로 인정하였어야 한다.[696]

(4) 실해발생의 위험 초래 = 구체적이고 현실적인 위험

배임죄에서 재산상의 손해에는 **현실적인 손해**가 발생한 경우뿐만 아니라 **재산상 실해 발생의 위험을 초래한 경우**도 포함되고, 그 판단은 법률적 판단에 의하지 않고 **경제적 관점에서 파악**하여야 한다. 그런데 재산상 실해 발생의 위험이란 본인에게 손해가 발생할 **막연한 위험이 있는 것만으로는 부족**하고 **경제적인 관점에서 보아 본인에게 손해가 발생한 것과 같은 정도로 구체적·현실적인 위험이 야기된 정도**에 이르러야 하고, **단지 막연한 가능성이 있다는 정도로는 부족**하다.[697]

또 일단 손해의 위험성을 발생시킨 이상 사후에 피해가 회복되더라도 배임죄는 성립한다. 따라서 재산상의 손실을 야기한 임무위배행위가 동시에 그 손실을 보상할 만한 재산상의 이익을 준 경우, 예컨대 그 배임행위로 인한 급부와 반대급부가 상응하고 다른 재산상 손해도 없는 때에는 전체적 재산가치의 감소, 즉 재산상 손해가 없다.[698] 판례 사안에 따라 살펴본다.

1) 인정되는 경우

A. 직무집행기간에 대한 조합장에 대한 급여, 정보비 등 지급

토지구획정리조합은 그 구성원인 개개의 조합원들과 구별되는 독립된 권리주체로서 그 이해가 반드시 일치하는 것은 아니므로 대의원회의 의결권에는 스스로 한계가 있고, 그 한계를 벗어나는 사항에 대하여는 비록 대의원회의 의결이 있었다고 하더라도 범죄를 구성할 수 있다. 따라서 조합장이 토지구획정리조합이 지출하여야 할 비용이 아님에도 불구하고 조합이 그 비용을 지출하도록 대의원회의 결의를 받아 해당 비용을 지출하는 경우에는 업무상배임죄에 해당한다.

○ (조합장의 정보비, 판공비, 상여금 등) 피고인은 피해자 조합의 조합장으로 선임되었으나, 조합원들 상호간의 분쟁으로 인하여 법원의 직무집행정지 결정에 의하여 일정기간 조합의 직무에서 배제되어 그 업무를 수행할 수 없었다. 그 후 피고인은 해당 직책에 복귀하여 대의원회를 개최하여 직무정지기간 중의 조합장 정보비 1천 6백만 원 및 상무이사 급여 1천 2백만 원을 포함한 과거 약 1-2년 전의 임직원 보수지급에 관한 안건을 상정하여 급여 등을 소급하여 지급하는 내용의 대의원회 의결을 받았고, 그 의결에 따라 급여와 정보비를 지급받았다. 한편 피해자 조합

---

696) 대법원 2005. 4. 15. 선고 2004도7053 판결
697) 대법원 2005. 9. 29. 선고 2003도4890 판결
698) 대법원 2005. 4. 15. 선고 2004도7053 판결

은 정관 제24조에서 "임직원은 직무에 요하는 비용을 변상 받을 수 있고 보수와 비용 및 그 지급방법은 이사회의 의결을 얻어 조합장이 이를 정한다."라고 규정하고 있을 뿐, 임직원에 대한 보수의 기준 및 산정방식에 대하여 구체적인 급여규정을 두고 있지 아니하며, 달리 관계 법령을 살펴보더라도 법원의 직무집행정지 결정에 의하여 근로를 제공하지 아니한 토지구획정리조합의 임원에 대하여 급여나 정보비 등을 지급할 법적 근거를 찾을 수 없으므로, 피해자 조합이 피고인에 대하여 위 직무정지기간에 해당하는 급여 및 정보비를 지급하거나, 피고인에 대하여 상여금을 지급하거나 월 250만 원을 초과한 판공비를 지급하거나, 이사 공소외 3 또는 공소외 4에 대하여 정보비를 지급할 의무를 부담한다고 보기 어렵다. 이러한 사실관계를 앞서 본 법리에 비추어 보면, 피고인이 피해자 조합이 지급하여야 할 비용이나 채무가 아님에도 불구하고 조합장 급여 항목을 제외한 나머지 항 기재의 각 정보비, 판공비, 상여금 등을 지급한 행위는 업무상배임죄에 해당한다.

○ (조합장의 자의적 급여인상) 피고인은 이사회를 개최하여 임직원들에 대한 급여 등의 인상안을 제출하였으나, 대의원회에서 의결한 조합운영비 예산이 한정되어 있으며 달리 조합에 영업이익이 발생한 것도 아니라는 등의 이유로 그 인상안에 반대함에 따라 과반수의 의결에 의한 이사회의 승인을 얻지 못하였고, 단지 조합장이 능력을 발휘하여 분양대행사와 협의하여 기존의 예산과 구별되는 추가적인 자금지원을 받는 경우에 한하여 그 추가자금으로 임직원들에 대한 급여 등을 인상해도 좋다는 취지의 이사회의 양해만을 받았음에도 피고인은 분양대행사와 협의하여 추가적인 자금지원을 받지도 아니한 채 이사회의 결정에 반하여 기존의 조합 예산으로 조합장인 자신에 대한 급여액을 마음대로 인상하여 이를 지급받았다. 한편 피고인 1이 이사회 결정에 반하여 마음대로 급여 등을 인상하여 이를 지급하였다고 하더라도 그 지급액 전부를 조합의 손해라고 볼 수는 없고, 그와 같이 지급된 금액에서 종전부터 유지되어 온 정상적인 보수액과의 차액 상당의 금액만이 조합이 입게 된 손해에 해당한다고 할 것이고, 여기에서 정상적인 보수액이라 함은 그 명칭 여하를 불문하고 정당한 근거에 기하여 근로의 대가로서 받을 수 있는 금원을 가리킨다.[699]

2) 인정되지 않는 경우

A. 공동발명자 등재

[사실관계] 피고인은 서울 구로구 소재 A 회사 경영기획팀 팀장으로 근무하면서 특허출원 등 관리업무에 종사하던 사람이다. 피고인은 회사에서 개발한 '재활용 통합 분리수거 시스템' 발명이 회사 대표이사인 B의 제안으로 회사 연구개발본부 소속 연구원들이 개발에 참여하여 연구한 것이므로, 에이스국제특허법률사무소 직원에게 특허출원을 위임하는 사무를 처리함에 있어서 실제 발명자를 해당 출원의 발명자인 'A 회사 대표이사 B'로 기재하여야 한다. 그러나 피고인은 특허법률사무소 직원에게 특허출원서의 발명자를 'A 회사 대표이사 B' 및 '피고인'으로 작성하여 특허청에 특허출원하도록 하여, 특허청으로부터 피고인이 위 재활용 통합 분리수거 시스템의 공동발명자로 등재되도록 하였다.

[판단] 이 사건 특허에 관하여 등록권리자 및 최종권리자는 A 회사로 등록되었는바, 이와 같은 경우 특허권은 일응 A 회사에게 귀속되어 위 회사가 특허권을 행사하는데 아무런 손해가 발생하지 않는다. 또 발명자 등재만으로는 특허권 자체에 대하여 어떠한 권리도 행사할 수 없다. 단지, 종업원이 성질상 사용자의 업무범위에 속하는 분야에서

---

699) 대법원 2009. 8. 20. 선고 2008도12112 판결

발명을 하고 사용자가 직무발명에 대한 권리를 승계하여 특허를 출원한 경우에는 '직무발명보상금'을 청구할 권리가 발생하는데, 직무발명보상금을 청구하기 위하여는 이를 청구하는 자가 본인이 '특허의 발명자'임을 입증하여야한다.[700] 또한 발명자가 잘못 기재되거나 발명자가 누락된 경우에는 발명자의 '명예권'(발명자의 인격권에서 파생되는 권리로서, 특허출원에서 등록과정에서 각종 서류에 게재되는 권리의 형식으로 나타남)을 침해한 것으로 보아 이를 이유로 손해배상을 청구할 수 있는지 여부는 별론으로 하고, 진정한 발명자에게 곧바로 재산상 손해가 발생하였다고 볼 수 없다. 특허법률사무소 직원도 특허출원 당시 발명자로 등재되더라도 크게 권리나 이익이 없어 상관없다고 말하였고, 피고인도 피고인을 발명자로 등재한 이유는 재산상 이익을 얻기 위함이 아니라 직장경력에 도움이 될 것이라고 생각했기 때문이라고 진술하고 있다. 또한 피고인이 탑랭크㈜를 상대로 직무발명보상금을 청구하는 소송을 제기하거나 이를 명시적으로 요청한 사실도 없으며, 피고인이 발명자로 등재된 것이 문제가 되자 피고인 스스로도 특허원부상 발명자에서 명의를 삭제하는 것도 상관없다고 말하였다. 따라서 피고인이 특허출원 시 발명자로 피고인 이름을 등재하였다는 사실행위만으로는 곧바로 회사의 특허권을 침해한다거나 직무발명보상금 지급의무의 발생이라는 법적 효과가 생기는 것은 아니고, 피고인으로서도 직무발명보상금을 인정받기 위하여는 스스로 직무발명임을 입증하여야 하는 것이므로, 위와 같은 피고인의 발명자 등재행위로 말미암아 회사에 현실적인 손해가 발생하거나 재산상 손해발생의 위험이 생기는 것도 아니며 피고인도 그에 상응하는 재산상 이익을 취득하였다 볼 수 없다.

B. 효력 없는 상계

[사실관계] ① 피고인은 '모노디자인'이라는 상호로 가구대리점을 상대로 가구판매업을 하다가 이를 폐업하고, ㈜라자가구 사이에 라자가구가 제작한 가구를 가구대리점에 판매하고 피고인은 라자가구로부터 가구판매대금의 20%를 지급받기로 약정하였다. 피고인은 그 무렵부터 2011. 7.경까지 사이에, 가구대리점으로부터 주문서를 받아 라자가구에 가구를 주문하고, 라자가구는 위 주문에 따라 가구를 제작하여 가구대리점에 직접 이를 배송하며, 피고인은 가구판매대금을 수금하여 이를 라자가구에 입금하고, 세금계산서는 가구대리점과 라자가구 사이에 작성하는 방법으로 가구를 판매해 왔다. 그런데 피고인은 가구판매대금을 수금하는 과정에서 피고인이 이전에 모노디자인을 운영하면서 가구대리점들로부터 받은 선금과 라자가구의 가구판매대금을 상계하겠다는 의사를 표시한 사실을 인정할 수 있다.

[판단] 원심은 이 사건 공소사실을 유죄로 인정하고 피고인에게 징역 6월의 형을 선고하였다. 민법상 상계란 동일 당사자 사이에 채권이 대립하고 있고, 양 채권이 동종의 목적을 가지며, 쌍방의 채권이 변제기에 있을 때, 일방채권자가 상대방에 대하여 양 채권을 대등액의 범위에서 소멸시키는 의사를 표시하는 것을 말한다. 그런데 피고인은 가구판매대금채권을 자동채권으로, 선금반환채권을 수동채권으로 하는 상계의사를 표시하였는바, 가구대리점에 가구를 공급하고 세금계산서를 발행한 것은 라자가구이므로 가구판매대금의 채권자는 라자가구라 할 것이고 (피고인의 지위에 관하여, 피고인은 피고인이 라자가구의 가구판매를 알선하면 라자가구에서 피고인에게 매매대

---

700) 직무발명보상금 청구소송에서 특허원부에 기재된 발명자에 관한 추정력에 관하여, 특허원부에 발명자로 기재되어 있는 종업원은 진정한 발명자로 사실상 추정되어야 한다는 견해도 있지만, 현재 실무에서는 발명자 등재여부와 무관하게 발명자 결정에 관한 일반론에 따라 '어떠한 문제를 해결하기 위하여 기술적 수단을 새로 착상하고 이를 반복하여 실현하는 방법을 만들었는지 여부'를 심리하여 발명자인지 여부를 판단하고 있다(서울고등법원 2007. 5. 8. 선고 2006나62159 판결 등).

금의 20%를 지급하는 계약관계라고 주장함에 대하여, 라자가구는 피고인이 라자가구의 판매사원에 불과하다고 주장하는바, 어느 주장에 의하더라도 가구판매대금의 채권자는 변함이 없다), 반면 가구대리점의 선금반환채권의 상대방(채무자)은 피고인이므로 위 가구판매대금채권과 선금반환채권은 동일 당사자 사이에서 대립하는 채권으로 볼 수 없다. 따라서 피고인이 가구대리점에 대하여 상계의 의사를 표시한다고 하여 라자가구의 가구판매대금채권과 가구대리점의 선금반환채권이 대등액의 범위에서 소멸하는 것이 아님이 명백하므로, 결국 라자가구로서는 가구대리점에 대하여 여전히 유효한 가구판매대금채권을 보유하고 있는 것이어서 피고인의 행위로 인해 라자가구에 재산상 손해가 발생하였다거나 손해발생의 위험성이 초래되었다고는 볼 수 없다.[701]

C. 새마을금고법 규정 위배로 당연무효

따라서 배임행위가 법률상 무효이기 때문에 본인의 재산상태가 사실상으로도 악화된 바가 없다면 현실적인 손해가 없음은 물론이고 실해가 발생할 위험도 없는 것이므로 본인에게 재산상의 손해를 가한 것이라고 할 수 없을 것이다.

[범죄사실] 피고인은 새마을 금고 이사장으로서 자신이 며칠 전에 개인용도로 금원을 차용한 일이 있는 김숙경에게 새마을 금고의 이사장자격으로 지불각서를 해 주는 등의 행위를 하여 동 금고가 채무를 부담하는 일을 하여서는 아니 될 업무상의 임무를 위배하여 새마을 금고이사장 명의의 지불각서를 작성 교부함으로써 동인으로 하여금 채권을 취득하게 하고 새마을 금고에 채무를 부담하게 하는 손해를 가한 것이다.

[판단] 새마을금고법 관련 규정에 비추어 새마을 금고의 이사장이 이사회의 의결 없이 개인으로부터 자금을 차입하거나 채무를 부담하는 행위는 당연무효이다. 그러므로 김숙경은 위 각서상의 채권을 취득할 수 없음은 물론 금고도 채무를 부담하지 않으며 동 금고에 아무런 손해도 발생하지 아니한다.

D. 지급보증서

피고인은 은행지점장으로서 자신이 맡은 지점의 영업실적을 높여야 하는 상황에 있었고, 이러한 지급보증서는 위조여부를 본점 등에 직접 조회해보지 않는 한 범행이 발각될 가능성이 낮은 점을 이용하기로 마음먹었다. 피고인은 B 회사의 영업부 대리에게 국민은행 봉은사로지점 지점장실에서 보증상대처 'B㈜', 채무자 'A 회사', '물품대금 지급보증', 보증금액 십억 원'인 국민은행 봉은사로지점 지점장 명의로 위조된 지급보증서를 발급받았다. 그런데 B 회사의 관리부는 C가 피고인으로부터 받은 지급보증서가 정상적으로 발급된 것이 아님을 확인하고 A 회사를 통하여 석유를 주문하였던 사람에게 석유를 공급하지 않았고, A 회사가 B 회사에 대하여 아무런 물품대금 채무를 부담하지 않게 되었다. 피고인이 피해자 국민은행을 대리하여 A 회사가 B 회사에 대하여 장래 부담하게 될 물품대금 채무에 대하여 지급보증을 하였더라도, B 회사가 A 회사와 거래를 개시하지도 않았고, 이에 따라 지급보증의 대상인 물품대금 지급채무 자체가 현실적으로 발생하지 않은 이상, 보증인 피해자 국민은행에게 경제적인 관점에서

---

701) 대법원 2013. 9. 12. 선고 2013도7130 판결 : 상고기각

손해가 발생한 것과 같은 정도로 구체적인 위험이 발생하였다고 평가할 수는 없으므로, 위 피고인을 특정경제범죄 가중처벌 등에 관한 법률위반(배임)죄로 처벌할 수는 없다.

E. 배합사료 판매대금 단가조정 및 대금 할인

[공소사실] 피고인은 배합사료 판매회사의 영업사원이다. A가 운영하는 돼지농장 등에 배합사료를 판매하는데, 피고인은 거래처와 계속적 거래를 유지하기 위하여 할인이 필요한 경우 영업관리 매뉴얼에 따라 할인율을 결정하고 내부 결재를 받아 처리하고 있다. 그런데 피고인은 A에게 52억 원 상당의 배합사료를 공급하였으나, 피해자 회사에 보고하거나 결재를 받지 않고 물량장려금 등 명목으로 임의로 단가를 조정하거나 대금을 할인하여 합계 5억 5천만 원을 할인해 주었다.

[1심] A는 오랫동안 양돈업에 종사하며 사료거래를 한 사람으로서 영업사원의 업무권한 범위에 관하여도 어느 정도 알고 있었을 것으로 보이는 점, 피고인이 A에게 임의로 작성하여 준 장부는 장려금 액수 등이 일정하지 않을 뿐만 아니라 내용상으로도 이례적인 내용이 포함되어 있는 점, A는 피고인으로부터 받은 장부와 다른 내용의 거래내역통보서, 잔액확인서, 장려금지급통보서 등을 매월 또는 반기, 연말마다 받고도 피해자 회사에 이의를 제기하지 않고 오히려 이에 따라 부가가치세 신고를 한 점, A는 피해자 회사와의 거래를 일시중단하면서 피해자 회사의 거래장부에 따라 정산을 하기도 하였다. 따라서 A로서는 피고인에게 사료대금을 할인하거나 장려금을 추가로 지급할 권한이 없다는 것을 잘 알고 있었던 것으로 보인다. 따라서 피고인이 공소외 2에게 할인 또는 추가 장려금을 지급하기로 약속하였더라도 이는 피해자 회사에 대한 관계에서 무효라고 할 것이어서 피해자 회사에 구체적·현실적인 재산상 실해 발생의 위험이 야기되었다고 보기 어렵다는 이유로 피고인에 대하여 무죄를 선고하였다.

[2심] 피고인은 피해자 회사의 영업담당 직원으로서 A가 운영하는 돼지농장 등에 사료를 공급하는 업무를 하는 과정에서 할인을 요구하는 A에게 추가 장려금을 지급하거나 선입 장려금을 높여 작성한 장부를 교부함으로써 그 거래를 지속할 수 있었다. (2) A는 거래를 일시 중단하였다가 다시 거래를 시작하였는데, 2014년 여름 피해자 회사가 보낸 서류와 피고인이 교부한 장부 사이에 차이가 있어 피고인에게 이를 확인하였는데, 피고인은 자신의 자료가 맞는 것이라고 말하였다. (3) 피해자 회사는 피고인의 위와 같은 행위를 알게 되자 A 측으로부터 양도담보부채무변제계약 공정증서를 작성·교부 받았다. 농장 대표는 공정증서에 기한 강제집행의 불허를 구하는 청구이의의 소를 제기하였고, 피해자 회사는 물품대금 588,214,883원의 지급을 구하는 소를 제기하였다. 제1심인 평택지원은 피고인이 배합사료 공급계약의 내용을 변경할 권한이 있었다고 볼 수 없고, 공소외 2 측에서 피고인에게 그러한 권한이 있다고 믿을만한 정당한 이유가 있었다고 보기도 어렵다고 판단하였으나, 이는 이 사건 계약에 따른 계약상 책임에 관련한 것이고, 피해자 회사가 A측에 대하여 사용자책임 기타 법적 책임을 부담하게 될 가능성을 완전히 배제할 수는 없다. 위 사건은 현재 항소심 재판이 계속 중이다. 따라서 피고인의 사료대금 할인 내지 추가 장려금 지급 약속 행위가 피해자 회사에 대한 관계에서 무효라고 보더라도, 경제적 관점에서 볼 때 피고인의 행위로 인하여 피해자 회사에 실해 발생의 위험이 초래되었다고 보아야 하고, 따라서 피고인의 행위는 배임죄를 구성한다.

[대법원] 원심판단 자체에 의하더라도 이와 같은 사정만으로는 피해자 회사에 재산상 실해가 발생할 가능성이 생겼다고 말할 수는 있어도 나아가 그 실해 발생의 위험이 구체적·현실적인 정도에 이르렀다고 보기는 어렵다. 원심으로서는 피고인의 위 행위가 피해자 회사의 재산 상태에 구체적으로 어떠한 영향을 미쳤는지, 이 사건 물품대금 소송의 제1심판결에도 불구하고 피해자 회사가 사용자책임을 부담한다고 볼 만한 사정이 있는지 등을 면밀히 심리하여 피해자 회사에 현실적인 손해가 발생하거나 실해 발생의 위험이 생겼다고 볼 수 있는지를 판단하였어야 할

것이다.[702]

(5) 소극적 손해의 경우

재산상 손해에는 ① 재산의 처분 등 직접적인 재산의 감소, ② 보증이나 담보제공 등 채무 부담으로 인한 재산의 감소와 같은 적극적 손해를 야기한 경우, ③ **객관적으로 보아 취득할 것이 충분히 기대되는데도 임무위배행위로 말미암아 이익을 얻지 못한 경우, 즉 소극적 손해를 야기한 경우도 포함**된다. 이러한 소극적 손해는 재산증가를 객관적·개연적으로 기대할 수 있음에도 임무위배행위로 이러한 재산증가가 이루어지지 않은 경우를 의미하므로 **임무위배행위가 없었다면 실현되었을 재산 상태와 임무위배행위로 말미암아 현실적으로 실현된 재산 상태를 비교하여** 그 유무 및 범위를 산정하여야 한다.

3. 불법영득의사와 배임의 고의
(1) 불법영득의사

업무상배임죄에 있어서 불법영득의 의사라 함은 자기 또는 제3자의 이익을 꾀할 목적으로 업무상 임무에 위배된 행위를 하는 의사를 의미하고, 반드시 자기 스스로 재산상 이익을 취득해야만 하는 것은 아니다.[703]

(2) 배임의 고의

업무상배임죄의 고의는 업무상 타인의 사무를 처리하는 자가 본인에게 재산상의 손해를 가한다는 의사와 자기 또는 제3자의 재산상의 이득의 의사가 임무에 위배된다는 인식과 결합되어 성립된다. 한편 피고인이 본인의 이익을 위하여 문제가 된 행위를 하였다고 주장하면서 범의를 부인하고 있는 경우에는 사물의 성질상 고의와 상당한 관련성이 있는 간접사실을 증명하는 방법에 의하여 입증할 수밖에 없고, 위와 같은 간접사실에 의하여 본인의 이익을 위한다는 의사는 부수적일 뿐이고 이득 또는 가해의 의사가 주된 것임이 판명되면 업무상배임죄의 고의가 있다고 할 것이다.

---

702) 대법원 2017. 10. 12. 선고 2017도6151 판결
703) 대법원 2005. 7. 29. 선고 2004도5685 판결

1) 경영판단의 법리

기업의 경영에는 원천적으로 위험이 내재하여 있어서 경영자가 아무런 개인적인 이익을 취할 의도 없이 선의에 기하여 가능한 범위 내에서 수집된 정보를 바탕으로 기업의 이익에 합치된다는 믿음을 가지고 신중하게 결정을 내렸다 하더라도 그 예측이 빗나가 기업에 손해가 발생하는 경우, 문제된 경영상의 판단에 이르게 된 경위와 동기, 판단대상인 사업의 내용, 기업이 처한 경제적 상황, 손실발생의 개연성과 이익획득의 개연성 등 제반 사정에 비추어 자기 또는 제3자가 재산상 이익을 취득한다는 인식과 본인에게 손해를 가한다는 인식하의 의도적 행위임이 인정되는 경우에 한하여 배임죄의 고의를 인정하는 엄격한 해석기준은 유지되어야 할 것이고, 그러한 인식이 없는 데 단순히 본인에게 손해가 발생하였다는 결과만으로 책임을 묻거나 주의의무를 소홀히 한 과실이 있다는 이유로 책임을 물을 수는 없다.[704]

2) 대주주의 양해 내지 이사회의 결의

한편 주식회사와 주주는 별개의 인격으로서 동일인이라고 볼 수 없으므로, 회사의 임원이 그 임무에 위배되는 행위로 재산상 이익을 취득하거나 제3자로 하여금 이를 취득하게 하여 회사에 손해를 가한 때에는 이로써 배임죄가 성립하고, 그 임무위배행위에 대하여 **사실상 대주주의 양해를 얻었다고 하여 본인인 회사에 손해가 없다거나 또는 배임의 범의가 없다고도 볼 수 없고**, 주식회사의 경영을 책임지는 이사는 이사회의 결의가 있더라도 그 결의 내용이 주주 또는 회사 채권자를 해하는 불법한 목적이 있는 경우에는 이에 맹종할 것이 아니라 회사를 위하여 성실한 직무수행을 할 의무가 있으므로, 이사가 임무에 위배하여 주주 또는 회사 채권자에게 손해가 될 행위를 하였다면, **회사 이사회의 결의가 있었다고 하여 그 배임행위가 정당화될 수 없는 것**이다.[705]

피고인은 항도종합금융 ㈜의 경영권을 인수할 목적으로 그 회사 발행의 주식을 매집하고자 이에 소요되는 자금을 마련하는 방편으로 10억 원을 투자하여 급조한 ㈜ 1 및 원심 공동피고인이 경영하던 회사로서 거래실적이나 자산이 거의 없는 ㈜ 2 명의로 원심 판시와 같이 액면 합계 467억 원에 달하는 이 사건 약속어음들을 발행하게 하고, 나아가 이를 금융기관에서 할인하기 위하여 피고인 자신이 대주주이고 이사 겸 부사장으로서 경영을 사실상 책임지고 있던 회사로서 금융권에서 신용이 있는 ㈜ ㈜ 3의 명의로 배서를 한 것으로서 이 경우 ㈜ 1 및 ㈜ 2는 그 약속어음들을 결제할 자금이나 능력이 없어 결국 그 배서인인 ㈜ 3이 모든 책임을 져야 하는 만큼, 피고인이 그 배서에 앞서 ㈜ 3의 이사회 결의를 거치고, 또한 ㈜ 3의 대주주로서 피고인의 형들인 공소외 김중건, 김중광의 승낙을 받았

704) 대법원 2000. 5. 26. 선고 99도2781 판결
705) 대법원 2000. 5. 26. 선고 99도2781 판결

다고 하더라도, 이는 ㈜ 3의 이사 겸 부사장으로서 실질적 경영자인 피고인이 그 지위를 이용하여 자신의 권한을 넘어 ㈜ 3의 설립 목적과 사업범위를 벗어난 행위로서 ㈜ 3에 대한 신임관계를 저버리는 임무위반의 행위이고, 또한 ㈜ 3과 그 소수주주 또는 채권자들에게 재산상의 손해를 입힐 수 있다는 것을 충분히 인식하고 있었던 것으로 보이므로, 피고인에게 업무상배임의 범의가 없었다고 할 수 없으며, 이 사건 약속어음들에 대한 배서에 관하여 ㈜ 3의 이사회 결의 및 대주주의 승낙이 있었다고 하여 본인인 ㈜ 3의 승낙이 있었다고 볼 수도 없다. 같은 취지에서 피고인을 업무상배임으로 인한 특정경제범죄가중처벌등에관한법률위반죄로 다스린 원심의 조치는 정당하다.[706]

6. 미수범 - 대표이사의 의무부담행위가 무효인 경우

주식회사의 대표이사가 대표권을 남용하는 등 그 임무에 위배하여 회사 명의로 의무를 부담하는 행위를 하더라도 일단 회사의 행위로서 유효하고, 다만 그 상대방이 대표이사의 진의를 알았거나 알 수 있었을 때에는 회사에 대하여 무효가 된다.[707]

(1) 상대방이 악의 내지 과실이 있는 경우 - 미수

상대방이 대표권남용 사실을 알았거나 알 수 있었던 경우 그 의무부담행위는 원칙적으로 회사에 대하여 효력이 없고, 경제적 관점에서 보아도 이러한 사실만으로는 회사에 현실적인 손해가 발생하였다거나 실해 발생의 위험이 초래되었다고 평가하기 어려우므로, 달리 그 의무부담행위로 인하여 실제로 채무의 이행이 이루어졌다거나 회사가 민법상 불법행위책임을 부담하게 되었다는 등의 사정이 없는 이상 배임죄의 기수에 이른 것은 아니다. 그러나 이 경우에도 대표이사로서는 배임의 범의로 임무위배행위를 함으로써 실행에 착수한 것이므로 배임죄의 미수범이 된다.

(2) 상대방이 선의인 경우 - 기수

그리고 상대방이 대표권남용 사실을 알지 못하였다는 등의 사정이 있어 그 의무부담행위가 회사에 대하여 유효한 경우에는 회사의 채무가 발생하고 회사는 그 채무를 이행할 의무를 부담하므로, 이러한 채무의 발생은 그 자체로 현실적인 손해 또는 재산상 실해 발생의 위험이라고 할 것이어서 그 채무가 현실적으로 이행되기 전이라도 배임죄의 기수에 이르렀다고 보아야 한다.

---

706) 대법원 2000. 5. 26. 선고 99도2781 판결
707) 대법원 1997. 8. 29. 선고 97다18059 판결, 대법원 2004. 3. 26. 선고 2003다34045 판결 등

7. 공범

(1) 인정된 사례

비상장회사인 B㈜의 발행주식을 전량 소유하고 있는 A 회사가 피고인에게 위 주식을 매도할 당시 상속세 및 증여세법 등의 규정에 따라 평가한 주식의 적정가액은 최소한 2,332,085,000원임에도, A㈜ 사장인 제1심 공동피고인이 B㈜ 회계책임자 C에게 지시하여 약 3억 원의 재고자산 감모 손실이 추가로 발생한 것인 양 회계 관련서류를 허위로 기재하게 하는 등의 방법으로 B㈜의 자산가치를 손익가치보다 낮게 조작한 후 손익가치 평가액을 기준으로 산정한 가격인 2,159,986,400원에 매도함으로써 피고인에게 그 차액인 172,098,600원 상당의 재산상 이익을 취득하게 하고 A㈜에 동액 상당의 재산상 손해를 가한 사실을 인정하고, 나아가 위와 같은 매매가격 결정 과정에서 피고인이 제1심 공동피고인 및 그의 지시를 받은 C와의 사이에 B㈜의 자산가치를 낮추는 방식에 관하여 협의하고 C로부터 그 결과를 보고받는 등의 방법으로 제1심 공동피고인의 배임행위에 적극 가담한 것으로 판단하여 피고인을 업무상배임죄의 공동정범으로 인정한 제1심판결을 유지한 것은 정당하고, 거기에 상고이유의 주장과 같이 채증법칙을 위배하거나 비상장주식의 거래와 관련하여 업무상배임죄와 공동정범 등에 관한 법리를 오해함으로써 판결에 영향을 미친 위법이 없다.

(2) 인정되지 않은 사례

[원심] 피고인은 원심 공동피고인으로부터 이 사건 송도어민생활대책용지특별분양권을 이전받는 내용의 계약을 최초 체결할 당시에는 원심 공동피고인의 이중매매에 관한 사실을 알지는 못하였다 하더라도 원심 공동피고인 등을 사기죄로 고소한 내용에 비추어 적어도 그 무렵에는 피해자가 이 사건 수분양권의 제1양수인임을 분명히 인식하고 있었던 점, 피고인은 피해자의 선행 분양권처분금지가처분과 이정임에 대한 민사소송에 뒤이어 처분금지가 처분결정을 얻고 이정임을 상대로 민사소송을 제기하였는데 그 소장에는 피해자의 이 사건 수분양권의 제1매수사실에 관한 내용은 없었던 점, 그러던 중 피고인은 원심 공동피고인을 만나, 자신이 민사소송에서 승소할 경우 원심 공동피고인으로부터 돌려받지 못한 제2매매계약상 매매대금 2억 6천만 원 중 8,200만 원은 지급받지 않고 도리어 차액 1억 7,800만 원을 원심 공동피고인에게 지급하기로 하는 내용의 약정을 하였는바, 원심 공동피고인의 입장에서도 원심 공동피고인이 제1매수인 피해자에게 이 사건 수분양권을 이전함에 따라 얻을 금전적 반대급부가 전혀 없는 점에 비추어 위 약정이 훨씬 유리했던 점, 피고인은 위와 같은 약정을 한 후 곧바로 원심 공동피고인에 대한 사기고소를 취소하였고, 원심 공동피고인은 피고인이 민사소송과 관련하여 선임한 변호사 사무실에 가서 소송과정에 필요한 서류를 작성하는 데 사용하도록 백지에 자신의 도장을 날인해 주는 등 피고인이 제기한 민사소송에 적극 협조한 점, 그 무렵 치매로 요양원에 입소해 있던 이정임 명의의 소송대리허가신청서가 이정임의 인감도장이 날인된 상태로 인감증명서와 함께 작성 제출되었고 같은 달 24일 이정임의 대리인 원심 공동피고인 명의로 민사소송의 원고인 피고인의 청구취지를 모두 인정하는 취지의 답변서가 제출된 점, 이에 피고인의 민사소송대리인은 조속히 변론을 열어줄 것을 재판부에 요청하였고, 원심 공동피고인이 이정임의 소송대리인으로 출석한 가운데 임의조정이 성립된 점, 위 임의조정을 발판삼아 피고인은 인천광역시를 상대로 소유권이전등기청구소송을 제기하여 승소판결을 얻은 뒤, 이 사건 토지에 대한 소유권이전등기를 경료하여 곧바로 타에 매도하였고, 원심 공동피고인은 피고인으로부터 위 약정상의 1억 7,800만 원을 지급받아, 그중 일부는 자기 명의의 아파트를 구입하는 데 사용한 점 등을 종합하여, 피고인은 비록 자신이 이정임에 대하여 민사상 권리를 가지고 있다 하더라도 통상 사회적으로 용인할 수 있는 범위를 넘어 원심 공동피고인의 배임행위가 기수에 이르게끔 적극 관여하였다고 봄이 상

당하다는 이유로 피고인이 원심 공동피고인의 배임죄의 공모공동정범에 해당한다고 판단하였다.

[대법원] 그러나 원심의 이러한 판단은 다음 이유에서 수긍하기 어렵다. 피고인이 원심 공동피고인으로부터 이 사건 수분양권을 매수할 당시에는 그 매매계약이 이중매매에 해당한다는 사실을 알지 못하였던 사실, 피고인이 그 후 이중매매사실을 알고 원심 공동피고인으로부터 이미 지급한 매매대금을 반환받고자 하였으나 그중 8,200만 원을 돌려받지 못하게 되자, 이정임 등을 상대로 소송을 제기하여 피고인과 이정임을 대리한 원심 공동피고인 사이에 임의조정이 이루어졌고, 이를 기초로 인천광역시를 상대로 한 소송을 거쳐 이 사건 토지에 대한 소유권이전등기까지 경료하게 된 사실 등을 알 수 있는바, 이를 위 법리에 비추어 살펴보면, 이 사건 수분양권 매수 당시 그 매매계약이 이중매매에 해당한다는 사실을 알지 못했던 피고인이 자신의 민사상 권리를 실현하기 위하여 이정임을 상대로 제기한 민사소송 중 임의조정이 이루어지는 과정에서, 원심이 인정한 바와 같이 피고인이 원심 공동피고인과 접촉한 정황 및 원심 공동피고인이 피고인에게 협조한 사실이 인정된다고 하더라도, 이는 피고인이 이 사건 수분양권에 대한 매수인으로서의 권리를 행사하는 과정에서 발생한 것에 불과하고, 피고인이 원심 공동피고인의 배임행위를 교사하거나 원심 공동피고인의 배임행위의 전 과정에 관여하는 등으로 원심 공동피고인의 배임행위에 적극 가담한 경우에 해당한다고 보기는 어렵다.[708]

---

708) 대법원 2009. 9. 10. 선고 2009도5630 판결

Section 4	기타 배임

예제 국유재산대부계약

___

○ A는 국유지인 임야의 사용권 및 그 지상 무허가건물 1동 등을 자신의 처 명의로 대금 1,100,000원에 매수한 다음 자신의 명의로 홍성군수와 국유재산대부계약을 체결하였다. 그 후 서울로 이사하면서 친척인 갑에게 나중에 국유지 불하를 받아달라고 하면서 토지 관리를 부탁하였다. 그때부터 갑은 토지를 경작·관리하던 중, 피해자 명의의 국유재산대부계약이 만료되자 홍성군수에게 대부계약의 기간연장을 요청하였으나, 피해자 자격 상실을 이유로 거부되자 자신 명의로 국유재산대부계약을 새로이 체결하게 되었다.

  그러던 중 갑도 이사하게 되어 토지를 경작하기 어렵게 되자, B에게 점유·경작 등의 관리를 부탁하였는데, 갑이 B에게 30,000,000원의 채무를 부담하게 되자, B에게 채무를 변제하면 다시 그의 명의로 회복할 수 있도록 하여 준다는 조건으로 B가 토지에 관한 대부계약을 체결할 수 있도록 협력해 주기로 합의한 뒤, 국유재산대부계약상의 권리를 포기하였고, B의 명의로 홍성군수와 국유재산대부계약을 새로 체결하게 하였다.

○ 갑은 배임죄인가.

✓ 정답 : 배임죄 유죄

대법원 2005. 3. 25. 선고 2004도6890 판결을 각색하였다. 타인의 사무처리자가 문제되었다.

○ 항소심은 피해자의 명의로 된 국유재산대부계약은 1996. 7. 13.경 만료되었고, 1997. 10. 27.경 이 사건 토지를 경작하던 피고인 1의 명의로 국유재산대부계약이 새로이 체결된 점, 그 당시 피해자은 이 사건 토지에 거주하거나 이를 경작하지 않았으므로 그 명의로 대부계약을 체결하거나 국유지를 불하받는 것이 불가능하였던 점에 비추어 볼 때, **피고인 1과 피해자 사이에 나중에 국유지 불하를 받아주기로 하는 약정**이 있었다고 하더라도, 이는 피고인 1이 국유지를 불하받아 장차 그 소유권을 피해자에게 이전하여 주겠다는 내용에 불과하고, 그것도 국가가 국유지 불하를 허용하는 경우에만 이행될 수 있는 것으로서, 이러한 약정에 따른 의무는 민사상의 채무를 부담하는 경우에 해당할 뿐이므로, **피고인들이 이 사건 토지에 관한 국유재산대부계약상의 권리를 포기함으로써 오경자에게 국유재산대부계약상의 피대부자 명의를 이전하여 주었다고 하더라도 이는 오로지 피고인들 자신의 사무처리에 불과**하고, 이로 인하여 피해자이 이 사건 토지의 국유지 불하 혜택을 받을 수 없게 되었다고 하더라도 피고인들에게 배임죄의 죄책을 지울 수는 없다고 판단하였다.

○ 그러나 대법원은, 다음과 같은 이유를 타인의 사무처리자의 지위를 인정하였다.

① 원심 인정과 같이 피해자가 1988. 7. 2.경 서울로 이사하면서 피고인 1에게 자신의 명의로 국유재산대부계약을 체결한 이 사건 토지 등의 관리를 부탁하였다면, 이는 위 토지를 전대하고, 그 지상 무허가건물 등을 사용·수익하게 하며, 그 대신 위 토지 등을 관리하고, 나아가 나중에 어떤 형태로든 이를 불하받아달라는(피해자 명의로 불하받든지, 그것이 불가능하면 피고인 1 명의로 불하받아 명의신탁관계를 유지하든지, 아니면 피고인 1 명의로 불하받은 뒤 곧바로 피해자 명의로 이전하든지) 부탁을 한 것, 즉 국유재산을 불하받아 주는 사무처리 및 이와 관련된 사무처리를 위임한 것이라고 볼 수 있고, ② 그 후 1996. 7. 13.경 대부계약기간이 만료되자 피고인 1은 대부계약의 기간연장을 요청하였으나, 피해자의 피대부자 부적격을 이유로 기간연장이 불가하다고 하자, 1997. 10. 27.경 자신의 명의로 대부계약을 새로 체결하였다는 것인바, 비록 그 과정에서 피해자과의 별도 협의는 없었다고 하더라도, 이는 이 사건 토지 등을 관리하고, 나아가 나중에 어떤 형태로든 이를 불하받아달라는 부탁을 받은 것, 즉 국유재산을 불하받아 주는 사무처리 및 이와 관련된 사무처리를 위임받은 데에 따른 것으로 봄이 상당하다.

그렇다면 원심의 판단과 같이 이 사건 토지에 관한 피해자 명의의 국유재산대부계약 기간이 만료되어 피고인 1 명의로 국유재산대부계약이 새로이 체결되었고, 피해자 명의로 대부계약을 체결하거나 국유지를 불하받는 것이 불가능하였으며, 이에 따라 피고인 1과 피해자 사이의 나중에 이 사건 토지에 관한 국유지 불하를 받아주기로 하는 약정 부분은 피고인 1이 국유지를 불하받아 장차 그 소유권을 피해자에게 이전하여 주겠다는 내용으로 본다고 하더라도, **이 사건 토지를 불하받을 때까지 피고인 1이 위 토지 등을 피해자를 위하여 관리하고, 나아가 나중에 피고인 1 명의로 이를 불하받아 명의신탁관계를 유지하거나 곧바로 피해자 명의로 이전하여 달라는 부탁에 따라 국유재산을 불하받아 주는 사무처리 및 이와 관련된 사무처리를 위임받은 관계는 계속 유지된다고** 보아야 하며, 이러한 국유재산 불하 등에 관한 사무처리 위임관계는 단순한 민사상 채무를 부담하는 경우에 그치는 것이 아니라, 위임계약에 따라 타인의 재산관리에 관한 사무를 대행하는 관계라고 보아야 할 것이다.

🎖 기본 이론

1. 개관

3번째 유형은 위 1, 2 유형에 속하지 않는 것으로서, 계약의 목적이 된 권리를 계약 상대방의 재산으로서 보호 내지 관리하여야 할 의무를 전형적·본질적인 내용으로 하는 신임관계가 형성된 경우에, 타인의 사무처리자가 된다.[709]

2. 위임·위탁 계약 ○

(1) 증권회사와 고객과의 계약관계

박달재는 대한증권 ㈜ 시흥시지점의 사원이다. 고객 이정일이 주식매입 자금으로 금 4천 5백만 원을 입금하게 되었으나, 아직 이정일은 대한증권과는 아무런 거래관계가 없는 상태였다. 그런데, 박달재는 고객의 수익을 이정일의 허락 없이 미도파㈜의 주식 5,000주를 금 4천 4백만 원에 매수하였으나, 4일 후부터 주식의 시세가 하락하여 400만 원의 손해가 발생하였고, 이 과정에서 증권회사 수수료 20만 원이 부과되었다.

증권회사는 위탁계약이 성립되기 전에는 무단 매매를 행하여 손해를 가하지 말아야 할 의무를 부담하는 자로서, 고객과의 신임관계에 기초를 두고 고객의 재산관리에 관한 사무를 대행하는 타인의 사무를 처리할 지위에 있다.[710] 나아가 대법원은 박달재를 증권회사의 직원으로서 고객과의 매매거래 계좌설정 계약에 따라 고객의 사무를 처리하는 지위에 있다고 보았다.[711] 소비임치계약에 해당하는 보통예금에서 은행의 임직원의 경우와 다르다는 점에 주의한다.[712]

(2) 부동산 외 명의수탁자의 배임

1) 특허권의 명의신탁

피고인은 피해자들의 공동소유인 특허권에 대하여 글들로부터 명의신탁을 받아 관리하는 업무를 맡고 있다. 그런데, 피고인이 피해자들의 허락을 받지 않고, 대금 1,000만 원에 특허권에 관하여 다른 사람 앞으로 이전등록한 경

---

709) 대법원 2012. 5. 10. 선고 2010도3532 판결
710) 대법원 1993. 9. 10. 선고 92도3199 판결, 1993. 12. 28. 선고 93다26632, 26649 판결
711) 현재는 자본시장과 금융투자업에 관한 법률에 의거 임의매매를 처벌하고 있다. (5년 이하의 징역 또는 3천만 원 이하의 벌금)
712) 대법원 2008. 4. 24. 선고 2008도1408 판결, 고객과 증권회사간의 매매거래 계좌설정 계약은 계속적인 거래관계에 적용될 기본관계에 불과하므로, 매수주문을 할 때 비로소 매매거래 위탁이 이뤄지게 된다. 그런데

우, 배임죄가 성립한다.[713]

2) 해사채취권의 명의신탁

이 사건 해사채취권은 한동해운㈜와 인천예부선협회 및 대한광업협회 규석분과위원회의 동업계약에 의하여 한동해운㈜ 명의로 취득한 것인데 피고인은 나머지 동업자들의 동의 없이 임의로 이를 이문박 등에게 매도하기로 한 사안이다.

한동해운㈜는 나머지 동업자들의 지분에 관한 한 명의수탁자의 지위에 있으므로 이를 임의로 매도한 것은 배임죄에 해당한다.[714]

3) 온천발견자 지위의 명의신탁

온천발견자의 지위는 그것에 터잡아 여러 가지 혜택이 부여되는 등 그 자체로서 상당한 재산상 가치를 갖는 것임에 틀림이 없으므로, 온천개발을 목적으로 설립된 ㈜의 대표이사가 그 회사가 명의신탁의 방법으로 사실상 보유하고 있던 온천발견자의 지위를 그 임무에 위배하여 아무런 대가 없이 타에 양도하였다면, 적어도 회사에 대하여 위 온천발견에 소요된 비용 상당의 손해를 가하고 타인으로 하여금 동액 상당의 이익을 취하게 하였다고 봄이 상당하다.[715]

3. 면허·허가권의 거래상 배임

부동산 이외의 재산의 이중매매 등의 사안은 다음에서 보는 바와 같이 모두 계약의 목적이 된 권리가 계약의 상대방에게 이전·귀속된 이후의 문제를 다루고 있다. 따라서 계약의 일방 당사자가 계약의 상대방에게 귀속된 재산권을 보호·관리할 의무를 타인의 사무로 상정하는 데 어려움이 없다. 이에 따라 대법원은 면허권·허가권 등의 이중양도의 경우에도 배임죄의 성립을 인정하고 있다.[716]

---

713) 대법원 2016. 10. 13. 선고 2014도17211 판결
714) 대법원 1992. 10. 27. 선고 91도2346 판결, 나머지 동업자들이 동업계약을 체결하고 그에 따라 영업을 해 오다가 중도에 그 영업활동을 중단하였다거나 또는 그 동업약정기간이 경과되었다 하더라도 그것만으로는 공동으로 취득한 위 해사채취권이 위 한동해운㈜나 피고인의 단독소유가 된다고는 볼 수 없고
715) 대법원 2000. 11. 24. 선고 99도822 판결
716) 대법원 1979. 7. 10. 선고 79도961 판결, 대법원 1979. 11. 27. 선고 76도3962 전원합의체 판결, 대법원 1981. 7. 28. 선고 81도966 판결 등 참조

1) 다방영업허가[717]

피해자가 피고인에게 다방의 시설을 포함한 운영권 일체를 임대함에 있어서 임대기간동안은 다방의 영업허가 명의를 피고인 명의로 변경하되 그 임대기간이 종료될 때에는 다시 위 피해자 앞으로 또 위 공소외인이 지정하는 제3자 앞으로 영업허가 명의를 변경하기로 약정하였다. 그런데, 피고인이 임대기간이 종료한 후에도 허가 명의의 환원약정을 부인하고 피고인이 명실상부한 영업허가 명의자라고 주장하면서 영업장소를 이전하고 다방의 상호를 변경하고 피해자의 위 약정에 따른 허가명의 변경요구를 거부하는 경우

다방영업허가는 행정처분이고 그 성질은 새로운 권리설정이 아니고 일반적 금지의 해제이므로 허가를 받은 자는 금지의 해제에 따른 반사적 이익을 받는다. 그러나 당시 다방영업 허가는 수적으로 제한되어 있어 새로운 허가를 받는 것은 어려운 실정이고 다만 기존 영업허가 명의자로부터 이를 양수한 자가 당사자 간의 양도 양수 계약서를 첨부하여 허가명의 변경신청을 하면 관할 허가 관청은 이를 받아들여 양수인 명의로 영업허가명의를 변경에 주고 있으며 이와 같은 방법으로 다방영업 허가를 사실상 양도하는 사례가 허다하여 다방영업 허가는 거래의 대상으로서 재산적 가치가 있다. 다방건물의 소유자인 피해자가 공무원으로서 표면상 그의 명의 아래 영업을 할 수 없었던 관계로 동인의 처 명의로 다방영업허가를 받은 사실이 인정되는 이상 다방영업 허가에 따르는 재산적 이익은 실제로는 남편에게 귀속된다.

A. 다방영업임차인의 명의환원거부는 배임

① 약정에 따라 임대기간이 종료되면 피고인은 피해자 앞으로 허가 명의를 변경하거나, 피해자가 지정하는 제3자에게 그 허가 명의를 변경할 수 있도록 협력할 의무가 있고, 이는 피고인 자신의 사무인 동시에 피해자의 사무라 할 것이므로, 약정에 따른 허가명의 변경요구를 거부하는 것은 배임죄의 구성요소인 임무의 위배에 해당한다. ② 피고인이 캬바레건물을 임차하면서 임대차계약이 종료될 때에 반환하기로 하는 약정 아래 캬바레영업허가 명의를 이전받았다면 영업허가권의 단순한 임차인내지 명의수탁자에 불과하므로 임대차계약 종료시에 반환하는 범위 안에서 타인의 사무를 처리하는 자에 해당한다. 따라서 임무에 위배하여 제3자에게 처분하고 그 명의를 이전하려 하였다면 배임미수에 해당한다.[718]

---

717) 대법원 1981. 8. 20. 선고 80도1176 판결
718) 대법원 1981. 7. 28. 선고 81도966 판결

B. 영업허가명의변경청구

다방영업허가명의변경을 민사소송으로 청구할 수 있는지에 관하여 판례는 "이는 임차인이 그 영업을 양도한 때에 준한다고 봄이 상당하여 임대인이 다방의 영업자의 지위를 승계하는 경우라고 할 것이므로, 임차인은 임대인에게 다방영업허가명의의 변경절차를 이행할 의무가 있고, 임대인은 이를 소구할 수 있다.[719]

2) 토석채취권

토석채취권을 매도한 자는 그 매수인에게 그들이 토석을 채취할 수 있도록 그에 필요한 서류를 넘겨주어 위 허가를 받는데 협력하여야 할 의무가 있으므로 위 임무에 위배하여 타인에게 토석채취권을 양도하고 소요서류를 교부하여 토석채취허가를 취득케 한 경우에는 배임죄가 성립한다.

피고인이 경북 의창읍 소재 임야 가운데 약 500평에 대한 토석채취권을 그 임야소유자인 A로부터 돈 220만 원에 매수하여 ① 이를 B, C 등에게 돈 350만 원에 매도하고 그 대금까지 전액 수령하였다. 그럼에도 피고인은 ② 극동건설㈜ 포항현장사무소 소장인 D에게 위 토석채취권을 토석 1루배당 돈 130원씩에 매도하고 그 토석채취허가에 필요한 위 A의 인감증명서와 매도 동의서등을 D에게 교부하여 위 회사 명의로 위 임야에 대한 재산상이익인 토석채취허가를 취득케 하였다. 가사 그 후에 위 회사가 그 토석채취권을 포기하고 그 허가받은 지역에서 토석을 채취하지 않았더라도 이미 성립한 배임죄에 무슨 소장이 있다 할 수 없다.[720]

3) 주류제조면허권의 이중양도

대법원은 주류제조면허는 일반적으로 그를 받은 자에게 상당한 정도를 재산상의 이득을 하게 하는 것이어서 주류제조면허를 취득한다는 것은 그 성질상 면허를 받은 자에게 그 만큼의 재산적인 이익의 취득을 뜻하는 것이다. 나아가, 주세법에 따르면 주류제조업자가 제조의 면허를 타인에게 양도하는 등의 사실이 발견되면 그 주류제조의 면허를 취소함에도 불구하고, 이는 주세법 제16조의 규정에 관계시킬 문제가 아니라고 보았다. 나아가 면허의 양도인은 위 약정에 따라서 양수인이 면허신청을 하여서 면허를 얻도록 하기 위하여 면허의 취소신청을 하고 그와 함께 양수인이 면허신청을 하여서 면허를 받도록 그 기회를 부여하는 등 면허청의 사무취급관례에 쫓아 양수인이 면허를 얻는데 양도인으로 할 수 있는 필요한 모든 협력을 하여야 할 의무가 있다고 보아, 배임죄에서 말하는 타인의 사무처리자 지위를 인정하였다.

---

719) 대법원 1997. 4. 25. 선고 95다19591 판결
720) 대법원 1979. 7. 10. 선고 79도961 판결

4. 도급계약 ×

(1) 건설공사계약

대법원은 이른바 정액도급[721]과 관련하여 피고인의 건축에 관한 소위는 피고인 본인의 사무를 처리한 것에 불과하여 그것이 배임죄의 구성요건이 되는 타인의 사무를 처리하는 자에 해당한다 할 수 없다고 보았다.

① 피고인이 공사를 함에 있어 설계도에 따라 시공하지 아니하였다.[722]
② 공사준공과 동시에 도급대금을 지급키로 한 본 건 공사에 있어서 그 공사를 진행하던 중 약 7할 정도만을 시공하다가 이를 방치한 경우이다.[723]

(2) 시행사의 분양수익금 사용제한 특약위반

아파트 분양사업 시행사가 시공사와 아파트 건축공사 도급계약을 체결하면서 분양수입금을 공동명의로 개설한 예금계좌로만 수령하고 그 분양수입금으로 공사대금 등을 지급하기로 특약하였음에도, 시행사가 이를 어기고 분양수입금을 공동명의 예금계좌에 입금하지 아니한 채 이를 자신의 기존 채무의 변제 등에 사용한 사안이다.

아파트의 분양수입금으로 시공사에 공사대금을 지급하는 사무는 시행사 자신의 사무에 속하는 것이므로, 시행사의 위 행위가 배임죄를 구성한다고 볼 수 없다.[724]

5. 임치계약

(1) 소비임치

○ 박달재는 직접 고객을 방문해 은행업무를 처리해 주는 외부영업제도에 따라 9명의 고객들을 직장이나 자택에서 만나 대출신청 및 이에 필요한 서류들을 받고 피해자들의 명의로 대출신청을 했다. 그런데 피고인은 대출금을 입금 받을 용도로 피해자들이 새로 개설을 의뢰한 예금계좌의 통장을 발급하고도 피해자들에게 전달하지 않거나 이미 개설되어 있는 피해 다들 명의 예금계좌의 통장과 현금카드를 피해자들의 허락 없이 새로 발급하여 소지하고 있으면서 이를 이용하여 예금계좌에 입금된 대출금을 인출하거나 이체하는 방법으로 38회에 걸쳐 피해자들 명의

---

721) 피고인이 공소외 이학이에게 연건평 2,138평방미터의 공장을 공사대금 1억7천만 원에 건축하여 주기로 한 도급계약은 공사의 완성에 필요한 재료 노력 기타에 관한 예칙액에 일정한 이윤을 보태어 총액을 산출하는 정액도급이다.
722) 대법원 1982. 6. 22. 선고 82도45 판결
723) 대법원 1970. 2. 10. 선고 69도2021 판결
724) 대법원 2008. 3. 13. 선고 2008도373 판결

예금 비좌에입금된 대출금 합계 5억여 원을 임의로 소비하였다.

○ 박달재는 어떤 범죄에 해당하며, 피해자는 누구인가

보통예금의 경우 예금계좌에 입금된 금전의 소유권은 금융기관에 이전되고 예금주는 예금반환 채권을 취득하는 것이므로, **금융기관의 임직원은** 예금주로부터 적법한 예금반환 청구가 있으면 이에 응할 의무가 있을 뿐 **예금주와 사이에서 그의 재산관리에 관한 사무를 처리하는 자의 지위에 있다고는 할 수 없다.**[725]

○ (사무의 타인성) 피해자들 명의 계좌에 좌에 입금된 대출금은 스탠다드차타드은행의 소유이고, 그 직원인 피고인이 위 대출금을 관리하고 또한 스탠다드차타드은행이 발행하는 예금계좌의 통장을 예금주에게 교부 하는 것은 스탠다드차타드은행의 업무에 속하며 예금주인 피해자들의 사무에 속한다고 볼 수 없다. 피고인이 피해자들과의 사이에서 피해자들의 재산관리에 관한 사무를 처리하는 지위에 있다고 할 수 없다. 따라서 피고인이 피해자들 명의 예금계좌에 입금 된 대출금을 임의로 인출하였다 하더라도 피해자들에 대한관계에서 업무상배임죄가 성립한다고 할 수 없다.
○ (고객의 재산상의 손해) 스탠다드차타드은행 직원인 피고인이 피해자들 명의 예금계좌에 입금 된 대출금을 권한 없이 인출한 이상 피해자들의 예금채권은 소멸하지 않고 그대로 존속하며 피해자들은 여전히 스탠다드차타드은행에 대하여 그 반환을 구할 수 있으므로, 피고인의 대출금 인출로 인하여 피해자들에게 재산상의 손해가 발생하였다고 할 수도 없다.
○ 따라서 은행에 대한 업무상 횡령죄를 검토했어야 한다.

(2) 담보목적으로 부동산관련서류를 보관하는 경우

공사잔대금 확보조로 부동산에 관한 소유권 이전등기 소요서류를 임치하고 있는 자가 이를 타인에게 처분하였을 경우에는 배임죄를 구성한다.[726][727] 그러나 피고인의 피해자에 대한 기존채무를 확보해 주기 위한 방법으로 피고인과 피해자 공동명의로 본 건 가옥에 대해 소유권이전등기를 경료하기로 하는 구두약정을 한 경우는 단순한 채무 불이행에 불과하다.[728]

---

725) 대법원 2008. 4. 24. 선고 2008도1408 판결
726) 대법원 1973. 3. 13. 선고 73도181 판결
727) 대법원 1969. 12. 9. 선고 69도1647 판결
728) 대법원 1985. 6. 11. 선고 84도2243 판결

6. 조합계약 ○

(1) 낙찰계

① 낙찰계의 계주가 계원들로부터 계불입금을 징수하게 되면 낙찰·지급받을 계원과의 사이에서 단순한 채권관계를 넘어 신의칙상 그 계금지급을 위하여 위 계불입금을 보호 내지 관리하여야 하는 신임관계에 들어서게 되므로, 이에 기초한 계주의 계금지급의무는 배임죄에서 말하는 타인의 사무에 해당한다.
그러나 ② 계주가 계원들로부터 계불입금을 징수하지 아니하였다면 그러한 상태에서 부담하는 계금지급의무는 위와 같은 신임관계에 이르지 아니한 단순한 채권관계상의 의무에 불과하다.[729]

(2) 동업관계

동업관계에서 탈퇴한 이상 아직 존속하고 있는 조합을 위하여 탈퇴로 인한 계산이 끝날 때까지 사업자등록명의나 공장시설 등을 선량하게 보존할 의무가 있다. 따라서 조합을 탈퇴한 후 위와 같은 임무에 위배하여 그 사업자등록 명의를 다른 사람 앞으로 변경시켜 그 대가로 월사용료를 받기로 하여 그에게 공장설비를 이용하도록 함으로써 다른 동업자들로 하여금 위 공장경영에 관여할 수 없게 하였다면 이는 배임죄에 해당한다.[730]

7. 기타 계약

(1) 타인의 사무(○)

1) 가맹점 관리대행계약

[사실관계] 신용카드 정보통신부가사업회사인 甲 ㈜와 가맹점 관리대행계약, 대리점계약, 단말기 무상임대차계약, 판매장려금계약을 각 체결하고 甲 회사의 대리점으로서 카드단말기의 판매 및 설치, 가맹점 관리업무 등을 수행하는 乙 ㈜ 대표이사인 피고인이, 그 임무에 위배하여 甲 회사의 기존 가입 가맹점을 甲 회사와 경쟁관계에 있는 다른 밴사업자 가맹점으로 임의로 전환하였다.
[판단] 甲 회사가 보유하는 가맹점은 甲 회사의 수익과 직결되는 재산적 가치를 지니고 있어 피고인이 甲 회사를 대신하여 가맹점을 모집·유지 및 관리하는 것은 본래 甲 회사의 사무로서 피고인에 대한 인적 신임관계에 기하여 그 처리가 피고인에게 위탁된 것이고, 이는 단지 피고인 자신의 사무만에 그치지 아니하고 甲 회사의 재산적 이익을 보호 내지 관리하는 것을 본질적 내용으로 하며, 그 업무가 피고인 자신의 계약상 의무를 이행하고 甲 회사로부터 더 많은 수수료 이익을 취득하기 위한 피고인 자신의 사무의 성격을 일부 가지고 있다고 하여 달리 볼 것이 아니므로, 피고인은 甲 회사와 신임관계에 기하여 甲 회사의 가맹점 관리업무를 대행하는 '타인의 사무를 처리하는 자'의 지위에 있다.

---

729) 대법원 2009. 8. 20. 선고 2009도3143 판결
730) 대법원 1987. 5. 12. 선고 86도2566 판결

2) 호적상 친모로 등재되어 있는 자

미성년자와 친생자관계가 없으나 호적상 친모로 등재된 자가 미성년자의 상속재산 처분에 관여한 경우, 배임죄에 있어서 타인의 사무를 처리하는 자의 지위에 있다.[731]

3) 기타 - 통장에 대한 실질적 담보

영화제작사인 甲 회사의 대표이사가, 회사 제작의 영화 '어린왕자'에 관련된 프린트 및 현상료를 투자자인 乙 회사가 부담하는 대신, 乙 회사에 甲 회사 명의의 은행통장과 법인인감, 보안카드를 건네주고, 자신이 이를 변제하지 못할 경우 위 통장계좌로 입금받을 예정인 부가가치세 환급금으로 대체하기로 하는 내용의 지불각서를 작성하여 주었다. 그러나 그 후 환급금의 입금 사실을 먼저 확인하고 통장 분실신고를 한 뒤 재발급받은 새 통장을 이용하여 위 돈을 다른 계좌로 이체하고 출금하여 다른 채권자들에게 지급한 사안에서, 이러한 경우 대표이사로서는 자신이 위 현상료 등을 변제할 때까지 乙 회사가 위 예금채권에 대한 실질적인 담보권을 유지하고, 나아가 이를 변제하지 못한 경우에는 乙 회사가 위 예금을 직접 출금할 수 있도록 협력해야 할 의무가 있음에도, 스스로 위 예금을 출금·소비함으로써 위 의무에 위배하여 乙 회사에 손해를 가하였으므로 배임죄를 구성한다.[732]

(2) 자기의 사무(×)

1) 변제의 방법

채무자가 투자금반환채무의 변제를 위하여 담보로 제공한 임차권 등의 권리를 그대로 유지할 계약상 의무가 있다고 하더라도, 이는 기본적으로 투자금반환채무의 변제의 방법에 관한 것이고, '타인의 사무'에 해당한다고 볼 수 없다.[733]

2) 청산사무

청산회사의 대표청산인이 처리하는 채무의 변제, 재산의 환가처분 등 회사의 청산의무는 청산인 자신의 사무 또는 청산회사의 업무에 속하는 것이므로, 청산인은 회사의 채권자들에 대한 관계에 있어 직접 그의 사무를 처리하는 자가 아니다.

[공소사실의 요지] 청산 중이던 이 사건 회사의 청산인이었던 A가 이 사건 회사의 채권자들에 대하여 동아일보에 "채권자들은 채권을 신고하라"는 취지의 최고를 하였다. 그 뒤 피고인 甲이 후임 청산인으로 취임하였으므로 피해

---

731) 대법원 2002. 6. 14. 선고 2001도3534 판결
732) 대법원 2010. 8. 19. 선고 2010도6280 판결 배임
733) 대법원 2015. 3. 26. 선고 2015도1301 판결

자 B가 금 3,000만 원의 채권이 있음을 신고하였으면 청산인인 피고인 甲으로서는 이를 접수하여 신고기간이 경과하면 이 사건 회사를 청산하여 채무를 변제하여 줄 의무가 있음에도 불구하고 그 임무를 위배하여 이 사건 부동산에 관하여 피고인 X와 Y에게 소유권이전 등기를 마쳐줌으로써 B에게 위 채권액 상당의 손해를 가하였다.

[판단] 배임죄의 주체는 타인의 사무를 처리하는 자라야 되는데 피고인 甲이 대표청산으로서 처리하던 채무의 변제, 재산의 환가처분 등 이 사건 회사의 청산업무는 청산인으로서의 위 피고인 자신의 사무 또는 이 사건 회사의 업무에 속하는 것이지 이 사건 회사의 채권자들에 대한 관계에 있어 직접 그들의 사무를 처리하는 자가 아니라 할 것이므로 위 피고인은 이 사건 배임죄의 주체가 될 수 없어 이 사건 부동산에 관하여 소유권이전등기를 마쳐 준 것이 위 B에 대하여 배임죄가 성립되지 않는다.[734]

3) 건물주의 건물주인명의 전기요금 납부의무

타인의 사무처리자 판단과 관련하여, 건물주인이 한국전력㈜과의 계약에 의하여 건물주인명의로 나온 전기요금 청구서에 의하여 전기요금을 납부할 의무가 있고 건물임차인들과는 건물주가 그들의 실지사용 해당 전기요금을 부담시켜 징수하기로 약정한 경우에는 건물주인이 한국전력㈜에 전기요금을 납부하는 것은 자기의 사무처리이고 따라서 건물주인의 고용인이 건물임차인들로부터 건물주인의 지시에 의하여 해당 전기사용요금을 징수하였다 하여 건물임차인들의 위임에 의한 전기요금을 한국전력㈜에 납부하는 사무처리자라고 볼 수 없으므로 형법 제355조 제2항 동법 제356조 소정 배임죄가 성립하지 아니한다.[735]

4) 시험연구용역계약

피고인이 무한책임사원인 합자회사 지역환경구조연구소와 A 회사 사이에 체결된 시험연구용역계약은 피고인 자신의 책임하에 연구개발계획을 수립하여 자신이 특허권을 가지고 있는 축산분뇨 처리장치[일명 타오(tao) 시스템] 기술을 음식물쓰레기 자원화 처리에도 적용하여 연구한 결과인 보고서를 A 회사에 제출하는 것을 핵심 내용으로 하고 있다. 그 결과 제출 후에도 피고인이 무한책임사원인 합자회사 지역환경구조연구소가 여전히 그 결과에 대한 특허출원권을 가지고, 오히려 A 회사가 이러한 연구 결과와 관련하여 취득한 피고인의 비밀을 누설하여서는 아니 되며, 피고인과 A 회사 경영자와이에 체결된 합의계약 내용도 피고인이 그때까지의 연구결과만을 정리한 보고서를 A 회사에 제출하되, 다만 A 회사가 이에 대한 연구개발을 계속 진행하고자 하는 경우에는 피고인이 이에 따른 기술적 지도를 하여야 하나, 이에 대한 연구개발이 완료될 경우에도 피고인은 여전히 그 결과에 대한 특허출원권을 가지고 있음을 알 수 있어, 피고인의 원심 판시와 같은 내용의 의무는 A 회사의 재산을 관리보전할 임무부담행위가 아닌 단순한 계약상 채무에 불과하다 할 것이다.[736]

---

734) 대법원 1990. 5. 25. 선고 90도6 판결
735) 대법원 1975. 10. 23. 선고 75도2623 판결
736) 대법원 2008. 6. 26. 선고 2007도7060 판결

5) 골프클럽과 회원과의 관계

회원 가입 시에 일정 금액을 예탁하였다가 탈퇴 등의 경우에 그 예탁금을 반환받는 이른바 예탁금 회원제로 운영되는 골프클럽의 운영에 관한 법률관계는 회원과 클럽을 운영하는 골프장 경영 회사 사이의 계약상 권리·의무관계이고, 따라서 그 운영에 관한 회칙은 불특정 다수의 입회자에게 획일적으로 적용하기 위하여 골프장을 경영하는 회사가 제정한 것으로, 이를 승인하고 클럽에 가입하려는 회원과 회사와의 계약상 권리·의무의 내용을 구성한다.[737] 원심은, ㈜관악이 관악컨트리클럽을 인수하여 리베라컨트리클럽으로 명칭을 변경하여 운영함으로써 관악컨트리클럽의 회원들은 당연히 리베라컨트리클럽의 회원으로서의 지위를 가지게 되었음에도 불구하고, 관악컨트리클럽에서 운영해오던 '회원의 날' 제도를 폐지하고, 기존회원들을 대상으로 앞서 본 바와 같은 특별회원 모집 제도를 시행하는 것으로 회칙을 변경하여, 그에 따라 총 246명의 특별회원을 모집함으로써 기존회원들의 주말예약권을 사실상 제한하거나 박탈하고, 나아가 변경된 회칙에 따른 특별회원 모집제도에 반대하는 기존회원들에 대하여는 승계등록을 거부함으로써 회원으로서의 권리를 행사할 수 없도록 하는 결과가 되었다고 하더라도, 이는 ㈜관악이 기존회원들에 대한 회원가입계약에 따른 민사상의 채무를 불이행한 것에 불과하고, ㈜관악이 기존회원들의 골프회원권이라는 재산관리에 관한 사무를 대행하거나 그 재산의 보전행위에 협력하는 지위에 있다고 할 수는 없으므로 배임죄의 주체인 타인의 사무를 처리하는 자에 해당하지 아니한다는 이유로 주위적 공소사실인 특정경제범죄가중처벌등에관한법률위반(배임)의 점과 예비적 공소사실인 배임의 점에 관하여 피고인을 무죄라고 판단하였다.[738]

6) 가축보험계약

[사실관계] 고소인 공소외 1㈜는 자산운용사인 공소외 2㈜가 구 간접투자자산운용업법에 의하여 설정한 투자신탁의 수탁인인 사실, 공소외 2회사, 고소인 회사, 공소외 3㈜, 공소외 4유한회사 등은 2007. 12. 24. 이 사건 공동사업약정을 체결하였는데, 이에 따라 공소외 3회사는 한우사육사업을 영위하는 공소외 4회사를 설립하고, 중소기업은행은 공소외 4회사에 대하여 70억 원을 대출하며, 고소인 회사는 공소외 2회사의 운용지시에 따라 투자자들의 투자금으로 중소기업은행의 위 대출채권을 양수하여 이를 신탁재산으로 보유한 사실, 이 사건 공동사업약정에 의하면, 공소외 4회사는 위 대출금으로 한우를 사육하여 판매한 다음 그 대금으로 고소인 회사에 대한 대출원금 및 이에 대한 연 8%의 이자를 약정기일마다 분할 변제하되, 그 대출원리금 채무를 담보하기 위하여 공소외 4회사 소유의 한우를 고소인 회사에 양도담보목적물로 제공하고, 한우의 폐사로 인한 손해 발생 위험에 대비하여 공소외 4회사를 피보험자로 하는 가축보험계약을 체결한 후 채무상환기간 동안 이를 유지할 의무를 부담하며, 공소외 3회사는 공소외 4회사가 사육한 한우의 매입을 보장할 의무를 부담하는 사실, 한편 공소외 3회사와 공소외 4회사 등은 2007. 12. 24. 이 사건 업무위탁약정을 체결하였는데, 이에 따르면 공소외 3회사는 한우의 사업소득이 위 대출원리금에 미치지 못하는 경우에는 그 차액을 공소외 4회사 명의로 개설된 자금관리계정에 입금할 의무를 부담하는 사실 등을 알 수 있다.

[판단] 공소외 4회사와 고소인 회사 사이의 관계는 동업재산을 합유하면서 이를 기초로 공동사업을 경영한 후 그 이익을 공동으로 분배하고 손실을 공동으로 분담하는 동업관계가 아니라, 한우사육사업의 성패나 그 사업소득의

---

737) 대법원 1999. 4. 9. 선고 98다20714 판결, 2000. 3. 10. 선고 99다70884 판결 참조
738) 대법원 2003. 9. 26. 선고 2003도763 판결

규모와 무관하게 채무자인 공소외 4회사가 채권자인 고소인 회사에 대하여 확정적으로 대출원리금 채무를 이행할 의무를 부담하고, 공소외 4회사의 모회사인 공소외 3회사가 그 채무 이행을 실질적으로 보증하는 대출채권채무관계에 있다고 할 것이다. 한편 공소외 4회사는 양도담보권자인 고소인 회사가 양도담보의 목적을 달성할 수 있도록 양도담보 목적물인 한우를 보관할 의무를 부담하고, 그와 관련하여서는 고소인 회사의 사무를 처리하는 자의 지위에 있다고 볼 수 있다. 그렇지만, 공소외 4회사의 보험료 부담아래 공소외 4회사를 피보험자로 하여 가축보험계약을 체결·유지한 것은 공소외 4회사의 사업 목적물인 한우의 폐사로 인한 손해 발생 위험에 대비하기 위한 것으로서 기본적으로 공소외 4회사를 위하여 이루어진 것으로 보인다.

비록 이 사건 공동사업 약정에서 위 가축보험계약을 체결·유지하기로 약정하였고 위 가축보험계약이 궁극적으로 고소인 회사에게도 이익이 된다고 하더라도, 그러한 사정만으로 위 가축보험계약의 체결·유지가 고소인 회사의 사무를 대행하는 것으로 볼 수는 없다. 고소인 회사 스스로도 양도담보 목적물에 관하여 피보험이익을 갖고 있어 공소외 4회사의 협력 없이 가축보험계약을 체결·유지할 수 있다. 이에 비추어 보면, 위 가축보험계약의 체결·유지 의무는 당사자 사이의 약정에 의하여 비로소 발생하는 민사상 채무에 불과하고, 이러한 단순한 채권관계상의 의무를 넘어서서 상호 간의 신임관계에 기초하여 전형적·본질적으로 양도담보 목적물을 보호 내지 관리하여야 하는 의무에 해당한다고 보기에는 부족하다. 따라서 공소외 4회사가 이 사건 동업약정에 따라 한우에 관하여 가축보험계약을 체결하거나 유지하는 것은 고소인 회사에 대한 민사상 채무를 이행하는 것으로서 공소외 4회사 자신의 사무이지 이를 가리켜 타인인 고소인 회사의 사무라고 할 수 없다.[739]

7) 중고차 매매

① (할부금납입의무) 피고인이 월부상환중인 자동차를 공소외인에게 매도하였으나 자동차등록 명의는 피고인의 명의로 남아 있어 그 소유권이 아직 피고인에게 있다면 판매회사에 대하여 할부금을 납부하는 것은 피고인 자신의 사무처리에 불과하고, 피고인이 매매계약을 체결함에 있어 연체된 할부금을 중도금 지급기일까지 완불하여 자동차를 인도받아 사용하는 위 공소외인에게 아무런 손해를 주지 않기로 약정하였다 하여도 이는 단순한 채무를 부담하는 경우에 해당할 뿐이다.[740]

② (근저당권말소의무) 피고인이 월부상환중인 자동차를 매도하면서 잔금수령과 동시에 할부구입잔금을 완불하고 차량에 설정된 근저당권설정등록을 말소하기로 하였다 하여도 이는 자동차매매계약의 매도인인 피고인 자신의 사무로서 피고인이 잔금수령 후에 이를 지체하였다 하더라도 단순한 채무불이행에 불과하다.[741]

---

739) 대법원 2014. 2. 27. 선고 2011도3482 판결
740) 대법원 1983. 11. 8. 선고 83도2496 판결
741) 전주지방법원 1985. 5. 8. 선고 84고단1351 판결

8) 경매절차관련 약속위반

부동산을 경락한 피고인이 그 경락허가결정이 확정 된 뒤에 그 경매부동산의 소유자들에게 대하여 그 경락을 포기하겠노라고 약속하여 놓고 그 경매법원에서 경락대금지급명령이 전달되자 약속을 어기고 경락대금을 완납함으로써 그 경락부동산에 대한 소유권을 취득한 경우에 타인의 사무를 처리하는 자에 해당하지 아니한다.[742]

9) 신주발행 사무는 회사의 사무

신주발행과 관련한 대표이사의 업무는 회사의 사무일 뿐이므로 신주발행에 있어서 대표이사가 납입된 주금을 회사를 위하여 사용하도록 관리·보관하는 업무 역시 회사에 대한 선관주의의무 내지 충실의무에 기한 것으로서 회사의 사무에 속한다. 따라서 신주발행에 있어서 대표이사가 일반 주주들에 대하여 그들의 신주인수권과 기존 주식의 가치를 보존하는 임무를 대행한다거나 주주의 재산보전 행위에 협력하는 자로서 타인의 사무를 처리하는 자의 지위에 있다고는 볼 수 없다. 나아가 대표이사가 납입의 이행을 가장한 경우에는 상법상 가장납입죄가 성립하는 이외에 따로 기존 주주에 대한 업무상배임죄를 구성한다고 할 수 없다.[743]

---

742) 대법원 1969. 2. 25. 선고 69도46 판결
743) 대법원 2004. 5. 13. 선고 2002도7340 판결

Chapter 3

기업범죄

Section 1 기업범죄의 개관

🎖 기본 이론

1. 의의와 특성

　기업범죄 내지 법인범죄(Corporate Crime)라는 개념은 법률상 개념이 아니라 강학상의 용어로 매우 다양하게 정의된다. 가령, 사법연수원『신종범죄론』[744]에는 '합법적으로 조직된 기업 또는 그 구성원이 기업체의 목적을 추구하는 과정에서 작위 또는 부작위에 의해 고용인, 소비자, 일반대중, 타 기업에 대한 인적·물적 손해를 가하는 행위로서 국가에 의하여 처벌되는 행위라고 정의한다. 수사실무상의 편의를 도모하는 본서의 목적상, 기업이나 기업의 대표자 등 경영진, 사용인, 종업원이 기업의 업무와 관련하여 범하게 되는 횡령과 배임의 죄를 중심으로 관련된 판결례와 사례를 정리하기로 한다.

2. 현대사회와 회사

　현대 자본주의경제를 견인하는 기업활동은, 주식회사를 중심으로 한 회사제도로 집중되어 나타나다. 증권시장을 통해 자본을 집중시키고 재화와 용역을 생산하여 공급하고 사회적인 고용을 창출하는 등 사회자원을 분배하는 순기능이 있다.[745] 그러나 회사는 아무리 타인과 사회에 유해한 행위라도 자기의 영리실현에 필요한 행위라면 이를 감행하도록 스스로를 설득하는 논리를 갖게

---

744) 2010년판 446쪽
745) 이철송, 회사법 강의 23판, 3쪽

되는데, 회사관련자들의 인간성은 파괴되고 정신문명의 황폐화를 초래한다.[746]

한편 기업조직에는 자연인 개인이 영위하는 개인기업과 자본의 형성과 경영에 다수인이 참여하는 공동기업의 형태가 있다. 개인기업은 사업의 성공과 실패에 따른 무한책임을 개인이 혼자 지게 될 뿐 아니라, 영세성을 벗어나기 어렵다. 반면 공동기업은 다수인의 자본참여를 통해 개인기업의 한계를 뛰어넘게 된다. **단순한 공동기업의 형태에는 ① 민법상 조합 ② 상법상의 익명조합 등이 있다.** 그러나 이들은 모두 법인격이 없다는 점에서 불완전하다. 반면 상법에는 법인격을 향유하는 기업활동의 주체로서 '회사(會社)'제도를 규정하고 있다.

(1) 조합과 비법인사단, 회사

1) 비법인사단

민법상의 조합과 법인격은 없으나 사단성이 인정되는 비법인사단을 구별함에 있어서는 일반적으로 그 단체성의 강약을 기준으로 판단한다. 조합은 2인 이상이 상호간에 금전 기타 재산 또는 노무를 출자하여 공동사업을 경영할 것을 약정하는 계약관계에 의하여 성립하므로(민법 제703조) 어느 정도 단체성에서 오는 제약을 받게 되는 것이지만 구성원의 개인성이 강하게 드러나는 인적 결합체이다. 한편 비법인사단은 구성원의 개인성과는 별개로 권리의무의 주체가 될 수 있는 독자적 존재로서의 단체적 조직을 가지는 특성이 있다 하겠는데 민법상 조합의 명칭을 가지고 있는 단체라 하더라도 고유의 목적을 가지고 사단적 성격을 가지는 규약을 만들어 이에 근거하여 의사결정기관 및 집행기관인 대표자를 두는 등의 조직을 갖추고 있고, 기관의 의결이나 업무집행방법이 다수결의 원칙에 의하여 행해지며, 구성원의 가입, 탈퇴 등으로 인한 변경에 관계없이 단체 그 자체가 존속되고, 그 조직에 의하여 대표의 방법, 총회나 이사회 등의 운영, 자본의 구성, 재산의 관리 기타 단체로서의 주요사항이 확정되어 있는 경우에는 비법인사단으로서의 실체를 가진다.[747]

2) 법인

조합계약을 체결한 동업관계라 하더라도, 공동으로 주식회사를 설립하여 운영하였다면, 주식회사의 법리에 따라야 한다. 즉 **당사자 쌍방이 토지 등을 출자하여 공동으로 주식회사를 설립하여 운영하고, 그 회사를 공동으로 경영함에 따르는 비용의 부담과 이익의 분배를 지분 비율에 따라 할 것을 내용으로 하는 동업계약은 당사자들 사이에서 공동사업을 주식회사의 명의로 하고 대**

---

746) 전게서, 4쪽
747) 대법원 1992. 7. 10. 선고 92다2431 판결

외관계 및 대내관계에서 주식회사의 법리에 따름을 전제로 하는 것이어서 **이에 관한 청산도 주식회사의 청산에 관한 상법의 규정에 따라 이루어져야 하고,** 따라서 그러한 동업약정에 따라 회사가 설립되어 그 실체가 갖추어진 이상, 주식회사의 청산에 관한 상법의 규정에 따라 청산절차가 이루어지지 않는 한 일방 당사자가 잔여재산을 분배받을 수도 없는 것이다.[748]

(2) 익명조합

상법 제535조는 익명조합계약은 당사자의 일방이 상대방의 영업을 위하여 출자를 하고 그 영업에서 생하는 이익을 분배할 것을 약속함으로 인하여 그 효력이 생한다. 그러므로 당사자의 일방이 상대방의 영업을 위하여 출자를 하는 경우라 할지라도 그 영업에서 이익이 난 여부를 따지지 않고 상대방이 정기적으로 일정한 금액을 지급하기로 약정한 경우에는 가령 이익이라는 명칭을 사용하였다 하더라도 그것은 상법상의 익명조합계약이라고 할 수 없다.[749]

(3) 구별실익

조합재산은 조합원의 합유에 속하므로 조합원 중 한 사람이 조합재산의 처분으로 얻은 대금을 임의로 소비하였다면 횡령죄의 죄책을 면할 수 없다. 그러나 이러한 조합 또는 내적 조합과는 달리 익명조합의 경우에는 익명조합원이 영업을 위하여 출자한 금전 기타의 재산은 상대편인 영업자의 재산으로 되는 것이므로 그 영업자는 타인의 재물을 보관하는 자의 지위에 있지 않고 따라서 영업자가 영업이익금 등을 임의로 소비하였다고 하더라도 횡령죄가 성립할 수는 없다.[750] 한편 어떠한 법률관계가 내적 조합에 해당하는지 아니면 익명조합에 해당하는지는, ① 당사자들의 내부관계에 있어서 공동사업이 있는지, ② 조합원이 업무검사권 등을 가지고 조합의 업무에 관여하였는지, ③ 재산의 처분 또는 변경에 전원의 동의가 필요한지 등을 모두 종합하여 판단한다.[751]

3. 회사의 개념과 종류 - 1인 회사

상법 제169조는 "회사라 함은 상행위나 그 밖의 영리를 목적으로 하여 설립한 법인을 말한다." 라고 규정하고 있다.[752] 회사제도에는 ① 합명회사 ② 합자회사 ③ 유한책임회사 ④ 주식회사 ⑤

---

748) 대법원 2004. 3. 26. 선고 2003다22448 판결 등 참조
749) 대법원 1962. 12. 27. 선고 62다660 판결
750) 대법원 1971. 12. 28. 선고 71도2032 판결, 대법원 1973. 1. 30. 선고 72도2704 판결 참조
751) 대법원 2008. 2. 14. 선고 2007도10645 판결, 대법원 2010. 11. 25. 선고 2009도7001 판결
752) 2011년 개정으로 '사단'을 삭제하였다.

유한회사의 5가지 종류가 있다(상법 제170조). 이들은 모두 영리를 목적으로 하는 다수인의 결합체로서 법인격을 가진다. 법인격은 사법상 명의자이자 권리의무의 주체로서 법적 책임의 주체가 될 수 있는 자격을 의미한다. 법인격자에는 자연인과 법인 두 가지 종류가 있으며, 법인은 다시 사단법인과 재단법인으로 구분할 수 있다. 사단법인은 비영리 사단법인과 영리사단법인으로 나눌 수 있는데, 전자는 민법에 근거하며, 상법상 회사가 후자에 해당한다.

회사는 단체성을 특징으로 하므로 원칙적으로 2인 이상의 사원이 있어야 성립할 수 있다. 회사 가운데, 합명, 합자회사는 모두 2인 이상의 사원이 있어야 성립이 가능하다. 반면, 주식회사와 유한회사의 경우에는 법개정을 통해 주주가 1인만이 존재하는 회사를 1인 회사를 인정하고 있다. 그런데 회사법제는 다수의 주주를 전제로 규정되는바, 주주총회의 소집과 운영의 규정이 1인회사의 적용에 수정된다. 가령 주주총회가 권한 없는 자에 의해 소집되더라도 1인 주주가 참석 결의하면 적법한 주주총회의 결의로 보고, 주주총회를 소집하지 않았더라도 1인 주주에 의해 결의가 있었던 것처럼 주주총회의사록이 작성됐더라도 주주의 의사에 반하지 않으면 유효한 결의가 된다. 또 영업 양도시 1인 주주의 동의가 있으면 영업양도 시 요구되는 주주총회의 특별결의를 대신할 수 있다.

혼자 회사를 설립한 1인 회사의 경우 본인 자의로 회사를 운영하고 자금도 사용하게 되므로 회사의 재산도 본인 재산이라고 생각하기 쉽다. 그러나 1인 회사라 하더라도 회사재산에 대한 이해관계는 1인 주주 본인 외에도 회사채권자나 종업원 등이 있음을 유념해야 한다. 대법원은 1인 주주의 뜻을 존중하여 주주총회 운영상의 특례를 부여하고 있으나, 회사재산에 관해서는 회사와 주주의 법인격이 별개인 점을 감안해 적법절차를 거치지 않은 채 회사재산을 유용하거나 임의로 유출 사용하면 다른 이해 관계자의 이익을 침해한 것으로 보아 형사상 책임을 부담시키는 것이다.

(1) 배임죄

과거 판례는 실질적인 1인 회사의 1인 주주가 주주총회의 특별결의도 없이 중요한 영업재산을 양도한 경우에 회사의 손해는 바로 그 주주 한 사람의 손해임을 근거로 회사에 대한 배임죄가 성립될 수 없다는 입장이었다.[753] 그러나 입장을 변경하여 주식회사와 주주를 별개의 인격으로서 준별하고 있음을 근거로 배임죄의 성립을 긍정한다.[754]

---

753) 대법원 1974. 4. 23. 73도2611
754) 대법원 2005. 10. 28. 선고 2005도4915 판결

피고인 1 등이 비록 공소외 회사의 1인 주주라 하더라도 상속세 납부자금 마련을 주된 목적으로 하는 주식매매계약이라는 개인적 거래에 수반하여 독립된 법인 소유의 이 사건 부동산을 담보로 제공한 행위는 그 성질상 회사 재산의 관리·처분에 관한 실질적 대표이사로서의 임무에 위배하는 행위로서 회사에 손해발생의 위험을 초래하는 것이라 할 것이고, 그 과정에서 주주총회의 결의를 거친 바가 있다 하여 달리 볼 수 없다 할 것이며, 나아가 경제적 관점에서 보더라도 위 피고인 등의 개인적 주식매매계약과 관련한 매매대금반환채무의 담보조로 회사의 유일 재산인 이 사건 부동산에 관하여 매수인 명의로 가등기를 마쳐 줌으로써 위 부동산의 담보가치 상당액을 회사의 채권자들에 대한 채무변제 대신 위 피고인 등의 상속세 납부자금 마련에 사용한 이상 그만큼 경제적으로 이득을 얻은 반면 회사에는 동액 상당의 손해를 가하였다 할 것인바, 이는 위 주식매매계약의 실체가 1인 주주로서 사실상 회사의 양도행위에 수반된 것임을 감안하여 본다 하더라도 주식회사와 주주를 별개의 인격으로서 준별하고 있는 우리 법제하에서 달리 취급할 사유는 되지 못한다 할 것이어서, 피고인 1 등의 행위는 배임죄를 구성한다.[755]

(2) 횡령죄

주식회사의 주식이 사실상 1인주주에 귀속하는 1인회사에 있어서도 회사와 주주는 분명히 별개의 인격이어서 1인회사의 재산이 곧바로 그 1인 주주의 소유라고 볼 수 없으므로 사실상 1인주주라고 하더라도 회사의 금원을 임의로 처분한 소위는 횡령죄를 구성한다.[756] 최근에도 1인 회사의 주주 겸 대표이사가 적법절차를 거치지도 않고, 이자나 변제기의 약정도 없이 회사자금을 가지급금의 형태로 인출해 회사의 업무와 무관한 개인채무변제나 대여용도로 사용했다면 횡령죄가 성립한다고 판시하고 있다.[757] 피고인이 사실상 자기 소유인 1인주주 회사들 중의 한 개 회사 소유의 금원을 자기 소유의 다른 회사의 채무변제를 위하여 지출하거나 그 다른 회사의 어음결제대금으로 사용한 경우, 주식회사의 주식이 사실상 1인의 주주에 귀속하는 1인회사에 있어서는 행위의 주체와 그 본인 및 다른 회사와는 별개의 인격체이므로, 그 법인인 주식회사 소유의 금원은 임의로 소비하면 횡령죄가 성립되고 그 본인 및 주식회사에게 손해가 발생하였을 때에는 배임죄가 성립한다.[758]

4. 회사의 회계

형사 내지 조세문제와 관련하여 기본적인 회계용어를 이해하는 것이 필요하다. 특히 가수금이나 가지급금은 회사와 대표기타 기업의 특수관계자와의 금전거래 시 자주 사용된다는 점에서 횡령과 배임죄에서 자주 등장한다. 이에 관하여 살펴본다.

---

755) 대법원 2005. 10. 28. 선고 2005도4915 판결
756) 대법원 1989. 5. 23. 선고 89도570 판결
757) 대법원 2012. 5. 24. 2010도8614
758) 대법원 1996. 8. 23. 선고 96도1525 판결

<회계의 기초용어 - 차변과 대변의 쉬운 의미>

회계상으로 거래가 이뤄지려면 반드시 물건이나 돈이 움직여야 한다. 즉 상품매매나 비품매입등처럼 회사 재산이 늘어나거나 현금분실, 재고자산 처분, 감가상각 등 현실적으로는 돈을 주고받은 것이 아니나 감가상각의 경우에는 돈이 나간 것은 아니지만 기계나 회사재산의 가치가 내용년수에 따라 감소한 것이므로 현실적으로는 돈이 줄어든 것이므로 즉, 회사의 재산상태에 변화가 발생했으므로 이 경우 "거래"가 발생한 것으로 간주된다. 그러나 돈이 움직이지 않은 계약서를 주고받거나 계약금을 지불하지 않고 상품매매계약을 체결하였다면 이는 거래로 보지 않는 것이니 만큼 거래로 볼 수 없다. 이러한 거래 즉 돈이 움직이거나 물건이 움직인다는 것은 반드시 어떠한 약속에 의하여 움직이게 되므로 회사에 무엇인가가 들어오면 나가는 것이 있고 무엇인가가 늘어났다면 반대로 줄어드는 것이 있을 수밖에 없으므로 이를 "거래의 이중성"이라고 부르며 이러한 거래에 따른 회사재산 상태의 변화를 왼쪽에 "차변"과 오른쪽의 "대변"으로 나누어 기입하는 것을 "분개"라고 한다. 즉 차변은 거래의 분개 시 왼쪽에 나타나는 거래로서 "자산의 증가, 부채의 감소, 자본의 감소, 비용의 발생" 등을 왼쪽에 기입하는 것을 말하며 대변은 거래의 분개 시 오른쪽에 나타나는 거래로서 차변의 반대적인 개념의 "자산의 감소, 부채의 증가, 자본의 증가, 수익의 발생" 등을 오른쪽에 기입하는 것을 말하는 것이다. 이를 "거래의 8요소"라고 말한다. 회계상 모든 거래는 반드시 차변과 대변으로 나누어 짝을 이루기 때문에 항상 차변과 대변의 금액은 일치하게 되는 데 이를 "대차평균의 원리"라고 복식부기의 기본이다. 복식부기라 함은 기업의 자산과 자본의 증감 및 변화하는 과정과 그 결과를 계정과목을 통하여 대변과 차변으로 구분하여 이중기록. 계산이 되도록 하는 부기형식을 말한다.[759]

(1) 가수금

[공소사실] 피고인은 공소외 주식회사의 대표이사로서 회사 소유의 공장부지를 ○○그룹에 매각하는 과정에서 ○○그룹으로부터 리베이트 명목으로 합계 15억 원을 받은 일로 2008. 12. 24. 배임수재로 기소되어 형사재판을 받게 되었다. 그러자 피고인은 배임수재 형사재판에서 선처를 받기 위해 합계 15억 원을 회사 명의 계좌로 입금하여 회사에 반환한 후 그 반환내역을 유리한 양형자료로 제출하여 2009. 4. 23. 서울남부지방법원으로부터 징역 1년, 집행유예 2년, 추징 15억 원 등을 선고받았고, 그 판결은 2009. 5. 1. 그대로 확정되었다. 피고인은 15억 원을 회사에 반환하면서 이를 명목상 가수금 계정으로 입금한 것을 기화로 이를 인출하여 추징금 납부에 사용하기로 마음먹고, 2009. 7. 31.경부터 회사 계좌에 입금된 15억 원을 회사를 위하여 업무상 보관하던 중 인출하여 추징금 납부에 사용함으로써 합계 15억 원을 개인적인 용도로 소비하여 이를 횡령하였다.

[대법원] 피고인이 ○○그룹으로부터 15억 원을 받은 것에 대한 수사가 개시된 후 위 15억 원이 공장부지 매매대금과는 별도로 피고인이 리베이트 명목으로 수수한 돈인지 아니면 매매대금에 포함될 돈을 피고인이 횡령한 것이어서 회사에 귀속되어야 할 돈인지에 대한 법률적인 쟁점이 문제되었다. 이에 따라 피고인은 변호사로부터 법률자문을 받은 후 그 자문 결과에 따라 위 15억 원이 배임수재 죄책에 따라 추징되어야 하는 돈인지 횡령 죄책에 따라 회사에 반환되어야 하는 돈인지 확정될 때까지 위 돈을 회사에 입금하여 놓기로 하여 2008. 12. 16.부터 2009. 4. 10.까지 4회에 걸쳐 합계 15억 원을 회사에 입금하였다. 그리고 피고인과 회사는 입금 즉시 이를 회사의 피고인

---

759) 경리실무길잡이, ez분개닷컴, http://www.ezbungae.com/searchkeyword/sampleqa_780.asp

에 대한 일시적인 부채인 가수금으로 회계처리 하였다. 피고인이 회사에 입금한 15억 원의 성격이나 그 소유관계는 특별한 사정이 없는 이상 회계처리 내역대로 가수금으로 파악하여야 하는 것이 원칙이고, 회계처리 내역과 달리 가수금이 아니라 회사에 확정적으로 귀속된 돈으로 보기 위해서는 이와 같은 회계처리가 허위로 이루어졌다는 점 등에 관하여 수긍할만한 반증이 있어야 한다.

(4) 원심은 피고인이 배임수재 재판 과정에서 15억 원을 회사에 입금한 내역을 양형에 유리한 자료로 제출한 점을 회계처리 내역과 달리 보아야 할 유력한 근거로 들고 있다. 그러나 피고인이 15억 원의 입금 근거로 배임수재 재판부에 제출한 4장의 지출(입금)결의서에는 입금된 돈의 내역이 '가수금'으로 명백히 기재되어 있어 피고인이 위 돈을 확정적으로 회사에 귀속시킨 것과 같은 외관을 작출하였거나 그러한 의사를 배임수재 재판부에게 표시하였다고 보기는 어렵다.

(5) 원고가 입금한 15억 원은 피고인이 리베이트 명목으로 불법적으로 지급받은 것으로서 결국 추징으로 환수되어야 하는 범죄수익일 뿐 정당한 매매대금과는 별개의 돈이므로 위 돈이 회사에 반환되어야 할 돈이라거나 피고인이 위 돈을 회사에 반환하여야 할 의무가 있다고 볼 수도 없다.

(6) 회사에 대하여 개인적인 채권을 가지고 있는 대표이사가 회사를 위하여 보관하고 있는 회사 소유 금전으로 자신의 채권변제에 충당하는 행위는 대표이사의 권한 내에서 한 회사 채무의 이행행위로서 유효하므로 불법영득 의사를 인정할 수 없다(대법원 1999. 2. 23. 선고 98도2296 판결 참조).

(7) 그런데 피고인은 2009. 5. 1. 배임수재 형사판결이 확정되자 2009. 7. 31.부터 13회에 걸쳐 15억 원을 회사 계좌에서 인출하여 추징금으로 납부하였고, 인출 즉시 이를 회사의 피고인에 대한 가수금 채무의 이행을 의미하는 '가수금반환' 등으로 회계처리를 하였다.

다. 이와 같은 사정 및 관련 법리에 의하면, 비록 피고인이 배임수재 재판에서 유리한 판결을 받기 위하여 15억 원을 회사에 입금한 면이 있다고 하더라도 그러한 사정만으로 피고인이 회계처리 내역과 달리 그 돈을 회사에 확정적으로 귀속시켰다고 보기는 어렵다. 나아가 피고인이 배임수재 재판 확정 후 적법한 회계처리를 거쳐 회사의 자신에 대한 가수금채무의 이행행위로 15억 원을 인출하여 사용한 것이므로 피고인의 불법영득의사 역시 인정되지 않는다. 결국 피고인이 회계처리 내역과 달리 회사에 대하여 아무런 채권이 없음에도 자신이 보관 중인 회사 소유 금원을 인출하여 이를 자신의 채권에 변제하는 것과 같은 외관을 만들어 임의로 사용하였다는 점이 합리적 의심의 여지가 없을 정도로 증명되었다고 볼 수 없다.[760]

회사의 대표이사가 업무상 보관 중인 금전이 회사장부상 위 대표이사의 가수금으로 처리되어 있다 하더라도 위 대표이사가 회사소유의 자금인 위 금전을 개인용도에 임의 소비하였다면 이는 업무상횡령죄를 구성한다.[761] 일단 위 대표이사가 불법영득의 의사로써 업무상 보관 중인 회사의 금전을 횡령하여 범죄가 성립한 이상 회사에 대하여 별도의 가수금채권을 가지고 있다는 사정이 있더라도 마찬가지이다.[762] 회사의 대표이사가 업무상 보관 중인 금원이 위 대표이사가 타인으로

---

760) 대법원 2019. 1. 10. 선고 2018도16469 판결
761) 대법원 1988. 7. 26. 선고 88도936 판결 참조
762) 대법원 2006. 6. 16. 선고 2004도7585 판결

부터 차용한 것이고, 회사장부상 가수금으로 처리되어 있다 할지라도 개인용도에 임의 소비하였다면 이는 업무상횡령죄를 구성한다.[763]

여기서 **가수금이란,** 현금의 수입은 있었으나 처리할 계정이 미확인이거나, 계정은 알 수 있으나 금액이 미확정일 경우에, 이것이 확정될 때까지 일시적으로 수입을 처리하는 가계정을 말한다. 현금의 수입은 있었으나 계정과목이나 금액이 미확정 시 일시적으로 처리하는 계정으로 부채(負債) 항목에 해당된다.[764] 가령 회사사정의 악화로 긴급 운영자금이 필요하여 회사 대표의 개인자금으로부터 이를 충당하기로 하고 일시에 대여받는 경우에 사용된다. 다음과 같이 회계처리한다.

차변		대변	
현금	100,000,000	가수금	100,000,000

특히 규모가 작은 회사의 경우 대표자 등이 회사와 돈거래를 하면서 자주 문제된다. 만약 대표이사가 사망하면 상속재산으로 인식되거나, 부채계정이므로 신용평가 및 대출심사에서 불리하게 작용될 수 있다. **조세포탈 및 업무상횡령과 관련하여 법인세 및 부가가치세를 감소시키기 위해 회사 통장으로 입금된 매출대금을 매출액에서 누락시키고 이를 가수금으로 계상하여 대표자가 회수하는 형식으로 법인 자금을 횡령하는 방식**이 많이 사용되기 때문에, 회사회계의 투명성을 의심받게 되어 가수금이 많으면 매출누락으로 추정되어 세무조상 대상이 될 수도 있다. 그러므로 가급적 다시 특수관계자에게 현금으로 상환하거나 가수금에 상응하는 금액을 유상증자하고 발행주식을 대표자가 인수하여 자본금으로 전환할 필요가 있다.

(2) 가지급금(가불금)

회사의 대표이사 혹은 그에 준하여 회사 자금의 보관이나 운용에 관한 사실상의 사무를 처리하여 온 자가 회사를 위한 지출 이외의 용도로 거액의 회사 자금을 가지급금 등의 명목으로 인출, 사용함에 있어서 이자나 변제기의 약정이 없음은 물론 이사회 결의 등 적법한 절차도 거치지 아니하는 것은 통상 용인될 수 있는 범위를 벗어나 대표이사 등의 지위를 이용하여 회사 자금을 사적인 용도로 임의로 대여·처분하는 것과 다름없어 횡령죄를 구성한다.[765]

---

763) 대법원 1988. 7. 26. 선고 88도936 판결
764) 국세청, 홈텍스, 용어사전, '가수금' https://txsi.hometax.go.kr/docs/customer/dictionary/view.jsp?word_id=2067
765) 대법원 2006. 4. 27. 선고 2003도135 판결 등 참조)

여기서 **가지급금이란** 현금지출이 발생했으나 이것을 처리할 계정과목이 확정되지 않았거나 또는 계정과목은 확정되었지만, 금액이 확정되지 않았을 때, 그것이 확정될 때까지 임시로 처리해 두는 가계정을 말한다. 실제 현금의 지급은 있었으나 이를 처리할 계정과목이나 금액의 미확정 시 일시적으로 처리하는 계정으로 자산 항목에 해당된다. 가지급금은 계정과목과 금액이 확정되는 즉시 그 확정계정으로 대체하여 정리해야 한다.

차변		대변	
가수금	100,000,000	현금	100,000,000

한편 가지급금은 직원들의 출장경비 처리 시에 자주 사용된다. 일단 가지급금으로 처리했다가 복귀이후 비용영수증을 보면서 식비나 교통비 등으로 대체하는 식이다. 그 밖에 계약선급금, 보증금 등이 여기에 속한다. 가지급금 계정은 대표자 등과의 돈 거래 시 자주 사용되게 되므로 기업자금을 유용하는 등의 부정의 문제가 발생하기도 한다.[766]

〈반제처리〉

반제란 반대의 회계처리를 말하는데, 정확한 금액을 모르는 상태에서 선수금으로 자금을 미리 집행하거나 미리 구매한 후 사후 대금 지급 시 처리한 임시 계정을 원래의 계정으로 변경하는 것을 말한다. 가령, 대표이사 등이 회사에 입금한 가수금을 나중에 다시 찾아가게 되면 반대의 회계처리를 해야하는데 이를 실무에서 반제한다라고 한다.

차변		대변	
가수금	100,000,000	현금	100,000,000

---

766) 국세청, 홈텍스, 용어사전, '가수금' https://txsi.hometax.go.kr/docs/customer/dictionary/view.jsp?word_id=2067

🎖 기본 이론

1. 요건

(1) 업무

업무상횡령죄에 있어서 '업무'란 법령, 계약에 의한 것뿐만 아니라 관례를 쫓거나 사실상의 것이 거나를 묻지 않고 같은 행위를 반복할 지위에 따른 사무를 가리키는 것이다.[767]

① 피고인 1은 공소외 1 주식회사의 상무이사이자 기획예산관리, 자금계획 및 운영계획, 주식관리 총괄 등을 공식 업무로 하는 경영기획본부장의 직책에 있는 점, 피고인 일가가 공소외 1 주식회사의 주식 중 66.90%의 지분을 보유하면서 위 피고인의 부친인 공소외 2가 대표이사직을, 위 피고인이 상무이사직을 맡는 등 사실상 회사의 지배 및 경영권을 독점하였던 점 등의 사실이 인정된다. 이에 비추어 보면 위 피고인이 이 사건 주가조작의 범행 당시에 관련 회사 자금의 관리 및 집행 등의 사무 전반을 사실상 처리하여 왔음을 근거로 업무상횡령죄에서 '업무'를 인정한 사례이다.

② 피고인은 1974. 5. 20. 등기부상으로 공소외 주식회사의 대표이사를 사임한 후에도 1975. 7.경까지 계속하여 사실상 대표이사 업무를 행하여 왔고 회사원들도 피고인을 대표이사의 일을 하는 사람으로 상대해 온 사실을 인정할 수 있으므로 피고인은 여전히 위 회사의 원목 판매대금을 보관할 업무상의 지위에 있었던 자라고 할 수 있으니 피고인에 대하여는 업무상 횡령죄가 적용되어야 할 것이다.[768]

③ 피고인 2는 전국운수노조 강원지부 (하부조직 생략) 분회장이던 그의 형 공소외 6가 사퇴한 69. 5.경 이후 사실상 동분회장의 업무를 대행해 왔고, 그 분회원들도 동 피고인은 분회장의 일을 하는 사람으로 상대해 온 사실을 긍정 못 할 바 아니므로, 동 피고인은 그 분회원의 노임 기타 보험료 반환금을 보관할 업무상의 지위에 있었던 자라고 인정된다.

(2) 불법영득의사

업무상횡령죄에 있어서 불법영득의 의사라 함은 자기 또는 제3자의 이익을 꾀할 목적으로 업무상의 임무에 위배하여 보관하는 타인의 재물을 자기의 소유인 경우와 같은 처분을 하는 의사를 말한다.

---

767) 대법원 2006. 4. 27. 선고 2003도135 판결
768) 대법원 1982. 1. 12. 선고 80도1970 판결

1) 주주총회 내지 이사회의 결의

주식회사는 주주와 독립된 별개의 권리주체로서 그 이해가 반드시 일치하는 것은 아니므로 회사의 자금을 회사의 업무와 무관하게 주주나 대표이사의 개인 채무 변제, 다른 업체 지분 취득 내지 투자, 개인적인 증여 내지 대여 등과 같은 사적인 용도로 임의 지출하였다면 그 지출에 관하여 주주총회나 이사회의 결의가 있었는지 여부와는 관계없이 횡령죄의 죄책을 면할 수는 없는 것이고, 이는 1인 회사인 경우에도 마찬가지이다.[769]

2) 불법영득의사의 추단

주식회사의 대표이사가 회사의 금원을 인출하여 사용하였는데 그 사용처에 관한 증빙자료를 제시하지 못하고 있고 그 인출사유와 금원의 사용처에 관하여 납득할 만한 합리적인 설명을 하지 못한다면, 이러한 금원은 그가 불법영득의 의사로 회사의 금원을 인출하여 개인적 용도로 사용한 것으로 추단할 수 있다.[770]

2. 비자금

(1) 비자금 조성행위

1) 비자금 조성 수법

비자금의 조성은 가공비용을 계상하거나 수익을 누락하는 등의 방법으로 단독으로 조성하는 경우와 거래관계에 있는 상대방이 비자금 조성에 도움을 준 경우가 있다. 가령, 조력자로부터 물건대금을 부풀려 구입하고 나중에 차액을 돌려받는 방식 등이다. 이를 유형화하면 다음과 같다.[771]

---

769) 대법원 2005. 4. 29. 선고 2005도741 판결
770) 대법원 2003. 8. 22. 선고 2003도2807 판결 등 참조
771) 『회계부정 등으로 조성·은닉된 불법자금 근절방안』 국민권익위원회, 2011. 7. 안진회계법인, 6쪽

구분	세부 항목			당사자	
				단독	조력자
장부 조작	가공 항목 계상	비용 성격	급여		
			운반비	○	
			외주가공비		
		자산 성격	대여금		
			회원권		
	항목 누락	수익 성격	매출		
			현금입금(카지노)	○	
			부산물매출		
	비용 과대계상		급여성비용		
			기타비용(연구개발)		○
			매입대금		
리베이트	항목누락		수익금액		○
커미션	항목누락		수익금액		○

A. 가공비용 계상

가공 급여 지급 유형은 가공비용을 계상하여 비자금을 조성하는 대표적인 사례이다. 실제 존재하지 않는 임직원에게 급여 등을 지급하는 수법으로 지출된 급여가 비자금 조성에 이용된다.

> 8명의 위장직원에게 급여 명목으로 13,173,490원을 허위로 지급하는 형식을 취하는 수법으로 이를 빼돌린 다음 그 무렵 피고인 한 모 씨의 개인 용도로 이를 임의 사용하여 횡령하는 등 2004. 8. 5경부터 2010. 6. 4경까지 합계 307,215,720원을 같은 수법으로 횡령함을 인정한 사례이다.[772]

B. 무자료 거래 등

세법에서는 모든 상품과 서비스를 사고 팔 때는 반드시 10%의 부가가치세를 주고받도록 하고 있다. 무자료거래란 거래에 따른 부가가치세를 주고받지 않고 즉 이에 따른 세금계산서를 주고받지 않고 이루어지는 거래를 말한다.

일반적으로 법인의 무자료 거래는 매출누락을 통한 세금포탈과 비자금 조성을 목적으로 이뤄진다. 그런데 비자금이 법인과는 아무런 관련이 없거나 대표자가 개인적 용도로 착복할 목적으로 조

---

772) 수원지방법원 사건번호 2010고합454 판결

성된 경우에는 비자금 조성행위 자체로써 불법영득의사가 실현된 것으로 보나, 비자금 조성이 법인의 운영에 필요한 자금을 조달하는 수단으로 인정되는 경우에는 횡령죄가 않는다.[773]

C. 수익금액 누락

다음 판결은 카지노 영업수입 등 법인에 귀속될 수익을 누락하여 그 금액을 비자금으로 조성하고 회계장부에는 그 수익에 대한 기록을 누락하는 수법이다.

> 카지노의 영업수입이 많은 날을 택하여 몰래 수납실에 들어가 수납직원이 수거하여 둔 드롭박스를 열고 수표 뭉치를 빼내어 비자금을 조성하는 방법으로 이를 횡령하는 한편, 나머지 현금과 수표만으로 그날의 전표와 입금현황표를 작성하고 그에 맞추어 조세근거 서류인 회계관련 장부를 작성한 다음 소득액을 허위 신고하여 조세를 포탈한 사례이다.[774]

D. 가공의 대여금 계상

법인의 자금을 유출하면서 장부상에는 대여금으로 기록하여 비자금을 조성하는 수법이다.

> 피고가 1997년도에 지출된 소외 2의 비자금과 사업상 지출된 비자금의 정리 및 소외 2 개인 명의의 부동산 구입 등을 위하여 회사 자금을 무단 횡령한 후, 이와 같이 횡령한 자금의 부족을 은폐하기 위하여 1997. 3. 28.부터 1997. 12. 24.까지 실제로 대여한 사실이 없에도 서울 하계 1차 주택조합에 사업비 84억 16,158,948원을 대여한 것처럼 허위로 회계처리하도록 업무를 집행하여, 원고에게 동액 상당의 손해를 입혔고, 피고가 소외 2 회장 개인의 가지급금 정리, 홍은동 주택조합의 조합장에 대한 비자금 제공 및 비자금 조성목적으로 차입한 사채의 변제 등을 위해 회사 자금을 횡령한 후, 이와 같이 횡령한 자금의 부족을 은폐하기 위하여 1997. 12. 9.부터 1998. 5. 26.까지 실제로 대여한 사실이 없음에도 불구하고 서울 홍은동 주택조합에 사업비 83억 3,700만 원 상당을 대여한 것처럼 허위로 회계처리하도록 업무를 집행한 사례이다.[775]

---

773) 대법원 2016. 8. 30. 선고 2013도658 판결
774) 서울고등법원 사건번호 97노554 판결
775) 대구고등법원 사건번호 2006나7229

E. 투자금 횡령 수법

일반투자자들의 투자금 300억 원으로 자신의 개인회사를 설립하는 데 사용한 뒤 이 가운데 130억 원을 개인 용도로 유용한 사례이다.[776]

F. 구매가액 부풀리기 수법

이 유형은 실제 가격보다 부풀려진 금액을 지급하고 추후 정상가액과의 차액을 비자금 계좌로 반환받거나 직접 현금 등으로 수령하여 비자금을 조성하는 경우이며, 비용과대 계상의 성격으로도 분류할 수 있다.[777]

G. 리베이트 수령 후 기입 누락

피고인 XX호는 ZZ텔레콤과 경쟁관계에 있는 YY사의 대표이사 장XX에게 납품업체로 선정해 주고 납품업체 선정 시 납품 물량을 많이 줄 테니 납품하는 단말기 1세트당 환율에 따라 400원~500원의 리베이트를 달라고 요구함. 그 후 XX호는 생산위탁계약을 체결하여 183억 원 상당의 단말기 등을 납품하였고 임가공비 명목으로 약 94억 원 상당을 교부받음. 그 후 총 15회에 걸쳐 284,958,100원을 최XX의 계좌로 송금 받아 최XX에 대한 개인채무 1억 700만 원을 변제하는 등 개인적인 용도로 소비한 사례이다.[778]

H. 허위의 세금계산서 수취

거래 상대방으로부터 허위의 세금계산서를 수령하고 대금을 지급한 이후에 추후 약속된 비자금 계좌에 대금을 반환 받거나 현금으로 되돌려 받는 수법을 취한다. 구매 사실이 없음에도 대금이 지급됨으로써 법인 자금이 유출되고 비용을 과다하게 인식하게 된다.

조모씨, 박모씨가 공모하여 거래업체인 'XXXX'에 공급가액 33,000,000원으로 기재된 허위세금계산서를 발급받고 이 허위세금계산서를 근거로 위 금원을 주식회사 XX의 매출원가로 허위 신고하여 비용을 과대계상 혹은 허위계상 하되, 33,000,000원을 XXXX에 송금하여 준 후 부가가치세 3,000,000원을 제외한 30,000,000원을 고XX 명의의 XX은행 계좌로 재송금 받음. 이와 같은 방법으로 합계 1,226,473,807원의 비자금을 조성하여 개인적인 용도로 사용한 사례이다.[779]

---

776) 고객 돈 수천억 빼돌린 삼부파이낸스 양재혁 회장 소환 MBC 뉴스, 1999. 9. 10. https://imnews.imbc.com/replay/1999/nwdesk/article/1786241_30729.html
777) 광주고등법원 사건번호 2006노215 판결
778) 수원지방법원 사건번호 2010고합213 판결
779) 춘천지방법원 영월지원 사건번호 2010고합50 판결

건설업과 서비스업이 비자금을 조성하는 경우가 많다. 전자는 대부분 가공의 근로자를 통한 임금계상이나 도급금액 조작의 유형으로 이뤄진다. 업종 특성상 일용직의 숫자가 많기 때문에 실제로 근무하고 있는 사람인지, 실제로 지급이 이루어지는 것인지 파악하는 것에 한계가 있고, 현금 보유 비중이 높고 기본적으로 그 규모가 한 번의 조작으로 거액의 비자금을 조성할 수 있는 구조이다. 한편, 서비스업의 경우 최종소비자를 대상으로 하는 경우가 많고 요구되는 증빙이 타 업종에 비해 적기 때문에 거래의 실질여부를 추적하기가 매우 어렵기 때문이다.[780]

2) 횡령죄 성립요건

그러나 비자금을 조성한 것만으로 횡령죄가 성립하지는 않는다. 아직 법인의 영역에 있는 단계에서는 불법영득의사를 인정하기 어렵기 때문이다.

A. 장부상의 분식에 불과하는 경우

법인의 운영자 등이 법인자금을 이용하여 비자금을 조성하였더라도 그것이 당해 비자금의 소유자인 법인 이외의 제3자가 이를 발견하기 곤란하게 하기 위한 장부상의 분식에 불과하거나 법인의 운영에 필요한 자금을 조달하는 수단으로 인정되는 경우에는 불법영득의 의사를 인정하기 어렵다.

> 피고인 오◎문은 소속회사의 대표이사, 피고인 최흥균은 그 상무이사, 피고인 김재신은 그 채권부장으로서 이들은 침체된 소속회사의 영업을 활성화함으로써 회사의 발전을 꾀하기 위하여 소위 부외자금이 필요하다고 판단하고 그 부외자금을 조달함에 있어서는 채권매매알선업에 종사하는 피고인 이덕수와의 사이에 위 회사가 채권을 매수 또는 매도할 때 실제로는 당시 수익률에 따르되 매수할 때는 그보다 비싼 가격으로 기장하고, 매도할 때는 그보다 싼 가격으로 기장한 다음 그 차액을 다시 위 이덕수로부터 돌려받기로 하는 방법에 의하여 조달하기로 하여 그와 같이 조성된 판시와 같은 부외자금을 소속회사를 위하여 전액 지출하였다는 사실을 인정하고 있는 바, 사실관계가 위와 같다면 피고인들은 위와 같은 부외자금의 조성 및 그 소비과정에서 위 회사에 재산상 손해를 발생시키거나 발생시킬 염려가 있다는 인식이 있었다고 보여지는 않는 바이니 위와 같은 취지에서 이 사건 업무상배임죄의 부분에 관하여 피고인들에게 무죄를 선고한 원심의 조치는 정당하다.[781]

---

780) 『회계부정 등으로 조성·은닉된 불법자금 근절방안』, 국민권익위원회, 2011. 7. 안진회계법인, 11쪽
781) 대법원 1988. 5. 24. 선고 88도542 판결

B. 불법영득의사가 인정되는 경우

다만 법인의 운영자 또는 관리자가 ① **법인을 위한 목적이 아니라 법인과는 아무런 관련이 없거나 개인적인 용도로 착복할 목적으로 법인의 자금을 빼내어 별도로 비자금을 조성**하였다면 그 조성행위 자체로써 불법영득의 의사가 실현된 것으로 볼 수 있을 것인바, 이때 그 행위자에게 법인의 자금을 빼내어 착복할 목적이 있었는지 여부는 그 법인의 성격과 비자금의 조성 동기, 방법, 규모, 기간, 비자금의 보관방법 및 실제 사용용도 등 제반 사정을 종합적으로 고려하여 판단한다.[782]

① 원심은, 이 사건 새마을금고의 실질적 운영자인 피고인 1과 상무 혹은 전무 등으로 재직한 피고인 3,피고인 1이 금고의 담당 직원들로 하여금 고객들이 맡긴 정기예탁금을 부외거래시스템에 입금하게 하는 행위 자체가 금고에 대한 관계에서 횡령 행위로 인정되기 위해서는, 부외거래자금이 금고와는 아무런 관련이 없거나 개인적인 용도로 착복할 목적으로 조성된 것으로서, 고객의 정기예탁금이 부외거래시스템을 통하여 금고에 입금되면 그 돈은 정상거래시스템을 통하여 입금된 고객의 돈과는 별도로 보관·관리·처분되어 금고의 공식적인 자금에서 벗어난 별도의 비자금과 같은 성격을 띠게 되는 것이어야 한다고 전제한 다음, 그 판시와 같은 부외거래시스템의 도입 경위 및 운용 실태, 부외거래자금의 흐름이나 사용처 등의 여러 사정을 종합하면 피고인 1등이 이 사건 새마을금고의 직원들로 하여금 고객들이 맡긴 정기예탁금을 부외거래시스템에 입금하게 하는 행위는 회계처리상 부외거래시스템의 계좌 혹은 통합전산망의 차명계좌에 예금액을 기재하는 행위에 불과하고 그 자체로 금고의 공식적인 자금에서 벗어난 별도의 비자금을 조성하는 행위로 볼 수는 없다는 이유로, 업무상횡령의 점에 관한 이 부분 공소사실에 대하여 각 무죄를 선고한 점은 정당하다.

원심은, 앞서 본바와 같이 고객들이 맡긴 정기예탁금을 부외거래시스템에 입금하게 하는 행위만으로는 금고에 대한 횡령죄가 성립하지 아니하고, 검사가 제출한 증거만으로는 피고인 6이 금고의 돈을 임의로 인출하여 이를 개인적인 용도로 소비한 적이 있음을 인정하기에 부족하며 달리 이를 인정할 증거가 없다는 이유로, 피고인 6의 횡령에 따른 손해배상채권의 존재를 전제로 하는 강제집행면탈의 점에 관한 이 부분 공소사실에 대하여 무죄를 선고한 점은 정당하다.[783]

② 피고인이 공소외 7, 4와 공모하여 1993. 4.경부터 1998. 1.경까지 4년여가 넘는 기간 동안 무려 11,735,120,500원 상당의 비자금을 위와 같이 각종 비용을 과다하게 계상하는 방법을 통하여 현금으로 조성하였고, 비자금을 사용, 관리함에 있어서도 비자금관리를 담당하는 직원 공소외 8로 하여금 금고에 은밀히 보관하면서 피고인의 지시에 따라 사용하도록 하였고, 그 내역을 기재한 장부는 공소외 4의 결재를 받은 후 순차 폐기하도록 하였으며, 피고인은 위와 같이 조성한 비자금으로 1996. 3.경부터 1998. 1.경까지 공소외 3 회사의 회사업무와 전혀 관련이 없는 피고인의 골동품, 도자기 구입, 개인주택·별장의 관리와 보수 및 공과금의 납부, 피고인 일가의 종합토지세·재산세·종합소득세 등 각종 세금의 납부 등의 용도에 합계 약 80억 1,000만 원을 지출한 사실을 인정한 다음, 이와 같은 비자금의 조성 동기, 조성 기간 및 절차, 비자금의 보관방법, 비자금의 실제 사용용도 등에 비추어 보면, 피고인의 불법영득의사는 각 공사현장의 소장이나 경리직원들이 피고인의 지시에 따라 공소외 3 회사 본

---

782) 대법원 2010. 12. 9. 선고 2010도11015 판결
783) 대법원 2010. 12. 9. 선고 2010도11015 판결

사로부터 받은 선급금에서 비자금을 현금으로 인출·조성한 다음 이를 공소외 6 등을 통하여 공소외 8로 하여금 따로 보관하도록 한 시점에서 객관적으로 명백히 표현되었다고 볼 수 있는 것이므로 비자금 조성행위로 횡령죄가 기수에 이른 것이고, 따라서 피고인이 그중 일부를 공소외 3 회사의 직원 회식비 등 회사업무와 관련된 용도로 사용하였다 하더라도 횡령죄의 성립에 지장이 없다고 판단하였는바, 위에서 본 법리와 기록에 의하여 살펴보면, 원심의 위와 같은 사실인정과 판단도 정당하고, 거기에 상고이유로 주장하는 것과 같이 횡령죄의 범죄성립에 관하여 법리를 오해한 위법이 없다.[784]

(2) 비자금의 사용행위

비자금 사용 유형은 크게 분류하면 개인적인 사용 목적, 불법정치자금 내지 뇌물 등 로비활동을 위한 사용, 기타 업무 목적을 위한 사용으로 분류할 수 있다.[785] 이와 같은 비자금의 사용행위는 업무상횡령죄에 해당할 수 있다.[786]

1) 불법영득의사의 추단과 제한

보관·관리하던 비자금을 인출·사용하였음에도 그 자금의 행방이나 사용처를 제대로 설명하지 못하거나 당사자가 주장하는 사용처에 그 비자금이 사용되었다고 볼 수 있는 자료는 현저히 부족하고 오히려 개인적인 용도에 사용하였다는 신빙성 있는 자료가 훨씬 많은 것과 같은 경우에는 비자금의 사용행위가 불법영득의 의사에 의한 횡령에 해당하는 것으로 추단할 수 있을 것이다.[787]

하지만 이와 달리 피고인들이 불법영득의사의 존재를 인정하기 어려운 사유를 들어 비자금의 행방이나 사용처에 대한 설명을 하고 있고 이에 부합하는 자료도 제시한 경우에는 피고인들이 보관·관리하고 있던 비자금을 일단 다른 용도로 소비한 다음 그만한 돈을 별도로 입금 또는 반환한 것이라는 등의 사정이 인정되지 않는 한, 함부로 그 비자금을 불법영득의사로 인출·사용함으로써 횡령하였다고 단정할 것은 아니다.[788]

2) 개별적 검토

피고인들이 회사의 비자금을 보관·관리하고 있다가 사용한 사실은 인정하면서도 회사를 위하

---

784) 대법원 2006. 6. 27. 선고, 2005도2626, 판결
785) 『회계부정 등으로 조성·은닉된 불법자금 근절방안』, 국민권익위원회, 2011. 7. 안진회계법인, 15쪽
786) 대법원 2007. 6. 1. 선고 2005도5772 판결
787) 대법원 1994. 9. 9. 선고 94도998 판결, 2002. 7. 26. 선고 2001도5459 판결 등 참조
788) 대법원 1994. 9. 9. 선고 94도998 판결, 2002. 7. 26. 선고 2001도5459 판결 등 참조

여 인출·사용하였다고 주장하는 경우에 불법영득의사를 인정할 수 있는지 여부는, 비자금의 조성 동기, 방법, 규모, 기간, 보관 및 관리방식 등에 비추어 비자금이 조성된 후에도 법인이 보유하는 자금의 성격이 유지되었는지 여부, 그 비자금의 사용이 사회통념이나 거래관념상 회사의 운영 및 경영상의 필요에 따른 것으로 회사가 비용부담을 하는 것이 상당하다고 볼 수 있는 용도에 지출되었는지 여부, 비자금 사용의 구체적인 시기, 대상, 범위, 금액 등이 상당한 정도의 객관성과 합리성이 있는 기준에 의하여 정해졌는지 여부를 비롯하여 비자금을 사용한 시기, 경위, 결과 등을 종합적으로 고려하여 그 비자금 사용의 주된 목적이 개인적인 용도를 위한 것이라고 볼 수 있는지에 따라 신중하게 판단하여야 한다.[789]

> 피고인 1이 상당한 규모의 대기업인 피해자 회사의 최고경영자로서 회사 경영상의 필요에 따라 통상적인 회계처리가 곤란한 현금성 경비로 충당하기 위하여 이 사건 비자금을 조성하고, 그러한 목적으로 그중 상당액을 사용하였을 가능성을 배제할 수 없다. 그러므로 이 사건 비자금의 구체적인 사용처 등에 관한 객관적인 자료가 제시되지 않았다고 하여 이 사건 비자금 전부가 피고인 1, 피고인 3의 개인적 이익을 위하여 사용된 것으로 보기는 어렵고, 그중 상당 부분은 회사의 운영 및 경영상의 필요에 따라 회사를 위하여 지출된 것으로 볼 여지가 있다. 피고인 1이 대표이사로 부임한 이후 직책급을 신설하여 현금성 경비의 지출 수요에 대응하는 제도를 마련하였지만, 전임자 재임 시절에 조성·사용되었던 비자금의 규모 등과 견주어 볼 때 업무추진비나 직책급만으로도 그러한 자금수요가 모두 충족될 수 있었고, 이 사건 비자금은 오로지 위 피고인들의 개인적 용도로 사용되었다고 단정할 수는 없다고 보인다.
> 한편 비자금은 회계상 투명성이 없는 것이므로 이를 인출·사용한 것 자체로 개인적 용도에 임의소비하여 횡령한 것이라고 추단할 수 있는 경우가 있다. 그러나 이는 행위자가 그 자금의 행방이나 사용처에 관하여 수긍할 만한 사유를 제시하여 설명하지 못하고 객관적으로도 회사를 위하여 지출하였다고 볼 만한 자료가 제시되지 못하는 등의 경우에나 허용된다. 이 사건에서처럼 사용된 자금의 상당 부분이 회사를 위하여 지출되었을 것으로 보이는 사정이 드러난 경우에는 증명책임의 원칙으로 돌아가 개별 사용행위와 관련하여 임의사용을 추단하기에 충분한 사정이 있다는 점은 검사가 이를 증명하여야 한다. 위 피고인들이 비자금의 사용처를 확인할 수 있는 구체적 내역을 밝히고 그 객관적 근거 자료를 제시하지 못한다고 하여, 조성된 비자금 전부가 회사 경영과 무관하게 개인적인 경조사비 또는 유흥비 등으로 사용되었다고 단정하는 것은 범죄 구성요건 사실에 대한 증명책임에 관한 법리에 배치된다.

3. 채무 변제

(1) 불법영득의사가 없는 경우

일반적으로 회사에 대하여 개인적인 채권을 가지고 있는 대표이사가 회사를 위하여 보관하고 있는 회사 소유의 금원으로 자신의 채권 변제에 충당하는 행위는 회사와 이사의 이해가 충돌하는

---

789) 대법원 2009. 2. 26. 선고 2007도4784 판결 등 참조

자기거래행위에 해당하지 않는 것이므로, 대표이사가 이사회의 승인 등의 절차 없이 그와 같이 자신의 회사에 대한 채권을 변제하였더라도, 이는 대표이사의 권한 내에서 한 회사 채무의 이행행위로서 유효하고, 따라서 불법영득의 의사가 인정되지 아니하여 횡령죄의 죄책을 물을 수 없다고 할 것이다.[790]

1) 사례 1

[범죄사실의 요지] 피고인은 공소외 1 주식회사의 전무이사로 근무하다가 대표이사로 근무하는 자인바, 공소외 박대환으로부터 승강기 설치대금 136,000,000원 중 금 79,000,000원을 수령하여 회사를 위하여 업무상 보관하던 중 그 임무에 위배하여 그중 금 41,840,000원을 피고인의 채무변제 등으로 임의소비하여 횡령하였다.

[대법원의 판단] 피고인이 위 회사의 대표이사로 재직하면서 위 회사가 봉암건설 주식회사에게 판매한 승강기대금 중 금 79,000,000원을 지급 받아서 그중 금 41,840,000원을 피고인의 개인 용도에 소비하고 나머지 금원은 종업원들의 퇴직금 등으로 지출한 사실이 인정되는데, 피고인은 앞에서 본 바와 같이 위 회사에 대하여 금 211,193,950원 상당의 양도대금채권을 가지고 있어서 위 추심한 금원으로 그 채권의 변제에 충당한 것이라고 주장하고 있고, 그에 대한 자료들도 기록상 제출되어 있다. 그런데 회사에 대하여 개인적인 채권을 가지고 있는 대표이사가 회사를 위하여 보관하고 있는 회사 소유의 금전으로 자신의 채권의 변제에 충당하는 행위는 회사와 이사의 이해가 충돌하는 자기거래행위에 해당하지 않는다고 할 것이므로, 대표이사가 이사회의 승인 등의 절차 없이 그와 같이 자신의 회사에 대한 채권을 변제하였더라도 이는 대표이사의 권한 내에서 한 회사채무의 이행행위로서 유효하다.

그러므로 만일 피고인의 주장과 같이 피고인이 위 회사에 대하여 양도대금채권을 가지고 있고, 위 추심금 중 일부를 그 채권의 변제에 충당하였다면, 그와 같은 피고인의 행위는 대표이사의 권한 내에서 한 회사채무의 정당한 이행행위로서 유효하고, 따라서 피고인에게는 불법영득의 의사가 인정되지 아니하여 횡령죄의 죄책을 물을 수 없다고 할 것이므로, 원심으로서는 피고인이 위와 같은 주장을 하고 있고 그에 따른 입증자료들도 제출하고 있는 이상, 그 주장하는 양도대금채권이 과연 존재하는지, 그리고 존재한다면 그 정확한 액수는 얼마인지 여부와 피고인이 위 추심금의 일부를 임의사용한 행위를 위 채권의 변제로 볼 수 있는지 여부 등에 관하여 보다 충분한 심리를 한 연후에 그 결과에 따라 유죄로 인정되는지 여부를 판단하였어야 한다.[791]

2) 사례 2

피고인이 주장하는 바와 같이 이 부분 각 돈은 피고인의 피해자 회사에 대한 가수금채권의 변제 목적으로 지급되었을 여지가 충분하다고 판단된다. 따라서 검사가 제출한 증거들만으로는 피고인이 불법영득의사를 가지고 위 각 돈을 개인적인 용도로 사용하여 횡령하였다는 사실이 합리적 의심의 여지가 없을 정도로 증명되었다고 보기 어렵다. ① 피고인은 수사기관에서부터 이 법정에 이르기까지 이 부분 각 돈은 가수금채권의 변제 목적으로 출금한 것이고 회계 처리도 정당하게 이루어졌다는 취지로 일관되게 진술하였는데(피고인은 검찰에서 피해자 회사 계좌에서 인

---

790) 대법원 1999. 2. 23. 선고 98도2296 판결, 위 대법원 2002. 7. 26. 선고 2001도5459 판결 등 참조
791) 대법원 1999. 2. 23. 선고 98도2296 판결

출한 돈을 개인적인 용도로 사용한 사실을 인정한 바 있으나, 피고인이 수사기관에서부터 위와 같은 인출행위가 가수금채권 변제나 상계의 일환이라는 취지로 주장하였던 점에 비추어 횡령범행을 자백하는 취지로 보기는 어렵다), 피해자 회사의 세무회계업무에 관여하였던 F는 피고인과 피해자 회사 사이에 가수금 입출금 내역이 실제로 수시로 존재하고 정당하게 회계 처리가 이루어졌다면서 피고인 진술과 동일한 취지로 진술한 바 있다.

② 피해자 회사는 2013. 10. 24.경 설립되었는데, 피해자 회사의 계정별 원장에는 2014. 1. 31. 기준 피고인의 가수금 잔액이 751,446,700원으로 기재되어 있고, 그 이후의 가수금 입금 및 반제 내역은 회계자료나 피해자 회사의 입출금 계좌내역과도 대부분 일치하는 것으로 보이는 점 등의 사정에 비추어 보면, 위와 같은 가수금 계정의 기재가 허위라고 단정할 만한 증거가 부족하다.

③ 피고인은 피해자 회사를 설립하고 호텔을 신축하는 과정에서 제주시 K 외 7필지의 소유자인 주식회사 J를 인수하고, 피해자 회사에 위 토지를 호텔 부지로 제공하였다. 또한 호텔 신축을 위해 2014. 6. 27. R과 공사도급계약을 체결하여, R은 공사대금 11,435,600,000원(부가가치세 포함)을 지급받고 2015. 11.경 호텔 건물을 신축하였다. 이와 같은 과정에서 피고인은 부지 매입 자금으로 약 5억 8,000여만 원, 건축설계비 등으로 약 11억 원, 운영비 등으로 5억 6,000여만 원을 지출하거나, R에서 약 10억 원을 차용하여 공사대금 등으로 이용하기도 하였다(이 부분과 관련하여 R의 대표이사 H 등은 그 실질적 채무자가 피해자 회사라고 진술한 바 있으나, 위 돈과 관련한 차용증에 명시적으로 피고인이 채무자로 기재되어 있고, 피고인은 금융기관에서의 대출을 받기 위한 요건을 갖추기 위해 대표이사인 피고인이 돈을 차용하여 피해자 회사에 대여하는 형식을 취한 것이라고 진술하였던 점 등에 비추어 보면, 처분문서의 기재와 달리 위 돈의 채무자를 피해자 회사라고 보기는 어렵다). 이처럼 피고인의 자금 투입내역, 피해자 회사의 자금 인출 및 사용 내역, 조달자금의 변제책임 등을 모두 고려하여 보면, 피고인이 피해자 회사에 대해 허위 채권을 가지고 있다고 단정하기 어렵고, 앞에서 본 바와 같이 가수금 계정을 이용하여 피해자 회사와 사이에서 수시로 대여 및 변제행위가 이루어졌다고 봄이 타당하다.

④ 피고인은 2016. 4. 15.경 D 대출금 중 3억 원을 개인 계좌로 입금 받으면서 같은 날 가수금 1,565,003,000원 반제로 회계 처리한 바 있는데, 앞서 본 피고인의 피해자 회사에 대한 채권 등을 고려했을 때 회계 처리 내용이 허위라고 단정할 수 없다. 한편, 피고인이 2016. 6. 30.경 과점주주 취득세 등 명목으로 피해자 회사 자금에서 22,245,300원을 사용한 것과 관련해서는 계정별 원장에 피해자 회사의 세금 납부로 기재되어 있기는 하나, F가 회계 처리에 실수가 있었다는 취지로 진술하고 있고, 피고인이 피해자 회사에 대해 가진 채권액에 비추어 굳이 위 금액을 가수금 반제로 처리하지 않을 이유가 없는 점 등에 비추어, 단순한 회계처리상의 실수 또는 착오 가능성을 전적으로 배제한 채 회계장부에 가수금 반제로 처리되어 있지 않다는 사정만으로 피고인이 이 부분 인출금을 임의로 유용한 것이라고 단정하기는 어렵다.

(2) 불법영득의사가 인정된 경우

반면 대표이사가 **회사 소유의 금원을 자신의 회사에 대한 채권의 변제에 충당하는 것이 아니라 불법영득의 의사에 기하여 자신의 개인 용도로 임의 소비하였다면** 이는 업무상횡령죄를 구성하며 이 경우 대표이사가 회사에 대하여 가수금채권이나 개인적인 채권을 가지더라도 동일하다.[792]

---

792) 대법원 2006. 6. 16. 선고 2004도7585 판결, 대법원 2007. 6. 1. 선고 2005도5772 판결 등

1) 사례 1

피고인은 검찰 이래 원심 법정에 이르기까지 피고인 회사들은 유동성 자금이 부족한 경우, 피고인의 개인 자금이나 다른 피고인 회사들로부터 자금을 차입하고, 이를 상환하는 경우 대표이사 가수 및 가수반제 형식으로 회계장부를 정리하여 왔는데, 1994년경부터 1998년경까지 피고인이 피고인 회사들로부터 변제받지 못한 가수금이 합계 11억 3,860만 원이 되는바, 이는 피고인의 피고인 회사들에 대한 채권이므로, 설사 장부상 가공경비를 발생시켜 변제받았다 하더라도, 이는 회사에 대한 채권을 변제받은 것에 불과하여 횡령죄로 의율할 수는 없다고 하면서, 그 대표적인 예로서 피고인 회사들은 법인 공동의 기숙사, 차고지 등의 용도로 사용하기 위해 대구 수성구 신매동 69 유지 7,363㎡에 대하여 1993. 3. 5. 매매계약을 체결하여 1994. 2. 28. 잔대금을 지급하였고, 같은 동 70 유지 760㎡에 대하여 1997. 4. 3. 매매계약을 체결하고 같은 해 6. 20. 잔대금을 지급하여 이를 매수한 다음 피고인 대일주택관리 앞으로 각 소유권이전등기를 하였는데, 같은 동 69 유지를 매수할 때 대표이사 가수금 6억 9,000만 원 등 피고인이 8억 6,000만 원을 보태어 지급하였다고 변소하고 있다.

[판단] 그와 같이 피고인이 피고인 대일주택관리 등에 가수금으로 지급한 돈이 대주주로서 출자한 것인지, 아니면 대여한 것인지 등이 명확하지 아니할 뿐만 아니라, 그 후 피고인이 장부상 가공경비를 발생시켜 원심 판시와 같이 수시로 피고인 회사들의 예금을 인출하여 사용한 행위 중 과연 어떤 행위를 두고 그 각 대여금 채권을 변제받기 위한 것으로서 대표이사의 권한 내에서 한 회사 채무의 이행행위에 해당되어 유효하고, 따라서 불법영득의 의사가 없는 것으로 보아야 할 것인지, 피고인의 변소만으로는 이를 밝힐 수 없고, 기록상 이를 밝힐 자료를 찾아볼 수도 없으므로, 가수금채권의 변제 주장은 받아들일 수 없다.[793)]

2) 사례 2

피고인과 최종문, 박상순 등은 1990. 3. 19. 주택건축사업 등을 목적으로 하는 공소외 주식회사을 설립하여 피고인이 그 대표이사로 취임한 사실, 위 주택건축사업을 위하여 최종문, 박상순이 그 이전에 매수한 부산 남구 대연동 1600-593 임야 604평과 이에 인접한 토지로 피고인이 매수한 이 사건 토지를 각 공소외 주식회사에 이전하고 그 토지 면적비율에 따른 공소외 주식회사의 주식비율을 인정받기로 약정하여 1990. 8. 13. 및 1990. 10. 25. 공소외 주식회사 앞으로 소유권이전등기를 마쳤고, 다만 공소외 주식회사의 회계장부 등에는 이 사건 토지 등의 매수자금에 상당하는 금액을 피고인 등으로부터의 단기차입금으로 계상하고 그 입금전표 등도 작성한 사실을 인정할 수 있는바, 위와 같은 사실관계에 비추어 보면 피고인은 영리의 목적으로 최종문 등과 주택건축사업을 공동으로 영위하기 위하여 자신이 매입한 이 사건 토지를 공소외 주식회사에 출자한 것이라고 보아야 할 것이다(피고인이 공소외 주식회사을 상대로 하여 제기한 임금청구소송에 대한 대법원 2003. 7. 8. 선고 2003다10513호 사건에서도, 피고인이 이 사건 토지를 공소외 주식회사에 출자한 것이라고 봄이 상당하다는 이유로 이 사건 토지의 매입대금을 공소외 주식회사에 대여하였음을 전제로 하여 그 반환을 구하는 피고인의 대여금 청구를 배척하였다). 따라서 위와 같은 동업약정에 따라 공소외 주식회사이 설립되어 주식회사로서의 실체가 갖추어진 이상, 주식회사의 청산에 관한 상법의 규정에 따른 청산절차가 이루어지지 않는 한 피고인은 출자금을 포함한 잔여재산의 분배를 받을 수 없다고 할 것임에도 불구하고, 피고인이 이 사건 토지의 매수자금에 상당하는 금액이 공소외 주식회사의 회계장부상 단기차입금으로 계상되어 있다는 이유만으로 공소외 주식회사의 명의로 금융기관에 예치중인 돈을 임의로 인출하

---

793) 대법원 2002. 7. 26. 선고 2001도5459 판결

여 자신의 채무변제에 사용한 행위는 업무상횡령죄를 구성한다고 할 것이다. 다. 또한 기록에 의하면, 피고인은 금융기관에 대한 자신의 대출금채무를 변제하기 위하여 회사 자금을 인출하려고 하였는데, 이를 최종문 등이 반대하므로 부득이하게 임의로 위 돈을 인출하여 자신의 채무변제에 사용하게 된 것이라고 진술하고 있어(수사기록 제387면), 피고인 스스로도 위 돈의 인출행위가 정당하게 이루어진 것이 아니라는 점을 인정하고 있으므로 피고인에게 횡령의 범의 및 불법영득의 의사가 없었다고도 할 수 없다.[794]

4. 주금납입 ×

당초부터 진실한 주금납입으로 회사의 자금을 확보할 의사 없이 형식상 또는 일시적으로 주금을 납입하고 이 돈을 은행에 예치하여 납입의 외형을 갖추고 주금납입증명서를 교부받아 설립등기나 증자등기의 절차를 마친 다음 바로 그 납입한 돈을 인출한 경우에는, 이를 회사를 위하여 사용하였다는 특별한 사정이 없는 한 실질적으로 회사의 자본이 늘어난 것이 아니어서 상법상 납입가장죄 및 공정증서원본불실기재죄와 불실기재공정증서원본행사죄가 성립하고, 회사 자본이 실질적으로 증가됨을 전제로 한 업무상횡령죄가 성립한다고 할 수는 없다.[795]

5. 회사재산 처분

주식회사는 주주와 독립된 별개의 권리주체로서 그 이해가 반드시 일치하는 것은 아니므로, 주주나 대표이사 또는 그에 준하여 회사 자금의 보관이나 운용에 관한 사실상의 사무를 처리하는 자가 **회사 소유 재산을 제3자의 자금 조달을 위하여 담보로 제공하는 등 사적인 용도로 임의 처분**하였다면 그 처분에 관하여 주주총회나 이사회의 결의가 있었는지 여부와는 관계없이 횡령죄의 죄책을 면할 수는 없다.

공소외 1 주식회사 소유의 이 사건 예금 330억 원이 인출되기 직전에 공소외 1 주식회사의 주주총회에서 피고인 측 이사 3명이 선출됨으로써 피고인이 공소외 1 주식회사의 실질적 운영자의 지위를 취득하게 된 점 등에 비추어, 피고인은 이 사건 예금 인출 당시 이 사건 예금을 보관하는 자의 지위에 있었다고 볼 수 있고, 나아가 피고인은 공소외 2 주식회사의 주식 30%를 보유하고 있지 않음에도 공소외 3과 공소외 2 주식회사의 실질적인 대주주 공소외 4 등을 기망하여 공소외 2 주식회사의 주식 30%를 양수하는 대가 명목으로 이 사건 예금 330억 원을 공소외 2 주식회사의 대주주 공소외 5 명의의 계좌로 송금한 다음 이를 곧바로 피고인의 공소외 1 주식회사 인수를 위한 대

---

794) 대법원 2005. 4. 15. 선고 2003도7773 판결
795) 대법원 2004. 6. 17. 선고 2003도7645 (전)판결

출금 변제에 사용하게 함으로써 이 사건 예금 330억 원을 횡령하였다.[796)]

6. 소송비용지급

법인의 이사를 상대로 한 이사직무집행정지 가처분결정이 된 경우, 당해 법인의 업무를 수행하는 이사의 직무집행이 정지당함으로써 사실상 법인의 업무수행에 지장을 받게 될 것은 명백하므로 법인으로서는 그 이사 자격의 부존재가 객관적으로 명백하여 항쟁의 여지가 없는 경우가 아닌 한 위 가처분에 대항하여 항쟁할 필요가 있다고 할 것이고, 이와 같이 필요한 한도 내에서 법인의 대표자가 법인 경비에서 당해 가처분 사건의 피신청인인 이사의 소송비용을 지급하더라도 이는 법인의 업무수행을 위하여 필요한 비용을 지급한 것에 해당하고, 법인의 경비를 횡령한 것이라고는 볼 수 없으며, 대표이사 해임소송 등이 제기된 경우에도 동일한 논리가 적용된다.[797)]

피해자 안산시민시장 사업협동조합(법인임, 이하 '이 사건 조합'이라 한다)의 이사장인 피고인은 이 사건 조합과 안산시장 사이에 체결된 '안산시민시장 관리운영 위·수탁계약'에 따라 2004. 5. 20.경 안산시장에게 제4분기(2004년 5월~2004년 7월) 위탁비를 청구하여 같은 달 27일 피고인 명의의 통장으로 제4분기 위탁비 38,330,000원을 입금받은 사실, 위·수탁계약에 의하면 위탁비의 세부내역은 '인건비, 일반수용비, 공공요금, 시설장비유지비'(이하 '인건비 등'이라 한다)로 구성되며, 이 사건 조합은 지급받은 위탁비를 위탁업무 이외의 목적에 사용하거나 유용할 수 없는 사실, 그런데 피고인은 위 통장에서 같은 달 28일 8,800,000원, 같은 달 31일 500,000원을 각 인출하여 이 사건 조합의 전 이사장 공소외 1 등이 피고인을 상대로 제기한 이사장 직무행위금지 가처분신청사건 및 임원선출무효확인 소송의 응소를 위한 변호사 선임료 등으로 사용한 사실이 인정되나, 다른 한편 이 사건 조합은 안산시장으로부터 제4분기 위탁비를 수령하기 이전인 2004. 5. 1.부터 같은 달 26일까지의 기간 중 제4분기의 인건비 등으로 합계 13,722,080원을 위 조합의 일반수입금(5일장 관리비, 1일장 관리비, 이벤트 관리비 등)으로 이미 지출한 사실을 알 수 있으므로, 2004. 5. 27. 안산시장으로부터 수령한 제4분기 위탁비 38,330,000원 중 13,722,080원은 위 조합의 제4분기 인건비 등으로 선지출된 위 조합의 일반수입금으로 전환되었다고 할 것이고, 피고인이 변호사 선임료 등으로 사용한 합계 9,300,000원이 위와 같이 위 조합의 일반수입금으로 전환된 금액의 범위 내임은 계산상 명백하며, 나아가 위 가처분신청 및 무효확인의 소가 모두 판결로 각하된 점에 비추어 보면 피고인으로서는 위 각 소송에 대하여 항쟁할 충분한 이유가 있었다고 할 것이므로, 피고인이 위탁비가 입금된 통장에서 금원을 인출하여 변호사 선임료 등으로 사용하였다는 사정만으로 곧바로 피고인이 불법영득의 의사를 가지고 예산을 전용하여 임의로 소비하였다고 단정할 수 없을 것이다.[798)]

---

796) 대법원 2011. 3. 24. 선고 2010도17396 판결
797) 대법원 2003. 5. 30. 선고 2003도1174 판결 참조
798) 대법원 2007. 12. 28. 선고 2006도9100 판결

Section 3   업무상배임죄

기본 이론

1. 부동산의 처분

(1) 주총특별결의를 받지 않아 무효인 경우

[공소사실의 요지] 피고인은 ㈜ 비산건설의 대표이사로서 충남 소재 과수원등 15필지 지상에 아파트 489세대의 건축허가를 받아 공사를 진행 중 주택은행으로부터 국민주택기금 융자를 받지 못하여 채무를 변제하지 못하게 되자 비산건설 소유의 부동산을 위 두산건설에 넘기기로 마음먹고, 이사회의 승인과 주주총회결의를 거치지 않고 이사들 몰래 비산건설의 유일재산인 시가 16억 원 상당의 비산건설 소유의 아파트부지를 7억 5천만 원에, 건축 중인 아파트건물을 39억 원에 두산건설에 매각하기로 매매계약을 체결하면서 두산건설 앞으로 아파트부지의 소유권이전등기를 마치고 아파트건물의 건축허가명의를 변경하여 주기로 함하였다.

[대법원] 공소사실이 피고인의 배임행위의 전제로 삼고 있는 바 위 아파트부지 및 건물을 위 두산건설에게 양도한 행위는 비산건설의 유일재산이고 처분당시 주주총회의 특별결의를 거치지 아니한 이유로 위 매매계약 및 이에 따른 소유권이전등기는 법률상 당연무효라 하더라도 경제적 관점에서 볼 때 적어도 아파트부지에 관한 소유권이전등기를 두산건설에게 넘겨준 이상 피고인의 위 처분행위로 인하여 위 비산건설에게 현실적인 손해를 가하지 아니하였다거나 재산상 실해발생의 위험을 초래하지 아니하였다고 볼 수는 없을 것이다.[799]

(2) 주총특별결의를 받지 않아 무효인 경우

A 회사의 대표이사인 피고인이 B 회사의 대표이사와 공모하여, B 회사의 소유인 아파트 부지 및 건물을 A 회사에게 매도하고 아파트 부지에 관한 소유권이전등기를 경료한 것은, 매매목적물이 B 회사의 유일한 재산으로 그 처분 시에 주주총회의 특별결의나 이사회의 승인을 거치지 아니하여 위 매매계약이나 소유권이전등기가 법률상 무효라고 하더라도, 경제적 관점에서 파악할 때 본인에게 재산상의 손해를 가한 경우에 해당한다고 보아야 할 것이다.[800]

(3) 이사회 의결을 받지 않은 경우

피고인은 경대농장이 재운가설산업으로부터 매수하여 경대농장의 회원인 A에게 명의신탁하고 소유권이전등기를 마쳐 둔 부동산을 경대농장 이사회의 결의를 거쳐 B에 대한 피고인 개인의 합의금 명목으로 양도하기로 하고 B가 지정한 대진산업개발 명의로 소유권이전등기를 마친 사실, 경대농장의 조합규약은 부동산의 처분에 관한 사항은

---

799) 대법원 1992. 5. 26. 선고 91도2963 판결
800) 대법원 1995. 11. 21. 선고 94도1375 판결

이사회에서 의결하도록 규정하고 있다. 따라서 대표자가 임의로 부동산을 처분하지 못하도록 견제하기 위한 이사회의 기능을 다하지 못하고 대표자의 배임적인 부동산 처분행위를 승인했다고 하더라도, 피고인이 경대농장에 대한 신임관계를 저버리고 임무에 위배한 처분행위를 한 이상 배임죄의 성립에는 아무런 영향이 없다. 또한 A 및 대진산업개발 명의의 소유권이전등기가 모두 명의신탁 약정에 의한 것으로서 「부동산 실권리자명의 등기에 관한 법률」에 위반되어 법률상 무효라고 하더라도, 경제적 관점에서 보면 피고인의 위 처분행위로 인하여 피해자인 경대농장에게 재산상 실해 발생의 위험이 초래되었다.[801]

2. 금원차용 및 담보의 제공

(1) 차용 및 저당권 설정

피고인은 A 회사의 영리나 경영상의 필요와 관계없이 개인적 목적을 위하여 A 회사 명의로 자금을 차용하면서 고율의 이자를 지급하기로 하고 A 회사의 재산을 담보로 제공하고, 약속어음 공정증서를 작성하였다. 이에 따라 피고인은 A 회사에 20억 원을 대여하면서 1개월에 3억 원, 2개월에 5억 원, 3개월에 7억 원 4개월에 20억 원의 이자를 지급받기로 약정하였다. 계약의 상대방인 B 회사는 피고인의 대표권 남용 사실을 알고 있었다. 한편 B 회사가 피고인이 설정해 준 근저당권에 기하여 경매를 신청하자 A 회사가 B 회사를 상대로 채무부존재확인의 소를 제기하여 그 소송이 계속 중에 있다.

[판단] 배임행위가 법률상 무효라고 하더라도 F가 DZ에 대하여 불법행위 기타 법적 책임을 부담하게 될 가능성을 배제할 수 없는 점 등을 알 수 있으므로, 경제적 관점에서 볼 때, F에 피고인의 위 담보제공 등 행위로 인한 실해 발생의 위험이 구체적으로 존재한다.[802]

(2) 단순 차용증 작성

A ㈜의 대표이사이던 피고인은 1997. 7. 26.경 장만석으로부터 2억 원을 개인 용도로 차용하고, 피고인 개인 명의의 차용증을 작성하여 장만석에게 교부하여 주었다. 그런데 피고인은 A 회사의 회사자금을 횡령한 혐의로 서울구치소에 구속 수감되었고, 그로 인하여 피고인으로부터 위 대여금을 변제받기가 어려워진 장만석은 그 무렵 서울구치소로 피고인을 찾아가 피고인에게 위 대여금 2억 원을 A 회사로부터 변제받을 수 있도록 차용증에 A 회사의 법인 인감을 날인해 줄 것을 요구하였다. 이에 따라 피고인은 그의 처로 하여금 차용증에 법인 인감을 날인하고 법인 인감증명서를 교부해 주도록 지시하였고, 처는 차용증에 기재된 피고인의 서명 옆에 자신이 보관 중이던 A 회사의 법인 인감을 날인하고, 법인 인감증명서를 장만석에게 교부하여 주었다. 그 후 장만석은 차용증을 근거로 A 회사를 상대로 2억 원의 대여금청구 소송을 제기하였으나, 법원은 피고인이 차용증에 추가로 A 회사의 법인 인감을 날인하였다고 하더라도 피고인이 A 회사의 대표이사로서 행한 적법한 대표행위라고 할 수 없고, 따라서 피고인 개인의 차용금 채무에 관하여 A 회사가 책임을 질 사유가 될 수는 없다는 이유로 원고 패소 판결을 선고하였고, 위 판결은 그대로 확정되었다.

---

801) 대법원 2014. 2. 13. 선고 2011도16763 판결
802) 대법원 2013. 9. 12. 선고 2013도5386 판결

[판단] 피고인의 위와 같은 행위를 적법한 대표행위라고 할 수 없으므로 A 회사가 위 차용증에 기한 차용금 채무를 부담하게 되는 것이 아님은 물론이고, 나아가 장만석은 피고인의 위와 같은 행위가 적법한 대표행위가 아님을 알았거나 알 수 있었다 할 것이어서 A 회사가 장만석에 대하여 사용자책임이나 법인의 불법행위 등에 따른 손해배상의무도 부담할 여지가 없으므로, 결국 A 회사에 재산상 손해가 발생하였다거나 재산상 실해 발생의 위험이 초래되었다고 볼 수 없고, 피고인이 A 회사로 하여금 장만석에 대하여 차용금 채무를 부담하게 할 의도로서 위와 같은 행위를 하였다거나, 장만석이 위 차용증에 근거하여 A 회사를 상대로 대여금청구 소송을 제기하였다고 하여 이와 달리 볼 것도 아니다.[803]

(3) 대표권남용의 연대보증

최초 배임행위가 무효더라도 그 후 타인의 사무를 처리하는 자가 계속적으로 배임행위에 관여하여 본인에게 현실적인 손해를 가한 경우에도 마찬가지이다.

피고인 甲이 피고인 乙의 자금 지원 등을 통해 丙 ㈜를 인수한 다음 피고인 乙의 적극적인 요구에 따라 丙 회사로 하여금 별다른 반대급부도 받지 않고 丁 ㈜의 피고인 乙에 대한 금전채무와 그 담보 목적으로 丁 회사가 발행한 약속어음채무를 연대보증하도록 하였는데, 피고인 甲은 그 후 피고인 乙이 위 연대보증에 기초하여 강제집행을 할 때 丙 회사가 아무런 이의를 제기하지 않기로 하는 약정을 피고인 乙과 체결하여 피고인 乙이 丙 회사로부터 약속어음금을 추심하도록 함으로써 丙 회사에 손해를 입게 한 사안에서, 피고인 甲이 丙 회사의 대표이사로서 회사 재산을 성실히 관리하고 보전해야 할 업무상 임무가 있는데도 채권자인 피고인 乙의 요구를 거절하지 못하고 별다른 반대급부도 받지 않은 채 연대보증 및 이의부제기약정 등을 함으로써 피고인 乙에게 약속어음금 상당의 재산상 이익을 취득하게 하고 丙 회사에 손해를 입게 한 것은 배임행위에 해당하고, 피고인 乙도 피고인 甲의 배임행위 전 과정에 적극적으로 가담한 이상 배임죄의 공동정범에 해당하며, 위 배임행위는 대표권남용에 의한 연대보증의 채무부담행위뿐만 아니라 나아가 강제집행 과정에서 이의부제기약정의 체결을 통하여 피고인 乙이 약속어음금을 추심하도록 함으로써 직접적으로 丙 회사가 추심금 상당의 현실적인 손해를 입게 된 일련의 행위를 모두 포함하는 것으로서, 피고인들의 위와 같은 배임행위가 직접적인 원인이 되어 丙 회사가 현실적인 손해를 입은 이상 배임행위의 무효 여부와는 관계없이 배임죄의 죄책을 진다.

3. 어음발행

㈜의 대표이사가 대표권을 남용하는 등 그 임무에 위배하여 약속어음 발행을 한 행위가 배임죄에 해당하는지는 원칙적으로 배임죄에서 의무부담행위의 기수시기와 마찬가지이다. 다만 약속어음 발행의 경우 어음법상 발행인은 종전의 소지인에 대한 인적 관계로 인한 항변으로써 소지인에게 대항하지 못한다(어음법 제17조, 제77조).

---

803) 대법원 2004. 4. 9. 선고 2004도771 판결

(1) 어음발행이 무효라도 제3자 유통의 경우 : 기수

따라서 **어음발행이 무효라 하더라도 그 어음이 실제로 제3자에게 유통되었다면 회사로서는 어음채무를 부담할 위험이 구체적·현실적으로 발생하였다**고 보아야 하고, 따라서 그 어음채무가 실제로 이행되기 전이라도 **배임죄의 기수범**이 된다.

(2) 무효일 뿐 아니라 제3자에게 유통되지 않은 경우 : 미수

그러나 **약속어음 발행이 무효일 뿐만 아니라 그 어음이 유통되지도 않았다면 회사는 어음발행의 상대방에게 어음채무를 부담하지 않기 때문에 특별한 사정이 없는 한 회사에 현실적으로 손해가 발생하였다거나 실해 발생의 위험이 발생하였다고도 볼 수 없으므로, 이때에는 배임죄의 기수범이 아니라 배임미수죄**로 처벌하여야 한다.[804]

4. 유상증자와 배임
(1) 주식회사의 자본거래

회사 경영에 필요한 자본조달의 방법에는 사채(社債)를 발행, 대출, 증자 등이 있다. 특히 증자를 위해 주식회사는 자본금을 증액하기 위하여 주로 **신주를 발행하거나 전환사채나 신주인수권부사채** 등을 발행하게 된다. 대금을 지불하고 신 주식을 사는 유상증자와, 대금을 받지 않고 신 주식을 기존 주주에게 나눠주는 무상증자가 있다. 유상증자를 통해 기존 주주들의 지분율이 변동되면서 지분이 희석되므로 경영권 방어와 관련하여 배임죄가 성립하는지 문제된다.

(2) 회사 소유 자사주의 저가양도

재벌그룹 소속의 상장법인인 회사의 이사들이 대표이사이자 대주주인 丙에게 자사주를 매각한 사안에서, 丙이 사실상 지배·보유하고 있는 의결권 있는 보통 주식의 일정 부분이 의결권이 제한된 상태에서 회사의 지배구조에 상당한 영향을 미칠 수 있는 정도의 자사주 매각거래를 하면서, 적절한 매각 상대방을 선정하고 매각조건 등을 결정하는 절차를 거치는 등의 노력을 하지 않은 채 회사에는 별다른 이익이 없는 반면 丙에게 일방적으로 유리한 매각조건으로 자사주 매각을 단행한 점 및 매수인인 丙의 이익과 편의를 가져온 거래의 제반 상황에 비추어, 위 자사주 매각행위는 회사를 위한다는 경영상의 판단에 기초한 것이 아닌 丙의 개인적 이익을 위한 것으로서 배임죄의 고의

---

804) 이와 달리 대표이사의 회사 명의 약속어음 발행행위가 무효인 경우에도 그 약속어음이 제3자에게 유통되지 아니한다는 특별한 사정이 없는 한 재산상 실해 발생의 위험이 초래된 것으로 보아야 한다는 취지의 대법원 2012. 12. 27. 선고 2012도10822 판결, 대법원 2013. 2. 14. 선고 2011도10302 판결 등은 배임죄의 기수 시점에 관하여 이 판결과 배치되는 범위에서 이를 변경한다.

와 본인인 회사의 재산 상태에 손해를 가하는 결과가 발생하였다는 점을 모두 인정한 사례이다.[805]

(3) 신주 등의 저가 발행

회사의 이사가 시가보다 현저하게 낮은 가액으로 신주 등을 발행한 경우 업무상배임죄가 성립하는지 문제된다.

1) 주주 배정 방식의 신주발행

회사가 주주 배정의 방법, 즉 주주가 가진 주식 수에 따라 신주, 전환사채나 신주인수권부사채의 배정을 하는 방법으로 신주 등을 발행하는 경우에는 발행가액 등을 반드시 시가에 의하여야 하는 것은 아니다. 따라서, 회사의 이사로서는 주주 배정의 방법으로 신주를 발행하는 경우 원칙적으로 액면가를 하회하여서는 아니 된다는 제약 외에는 주주 전체의 이익, 회사의 자금조달의 필요성, 급박성 등을 감안하여 경영판단에 따라 자유로이 그 발행조건을 정할 수 있다고 보아야 하므로, 시가보다 낮게 발행가액 등을 정함으로써 주주들로부터 가능한 최대한의 자금을 유치하지 못하였다고 하여 배임죄의 구성요건인 임무위배, 즉 회사의 재산보호의무를 위반하였다고 볼 것은 아니다.

2) 제3자 배정방식의 신주발행

그러나 주주배정의 방법이 아니라 제3자에게 인수권을 부여하는 제3자 배정방법의 경우, 제3자는 신주 등을 인수함으로써 회사의 지분을 새로 취득하게 되므로 그 제3자와 회사와의 관계를 주주의 경우와 동일하게 볼 수는 없다. 제3자에게 시가보다 현저하게 낮은 가액으로 신주 등을 발행하는 경우에는 시가를 적정하게 반영하여 발행조건을 정하거나 또는 주식의 실질가액을 고려한 적정한 가격에 의하여 발행하는 경우와 비교하여 그 차이에 상당한 만큼 회사의 자산을 증가시키지 못하게 되는 결과가 발생하는데, 이 경우에는 회사법상 공정한 발행가액과 실제 발행가액과의 차액에 발행주식수를 곱하여 산출된 액수만큼 회사가 손해를 입은 것으로 보아야 한다. 이와 같이 현저하게 불공정한 가액으로 제3자 배정방식에 의하여 신주 등을 발행하는 행위는 이사의 임무위배행위에 해당하는 것으로서 그로 인하여 회사에 공정한 발행가액과의 차액에 상당하는 자금을 취득하지 못하게 되는 손해를 입힌 이상 이사에 대하여 배임죄의 죄책을 물을 수 있다.

---

805) 대법원 2008. 5. 15. 선고 2005도7911 판결

다만, 회사가 제3자 배정의 방법으로 신주 등을 발행하는 경우에는 회사의 재무구조, 영업전망과 그에 대한 시장의 평가, 주식의 실질가액, 금융시장의 상황, 신주의 인수가능성 등 여러 사정을 종합적으로 고려하여, 이사가 그 임무에 위배하여 신주의 발행가액 등을 공정한 가액보다 현저히 낮추어 발행한 경우에 해당하는지를 살펴 이사의 업무상배임죄의 성립 여부를 판단하여야 한다.[806]

5. 기업 간 부당 자금지원

회사의 이사 등이 타인에게 회사자금을 대여하면서 그 타인이 이미 채무변제능력을 상실하여 그에게 자금을 대여하거나 지급보증할 경우 회사에 손해가 발생하리라는 정을 충분히 알면서 이에 나아갔거나, 충분한 담보를 제공받는 등 상당하고도 합리적인 채권회수조치를 취하지 아니한 채 만연히 대여해 주었다면, 그와 같은 자금대여나 지급보증은 타인에게 이익을 얻게 하고 회사에 손해를 가하는 행위로서 회사에 대하여 배임행위가 되고, 회사의 이사는 **단순히 그것이 경영상의 판단이라는 이유만으로 배임죄의 죄책을 면할 수는 없다.** 이는 자금지원 회사의 **계열회사라 하여 달라지지 않는다.** 특히 계열사 간 일반적인 자금 대여는 담보가 없더라도 배임으로 보지 않으나, 돈을 빌린 계열사가 객관적으로 갚을 능력이 있는지가 중요하며, 이때 자본잠식 상태인지뿐만 아니라 최근 3년간 영업 실적이 어떠했는지 등을 고려한다.[807]

(1) 대우그룹사건

> IMF 구제금융체제 이후 대우그룹 전체에 자금유동성 위기가 닥치면서 그룹 계열사들의 부도를 막기 위하여 계열사 사장단 회의에서 각 계열사들 사이에 모두 협조하여 위기를 극복하자는 취지로 서울투자신탁운용 등의 자금 지원이 이루어진 것이므로, 이는 경영판단의 영역에 속한다고 주장한다. 그러나 채권회수의 가능성이 희박한 상태에서 그룹 전체의 유동성 위기 극복이라는 명목 하에 서울투자신탁운용 등으로 하여금 위와 같은 자금지원을 하도록 한 것은 배임행위에 해당하고, 단순히 경영상의 판단이라거나 계열회사에 대한 자금지원이었다고 하여 달리 볼 것은 아니다.[808]

---

806) 대법원 2009. 5. 29. 선고 2007도4949 전원합의체 판결
807) [배임 완전정복] CJ 판결로 본 배임 4가지 유형, 매경 미디어(15. 12. 15) ; 한 법원 관계자는 "쉽게 말해 경영 판단 실패로 회사가 망하면 재판에 넘겨지지만 성공할 경우에는 기소되지 않는다고 보면 된다"고 다. 또 "기업인 입장에선 어려운 계열사를 지원해 그룹 전체가 살아날 수 있다는 판단이 서면 위험을 감수하고서라도 충분히 도전해 볼 만하지만, 대신 그룹에 손해를 입히면 법에 의해 경영자가 책임을 져야 한다"고 설명했다. 이때 법원은 단순히 손해가 발생했다는 결과뿐 아니라 이 같은 경영상 판단을 한 경위와 동기, 판단의 내용, 기업의 경제적 상황, 손실발생과 이익획득의 개연성 등 전반적인 사정을 고려한다.
808) 서울중앙지방법원 2006. 5. 30. 선고 2005고합588, 2005고합794(병합), 2006고합364(병합) 판결

(2) 쌍용양회의 남유산업 자금지원

丙은 쌍용양회의 대표이사로서 위 23억 9,470만 원을 남유산업에 대여함에 있어 채권확보에 필요한 어떠한 조치도 취하지 아니하였을 뿐만 아니라 쌍용자원개발을 통하여 우회 대여하는 방식을 취하는 한편 위 대여금 역시 매출원가를 과다계상하는 등의 방법으로 회계처리함으로써 남유산업에 위 금원을 대여하였다는 근거조차 남겨놓지 아니한 사실을 알 수 있다. 따라서 쌍용양회가 남유산업에 대하여 채권확보조치를 취하지 아니한 채 위와 같은 변칙적인 방식으로 남유산업에 금원을 대여한 이상 위 대여금 상당을 회수하지 못할 위험이 발생하였음은 분명하며, 비록 쌍용양회가 원천징수의무자로서 소득세를 원천징수하여 납부할 의무를 부담하고 있었다고 할지라도 그러한 사정을 들어 새로운 손해를 발생시킬 위험을 초래하지 아니한 것이라고 볼 수도 없다.

(3) 고려시멘트 사건

이미 소극재산이 적극재산을 초과하고 있을 뿐만 아니라 만성적인 적자로 손실액 및 채무액이 누적되어 가고 있는 형편이어서 그 당시 이미 그 재무구조가 상당히 불량한 상태에 이른 사실, 피고인 정애리시는 위와 같은 사정을 알면서도 아들인 피고인의 간곡한 요청에 못이겨 이사회의 결의도 거치지 아니한 채 각 회사들의 이름으로 자력이 불충분한 그룹 1 계열회사들의 채무를 연대보증 또는 지급보증하거나 계열회사들에게 대여를 한 사실을 인정할 수 있다. 피고인들은 공범으로서 특정경제범죄가중처벌등에관한법률위반죄(배임)의 죄책을 면할 수 없다.[809]

(4) 청구그룹 사건

주식회사 A는 그룹의 모회사로서 1991년 이후 외부차입금에 의존한 무리한 사업확장으로 부채와 금융비용이 급증하고, 경상이익 또한 지속적으로 감소하여, 1994년경에는 그 보유자산이 금 8,598억 원 정도인 반면 순부채액이 금 7,111억 원에 이르렀을 뿐만 아니라, 경상이익(금 282억 원)을 훨씬 초과하는 금융비용(금 549억 원) 등 과중한 자금수요로 인하여 채무가 누적되어 가는 형편이어서 이미 정상적인 경영이 불가능하였다. 그런데 피고인 1은 그룹의 회장 겸 A의 대표이사로서, 피고인 2는 그룹의 부회장 겸 종합조정실장으로서 그 산하 16개의 계열회사 전반의 경영과 자금 등에 관한 주요정책을 수립하고 그 집행을 지시하여 왔는데, A의 자금사정이 위와 같이 악화되기에 이르자, 계열회사의 대표이사 등에게 지시하여 그들로 하여금 계열회사의 자금을 A에게 대여 내지 지원하도록 하였고, 그 과정에서 계열회사의 이사회 결의를 거치지 않았을 뿐만 아니라 별다른 채권회수조치도 취하지 아니한 사실을 알 수 있다. 사실관계가 이러하다면, 위 자금대여 내지 지원은 A에게 이익을 얻게 하고 계열회사에 손해를 가하는 행위로서 계열회사에 대하여 배임행위가 되고 피고인들과 계열회사의 대표이사 등은 공범으로서 특정경제범죄가중처벌등에관한법률위반(배임)죄의 죄책을 면할 수 없다 할 것이다.[810]

---

809) 대법원 1997. 2. 14. 선고 96도2904 판결
810) 대법원 2000. 3. 14. 선고 99도4923 판결

(5) 기아그룹 사건

피고인이 이미 채무변제능력을 상실하여 한계상황에 도달한 기아특수강 ㈜와 ㈜ 기산, 아시아자동차 ㈜, ㈜ 기아인터트레이드 등 계열사를 위하여 자금대여나 지급보증을 해 줄 경우 이를 회수하지 못하거나 보증책임을 지게 되어 기아자동차에 손해가 발생하리라는 점을 충분히 인식하면서도 별다른 채권보전조치도 없이 이 사건 지급보증 또는 자금대여에 이르렀으니 이는 회사에 대하여 배임행위가 된다.[811]

(6) 대한보증보험의 무죄사례

부실기업에 지급보증을 했다가 수백억 원대 손해를 발생시킨 고순복·심형섭 전 대한보증보험 대표이사는 보증상환이 불확실한 보증보험의 특수성을 감안해 무죄가 인정됐다. 즉 대한보증보험은 대출금에 대하여 전액 회수를 전제로 대출업무를 영위하는 일반 시중은행과 달리 보증보험회사는 보증한 회사채의 지급 불능 등으로 인한 보험사고가 발생할 위험이 어느 정도 있음을 전제로 보험의 법리에 따라 신용 위주로 영업을 하는 특성도 가지고 있다. 따라서 기본적으로 보증보험회사의 경영자에게 보증금액의 상환이 확실한 경우에 한하여 보증을 인수할 임무가 있다 할 수 없다.[812]

6. LBO 방식의 기업인수기법

차입매수 또는 LBO[813]란 일의적인 법적 개념이 아니라 일반적으로 기업인수를 위한 자금의 상당 부분에 관하여 피인수회사의 자산을 담보로 제공하거나 그 상당 부분을 피인수기업의 자산으로 변제하기로 하여 차입한 자금으로 충당하는 방식의 기업인수 기법을 일괄하여 부르는 경영학상의 용어로, 거래현실에서 그 구체적인 태양은 매우 다양하다. 차입매수를 따로 규율하는 법률이 없는 이상 일률적으로 배임죄가 성립한다거나 성립하지 아니한다고 단정할 수 없고, 차입매수가 이루어지는 과정에서의 행위가 배임죄의 구성요건에 해당하는지 여부에 따라 개별적으로 판단한다.[814]

① LBO로 온세통신을 인수하면서 회사에 수천억 원의 손실을 끼친 혐의로 기소된 서춘길 전 유비스타 대표는 최근 무죄 확정 판결을 받았다. 대법원은 인수 과정에 유비스타 자금이 상당액 투입됐고, 이후 흡수합병으로 두 회사의 경제적 이해관계가 일치하는 등 배임의 고의가 없다고 판단했기 때문이다.[815]
② 공소외 1 ㈜의 공소외 2 ㈜ 인수를 위한 대출금을 변제하려는 목적으로 피고인 2, 3이 주도적으로 유상감자 및

---

811) 대법원 1999. 6. 25. 선고, 99도1141, 판결
812) 대법원 2004. 7. 22. 선고 2002도4229 판결
813) Leveraged Buy-Out의 약어이다
814) 대법원 2010. 4. 15. 선고 2009도6634 판결, 2011. 12. 22. 선고 2010도1544 판결
815) 대법원 2015. 3. 12. 선고 2012도9148 판결

이익배당을 실시하였고 이에 피고인 1이 공모·가담하여 결국 614억 원을 회사에서 빼내어감으로써 공소외 1 회사로 하여금 614억 원 상당의 재산상 이익을 취득하게 하고 공소외 2 회사에게 동액 상당의 재산상 손해를 가하였다는 것이다. 원심은, 피고인 2, 3이 공소외 2 회사의 이사로서 수행한 유상감자 및 이익배당으로 인하여 공소외 2 회사의 적극재산이 감소하였다고 하더라도 이는 우리 헌법 및 상법 등 법률이 보장하는 사유재산제도, 사적 자치의 원리에 따라 주주가 가지는 권리의 행사에 따르는 결과에 불과하고, 유상감자 당시 공소외 2 회사의 영업이익이나 자산 규모 등에 비추어 볼 때 유상감자의 절차에 있어서 절차상의 일부 하자로 인하여 공소외 2 회사의 채권자들에게 손해를 입혔다고 볼 수 없으며, 1주당 감자 환급금액과 공소외 2 회사의 배당가능이익을 감안하면 결국 이 사건 유상감자 및 이익배당으로 인하여 공소외 2 회사의 주주들에게 부당한 이익을 취득하게 함으로써 공소외 2 회사에 손해를 입혔다고 볼 수 없다고 판단하였다.[816]

7. 금융기관의 불량대출

A는 중부새마을금고에 합계 30,870,950원의 대출원리금 채무를 부담하고 있었는데, 본점 채권관리팀에 의하여 추정손실로 분류되어 있었고, 신용불량자로 등록되어 있었다.[817] A의 아내도 합계 16,351,510원의 대출원리금 채무를 부담하고 있었는데, 대손상각[818]처리되어 있었고, 금고에 신용불량자로 등록되어 있었다. 다만, 위 채무에는 공무원 2명이 연대보증인으로 입보되어 있었으며, 대출 직전 연대보증인들의 급여에 대하여 이 사건 금고에 의한 가압류가 이루어졌다. 한편 금고의 여신업무규정에 의하면, 신용불량자로 등록된 A에 대하여는 추가대출이 이루어질 수 없고, 다만 그에 대한 기존 연체대출금을 회수·정리하기 위한 경우 또는 이 사건 금고 이사장의 특별승인(신용정보불량자로 등록된 자에 대한 대출승인)이 있는 경우에만 추가대출이 가능하였다. 그런데 A는 순천시 소재 대지 및 지상 2층 건물을 그 소유자로부터 매수하기로 마음먹고, 매매계약을 체결한 후, 매매대금 중 일부인 4천만 원을 마련하기 위하여 '과거 순천 연왕새마을금고에서 함께 근무한 박원순에게 '부동산의 소유권이전등기를 마친 후 담보로 제공할 것이니 대출하여 달라'고 부탁하였고, '기존 연체대출금이 일부라도 상환되어야만 대출이 가능하다'는 말을 듣고 그 일부 상환에 동의하였다. 박원순은 금고의 지점장인 박달재와 협의를 거쳐, '이 사건 대출금에서 A의 기존 연체대출금 중 원금의 일부인 6백 원과 아내의 기존 연체대출금 중 원금 전액을 상환받는 조건'으로 A에게 7천만 원을 추가대출해 주기로 하였다. 그런데 박달재는 이 사건 대출금 채권의 담보를 위하여 그 물적담보로서 부동산에 관하여 채권최고액을 1억 원으로 하는 근저당권을 설정받고(박원순은 그 후 부동산을 101,432,500원으로 자체감정하였다는 내용의 자체감정평가서를 작성하였다), 아내를 연대보증인으로 입보시킨 다음, 금고의 여신업무 전산입력 담당자 등으로 하여금 A의 기존 연체대출금이 전액 상환된 것처럼 전산처리하게 하여 A의 신용불량자 등록정보를 삭제하도록 하고, A에게 이를 대출하여 주었다. 그 후, A가 대출금 상환을 연체하자, 근저당권에 기한 임의경매신청으로 이 사건 부동산에 관하여 경매절차가 개시되었는데(그 후 피고인들은 모두 파면), 그 경매절차에서 부동산은 76,905,000원으로 감정평가되었고, 결국 'A의 장모'를 매수인으로 하는 협의매매의 방법으로

---

816) 대법원 2013. 6. 13. 선고 2011도524 판결
817) 연체대출금 중 회수가 가장 어려운 채권으로 분류한 것으로서 대손충당금 설정비율을 100%로 하여 원금 전액을 대손충당 처리한 것
818) 채권자가 담보권 실행 및 강제집행 등 최종적인 각종 법적절차를 취한 후에도 잔존채권이 발생하였으나 더 이상 회수가 어려운 채권

86,500,000원에 취득하였으며, 그 매매대금 86,500,000원은, 이 사건 금고직원에 의하여, 위 경매비용 이외에, 이 사건 대출 원금 70,000,000원, A의 기존 연체대출금 중 미변제 원금 13,000,000원 및 그 이자 2,000,000원의 각 상환에 충당되었고, 이 사건 대출금에 대한 이자 29,919,170원은 전액 결손처리되었다.

금융기관의 임직원이 대출채권의 회수를 확실하게 하는 충분한 담보를 제공받는 등 상당하고도 합리적인 조치를 강구함이 없이 만연히 대출을 해 준 경우 **대출금 전액에 대하여 배임죄**가 성립하며, **그 대출금 중의 일부가 상환되었는지 여부는 무관**하다. **금융기관인 은행 내지 종금**[819]은 주식회사나 이윤추구만을 목표로 하는 **일반의 주식회사와는 달리 공공적 역할을 담당하고 있다.** 따라서 은행의 이사는 일반 ㈜에서 더 나아가 은행의 공공적 성격에 걸맞는 내용의 선관의무까지 다 할 것이 요구된다. 그러므로 금융기관의 이사가 선량한 관리자의 주의의무에 위반하여 자신의 임무를 해태하였는지의 여부는 그 대출결정에 통상의 대출담당임원으로서 간과해서는 안될 잘못이 있는지의 여부를 **금융기관으로서의 공공적 역할의 관점에서 대출의 조건과 내용, 규모, 변제계획, 담보의 유무와 내용, 채무자의 재산 및 경영상황, 성장가능성 등 여러 가지 사항에 비추어 종합적으로 판정**해야 한다.[820]

(1) 이른바 불량대출이 배임죄를 구성하기 위한 요건

소위 불량대출이란, 은행의 지점장 등 대출업무를 담당하는 자가 ① **그 업무취급에 관한 은행의 관계규정을 위반하여** ② **담보물에 대한 대출한도액을 초과하여 대출하거나 담보로 할 수 없는 물건을 담보로 하여 대출한 경우**를 말한다. 그것이 배임죄가 되려면 ③ **그와 같은 대출행위가 배임이 된다는 인식하**에 ④ **대출금 채권의 확보를 위한 조치를 취하지 아니하여 회수의 확실성이 없는 채권을 발생**하게 하여 은행에 재산상의 손해를 가한 경우여야 한다.

① 은행의 대출규정에 일정 수의 보증인을 요구하는 경우, 그중 1인이 흠결되거나, 자격이 미달되는 보증인을 세우고 대출을 하는 경우에는 비록 다른 보증인에 의하여 채권회수가 모두 이뤄지더라도, 은행의 입장에서는 그 대출 당시에 채권 회수가 곤란해질 위험에 처하게 된 것이며, 은행 규정에 위배하여 융통어음을 할인하여 준 경우에는 은행의 입장에서는 그 대출 당시에 채권 회수가 곤란해질 위험에 처하게 된 것이다.[821]

---

819) 대법원 2003. 10. 10. 선고 2003도3516 판결
820) 대법원 2003. 10. 10. 선고 2003도3516 판결
821) 대법원 2002. 6. 28. 선고 2000도3716 판결

② 이 사건 각 신용대출은 중소기업 기타 법인이 아닌 개인에 대한 것으로서 상호저축은행법령에 규정된 개인에 대한 대출한도 3억 원을 초과하는 것인 점, ㈜ 제일상호저축은행의 실질적 사주의 지시에 따라 피고인들이 내세운 대출명의자에 대한 기본적인 신용조사 절차도 거치지 아니하였고 그 밖에 채권의 회수를 위한 별도의 상당한 조치가 강구되지도 않은 점에 비추어 보면, 이 사건 각 신용대출에 있어서 피고인 6에게 배임의 고의가 있었다.[822]

(2) 정상적 방법으로 회수할 수 없게 된 채권을 회수하는 경우

대출이 정상적인 방법으로 회수할 수 없게 된 은행채권을 회수하기 위하여 이루어진 경우에 있어서는 그 대출을 위하여 제공받는 인적, 물적담보에 의한 회수의 가능성과 그렇게 대출함으로써 회수할 수 없게 된 채권을 회수할 수 있는가를 은행의 대출관계 규정이나 업무관행에 따른 통상의 업무집행범위에 비추어 구체적인 상황에 따라 실질적으로 판단해야 한다.

○ 이 사건 대출채권을 위하여 제공된 물적 · 인적 담보가 이 사건 대출채권을 확실하게 회수하기에 충분하지 않다고 단정할 수 있는지 의문이다.
○ (물적담보) 원심은, 피고인 2에 의하여 이 사건 금고의 여신업무규정에 따라 평가된 이 사건 부동산의 감정가격이 101,432,500원인 사실은 앞서 본 바와 같이 인정하면서도, '이 사건 대출 이후 2년 이상이 경과된 시점에 개시된 경매절차에서 이 사건 부동산의 감정가격이 76,905,000원이었던 점에 비추어 이 사건 대출 당시에는 그 가치가 대출원금에 근사한 정도에 불과할 뿐 추후 발생될 대출이자 등의 확보에는 미흡한 것이었고 실제로도 그 이자 29,919,170원은 결손처리되었으므로 이 사건 부동산의 담보가치가 이 사건 대출채권을 회수하기에는 부족한 부실담보에 지나지 않는다'는 취지로 판단하고 있다. 그러나 박원순이 부동산의 감정가격을 평가함에 있어서 이 사건 금고의 여신업무규정 등 대출 관련 규정을 위반하였다고 볼 만한 자료를 기록상 찾아볼 수 없으므로, 피고인 2에 의하여 자체 평가된 위 감정가격이 적정하였는지 여부에 관하여 더 심리하여 대출 관련 규정을 위반하였다는 사정이 밝혀지지 않는 이상, 이 사건 대출이 그 자체로는 불량대출에 해당한다고 보기 어려울 뿐만 아니라, 비록 이 사건 대출 이자 29,919,170원의 손실은 발생하였으나 뒤에서 보는 바와 같이 이 사건 금고로서는 이 사건 부동산을 담보로 이 사건 대출을 실행함으로써 결과적으로 회수불능의 기존 연체대출금 중 34,666,000원을 회수함으로써 계산상 그 차액만큼의 이득을 얻게 되었음을 알 수 있으므로, 원심이 들고 있는 점만으로는 피고인들의 이 사건 대출 실행행위가 이 사건 금고에 대한 임무위반행위에 해당하거나 임무위반의 인식이 있었다고 인정할 수 있는 사정으로 삼기에는 부족하다.
○ (인적담보) 또한, 대출채권의 연대보증인인 아내가 대출 이전에는 비록 신용불량자로 등록되어 있기는 하였으나 이 사건 대출의 실행과 더불어 아내의 기존 연체대출금에 대한 변제가 이루어져 신용불량자의 지위에서 벗어나게 되었다면 아내의 일반재산으로 이 사건 대출채권을 회수할 수 있는지 여부에 대하여 아무런 심리도 하지 않은 채 이 사건 대출채권의 인적 담보가 이 사건 대출채권을 회수하기에 충분하지 않은 것으로 단정하기도 어렵다.
○ 피고인들은 대출 당시 금고의 이사장에게 이 사건 대출이 추정손실로 분류한 A에 대한 기존 연체대출채권과 대

---

822) 대법원 2010. 9. 9. 선고 2010도5972 판결

손상각처리된 그 아내에 대한 기존 연체대출채권을 일부라도 회수하기 위하여 이루어지는 것임을 보고하고 그 결재를 받은 다음 이 사건 대출이 실행된 사실을 인정할 수 있으므로, 피고인들이 비록 이 사건 대출 당시 신용불량자로 등록된 자에 대한 대출을 실행하는 데 필요한 절차인 이사장의 특별승인을 제대로 거치는 등 이 사건 금고의 대출 관련 규정을 정확하게 준수하지 않은 채 신용불량자 등록정보를 삭제하는 방법을 취하였다고 하더라도, 피고인들의 이와 같은 대출실행이 대출업무 담당자의 통상적인 업무집행 범위를 벗어나는 것으로서 용인될 수 없다고까지 볼 것은 아니다.

○ (실질적 이득) 나아가 이 사건 금고는 이 사건 대출금에서 A의 기존 연체대출금 중 원금 6,000,000원과 그 아내의 기존 연체대출금 원금 13,666,000원을 회수하였고, 부동산의 매매대금 86,500,000원으로 A의 기존연체대출금 중 미변제 원금 13,000,000원과 그 이자 2,000,000원, 이 사건 대출 원금 70,000,000원을 회수하는 등 이 사건 대출의 실행 후 합계 104,666,000원을 회수하였음은 원심이 확정한 바와 같은데, 만약 피고인들이 이 사건 대출을 실행하지 않았더라면 A에 대한 기존 연체 대출원리금 30,870,950원과 공소외 1의 처 공소외 2에 대한 기존 연체 대출원리금 16,351,510원 상당액은 사실상 이 사건 금고의 손실로 돌아갈 수밖에 없을 것인데 비하여, 이 사건 대출을 실행함으로써 이 사건 금고는 이 사건 대출금의 연체이자로서 29,919,170원의 결손은 발생하였으나 위와 같이 공소외 1과 공소외 2에 대한 기존 연체대출금 중 34,666,000원을 회수한 셈이 되어 그 차액에 해당하는 4,746,830원 상당액의 이득을 얻었다고 할 것이므로, 결과적으로 이 사건 대출로 회수불능된 기존 연체대출금 채권이 일부라도 회수됨으로써 실질적으로 이 사건 금고에 이익이 된 경우로 볼 여지가 있다.[823]

따라서 ① 불량대출이더라도 그 대출에 따른 인적, 물적담보를 확보하여 그렇게 대출한 것이 회수할 수 없는 채권을 회수하여 실질적으로 은행에 이익이 되고 ② 그것이 통상적인 업무집행 범위에 속하는 것으로 용인될 수 있는 것이라면 그 대출로 인하여 회수의 확실성이 없는 일부채권이 발생하였다 하여 대출업무담당자로서의 배임행위 내지 임무위반의 인식이 있었다고 볼 수 없다.[824)825] 또 그 대출행위가 회수하려는 채권이 대출담당인 지점장에 의하여 이루어진 것이어서 이를 회수하는 것이 자신의 민사상의 책임이나 신분상의 불이익을 면하기 위한 것이더라도 주로 은행의 대출업무에 관계되고 **실질적으로 은행에 이익**이 되는 것이라면 **부수적으로 자기에게 이익**이 있었다 하여 그것만 가지고 막바로 임무위반행위가 있었다고 단정할 수도 없다 하겠다. 그러나 이와 같이 고의가 없다고 보려면 그 불량대출로 인하여 종전의 회수할 수 없는 채권을 회수한 경우라야 한다.[826]

823) 대법원 2008. 2. 14. 선고 2007도7716 판결
824) 대법원 1987. 4. 4. 선고 85도1339 판결 참조
825) 대법원 1987. 4. 4. 선고 85도1339 판결 참조
826) 대법원 2002. 6. 28. 선고 2000도3716 판결

(3) 특정목적을 위하여 배정된 자금 대출

피고인 1은 특정목적을 위하여 특별히 배정된 중소기업운전자금(여신자금)을 그 본래의 용도 이외에는 대출하지 않아야 할 업무상의 임무에 위배하여 부정대출을 함으로써 중소기업은행에 재산상 손해를 입혔고 피고인 2는 피고인 1의 위 행위에 공모 가담하였다는 범죄사실을 인정하고 있는 것이다. 그러나 중소기업은행에서는 중소기업자 아닌 일반인들에게도 일반자금의 대출이 가능하며, 본 건 대출무렵 위 지점의 여신자금은 중소기업 운전자금과 일반대출자금이 별도로 구분된 채 배정되어 있지 아니하고 그 비율마저 정해져 있지 아니하여 지점장이 그 재량으로 총여신자금 한도 내에서 일반대출도 하고 중소기업운전자금대출도 하였다는 것이며, 중소기업은행 본점에서는 매월 단위로 각 지점에 여신자금 한도를 배정함에 있어 기업운전자금과 일반대출자금의 구분 없이 포괄적으로 월중 여신한도액만을 배정할 뿐이고 그 배정액 범위 내에서는 지점장의 자율적인 재량에 따라 대출을 하도록 되어 있다는 것이고, 이와 달리 원심판시와 같이 위 지점의 여신자금 중에 중소기업 운전자금 명목으로 대출될 돈이 별도로 배정되어 있었다고 볼 증거는 없다. 그렇다면, 피고인 1이 비록 중소기업 운전자금 명목으로 본 건 대출을 하였다 하더라도, 그 대출자금은 특별히 배정된 기업운전자금 대출액에서 나온 것이 아니라 지점장인 동 피고인의 재량에 속하는 여신자금 중에서 나온 것이므로, 동 피고인이 위 대출 시에 충분한 담보를 취득하였다면 은행에 무슨 손해가 있다고 볼 수 없는 것이다(기록에 의하면, 위 대출 시에 피고인 2 소유의 부동산이 담보로 제공되었는데, 피고인들은 위 부동산의 담보가치가 대출액을 상회한다고 주장하고 있다). 그럼에도 불구하고, 위 지점의 여신자금 중에 중소기업 운전자금이 별도로 배정되어 있었고, 본 건 대출금이 바로 그 별도 배정된 여신자금에서 대출된 금원이라는 전제에서 나온 원심판결은 증거 없이 사실을 인정하고, 배임죄의 법리를 오해한 위법을 저질렀다 아니할 수 없으니, 파기를 면할 수 없다.

(4) 동일인 대출한도를 초과한 경우

동일인 대출한도 초과대출이라는 임무위배의 점에 더하여 대출 당시의 대출채무자의 재무상태, 다른 금융기관으로부터의 차입금, 기타 채무를 포함한 전반적인 금융거래상황, 사업현황 및 전망과 대출금의 용도, 소요기간 등에 비추어 볼 때 채무상환능력이 부족하거나 제공된 담보의 경제적 가치가 부실해서 대출채권의 회수에 문제가 있는 것으로 판단되는 경우에 재산상 손해가 발생하였다.[827]

이 사건 각 대출은 실질적으로 아파트 시공업체인 공소외 1 ㈜가 아파트 건축사업의 시행사들 명의로 대출받은 약속어음 할인대출에 해당하는 점, 공소외 2 저축은행의 임원들인 피고인들은 공소외 1 ㈜의 신용·재무상태, 매출액 등을 감안한 적정한 대출한도에 대하여 구체적으로 검토하지 아니하고 별다른 물적 담보도 확보하지 아니한 채 11개 시행사들 명의로 합계 100억 원의 신용대출을 승인해 준 점 등 그 판시와 같은 사정에 비추어, 피고인들에게 업무상배임죄에서의 임무위배행위 및 배임의 고의가 인정된다고 판단하였다.[828]

---

827) 대법원 2008. 6. 19. 선고 2006도4876 전원합의체 판결
828) 대법원 2011. 8. 18. 선고 2009도7813 판결

8. 영업비밀 등의 누설

기업의 영업비밀을 **사외로 유출하지 않을 것을 서약한 회사의 직원이** 경제적인 대가를 얻기 위하여 경쟁업체에 영업비밀을 유출하는 행위는 피해자와의 신임관계를 저버리는 행위로서 업무상 배임죄를 구성한다.[829]

(1) 영업비밀의 누설

여기서 **영업비밀**이라 함은 일반적으로 알려져 있지 아니하고 독립된 경제적 가치를 가지며, 상당한 노력에 의하여 비밀로 유지·관리된 생산방법, 판매방법 기타 영업활동에 유용한 기술상 또는 경영상의 정보를 말한다. 영업비밀의 보유자인 회사가 직원들에게 비밀유지의 의무를 부과하는 등 기술정보를 엄격하게 관리하는 이상, 역설계가 가능하고 그에 의하여 기술정보의 획득이 가능하더라도, 영업비밀로 보는 데에 지장이 있다고 볼 수 없다.

> 피고인들이 삼성전자로부터 유출한 판시 자료들은 모두 삼성전자에서 많은 인력과 자력을 투여하여 만들어 낸 핵심공정자료들로서 삼성반도체의 특유한 생산기술에 관한 영업비밀이고, 일부 내용의 경우 제품을 분해하여 고율의 전자현미경으로부터 분석하면 그 내용을 대략적으로 알 수 있다거나, 그 제품의 생산장비를 생산하는 업체를 통하여 간접적으로 알 수 있다 하더라도 달리 볼 것이 아니라고 판단한 것은 위에서 본 법리에 따른 것으로 정당하고, 거기에 부정경쟁방지법에서 말하는 영업비밀과 배임죄의 재산상 손해에 관한 법리오해 등의 위법이 있다고 할 수 없다.[830]

(2) 영업상 주요한 자산의 경우

영업비밀이 아니더라도 그 자료가 불특정 다수의 사람에게 공개되지 않았고 사용자가 상당한 시간·노력 및 비용을 들여 제작한 **영업상 주요한 자산인 경우**에도 그 자료의 반출행위는 업무상 배임죄를 구성하며, 회사 직원이 영업비밀이나 영업상 주요한 자산인 자료를 적법하게 반출하여 그 반출행위가 업무상배임죄에 해당하지 않는 경우라도 퇴사 시에 그 영업비밀 등을 회사에 반환하거나 폐기할 의무가 있음에도 경쟁업체에 유출하거나 스스로의 이익을 위하여 이용할 목적으로 이를 반환하거나 폐기하지 아니하였다면, 이러한 행위는 업무상배임죄에 해당한다.[831]

---

829) 대법원 1999. 3. 12. 선고 98도4704 판결
830) 대법원 1999. 3. 12. 선고 98도4704 판결
831) 대법원 2008. 4. 24. 선고 2006도9089 판결

피고인들은 공소외 1 주식회사 입사 시 또는 재직 중에 "업무상의 비밀사항은 물론이고 기타 회사의 업무에 대해서도 결코 누설하지 아니할 것과 퇴직 후라도 일체 이를 누설하지 않는다"는 내용의 서약서 또는 "본인은 업무를 수행하면서 지득한 회사의 기밀을 재직 중 또는 퇴직 후 공소외 1 주식회사 임직원 및 어떤 제3자에게도 누설하지 않을 것과 보안준수사항을 지킬 것을 서약합니다"라는 내용의 보안준수서약서 또는 비밀유지서약서 등을 각 작성한 점, 피고인 2의 경우 그 비밀유지서약서에 "퇴사나 업무 변경 시 모든 자료를 회사에 반환하겠습니다"라고 기재되어 있어, 퇴사 시 이 사건 파일들을 공소외 1 주식회사에 반환하거나 폐기할 의무가 있음이 분명하고, 피고인 1과 피고인 3의 경우에도 그들이 작성한 서약서 등에 그러한 내용이 기재되어 있지는 아니하나, 고용계약에 따른 부수적 의무로서 내지는 신의칙상 퇴사 시에 이 사건 파일들을 공소외 1 주식회사에 반환하거나 폐기할 의무가 있다고 보이는 점, 한편 공소외 1 주식회사는 그 직원들에게 보안교육을 주기적으로 실시하였고 업무용 자료의 사외 반출을 금지하면서, 다만 재택근무 등 업무상 필요가 있는 경우에 한하여 업무용 자료의 반출을 용인하고 있었는데, 이 사건 파일들 반출 경위에 관한 피고인 1이나 피고인 3의 각 진술들에 비추어, 위 피고인들은 업무상 필요에 의하여 이 사건 파일들을 반출하였다고 보이지 않는 점, 피고인들은 이 사건 파일들을 반출함에 있어 공소외 1 주식회사의 승낙을 받지 않았음에도, 공소외 1 주식회사 퇴사 시에 "본인은 공소외 1 주식회사에 재직할 당시 업무와 관련한 문서, 도면, 파일 등을 정당한 권한 없이 외부로 유출한 사실이 없다"는 내용의 서약서가 첨부된 사직서를 공소외 1 주식회사에게 제출하여 이 사건 파일들의 반출사실을 고지하지 않았을 뿐만 아니라, 이 사건 파일들을 폐기하지 않고 퇴사 후에도 계속 보관하고 있었던 점, 피고인 2와 피고인 3은 공소외 8 주식회사 입사 후 이 사건 파일들 중 일부를 공소외 8 주식회사의 컴퓨터에 옮겨 놓은 점 등 제반 사정을 종합하여 보면, 피고인들이 이 사건 파일들을 공소외 1 주식회사 외부로 반출할 당시 피고인들에게는 향후 공소외 1 주식회사과 무관하게 이 사건 파일들을 사용할 의사가 있었다고 추단함이 상당하여 적어도 미필적으로나마 배임의 고의가 있었다고 보아야 하고(가사, 피고인 2의 경우 그 주장과 같이 순전히 재택근무 등 업무상 필요에 의하여 이 사건 파일들을 반출한 것이어서 그 반출행위에 있어서는 배임의 고의가 있었다고 단정하기 어렵더라도, 그 공소사실에 적시된 퇴사 시 이 사건 파일들을 공소외 1 주식회사에 반환하거나 폐기할 의무를 위반한 행위가 배임행위에 해당하고, 여기에는 미필적으로나마 배임의 고의가 있었다고 보아야 한다).[832]

한편 대법원은 **비밀유지 서약 사실이 없는 경우에도** 신의칙을 근거로 배임죄의 성립을 인정한다.

[공소사실의 요지] 피고인은 음식물건조기 등 기계를 제작하는 A 회사에 입사하여 설계실장으로 근무하다가 퇴사한 후 같은 달 경쟁사인 B사를 만든 자이다. A 회사에서 퇴사하게 된 경우 A 회사가 상당한 자본을 투입하여 완성한 가공도면, 설계도면 등을 관리하고 있던 피고인으로서는 퇴직시 A 회사에 위 도면 등을 인계하여 주고, 자신의 개인 목적을 위해 사용하여서는 안 될 업무상 임무가 있음에도 불구하고, 그 임무에 위배하여 퇴사 후 피고인 운영 B사 사무실과 자신의 집에서 A 회사에 근무할 당시 회사의 전지메일을 통해 자신의 전자메일로 송부해 두었던 라미네이터 레이아웃과 가공도면 22장, 을지로인쇄 발주 유브이(uv) 경화기 설계도면 등과 삼미환경사와 엔바이오엔사에 대한 주문견적서 각 1장, 납품실적서 1장 등을 자신의 데스크탑 컴퓨터 하드디스크에 내려받아 저장해 두고 이를 이용해 A의 거래처들과 접촉하여 기계제작 수주를 받을 때 사용하는 등의 방법으로, 위 설계도면 등 제작

832) 대법원 2008. 4. 24. 선고 2006도9089 판결

에 투입된 액수 미상 시장교환가격 상당의 재산상 이득을 취득함과 동시에 피해자인 A에 경쟁사의 경쟁력 강화로 생길 위 기계류 공급과잉으로 인한 액수 미상의 이익감소분 상당의 재산상 손해를 가하였다.

[대법원] A 회사의 설계실장으로 근무하던 피고인에게는 피고인이 A 회사의 설계실장이라는 직책에 기하여 영업에 활용하거나 업무에 참고하기 위하여 입수하여 보관하고 있던 기존의 설계도면 등을 담은 컴퓨터 파일이나 자신이 직접 제작한 설계도면 등을 담은 컴퓨터 파일을 경쟁업체에 유출하거나 스스로의 이익을 위하여 이용할 목적으로 무단으로 방출하여서는 안 될 신의칙상 임무가 있다고 할 것인데 피고인은 그 임무에 위배하여 자신의 영업활동을 위하여 유용한 자료로 활용할 의도로 설계도면 등을 유출하였고, A 회사를 퇴사한 후 곧 A 회사와 동종의 영업을 영위하는 B 회사를 신설하여 설계도면 등을 수주활동에 사용하였으므로 어떠한 재산상 손해가 발생할 위험이 없었다고 단정하기도 어렵다. 피고인이 유출한 설계도면 등은 ○○의 영업비밀에는 해당하지 않는다고 하더라도 이는 A 회사가 상당한 시간, 노력 및 비용을 들여 제작한 것으로서 영업을 함에 있어서 주요한 자산이고 일반인에게 공개된 것도 아니므로, 이를 유출한 행위는 배임죄를 구성한다.[833]

9. 주식처분

① 모회사와 자회사가 모회사의 대주주로부터 그가 소유한 다른 회사의 비상장주식을 매입한 사안에서, 거래의 목적, 계약체결의 경위 및 내용, 거래대금의 규모 및 회사의 재정상태 등 제반 사정에 비추어 그것이 회사의 입장에서 볼 때 경영상의 필요에 의한 정상적인 거래로서 허용될 수 있는 한계를 넘어 주로 주식을 매도하려는 대주주의 개인적인 이익을 위한 것에 불과하다는 이유로 그 대주주와 모회사 및 자회사의 임직원들에 대하여 업무상배임죄의 성립을 인정한 사례.

② 회사의 이사가 그 회사의 이사, 주주 등 특수관계자와 교환의 방법으로 그 회사가 보유중인 다른 회사 발행의 주식을 양도하고 그 특수관계자로부터 제3의 회사 발행의 주식을 취득하는 경우, 그 거래의 목적, 계약체결의 경위 및 내용, 거래대금의 규모 및 회사의 재무상태 등 사정에 비추어 그것이 회사의 입장에서 볼 때 경영상의 필요에 의한 정상적인 거래로서 허용될 수 있는 한계를 넘어 주로 교환거래를 하려는 특수관계자의 개인적인 이익을 위한 것에 불과하다면, 업무상배임죄의 임무위배행위에 해당한다.[834]

10. 기타 배임행위

① 피해자 ㈜ 대영산의 대표이사인 피고인 2가 대영산업의 소유인 이 사건 건물 등을 피고인 1에게 임대하고 그 임대차보증금 3,000만 원 중 1,500만 원을 교부받아 대영산업과는 무관한 ㈜ 유덕산업에 대한 자신의 체불임금에 충당한 것은 대영산업의 사무를 처리하는 자로서의 임무에 위배한 행위로서 업무상배임죄에 해당한다.

② 피고인은 안성시 상록마을의 이장으로 재직하던 중 주민대표 자격으로, 마을에서 물류창고를 신축하던 A 회사와 암반발파 공사와 관련하여 "공사기간 중 마을 주민들의 건물에 피해가 발생하면 그 보상금으로 사용하고 피해가 없으면 회사에 반환하기로" 약정하고, 2,000만 원의 예치금을 피고인의 개인 통장으로 송금 받아 이를 마을 주

---

833) 온라인디지털컨텐츠산업발전법위반도 같이 인정되었음. 같은 법 제40조 (벌칙) ① 다음 각 호의 어느 하나에 해당하는 자는 1년 이하의 징역 또는 2천만 원 이하의 벌금에 처한다.

834) 대법원 2008. 5. 29. 선고 2005도4640 판결

민들을 위하여 보관하게 되었다. 피고인은 마을 주민들의 탄핵으로 이장직을 사임하게 되었음에도 이 사건 예치금을 새로 마을 이장으로 선임된 사람에게 인계하지 않고 계속 보관하였다. 그런데 암반발파 공사가 시작된 이후 주민들 중 일부의 가옥에 균열이 가는 등의 일이 발생하였다. 피해보상 문제로 마을 회의가 개최되었고, 그 자리에서 마을 주민들에게 피해를 본 부분에 대해 자료를 제출하라고 하였으나 서면으로 자료를 제출한 사람은 없다. 피고인은 예치금을 계속 보관하다가 예치금 반환기간이 종료되었다는 이유로 마을 주민들의 동의 없이 이 사건 예치금을 그대로 공소외 회사에 반환하였다. [대법원] 이 사건 예치금은 예치기간 중 암반발파 작업으로 인해 마을 주민들의 건물에 발생할 수 있는 손해를 담보하기 위하여 교부된 금원으로서 마을 주민들 전체의 총유에 속한다. 피고인은 마을 주민들의 대표 자격에서 보관하고 있던 것에 불과하므로, 마을 주민들에 의하여 탄핵된 피고인으로서는 새로 이장으로 선임된 자에게 이 사건 예치금을 인계해 주어야 할 임무가 있으며, 이는 마을 주민들에 대하여 '타인의 사무'에 해당한다.[835]

③ 정부가 매수 확보중인 양곡은 당시 양곡관리법 6조에 의하여 곡가조절용으로 방출하는 외에 교환용으로도 사용되고 또 같은 법 10조 소정 농림장관은 천재지변 기타 급격한 경제변동에 대비하기 위하여 양곡을 비축하여야 한다고 하는 규정들에 비추어 보면 정부양곡의 수매 가공 보관 및 방출 등 업무를 보조하던 군청직원이 위와 같은 목적을 위하여 비축중인 정부양곡을 소정 목적 외의 용도로 자의로 방출한 경우에는 그 대금전액이 국고에 납입된 여에 불구하고 그 목적을 위한 사용이 저해되어 정부에 재산상 손해를 가한 것이므로 배임죄가 성립한다.[836]

④ 정부가 관리하는 조절용 사료의 적정한 배급을 위하여 그 관할구역내의 양돈수를 조사보고하는 임무를 맡은 읍직원이 허위보고를 함으로써 조절용사료가 부당하게 배정 방출 되었다면 그로 인하여 나라에게 조절용 사료의 부당한 감소라는 재산적 손해를 입힌 것이므로 배임죄가 성립된다.[837]

---

835) 대법원 2009. 2. 12. 선고 2008도10915 판결
836) 대법원 1975. 11. 25. 선고 73도1881 판결
837) 대법원 1978. 8. 22. 선고 78도958 판결

IV

절도 · 손괴 · 권리행사방해

"국가가 자기 스스로를 법의 척도로 삼
국가 자신의 의사를 정의와 혼동할 때에는 이미 법은 존재하지 않는다."

- 엘륄 -

Chapter 1

절도

예제 **공사현장자재**

○ 주식회사 A건설은 한국실리콘 주식회사으로부터 공소사실 기재 크린 배관 제작·설치공사를 도급받은 후 2009. 9. 22. 이를 다시 피해자에게 하도급 주었다. 이에 따라 피해자는 이 사건 공사의 발주자인 한국실리콘으로부터 공급받은 써스[838] 자재를 절단하여 용접을 하고 녹스는 것을 방지하기 위한 세정 작업을 하는 등 배관 제작 작업 등을 하였으나 약정기간까지 위 공사를 마치지 못했고 기성고에 따른 공사대금을 받지 못한 사실, A건설은 2009. 11. 5. 계약불이행 등을 이유로 피해자에게 위 하도급계약의 해제를 통보하고, 한국실리콘에 위 공사를 포기한다는 의사표시를 하였으며, 이에 따라 한국실리콘은 다시 길로만과 이 사건 공사에 대한 도급계를 체결하였다.

한편 피해자는 위 공사를 위하여 자신이 구입한 써포트 자재를 이 사건 공사현장에 적치하여 두었다. 피해자는 하도급계약의 해제를 통보받고 A건설에 위 공사대금을 지급받을 때까지 써쓰 자재에 대하여 유치권을 행사하겠다는 취지의 통지를 하고, 이를 이 사건 공사현장 내 자재 창고에 보관한 후 그 문을 잠그고, 써포트 자재는 이 사건 공사현장에 적치하여 둔 채 공사현장에서 철수하였다. 한국실리콘의 담당자인 G, A건설의 이사인 피고인, 길로만의 현장 소장인 C는 위 공사에 대한 인수인계에 관한 회의를 하면서 A건설이 길로만에 써스 자재 및 써포트 자재를 인계하여 주기로 합의하였다. 길로만은 위 합의에 따라 써스 자재 및 써포트 자재를 실어갔다.

○ 절도죄인가.

---

838) 스테인레스

✔ 정답 : 절도죄 유죄

소유자의 동의로 재물을 취거하였으나, 현재 점유자의 의사에 반한 경우에도 불법영득의사를 인정할 수 있는지 문제 된다. 결론적으로 판례는 아래와 같이 유치권자인 피해자가 점유하고 있는 써스 자재를 길로만으로 하여금 가져가게 한 이상 절도죄가 성립한다고 보았다.

절도죄의 성립에 필요한 불법영득의 의사라 함은 권리자를 배제하고 타인의 물건을 자기의 소유물과 같이 그 경제적 용법에 따라 이용·처분할 의사를 말하는 것으로, 단순한 점유의 침해만으로는 절도죄를 구성할 수 없으나 영구적으로 그 물건의 경제적 이익을 보유할 의사가 필요한 것은 아니고, 소유권 또는 이에 준하는 본권을 침해하는 의사 즉 목적물의 물질을 영득할 의사이든 그 물질의 가치만을 영득할 의사이든 불문하고 그 재물에 대한 영득의 의사가 있으면 족하다.

🪦 소유권 또는 이에 준하는 본권 - 적법한 유치권자
피해자는 A건설에 대하여 공사대금 채권을 가지고 있고, 위 공사대금 채권은 써스 자재를 이용한 배관 제작 작업 등에 기하여 생긴 것으로 써스 자재와의 견련성을 인정할 수 있으며, 피해자가 써스 자재를 점유하고 있다고 보이므로 피해자는 써스 자재에 대한 적법한 유치권자라 할 것이다.

🪦 절취
피고인이 써스 자재의 소유자인 한국실리콘과 사전 협의를 하였다고 하더라도 유치권자인 피해자가 점유하고 있는 위 써스 자재를 길로만으로 하여금 가져가게 한 이상 절도죄가 성립한다고 할 것이다.

🪦 보론 - 유치권에 대한 권리행사방해죄 성립 여부
생각건대 소유자와 제3의 공사업체의 공모에 의한 유치권에 대한 권리행사방해죄의 적용여지가 있음에 주의할 필요가 있다.

절도죄의 기본 이론

🎖 기본 이론

1. 절도죄의 의의와 보호법익

절도죄는 재물에 대한 실질적·경제적 가치 내지는 현실적인 이용 상태를 보호하는 것이 아니라 그 재물에 대한 '형식적 소유권'을 보호법익으로 한다. 절도죄는 점유의 침해에 의하여 소유권을 침해하는 범죄이지, 소유권과 별도로 점유 그 자체를 보호법익으로 하는 범죄는 아니다. 이와 같이, 절도죄의 보호법익은 소유권이지 점유권이 아니므로 행위의 객체로서 점유의 침해가 있어도 보호의 객체로서 소유권 내지 그에 준하는 권리를 침해하지 아니하면 절도죄는 성립하지 아니한다. 즉, 절도죄의 성립에 있어서 영구적으로 그 물건의 경제적 이익을 보지할 의사가 필요치는 아니하여도 단순한 점유의 침해만으로는 절도죄가 구성될 수 없고 소유권 또는 이에 준하는 본권을 침해하는 의사 즉 목적물의 물질을 영득할 의사나 또 물질의 가치만을 영득할 의사이든 적어도 그 재물에 대한 영득의 의사가 있어야 한다.[839]

2. 범죄사실의 작성

절도죄 범죄사실은 ① 범행경위, ② 피해품의 현황. ③ 절취방법, ④ 결구의 순으로 기재한다. 이때 ② 피해품의 현황의 기재는, 피해품의 '위치'와 '소유관계'를 명확히 기재하고, 다음으로는 피해품의 내용물, 가격. 품목. 수량의 순서대로 빠짐없이 기재한다. 또 ③ 절취방법의 기재에서는 사안에 적합한 절취 태양을 정확하게 기재하여야 한다.[840]

[기재례 1] 피고인은 2009. 3. 25. 15:00경 서울특별시 강남구 대치동에 있는 롯데백화점 앞길에서 ① 그곳을 지나가던 피해자 박영자에게 오토바이를 타고 접근한 후 ② 그녀의 어께에 걸치고 있던 그녀 소유의 ③ 현금 1,000,000 원이 들어 있는 시가 100,000원 상당의 핸드백 1개를 ④ 낚아채어 ⑤ 절취하였다.

[기재례 2] ① 피고인은 2009. 4. 24. 08:00경 서울특별시 중구 서소문동에 있는 우리은행 서소문지점 앞길을 운행 중인 32가7654호 시내버스 안에서 피해자 김감수가 혼잡한 승객들로 인해 잠시 주의를 소홀히 하고 있는 틈을 타서 그에게 접근하였다. 피고인은 ② 피해자의 양복상의 속으로 오른손을 집어넣어 가지고 있던 면도칼로 그 앞주

---

839) 청주지방법원 2017. 5. 19. 선고 2016노1196 판결
840) 2010 검찰 공소사실 기재례

머니를 찢은 후 피해자 소유의 ③ 현금 300,000원, 주민등록 증 1장, 삼성신용카드 1장이 들어 있는 시가 20,000원 상당의 지갑 1개를 ④ 꺼내어 갔다 ⑤ 이로써 피고인은 피해자의 재물을 절취하였다.

3. 죄수

절도죄는 점유침해의 수를 기준으로 죄수를 판단한다.

(1) 여러 명의 소유자가 있는 경우

1) 단일한 범의로써 물품의 관리자가 한 명인 경우 : 一罪

단일한 범의로써 절취한 시간과 장소가 접착되어 있고 같은 관리인의 관리하에 있는 방 안에서 소유자를 달리하는 두 사람의 물건을 절취한 경우 1개의 절도죄가 성립한다.

피고인은 1969. 12. 27. 03:00경 진주시 소재 ○○경영의 ○○에 침입하여 **그곳 방 안 방바닥에 놓여있던 김두한 소유의 전축 1대와 음판 7장을 절취한 후 그 방벽에 걸려있던 최갑성 소유의 옷 호주머니 속에서 그 사람 소유 팔뚝시계 1개, 현금 350원**을 꺼내어 이를 절취한 사실을 인정하고 물건의 소유자가 다르고 절취한 시간, 장소가 다르므로 형법 제37조 전단의 경합죄가 성립된다고 판시하였다.
그러나 피고인은 단일범의로서 절취한 시간과 장소가 접착되어 있고 같은 관리인의 관리하에 있는 방안에서 김두한과 최갑성의 물건을 절취한 것으로서 이러한 경우에는 일개의 절도죄가 성립된다.[841]

2) 물품의 관리자가 여러 명인 경우

피고인이 백원준의 집에 침입하여 그 집의 방안에서 그 소유의 재물을 절취하고 그 무렵 그 집에 세들어 사는 김분선의 방에 침입하여 재물을 절취하려다 미수에 그쳤다면 위 두 범죄는 그 범행장소와 물품의 관리자를 달리하고 있어서 별개의 범죄를 구성한다.[842]

(2) 불가벌적 사후행위

불가벌적 사후행위란, 범죄완성 후에도 위법상태가 계속되는 것이 처음부터 예상되어 있는 범죄에서 그 범죄의 구성요건이 예상하고 있는 위법상태에 포함되어 주된 범죄의 구성요건에 의하여 이미 포괄적인 평가를 받은 행위를 말한다. 따라서 사후행위가 주된 범죄에 의하여 침해된 법

---

841) 대법원 1970. 7. 21. 선고 70도1133 판결
842) 대법원 1989. 8. 8. 선고 89도664 판결

익의 범위를 초과하지 아니하는 한 별도의 범죄를 구성한다고 볼 수 없다.[843] 주된 행위에 대한 유죄 선고가 있어야만 불가벌적 사후행위의 가벌성이 부정되는 것은 아니고, 주된 행위에 대하여 공소시효가 완성되었다고 하여 사후행위에 대한 가벌성이 회복되는 것도 아니다.[844]

1) 불가벌적 사후행위인 경우

① 금융기관발행의 자기앞수표는 그 액면금을 즉시 지급받을 수 있어 현금에 대신하는 기능을 하고 있으므로 절취한 자기앞수표를 현금 대신으로 교부한 행위는 절도행위에 대한 가벌적 평가에 당연히 포함되는 것으로 봄이 상당하다 할 것이므로 절취한 자기앞수표를 음식대금으로 교부하고 거스름돈을 환불받은 행위는 절도의 불가벌적 사후처분행위로서 사기죄가 되지 아니한다.[845]
② 절취한 자기앞수표의 환금행위는 별도로 사기죄가 성립하지 아니한다.[846]
③ 열차승차권은 그 자체에 권리가 화체되어 있는 무기명증권이므로 이를 곧 사용하여 승차하거나 권면가액으로 양도할 수 있고 매입금액의 환불을 받을 수 있는 것으로서 열차승차권을 절취한 자가 환불을 받은 경우 별도로 사기죄가 성립하지 아니한다.[847]

2) 불가벌적 사후행위가 아닌 경우

① 절취한 전당표를 제3자에게 교부하면서 자기 누님의 것이니 찾아 달라고 거짓말을 하여 이를 믿은 제3자가 전당포에 이르러 그 종업원에게 전당표를 제시하여 기망케 하고 전당물을 교부받게 하여 편취하였다면 이는 사기죄를 구성하는 것이다.[848]
② 절취한 은행예금통장을 이용하여 은행원을 기망해서 진실한 명의인이 예금을 찾는 것으로 오신시켜 예금을 편취한 것이라면 새로운 법익의 침해로 절도죄 외에 따로 사기죄가 성립한다.[849]

4. 절도죄의 요건 개관

절도죄는 범인이 ① 타인이 점유하고 있는 ② 타인의 재물을 ③ 점유자의 의사에 반하여 자기의 지배하에 옮기는 것으로 성립하며, ④ 불법영득의 의사와 ⑤ 절도의 고의가 있어야 함은 물론이다.

---

843) 대법원 2002. 8. 23. 선고 2002도389 판결 등 참조
844) 대법원 2006. 11. 9. 선고 2005도8699 판결 참조
845) 대법원 1987. 1. 20. 선고 86도1728 판결
846) 대법원 1982. 7. 27. 선고 82도822 판결
847) 대법원 1975. 8. 29. 선고 75도1996 판결
848) 대법원 1980. 10. 14. 선고 80도2155 판결
849) 대법원 1974. 11. 26. 선고 74도2817 판결

| Section 2 | 점유의 타인성 |

🎓 기본 이론

1. 점유의 요건

절도죄란 재물에 대한 타인의 사실상의 지배 즉 소지를 침해함으로써 성립한다. 여기서 점유는 ① 점유사실 ② 점유의사 ③ 규범적 관점에 따라 결정된다. 즉 절도죄에서 **'점유'란 현실적으로 어떠한 재물을 지배하는 순수한 사실상의 관계**를 말한다. 그런데 현실적 지배라고 하여도 **점유자가 반드시 직접 소지하거나 항상 감수(監守)해야 하는 것은 아니고, 재물의 크기·형상, 그 개성의 유무, 점유자와 재물과의 시간적·장소적 관계** 등을 종합하여 사회통념에 비추어 결정한다.[850]

(1) 점유사실(객관적 지배)

타인의 점유를 침탈하여 새로운 점유를 취득한 것이라고 하기 위해서는 먼저 종전의 점유관계를 밝혀야 한다.

> [사실관계] 피고인이 소속 대대 위병소 앞 탄약고 출입문 서북방 20m 떨어진 언덕 위 소로에서 더덕을 찾기 위하여 나무막대로 땅을 파다가 땅속 20㎝ 깊이에서 탄통 8개를 발견하고 뚜껑을 열어 그 안에 군용물인 탄약이 들어있음을 확인하고도 이를 지휘관에게 보고하는 등의 절차를 거치지 아니하고 전역일에 이를 가지고 나갈 목적으로 그 자리에 다시 파묻었다.
> [항소심] 소속 중대 및 대대가 보유중인 탄약의 재고에 아무런 이상이 없다는 탄약 조사결과 등에 비추어 보면 위와 같은 행위만으로 종전의 점유자의 의사를 배제하고 새로운 점유를 취득하였다고 보기에 부족하고, 달리 이에 대한 증거가 없다는 이유로 무죄를 선고하였다.
> [대법원] 결국 위 탄통이 땅속에 묻혀있게 된 원인과 경위, 종전의 점유관계 등을 밝히지 아니하고서는 그것이 위 부대를 관리하는 대대장의 점유하에 있다거나 피고인이 위 탄통에 대한 타인의 점유를 침탈하여 새로운 점유를 취득한 것이라고 보기 어렵다.[851]

다만, 객관적으로 어떤 사람이 재물을 사실상 지배하고 있다고 인정되는 이상 다른 특별한 사정이 없는 한 그 사람은 그 재물에 대한 지배의사를 가지고 있다고 봄이 상당하다.

---

850) 대법원 2012. 4. 26. 선고 2010도6334 판결
851) 대법원 1999. 11. 12. 선고 99도3801 판결

1) 회사와 별개로 개인적으로 관리해온 경우

[사실관계] 이 사건 서류와 금품은 보험 회사 강남지점의 영업과장인 피고인이 정상적인 보험형태에서 벗어나 보험계약자에게 일정기간 후 은행금리 이상의 이자를 붙여서 지급하는 이른바 금융형 보험상품의 영업업무를 취급하면서 위 영업과 관련한 접대비, 수수료, 성과급 등을 지급한 내역을 기록한 장부와, 위와 같은 금원지출에 충당하기 위하여 피고인이 개인적으로 보관하고 있는 현금 및 피고인이 예금주로 된 예금통장 등이다. 그리고 장부는 위 회사의 정상적인 회계장부나 그 부속서류가 아니고 피고인이 보관하고 있던 금품 또한 실질적으로는 위 회사의 소유이긴 하나 회계장부상으로는 이미 위 회사에서 정상적으로 지출된 것으로 처리된 이른바 비자금에 해당하는 사실, 피고인은 피해자 이진화가 위 지점의 지점장으로 새로 부임하기 이전부터 위 서류와 금품을 전적으로 관리하면서 수시로 집에 가져가 정리하기도 하였고, 특히 외부에서 감사가 나올 때에는 이를 숨기기 위해 피고인의 집에 보관하기도 하였으며, 이 사건 발생 무렵에는 업무인수인계 관계로 거의 매일 집으로 가져간 사실, 피고인은 이 사건 당일까지도 위 금융형 보험상품에 관한 인수인계를 마치지 못하고 있었는데, 위 피해자로부터 위 업무인수인계의 지연과 피고인의 노동조합활동과 관련하여 질책을 듣고는 그 자리에서 사표를 써서 제출한 다음 위 서류와 금품이 들어 있는 가방을 들고 위 회사를 나갔으나, 위 사표에는 제출일과 서명이 기재되어 있지 아니하였고 피고인은 위 사표제출 후에도 정상적으로 근무한 사실을 인정할 수 있다.

[판단] [단독점유] 피고인의 사직서 제출은 진정으로 위 회사를 사직할 의사에서 제출하였기보다는 위 이진화와의 의견 충돌 끝에 항의의 표시로 제출한 것으로 보아야 할 것이므로, 피고인이 서류와 금품이 든 가방을 들고 나간 것은 여전히 위 회사를 위한 보관자의 지위에서 한 행위로서 불법영득의사가 있다고 볼 수 없을 뿐만 아니라 타인이 점유하고 있는 물건에 대한 범죄인 절도죄가 성립할 여지가 없다.

[공동점유도 부정] 설령 피고인에게 이 사건 서류와 금품을 외부에 공개함으로써 이진화나 위 회사를 곤란하게 할 의도가 있었다 하더라도 달리 볼 것은 아니며, 또 위에서 인정한 바와 같이 피고인이 전적으로 이 사건 서류와 금품을 관리해 온 이상 위 서류와 금품이 피고인과 지점장인 위 이진화의 공동점유하에 있었다고 볼 수도 없다.

2) 어업권과 점유

수산업법에 의한 소위 양식어업권은 행정관청의 면허를 받아 해상의 일정구역내에서 그 소유의 수산동·식물을 양식할 수 있는 권리를 말한다. 따라서 그 면허를 받았다는 사실만으로서 곧 당해 구역 내에 자연적으로 번식하는 수산동·식물에 관하여 당연히 소유권이나 점유권을 취득한다고 할 수는 없다.

따라서 피고인들이 위 구역 내에서 자연서식의 반지락을 채취하였다 하더라도 수산업법 위반이 됨은 별론으로 하고 절도죄를 구성한다고 할 수 없다.[852]

---

852) 대법원 1983. 2. 8. 선고 82도696 판결

나아가 어업권을 행사하는 피해자의 양식장에서 모시조개를 채취한 경우 절도죄가 성립하기 위해서는 그 채취한 모시조개가 자연 번식하는 것이 아니라 **그 피해자가 양식하는 것으로서 피해자의 소유임이 인정**되어야 한다.[853]

> 피해자가 2004. 10. 9.경부터 어촌계의 사용허락을 받아 어업권을 행사하는 계쟁구역은 4.5ha로서 약 13,600여 평이고, 그곳은 예로부터 모시조개가 자연적으로 많이 서식하는 지역인 점, 피해자가 2004. 11. 18.경 계쟁구역 일부에 2~3년산의 모시조개 1t 가량을 살포하였는데 이는 약 300평 정도에 살포할 수 있는 분량밖에 되지 않는 점, 피해자가 그 살포 직후인 2004. 12. 1.부터 2004. 12. 26.까지 사이에 8일간 계쟁구역 부근에서 합계 1,675kg 상당의 5년산 모시조개를 채취하였으나 그 후 위 양식장 등에 대해 별도의 관리를 하지 않은 채 이를 방치해 온 점, 피고인들은 그로부터 약 2년 정도 지난 2006. 10. 25.부터 10. 27.까지 3일간 계쟁구역에서 약 1,040kg의 모시조개를 채취한 점, 피해자가 계쟁구역을 다른 양식장과 구별하기 위하여 그 경계선 상에 대나무 20개 정도를 꽂아 두었으나 그 외에 별도의 보호시설은 설치하지 않아 조수간만에 의해 계쟁구역 내외에 모시조개의 유출·유입이 반복될 것으로 예상되는 점, 자연산 모시조개와 양식 모시조개를 외형적으로 구분하는 것은 사실상 불가능한 점 등의 판시와 같은 여러 사정을 들어 피고인들이 채취한 이 사건 모시조개가 피해자가 양식하는 모시조개인 점에 관한 증명이 없다는 등의 이유로 이 사건 공소사실 중 특수절도의 점에 대하여 무죄를 선고하였다.

3) 기타

> 피고인은 피해자로부터 임대계약 종료를 원인으로 한 명도요구를 받고 식당 건물에서 퇴거하기는 하였으나, 식당 건물 외벽 쪽에 설치하여 사용하던 대형냉장고는 그 전원이 연결되어 있는 상태로 두었다. 피해자 측은 피고인에게 그 철거를 요구하였으며, 이에 따라 피고인이 2006. 10.경 위 대형냉장고를 철거하였는데, 그 기간 동안 전기사용료가 22,965원가량 나오게 되었다. 비록 피고인이 이 사건 식당 건물에서 퇴거하기는 하였으나, 대형냉장고의 전원을 연결한 채 그대로 둔 이상 그 부분에 대한 점유·관리는 그대로 보유하고 있었다고 보아야 하며, 피고인 전기를 계속 사용하였다고 하더라도 이는 당초부터 자기의 점유·관리하에 있던 전기를 사용한 것에 불과하고, 타인의 점유·관리하에 있던 전기를 사용한 것이라고 할 수는 없다.

(2) 점유의사

피해자가 졸도하여 의식을 상실한 경우에도 현장에 일실된 피해자의 물건은 자연히 그 지배하에 있는 것이다. 그러므로 타인에게 상해를 가하여 혼미상태에 빠지게 한 경우에 우발적으로 그의 재물을 도취하는 소유는 폭행을 절취의 수단으로 시용한 것이 아니므로 강도죄가 성립하지 않는다.

---

853) 대법원 2010. 4. 8. 선고 2009도11827 판결

1) 잠재적 지배의사

점유이탈물이라면 유실물이거나 표류물이거나 점유자의 의사에 의하지 않고 점유를 떠난 물건이거나를 막론하고 소유자 또는 점유자가 관리할 수 없는 상태에 놓여있는 것이 요건이다. 피해자가 구타로 인하여 혼수상태에 빠져 사물에 대한 인식이 전연 없었고 부근지상에 시계가 떨어져 있었다 손치더라도 시계를 피해자의 유실물이나 점유이탈물로 볼 수 없고 거리관계로 보아서 지배범위 내에 있다고 보는 것이 적절한 것이므로 역시 계속해서 점유하고 있다고 보아야 한다.[854]

2) 사실상 지배할 의사 없음을 표시한 경우

[사실관계] 망부석은 의정부시 소재 임야내에 있던 맹씨 성을 가진 사람의 분묘에 부속된 묘의 장구였는데 그 후손들이 30-40년 전에 위 망부석 등을 버려둔 채 분묘만을 다른 곳으로 옮겨가는 바람에 오랜 세월이 지나는 사이에 그 반 이상이 흙 속에 묻혀 있었으며, 임야의 소유권은 도상태가 취득했다가 홍택기의 소유로 이전등기가 경료되었음이 명백하다. 그리고 망부석이 임야에 방치되어 오랜 세월이 지나면서 그 일부가 흙 속에 묻힌 채 산주나 분묘의 후손들이 현실적 또는 묵시적 소유의사를 표시한 바 없이 그 임야의 관리인인 공동피고인이 그의 선대를 거쳐 사실상 망부석을 점유하여 오다가 중간소개인 등 을 통하여 피고인에게 이를 매도하였다.

[대법원] 분묘를 그 후손들이 30-40년 전에 이장하면서 위 망부석을 그 곳에 방치하여 그 소유권을 포기한 것으로 인정되기 때문에 그 순간 무주물로 되었다. 또 망부석이 임야의 소유권과 독립한 별개의 소유권의 대상이 되더라도 소유권자가 소유권을 포기하는 의사로 이를 방기한 후 수십 년의 세월이 흐르는 사이에 그 일부가 흙속에 묻혀져 그 임야 내의 다른 토석과 같이 취급되면서 그 임야의 소유권이 도상태를 거쳐 홍택기에게 넘어가는 등 전전 매매되었다면 특단의 사정이 없는 한 위 임야의 소유권을 취득하게 되는 자는 구체적으로 그 임야 내에 있는 망부석의 존재를 인식하지 못하고 있는 경우라 하더라도 위 망부석을 사실상 지배하고 있다. 그러나 이 사건에 있어서와 같이 버려진 망부석이 그 형체를 완전히 갖추고 있는 특정물로서 망부석 자체로서 매매의 대상이 되고 있고, 동 망부석이 묘의 장구로서 묘주의 소유에 속하는 것인데 묘는 이장하고, 망부석만이 30여년간 방치된 상태에 있어 외형상 그 소유자가 방기한 것으로 보아 이와 같은 경우 그 물건은 산주의 추상적, 포괄적 소지에 속한다고 본다 하더라도 그 망부석이 존재하는 임야의 소유자가 망부석을 사실상 지배할 의사가 없음을 표시한 경우까지도 그의 소지에 속한다고 할 수는 없다 할 것인바, 기록에 의하면 이 임야의 이 사건 당시 소유자였던 홍택기는 위 망부석에 대한 소지의 의사가 없었음을 명백히 하고 동 임야의 관리인인 제1심 공동피고인 1의 매매처분 등 일체의 행위를 간섭하지 않기로 하였다는 의사를 표명하고 있어 그의 소지하에 있다고 볼 수는 없는 것이므로 위 망부석은 임야의 관리인으로서 사실상 점유하여 온 공동피고인의 소지하에 있는 것으로 못 볼 바 아니다.[855]

---

854) 대법원 1956. 8. 17. 선고 4289형상170 판결
855) 대법원 1981. 8. 25. 선고 80도509 판결

3) 포기하고 유기한 경우 : 점유의사가 없는 경우

[2심] 광산업자인 망 안영배는 위 섬의 일정부분에 대하여 광종을 규석으로 한 광업권을 이전등록받고, 숙박시설, 창고 등을 건립함과 동시에 위 물건들(경운기 엔진과 발전기)을 구입하여 자가발전시설을 갖추는 등 위 섬을 규석 광산 및 관광지로 개발하려 하였으나, 섬주민들과 한국자연보호협회 등의 반대에 봉착하게 되면서 그 내용이 신문 지상에 보도되게 되었고, 결국 동력자원부장관으로부터 위 광업권허가가 착오에 의한 것이었다는 이유로 허가취 소처분을 받게 되자, 그 무렵 위 물건들을 스레이트와 베니어판으로 지은 창고 안에 그대로 놓아둔 채 섬에서 자진 철수한 뒤 다시는 섬에 나타나지 않다가 사망하였다. 섬은 충청남도지사에 의하여 충남문화재로 지정되자 섬의 땅 값이 등귀하게 되었고, 안영배의 상속인들은 안영배가 섬을 매수하였음을 이유로 피고인 등 섬주민들을 상대로 소 유권을 취득하기 위한 소송을 제기하기 위하여 안영배가 섬을 떠난 후 10년 만에야 처음으로 다시 섬에 찾아 왔다. 그러나 그동안에 위 안영배나 그의 상속인들이 관리인을 두는 등의 방법으로 위 물건들을 관리하지는 않았다. 그 런데 피고인은 위 안영배가 섬에서 철수한지 7년이 경과한 후, 노후 된 물건들을 피고인의 집 가까운 곳에 옮겨 놓 은 사실 등을 인정한 후, 발전기와 엔진의 반입경위, 안영배가 섬을 떠나게 된 경위, 물건들을 옮긴 시점과 그간의 관리상황 등에 비추어 볼 때 피고인이 물건들을 옮겨 갈 당시 안영배의 상속인인 그의 처 윤주분이 물건들을 사실 상 점유하고 있었다고는 보기 어렵다.
[대법원] 사실관계가 원심이 적법하게 확정한 바와 같다면, 안영배는 육지로부터 멀리 떨어진 섬에서 광산을 개발 하기 위하여 물건들을 섬으로 반입하였다가 광업권설정이 취소됨으로써 광산개발이 불가능하게 되자 육지로 물건 들을 반출하는 것을 포기하고 물건들을 섬에 그대로 유기하여 둔 채 섬을 떠난 것이라고 볼 것이어서, 이와 같은 경 우에도 안영배나 그의 상속인들이 물건들을 점유할 의사로 사실상 지배하고 있었다고는 볼 수 없다.

(3) 규범적 관점

타인의 점유하는지 여부는 궁극적으로는 당해 물건의 형상과 그 밖의 구체적인 사정에 따라 사 회통념에 비추어 규범적 관점에서 판단할 수밖에 없다. 이에 따라 현실적 점유 없이도 점유를 인 정하거나, 현실적 점유가 있어도 점유를 부정할 수도 있다.

1) 사실상 내지 법률상 지배가능성 : 수로의 물 ×

조합원은 누구나 수로에 있는 물을 자기 논에 넣어 관개에 이용할 수 있고 어떤 조합원이라도 수로를 막아서 물을 사용할 수 없다는 것이므로 피해자가 자기 논에 물을 품어 넣기 위하여 특수한 공작물을 설치하여 저수하였다 하 여도 그 물이 물을 막은 사람의 사실상이나 법률상 지배하는 것이 되지 못하므로 이 물은 절도죄의 객체가 되지 못 한다.[856]

---

856) 대법원 1964. 6. 23. 선고 64도209 판결

2) 부부 특유재산의 경우

피고인이 아들로 하여금 절취하도록 교사한 피해품인 민화가 피고인의 오빠가 매수한 동인의 특유재산이라면 이에 대한 점유·관리권은 동인에게 있다. 범행당시 동인이 집에 없었다 하더라도 그것이 동인소유의 집 벽에 걸려있었던 이상 동인의 지배력이 미치는 범위 안에 있는 것이다. 그러므로 동인의 소지에 속한다 할 것이므로, 이 사건 절도교사는 피고인과 친족관계에 있는 피해자의 고소가 있어야 논할 수 있다.[857]

3) 유류물·분실물의 경우 : 점유이탈물횡령과의 한계

잃어버린 물건 등의 경우 절도죄 내지 점유이탈물횡려죄가 문제된다.

① 유류물·분실물일지라도 점유가자 그 소재를 알고 다시 찾아 올 수 있는 경우에는 여전히 그 주인에게 점유가 인정된다.

피해자 소유의 손가방은 소유자가 버리거나 유실한 물건이 아니라 강간을 당한 피해자가 도피하면서 현장에 놓아두고 간 것에 불과하여 사회통념상 피해자의 지배하에 있는 물건이다. 그러므로 손가방 안에 들어 있는 피해자 소유의 돈을 꺼낸 행위는 절도죄의 구성요건을 충족한다.[858][859]

② 잃어버린 장소가 타인의 관리 하에 있는 경우는 그 장소 관리자의 점유에 속한다.

① 피해자 소유의 손가방은 소유자가 버리거나 유실한 물건이 아니라 강간을 당한 피해자가 도피하면서 현장에 놓아두고 간 것에 불과하여 사회통념상 피해자의 지배하에 있는 물건이다. 그러므로 손가방 안에 들어 있는 피해자 소유의 돈을 꺼낸 행위는 절도죄에 해당한다.[860][861]
② 승객이 놓고 내린 지하철의 전동차 바닥이나 선반 위에 있던 물건을 가지고 간 경우, 지하철의 승무원은 유실물법상 전동차의 관수자로서 승객이 잊고 내린 유실물을 교부받을 권능을 가질 뿐 전동차 안에 있는 승객의 물건을 점유한다고 할 수 없고, 그 유실물을 현실적으로 발견하지 않는 한 이에 대한 점유를 개시하였다고 할 수도 없으므로, 그 사이에 위와 같은 유실물을 발견하고 가져간 행위는 점유이탈물횡령죄에 해당함은 별론으로 하고 절도죄에 해당하지는 않는다.[862]
③ 고속버스 운전사는 고속버스의 관수자로서 차내에 있는 승객의 물건을 점유하는 것이 아니고 승객이 잊고 내린

---

857) 대법원 1985. 3. 26. 선고 84도365 판결
858) 대법원 1984. 2. 28. 선고 84도38 판결
859) 대법원 1985. 3. 26. 선고 84도365 판결
860) 대법원 1984. 2. 28. 선고 84도38 판결
861) 대법원 1985. 3. 26. 선고 84도365 판결
862) 대법원 1999. 11. 26. 선고 99도3963 판결

유실물을 교부받을 권능을 가질 뿐이므로 유실물을 현실적으로 발견하지 않는 한 이에 대한 점유를 개시하였다고 할 수 없고, 그 사이에 다른 승객이 유실물을 발견하고 이를 가져갔다면 절도에 해당하지 아니하고 점유이탈물횡령에 해당한다.

④ 어떤 물건을 잃어버린 장소가 당구장과 같이 타인의 관리 아래 있을 때에는 그 물건은 일응 그 관리자의 점유에 속한다 할 것이고, 이를 그 관리자 아닌 제3자가 취거하는 것은 유실물횡령이 아니라 절도죄에 해당한다.

⑤ A 회사가 경희대학교 유지재단인 재단법인 고황재단과 경희대학교 부속국민학교 신축공사의 도급계약을 체결하고 그 공사를 진행하다가 위 계약당사자간의 분쟁으로 공사가 중단되고 고황재단에서는 공사도급계약의 해지통고를 하였다. 그런데 피고인이 대표이사로 있는 B 회사는 고황재단으로부터 위 중단된 교사 신축공사의 도급계약을 체결하여 공사현장을 인수하고 잔여공사를 시공함에 있어서 A 회사에서 공사를 하기 위하여 설치해 두었던 공소장 기재 형틀을 사용하고 A 회사의 반환요구에 불응하였다. 따라서 피고인은 A 회사로부터 위탁을 받은 여부에 불구하고 피고인은 위 형틀을 보관하고 자의 지위에 있다.[863]

⑥ 피해자가 피씨방에 두고 간 핸드폰은 피씨방 관리자의 점유하에 있어서 제3자가 이를 취한 행위는 절도죄를 구성한다.[864]

(4) 사자의 점유

종전 점유자의 점유가 그의 사망으로 인한 상속에 의하여 당연히 그 상속인에게 이전된다는 민법 제193조는 절도죄의 요건으로서의 '타인의 점유'와 관련하여서는 적용의 여지가 없고, 재물을 점유하는 소유자로부터 이를 상속받아 그 소유권을 취득하였다고 하더라도 상속인이 그 재물에 관하여 위에서 본 의미에서의 사실상의 지배를 가지게 되어야만 이를 점유하는 것으로서 그때부터 비로소 상속인에 대한 절도죄가 성립할 수 있다.[865]

1) 사자의 점유를 인정한 사례

피고인이 피해자를 살해한 방에서 사망한 피해자 곁에 4시간 30분쯤 있다가 그 곳 피해자의 자취방 벽에 걸려있던 피해자가 소지하는 원심판시 물건들을 영득의 의사로 가지고 나온 사실이 인정되는바, 이와 같은 경우에 피해자가 생전에 가진 점유는 사망 후에도 여전히 계속되는 것으로 보아 이를 보호함이 법의 목적에 맞는 것이라고 할 것이다.[866]

---

863) 대법원 1969. 12. 9. 선고 69도1923 판결
864) 대법원 2007. 3. 15. 선고 2006도9338 판결
865) 대법원 2012. 4. 26. 선고 2010도6334 판결
866) 대법원 1968. 6. 25. 선고 68도590 판결 참조

2) 사자와 상속인의 점유를 모두 부정한 사례

원고는 망인의 사망 후 7일이 지나서야 이 사건 자동차를 가져와 사용하였으므로, 원고의 행위로 인하여 이 사건 자동차에 대한 망인의 점유가 침해되었다고 볼 수 없음은 명백하다. 나아가 1 망인의 처인 D는 가정불화로 인하여 망인이 사망하기 4개월여 전에 베트남으로 출국한 상태였고, 망인은 어린 딸과 함께 어머니인 G의 집에서 생활하여 온 점, 2 D는 망인의 사망사실조차 알지 못하다가 원고가 이 사건 자동차를 가져간 이후에야 한국으로 돌아온 점, 3 이 사건 자동차의 크기나 용도 등에 비추어 볼 때, 망인의 사망 당시 만 2세에 불과하였던 망인의 딸인 E가 상속인으로서 이 사건 자동차를 사실상 지배하고 있었다고 보기도 어려운 점 등을 종합해 보면,
원고가 이 사건 자동차를 가져간 시점에 D 내지 E가 망인이 다니던 회사 주차장에 세워져 있던 이 사건 자동차를 사실상 지배하여 점유하였다고 볼 수는 없고, 달리 이 사건 자동차를 가져온 원고의 행위가 타인의 점유를 침해하여 절도죄를 구성한다고 할 수 없다.[867]

2. 공동점유

예제 **중국요리음식점**

○ 피의자 박달재는 이유 없는 반항으로 가득한 청년이다. 어느 날, 박달재는 성실하게 살기로 마음먹고 왕서방이 운영하는 중국요리음식점 '다줘해'에서 아르바이트 배달일을 하기 위해 취업하였다. 박달재는 음식을 배달하고 대금을 수령하여 오전·오후 두 차례 대금을 왕서방에게 전달하기로 하였다. 그런데, 그 결심은 하루도 가지 못했다. 박달재는 취업한 그날, 09시부터 14시까지 음식을 배달하고 받은 대금 30만 원을 손에 쥐게 되자, '인생 뭐 있어'하는 생각에 그 길로 도망가고 말았다.

○ 박달재는 절도죄인가 횡령죄인가?

---

867) 서울고등법원 2015. 6. 30. 선고 2015누36098 판결

✔ **정답 : 횡령죄 유죄**

종업원 단독의 점유를 인정할 수 있다면, 횡령죄가 성립할 것이며, 그렇지 않다면 절도죄가 성립할 것이다.

🪦 **상하관계에 의한 점유의 문제**

민법상 점유보조자(점원) 라고 할지라도 그 물건에 대하여 사실상 지배력을 행사하는 경우에는 형법상 보관의 주체로 볼 수 있으므로 이를 영득한 경우에는 절도죄가 아니라 횡령죄에 해당한다.

생각건대, 피의자가 범행 당일 09~14시 5시간 동안 음식대금으로 받아 보관 중이라면 현금에 대한 사실상의 지배력을 행사한다고 보아, 그 점유를 인정하고 횡령죄로 의율함이 타당하다.

[유제] 자신이 일하던 휴대폰 가게에서 다른 종업원이 퇴근하고 아무도 없는 사이 금고에 있던 현금 196만 원 상당을 절취한 사안은 절도인가 횡령인가?

[해설] 평소 피의자에게 금고에 대한 접근 권한이 없었고, 범행 당일에도 사장으로부터 별도로 금고에 대한 보관을 위탁받은 사실이 없다면 절도죄가 타당하다고 보인다.

🎖 **기본 이론**

절도죄의 객체는 타인이 점유하는 타인의 재물이다. 여기서 타인의 점유에는 타인의 단독점유 내지 피의자와 공동점유하는 경우를 말한다. 따라서 자신이 점유하는 물건에 대해서는 횡령죄 내지 점유이탈물횡령죄만이 가능하다.

(1) 대등관계에 의한 공동점유

대등관계에 의한 공동점유에는, 부부간의 점유, 조합원간의 합유물에 대한 점유, 총유재산에서 총유재산에 대한 점유 등이 있다.

1) 부부

인장이들은 돈궤짝을 사실상 별개 가옥에 별거 중인 남편이 그 거주가옥에 보관 중이었다면 처가 그 돈궤짝의 열쇠를 소지하고 있었다고 하더라도 그 안에 들은 인장은 처의 단독보관하에 있는 것이 아니라 남편과 공동보관하에 있으므로, 공동보관자 중의 1인인 처가 다른 보관자인 남편의 동의 없이 불법영득의 의사로 위 인장을 취거한 이상 절도죄를 구성한다.[868]

2) 조합

조합원의 1인이 조합원의 공동점유에 속하는 합유의 물건을 다른 조합원의 승낙 없이 조합원의 점유를 배제하고 단독으로 자신의 지배하에 옮긴다는 인식이 있었다면 절도죄에 있어서의 불법영득의 의사가 있었다고 볼 것이다.[869]

3) 교회

하나의 교회가 두 개 이상으로 분열된 경우 그 재산의 처분에 관하여 교회 장정 등에 규정이 없는 한 분열 당시 교인들의 총의에 따라 그 귀속을 정하여야 하고 그와 같은 절차 없이 위 재산에 대하여 다른 교파의 점유를 배제하고 자기 교파만의 지배에 옮긴다는 인식 아래 이를 가지고 갔다면 절도죄를 구성한다.[870]

(2) 상하관계에 의한 공동점유

피고인이 지원소대장으로서 상황장갑차의 탑승원 중 가장 상급자라 하더라도 그 장갑차 내에 적재된 군용물이 피고인의 단독점유하에 있다고는 볼 수 없으므로 피고인이 이를 불법영득하였다면 절도죄에 해당한다. 또한 피고인이 중대장에게 항의를 하고 만약 관철되지 않는 경우에 동인을 살해하고 자기도 자살을 하는데 사용할 의도로 수류탄 등을 가져갔다면 불법영득의사가 있다.[871]

상하관계에서 하위자의 재산처분은 절도죄 내지 횡령죄 성립이 문제된다. 즉 하위자에게 동산 보관자의 지위를 인정하게 되면 횡령죄, 그렇지 않으면 절도죄가 된다. 판례의 태도를 살펴보면, 종업원 내지 점유보조자에게 '사실상의 지배관계'를 인정하려면 종업원이라는 신분으로 일률적으로 판단할 것이 아니라, ① 평소의 지위 및 역할에 비추어 재물에 대한 접근 및 처분의 권한이 있는

---

868) 대법원 1984. 1. 31. 선고 83도3027 판결
869) 대법원 1982. 12. 28. 선고 82도2058 판결
870) 대법원 1998. 7. 10. 선고 98도126 판결
871) 대법원 1984. 2. 28. 선고 83도3271 판결

지, ② 범행 당시 별도의 열쇠를 맡기는 등 위탁의 점이 있는지 등을 감안해야 할 것으로 보인다.

1) 인정되지 않는 경우

산기기로서 종중 소유의 분묘를 간수하는 자는 그 분묘에 설치된 석등이나 문관석 등을 점유한다 할 수 없으므로 이를 반출하는 경우 횡령죄가 아닌 절도죄를 구성한다.[872]

2) 인정되는 경우

민법상 점유보조자(점원)라고 할지라도 그 물건에 대하여 사실상 지배력을 행사하는 경우에는 형법상 보관의 주체로 볼 수 있으므로 이를 영득한 경우에는 절도죄가 아니라 횡령죄에 해당한다.

A. 오토바이 사례

② 이 사건 오토바이는 다방 주인인 오길자의 소유인데 그 열쇠는 언제나 그 다방의 주방장인 유덕근이가 갖고 있으면서 차를 배달하는데 사용하고 있었던 사실과 이 사건 범행당시 위 유덕근이가 피고인에게 오토바이 열쇠를 주면서 그 오토바이를 타고 가서 수표를 현금으로 바꾸어 오라고 시키자 피고인이 이를 응락하고 그 오토바이를 타고 가버렸다. 또 소론과 같이 피고인이 피해자의 승락을 받고 그의 심부름으로 오토바이를 타고 가서 수표를 현금으로 바꾼 뒤에 마음이 변하여 그 오토바이를 반환하지 아니한 채 그대로 타고 가버렸다 하더라도 그것은 피고인과 피해자사이에 오토바이의 보관에 따른 신임관계를 위배한 것이 되어 횡령죄를 구성함은 변론으로 하고 적어도 절도죄는 구성하지 않는다.[873]

B. 동사무소 직원 사례

피고인은 대전시 대흥2동 사무소의 사환으로 근무하였던 사실, 1967. 10. 2. 위 동회의 세무담당서기인 이종형으로부터 대전시청금고에 입금하도록 세금으로 징수한 현금 144,345원과 대덕농협에 예치되어 있는 금액 중 27,900원에 위 서기의 도장이 날인된 예금청구서와 예금통장을 교부받은 사실, 피고인이 교부받은 위 현금과 그날 예금 중 27,900원을 찾아서 대전시청금고에 입금치 않고 소지한 채 그날로 도망가서 모두 소비하였다.
[원심] (1) 피고인은 동 회의 의사결정에 직접 또는 간접으로나마 관여할 수 없는 단순한 육체노동에 종사하는 사환으로서 동희라는 기관의 기계적인 보조자에 불과하고 (2) 동회직원으로부터 대전시금고에 입금하라는 지시를 받고 현금을 교부 받아도 피고인은 이를 악지하는데 그치고 그 돈의 점유는 여전히 동장이나 담당직원에게 있는 것이고, 피고인의 점유하에 있다고는 볼 수 없고, (3) 가사 피고인에게 점유가 있다하더라도 동장이나 담당직원의 주된 점유와 양립될 수 있는 종된 점유에 불과하므로, 피고인의 소위는 절도죄에 해당할지언정 횡령죄는 구성할 수 없다.
[대법원] 그러나 횡령죄에서 말하는 보관이라 함은 민법상의 점유 개념과는 달라 재물의 현실적인 보관 즉 사실

---

872) 대법원 1985. 3. 26. 선고 84도3024, 84감도474 판결
873) 대법원 1986. 8. 19. 선고 86도1093 판결

상의 지배를 가지고 있으면 족한 것으로서 점유보조자도 재물에 대한 사실상의 지배를 가지고 있는 이상 보관자이다. 피고인이 비록 동회의 사환에 불과하다 하더라도 동 직원으로부터 교부 받은 현금과 예금에서 찾은 돈은 피고인의 사실상 지배하에 있었던 것으로서 피고인은 타인의 재물을 보관하는 자에 해당한다.[874]

C. 점포 종업원 사례

① 피고인이 피해자 이노헌의 점포에서 종업원으로 종사하던 중 위 피해자가 부재중임을 틈타 점포의 금고 안에 든 200,000원과 점포 내에 있던 오토바이 1대를 절취한 사실을 인정하여 피고인을 절도죄로 의율처단하고 있다. 그러나, 기록에 편철된 위 피해자 작성의 피해 신고서와 검사의 피고인에 대한 피의자신문조서 기재에 보면, 위 피해자는 당일 피고인에게 금고 열쇠와 오토바이 열쇠를 맡기고 금고 안의 돈은 배달될 가스대금으로 지급할 것을 지시한 후 외출하였던바, 피고인은 혼자서 점포를 지키다가 금고 안에서 현금을 꺼내어 오토바이를 타고 도주한 사실이 인정된다. 위와 같은 인정 사실에 비추어 보면 피고인은 점원으로서는 평소는 점포 주인인 위 피해자의 점유를 보조하는 자에 지나지 않으나 위 범행 당시는 위 피해자의 위탁을 받아 금고 안의 현금과 오토바이를 사실상 지배하에 두고 보관한 것이라고 보겠으니, 피고인의 위 범행은 자기의 보관하에 있는 타인의 재물을 영득한 것으로서 횡령죄에 해당한다.[875]

D. 점포관리인 사례

원심은 피고인이 타인과 공모하여 피해자 장현근 경영의 싸롱출입문을 뜯고 들어가 동인 소유의 카셋트 녹음기 등 5점의 물품을 절취한 사실을 인정하고 피고인을 특수절도죄로 의율 처단한 1심판결을 유지하고 있다. 그러나 1심이 사실인정의 증거로 한 피해자 장현근의 증언에 보면 장현근은 범행이 있을 당시 위 싸롱을 휴업하고 있으면서 피고인에게 열쇠를 맡겨 그 관리를 위임하였다는 취지의 진술이 있고, 이 진술대로라면 피고인은 소유자로부터 관리를 위임받아 보관 중인 싸롱 내의 물품을 부정처분한 것으로서 횡령의 죄책은 있을지언정 특수절도에는 해당하지 않는다.[876]

(3) 재물의 운반자와 위탁자의 점유

운반을 의뢰한 위탁자의 점유가 상실된 경우 횡령죄, 그렇지 않다면 절도죄가 된다.

---

874) 대법원 1968. 10. 29. 선고 68도1222 판결
875) 대법원 1982. 3. 9. 선고 81도3396 판결
876) 대법원 1983. 2. 22. 선고 82도3092 판결

1) 위탁자의 점유가 상실된 경우(횡령)

A. 화물자동차

① 운수회사 소속의 화물자동차 운전수가 지시에 의하여 커피 3상자를 화물자동차로 운송하던 도중에 자의로 매각 처분한 경우, 피고인은 운송 중 본 건 커피를 사실상 점유하고 있었다고 할 것이므로, 이를 타에 처분 영득한 경우, 횡령죄에 해당한다.[877]

B. 용달차 운반 수탁자

② [사실관계] 피해자는 서울시내 평화시장내의 한 가게에서 판시 의류 48장을 매수하여 이를 묶어서 그곳에 맡겨 놓은 후 그 곳에서 약 50미터 떨어져 가게를 살펴볼 수 없는 딴 가게로 가서 지게짐꾼이던 피고인을 불러 위 가게에 가서 맡긴 물건을 운반해 줄 것을 의뢰하자 피고인은 그 가게에 가서 위에 맡긴 물건을 찾아 피해자에게 운반하여 주지 아니하고 용달차에 싣고가 처분하였다. [2심] 피고인이 물건의 운반의뢰를 수탁받아 이를 보관하게 된 경우에는, 위 물건에 대한 지배가 피해자에게 남겨지고, 피고인이 이를 사실상 소지하고 있음에 불과하다는 특별한 사정을 인정할 자료가 없는 이 사건에서는 피고인이 피해자의 위 물건에 대한 점유를 침탈하였다고 볼 수 없다는 이유로 주위적 공소사실인 절도죄에 해당하지 아니하고 예비적 공소사실인 횡령죄에 해당한다. [대법원] 피해자로부터 피고인 단독으로 점포에 가서 그 물건을 운반해 올 것을 의뢰받은 것이라면 피고인 의 그 운반을 위한 위 물건의 소지관계는 피해자의 위탁에 의한 보관관계에 있다고 할 것이므로 이를 영득한 행위를 횡령죄로 의율한 것은 정당하다.[878]

2) 위탁자의 점유가 상실되지 않는 경우(절도)

위탁자의 점유가 상실되지 않고, 운반자의 운반을 위한 소지가 독립적인 점유에 속하는 것이 아니라면, 위탁자의 점유에 종속하는 점유의 기관으로서 소지한 것에 불과하다.

A. 같은 부서 동료

① 피고인은 전주연초제조창 기사보로서 작업과 예비계 차석으로 근무하던중 동예비계 경리담당직원 공소외인의 요청으로 공소외인과 동행하여 한국은행 전주지점에 가서 공소외인이 찾은 현금 200여만 원 중 50만 원을 그의 부탁으로 피고인이 소지하고 피해자와 동행하여 피해자와 피고인이 근무하는 전주연초제조창 사무실에 당도하여 50만 원을 피해자에게 교부할 때 그중 10만 원을 현금처럼 가장한 돈뭉치와 바꿔치기 하였다. 그렇다면 피고인이 돈 50만 원을 피해자를 위하여 운반하기 위하여 소지하였다 하더라도 피해자의 점유가 상실된 것이라고 볼 수 없을 뿐더러 피고인의 운반을 위한 소지는 피고인의 독립적인 점유에 속하는 것이 아니고 피해자 공소외인의 점유에 종속하는 점유의 기관으로서 소지함에 지나지 않으므로 그 소지 중에 있는 돈 10만 원을 꺼내어 이를 영득한 행위

---

877) 대법원 1957. 9. 20. 선고 4290형상281
878) 대법원 1982. 11. 23. 선고 82도2394 판결

는 피해자의 점유를 침탈함에 돌아가기 때문에 절도죄가 성립한다.

3) 열차사무소 급하수

② 피고인들은 열차사무소 급하수로서 합동하여 그들이 승무한 화차 내에서 동 화차에 적재한 운송인인 철도청의 수탁화물 중 이삿짐 포장을 풀고 그 속에 묶어 넣어둔 탁상용 시계 1개 외 의류 등 9점을 빼내어 탈취하였다는 것인바, 이 운송중의 화물은 교통부의 기관에 의하여 점유보관되는 것이라 해석되고, 피고인들의 점유 보관하에 있는 것이라 볼 수 없다.[879]

(4) 임치물
1) 수치인의 점유를 부정한 경우

피고인이 보관계약에 의하여 보관 중인 정부소유의 미곡 가마니에서 삭대를 사용하여 약간량씩을 발취한 경우에, 피고인이 발취한 포장함 입내의 보관 중인 정부소유미의 점유는 정부에 있다할 것이므로, 이를 발취한 행위는 절도죄에 해당한다.

2) 수치인의 점유를 인정한 경우

사병급식용 식량을 입출고하는 직책을 맡고 있었으므로, 피고인은 국가소유인 사병급식용 식량을 사실상 지배하므로, 보관하고 있었다고 볼 것이고, 따라서 피고인은 본 건 보관식량의 처분행위를 횡령죄로 의률처단한 원판결은 정당하고, 본 건 양곡에 대한 법률상 점유권이 국가에 있었으므로, 절도죄에 해당할지언정, 횡령죄에 해당하지 아니한다는 논지는 이유 없다.[880]

---

879) 대법원 1969. 7. 8. 선고 69도798 판결
880) 대법원 1967. 10. 23. 선고 67도1133 판결

Section 3	재물의 타인성

예제 굴삭기 포기각서

심민상은 A 회사 박달재로부터 굴삭기 1대를 금 1억 원에 매수하되 3년간 매월 금 250만 원씩 지급하기로 하였다. 심민상은 매매계약 체결 당시 "약정할부금을 3회 이상 연체할 경우 귀사의 조치에 따라 굴삭기에 대한 권한을 포기할 것을 각서한다."는 취지의 포기각서를 제출하였다.

그런데 심민상은 굴삭기 대금 연체로 주택에 대하여 강제경매신청을 당하자 회사 지점에 찾아가 1,000만 원을 지급하면서 추후 새로운 연체시에는 경매신청을 생략하고 굴삭기를 임의로 회수하여 처분할 수 있다는 약정을 하였다.

또 "나머지 연체대금은 같은 해 8월 20일에 금 천만 원, 같은 해 9월부터 매월 20일에 500만 원씩을 지급하기로 하며 민·형사상의 모든 책임을 본인이 감수할 것을 각서한다."는 취지의 각서와 건설기계매매계약서, 양도증명서 및 인감증명서를 제출하면서 각 서류에 인감도장을 날인하였다.

그러나 이후에도 박달재의 여러 차례에 걸친 변제독촉에 불응하며 계속하여 연체대금을 지급하지 않자, 박달재는 심민상과의 약정과 제출서류에 기하여 전북 진안군 소재 저수지보수공사 근방에 있던 굴삭기를 추레라에 싣고 와 다른 사람에게 매도하였다.

○ 심민상은 박달재를 절도죄로 고소하였다. 어떻게 될 것인가?

✔ 정답 : 절도죄 혐의 인정됨

달리 급박한 상황에서 다른 수단이 없는 등 사회상규상 위법성이 없는 예외적인 경우를 자력구제는 금지된다. 1심은 혐의가 없다고 보았으나 2심과 대법원은 자력구제는 금지된다는 논리로 절도죄 성립을 부정하였다.

🪦 재물의 타인성

등록한 건설기계에 대한 소유권의 이전은 그 등록이 있음으로써 비로소 효력이 발생하므로, 이와 같은 약정 및 각서, 매매계약서, 양도증명서 등의 작성, 교부만으로 이 사건 굴삭기에 대한 소유권이 위 회사로 이전될 수는 없다.

🪦 취거에 따른 불법영득의사

2심은 박달재가 각서와 양도증명서 등에 기하여 타인에게 굴삭기를 매도할 당시 박달재에게 권리자를 배제하고 타인의 물건을 자기의 소유물과 같이 그 경제적 용법에 따라 이용, 처분하려는 의사인 불법영득의 의사가 있었다고 볼 수 없으며, 그 밖에 달리 이를 인정할 증거가 없다고 보았다.

그러나 대법원은 비록 심민상이 약정된 기일에 채무를 이행하지 아니하는 경우 이 사건 굴삭기를 회수하여 가도 좋다는 약속을 하고 각서와 매매계약서 및 양도증명서 등을 작성하여 교부하였더라도, 그 의사표시 중에 자신의 동의나 승낙 없이 현실적으로 자신의 점유를 배제하고 이 사건 굴삭기를 가져가도 좋다는 의사까지 포함되어 있었던 것으로 보기는 어렵고, 달리 박달재의 굴삭기 취거에 심민상의 동의가 있었음을 알아볼 자료는 없다

기록에 의하면, 박달재는 이 사건 굴삭기를 취거할 당시 미리 심민상에게 통지 등의 절차를 거쳐 동의를 구한 사실은 없고, 다만 굴삭기를 취거한 후 심민상과 통화연락을 한 것으로 보인다). 그렇다면 박달재가 이 사건 굴삭기를 취거한 행위는 일응 절도죄에 해당하고 그 불법영득의 의사도 부인하기 어렵다.[881]

---

881) 대법원 2001. 10. 26. 선고 2001도4546 판결

🎖️ 기본 이론

타인의 단독소유 내지 피의자와의 공동소유관계에 있는 물건도 절도죄의 객체가 되는 타인의 재물에 속한다. 따라서 사체와 같이 소유의 대상이 아니거나, 야생동물과 같은 무주물 내지 소유권을 포기한 재물은 타인의 재물이 아니다.

1. 공동소유

(1) 합유재산의 경우

① 두 사람으로 된 생강농사 동업관계에 불화가 생겨 그중 1인이 나오지 않자, 남은 동업인이 혼자 생강 밭을 경작하여 생강을 반출한 행위가 절도죄를 구성하지 않는다.[882]
② 피고인이 피고인과 피해자의 동업자금으로 구입하여 피해자가 관리하고 있던 다이야포크레인 1대를 허락 없이 운전하여 가도록 한 행위는 절도죄를 구성한다.[883]

(2) 총유물

일반적으로 하나의 교회가 두 개의 교회로 분열된 경우 교회의 장정 기타 일반적으로 승인된 규정에서 미리 정한 바가 없으면 교회의 법률적 성질이 권리능력 없는 사단인 까닭으로 종전 교회의 재산은 분열 당시 교인들의 총유에 속한다. 따라서 분열 당시 교인들의 총의에 따라 그 재산의 귀속을 정하여야 하고 그와 같은 절차 없이 위 재산에 대하여 다른 교파의 점유를 배제하고 자기 교파만의 지배에 옮긴다는 인식 아래 이를 가지고 갔다면 절도죄를 구성한다.[884]

2. 부동산

(1) 지상물(地上物) - 부합

1) 권원이 있는 경우

타인의 토지상에 권원 없이 식재한 수목의 소유권은 토지소유자에게 귀속하고 권원에 의하여 식재한 경우에는 그 소유권이 식재한 자에게 있다.

---

882) 대법원 2009. 2. 12. 선고 2008도11804 판결
883) 대법원 1990. 9. 11. 선고 90도1021 판결
884) 대법원 1998. 7. 10. 선고 98도126 판결

① 피해자 김창현이 가옥을 매수하여 이사할 무렵 대밭에 전 집주인이 심은 10여 주의 대나무가 있었는데 그 후 김창현은 대나무 100여주를 동 대밭에 식재하고 20여 년간 가꾸어 왔다. 그런데, 토지의 임대인인 피고인은 김창현이 식재한 대나무를 포함하여 위 대나무를 무단으로 벌채하여 간 경우,[885] 피고인이 김창현의 권원에 의하여 식재한 위 동인소유의 대나무를 동인의 의사에 반하여 벌채하여 간 것이다(절도).
② 토지의 사용대차권에 기하여 그 토지상에 식재된 수목을 이를 식재한 자에게 소유권이 있고 그 토지에 부합되지 않으므로 비록 그 수목이 식재된 후에 경매에 의하여 그 토지를 경락받았다고 하더라도 경락인은 그 경매에 의하여 그 수목까지 경락취득하는 것은 아니라고 할 것이다.

2) 권원이 없는 경우

타인의 토지상에 권원 없이 식재한 수목의 소유권은 토지소유자에게 귀속하고 권원에 의하여 식재한 경우에는 그 소유권이 식재한 자에게 있으므로, 권원 없이 식재한 감나무에서 감을 수확한 것은 절도죄에 해당한다.[886]

(2) 부동산의 경우 소유권유보부매매의 개념을 원용 ×

부동산 내지 자동차, 중기, 건설기계 등의 경우 등기 내지 등록을 대금 완납 시까지 미룸으로써 담보의 기능을 할 수 있기 때문에 굳이 소유권유보부매매의 개념을 원용할 필요성이 없으며, 일단 매도인이 매수인에게 소유권이전등기를 경료하여 준 이상은 특별한 사정이 없는 한 매수인에게 소유권이 귀속된다.[887]

을이 갑회사로부터 중기를 갑 회사에 소유권을 유보하고 할부로 매수한 다음 병 회사에 이를 지입하고 중기등록원부에 병 회사를 소유자로 등록한 후 을의 갑에 대한 할부매매대금 채무를 담보하기 위하여 갑 명의로 근저당권 설정등록을 하였으며 위 중기는 을이 이를 점유하고 있었는데 갑의 회사원인 피고인들이 합동하여 승낙 없이 위 중기를 가져간 경우, 지입자가 사실상의 처분관리권을 가지고 있다고 하여도 이는 지입자와 지입받은 회사와의 내부관계에 지나지 않는 것이고 대외적으로는 자동차등록원부상의 소유자 등록이 원인무효가 아닌 한 지입받은 회사가 소유권자로서의 권리(처분권 등)를 가지고 의무(공과금 등 납세의무, 중기보유자의 손해배상 책임 등)를 지는 것이므로 피고인들의 중기취거행위는 지입받은 회사인 병의 중기등록원부상의 소유권을 침해한 것으로서 특수절도죄에 해당한다.[888]

---

885) 대법원 1980. 9. 30. 선고 80도1874 판결
886) 대법원 1998. 4. 24. 선고 97도3425 판결
887) 대법원 2010. 2. 25. 선고 2009도5064 판결
888) 대법원 1989. 11. 14. 선고 89도773 판결

3. 자동차 명의신탁

자동차나 중기 또는 건설기계의 소유권의 득실변경은 등록을 함으로써 그 효력이 생기고 그와 같은 등록이 없는 한 대외적 관계에서는 물론 당사자의 대내적 관계에 있어서도 그 소유권을 취득할 수 없는 것이 원칙이지만, 당사자 사이에 그 소유권을 그 등록 명의자 아닌 자가 보유하기로 약정하였다는 등의 특별한 사정이 있는 경우에는 그 내부관계에 있어서는 그 등록 명의자 아닌 자가 소유권을 보유하게 된다.

> ① 자동차 명의신탁관계에서 제3자가 명의수탁자로부터 승용차를 가져가 매도할 것을 허락받고 인감증명 등을 교부받아 위 승용차를 명의신탁자 몰래 가져간 경우, 위 제3자와 명의수탁자의 공모·가공에 의한 절도죄의 공모공동정범이 성립한다.[889]
>
> ② 피고인이 자신의 명의로 등록된 자동차를 사실혼 관계에 있던 甲에게 증여하여 甲만이 이를 운행·관리하여 오다가 서로 별거하면서 재산분할 내지 위자료 명목으로 甲이 소유하기로 하였는데, 피고인이 이를 임의로 운전해 간 사안에서, 자동차 등록명의와 관계없이 피고인과 甲 사이에서는 甲을 소유자로 보아야 한다는 이유로 절도죄를 인정한 원심판단을 정당하다.[890]

4. 동산

(1) 양도담보

동산에 관하여 양도담보계약이 이루어지고 채권자가 점유개정의 방법으로 인도를 받았다면, 그 정산절차를 마치기 전이라도 양도담보권자인 채권자는 제3자에 대한 관계에 있어서는 담보목적물의 소유자로서 그 권리를 행사할 수 있다. 따라서 동산 양도담보권자가 양도담보의 목적물을 제3자에게 매각한 경우 특별한 사정이 없는 한 그 제3자는 양도담보 설정자에 대한 관계에서도 유효하게 그 소유권을 취득한다.

> [사실관계] 통발어구의 양도담보권자인 주식회사 세웅수산의 상무이사 및 총무부장인 피고인들이 양도담보의 목적물인 이 사건 어구를 제3자인 A에게 매각한 후 공소외 1로 하여금 이를 임의로 취거하게 한 사안이다.
> [판단] 원심으로서는 양도담보의 목적물인 이 사건 어구가 제3자인 A에게 매각되었음에도 여전히 그 소유권이 그 설정자인 공소외 2에게 남아 있게 되는 근거가 무엇인지를 살피고, 나아가 A가 먼 바다 수심 깊은 곳에 투하되어 있는 이 사건 어구를 취거한 행위가 구체적으로 어떠한 방식으로 이 사건 어구에 대한 피해자의 점유를 배제하였는지 여부에 대한 심리에 나아갔어야 함에도, 만연히 그 소유자가 피해자라는 전제에서 절도죄가 성립한다고 인정

---

889) 대법원 1989. 11. 14. 선고 89도773 판결
890) 대법원 2007. 1. 11. 선고 2006도4498 판결

함으로써 양도담보에 제공된 동산의 소유권 귀속에 관한 법리를 오해하거나 심리를 다하지 아니한 잘못이 있다.[891]

(2) 명의대여 문서의 경우

식품접객업 영업허가가 행정관청의 허가이고 그 영업 자체가 국민의 보건과 관계가 있으며, 나아가 부가가치세법에 의한 사업자등록이 납세의무와 관련되어 있다 하더라도, 당사자 사이에서 그 허가명의 및 등록명의를 대여하는 것이 허용되지 않는다고 볼 것은 아니다. 명의대여 약정에 따른 신청에 의하여 발급된 영업허가증과 사업자등록증은 피해자가 인도받음으로써 피해자의 소유가 되었다고 할 것이므로, 이를 명의대여자가 가지고 간 행위가 절도죄에 해당한다.[892]

(3) 자연물 - 말벌집

이 사건 말벌집은 신고인이 거주하는 건물의 2층 처마 밑에 자연히 생겨났고, 건물에서 위 말벌집을 비교적 용이하게 분리할 수 있는 만큼 말벌집이 위 건물 자체에 부합되었다고 보기는 어려운 점, 장수말벌집의 특성상 사람이 이를 사양하거나 관리할 수 없고, 사람의 관리를 필요로 하지도 아니하는 점, 신고인은 이 사건이 발생하기 8개월 이상 전부터 자신의 집에 장수말벌들이 집을 짓고 그곳에서 군집생활을 하고 있다는 것을 인지하였음에도 아무런 조치를 취하지 아니한 채 방치하였고, 이후 말벌들이 떠나 이 사건 당시 말벌 집이 빈 상태였음에도 별다른 조치를 하지 아니한 점, 신고인은 당심에서 증인으로 출석하여 '말벌집을 소유한다는 생각은 없었고, 말벌집을 제거하려고 한 적도 있으나 사람들에게 피해를 주지 않으니 그냥 놔두었다'는 취지로 진술하였고, 위와 같은 내용이 포함된 진술서도 제출한 점, 이와 같은 신고인의 증언이나 사건발생 당시 상황 등에 비추어 볼 때 이 사건 말벌집은 일반적인 방법으로 행인의 접근이 불가능한 위치에 붙어 있었는바 신고인은 말벌집이 없어진 것을 발견한 후 누군가 자신의 집에 들어왔다는 사실 때문에 신고를 하게 된 것으로 보이고, 수사기관에서도 말벌집이 없어진 부분에 대하여 당초부터 처벌의사도 없었던 점 등을 종합하여 볼 때, 신고인이 이 사건 말 벌집을 소유의 의사로 점유함으로써 민법 제252조 제1항에 따라 그 소유권을 취득하였다고 보기 어렵다. 또한 이 사건 말벌집에 말벌들이 살고 있지 않아 비워진 상태였던 점이나, 피고인들이 수사과정에서부터 '이 사건 말벌집이 소유의 대상이 되는 줄 알지 못하였다'고 변소하였던 점을 고려할 때, 피고인들에게 타인 소유의 물건을 절취한다는 고의가 있었다고 보기도 어렵다. 피고인들에게 신고인에 대한 주거침입죄가 성립하는지 여부는 별론으로 하고, 특수절도죄가 성립되지는 않는다.[893]

---

891) 대법원 2008. 11. 27. 선고 2006도4263 판결
892) 대법원 2004. 3. 12. 선고 2002도5090 판결
893) 춘천지방법원 2021. 4. 2. 선고 2020노131 판결 특수절도

🎖 기본 이론

절취란 타인이 점유하고 있는 재물을 ① 점유자의 의사에 반하여 ② 그 점유를 배제하고 ③ 자기 또는 제3자의 점유로 옮기는 것을 말한다.[894]

1. 의사에 반할 것(양해)

절취는 점유자의 의사에 반할 것을 요하므로, 점유배제에 대한 점유자의 동의는 양해로서 절도죄의 구성요건해당성을 조각한다.

(1) 양해가 없는 경우

피해자가 경영하는 주점의 잠겨 있는 샷타문을 열고 주방 안에 있던 맥주 등을 꺼내어 마셨다면 타인의 재물에 대한 불법영득의 의사가 있었다고 할 것이고 주점까지 가게 된 동기가 주점 점원의 초청에 의한 것이었더라도 피해자의 승낙 없이 재물을 취거하는 행위는 절도죄를 구성한다.[895]

(2) 양해가 있는 경우

반면 당시 점유자의 ① 명시적·묵시적 동의가 있거나 ② 추정적 승낙이 있는 경우 절도죄가 성립하지 않는다.

1) 묵시적 동의

① 동거 중인 피해자의 지갑에서 현금을 꺼내가는 것을 피해자가 현장에서 목격하고도 만류하지 아니하였다면 피해자가 이를 허용하는 묵시적 의사가 있었다고 봄이 상당하다.[896]
② 순창군 농업협동조합에서는 비료를 구입하고자 하는 조합원이 구입권 용지가 필요할 때에는 조합원의 편리와 복잡한 절차를 덜기위하여 미리 비료 구입권 용지를 영업대 또는 담당계 직원 책상위에 놓아두고 필요한 조합원으로 하여금 임의로 사용하도록 사전에 묵시의 승인을 하였다는 것이므로 피고인이 설혹 부정사용의 목적으로써 같

---

894) 대법원 1999. 11. 12. 선고 99도3801 판결
895) 대법원 1986. 9. 9. 선고 86도1439 판결
896) 대법원 1985. 11. 26. 선고 85도1487 판결

은 용지를 가져갔다 하더라도 과다한 수량이 아니고 이 사건에서와 같이 5매를 가져갔다면 절도죄가 성립된다고 할 수 없다.[897]

2) 착오에 의한 묵시적 승낙

피고인이 피해자에게 이 사건 밍크 45마리에 관하여, 자기에게 그 권리가 있다고 주장하면서 이를 가져간 데 대하여 피해자의 묵시적인 동의가 있었다면 피고인의 주장이 후에 허위임이 밝혀졌더라도 피고인의 행위는 절도죄의 절취행위에는 해당하지 않는다.[898]

3) '소유자'의 이익 내지 추정적 승낙 ×

또한 어떠한 물건을 점유자의 의사에 반하여 취거하는 행위가 결과적으로 소유자의 이익으로 된다는 사정 또는 소유자의 추정적 승낙이 있다고 볼 만한 사정이 있다고 하더라도, 다른 특별한 사정이 없는 한 그러한 사유만으로 불법영득의 의사가 없다고 할 수는 없다.[899]

① 피고인은 2011년 9월경 이 사건 승용차의 소유자인 ○○캐피탈로부터 공소외인 명의로 위 승용차를 리스하여 운행하던 중, 사채업자로부터 1,300만 원을 빌리면서 위 승용차를 인도한 사실, ② 위 사채업자는 피고인이 차용금을 변제하지 못하자 위 승용차를 매도하였고 최종적으로 피해자가 위 승용차를 매수하여 점유하게 된 사실, ③ 피고인은 위 승용차를 회수하기 위해서 피해자와 만나기로 약속을 한 다음 2012. 10. 22.경 약속장소에 주차되어 있던 위 승용차를 미리 가지고 있던 보조열쇠를 이용하여 임의로 가져간 사실, ④ 이후 위 승용차는 공소외인을 통하여 약 한 달 뒤인 2012. 11. 23.경 ○○캐피탈에 반납된 사실 등을 알 수 있다. 위와 같은 사실관계를 앞서 본 법리에 비추어 살펴보면, 우선 피고인이 자기 이외의 자의 소유물인 이 사건 승용차를 점유자인 피해자의 의사에 반하여 그 점유를 배제하고 자기의 점유로 옮긴 이상 그러한 행위가 '절취'에 해당함은 분명하다. 또한 피고인이 이 사건 승용차를 임의로 가져간 것이 소유자인 ○○캐피탈의 의사에 반하는 것이라고는 보기 어렵고 실제로 위 승용차가 ○○캐피탈에 반납된 사정을 감안한다고 하더라도, 그러한 사정만으로는 피고인에게 불법영득의 의사가 없다고 할 수도 없다.

2. 점유의 배제(실행의 착수)

점유배제와 관련하여, ① 절취와 사취의 구별, ② 실행의 착수가 문제된다.

---

897) 대법원 1964. 11. 17. 선고 64도515 판결
898) 대법원 1990. 8. 10. 선고 90도1211 판결
899) 대법원 2014. 2. 21. 선고 2013도14139 판결 등 참조

(1) 책략절도[900]

기망에 의한 점유침탈의 경우 사기죄와 절도죄의 구별이 문제된다. 대법원은, **점유자의 교부행위가 외관상 기망행위자에게 그 처분권을 이전해 주는 것이 아니라면 기망행위자에게 교부한 것이라고 볼 수 없다**는 논리를 펴고 있다.

(2) 착수시기

절도죄의 실행의 착수시기는 재물에 대한 타인의 사실상의 지배를 침해하는 데에 밀접한 행위를 개시한 때이다.[901] 나아가 실행의 착수가 있는지 여부는 구체적 사건에 있어서 범행의 방법, 태양, 주변상황 등을 종합 판단하여 결정하여야 한다.[902]

1) 실행의 착수가 인정되는 경우

① 금품을 훔칠 목적으로 피해자의 집에 담을 넘어 침입하여 그 집 부엌에서 금품을 물색하던 중에 발각되어 도주한 것이라면 이는 절취행위에 착수한 것이라고 보아야 한다.[903]

② 피해자 소유 자동차 안에 들어 있는 밍크코트를 발견하고 이를 절취할 생각으로 공범이 위 차 옆에서 망을 보는 사이 위 차 오른쪽 앞문을 열려고 앞문손잡이를 잡아당기다가 피해자에게 발각되었다면 절도의 실행에 착수하였다고 봄이 상당하다.

③ 피고인이 성명불상의 공범과 합동하여 아파트 신축공사현장에서 피해자 공소외인 소유의 건축공사용 자재인 동파이프를 절취하려다가 미수에 그쳤다는 공소사실에 대하여, 피고인이 이 사건 공사현장 안에 있는 건축자재 등을 훔칠 생각으로 성명불상의 공범과 함께 마스크를 착용하고 위 공사현장 안으로 들어간 후 창문을 통하여 건축 중인 아파트의 지하실 안쪽을 살폈을 뿐이고 나아가 위 지하실에까지 침입하였다거나 훔칠 물건을 물색하던 중 동파이프를 발견하고 그에 접근하였다는 등의 사실을 인정할 만한 증거가 없는 이상, 비록 피고인이 창문으로 살펴보고 있었던 지하실에 실제로 값비싼 동파이프가 보관되어 있었다고 하더라도 피고인의 위 행위를 위 지하실에 놓여있던 동파이프에 대한 피해자의 사실상의 지배를 침해하는 밀접한 행위라고 볼 수 없다.[904]

2) 실행의 착수가 부정된 경우

① 노상에 세워 놓은 자동차 안에 있는 물건을 훔칠 생각으로 자동차의 유리창을 통하여 그 내부를 손전등으로 비추어 본 것에 불과하다면 비록 유리창을 따기 위해 면장갑을 끼고 있었고 칼을 소지하고 있었다 하더라도 절도의

---

900) 사기죄 처분행위편 참조
901) 대법원 1992. 9. 8. 선고 92도1650,92감도80 판결
902) 대법원 1983. 3. 8. 선고 82도2944 판결
903) 대법원 1987. 1. 20. 선고 86도2199,86감도245 판결
904) 대법원 2010. 4. 29. 선고 2009도14554 판결

예비행위로 볼 수는 있겠으나 타인의 재물에 대한 지배를 침해하는데 밀접한 행위를 한 것이라고는 볼 수 없어 절취행위의 착수에 이른 것이었다고 볼 수 없다.[905)]

② 피고인이 평소 잘 아는 피해자에게 전화채권 등을 사주겠다고 전화국 앞에서 250미터 떨어진 골목길로 유인하였다가 피해자가 낯선 청년 2명이 다가오므로 불안감을 느껴 스스로 도주하였다는 것이고 또한 기록에 의하면, 피고인은 골목에 있는 최 장로 집 현관에 들어가고 피해자를 대문에서 기다리게 한 사이에 청년 2명이 피해자에게 다가온 사실이 인정되는바 청년 2명이 피고인과 절도의 공범인 여부에 관하여는 피해자의 제 1 심 법정에서의 증언에 비추어 상황에 의한 추측이라는 것뿐이고 확증이 없을 뿐만 아니라 공소사실에 의하면 피고인은 피해자에게 채권을 사줄 것처럼 속여 골목에 유인하여 날치기 수법으로 그의 돈을 절취하려고 기회를 엿보던 중 피해자가 눈치를 채고 도망함으로써 목적을 달하지 못하였다는 것일 뿐 피고인이 위 정체불명의 청년 2명과 공모하였다거나, 그들이 피해자에게 어떠한 태세로 어느 정도 거리에까지 접근했는지에 관하여는 아무런 기재도 없고 기록에 의하여도 그러한 상황을 확정할 자료를 전혀 찾아볼 수 없으니 그러한 상황을 명시하고 그것이 확정되지 않는 이상 공소사실과 같이 평소 잘 아는 피해자를 골목길로 유인하여 기회를 엿보는 행위만으로는 절도의 예비행위는 될지언정 사실상 타인의 재물에 대한 지배를 침해하는 데 밀접한 행위가 있었다고 단정할 수는 없다.[906)]

3. 점유의 취득(기수시기)

대법원은 절도죄의 기수시기와 관련하여, 소유자의 물건에 대한 소지를 침해하고 행위자 자신의 지배 내로 옮겼다고 볼 수 있을 때를 기수시기로 보고 있다.[907)]

피고인은 소유자의 도둑이야 하는 고함소리에 당황하여 라디오와 탁상시계를 가지고 나오다가 탁상시계는 그 집 방문 밖에 떨어뜨리고 라디오는 방에 던진 채로 달아났다는 것이므로 피고인은 소유자의 물건에 대한 소지를 침해하고 피고인 자신의 지배 내로 옮겼다고 볼 수 있으니 절도의 기수이고 미수는 아니다.[908)]

자동차를 절취할 생각으로 자동차의 조수석문을 열고 들어가 시동을 걸려고 시도하는 등 차 안의 기기를 이것저것 만지다가 핸드브레이크를 풀게 되었는데 그 장소가 내리막길인 관계로 시동이 걸리지 않은 상태에서 약 10미터 전진하다가 가로수를 들이받는 바람에 멈추게 되었다면 절도의 기수에 해당한다고 볼 수 없을 뿐 아니라 도로교통법 소정의 자동차의 운전에 해당하지 아니한다.[909)]

---

905) 대법원 1985. 4. 23. 선고 85도464 판결
906) 대법원 1983. 3. 8. 선고 82도2944 판결
907) 대법원 1964. 4. 22. 선고 64도112 판결
908) 대법원 1964. 4. 22. 선고 64도112 판결
909) 대법원 1994. 9. 9. 선고 94도1522 판결

Section 5 절도의 고의

예제 **우산도둑**

○ 서울지방경찰청 강남경찰서 경제범죄수사팀에 근무하는 박달재 경사는 비오는 날 커피숍에 가져온 우산(일자형의 긴 골프 우산, 3만 원)을 누군가 훔쳐갔다는 고소 사건을 수사하고 있다. 박달재는 커피숍에 설치된 CCTV를 통해 연인 사이인 박재일과 이효린이 우산을 가져간 것을 확인하고, 이들을 소환하여 조사하였다. 빙수를 먹기 위하여 커피숍에 들어갔다가 1시간 정도 시간을 보낸 후 커피숍을 나왔다. 커피숍에 들어갈 때 일자형의 긴 우산과 좀 더 짧은 J형 손잡이 우산을 가지고 갔는데, 그런데 커피숍을 나오면서 우산을 두 개를 들고 나왔는데, 그중 일자형의 긴 우산이 다른 사람의 것과 바뀐 것을 알지 못하였고, 커피숍에서 나와 20~30분 정도 걷다가 비가 내려 우산을 펴는 과정에서 바뀐 것을 알게 되었다. 하지만 경주로 가는 버스 시간이 급하여 커피숍에 돌아가 우산을 돌려주기 어려웠고, 바뀐 우산을 그냥 가져갔다고 진술하였다. 결국 수사 과정에서 피해자와 합의하였다. 그러나 박달재 경사는 다음과 같은 논리로 박재일과 이효린을 특수절도 혐의로 기소하고자 하였다. ① 이들의 주장은 거짓말이다. 즉 커피숍에 들어갈 때 우산 하나를 들고 들어갔음에도, 나올 때 우산 두 개를 들고 나온 점, ② 설령 이들의 주장대로 긴 우산과 짧은 우산 2개를 가지고 간 것이더라도, CCTV화면에 나온 우산은 모두 긴 우산 두 개인 것을 보면 이들은 다른 사람의 우산을 들고 나온다는 사실을 충분히 인식한 상태에서 고의로 남의 우산을 가져간 것이다.

○ 박달재 경사의 결론은 정당한가?

✔ 정답 : 기소유예처분 취소

🪦 쟁점의 정리

한편 절도죄가 성립하려면, 재물에 대한 점유를 취득할 당시 타인의 점유를 배제한다는 고의 및 불법영득의 의사가 존재해야 한다. 나아가 특수절도죄가 성립하려면, 주관적 요건으로서의 공모와 객관적 요건으로서의 실행행위의 분담이 있어야 하고 그 실행행위에 있어서는 시간적으로나 장소적으로 협동관계에 있음을 요한다.[910] 따라서 쟁점은 ① 다른 사람의 우산인 것을 알고도 가져갔는지 여부, ② 절취의 고의 내지 불법영득의 의사 및 ③ 합동범의 공모의사가 존재하는지 여부이다.

- 주장 ① 이 사건 커피숍에 들어갈 때 평소 청구인 김○현이 들고 다니던 긴 우산과 청구인 김○현이 아르바이트를 하던 가게에서 가지고 온 손잡이가 J자로 된 상대적으로 짧은 우산 두 개를 들고 들어간 것이 분명하고, ② 최초 경찰에서 수사를 시작할 당시 경찰도 캡처된 CCTV 화면만을 보고 청구인들이 우산 한 개를 들고 들어갔음에도 두 개를 들고 나왔으므로 절도에 해당한다고 추궁하다가 청구인들이 우산을 두 개 들고 들어간 것이라고 한사코 주장하자 이 사건 커피숍에 가서 추가 수사하여 우산을 두 개 들고 들어간 것으로 확인하였음에도, ③ 우산을 들고 나갈 때는 다른 사람의 우산임을 인식하지 못하였더라도 나중에 다른 사람의 우산임을 인식하고 돌려주지 않은 것도 절도에 해당한다고 하면서 피의자 신문을 한 것이라고 주장한다.

- 경찰 피의자신문조서를 살펴보면, 청구인들이 처음 커피숍에 들어갈 때 두 개의 우산을 들고 들어갔다는 청구인들의 주장만을 조서에 기재하고 청구인들이 우산을 한 개만 들고 들어간 것인지에 대하여 추궁을 하지 않은 것을 보면, 경찰도 청구인들이 우산을 두 개 들고 들어간 사실은 확인하였을 것으로 보인다. 피의자신문조서에 의하면 경찰은 청구인들에게 다른 사람의 우산임을 알고도 가져간 것은 잘못된 것이라는 취지로 신문하고 청구인들도 이에 대하여는 잘못한 것이라고 대답하였고, 경찰 의견서에도 "피의자들은 최초 자신들의 우산인 줄 알고 실수로 가져갔으나, 그 후 타인의 우산인 줄 알면서도 돌려줄 생각 없이 가져간 잘못이 있다며 범죄사실을 인정하는 진술을 한다."라고 기재되어 있는 것을 보면, 경찰은 청구인들이 커피숍을 나올 때 가지고 나온 우산 중 하나가 다른 사람의 것임을 인식하지 못하였더라도 나중에라도 알고 그 우산을 돌려주지 않은 것도 특수절도에 해당한다는 법리적 판단으로

---

910) 대법원 1996. 3. 22. 선고 96도313 판결 참조

청구인들을 특수절도 혐의로 송치한 것으로 보인다.

○ (준유실물) 청구인들의 진술처럼 커피숍에서 나와 20~30분 정도 걸어 온 상황에서 두 개의 우산 중 하나가 타인의 우산임을 알았다고 한다면 타인의 우산임을 인식하였을 당시 이미 커피숍으로부터 시간적·장소적으로 상당히 떨어져 있어 이 경우까지 그 우산에 대한 피해자의 점유가 계속되고 있다고 보기 어렵고, 결국 피해자의 우산은 준유실물[911]이 되어 그 상태에서 청구인들이 이를 그냥 가져간 행위에 대하여 점유이탈물횡령죄가 성립될 수 있음은 별론으로 하고, 피해자의 점유가 계속되고 있음을 전제로 우산에 대한 절취행위 및 절취의 고의 내지는 불법영득의 의사와 공모의사를 곧바로 인정하기는 어렵다.

○ 피청구인은 청구인들이 이 사건 커피숍에 들어갈 때 두 개의 우산을 들고 들어간 것이라 하더라도 청구인들의 주장 자체로 긴 우산 하나와 짧은 우산 하나를 들고 들어갔음에도, 나올 때 두 개의 긴 우산을 들고 나온 것을 보면 긴 우산 하나는 다른 사람의 것임을 인식하고 가지고 나온 것이라고 주장한다. 피청구인의 이와 같은 주장은 청구인들이 들고 나온 우산 두 개가 모두 같은 형태의 긴 우산으로, 청구인들이 들고 들어갔다고 주장하는 짧은 우산과는 그 모양에서 차이가 확연히 대비될 수 있다는 전제에서 청구인들의 범의를 추정하고 있는 것으로 보인다. 그러나 기록에 첨부된 CCTV 캡처화면을 보면, 청구인 박○영이 들고 나오는 우산은 얼핏 보면 같은 형태로 보이나 하나는 손잡이가 일자형인 우산이고 다른 하나는 손잡이가 J자형으로 굽은 우산으로 두 개의 우산은 서로 다른 형태이며, 청구인들은 손잡이가 J자형으로 굽은 우산이 손잡이가 일자형인 우산에 비하여 짧다는 의미에서 짧은 우산이라고 표현한 것으로 보인다. 이는 청구인 김○현이 경찰에서 "당시 가지고 갔던 우산의 모양이나 색상은 어떠했는가요"라는 질문에 "두 개 다 검정색 계통이었고, 하나는 길쭉하게 긴 것이고, 하나는 접이식 우산은 아니고 다른 하나보다는 짧은 것이었습니다."라고 진술한 것을 보더라도 알 수 있다. 이와 같은 CCTV 캡처화면과 경찰에서의 진술을 종합하여 보면, 청구인들은 손잡이가 일자형인 긴 우산과 이에 비하여 상대적으로 짧고 손잡이가 J자형으로 굽은 일자형 우산을 커피숍에 들고 들어갔고, 커피숍에서 나올 때도 같은 형태의 우산을 들고 나왔으나 그중 일자형의 긴 우산이 피해자의 우산과 바뀐 것으로 추정할 수 있다.

---

911) 유실물법 제12조(준유실물) 착오로 점유한 물건, 타인이 놓고 간 물건이나 일실(逸失)한 가축에 관하여는 이 법 및 「민법」 제253조를 준용한다. 다만, 착오로 점유한 물건에 대하여는 제3조의 비용과 제4조의 보상금을 청구할 수 없다. [전문개정 2011. 5. 30.]

따라서 청구인들은 이 사건 커피숍에 들어갈 때 가지고 간 우산과 동일한 것으로 오인하고 커피숍에서 나오면서 피해자의 우산을 가지고 나왔을 가능성이 있으므로, 피청구인으로서는 ① 청구인들이 이 사건 커피숍에 들어갈 때 가지고 간 우산은 몇 개이고 그 모양·색상·크기·형태는 어떠한지, ② 이 사건 커피숍에서 나올 때 가지고 나온 우산 두 개는 모양·색상·크기·형태가 어떠하고, 청구인들이 커피숍에 들어갈 때 가지고 간 우산과 같은 것으로 오인할 가능성은 없었는지, ③ 청구인들이 커피숍에서 나와 얼마의 시간이 지나고, 어느 정도 떨어진 곳에서 다른 사람의 우산을 가지고 나온 것을 알게 되었는지, ④ 청구인들이 다른 사람의 우산을 가지고 나온 것을 알고 나서도 돌려주지 않은 사정은 어떠한지 등에 대하여 좀더 면밀히 수사하여 보았어야 한다.[912]

---

912) 헌법재판소 2015. 7. 30. 선고 2014헌마142·183(병합) 결정

🎖 기본 이론

1. 의의

절도의 범의는 타인의 점유하에 있는 타인소유물을 그 의사에 반하여 자기 또는 제3자의 점유하에 이전하는 데에 대한 인식을 말한다. 따라서 타인이 그 소유권을 포기하고 버린 물건으로 오인하여 이를 취득하였다면 이와 같이 오인하는 데에 정당한 이유가 인정되는 한 절도의 범의를 인정할 수 없다.

원심은 피고인이 1987. 5. 8. 02:30경 공소외 이영희 경영의 대성슈퍼 앞 노상에서 아무도 없는 틈을 이용하여 피해자 윤경례 소유의 두부상자 1개 시가 1,200원 상당을 절취하였다고 인정하여 피고인을 절도죄로 의율처단하고 있다. 그러나 기록에 의하면 피고인은 경찰조사당시 피고인이 고물행상인으로서 새벽에 청소부들이 쓰레기를 수거하기 전에 고물을 수집하기 위하여 다니는데 이 사건 두부상자는 쓰레기통 옆에 놓여있고 그 위에 쓰레기로 보이는 신문지등이 덮여 있어서 버린 것으로 알고 그 종이와 상자를 피고인의 리어카에 싣고 왔다고 진술하고, 그 후 원심법정에 이르기까지 위와 같은 취지로 절도의 범의가 없었음을 극구 변소하고 있다.

그런데 1심증인 이영희의 증언에 의하면 위 두부상자는 공소외 윤경례가 위 이영희 경영의 대성슈퍼마켓에 두부를 담아 납품하고 난 빈상자로서 위 윤경례가 회수해 가도록 신문지를 덮어 새벽에 점포밖에 내놓아두는데 그 위치는 위 슈퍼마켓 옆에 있는 쓰레기통 옆이었다는 것인바, 위 증언대로 위 빈상자가 헌 신문지에 덮여 점포밖의 쓰레기통 옆에 놓여 있었다면 그 객관적 상황으로 보아 소유자가 소유권을 포기하고 버린 물건으로 오인될 소지가 없지않으므로, 원심으로서는 위와 같이 그 물건이 놓여있는 객관적 상황을 좀더 자세히 살펴서 과연 피고인에게 절도의 범의를 인정할 수 있을 것인지를 가려보았어야 할 것이다.

2. 오신한 경우

또 절도죄에 있어서 재물의 타인성을 오신하여 그 재물이 자기에게 취득(빌린 것)할 것이 허용된 동일한 물건으로 오인하고 가져온 경우에는 범죄사실에 대한 인식이 있다고 할 수 없으므로 범의가 조각되어 절도죄가 성립하지 아니한다.

피고인은 경찰 이래 원심공판정에 이르기까지 피고인이 이건 고양이를 들고 간 것은 사실이지만 절취할 의사로 가져간 것이 아니고 그날 피고인이 다른데서 빌려가지고 있다가 잃어버린 고양이인 줄로 잘못 알고 가져가다가 주인이 자기 것이라고 하여 돌려주었을 뿐이라고 일관하여 범의를 부인하고 있고, 이건 피해자라고 하는 김옥순의 제1심 법정에서의 증언과 경찰 및 검찰에서의 증언에 의하면, 피고인이 평상 밑에 있는 고양이를 쓰다듬다가 런닝샤쓰 안에 집어넣고 가기에 고양이를 왜 가지고 가느냐고 하니까 아무 말도 하지 않고 골목으로 가기에 뒤따라가서 피고인으로부터 고양이를 찾아왔다는 것이고, 목격자라고 하는 김 남호(일명 강양)의 경찰에서의 진술에 의하면

낯모르는 사람이 고양이를 품속에 넣고 가는 것을 보았는데 5분 뒤에 평원닭집 주인들이 고양이를 찾기에 낯모르는 청년이 고양이를 품에 넣고 시장 쪽으로 갔다고 알려줘 조금 있다가 주인이 고양이를 찾아왔다는 것이며, 또 다른 목격자인 김영희의 경찰에서의 진술은 피고인이 고양이를 가지고 가는데 평원닭집 주인 김옥순이 따라와서 피고인으로부터 고양이를 찾아가는 것을 보았다는 것인바, 위 김옥순의 진술과 김남호의 진술에는 서로 다른 점이 없지 아니하나 어느 진술에 의하더라도 피고인은 이건 고양이를 몰래 가지고 도망하여 행방을 감춘 것은 아니고 다른 사람이 보는 데서 공공연히 가지고 가다가 주인이 나타나서 자기 것이라고 하자 그대로 돌려준 사실을 알 수 있고, 한편 원심이 배척하지 아니한 제1심증인 천직세의 법정에서의 증언 및 검찰에서의 진술에 의하면, 동인은 이 사건이 일어나기 몇 시간 전에 피고인에게 고양이 1마리를 빌려준 사실이 있었다고 진술하고 있어 피고인의 변소를 뒷받침하고 있는 등 사정을 종합하여 볼 때에 피고인이 이건 고양이를 가져간 것은 위 김옥순의 고양이인 줄 알고 절취한 것이라기보다는 피고인이 잃어버린 고양이로 잘못 알고 가져간 것이라는 피고인의 진술(두 고양이는 외형상 유사하다고 진술하고 있어 그 진부를 가려 사실이 그와 같다면)에 수긍이 가고 그밖에 기록을 정사하여도 피고인이 이건 고양이를 김옥순의 소유인 줄 알고 그 의사에 반한 것임을 알면서 취거한 것이라고 단정할 자료는 없다.[913)

913) 대법원 1983. 9. 13. 선고 83도1762,83감도315 판결

불법영득의사

자유석 독서실 충전기

○ 김충전이 이용한 독서실은 자유착석하는 책상과 고정적으로 이용할 수 있는 책상이 한 방에 혼재되어 있는 곳이다. 김충전은 독서실을 총 3번 이용하였고, 매번 다른 좌석에 앉았다. 김충전의 두 번째 독서실 이용일인 2018. 2. 9.에 휴대폰 충전기가 꽂혀 있던 책상은 나공부가 지정석으로 사용하던 곳으로서 김충전이 충전기를 사용할 당시 앉아 있던 책상 앞 열에 위치해 있다. 김충전은 2018. 2. 9. 자신이 앉은 책상 앞 열에 꽂혀있던 나공부 소유의 충전기를 빼서 자신의 휴대전화를 충전하면서 공부하던 중, 용산역에 온 어머니로부터 도착하였다는 연락을 받고 마중 나가기 위하여 급히 독서실을 나오면서 해당 충전기를 원래 위치에 돌려놓지 않고 자신이 사용하던 독서실 책상 서랍 안에 두었다. 충전기 소유자는 그다음 날인 2. 10. 자신의 충전기가 없어진 것을 알고 경찰에 신고하였는데, 김충전은 2. 10.에도 같은 독서실을 이용하였다. 해당 독서실 방 CCTV 영상을 통해 김충전이 충전기를 사용한 것이 드러나 김충전은 경찰의 연락을 받고 파출소로 임의동행하였지만, 충전기가 어디 있는지 잊어 버려 찾지 못하였다. 김충전은 그다음 날인 2. 11. 오후경 충전기의 위치가 기억이 나서 독서실 책상서랍에 있던 휴대폰 충전기를 꺼내 독서실 총무에게 건네주었다. 김충전은 독서실 공용 충전기라고 생각하고 가지고 와서 충전하였던 것이지, 타인의 소유 충전기라고는 전혀 생각하지 못하였으며, 충전기를 사용한 후 반납하지 않은 이유에 대하여 김충전의 모가 기차역에 도착하였다는 연락을 받고 마중 나가는 과정에서 반납하는 것을 깜빡 잊은 것이라고 진술하였다.

○ 김충전은 절도죄에 해당하는가?

✓ 정답 : 절도죄 혐의없음(증거불충분)

쟁점은. 절취의 범의 내지 불법영득의사 인정 여부이다.

○ 타인의 재물을 점유자의 승낙 없이 무단사용하는 경우 그 사용으로 인하여 물건 자체가 가지는 경제적 가치가 상당한 정도로 소모되거나 또는 사용 후 그 재물을 본래 있었던 장소가 아닌 다른 장소에 버리거나 곧 반환하지 아니하고 장시간 점유하고 있는 것과 같은 때에는 그 소유권 또는 본권을 침해할 의사가 있다고 보아 불법영득의 의사가 인정된다. 그러나 그 사용으로 인한 가치의 소모가 무시할 수 있을 정도로 경미하고, 또한 사용 후 곧 반환한 것과 같은 때에는 그 소유권 또는 본권을 침해할 의사가 없으므로 불법영득의 의사가 없다.[914]

○ 청구인이 충전기를 사용하던 2018. 2. 9.은 **해당 독서실을 두 번째 이용하던 날**이었다. 청구인은 **해당 독서실이 익숙하지 않아 휴대폰 충전기가 꽂힌 책상이 특정 이용자에게 할당된 지정좌석이 아니라 비어 있으면 누구든지 앉아도 되는 자유좌석으로 착오하였을 가능성**이 있고, 그러한 좌석에 꽂혀있는 충전기라면 **특정인의 소유가 아니라 독서실 공용으로 제공되어 임의로 가져다 사용하여도 되는 충전기라고 오인하였을 가능성**도 충분히 인정된다.

○ 독서실 관리자 및 피해자조차도 당시 피해자 소유의 충전기를 공용충전기로 인식할 수 있다고 진술하는 등, 일반인도 독서실 내 피해자 자리에 놓여 있는 충전기를 공용충전기로 생각할 개연성이 충분하였다. 청구인은 충전기를 사용한 뒤 서랍에 두고 나간 **다음 날인 2. 10.에도 같은 독서실에 나와서 그 전날과 다른 좌석에 앉아 공부를 하였던 점**을 보더라도 그에게 절취의 범의를 인정하기 어렵다. 청구인은 위 충전기를 일시 사용하다가 원래 자리에 돌려놓지 않고 자신이 이용하던 독서실 책상 서랍에 넣어두고 갔으나, 청구인은 청구인의 모가 기차역에 도착하였다는 연락을 받고 마중 나가기 위하여 급히 독서실에서 퇴실하느라 이를 원래 자리에 옮겨놓지 않았던 사정이 있었다. **청구인이 충전기를 놓고 나간 곳은 지정석 아닌 자유석 책상 서랍이었으므로 매일 독서실 운영이 종료되면 독서실 관리자에 의하여 수거될 수 있는 상태**였다. 위 충전기는 **청구인의 배타적인 점유상태 하에 이전된 것이 아니라 독서실 관리자의 지배가능한 장소적 범위 내에 머물러 있었으며, 실제로 피해자가 독서실 관리자를 통하여 이를 되찾았다. 그리고 충전기를 일시 사용함에 따른 가치의 소모는 무시할 수 있을 정도로 경미**하였다. 결국 청구인에게 절도의 범의가 있었다거나 불법영득의사가 있었다고 단정하기는 어렵다.

---

914) 대법원 2010. 5. 27. 선고 2009도9008 판결 등

🎩 기본 이론

1. 의의

절도죄에서의 불법영득의 의사는 권리자를 배제하고 타인의 물건을 자기의 소유물과 같이 그 경제적 용법에 따라 이용·처분하려는 의사를 말한다.[915] 한편 영구적으로 그 물건의 경제적 이익을 보유할 의사가 필요한 것은 아니지만 단순한 점유의 침해만으로는 절도죄를 구성할 수 없고 소유권 또는 이에 준하는 본권을 침해하는 의사, 즉 목적물의 물질을 영득할 의사이거나 또는 그 물질의 가치만을 영득할 의사이든 적어도 그 재물에 대한 영득의 의사가 있어야 한다.[916] 한편 불법영득의사의 유무는 행위 당시를 기준으로 판단한다.[917]

[사실관계] 피고인이 피해자 정승부 소유의 버스요금함 서랍 견본 1개를 가지고 간 사실은 인정되나 버스요금함의 서랍에 대한 최초 고안자로서의 권리를 확보하겠다는 생각으로 물건을 가지고 나가 변리사에게 의장출원을 의뢰하고 그 도면을 작성한 뒤 당일 원래 있던 곳에 가져다 둔 경우, 절도죄와 의장법위반으로 고소되었다.
[불법영득의사] 불법영득의사를 인정할 수 없으며,[918] 타인이 고안한 물건을 빼내어 의장출원을 하는 경우의 처벌의 필요성을 들고 있으나 이에 대하여는 의장법상의 처벌규정이 있어 그 처벌이 가능할 뿐 아니라 기록에 의하면 의장법위반의 고소사실에 대하여는 혐의없다는 이유로 불기소처분되었음에 비추어 그 설득력이 없다. 또 불법영득의사의 유무는 행위당시를 기준으로 하여 판단하여야 할 것임은 소론과 같으나 제반 정황에 비추어 행위 당시에 피고인의 불법영득의사가 인정되지 아니한다.[919]

(1) 소유자를 위한 경우

다음 사례를 풀어보자.

안철수는 요즘 심난하다. 사람이 싫어져 미국에 다녀온 후 잠수를 타기로 마음먹었다. 안철수는 잠시 자동차의 소유자인 H캐피탈로부터 애인 명의로 자동차를 리스하여 운행하던 중, 잠수 자금이 필요해 사채업자로부터 1300만 원을 빌리면서 자동차를 사채업자 다받아에게 넘겨

---

915) 대법원 2000. 10. 13. 선고 2000도3655 판결 등 참조
916) 대법원 1992. 9. 8. 선고 91도3149 판결 참조
917) 대법원 1991. 6. 11. 선고 91도878 판결
918) 대법원 1991. 6. 11. 선고 91도878 판결
919) 대법원 1991. 6. 11. 선고 91도878 판결

주었다. 사채업자 다받아는 안철수가 차용금을 변제하지 못하자 이전등록 없이 자동차를 매
도하였고 최종적으로 박지원이 승용차를 매수하여 점유하게 되었다. 안철수는 차를 반납하지
못하면 H 캐피탈 사장이 자신을 가만두지 않을 것임을 잘 알고 있었다. 안철수는 안돌아가는
머리를 몸을 돌리며 생각했다. 좋은 생각이 떠올랐다. 철수는 자동차 회수를 위해서 박지원을
만나기로 약속을 한 다음 약속장소에 주차되어 있던 자동차를 미리 가지고 있던 보조열쇠를
이용하여 가져가 H 캐피탈 사장에게 반납하였다.

○ 박지원은 처음 보고 기분이 나빴던 안철수를 경찰서에 고소하였다. 처리결과는?

[해설] 리스회사 차량을 허락 없이 담보로 제공하면 횡령이다. 나아가 안철수가 박지원으로부터
허락 없이 자동차를 가져온 점에서 절도죄에 해당하는지가 문제된다. 소유자에게 반납했기 때문
에 민사적 권리관계만을 보면 처벌하기 곤란하다. 1심은 절도죄 유죄를 선고하였으나, 2심은 불법
영득의사가 없다는 이유에서 무죄를 선고하였다.

그러나 대법원은 형법상 절취란 타인이 점유하고 있는 자기 이외의 자의 소유물을 점유자의 의
사에 반하여 점유를 배제하고 자기 또는 제3자의 점유로 옮기는 것을 말한다. 그리고 절도죄의 성
립에 필요한 불법영득의 의사란 타인의 물건을 그 권리자를 배제하고 자기의 소유물과 같이 그 경
제적 용법에 따라 이용·처분하고자 하는 의사를 말하는 것으로서, 단순히 타인의 점유만을 침해
하였다고 하여 그로써 곧 절도죄가 성립하는 것은 아니나, 재물의 소유권 또는 이에 준하는 본권
을 침해하는 의사가 있으면 되고 반드시 영구적으로 보유할 의사가 필요한 것은 아니며, 그것이
물건 자체를 영득할 의사인지 물건의 가치만을 영득할 의사인지를 불문한다고 보았다. **따라서 어**
떠한 물건을 점유자의 의사에 반하여 취거하는 행위가 결과적으로 소유자의 이익으로 된다는 사
정 또는 소유자의 추정적 승낙이 있다고 볼 만한 사정이 있다고 하더라도, 다른 특별한 사정이 없
는 한 그러한 사유만으로 불법영득의 의사가 없다고 할 수는 없다.

(2) 약정에 기한 인도청구권이 있는 경우

비록 약정에 기한 인도 등의 청구권이 인정된다고 하더라도, **취거 당시에 점유 이전에 관한 점**
유자의 명시적·묵시적인 동의가 있었던 것으로 인정되지 않는 한, 점유자의 의사에 반하여 점유
를 배제하는 행위를 함으로써 절도죄는 성립하는 것이고, 그러한 경우에 특별한 사정이 없는 한

불법영득의 의사가 없었다고 할 수는 없다.

[2심] 심민상은 1995. 4. 6. 현대자동차써비스 주식회사 지점의 영업담당인 김경수를 통하여 위 회사로부터 굴삭기 1대를 매수하였는데, 총판매가격은 금 117,428,520원(이 중 계약금과 인도금으로 금 1,500만 원을 지급함)이고 할부금으로 1995. 5. 20.부터 1998. 4. 20.까지 총 36회에 걸쳐 매월 금 2,548,700원씩 지급하기로 약정한 사실, 위 매매계약 체결 당시 심민상은 위 회사에 대하여 "약정할부금을 3회 이상 연체 또는 인도금을 지정 결제일에 미결시 귀사의 조치에 따라 위 굴삭기에 대한 권한을 포기할 것을 각서한다."는 취지의 포기각서를 제출한 사실, 그런데 심민상은 위 굴삭기 대금을 연체하여 위 회사에서 그 소유의 주택에 대하여 강제경매신청을 하자 1998. 7. 18. 위 회사 지점에 찾아와 금 1,000만 원을 지급하면서 위 회사와 사이에 추후 새로운 연체 시에는 시간과 송무비 등의 경제적 손실을 고려하여 위 회사가 경매신청을 생략하고 위 굴삭기를 임의로 회수하여 처분할 수 있다는 약정을 하고, "나머지 연체대금은 같은 해 8월 20일에 금 1,000만 원을, 같은 해 9월부터 매월 20일에 500만 원씩을 지급하기로 하며 민·형사상의 모든 책임을 본인이 감수할 것을 각서한다."는 취지의 각서와 건설기계매매계약서(중고), 양도증명서 및 인감증명서를 제출하면서 위 각 서류에 인감도장을 날인한 사실, 이에 위 회사는 1998. 7. 20. 위 부동산에 대한 강제경매를 취하하였으나 심민상은 같은 해 8월 20일 변제하기로 약속한 금 1,000만 원을 지급하지 않는 등 피고인의 여러 차례에 걸친 변제독촉에 불응하며 계속하여 연체대금을 지급하지 않자, 피고인은 심민상과의 위 약정과 각 제출서류에 기하여 같은 해 9월 20일경 전북 진안군 부귀면 소재 저수지보수공사 근방에 있던 위 굴삭기를 추레라에 싣고 와 같은 해 10월 26일 박혜림에게 매도한 사실을 인정하고 나서, 피고인이 위와 같은 약정하에 작성한 각서와 양도증명서 등에 기하여 타인에게 위 굴삭기를 매도할 당시에 피고인에게 권리자를 배제하고 타인의 물건을 자기의 소유물과 같이 그 경제적 용법에 따라 이용, 처분하려는 의사인 불법영득의 의사가 있었다고 볼 수 없으며, 그 밖에 달리 이를 인정할 증거가 없다고 하여 유죄를 선고한 제1심을 파기하였다.
[대법원] 심민상이 그와 같은 경위로 그와 같은 약정을 하고, 그 판시와 같은 각서와 매매계약서 및 양도증명서 등에 심민상의 인감을 날인하여 인감증명서와 함께 위 회사의 담당자인 피고인에게 교부한 사실은 이를 인정할 수 있다. 그러나 심민상이 위와 같은 약정을 하고 위와 같은 각서 등을 작성, 교부한 사실이 인정된다고 하여, 그러한 이유만으로 피고인이 이 사건 굴삭기를 취거할 당시에 불법영득의 의사가 없다고 하여 절도죄의 성립을 부정한 원심의 판단은 이를 수긍할 수 없다. 먼저 등록한 건설기계에 대한 소유권의 이전은 그 등록이 있음으로써 비로소 효력이 발생하는 것이므로, 위에서 본 바와 같은 약정 및 각서, 매매계약서, 양도증명서 등의 작성, 교부만으로 이 사건 굴삭기에 대한 소유권이 위 회사로 이전될 수는 없는 것이고, 따라서 피고인이 이 사건 굴삭기를 취거할 당시 그 소유권은 여전히 심민상에게 남아 있었다고 할 것이다. 그런데 기록에 의하여 살펴보더라도, 비록 심민상이 약정된 기일에 채무를 이행하지 아니하는 경우 이 사건 굴삭기를 회수하여 가도 좋다는 약속을 하고 각서와 매매계약서 및 양도증명서 등을 작성하여 교부하였다고 하더라도, 그 의사표시 중에 자신의 동의나 승낙 없이 현실적으로 자신의 점유를 배제하고 이 사건 굴삭기를 가져가도 좋다는 의사까지 포함되어 있었던 것으로 보기는 어렵고, 달리 피고인의 굴삭기 취거에 심민상의 동의가 있었음을 알아볼 자료는 없다(기록에 의하면, 피고인은 이 사건 굴삭기를 취거할 당시 미리 심민상에게 통지 등의 절차를 거쳐 동의를 구한 사실은 없고, 다만 굴삭기를 취거한 후 심민상과 통화연락을 한 것으로 보인다). 그렇다면 피고인이 이 사건 굴삭기를 취거한 행위는 일응 절도죄에 해당하고 그 불법영득의 의사도 부인하기 어렵다.[920]

---

920) 대법원 2001. 10. 26. 선고 2001도4546 판결

(3) 일시사용과 불법영득의사

타인의 재물을 점유자의 승낙 없이 무단 사용하는 경우 ① 그 사용으로 인하여 재물 자체가 가지는 경제적 가치가 상당한 정도로 소모되거나 또는 사용 후 그 재물을 본래의 장소가 아닌 다른 곳에 버리거나 곧 반환하지 아니하고 장시간 점유하고 있는 것과 같은 때에는 그 소유권 또는 본권을 침해할 의사가 있다고 보아 불법영득의 의사를 인정할 수 있다. ② 그러나 그 사용으로 인한 가치의 소모가 무시할 수 있을 정도로 경미하고 또 사용 후 곧 반환한 것과 같은 때에는 그 소유권 또는 본권을 침해할 의사가 있다고 할 수 없어 불법영득의 의사를 인정할 수 없다.

1) 도장

① 피해자의 승낙 없이 혼인신고서를 작성하기 위하여 피해자의 도장을 몰래 꺼내어 사용한 후 곧바로 제자리에 갖다 놓은 경우, 도장에 대한 불법영득의 의사가 있었다고 볼 수 없다.[921]
③ 피고인이 이 상범의 도장과 인감도장을 그의 책상서랍에서 몰래 꺼내어 가서 그것을 차용금증서의 연대보증인란에 찍고 난 후 곧 제자리에 넣어둔 사실을 확정하고 이와 같은 사실만으로는 위 도장에 대한 불법영득의 의사가 있었다고 인정할 수 없다.[922]

2) 카드

① 직불카드를 사용하여 타인의 예금계좌에서 자기의 예금계좌로 돈을 이체시켰다 하더라도 직불카드 자체가 가지는 경제적 가치가 계좌이체된 금액만큼 소모되었다고 할 수는 없으므로, 이를 일시 사용하고 곧 반환한 경우에는 그 직불카드에 대한 불법영득의 의사는 없다.[923]

3) 통장

타인의 예금통장을 무단사용하여 예금을 인출한 후 바로 예금통장을 반환하였더라도 그 사용으로 인한 위와 같은 경제적 가치의 소모가 무시할 수 있을 정도로 경미한 경우가 아닌 이상, 예금통장 자체가 가지는 예금액 증명기능의 경제적 가치에 대한 불법영득의 의사를 인정할 수 있다.[924]

---

921) 대법원 2000. 3. 28. 선고 2000도493 판결
922) 대법원 1987. 12. 8. 선고 87도1959 판결
923) 대법원 2006. 3. 9. 선고 2005도7819 판결
924) 대법원 2010. 5. 27. 선고 2009도9008 판결

4) 자동차

① 피고인은 공소외 김한주가 경영하는 태백건재상사의 종업원으로 종사하여 왔는데 이 사건이 일어난 날 마침 같은 동료 종업원인 공소외 1이 폭행사건으로 위 건재사 인근에 있는 방이동 파출소에 연행되었다는 소식을 듣고 그를 만나러 가는데 같은 동료종업원인 공소외 2와 같이 위 건재사 마당에 세워둔 위 김한주 소유의 이 건 차량을 타고 갔다올 생각으로 피고인이 이 차를 운전하고 위 방이동 파출소를 향해 가다가 교통사고를 일으키게 된 경우 영득의 의사가 없다.[925]

② 피고인들은 자동차 소유자인 박용은과 같은 동네에 거주하는 선·후배 관계로 평소 잘 알고 지내는 사이였고, 1990. 12.경에는 피고인 1이 공소외 윤자호로부터 위 차량을 빌려 잠시 운행한 일이 있었는데 그때 반환하지 아니한 보조열쇠를 이용하여 판시와 같이 3차례에 걸쳐 위 차량을 2-3시간 정도 운행한 후 원래 주차된 곳에 갖다 놓아 반환하였다는 사실을 확정하고, 피고인들과 피해자간의 친분관계, 차량의 운행경위, 운행시간, 운행 후의 정황 등에 비추어 피고인들에게 불법영득의 의사가 있었다고 볼 수 없다.

③ 피고인은 소유자 공소외 문행근이 길가에 세워 둔 오토바이를 그 승낙 없이 타고 가서 용무를 마친 약 1시간 30분 후 본래 있던 곳에서 약 7,8미터 되는 장소에 방치하였다는 것이니 여기에 불법영득의 의사가 있었다.[926]

④ 피고인이 길가에 시동을 걸어놓은 채 세워둔 모르는 사람의 자동차를 함부로 운전하고 약 200미터 가량 갔다면 불법영득의 의사가 있었다 할 것이다.[927]

⑤ 피감호청구인은 판시 제2의 장소에 세워진 자동차를 그 소유자의 의사에 반하여 판시와 같이 부산진구 주래동까지 운전하여 갔다가 다음 날 22:00경 같은 구 초읍동에 갔다 버리고, 판시 제3의 장소에 세워진 자동차를 1984. 5. 17. 00:30경 운전하여 영도구 대교동을 거쳐 서구 아미동 부근까지 가다가 검거되었다는 것이므로 피감호청구인에게 위 각 자동차를 불법영득할 의사가 있었다 할 것이므로 이를 절도죄에 의율한 조치는 정당하다.[928]

피고인이 강도상해 등의 범행을 저지르고 도주하기 위하여 피고인이 근무하던 인천 중구 항동7가 소재 연안아파트 상가 중국집 앞에 세워져 있는 오토바이를 소유자의 승낙 없이 타고 가서 신흥동 소재 뉴스타호텔 부근에 버린 다음 버스를 타고 광주로 가버렸다는 것이므로 피고인에게 위 오토바이를 불법영득할 의사가 없었다고 할 수 없다.[929]

5) 기타

피고인은 피해자의 허락 없이 피해자가 운영하는 '○○스포츠피부' 영업점 내에 있는 이 사건 휴대전화를 가지고 나와 승용차를 운전하고 가다가 신원미상의 여자 2명을 승용차에 태운 후 그들에게 이 사건 휴대전화를 사용하게 한 사실, ② 피고인이 이 사건 휴대전화를 가지고 나온 약 1~2시간 후 피해자에게 아무런 말을 하지 않고 위 영업점 정문 옆에 있는 화분에 이 사건 휴대폰을 놓아두고 간 사실을 알 수 있다.[930] 사실관계가 이와 같다면, 피고인은 이 사건 휴대전화를 자신의 소유물과 같이 그 경제적 용법에 따라 이용하다가 본래의 장소와 다른 곳에 유기한 것

---

925) 대법원 1981. 12. 8. 선고 81도1761 판결
926) 대법원 1981. 10. 13. 선고 81도2394 판결
927) 대법원 1992. 9. 22. 선고 92도1949 판결
928) 대법원 1984. 12. 26. 선고 84감도392 판결
929) 대법원 2002. 9. 6. 선고 2002도3465 판결
930) 대법원 2012. 7. 12. 선고 2012도1132 판결

에 다름 아니므로 피고인에게 불법영득의 의사가 있었다고 할 것이다.[931]

2. 불법영득의사가 없는 사례

(1) 증거인멸의 우려가 있는 경우

피고인이 살해된 피해자의 주머니에서 꺼낸 지갑을 살해도구로 이용한 골프채와 옷 등 다른 증거품들과 함께 자신의 차량에 싣고 가다가 쓰레기 소각장에서 태워버린 경우, 살인 범행의 증거를 인멸하기 위한 행위로서 불법영득의 의사가 있었다고 보기 어렵다.[932]

(2) 혼내주려고

사촌형제인 피해자와의 분규로 재단법인 이사장직을 사임한 뒤 피해자의 집무실에 찾아가 잘못을 나무라는 과정에서 화가 나서 피해자를 혼내주려고 피해자의 가방을 들고 나온 경우 불법영득의 의사가 있다고 할 수 없다 한 사례.

(3) 노동위원회 구제신청 용도

가구회사의 디자이너인 피고인이 자신이 제작한 가구 디자인 도면을 가지고 나온 경우 평소 위 회사에서 채택한 도면은 그 유출과 반출을 엄격히 통제하고 있으나 채택하지 아니 한 도면들은 대부분 작성한 디자이너에게 반환하여 각자가 자기의 서랍 또는 집에 보관하거나 폐기하는 등 디자이너 개인에게 임의처분이 허용되어 왔고, 피고인은 회사로부터 부당하게 징계를 받았다고 생각하고 노동위원회에 구제신청을 하면서 자신이 그 동안 회사업무에 충실하였다는 사실을 입증하기 위한 자료로 삼기 위하여 이를 가지고 나온 것이라면 피고인에게 위 도면들에 대한 불법영득의 의사가 있었다고 볼 수 없다고 한 사례.[933]

(4) 파출소 증거제출용

④ 피고인이 피해자등과 말다툼을 하면서 시비하는 중에 그들 중 일행이 피고인을 식칼로 찔러 죽이겠다고 위협을 하여 주위를 살펴보니 식칼이 있어 이를 갖고 파출소에 가져가 협박의 증거물로 제시하였다면, 가사 피고인의 위 협박의 신고내용이 허위라고 하더라도 불법영득의 의사가 있었다고 할 수는 없다.

---

931) 대법원 2012. 7. 12. 선고 2012도1132 판결
932) 대법원 2000. 10. 13. 선고 2000도3655 판결
933) 대법원 1992. 3. 27. 선고 91도2831 판결

(5) 내연관계 회복목적

⑤ 내연관계에 있던 여자가 계속 회피하며 만나 주지 않자 내연관계를 회복시켜 볼 목적으로 그녀의 물건을 가져와 보관한 후 이를 찾으러 오면 그때 그 물건을 반환하면서 타일러 다시 내연관계를 지속시킬 생각으로 물건을 가져왔고 그녀의 가족에게 그 사실을 그녀에게 연락하라고 말하였으며 그 후 이를 보관하고 있으면서 이용 내지 소비하지 아니한 경우 불법영득의 의사가 있다고 할 수 없다 한 사례.[934]

(6) 전화번호를 알아내기 위해

⑥ 절도죄의 성립에 필요한 불법영득의 의사라 함은 권리자를 배제하고 타인의 물건을 자기의 소유물과 같이 이용, 처분할 의사를 의미한다 할 것인바, 피고인이 피해자의 전화번호를 알아두기 위하여 피해자가 떨어뜨린 전화요금영수증을 습득한 후 돌려주지 않은 경우에 그에게 불법영득의 의사가 있다고 인정하기 어렵다.

(7) 군부대 총기보충

⑦ 피고인은 자신이 잃어버린 총을 보충하기 위하여 같은 소속대 3화기중대 공소외 인 소지 군용 칼빙 소총 1정을 무단 가지고 나온데 불과하고 영득의 의사가 없었다는 것이며 이는 피고인의 소위가 자기의 물건과 동양으로 그 경제적 용법에 따라 이를 이용 또는 처분하여 권리자(본 건에 있어서는 국가)를 배제할 의사를 가지고 한 것이 아니므로 피고인에게 영득의 의사가 있었다고 볼 수 없다.[935]

(8) 관리방법으로 처분 후 대금 예탁

피고인 1이 자기 소유 밭에 심어 놓은 가을배추를 공소외 이종철에게 매도하였는데 동 이종철은 배추를 밭에 고랑을 파고 두 줄 또는 석 줄로 세워 흙을 약간씩 덮어 두고 다음 해 1월 초순께 수거해 가겠다고 약정하였고 한편 피고인 1은 이 밭을 공소외 김학봉과 이수헌에게 매도하고 1980. 1. 31.까지 배추를 수거하여 밭을 인도해 주기로 하였는데 위 이종철은 배추를 약정기일까지 수거해 가지도 않고 연락도 되지 아니하여 인도기일을 지킬 수가 없게 되고 배추도 밭에 가저장한 채 한 겨울을 넘겨 해동이 되자 누렇게 뜨고 썩기 시작하여 그대로 두면 다 버리게 될 우려가 있어 피고인 2에게 부탁하여 이 배추를 공소외 손수곤에게 금 800,000원에 팔아 그중 소개비 등 비용 금 100,000원을 공제한 나머지 금 700,000원을 위 이종철이 찾아 가도록 금천단위 농업협동조합에 정기예탁한 사실을 확정하고, 이와 같은 사실에 비추어 보아 피고인 등에게 불법영득의 의사가 있다고 인정할 수 없다.[936]

---

934) 대법원 1992. 5. 12. 선고 92도280 판결
935) 대법원 1965. 2. 24. 선고 64도795 판결
936) 대법원 1982. 2. 23. 선고 81도2371 판결

3. 불법영득의사가 인정되는 사례

채권추심 등의 목적이거나 후일 변제할 의사가 있는 경우 등에는 불법영득의사가 인정된다. 나아가 어떠한 물건을 점유자의 의사에 반하여 취거하는 행위가 결과적으로 소유자의 이익으로 된다는 사정 또는 소유자의 추정적 승낙이 있다고 볼 만한 사정이 있다고 하더라도, 다른 특별한 사정이 없는 한 그러한 사유만으로 불법영득의 의사가 없다고 할 수는 없다.[937]

(1) 후일 변제의사

① 피고인이 현금 등이 들어 있는 피해자의 지갑을 가져갈 당시에 피해자의 승낙을 받지 않은 사실을 알아볼 수 있으므로 가사 피고인이 후일 변제할 의사가 있었다고 하더라도 불법영득의사가 있었다.[938]

② 피고인이 임의로 가져나온 카메라를 전당포 입질이 여의치 아니하여 후일 되돌려 주었다거나, 현금을 가져나올 때 일시 차용한다는 쪽지를 써 놓았다 하여도 소유자의 사전 승낙 없이 카메라와 현금을 가져 나왔다면 불법영득의 의사가 있었다고 할 것이다.[939]

(2) 자기 채권에 대한 변제 충당

① 채무자의 책상서랍을 승낙 없이 뜯어 돈을 꺼내 자기의 채권의 변제에 충당한 것은 자기채권의 추심을 위하여 채무자의 점유하에 있는 채무자 소유의 금원을 불법하게 탈취한 것으로 불법영득의 의사가 있다고 볼 것이다.[940]

② 회사의 총무과장이 회사의 물품대금채권을 확보할 목적으로 채무자의 승낙을 받지 아니한 채 그의 의사에 반하여 부산에 있는 그의 점포 앞에 세워놓은 그의 소유인 자동차를 운전하여 광주에 있는 위 회사로 옮겨놓은 다음, 광주지방법원의 가압류결정과 감수보존명령에 따라 집달관이 보존하게 될 때까지 위 회사의 지배하에 두었다면, 위 자동차의 권리자를 배제하고 타인의 물건을 자기의 소유인 것과 마찬가지로 그 경제적용법에 따라 이용하거나 처분할 의사로 자동차를 광주로 운전하여 간 것으로 보지 않을 수 없으므로 불법영득의 의사가 있었다.[941]

---

937) 대법원 2014. 2. 21. 선고 2013도14139 판결
938) 대법원 1999. 4. 9. 선고 99도519 판결
939) 대법원 1983. 3. 8. 선고 83도54 판결
940) 대법원 1983. 4. 12. 선고 83도297 판결
941) 대법원 1990. 5. 25. 선고 90도573 판결

Chapter 2

손괴

예제 **쌍용아파트 회장님**

○ B는 쌍용아파트 126동의 동별 대표자이자 아파트입주자대표회의의 대표자 회장이고, A는 아파트선거관리위원회위원장이며, 갑은 아파트126동의 입주자이자 부녀회 회장이다. 갑과 B 사이에 의견이 충돌하여 갈등관계가 형성되었는데, 이에 B가 부녀회가 주관하는 바자회의 일종인 녹색장터의 개최를 금지하고, 부녀회가 창립 당시 구성일시, 대표자 등에 관한 신고서를 제출하지 않은 절차상 하자가 있음을 이유로 부녀회 승인을 취소하는 등 그 갈등이 심화되었다.

이로 인해 갑을 포함하여 입주자 24명은 B가 아파트의 재활용품 판매사업자를 선정하면서 경쟁 입찰이 아닌 수의계약 형식을 취하여 주택법을 위반하고, 일방적으로 부적법하게 부녀회의 승인을 취소하였다는 등의 이유로 B를 동별 대표자직에서 해임하는 절차를 이행하여 달라는 취지의 해임요구서를 아파트 관리규약 소정의 절차에 따라 아파트 선거관리위원회에 제출하였다.

선거관리위원장 A는 갑에게 각 주장에 대해 가부의 판단을 내릴 수 없으므로 법률자문을 받을 예정이다.'는 취지를 통지하고, 같은 내용의 안내문을 아파트126동 엘리베이터에 부착하여 공고하는 등 그 해임투표절차의 실시를 거부하였다. 이에 갑이 서울 송파구청에 문의한 결과 송파구청장은 '선거관리위원회는 해임 사유에 대한 직접적인 판단을 할 수 없고, 해임요청서의 형식적 구비요건만을 확인할 수 있을 뿐이며 형식적 구비요건이 갖추어진 경우 해임절차를 진행하여야 한다.'는 취지의 통보를 하였다. 그러나 A는 계속하여 법률자문을 이유로 투표절차를 이행하지 아니하였다. 또 갑은 서울특별시장으로부터 '선거관리위원회가 절차를 거부하거나 고의로 지연하여서는 안 되고 해임안 처리를 위한 법률자문을 받는 것도 선거관리위원회의 역할이 아니므로 바람직하지 않으며, 관리규약에 따른 해임 요청을 정당한 사유 없이 거부하는 경우 관련 법령에 따라 형사처벌을 받을 수 있다.'는 취지의 민원 회신을 받았다. 그러나 갑으로부터 독촉을 받았음에도 A는 '126동 동별대표자 해임 동의서 무효 처리의 건'이라는 제하의 공고문을 관리사무소장의 직인을 받지 않은 채 아파트 정식 게시판이 아닌 126동 엘리베이터 내부에 부착하여 게시하였다. 이 사건 공고문에는 "선거관리위원회는 126동 동별 대표자 해임 동의서 및 해당 동별 대표자 소명에 의하여 법률적인 자문을 받은 결과 주택법령 및 관리규약에 위반한 사실이 없는바, 본 동별 대표자 해임동의서 건에 대하여 무효 처리함을 알려드립니다."는 내용이 포함되어 있다. 이에 갑은 공고문의 내용이 입주자들이 오인할 가능성이 있으며, 송파구청에 위반사항 신고의 첨부자료로 사용하기 위하여 손으로 뜯어내었고, A에게 "A 선거관리위원장이 126동에 게시한 공고문을 뜯어 송파구청 위반사항 신고 첨부자료로 사용합니다."라는 내용을 휴대전화 문자메시지로 보냈으며, 이 사건 공고문을 송파구청 질의서에 첨부자료로 사용하였고, 그 복사본을 설명과 함께 입주자들에게도 배부하였다.

○ 갑이 공고문을 손으로 뜯어낸 행위는 손괴죄에 해당하는가?

✓ 정답 : 손괴죄 죄안됨

갑의 행위가 민사집행절차에 의하지 않고, 공고문을 손으로 직접 떼어낸 행위는 문서괴죄의 구성요건해당성을 부인하기 어렵다. 다만 그 행위가 정당행위에 해당할 여지가 있다. 그 논리구성을 살펴보자.[942] 형법 제20조에 정하여진 '사회상규에 위배되지 아니하는 행위'라 함은, 법질서 전체의 정신이나 그 배후에 놓여 있는 사회윤리 내지 사회통념에 비추어 용인될 수 있는 행위를 말하므로, 어떤 행위가 그 행위의 동기나 목적의 정당성, 행위의 수단이나 방법의 상당성, 보호이익과 침해이익의 법익 균형성, 긴급성, 그 행위 이외의 다른 수단이나 방법이 없다는 보충성 등의 요건을 갖춘 경우에는 정당행위에 해당한다.

- ○ (**동기나 목적의 정당성**) 갑을 비롯한 아파트126동의 전체 입주자 42세대의 10분의 1 이상에 해당하는 입주자들이 B에 대한 동별 대표자 해임투표절차의 실시를 요구하였으므로, 선거관리위원회는 갑 등 입주자들이 주장하는 해임사유나 이에 대한 B의 반박 사유의 경중이나 그에 관한 실질적 적부 판단을 떠나 관리규약에 따라 형식적 요건을 갖추었다면 B에 대한 동별 대표자 해임투표절차를 실시할 의무가 있는데도 A는 정당한 사유 없이 B의 해임에 관한 투표절차를 수차례 거부하였고, 아파트 내에 게시물을 게시하는 경우 관리사무소장의 직인을 받아야 함에도 그 직인을 받음이 없이 정식 게시판이 아닌 엘리베이터 내부에 이 사건 공고문을 부착한 점, 갑은 입주민들이 이 사건 공고문을 보는 경우 B에 대한 해임요청이 절차를 거쳐 적법하게 무효화 된 것으로 오인할 가능성이 있으므로 이를 신속하게 방지하고, 이 사건 공고문을 송파구청에 위반사항 신고의 첨부자료로 사용하기 위하여 떼어내면서, A에게 앞서 본 바와 같은 내용의 휴대전화 문자메시지를 보냈고, 실제로 이 사건 공고문을 송파구청 질의서에 첨부자료로 사용하였으며, 아울러 그 복사본을 설명과 함께 입주자들에게도 배부한 것을 고려하면, 갑의 행위가 사회통념상 현저하게 타당성을 잃은 것으로 보이지 아니한 점,
- ○ (**보호이익과 침해이익의 법익균형성**) 갑의 행위는 이 사건 공고문 1장을 떼어낸 것에 불과하여 그 피해가 매우 적은 반면, 아파트 입주민들이 선거관리위원장을 상대로 동별 대표자에 대한 해임절차를 적법하게 진행하여 달라고 요구할 수 있는 이익 또는 이 사건 공고문을 위반사항 신고의 첨부자료로 사용할 수 있는 이익은 더 큰 것으로 보이는 점,
- ○ (**긴급성·보충성**) 앞서 본 바와 같이 이 사건 공고문의 내용에 의하면, 그 공고문을 읽어 본 입주민들이 B에 대한 해임요청이 절차를 거쳐 적법하게 무효화 된 것으로 오인할 가능성이

---

942) 가벌성이 미약한 사건의 경우, 정당행위를 인정 여지가 높은 사례들이 적지 않다. 위 판결의 논리를 참고하도록하자

충분히 있으므로 갑으로서는 이를 신속하게 방지할 필요가 있었고, 그 외 갑이 A에게 요구하여 이 사건 공고문을 떼어내도록 하거나 관리사무소의 협조를 얻는 등의 간이한 방법을 선택할 수 있었다고 볼 사정도 없으므로, 갑으로서는 불가피하게 이 사건 공고문을 떼어낸 것으로 보이는 점 등을 고려하면, 갑의 행위는 그 동기나 목적의 정당성, 수단이나 방법의 상당성, 보호이익과 침해이익의 법익 균형성, 긴급성, 그 행위 이외의 다른 수단이나 방법이 없다는 보충성 등의 요건을 충족하므로 **정당행위에 해당한다**고 할 것이다

🎓 기본 이론

손괴죄는 ① **타인의 재물·문서 또는 특수매체기록을** ② **손괴 은닉 기타 그 효용을 해하는 경우** 에 성립한다. ③ **타인의 물건에 대한 효용의 전부 또는 일부를 침해하겠다는 손괴의 고의**가 있어야 함은 물론이다.[943]

재물손괴죄의 범죄사실은 ① 범행동기, ② 손괴행위, ③ 결과의 순으로 작성한다. 이때 재물의 소유관계, 가격, 품명, 수량을 정확하게 기재하여야 한다.

> 피고인은 2017. 6. 3. 10:00경 서울특별시 서초구 서초동 345에 있는 피해자 김동식이 경영하는 양지다방에서 ① 피해자에게 밀린 다방 임차료 지급을 독촉하다가 그로부터 거절당하자 그 곳 계산대 위에 놓여 있는 피해자 소유의 시가 2,000,000원 상당의 골동품 항아리를 바닥에 던져 깨뜨려 ③ 손괴하였다.

형법상 손괴의 죄명은 6가지임에 주의한다. ① 재물손괴 ② 재물은닉 ③ 문서손괴 ④ 문서은닉 ⑤ 전자기록등손괴 ⑥ 전자기록등은닉이다.[944] 본 서는 죄명에 따라 분류하였다.

> ○ 박달재와 엄정화는 법적으로 부부지만, 최근 박달재의 외도로 사이가 좋지 못한 상태에서, 서로 각방을 쓴지 오래되었고 서로 영역을 침범하지 않고 있다. 그런데 하루는 엄정화가 박달재에게 "화장실 좀 깨끗하게 쓰라"고 소리치자, 박달재는 화가 나서 자기 방에 있는 라디오를 엄정화를 향해 집어 던져 부셔 버렸다. 놀란 엄정화가 112 신고를 하자 더 화가 난 박달재는 출동한 경찰관을 상대로 '니들이 뭔데 상관이냐'며 마구잡이로 때려, 결국 공무집행방해로 체포, 구속되었다.
> ○ 담당 수사관은 박달재에 대해 공무집행방해와 손괴죄로 송치하였다. 정당한가?

---

943) 대법원 1989. 1. 31. 선고 88도1592 판결
944) 공소장 및 불기소장에 기재할 죄명에 관한 예규, [시행 2023. 1. 18.] [대검찰청예규 제1336호, 2023. 1. 18. 일부개정]

🎖 기본 이론

1. 재물

본 죄의 객체가 되는 것은 **재산적 이용가치 내지 효용이 있는 재물**이어야 한다.[945] 따라서 포도주 원액이 부패하여 포도주 원료로서의 효용가치는 상실되었으나, 식초의 제조 등 타 용도에 사용할 수 있다면 본 죄의 객체가 될 수 있다.[946]

> 재건축사업으로 철거가 예정되어 있었고 그 입주자들이 모두 이사하여 아무도 거주하지 않은 채 비어 ○○아파트라 하더라도, 그 아파트 자체의 객관적 성상이 본래 사용목적인 주거용으로 사용될 수 없는 상태가 아니었고, 더욱이 그 소유자들이 재건축조합으로의 신탁등기 및 인도를 거부하는 방법으로 계속 그 소유권을 행사하고 있는 상황이었다면 위와 같은 사정만으로는 위 아파트가 재물로서의 이용가치나 효용이 없는 물건으로 되었다고 할 수 없으므로, 위 아파트는 재물손괴죄의 객체가 된다고 할 것이다.[947]

나아가, 분양 광고를 위해 설치된 배너거치대는 형법상 재물손괴죄에 있어서의 재물에 해당하고, 그것이 '옥외광고물관리법'에 위반되는 불법광고물이라 하여 이를 달리 볼 것은 아니다.[948]

2. 재물손괴죄

재물손괴란 타인의 소유물에 대한 효용의 전부 또는 일부를 침해하겠다는 인식을 가지고 **물건의 전부 또는 일부에 대하여 유형력을 행사함으로써 그 원래의 용도에 따른 효용을 멸실시키거나 감손**시키는 것을 말한다. 나아가 ① **손괴**란 물질적 파괴행위로 인하여 물건의 본래의 목적에 공할 수 없는 상태로 만드는 경우를 말한다.

---

945) 대법원 1989. 10. 24. 선고 88도1296 판결
946) 대법원 1979. 7. 24. 선고 78도2138 판결
947) 대법원 2010. 2. 25. 선고 2009도8473 판결, 2007. 9. 20. 선고 2007도5207 판결 참조
948) 대법원 1999. 6. 22. 선고 99도899 판결

> 피고인이 다른 사람 소유의 광고용 간판을 백색페인트로 도색하여 광고문안을 지워 버린 사실을 인정할 수 있고 사실이 이와 같다면 재물손괴죄를 구성하는 것이다.[949]

② **효용을 해한다고** 함은 **사실상으로나 감정상으로 그 재물을 본래의 사용목적에 제공할 수 없게 하는 상태로 만드는 것이다.**[950] 이때 ③ **일시 그 물건의 구체적 역할을 할 수 없는 상태로 하는 경우**도 포함된다.

(1) 건조물 벽면에 낙서 · 게시물 · 오물투척

건조물의 벽면에 낙서를 하거나 게시물을 부착하는 행위 또는 오물을 투척하는 행위 등이 그 건조물의 효용을 해하는 것에 해당하는지 여부는, 당해 건조물의 용도와 기능, 그 행위가 건조물의 채광 · 통풍 · 조망 등에 미치는 영향과 건조물의 미관을 해치는 정도, 건조물 이용자들이 느끼는 불쾌감이나 저항감, **원상회복의 난이도와 거기에 드는 비용,** 그 행위의 목적과 시간적 계속성, 행위 당시의 상황 등 제반 사정을 종합하여 사회통념에 따라 판단한다.[951]

> ① 시내버스 운수회사로부터 해고당한 피고인이 복직 등을 요구하는 집회를 개최하던 중 래커 스프레이를 이용하여 회사 건물 외벽과 1층 벽면, 식당 계단 천장 및 벽면에 '자본똥개, 원직복직, 결사투쟁' 등의 내용으로 낙서를 함으로써 이를 제거하는데 약 341만 원 상당이 들도록 한 행위는 그로 인하여 건물의 미관을 해치는 정도와 건물 이용자들의 불쾌감 및 원상회복의 어려움 등에 비추어 위 건물의 효용을 해한 것에 해당한다고 볼 수 있으나, ② 계란 30여 개, 계란 10여 개를 위 회사 건물에 각 투척한 행위는, 비록 그와 같은 행위에 의하여 50만 원 정도의 비용이 드는 청소가 필요한 상태가 되었고 또 유리문이나 유리창 등 건물 내부에서 외부를 관망하는 역할을 수행하는 부분 중 일부가 불쾌감을 줄 정도로 더럽혀졌다는 점을 고려해 보더라도, 그 건물의 효용을 해하는 정도의 것에 해당하지 않는다.

(2) 구덩이를 파고, 깨어진 콘크리트 조각을 집어넣은 경우

> 피고인이 피고인의 집에 인접한 대지 50평의 소유자로부터 위 대지에 대한 재산세를 피고인이 부담하기로 하여 이를 임차한 다음 피고인의 집 마당으로 사용하던 중 생활하수 등을 처리하기 위하여 대지 중 피고인 집의 담에 인접한 구석부분에 지름 약 3미터, 깊이 약 80센티미터의 구덩이를 파고 거기에 깨어진 콘크리트조각 50개가량을

---

949) 대법원 1991. 10. 22. 선고 91도2090 판결
950) 대법원 2007. 6. 28. 선고 2007도2590 판결
951) 대법원 2007. 6. 28. 선고 2007도2590 판결

집어넣었고 피고인이 위 대지를 임차할 때부터 현재까지 위 대지가 다른 용도로는 사용되지 아니한 채 방치되어 있어 잡초가 곳곳에 나고 동네사람들이 버린 쓰레기와 돌조각 등으로 덮여져 있었다면 피고인이 위 대지를 임차하여 사용하게 된 경위와 구덩이의 위치, 규모, 대지의 이용상태 등에 비추어 피고인이 위와 같이 구덩이를 판 것만을 들어 위 대지가 갖는 본래의 효용을 해한 것이라고 할 수 없을 뿐만 아니라 그 효용을 해한다는 인식이 있었다고도 볼 수 없다.[952]

(3) 동물(안내견)

피고인이 피해자가 잡고 있던 시각장애인 안내견을 강제로 끌고 가 철봉 기둥에 안내견의 목줄을 묶어 놓아 안내견의 목 부분에 발작 및 교상 흔적이 생겼으며, 안내견의 심리적 안정상태가 저하되고 대인기피증이 나타나 시각장애인 안내견으로서의 기능에 문제를 초래한 경우 그 효용을 해한 것으로 볼 수 있다.[953]

(4) 일시 그 물건의 구체적 역할을 할 수 없는 상태로 만든 경우
1) 인정되는 경우

① 피고인이 철쭉 10여 그루를 뽑은 사실은 인정하나, 위 나무들은 화분에 심어져 있거나 뿌리가 비닐에 쌓여 있는 상태로 가식된 것으로 피고인이 이를 뽑은 직후 그대로 다시 식재되어 위 나무들이 물질적으로는 손상되지 아니하였다 하더라도, 피고인의 행위가 이 사건 토지에 식재된 수목으로서의 역할을 일시적으로 해한 것이라고 볼 수 있어 재물손괴죄가 성립한다.[954]
② 판결에 의하여 명도받은 토지의 경계에 설치해 놓은 철조망 경고판을 치워버린 경우에는 울타리로서의 역할을 해한 것이라고 볼 수 있으므로 재물손괴죄가 성립한다.[955]
③ 피고인들은 공소외 인 소유의 위의 창포밭에 공동우물을 파기 위하여 피고인 1의 지휘하에 아무 권한 없이 그곳에다 창포를 약 200본을 벌채하고 거기에 공소외인이 매몰하였던 사설 고무호스 중 약 1.5미터를 발굴 제거하여 물이 내려가지 못하게 함으로써 그 효용을 상실케 하였다.
[대법원] 공소외인이 자기가 판 우물을 이용하기 위하여 위 우물에 자기소유인 본 건 고무호스를 연결하여 그 고무호스에 우물이 통하도록 하고 그 고무호스를 땅에 묻어서 수도관과 같이 이용하고 있는 것이라면 위 피고인들이 위와 같은 상태로서 이용하고 있는 고무호스 중 약 1.5미터를 발굴하여 우물가에 제쳐놓음으로써 그 고무호스에 물이 통하지 못하도록 한 행위는 그 고무호스 자체를 물질적으로 손괴하였거나 은닉한 것은 아니라 하더라도 다른 특별한 사정이 없는 한 그 고무호스를 우물에 연결하여 물이 통하도록 함으로써 수도관적 역할을 하고 있는 그 구체적인 본 건 고무호스의 수도관적 역할을 하고 있는 그 효용을 해한 행위에 해당된다.

---

952) 대법원 1989. 1. 31. 선고 88도1592 판결
953) 대법원 2008. 11. 27. 선고 2008도9115 판결
954) 대법원 2006. 12. 22. 선고 2006도7219 판결
955) 대법원 1982. 7. 13. 선고 82도1057 판결

2) 인정되지 않는 경우

(가) 청구인은 이삿짐센터를 운영하는 자로서, ○○빌 주차장에 사다리차와 화물차를 주차한 후 이삿짐을 옮기고자 하였으나, 주차장 입구에 이 사건 배너거치대가 놓여 있자, 주차공간을 확보할 생각으로 배너거치대를 옆으로 옮겨 놓으려고 하였는데, 피해자가 철사 줄로 하수구 맨홀뚜껑과 배너거치대 하부를 묶어 고정시켜 놓아서 청구인이 손으로 배너거치대를 잡아 흔들게 된 것으로 보이는바, 이러한 사정을 고려하면, 배너거치대를 옆으로 옮기려던 청구인에게 이를 손괴할 의사가 있었다고 단정하기는 어렵다.

(나) 또한, 재물손괴죄는 타인의 재물을 손괴, 은닉, 기타의 방법으로 그 효용을 해하는 경우에 성립하는 것으로서, 여기에서 말하는 효용을 해한다고 함은 그 물건의 본래의 사용목적에 공할 수 없게 하는 상태로 만드는 것은 물론 일시 그것을 이용할 수 없는 상태로 만드는 것도 역시 효용을 해하는 것에 해당한다고 해석하여야 할 것이나(대법원 1992. 7. 28. 선고 92도1345 판결), 기록에 의하여 이 사건에서 손괴되었다는 배너거치대를 살펴보면, 청구인의 유형력 행사로 옆으로 다소 기울어지기는 하였지만 봉 자체가 휘어지거나 꺾이지 않고, 천도 찢어지는 등의 훼손이 없는 것으로 보이며, 오히려 다시 균형을 잡아 바로 세우는 등의 간단한 노력만으로도 본래의 상태로 복구될 수 있는 것으로 보이는바, 이와 같이 이 사건 배너거치대가 옆으로 다소 기울어진 사정만으로 본래의 사용목적에 공할 수 없게 하는 상태로 만들었다거나 일시 이를 이용할 수 없는 상태로 만들었다고 단정하기도 어렵다.[956]

3. 재물은닉죄

은닉이란 재물의 소재를 불명하게 함으로써 그 발견을 곤란 또는 불가능하게 하여 그 **효용을 해하게 하는 것**을 말한다.

[사실관계] 전북 ○○군 ○○면 ○○리 450의3토지는 여산 버스공용터미널 부지로서 원래 피고인의 소유였는데 피고인은 위터미널이 이전될 예정지로 믿었던 피해자 이해성 소유의 다른 토지상에서 위터미널을 향후 10년간 무상으로 운영하기로 하고 피고인 소유의 위 토지를 위이해성 명의로 소유권이전등기를 마쳐 주었으나 위터미널이 이전하지 않게 되자 피고인은 위 이해성에게 등기이전하여 준 위 토지상에서 다시(계속) 터미널을 운영하게 되었다는 것이고 위 이해성은 자신의 명의로 이전된 위 토지상에서 터미널을 운영하는 피고인의 영업을 방해하기 위하여 철조망을 설치하려하였고 피고인은 위 철조망을 위 터미널 부지로부터 가까운 곳에 적당한 장소가 없어 그로부터 약 200 내지 300미터가량 떨어진 피고인 소유의 다른 토지위에 옮겨 놓았다. [대법원] 피고인의 위와 같은 행위에는 재물의 소재를 불명하게 함으로써 그 발견을 곤란 또는 불가능하게 하여 그 효용을 해하게 하는 재물은닉의 범의가 있다고 할 수 없고 또 피고인의 위와 같은 행위는 사회상규에 위배된다고 할 수도 없을 것이라는 원심의 판결은 정당하다.[957]

---

956) 헌법재판소 2014. 8. 28. 선고 2014헌마113 전원재판부
957) 대법원 1990. 9. 25. 선고 90도1591 판결

기본 이론

1. 문서

본 죄의 객체가 되는 문서란 거기에 표시된 내용이 적어도 법률상 또는 사회 생활상 중요한 사항에 관한 것이어야 한다.[958]

① 이미 작성되어 있던 장부의 기재를 새로운 장부로 이기하는 과정에서 누계 등을 잘못 기재하다가 그 부분을 찢어버리고 계속하여 종전 장부의 기재내용을 모두 이기하였다면 그 당시 새로운 경리장부는 아직 작성 중에 있어서 손괴죄의 객체가 되는 문서로서의 경리장부가 아니라 할 것이고, 또 ② 그 찢어버린 부분이 진실된 증빙내용을 기재한 것이었다는 등의 특별한 사정이 없는 한 그 이기 과정에서 잘못 기재되어 찢어버린 부분 그 자체가 손괴죄의 객체가 되는 재산적 이용가치 내지 효용이 있는 재물이라고도 볼 수 없다.[959]

(1) 자기 점유 타인 소유인 경우

타인 소유인 이상 피고인 자신의 점유하에 있는 문서라 할지라도 이를 손괴하는 행위는 손괴죄에 해당한다.[960]

피고인은 피해자 임재윤으로부터 전세금 2,000,000원을 받고 영수증(문서제목은 계약서라고 되어 있다)을 작성교부한 뒤에 피해자에게 위 전세금을 반환하겠다고 말하여 피해자로부터 위 영수증을 교부받고 나서 전세금을 반환하기도 전에 이를 찢어버린 사실이 인정되므로, 피고인에게 무서손괴의 죄책을 인정한 원심판단은 정당하고 아무런 위법이 없다.

(2) 자기명의 문서

비록 자기명의 문서라 할지라도 타인(타 기관)에 접수된 문서에 대하여 함부로 무효화시켜 용

---

958) 대법원 1989. 10. 24. 선고 88도1296 판결
959) 대법원 1989. 10. 24. 선고 88도1296 판결
960) 대법원 1984. 12. 26. 선고 84도2290 판결 참조

도에 사용하지 못하게 했다면 문서손괴죄에 해당한다.[961]

> 피고인이 제기한 이 사건 고소의 내용은 피고소인인 학교장 김관성이 합법적인 절차에 따라 결재하여 서울특별시
> 교육회에 이미 제출, 접수시킨 추천서를 피추천인인 피고인에게 아무런 양해도 구함이 없이 임의로 무효화시킴으
> 로써 일본방문에 필요한 서류인 위 추천서를 그 용도에 사용할 수 없게 하였다는 것인바, 위 고소의 내용과 같이,
> 비록 자기명의의 문서라 할지라도 이미 타인(타 기관)에 접수되어 있는 문서에 대하여 함부로 이를 무효화시켜 그
> 용도에 사용하지 못하게 하였다면 일응 형법상의 문서손괴죄를 구성한다 할 것이므로 그러한 내용의 범죄될 사실
> 을 허위로 기재하여 수사기관에 고소한 이상 무고죄의 죄책을 면할 수 없다.

(3) 허위내용의 문서

확인서가 소유자의 의사에 반하여 손괴된 것이라면 그 확인서가 피고인 명의로 작성된 것이고
또 그것이 진실에 반하는 허위내용을 기재한 것이라 하더라도 피고인은 문서손괴의 죄책을 면할
수 없다.[962]

2. 문서은닉

(1) 일시 그것을 이용할 수 없는 상태로 만드는 것

효용을 해한다고 함은 그 물건의 본래의 사용목적에 공할 수 없게 하는 상태로 만드는 것은 물
론 일시 그것을 이용할 수 없는 상태로 만드는 것도 포함된다.

1) 인정된 사례

A. 서류

> [범죄사실] 피고인은 피해자가 경영하는 동양공업사 총무부장으로 종사한 자인바 피해자에게 봉급 인상을 요구하
> 는 한편 후일에 위 공업사의 탈세사실을 고발하겠다는 구실로 위 공업사에 비치된 공소외인 소유의 문서인 매출계
> 산서 100매철 21권 및 매출명세서 17장을 피고인의집에 반출한 후 은익하였다.
> [판단] 피고인이 그 반환을 거부한 매출계산서는 위 공업사에서 판매, 수금, 결산 등 경리관계를 위하여 불가결한
> 서류라는 것이므로 위의 매출계산서 100매철 21권들을 피고인이 정당한 이유 없이 그 반환을 거부한 것이 상고
> 논지에 의하여도 명백한 이상, 피고인은 피해자 공소외인이 경영하는 동양공업사에서 물품의 판매, 수금, 결산 등
> 경리 관계를 위하여 불가결한 위의 서류의 반환을 거부함으로서, 위 서류를 위와 같은 용도에 일시나마 사용할 수
> 없는 상태로 만든 것임이 명백하므로, 피고인의 위 문서점유의 개시가 침탈이 아니고, 그 문서의 소재도 그 피해자

---

961) 대법원 1987. 4. 14. 선고 87도177 판결
962) 대법원 1982. 12. 28. 선고 82도1807 판결

가 잘 알고 있다 운운의 주장만으로서 원판결을 비난하는 논지는 이유 없다.[963]

B. 컨테이너

피해자는 자신이 운영하는 'ㅇㅇㅇ골프 아카데미'를 홍보하기 위해 공소사실 기재 장소에 이 사건 각 광고판(홍보용 배너와 거치대)을 세워 두었던 사실, 피고인은 공소사실 기재와 같이 공소외인에게 이 사건 각 광고판을 치우라고 지시하고, 공소외인은 위 각 광고판을 컨테이너로 된 창고로 옮겨 놓아 피해자가 사용할 수 없도록 한 사실을 알수 있다. 이에 관하여 피해자는, 공소외인이 이 사건 각 광고판을 창고에 넣고 문을 잠가 버렸고, 돌려 달라고 해도 돌려주지 않았다고 경찰에서 진술하였고, 공소외인은 경찰에서 위 피해자의 진술에 부합하는 취지로 진술하기도 하였다. 위와 같이 피해자가 홍보를 위해 설치한 이 사건 각 광고판을 그 장소에서 제거하여 컨테이너로 된 창고로 옮겼다면, 비록 물질적인 형태의 변경이나 멸실, 감손을 초래하지 않은 채 그대로 옮겼다고 하더라도, 이 사건 각 광고판은 그 본래적 역할을 할 수 없는 상태로 되었다고 보아야 한다. 그러므로 앞서 본 법리에 비추어 보면, 피고인의 위와 같은 행위는 형법 제366조 재물손괴죄에서의 재물의 효용을 해하는 행위에 해당한다.[964]

2) 부정된 사례

피고인이 피해자 김성순을 좀 더 호젓한 곳으로 데리고 가기 위하여 피해자의 가방을 빼앗고 따라 오라고 하였는데 피해자가 따라 오지 아니하고 그냥 돌아갔기 때문에 위 가방을 돌려주기 위하여 부근일대를 돌아다니면서 피해자를 찾아 나선 것을 가리켜, 재물을 은닉하거나 그 효용을 해한 경우에 해당한다고 할 수는 없다.[965]

---

963) 대법원 1971. 11. 23. 선고 71도1576 판결
964) 대법원 2018. 7. 24. 선고 2017도18807 판결 재물손괴 · 업무방해
965) 대법원 1992. 7. 28. 선고 92도1345 판결

전자기록등손괴

🎓 기본 이론

형법 제366조의 전자기록등손괴죄는 타인의 전자기록 등 특수매체 기록을 손괴하여 그 효용을 해함으로써 성립한다.

1. 타인의 전자기록

'타인의 전자기록'이란 **행위자 이외의 자가 기록으로서의 효용을 지배관리하는** 전자기록을 뜻한다.[966] 나아가 또한 비록 행위자가 오로지 혼자 작성한 것이라 하더라도 행위자 이외의 자가 효용을 지배관리하고 있는 것이라면 행위자가 이를 임의로 삭제한 것은 전자기록등손괴죄에 해당한다.[967]

> [판례] 피고인이 피해자가 운영하는 'D' 병원을 퇴사하면서 위 병원의 E 블로그에 게시되어 있던 게시물들을 임의로 삭제하였는데, 설령 피고인이 위 게시물들을 작성하여 피고인에게 저작권이 인정된다고 하더라도 피고인의 계정이 아닌 피해자의 계정으로 개설된 위 병원의 E 블로그에 게시물의 작성이 완료된 경우 그 효용의 유지여부에 관한 판단은 관리자인 피해자가 하는 것이므로, 피고인이 게시물 삭제에 관하여 피해자의 동의를 받지 않고 임의로 삭제한 것은 전자기록등손괴죄에 해당한다.[968]

---

966) 대법원 2007. 11. 15. 선고 2007도5816 판결 참조
967) 수원지방법원 안산지원 2018. 6. 29. 선고 2017고단2711 판결; 병원의 산업보건팀 총괄 담당에서 평직원으로 보직이 변경되자 불만을 품고, 병원 컴퓨터 시스템의 **공용 폴더에 보관되어 있던 피해자의 전자기록**인 'E 폴더의 파일', 'E 계약서 폴더의 파일 162,795 바이트 F 교육자료 폴더의 파일 180,929,056 바이트를 각 임의로 삭제한 혐의
968) 대구지방법원 2021. 5. 12. 선고 2020고정1221 판결 전자기록등손괴

권리행사방해

예제 **E 마이티 화물차**

○ 나두목은 시흥시에서 ㈜안탄다와 ㈜너나타라를 운영하고 있다. 한편 박지입은 ㈜너나타라 명의로 등록되어 있던 E-mighty 화물차를 매수하면서 그와 동시에 화물차를 ㈜ 명의로 지입하고, 자동차등록원부에 ㈜너나타라와 박지입 사이에 위수탁계약을 체결했다는 사항을 기재한 후 화물차를 운행하고 있다. 그리고 ㈜안탄다로 등록명의를 변경하였다. 그러던 어느 날 박지입이 화성직업훈련교도소에 수감되자, 주인 없는 화물차를 이용하기 위해 회사 측에는 기회를 틈타 마이티 화물차를 가져오기로 마음먹었다. ㈜안탄다에서 지입차량 업무를 총괄하던 직원 조윅은 나두목에게 먼저 화물차을 가져오겠다고 이야기를 하였고, 나두목은 처음에는 화물차에 손대지 말라고 하였다가 나중에는 별다른 제지를 하지는 않았다. ㈜안탄다의 직원조윅은 박지입의 집을 찾아가 처에게 '남편과 다 이야기가 되었으니 차량 열쇠를 달라'고 말하여 화물차 열쇠를 받은 다음, 화물차를 운전하여 ㈜안탄다 사업장 근처로 가지고 갔다. 결국 대표 나두목은 권리행사방해죄로 기소되었다. 조윅은 증인으로 출석하여 다음과 같이 법정에서 증언하였다.

검사 : 나두목이 말하기 전에 증인이 먼저 그런 이야기를 한 건가요?

조윅 : 제가 먼저 얘기했습니다. 어차피 업무적인 것은 제가 다 처리하기 때문에.

검사 : 나두목이 승낙을 해서 '차를 가지고 와라'라고 한 건가요, 아니면 그냥 말만 하고 본인이 스스로 가지고 온 건가요?

조윅 : 사실상 승낙보다는 조치를 그렇게 취해야 된다고 통보만 하고 제가 갖고 왔습니다, 또 자신과 나두목은 사실 동업자 관계로서 주종관계가 아니기 때문에 화물차를 가지고 온 부분에 관하여 허락을 구하고 말고의 입장은 아니었다. 또(누)너나타라의 다른 지

입차주인 김지입 역시 법정에 출석하여 "조윅은 회사의 지입차주에 관한 업무를 모두 총괄했기 때문에 조윅이 사장인 줄 알고 있었다, 조윅으로부터 '타인으로부터 투자를 받아서 회사를 운영한다'는 말을 듣기도 하였다"고 증언하였다.

○ 나두목은 권리행사방해죄 유죄인가?

✔ 정답 : 권리행사방해죄 무혐의

수원지방법원 2020. 11. 11. 선고 2020노49 판결 권리행사방해를 기초로 사례를 구성하였다.

○ 권리행사방해죄는 타인의 점유 또는 권리의 목적이 된 물건 또는 전자기록 등 특수매체기록의 소유자만이[969] 범할 수 있는 진정신분범이다. 그런데 화물차 취거라는 실행행위는 피고인이 아니라 그 직원이 하였고, 피고인은 실질적 대표자로서 이를 지시한 것으로 되어 있으므로, 신분자인 피고인이 정범이 되려면 기본적으로 비신분자인 직원이 화물차를 취거하는 데 대하여 피고인이 공동정범 내지 간접정범으로 평가할 수 있어야 한다.

○ 공동정범은 공동가공의 의사와 그 공동의사에 의한 기능적 행위지배를 통한 범죄실행이라는 주관적 · 객관적 요건을 충족함으로써 성립하고, 공동정범이 성립하기 위한 주관적 요건으로서의 공동가공의 의사는 타인의 범행을 인식하면서도 이를 제지하지 아니하고 용인하는 것만으로는 부족하고, 공동의 의사로 특정한 범죄행위를 하기 위하여 일체가 되어 서로 다른 사람의 행위를 이용하여 자기의 의사를 실행에 옮기는 것을 내용으로 하는 것이어야 한다. 피고인이 직원이 이 사건 화물차를 취거하기 이전의 시점에 직원으로부터 이 사건 화물차를 취거하겠다는 말을 듣고서도 별다른 제지를 하지 않았다고 하더라도, ① 직원은 원심법정에서 "피고인이 말하기 전에 증인이 먼저 그런 이야기를 한 건가요"라는 검사의 질문에 "제가 먼저 얘기했습니다. 어차피 업무적인 것은 제가 다 처리하기 때문에"라고 진술하고, "피고인이 승낙을 해서 '차를 가지고 와라'라고 한 건가요, 아니면 그냥 말만 하고 본인이 스스로 가지고 온 건가요"라는 검사의 질문에 "사실상 승낙보다는 조치를 그렇게 취해야 된다고 통보만 하고 제가 갖고 왔습니다"라고 진술한 점, ② 직원이 당심법정에서는 "자신과 피고인은 동업자 관계로서 주종관계가 아니기 때문에 이 사건 화물의 취거에 관하여 피고인의 허락을 구하고 말고의 입장은 아니었다"는 취지의 진술을 하기도 한 점, ③ 다른 지입차주도 당심법정에서 "직원은 회사의 지입차주에 관한 업무를 모두 총괄하였기 때문에 직원이 사장인 줄 알고 있었다, 직원으로부터 '타인으로부터 투자를 받아서 회사를 운영한다'는 말을 듣기도 하였다"는 취지의 진술을 한 점, ④ 다른 지입차주들 또한 "당심에 직원이 회사 사장인 줄 알고 있었다"는 취지의 진술서를 제출한 점, ⑤ 직원의 진술에 따르더라도 피해자의 처 및 피해자로부터 이 사건 화물차의 수리를 위탁받은 자와 각 이야기를 한 다음에 이 사건 화물차를 취거하였고, 이러한 사정을 피고인에게 통보하였다는 것이므로, 피고인으로서는 반드시 피해자의

---

969) 소유자가 법인인 경우 그 형식적 내지 실질적 대표자를 포함한다

의사에 반하여 이 사건 화물차를 취거하는 것으로 인식하였으리라고는 단정하기 곤란한 점 등을 종합할 때, 피고인이 자기의 범죄의사를 실행에 옮기겠다는 의사 아래 기능적 행위지배를 한 것에 해당한다고는 보기 어렵다.

○ 간접정범은 처벌되지 아니하거나 과실범으로 처벌되는 타인의 행위를 적극적으로 유발하고 이를 이용하여 자신의 범죄를 실현하는 것을 뜻한다. 그러나 이 사건의 경우 위에서 살펴본 제반 사정에 비추어 볼 때, 검사가 제출하여 원심과 당심이 채택·조사한 증거들만으로는 직원이 이 사건 화물차를 취거하는데 대하여 피고인이 간접정범으로 평가할 수 있는 정도의 행위를 한 사실, 다시 말하여 직원이 이 사건 화물차를 취거하는 것을 적극적으로 유발하고 이를 이용하여 자신의 범죄를 실현하였다는 사실이 합리적인 의심을 배제할 정도로 증명되었다고 보기 어렵고, 달리 이를 인정할 만한 증거가 없다.

1. 의의

본 죄는 타인의 점유 또는 권리의 목적인 자기의 물건 또는 특수매체기록을 취거·은닉·손괴하는 경우에 성립하는 범죄로서, 소유자만이 범할 수 있는 진정신분범이다. 다만 권리행사방해죄의 구성요건은 지나치게 포괄적이다.[970] 특히 판례는 형법 제323조에서 정한 '타인의 권리'에는 제한물권뿐 아니라 채권도 포함되고 점유를 수반할 필요도 없다고 본다.[971] 따라서 이에 따를 때 단순한 채무불이행만으로도 권리행사방해죄가 성립할 위험이 있다. 종래 채권 침해에 대한 형사적 개입은 예외적으로 인정되었으나, '권리행사방해죄로의 쉬운 도피'로 말미암아 오히려 채권 침해에 대한 광범위한 형사 개입이 초래될 우려가 있다.[972]

2. 범죄사실 및 죄수

(1) 범죄사실의 작성

한편 본 죄의 범죄사실은 ① 자기소유 물건 등이 타인의 점유 또는 권리의 목적이 된 사실 ② 취거 은닉 또는 손괴행위, ③ 결구의 순으로 기재한다.

① 피고인은 2008. 10. 13. 18:00경 서울특별시 서초구 방배동 870에 있는 방배영어학원 원장실에서 제2의 가항과 같이 피해자 시통동으로부터 15,000,000원을 차용하고, 그 담보로 피고인 소유인 시가 10,000,000원 상당의 08로5883호 이스타나 승합차 1대의 점유를 피해자에게 이전하였다.
② 피고인은 2009. 8. 1. 08:00경 위 방배영어학원 옆 주차장에서 소지하고 있던 위 승합차의 보조열쇠로 그 곳에 주차되어 있는 위 승합차를 시동을 걸고 운전하여 갔다. ③ 이로써 피고인은 피해자의 권리의 목적이 된 피고인의 물건을 취거하여 피해자의 권리행사를 방해하였다.

(2) 죄수와 친족상도례

여러 사람의 권리의 목적이 된 자기의 물건을 취거, 은닉 또는 손괴함으로써 그 여러 사람의 권리행사를 방해하였다면 권리자별로 각각 권리행사방해죄가 성립하고 각 죄는 서로 상상적 경합

---

970) 권리행사방해죄는 형법 제정 당시 독일 형법 제289조의 질물탈취죄(Pfandkehr)에 영향을 받아 신설되었는데, 질물탈취죄는 질물 등을 탈취하는 경우에 성립하기 때문에 그 적용 범위가 한정되어 있다.
971) 대법원 1991. 4. 26. 선고 90도1958 판결 참조
972) 대법원 2020. 8. 27. 선고 2019도14770 전원합의체 판결 중 대법관 김재형의 반대의견

범의 관계에 있다.[973] 이때 권리행사방해죄가 적용되는데, 이에 해당하는지 여부는 각 죄마다 살펴보아야 한다.[974]

3. 타죄와의 관계

(1) 배임죄와의 관계

배임죄는 임무위배행위가 있어야 하고 재산상의 이익을 얻어야 하며 본인에게 손해가 발생하여야 비로소 그 죄가 성립하는 반면, 권리행사방해죄는 채권이든 물권이든 그 침해가 발생하면 바로 그 죄가 성립되므로, 규율 범위를 좁히기 위한 해석의 여지는 배임죄의 경우가 훨씬 유연하다.[975]

(2) 강제집행면탈죄와 관계 - 상상적 경합 사례

강제집행면탈죄와 권리행사방해죄의 관계가 문제되나, 하급심 가운데 이를 상상적 경합으로 처벌한 사례가 있다.[976]

[범죄사실] (전략), 박공모에게 이 사건 토지를 42억 4,000만 원(토지에 설정된 근저당권, 압류, 가압류 채무를 모두 포함한 금원)에 매도하기로 하는 매매계약을 체결한 후 이 사건 토지를 이용한 은행대출 절차를 용이하게 할 생각으로 강제경매 목적물인 이 사건 건물에 관하여 경매절차가 진행 중임을 알면서도 위 박공모는 건물 철거에 따르는 모든 법률적 책임을 지겠다는 취지의 확인서를 피고인에게 작성해 주고, 피고인은 ㈜S포장물류 명의의 건물멸실신고서를 박공모에게 건네주는 방법으로 위 건물을 철거할 것을 공모하고, 박공모는 감정평가액 합계 213,919,800원 상당인 이 사건 건물을 모두 철거하였다. 이로써 피고인은 박공모와 공모하여 강제집행을 면할 목적으로 이 사건 건물을 손괴하여 채권자인 피해자 이○○를 해하고, 동시에 피해자들의 권리의 목적이 된 ㈜S포장물류 소유인 이 사건 건물을 손괴하여 피해자들의 권리행사를 방해하였다.

(3) 업무방해죄와 관계 - 상상적 경합사례

[범죄사실의 요지] 피고인은 피해회사 현장사무실에 있는 벽과 천정텍스를 손괴한 다음 그곳에 있던 피해회사 직원인 E, F, G, H가 사용하는 컴퓨터와 책상 등 집기비품을 사무실 밖으로 모두 빼내어 위력으로써 위 E, F, G, H의

---

973)) 대법원 2022. 5. 12. 선고 2021도16876 판결
974) 대법원 2022. 5. 12. 선고 2021도16876 판결
975) 대법원 2020. 8. 27. 선고 2019도14770 전원합의체 판결 중 대법관 김재형의 반대의견, 배임죄의 규율 범위를 좁히기 위한 새로운 이론구성은 얼마든지 가능하다. 전 세계적으로 유례가 없는 권리행사방해죄의 재발견을 반드시 부정적으로 보아야 하는 것도 아니다.
976) 울산지방법원 2020. 11. 27. 선고 2020고단1026 판결

현장사무 관리업무 및 유치권행사 업무를 방해함과 동시에, 위 현장사무실이 위치한 구역에 대한 피해회사의 점유를 배제함으로써 타인의 권리의 목적이 된 위 부동산을 취거하여 피해회사의 유치권 행사를 방해하였다.[977]

[법원] 피해자 주식회사 D가 현장사무실을 유치권에 기하여 점유한 것은 적법한 권원에 기하여 점유를 개시한 것이거나 적어도 점유권원의 존부가 외관상 명백하지 아니하여 법정절차를 통하여 권원의 존부가 밝혀질 때까지의 점유로서 권리행사방해죄의 보호대상인 '타인의 점유'에 해당한다고 할 것이고, 이를 점유할 권리 없는 자의 점유임이 외관상 명백한 경우라고 보기는 어려우므로, 피고인은 미필적으로나마 피해 회사의 보호가치 있는 유치권 행사 업무를 방해하고 피해회사의 적법한 유치권 행사를 방해함으로써 권리행사를 방해한다는 것을 인식하였다고 볼 여지가 충분하다.

(4) 공무상보관물무효

자기 소유물일지라도 공무소로부터 보관명령을 받거나 공무소의 명령으로 타인이 관리하던 물건에 대해서는 형법 제142조 공무상보관물무효죄에 해당한다.

Investigation Advice

주로 민사상 계약관계자 간의 분쟁에서 발생하는 경우가 많으므로, 당사자 간 이해관계와 분쟁의 원인을 파악할 필요가 있다. 따라서 ① 본 죄의 피해객체인 물건이 무엇인지 특정하고, ② 피의자가 물건의 소유권자가 맞는지, ③ 피해자는 당해 물건에 대하여 언제부터 어떤 내용의 계약을 통해 이를 점유하게 된 것인지를 확인한다. 따라서 ④ 적법한 권원에 의한 점유 내지 권리를 주장할 수 없는 피해자로부터 물건을 취거한 행위는 본 죄에 해당하지 않는다는 점을 주의한다. ⑤ 뿐만 아니라 취거 내지 은닉의 일시, 장소, 구체적 방법 등에 대하여 상세히 조사하여야 한다.

4. 요건 개관

본 죄는 ① 타인의 점유 또는 권리의 목적인 ② 자기의 물건 또는 특수매체기록을 ③ 취거·은닉·손괴하는 경우에 성립한다. 다만 불법영득의사는 필요 없다.

---

977) 대법원 2018. 5. 15. 2018도1260 및 서울중앙지방법원 2020. 11. 24. 선고 2018노1396 판결

자기의 물건 또는 전자기록 등 특수매체기록

예제 ㈜골구로

박골재는 우산시에서 골재납품업 등을 목적으로 하는 ㈜골구로를 김덤프와 설립하고 함께 일을 하고 있다. 대표이사는 박골재의 처 나바지를 명목상으로 두고 있다. 설립 당시 사무실 집기나 사무실 보증금 등 명목으로 박골재가 1,000만 원, 김덤프가 1,000만 원을 투자하였다. 김덤프는 실질적인 운송 계약을 체결하는 업무를 하고, 박골재는 그에 따른 배차 및 직접 덤프트럭을 운전하기로 하였다. 또 가장 중요한 골재운송에 필요한 덤프트럭은 일단 할부로 구입하기로 하고, 볼보 영업용 덤프트럭 5대를 대당 2억 2천만 원에 구입하기로 하고 ㈜골구로 명의로 소유권이전등록을 하면서 농협캐피탈 주식회사로부터 5년간 할부로 구입하기로 하고 농협캐피탈 명의의 저당권을 설정해 주었다. 그러나 생각했던 대로 골재사업이 생각보다 잘되지 않았다. 할부금과 채무를 변제하지 못하게 되어 추가 긴급 사업자 대출이 필요했다. 은행에 방문하여 물어보니 연체 세금이나 할부금이 없어야 한다는 상담을 듣고 이를 변제하기 위하여 급한 대로 덤프트럭 등을 타에 담보로 제공하기로 했다. 박골재는 피해자 회사들에 대한 대출금 채무를 변제하지 못하였음에도, 돈이 급해 준 박골재는 어쩔 수 없이 사채업자로부터 9,000만 원을 차용하면서 위 덤프트럭 5대를 사채업자에게 넘겨주고 말았다. 그리고 박골재는 이 차용금으로 다른 덤프트럭들에 대한 월 할부금, 회사 업무를 위한 승용차 렌트비, 미납 세금 등의 지급을 위하여 사용하였다. 한편 나바지는 「회사의 운영, 경영, 차량구매(덤프차 및 승용차), 자금관리, 대금지급 및 각종 ㈜골구로에서 발생하는 모든 일에 대해서 D에게 모든 것을 위임합니다. 향후 C에서 발생하는 모든 일에 대해서 민·형사상 어떠한 이의도 제기하지 않겠습니다」는 내용의 위임장을 작성하여 주었기 때문에 실질적 운영자는 D라는 취지로 주장하고 있다.

○ 박골재는 농협캐피탈로부터 권리행사방해죄로 고소를 당하였다.

🛡 기본 이론

1. 자기의 소유

(1) 판단기준

자기의 소유일 것을 요하므로 그 취거, 은닉 또는 손괴한 물건이 자기의 물건이 아니라면 권리행사방해죄가 성립할 여지가 없다.[978] 여기서 자기의 물건인지 여부는 소유권의 귀속에 관한 문제로 이는 민법, 상법 기타 민사실체법에 의하여 정하여진다. 문제되는 경우를 구체적으로 검토한다. 특히 기업이나 회사의 임직원들은 자동차등록명의자가 아님에도 이들을 본 죄의 주체로 볼 수 있을지 문제된다.

1) 회사의 대표이사의 업무상 행위 : 자기 소유

법인은 대표를 통해 행위하므로, 회사 대표이사의 업무상행위는 법인의 행위로 보게 된다. 대표에는 실질적 대표자를 포함한다.[979] 다만 주의할 점은 대법원은 ① 주식회사의 대표이사가 ② 그 지위에 기하여 그 직무집행행위로서 타인이 점유하는 위 회사의 물건을 취거한 경우는 대표기관의 행위라는 이유로 '자기의 물건'으로 본다는 점이다. 반면 회사명의로 등기된 선박을 부사장이나 과점주주가 취거한 때에는 이를 부사장이나 과점주주의 소유라고 볼 수는 없다는 이유로 본 죄의 성립을 부정한다.[980]

> 피고인이 회사의 대표이사의 지위에 기하여 그 직무집행 행위로서 김채성 등의 점유하는 회사의 물건을 취거한 경우에는, 피고인의 행위는 회사의 대표기관으로서의 행위라고 평가되므로, 회사의 물건도 권리행사방해죄에 있어서의 "자기의 물건"이라고 보아야 할 것이니, 원심으로서는 피고인의 버스의 취거 행위가 회사의 대표이사의 지위에 기한 직무집행 행위인지 여부에 관하여 심리하여 할 것이다.

여러 사람이 동업관계로 회사를 설립한 경우, 동업자로서 그 회사의 실질적 운영자에 해당한다면 본 죄의 주체로 볼 수 있다고 본다.[981]

---

978) 대법원 2003. 5. 30. 선고 2000도5767 판결, 2005. 11. 10. 선고 2005도6604 판결 등
979) 수원지방법원 2020. 11. 11. 선고 2020노49 판결
980) 대법원 1984. 6. 26. 선고 83도2413 판결
981) 同旨, 부산지방법원 2015. 7. 17. 선고 2015노461 판결

2) 대리인 내지 지배인

법인의 대표기관이 아닌 대리인이나 지배인이 대표기관과 공모 없이 한 행위라도 그 직무권한 범위 내에서 직무에 관하여 타인이 점유하는 법인의 물건을 취거한 경우에는 대표기관이 한 행위와 법률적·사실적 효력이 동일하고, 법인의 물건을 법인의 이익을 위해 취거하여 불법영득의사가 없는 점과 범의 내용 등에 관해서 실질적인 차이가 없으므로 권리행사방해죄가 규정하는 '자기의 물건을 취거한 경우'에 해당한다.[982] 그러나 개인사업자에 불과하고 별개의 독립한 법인이 아닌 경우에는 위 대법원 판결은 적용되기 어렵다.[983]

[범죄사실의 요지] 주식회사 공소외 1의 관리부장인 피고인은 2018. 10. 22. 피해자인 공소외 2 주식회사가 공사대금 채권에 기하여 유치권을 행사하고 있는 부천시에 있는 이 사건 호실을 공소외 1 회사의 명의로 경락 받아 공매를 원인으로 한 공소외 1 회사 명의의 소유권이전등기를 마쳤다. 이후 피고인은 이 사건 호실 출입문 앞에 이르러 출입문에 게시되어 있는 피해 회사 소유의 '유치권 행사 공고문' 1부를 손으로 떼어내고, 드릴을 사용하여 피해자 회사가 설치해 놓은 전자열쇠를 부수고 안으로 들어간 후 새로운 전자열쇠를 설치함으로써 피해 회사의 이 사건 호실에 대한 유치권 행사를 방해하였다.
[사실관계] 부동산 임대업 등을 목적으로 하는 공소외 1 회사는 피해 회사가 관리하고 있던 이 사건 호실에 관하여 공소외 1 회사 앞으로 소유권이전등기를 마쳤다. 피고인의 동생인 공소외 3은 공소외 1 회사의 대표이사이고, 피고인은 공소외 1 회사의 관리부장으로 회사 업무를 총괄하면서 부동산 임대 및 주유소 영업 관리 업무를 담당하고 있었다. 피고인은 공소외 3에게서 이 사건 호실에 관한 모든 업무 및 권한을 위임받은 후 이 사건 호실에 가 관련 공소사실 기재 행위를 하였다.
[판단] 피고인이 공소외 1 회사의 대표기관이 아니기는 하나, 피고인의 관련 공소사실 기재 행위는 공소외 1 회사로부터 위임받은 직무권한 범위 내에서 직무에 관하여 한 행위로 공소외 1 회사의 대표기관이 한 행위와 다름없으므로 권리행사방해죄의 '자기 물건'을 취거한 행위에 해당할 여지가 크다.

A. 인정된 경우 - 전주지방법원 2017. 12. 1. 선고 2017노767 판결

E는 유한회사 J를 운영하는 피해자 G에게 E 소유의 이 사건 굴삭기를 매도하면서 이 사건 굴삭기를 피해자에게 인도하되, 매매대금 94,150,800원을 36개월에 걸쳐 골재를 납품받는 등의 방법으로 지급받기로 하고, 위와 같은 방법으로 매매대금을 모두 지급받은 후 소유권을 이전하기로 약정하였다. 피해자 운영의 J는 O와 골재 선별작업을 하기로 약정하고, 굴삭기를 안동시 I에 있는 골재 선별작업 현장으로 이동하였으나, 위 골재 선별작업이 진행되지 않았고, 피해자는 굴삭기를 골재 선별작업 현장에 방치하여 두었다. E의 대표이사 F는 피해자로부터 골재 등을 납품받지 못하고, 피해자가 알려준 장소에서 이 사건 굴삭기를 발견하지 못하자, 굴삭기의 위치를 알아낸 후 자신의 형이자 장비담당 이사라는 직책으로 재직 중인 피고인에게 이 사건 굴삭기의 취거를 지시하였고, 피고인은 위 지

---

982) 대법원 2020. 9. 24. 선고 2020도9801 판결, 2005. 1. 14. 선고 2004도8134 판결 참조
983) 同旨, 인천지방법원 2019. 1. 9. 선고 2018고단1671,2638(병합) 판결

시를 받아 보관하고 있던 예비열쇠를 이용하여 이 사건 굴삭기를 전주시 완산구 K 공사 현장으로 옮겨 놓았다. 피고인이 E의 업무집행 직원으로써 대표이사의 지시를 받아 E 소유의 이 사건 굴삭기를 취거한 이상, 이 사건 굴삭기는 권리행사방해죄의 '자기의 물건'에 해당한다고 봄이 타당하다.

B. 인정되지 않는 경우

피고인이 이 사건 회사의 자동차 렌트사업부에 속한 수원 지점의 '지점장'이 라는 직함을 사용하고 있었고 동시에 수원 지점에서 배차되는 자동차에 관한 영업사원으로 근무하고 있었던 사실은 앞서 본 바와 같다. 또한 렌트비 체납에 따른 자동차 회수의 1차 책임은 해당 자동차를 배차한 영업사원에게 있는 것으로 규정되어 있기는 하다. 그러나 피고인은 직원들을 통하여 야간에 점유자인 E가 모르게 주거지 주차장에 주차되어 있던 이 사건 자동차를 가져간 점, 피고인이 가져간 자동차는 당초 이 사건 회사와 임차 명의인 'R' 사이에 체결된 임대차계약의 목적물도 아니고, 실제로는 이를 E에게 이용하게 할 의사 없이 위 임대차계약의 목적물을 회수하기 위한 수단으로 인도한 자동차였던 점, 이와 같이 [기망행위의 방편으로 자동차를 인도한 다음 이를 점유자 몰래 다시 회수하는 행위]는 외관상 피고인의 직무 권한 범위 내에서 직무에 관하여 한 행위에 해당한다고 보기 어려운 점 등을 종합하여 보면, 설령 피고인이 이 사건 회사의 지점장이자 영업사원으로서 자신이 배차한 자동차에 대하여 그 회수에 관한 책임 내지는 권한을 가지고 있었다고 하더라도, 위와 같은 편법적인 방법으로 이 사건 자동차를 회수한 피고인의 행위가 그의 직무 권한 범위 내에서 직무에 관하여 이루어진 것으로서 이 사건 회사의 대표기관이 한 행위와 법률적·사실적 효력이 동일하여 타인이 아닌 '자기'의 물건을 취거한 경우에 해당한다고 보기는 어렵다.[984]

(2) 부동산명의신탁

실제 권리자와 등기 내지 등록부상 명의자가 불일치하는 명의신탁의 경우가 빈번히 문제된다. 부동산의 경우에는 부동산실명법이 적용된다는 점에서 자동차의 경우와 다르다(자동차는 후술).

1) 원칙 : 명의신탁계약과 등기가 무효로 되는 경우

부동산명의신탁에서 명의수탁자는 명의신탁 받은 부동산의 소유자가 될 수 없고, 이는 제3자에 대한 관계에 있어서도 마찬가지이므로, 명의수탁자로서는 명의신탁 받은 부동산이 '자기의 물건'이라고 할 수 없다.[985]

[범죄사실의 요지] 피고인은 피해자로부터 1억 9,500만 원을 차용하면서 피고인 소유의 과수원을 담보로 제공하여 피해자를 채권자로 한 근저당권 및 지상권설정등기를 경료하였음에도 군청에 폐원보상비를 지급 받을 의도로

---

984) 수원지방법원 2021. 2. 4. 선고 2020노3029 판결 절도
985) 대법원 2007. 1. 11. 선고 2006도4215 판결

채권자인 피해자의 동의 없이 과수원에 식재된 밀감나무들에 대하여 폐원신청을 하고, 밀감나무들을 굴취하는 등 손괴하여 위 피해자의 담보물에 대한 권리행사를 방해하였다.

[판단] 진흥영농조합법인이 A로부터 과수원을 매수할 당시 피고인에게 그 매수인 명의를 신탁하였고 A도 그 사실을 알고 있었다. 그렇다면 명의신탁약정 및 그에 기하여 이루어진 이 사건 과수원에 대한 피고인 명의의 소유권이 전등기는 모두 무효이므로, 과수원 및 그 지상에 식재된 감귤나무를 피고인의 소유로 볼 수 없으므로 권리행사방해의 점을 무죄로 판단한 것은 정당하다.

2) 예외

부동산실명법 제8조에 따라, 종중, 배우자, 종교단체에 대한 특례가 인정되는 경우나[986] 부동산에 관한 물권을 취득하기 위한 계약에서 명의수탁자가 그 일방당사자가 되고 그 타방 당사자가 명의신탁약정이 있다는 사실을 알지 못하는 경우에는 예외이다.[987]

또 대법원은 부동산경매절차에서 부동산을 매수하려는 사람이 다른 사람과의 명의신탁약정 아래 그 사람의 명의로 매각허가결정을 받아 자신의 부담으로 매수대금을 완납한 경우, 경매목적 부동산의 소유권은 매수대금의 부담 여부와는 관계없이 그 명의인이 취득한다고 보고 있다.[988]

[범죄사실의 요지] 피고인이, 갑 주식회사가 유치권을 행사 중인 건물을 강제경매를 통하여 자신의 아들 '을' 명의로 매수한 후 그 잠금장치를 변경하여 점유를 침탈함으로써 갑 회사의 유치권 행사를 방해하였다.

[판단] 부동산경매절차에서 부동산을 매수하려는 사람이 타인과의 명의신탁약정 아래 타인 명의로 매각허가결정을 받아 자신의 부담으로 매수대금을 완납한 때에는 경매목적 부동산의 소유권은 매수대금의 부담 여부와는 관계없이 그 명의인이 취득하게 되므로, 피고인이 위 건물에 대한 갑 회사의 점유를 침탈하였더라도 피고인의 물건에 대한 타인의 권리행사를 방해한 것으로 볼 수 없다.[989]

(3) 공유관계 ×

자기와 타인의 공유에 속하는 물건은 타인의 물건에 해당한다.

---

986) 1. 종중(宗中)이 보유한 부동산에 관한 물권을 종중외의 자의 명의로 등기한 경우
　　　 2. 배우자 명의로 부동산에 관한 물권을 등기한 경우
　　　 3. 종교단체의 명의로 그 산하 조직이 보유한 부동산에 관한 물권을 등기한 경우
987) 대법원 2007. 1. 11. 선고 2006도4215 판결
988) 대법원 2009. 9. 10. 선고 2006다73102 판결
989) 대법원 2019. 12. 27. 선고 2019도14623 판결

증 제4호증의 기재에 의하면, 피고인과 E가 이 사건 점포를 비롯한 인천 남동구 B 소재 건물을 공유(공유지분: 피고인 10분의 4, E 10분의 6)하고 있는 사실이 인정되고, 달리 검사가 제출한 증거만으로는 이 사건 점포가 피고인의 단독 소유라고 보기 어렵다.[990]

(4) 동산 양도담보 (점유개정에 의한 채무자 점유)

금전채무를 담보하기 위하여 채무자가 그 소유의 동산을 채권자에게 양도하되 점유개정에 의하여 채무자가 이를 계속 점유하기로 한 경우 특별한 사정이 없는 한 동산의 소유권은 신탁적으로 이전됨에 불과하여 채권자와 채무자 사이의 대내적 관계에서 채무자는 의연히 소유권을 보유하나 대외적인 관계에 있어서 채무자는 동산의 소유권을 이미 채권자에게 양도한 무권리자가 되는 것이다.

[범죄사실의 요지] 피고인은 광주 광산구 B에서 'C'라는 상호로 PC방을 운영하던 사람으로, 피해자 주식회사 D.으로부터 5,000만 원을 비품구매 금융 명목으로 대출 받으면서 위 PC방 안에 설치된 영업시설인 PC 100대 및 사무용품과 집기 등 별지 범죄일람표기재와 같은 물품들에 대해 채권최고액을 6,500만 원으로 한 양도담보계약을 체결하고 점유개정의 방법으로 이를 계속 점유하여 오던 중, PC방에서 위와 같이 담보로 제공한 물품 전부를 공소외 E에게 3,823만 원에 매각하였다. 이로써 피고인은 피해자 회사의 권리의 목적이 된 양도담보물을 은닉하여 피해자의 권리행사를 방해하였다.
[판단][991] 피고인이 피해자와 사이에 영업시설 물품에 관한 양도담보계약을 체결하고, E에게 처분하기 전까지 점유개정의 방법으로 이를 계속 점유하고 있던 사실을 인정할 수 있는바, 피고인과 피해자 사이의 대내적 관계에서는 피해자에게 담보로 제공한 이 사건 영업시설 물품에 관한 소유권을 피고인이 여전히 보유하고 있었다. 따라서 이 사건 영업시설 물품은 타인의 권리의 목적인 된 '자기의 물건'에 해당한다고 보아야 하므로, 피고인이 이 사건 영업시설 물품을 임의로 제3자에게 처분한 행위는 권리행사방해죄를 구성한다.

(5) 자동차 지입관계

자동차소유권의 득실변경은 등록을 하여야 그 효력이 생기므로, 승용차를 구입하여 보유 중이나 아직 피고인 명의로 신규등록 절차를 마치지 않은 미등록 상태인 경우에는 범행 당시 S렌트카㈜ 혹은 피고인의 소유물이라고 할 수 없어 권리행사방해죄는 성립되지 않는다.[992]

---

990) 서울중앙지방법원 2023. 5. 9. 선고 2022고단6501
991) 대법원 2004. 10. 28. 선고 2003다30463 판결
992) 대법원 2006. 3. 23. 선고 2005도4455 판결

한편 지입한 택시[993] 또는 굴삭기[994]를 지입차주가 임의로 취거한 경우는 명의신탁관계가 인정된다는 특별한 사정이 없는 한 본 죄의 객체가 아니다.

[사실관계] 피고인은 유한회사 N 택시에 레간자 택시를 지입하여 운행하면서 일일입금 및 공과금을 납부하지 아니하여 회사로부터 택시의 반환을 요구받았다. 그런데 피고인은 사납금 등의 문제로 다툼을 벌이던 중 퇴사통지를 받고 차량을 회사의 차고지에 입고하였다. 그러나 피고인은 가지고 있던 보조열쇠를 이용하여 임의로 위 차량을 차고지로부터 가지고 나온 후 운행하고 말았다. 이에 대해 피고인은 택시에 대한 실질적인 소유권자임에도 불구하고 지입차량임을 빌미로 회사가 횡포를 부리자 항의의 표시로서 행하였던 것일 뿐이지 권리행사를 방해하려고 하지 않았다고 한다.
[대법원] 택시는 자동차등록원부에 유한회사 낭주택시 명의로 등록되어 있으므로, 피고인이 위 택시를 위 회사에 지입하여 운행하였더라도, 피고인이 위 회사와 사이에 위 택시의 소유권을 피고인이 보유하기로 약정하였다는 등의 특별한 사정이 없는 한, 위 택시는 그 등록명의자인 위 회사의 소유이고 피고인의 소유는 아니라는 이유로 항소심을 파기환송하였다.

2. 타인 소유의 경우 - 공모관계의 입증

본 죄는 소유자만이 범할 수 있는 진정신분범이므로, 민사실체법상 소유자가 아닌 경우에 처벌의 흠결이 발생할 수 있다. 이 경우 물건의 소유자가 아닌 사람은 소유자의 권리행사방해 범행에 가담한 경우에 한하여 처벌할 수 있다. 즉 범죄 실행행위를 소유자가 아닌 사람이 하였고, 이에 관여한 것이라면, 소유자가 소유자 아닌 자에 대해 공동정범 내지 간접정범이 성립하는 경우라야 한다.[995]

(1) 공동정범 내지 간접정범

공동정범이 성립하기 위해서는 주관적 요건으로서 공동가공의 의사와 객관적 요건으로서 공동의사에 기한 기능적 행위지배를 통한 범죄의 실행사실이 필요하다. 공동가공의 의사는 타인의 범행을 인식하면서도 이를 제지하지 아니하고 용인하는 것만으로는 부족하고, 공동의 의사로 특정한 범죄 행위를 하기 위해 일체가 되어 서로 다른 사람의 행위를 이용하여 자기의 의사를 실행에 옮기는 것을 내용으로 하는 것이어야 한다. 따라서 공동정범이 성립한다고 판단하기 위해서는 범죄실현의 전 과정을 통하여 행위자들 각자의 지위와 역할, 다른 행위자에 대한 권유 내용 등을 구

---

993) 대법원 2003. 5. 30. 선고 2000도5767 판결
994) 대법원 1985. 9. 10. 선고 85도899 판결
995) 수원지방법원 2020. 11. 11. 선고 2020노49 판결

체적으로 검토하고 이를 종합하여 공동가공의 의사에 기한 상호 이용의 관계가 합리적인 의심을 할 여지가 없을 정도로 증명되어야 한다. 그러므로 공모관계 입증의 마땅한 증거가 없다면, 내연관계 등 인적관계만으로 공모관계를 짐작하여 기소하게 될 경우, 소유 명의자 내지 행위자 모두 처벌할 수 없게 된다.

[사실관계] 이 사건 에쿠스 승용차는 피고인과 사실혼 관계에 있던 공소외인 명의로 등록되어 있다. 공소외인은 피고인과 함께 이 사건 권리행사방해의 공동정범으로 공소 제기되었다가 제1심에서 2015. 12. 14. 분리 선고되면서 유죄가 인정되어 벌금 200만 원을 선고받고 항소하였다. 항소심에서 이 사건 권리행사방해 범행은 피고인이 공소외인의 동의 없이 임의로 저지른 것이고, 공소외인이 피고인과 공모하였다는 점에 관한 증명이 부족하다는 이유로 무죄판결을 받았고 이후 위 판결이 확정되었다.
[판단] 공동정범으로 기소된 위 에쿠스 승용차의 소유자인 공소외인이 무죄인 이상, 피고인 단독으로는 더 이상 권리행사방해죄의 주체가 될 수 없고, 달리 피고인이 위 에쿠스 승용차의 소유자임을 인정할 증거가 없다.

(2) 교사의 경우

교사범이 성립하려면 교사자의 교사행위와 정범의 실행행위가 있어야 하므로, 정범의 성립은 교사범 구성요건의 일부이고 교사범이 성립하려면 정범의 범죄행위가 인정되어야 한다.[996] 따라서 소유자 아닌 자가 소유자를 '교사'한 경우에는 권리행사방해죄는 성립하지 않는다.

[공소사실의 요지] 피고인은 서울 서초구에 있는 이 사건 건물을 다른 사람과 공동으로 건축하여 관리하고 있다. 공소외 1은 이 사건 건물 및 부지를 매입하기 위한 공탁금, 등기비용 기타 소요자금 7억 원을 대납하는 조건으로 이 사건 건물 5층에서 약 2개월 동안 아내인 피해자 공소외 2를 포함한 가족들과 함께 임시로 거주하고 있다. 피고인은 이 사건 건물 5층에서 피해자를 만나 위 돈이 입금되지 않았다면서 퇴거를 요구하였으나 받아들여지지 않자, 피해자의 가족을 내쫓을 목적으로 아들인 공소외 3에게 이 사건 건물 5층 현관문에 설치된 디지털 도어락의 비밀번호를 변경할 것을 지시하였고, 공소외 3은 피고인의 지시에 따라 이 사건 도어락의 비밀번호를 변경하였다.
[판단] 이 사건 도어락은 피고인 소유의 물건일 뿐 공소외 3 소유의 물건은 아니라는 것이다. 따라서 앞서 본 법리에 비추어 보면, 공소외 3이 자기의 물건이 아닌 이 사건 도어락의 비밀번호를 변경하였다고 하더라도 권리행사방해죄가 성립할 수 없고, 이와 같이 정범인 공소외 3의 권리행사방해죄가 인정되지 않는 이상 교사자인 피고인에 대하여 권리행사방해교사죄도 성립할 수 없다.[997]

---

996) 대법원 2000. 2. 25. 선고 99도1252 판결 등 참조
997) 대법원 2022. 9. 15. 선고 2022도5827 판결

예제 **로열 아파트**

○ 박서초는 서울 서초구 로열아파트 106동 1005호의 등기부상 소유자이다. 박서초는 현재 아파트 일부 지분에 대하여 민사소송 계속 중이다. 박서초의 조카인 박피해는 아파트에 대하여 박서초와 임대차계약을 체결하였다고 주장하며 민사소송 계속 중이다. 그리고 박피해는 현재 아파트에 살고 있다. 박서는 박피해에게 거듭 퇴거요청을 했음에도 불구하고 나가지 않아 아파트에 가서 열쇠공을 불러 자물쇠를 바꿨다.

○ 박서초는 박피해에 대해 권리행사방해죄가 성립하는가?

✓ 정답 : 권리행사방해죄 유죄

　피고인 및 변호인은, 피해자가 주장하는 임차권(전세권)은 허위의 권리로서 인정할 수 없다고 주장하나, 설령 피고인의 주장과 같이 피해자가 주장하는 임차권 내지 전세권이 관련 민사소송에서 인정되지 않았다고 하더라도, 앞서 본 바와 같이 피고인이 피해자가 이 사건 아파트에서 거주하는 것을 허락하였고, 그에 따라 피해자의 이 사건 아파트에 대한 점유가 적법하게 개시된 이상 피해자에게는 정당한 점유권원(사용대차)이 있었다고 할 것이므로, 가사 그 후 피해자가 주장하는 다른 점유 권원(임차권 또는 전세권)이 민사소송에서 인정되지 않았거나, 피고인의 일방적 의사표시에 의하여 위 사용대차 관계가 종료되었다고 하더라도(민법 제613조 제2항 단서 참조) 앞서 본 법리에 의할 경우 그러한 피해자의 점유 역시 형법상 권리행사방해죄에서 보호되어야 하는 '타인의 점유'(= 일단 적법한 권원에 기하여 점유를 개시하였으나 사후에 점유 권원을 상실한 경우의 점유)에 해당하는 점, 형법 제323조의 권리행사방해죄는 타인의 권리의 목적이 된 자기 소유의 물건을 취거, 은닉 또는 손괴하여 타인의 권리행사가 방해될 우려가 있는 경우에 성립하는 위태범이라 할 것인데, 피고인이 이 사건 아파트의 점유자인 피해자의 퇴거를 위하여 피해자가 점유 중인 위 아파트의 자물쇠(잠금장치)를 교체한 것만으로도 피해자의 위 아파트에 대한 점유권 내지 채권적 권리 행사가 방해될 우려가 있었다고 봄이 상당한 점 등을 고려해보면, 피고인의 판시 범죄사실 기재 범행은 넉넉하게 성립한다 할 것이다.[998]

---

998) 대구지방법원 2017. 11. 10. 선고 2017고정605 판결

🎖️ 기본 이론

　본 죄에서 타인의 점유란, 권원으로 인한 점유 즉 정당한 원인에 기하여 그 물건을 점유하는 권리가 있는 점유를 말한다.[999] 그러나 반드시 **점유할 권원에 기한 점유**만을 의미하는 것은 아니다. 따라서 다음과 같이, **법정절차를 통한 분쟁 해결시까지 잠정적으로 보호할 가치 있는 점유는 모두 포함된다. 다만 절도범인의 점유와 같이 점유할 권리 없는 자의 점유임이 외관상 명백한 경우는 포함되지 않는다.**

1. 적법 권원으로 점유를 개시하였으나 사후 점유권원 상실

　일단 적법한 원유에 기하여 점유한 이상 설사 그 후에 그 점유물을 소유자에게 명도해야 할 사정이 발생하였더라도 점유자가 임의로 명도 하지 아니하고 계속 점유하고 있다면 그 점유자는 의연히 동조 소정의 타인의 물건을 점유하는 자에 속한다.

> 피고인이 피해자로부터 건물을 명도 받기 이전 피해자가 거주하고 있는 방의 천정 및 마루바닥판자 4매를 뜯어내어 권리행사를 방해하였다. 이와 관련 피해자에 의한 점유가 불법점유이어서 피고인에게 권리행사 방해가 성립될 수 없다는 취지의 논지는 받아들일 수 없다.[1000]

2. 법정절차를 통하여 권원의 존부가 밝혀질 때까지의 점유

> [사실관계] 대림렌트카㈜의 공동대표이사 중 1인이 피해자에 대한 개인적인 채무의 담보 명목으로 회사가 보유 중이던 이 사건 승용차를 피해자에게 넘겨주었다. 피해자는 위 승용차를 약 4개월 동안 위 회사에서 수시로 연락 가능한 피해자의 사무실 등지에서 운행해 오면서 회사 직원의 승용차 반환요구를 공소외인에 대한 채권 및 위 담보제공 약정을 이유로 거절해 왔다. 그러자 회사 공동대표이사 중 1인인 피고인은 피해자의 공소외인에 대한 채권의 존부 및 위 담보제공 약정의 효력에 관하여 피해자와 직접 접촉하여 관련 사실 및 증빙자료를 확인하는 등의 절차를 밟지 않은 채 피해자 사무실 부근에 주차되어 있는 이 사건 승용차를 몰래 회수하도록 하였다.
> [대법원] 피해자의 이 사건 승용차에 대한 점유는 법정절차를 통하여 점유 권원의 존부가 밝혀짐으로써 분쟁이 해결될 때까지 잠정적으로 보호할 가치 있는 점유에 포함된다고 봄이 상당하다. 한편, 피해자가 위와 같은 경위로 채권 및 담보제공 약정을 이유로 승용차의 반환을 거절하고 있는 경우이든, 이 사건 승용차를 단순히 임차하였다가 그 반환을 거부하고 있는 경우이든 두 경우 모두 권리행사방해죄에서의 보호대상인 점유에 해당한다. 그러므로 피해자가 승용차를 단순히 임차하였다가 반환을 거절하는 것으로 잘못 알고 있었다는 사정만으로는 피고인에게 권리행사방해의 고의가 없었다 볼 수 없다.

---

999) 대법원 1994. 11. 11. 선고 94도343 판결
1000) 대법원 1977. 9. 13. 선고 77도1672 판결

3. 동시이행항변권 등으로 대항할 수 있는 점유

쌍무계약이 무효로 된 경우 각 당사자의 반환의무는 동시이행 관계에 있으며, 이는 경매절차가 무효로 된 경우에도 마찬가지이다. 무효인 경매절차에서 경매목적물을 경락받아 이를 점유하고 있는 낙찰자의 점유는 적법한 점유로서 그 점유자는 권리행사방해죄에 있어서의 타인의 물건을 점유하고 있는 자에 해당한다.

[사실관계] 대전 중구 소재 토지와 그 지상의 기존 건물은 원래 피고인의 소유였는데, 토지 및 기존 건물에 관하여 는 주식회사 충일금고를 근저당권자로 하는 등기가 경료되었다. 그 후 피고인은 기존 건물 전체를 완전히 헐어낸 다음 동일성이 없는 철근콘크리트조 슬래브지붕 3층 건물을 신축하였다. 그 후 충일금고는 임의경매신청을 하여 경매절차가 진행된 결과 H가 낙찰받아 그 낙찰대금을 완납하였고 H의 명의로 소유권이전등기가 마쳐졌다. H는 그 무렵부터 현존 건물 중 1층의 캐스팅양품점 및 시온쇼핑을 제3자에게 임대하여 준 상태였다. 그런데 피고인은 ① 양품점 점포에 피해자가 채워 놓은 자물쇠를 절단기로 절단하고 그곳에 임의로 시설한 후 세훈복권방을 운영하 였다. 또 ② 건물의 1층 시온쇼핑'이라는 점포에 B가 채워 놓은 자물쇠를 절단기로 절단하고 그곳에 시설된 바닥 장판, 전기시설 등을 전부 뜯어내고 B로 하여금 철학관을 운영하게 하였다.
[대법원] 사정이 위와 같다면 H는 무효인 경매절차에서 위 건물을 낙찰받고 그 일부를 점유하게 되었으므로 위 건 물을 점유할 권원은 없다고 할지라도 적어도 피고인에 대한 동시이행의 항변권을 가지고 있어서 위 건물 중 강석 순의 점유부분을 적법하게 점유하고 있었다. 따라서 H는 권리행사방해죄에 있어서의 타인의 물건을 점유하고 있 는 자에 해당된다.[1001]

4. 절도범인의 점유는 제외[1002]

그러나 **적법한 권원에 의한 점유 또는 권리를 주장할 수 없는 피해자**로부터 물건을 취거한 행위 는 권리행사방해죄를 구성하지 않는다.[1003]

지입차주 A가 피해자에게 지입차량을 매도하였으나, A가 지입회사에 대한 할부금, 대출금 등의 채무를 변제하지 못하게 되자 지입회사의 대표이사인 피고인이 A로부터 지입회사에 대하여 차량에 대한 모든 권리를 포기한다는 차 량포기각서를 받은 다음 지입차량을 운전하여 가져왔다. A가 지입회사의 승낙 없이 지입차량을 피해자에게 양도한 행위는 지입회사에 대하여 효력이 없으므로, 피고인이 지입회사에 대하여 지입차량에 대한 적법한 권원에 의한 점 유 또는 권리를 주장할 수 없는 피해자로부터 지입차량을 취거한 행위는 권리행사방해죄를 구성하지 아니한다.

1001) 대법원 2003. 11. 28. 선고 2003도4257 판결
1002) 대법원 1994. 11. 11. 선고 94도343 판결
1003) 대법원 2002. 1. 11. 2001도3932(공보불게재)

따라서 절도범인의 점유와 같이 점유할 권리 없는 자의 점유임이 외관상 명백한 경우도 본 죄의 점유에 포함되지 않는다.

피고인이 자신의 집 마당에 보관하고 있는 이 사건 솥을 피고소인들이 피고인의 허락 없이 함께 운반하여 가져갔다 하더라도 그 솥이 피고소인 A의 소유이고 피고인이 이를 절취하여 점유보관하고 있던 것인 이상 피고소인들의 소위는 권리행사방해죄를 구성하지는 않는다.

Section 4 │ 타인 권리의 목적

예제 삼성목장

○ 박달재는 삼성목장을 운영하고 있다. 서장원봉과 지존작업(잡목, 잡초 등을 제거해서 묘목의 식재에 적합하도록 정리)계약을 체결하였다. 그 내용은 아래와 같다.

- 아래 -

① 작업비용은 서장원이 부담하는 대신 박달재는 생산된 부산물을 인도증에 의한 전량을 인도하기로 하였다. ② 다만 서장원이 1개월 안에 벌채 및 화입작업을 완료하면 부산물인 원목을 반출할 수 있으나, 작업을 모두 완료되지 못하면, 그 반출도 하지 못하기로 하였다. 그런데 서장원이 작업도중 자금이 여의치 않자, 지존작업일체를 김형배에게 넘기면서(박달재는 승인한 적 없다고 주장한다), 부산물인 입목도 김형배가 반출하여 판매 처리하도록 하였다. 그 후 김형배는 작업현장을 인수하여 입목 벌채 작업에 착수한 다음 입목 하산작업까지 완료하였으나 화입작업[1004]까지는 마쳐주지는 못하고 있었다. 그러던 중 박달재는 다른 사람에게 산출된 원목을 매도하여 트럭 실어 가게 하였다.

○ 박달재는 권리행사방해죄에 해당하는가?

1004) 산불이 나기 쉬운 지역에서는 큰 산불이 나라 산림을 망치는 것을 사전에 예방하기 위해, 국립공원 같은 곳에서는 주기적으로 산불을 내기도 하는데, 처방화입이라 한다

✓ 정답 : 권리행사방해죄 유죄

본 사건은 주위적으로는 절도죄, 예비적으로 권리행사방해죄로 기소되었다.

🪦 절도죄의 성립여부 무혐의

먼저 이 사건 입목이 공소사실 기재와 같이 위 K의 소유인지에 관하여 실피건대 공소사실기재와 같이 가사 위 K가 피고인의 승낙을 얻어 입목벌채작업을 완료했다 하더라도 이러한 시실만으로 곧바로 이 사건 입목의 소유권이 동인에게 귀속되는 것은 아니고 **그 소유권자인 피고인이 동인에게 이 사건 입목에 관한 소유권이전의 의사표시를 하고 이를 인도함으로써 비로소 소유권 이전의 효력이 생긴다할 것인데 검사가 제출한 모든 증거를 살펴보아도 피고인이 위 K에게 이 사건 입목에 관한 소유권이전의 의사표시를 하고 이를 인도하였다고 볼만한 증거가 없다.** 또한 이 사건 입목이 위 K의 점유하에 있었으므로 간이 인도방식에 따른 양도를 한 것으로 볼 수 있는가 하는 점에 관하여 보건대 **간이 인도라함은 점유가 이미 이전되어 있는 경우 양 당사자간의 소유권 양도에 관한 합의만으로 양도할수 있다는 것으로 기록을 자세히 살펴보아도 피고인과 위 K 사이에 그러한 합의가 있었다고 볼만한 증거도 없다. 따라서 피고인에 대한 절도의 점은 그 증명이 없는 경우**에 해당한다.

🪦 권리행사방해의 여부 : ○

대법원은 권리행사방해죄의 구성요건 중 타인의 '권리'란 반드시 제한물권만을 의미하는 것이 아니라 물건에 대하여 점유를 수반하지 아니하는 채권도 이에 포함되므로, 피해자가 이 사건 원목에 대한 인도청구권을 가지고 있었다면 이 사건 원목은 피해자의 권리의 목적이 된 물건이라고 볼 여지가 있다고 보았다.

🎖 기본 이론

타인권리의 목적이란, 타인의 제한물권 또는 채권의 목적이 된 자기의 물건을 말한다.

1. 타인의 제한물권

소유권은 물건을 전면적으로 지배하여 자유롭게 이용할 수 있는 권리임에 반하여, 제한물권은 어떤 특정의 목적으로 일시적으로 물건을 지배하는 권리이다. 소유권의 권능 일부를 제한하므로 '제한물권'이라 부른다. 여기에는 건물을 건축하거나 수목을 식재할 목적으로 토지를 사용할 수 있는 지상권이나 전세권 등과 같은 용익물권과 유치권, 질권, 저당권 등과 같이 담보의 목적으로 물건을 지배하는 담보물권으로 나뉜다. 피해자가 채권에 권리질권을 설정하면서 채권의 담보물인 저당권에 질권의 부기등기를 한 경우도 포함된다.[1005]

2. 채권

(1) 점유를 수반하지 아니하는 채권 ○

타인의 '권리'에는 **물건에 대하여 점유를 수반하지 아니하는 채권**도 포함된다.[1006] 배임죄가 성립하지 않는 동산 이중매매의 경우 권리행사방해죄를 적용할 실익이 있다. 그러나 주의할 점은 단순히 점유 없는 채권적 사용관계가 종료된 것은 포함되지 않는다.

> [사실관계] 본 건 변소는 피고인의 선대가 건립하여 피고인이 물려받은 피고인의 소유이고 6. 25 당시에 피난민들이 이웃에 많이 거주하면서 변소가 없어 변소를 같이 사용할 것을 간청함으로 편의를 보아주는 의미에서 변소를 같이 사용할 것을 선대가 허락하여 준 결과 피난민들이 같이 사용하여 왔으며, 사용자들이 약 6년 전에 그들의 비용으로 보수를 하게 되었으나, 피고인이 사용자들에게 사용중지를 통고하였다.
> [판단] 이와 같은 경우 변소 사용권은 점유권이라기보다 채권적인 사용관계라고 보아지는 만큼 피고인이 사용자들에게 그 변소의 사용중지를 통고한 후, 위 변소를 손괴하였다고 하더라도 권리행사 방해죄가 성립될 수 없다.[1007]

물건에 대한 점유를 수반하지 않는 채권도 권리행사방해죄의 객체를 인정하는 일반적인 대법원의 입장과 일견 모순되어 보인다. 그러나 생각건대, 변소 사용의 편의를 봐준 것은 사용대차계약

1005) 수원지방법원 2014. 2. 12. 선고 2013노4401 판결
1006) 대법원 1991. 4. 26. 선고 90도1958 판결
1007) 대법원 1971. 6. 29. 선고 71도926 판결, 물건에 대하여 점유를 수반하지 아니하는 채권도 이에 포함된다는 것이 판례의 태도인 점에 비춰 판례의 표현은 의문이다.

을 체결한 것으로 보인다. 그 존속기간을 정하지 사용대차계약의 경우, 사용수익에 충분한 기간이 경과한 때에는 대주는 언제든지 계약을 해지할 수 있다는 점에서 모순된 판시는 아닌 것으로 보이고,[1008] 점유를 수반하지 않는 채권의 범위는 지나치게 광범하여 제한적으로 해석해야 할 필요가 있고, 따라서 형사법적으로 보호받을 만한 권리 내지 점유관계가 확립되지 않은 경우에 무리하게 본 죄를 적용하는 것은 자제함이 타당하다. 아래 사안은 같은 맥락에서, 남편이 자기 명의로 차량을 구입하여 단지 아내에게 사용하도록 한 사안에서, 이혼소송 중 법원의 임시보호명령이 있다하여 기존 피고인이 운행하던 차량의 점유가 상실된다고 볼 수 없다는 사례이다.

[범죄사실의 요지] 피고인은 처에게 BMW 승용차를 사주면서 명의는 피고인 명의로 둔 채 피해자에게 계속 사용하도록 하였는데, 피해자와 이혼소송이 시작되고 가정법원의 임시보호명령에 따라 피해자의 주거지 100미터 이내에 접근이 금지되는 등 다툼이 계속되자 재산분할에 대비하여 피해자가 점유하는 이 사건 승용차를 취거하여 처분하기로 마음먹었다. 그 정을 모르는 지인에게 전화하여 "지하 주차장에 있는 자신의 차를 가져다 달라"고 부탁하고, 미리 소지하고 있던 차키를 건네주어, 피해자의 부모 주거지인 아파트 지하주차장에 주차되어 있던 이 사건 승용차를 운전하여 나오게 하였다.

[사실관계] 피고인은 이 사건 승용차를 구입하여 자신 명의로 소유권 등록 후 아내인 피해자에게 이를 사용하도록 한 사실, 피고인과 피해자는 2019. 5. 24.경부터 별거하였고, 피고인이 2019. 7. 2. 피해자를 상대로 이혼소송을 제기하였으며, 서울가정법원의 임시보호명령에 따라 피고인이 피해자의 주거지인 위 E 아파트에서 100미터 이내에 접근이 금지된 사실이 인정된다.

[판단] 피고인이 이 사건 승용차를 피해자에게 사용하도록 한 이후에도 관련 할부금 및 자동차보험료, 과태료 등을 피고인이 전적으로 납부하였고, 피고인도 위 승용차 열쇠를 가지고 있었으며, 피해자가 주로 이 사건 승용차를 사용하기는 하였으나 피고인도 종종 이 사건 승용차를 사용하였음을 알 수 있다(피고인은 수사기관에서 "이 사건 승용차를 직접 운전하여 아이들을 병원이나 학원에 데려다 준적도 많았다"고 진술하였는바, 그 진술이 허위라고 보이지 않는다). 이에 비추어 보면 피고인은 이 사건 승용차를 구입한 이래 사건 일시인 2019. 9. 16.까지도 여전히 이 사건 승용차를 소유 및 점유하고 있었다고 볼 것이고, 피고인이 별거하여 위 E아파트에서 나갔다거나 법원의 임시보호명령에 따라 위 아파트에 접근이 금지되었다고 하여 이 사건 승용차의 점유까지 배제된다거나 이 사건 승용차의 소유자로서 이를 취거(점유 이전)할 권한까지 상실하였다고 보기는 어렵다(그렇게 볼만한 아무런 법률적인 근거가 없다). 반면 피고인이 피해자에게 이 사건 승용차를 사용하도록 하였다는 점 외에는 피해자가 이 사건 승용차를 전적으로 점유할 특별한 권원이 있다고 보이지도 않는다(피고인과 피해자 사이에 내부적으로 피해자가 승용차의 소유권을 갖기로 하였다는 등의 사정도 찾아볼 수 없다). 만약 공소사실대로라면 피고인은 승용차를 운행할 수 없는 대신 소유명의자로서 과태료 납부 등 관련 의무만을 부담하여야 하는 불합리한 결과가 발생한다. 피고인으로서는 법원의 접근금지명령에 따라 피해자의 주거지 100미터 이내에 접근할 수 없었기 때문에 타인을 통하여 이 사건 승용차를 가져올 수밖에 없었던 것으로 보인다. 피고인은 자신이 보유하고 있던 차량 열쇠로 승용차를 가져왔을 뿐 차량 문을 강제로 여는 등의 행위는 하지 않았다. 결국 피해자에게 승용차에 대하고 보기 어려울 뿐만 아

1008) 민법 제613조 제2항

니라, 피고인이 이 사건 승용차의 소유자로서 그 점유를 이전시킨 것은 정당한 권리 행사로 보일 뿐 피고인에게 권리행사방해의 고의가 있었다고 보이지 않는다.

1) 물건에 대한 인도청구권이 있는 경우

피해자와 피고인 간에 '피해자가 이 사건 임야의 입목을 벌채하는 등의 공사를 완료하면 피고인은 피해자에게 그 벌채한 원목을 인도한다'는 내용의 계약이 성립되었고 피해자가 위 계약상 의무를 모두 이행한 사안에서, 피해자가 이 사건 원목에 대한 인도청구권을 가지고 있었다면 이 사건 원목은 피해자의 권리의 목적이 된 물건이라고 볼 여지가 있다.[1009]

2) 매매계약의 목적물인 경우

[범죄사실의 요지] 피고인은 수박, 메론 등을 재배하는 농민이고, 피해자 C는 농산물 도매상이다. 피고인은 피해자에게 피고인이 경작하던 전남 영암군 D 일대 비닐하우스 6,500평에서 재배한 수박을 매도하고, 즉석에서 계약금으로 3,000만 원, 2015. 6. 19. 잔금으로 6,300만 원을 받았으나, 2015. 6. 말경 피해자가 위 비닐하우스의 수박을 수확하는 과정에서 일부 수박에 바이러스가 감염된 것으로 의심되자, 위 비닐하우스에 남아 있는 수박을 손괴하여 바이러스 발병의 증거를 없애기로 마음먹었다. (중략). 피고인은 비닐하우스에 있던 '피해자에게 인도해야 할 피고인 소유'인 수박 1,589개를 따서 비닐하우스 사이에 버려 이를 손괴하였다. 이로써 피고인은 피해자의 권리의 목적이 된 피고인의 물건을 손괴하여 피해자의 권리행사를 방해하였다.
[판단] 1 피해자는 수사기관에서부터 원심 법정에 이르기까지 사전에 피고인에게 피해자가 수확해 가지 아니한 수박을 자르지 말고 그대로 놔두라는 취지로 말하였다고 일관되게 진술하였고, E의 수사기관에서의 진술도 이에 부합하는 점, 2 피고인과 피해자사이에 수박에 관하여 매매계약이 체결되었으나, 피해자가 수확해 가지 아니한 수박은 명인방법 등의 절차가 취해지지 아니한 이상 그 소유권이 피고인에게 있는 점, 3 피해자가 수확해 가지 아니한 수박이 가치가 있는지 여부는 매도인인 피고인이 아니라 매수인인 피해자가 판단하는 것이 타당하고, 위 수박의 가치여부에 대한 판단이 내려지지 아니한 상황에서 위 수박이 완전히 멸실되지 아니한 이상 설사 일부 바이러스에 감염되었다 하더라도 이를 두고 피고인의 수박 인도의무가 이행불능이 되었다고 볼 수 없는 점 등에 비추어 보면, 피고인이 피해자의 권리의 목적이 된 피고인 소유의 수박을 손괴한 사실을 충분히 인정할 수 있으므로, 피고인의 위 주장은 이유 없다.[1010]

3) 대물변제예약의 목적이 된 경우

정지조건이 있는 대물변제예약의 목적이 된 물건도 본 죄의 객체가 된다.[1011]

1009) 대법원 1991. 4. 26. 선고 90도1958 판결
1010) 광주지방법원 2017. 7. 19. 선고 2016노4808 판결
1011) 대법원 1968. 6. 18. 선고 68도616 판결

피고인은 피해자와 사이에 피해자에 대하여 부담하는 원단대금채무 1억 3,600만 원 상당에 대하여 같은 달 27.까지 변제하지 않을 경우 피고인이 F와 G에 보관하여 둔 이 사건 의류를 대물변제하기로 하되, 다만 위 의류에 대하여 피고인이 F와 G에 지급할 공임은 피해자가 지급하기로 하는 약정을 하였던 점, 피고인은 그 무렵 F의 J와 G의 K에게 위와 같은 약정이 있었다는 취지의 언급을 한 것으로 보이는 점, 당시 이 사건 의류의 소유권은 하청업체인 F와 G에 원단 가공을 의뢰하여 의류를 제조한 피고인에게 있었던 점, 피고인은 피해자에게 원단대금을 지급하지 아니하였음에도, 그로부터 약 1달 뒤에 F와 G의 인건비를 지급하여 이 사건 의류를 회수하였던 점, 피해자는 피고인의 위 회수 전까지 F와 G에게 이 사건 의류에 관한 공임을 지급하고 이 사건 의류의 반환을 요청하는 등의 예약완결권을 행사하지 아니한 점 등에 의할 때, 이 사건 약정은 정지조건 있는 대물변제의 예약이라고 할 것인데, 피고인이 2012. 11. 27.까지 피해자에게 원단대금을 지급하지 아니하여 위 정지조건이 성취되어 피해자가 예약완결권을 가지게 된 상황에서, 피고인이 앞서 본 바와 같이 무단으로 F와 G에 공임을 지급하여 자기 소유의 이 사건 의류를 취거한 이상, 이는 앞서 본 법리에 따라 타인의 권리의 목적이 된 자기의 물건을 취거한 행위로 판단되므로, 권리행사방해죄가 성립한다.[1012]

4) 가압류의 목적인 경우

가압류된 건물의 소유자가 채권자의 승낙 없이 그 건물을 파괴, 철거한 행위는 권리행사방해죄를 구성한다.[1013]

피고인은 이 사건 건물을 철거하기 전인 2020. 5. 1. 이 사건 건물에 가압류가 설정되어 있다는 사실을 강남구 소속 공무원으로부터 고지 받았고, 이 사건 건물에 대한 철거작업이 시작된 다음날인 2020. 5. 6. 가압류결정정본을 송달받은 사실을 알 수 있다. 이러한 사실에 의하면 피고인은 가압류가 설정되어 있는 이 사건 건물을 손괴한다는 인식이 있었음을 인정할 수 있고, 따라서 피고인에게 권리행사 방해의 고의가 있었음을 인정할 수 있다. 피고인이 가압류의 법적 의미와 효과를 알지 못했다고 하더라도, 가압류가 설정되기 전부터 재건축을 예정하고 있었다고 하더라도, 피고인의 고의 인정에 방해가 되지 않는다.

5) 동산양도담보의 목적

[범죄사실의 요지] 피고인은 목포시 D에 있는 E법률사무소에서 피해자와 위 사기사건과 관련해 5,000만 원에 형사 합의를 하되, 그 즉시 합의금의 일부인 1,800만 원을 지급하고, 남은 3,200만 원은 2018. 3. 31.까지 지급해 주기로 약정하면서, "잔여 합의금 3,200만 원에 대한 담보로 전남 해남군 F 등 5필지에 심어진 내 소유의 보리 전부에 대한 수확권을 당신에게 넘기겠다. 약정 변제기일인 2018. 3. 31.까지 3,200만 원을 변제하지 않을 시, 그 보리는

1012) 의정부지방법원 2013. 12. 10. 선고 2013고단2589 판결
1013) 대법원 2022. 5. 12. 선고 2021도16876 판결 : 상고기각, 서울중앙지방법원 2021. 11. 24. 선고 2021노1142 판결

완전히 당신 소유이다."고 말하고 그러한 취지로 협약서를 작성하여 줌으로써 위 전남 해남군 F 등 5필지에 심어진 보리 전부에 대해 양도담보계약을 체결하였다. 그럼에도 피고인은 피해자의 동의 없이 임의로 위 5필지에 심어진 보리를 수확한 후 제3자에게 처분하였다. 이로써 피고인은 피해자의 권리의 목적이 된 자기의 물건을 손괴, 은닉함으로써 피해자의 권리행사를 방해하였다.[1014]

[판단] 1 피해자 B는 수사기관에서 피고인이 돈을 지급하지 않아 이 사건 보리를 수확하려고 하였는데 피고인과 연락이 되지 않았고 이후 다른 사람으로부터 피고인이 보리를 수확해버렸다는 말을 듣고 보리밭에 가서 확인하게 되었다고 진술한 점, 이에 위 피해자는 2018. 7. 29. 피고인에게 보리를 함부로 판 것에 대해 항의하는 문자메시지를 보내기도 한 점, 위 피해자의 남편 V도 당심 법정에서 피고인에게 보리 수확에 동의해 준 사실이 없다는 취지로 진술한 점, 피고인은 이 사건 보리가 있음을 전제로 피고인에게 양도담보를 설정하였고, 위 피해자가 수확이 끝난 이후 보리밭을 찍은 사진에 의하더라도 단순히 잡초 등을 제초한 것으로 보이지 않는 점, 이 사건 보리가 실제로 제대로 자라지 못하였다고 하더라도 이 사건 보리가 위 피해자에게 양도담보된 상태였다는 것은 동일한 점을 종합하면, 피고인은 위 피해자에게 양도담보된 이 사건 보리를 수확하여 피해자의 권리행사를 방해한 사실을 인정할 수 있다.[1015]

Section 5 │ 취거 · 은닉 · 손괴

🎖 기본 이론

1. 취거

취거라 함은 **그 점유자의 의사에 반하여 그 점유자의 점유로부터 자기 또는 제3자의 점유로 옮기는 것**을 말한다. 따라서 **점유자의 의사나 그의 하자있는 의사에 기하여 점유가 이전된 경우는 취거로 볼 수는 없다.**[1016] 이때 불법영득의사를 요하지 않음은 물론이다.

채권자인 A가 채무자인 피고인으로부터 차용금 채무의 담보로 제공받은 피고인 소유의 그 설시 맥콜을 B 등 2인에게 보관시키고 있던 중 피고인이 위 맥콜은 C로부터 교부받은 것이고 이를 동인에게 반환한다는 내용으로 된 반환서를 C에게 작성해 주어 C가 B 등 2인에게 반환서를 제시하면서 맥콜은 피고인에게 편취당한 장물이므로 이를

1014) 광주지방법원 목포지원 2019. 12. 13. 선고 2019고단525
1015) 광주지방법원 2020. 7. 22. 선고 2019노3203 판결
1016) 대법원 1988. 2. 23. 선고 87도1952 판결

인계하여 달라고 요구하여 이를 믿은 동인들로부터 이를 교부받아 간 사실을 인정한 다음 C가 B 등 2인으로 부터 위 맥콜을 인도받아 간 것이라면 이는 피고인의 취거행위로 볼 수는 없다.[1017]

2. 은닉

은닉이란 물건의 소재를 발견하기 불가능하게 하거나 또는 현저히 곤란한 상태에 두는 것을 말한다.

[범죄사실] 피고인은 경남 양산시 G에서 자동차부품회사인 D의 대표이사이다. 피고인은 2014. 6. 18.경 부산 해운대구 O에 있는 H 은행 마린시티지점에서 피해자 주식회사 H 은행으로부터 기업시설분할상환자금 2억 원을 대출받으면서 피고인 소유의 머시닝센터(모델명: DNM-500Ⅱ) 2대(이하 '이 사건 기계들'이라고 한다)를 점유개정방식의 양도담보로 제공하였다. 그럼에도 불구하고 피고인은 위 대출금 이자를 납부하지 못하고 있던 2016. 10. 말경 피고인의 회사에서 기존에 채무가 있던 상호불상의 업체에 이 사건 기계들을 채무변제 명목으로 인도함으로써 피해자로 하여금 이 사건 기계들의 소재를 파악할 수 없게 하였다. 이로써 피고인은 피해자의 권리의 목적이 된 자기의 물건을 은닉함으로써 피해자의 권리행사를 방해하였다.
[판단] 위와 같은 법리에 앞서 본 증거들에 의하여 인정되는 다음과 같은 사정들, 즉 피고인은 자신이 운영하던 D의 채권자에게 이 사건 기계들을 대물변제 명목으로 이전하였는데, 채권자가 누구인지 알지 못하고 당시 위 채권자와 사이에 작성한 확인서 등도 분실하였다고 진술한 점, 최초 피고인에게 위 채권자를 소개하여 주었다는 L 역시 피고인에게 특정 부품을 만드는 회사를 소개하여 준 사실이 있을 뿐이어서 위 채권자가 누구인지 알지 못한다는 취지로 진술하고 있는 점 등을 더하여 보면, 피고인의 행위로 이 사건 기계들의 소재 발견이 불가능한 상태가 초래되었고, 이로 인해 피해자 주식회사 H 은행의 이 사건 기계들에 대한 담보권실행이 곤란하게 되었다고 할 것이므로, 피고인에게 권리행사방해죄가 성립한다고 봄이 상당하다. 따라서 위 주장은 이유 없다.[1018]

3. 손괴

손괴란 물건의 전부 또는 일부에 대한 효용을 해하는 것이다.

피해자가 유치권을 행사하며 사건 건물 전체를 계속해서 점유하고 있었음에도, 피고인이 이 사건 당시 피해자의 승낙 없이 위와 같이 피해자가 점유하는 건물 중 1층 외벽을 굴착기를 이용하여 부수었던 경우에 본 죄가 성립한다.[1019]

1017) 대법원 1988. 2. 23. 선고 87도1952 판결
1018) 울산지방법원 2021. 2. 2. 선고 2020노937 판결
1019) 전주지방법원 2011. 7. 15. 선고 2011노436 판결

4. 권리행사방해의 우려 있는 행위일 것

타인의 권리행사를 방해한다 함은 타인의 권리행사가 방해될 우려 있는 상태에 이른 것을 말하며, 현실로 권리행사가 방해되었을 것을 요하는 것은 아니다.[1020]

피고인이 공장근저당권이 설정된 선반기계를 이중담보로 제공하기 위하여 다른 장소로 옮긴 것은 공장저당권의 행사가 방해가 될 우려가 있는 행위로서 본 죄에 해당한다.[1021]

1020) 주석 형법 형법각칙(5) 제4판, 박재윤 204쪽
1021) 대법원 1994. 9. 27. 선고 94도1439

Chapter 4

자동차 관련 범죄

실무에서 많은 비중을 차지하는 것 중 하나가 차량 관련 범죄이다. 특히 차량을 할부로 구입한 차주가 변제하지 못하여 저당권이 실행되는 과정에서 차량의 인도집행을 불능하게 만듦으로써 권리행사방해로 고소되는 경우가 많다. 여기서는 범죄유형에 따른 하급심을 정리하기로 한다.

Section 1	대출금 자체에 대한 금전사기

🎖 기본 이론

1. 변제의사 내지 능력이 없는 경우

차량할부금을 변제할 의사나 능력이 없이 캐피탈금융회사로부터 할부금융을 받은 경우에는 사기죄가 성립한다.

> 피고인은 2016. 5. 23.경 피해자 KB캐피탈에 2016. 7. 1.부터 월 440,515원씩 변제하기로 하고 자동차 구입자금을 대출받았으나, 그중 10만 원만 변제하고 그 이후의 채무를 전혀 변제하지 못한 점, 실제로 위 서류를 작성한 사람이 피고인의 위임을 받은 대출중개인이라 하더라도 피고인이 대출중개인에게 피고인 명의의 대출 서류 작성 등을 위임한 이상, 피고인이 대출금 2,340만 원을 분할로 변제하겠다는 의사를 밝힌 것인 점, 피해자 KB캐피탈은 피고인의 대출금 상환이 이루어지지 않자 대출계약서에 기입된 피고인의 휴대폰번호와 피고인의 근무지인 ㈜G대리점에 전화하여 피고인의 소재를 파악하려 하였으나 피고인과 연락이 닿지 않은 점, 앞서 본 바와 같이 2016년경 피고인의 재정상황이 굉장히 열악하였던 점 등을 종합하여 보면, 피고인이 피해자 KB캐피탈에 자동차 구입자금 대출금을 변제할 의사나 능력이 없음에도 피해자 KB캐피탈을 기망하여 피해자 KB캐피탈로 하여금 자동차 구입 대금으로 2,340만 원을 지급하게 하여 재산상 이익을 취한 사실을 인정할 수 있다.

2. 이른바 차깡

차량의 실제 구입자가 아니면서도 금융 목적에 불과한 일명 '차깡'의 경우에도 사기죄가 성립한다. 즉 사채업자가 대출희망자로부터 대출을 의뢰받은 다음 대출희망자가 자동차의 실제 구입자가 아니어서 자동차할부금융대출의 대상이 되지 아니함에도 그가 실제로 자동차를 할부로 구매하는 것처럼 그 명의의 대출신청서 등 관련서류를 작성한 후 이를 할부금융회사에 제출하여 자동차할부금융회사로부터 대출금을 받아 대출의뢰인들 명의로 자동차이전등록을 한 다음, 그 자동차를 즉시 처분하여 사채업자와 대출희망자가 매각대금을 나누어 갖는 것이다. [1022][1023]

| Section 2 | 차량에 대한 임의 회수(취거) |

🚔 기본 이론

차량에 대한 권리자라 하더라도, 차량 점유자의 의사에 반하여 그 점유를 배제하였다면, 자기 이외의 자의 소유물의 경우에는 절도죄, 자기 소유물인 경우 권리행사방해죄가 성립한다.

1. 절도죄

캐피탈의 소유물인 승용차를 현재 점유자의 의사에 반하여 그 점유를 배제하고 자기의 점유로 옮긴 이상 절취에 해당하고, **소유자의 의사에 반하지 않더라도** 불법영득의사가 인정된다. [1024]

> 피고인은 승용차의 소유자인 ○○캐피탈로부터 A명의로 위 승용차를 리스하여 운행하던 중, 사채업자로부터 1,300만 원을 빌리면서 위 승용차를 인도하였으나, 사채업자는 피고인이 차용금을 변제하지 못하자 승용차를 매도하였고 최종적으로 피해자가 위 승용차를 매수하여 점유하게 되었다. 피고인은 위 승용차를 회수하기 위해서 피해자와 만나기로 약속을 한 다음 약속장소에 주차되어 있던 차량의 보조열쇠를 이용하여 임의로 가져간 다음 약한 달 뒤 ○○캐피탈에 반납되었다.

1022) 대법원 2004. 4. 9. 선고 2003도7828 판결 사기
1023) 수원지방법원 평택지원 2017. 9. 13. 선고 2016고단2340 판결
1024) 대법원 2014. 2. 21. 선고 2013도14139 판결

2. 권리행사방해죄

> 피고인은 광주 서구 B에 있는 피해자 C가 운영하는 ○○ PC방에서 피해자로부터 470만 원을 차용하면서 위 승용차를 담보로 제공하여 피해자는 위 승용차를 점유하게 되었다. 피고인은 위 차용금을 변제하지 못하고 있던 중 PC방 인근 도로에 주차되어 있던 위 승용차를 피고인이 소지하고 있던 스페어키를 이용하여 취거한 후 승용차를 할부금을 대납하는 조건으로 피고인의 지인에게 다시 제공하여 위 승용차의 소재가 확인되지 않도록 하였다.[1025)]

Section 3	차량에 대한 저당권 행사 방해 : 은닉

 기본 이론

대출금을 변제하지 못한 소유자가 저당권의 행사를 방해한 경우에 문제되는데, 언제 '은닉'하였는지로 볼 것인지 문제된다. 경찰수사실무에서 대체로 대부채권매입추심업자들에 의한 남고소(濫告訴)가 많이 문제되므로, 그 요건 해당성을 엄격하게 해석하는 경향이다.

> [범죄사실 예시] 피고인은 M 주식회사로부터 3,100만 원을 대출받으면서 그 대출금 채무에 대한 담보로 피고인 소유의 N 2010년식 에쿠스 차량에 관하여 2014. 10. 21.경 M 주식회사 앞으로 채권가액 3,100만 원의 저당권을 설정해 주었다. M 주식회사로부터 2016. 11. 30. 위 채권을 양수한 피해자 회사인 O 주식회사는 위 차량에 관하여 피고인에게 채권양도통지를 하고 2017. 1. 9.경 저당권이전등록을 마쳤다. 그러나 피고인은 2017. 6. 25.경 광주 북구 두암동 먹자골목 노상에서 성명불상인이 차량미납세금, 과태료, 수리비 등 명목으로 400만 원을 부담하는 조건으로 그에게 위 차량을 넘겨 그 소재를 알 수 없게 하여 은닉하였다. 이로써 피고인은 피해자의 권리행사를 방해하였다.

1. 피해자가 범행당시 저당권자인지 여부

먼저 고소인이 ① 은닉행위 당시 ② 저당권자여야 한다. **만약 범행 당시 자동차등록부상 저당권 이전등록를 넘겨받지 못한 상태**에서 고소하는 것이라면, 정당한 고소권자가 아니기 때문이다.

1025) 광주지방법원 2020. 11. 18. 선고 2019고단5266, 2020고단4868(병합) 판결

[피고인의 주장] 피해자가 2015. 9. 16. 피엘씨대부 주식회사에게, 차량에 설정된 근저당권의 피담보채무를 양도하면서 그에 수반하는 모든 권리도 양도하였으므로, 피해자는 더 이상 근저당권에 관한 권리를 행사할 수 없는 자이므로 이 사건 범행의 피해자라고 볼 수 없고, 피엘씨대부는 피담보채권을 양수받고 근저당권의 이전등기를 하지 않은 자이므로 근저당권자라고 볼 수 없으므로 피고인은 이 사건 공소사실을 인정할 수 없다.

[판단] 피고인이 피해자의 근저당권의 목적이 된 이 사건 차량을 D에게 양도한 것은 2015년 봄경으로, 피해자가 피엘씨대부에게 이 사건 근저당권부채권을 양도한 시기인 2015. 9. 23.보다 훨씬 이전의 행위이므로, 이 사건 범행이 성립된 이후 설사 피해자가 근저당권을 상실하였다고 하더라도 이는 범죄의 성립에 영향을 미치지 않는다고 봄이 상당하므로 피고인의 위 주장은 받아들이기 어렵다. 또한 피엘씨대부가 이 사건 근저당권부 채권양도에 따른 근저당권이전등록을 하지 않고 있는 이상 피해자로서는 여전히 피엘씨대부에게 근저당권이전등록의무를 부담하고 있다고 할 것이므로, 채권양도와 동시에 근저당권이전 등록을 마치지 않았다고 하여 피해자의 근저당권을 함부로 무효라고 볼 수도 없으므로 피고인과 변호인의 위 주장은 받아들일 수 없다.[1026]

2. 피의자가 범행 당시 자동차등록부상 명의자인지 여부

권리행사방해죄는 명의자와 공모관계를 입증하기 전에는 은닉행위자와 함께 처벌이 어렵다. 그러므로 은닉 범행 당시 차량등록부상 명의자 아닌 자는 단독으로 권리행사방해죄의 주체가 될 수 없다. 물건의 소유자가 아닌 사람은 형법 제33조 본문에 따라 소유자의 권리행사방해 범행에 가담한 경우에 한하여 공범이 될 수 있을 뿐이기 때문이다. 따라서 권리행사방해죄의 공범으로 기소된 물건의 소유자에게 고의가 없는 등으로 범죄가 성립하지 않는다면 공동정범이 성립할 여지가 없다.

이 사건 권리행사방해의 공소사실에서 문제 된 에쿠스 승용차는 피고인과 사실혼 관계에 있던 공소외인 명의로 등록되어 있다. 공소외인은 피고인과 함께 이 사건 권리행사방해의 공동정범으로 공소 제기되었다가 제1심에서 2015. 12. 14. 분리 선고되면서 유죄가 인정되어 벌금 200만 원을 선고받고 항소하였다. 항소심에서 이 사건 권리행사방해 범행은 피고인이 공소외인의 동의 없이 임의로 저지른 것이고, 공소외인이 피고인과 공모하였다는 점에 관한 증명이 부족하다는 이유로 무죄판결을 받았고 이후 위 판결이 확정되었다. 원심은, 공동정범으로 기소된 위 에쿠스 승용차의 소유인 공소외인이 무죄인 이상, 피고인 단독으로는 더 이상 권리행사방해죄의 주체가 될 수 없고, 달리 피고인이 위 에쿠스 승용차의 소유자임을 인정할 증거가 없다고 판단하여 위 공소사실을 유죄로 인정한 제1심판결을 파기하고 무죄를 선고하였다. 권리행사방해죄에 관한 법리를 오해한 잘못이 없다고 대법원에서 확정되었다.[1027]

1026) 인천지방법원 부천지원 2017. 5. 30. 선고 2016고단3290 판결
1027) 대법원 2017. 5. 30. 선고 2017도4578 판결

3. 은닉

차량의 소유자가 **저당권의 권리행사를 방해하려는 고의로 그 소재발견을 불가능하게 하거나 현저히 곤란한 상태로 은닉하는 경우**에 성립한다. 현재 실무상 그 판단기준이 제대로 정립되었다고 보기 어렵다. 하급심 등 판결상에 인정된 사례를 살펴보고 사건을 정리하기로 한다.

(1) 실무 관행

제대로 된 집행절차에 착수함이 없이 단지 채무자에게 연락을 했는데 받지 않는다는 정도에 그친 경우에는 민사관계에 불과한 채권추심업무를 수사기관에 전가한다는 점에서 바람직하지 않다.

'자산유동화에 관한 법률'로 설립된 유동화전문회사들의 잘못된 업무관행으로 채권회수가 어려운 부실채권을 헐값에 매수하여, 이에 대한 수익을 얻기 위해 채무자들을 상대로 형사고소를 하고, 이러한 형사절차에 기대어 고소권을 남용하는 잘못된 행태이다. 특히 본 건 채권과 관련하여 이미 대출원금을 넘는 금액을 상환한 상태이며, 고소인 측이 주장하는 미회수 금액을 형사사법체계상 보호할 실익도 미미하다.[1028]

실무상 현재 피의자가 사용하고 있을 뿐 은닉하였다는 특단의 사정이 없다면 불송치결정하는 실정이다. 피의자가 고소인에게 사용 중인 자동차(저당물)와 자신을 함께 촬영한 사진을 고소인에게 전송해 주면서 주된 사용지 주소를 고지하고(주된 사용 주소가 여러 곳일 경우에는 구체적으로 모두 열거) 불송치한다.[1029] 또는 피의자가 그 차량을 실제로 보유하고 운행하는 것이 맞다면 차량을 가지고 와서 조사를 받도록 하고, 그 경찰서 주차장에서의 차량 확인 내용 넣고 차량현장 사진 첨부하여 불송치한다.[1030]

(2) 판결 사례

1) 인정되지 않은 사례

A. 차량발견의 노력을 다하지 않은 경우

[공소사실의 요지] 피고인은 인천 남동구 B 2층에서, C K7 승용차를 구입하면서 피해자 D 주식회사로부터 연 이율 13.5%, 매월 납입금 593,867원을 36개월간 상환하는 조건으로 승용차 구입대금 1,750만 원을 대출받았고, 위 승용차에 피해자 앞으로 채권최고액 875만 원으로 하는 근저당권을 설정해 주었다. 피고인은 부산 사하구 E에 있는

1028) 경찰수사연수원 경제범죄수사학과 교수요원 경위 이준민
1029) 경찰수사연수원 경제범죄수사학과 교수요원 경위 박수만
1030) 설국환 전북청 김제경찰서 경제범죄수사팀

피고인 운영의 F 사무실에서, 위 승용차에 대한 할부금을 납부하지 아니하여 피해자로부터 위 승용차에 대한 반환을 요구받았음에도 피고인의 사무실이나 주거지에서 위 승용차를 다른 곳으로 이전하는 등 위 승용차의 소재 발견을 현저히 곤란하게 하는 방법으로 이를 은닉하였다.

[피고인 주장의 요지] K7 승용차를 은닉하지 아니하였고, 현재도 자신의 주거지에서 승용차를 보관하고 있다.

[판단] 검사가 제출한 증거만으로는 C K7 승용차(이하 '이 사건 승용차'라 한다)를 은닉하였다고 단정하기 어렵고 달리 이를 인정할 증거가 없다. D 주식회사의 담당직원인 G는 수사기관에서 피고인이 D의 연락을 받지 않고 있고, 피고인이 이 사건 승용차가 아닌 다른 차량을 탄 것에 비추어 보면 피고인이 이 사건 승용차를 은닉한 것으로 보인다고 진술하였다. 그러나 피고인이 D의 추심을 피하기 위해 도주하거나 주소를 이전한 사실은 없다. 또한 피고인의 동생이 이 사건 승용차를 운행하기도 하였는바, 피고인이 동생에게 이 사건 승용차를 일시적으로 사용하는 바람에 D가 이 사건 승용차를 발견하지 못하였다고 해서 이를 곧바로 은닉이라고 보기는 어렵다. ③ 피고인은 이 사건 공판절차에서 피고인의 주거지에 이 사건 승용차가 주차되어 있다며 이 사건 승용차의 사진을 제출하기도 하였다. ④ 이 사건 승용차에는 D 주식회사의 근저당권이 설정된 이후에 배당순위에서 위 근저당권보다 앞서는 이 사건 승용차에 대한 부산광역시 사하구청의 자동차세 등을 원인으로 한 여러 압류가 되어 있고, G는 이 사건 승용차를 반환받더라도 D 주식회사에게는 실익이 없다고 진술한 점에 비추어 보더라도, D 주식회사가 이 사건 승용차를 찾기 위한 상당한 노력을 기울이지도 않은 채 피고인을 압박하기 위해 피고인을 고소하였을 가능성도 배제할 수 없다.[1031]

B. 집행절차에 착수하지 않은 경우

[범죄사실의 요지] 피고인이 2019. 3. 15.부터 피해자 회사에 분할 상환금을 납부하지 않았고, 피해자 회사의 채권회수담당자가 피고인에게 공소사실 기재 승용차를 스스로 공매신청할 것을 요청한 사실, 그 무렵부터 피해자 회사에서 피고인에게 전화 및 문자메시지로 연락을 시도하였으나 연락이 되지 않은 사실, 피해자 회사의 직원이 2019. 5. 13.과 2019. 5. 27.에 피고인의 주소지를 방문하였으나 피고인을 만나거나 차량을 발견하지 못한 사실, 피고인이 불상의 시점에 지인 D로부터 현금 100만 원을 빌리면서 D에게 이 사건 차량을 인도한 사실은 인정된다.[1032]

[판단] 피고인이 피해자 회사의 연락을 받지 않은 것이 피해자 회사에 의한 근저당권 실행을 회피하려는 의도였다고 단정하기 어려울 뿐 아니라, 피고인에게 그런 의도가 있었다고 하더라도 이는 민사상 채무의 이행 또는 담보권 집행을 회피하거나 그 절차에 협조하지 않은 것에 불과하고, 이를 적극적인 '은닉' 또는 이에 준하는 권리행사방해 행위로 평가할 수는 없다. 원래 수시로 이동하며 사용될 것이 예정된 자동차에 대한 강제집행은 부동산과 달리 강제집행의 착수가 용이하지 않은데, 이러한 한계는 고도의 이동성을 가진 자동차의 성격에서 비롯되는 것일 뿐 그렇다고 해서 채무자가 자진해서 자동차를 주소지에 보관하거나 자동차의 현재 위치를 알려주거나 집행장소로 직접 가져오는 등으로 다른 집행절차보다 더욱 적극적으로 협조해야 할 의무가 발생하는 것은 아니다. 또한, 피해자 회사가 피고인에게 이 사건 차량을 반환하거나 차량이 있는 곳을 알려달라고 요구하였거나, 피고인이 피해자 회사로부터 위와 같은 요구를 받았음에도 이에 응하지 않았다고 인정할 증거가 없고(피해자 회사가 보낸 문자메시지들은 연체된 원리금을 독촉하고 신용상의 불이익이 있을 수 있음을 고지하거나 피고인의 연락불가로 인해 방문 예정

1031) 부산지방법원 서부지원 2019. 6. 20. 선고 2018고단841 판결
1032) 울산지방법원 2021. 2. 4. 선고 2020고단1961 판결 권리행사방해

임을 고지하는 내용일 뿐, 이 사건 차량의 소재지를 확인하거나 이 사건 차량을 반납하라는 내용은 아니었다), 피해자 회사가 법원에 인도명령을 신청한 바도 없는 점, 피고인은 2020. 11. 19. 제3회 공판기일에 D가 보관 중인 이 사건 차량을 이 법원으로 가져와서 제시한 점에 비추어 볼 때, 검사가 제출한 증거만으로는 피고인이 이 사건 차량의 발견을 불가능하게 하거나 현저히 곤란하게 함으로써 은닉하였다거나 피고인에게 은닉의 고의가 있다고 인정하기 어렵고, 달리 이를 인정할 증거가 없다.

C. 차량을 타에 담보로 제공하였음에도 은닉을 인정하지 않은 사례

피고인이 위와 같이 이사건 승용차를 구입하면서 현대캐피탈 주식회사로부터 할부대출금을 받고서 위 승용차에 대하여 근저당권을 설정하여 주었고, 이는 자동차등록원부 등을 통해 공시된 사실, 피고인이 일부 할부금만 지급하고서 할부금을 연체하였고 나아가 대출 당시 연락처, 주소지 등을 변경하고서도 이를 현대캐피탈 주식회사에 알려 주지 않고서 위 회사의 채무독촉 등을 회피한 사실, 현대캐피탈 주식회사는 피해자 회사에 위 할부금채권을 양도한 사실, 피해자 회사가 대출 당시 피고인의 연락처로 연락을 시도하였으나 연락되지 않거나 피고인의 주소지로 채무이행 독촉장, 근저당권실행을 위한 자동차임의경매 신청 예정임을 알리는 내용증명 등이 송달하였으나 송달되지 않는다거나 찾아갔으나 피고인을 만나지 못하고 이 사건 승용차를 확인하지 못하자, 2017. 4. 25.경 피고인이 위 승용차를 은닉하였다고 고소한 사실, 한편 피고인이 이 사건 승용차의 할부금을 연체하던 중인 2017. 1. 5.경 피고인의 친구인 C에게 800만 원을 차용하면서 담보로 위 승용차를 인도한 사실, 이에 C가 위 승용차를 점유하면서 운행하고 있는 사실, 피해자의 고소로 피고인이 조사받은 2017. 7. 21.부터 얼마 지나지 않은 2017. 8. 11.경 이 사건 수사경찰관이 이를 확인한 사실 등이 인정된다.

위 인정사실에다 할부금채무를 연체한 피고인이 할부금채권자인 현대캐피탈 주식회사, 피해자 등의 연락을 회피한 사정은 피고인이 채권자의 채권실행에 협조하지 않은 것에 불과한 점, 승용차 등 유체동산에 관하여 근저당권이 설정된 사정만으로 그 소유인 근저당권설정자의 유체동산에 대한 사용수익권을 비롯한 처분권은, 원칙적으로 근저당권의 담보가치를 훼손하지 않는 한, 제한되지 않는 점, 근저당권설정자가 자동차등록원부 등에 근저당권이 공시된 위 승용차를 단순히 타인에게 인도해 준 것만으로 근저당권의 담보가치를 훼손하였다고 단정할 수 없음은 물론 그 소재를 발견하기 불가능하게 하거나 또는 현저히 곤란한 상태에 두어 근저당권자의 권리행사를 방해할 우려가 있다고도 단정할 수 없는 점 등을 보태어 보면, 피고인이 위 승용차를 은닉하였다고 인정하기에 부족하고, 달리 이를 인정할 증거가 없다.[1033]

D. 단순히 차량의 소재를 알려주지 않은 경우

은닉혐의 인정과 관련하여 가장 애매한 경우이다. 생각건대, 차량의 이동성과 은닉의 용의성에 비추어 채무자가 그 소재를 알려주지 않으면 채권자와 집행관이 스스로 찾아내는 것이 불가능한 면이 있으나,[1034] 채무자가 자진해서 자동차를 주소지에 보관하거나 자동차의 현재 위치를 알려주

1033) 부산지방법원 2018. 2. 7. 선고 2017고단6424 판결 권리행사방해
1034) 제주지방법원 2019. 6. 27. 선고 2018고단2268 판결, 정비공장에 위 승용차의 수리를 맡긴 다음 피해자 회

거나 집행장소로 직접 가져오는 등으로 다른 집행절차보다 더욱 적극적으로 협조해야 할 의무가 발생하는 것은 아니라는 비판도 있다.[1035]

결론적으로 아래 대법원 판례에 의해 상고기각된 사례와 같이 타에 처분하거나 이에 준하는 정도로 소재를 파악할 수 없는 정도에 이르러야 할 것으로 생각한다.

[범죄사실의 요지] (전략) 피고인은 2018. 11. 28.경 서울 송파구 정의로 서울동부구치소에서 경찰관으로부터 피고인이 위 버스들에 대한 대출원리금을 2018. 2.경까지만 납부하여 2018. 4. 23. 서울동부지방법원에서 위 버스들에 대한 자동차임의경매 결정이 되었다는 것을 통보받았음에도 위 버스들의 소재지를 알려주지 않는 등으로 위 버스들에 대한 소재를 파악할 수 없게 하였다. 이로써 피고인은 피해자의 권리의 목적이 된 피고인의 물건을 은닉하여 피해자의 권리행사를 방해하였다.

가. 피고인이 위 범죄전력 변호사법위반 사건으로 2018년 3월 구속되기 직전인 2018년 2월까지도 버스 2대가 서울 강동구 G에 있는 H 부근에 주차되어 있는 것을 확인하였고, 범죄사실과 같이 경찰 조사를 받으면서 피고인이 알고 있는 장소로 알려주었으나 실제 버스 2대가 그 장소에 존재하지 않게 된 경위는 피고인이 구속된 이후 피고인과 무관하게 발생한 사정으로서 피고인이 전혀 알 수 없다는 것이다. 더하여, 피고인의 스타렉스, 쏘렌토 차량은 모두 반납하여 정산한 점에 비추어 보아도 버스 2대만 따로 은닉할 이유가 없다는 것이다. 또한 위와 같은 주장 경위에 비추어서 버스 2대가 피고인이 주차하였던 장소에서 도난된 것으로 볼 수밖에 없고, 한편 저당권 등록된 상태로 해외수출될 수는 없다고 주장한다.[1036]

나. 원심은, ① 피고인이 특정 장소에 주차하였는데 버스들을 도난당하였다는 것은 극히 이례적이어서 도난당한 것이 아니라는 점을 피고인이 소명하여야 할 것이나 그 소명이 없는 점, ② 차량이 불법으로 수출되는 경우가 횡행하고 있고, 피고인도 차량 수출업무에 종사하여 온 점에 비추어 피고인이 버스들의 소재를 은닉하거나 수출하여 처분한 것으로 인정된다는 이유로 피고인에 대한 공소사실을 유죄로 판단하였다.

다. 그러나 원심의 위 판단은 다음과 같은 이유로 수긍하기 어렵다. (중략)

이 사건에서, 피고인이 소재를 발견하기 불가능하게 하거나 또는 현저히 곤란한 상태에 둠으로써 이 사건 버스들을 은닉하였다는 사실에 관한 입증이 부족하다. 검사가 제출한 원심 2019. 4. 17. 자 의견서는 피고인이 불상자에게 처분하는 등으로 버스들의 소재를 알 수 없게 되자 계속 버스들의 소재에 관하여 거짓진술을 한 것이므로, 피고인에게 미필적으로나마 권리행사를 방해한다는 점에 대한 고의가 있다는 취지이나, 제출된 증거만으로는 피고인이 버스를 처분하거나 수출한 사실을 인정하기 어렵다(피고인이 버스들을 처분하거나 수출함으로써 이를 은닉하였다는 취지로 공소사실에 은닉의 태양이 특정된 것도 아닌데다가, 버스의 도난가능성이 희박하고, 버스가 불법으로 수출되는 경우가 횡행하며, 피고인이 차량 수출업에 종사하였다는 점은 피고인이 이 사건 버스들을 수출하거나 처분하고도 그 행방을 숨기는 것은 아닌가 하는 의심은 들게 할지언정, 그것이 피고인이 버스들을 수출하거나 처분하였음을 법관으로 하여금 합리적인 의심을 할 여지가 없을 정도로 확신케 하는 사정이라고 보기는 어렵다).[1037]

사에 위 승용차의 소재를 알려주지 아니하여 피해자 회사로 하여금 위 승용차의 소재를 확인할 수 없도록 하였다(판결 증거목록에 자동 차인도불능조서가 기재되어 있음).

1035) 울산지방법원 2021. 2. 4. 선고 2020고단1961 판결
1036) 서울동부지방법원 2019. 6. 12. 선고 2019고단504
1037) 서울동부지방법원 2019. 9. 5. 선고 2019노861 판결 권리행사방해

2) 인정된 사례

대체로 대포차 내지 양도담보 등으로 타에 처분하는 등으로 차량의 소재를 알 수 없게 한 경우에는 은닉혐의를 인정하게 된다.

> 피고인은 2014. 1.중순경 위 지게차를 J에게 판매하고도 이를 피해자에게 알려주지 않은 채 수회에 걸쳐 피해자로부터 대출금의 상환을 독촉받고 지게차의 소재지 고지를 요청받았음에도 그 소재지도 알려주지 아니하여 피해자로 하여금 위 지게차의 소재를 파악할 수 없게 함으로써 피해자의 저당권의 목적이 된 피고인 소유의 위 지게차 1대를 은닉하여 피해자의 권리행사를 방해하였다.[1038]

다만, 피의자들은 주로 아직 이전등록을 하지 않은 차량의 양수인에게 책임을 전가하는 경우가 많다. 즉 피의자들은 차량처분과 관련하여 근저당채무 등을 변제하려는 의도로 차량을 인도하였던 것일 뿐이며, 차량 인도 이후에도 피해자 측에 차량의 소재 및 전후사정을 알려 주면서 양해를 구한 바 있고, 강제집행이 실패한 이유는 양수인이 피해자 측에 차량의 소재를 알려주지 않았기 때문이다. 또한 양수인은 강제집행 당시에는 차량의 소유권을 타에 이전하여 소유자가 아니므로 권리행사방해죄의 주체가 될 수 없다고 변소하는 경우가 있다. 이와 관련 하급심 판결 가운데 은닉 혐의 관련 잘 논증된 사례를 소개한다.

> 1 이 사건 냉동탑차를 I에 인도할 당시 피고인의 내심의 의사나 동기가 어떠하였는지와 무관하게, J로부터 돈을 받고 위 차량을 인도하였던 이상, 위 차량에 대한 피해자의 저당권 행사가 방해될 우려가 있는 상태는 이미 발생하였다고 인정할 수 있고, 이는 피고인으로서도 적어도 미필적으로는 인식하였다고 보인다.
> 2 피고인은, B가 피고인에게 I에 차량을 인도하자고 제안하자, B에게 '담보설정 된 차량을 어떻게 줄 수 있냐'고 하였는데, B가 '내가 다 해결할 수 있으니 아무 걱정 말라'는 취지로 말하면서 차량매각계획, 피해자에 대한 변제계획 등을 말하기에 이를 신뢰하였다는 취지로 주장한다. 그러나 이 사건 냉동탑차를 J에게 인도하게 된 경위, 그 당시 F의 재정상황, 피해자에 대한 근저당채무액 등에 비추어 보면, 이 사건 냉동탑차를 J에게 인도한 후 모든 변제계획 등이 피고인이 기대한 대로 진행되어 피해자의 저당권이 침해될 우려가 전혀 발생하지 않을 것으로 믿었다는 피고인의 변소를 그대로 믿기는 어렵다. 오히려 피고인과 B의 위와 같은 대화내용에 비추어 보면, 피고인은 이 사건 냉동탑차를 J에게 인도하는 행위가 은닉행위에 해당한다는 점을 적어도 미필적으로는 인식하고도 이를 용인하였다고 봄이 상당하다.
> 3 피고인은 M을 통해 피해자의 직원 K에게 차량 소재지에 대하여 알려주는 등으로 피해자의 권리행사가 가능하도록 하였다는 취지로 주장하나, 피고인의 주장에 의하더라도 냉동탑차 인도 이전에 피해자와 상의하여 피해자의 동

1038) 수원지방법원 2016. 8. 17. 선고 2015고단3918, 2015고단4764(병합), 2015고단5918(병합) 판결

의를 받았던 것이 아니라, 2016. 8. 초순경 J에게 차량을 인도하고, 그 후 차량명의이전에 필요한 서류까지 주고 나서야, 피해자 측에 사후적으로 상황 설명을 하면서 양해를 구하였던 것에 불과한 점, 피해자가 이 사건 냉동탑차 소재지 등을 알게 되었다고 하더라도 위 차량에 대한 피해자와 J의 권리 내지 이익이 경합하게 되는 이상 피해자의 권리행사가 방해될 위험이 있는 점 등에 비추어 위 주장은 받아들일 수 없다.

3) 피고인의 행위가 '은닉'에 해당하지 않고, 피고인의 행위와 권리행사방해의 결과 발생 사이에 인과관계도 없다는 취지의 주장에 관하여 보건대, 2)항에서 살펴본 사정들에, 원심 및 당심이 적법하게 채택하여 조사한 증거들에 의하여 인정되는 다음과 같은 사정, 즉 ① 피고인과 B가 J에게 이 사건 냉동탑차를 인도하였던 이상 위 차량에 대한 J의 권리행사는 당연히 예견되는 것이므로, 설령 피고인이 그 후 피해자의 손해가 현실화되는 것을 막기 위해 J에게 협조를 구하는 등 그 나름의 노력을 하였다고 하더라도, 이미 '권리행사가 방해될 우려가 있는 상태'는 발생하였다고 인정되는 점, ② 위와 같은 상황에서 J가 피해자로부터 강제집행을 당하지 않기 위해 차량소재지를 알려주지 않았다고 하더라도 이는 피고인이 J에게 차량을 인도한 행위에 내재되어 있던 위험성이 실현된 것에 지나지 않으므로, 위와 같은 J의 행위로 인하여 피고인의 차량 인도행위와 결과 발생 사이에 인과관계가 단절된다고 할 수도 없는 점 등을 더하여 보면, 은닉행위의 존재 및 그로 인한 '권리행사가 방해될 우려가 있는 상태'의 발생 모두 충분히 인정될 수 있다. 따라서 피고인의 이 부분 주장도 이유 없다.[1039]

A. 대포차로 유통

피고인이 체어맨 승용차 1대를 구입하면서 피해자로부터 차량 매수대금 2,000만 원을 차용하고 그 담보로 위 차량에 피해자 명의의 저당권을 설정해 주었음에도, 대부업자로부터 400만 원을 차용하면서 위 차량을 대부업자에게 담보로 제공하여 이른바 '대포차'로 유통되게 하였다. 피고인이 피해자의 권리의 목적이 된 피고인의 물건을 은닉하여 권리행사를 방해하였다.[1040]

B. 고의적 직권말소

피고인들은 처음부터 자동차대여사업자에 대한 등록취소 및 자동차등록 직권말소절차의 허점을 이용하여 권리행사를 방해할 목적으로 범행을 모의한 다음 렌트카 사업자등록만 하였을 뿐 실제로는 영업을 하지 아니함에도 차량 구입자들 또는 지입차주들로 하여금 차량을 관리·처분하도록 함으로써 차량들의 소재를 파악할 수 없게 하였고, 나아가 자동차대여사업자등록이 취소되어 차량들에 대한 저당권등록마저 직권말소되도록 하였으므로, 이러한 행위는 그 자체로 저당권자인 을 회사 등으로 하여금 자동차등록원부에 기초하여 저당권의 목적이 된 자동차의 소재를 파악하는 것을 현저하게 곤란하게 하거나 불가능하게 하는 행위에 해당한다.[1041]

1039) 춘천지방법원 2018. 12. 7. 선고 2018노80 판결
1040) 대법원 2016. 11. 10. 선고 2016도13734 판결
1041) 대법원 2017. 5. 17. 선고 2017도2230 판결

C. 불상의 장소로 이동[1042]

[범죄사실의 요지] 피고인은 C 코란도C 승용차 1대를 구입하면서, 피해자 제이비우리캐피탈 주식회사로부터 차량 구입대금 22,900,000원을 72개월간 매월 378,439원씩 상환하는 조건으로 차용하고, 그에 대한 담보로 위 차량에 대하여 피해자에게 채권가액 17,800,000원의 근저당권을 설정하여 주었다. 피고인은 24회에 걸쳐 총 9,095,800원의 할부금만 납부하고 그 지급을 연체하던 중, 피해자 회사의 직원인 D로부터 자동차 임의경매절차가 진행됨을 통보받고 그 무렵 위 D로부터 수회에 걸쳐 할부금 입금요구를 받았다. 서울중앙지방법원 집행관 E, 위 D가 서울 동작구 F에 있는 피고인의 집 주차장에서, 위 차량에 대하여 자동차 인도명령에 따른 집행을 하려고 하였으나 피고인이 위 차량을 불상의 장소로 이동함으로써 피해자 회사의 권리의 목적이 된 피고인 소유인 위 차량을 은닉하여 피해자의 권리행사를 방해하였다.

[판단] 피고인은 제이비우리캐피탈로부터 자동차할부금융을 받으면서 이 사건 차량에 근저당권을 설정하였다. 피고인이 2017. 2.경부터 할부금 납부를 지체하자 제이비우리캐피탈 직원인 D가 전화, 문자, 우편물로 할부금 납부를 독촉하였다. D가 2017. 3. 28. 자동차인도명령 집행을 준비하기 위해 집행관이 오기 전 피고인을 만났을 때 피고인에게 경매개시결정문을 보여주었으나 피고인이 차량을 운전하여 갔고, 2017. 4. 5. 다시 자동차인도명령 집행을 위해 피고인의 주거지에 갔으나 차량을 발견하지 못하였으며, 그 사이에 1회, 그 이후 2회 차량의 소재를 확인하기 위해 찾아갔을 때도 차량을 발견하지 못하였고, 그에 따라 경매개시결정이 취소되었다. 제이비우리캐피탈이 다시 신청하여 경매개시결정을 받았으나 차량의 소재가 확인되지 않아 인도집행이 불능되어 경매개시결정이 취소되었다. 피고인이 자동차할부금융신청서에 기재한 직장 주소에서도 피고인의 근무하는지 여부가 확인되지 않았으며, 피고인은 변론종결 시까지 할부금을 지급하거나 자동차를 인도하지 않았다.]

(3) 구체적 검토 : 사견

생각건대 자동차관리법상 저당권의 설정을 허용하라도, 자동차의 이동성, 은닉과 훼손의 용이성을 고려할 필요가 있다. 즉 저당권이 설정된 자동차의 경우, 저당권자가 권리행사를 하려면 집행관이 자동차를 실제로 인도받을 것을 요하므로, 자동차를 은닉할 경우 강제집행이 현실적으로 쉽지 않아, 저당권자는 채권확보가 거의 불가능하게 된다.[1043]

따라서 형사법의 보충성을 감안하더라도 차량 저당권 제도의 형해화를 막고 채권자의 정당한 채권행사를 보호하기 위해서는, 고소인이 자동차임의경매 및 강제집행을 신청하고 법령이 허용하는 2개월의 집행 기간 안에서, ① 채무자인 차량의 소유자에게 집행개시 사실을 알 수 있도록 수차

1042) 서울중앙지방법원 2017. 10. 26. 선고 2017고단3012 판결
1043) 서울동부지방법원 2015. 6. 25. 2014가단35168, 민사집행규칙 제111조, 제120조, 경매개시결정 2월이 지나기 전까지 집행관이 자동차를 인도받지 못한 때에는 법원은 집행절차를 취소해야 한다(제116조)고 규정하여 자동차에 대한 강제집행에 있어 부동산집행의 방식을 기본으로 하면서도, 집행관에 의한 목적물의 현실적 점유를 기본으로 하는 동산집행의 요소를 도입하고 있다

레 통지하여 채무자가 이를 인식시키는 노력을 충분히 하였으며[1044] ② 강제집행중지절차 등 방어권을 행사하거나 집행에 협조할지 여부를 결정하고 준비할 충분한 시간을 주었고 ③ 집행시간이 일출 전 내지 일몰 후라거나, 자동차등록부상의 장소 내지 주소지 등이 아니어서 채무자가 협조하기 어려운 특단의 사정이 없는 상황에서, ④ 저당권자가 민사집행절차에서 보장하는 강제집행의 노력을 정상적으로 기울였음에도 ⑤ 매매, 담보제공 등으로 타에 처분하거나 이에 준하는 사유 등으로 고의적으로 차량을 인도하지 않음으로써 그 소재발견을 불가능하게 하였거나 현저히 곤란하게 한 경우에는 '은닉'에 해당한다고 생각한다.

Section 4 **채권양수인에 의한 고소의 경우**

🎖 기본 이론

1. 채권양도와 저당권의 이전

채권의 양도와 양수는 단지 채권자와 채권의 양수인간의 계약만으로 성립한다. 다만, 채무자에게 통지 내지 승낙을 하지 않으면 이에 대항하지 못할 뿐이다. 그리고 저당권부채권을 양수하는 경우에는 자동차등록부상 저당권이전등록을 하여야 한다.

> [범죄사실의 요지] 피고인은 M 주식회사로부터 3,100만 원을 대출받으면서 그 대출금 채무에 대한 담보로 피고인 소유의 N 2010년식 에쿠스 차량에 관하여 M 주식회사 앞으로 채권가액 3,100만 원의 저당권을 설정해 주었다. M 주식회사로부터 위 채권을 양수한 피해자 회사인 O 주식회사는 위 차량에 관하여 피고인에게 채권양도통지를 하고 저당권이전등록을 마쳤다. 그러나 피고인은 광주 북구 두암동 먹자골목 노상에서 성명불상인이 차량미납세금, 과태료, 수리비 등 명목으로 400만 원을 부담하는 조건으로 그에게 위 차량을 넘겨 그 소재를 알 수 없게 하여 은닉하였다. 이로써 피고인은 피해자의 권리행사를 방해하였다.

1044) 피의자가 이사 갔음을 확인하고도 주소지에 그대로 내용증명우편들을 발송한 채, 실제 피의자에게 도달되었는지 여부에 대한 어떠한 자료도 첨부하지 않고 폐문부재, 수취인불명에 그치는 경우에는 고의범을 처벌하는 형사영역에서는 피의자가 임의경매가 개시된 사실을 인지하였다고 단정하기 어렵다고 본다(수사연수원 이준민 교수 동지(同旨).

(1) 근저당권이 소멸하는 경우

특별한 사정이 없는 한 피담보채권의 처분에는 담보물권의 처분도 당연히 포함된다고 보는 것이 합리적이라는 것일 뿐이므로, 피담보채권의 처분이 있음에도 불구하고 ① **담보물권의 처분이 따르지 않는 특별한 사정이 있는 경우**에는 채권양수인은 담보물권이 없는 무담보의 채권을 양수한 것이 되고 채권의 치분에 따르지 않은 담보물권은 소멸한다. 그리고 피담보채권과 저당권을 함께 양도하는 경우에 저당권이전은 이전등기를 하여야 하므로 채권양도와 저당권이전등기 사이에 어느 정도 시차가 불가피한 이상 ② **피담보채권이 먼저 양도되어 일시적으로 피담보채권과 저당권의 귀속이 달라진다**고 하여 저당권이 무효로 된다고 볼 수는 없으나, 저당권을 이전받지 못할 아무런 장애가 없는데도 피담보채권을 양수하고도 ③ **장기간 근저당권의 이전등기를 해태한 경우**까지 이전등기 없는 저당권 양도가 유효하다고 볼 수는 없다.

(2) 유동화전문회사의 특례

다만, 자산유동화법상 유동화전문회사의 경우 채권양도와 저당권이전상의 특례가 인정된다. 여기서 자산유동화란 유동화전문회사가 자산보유자로부터 유동화자산을 양도받아 유동화증권을 발행하고 자산을 운용 처분하는 등으로 배당금을 지급하는 일련의 행위 등을 말한다.[1045]

제7조(채권양도의 대항요건에 관한 특례) ① 자산유동화계획에 따른 채권의 양도·신탁 또는 반환은 양도인 또는 양수인이 채무자에게 통지하거나 채무자가 승낙하지 아니하면 채무자에게 대항하지 못한다. 다만, 양도인 또는 양수인이 당해 채무자에게 다음 각호의 1에 해당하는 주소로 2회 이상 내용증명우편으로 채권양도의 통지를 발송하였으나 소재불명 등으로 반송된 때에는 채무자의 주소지를 주된 보급지역으로 하는 2개 이상의 일간신문에 채권양도사실을 공고함으로써 그 공고일에 채무자에 대한 채권양도의 통지를 한 것으로 본다.
② 자산유동화계획에 따라 행하는 채권의 양도·신탁 또는 반환에 관하여 제6조제1항의 규정에 의한 등록을 한 때에는 당해 유동화자산인 채권의 채무자 외의 제3자에 대하여는 당해 채권의 양도에 관하여 제6조제1항의 규정에 의한 등록이 있는 때에 민법 제450조제2항의 규정에 의한 대항요건을 갖춘 것으로 본다.
제8조(저당권 등의 취득에 관한 특례) ①자산유동화계획에 따라 양도 또는 신탁한 채권이 질권 또는 저당권에 의하여 담보된 채권인 경우 유동화전문회사 등은 제6조제1항의 규정에 의한 등록이 있는 때에 그 질권 또는 저당권을 취득한다.

[1045] 자산유동화에 관한 법률 제2조, 자산유동화 업무를 시작하거나, 자산 양도를 받는 경우 금융감독위원회에 등록해야 한다. 또 유한회사이며 SPC에 불과하여 직원을 고용할 수 없고 유동화자산의 관리·운용·처분은 자산 관리자, 이외의 일은 자산 보유자나 제3자에게 위탁하는 형태로 운영한다.

다만 위와 같은 특례는, 몇 가지 요건이 필요하다. 즉 자산유동화에 관하여 이 법의 적용을 받고 자 하는 경우에는 ① **유동화전문회사 · 자산유동화업무를 전업으로 하는 외국법인 및 신탁업자가** ② **자산유동화계획을 금융위원회에 등록할 것**을 요한다.[1046]

2. 형사문제
(1) 사기죄

채권을 매입한 추심업체와 같은 채권양수인이 추심목적으로 수사기관에 대출금 관련 사기죄로 고소하는 경우가 빈번하다. 이 경우 정당한 고소권자가 누구인지 문제된다.

생각건대 사기죄의 피해자는 금원 편취 사기의 경우 재물사기로서 그 피해자는 재물의 소유권 자이며, 고소권은 일신전속적 권리로서 양도가 불가하다. 그러므로 채무자에게 최초로 대출해 준 금융기관(원채권자)이 정당한 고소권자이다. 이 경우 실무상 사기죄의 수사는 최초 대출 심사과 정에 대한 검토가 필요하므로 원채권자의 수사협조가 필요함은 물론이며, 협조가 불가능할 경우 추가 수사진행이 곤란하다.

(2) 권리행사방해

채권양수인에 의한 저당권 행사방해를 이유로 권리행사방해죄로 고소된 경우, 범행 당시 저당 권이전등록을 마쳤는지, 그렇지 않다면 자산유동화계획에 따라 저당권이전특례요건을 충족하였 는지를 검토해야 한다.

1046) 같은 법 제3조

實力 수사의 定石

민사법에 기반한 경제범죄수사 1(재산범죄)

ⓒ 강동필, 2023

개정2판 1쇄 발행 2023년 9월 29일
　　　　2쇄 발행 2024년 3월 15일

지은이　　강동필
펴낸이　　이기봉
편집　　　좋은땅 편집팀
펴낸곳　　도서출판 좋은땅
주소　　　서울특별시 마포구 양화로12길 26 지월드빌딩 (서교동 395-7)
전화　　　02)374-8616~7
팩스　　　02)374-8614
이메일　　gworldbook@naver.com
홈페이지　www.g-world.co.kr

ISBN　979-11-388-2315-9 (13350)